令和４年（2022）10月３日　大本山本興寺小書院にて

苅谷定彦　小西日遠　大平宏龍　三先生の学恩に深謝し謹んでこの書を捧ぐ

巻頭の辞

このたび、苅谷定彦先生、小西日遶先生、大平宏龍先生の頌寿を記念いたしまして、宗門内外の各聖、大学、学会の諸先生、三先生が教鞭を執られました興隆学林専門学校の関係者、共に学びご指導賜った法華宗教学研究所の諸師らが相集い、論文集を献呈申し上げることとなりました。これは偏に諸先生のお人柄に依るものであり、改めまして三先生の長年に亘るご功績を讃えますとともに学恩に感謝の意を表します。

周知の如く、三先生はそれぞれの分野において大家であります。苅谷先生は『法華経』研究、小西先生は門祖日隆聖人研究をはじめとする宗門史研究、大平先生は日蓮教学研究の第一人者であり、それぞれが専門とする学問の発展・振興にご尽力いただいた方々であります。

加えて三先生には、長年に亘り後進の育成にもご尽力をいただいております。すなわち、興隆学林専門学校におきましては宗門徒弟の育成、さらに法華宗教学研究所においても研鑽に努められ、宗門諸師の研究発展に寄与していただきました。また、さまざまなご著作やご講義を通じ、法華宗の教学・歴史等について、檀信徒の皆様にも解りやすくお示しいただいております。

こうした三先生のご教導は、つまるところ、お題目の広宣流布という宗祖日蓮大聖人の誓願実現のためであり、法華宗の教線拡大のためにお力添えをいただいておりますことは、この上ない喜びであります。

それと同時に三先生は、宗門のみならず大学や宗外の学会、研究会等においてもその学識を披瀝され、「法華宗に苅谷あり、小西あり、大平あり」のお姿を広く知らしめてこられました。そして今もなお、さまざまな場面において発表の場に参加をされ、ご自身の研鑽を深めておられます。ともすれば内向きになりがちな学問の分野にあって、法華宗の素晴らしさ、有り難さを広宣してこられたご功績は、筆舌に尽くしがたいものであります。

このたび三先生頌寿記念論文集刊行会が発足され、四十五本もの玉稿を編んで一冊の論集が刊行されますのも、三先生と共に学んだ人たちや、その謦咳に触れた方々が、宗門内外に数多く居られることの表れでありましょう。

〝行学の二道を励み候べし〟。宗祖日蓮大聖人のこの御言葉を体現しておられる三先生のお姿こそ法華宗の宝であり、我々の範であります。

希くば、三先生より賜りました学恩に報いるべく、宗門内外の諸師が学問発展のためにこの論文集を精読し、さらなる研鑽を積まれることを切望いたします。

三先生におかれましては、改めて延年益寿をお祝い申し上げますと共に益々のご健勝をお祈り申し上げ、蕪辞ながら巻頭の辞にかえさせて頂きます。

合掌

令和六年九月吉日

三先生頌寿記念論文集刊行会会長・法華宗宗務総長　金井孝顕

序文

荊谷定彦先生、小西日遶先生、大平宏龍先生の三先生の学恩に報ずるため、頌寿記念論文集が発刊されることとなった。宗内外の学恩を蒙った者は申すに及ばず、三先生の知己の斯界を代表する研究者の先生方が、頌寿記念として様々な分野からの最新の論文を執筆くださった。先生方には衷心より御礼申し上げる次第である。

荊谷定彦先生は、法華経原典研究の第一人者であって、滅後正意の観点より、インドにおけるオリジナル法華経を探求されてきた。末木文美士著『死者と霊性の哲学』（二〇二二年、二三八頁）では、法華経一仏乗思想について「私はそれを苅谷定彦に従って、「一切衆生は菩薩である」と定式化するのが適切だと考えている」と評価するように、「一切衆生は菩薩である」との提言は、先生の独創であって、これからの社会において、他者との関係性を考える上で根幹の思想となるものであろう。先生は元法華宗教学研究所長であるが、所員の頃は田村芳朗先生と侃々諤々の議論を交わされていた。これは当研究所総会における恒例行事の如く、田村先生がご勇退されるまで、毎年必ず繰り返されていた。当時の小衲には内容が高度であって理解できなかったが、今にして思えば、もっと聞いておけばよかったと反省しきりである。

小西日遶先生は、慶林日隆の伝記研究の唯一の研究者として、長年に亘って、緻密な史資料分析、実地調査を続けられ、日隆の実像に迫ってこられた。これによって一人日隆のみならず、日隆を取り巻く信者や教団、さらには勧学院の実態までも解明されてきている。これらは画期的な研究成果であり、先人がなし得なかった功績として高く評価されるべきである。先生は大本山本興寺に御晋山されるや、直ちに本山蔵の古文書を整理し解読して『本興寺文書』として次々発刊され、今日に至るまでその編集作業は続行している。御貫首職の多忙な中、日隆の御真蹟や膨大な古文書に囲まれる環境下にあって、喜々として只管研究に没頭されるお姿は、正しく学問することの醍醐味を享受されていると思えてならない。

大平宏龍先生は、親撰確実な日蓮遺文に虚心坦懐に向かって「日蓮の真実」を解明されてきた。この態度は一徹であり、論文のみならず、興隆学林の授業であっても、法華宗教学研究所おける研究発表や所長講義であっても、さらに各種学術大会においても、その学問姿勢は不変である。中でも日蓮思想の解明には日隆の教学思想の理解が必要不可欠とされるのが重要な視点である。先生は二〇二二年に『日蓮遺文の思想的研究』を上梓された。先生の今までの研究活動の一端に触れ得た小衲にとって、この書は全篇を通して日蓮の教学思想の真意に肉迫するための研究史そのものであると同時に、これからの日蓮の思想的研究を志す者に大きな示唆を与えるものであると、思わざるを得ないのである。

些か蕪辞を並べてしまったが、小衲は、三先生の長年に亘る大きなご功績を顕彰することが学恩報謝であると信じ、我らが微志を納受してくだされば、これに優る喜びはないと思う次第である。向後も御健勝にて我々後進のご教導をお願い申し上げたい。

令和六年九月吉日

三先生頌寿記念論文集刊行会副会長・興隆学林専門学校学監　株橋祐史

苅谷定彦先生　略年譜・著書論文目録

苅谷定彦先生　近影

苅谷定彦（玄翁）先生　略年譜

昭和十二年三月二十五日　大阪府寝屋川市大字木屋百八番地にて父苅谷日任　母タミの四男として出生
昭和十八年四月　大阪府寝屋川市立北小学校入学
昭和二十四年三月二十五日　大阪府寝屋川市立北小学校卒業
昭和二十四年四月　京都府京都市立柳池中学校入学
昭和二十七年三月十五日　京都府京都市立柳池中学校卒業
昭和二十七年四月　京都府京都市立堀川高等学校入学
昭和三十年三月八日　京都府京都市立堀川高等学校卒業
昭和三十年四月　大阪大学文学部哲学科（インド哲学専攻）入学
昭和三十四年三月二十五日　大阪大学総長賞受賞（文学部哲学科部門）
昭和三十四年三月二十五日　大阪大学文学部哲学科（インド哲学専攻）卒業
昭和三十四年四月一日　大阪大学大学院文学研究科（哲学哲学史）修士課程入学
昭和三十四年四月一日　兵庫県立尼崎高等学校非常勤講師（昭和三十五年三月三十一日迄）
昭和三十五年四月一日　法華宗興隆学林研究科入学
昭和三十七年三月三十一日　大阪大学大学院文学研究科（哲学哲学史）修士課程修了
昭和三十七年三月三十一日　法華宗興隆学林研究科卒業

昭和三十七年四月一日　大阪大学大学院文学研究科（哲学哲学史）博士課程入学
昭和三十七年十一月二十八日　寝屋川市本信寺住職（平成十七年三月三十一日迄）
昭和三十八年二月二十五日　法華宗興隆学林講師（昭和四十八年三月三十一日迄）
昭和三十八年六月一日　法華宗教学研究所研究員（昭和五十六年九月五日迄）
昭和四十年三月三十一日　大阪大学大学院文学研究科（哲学哲学史）博士課程単位取得満期退学
昭和四十一年四月一日　大阪大学文学部インド哲学講座助手（昭和四十八年三月迄）
昭和四十八年四月一日　種智院大学専任講師（昭和五十一年三月三十一日迄）
昭和四十八年四月一日　立命館大学文学部非常勤講師（昭和五十三年三月三十一日迄）
昭和四十八年五月二十五日　法華宗興隆学林助教授（昭和五十六年三月三十一日迄）
昭和四十九年七月二十七日　日本印度学仏教学会学会賞受賞
昭和五十一年四月一日　種智院大学助教授（昭和五十六年三月三十一日迄）
昭和五十六年四月一日　法華宗興隆学林教授（平成十八年六月三十日迄）
昭和五十六年四月一日　種智院大学教授（平成十四年三月三十一日迄）
昭和五十六年九月五日　法華宗教学研究所所員（平成十年九月三十日迄）
昭和五十七年二月二十四日　文学博士（大阪大学）：「法華経一仏乗に関する研究」
平成五年十一月十九日　立正大学法華文化研究所・坂本日深学術賞受賞
平成十年十月一日　法華宗教学研究所所長（平成十七年九月三十日迄）
平成十四年三月三十一日　種智院大学定年退職

平成十五年四月一日　種智院大学名誉教授
平成十七年十月一日　法華宗教学研究所名誉所員
平成十八年六月三十日　興隆学林専門学校教授依願退職

苅谷定彦先生　著書論文目録

(一) 著　書

法華経一仏乗の思想　　昭和五十八年十二月　東方出版
―インド初期大乗仏教研究―

法華経〈仏滅後〉の思想　　平成二十一年十二月　東方出版
―法華経の解明（Ⅱ）―

(二) 論　文

法華經見寶塔品について　　昭和三十八年　一　月　印度学仏教学研究　第一一巻第一号

四佛知見の本文想定　　昭和三十九年　一　月　印度学仏教学研究　第一二巻第一号

法華經における一乘と三乘　　昭和　四十　年　一　月　印度学仏教学研究　第一三巻第一号

法華経の拝読（一）　　昭和　四十　年　七　月　桂林学叢　第五号
―法華経成立史に対する一見解―

法華經に於ける「舎利」―śarīra と dhātu―　　昭和　四十　年十二月　印度学仏教学研究　第一四巻第一号

法華經の過去譚について　　昭和四十二年　三　月　印度学仏教学研究　第一五巻第二号
―法華經成立史に對する一視點―

『法華経』の成立史に関する一見解　昭和四十二年三月　古代学 第一三巻第三・四号
法華経に表われた仏塔観　昭和四十二年十二月　待兼山論叢 創刊号
法華経化城喩について
―一乗と三乗とをめぐつて―　昭和四十四年十二月　印度学仏教学研究 第一八巻第一号
法華經の佛塔觀―法華經の拜讀（二）―　昭和四十五年八月　桂林学叢 第六号
永遠仏について―法華経と浄土経―　昭和四十六年三月　印度学仏教学研究 第一九巻第二号
セイロン仏教の姿　昭和四十六年十一月　大阪大学インド・東南アジア研究センター報告一九七一
法華経安楽行品の「四法」について　昭和四十七年三月　印度学仏教学研究 第二〇巻第二号
法華経如来神力品の神力について―梵漢対照―　昭和四十八年三月　印度学仏教学研究 第二一巻第二号
法華経「嘱累品」考　昭和四十八年十二月　印度学仏教学研究 第二二巻第一号
大乗教団としての法華者団　昭和四十九年三月　日本仏教学会年報 第三九号
久遠本仏と仏滅後―法華経の拝読（三）―　昭和四十九年九月　桂林学叢 第八号
「阿弥陀経」の一考察　昭和 五十 年三月　宗教研究 第四八巻第三号
法華経における仏陀観
―歴史的仏陀からの脱却の道―　昭和 五十 年三月　密教学研究 第七号
「分身」考　昭和五十一年十二月　大崎学報 第一二九号
「阿弥陀経」と「大阿弥陀経」　昭和五十二年三月　日本仏教学会年報 第四二号

初期浄土経典にあらわれた菩薩思想 —〈阿弥陀経〉と『大阿弥陀経』—	昭和五十二年 四月	仏教学 第三号
法華経における「分身」	昭和五十二年 十月	密教学 第一三・一四号
法華経薬草喩品の一乗説	昭和五十二年十二月	印度学仏教学研究 第二六巻第一号
法華経方便品の声聞観	昭和五十四年十一月	株橋先生古稀記念『法華思想と日隆教学』
法華經と如来藏經 —一切衆生皆悉ぼさつと悉有佛性—	昭和五十四年十二月	森三樹三郎博士頌寿記念『東洋學論集』
法華経修行道の構造—法師品の研究—	昭和五十五年 三月	日本仏教学会年報 第四五号
法華経方便品偈頌「過去仏章」考	昭和五十五年 三月	印度学仏教学研究 第二八巻第二号
法華経安楽行品の夢	昭和五十六年十二月	ダルシャナ 第一集
—法華経ぼさつ道の一過程—	昭和五十七年 十月	桂林学叢 第一一号（転載）
法華経における書写、経巻供養、仏塔建立 —法師品研究（Ⅱ）—	昭和五十七年 十月	密教学 第一八号
初期大乗経典の時機観 —〈仏滅後〉と菩薩思想—	昭和五十九年 一月	日本仏教学会年報 第四九号
初期大乗経典と仏塔信仰	昭和五十九年十一月	仏教学研究 第三九・四〇号
羅什訳『妙法蓮華経』の問題点（1）		

—羅什の法華経理解をさぐる—　昭和 六十 年 三 月　密教学 第二〇・二一号
羅什訳『妙法蓮華経』の問題点（2）
—「嘱累品」の位置と「化城喩品」という品名について—　昭和 六十 年 六 月　大崎学報 第一三九号
勝呂信静教授の〔書評〕『法華経一仏乗の思想』に応えて　昭和六十一年 三 月　法華文化研究 第一二号
羅什訳『妙法蓮華経』の問題点（3）　昭和六十一年 三 月　印度学仏教学研究 第三四巻第二号
長者窮子喩—『法華経』と『大法鼓経』—　昭和六十一年 十 月　興隆学林紀要 創刊号
五島清隆氏の書評（拙著『法華経一仏乗の思想』）に応えて　昭和六十二年 三 月　密教学 第二三号
羅什訳『妙法蓮華経』の問題点（4）　昭和六十三年 三 月　印度学仏教学研究 第三六巻第二号
[書評] 久保継成著『法華経菩薩思想の基礎』　昭和六十三年 六 月　宗教研究 第六二巻第一輯
『妙法華』における「大乗」の語について
—羅什訳『妙法華』の問題点（5）—　昭和六十三年 十 月　大崎学報 第一四五号
仏塔・ボサツ・大乗仏教
—仏教における在家道—　平成 二 年 十 月　仲尾俊博先生古稀記念『佛教と社会』
『妙法華』における「小乗」の語について
—羅什の法華経改竄—　平成 三 年 三 月　印度学仏教学研究 第三九巻第二号
法華経における女性　平成 三 年 五 月　日本仏教学会年報 第五六号

「良医治子の喩」考（上）―内容の把握―　平成四年三月　大崎学報 第一四八号

「諸法」と「仏知見」と「衆生の自性」―法華経方便品の構造―　平成四年三月　種智院大学学舎竣工記念論文集『佛教万華』

法華経研究の問題点　平成四年八月　『日本の仏教―現代への提言―』

法華経如来寿量品の解明―「良医治子の喩」考（下）―　平成六年三月　大崎学報 第一五〇号

『妙法華』における「読誦」について― vācayati と svādhyāya ―　平成六年三月　桂林学叢 第一五号

『法華経』の「仏乗と三乗」再説　平成六年五月　日本仏教学会年報 第五九号

［書評］勝呂信静著『法華経の成立と思想』　平成六年六月　宗教研究 第六八巻第一号

大乗仏教運動と『法華経』　平成七年十一月　東洋学術研究 第三四巻第二号

法華経「分別功徳品」の考察　平成八年二月　『勝呂信静博士古稀記念論文集』

法華経と日蓮聖人　平成九年二月　浅井圓道先生古稀記念論文集『日蓮教学の諸問題』

平成九年三月　興隆学林紀要 第九号（転載）

『法華経』「方便品」再説―仏乗について―　平成九年三月　印度学仏教学研究 第四五巻第二号

『大阿弥陀経』から『無量寿経』へ―生因願を中心として―　平成九年六月　渡邊隆生教授還暦記念論集『佛教思想文化史論叢』

法華経「声聞授記」の意図	平成十年三月	印度学仏教学研究 第四六巻第二号
初期大乗経典における経の唱導と経巻供養 —般若経と法華経—	平成十年八月	山崎泰廣教授古稀記念論文集『密教と諸文化の交流』
『法華経』常不軽菩薩の考察 —共生の思想にかかわって—	平成十一年五月	日本仏教学会年報 第六四号
初期大乗仏教のなかの浄土経典	平成十一年十一月	龍谷大学仏教文化研究所紀要 第三八号
『法華経』「分別功徳品」の考察	平成十一年十二月	桂林学叢 第一七号
『法華経』「如来寿量品」の研究 —自我偈の読解—	平成十三年三月	田賀龍彦博士古稀記念論集『仏教思想仏教史論集』
『法華経』における仏智と菩提 —方便品を中心として—	平成十三年三月	印度学仏教学研究 第四九巻第二号
法華経の基本構造 —インド初期大乗仏教の中で—	平成十三年三月	『法華経の思想と展開（法華経研究XIII）』
初期大乗経典の特異性 —その出家と在家の問題をめぐって—	平成十五年三月	渡邊寶陽先生古稀記念論文集『法華仏教文化史論叢』
出家とは何か—大乗仏教の起源をめぐって—	平成十五年十二月	印度学仏教学研究 第五二巻第一号
『大阿弥陀経』法蔵菩薩説話段の異質性 —『阿弥陀経』に比して—	平成十五年十二月	仏教学 第四五号

法華経出現の過程—初期大乗仏教とは何か—	平成十七年三月	桂林学叢　第一九号
ボサツ（仏の前生）から菩薩（菩提を求める有情）へ	平成十七年十二月	印度学仏教学研究　第五四巻第一号
『法華経』「如来神力品」の考察	平成十八年六月	『法華経と大乗経典の研究』
『法華経』（梵本）から見た『妙法華』の問題点	平成十九年三月	法華文化研究　第三三号
勝呂信静博士「羅什は法華経思想を改竄したか」に応えて	平成二十年三月	桂林学叢　第二〇号
『法華経』作者の創作意趣	平成二十三年三月	法華文化研究　第三七号
—〈仏滅後〉の衆生の成仏道—	平成二十四年九月	『法華宗研究論集』（転載）
お題目はなぜ唱えるものなのか—常不軽菩薩の振舞—	平成二十三年三月	桂林学叢　第二二号
〈阿弥陀経〉と『大阿弥陀経』の成立	平成二十四年八月	日本仏教学会年報　第七七号
はじめて仏入滅を意義づけた『法華経』「如来寿量品」	平成二十五年二月	伊藤瑞叡博士古稀記念論文集『法華仏教と関係諸文化の研究』
『法華経』「方便品」における 'Upāya-kauśalya'	平成二十五年十二月	仏教学　第五五号
釈尊入滅の必然を明かした『法華経』「如来寿量品」	平成二十六年三月	桂林学叢　第二五号
法華経の成立	平成二十六年五月	『法華経と日蓮（シリーズ日蓮1）』

『法華経』「仏乗品」に見る『般若経』の〝巻き返し〟―第二章の精読〔補遺〕―　平成二十七年十月　桂林学叢 第二六号

『法華経』の〈仏乗〉とは何か　平成二十八年三月　三友健容博士古稀記念論文集『智慧のともしび―アビダルマ佛教の展開
―第二章の精読―　インド・東南アジア・チベット篇』

『法華経』「譬喩品」の精読　平成二十八年十一月　桂林学叢 第二七号
―声聞（舎利弗）授記の異質と「三車火宅喩」の本旨―

「長者窮子喩」の解明　平成二十九年十月　桂林学叢 第二八号
―『法華経』「信解品」の精読―

『法華経』「薬草品」、「授記品」、「宿世因縁品」の精読―これらの異質性を明かす―　平成三十年十二月　桂林学叢 第二九号

『法華経』「見宝塔品」の解明　平成三十一年三月　東方 第三四号
―インド・オリジナル『法華経』を求めて（Ⅵ）―

『法華経』の釈尊は〝永遠仏〟か「如来寿量品」の精読―インド・オリジナル『法華経』を求めて（Ⅷ）―　令和元年十二月　桂林学叢 第三〇号

『法華経』「従地涌出品」の精読　令和二年三月　興隆学林紀要 第一七号
―インドのオリジナル『法華経』を求めて（Ⅶ）―

「不軽菩薩『我深敬』等の二十四字」と日蓮の　令和二年十月　花野充道博士古稀記念論文集『仏教思

題目―インド・オリジナル『法華経』から見て―　　想の展開』
『法華経』「法師品」の精読　令和三年三月　法華文化研究 第四七号
―インド・オリジナル『法華経』を求めて（Ⅴ）―
『法華経』「如来神力品」の精読　令和三年三月　興隆学林紀要 第一八号
―インド・オリジナル『法華経』の解明（最終回）―
『法華経』「仏乗品」の思想解明（上）　令和三年十二月　桂林学叢 第三二号
―①「諸法実相」、「方便」、「三止三請」、「五千起去」の異質と、
②「如来は唯一つの乗に依って『正法』を説く。即ち（それは）〈仏乗〉である」の脱文―
〝日月灯明仏過去譚〟の異質性　令和四年三月　興隆学林紀要 第一九号
―インド・オリジナル『法華経』「序品」の精読―
『法華経』「仏乗品」の思想解明（中）　令和四年十二月　桂林学叢 第三三号
―〝一切衆生本来からぼさつ〟―
『法華経』「仏乗品」の思想解明（下）　令和五年三月　興隆学林紀要 第二〇号
―偈頌部（偈頌を伴う文段全体も含む）の異質性―
「草木品」（『妙』「薬草喩品」）の思想解明〔下〕
―〈仏乗〉に対する『涅槃経』の逆襲―　令和六年三月　興隆学林紀要 第二一号

小西日遶先生　略年譜・著書論文等目録

小西日遶先生 近影

小西日遶先生　略年譜

昭和　十七　年　四　月二十八日　兵庫県神戸市兵庫区松本通三丁目二番地にて父小西顕龍（日静）母繁子の長男として出生
昭和二十四年　四　月　一　日　兵庫県神戸市立川池小学校入学
昭和　三十　年　三　月二十四日　兵庫県神戸市立川池小学校卒業
昭和　三十　年　四　月　一　日　兵庫県私立灘中学校入学
昭和三十三年　三　月二十二日　兵庫県私立灘中学校卒業
昭和三十三年　四　月　一　日　兵庫県私立灘高等学校入学
昭和三十六年　三　月三十一日　兵庫県私立灘高等学校卒業
昭和三十六年　四　月　一　日　関西学院大学文学部史学科入学
昭和　四十　年　三　月二十七日　関西学院大学文学部史学科卒業
昭和　四十　年　四　月　一　日　関西学院大学大学院文学研究科日本史学専攻修士課程入学
昭和四十二年　三　月三十一日　関西学院大学大学院文学研究科日本史学専攻修士課程卒業（文学修士）
昭和四十二年　四　月　一　日　関西学院大学大学院文学研究科日本史学専攻博士課程入学
昭和四十二年　四　月　十五　日　法華宗興隆学林本科入学
昭和四十三年　三　月　一　日　法華宗興隆学林本科卒業

昭和四十三年　四　月　十五　日　法華宗興隆学林研究科入学
昭和四十五年　三　月　十　日　法華宗興隆学林研究科卒業
昭和四十五年　三　月三十一日　関西学院大学大学院文学研究科日本史学専攻博士課程単位取得満期退学
昭和四十六年　四　月　一　日　法華宗興隆学林講師（昭和五十一年五月三十一日迄）
昭和四十六年　八　月二十五日　法華宗教学研究所研究員（昭和六十年九月四日迄）
昭和五十一年　六　月　一　日　法華宗興隆学林助教授（昭和五十九年三月三十一日迄）
法華宗法要必携校正員（昭和五十八年一月八日迄）
昭和五十一年　九　月　一　日　声明研修員
昭和五十六年　六　月　一　日　法華宗全書刊行会編纂局編集員
昭和五十七年　四　月　八　日　神戸市法華寺住職（平成二十二年十二月十二日迄）
昭和五十八年　一　月　八　日　法華宗法要必携校閲員（平成元年三月三十一日迄）
昭和五十八年　一　月二十　日　神戸市妙長教会兼務担任代務者（平成二十五年一月七日迄）
昭和五十九年　四　月　一　日　法華宗興隆学林教授（平成十九年三月三十一日迄）
昭和　六十　年　九　月　五　日　法華宗教学研究所所員（平成二十四年三月三十一日迄）
昭和　六十　年十二月　九　日　大本山本興寺門末代議員会・監事（平成十一年九月十五日迄）
昭和六十一年　一　月　八　日　宗宝・宗門史蹟審議会委員（平成二年一月七日迄）
平成　二　年　四　月　八　日　宗宝・全書に関する資料調査室委員
平成　四　年　七　月　一　日　興隆学林専門学校学監（平成十九年三月三十一日迄）

法華宗全書刊行会編纂局編纂主任
宗宝・全書に関する資料調査室室長
平成五年一月八日　宗宝・宗門史蹟審議会委員
平成八年六月一日　法華宗教学財団理事（平成二十二年十月十四日迄）
興隆学林専門学校後援会幹事
平成九年二月八日　神戸市本勝寺兼務住職代務者（平成十一年一月十九日迄）
平成十年四月一日　宗宝・全書に関する資料調査室室長再任
平成十一年九月十六日　大本山本興寺門末代議員会・門末総代
平成十五年三月六日　法制審議会委員（平成十七年十二月九日迄）
平成十七年十月二十日　広島県竹原市立正寺兼務住職代務者（平成二十四年十二月二十五日迄）
平成十八年四月一日　法華宗宗祖開基先師聖人報恩奉讃会総務（平成十九年三月三十一日迄）
平成十八年四月二十日　教学審議会委員
平成十八年六月一日　法規検討特別委員会委員（平成二十年十一月十九日迄）
平成十八年九月一日　宗宝史蹟資料調査員
平成十九年四月一日　興隆学林専門学校学林長（平成二十二年十月十四日迄）
僧階銓衡会委員（平成二十二年十月十四日迄）
法華宗全書刊行会副会長・編集総監（平成十九年五月三十一日迄）
法華宗布教教学振興会顧問（平成二十二年十月十四日迄）

法華宗宗祖開基先師聖人報恩奉讃会顧問（平成二十二年十月十四日迄）

平成十九年四月二十三日　法華宗教学財団常務理事

平成十九年九月十八日　大本山本興寺門末代議員会議長（平成二十二年十月五日迄）

平成二十二年十二月十三日　大本山本興寺第一三四世貫首（現在に至る）

富山県御廟所誕生寺兼務住職（現在に至る）

兵庫県神戸市法華寺兼務住職（現在に至る）

僧階銓衡会委員

法華宗教学基金顧問

法華宗布教教学振興会顧問

法華宗宗祖開基先師聖人報恩奉讃会顧問

平成二十三年四月一日　興隆学林専門学校名誉教授

平成二十四年四月一日　法華宗教学研究所名誉所員

平成二十四年五月十三日　第一三二代法華宗管長（平成二十五年八月十二日迄）

法華宗教学基金総裁（平成二十五年八月十二日迄）

法華宗全書刊行会総裁（平成二十五年八月十二日迄）

法華宗宗祖開基先師聖人報恩奉讃会総裁（平成二十五年八月十二日迄）

平成二十五年八月十三日　法華宗教学基金顧問

法華宗宗祖開基先師聖人報恩奉讃会顧問

平成二十七年十二月十三日　重任大本山本興寺第一三四世貫首

平成二十八年二月十三日　第一三五代法華宗管長（平成二十九年五月十二日迄）

法華宗教学基金総裁（平成二十九年五月十二日迄）

法華宗全書刊行会総裁（平成二十九年五月十二日迄）

法華宗宗祖開基先師聖人報恩奉讃会総裁（平成二十九年五月十二日迄）

平成二十九年五月十三日　法華宗宗祖開基先師聖人報恩奉讃会顧問

令和二年十二月十三日　重任大本山本興寺第一三四世貫首

令和三年二月十三日　第一三九代法華宗管長（令和四年五月十二日迄）

法華宗全書刊行会総裁（令和四年五月十二日迄）

法華宗宗祖開基先師聖人報恩奉讃会総裁（令和四年五月十二日迄）

令和四年五月十三日　法華宗宗祖開基先師聖人報恩奉讃会顧問

令和四年六月二十九日　法華宗宗門史編纂委員会顧問

小西日遶先生　著書論文等目録

（一）著　書

日隆聖人略伝（法華シリーズ6）　昭和六十年五月　東方出版

（二）論文・研究ノート

田令公田条について
—特に天平八年太政官奏と関係して—　昭和四十一年七月　日本歴史　第二一八号

古代運輸制度の一考察　昭和四十五年三月　関西学院史学　第一二号

『天晴地明』について
—天変地夭と仏法との関係—　昭和四十八年八月　桂林学叢　第七号

扶桑略記に関する一考察
—日蓮聖人御遺文と関連して—　昭和四十九年三月　関西学院史学　第一五号

宗祖と『扶桑略記』　昭和五十三年三月　桂林学叢　第一〇号

室町時代初期の社会情勢について
—日隆聖人伝の一視点—　昭和五十四年十一月　株橋先生古稀記念『法華思想と日隆教学』

『扶桑略記』逸文再考　昭和五十八年一月　永島福太郎先生退職記念『日本歴史の

構造と展開』

日隆聖人伝補填の一史料
—「寺領屋敷地所当収納日記」について—　昭和六十三年三月　興隆学林紀要 第二号

日隆聖人の瀬戸内海沿岸布教についての一試論　平成元年三月　桂林学叢 第一四号

日隆聖人出自考　平成二年三月　興隆学林紀要 第四号

光長寺蔵『山門奏状』について　平成六年十月　古文書研究 第三九号

光長寺蔵『天地人三才之巻』について
—『明文抄』との同異の検討—　平成九年七月　桂林学叢 第一六号

光長寺『佛法伝来記』について　平成十一年十二月　桂林学叢 第一七号

応永年間における京都・兵庫間の通行に関する
一史料　平成十四年三月　興隆学林紀要 第一一号

慶林日隆と有徳人について　平成十五年三月　日蓮教学研究所紀要 第三〇号

日蓮聖人遺文参考資料の一考察
—日春・日法所持本を手懸りとして—　平成十五年三月　渡邊寶陽先生古稀記念論文集『日蓮教学教団史論叢』

日隆聖人伝資料の一考察
—聖人葬送記事と第三七日忌法則との関係—　平成十七年三月　桂林学叢 第一九号

『鎌倉遺文』所載の『日蓮聖人遺文』について　平成十八年三月　興隆学林紀要 第一二号

法華宗の寺内町について

—尼崎本興寺寺内町の再検討—	平成二十年三月	桂林学叢第二〇号
日存・日道・日隆三師起請文と本応寺についての一考察	平成二十一年十一月	桂林学叢第二一号
歴史資料としての日蓮聖人遺文について —『南条殿御返事』中の「をゝはしの太郎」譚の検討—	平成二十四年三月	桂林学叢第二三号
御遺文に見える法制用語に関する一考察	平成二十六年三月	松村壽巌先生古稀記念論文集『日蓮教学教団史の諸問題』
日隆聖人伝記史料として見た御聖教紙背文書の一考察	平成二十六年三月	桂林学叢第二五号
『日存・日道・日隆三代三十年の研鑽』についての検討	平成二十七年十月	桂林学叢第二六号
東朝西隆の伝承とその後の経緯について	平成二十八年十一月	桂林学叢第二七号
慶林日隆と有徳人再考	平成三十年三月	北川前肇先生古稀記念論文集『日蓮教学をめぐる諸問題』
日隆聖人伝記書に関する一考察	平成三十年十二月	桂林学叢第二九号
慶林日隆所持の御書写本に関する一考察	平成三十一年三月	庵谷行亨先生古稀記念論文集『日蓮教学とその展開』
日隆門流の形成と教団維持に関する一考察	令和二年十月	花野充道博士古稀記念論文集『日蓮仏

教とその展開』

日隆聖人制定の法度から見た当時の実情に関する一考察　令和二年十二月　桂林学叢 第三一号

日隆聖人の起請文提出についての再検討　令和四年十二月　桂林学叢 第三三号

『富城入道殿御返事』（承久書）の一考察　令和五年三月　日蓮教学研究所紀要 第五〇号

(三) 分担執筆

『歴史と宝物』　昭和五十六年四月　大本山本興寺発行

『大本山本興寺　寺宝目録』　平成三年二月　大本山本興寺発行

『本興寺―歴史と寺宝―』　平成三年二月　大本山本興寺発行

光長寺の開創と伝来の宝物　平成十四年四月　『日蓮大聖人　おん伝　教え　光長寺』

法華宗と本蓮寺　平成二十三年四月　『港町の古刹　法華宗經王山本蓮寺　寺宝と歴史』

『本興寺の歴史と名宝』　平成二十五年五月　大本山本興寺発行

日隆門流の成立と展開　平成二十七年二月　『日蓮教団の成立と展開（シリーズ日蓮3）』

（四）講演・発表

伝日隆聖人消息について	昭和六十二年十一月	第一回　法華宗教学研究発表大会　研究発表要旨
光長寺蔵『山門奏状』について	平成　六　年　十　月	日本古文書学会第二十六回学術大会要旨
光長寺蔵『仏法伝来記』について	平成　六　年　十　月	第八回　法華宗教学研究発表大会　研究発表
宗門史研究の問題点	平成　九　年　十　月	法華宗教学研究発表大会第一〇回記念　記録集
日隆聖人の歴史面について	平成　十六　年　九　月	大阪教区研修会
日隆聖人の教化活動について	平成二十一年　六　月	法華宗青年会連絡協議会
日隆聖人の実像	平成二十二年　九　月	北陸教区檀信徒代表研修会
東朝西隆とその後の経緯について	平成二十四年　二　月	第二五回　法華宗教学研究発表大会　研究発表
日隆聖人の西国弘通	平成二十四年　七　月	第六四回兵庫教区宗務所総会研修会
日隆聖人の生涯と八品門流	平成二十五年　七　月	立正大学　宗学史概論特別講座
日隆聖人の鴻業を憶う	平成二十五年　十　月	第四五回法華宗九州信徒大会記念講演
布教者としての日隆聖人	平成二十五年十一月	大阪教区日隆聖人第五五〇遠忌記念　「信徒の集い」記念講演

法華宗の讃岐国への伝搬と日隆聖人の西国布教について　平成二十七年四月　四国教区寺庭婦人会講演

水上交通を使用した中世法華僧の布教について―尼崎本興寺開山日隆の西国布教を見る―　平成二十八年九月　神戸みなとの知育楽座Ｐａｒｔ8

門祖日隆聖人の鴻業の顕彰と宗門史研究について　平成三十年二月　法華宗教学研究発表大会第三〇回記念記録集

（五）書評・序文・跋文

三浦成雄著『日蓮聖人略伝』（法華シリーズ2）　昭和五十七年一月　中外日報二二八三八号

『本興寺文書』第一巻「序文」　平成二十五年四月　清文堂出版

『本興寺文書』第二巻「序文」　平成二十五年四月　清文堂出版

『本興寺文書』第三巻「あとがき」　平成二十七年八月　清文堂出版

『本興寺文書』第四巻「あとがき」　平成二十八年十一月　清文堂出版

『本興寺文書』第五巻「あとがき」　平成三十一年十一月　清文堂出版

『本興寺文書』第六巻「あとがき」　令和三年十月　清文堂出版

大平宏龍先生　略年譜・著書論文等目録

大平宏龍先生 近影

大平宏龍先生　略年譜

昭和　十八　年　九　月二十九日　香川県三豊郡和田村大字和田乙一一七にて父大平進龍　母鷹子の長男として出生
昭和二十五年　四　月　一　日　香川県三豊郡和田村立和田東部小学校入学（町村合併で昭和三十年より豊浜南小学校となる）
昭和三十一年　三　月　二十　日　香川県三豊郡豊浜町立豊浜南小学校卒業
昭和三十一年　四　月　一　日　香川県三豊郡豊浜町立豊浜中学校入学
昭和三十四年　三　月　二十　日　香川県三豊郡豊浜町立豊浜中学校卒業
昭和三十四年　四　月　七　日　香川県立観音寺第一高等学校入学
昭和三十七年　三　月　十　日　香川県立観音寺第一高等学校卒業
昭和三十七年　四　月　一　日　早稲田大学第一文学部哲学科東洋哲学専修入学
昭和四十一年　三　月　十五　日　早稲田大学第一文学部哲学科東洋哲学専修卒業
昭和四十一年　四　月　一　日　早稲田大学大学院文学研究科東洋哲学専攻入学（修士課程）
昭和四十三年　四　月　十五　日　法華宗興隆学林研究科入学
昭和四十四年　三　月　十五　日　早稲田大学大学院文学研究科東洋哲学専攻修了（文学修士）
昭和四十五年　三　月　十　日　法華宗興隆学林研究科卒業

昭和四十六年八月二十五日　法華宗教学研究所研究員（昭和六十年九月五日迄）

昭和五十一年六月一日　法華宗興隆学林助教授（昭和五十九年三月三十一日迄）

昭和五十六年六月一日　法華宗全書刊行会編纂局編集員

昭和五十九年四月一日　法華宗興隆学林教授（平成二十一年三月三十一日迄）

昭和六十年九月五日　法華宗教学研究所所員（平成十七年九月三十日迄）

昭和六十一年一月八日　宗宝・宗門史蹟審議会委員（平成二年一月七日迄）

平成四年十二月二十日　観音寺市國祐寺住職

平成五年一月八日　宗宝・宗門史蹟審議会委員

平成十年六月一日　『法華宗全書（四帖抄）』編集主任

平成十四年九月一日　『法華宗全書（妙経直談抄）』編集主任（平成十九年五月三十一日迄）

平成十七年十月一日　法華宗教学研究所所長（令和元年九月三十日迄）

平成十九年六月一日　『法華宗全書（妙経直談抄）』編集主任

平成十九年六月一日　法華宗全書刊行会編纂局長

平成二十一年四月一日　『法華宗全書（妙経直談抄第四分冊）』編集主任

平成二十二年十月二十九日　興隆学林専門学校学林長

平成二十九年六月一日　法華宗教学基金理事

令和二年七月一日　法華宗教学研究所名誉所長

大平宏龍先生　著書論文等目録

（一）著書・編著類

雲風山國祐寺略誌	昭和五十三年十月	國祐寺大平日晋発行（私家版）
日隆聖人を読む	平成五年四月	東方出版
法華宗の教えを語る（共編著）	平成十三年十二月	東方出版
法華経の略要品	平成十四年七月	法華宗教学研究所
日蓮教学の大綱―名目を考える―（一）	平成十九年三月	本門法華宗学院
日蓮教学の大綱―名目を考える―（二）	平成二十一年三月	本門法華宗学院
日蓮教学の大綱―名目を考える―（三）	平成二十二年十一月	本門法華宗学院
心が温まる日蓮の言葉（ＰＨＰ新書）	平成二十三年二月	ＰＨＰ研究所
日蓮教学の大綱―名目を考える―（四）	平成二十四年二月	本門法華宗学院
日蓮教学の大綱―名目を考える―（五）	平成二十五年六月	本門法華宗学院
日蓮教学の大綱―名目を考える―（六）	平成二十七年十一月	本門法華宗学院
日隆聖人教学概論　稿	平成二十七年十一月	國祐寺（私家版）
日蓮教学の大綱―名目を考える―（七）	平成二十九年十一月	本門法華宗学院
日蓮教学の大綱―名目を考える―（八）	平成三十一年三月	本門法華宗学院

日蓮教学の大綱—名目を考える—（九）　令和二年五月　本門法華宗学院
日蓮教学の大綱—名目を考える—（十）　令和三年十一月　本門法華宗学院
日蓮遺文の思想的研究　令和四年八月　東方出版
日蓮教学の大綱—名目を考える—（十一）　令和四年十一月　本門法華宗学院
日蓮教学の大綱—名目を考える—（十二）　令和五年十一月　本門法華宗学院

（二）論文・研究ノート

本尊抄と小乗小仏要文—本門八品正意論に関して—　昭和四十八年八月　桂林学叢　第七号
本興寺二十八世日顕上人の御聖教修復事業について　昭和四十八年十月　宗門史談　創刊号
日隆聖人教学成立の資料　宗祖御遺文について　昭和四十九年九月　桂林学叢　第八号
慶林坊日隆聖人著「名目見聞」について　昭和五十年十二月　印度学仏教学研究　第二四巻第一号
日隆聖人著『名目見聞』の一考察　昭和五十三年三月　桂林学叢　第一〇号
日隆聖人の中古天台義批判について　昭和五十四年十一月　株橋先生古稀記念『法華思想と日隆教学』
宗祖の教相論に関する一視点　昭和五十七年十月　桂林学叢　第一一号
日隆教学における中古天台義　昭和五十九年三月　印度学仏教学研究　第三二巻第二号

日隆文献にみえる「朽木書」について	昭和六十一年三月	印度学仏教学研究　第三四巻第二号
日隆聖人と東国法華宗	昭和六十一年十月	興隆学林紀要　創刊号
台当異目深密鈔について	平成元年三月	印度学仏教学研究　第三八巻第二号
「開迹顕本宗要集」考	平成元年三月	興隆学林紀要　第三号
本能寺格護の御聖教類について	平成元年六月	桂林学叢　第一四号
日隆聖人著「御書文段」私考	平成二年三月	興隆学林紀要　第四号
室町時代の日蓮教学と本覚思想 ―慶林坊日隆について―	平成三年一月	『本覚思想の源流と展開（法華経研究XI）』
「文句要伝」「玄文止諸御抄出処」私考	平成三年三月	興隆学林紀要　第五号
『本門戒体見聞』について	平成五年十月	日蓮教学研究所紀要　第二〇号
日蓮聖人の一念三千論私見（一） ―十界互具論―	平成八年三月	興隆学林紀要　第八号
日法聖人教学研究ノート ―『本迹相違』をめぐって―	平成九年七月	桂林学叢　第一六号
日隆聖人文献における「私新抄」の位置 ―事具三千をめぐって―	平成十二年三月	興隆学林紀要　第一〇号
慶林日隆著『玄義教相見聞』について	平成十五年三月	日蓮教学研究所紀要　第三〇号
『本門弘経抄』考―自宝と他宝―	平成十五年三月	渡邊寶陽先生古稀記念論文集『日蓮教

学教団史論叢』

『十三問答抄』管見　平成十七年三月　桂林学叢　第一九号

〝法華経は末法日蓮等が為〟私考　平成十八年三月　興隆学林紀要　第一二号

『法華取要抄』における略・広開近顕遠について　平成二十年三月　桂林学叢　第二〇号

『観心本尊抄』拝読私見
—佐渡塚原と一谷の間—　平成二十一年十一月　桂林学叢　第二一号

「法華経と宮澤賢治」私論　平成二十二年七月　文藝月光　第二号

『立正安国論』と日隆教学　平成二十三年三月　桂林学叢　第二二号

『観心本尊抄』本門法体四十五字中の「己心」
について　平成二十四年三月　桂林学叢　第二三号

日隆文献における「云口」について　平成二十四年九月　『法華宗研究論集』

『観心本尊抄』「其本尊為体」の意味するもの
—日蓮聖人の本尊義私案—　平成二十五年三月　桂林学叢　第二四号

『私新抄』新考　平成二十五年三月　興隆学林紀要　第一三号

日隆教学の方法をめぐって　平成二十六年三月　桂林学叢　第二五号

『報恩抄』私見—いわゆる三大秘法に関する箇所の解釈をめぐって—　平成二十六年三月　松村壽巌先生古稀記念論文集『日蓮教学教団史の諸問題』

戦時体制下の日蓮門下　平成二十六年七月　『近現代の法華運動と在家教団（シリ

—曼荼羅国神不敬事件と天皇本尊論—　　ーズ日蓮4）』
『弘経抄』研究ノート　平成二十七年十月　桂林学叢 第二六号
日隆聖人の天台三大部研鑽について　平成二十八年十一月　桂林学叢 第二七号
日蓮聖人遺文管見　平成三十年三月　北川前肇先生古稀記念論文集『日蓮教学をめぐる諸問題』
—「内証の寿量品」をめぐって—
慶林坊日隆教学の確立　平成三十年十二月　興風 第三〇号
—法体二重説から法体三重説へ—
『六即私記』私考　平成三十年十二月　桂林学叢 第二九号
日蓮聖人研究管見　平成三十一年三月　興隆学林紀要 第一六号
慶林日隆の八品正意論管見　令和二年十月　花野充道博士古稀記念論文集『日蓮仏教とその展開』
慶林日隆の本迹論管見　令和三年十二月　興風 第三三号
上行付嘱考　令和四年八月　『日蓮遺文の思想的研究』
日蓮遺文における「口伝」考　令和四年八月　『日蓮遺文の思想的研究』
日蓮教学における下種論私見　令和四年八月　『日蓮遺文の思想的研究』
「本門肝心於南無妙法蓮華経五字」私考　令和四年十二月　桂林学叢 第三三号
慶林日隆の顕本論私見　令和五年三月　日蓮教学研究所紀要 第五〇号

（三） 分担執筆

「三難問書」「四帖抄」「十三問答抄」「体内本迹勝劣抄」「当家秘要録」「日隆大聖人徳行記」「名字口唱決」「隆師尊縁起」の項　昭和六十一年十一月　『日本仏教典籍大事典』

（四） 講演録・講演要旨

日隆聖人の人間観　昭和六十三年十月　第一回　法華宗教学研究発表大会研究発表要旨

日蓮教学研究の現状と展望　平成十年三月　大崎学報　第一五四号

法華宗教学管見—法華宗教学史とまことの一念三千—　平成十一年十二月　桂林学叢　第一七号

日隆聖人管見　平成十二年三月　現代教化　法華宗教化センター所報⑥

「昭和法難」私見　平成二十五年十二月　法華仏教研究　第一七号

『観心本尊抄』管見—なぜ〝観心〟本尊抄か—　平成三十年二月　法華宗教学研究発表大会第三〇回記念記録集

慶林日隆教学の形成と特色（前篇）　令和四年三月　興隆学林紀要　第一九号

慶林日隆教学の形成と特色（後篇）　令和五年三月　興隆学林紀要　第二〇号

（五）解題・解説・序文

本興寺格護の御聖教について　昭和五十六年　六月　『歴史と宝物』
日隆著『當家要傳』解題　平成　二　年　一　月　桂林学叢 第一五号別冊
茆谷日任上人管見―その人と信仰と教学思想―　平成　六　年　十　月　『本地の人　茆谷日任上人』
『法華天台両宗勝劣抄』解題　平成　十一　年　四　月　『法華宗全書　日隆1』（別冊）
『玄文止諸御抄出処』解題　平成二十四年　三　月　桂林学叢 第二三号
『文句要伝』解題　平成二十五年　三　月　桂林学叢 第二四号
『法花経信行信者事』解題　平成二十七年　十　月　桂林学叢 第二六号
『玄義教相見聞』『法華宗本門戒体見聞』解題　平成二十八年　三　月　『法華宗全書　日隆2』（別冊）
序文　平成　三十　年　二　月　『慶林坊日隆教学の研究』
『六即私記』『當家要傳』解題　平成　三十　年　二　月　『法華宗全書　日隆3』（別冊）

（六）索　引

日隆聖人御聖教所引御書索引　昭和五十一年　七　月　桂林学叢 第九号

（七）編　集

法華天台両宗勝劣抄（四帖抄）　平成　十一　年　四　月　『法華宗全書　日隆1』
妙経直談抄（Ⅲ）　平成　二十　年　七　月　『法華宗全書　日忠1』

玄義教相見聞　法華宗本門戒体見聞	平成二十八年三月	『法華宗全書　日隆2』
当家要伝　六即私記	平成三十年二月	『法華宗全書　日隆3』
（八）書評		
株橋日涌著『観心本尊鈔講義』上巻	昭和五十七年三月	中外日報第二二八五八号
株橋日涌著『法華宗教学綱要』	平成十九年一月	中外日報第二六九七三号
（九）その他		
南無妙法蓮華経で生きぬく —日蓮大聖人の御教え—	平成十四年四月	『日蓮大聖人　おん伝　教え　光長寺』
法華経如来寿量品「自我偈」	平成十五年十月	大法輪　第七〇巻第一〇号
法華経の七喩	平成十七年九月	大法輪　第七二巻第九号
日忠聖人の『妙経直談抄』第一回配本に際して	平成二十年七月	『法華宗全書　日忠1』（別冊）
法話「無縁社会」にならないために	平成二十二年九月	大法輪　第七七巻第九号
法華七喩のあらまし	平成二十三年二月	大法輪　第七八巻第二号
分別功徳品第十七〜如来神力品第二十一	平成二十五年五月	大法輪　第八〇巻第五号
編集後記	平成二十八年二月	『法華宗全書　日隆2』（別冊）
日蓮聖人の信心のすすめ	平成三十一年三月	大法輪　第八六巻第四号

編集後記

平成三十年二月　『法華宗全書　日隆３』（別冊）

法華仏教の潮流——教えと学びの道しるべ＊目次

法華仏教の潮流

教えと学びの道しるべ

法華経の菩薩思想

――苅谷定彦氏の説を手掛かりに――

末木文美士

はじめに

私はインド仏教を専門とするわけではなく、『法華経』を信仰する教団に属しているわけでもない。しかし、大乗仏教の思想を考えようとするとき、その原点として『法華経』や『無量寿経』に見える菩薩思想がきわめて重要であることは明らかである。そこで、まったくの素人ながら、これらの経典に関心を持ち、私なりに考察してきた。その際、『法華経』の菩薩思想を解明するに当たって、もっとも頼りとしてきたのが苅谷定彦氏の著作であった。氏は、『法華経一仏乗の思想』（東方出版、一九八三年）において法華経の前半部（第一類）の検討を行い、引き続いて、『法華経〈仏滅度〉の思想』（東方出版、二〇〇九年）において後半部（第二類）の詳細な分析を行った。本稿では、後者を手掛かりにしながら、これまでの拙稿で考察が不十分だった法師品から嘱累品までの、いわゆる第二類の部分を中心に検討してみたい。[2]

一　苅谷定彦氏の『法華経』解釈

1　前半部をめぐって

苅谷氏は、『法華経一仏乗の思想』において、方便品を中心とする菩薩（ボサツ、ぼさつ）のあり方を検討し、「一切衆生悉皆ぼさつ」という定式に達した。これは、『法華経〈仏滅後〉の思想』（以下、『仏滅後』と略す）においては、「一切衆生は本来からぼさつ（成仏確定者）である」という命題に改められている。『仏滅後』では、この前半部を再度検討し直すとともに、後半部を中心として解明を進め、そこに仏滅後の「ぼさつ」の実践が説かれていることを明らかにした。それによって、『法華経』を全体として「ぼさつ」の実践を説くものとして、一貫した観点から読み取ることができることになった。

なお、苅谷氏は、「菩薩」は大乗で説く「菩提を求める有情」あるいは「成仏可能者」の意、「ボサツ」はもともとの仏陀の本生において用いられた「菩提を本質とするもの」の意であるのに対して、「ぼさつ」は、その二つの意味を合わせ持ち、したがって「成仏確定者」の意だとする。即ち、『法華経』の「ぼさつ」は、一般の大乗と異なり、一切衆生を単に「成仏可能者」と見るのではなく、ブッダの前世と同じく「成仏確定者」と認めるというのである（『仏滅後』八二―八三頁）。

もちろん、このような使い分けは、梵本でも漢訳でもなされておらず、bodhisattva＝菩薩の意味の重層を書き分けたものである。「一切衆生は本来からぼさつ（成仏確定者）である」という定式化も、経典自体に見えるわけではなく、苅谷氏の解釈によるものである。このような定式化は、かなり大胆に見えるが、従来のように方便品を三乗・一乗説を基にした開三顕一と解するよりも、はるかに適切に『法華経』の中心思想を明確化したものということができる。

第一に、従来の解釈は、一乗・三乗という観点から、開三顕一など、仏陀の説法のあり方に関する教学的な議論として理解してきた。そこから、三車家か四車家かなどという議論が生じ、それが梵本解釈にまで及んでいた。氏の定式化は、それを「ぼさつ」という実践者の側から捉え直すことを可能とした。方便品の核心は「ぼさつ」の実践という異なる次元に移され、教学的な抽象論の行き詰まりを打破することができる。

第二に、そのことにより、『法華経』全体を、後半部も含めて、「ぼさつ」という観点から一貫して実践的な経典として読むことができるようになった。従来の伝統的な解釈では、迹門は開三顕一、本門は開権顕実と、前半と後半で問題が二分され、全体を統一的に読むことができなかった。

第三に、三乗・一乗、三車家・四車家などというのは、仏教教理学に限定された問題であり、それを超えた普遍的な意味を持ちにくい。しかし、「一切衆生」という言い方をすると、それは仏教信者も、そうでない人も含めて、あらゆる人（さらには人をも超えた「衆生」）の問題として捉えられることになる。そこから、宗教倫理の問題として、広い場で議論することができるようになった。

第四に、従来の解釈では、一仏乗というのは「いずれ仏になることができる」という遠い未来が問題とされているので、今の現実の問題として切実感が出ない。それが、「成仏確定者」としての「ぼさつ」ということであれば、いまここでの主体のあり方の問題であり、きわめて切実な問題となる。

第五に、「一切衆生」というと、直ちに「一切衆生悉有仏性」という『涅槃経』の命題が想起される。しばしば、『法華経』の一乗思想は如来蔵＝仏性思想につながるかのような解釈がなされるが、『法華経』にはそのような実体的なもの（松本史朗氏の言うdhātu）は想定されておらず、両者は明確に区別すべきである。その点で、「一切衆生はぼさつ」という言い方は、仏性説との対比が明瞭であり、分かりやすい。

2 『法華経』の原型

『法華経』の成立に関しては、段階成立説や同時成立説などがあるが、苅谷氏の説は原型・後分説とも言うべきものである。即ち、第一類と第二類を分けるのではなく、両者は一貫したものとして構想されたと考えるが、そのオリジナルのものは現形の半分程度であり、残りは後代の付加（後分）と見る。氏の説を要約した論文によると[3]、「オリジナルの法華経」は以下のような構成になる。

第1章　序品
第2章　仏乗品（「現行梵本」では方便品）
第3章　譬喩品
第4章　過去世因縁品（『妙法華』の化城喩品――①現行薬草喩品の「大雲と雷鳴の喩」と②「現行梵本」の「化城喩」を除く大通智証仏の過去譚）
第5章　法師品
第6章　見宝塔品
第7章　従地涌出品（現行勧持品の末尾を含む）
第8章　如来寿量品
第9章　常不軽菩薩品

第10章　如来神力品

第4章までが前半部、第5章以下が後半部になる。後半部では、勧持品（その大部分）・安楽行品・分別功徳品・随喜功徳品・嘱累品が後分ということになる。

前半部は、「〈仏乗〉という教説は自からその有効性を〈仏在世時〉に限定することになった」（『仏滅後』、二三〇頁）。ところが、『法華経』の作者は、「〈仏滅後〉無仏・悪世の苦海に没在し、仏から見捨てられたものという厳しい自己認識と歴史認識」（同）を持っている。そこで、後半部は、前半部の〈仏乗〉を〈仏滅後〉に結びつけようとしたもので、「後半部こそは、『法華経』作者の根本主張を述べるものにして、『法華経』の本論に当る」（同、二三七頁）と見るところに、苅谷説の核心がある。

3　後半部をめぐって

ここで、後半部をもう少し見ておこう。後半部は、法師品を出発点に、『法華経』の本来の課題である仏滅後の「ぼさつ」のあり方が正面から課題とされる。従来の読み方では、伝統的な天台の解釈を受け継いで、後半部の核心を寿量品の開権顕実、即ち伽耶成道の釈尊を超えた久遠実成の釈尊の開顕に見る。しかし、苅谷氏はそうではなく、最初の法師品に後半の鍵を見る。そこにこそ、仏滅後の「ぼさつ」のあるべき姿が示されているのであり、その延長上に、見宝塔品→従地涌出品→如来寿量品という流れが形成されているというのである。

それ故、これら諸品の解釈も従来と大きく違ってくる。見宝塔品は、法師品に「法師の住する地」に宝石からなる塔を建てるべきだと言われていたことを承けた展開であり、従地涌出品はまさしく仏滅後の「ぼさつ」たちの出現である。ここで注目されるのは、「釈尊と地涌のぼさつが同時存在することは全くありえない」（『仏滅後』、三八二頁。傍点原著者）という指摘である。「地涌のぼさつ」が仏滅後の実践者であるならば、『法華経』説法の現在時に存在する四衆とは全く異次元の存在」（同、三六八頁）である。これらの「ぼさつ」たちが「百千の虚空に包摂された（ākāśa-parigṛhīta）」というのは、そのことを表わすというのである。

これは重要な指摘である。見宝塔品で、異次元の多宝仏が出現し、空間の常識的な秩序が壊された。今度は涌出品で、仏在世と仏滅後という時間的な差異が壊されることになる。いわばニュートン＝カント的な絶対時間空間が解体することで、相対性理論的な時空が露わになるようなものである。釈尊が多宝仏の宝塔に入り、虚空で説法するのは、その次元の相違を意味する。

そこではじめて異次元の存在として寿量品の久遠の釈尊が姿を表わす。ところがここに、苅谷氏のもっとも特徴的な解釈が示されることになる。伝統的な解釈では、ここで久遠実成の釈尊が顕示されることになる。仏の入滅によって無仏の時代になるのではなく、本来の釈尊は決して入滅することなく、今も霊鷲山で法を説き続けている。それが、その後の『法華経』信仰の中核であった。

苅谷氏はそのような通説を否定し、まったく新しい説を提示する。氏によれば、どこまでも『法華経』は「仏滅後」という時代を前提とする。それ故、久遠実成の釈尊が現に今も存続しているとすれば、それは「仏滅後」ではなくなってしまう。そこで、氏は次のように考える。

「この（はるか過去の成道の）時以来（今日までの長い期間）私はこの娑婆世界で衆生に教法を説示してきている」というこの一文は、決して釈尊の「常住」ないし「常住にして不滅」を言うものではなく、むしろ逆に、娑婆世界におけるその長い期間にわたっての無量諸仏の出現・説法と入滅という存在事実を明らかにしている。

（『仏滅後』、三九八頁）

則ち、釈尊というひとりの仏が五百塵点劫の昔に成仏して、そして今に至るまでの寿命を保っているというのではない。そうではなく、燃灯仏をはじめとする多くの諸仏が生まれ、成道し、涅槃するということを繰り返してきたのであり、その次々の繰り返し以外に、「それら諸仏の背後にあって、それらを統合、統一するもの」(同、四一三頁)などない、というのである。

このことを、氏は、「厚さも大きさも異なる無数の紙を積み重ねて出来た一本の高い紙の柱」(同、四一一頁)の譬喩で説明する。「その一番上の紙は燃灯仏であり、……一番下の、即ち、紙柱の底にある紙は勿論、今仏釈尊である」(同)。そして、「一枚一枚の紙の厚さが、個々の仏の在世時の期間」(同)であり、「紙と紙の間にある隙間が、その仏の入滅した後、次の仏の出現までの〈仏滅後〉」(同)である。今は一番下の釈尊のその下の何もないところということになる。

この苅谷氏の解釈は、きわめて注目される重要な問題を提起しているが、それでもいささか無理がありそうではある。そのことも含めて、後ほど検討してみたい。

二 『法華経』の構成と成立

1 構成論と成立論

以上は、苅谷氏の大著のポイントとなるところを、不十分ながら要約してみた。以下、それを検討しながら、どのように『法華経』を読むことができるかを、特に後半部(第二類)を中心として、私なりに検討してみたい。

私の基本的な理解は、『法華経』を一貫して「ぼさつ」思想として読むという苅谷氏の解釈を受け入れながら、前半部（第一類）を「存在としての菩薩」、後半部（第二類）を「実践としての菩薩」を説くものとして考える。(4)「存在としての菩薩」とは、あらゆる人（広くは衆生）は他者との関係なしに存在し得ないということである。「実践としての菩薩」は、そこから他者との関係を新たに構築し、他者とともに理想（悟り）を目指すということであり、その際、釈尊が死者としての多宝仏と一体化することで、生死を超えた力を持つと考えられ、仏滅後と結びついて死者の問題がクローズアップされる。

ここでは、このような私見をさらに深めるために、特に後半部について、苅谷氏の説を手掛かりとしながらもう少し検討してみたい。それに際してまず、これまで『法華経』研究の一つの中心テーマとなってきた成立論をどう扱うかという方法論的な問題について触れておく。『法華経』は他経に較べて成立論的な議論が盛んで、諸説が分かれるのは、それだけ本経の内容が複雑で、相互に矛盾するかのような箇所が多くあることによる。ただ、現行の『法華経』は、梵本・竺法護訳・羅什訳を較べても、それほど大きな違いがない。提婆達多品の有無、嘱累品の位置など、明確な相違は成立論的な基準となり得るが、それ以外は客観的な基準がない。偈頌と長行の文体の相違から、偈頌先行説が立てられたこともあるが、今日それは認められていない。

このように、形態面からその成立が客観的に確定できないことになると、それぞれの研究者がどのような思想を『法華経』に読み込むかで、どの部分を原型と見るかが変ってくることになり、きわめて主観的、恣意的なものになる恐れがある。

別の分野の例を挙げてみよう。『源氏物語』は五四帖という大きなものであり、多くの登場人物によって複雑な物語が展開する。宇治十帖は光源氏没後の物語で、厭世的な仏教色が強いなど、源氏自身の物語部分とはかなり異質の要素がある。また、源氏を主人公とする本編部分を、さらに藤裏葉までと若菜以後の前半・後半に分け、それに宇治十帖を加えて三部構成とする説も有力である。その他、玉鬘系を分ける説など、さまざまな分け方がある。さらにそれを成立論と結びつけて、複数作者説がなされたこともある。今日では、基本的には紫式部ひとりで書かれたと考えられているが、それでも宇治十帖は本編よりもある程度時間が経って書かれた可能性が大きいであろう。ただ、いずれにしても成立論には決定的な証拠はなく、最終的な結論が出るわけではない。成立論は、内容と構成を考えていく上での流動的な仮説として見るのが適当で、物語全体をどのような構造を持つものと読むかという構成論的な解釈論と密接に関連することになる。

『法華経』の場合も同様に、成立論に関して決定的な証拠があるわけではなく、そこに最終的な答があるわけではない。それ故、あくまでもその内容理解の補助と位置づけるのが適切であろう。私自身は、第一類・第二類・第三類を分ける三段階成立説にほぼ従ってきていて、大まかにはそれでよいと考える。苅谷氏にしても、成立的には第一類・第二類を分けないものの、内容的には実質的に前半部・後半部を分けており、その区分は、三段階説の第一類・第二類と重なることになる。

2 流通分の自己増殖

そこで、第二類（後半部）についてもう少し考えてみよう。後半部は法師品に始まる。法師品は五種法師を立てて、仏滅後の『法華経』の弘通を説き、その前の五百弟子受記品までとその雰囲気が大きく異なる。仏滅後の菩薩の実践を生前の釈尊が説くという時間の重層性が生まれているが、これが第二類における時間観念の転換につながる。第二類では、『法華経』自体を賛美し、崇拝することが盛んに説かれるが、これは流通分として考える限り不自然ではない。般若経典などの他の大乗経典にも見られるものである。

『法華経』の特徴は、このようにもともと流通分であった部分がどんどん増広され、新しい思想を盛るようになってきたところにある。それが第二類である。いわば流通分の自己増殖とも言うことができる。その際、法師品の位置づけから考えて、ここで崇拝の対象となる『法華経』は、基本的に第一類を指すと考えてよいであろう。そのことは、伝統的な解釈で、法師品から安楽行品まではあくまでも迹門の流通分と解していることからも知られる。

このように、もともと第一類を中心とする経典の流通分であったものが、次第に新たな思想を盛るようになってくる。苅谷氏が指摘するように、法師品→見宝塔品→従地涌出品→如来寿量品という流れが中心の軸となり、次々と新しい展開が示され、スペクタクルのように異次元的な世界が開かれていく。即ち、仏滅後の無仏の空虚から、死せる仏の捉え直しへと向かい、そこから既成の空間・時間的秩序が崩壊し、より大きな世界へと導かれていくのである。

この点に関し、苅谷氏の解釈は特徴的である。このような流れをどこまでも法師品で示された「仏滅後」という負の時代認識から目をそらすことなく、そのマイナスの時代に『法華経』を護持して徹底的に生き抜くところに菩薩の実践を求めた。それ故、寿量品においても、仏滅後を乗り越える久遠実成の釈尊という常識的な理解を否定することになった。それは確かに大きな問題提起であるが、そのまま認められるかというと、いささか疑問がないわけではない。

三　異世界への超出――如来寿量品への流れ――

寿量品における久遠実成説への刈谷氏の批判はすでに記した。氏はさらに、梵本の本文の該当箇所を読み変えるが、これについては、専門外の筆者は立ち入らない。ここでは、先に触れた「紙の柱」の譬喩を考えてみよう。氏によれば、無数の厚紙が重ねられ、柱のようになっているという。だが、大きさも厚さも異なる紙が重なって倒れずに柱となるには、何かそれを止めているものがなければ無理であろう。

ところが、氏は「それらを貫き留める糸の如きものは全く存在せず」（同、四一七頁）と言う。それでも、その柱は崩れたり倒れたりせずに、きちんとバランスを保って立っているのである。それはまことに不可思議と言わなければならない。宝塔の出現や地涌の菩薩の出現と同じように、私たちの理解を超えた何らかの力が働いているとしか考えられないであろう。その不可思議の力を久遠実成と言うのではないだろうか。その力は私たちの目には見えない。私たちの目に見えるのは紙の柱だけである。それはあくまでも「化作」されたものであり、それを支える力は見えざる何ものかである。

もちろん譬喩をあげつらっても、あまり有効な議論にならないであろう。しかし、同じ頃できた他の大乗経典を見れば、久遠実成ということがそれほど無理な思想とは思われない。例えば阿弥陀仏を考えてみよう。現行の『無量寿経』によると、世自在王仏の時代に、国王の位を捨てて比丘となり、五劫の思惟によって誓願を立て、それが成就してすでに十劫とされる。その寿命がいつまで続くかは、まさしく「無量寿」であり、その終わりについては記されない。即ち、阿弥陀仏の寿命は有始無終ということになる。

ところが、『無量寿経』の古形とされる『大阿弥陀経』（支婁迦讖訳とされる）では、阿弥陀仏も般涅槃して、その後、蓋楼亘（観音）菩薩、さらにその後、摩訶那鉢（勢至）菩薩が作仏して、教えを説くとされている。即ち、その寿命は有始有終なのである。[5] それが、現行の『無量寿経』では、有始無終に変わっている。とはいえ、『大阿弥陀経』の段階から、その寿命は「劫」単位で量られるものであり、私たちの常識的な観念を大きく超える長大な寿命が想定されている。三身説でいえば、報身に当たる存在と言えよう。

そう考えれば、寿量品の釈尊を久遠実成と認める通常の解釈も、それほど無理のないものと考えてよいであろう。しかしその際、苅谷氏の提起した問題を無視して、従来説に復帰すればよいというわけではない。苅谷説の重要な点は、紙の柱の譬喩から知られるように、実際に私たちの目から見れば、燃灯仏をはじめとする諸仏が次々と出現したのであり、久遠実成の仏に直ちにお目にかかれるわけではない、というところにある。

そこで、宝塔品―涌出品における時間・空間の異次元化ということが改めて重要な意味を持ってくる。宝塔品では、宝浄世界の多宝仏の宝塔が出現するが、これはこの娑婆世界と異なる世界の宝塔がこの世界に闖入したということで、空間の秩序が破れることになる。それとともに、多宝如来は過去仏であり、既に入滅しているのであって、それが現在の釈尊の前に現われるのであるから、時間の秩序も崩壊することになる。もちろん、崩壊する時間・空間の秩序は、私たちの常識の枠の中の秩序であり、その常識が壊れるということであって、より高次な新しい秩序がそこに出現することになる。

これは、譬えてみれば、私たちの常識化した時間・空間は、均一の目盛りによって計測されるニュートン力学の世界と考えることができる。それを哲学的に解明したカントは、時間・空間は人間の先験的な感性の秩序であり、それなくしては認識が成り立たない普遍的な形式だとみなした。しかし、そのような均一で等間隔な目盛りによって量られる時間・空間という観念は、相対性理論によって打ち破られ、時間・空間の秩序は相互の関係の中で可変的であることが明らかになった。これと同様に、宝塔品による多宝仏の宝塔の出現は、既成の常識化された秩序が宗教的に深められた世界において崩壊して、より大きな秩序の中に吸収されることを意味している。釈尊もその宝塔の中に入り、より大きな秩序世界から語りだすことになる。常識的な世界をw、それが崩壊して現われる超常的な世界をWとするならば、ここでw→Wという転換が起こっているのである。

涌出品における地涌の菩薩の出現もそれと同じである。宝塔品においては、過去が現在に侵入してきたが、涌出品では、未来が現在に入り込んでくる。苅谷氏の指摘のように、釈尊は本来出会うはずのない未来の菩薩たちを呼び出す。すでに、「一切衆生は本来からぼさつ」であることが第一類（前半部）で明確になっているとするならば、ここでまた別の菩薩たちを呼び出す必要はないのではないか、というのが以前からの私の疑問であった。一切衆生が菩薩であるならば、第一類で声聞が自覚した菩薩であっても、第二類の地涌の菩薩であっても同じ菩薩のはずであり、地涌の菩薩だけが特別視されるゆえんはないであろう。それ故、第一類と第二類の間に構想の齟齬があるのではないか、というのが私の疑問であった(6)。

しかし、未来と現在が同時化するという超常的状況を考え、w→Wという転換を考えるならば、wにおける菩薩とWにおける菩薩とはその状況が異なってくる。第一類はどこまでも常識的なこの世界wにおいて展開されるドラマであった。第二類に入っても、第一類の流通分的な位置づけにある法師品では、wの世界の中で仏滅後という喪失を生きる菩薩のあり方がテーマであった。ところが、それが宝塔品→涌出品と展開していく中で、wを超えたWの世界へと物語が展開していくことになったのである。そこでは、この世界と他の世界が通じ合い、過去・現在・未来が一つになるのである。

寿量品の久遠実成の釈尊も、このようなWの世界の超常的な出来事として見れば、不思議ではない。それをwの世界で見れば、燃灯仏から釈尊まで、次々と諸仏が出現し、成道し、涅槃に入るということの連続である。そこでは久遠実成の釈尊が、ずっと変わらずに説法しているなどということはあり得ない。しかし、Wへと転換した世界で見るならば、燃灯仏から釈尊までをつなぐ見えなかったつながりが見えてくる。その見えなかったつながりこそが、久遠実成の釈尊なのである。

そこで、燃灯仏をはじめとする諸仏は、じつは釈迦仏の顕現であり、「化作」されたものとして位置づけられることになる。第一類では、釈尊が声聞たちを過去世からずっと導き続けてきたと言われていたが、W（久遠の釈尊）とw（化作された諸仏）の関係が明らかになることで、その真の意味が開示されるのである。

日常的世界wから異世界Wへと導くのは、まさしく「仏滅後」という状況であり、多宝仏という死せる仏陀であり、そして死者に同化する釈尊であった。第一類では、他者としての仏陀との関わりから他者と関わる菩薩のあり方が導き出されたのに対して、第二類では、まさしく死者と関わることによって菩薩は異世界Wへと超出する。その上で、改めてこの世界wへと戻り、嘲笑と偏見に対峙しながら、『法華経』の広布に邁進することになるのである。

四　流通分的性格の強い諸品

第二類（後半部）には、軸となる法師品→宝塔品→涌出品→寿量品の他にもいくつもの品が入っている。それらの中には、日蓮が重視した品も多く、仏滅後の菩薩の実践という点で、重要である。しかし、順に読んでいくと、それらの配列や関係が分かりにくく、混乱を招くことになる。それらの品をどのように見たらよいのであろうか。

苅谷氏は、上記の諸品に常不軽菩薩品と如来神力品を加えたものが第二類（後半部）の原型であり、その他の巻は後分だとする。苅谷氏が後分とするものを〔　〕で囲んで、第二類の品の並びを示すと、以下のようになる。

法師品→見宝塔品→〔提婆達多品〕→〔勧持品〕→〔安楽行品〕→従地涌出品→如来寿量品→〔分別功徳品〕

↓〔随喜功徳品〕↓〔法師功徳品〕↓常不軽菩薩品↓如来神力品↓〔嘱累品〕

苅谷氏が後分とする品は、全体の構造の中でどのように位置づけられるかを見ると、中心となって話を展開していく品に較べて、やや補助的な位置づけにあるように思われる。源氏物語でいえば、「並びの巻」とされるような巻に近いところがある。そこで、それらの品を簡単に見ておこう。

提婆達多品は、もともと羅什訳になかったもので、梵本などでは宝塔品の中に含められている。後補であることがほぼ確実とされる。提婆達多と龍女の成仏を説くもので、悪人成仏・女人成仏を説くものとして、日本では重視された。成仏の授記は、第一類の声聞授記につながるものであるが、龍女に関しては、その場で直ちに男性に変じて成仏したという点で、単なる授記に留まらないところがあって、特殊である。

勧持品は、法師品の対告者薬王菩薩と宝塔品の対告者大楽説菩薩をともに対告者とするので、両品を承けていることが明らかである。また、多数の比丘たちの弘教の表明の後、摩訶波闍波提や耶輸陀羅らの比丘尼たちに授記が与えられる。これは第一類の声聞授記につながるものである。最後の偈は、迫害を受けても畏れずに『法華経』の弘通を説くもので、この箇所は法師品の流通分的性格につながる。

安楽行品は、文殊師利を対告者として、悪世における『法華経』弘通の心得を四安楽行（身・口・意・誓願）として説く。この中の身安楽行には、五種不男など差別的な言辞が多いことが指摘されている。もちろんそれは問題ではあるが、その内容は律蔵を承けたものであり、ここでの中心ではない。ここでの主眼は、身・口・意を超えた最後の誓願安楽行で、大慈・大悲をもって諸経の王たる『法華経』を受持すべきことを説くところにあると見るべきであろう。

以上のように、勧持品・安楽行品は、宝塔品を挟んで法師品につながり、第一類の流通分的な性格を持っていると考えられる。伝統的な解釈で、法師品から安楽行品までを迹門の流通分と見るのは、この点で適切である。それ故、ここで言われている『法華経』は、涌出品・寿量品を含まない第一類と解するのが適切であろう。

この後、第二類の頂点となる涌出品―寿量品を経て、分別功徳品―随喜功徳品―法師功徳品と続く。分別品以下は、流通分的な位置づけになり、苅谷氏は後分と見ている。先の法師品などが第一類の『法華経』を対象とした流通分であったのに対して、分別品以下では、寿量品を中心とする第二類に重点を置いているところが異なる。

分別功徳品では、法師品における法師行を継承しているが、ここで言われている『法華経』は、寿量品中心であることが明確である。それどころか、「如来の寿量の説示という法門」（tathāgata-āyuṣpramāṇa-nirdeśa-dharma-paryāya）と、寿量品が独立で経典扱いされている。伝統的な解釈で、分別功徳品以下の諸品（ただし、分別功徳品の最初の授記の部分を除く）を本門の流通分と見ているのは、その点で適切な見方である。

分別功徳品は、流通分として『法華経』の受容と広布を説き、「一念信解」（ekacitta-adhimukti）など、心の持ち方を重視するところに特徴がある。苅谷氏は、adhimukti を「高貴なる志向」と訳している（『仏滅後』、四八一頁）。それを承けて、随喜功徳品は、分別功徳品で説かれた「随喜」（anumodanā）を軸に、その功徳を説く。分別功徳品も随喜功徳品も弥勒を対告者としている点で、当初から連続するものとして構想されたと考えられる。「随喜」ということは、もともと法師品にも説かれていたから、法師品の流れに位置づけられることが知られる。

法師功徳品は六根清浄を説くことで知られている。タイトルからして「法師」の功徳を説くという点で、法師品の流れにつながることは明らかである。ただし、漢訳では同じ「功徳」とされながら、分別功徳品や随喜功徳品で用いられていた puṇya ではなく、ānuśaṃsā であり、前の二品と必ずしも一貫しているわけではない。

続いて常不軽菩薩品になるが、苅谷氏は『法華経』の原型から存在した重要な章としている。確かに、「あなた方は、軽蔑されない（a-paribhūta）」と礼拝を続けるその行は独特で、流通分的性格を超えている。その位置づけとして、六根清浄を前提としている点で法師功徳品の後に入るのは適切であろう。ただし、その中心となる常不軽菩薩は、威音王仏の滅後に現われた菩薩で、釈尊の前世ということになっているので、第二類の久遠実成の釈尊を前提としているとは言えない。また、その礼拝の理由は、「「あなた方は仏となるはずだから」ということであり、それは、「一切衆生は本来からぼさつ（成仏確定者）である」という仏知見」（『仏滅後』、五〇八頁）に基づいているが、それは第一類の基本思想であった。常不軽菩薩につながるような話は勧持品の偈にも見えるが、勧持品は第一類を前提としていて、第二類を前提としていない。このように見ると、常不軽品は、流通品的性格だけでなく、独自の新しい思想を展開しているのは確かであるが、寿量品につながるかというと、いささか疑問である。

常不軽品の後、第二類の総結としての如来神力品、第一類と第二類を併せて結ぶ嘱累品をもって、壮大な叙事詩は幕を閉じ、次いで諸菩薩の具体例を挙げる第三類に入っていくことになる。

むすび

以上、苅谷説に導かれながら、『法華経』の後半部（第二類）を大まかであるが読んでみた。複雑に込み入っているように見えるが、第二類はもともと第一類の流通分が次々と展開して、新たな思想を生み出していったと考えられる。おおもとになるのは法師品であり、新たな思想の展開は、宝塔品―涌出品―寿量品と続き、日常的世界wから超絶して、広大な宗教的世界Wが開かれる。そこにおいて、多宝仏―地涌の菩薩―久遠実成の釈尊と、新たな仏や菩薩たちのあり方が示される。それが第二類の中心思想を形成する。この系列を第二類のA系列と呼ぶことにする。

それに対して、法師品の流通分的性格は勧持品―安楽行品へと引き継がれるが、そこではなお第一類の流通分という性格が継承されていた。それが分別功徳品以下になると、基本的には第二類のA系列を前提として、その流通分という性格を持つようになる。このように、第一類の流通分（勧持品―安楽行品）と、第二類のA系列の流通分（分別功徳品以下）を併せて、第二類のB系列と呼ぶことにする。常不軽品は、独自の思想を展開している点でA系列に入れることができるが、宝塔品―涌出品―寿量品の流れにつながるわけではない。

これをまとめると、後掲図のようになるであろう。ここで、第一列がA系列であり、第二列がB系列である。ただし、提婆達多品は除いてある。このようにして見れば、複雑に入り組んでいる第二類をかなり整理して理解することができるのではないだろうか。

このような構造論を成立論に移した場合、どうなるであろうか。それは推測に推測を重ねる仮説でしかないが、おそらくもともとの『法華経』の構想としては第一類で完結するものであったのではあるまいか。その流通分が次第に増広する中で新たな思想が生まれ、第一類以上に壮大な世界観を展開して、第二類が形成されることになったのであろう。第二類は、独自の思想を発展させたA系列と、もともとの流通分的性格の強いB系列の複合からなり、そのB系列も、第一類の流通分と第二類の流通分があって、きわめて複雑な構造を成すことになったと考えられる。

以上、苅谷定彦氏の説に導かれて、素人なりに『法華経』の構成について考えてみた。氏の説と多少異なるところもあるが、氏の学恩なくしては、ここまで『法華経』を読むことができなかったであろう。深く感謝するものである。

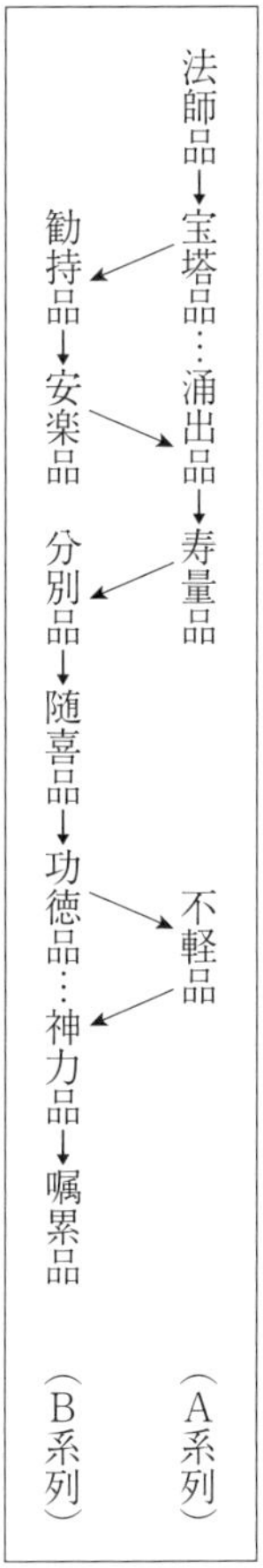

註

（1）これまでの拙稿では、段階成立説の用語を用い、第一類（五百弟子受記品まで）・第二類（法師品から嘱累品まで）・第三類（薬王菩薩本地品以下）と呼んできたが、本稿第一項では、苅谷氏に随い、第一類を前半（部）、第二類を後半（部）と呼ぶことにする。第三類は付加部分として、直接の検討の対象から外れる。

（2）拙稿「法華経の思想」（『シリーズ日蓮』一、春秋社、二〇一四年）において、後半部を検討した。本稿はそれと重複するところもあるが、その不十分だったところを補い、改めて考えてみたい。

（3）苅谷定彦「法華経の成立」（註(2)『シリーズ日蓮』一）一一頁。

（4）拙稿はいくつかあるが、特に註(2)拙稿「法華経の思想」を参照。なお、以下では、苅谷氏の「ぼさつ」の意で、一般に用いられる「菩薩」の表記を使う。また、「前半部」「後半部」に対して、「第一類」「第二類」を用いる。

（5）拙稿「阿弥陀仏浄土の誕生」（『シリーズ大乗仏教』五、春秋社、二〇一三年）参照。

（6）註(2)拙稿「法華経の思想」参照。

キーワード　『法華経』、如来寿量品、苅谷定彦、菩薩、法師品

法華経「如来寿量品」について
――苅谷博士の解釈を起点として――

岡田行弘

はじめに

法華経をどのように読解・解釈するかについては、多くの研究が積み重ねられている。その主流は法華経の各品・各部分（例えば韻文と散文）について、論者の判断するところの異質性に着目して最初に成立した部分を想定し、段階的に付加や拡大が行われ、時間な段階を経て現行の経典が成立したと説明・解釈するものであった。方法としては、経典の形態と内容の分析が中心であり、多くの示唆に富むが、文献学的に証明することが困難な仮説が提示されてきた。二〇〇一年頃までの法華経成立論は、伊藤瑞叡博士による解説［二〇〇七］によって的確にまとめられている。

苅谷定彦博士は、「一仏乗のぼさつ」という点に法華経の根本命題を認め、「法華経は、一切衆生はみな菩薩であることを唱導する文学作品である」とされる。この見解は一九八三年に公刊された『法華経一仏乗の思想』から、今に至るまで一貫している。法華経の後半部である「法師品」以降を扱う大著（苅谷［二〇〇九］、六〇〇頁）では、

「法華経の本来の形は「「序品」第一から「如来神力品」十二にいたる一二品（章）から成るもの」と述べておられる。

苅谷博士は本書を公刊されてから後も、「インドのオリジナル『法華経』を求めて」という副題のもと、「法華経の作者（＝仏に非ざる一人の比丘）の創作意図を問うという観点から」各品を精読する一連の論文を精力的に発表されている。その中には『法華経〈仏滅後〉の思想』の論述が根本的に更新される箇所が少なからず含まれている。一例を示せば「信解品」については、「全体が本来の『法華経』には存在しなかった〝後分〟である」（［二〇一七］、四七頁）と結論しておられる。『法華経と日蓮』所収の「法華経の成立」（［二〇一四］、一一頁）においても信解品と勧持品を省き、「オリジナルの法華経として全十品（章）」が示されている。したがって苅谷博士の法華経論を考察するには、最新の論考を参照する必要がある。

法華経の根本思想を「一切衆生はみな菩薩である」とする苅谷博士の視点は、末木文美士博士に肯定的に評価されている。また松本史朗博士は、「方便品」を中心とした法華経研究書『法華経思想論』（［二〇一〇］）において、数十箇所にわたって苅谷博士の解釈に言及しつつ、方便品の長行で開示される「一乗（＝仏乗）を聴聞して菩提（仏智）を得る」を法華経の根本的立場であるとし（一八八頁）、これと相違する部分を批判的に解明されている。

このような苅谷博士、松本博士の研究成果には、従来見過ごされていた問題が含まれており、有益な教示を得ることができる。しかし、私が法華経に接近する方法は、両氏とは全く異なるものである。その基本的立場を次のように表明した（岡田［二〇〇八］、三一四頁。［二〇一三］、二七三頁）。

法華経を読解する際、経典内で相互に矛盾すると読み取れる箇所、ならびに論者が解釈するところの「法華経本来の立場」から見て「異質である」と判断される文節・偈頌・さらには品などについて、直ちに「後代の増広付加である」と判断することについても慎重でありたい。「本来の法華経」「原法華経」などを想定することは作業仮説としは有効であるかもしれない。しかし、それを出発点・基準として現存の法華経を評価したり、異質であると解釈されるものを排除したりすることは、法華経が成立した時代背景と経典（仏説）という形式を無視した議論につながる。

これに対して苅谷博士はこの前半部を引用して「厳しい批判がある」とした上で、以下のようにご自身の立場を述べておられる（［二〇一四a］、六五頁）。

しかし、『法華経』のみならず、初期大乗経典は全て作者の宗教的生命を賭しての創作品にして信仰表明書と見る立場から、経典内の矛盾を「会通」するよりは、一旦は伝統的解釈を離れて「直接原典に当たり、虚心に原典を読み、原典自身にその内容と来歴を語らせる」（辛嶋静志「阿弥陀浄土の原風景」、『仏教大学総合研究所紀要』第一七号、三九頁）ことであるという、この説に『法華経』に関しても同調するものである。

ここには苅谷博士の「オリジナルな法華経」を探求するという姿勢が示されている。私は法華経を「仏のことば」として受け止めることを起点としている。苅谷博士の「信仰表明書」という表現には違和感を覚えるものの、特に異存はない。しかし、博士の研究方法は、「様々な要素を含みこんでいる一つの経典の本質は、それを覆い隠している付加的な夾雑物を除去することによってのみ知ることができる」というものである。その本質はあらかじめ博士の洞察力によって措定されている。博士はご自身の論文・著作において多用される「後分」という用語について次のように述べておられる（［二〇〇九］、六〇〇頁）。

ところが、この『法華経』（オリジナルな法華経）が世に出るや、間を置かずして『法華経』作者とは別のものの手による経文の改竄や削除、あるいは別の、新たなる経文の付加・挿入が続々となされたのであって、それら後に付加・挿入されたところの、本来の『法華経』とは異質の部分を指して「後分」と称した。

しかしながら、このような方法によってオリジナルな部分と後分とを厳密に選別することは、果たして可能であろうか。法華経は書記経典として出現したいくつかの大乗経典を前提としている。その「原風景」を法華経内部に限定し、他の経典にも見られる教義・思想をすべて異質なものとすれば、法華経のいわば重層的に縒り合された経文はその一部だけが真正なものとなってしまい、法華経が意図している「それまでの仏教の伝統を経典という形式で再統合しあらたな仏教の起点とする」という構造が見失われる。法華経の内部には、先行する経典グループの主張が反映されているが、それは法華経作者が、そこに一定の仏教的価値や思想的な意味を認めているからである。両者には経典作成という伝統的教団では許されない事業に参加しているという共通性がある。このようなわけで先行する経典の主張は、法華経の複雑な文脈にいわば止揚される形で編入されているのである。

今回取り扱う「如来寿量品」の読解においても、苅谷博士は現行のテキストに対し、独自の「想定」と「校訂」を施しており、多くの個所が「第一次・第二次の後分」と認定されている（[二〇一九]、八頁以下）。また偈文は、長行の所説が示す釈尊観とは全く異なる「生滅の次元を超えた〝超越者〟であると主張するべく、全く新しく創作したもの（第二の後分）」と認定される（同四六頁）。

苅谷博士の論文は「寿量品」の意趣が入滅の意味を明らかにするところにあるとし、「寿量品」の仏を永遠の仏（＝超越者）と解釈する伝統説の問題点を指摘しており、注目すべき視座を提供している。私としてはまず、法華経というあらたな経典が他の経典とどのような関係にあるかを確認しておきたい。遠回りになるように見えるが、法華経の仏――寿量品の仏――の真義は、他の経典の仏との相違を確認することによってはじめて正確に把握できるからである。

一　初期大乗経典における法華経の位置――先行経典と比較して――

そもそも大乗経典をどのように読み解けばいいのであろうか。あらたな経典が出現した背景には、釈迦仏が入滅してから相当の時間（四百年から五百年）が経過した仏教世界において、仏の本質とは何か、あるいは釈迦仏に代わる仏は何かを探求しようとする意識の高まりがある。その意識は経典の制作によって現実化される。大乗仏教の成立が書写経典の出現と重なっていることについて下田正弘博士は次のように述べておられる（下田［二〇一一］、六〇頁）。

この運動の特徴は、従来の伝承をこえる広範な世界がもっぱら経典というテクストを場として出現し、経典が仏教世界の意味を集約する存在となる点にある。書写された経典に出会うものは仏をめぐって存在した過去の仏教全体に出会い、この経典を担うものは仏を担うものとなる。

この視点は、多様性に富む初期の大乗経典を俯瞰的に読解し、総体的に解釈する道をひらくものである。この運動の担い手は菩薩である。その在り方は諸経典において一様ではない。しかし、釈迦仏が不在の時代において、菩薩たちは、経典の制作によって、仏という存在と直接かかわろうとする、すなわち仏とコミュニケートし、仏を最終的な到達点とするという共通の目標を持っている。

あらたに登場した諸経典は、その結びの部分で、「この経典には仏の教えの一切が含まれている」ということを表明している。また、「この経典の中のわずかな詩句であれ、それを受持し、唱える功徳は、三世一切の諸仏を繰り返して供養する功徳よりも遥かに大きい」という経文も常套的に含まれている。これらの言明は、長期間にわたって生み出された多数の大乗経典の多彩な内容を知っていて、個々の経典のテーマ・特徴は限定的なものであると理解する傾向にある我々にとっては、誇大な自己宣伝のように感じられる。しかし、これらの経文は、それまでの仏教を当該の経典に集約し統合しようとする経典作者の意図を示すものと理解すべきである。彼らは自らが経典の中心として主張するテーマ――智慧・菩薩行・三昧・釈迦仏に代わる仏・経典と仏の一体性――を説き明かすにあたり、伝統仏教の諸要素を取捨選択し、先行経典の教説をも内部に取り入れて新たな仏教の出発点となるように全体を構成し、書写経典として完成させている。大乗経典は形式的には阿含経典を踏襲して釈迦仏が説くという設定であるから、その中で仏がどのような役割を果たしているかは、その経典の本質と密接に関係している。そこで法華経における仏の意味を考察するために、法華経に先行しているいくつかの経典の様相を見ておこう。

最初の大乗経典である「小品般若」の場合、経題でもある般若波羅蜜が仏を生み出すものであるということを説いている。経典の正当性の保証は、「仏弟子が語ることは、釈迦仏の偉大な行為の結果であり、ダルマに違わないのは、如来の説法から流出した結果である」と説明される（岡田［二〇一七］、三九六頁）。般若波羅蜜の体現者たる仏は、スブーティたちとの対話によって究極の智慧の探求を援助する。大乗経典が重視する現世利益から菩提の獲得に至る一切の功徳は、仏からではなく、般若波羅蜜の実践によって獲得されるのである。

『維摩経』は「維摩の説示」というタイトルが示すように、維摩が仏と衆生が不二であるという法門（＝不可思議解脱の法門）を説く。仏の役割は本経の意義を会衆に明らかにし、第十四嘱累品で無上菩提の法を付嘱することであり、仏説としての形式を整えているに止まる。本経典では、最初の「仏国品」において、釈迦仏は清浄な仏国土の建立を説くのであるが（高橋・西野［二〇一三］、一四五頁以下）、それ以降の諸品では仏の存在感は希薄である。以上については、岡田［二〇一八］五一頁以下で論じたところである。

次に『首楞厳三昧経』に若干ふれておきたい。三昧の特徴を定義する経文において、それまでの仏教、特に般若経や維摩経で説かれる六波羅蜜・不二の実践等々が百二の項目として列挙される。それらの徳目を習得・実践する菩薩は、当の三昧を体現した高位の菩薩である。この三昧を得た菩薩は、

入胎、初生を示現し、出家して仏道を成就し、法輪を転じ、大滅度に入って、而も長く滅せず（高崎・河村［一九九三］、四一二頁）

とあるように首楞厳三昧は仏を生みだす究極の三昧である。その前提となるのは当時の仏教が推奨している徳目の実践である。本経はまさに「首楞厳三昧万能主義」（平岡［二〇一五］、一九六頁）によって仏教を集約・統合している。また経典を付嘱する際に、釈迦仏の寿命は長さが七百阿僧祇劫であると明かされている（大正一五、六四五a一六）。これは『法華経』に先行する仏の寿命が示される例として注目に値する（岡田［二〇一六］、三一六頁）。

三昧経典として重要な『般舟三昧経』は、「現在する諸仏が［修行者・菩薩の］面前に立つ三昧」を説く経典である。大乗経典の制作者にとって釈迦仏がこの世にいないということは、切実な問題であった。したがって仏を視覚化する、すなわち見仏のための経典が制作されたわけである。般舟三昧経は臨終見仏と同様な構造を持っている（吹田［二〇一七］、九六頁）。一方、般舟三昧を定義し説明する「行品」では、仏教一般で説かれている百五十の徳目を列挙している。三昧が徳目の実践と重ねられているのは、『首楞厳三昧経』と同様である。般舟三昧経において、三昧と関連が無いように見える徳目が列挙される目的について、吹田隆徳氏は「当時新出であった般舟三昧に仏教的な裏付けがあることを示すため、仏教に普遍的な内容と関連付ける目的があった」と想定しておられる（吹田［二〇二〇］、八〇頁）。これは的確な指摘である。本経は般舟三昧によって無量寿仏、さらには諸仏にまみえることを主眼とする経典である。この三昧を具足する菩薩は成仏の記を受ける（林［一九九四］、二四頁）。般舟三昧

の行法を説明する経文は、「行品」で終わり、以降の諸品では三昧の功徳や空思想との関係づけ、未来世における経典の流布、仏の供養、経典書写の奨励など種々の内容が網羅されている。

確かに末木文美士博士が分析されたように、「行品」と次の「四事品」以降は成立史的な段階を見ることは十分に可能であろう（末木［一九八八］、三三三頁）。一方で、経典全体の約八七パーセントを占める「四事品」以降において、経典作者が般舟三昧を基本としてそれまでの仏教を新たに再編成しようとしている意味は十分に認められなければならない。本経は仏滅後において見仏という行法を確立し、それを中心に据えて種々の実践とその功徳を再構成して単独であらたな仏教を樹立しようとしているのである。法華経の場合、見仏はテクニカルなプロセスや徳目の実行によって到達されるのではない。「常にここにあって法を説く」仏（如来寿量品）を一心に見ようと欲する人々（一心欲見仏）の現前に仏が出現するのであるから、三昧によらない見仏が実現するのである。

本節の最後に『無量寿経』について触れておこう。法華経の仏のあり方は、『無量寿経』の釈迦仏と阿弥陀仏の関係を確認することで鮮明になる。両経典はここまで簡単にふれた菩薩から仏へという動きを基本とする経典とは異なり、あらたな仏の創出を目指しているからである。大乗経典は仏説であるから仏の実在は当然の事である。その仏のあり方は、仏自身の言葉、弟子たちの発言、舞台・情景の描写などが織りなされて確立される。経典というテキストと仏の関係性について、下田正弘博士は次のように明確に述べておられる（下田［二〇一三］、七〇頁）。

ブッダは経典の内容の語り手でありつつ、語られた結果がおさめられた経巻の内部に存在する。すなわちブッダは、経典の内容たる教説の開顕という期限と、それが受容され終わった結果としてモノとなった経巻という、双方の「形態の側面」に、絶妙にバランスを保ちながらたっている。

このような意味から、経典は仏を同じ価値を持つことになるのである。ただし、先に見た「小品般若」や『首楞厳三昧経』の場合、仏とは何かは、般若波羅蜜（＝究極の智慧）あるいは三昧（徳目の成就）という教法を理解し、受容してから正しく認識されることとなる。これらの経典と仏の間には、般若波羅蜜なり三昧が介在しており、釈迦仏という立場の仏は、自分自身について直接語る場面は見られない。これに対し、『無量寿経』の阿弥陀仏は、その来歴から現在の有り様まで、釈迦仏の語りによってはじめて読者が知ることとなる。『無量寿経』は全体を通して釈迦仏の発言の割合が九割弱を占めている（岡田［二〇一九］、六頁）。一方、無量寿仏の発言は「私の誓願は満たされて、衆生たちがここに来て、一生の間、退転しない」（藤田［二〇一五］、一三二頁）という二つの偈頌だけである。

阿弥陀仏の存在、すなわち、前世における法蔵菩薩の誓願とその成就によって現在西方の仏国土に無量の光明と寿命を具えた阿弥陀仏がおれられる、という経典の趣旨は、釈迦仏のことばを正当なものであると信じることよって受容される。このように『無量寿経』は、釈迦仏ではない仏を釈迦仏に代わる新たな仏として経典の読み手に確立・定位させる経典である。これは極めて大胆な試みと言えよう。法華経の作者はこのような阿弥陀仏を説く経典について熟知していたことは疑いない。すなわち、誓願を立て、長期の菩薩行を満了して仏となり、無量の寿命を具え、現に過ごしつつ、かの世界にあってこの世界の衆生を救うという阿弥陀仏の特性は、法華経の釈迦仏に継承されている。すなわち、『法華経』の仏の誓願は「一切衆生を仏に導く」であり、それは「方便品」の説示によって達成された（方便品第六一偈）。「如来寿量品」では「慧光照無量　寿命無数劫　久修業所得」（第一八偈）とあるように、長期の修行の結果、智慧の光ならびに寿命が無量であることを述べる。寿量品の仏は、先行する阿弥陀仏の特性を具えていることを自ら明言しているのである。

仏滅後の世界において、あらたな経典の作者たちの多くは、釈迦仏の不在という現実を智慧・三昧・見仏などの手法によって克服しようと試み、仏に代わるものとしての経典を作り上げた。またある者たちは、一世界一仏という原則に抵触しないで現に在る仏を想定する方法を選択し、他方世界の仏（複数あり、代表は『無量寿経』）を創出する経典を制作した。

このように法華経に先行する諸経典における仏のあり方を俯瞰的に見るならば、法華経の意趣・特徴は、この世界において現に在る仏を仏自身の語りによって創出することにある、と要言できる。このことは法華経の構成の中で、「如来寿量品」において開示される。以下、それを見ていきたい。

二 「如来寿量品」に対する諸学者の見解

本節では現代の仏教学者が如来寿量品をどのように見ているかについて簡単に触れておきたい。

①平川彰博士

平川博士は、「寿量品」の意義について、「「久遠の本仏」が開顕されているので、大乗の仏陀観を理解するうえでも寿量品は重要な位置を占める」と述べておられる。しかし、次の引用は一乗思想を法華経の唯一の特色と見る博士の立場を明確に示している（平川［一九八九］、四六七頁）。

法華経の構成の上から見ると、法華経の流れを一貫する本流に「寿量品」は含まれていないように思うのである。

さらに「見宝塔品」以降の付嘱の問題について独自の検討を加えた上で、「「寿量品」は「第二類法華経」に絶対に必要なチャプターであるとは言えないと思うのである」（同四八三頁）と述べておられるが、理解に苦しむところである。

②伊藤瑞叡博士

伊藤博士は、方便品と寿量品とが一対相依存関係にあることを以下のように論証される。

博士は、サッダルマの真の意味を考究するに際し、saṃdhā-bhāṣya（随宜所説意趣＝意趣を有する随宜所説）という用語に着目し、この成語は「法華思想のエスプリを示すもの」（伊藤［二〇〇四］、二一五頁）としている。サッダルマは方便・寿量に共通するものであり、随宜所説の意趣として説示されている。すなわち「方便品」では、随宜所説（＝三乗）の意趣――仏出世の一大事因縁である令衆生入仏知見道――である仏乗を聞いて信受するならば成仏する、と説かれる。「寿量品」では随宜所説（＝伽耶近成・当入涅槃）の意趣――教化衆生、令入仏道――である寿命無量・常住不滅が明かされる、という構造になっている。

そもそも、仏教思想の根本は、諸法（＝諸行）は縁によって生じ縁によって滅する、という縁起である。この縁起の道理（＝ダルマ）は仏にも適用される。すると仏の生（出現）と滅（涅槃）の目的は何か、という根本的な問題（これ以上の問いは無い。仏のみが解答可能である）が生じる。法華経を説く仏はこの問いに対し、仏の生（この世への出現と一乗の説示、善巧方便）と如来の滅（方便の涅槃、常住不滅）によって解答する。すると方便・寿量の二品は、縁起の道理を基盤として説かれていて、一対不可分の相依関係（生死即常住を示す関係）にあると理解されるのである。

伊藤博士は、サールナートの奉献塔で出土したブッダの誕生と入滅と表現する石板の裏面に、縁起法頌（諸法は因縁によって生滅する、これを如来は示した）が刻まれていることに着目され、方便・寿量の二品が相依関係にあることは、仏教の根本思想からの必然的な要請であることを導かれた。このような考察のよって次のような結論に至る（伊藤［二〇〇八］、七頁）。

すなわち法華経は、仏伝における釈尊の生滅の意義を（無常）縁起（＝法性）の見地から常住を示すものなり、と開顕したのである。

ダルマとブッダの関係を私なりに図式化すれば、「釈迦仏のダルマ（縁起）→ブッダに適用→法華経の本仏」となる。法華経の聴聞・受持者にとって、生滅を示す仏が常住此説法の仏である。伊藤博士は仏教の根本真理から説き起こし、法華経の方便・寿量の相依を明証された。換言すれば「寿量品」によって生滅即常住の思想が明かされ、本仏の常住とその結果としての衆生の皆成仏が保証されるわけである。

③末木文美士博士

末木博士は法華経の思想について、田村芳朗博士の段階成立説を継承しながら、苅谷博士の「一切衆生は菩薩である」という命題に賛意を表したうえで思想構造を分析しておられる。その検討から、法華経の第一類を「他者と関わる菩薩」、法師品以降の第二類を「死者としての仏」という図式で表明される。「寿量品」の解釈と関連する後者について見てみよう（末木［二〇一四］、四二頁以下）。

末木博士は「見宝塔品」のいわゆる二仏並座について、生者としての釈迦仏と死者としての多宝如来が一体化することを示すものである、と解釈される。実際には死者としての力のほうが強大であり、それと並存することによってはじめて生者である釈尊の力が獲得されるというわけである。従来は、「法師品」以降の所説は仏滅後に一歩踏み込んだ世界が開始されると解釈されてきた。しかし、末木博士は単に釈迦仏の仏滅後の事実的な時間を問題にしているのではなく次のようにその意味を掘り下げておられる（同四四頁）。

生者と死者との協奏と一体という、それ自体おおきな哲学的、宗教的問題を提示している見るべきであろう。「如来寿量品」については、後述する苅谷博士の解釈（かつてこの娑婆世界に出現して説法し入滅した無量の過去諸仏がそのまま今の釈尊として説法し、入滅した）を注目すべき解釈として評価し、久遠実成で永遠不滅に説法する仏という観念は、「いわば時間を超越した存在として、仏をのっぺらぼうに平板化してしまう」と述べておられる。そして、死者と生者が重層性な関係にあり、また仏の働きが過去現在未来の時間の重層性を意味していることを述べ、次のように結論される（同四八頁）。

寿量品の仏は、そのような複合的な力を持つ仏である。『法華経』が仏そのものであるということも、そのような重層化された仏の力によってはじめて可能となるのである。

これは「寿量品」の仏をめぐる思想的解釈の到達点と言えよう。しかし、法華経の釈迦仏のイメージとしては抽象に傾斜していると思う。私としては、後述するように、釈迦仏が我々に呼びかける具体性に富む経文として「寿量品」（特に自我偈）を読み解きたい。なお「常不軽菩薩品」について、末木博士は「全体の流れのなかでは、やや挿入的である」（［二〇〇九］、七七頁）と述べておられるが、本品は「寿量品」の釈迦仏の過去物語として不可欠な構成要素となっているので、この見解は受け入れられない。

④苅谷定彦博士

苅谷博士は［二〇一四a］と［二〇一九］において「如来寿量品」を詳細に論じておられる。本品は通常は釈迦仏の入滅は衆生教化のための方便（暫定的な手段）と解釈される。しかし、苅谷博士は歴史的実在である釈迦仏を無量の過去仏の系譜の中の一人の現在仏であると捉える。そのうえでその入滅こそ、我々仏滅後の顛倒の衆生に対する教化（仏の働き）そのものであるから、仏の説法と同等の如来のなすべき任務ということになる。

次の［二〇一九］一一頁で、苅谷博士は原典に変更を加える一連の「校訂」と「想定」を加えて次のように述べておられる。

当の〝今仏釈尊〟もまた、燃灯仏を始点にして、過去のみならず未来においても、無数の諸仏の〝出現〟と〝入滅〟を経て、最後の未来仏に至る「〝釈迦仏〟一統の長い系譜」の中の一人であることを明らかにしているのである。

つまり法華経の釈迦仏は別格の存在ではないので、永遠の仏ではない、それゆえ入滅は必然である、と見るわけである。私自身、苅谷博士のアプローチとは異なるが、「寿量品」の仏を久遠＝永遠＝常住なる仏、とする解釈に加え、別の可能性もあると考えるので後に論じることにする。また苅谷博士は、［二〇一四a］では、長行と偈頌段（以下自我偈と呼称する）を同等に扱っていたのであるが、［二〇一九］四六頁では次のように自我偈の異質性（後の付加）を指摘しておられる。

次に偈頌段（1-23偈）を見るに、結論から先に言えば、その全ては、長行の所説内容とは全く異なったもので、長行段の本来の釈尊観を大胆に改ざんして、釈尊をもって現実世界における生滅の次元を超えた〝超越者〟であると主張するべく、全く新しく創作したものなのである。

確かに自我偈には長行にない要素が加わっている。その意図・目的は仏の偉大性を感得させることばによって、それまでの仏のイメージを総合して、かつ具体的（これを信者向けと評する向きもあるが）に提示することである。そもそも、法華経によって出現する仏がある意味で「超越者」でなければ、聖典である法華経の受持はどのような意味をもつのであろうか。

三　如来の実在を説く「如来寿量品」の自我偈

法華経を説く釈迦仏

ここで法華経の基本構想を改めて確認しておこう。「一切の人が仏になる」ということが真実として受容されるためには、仏による確認・保証が必要である。釈迦仏の滅後においても、現に存在する仏によって「あなたは仏になります」ということばが必要なのであり、その役目を果たすのが、法華経なのである。先に見たように大乗経典は単独でそれまでの仏教を包摂し、あらたな仏教の起点となること——当該の経典から新たな仏教が展開すること——を目指している。法華経は般若波羅蜜・三昧・見仏の方法・他方世界の仏などの先行する諸経典の所説を自らの文脈に織り込んでいる。言い換えれば、異質の要素を排除していないのである。このような仏をめぐる教説の展開を見ると、先行する経典の仏とは対照的な性格を付与されていたり、あるいは高度な菩薩の行為を説く経典の所説が背景にあることが知られる。以下、寿量品の経文からそのような例を見ておこう。

先行する経典の中で最も有力な仏は阿弥陀仏であるが、第一節で指摘したように法華経の釈迦仏は、阿弥陀仏の無量の光と無量の寿命という特性を具えていることが経文に明示されている。自我偈では、釈迦仏が教えを説いている娑婆世界の様相が「我が此の土は安穏にして、天人常に充満せり」等々（第十一―十三偈）と自らのことばで描出される。西方極楽世界を説く経典における文飾を極めた描写に比して簡素であるが、いずれにリアリティーを感じるかは読み手の感性によると言えよう。

菩薩行を満了した阿弥陀仏とは異なり、釈迦仏は過去・現在・未来にわたって説法教化という菩薩行を継続している。久遠の過去に成仏していた仏は衆生を教化するために自身の姿を示現し、自身や他の諸仏について説く（岡田［二〇二〇］、五二頁）。これは阿弥陀仏とは全く異なる菩薩的な救済活動をする仏のすがたであり、第一節で触れておいた仏に直結する高度な菩薩行である首楞厳三昧を背景としている。この三昧（現一切色身三昧）は入滅や生を可能にするのであるが、「寿量品」では釈迦仏の入滅に焦点が当てられている。入滅の意味が衆生が仏を真剣に求める心を喚起するためである、ということは、『首楞厳三昧経』には見られない。

それでは自我偈は何が説かれているのであろうか。そこでは長行の所説（いわゆる久遠実成と方便滅度）も再説されるが、新たに次のことが表明される。

仏を一心に求めそのことばを信じる人には仏が現れる
仏は常に（＝まさにここ）にいてにいて教えを説く
仏を様々な衆生が速やかに仏になることを念願している

これが正に経典制作者の最も重要な主張である。それは直後の「分別功徳品」の冒頭で、仏が聴聞した諸菩薩が獲得する功徳を自らが語り、さらに弥勒菩薩（アジタ）が稀有の法であると称賛しているという本品の構成からも容易に知られるところである。すなわち経典作者は読者がそのようなものとして如来寿量品を受容することを要請しているわけである。

自我偈の意趣――ここに実在する仏――

「如来寿量品」の自我偈に至って、法華経を説く釈迦仏は「今この場に現前する仏」であることをみずから宣言している。このことは次の第三・四偈から明確に読み取れる。

また私は衆生を教化するために方便を説き、涅槃の境地を示現する。しかし私はその時には、涅槃に入るのではなく、実にここにおいて（ihaiva）教えを説き明かしている。

為度衆生故　方便現涅槃　而実不滅度　常住此説法

また私は自分自身に神通力をかけてそこ（＝いまここ）にいる。また私は一切の衆生に対しても同様にしている。倒錯した理解力を持つ愚かな人たちは、まさにここにいる私を見ないのである。

我常住於此　以諸神通力　令顛倒衆生　雖近而不見

『妙法華』には「常住」という訳語が見られるので、「常」＝永遠と解釈し、不変の「常住仏」というという概念に直結しがちである。しかし梵本には「常」に相当する原語はない。法華経作者の真意は、仏は現にこの場に実在して教えを説いているということであろう。

ここで常住仏（過去から未来に至るまで常に存在している仏）あるいは如来常住という概念と「この場に現前する仏」の相違について考えてみよう。常にあるいは常住はサンスクリット語では **nitya** である。自我偈の場合、第一偈と最終偈である第二十三偈において **nityakalam** という語が用いられ、「常」と漢訳されている。しかし、**nitya** は「常」や「永遠」と理解するのは実は正確ではない。『大般涅槃経』における「如来常住」の意味を考察した幅田裕実博士［二〇一四］の論文から関連個所を紹介すれば次の如くである（一五〇頁以下）。

・サンスクリット語の **ni-tya** は「ここに」「このなかに」という場所を示す副詞の **ni** に接尾辞の **-tya** がついたもので、本来の意味は「ここに（ある）こと」である。

・「仏陀が死によって **nitya** でなくなるであろう」においては、永遠という意味ではない。仏陀が死によって無に帰して「ここにいなくなる」ことが問題となっている。
・これを強く否定するのが「如来常住」すなわち「如来はここにいる」という大般涅槃経の主題である。

このように **nitya** の意味は「ここにあること」が「常に」よりも適切であると言える。自我偈の第二十三偈は次のごとくである。

私（＝仏）は **nityakalam**、衆生のそれぞれの行いを知って、それぞれ［ふさわしいやり方で］教えを説く、「いかにして菩提に導こうか、いかにして仏の特性を獲得させようか」と［願いながら］。

我常知衆生　行道不行道　随応所可度　為説種種法
毎自作是念　以何令衆生　得入無上道　速成就仏身

この **nityakalam** はこれまでは「常に」と訳されてきた。しかし **nitya** の本来の意味を考慮して「ここにいる時に」と理解するほうが、現前におられる釈迦仏が私たちに自らの決意を表明することばとして、より深く心に響くこととなる。これが自我偈において新たに表明された仏の言葉である。かくして常住・久遠の仏は、「いま」「ここに」、すなわち法華経を実践する私たちと同一の時間・空間に実在するのである。

まとめ

法華経は仏教哲学を説く文献ではない。仏とは何かを究極まで追求した仏による唯一無二の物語である。「寿量品」の冒頭において釈迦仏は、はるか昔に成仏したことを開顕し、過去から未来に至る仏の教化活動を説示した。これは前代未聞の教説であるが、当時の聴衆にとっては、また現代の読み手にとっても、自我偈の所説、すなわちいま今この場において釈迦仏が現に実在しているということが、一層重要であると思われる。ここでの「実在」は過去から未来に至るまで無条件に存在するという実体的な存在ではない。法華経が受持される空間と時間において実在するのである。かくして法華経を聖典として信受する人は、法華経によって再生復活した釈迦本仏とともにあることになる。

法華経主要部の結論である「如来神力品」では、法華経が実践される場においては仏のすべての重要な活動——成道・転法輪・般涅槃——が展開される道場となることが明確に述べられている（岡田［二〇一三］、二〇四頁）。これは仏がこの世界に実在することが明かす「如来寿量品」の偈文からの必然的な帰結である。

参考（引用）文献

伊藤瑞叡［二〇〇四］『法華菩薩道の基礎的研究』平楽寺書店
［二〇〇七］『法華経成立論史』平楽寺書店
［二〇〇八］「法華経集成の根本原理（は仏教思想の根本原理なり）」『法華文化研究』第三四号
植木雅俊［二〇〇八］『梵漢和対照・現代語訳法華経下』岩波書店
岡田行弘［二〇〇八］「小善成仏と常不軽菩薩」『仏教文化の諸相』（坂輪宣敬博士古稀記念論文集）山喜房仏書林
［二〇一三］「法華経の誕生と展開」『シリーズ大乗仏教4智慧／世界／ことば　大乗仏典Ⅰ』（第七章）春秋社
［二〇一六］「『法華経』の付嘱と流通分——『首楞厳三昧経』と比較して——」『インド学仏教学研究』六五巻一号
［二〇一七］「『法華経』と「大品般若」における仏の神力・神変」『印度学仏教学研究』第六六巻第一号
［二〇一八］「初期大乗経典における仏語の比率」『大崎学報』第一七四号

苅谷定彦［二〇一九］「大乗経典における新たな仏の創出」『法華文化研究』第四五号
［二〇二〇］「六或示現と普現色身三昧」『日蓮学』第四号
［二〇〇九］『法華経〈仏滅後〉の思想』東方出版
［二〇一四a］「釈尊入滅の必然を明かした『法華経』「如来寿量品」」『桂林学叢』第二五号
［二〇一四］「法華経の成立」『シリーズ日蓮1法華経と日蓮』（第一章）春秋社
［二〇一七］「長者窮子喩の解明――『法華経』「信解品」の精読――」『桂林学叢』第二八号
［二〇一九］「『法華経』の釈尊は〝永遠仏〟か『如来寿量品』の精読――インド・オリジナル『法華経』を求めて（Ⅷ）――」『桂林学叢』第三〇号
下田正弘［二〇一一］「経典研究の展開から見た大乗仏教」『シリーズ大乗仏教1大乗仏教とは何か』（第一章）春秋社
［二〇一三］「初期大乗経典のあらたな理解に向けて――大乗仏教起源再考――」『シリーズ大乗仏教4智慧／世界／ことば　大乗仏典Ⅰ』（第一章）春秋社
末木文美士［一九八九］「『般舟三昧経』とめぐって」『インド哲学と仏教（藤田宏達博士還暦記念論集）』平楽寺書店
［二〇〇七］『仏典を読む――死からはじまる仏教史――』新潮社
［二〇一四］「法華経の思想」『シリーズ日蓮1法華経と日蓮』（第二章）春秋社
高崎直道・河村孝照校註［一九九三］『新国訳大蔵経　文殊経典部2維摩経・思益梵天所問経・首楞厳三昧経』大蔵出版
高橋尚夫・西野翠［二〇一三］「維摩経の仏国土」『シリーズ大乗仏教5仏と浄土　大乗仏典Ⅱ』（第四章）春秋社
松本史郎［二〇一〇］『法華経思想論』大蔵出版
幅田裕実［二〇一四］「仏性の宣言――涅槃経――」『シリーズ大乗仏教8如来蔵と仏性』（第三章）春秋社
林純教［一九九四］『蔵文和訳般舟三昧経』大東出版社
平岡聡［二〇一五］『大乗経典の誕生――仏伝の再解釈でよみがえるブッダ――』筑摩書房
平川彰［一九八九］「法華経の本流と「如来寿量品」の位置」『初期大乗と法華思想（著作集第六巻）』所収、春秋社
吹田隆徳［二〇一七］「般舟三昧の系譜――manasi-√kṛ と見仏――」『仏教大学仏教学会紀要』第二二号
［二〇二〇］「般舟三昧経「行品」前半部の考察――阿毘達磨を手掛かりとして――」『仏教学会紀要』第二五

号

藤田宏達［二〇一五］『新訂梵文和訳無量寿経・阿弥陀経』法藏館

キーワード　法華経、如来寿量品、自我偈、寿量品の仏、nitya

仏教言説の歴史的形象化という営為
——日本近代仏教学史瞥見——

下田正弘

一 問題の所在——混沌状況の整理にむけて——

大乗仏教の起源をめぐる研究は現在複数の仮説が林立していて、ひとつに収束する気配がない(1)。もちろん、複数説が存在することは研究の進展にともなう知識の深化がもたらす成果の反映でもあり、それじたいが問題ではない。ただ、ここには大乗仏教研究をめぐる特殊な問題状況が存在し、それが障害となって研究成果の受容について学界全体に一種の混乱が起きているようにみえる(2)。ここに胚胎する問題を明らかにしておくことは、生みだされる研究成果の批判的受容と研究領域全体の向上に寄与するだろう。

非大乗仏教、いわゆる伝統仏教においては、その起源が問われたことは、ごく最近にいたるまでなかった(3)。それにたいして大乗仏教は、この百年のあいだほとんどつねに起源が問題とされてきた。それは大乗仏教の意義を認識する基底の枠組となって機能し、さまざまな仮説もこの枠内に存在している。大乗仏教研究をめぐる特殊な問題状況とはこれである。

「伝統仏教」の研究にはみられないこの問題は、大乗仏教を「伝統仏教」とはことなる特殊なものとして取りあげようとする強い傾向に由来している。ここで問われるべきは、第一に、この差異化が正当な根拠をもつものであるかどうかであり、第二に、それが歴史的起源に由来するとみることが根拠を有するかどうかである。差異化された大乗が称賛されるべきものであるか、批判されるべきものであるか、という価値判断の問題は――じっさいには長い伝統の言説の影響を受けた研究者に大きな影響を与えているものの――この事実確認に混入させるべきではない(4)。

第一の問題について、学界においてじっさいに進められてきたように、現前する仏教の事実から出発するなら差異化をするのはもっともな判断である。スリランカや東南アジアに流布した上座部仏教は大乗経典を所有せず、大乗の存在を認めていない。それにたいして東アジアやチベットにおいては、大乗経典も大乗仏教も厳然と存在し、自身の仏教をこの理念のもとに体系化している。両者の相違は歴然としており、歴史的現実にもとづいた理解として、両者は区別されるところからはじまってよい。

では、この差異を歴史的起源の差異にみようとする第二の点はどうであろうか。まず、現在存在する差異を過去に存在した差異として解釈することに方法としての正当性はない。これは、厳密には痕跡をいかに解釈するかという歴史学の問題として論ずべき主題となるが(5)、そこまで詳細に入りこまずとも、原理的に問題があることは明らかである。

これに加えて、「伝統仏教」はほとんど現在の上座部仏教のありようのままに認められ、大乗仏教のみ現状と差異化された起源が問われることについては、さらにいわれがない。これは、「伝統仏教」は一貫して変わることなく存在し、その不変の実体から大乗仏教が分岐した存在であるという旨の理解を前提としているが、歴史資料のどこにも根拠をみいだしえない想定である。

周知のごとく『異部宗輪論』をはじめとする歴史資料は、部派の分派史であって、大乗の派生はそこに記されていない。インドにおける「大乗非仏説論」をめぐる多様な議論のなかにも現れないし、法顕や玄奘の記録、考古学的資料、いかなる資料においても大乗の派生を窺わせるものはない。部派からの派生というこの理解は、近代の仏教研究者たちによる想定であり、その正しさは立証されていないのである。

近年になって、ようやくこの点が指摘され、再考が迫られはじめた。原始（初期）仏教が部派仏教へと展開し、そこからなんらかのかたちで大乗仏教が派生して出現するという「直線的史観」への疑義の提起である。[6]いつのまにか定説の位置を占めたこの図式をいかに超えてゆくか、これこそがいま仏教研究者に課せられた課題である。

この問いを解決するためには、大乗仏教を「いかに理解すべきか」という問題から、それは「どう描きうるか」という問いに移行する必要がある。この転換は、研究対象にむかう研究者の意識のうちに生起する認識の問題と、研究対象の内実が外化された叙述の問題との密接な関係を問うことであり、端的には、歴史の成立と叙述形式の不可分な関係への問いである。

この問題意識に立ち、本稿は、仏教を歴史的に叙述することが近代においてどのように成立したかについて辿ってゆく。これによって、「直線的史観」が相対化されるのみならず、林立している大乗仏教の起源にかんする諸仮説が、それぞれ限定的に受容可能なものになるだろう。

二　大乗仏教の叙述形式──セフォート＝ルエクの問題提起──

この問題を考えるうえで導入としてまず注目したいのは、大乗仏教は歴史としては描きえないという主張の存在である。大乗仏教思想研究の泰斗、デヴィッド・セフォート＝ルエクは、二十世紀末までの大乗仏教研究を総括する論攷を、つぎの一節から書きおこしている[7]。

かつてエチエンヌ・ラモットは、一九五八年に出版された記念碑的な『インド仏教史』の続編として「インド大乗」にむけた第二部の刊行を企図していた。けれども、ラモットは一九五四年に「大乗の形成について」と題する準備段階の論文を公刊したにもかかわらず、その第二部はついに現れることがなかった。かれは、だが大乗についてきわめて浩瀚な内容のいくつかの大きな出版を完遂している。すなわちアサンガの『摂大乗論』、ヴァスバンドゥの『大乗成業論』、ナーガールジュナに帰せられる『大智度論』など豊富に注の施された論書の翻訳であり、さらに『解深密経』『維摩経』『首楞厳三昧経』など、同様に重要な大乗経典の翻訳である。かれはさらに文殊菩薩や金剛手についての優れた研究を発表した。ラモットの『摂大乗論』と『大智度論』の研究は実質的に大乗の百科全書にひとしい。けれどもいうまでもなくそれらは厳密な意味での大乗の歴史ではない[8]。

大乗仏教の歴史叙述にラモットは踏みこまなかったという。セフォート＝ルエクは、この判断を妥当であり、大乗はべつの描きかたをされるべきだとみている。

ラモットは、大乗仏教全体、いや初期のインド大乗単体の歴史であっても、一全体としてつながりのあるナラティヴの歴史を書こうとするときわめて困難なものになってしまうことをただちに理解しただろう。だからこそそうした著作を発表することはなかったのだろう。こうした状況にあってもっとも現実的な進めかたは、かれがじっさいに採用した方法、すなわち一方で大乗仏教の個々の問題やテーマを探求し、他方で大乗仏教の正典とその注釈を綿密に翻訳することだと思われる。一九八九年九月ブリュッセルで開催された第一回の（そしてただ一回となった）ラモット記念シンポジウムで議論されたような包括的で統合的な（大乗の）歴史編纂の企図は、宗教的、哲学的、社会的運動としての大乗の複合性をまえに断片化し、崩壊してしまうことだろう。(9)

たしかにこれまでの大乗仏教研究をふりかえるとき、一九八〇年代の日本の「講座大乗仏教」やその四半世紀後の後続の企画である「シリーズ大乗仏教」の編成にみられるように、一方では、中観、唯識、如来蔵、浄土など、それぞれの主題に応じた関係文献を精査して進められ、他方では、諸経典の研究に代表されるように、『大無量寿経』『入法界品』『般舟三昧経』『郁伽長者所問経』など、個別経典の翻訳と内容分析に序論を冠するかたちで大乗仏教の特徴や歴史を論ずるという研究の叙述形態が定着している。

ことに欧米における大乗の経典研究にかんしては、後者の傾向が著しい。ポール・ハリソン、ジョナサン・シルク、ジャン・ナティエ、ミハエル・ツィンマーマン、ダニエル・ブシェーなど近年のほとんどの主要な研究者の業績が、それと明言することなく、ラモットが示す研究成果の形式に沿っている。(10) これは、近代仏教学の嚆矢たる一九世紀半ばのウジェーヌ・ビュルヌフの『法華経』の翻訳に淵源を有する研究成果の叙述様式である。近代仏教学を開顕したこの金字塔の威光はやがて日本で引きつがれ、布施浩岳『法華経成立史』（一九三四年）から苅谷定彦『法華経〈仏滅後〉の思想』（二〇〇九年）にいたるまでのきわめて多くの有益な研究を生み、大乗仏教研究を牽引する中核を形成してきた。それらは厳密な意味での訳注研究ではないものの、単一の経典を対象とし、その言説にそって理解を形成する、訳注研究の形態を前提としたものとなっている。

大乗仏教が多様な文脈における諸現象の総体に付された名称であり、特定の起源から出現した統一のある歴史として描きうるものではないという理解は、セフォート＝ルエクの論攷の十五年ほどまえ、ポール・ウィリアムズによって示されている。[11]ウィリアムズは、容易に特定可能な単一の地理的思想的起源をかかえた現象でも、組織的な計画的運動でもなく、幾世紀にもわたって漸次展開した大乗というありようを総括するために、般若経、中観、唯識、如来蔵等の主題べつに記述するスタイルを提示した。セフォート＝ルエクはこの事例を引き、歴史として大乗仏教が描かれないひとつの証左にしている。

とはいえ、初期にはその存在が判然としない大乗仏教も、四、五世紀になれば、阿含やニカーヤの系統とは差異化された経典の伝統として、インド仏教の伝統内部でその存在が明瞭に認知されている。アサンガ、ヴァスバンドゥ、バーヴィヴェーカらによって展開された大乗経典を仏説として擁護する主張は、それまで大乗経典言説内部に存在した大乗仏教を経典の外部から認めた証左である。これがインド仏教伝統外部、すなわち仏教伝播先の東アジアやチベットになれば、伝播当初より大乗仏教は実在として受容されている。こうした大乗仏教について、テクストの訳注研究か、あるいは主題べつの研究か、いずれかの形式におさめとられ、これらの制約を超えて時系列に沿ったひとつのナラティヴには収められえないとする問題提起は、直截には受けとりがたいものがある。歴史としての大乗仏教という理解そのものが成立しえなくなるからである。

三　言説の叙述形式と歴史記述——ヘイドン・ホワイトの示唆——

セフォート＝ルエクの議論には、じつは重要な問題が胚胎されており、それを適切に把握するためには、歴史が描かれる事情を少し精緻に考察しておく必要がある。ルエクは歴史としての大乗仏教の可能性を問いながら、そのじつ、それを叙述する形式がどうあるべきかという問いに移行している。この無意識裏の遷移に解明すべき問いが隠されている。それは研究成果をおさめとる言説の叙述形式が研究内容そのものに果たす役割の問題である。

この主題を考察するについては、ヘイドン・ホワイトによる『メタヒストリー』がこのうえない指南書となる。歴史学に大きな衝撃を与えたこの著書の日本語版への序文として、ホワイトは以下の一節を記している。

歴史学の作品の内容分析とは、重要な内容を落とさずに要約したりパラフレーズしたりして、内容本意に「議論」を組み立てたりすることだと考えられてきました。まるでテキストを構成する物語形式には、概念や構想に影響を及ぼす力などまったくない、とでもいうかのようです。しかし、現代の文学研究は、言語学的分析にしろ、記号論的分析にしろ、もはや言説の形式を、さまざまな情報や論拠、比喩表現、概念、着想を書きこむ「容器」にすぎないなどと見てはいません。むしろ、形式こそ、記号や単語、語句、発話、言説、テキストなどの内容を表す様態なのだと教えています。実際に、言説の形式という隠された要素のほうが、一片の情報やデータよりも、あるいは実在として提示されるものをめぐる表立った議論よりも、言説のイデオロギー的内容に対してより重要な規定的役割を果たしているのです[12]。

ホワイトによれば、論述の内容を構成する情報や概念をめぐる議論以上に、それらがいかなる叙述形式におさめられているかという、みえない要素のほうが、議論のイデオロギー的内容をはるかに強く制約している。セフォート＝ルエクは、大乗仏教の研究成果は特定のテキストの訳注研究という形態か、個別の主題の研究という形態におさめられるべきものであること、大乗仏教という研究対象は通常の意味での歴史にはなりえないこと、これらのことを同時に主張していた。言説の叙述形式によって研究対象の性質が決定されることを期せずして認めているのである。

ホワイトはその著書の「歴史叙述のスタイルという問題」というセクションにおいて、歴史と叙述の関係、さらに歴史家自身の認識の形成をめぐって、つぎのように述べる。

> 歴史家は、歴史の場の史資料に表現や説明のためにもちいようとする概念形成のための手段 conceptual apparatus を適用するまえに、まずその歴史の場をあらかじめ形象化（前形象化）prefugure しなくてはならない。つまりその歴史の場を精神的な表象の対象として構成しなくてはならない。この詩作のような行為は、歴史の場を特定の性質の領域としていつでも解釈可能な状態におく言語的行為と区別しえない。いいかえれば、ひとつの所与の領域は、それが解釈されうるようになる以前に、まずそこに識別しうる形象 discernible figure が存する基盤として理解されなければならない。ついで、そうした形象は、諸現象の明確な秩序、集合、類、種として分類可能なものとして把握されなければならない。さらにそれらは、一定の種類の相互関係を有するものと理解されなければならない。その諸関係が変容することによって、ナラティヴにおける、筋立てや論証のレベルで与えられる「説明」によって解決されるべき「諸問題」が構成されることになるのである。
>
> いいかえれば歴史家は、あたかも文法学者があらたな言語に直面しているときように、歴史の場に直面している。歴史家が最初に取りくむべき問題は、その領域の語彙、文法、構文という要素を区別することである。

そうしてはじめて諸要素が形象となったり、それらの関係が変化をしたりすることがなにを意味しているのかを解釈するという、つぎの課題にとりかかることができる。つまり歴史家の問題は、語彙的、文法的、構文的な、そして意味論的な次元を包摂する言語論的プロトコルを、歴史家自身のことばによって（資料のなかで銘うたれたことばによってではなく）構成し、のちに自身のナラティヴなかで提示する説明や表現への準備をすることである。(13)

歴史家は、およそ意味の不明な諸要素のあつまった混沌とした資料の海をまえにする。それに向きあううちに、そこからしだいに意味以前の微細な形象が生起し、それらが接近したり反発をしたりしながら繋がりはじめ、やがて全体がひとつの明瞭なできごとになってゆく。この過程において歴史家がなす資料の言説化への準備である前形象化、すなわち明瞭な言語的概念となる以前の示唆的な形象の生起は、歴史家自身の認識活動の発動と、それにつづいて起こる明瞭な概念構成への移行と表裏の関係にある。歴史家の精神の内部における歴史認識の形成とその外部のおける歴史的叙述の構築という、歴史家の仕事をこのうえなく的確に描いたこの一節は、テクスト一般と意識との関係――仏教でいえば経典と瞑想との関係――を把握するうえでもきわめて有効にはたらく。(14)

さて、ホワイトが提示するこの視座から照らしなおすとき、近代日本の仏教研究はまさにこうした歴史を構成することに意をそそいできたことがみえてくる。そこでは、厖大な仏典の混沌たる言説のなかから、インド仏教全体を一連の繋がりのある歴史として描き、そのなかに大乗仏教を位置づけようとする傾向が生まれ、継承され、強化されつづけてきている。それは第二節で概観した欧米の研究とはきわだった対照をなす。

じつは、原始（初期）仏教から部派仏教が展開し、そこから大乗仏教が生まれるという仏教史の大枠をめぐる理解は、十九世紀末から二十世紀初めの日本において急速に形成されはじめた。ここで描かれた仏教史は、ほとんどそれと意識されないうちに、欧米もふくむ現在の学界の共通理解となった。第一節で述べたように、現在この直線的な仏教史理解には疑義が呈され、仏教研究の方法的観点から再考すべき時期にさしかかってはいるものの、代替として合意しうる仏教史の準拠枠は示されていない。この図式はいまもって力をもっている（Harrison 2018）。それには、じつは以下にしめすような経緯がある。

四　姉崎正治の企図――歴史叙述の登場――

このインド仏教史の理解が提示されたのは、管見のかぎり姉崎正治の『仏教聖典史論』（東京経世書院、一八九九年）を嚆矢とする。直前に出版された自著『印度宗教史』（一八九八年）を踏まえ、仏教聖典編纂の歴史を論じたこの著書は、「阿含」に属する経典にかんする結集伝承の分析にはじまり、最初期の論書である『六足論』『発智論』から『大毘婆沙論』にいたる厖大な漢訳の阿毘達磨文献を対象とし、その成立過程を分析したうえで、そこで得られた成果を、龍樹、無着、世親らの大乗仏教の諸典籍に説かれた内容と照合した。これら全体の言説の存在様態に歴史的な発展の推移が反映していると解釈するのである。前節でみたヘイドン・ホワイトの指摘を踏まえるなら、姉崎には、眼前に遺された仏典の厖大な言説の場が、歴史として形象化されるにふさわしい識別可能な形象の存在する基盤と理解されている。考察の射程ははるか後代のインド仏教最終期の密教にまで及び、こうしてインド仏教の全体がひとつの歴史のナラティヴに収められてゆく。

こんにちではほとんど常識と化したこの研究方法は、近代における仏典研究において、これ以前には――ゆいいつ近世の富永仲基をのぞいて――類例がみあたらない。こうした方法で研究を進める姉崎には、仏教は仏典の歴史的編纂過程が明らかになってはじめてその思想内容が理解しうるという明確な問題意識がある。

佛教の研究は、必ずや歴史的なるを要し、歴史的研究の第一着歩は、其の従来斉一統一の作とせし佛典を、歴史人文の産物となす聖典批評に始めざるべからず。若し聖典批評の業にして効果を得て、浩瀚なる佛典の成立関係を明にし、進で其の思想信仰の宗教的発達と、其の社會人文に対する交渉と相互に照明して、其の進化を大観するに至らんか、印度支那を経て発達したる幽玄なる哲学的宗教の真相始めて顕れ、近世の科学思想に映じたる大乗佛教は洵に其の真価を顕すを得ん。（姉崎前掲書、一四頁）

姉崎は、仏典を歴史的人物ではなく「歴史人文」の産物であり、解明すべきは「信仰の宗教的発達」であり、それは「社会人文」との交渉のもとに考察されるべきものとする。仏典は歴史を超えて静止したものではなく、歴史のなか信仰の発達とともに展開してゆく。この理解は現存の仏典から「歴史的ブッダ」の教説の復元を——それが可能か不可能かという議論もふくめ——中心課題としてきた仏教研究者の関心の射程を超え、ウィルフレッド・キャントウェル＝スミスが聖書学批判をとおしてしめす聖典論につうずる要素を秘めている。(15)

姉崎は、当時の西洋の仏教研究に欠落していた厖大な漢語の仏典資料を考察の対象とする。阿含に属する諸経典がアビダルマ論書における思想を萌芽的状態で内包していること、その点で経蔵と論蔵という両カテゴリーに属するテクストには連続した展開が確認されることについて、おそらく異論を挟む研究者はいないだろう。さらに「部派」の論書である『婆沙論』や『倶舎論』などが『瑜伽師地論』など「大乗」の論書と共通の要素をかかえていることも、同様に認められるところである。

こうしてみれば、北伝の厖大な伝承であるアビダルマ文献を媒介にしてはじめて、仏典をめぐって「原始仏教」から大乗仏教までがひとつの時系列をなす「歴史」となる。これはパーリ語の三蔵や、断片的サンスクリット語のテクストを研究対象としていた二十世紀初頭の西洋ではいたりえない認識である。じっさいここに示される理解は、現存する資料全体を対象としたひとつの仏教史であり、それはビュルヌフの『インド仏教史序説』(一八四四年)にも、ターラナータの仏教史をもとにインド仏教を概観したワッシフィエフ『仏教』(一八六〇年、シーフナーによる独訳)にも、オルデンベルクの『ブッダ』(一八八一年)にもみられない独自のものとなっている。

ここでさらに注目すべきは、遺された文献から歴史を構成するさいに採られた方法論の周到さである。姉崎は、経典や論書に現れる言説について、その内容を構成する言説そのものと、その言説について言及した言説とを区別し、後者のメタ言説を考察の対象にする。メタ言説とは、具体的には、仏典の結集にかんする言説や阿毘達磨の成立についての言説、さらには隠没経説をふくむ大乗経典についての仏説論などをさす。

余輩はパーリ等の領域に於は其の専門学者既往の研究を参酌するを主とし、而して漢譯佛典中に現存せる豊富なる三蔵、特に其大小乗論を探求して、其中佛教聖典に関する考察言論の跡につきて、各時代における佛教聖典の状態を稽査するを期したり。(姉崎前掲書、一六頁)

本節の冒頭でみたように、仏典の歴史を解明するにさいして姉崎が対象としたのは、経典の言説ではなく、結集伝説や論書にみられる「仏説に関する言説」である。仏説である経典の外部からその意義を闡明する言説こそ歴史の構築にかかわることができるという明確な認識がここにはある。現在、インド仏教における仏説をめぐって議論がなされるさい、結集伝説の問題や隠没経の問題を中心テーマとして、本庄良文、藤田祥道、Peter Skilling、堀内俊郎によって有益な研究が出版されているが、姉崎は、すでにここで、その知見をもって厖大な文献の整序をこころみている。

この点をヘイドン・ホワイトの指摘に照らしてみれば、姉崎は厖大な仏典群を対象として、「語彙的、文法的、構文的な、そして意味論的な次元を包摂する言語論的プロトコルを、歴史家自身のことばによって（資料のなかで銘うたれたことばによってではなく）構成し、のちに自身のナラティヴなかで提示する説明や表現への準備」をしていることがわかる。研究対象となる言説が個々に有するそれぞれの機能にたいするこうした弁別は、現在の研究者によってかならずしもなされておらず、資料の言説全体が同一次元でとらえられ、議論が進められることが多い。現在の研究の混乱状況は、この点への配慮の欠如がその主因である。

姉崎は、仏典の内容を構成する言説についての研究を「直接批評」、その言説に対する言説を対象とする後者の研究を「間接批評」と名づけ、「間接批評」の立場をとる。注目すべきは、この研究方法は、ドイツ聖書学の中心拠点チュービンゲン学派の開祖であるフェルディナント・クリスチャン・バウア（一七九二―一八六〇）と、江戸時代中期の思想家、富永仲基（一七一五―一七四六）という、言語も文化も歴史もかけ離れた東西ふたりの先学に触発されている点である。

是れバウルが其批評を福音書に始めずして書簡に始し故意を変用せし者にして、若し此に依りて佛典成立の大体を間接に照明するの緒を得ば、進で直接に各聖典に関して批評をなす事、必ずしも非望に非ざるべしと信ず。……其間接批評の研究方に至りては、聊か富永バウル二氏の故意を襲ぎ、聊か此を今日の批評端緒に適用したるやを覚ゆ。……富永氏出て百五十年にして佛典批評の状態此の如く、バウル氏以来僅か六十年にして彼の聖典批評は成功の凱歌を挙ぐ。（姉崎前掲書、一五頁）

姉崎は十九世紀の末のキリスト教の聖書研究のめざましい成果をまのあたりにし、それが福音書そのものではなく、その編纂者の視点を解明するためのパウロ書簡の研究にはじまっていることに注目する。聖典の言説の歴史的編纂過程を解明には、編纂に関わった可能性のある第三者の言説を把握し、それによって当該の言説が、外部から歴史として整理可能かどうかが鍵となる[16]。

さらに姉崎は、こうした言説批判の方法が、すでに日本の思想伝統において江戸期の富永仲基の『出定後語』によって達成されているとみる。姉崎は、この傑出した業績がバウアよりはるか以前に日本で達成されているにもかかわらず、仏典研究者はその意義を理解することなく、仏典をめぐる流れを歴史化しえていないことに、厳しい批判の目を向けている。

五 「部派」概念を介した仏教史の形象化——前田慧雲の研究——

『仏教聖典史論』発刊四年後の一九〇三年、前田慧雲は『大乗仏教史論』を著し、部派のひとつである大衆部から大乗仏教が出現したという画期的な説を発表する。以後、六十年にわたり日本における定説となったのみならず、西洋においても支持されてきた学説の登場である[17]。

ここで注目したいのは、その結論以上に、採用された方法の先見性である。まず、現在遺されている漢語の翻訳仏典は、たしかにその言説内容はほとんどがインドに起源を有するものとみてよいものの、インドの歴史的情報はほとんど有していない。前田は大乗仏教を「歴史」として描くにあたって「部派」なる概念に注目し、それを媒介として混沌たる仏典の集成全体を「歴史」という意味領域にもたらして整理しようとする。すなわち、個々のタイトル以外にインド固有の歴史的情報をほとんど有していない厖大な経典にたいし、インド仏教の教団名である「部派」という「アイデンティティ」が与えられることによって、所属部派を明示的に名のる諸論書や部派分裂をえがく歴史書の記述に連絡をさせることが可能となり、その全体を歴史の地平にもたらしうる、という理解である。

これは現在、研究者が洋の東西を問わず、ほとんど疑うことなく採用している方法である。ことにインド語新出写本の研究において、類似の文献との関係を探求し、一致点をみつけて、その「所属部派」を特定しようとする。インド仏教の研究者たちにとって「部派名」は、個々の「テクスト名」に優先して、歴史というアイデンティティを付与する力を有している。

前田は、この理解に立って歴史書 historiography の利用を進める。その概要はつぎのとおりである。部派分裂の歴史にかんするインド成立とみなされる仏典に、真諦訳の『部執異論』があるものの、そこでは部派の具体的教義は把握しえない。それを補うものとして、その注釈である『部執異論疏』があることは知られているものの、現存していない。ただそこ説かれた内容は、『三論玄義検幽集』等の後代の注釈書に引用されているため、その記述を抽出することによって、個々の部派の教義、ことに大衆部の教義について特徴の概要を知ることができる。

一方、大衆部所属が明確である現存の文献はきわめて限られており、それのみをもとに大衆部の教義を広く把握することはむずかしい。けれども『大毘婆沙論』等の説一切有部の文献において批判対象とされる対論者の説は、その趣意において『部執異論疏』から特定される大衆部の主張にみごとにかさなり、大衆部の説とみなしてよい。こうして再構成された大衆部の思想を、現存する大乗仏教の仏典における思想的特質と比較すると、両者はみごとに符合するというのである。

ホワイトは、「ひとつの所与の領域は、それが解釈されうるようになる以前に、まずそこに識別しうる形象が存する基盤として理解されなければならない。ついでそうした形象は、諸現象の明確な秩序、集合、類、種として分類可能なものとして把握されなければならない。さらにそれらは、一定の種類の相互関係を有するものと理解されなければならない」と指摘していた。前田は仏典全体においてこの一連の解釈行為を可能とすべく、現存する仏典の言説について、それが所属していたと推定される部派にいったん帰せしめ、部派という、集合、類、種とみなされるパラメータのもとに言説空間全体を形象化しなおし、歴史として提示しようとした。その過程でもちいられた『部執異論疏』は、それら言説の外部から言説について言及したメタ言説となっている。姉崎の立てた方法の区別を適用するなら、『部執異論疏』というメタ言説のテクストを利用した「間接批評」と、『婆沙論』等の仏典の言説そのものを分析する「直接批評」を折衷したかたちとである。現在インド仏教研究において定石となっている研究方法がきわめて意識的に構成され提示されたものとして注目にあたいする。平川彰によって批判されて以降、直接に振りかえられることはなくなったものの、研究史上におけるそのこころみの意義はあらためて評価されるべきであろう(18)。

インド仏教の内実を時系列のフレームワークにそって象り、その形象をさらに部派ごとの特徴として分類しつつ再形象化し、ついで部派と大乗の関係を図ろうとする。これはまさに現在進められているインド仏教研究の基幹となる方法であり、それは姉崎と前田の著書によって明瞭に提示されている。

これら、姉崎、前田の二つの研究につづく二十世紀前半の研究は、西洋の仏教研究を凌ぐ成果を挙げるとともに、その後の日本におけるインド仏教研究について方法論的素地を形成した。そのきわだった特徴は、「直接批評」の方法を採り、漢語仏典を対象としながらも、インド語、チベット語をもちいての本格的な仏典の言説の解明にある。仏典の内容を構成する言説そのものの研究のめざましい進展によって、非大乗系の仏教にかぎっても、アショーカ王の在位年代、仏滅年代、現存資料による根本仏教復元の不可能性、パーリ語資料と漢語資料の詳細な比較研究をとおした思想形成過程の解明など、インド仏教の実態が以前には想像しえなかったほどに進展した。

それでもここで留意したいのは、こうした研究によっても、原始(初期)仏教→部派仏教→大乗仏教という大きな準拠枠は揺らぐことはなく、若干修正されながらも保持されつづけている点である。つまり間接批評によって提示された準拠枠は、その後の直接批評による研究をとおした精緻な知識の整備によって、べつの枠組が提示されたのではなく、その内実がより堅固なかたちに充填されてきた。事情は、現在の北米においても同様であることは、最近年の研究 **Harrison**（2018）が示すとおりである。

六　平川彰による経典言説の形象化

二十世紀初頭の日本において確立したインド仏教史研究におけるこの安定した理解の枠組を根底から揺るがす研究が、半世紀ほどの時を隔てて出現する。一九六八年、平川彰による『初期大乗仏教の研究』の出版である。この大著は、大乗仏教の歴史を理解するについて必要となる方法、その対象とすべき資料、いたりついた結論、あらゆる点において、時代を画期する研究となった。この研究にはその評価をめぐって、すでにこれまで厖大な議論が交わされてきた。それにたいして本稿は、資料にむけた言説の形象化と歴史という、これまで考察されなかった観点からこの研究を照らしなおす。それは、律蔵研究の傑出した碩学が、資料のいかなる言説を対象とし、どのように形象化し叙述し、大乗を歴史化しようとしたか、という問いである。

結論からいえば、平川は姉崎のいう直接批評を大乗経典を対象として進め、経典の言説にもとづいて大乗仏教の「歴史」の形象を形成し、ついでそれを補塡する目的で、間接批評としての機能する言説――『部執異論書』のような歴史書や『大唐西域記』のような旅行記、さらに考古学的遺跡や碑文などの事物――がつくりあげる領域の意味を照合させるべく取りあげている。つまり姉崎が『仏教聖典史論』において取った方法の順序を、ちょうど逆転させるかたちでもちいているのである。大乗仏教の歴史を構成するについて、採用すべき資料の言説の優先順位の逆転はきわめて重要な問題であり、じつはこれによって、それまでまったく動かなかった「直線的歴史観」がゆらぎ、あらたな歴史観の創成が可能となった。

平川彰『初期大乗仏教の研究』の厖大な議論は、前田慧雲『大乗仏教成立史論』が提示した「大衆部起源説」の批判から開始され、そこに本著の方法論の柱となるべき要素が集約されている。それは、第一に、大乗仏教の特性はなによりも大乗経典の存在にあり、その言説の分析が最優先されるべきであること、第二に、その経典の言説は、現存する仏典の言説と照合するかぎり、特定のいずれの部派にも帰属せしめられるものではないこと、第三に、出家の部派に帰属させられないとすれば、制度内に仏教が存在しているかぎり、それは出家の部派や僧院以外の場に特定するほかないこと、そこに在家と仏塔という場が浮上してくること――およそこうした内容となる。ここではこれまで仏教の資料を歴史化するためにもちいられてきたパラメータが否定されている。

平川をまったくあらたな教団起源に導いた最大の要因は、大乗経典の言説内容の有する異質性にある。すなわち、第一に、律蔵の研究にもとづく出家教団の実態との乖離であり、第二に、阿含、ニカーヤ、アビダルマ等の文献の言説とのあいだにみられる、調停しがたい異和である。つまりここで顕在化しているのは、大乗経典を構成する言説が、それまで仏教史を成立させる基礎として受容されてきた文献の言説と、整合的な関係に立ちえないという問題である。

第四節でみたように、日本におけるインド仏教の研究は、結果として、姉崎正治が示した歴史の構図を前提として進められてきた。そこでは大乗経典の言説そのものが正面から相手とされたのではなく、仏身論や法の認識論など、いったんアビダルマ的に整理された教義を経由して大乗経典の言説を解釈し、そのうえで大乗経典と論書とを連絡し、大乗経典を同一の歴史内部に組むこもうとするものであった。それにたいして平川は、大乗経典外部の言説を介在させることなく、経典の言説を直接に古代インドの歴史という地平にもたらしうる方法を模索している。これは以前とは明瞭に一線を画す研究方法の模索であり、画期的な問題提起である。

ことに欧米の研究に比して目すべきは、『初期大乗仏教の研究』が厖大な数の大乗経典を対象領域とし、その仏典のコーパス全体から大乗の歴史を描きだそうとしている点である。初期大乗仏教の成立を課題とする平川彰であれ、静谷正雄であれ——あるいは如来蔵思想の形成を主題とする高崎直道であれ——、日本の大乗仏教の研究者は、個々の仏典をコーパスの一部としてとらえ、その全体を解明の対象としてきた。これは大蔵経という規模で仏教世界を俯瞰してきたことが関係しているだろう。それにたいして欧米の研究は、第二節においてセフォート＝ルエクの議論をとおして示したとおり、ほぼ例外なく個別の経典を研究対象とし、それによって大乗の意味を構成しようとしてきている。大乗仏教が歴史として描きえないという理解は、この研究方法に強く制約されている。

この差異を踏まえたうえで、大乗経典の言説そのものを、他の文献を介在させることなく歴史の地平にすえおこうとする企図は重要であり、ことにそれは近代仏教学において注目されなかった聖典論の考察に発展してゆく可能性を秘めている。逆に、この問題の考察を進めるうえでしばしば障害になるのが、経典の言説を経典外部の制度的実在の反映とみなす傾向である。平川による在家—仏塔起源説が発表されるや、グレゴリー・ショペンをはじめとする欧米の研究者たちは、いっせいに批判した。けれどもこれらほとんどの研究者たちの採った方法は、大乗経典の言説にもとづいて大乗仏教の社会背景を中心とする「歴史的」特性を定めようとするものであり、平川が採用した方法と軌を一にしている。この問題は今後本格的に問いなおさなければならない[19]。

最後に、ショペンから平川に向けられた批判については、ホワイトが指摘する「所与の領域における形象化の営為」という観点から付言しておく必要がある。ショペンは、平川とは逆に、考古学的地平を対象領域としてインド仏教の歴史化を企図し、それを形象化の基盤としてすえ、そこに大乗経典の言説をすえおいて、その意味づけを図ろうとしている。大乗経典の言説が「些末な側」の主張としてとらえられるのは、この図と地の逆転に起因している。

ここには立ちどまって考察すべき重要な問題が残されている。それは、さまざまな大乗経典の言説が構成する意味領域と、考古学的事物が構成する意味領域とは、それぞれ独自の意味領域であって、いずれがいずれを包摂しうるものではないことである。これは、マルクス・ガブリエルが提起するところの新実在論が示す重要な論点となることとなる意味領域どうしをいかなる原理によって、どのように正当に統合しうるのか、じつは、この点の考察の欠如が、大乗仏教の理解をめぐる現在の学界の混乱状況の要因である。これはあらためて論ずる必要がある。[20]

七　結びにかえて

こうして日本近代のインド仏教研究を辿るとき、いくつかのことがみえてくる。まず明らかになるのは、現在の学界でこころみられているさまざまな研究は、厖大な仏典全体が構成する場をいかに適切に形象化しうるかという課題にたいして、じゅうぶんに反省的な意識をともなって創始され、遂行されてきたことである。現在、さまざまな新出資料が発見されても、それによってインド仏教史の基本的な構図が揺るがないのは、ここに要因がある。

これに関連して、日本の研究と欧米の研究のあいだに存在する差異の理由もみえてくる。日本における大乗仏教研究者は、数百年のあいだ連続してインドで形成され中国に移入されてきた厖大な漢訳の仏典全体を、近代仏教学の最初期から研究対象としていた。それに対し西洋の研究者は、大乗については、サンスクリット語で記された断片的なテクストを相手とするしかなかった。聖典群をコーパスとして、いわば身体として受容して、その領域全体から生まれる大乗という概念の意味を構築する企図と、個々のテクストから大乗という概念を引きだそうとする企図では、およそ異なった意味が生まれても無理はない。

しかも日本においてはすでに江戸時代において、大乗仏教の理解をめぐる近代仏教学の素地が準備されていた。大乗経典の言説の異質性について、洋の東西をつうじてもっとも早くに的確に論じたのは、日本の江戸時代中後期の学者、富永仲基である。儒教、仏教、両方の伝統の厖大な典籍に精通した富永は、ひとつの伝統における言説の継承は、時代を下るにつれ、より古いとみなされる要素をあらたに付加し、言説全体を変容させながら遂行されてゆくという、いわゆる「加上」説を提示した。仏教の言説にかんしては『出定後語』を著し、そのなかで仏典の伝統について、釈迦以前↓釈迦時代↓釈迦以降↓小乗と、古代インドにおける言説の歴史的展開として把握するすじみちを立てた(21)。

この富永の企図は、仏教文献全体をいかに形象化するかという課題において、テクストという場の特性を解明することで従来の仏教解釈を批判的に相対化するものだった。これによって、従来は仏典全体が、解釈者の立場に依存する「教相判釈」という方法によって形象化されてきたのにたいし、テクストの言説じたいが歴史的に構成されるという、客観性を確保した解釈法に移行させられている。さきにみたように、姉崎正治は、自著『仏教聖典史論』を、ドイツのフェルディナント・クリスチャン・バウアとともにこの日本の思想家に捧げている。仏典を歴史の展開として把握する道を開いたたぐいまれな先駆者であることを、このうえなく高く評価していた。だが、富永が解明を志したのは、仏典内部の言説そのものの変容であり、その外部のメタ言説をもちいての分析ではない。その意味で注目すべきことは、この企図は姉崎とはことなって、むしろ平川の問題意識にかさなっていることである。そもそも仏教学の学知は、研究対象となる資料における言説と、それを解釈する研究者の言説とが交錯して織りなす意味のネットワークである。前者は複雑な歴史過程を経て構築され、いわば垂直方向に折りかさなる意味の地層を形成しているのに対し、後者は現在という一点において水平方向に広がる世界的思想状況に巻きこまれている。研究はこの両軸の交わりにおいて成立している。

一方で、エチエンヌ・ラモットを評価したデヴィッド・セフォート＝ルエクが示した問題を理解し、他方で、江戸中期に淵源をもつ日本由来の「直線的史観」を理解することは、この学知形成の永続するいとなみの、動的な内実を経験することにつうじている。大衆部起源説であれ、在家―仏塔起源説であれ、それが生まれるまえの現場にたちかえり、その誕生までの過程に立ちあうとき、それは変わらぬ意味をともなって蘇ってくる。古い仮説が消え、あらたな仮説に置きかわってゆくのではない。このうえなく厳密な思索に耐え、あるとき、ある場に成立した知は、変わることなく存在しつづけている。それをとおして、関連する仏典全体が意味をもって現象してくる。

註

（1）現在の大乗仏教の起源、それにもとづく特徴をめぐる仮説は、およその弁別をするなら、大衆部説（前田慧雲、辛島静志）、仏塔説（平川彰、静谷正雄、Heino Kottkamp、荒牧典俊）、在家説（平川彰、静谷正雄）、阿蘭若住説（Gregory Schopen, Paul Harrison, Jonathan Silk, Jan Nattier, Daniel Boucher）、法師 dharma-bhāṇaka 説（静谷正雄、Natalie D. Gummer, David Drewes）、書写説（Richard Gombrich, Alan Cole, 下田正弘）、瞑想説（Étienne Lamotte, Paul Harrison, Duglas Osto, 荒牧典俊）が複数の研究者によって支持されている。このほか律における破僧定義変更による発生（佐々木閑）、悪業払拭の儀礼執行共同体からの発生（袴谷憲昭）が単独に提示されている。大乗と特定の部派との関係については Louis de La Vallée Poussin の部派横断説を Jonathn Silk が紹介し、近年では Johanes Bronkhorst が説一切有部との関係を強調している。大乗 mahāyāna なる概念の発生とその理解をめぐっては、方等 vaitulya、方広 vaipulya 等の概念との連続と発展という観点から辛島静志による解明がある（辛嶋静志「大衆部と大乗」〈『印度學佛教學研究』六六巻一号、二〇一七年、八二―八八頁〉）。欧米もふくめた二十世紀末までの大乗経典の研究については、下田正弘『涅槃経の研究――大乗経典の研究方法試論――』（春秋社、一九九七年、六―四八頁、四五七―四七八頁）、その後の二十年ほどについては、同『仏教とエクリチュール――大乗経典の起源と形成――』第四章「大乗経典継承の歴史――一九八〇年代以降の大乗経典研究――」（東京大学出版会、二〇二〇年、二〇三―二二七頁）、さらに近年の大乗仏教の「起源」をめぐる仮説については、佐々木閑「大乗仏教起源論の展望」（高崎直道監修、桂紹隆他編集『大乗仏教とは何か』春秋社、二〇一一年、七三―一一二頁）、下田正弘「聖典としての仏教――『法華経』にみる三宝の歴史性――」（『東洋学術研究』六一巻一号、二〇二二年、二二一―二四七頁注（２））参照。

（２）いぶかしく思われるのは、大乗経典の文学研究の意義を明かにした Alan Cole の研究（*Text as Father: Paternal Seductions in Early Mahāyāna Buddhist Literature*. Berkeley: University of California Press, 2005.）が、北米の仏教学者によってほとんど取りあげられていないことである。おそらく一次文献を対象とした研究ではないところに問題があるのだろう。今後あらためて議論の対象になることとは予想されるものの、かなりの歳月が経過しているにもかかわらず、管見のかぎり、口頭発表（二〇一七年トロントにおける国際仏教学会 IABS において Daniel Boucher が Alan Cole の業績に好意的に言及）をべつにすれば、関係する仏教研究者たちからは、いまだに学術的な評価や批判が寄せられていない。

（３）近年、非大乗仏教についてこの問題が問われはじめたのは重要である。大乗経典と非大乗経典をともにふくむガンダーラ語の写本の発見、Theravāda という概念の再考、仏伝と部派との関係の再考、こうした異なった視点から大乗、非大乗を問わず仏典の編纂が大がかりに問いなおされつつある。ガンダーラ語の写本については Salomon, Richard. 2006. "Recent Discoveries of Early Buddhist Manuscripts and their Implications for the History of Buddhist Texts and Canons." In *Between the Empires: Society in India 300 BCE to 400 CE*, ed. Patrick Olivelle, pp. 349-382. Oxford; New York: Oxford University Press. Allon, Mark. 2018. "The Formation of Canons in the Early Indian Nikāyas or

Schools in the Light of the New Gāndhārī Manuscript Finds." *Buddhist Studies Review* 35 (1/2), pp.225-244. パーリ語の聖典の位置づけについては Steven Collins, *Nirvana and Other Buddhist Felicities: Utopias of the Pāli Imaginaire*. Cambridge: Cambridge University Press, 1998. Theravāda という呼称とそれにもとづく歴史的変遷については、Peter Skilling et.al (ed.) *How Theravāda Is Theravāda ?: Exploring Buddhist Identities*, (Silkworm Books, 2012)、および馬場紀寿『仏教の正統と異端――パーリ・コスモポリスの成立――』(東京大学出版会、二〇二二年)参照。

(4) 研究対象となる資料の内部に記された「大乗」についての歴史的評価の問題と、研究者自身の「大乗」に対する評価とは厳密に区別したうえで、それぞれ個々に批判検討する必要がある。これまでしばしばなされたが、前者を後者に忍びこませるのが方法論的に誤りであるのと同様、後者を斥けるため前者を研究対象から排除することも誤りである。この問題を適切にあつかうためには、伝統内在的な立場でなされる解釈学と、その外部からの批判とを区別しておかなければならない。この点については如来蔵思想を事例としてかつて論じた(M. Shimoda, "The Structure of the Soteriology of Tathāgatagarbha Thought as Seen from the Perspective of Different Modes of Discourse: A Response to Critical Buddhism," *Acta Asiatica* #118, 2019, pp.79-97.)。インド大乗仏教内部においても、東アジアの仏教やチベットの仏教の系統においても、資料内部の言明として大乗は価値的に高いものと位置づけられており、なにゆえにそうした理解が形成されてきたかは、解釈学的伝統における重要な研究課題である。この意義をグレゴリー・ショペンがなすようにインド考古学的研究の立場から斥けることも、平川彰がなすように古代インドの教団的地平に読みこもうとすることも、いずれも方法論的混同の咎を免れていない。この問題については註(20)の拙論を参照されたい。

(5) 歴史学において痕跡から過去を再構成する課題については、ポール・リクールの浩瀚な著作の分析をもとに簡潔に論じた(下田正弘「大乗仏教の成立」〈伊藤邦武他編『世界哲学史2：古代Ⅱ 世界哲学の成立と展開』筑摩書房、二〇二〇年、八七―一一一頁〉)。

(6) Schopen, G. "Mahāyāna." *Encyclopedia of Buddhism* 2004, pp. 492-499; Harrison, P. "Laying out the Field," *Setting Out on the Great Way: Essays on Early Mahāyāna Buddhism*. Sheffield: Equinox Publication, 2018, pp. 7-31、下田正弘「「正典概念とインド仏教史」を再考する――直線的歴史観からの解放――」(『印度學佛教學研究』六八巻二号、二〇二〇年、一〇三五―一〇四三頁)。

(7) これについては註(1)下田『仏教とエクリチュール』、「「正典概念とインド仏教史」を再考する」を参照。

(8) David Seyfort Ruegg, "Aspects of the Study of the (earlier) Indian Mahāyāna." *Journal of the International Association of Buddhist Studies*, 27(.1), pp. 3-61.2004: 3-4

(9) David Seyfort Ruegg, ibid. 4.

(10) 以上の議論については M. Shimoda, "The State of Research on Mahāyāna Buddhism: The Mahāyāna as Seen in the Development in the Study of Mahāyāna Sūtras (in English)," A. Saito (ed.) *Acta Asiatica*: Bulletin of the Institute of Eastern Culture #96, Tokyo: Tōhōgakkai (2009, pp. 1-23.)、および下田正弘「経典研究の展開からみた大乗仏教」(『大乗仏教とはなにか(シリーズ大乗仏教1)』春秋社、二〇一一年、三九—七一頁)参照。

(11) Williams, Paul. *Mahāyāna Buddhism: The Doctrinal Foundations. The Library of Religious Beliefs and Practices*. 1989 London: Routledge.

(12) ヘイドン・ホワイト『メタヒストリー——一九世紀ヨーロッパにおける歴史的想像力——』(岩崎稔監訳、作品社、二〇一七年、一一頁)。この序文はホワイトが日本語訳の出版にさいして寄稿した一文であり、時期的にみておそらくホワイト最後の理解でもある。出版から三十七年後に、その浩瀚な内容のエッセンスを著者みずからが抽出したものとして殊に注目にあたいするため、原文は参照しえないもののここにひいた。

(13) Heyden White, *Metahistory: The Historical Imagination in Nineteenth-Century Europe*. The Johns Hopkins University Press, 1973, p.30. (Cf.『メタヒストリー』九二—九三頁)なおここに引用の邦訳は独自に訳しかえた部分がある。

(14) 瞑想とテクストとの関係については、ポール・ハリソンの議論を引用した註(1)下田『仏教とエクリチュール』(六二—六六頁)参照。ハリソンはさまざまな視点からの大乗仏教研究の論攷を総合的に編集して一書にまとめるさい、以下に示すようにホワイトの議論にきわめて近い内容を述べており、同様の問題意識をもっていると思われる。

領域の境界と要素の配置を決めるという意味での「領域を設定する laying out the field」ことは、大乗仏教の教説における kṣetravyūha の概念の重要性を考えると、仏教の研究者にはすぐにそれとわかる隠喩であり、結果はとくにみごとな配置とはならなかったかもしれないが、私はそうするようつとめた(Paul Harrison, *Setting out on the Great Way: Essays on Mahāyāna Buddhism*, p.23)。

仏教学においてこのホワイトの主張を具体的に理解するために、筆者がかつて仏教学の営為について『法華経』

を事例として述べた一節を再掲する。

たとえば『法華経』を研究するさいに、紀元後三世紀の竺法護、あるいは五世紀の鳩摩羅什が翻訳した漢語の翻訳テクストを利用すること、ギルギットから出土した六―八世紀のサンスクリット語写本、カシュガル出土の九―十世紀のサンスクリット語写本、十二世紀のネパールに伝承されたサンスクリット語写本をもちい、さらに九世紀前後に訳出されたとされるチベット語訳テクストを参照し、十九―二十世紀に書写の記録がある東南アジアのパーリ語テクストを考慮すること――インド仏教の研究者なら、だれしもこれらの手続の必要性と方法の妥当性を認めるだろう。地域的、時代的、言語的にかくも広範囲にわたる資料を駆使し、さらに関連する諸経典や翻訳をも考察対象としながら、……ギルギットや中央アジアの写本に出現する語を一文字、一音ずつ検討しながら読解可能なサンスクリット語テクストをつくること、あるいは……諸言語訳を対照した精緻で詳細なレキシコンをつくることは、インド仏教学の基礎を構築するきわめて重要な仕事である。／テクスト校訂とレキシコン作成のこのいとなみは、字形の時代的特性と歴史的推移、音の継時的あるいは地域的変化、写本書写の伝承の過程で起こる錯誤、再訂正、過剰復元などの継時的過程、時空環境と言語環境の変化にともなう語彙の広がりと意味の変容など、それぞれの音や文字が辿ったであろう時間的推移あるいは地域的変異を綿密に考証する仕事である。それはいずれもテクストの歴史に関わるものであるがゆえに、研究者たちはこの仕事を当然のごとく歴史学的研究であると意識するだろう。／けれども、ここでなされる解明は、ほとんどの場合にテクストの言語と言説の内容の理解に関わるものであり、歴史学的方法で復元される、時空の特定可能なテクスト外部のできごととしての歴史に関するものではない。……仏教学におけるテクスト校訂においては、テクストの言語や言説が第一次的な解明対象であり、そこで明らかにされる成果は、テクスト自体の内容の解読のために振り向けられる。それは「歴史のなかのテクスト」ではなく、「テクストのなかの歴史」の解明である（註（1）下田『仏教とエクリチュール』一三〇―一三一頁）。

（15）ウィルフレッド・キャントウェル＝スミスは「聖典性」を主題として論ずるなかで「その歴史的性格についてこの役割を徹底的して厳密に観察することは、その根本的に歴史的なる特性を認識することである。すなわち、その役割が時間と場所にわたって変わりゆく特性であり、その役割が果たされているひとの人生や社会における特定の文脈につねに絡めとられているという特性である」と分析する（W. C. Smith *What is Scripture: A Comparative Ap-*

proach, 1993, p.3）。この分析の詳細は、下田正弘「仏教研究の死角――ウィルフレッド・キャントウェル・スミスの理解から――」（『智慧のともしび――アビダルマ仏教の展開／三友健容博士古稀記念論集――』山喜房仏書林、二〇一六年、八四一―一〇二頁）、同「聖典としての仏教――『法華経』にみる三宝の歴史性――」（『東洋学術研究』六一巻一号、二〇二二年、二二一―二四七頁）参照。

（16）フェルディナント・クリスチャン・バウアの歴史理解については森田雄三郎「バウルの歴史理解」（『基督教研究』三三巻一号、一九六四年、二九―五二頁）、同『キリスト教の近代性』（創文社、一九七二年）を参照にした。三期に分けられるバウアの研究において、当該の教会史が執筆されたおりは、ヘーゲルの歴史哲学の影響がもっとも強い時期にあたっている。

（17）大衆部起源説が日本から世界に流布したことについては、平川彰『初期大乗仏教の研究』（春秋社、一九六八年、一五―一六頁）、註（1）下田『涅槃経の研究』（九―一〇頁）参照。

（18）佐々木閑「大乗仏教起源論の展望」（『大乗仏教とは何か　シリーズ大乗仏教1』七三―一一二頁）は、大乗仏教の起源についての諸説を紹介するなか、最後にアビダルマ文献を介して大乗の形成過程を問うことの意義を、木村泰賢、西義雄の研究を引きながら指摘している。重要な視点である。ただ、その方法はすでに十九世紀末から二十世紀初頭の姉崎正治、前田慧雲によって明確に示されており、後続の学者はその内実をより詳細に補っていったものである。

（19）この問題は筆者のいくつかの論攷において論じた（註（1）下田『仏教とエクリチュール』）が、学知の構成にかかわる枢要な問題として、さらに議論を深めてゆく必要がある。

（20）この課題については、下田正弘「「意味の場」の現成と聖典としての仏教――マルクス・ガブリエルの示唆――」（『比較思想研究』五〇号、二〇二四年三月、三一―三四頁）において概略を論じた。ガブリエルの議論の問題点については、下田正弘「〈公開講演〉仏教思想の可能性――有限、無限、倫理――」『駒澤大学大学院仏教学研究年報』第五十七号、二〇二四年、三―二五頁、とくに一八―二五頁参照。

（21）別稿を期すが、大乗経典の研究は、現在までをふくめ、「加上」という方法的概念によって説明することが有効であり、これはキャントウェル＝スミスのいう「聖典」の概念を編纂者の側から言語化したものとも理解しうる。

キーワード　大乗仏教、歴史化、叙述形式、日本近代仏教学史、意味領域

「教菩薩法仏所護念」考

望月海慧

一　問題の所在

『法華経』[1]のチベット語訳の和訳をはじめ、最初の「序品」で気になる異読に出会った。それは、釈尊が四衆に囲まれて無量義処三昧に入る箇所である。すなわち、釈尊が、入定前に「無量義」と呼ばれる教えを説かれたとされているのだが、デルゲ版のみが「説かれようとして」という読み方に訂正しているのである。従来の読み方であれば、「法華経」を説く前に、「無量義」と呼ばれる別の教えを説いていたことになるのであろうが、訂正された読み方では、「無量義」と呼ばれる教えがこれから説かれようとしている「法華経」のことになる。本稿では、この「無量義」と呼ばれる教えに添えられている「教菩薩法（bodhisattvāvavāda）」と「仏所護念（sarvabuddhaparigraha）」の用例を分析することにより、そのような訂正が生じた理由を解明する。

二 「最初の文章（序品①）」

まずは、この言葉が最初に出てくる『法華経』の文章を、漢訳の鳩摩羅什訳『妙法蓮華経』（以下、『妙法華』）と法護訳『正法華経』（以下、『正法華』）、梵文とチベット訳（以下『蔵訳』）とで比較してみる。

『妙法華』爾時世尊。四衆圍遶。供養恭敬尊重讃歎。爲諸菩薩説大乘經。名無量義教菩薩法佛所護念。佛説此經已。結加趺坐。入於無量義處三昧。身心不動。（大正、二六二番、第九巻、二中七―一〇）

『正法華』爾時世尊與四部衆眷屬圍繞而爲説經。講演菩薩方等大頌一切諸佛嚴淨之業。説斯經已昇于自然師子之床加趺而坐。三昧正受定意。名曰立無最頌。尋應所宜不見身貌不得心意。

（大正、二六三番、第九巻、六三中二四―二八）

『梵文』tena khalu punaḥ samayena bhagavāṃś catasṛbhiḥ parṣadbhiḥ parivṛtaḥ puraskṛtaḥ satkṛto gurukṛto mānitaḥ pūjito 'rcito 'pacāyito mahānirdeśaṃ nāma dharmaparyāyaṃ sūtrāntaṃ mahāvaipulyaṃ bodhisattvāvavādaṃ sarvabuddhaparigrahaṃ bhāṣitvā tasminn eva mahādharmāsane paryaṅkam ābhujyānantanirdeśapratiṣṭhānaṃ nāma samādhiṃ samāpanno 'bhūd aniñjamānena kāyena sthito 'niñjaprāptena ca cittena | (Kern ed., p. 5)

『蔵訳』de'i tshe na bcom ldan 'das 'khor bzhi po de dag gis yongs su bskor cing mdun gyis bltas te / bsti stang du byas / btsun par byas / ri mor byas / mchod par byas / rjed par byas / gsol ba byas te / nges par bstan pa chen po zhes bya ba'i chos kyi rnam grangs mdo sde shin tu rgyas pa chen po byang chub sems dpa' rnams la gdams pa / sangs rgyas thams cad kyis yongs su bzung ba bshad par bzhed[2] de / chos kyi gdan de nyid la skyil mo krung bcas nas / mtha' yas nges par bstan pa'i gnas zhes bya ba'i ting nge 'dzin la snyoms par zhugs te sku mi g-yo zhing sems mi g-yo bar gyur nas bzhugs so //

（ツルティム［二〇〇九］、五頁）

【蔵訳和訳】その時に、世尊はそれらの四衆に囲まれ、瞻仰されて、恭敬され、尊敬され、敬われ、供養され、尊ばれ、請願されて、「偉大な確実に説いたもの」と言う法の異門で、とても広大な経典で、菩薩たちに教示され、すべての仏により保持されていたものを解説しようとなされて、[3] その同じ法座で結跏趺坐してから、「限りなく確実に説いた場所」と言う三昧に入定した。すなわち、身体が動かず、心が動かないようになっておられた。

（望月［二〇二二］、一四七頁）

まず、ここに説かれる経典の呼称について、梵文では、①「大いなる説示」と言われる法門の経（mahānirdeśaṃ nāma dharmaparyāyaṃ sūtrāntaṃ）に対して、②大いなる教え（mahāvaipulyaṃ）、③菩薩の教誡（bodhisattvāvavādaṃ）、④すべての仏が把握しているもの（sarvabuddhaparigrahaṃ）、という句が添えられている。チベット語訳も同様に、①「大いなる説示」と言われる法門の経（nges par bstan pa chen po zhes bya ba'i chos kyi rnam grangs mdo sde）に、②大いなる教え（shin tu rgyas pa chen po）、③菩薩の教誡（byang chub sems dpa' rnams la gdams pa）、④すべての仏が把握しているもの（sangs rgyas thams cad kyis yongs su bzung ba）、という句が添えられている。羅什訳では、②大乘經、①名無量義、③教菩薩法、④仏所護念と、順序は異なるが、項目数が一致しているのに対し、法護訳では、③講演菩薩、②方等大頌、④一切諸佛嚴淨之業とあり、①については「経」の語のみとなっている。

次に、この目的語に対応する動詞であるが、梵文では、「説く」の動詞 bhāṣitvā が、語根 bhāṣ- に接辞 -tvā が付された絶対分詞となっており、「同一動作者によってなされる二行為の中先行するものを表す」となる。[4] すなわち、

bhāṣitvā は、もう一つの絶対分詞 ābhujya の後に出てくるアオリストの動詞 abhūt「(身体と心が動かないで) いた」に対応し、「説く」動作がそれよりも先行していることを示している。二つの漢訳では、いずれも最初の項目に「説」が付されており、その後にさらに、それぞれ、「佛説此經已」、「説斯經已」とあり、明確にいずれかの教えを説いた後に三昧に入ったと理解している。それに対して、チベット語訳も「解説して (bshad pa)」とあるのだが、デルゲ版では「解説しようとなされて」と「〜を望む ('dod pa)」の敬語である「〜を望まれる (bzhed pa)」の語が補われ、ラサ版もこの修正に従っている。デルゲ版の方が新しい読み方となるために、その校訂者が、「三昧に入る前に、教菩薩法仏所護念などと言われる経典が説かれた」という読み方に違和感を感じて、この語を補ったのであろう。この違和感が生じる原因は、「教菩薩法仏所護念」が示す経典をこれから釈尊により説かれる「法華経」と理解していたことによると思われる。[5] ただし、ここには、その教えが「法華経である」あるいは「法華経の異名である」ことを示す根拠は見られない。

三 「無量義教菩薩法佛所護念」の用例

この違和感が生じる理由を考察するために、この「教菩薩法仏所護念」が『法華経』の他の箇所でどのような使われ方をしているのかを見てみる。

(1) 序品②

第二の用例は、最初の文章で示される出来事について弥勒が文殊に尋ね、文殊が過去世において日月灯明仏により同じことがなされたことを述べた箇所に出てくる。すなわち、最初の用例の動作主が釈尊から日月灯明仏に代わった文章である。

『妙法華』是時日月燈明佛。説大乘經。名無量義教菩薩法佛所護念。説是經已。即於大衆中結加趺坐。入於無量義處三昧。身心不動。（大正、二六二番、第九巻、四上八―一一）

『正法華』時日月燈明。勸發菩薩護諸佛法。而爲衆會講演大頌方等正經。時彼世尊於座寂然。以無量頌三昧正受即不復現。無身無意都不可得心無所立。（大正、二六三番、第九巻、六六上一七―二〇）

『梵文』tena khalu punar ajita samayena sa bhagavāṃś candrasūryapradīpas tathāgato 'rhan samyaksaṃbuddho mahānirdeśaṃ nāma dharmaparyāyaṃ sūtrāntaṃ mahāvaipulyaṃ bodhisattvāvavādaṃ sarvabuddhaparigrahaṃ bhāṣitvā tasminn eva kṣaṇalavamuhūrte tasminn eva parṣatsaṃnipāte tasminn eva mahādharmāsane paryaṅkam ābhujyānantanirdeśapratiṣṭhānaṃ nāma samādhiṃ samāpanno 'bhūd aniñjamānena kāyena sthitenāniñjamānena cittena| (Kern ed., pp. 19–20)

『蔵訳』ma pham pa de'i tshe na yang bcom ldan 'das de bzhin gshegs pa dgra bcom pa yang dag par rdzogs pa'i sangs rgyas nyi zla sgron ma des / nges par bstan pa chen po zhes bya ba'i chos kyi rnam grangs mdo sde shin tu rgyas pa chen po byang chub sems dpa' rnams la gdams pa sangs rgyas thams cad kyis yongs su bzung ba bshad nas / de'i tshe skad cig thang cig yud tsam de nyid la 'khor 'dus pa de nyid du chos kyi gdan chen po de nyid la skyil mo krung bcas te / mtha' yas nges par bstan pa'i gnas zhes bya ba'i ting nge 'dzin la snyoms par zhugs te sku mi g-yo zhing sems mi g-yo bar gyur nas bzhugs so // （ツルティム［二〇〇九］、一九頁）

ここで説かれる経典の呼称について、梵文とチベット語訳とも、①「大いなる説示」と言われる法門の経、②大いなる教え、③菩薩の教誡、④すべての仏が把握しているもの、とあり、最初の文書と同じである。羅什訳も、前回と同じように順序の相違があるものの、項目は同じである。それに対して、法護訳では、③勧発菩薩、④護諸仏法、②大頌方等、①正経、とあり、前回と訳語が統一されていないことから、同じ構文であることが意識されていない翻訳となっている。

対応する動詞についても、いずれも「説いた」の読み方に違いはなく、チベット語訳においても、すべての版で同じ読み方になっており、デルゲ版での読み方の訂正は見られない。このことは、最初の用例におけるデルゲ版の訂正は、本来の読み方ではなかったことを示しており、同じ文脈の第二の用例では、その訂正意図が忘れられていた可能性がある。また、羅什訳では、「佛説此經已」の句が添えられているが、法護訳では「説斯經已」の句が添えられていない。

(2) 序品③

第三の用例は、第二の用例に引き続いて、文殊の過去世の記憶であり、日月灯明仏が三昧から起き上がって「法華経」を解いたことを述べたものである。すなわち、第二の用例と比較して、動作主は同じく日月灯明仏であるが、説いた内容は、三昧の前の「大いなる説示」が「法華経」に入れ替わったものとなっている。

『妙法華』是時日月燈明佛從三昧起。因妙光菩薩説大乘經。名妙法蓮華教菩薩法佛所護念。六十小劫不起于座。時會聽者亦坐一處。（大正、二六二番、第九巻、四上二三—二五）

『正法華』佛三昧正受。從三昧起。爲超光菩薩講正法華方等之業。諸菩薩行皆説佛法。一處安坐具足六十劫説斯經典。（大正、二六三番、第九巻、六六中二一—四）

『梵文』 atha sa bhagavāṃś candrasūryapradīpas tathāgato 'rhan samyaksaṃbuddhaḥ ṣaṣṭayantarakalpānām atyayāt taṃ saddharmapuṇḍarīkaṃ dharmaparyāyaṃ sūtrāntaṃ mahāvaipulyaṃ bodhisattvāvavādaṃ sarvabuddha-parigrahaṃ nirdiśya

(Kern ed., p. 21)

『蔵訳』 de nas bcom ldan 'das de bzhin gshegs pa dgra bcom pa yang dag par rdzogs pa'i sangs rgyas nyi zla sgron mas bar gyi bskal pa drug cu 'das kyi bar du / dam pa'i chos pad ma dkar po'i chos kyi rnam grangs mdo sde shin tu rgyas pa chen po byang chub sems dpa' rnams la gdams pa / sangs rgyas thams cad kyis yongs su bzung ba bshad nas /

（ツルティム［二〇〇九］、二一頁）

ここでも、最初の二つの用例と同じフレーズが使われ、説かれる経典の呼称について、梵文とチベット語訳とも、①「正法白蓮華」と言われる法門の経、②大いなる教え、③菩薩の教誡、④すべての仏が把握しているもの、とあり、最初の経典名が「法華経」に置き換えられている。羅什訳でも、順序の相違があるものの、同じく「名妙法蓮華」と置き換えられている。それに対して、法護訳では、①正法華、②方等之業、③諸菩薩行、④皆説仏法、とあり、やはり訳語が統一されておらず、並行句であることが意識されていない翻訳となっている。

対応する動詞については、チベット語訳では、前の二つの用例と同じであるが、梵文では「示す」を意味する **nirdiśya** となっているが、意味は同じである。また、漢訳では、どちらも「説此経已」の句はなく、それぞれ、最初の項目に「説」と「講」の語が添えられている。

(3) 序品④

第四の用例は、第一の用例と同じ時間に戻り、文殊がこれから起きるであろうことを予測したものである。すなわち、動作主が釈尊に戻り、第三の用例と同じく、説かれる経典が法華経に替わっている。

『妙法華』是故惟忖。今日如來當説大乘經。名妙法蓮華教菩薩法佛所護念。

（大正、二六二番、第九巻、四中一七―一八）

『正法華』吾觀察之。今日大聖當爲我等講正法華方等典籍。

（大正、二六三番、第九巻、六六中二四―二五）

『梵文』yathā bhagavān api taṃ saddharmapuṇḍarīkaṃ dharmaparyāyaṃ sūtrāntaṃ mahāvaipulyaṃ bodhisattvāvavādaṃ sarvabuddhaparigrahaṃ bhāṣitukāmaḥ ||

(Kern ed., p. 22)

『蔵訳』bcom ldan 'das kyang dam pa'i chos pad ma dkar po'i chos kyi rnam grangs mdo sde shin tu rgyas pa chen po de bshad par bzhed pa snyam byed do //

（ツルティム［二〇〇九］、二二頁）

ここで説かれる経典の呼称について、梵文では第三の用例と同じで、①「正法白蓮華」と言われる法門の経、②大いなる教え、③菩薩の教誡、④すべての仏が把握しているもの、とあり、羅什訳も第三の用例と同じであるが、チベット語訳では、①「正法白蓮華」と言われる法門の経、②大いなる教え、とあり、ここのみ梵文と異なっている。法護訳では、①正法華、④一切仏護、②大頌方等典籍、とあるのみである。

対応する動詞については、釈尊がこれから教えを説くであろうことを示しているので、梵文では第一、第二の用例で用いられた動詞が bhāṣitum と不定詞になり、それを望むという形容詞 kāma が添えられている。チベット語訳でも、同じく bshad pa の動名詞を目的格にし、「～を望まれる（bzhed pa）」の語が補われている。また、二つの漢訳には「當」の語が添えられている。

以上の四つの用例は、相互に関連するものである。第一の行為を目の当たりにした文殊が、過去世における同じ現象の第二を思い出し、過去世でその後に起きた第三の行為から、現世においてこれから起きるであろう第四の行為を予測する構造になっており、第一と第三、第二と第四が、それぞれ対応関係になっている。また、第一と第四は現在の釈尊が動作主であり、第二と第三は日月灯明仏が動作主であり、説かれる教えは、第一と第二では三昧に入る前のいずれかの教えであり、第三と第四では「法華経」となっている。ただし、前述のように、デルゲ版の校訂者は、最初の二つの用例における「大いなる説示」を、これから説かれる「法華経」と解釈し、第四の用例に付された **bzhed pa** を第一の用例においても付したのであろう。

次に、この解釈が生じた要因について、続く用例から考えてみる。

⑷ 譬喩品

第五の用例は、序品の用例と異なり、釈尊が舎利弗に対して、法華経を説いた理由を説明する箇所に見られる。

『妙法華』我今還欲令汝憶念本願所行道故。爲諸聲聞説是大乘經。名妙法蓮華教菩薩法佛所護念。

（大正、二六二番、第九巻、一一中一四―一六）

『正法華』汝因本行欲得識念無央數佛。則當受斯正法華經一切佛護。普爲聲聞分別説之。

（大正、二六三番、第九巻、七四上二八―中一）

『梵文』so 'haṃ tvāṃ śāriputra pūrvacaryāpraṇidhānajñānānubodham anusmārayitukāma imaṃ saddharmapuṇḍarīkaṃ dharmaparyāyaṃ sūtrāntaṃ mahāvaipulyaṃ bodhisattvāvavādaṃ sarvabuddhaparigrahaṃ śrāvakāṇāṃ saṃprakāśayāmi ||

(Kern ed., pp. 64-65)

『蔵訳』shā ri'i bu ngas khyod sngon gyi spyod pa dang smon lam dang ye shes khong du chud pa dran par bya bar 'dod de / dam pa'i chos pad ma dkar po'i chos kyi rnam grangs mdo sde shin tu rgyas pa chen po / byang chub sems dpa' rnams la gdams pa / sangs rgyas thams cad kyis yongs su bzung ba 'di / nyan thos rnams la yang dag par bstan to //

（ツルティム［二〇〇九］、六四―六五頁）

ここで説かれる経典の呼称について、梵文は第三、四の用例と同じで、①「正法白蓮華」と言われる法門の経、②大いなる教え、③菩薩の教誡、④すべての仏が把握しているもの、とあり、チベット語訳も同じである。羅什訳も同じく、②大乗経、①名妙法蓮華、③教菩薩法、④仏所護念、とあるが、法護訳では、①正法華経、④一切仏護、のみである。

対応する動詞については、声聞に対して『法華経』を説いていることを示しているので、「明らかに示す」を意味する saṃprakāśaya が用いられ、チベット語訳もそれに対応する yang dag par bstan となっている。漢訳では、法護訳は「当受」としてこれまでと異なる訳語を用いているのに対して、羅什訳は、これまでと同じく「説」を用いている。

(5) 化城喩品

第六の用例は、第四の釈尊が声聞に対して法華経を説いている話に対応し、過去世においても大通智勝仏が十六王子に「法華経」を説いた箇所に見られる。ただし、説かれた教えはこれまでと同じであるが、それが説かれた対象が釈尊の前世の姿となっている。

『妙法華』爾時彼佛受沙彌請。過二萬劫已。乃於四衆之中。説是大乗經。名妙法蓮華教菩薩法佛所護念。説是經已。

（大正、二六二番、第九巻、二五上二七―二九）

『正法華』於時彼佛觀諸沙門心之本原。爲二萬劫説正法華**方等**經典菩薩所行一切佛護。皆已周遍。四部衆會普

等無異。（大正、二六三番、第九巻、九一下二一—二五）

『梵文』 atha khalu bhikṣavaḥ sa bhagavān mahābhijñājñānābhibhūs tathāgato 'rhan samyaksaṃbuddhas teṣāṃ śrāmaṇerāṇām adhyāśayaṃ viditvā viṃśateḥ kalpasahasrāṇām atyayena saddharmapuṇḍarīkaṃ nāma dharmaparyāyaṃ sūtrāntaṃ mahāvaipulyaṃ bodhisattvāvavādaṃ sarvabuddhaparigrahaṃ vistareṇa saṃprakāśayāmāsa tāsāṃ sarvāsāṃ catasṛṇāṃ parṣadām ‖ (Kern ed., p. 181)

『蔵訳』 dge slong dag de nas bcom ldan 'das de bzhin gshegs pa dgra bcom pa yang dag par rdzogs pa'i sangs rgyas mngon par shes pa'i ye shes chen pos zil gyis gnon pa des dge tshul de dag gis gsol ba btab pa mkhyen te / bskal pa nyi khri 'das nas dam pa'i chos pad ma dkar po zhes bya ba'i chos kyi rnam grangs mdo sde shin tu rgyas pa chen po byang chub sems dpa' rnams la gdams pa / sangs rgyas thams cad kyis yongs su bzung ba de 'khor bzhi po de dag thams cad la rgya cher rab tu bstan to //（ツルティム［二〇〇九］、一八一頁）

ここで説かれる経典の呼称について、梵文は、①「正法白蓮華」と言われる法門の経、②大いなる教え、③菩薩の教誡、④すべての仏が把握しているもの、とあり、チベット語訳も同じである。漢訳も、羅什訳では、②大乗経、①名妙法蓮華経、③教菩薩法、④仏所護念、とあり、法護訳も、①正法蓮華、②方等経典、③菩薩所行、④一切仏護念、とあり、一致している。

対応する動詞は、梵文では第五の用例と同じく **saṃprakāśaya** が用いられ、チベット語訳も同じく **yang dag par bstan** となっている。漢訳では、どちらも「説」を用いている。

⑹見宝塔品

第七の用例は、多宝如来の言葉の中に見られるのだが、その句が使用される箇所が異なっている。まず、羅什訳では宝塔の中の多宝如来が直接に語った言葉の中に、この句が見られる。

『妙法華』爾時寶塔中出大音聲歎言。善哉善哉。釋迦牟尼世尊。能以平等大慧教菩薩法佛所護念妙法華經爲大衆説。（大正、二六二番、第九巻、三二中二七—下二）

『正法華』其塔寺中自然發聲。歎言。善哉善哉世尊安住。（大正、二六三番、第九巻、一〇二下二—五）

『梵　文』tasmāc ca ratnastūpād evaṃ rūpaḥ śabdo niścarati sma / sadhu sadhu bhagavañ śākyamune / subhāṣitas te 'yaṃ saddharmapuṇḍarīko dharmaparyāyaḥ / (Kern ed., p. 240)

『蔵訳』rin po che'i mchod rten de las bcom ldan 'das shākya thub pa khyod kyis dam pa'i chos pad ma dkar po zhes bya ba'i chos kyi rnam grangs 'di legs par gsungs pa legs so // legs so // （ツルティム［二〇〇九］、二四〇頁）

羅什訳に、③教菩薩法、④仏所護念、①妙法華経、とあるが、梵文とチベット語訳では、①「正法白蓮華」と言われる法門、とあるだけ、法護訳では対応する語は訳されていない。

それに対して、梵文では、この宝塔の中の声について大楽説菩薩が釈尊に尋ね、それに対する釈尊の返答の中にこの句が見られる。すなわち、釈尊が多宝如来の過去世の誓願の言葉を述べたものであるが、羅什訳では誓願内容の「『法華経』を聞かない間は無上正等覚を得なかった」という文章が欠けている。

『正法華』本行道時而自發願。吾會當以此正法華經當自修成。使諸菩薩皆得聽聞。然後乃坐於佛樹下。還成無上正眞之道。其佛所念。（大正、二六三番、第九巻、一〇二下一五—一八）

『梵文』ahaṃ khalu pūrve bodhisattvacaryāṃ caramāṇo na tāvan niryāto 'nuttarāyāṃ samyaksaṃbodhau yāvan

mayāyaṃ saddharmapuṇḍarīko dharmaparyāyo bodhisattvāvavādo na śruto 'bhūt |
(Kern ed., pp. 240-241)

『蔵訳』nga sngon byang chub sems dpa'i spyad pa spyod pa na / ji srid du ngas dam pa'i chos pad ma dkar po'i chos kyi rnam grangs byang chub sems dpa' rnams la gdams pa 'di ma thos pa de srid du / bla na med pa yang dag par rdzogs pa'i byang chub la nges par 'byung bar mi bya'i /
（ツルティム［二〇〇九］、二四一頁）

梵文では、①「正法白蓮華」と言われる法門に対して、③菩薩の教誡があるだけであり、チベット語訳も同じである。法護訳でも、①正法蓮華とあるのみである。[6] これらのことから、羅什訳のみ「教菩薩法仏所護念」の句があるものの、使用箇所の相違やフレーズの相違から、これまでの定型句とは異なる用例と判断できる。

また、対応する動詞は、梵文では第五の用例と同じく samprakāśaya が用いられ、チベット語訳も同じく yang dag par bstan となっている。漢訳では、どちらも「説」を用いている。

(7) 如来神力品

第八の用例は、釈尊が上行らの地涌の菩薩たちに「法華経」の弘通を付嘱する際に、虚空からの声が、この娑婆世界で釈尊が「法華経」を説いていることを述べた箇所に見られる。

『妙法華』有國名娑婆。是中有佛。名釋迦牟尼。今爲諸菩薩摩訶薩。説大乘經。名妙法蓮華教菩薩法佛所護念。汝等當深心隨喜。亦當禮拜供養釋迦牟尼佛。
（大正、二六二番、第九巻、五二上四―七）

『正法華』有佛世界。名曰忍土。於彼有佛。號能仁如來。爲諸菩薩大士。講正法華經方等典詔。一切諸佛普護斯經。用救菩薩大士。以故諸賢。心當質直清淨。稽首歸命勸讃奉侍。供養彼能仁正覺。
（大正、二六三番、第九巻、一二四中一―六）

『梵文』 sa etarhi saddharmapuṇḍarīkaṃ nāma dharmaparyāyaṃ sūtrāntaṃ mahāvaipulyaṃ bodhisattvāvavādaṃ sarvabuddhaparigrahaṃ bodhisattvānāṃ mahāsattvānāṃ saṃprakāśayati |

(Kern ed., p. 389)

『蔵訳』 da ltar dam pa'i chos pad ma dkar po zhes bya ba'i chos kyi rnam grangs 'di shin tu rgyas pa chen po'i mdo sde byang chub sems dpa' rnams la gdams pa sangs rgyas thams cad kyis yongs su bzung ba / byang chub sems dpa' sems dpa' chen po rnams la yang dag par rab tu 'chad kyi /

（ツルティム［二〇〇九］、三八九頁）

ここで説かれる経典の呼称について、梵文は第三、四の用例と同じで、①「正法白蓮華」と言われる法門の経、②大いなる教え、③菩薩の教誡、④すべての仏が把握しているもの、とあり、チベット語訳も同じである。羅什訳は、②大乗経、①名妙法蓮華、③教菩薩法、④仏所護念、とあり、法護訳では、①正法華経、②方等典詔、④一切諸仏普護のみである。

対応する動詞については、これまでと同じように、「明らかに示す」を意味する **saṃprakāśaya** が用いられているが、チベット語訳では同義の **yang dag par 'chad pa** となっている。漢訳では、法護訳は「講」としてこれまでと異なる訳語を用いているのに対して、羅什訳は、これまでと同じく「説」を用いている。

以上の後半の四つ用例のうち、第七の用例を除く三つの用例を見てみると、第五の用例は、第四の用例で予測された釈尊の説法が、声聞たちに実際に説かれたことを示しており、第六の用例は、それと同じように、釈尊自身も前世において大通智勝仏から説かれたことを示しており、第八の用例では、釈尊が娑婆世界において「法華経」を説いたことを証明することが示されている。すなわち、最初に用いられたフレーズが定型句となって、その他の箇所においても用いられていることがわかる。また、最初の二つの用例での「大いなる説示」の句が、第三の用例以降は、すべて「法華経」に入れ替わっていることから、定型句の中の項目が「法華経」の異門と理解されるようになったために、デルゲ版の校訂者は「大いなる法門」を「法華経」と理解し、「説こうとして」という読み方に訂正したのであろう。

四　「法華経」の異門

この句が、「法華経」の異門とされる用例は、同経の梵文写本の一部のコロフォンにも見られ、それは蔵訳のコロフォンにおいても翻訳されている。

『梵文』samāptaṃ saddharmapuṇḍarīkaṃ dharmaparyāyaṃ sūtrāntaṃ (1) mahāvaipulyaṃ (2) bodhisattvāvavādaṃ (3) sarvabuddhaparigrahaṃ (4) sarvabuddharahasyaṃ (5) sarvabuddhanigūḍhaṃ (6) sarvabuddhajāti (7) sarvabuddhaguhyasthānaṃ (8) sarvabuddhabodhimaṇḍaṃ (9) sarvabuddhadharmacakrapravarttaṃ (10) sarvabuddhaikaghanaśarīraṃ (11) sarvopāyakauśalyaṃ ekayānanirdeśaṃ (12) paramārthanirhāranirdeśam iti ||

（久留宮［一九七六］、一四〇頁）[7]

『蔵訳』'phags pa dam pa'i chos padma dkar po'i chos kyi rnam grangs (1) yongs su rgyas pa chen po'i mdo sde (2) byang chub sems dpa' rnams la gdams pa / (3) sangs rgyas thams cad kyis yongs su bzung ba / (4) sangs rgyas thams cad kyi gsang chen / (5) sangs rgyas thams cad kyi sba ba / (6) sangs rgyas thams cad kyi rigs / (7) sangs rgyas thams cad kyi gsang ba'i gnas / (8) sangs rgyas thams cad kyi byang chub kyi snying po / (9) sangs rgyas thams cad kyi chos kyi 'khor lo bskor ba / (10) sangs rgyas thams cad kyi sku gcig tu 'dus pa / (11) thabs mkhas pa chen po theg pa gcig tu bstan pa / (12) don dam pa bsgrub pa bstan pa'i mdo rdzogs so //

（ツルティム［二〇〇九］、四八七頁）

ここでは、「『正法白蓮華』と言われる法門」に対して、一二の異名が列挙されており(8)(引用中の数字は筆者によるものである)、この最初に、上述の定型句に見られる、①「正法白蓮華」と言われる法門の経、②大いなる教え、③菩薩の教誡、④すべての仏が把握しているもの、の四項目を見ることができる。このことから、定型句に並べられた項目が「法華経」の異名と理解されるようになり、他の項目を追加したものがコロフォンに記されたと推測することができる。

また、すでに論じられているように、これに類似した用例が、世親の『妙法蓮華経憂波提舎』において「此大乗修多羅有十七種名」として列挙されている。

此大乘修多羅有十七種名。顯示甚深功德應知。何等十七云何顯示。一名無量義經者。成就字義故。以此法門説彼甚深法妙境界故。彼甚深法妙境界者。諸佛如來最勝境界故。二名最勝修多羅者。於三藏中最勝妙藏。此法門中善成就故。三名大方廣經者。無量大乘門中善成就故。隨順衆生根住持成就故。四名教菩薩法者。以爲教化根熟菩薩隨順法器善成就故。五名佛所護念者。以依如來有此法故。六名一切諸佛祕密法者。此法甚深唯佛知故。七名一切諸佛之藏者。如來功德三昧之藏在此經故。八名一切諸佛祕密處者。以根未熟衆生等非受法器不授與故。九名能生一切諸佛經者。聞此法門能成諸佛大菩提故。十名一切諸佛之道場者。以此法門能成諸佛阿耨多羅三藐三菩提非餘修多羅故。十一名一切諸佛所轉法輪者。以此法門能破一切諸障礙故。十二名一切諸佛堅固舍利者。謂如來眞實法身於此修多羅不敗壞故。十三名一切諸佛大巧方便經者。依此法門成大菩提已爲衆生説天人聲聞辟支佛等諸善法故。十四名説一乘經者。以此法門顯示如來阿耨多羅三藐三菩提究竟之體。彼二乘道非究竟故。十五名第一義住者。以此法門即是諸佛如來法身究竟住處故。十六名妙法蓮華經者。有二種義。何等二種。一者出水義。以不可盡出離小乘泥濁水故。又復有義。如彼蓮華出於泥水喩。諸聲聞得入如來大衆中坐。如諸菩薩坐蓮華上。聞説如來無上智慧清淨境界。得證如來深密藏故。二華開義。以諸衆生於大乘中其心怯弱不能生信。是故開示諸佛如來淨妙法身令生信心故。十七名最上法門者。攝成就故。攝成就者。攝取無量名句字身。有頻婆羅阿閦婆等舒盧迦故。此十七句法門是總。餘句是別。如經爲諸菩薩説大乘經。名無量義如是等故。

（大正、一五一九番、第二六巻、二下一三―三上一二。一五二〇番、第二六巻、一二中二一―下六、藤井［二〇〇二］、六六―七五頁参照）

ここでは、「此大乘修多羅有十七種名」として、『法華経』に十七の異名があったことが述べられており、上述の定型句の項目については第一の無量義経が、最初の用例に見られる「『大いなる説示』と言われる法門の経」に、第三の大方広経が「②大いなる教え」に、第四の教菩薩法が「③菩薩の教誡」に、第五の仏所護念が「④すべての仏が把握しているもの」に、第十六の妙法蓮華経と第十七の最上法門が「①『正法白蓮華』と言われる法門の経」に対応している。ただし、『法華経』では三昧前に説かれた「大いなる説示」と三昧後に説かれた「正法白蓮華」が使い分けられていたのに対して、ここでは同じ教えと理解されている。また、梵文の **saddharmapuṇḍarīkaṃ nāma dharmaparyāyaṃ** が、「正法白蓮華」と「最上法門」と二項目に分けられており、定型句との間に齟齬が生じている。[9] このことは、コロフォンの記述の典拠は、『妙法蓮華経憂波提舎』の十七種の異名ではないことを推測させる。

五　まとめ

以上のことから、次のことが導かれる。まず、『法華経』の八つの用例では、「見宝塔品」の用例を定型句から外すことができる。残る七つの用例のうち、最初の二つの用例で「『大いなる説示』と言われる法門の経」と言われていたものが、それ以降では「『正法白蓮華』と言われる法門の経」と言い換えられている。三昧に入る前と後で表現が異なっていることから、経典の作者は、異なる経典を想定していたと考えられる。それに対して、経典名に続く「大いなる教え」「菩薩の教誡」「全ての仏が把握しているもの」の句は三昧の前後で同じであることから、三昧の前に説かれた教えと後に説かれた教えに対して、共通に用いられる表現であると言える。すなわち、それらは「法華経」の異名ではなく、一般的な大乗経典に対する修飾語と理解することができる。

では、この「『大いなる説示』と言われる法門の経」と言われていた教えは何を指すのであろうか。『法華経』のこの後の構成を考えると、それは『般若経』などの三乗を説く大乗経典と見た方がいいのではないだろうか。[10]「方便品」において、『法華経』を説く前に方便として三乗が説かれたことが暗示されていることから、三乗を説く経典を先に説いてから、それが方便であったという理解が、経典の構成との整合性を持つものとなる。

この最初の二つの用例で添えられた大乗経典の修飾語が、第三の用例以降において「法華経」に対しても付されるようになると、「教菩薩法佛所護念」の句が大乗経典に対する修飾語から「法華経」の異名と理解されるようになる。そのような誤解から、デルゲ版の校訂者は「大いなる説示」を「法華経」と理解して、三昧前に説かれたのではなく、「それを説こうとして三昧に入った」という読み方に訂正したのであろう。コロフォンの筆者も同じように考えたために、そこに『法華経』独自性を示す「一乗の説示（ekayānanirdeśa）」などの句を加えていったのであろう。

註

（1）本稿では、『法華経』のテキストを示す際に二重鉤括弧（『　』）を用いて、『法華経』の中で説かれる教え「法華経」を示す際に鉤括弧（「　」）を用いる。

（2）デルゲ版、ラサ版のみ、bzhed が挿入されている。以下に論じるように、これは修正された読み方であるが、ツルティム・ケサンもその読み方を採用している。テキストの異読については、中村［一九七六］、五頁を参照。

（3）ここでは、デルゲ版の訂正を強調するために、このように訳したが、本来の読み方に従い、拙訳は「解説して」と修正されるべきである。

（4）辻［一九七四］、二〇三頁参照。

（5）この違和感と逆方向のベクトルに向かったものが、『法華経』の前に何が説かれたのか、という憶測である。それにより、『無量義経』という経典が想定されるようになったのであろうが、この問題については、荻原［一九三八］、横超［一九七一］を参照のこと。

（6）この後の「仏所念」が、「④仏所護念」に対応するように見えるが、parigraha の訳語に「念」は対応しない。

（7）ケルンの校訂本（Kern ed., pp. 488-489）では、コロフォンの異読を並べているので、ここでは久留宮の読みを提示しておく。

（8）チベット訳に従って、sarvopāyakauśalyaṃ と ekayānanirdeśaṃ を一項目と見る。大竹晋（大竹［二〇一二］、一二二―一二三頁）は、「法華経」を含めて一六と数えている。

（9）大竹晋（大竹［二〇一二］、一二二―一二五頁）は、写本のコロフォンと『妙法蓮華経憂波提舎』の「十七種名」との類似を前提にして比較するが、dharmaparyāya を「無量義経」に対応させることには無理がある。また、saddharmapuṇḍarīkaṃ nāma dharmaparyāyaṃ を二項目に分類するべきではない。

（10）本田義英（本田［一九九四］、九〇頁）も『般若経』を想定するが、「般若空観を説き終り、空三昧に入る」と理解しており、筆者の想定と異なるものである。また、「『法華経』への導入として『無量義経』が説かれた」と言う想定も、三昧の前後で説かれた教えが異なるという理解に基づいているのだが、導入経典では、「法華経」の前に方便の教えが説かれたと言う構成と結びつくものにはならない。もちろん、『法華経』の作者がこのようなことまでを想定してない可能性もある。

参考文献

Yenshu Kurumiya, "A Note of the Seventeen Distinctive Names of Saddharmapuṇḍarīka-sūtra,"『印度学仏教学研究』二五―二、一九七七年、二四―二八頁
植木雅俊『梵文『法華経』翻訳語彙典』法藏館、二〇二〇年
横超慧日『法華思想の研究』平楽寺書店、一九七一年
大竹晋『新国訳大蔵経インド撰述部釈経論部一八　法華経論・無量寿経論他』大蔵出版、二〇一一年
荻原雲来『荻原雲来文集』荻原雲来記念会、一九三八年
久留宮圓秀「法華経梵文写本奥書研究ノート」（野村輝昌編『法華経信仰の諸形態』平楽寺書店、一九七六年）一〇九―一四六頁
多田孝文「無量義経」（『新国訳大蔵経法華部一　無量義経・法華経 上』大蔵出版、一九九六年）七―一四頁
辻直四郎『サンスクリット文法』岩波書店、一九七四年
ツルティム・ケサン『チベット語訳・妙法蓮華経』西蔵仏教文化協会、二〇〇九年
中村瑞隆「Dam paḥi chos pad ma dkar po shes by aba theg pa chen poḥi mdo (1)」（『法華文化研究』二、一九七六年）一―三八頁
藤井教公「世親『法華論』訳注（1）」（『北海道大学文学研究科紀要』一〇五、二〇〇一年）二一一―一一二頁
古田和弘「劉虬の無量義経序」（『仏教学セミナー』二五、一九七七年）四一―五五頁
本田義英『法華経論』弘文堂書房、一九四四年
望月海慧「チベット語訳法華経和訳（一）」（浜島典彦編著『日蓮学の現代』春秋社、二〇二三年）一四三―一七〇頁

キーワード　法華経、無量義、教菩薩法、仏所護念、大方広

『維摩経玄疏』巻第一（五義の通釈）の内容と天台思想の特色

菅野博史

はじめに

智顗は、晋王楊広の依頼を受けて、死去するまでの三年前後の期間、『維摩経』の注釈書の作成に取り組んだ。現存する『維摩経玄疏』六巻は、『国清百録』巻第三、「遺書与晋王第六十五」の「この義疏は、口授して本を出したものである。一遍は自ら整理したが、すべてまだ調べていない。経論の誤りはやはり多く、流布するのに堪えない（此之義疏、口授出本。一遍自治、皆未捜簡。経論僻謬尚多、不堪流布」大正四六、八一〇上一〇～一一）という記述によれば、口述筆記本であるらしい。『次第禅門』や天台三大部が、智顗の講説を弟子が筆録して書物としたことを考えると、この「口授出本」というあり方は、智顗の著作にとっては通常のものであり、智顗の他の『維摩経』関連注釈書（以下、『三観義』、『四教義』、『維摩経玄疏』、『維摩経文疏』をまとめて、便宜的に智顗維摩経疏と呼ぶ）も口述筆記本の可能性が高いと推定されるが、佐藤哲英氏は、「この維摩疏のある部分は智顗自身の筆になる親撰の書であり、また、ある部分は智顗自身の監修下に改治したものであり、更にまた、そのある部分は智顗自身が口授してその在世中に修治したものである[1]」と述べている。口述筆記本としても、それに自ら手を加えることは当然であるし（先の引用文に、「一遍自治」とあった）、書物全体ではなくとも、部分的に自ら筆を執って書いたことがあった可能性も高いであろう。ただし、『維摩経玄疏』には、詳しい説明を『法華玄義』に譲る箇所がある[2]。『維摩経玄疏』が楊広に対する献上本であれば、『法華玄義』を知らないはずの楊広に対して、説明を『法華玄義』に譲ることは奇妙ではないであろうか。

智顗の晩年に、『法華玄義』が書物としてどの程度完成していたのかは不明であるが、楊広は、維摩経疏の第一回献上本に対して、そのなかに説かれている四悉檀（世界悉檀・各各為人悉檀・対治悉檀・第一義悉檀）については初耳であることを強調している[3]。周知のように、『法華玄義』の七番共解の第七会異のなかに、四悉檀は詳しく説かれている。つまり、当時の楊広は『法華玄義』を見ていなかったことがわかる。『法華玄義』ではなく、たとえば、『四教義』に説明を譲ることは[4]、第一回献上本の別行本の一つが『四教義』であるから、問題はない。要するに、現行の『維摩経玄疏』が第三回献上本そのままの形を保持しているかどうかはよくわからず、多少の修正を受けている可能性も想定しなくてはならないことを述べておく。

さて、佐藤氏が智顗維摩経疏の成立過程を研究し、その研究価値を高く評価して[5]以後、智顗の晩年の思想研究において、智顗維摩経疏の研究の意義は、天台三大部の研究と比較しても、かなり増大したことは否めない。これまで、智顗維摩経疏に対する多くの研究成果が発表されているが、なかでも山口弘江氏の『天台維摩経疏の研究』は総合的な研究を提示した[6]。私個人は、「『維摩経玄疏』の組織と梗概[7]」において、『維摩経玄疏』の全体の構成を概略的に示すとともに、『三観義』、『四教義』との比較を試みたことがある。また、『維摩経玄疏』の訳注研究を一応完成した[8]。

佐藤氏が研究したように、智顗の楊広に対する第一回の献上本であった玄疏十巻は離出別行されて、『三観義』と『四教義』が現存している。また『四悉檀義』は散逸している。[9] したがって、『維摩経玄疏』の研究には、『三観義』や『四教義』との比較も必要であるが、一方、智顗の死後すぐに、楊広に正式に提出された第三回献上本の一部が『維摩経玄疏』六巻であり、しかも楊広に献上されたという意味でかなり公的なものであるので、一つの完成品として『維摩経玄疏』の内容とその天台思想としての特徴を分析することもまた重要な研究であると考える。本稿では、このような問題意識のもとに、『維摩経玄疏』の内容と天台思想について考察するが、紙数の制限のために、『維摩経玄疏』巻第一に説かれる五義の通釈を取りあげる。

一　五重玄義の通釈

『維摩経玄疏』は、『維摩経』の注釈として、『維摩経』という一つの経典に特化した内容と、『維摩経』を越えて他の経典をも広く視野に入れた智顗の仏教観を示したものから構成されている。

『維摩経玄疏』の冒頭には、『維摩経』の説く道理も言葉の意味も深遠であるので、たんなる随文釈義では、「事数」（数で表現される仏教用語、たとえば五陰・十二入・四諦・十二因縁・五根・五力・七覚支など）の理解に止まり、『維摩経』の教えの究極は理解できず、『維摩経』の隠れた深い内容、不思議な趣旨を明らかにするために、五重玄義（釈名・出体・明宗・辨力用・判教相。以下、五義と略す）について記すと述べている。[10] この説明によって、随文釈義の文疏と五重玄義を説く玄疏の関係が明らかにされた。

五義の解釈には、通釈（五重玄義の全体に共通な解釈）と別釈（名・体・宗・用・教それぞれに対する個別的な解釈）

との二部がある。第一部の通釈は『維摩経玄疏』巻第一の終わりまでであり、第二部の別釈は巻第二から巻第六までである。別釈のなかでは、釈名が最も詳細であり、巻第五まで説明が続き、その他の四つの玄義（体・宗・用・教）は、わずか巻第六だけが当てられている。釈名のなかでは、三観と四教、とくに四教を詳細に取りあげている。

五義の通釈は、（1）五義の名を提示すること、（2）五義の順番、（3）五義を証明する経文の引用、（4）総と別による五義の特徴付け、（5）観心に焦点をあわせた五義の解釈、（6）五義と四悉檀との関係の説明、の六章から成る。このなかで、（6）は四悉檀についての総合的な解釈を提示する段であり、最も詳細であるので、次章で扱う。

（1）五義の名を提示する段では、『維摩経』における五義について説明している。まず、不思議の人法を名としている。これは、正式な経典名である「維摩詰所説経」のうち、「維摩詰」が人で、「所説」が法に相当する。不思議の真性解脱を体としている。「不思議解脱」は『維摩経』の本文に出るが、[11]それを真性解脱、実慧解脱、方便解脱の三種に分け、真性解脱をとくに取りあげて体としている。この三種解脱の分類は、天台独自のものであろう。

不思議の仏国の因果を宗としている。五義は、智顗の経典解釈法の一つとして有名であったらしく、吉蔵の『仁王般若経疏』において、智顗の五義に倣って、自らも五義によって『仁王般若経』を解釈すると言っている。[12]しかし、吉蔵は、宗と体の概念を同一であると見るか、相違すると見るかについては、固定的な立場を取ってはいない。『仁王般若経疏』では、五義を採用するという立場から、一応は宗と体を区別しているが、その『仁王般若経疏』においても宗と体を区別しない立場をも認めている。[13]ところが、当然ではあるが、智顗は、宗と体を明確に区別して用いている。もちろん、宗と体は、漢字の意味としては、いずれも中心の意味を持ち、意味が重なる点もあるので、これを区別して用いるかどうかは、言葉の定義の問題である。智顗は、宗を因果という修行と、修行によって得られる果報の視点から解釈し、体を獲得するために必要なものと位置づけて区別したのである。[14] 宗は、非因非果の体に対して、因果として解釈されるのであるが、経典によって、主に因を宗とする場合（『大品般若経』）、主に果を宗とする場合（『涅槃経』）、因果を宗とする場合がある。『維摩経』の場合は、『法華経』と同様に、因果を宗とする立場であると解釈される。

不思議の権実の折伏・摂受を用としている。「権実」は、方便と真実という意味であり、根本的には権智と実智を指すと思われるが、後の五義の別釈を見ると、権教と実教の意味も含むようである。折伏と摂受については、折伏は権智に基づく行為で、摂受は実智に基づく行為であり、維摩詰は正法久住のために、折伏と摂受をともに行なうのである。

不思議の帯偏顕円（蔵教・通教・別教の偏を帯びて円教を顕わすこと）を教相としている。教相を論じるためには、蔵教・通教・別教・円教の四教の説明をしなければならず、『維摩経玄疏』の三分の一ほどを占める。

（2）五義の順番の段では、五義の間の生起や依存の関係について説明している。まず、名は理（体）と相関関係にあることを前提として、理は名言（概念の意）を超絶しているけれども、名言を使わなければ、教えを説くことはできない。したがって、名では表わせない道（理、体、法）について、名相（概念と様相の意）を借りて説く。名と法（理、体、道）は相関関係にあり、名は法を招き寄せ、法は名に応じる働きがある。こういうわけで、経の旨帰（体）は、名のなかに含まれる。したがって、名を五義の最初に示す、というものである。仏教の真理（体）

が言葉によって説くことができないことを認めながらも、言葉を使わなければ、衆生に仏教の真理について何も伝えることができないので、言葉を使うことを是認するという、言葉と真理に関する仏教の伝統的な考えを述べているものと思う。それにしても、この短い説明のなかで、体の別名として、理、法、道、旨帰が使われているが、これは仏教の議論を理解し難くしている原因の一つであると思う。

次に、名を探究すると、理を獲得することができるとされる。このことは、名と理の相即関係についての上述の説明から理解できる。理は仏によって名を与えられているので、この名を通じて理を獲得することが可能とされている。もちろん理と名の原理的関係を指摘したものであり、理の獲得には、名の探究に包含される、さまざま仏道修行が必要とされるであろう。そして、この理は真性解脱であり、これが経の体であるとされる。

次に、この体は、ひとりで実現体得されるものではなく、適当な方法によらなければならないとし、修行という因を実践し、それによって果を実現すると述べている。そこで、仏国の因果を、理に入る大綱・根本【綱宗】としている。これが宗である。仏国を建設する菩薩の浄土の行が因となり、仏国土の清浄の実現が果となるという。

次に、因を修行して果を獲得すると、権智・実智に基づく折伏・摂受によって、衆生に利益を与えることができ、これを用とするのである。

最後に、聖人は、多様な機縁に適合するように教えを説くので、教えに多様性が生じる。そこで教相を明らかにすると述べている。

（3）五義を証明する経文の引用の段では、五義を具体的に示す『維摩経』の経文を引用している。ここでは、経文の紹介は省略する。

（4）総と別による五義の特徴づけの段では、人法を標示する名は、体・宗・用の三義を総合するので総と名づけること、体・宗・用の三義は、教門を認識するために、個別に立てる必要があるので別と名づけること、教相は総と別をあわせ含むことが示される。また、総と別の相関性について、人は別（体・宗・用）の総であり、体・宗・用の別は総（名）の別であると述べている。

このような総別の規定の理由が、次のように説明される。人の名は、「浄無垢称」とされる。[15]「浄」は真性であり、清浄な真性は体である。「無垢」は実慧であり、実慧の因果は宗である。「称」は方便であり、巧能は用である。前述したが、不思議解脱に、真性、実慧、方便の三種解脱を分けるのは、『維摩経玄疏』の特徴である。真性解脱を体とすることは前述の通りであるが、実慧解脱が宗で、方便解脱が用であることは、ここではじめて明らかにされる。

また、五義が『維摩経』だけではなく、他の経典にも通じることと、五義の具体的な内容が経典によって相違することが示される。

（5）観心に焦点をあわせた五義の解釈の段では、心と五義の関係について説いている。すべての事象にはもともと名はないけれども、名の存在は心から生起するので、心は名である。衆生の心性は、真の法性であるので、体という。『維摩経』には、心が清浄であれば、仏土も清浄であると説かれるので、心は宗である。正観が巧みで、見・愛の煩悩を折伏するので、心は用である。『維摩経』には、弟子は多くの煩悩であり、心のままに転換されると説かれるので、心は教相である。このように、心が五義であることが示されている。

いくつかの問答が設けられている。第一に、衆生には、経論を聞く学問の人＝信行の人と観解を修する坐禅の人

＝法行の人の二種の機根の者がいるので、法行の人のために、心に焦点をあわせた五義の解釈をすることを明らかにしている。

第二に、観心の五義（心に焦点をあわせた五義）と経の五義（『維摩経』に示される五義）の関係は不即不異（即＝同一でもなく、異＝相違するのでもないこと）である。

第三に、この不即不異の意味について、六即（理即・名字即・観行即・相似即・分真即・究竟即）を取りあげている。この六種の概念にみな即とあるのは、理として同一（不異）であるという意味であり、六種の区別があることは相違するものである（不即）。ここでは、六即の説明の詳細には立ち入らない。ただ大乗経典には、衆生がそのまま仏であり、大乗であり、菩提であり、涅槃であると説くが、この六種の区別があることを知って、増上慢に堕すことを避けることができるという効用があることが示されていることを付言しておく。

二　四悉檀の位置づけ

前述した通り、五義の通釈は六段に分かれているが、その第六段は、五義と四悉檀との関係の説明である。これに対応するものとして、『法華玄義』の七番共解の第七会異に説かれる四悉檀がある。[16] 文献学的には、『維摩経玄疏』の四悉檀との比較が必要であるが、[17] 本稿では、智顗の四悉檀の位置づけについて考察する。

四悉檀そのものは『大智度論』に説かれるものであるが、そこでは、『般若波羅蜜経』（『大品般若経』）を説く多数の理由の一つとして、第一義悉檀を説くために『般若波羅蜜経』を説くと示される。[18] 第一義悉檀を説明するためには、他の三悉檀を含めて、四悉檀を示す必要があった。また、『大智度論』には同じ箇所に、四悉檀のなかの十なる。

以上のことを前提として、第六段に示される重要な箇所について考察する。第六段は、大きくは二つに分かれ、第一項は四悉檀を五義に対応させる段で、第二項はさらに四悉檀の翻訳・解釈、四悉檀の様相、四悉檀を釈成すること、三観を起こすこと、四教を起こすこと、経論を起こすこと、『維摩経』を起こすことの七項に分かれる。

四悉檀を五義に対応させる段では、『大智度論』に説かれる四悉檀が、智顗が独自に説いた五義に対応することを示している。『大智度論』は、智顗の当時の中国人の意識としては、龍樹菩薩の権威ある著作である。灌頂が書いた『摩訶止観』の序分（縁起）には、金口相承としてはインドの付法の第十三祖が龍樹であり、今師相承としては慧文の師が龍樹である。したがって、五義を龍樹の『大智度論』によって権威づけたと考えられる。

次に、第二項の第三の四悉檀を釈成することにおいては、「今、四随によって四悉檀を釈成するのである。四随は、第一に随楽欲、第二に随便宜、第三に随対治、第四に随第一義である（今用四随釈成四悉檀也。四随者、一随楽欲、二随便宜、三随対治、四随第一義」（大正三七、五二一上一三～一五）と簡潔に言及し、さらに、それぞれ順に世界悉檀・各各為人悉檀・対治悉檀・第一義悉檀に対応するといわれる。『維摩経玄疏』では、四随の出典について何も記していないが、『法華玄義』巻第一下には、「四悉檀は龍樹の説くもので、四随は『禅経』に仏が説くものである。今、［四随を説く］『経』によって［四悉檀を説く］『論』を成立させると、［四悉檀の］意義についていよいよ明らかとなる。（四悉檀、是龍樹所説。四随禅経仏所説。今以経成論、於義弥明）」（大正三三、六八七下一一～一二）と記している。この『禅経』については、不明である。[20] しかし、『禅経』の四随に言及する智顗の意図については、この引用文に明確に示されている。つまり、釈尊の金口直説である経典によって『大智度論』の四悉檀を根拠づけ、権威づけることである。このように見てくると、『禅経』の四随によって『大智度論』の四悉檀を権威づけ、『大智度論』の四悉檀によって智顗の五義を権威づけるという流れになっていることがわかる。

さて、『法華玄義』には、『禅経』の四随について、上の引用のように簡潔に言及するだけであるが、『摩訶止観』巻第一上には、

『禅経』には、「仏は四随によって説法する。随［楽］欲・随［便］宜・随［対］治・随［第一］義である」とある。……『智度論』には、四悉檀が説かれている。世俗の法がたがいに隔たっているのを、世界と名づける。その能力にしたがうのを、為人と名づける。［対治悉檀と第一義悉檀の］二つの悉檀は四随と同じである。また感応の意である。……しかし、四随・四悉檀・五縁（五略）は、名が異なるが意義は同じである。今、これについて説こう。四随は、大悲による応の利益である。悉檀は、［衆生を］憐れんでくまなく施すことである。思うに左か右かの相違だけである。因縁というのは、あるいは聖を因とし凡を縁とし、あるいは凡を因とし聖を縁とすると、感応の道が交わる。わかるはずである。［四随・四悉檀・五因縁（五略）の］三法の言葉の意味はたがいに合致するので、意味は同じである。随楽欲は、因を修行して尊ぶものだけを語り、世界［悉檀］は報いを受けることがたがいに隔たっていることだけを語っている。思うに因か果かの相違だけである。［随］便宜とは、法を選んで［その法を］人に［適当かどうか］はかり考えることである。為人［悉檀］とは、人を観察して法を与えることである。これはかえって［為人は、人が法を］欣ぶか、［便宜は、人に］赴く［場合の法を論じる］かの相違である。さらにまた、五因縁（五略）とは、衆生の信じ願うことを因として、仏は一法が一切法であることを説く。大菩提心である。『［禅］経』においては［随］楽欲であり、『［大智度］論』においては世界［悉檀］である。衆生に並外れた精進、勇ましさがあれば、仏は一行が一切行であること

を説く。［常行三昧・常坐三昧・半行半坐三昧・非行非坐三昧の］四［種］三昧である。『［禅］経』においては［随］便宜であり、『［大智度］論』においては為人［悉檀］である。衆生に平等な偉大な智慧があって因とし、仏は一破が一切破であることを説くのを感受し、優れた果報を獲得し、及び経論をよく理解【通達】する。『［禅］経』と『［大智度］論』においてはいずれも対治である。衆生に仏の智と眼があることを因として、仏が一究竟は一切究竟であると説くのを感受し、旨帰の寂滅を説くことができる。『［禅］経』と『［大智度］論』においてはいずれも第一義である。

禅経云、仏以四随説法。随楽・随宜・随治・随義。……智度論四悉檀。世法間隔、名世界。随其堪能、名為人。両悉檀与四随同。亦是感応意也。……然四随・四悉・五縁、名異意義則同。今説之。四随是大悲応益。悉檀是憐愍遍施。蓋左右之異耳。言因縁者、或因於聖縁於凡、或因於凡縁於聖、則感応道交。当知三法言味相符、則意同。随楽欲偏語修因所尚、世界偏語受報間隔。蓋因果之異耳。便宜者、選法以擬人。為人者、観人以逗法。此乃欣赴不同耳。又五因縁者、衆生信楽為因、仏説一法一切法。大菩提心也。於経是楽欲、於論是世界。衆生有大精進勇猛、仏説一行一切行。則四三昧。於経是便宜、於論是為人。衆生有平等大慧為因、感仏説一破一切破、獲勝果報、及通経論。於経論倶是対治。衆生有仏智眼為因、感仏説一究竟一切究竟、得説旨帰寂滅。於経論倶是第一義也。

（大正四六、四下一八〜五上二二）

と詳しく述べている。文中の「五因縁」とは、『摩訶止観』の第一大意＝五略（発大心・修大行・感大果・裂大網・帰大処）を指すが、ここでは、四随と四悉檀との関係を説くばかりでなく、五略と四随・四悉檀との関係も説いている。この記述にも、智顗が独自に考案した五略を経の四随と論の四悉檀によって権威づけることを意図している面が見られるであろう。四随を説く『禅経』の正体は、今となっては不明であるが、この『摩訶止観』の記述を見ると、四随を説く『禅経』が存在したことを信用できるかもしれない。

三　第二項の第四以降について

第二項の第四の三観を起こすこと、第五の四教を起こすこと、第六の経論を起こすこと、第七の『維摩経』を起こすことについてはまとめて扱い、要点のみを記す。

『大智度論』には四悉檀のなかの十二部経、八万四千の法蔵は真実であるといっているので、四悉檀によって仏のあらゆる教えが成立していることになると前述した。

第二項の第四では、四悉檀によって従仮入空観・従空入仮観・中道第一義諦観を起こし、それぞれ一切智・慧眼、道種智・法眼、一切種智・仏眼を獲得することを述べている。

第五では、四悉檀によって蔵教・通教・別教・円教の四教を起こすことを述べている。四教を説く前提として、『涅槃経』の四不可説（生生不可説・生不生不可説・不生生不可説・不生不生不可説）について四教を説き、四種の衆生を教えると指摘されている。四種の衆生とは、四機とも言い換えられている。十二因縁は、過去の因（無明・行）、現在の果（識・名色・六入・触・受）、現在の因（愛・取・有）、未来の果（生・老死）に分類されるが、そのうち、過去の因、現在の果、現在の因に属する十法を十因縁として、この十因縁によって存在するものが衆生であり、この四種の十因縁の衆生に対して、四教が説かれるとされる。

第六では、四悉檀によって、十二部経、八万四千の法蔵（煩悩・三昧・陀羅尼・諸対治門・波羅蜜）、漸頓の経教、大小乗論、聖説法・聖黙然をそれぞれ起こすことを詳しく述べている。

第七では、四悉檀によって、『維摩経』の室外（仏国品・方便品・弟子品・菩薩品の四品）、入室（文殊師利問疾品・不思議品・観衆生品・仏道品・入不二法門品・香積仏品の六品）、出室（菩薩行品・見阿閦仏品・法供養品・嘱累品の四品）の教えを起こすことが述べられている。

このように、四悉檀によって生起する教えの広大さを見ると、四悉檀のもつ射程の広いことに驚かされる。第一回献上本の別行本である『四悉檀義』が現存しないことは残念であるが、『維摩経玄疏』、『法華玄義』それぞれの四悉檀の思想を見ることはできるので、今後の研究を期したい。三観、四教については、いわば天台の教相、観心をそれぞれ代表する思想・実践であり、五義の別釈で改めて取りあげられ、詳細に考察されている。今後も引き続き考察を続けたい。

小結

この短い拙稿で明らかにしたことは、第一に、『維摩経玄疏』が、いくつかの問題についての説明を『法華玄義』に譲っていることの問題点を指摘した。第二に、四随の出典である『禅経』の信頼性に対して問題提起した。第三に、『禅経』の四随が『大智度論』の四悉檀を権威づけ、四悉檀が智顗の創案した五義を権威づけるという構造があることを指摘した。しかも五義ばかりでなく、『摩訶止観』の五略をも同じように権威づけるという構造を指摘した。ただし、このような意図があるのならば、なぜ『維摩経玄疏』には、四随の出典として『禅経』の名を出さなかったのかという問題が生じる。

『維摩経玄疏』の著作としての独自の価値を認めると、この著作の思想的研究はとても重要になってくると思うので、引き続き考察を継続したい。

註

（1）佐藤哲英『天台大師の研究』（百華苑、一九六一年）四一六頁を参照。
（2）『維摩経玄疏』巻第六、「分別具在法華玄義」（大正三八、五六〇下二一～二三）を参照。
（3）『国清百録』巻第三、「弟子総持和南。逮旨送初巻義疏。跪承法宝、粗覧綱宗。悉檀内外耳未曾聞。故知龍樹代仏不可思議。今所著述、肉眼未覩明闇。謹復研尋、遅此覲接。謹和南」（大正四六、八〇八上一一～一四）を参照。
（4）『維摩経玄疏』巻第三、「分別其相、具在四教大本」（大正三八、五三八上三）などを参照。その他、『四悉檀義』については、『維摩経玄疏』巻第一に、「十二部経名義、具出悉檀大本」（同前、五二二上七～八）とあり、『三観義』については、『維摩経玄疏』巻第一に、「八万四千法蔵名義、具出三観大本」（同前、五二二中五～六）とある。
（5）佐藤哲英『天台大師の研究』（前掲）四一六～四四八頁を参照。
（6）山口弘江『天台維摩経疏の研究』（国書刊行会、二〇一七年）を参照。巻末の参考文献一覧には、多数の智顗維摩経疏に対する研究論文を紹介していて便利である。
（7）拙稿「『維摩経玄疏』の組織と梗概」（『多田厚隆先生頌寿記念・天台教学の研究』山喜房仏書林、一九九〇年、一三一～一五八頁。また、拙著『南北朝・隋代の中国仏教思想研究』〈大蔵出版、二〇一二年、一九九～二三三頁〉に再録）を参照。その他、「維摩経分科に関する智顗と吉蔵の比較」（『印度学仏教学研究』三三―一、一九八四年、一六五～一六八頁。前掲拙著『南北朝・隋代の中国仏教思想研究』二九三～二九八頁に再録）、「智顗『四教義』研究ノート」（『創価大学人文論集』一一、一九九九年、一五五～一七〇頁。前掲拙著『南北朝・隋代の中国仏教思想研究』三三五～三四八頁に再録）を参照。
（8）拙訳「『維摩経玄疏』訳注（一）」（『大倉山論集』四〇、一九九六年、二三五～二六一頁）、「『維摩経玄疏』訳注（二）」（『大倉山論集』四五、一九九九年、二九七～三一六頁）、「『維摩経玄疏』訳注（三）」（『多田孝文名誉教授古稀記念論文集　東洋の慈悲と智慧』山喜房仏書林、二〇一三年、三三～五四頁）、「『維摩経玄疏』訳注（4）」（『創価大学人文論集』二九、二〇一七年、三三～七二頁）、「同（5）」（同三〇、二〇一八年、六一～八四頁）、「同

（6）」（同三一、二〇一九年、一五一～一八四頁）、「同（7）」（同三二、二〇二〇年、四九～七一頁）、「同（8）」（同三三、二〇二一年、五五～八七頁）、「同（9）」（同三四、二〇二二年、五一～八三頁）、「同（10）」（同三五、二〇二三年、一二九～一八〇頁）を参照。いずれ内容を統一、修正して、書物として刊行したい。

（9）湛然『法華文句記』巻第一中、「又浄名前玄総有十巻。因為晋王著浄名疏。別製略玄、乃離前玄分為三部、別立題目。謂四教六巻、四悉両巻、三観両巻。彼両巻中文甚委悉」（大正三四、一五九中一三～一六）、智円『涅槃玄義発源機要』巻第三、「開浄名前玄、以為三部。謂四悉四巻、四教四巻、三観両巻」（大正三八、三四中一一～一三）を参照。現存する『三観義』と『四教義』の分量から推定すると、湛然の指摘する巻数の方が信頼度が高いように思われる。

（10）『維摩経玄疏』に、しばしば「不思議」と出るのは、言うまでもなく、『維摩経』が「不可思議解脱法門」という別名を持つからである。『維摩経』巻下、嘱累品、「仏言、阿難、是経名為維摩詰所説。亦名不可思議解脱法門。如是受持」（大正一四、五五七中二一～二二）を参照。

（11）註（10）を参照。

（12）『仁王般若経疏』巻第一、「天台智者於衆経中、闢明五義。今於此部例、亦五門分別〔第一釈経名、第二出経体、第三明経宗、第四辨経用、第五論経相〕」（大正三三、三一四中七～九）を参照。

（13）『仁王般若経疏』巻第一、「問。宗体有何差別。答。諸法本来寂滅、何宗何体。今欲為縁顕示、於無名相中、仮名相説、分為異也。若就通門、宗亦是体、体亦是宗。今約別門」（同前、三一五中一～四）を参照。吉蔵の宗と体に関する総合的な解釈については、拙著『中国法華思想の研究』（春秋社、一九九二年）四九六～五〇四頁を参照。

（14）智顗における宗玄義の思想的意義については、池田魯参「中国天台学の修証論」（『日本仏教学会年報』四五、一九八〇年）を参照。

（15）『維摩経』の主人公であるVimalakīrtiの中国の語義解釈については、山口弘江『天台維摩経疏の研究』（前掲第三部第三章第一節「維摩詰の語義解釈」（二八〇～二九一頁）を参照。

（16）筆者は『法華玄義』における四悉檀については、比較的詳細に解説したことがある。拙著『法華玄義を読む――天台思想入門――』（大蔵出版、二〇一三年）九四～一一八頁を参照。

（17）石田幸司「智顗の『四悉檀』解釈――法華経疏と維摩経疏の比較を中心として――」（『創価大学大学院紀要』四

一、二〇二〇年、二五一～二七四頁）を参照。

（18）『大智度論』巻第一、「復次仏欲説第一義悉檀相故、説是般若波羅蜜経。有四種悉檀。一者世界悉檀、二者各各為人悉檀、三者対治悉檀、四者第一義悉檀。四悉檀中一切十二部経・八万四千法蔵皆是実、無相違背。仏法中、有以世界悉檀故実、有以各各為人悉檀故実、有以対治悉檀故実、有以第一義悉檀故実」（大正二五、五九中一七～二四）を参照。

（19）註（18）を参照。

（20）天台の文献に出る「禅経」を調べると、『修習止観坐禅法要』に紹介される『禅経』の偈、「如禅経偈中説、生死不断絶　貪欲嗜味故　養冤入丘塚　虚受諸辛苦　身臭如死屍　九孔流不浄　如廁虫楽糞　愚人身無異　智者応観身　不貪染世楽　無累無所欲　是名真涅槃　如諸仏所説　一心一意行　数息在禅定　是名行頭陀」（大正四六、四六四上五～一三）がある。これは、若干の文字の異同はあるが、『次第禅門』巻第二にも「如禅経中説偈。生死不断絶……是名行頭陀」（同前、四八八上二～一〇）と出る。この偈の出典は、『治禅病秘要法』、「爾時世尊而説偈言、生死不斷絶　貪欲嗜味故　養怨入丘塚　唐受諸辛苦　身臭如死尸　九孔流不浄　如廁虫楽糞　愚貪身無異　智者応観身　不貪染世間　無累無所欲　是名真涅槃　如諸仏所説　一心一意行　数息在静処　是名行頭陀」（大正一五、三三六中二七～下六）である。ただし、『治禅病秘要法』には、四随は出ない。

追　記

本研究は令和五年のJSPS科研費JP19K00065の助成を受けたものです。
本稿の続稿として執筆した「『維摩経玄疏』巻第二における三観と天台思想」（『東アジア仏教学術論集』一二、二〇二四年二月、九五～一一七頁）がすでに発表されたので、参照されたい。

キーワード　『維摩経玄疏』、『禅経』、四随、五重玄義、四悉檀

『出三蔵記集』序から『大唐西域記』讃へ
――その歴史叙述の共通点と相違点――

戸次顕彰

はじめに

東アジアの仏教世界における歴史意識や仏教史観といえば、まずは正像末の変遷によって仏教が衰退していくという末法史観が広く知られている。一方で、中世の中国仏教の現実は、興隆した時代もあれば、廃仏などにより衰退した時代もあり、こうした時代を生きた仏教者たちには「澆」なる時代と「淳」なる時代とを交互に繰り返してきたという歴史意識も存在した。(1)その意識の根底には、釈尊の悟った真実そのものは不変であり世界に遍満しているとしつつも、時々の機や縁によって仏教界のあり様は移り変わっていくという考え方がある。(2)そして、こうした歴史観は、北周の廃仏など数度の廃仏を経て、さらに時折起こる排仏論を繰り返し経験した唐代初期にも大きな影響を与えた。

本考察は、南朝・梁代において、そうした歴史観を明確に表明し、さまざまな意味で後代の中国仏教史に影響を与えた僧祐（四四五―五一八）の『出三蔵記集』序(3)と、唐代初期に成立し世界的名著としても知られる『大唐西域記』における辯機の讃に注目し、その叙述や歴史意識における共通点と相違点を指摘したい。そしてその中で、玄奘（六〇二―六六四）を取り巻く唐代初期仏教界の国家との関係への言及を試みようとするものである。

一　『出三蔵記集』の仏教史観

僧祐の『出三蔵記集』は、三蔵とその訳出を主題とした記録の集成であり、中国における仏教史学形成の嚆矢としても重要である。[4] 経典目録としての本書の性格は、後に成立する経録の基準となったばかりか、訳経僧の伝もその後の『名僧伝』『高僧伝』類の成立へ影響していったことは言うまでもない。

まず、『大唐西域記』との連関を探ろうとする本稿の目的上、ここに『出三蔵記集』序の冒頭部分を提示する（引用が長文にわたるため適宜改行し、便宜上①～④の番号を付けた）。

①夫真諦玄凝、法性虚寂。而開物導俗、非言莫津。是以不二默訓、会於義空之門、一音振辯、応乎群有之境。

そもそも真諦は奥深く静止しており、法性は実体がなく寂然たるものである。だから人々〔の心〕を開いて在家者を導く[5]には、言葉がなければ〔伝える〕手掛かりとなるものがない。このゆえに〔『維摩経』の〕不二という沈黙の応答[6]は、真実の空の教えにかなっており、ただ一音による弁舌が振るわれたこと[7]は、衆生の境涯と呼応した。

②自我師能仁之出世也、鹿苑唱其初言、金河究其後説、契経以誘小学、方典以勧大心、妙輪区別十二惟部、法聚総要八万其門。

我らの師である釈尊（能仁）が世に出現されると、鹿野苑で初めて教えを言葉として説き、金河で最後の説法を究め尽くし、契経によって小乗の教えを学ぶ者を誘引し、方等経によって大乗の心をもつ者を導き、妙なる法輪は十二部経として区分され、法のあつまりは八万の法門としてまとめられた。

③至善逝晦跡、而応真結蔵、始則四鋡集経、中則五部分戒、大宝斯在、含識資焉。

善逝〔たる釈尊〕が姿を晦まされてからは、阿羅漢[8]たちが三蔵を結集し、初めは四阿含として経を集め、〔その後〕中ごろに五部に戒律が分かれ、偉大な宝蔵がここに存在することとなり、衆生[9]のよりどころとなった。

④然道由人弘、法待縁顕。有道無人、雖文存而莫悟。有法無縁、雖並世而弗聞。聞法資乎時来、悟道藉於機至。機至然後理感、時来然後化通矣。昔周代覚興而霊津致隔、漢世像教而妙典方流。法待縁顕、信有徴矣。至漢末安高宣訳転明、魏初康会注述漸暢。道由人弘、於茲験矣。（大正五五、一上）

そうであるので道は人によって弘められ（「道由人弘」）、法は縁をたよりとして顕現される（「法待縁顕」）。道があっても人がいなければ、ただ文章だけがあって悟る人は現れない。法があっても〔それに触れる〕縁がなければ、世に〔法が〕存したところで〔人々が法を教えとして〕聞くことはできない。法を聞くことは時の到来により、道を悟ることは機根の熟達による。機が熟達したその後に理は感得され、時が到来してその後に教化が広く行われていくのである。昔、周代に〔遠いインドで〕仏陀〔覚〕が世に出現されたが霊妙なる渡し場[10]とは隔絶しており、〔ようやく〕漢代の像教の世に妙なる典籍〔仏典〕がはじめて伝わった。「法が縁をたよりとして顕現される」ということの、確かな証拠である。漢末の安世高の翻訳活動によって〔仏法が〕ますます明らかになっていき、魏の初めの康僧会の注釈活動によって〔仏法は〕だんだんと盛んになっていった。「道は人によって弘まる」ということは、ここに証明されているのである。

序の文章はまだまだ続くが、ここには僧祐の仏教史観、より具体的に言えば仏教の典籍史観が表明されている。

まず①では、「真諦」「法性」という真実の究極的なあり方は、奥深く凝然・寂静たるものであるという。だから人々をその真実へと導いていくには言葉が不可欠であるとされる。そしてこれに続いて『維摩経』の不二法門と一音説法を事例として挙げる。これらは沈黙や一音による教化であり、われわれが日常で用いる言語での活動を超越した手段である。

ここで僧祐が強調していることは、文中に「不二の黙訓」「一音の振辯」とあるように、「玄凝」「虚寂」たる真理が、教え（「訓」「辯」）として表象されたという点である。この表象によって衆生が真理に呼応できるという点に僧祐の主眼が置かれている。

続けて②では、釈尊の生涯における説法・教化に言及される。鹿野苑での「初言」、クシナガラでの「後説」、声聞たちに教える「契経」、大心を有する菩薩を導く「方典」と表記されるように、どれも言語や典籍として教えが伝達されてきたことを強調しようとするものである。さらに③では、四阿含や五部の律といった仏滅後の仏典の成立に言及する。

さらに典籍のみで仏道が自動的に広まるわけではなく、そこには人が介在しなければならない。これが「然道由人弘」以下の④の主意である。『論語』衛霊公の名句（「人能く道を弘む。道、人を弘むるに非ず」[11]）を表現として借用しつつ、時間的・空間的に遠く離れたインドにおいて釈尊が悟った真理を、典籍として中国へ伝え、それを翻訳し、さらにそれらを注釈・講義した人々がいて、そうした人たちの具体的行為によって「真諦」「法性」がはたらき出しているということがここで述べられている。[12]つまり、言語によって表現できない真理を敢えて言語化し、それを典籍として伝承・訳出した人の行為を尊重すべきであるとする僧祐の歴史観がここに知られる。[13]僧祐の序は、①「真理」→②「言説」→③「典籍」→④「訳出」という次第によって仏法が具象化され伝承されてきた過程を明確にしたものである。

二　インドの事跡を記録として残す

複数の僧祐の著作物に共通する書物編纂の方針として、仏典などから仏教に関する記録を収集し、それらを分類して、読者が検索しやすい書物を作ることなども挙げられるが[14]、それらはすでに論じたこともあるため割愛し[15]、本稿では『大唐西域記』との関連として重要な僧祐の書物編纂に際する意識として特筆すべきことを一点示したい。僧祐には、諸仏典に散説される記載を集めて分類することによって、釈迦族の始源から釈尊の生涯、そして釈尊の入滅後の様相に至るまでをまとめ上げた『釈迦譜』がある。その序には、本書著述に際する願いが吐露された箇所がある。

若夫胤裔託生之源、得道度人之要、泥洹塔像之徴、遺法将滅之想、総衆経以正本、綴世記以附末。使聖言与俗説分条、古聞共今跡相証。万里雖邈有若躬践、千載誠隠無隔面対。今抄集衆経、述而不作。庶脱尋訪力半功倍。（大正五五、八七下）

〔釈尊の〕家系や託生という源、成道して人々を出家させた〔事跡の〕概要、涅槃とその後の仏塔・仏像の〔作られた〕形跡、釈尊の遺した法とそれがやがて滅びようとする想定については、諸経を総括してそれをもって正本とし、その他の記録や伝承（世記）を集めて補助資料として付録する。仏説と俗説とを区別させ、古い伝承と現在の記録とを照らし合わせて明らかにさせる。〔釈尊の故地インドへの道のりは〕万里のように遥かであるが、自分で釈尊の足跡を訪ねているようであり、〔釈尊の時代からは〕千載の時間が経過して〔教えが〕誠に隠れてしまっている今においても、隔たりなくまるで〔釈尊に〕対面しているかのように思うであろう。今、諸経を抄集し、作為せずにそのまま記述する。〔釈尊の足跡を〕訪ねようと思う者には、半分の努力で得られる成果を倍増させることができよう。

『論語』述而篇冒頭の名句（「述而不作」）を借用し、釈尊の生涯から仏滅後の様相に至るまで「衆経を抄集して、述べて作らず」と述べるその方針は、僧祐の著作活動に一貫する著述の方針であったと見られる。

そして注目すべきは波線部にあるように、本書の読者が、実際にインドへ行かなくても行った気持ちになれるような著作をつくる、そこに『釈迦譜』撰述の目的があるという点である。インドとの物理的距離と、釈尊の時代との時間的隔たりとが歴然としていながらも、読者にまるでインドを訪れているかのようであり、釈尊と対面しているかのような感覚をもってもらいたいということを、多少の誇張はあるにせよ、撰述の目的としているのである。

そしてこうした言説は後代、直接にインドを訪れて帰国した中国人仏教者が、インド・西域、あるいは南海の事情を書物として書き記して歴史に残していく営みの中にも見出すことができる。唐代に成立した『大唐西域記』と『南海寄帰内法伝』である。

『大唐西域記』は、貞観十九年（六四五）に帰国した玄奘の旅行記録に基づき、門下の辯機[16]が編纂を担当した。唐の第二代皇帝・太宗（李世民）の要請によるもので[17]、インド・西域諸国の風土・習俗・境域・物産・民衆の人柄や性質、そして仏跡などを記録した書物である[18]。本書の末尾には執筆者辯機の「讃」が付されており、その末尾には次のようにある。

二十年秋七月、絶筆殺青、文成油素。塵黷聖鑑、詎称天規。然則冐遠窮遐、寔資朝化、懐奇纂異、誠頼皇霊。逐日八荒、匪専夸父之力。鑿空千里、徒聞博望之功。鷲山徙於中州、鹿苑掩於外囿[19]。想千載如目撃、覧万里若

躬遊。夐古之所不聞、前載之所未記。（大正五一、九四七中）

〔貞観〕二十年の秋七月、筆を擱き紙をととのえ、書物[20]として完成させました。すぐれた御見識を汚すばかりで、とても天子の規範となるようなものではありません。しかしながらはるか遠くの地へたどり着くことができたのも、まことに唐王朝の導きによるものであり、〔こうして〕奇異〔な見聞〕をあつめて〔書物として〕編纂することができたのも、まことに皇帝の御心によるものであります。[21]〔中国をとりまく〕八方の辺地[22]に太陽を追いかけるようなことができたのも、〔己の力量を知らずに太陽を追いかけた〕夸父[23]のような力を専らにする必要はありません。〔今や西域への〕千里の道のりを〔張騫が〕開通したことについても、その博望侯〔張騫〕の功績をただむなしく聞くだけの時代となりました。[24]〔釈尊ゆかりの〕霊鷲山は中国の中心に移り、鹿野苑も近郊の庭園にある〔かのようであります〕。千載の時〔の隔たり〕に想いをよせつつ〔自ら〕目撃するかのようであり、万里〔の隔たり〕を見ながらも自ら遊行するかのようであります。〔本書の内容は〕はるか昔より未だ聞かざるところであり、過去の書物に未だ記されていないものであります。

ここで引用した文章の前半には、「聖鑑」「天規」「朝化」「皇霊」といった語句による太宗への礼賛が見られる。そしてそれに続いて、インドの仏跡である霊鷲山や鹿野苑が身近にあるかのように感じることができるという所感が語られている。「千載」と「万里」、すなわち時間と空間の隔たりが無いかのようであるとする自負は、僧祐の『釈迦譜』序と同一である。インドへ行きたくても、誰でも行けるわけではなく、釈尊と同じ時代に生きることもかなわなかった読者に対して、インドへ行ったような気になれる、釈尊と同じ時代を生きているように思えるような書物を撰述しようとした意識が示されているのである。

さらにこうした言説は、玄奘の後、南海を経由してインドへ向かった義浄（六三五―七一三）にも見られる。詳細は紙幅の関係で割愛するが、インドや南海の様相を記録として残そうとした『南海寄帰内法伝』序の、やはり同様に末尾において、その思いが表明されていることを付記しておく。[25]

三 『大唐西域記』讃の歴史叙述――『出三蔵記集』序との共通点と相違点――

はじめに見た僧祐の『出三蔵記集』序の冒頭は、①「真理」→②「言説」→③「典籍」→④「訳出」という次第によって仏法が具象化され、かつ中国へ伝承されたプロセスを語っていた。このような書き出しと見事に一致するのが、『大唐西域記』の辯機による讃である。『出三蔵記集』序と比べるとかなりの長文であるため、適宜省略しつつ、その類似点に注意してみたい（『出三蔵記集』序との対比のため、適宜改行して①～④の番号を付けた）。

①いわゆる「真理」は奥深い

記讃曰。大矣哉、法王之応世也。霊化潜運、神道虚通。尽形識於沙界、絶起謝於塵劫。……豈実迦維降神娑羅潜化而已。（大正五一、九四五下）

〔大唐西域〕記の讃に曰う。法王（仏陀）が世に出現されたことは、誠に偉大なことである。霊妙なる教化はひそかにめぐりわたり、奥深い道理はあまねく広がっている。肉体と精神は娑婆世界〔という空間〕から尽き、その始まりや終わりは塵劫〔という長い時間〕を超絶している。……実に〔仏陀・如来の存在性は〕迦維（カピラヴァストゥ）で誕生して沙羅双樹で入滅するまで〔の生涯〕だけでは〔説明し尽くせ〕ないのである。

②具体的な姿をもって誕生した釈尊とその教化

固知応物効霊、感縁垂迹、嗣種刹利、紹胤釈迦、継域中之尊、擅方外之道。……雖出希夷之外、将庇視聴之中、

三転法輪於大千、一音振辯於群有、八万門之区別、十二部之綜要。……　（大正五一、九四五下―九四六上）

まことに衆生に応じて霊妙なはたらきを現し、〔衆生や娑婆の〕縁に感応して具体的姿を示し、種族として刹利（クシャトリヤ）を嗣ぎ、後胤として釈迦族を紹ぎ、世界の尊者〔としての地位〕を継承しつつ、世界外の道をも掌握したことを知るべきである。……〔衆生の〕視聴(26)を超絶しながらも、〔衆生の〕視聴を広くおおい、三たび法輪を大千世界に転じ、一音による弁舌を衆生に振るわせ、八万の門によって〔教えを〕区別し、十二部に〔経を分けて〕要を総べた。……

③摩訶迦葉による仏典結集など

尊者迦葉、妙選応真、将報仏恩、集斯法宝。四含総其源流、三蔵括其枢要。雖部執茲興、而大宝斯在。……

（大正五一、九四六上）

尊者摩訶迦葉は、巧妙に阿羅漢たちを選抜して、仏恩に報いようとし、ここに法宝を集めた。四阿含として源流を総べ、三蔵として枢要を括った。〔その後に〕部派ごとの見解の異なりが起こったとはいえ、偉大なる法宝が存続していくこととなった。……

このように冒頭の一連の文脈を見ていくと、①「真理」→②「言説」→③「典籍」という流れが『出三蔵記集』と類似する。さらに細かな表現の一致点もある。ブッダの一音説法を「一音振辯」とすることや、結集やその後の仏典伝承によって偉大な法宝が世に存することを「大宝斯在」と述べる点は、語句のレベルで両書の表現が完全に一致している。

また他にも類似した表現を挙げれば、釈尊の教えや後に成立した仏典を『出三蔵記集』は「法聚総要八万其門」「妙輪区別十二惟部」「四鋡集経」と表現し、一方の『大唐西域記』は「八万門之区別」「十二部之綜要」「四含総其源流」としており、両書の類似表現を確認することができる。辯機の讃は、僧祐の『出三蔵記集』を参照して書いていたと推定できる。

そして、特に注目すべきは、『大唐西域記』のこの後に続く文章、すなわち④中国への仏教伝来を語る次の箇所（『出三蔵記集』の④に相当）である。

④中国への仏教（仏典）の伝来

法教流漸、多歴年所。始自炎漢、迄于聖代、伝訳盛業、流美聯暉。玄道未攄、真宗猶昧。匪聖教之行蔵、固王化之由致。我大唐臨訓天下、作孚海外、考聖人之遺則、正先王之旧典、闡茲像教、欝為大訓。道不虚行、弘在明徳。遂使三乗奥義、欝於千載之下、十力遺霊、閟於万里之外。神道無方、聖教有寄。待縁斯顕。其言信矣。

（大正五一、九四六上）

釈尊の教え（法教）が〔西から東へ〕流れ伝わり、長年を経過している。漢代に始まり大唐の世（聖代）に至るまで、〔仏典の〕伝訳は盛んにおこなわれ、その輝きは伝え広まり連綿と受け継がれてきた。〔しかし〕奥深い道はいまだ広く伝わらず、真実の教えもなお暗いままである。〔これは〕聖教が世に行われる時代と隠れて見えない時代とがあるということ[27]ではなく、まことに君主による民衆の感化に由来するものである。我が大唐帝国は天下に君臨して〔民衆を〕教え導き、海外をも信服させ、〔古の〕聖人たちの教えをよく考察し、先代の王たちの古い典例を正しくし、形として残った仏の教えを明らかにし、盛んに偉大な教えを施行された。道は〔それだけで〕むなしく伝わりゆくのではなく、明徳〔ある人〕によってこそ広まる。〔それによって〕ついに三乗の奥義を、千載〔もの隔たりのある今〕に盛んにさせ、仏陀の特殊な[28]力（十力）を万里の隔たりあるこの地に深く根付かせた。奥深く尊い仏道（神道）は際限なく広がっていても、〔それを衆生に指し示す〕聖教はよりどころを必要とする。[29]〔法は〕縁をたよりとしてここに顕現されるのである。この言葉は信（まこと）である。

このように、インドで成立した仏典が中国に伝来して訳出されたという文章の流れは、僧祐と同一である。僧祐は同じ文脈で「道は人に由りて弘まる」と述べ、辯機もここで「道はむなしく伝わりゆくのではなく、明徳〔ある人〕によってこそ広まる」（「道不虚行、弘在明徳」）と言う。また、僧祐は「法待縁顕、信有徴矣」と述べたことをすでに見たが、辯機も同様に「待縁斯顕。其言信矣」と言う。

ここにおいて『出三蔵記集』と極めて高い類似性を有していることは明らかであるが、ただ一つの違和感がある。つまりそれは僧祐の場合、前後の文脈から明らかなように、「縁」とは漢代以降の仏典の伝来（「漢世像教而妙典方流」）であり、「人」とは安世高らを筆頭とする訳経僧（「至漢末安高宣訳転明……」）の存在であった。こうした「縁」と「人」によって中国に仏法が定着したということが『出三蔵記集』序の趣旨である。一方『大唐西域記』のそれは、唐王朝や皇帝である。『出三蔵記集』を下敷きにしつつ、肝心なところを国家への礼賛に置き換えている点に、本書編纂の経緯や玄奘らの置かれた時代状況を察することができるのである。

ところで、この文脈における「神道無方、聖教有寄」（波線部）とはどのような意味であろうか。「霊妙自然な道は融通無礙であり、仏の教えはこれを寄り所としております[30]」との訳もあるが、そうではない。「神道」と対になる「聖教」とは、玄奘の目下にある仏典とその翻訳プロジェクトを指す。上の句「神道」は、いわゆる仏教の真理概念を指すものであり、それは空間的限定がなく（「無方」）、自然に遍くとされることは先行訳のとおりである。しかし下の句は逆接であり、その真理が言語化された教え（「聖教」）となって人々を導くには、「寄」が「有」らねばならないと言っている[31]。この「寄」とは何かが問題である。すでに玄奘が身命を惜しまずに仏典を持ち帰った当今における「聖教有寄」の「寄」とは、その仏典の翻訳と流布に寄り添ってくれる存在のことであり、この一文はその必要性を述べているのである。仏典翻訳への援助・サポートがなければ、いくら神道が遍満していても、教えとなって人々の元へ届かないということを国家・皇帝に向けて発信した表現であったと理解すべきである。

おわりに

以上のように、南朝梁代に成立した『出三蔵記集』序と、唐初の『大唐西域記』讃における文章を比較し、その中に表明された歴史意識、あるいは仏教史の叙述について、共通点と相違点を明確にした。一見して『大唐西域記』讃は、『出三蔵記集』のように、歴史記録を残そうとする中国仏教の伝統を踏襲しているかのようである。しかし讃の中に見出される国家礼賛に関する微妙な違和感は、南朝の僧祐には全く見ることができない。

この相違は何に起因するのであろうか。北周の廃仏を経て、その後の隋王朝の成立により仏教は復興を成し遂げるも、唐代初期には再び排仏論が上奏され、さらには「道先仏後」の宗教政策によって、決して唐初期の仏教界は安定した華々しい時代などではなかった。この時代の仏教者たちは、わずか数十年の間における仏教の目まぐるしい浮き沈みを目の当たりにし、国家との関係においても微妙な緊張関係があったに違いない。

こうした情勢の中で、玄奘は貞観十九年（六四五）に帰国した。玄奘やその門下からすれば、国家や皇帝に対して、物資の支援や場所の提供など、訳経活動におけるスポンサーとしての役割を要請したいというのが本音であろう。しかし僧侶として、あからさまな催促は避けなければならない。ましてや本書は、皇帝の要請によって後の人々のためにインド・西域の様相を伝える、そのために編纂されたものである。したがって、あまり図々しい言葉を書き残すわけにもいかない。「神道無方、聖教有寄」というわずか八文字の表現は、前代の仏教史家の文章や論調を参考にしつつも、国家・皇帝に対して訳経事業の全面的支援を要請した言葉だったのである。
さて、時の皇帝・李世民にこの言葉が届き、彼はその意味を理解したであろうか。その答えは、玄奘の訳経が成功し、仏教史のみならず世界の歴史に金字塔を打ち立てたその歴史事実が示しているのかもしれない。

註

（1）一例として道宣の『広弘明集』総序の冒頭に「自大夏化行、布流東漸、懐信開道、代有澆淳」（大正五二、九七上）とある。
（2）こうした仏教史観の動向については、かつて拙稿「仏教世界における歴史家の視点――僧祐・道宣を中心とする史書編纂の背景――」（『現代と親鸞』第三六号、二〇一七年）で論じた。本稿はそこでは言及していない『大唐西域記』を、『出三蔵記集』序の延長上に位置付けて考察するものである。
（3）僧祐の著作活動が後代に与えた影響については、註（2）拙稿や、二〇二一年一〇月二二日に開催された大谷学会研究発表会での発表（「記録を集めて歴史に残す――僧祐の『出三蔵記集』とその後の中国中世仏教――」）で論じたことがある。本稿は、その発表要旨（『大谷学報』第一〇一巻第二号に掲載）の一部を論文化し、さらに『大唐西域記』に関する考察を新たに加筆したものである。
（4）『出三蔵記集』の史書的性格を論じたものとして、大内文雄『南北朝隋唐期佛教史研究』（法藏館、二〇一三年）第一篇・序章や、荒牧典俊・小南一郎（訳）『大乗仏典〈中国・日本篇〉』第三巻（中央公論社、一九九三年）における荒牧氏の「解説」（二六五―二六六頁）がある。
（5）【開物導俗】「開物」は、「開物成務」に由来する表現。『周易』繫辞上「子曰、夫易何為者也。夫易開物成務、冒天下之道。如斯而已者也」（註（4）荒牧・小南（訳）前掲書二一二頁注四、大内文雄（編訳）『唐・南山道宣著作序文訳註』〈法藏館、二〇一九年〉五八頁など参照）。

（6）【不二默訓】『維摩経』入不二法門品「於是文殊師利、問維摩詰。我等各自説已、仁者当説、何等是菩薩入不二法門。時維摩詰、黙然無言。文殊師利歎曰、善哉善哉、乃至無有文字語言、是真入不二法門」（大正一四、五五一下）。

（7）【一音振辯】『維摩経』仏国品「仏以一音演説法、衆生随類各得解」（大正一四、五三八上）。

（8）【応真】『出三蔵記集』前後出経異記第五「旧経無著果（亦応真、亦応儀）新経阿羅漢（亦言阿羅訶）」（大正五五、五上）。

（9）【含識】『弘明集』（顔延之「釈達性論」）「然総庶類同号衆生、亦含識之名」（大正五二、二二上）。

（10）【霊津】『広弘明集』（僧肇「鳩摩羅什法師誄」）「夫道不自弘、弘必由人。俗不自覚、覚必待匠。待匠故世有高悟之期。由人故道有小成之運。運在小成則霊津輟流。期在高悟則玄鋒可詣」（大正五二、二六四中）。

（11）『論語』衛霊公「子曰、人能弘道、非道弘人也」。

（12）中国目録学の観点からこうした僧祐の歴史観の特徴に言及したものとして、内藤竜雄「『出三蔵記集』の目録学的考察」（『印度学仏教学研究』第一八巻第二号、一九七〇年）がある。

（13）この点との関連として、註（4）大内前掲書六頁も参照。

（14）『出三蔵記集』釈僧祐法集総目録序第三「仰禀群経、傍採記伝。事以類合、義以例分」。『釈迦譜』序「今抄集衆経、述而不作。庶脱尋訪力半功倍」。『世界記』序「祐以庸固、志在拾遺……庶溺俗者発蒙、服道者瑩解」。

（15）こうした僧祐の著作に見られる特徴は、『経律異相』など、後の仏教類書の編纂・成立に関係している。また、僧祐の著作活動との類似性が指摘される唐代の戒律文献『四分律行事鈔』なども、そうした類書的性格を有するものである。拙稿「道宣の『四分律行事鈔』撰述とその背景――僧祐の著作活動との類似性――」（『佛教学セミナー』第一〇〇号、二〇一四年）、同「『四分律行事鈔』の構成とその意図――森羅万象を類聚する営みとして――」（『佛教学セミナー』第一一三号、二〇二一年）参照。

（16）辯機の詳細は、陳垣「大唐西域記撰人辯機」（『陳垣全集』第二冊、安徽大学出版社）を参照。

（17）『大唐大慈恩寺三蔵法師伝』「帝又謂法師曰、仏国遐遠、霊跡法教、前史不能委詳。師既親覩。宜修一伝、以示未聞」（大正五〇、二五三中）。

（18）『大唐西域記』讃「若其風土習俗之差、封畺物産之記、性智区品、炎涼節候、則備写優薄、審存根実。……是以諸仏降祥之域、先聖流美之墟、略挙遺霊、粗申記注。……或直書其事、或曲暢其文。優而柔之、推而述之。務従実録、進誠皇極」（大正五一、九四七中）。

(19) 大正蔵は「国」。宋・元・明、その他の対校本によって「囿」に改めた。

(20)【油素】書画に用いる絹布を指すが、転じて書物そのものを意味する。道宣撰『釈迦方志』序「而方土所記、人物所宜、風俗之沿革、山川之卓詭、雖陳之油素、略無可紀」（大正五一、九四八上）。同・遊履篇第五「又隋代往還、唐運来往、咸纉履歴、具程油素」（大正五一、九六九下）。『大唐西域記』敬播序「邈矣殊方、依然在目。無労握槧、已詳油素、名為大唐西域記。一帙十二巻」（大正五一、八六七下）。

(21)【冐遠窮遐、寔資朝化、懐奇纂異、誠頼皇霊】これと類似した文が『広弘明集』所収の玄奘の「重請三蔵聖教序啓」にある。「憑皇霊以遠征。恃国威而訪道。窮遐冒険。雖励愚誠。纂異懐荒。寔資朝化」（大正五二、二六二中）。なお、この文中に「纂異懐荒」とあることについて、『大唐西域記』（大正蔵）は「懐奇」であるが、大正蔵の対校本や『続高僧伝』玄奘伝が「懐荒」であることを付記する。「懐荒」には、辺境の地の者たちを手なずけるという意がある。

(22)【八荒】八方の辺境、あるいは「四海」とともに用いて全世界のことを指す。牟子『理惑論』（『弘明集』所収）「舜耕歴山、恩不及州里。太公屠牛、恵不逮妻子。及其見用、恩流八荒、恵施四海」（大正五二、四中）。道宣『釈迦方志』序「然則八荒内外、前史具舒、五竺方維、由来罕述。豈非時也」（大正五一、九四八上）。

(23)【夸父】己の力を量らずに太陽を追い求めて、のどが渇き命絶えたという伝説上の人物。『列子』湯問「夸父不量力、欲追日影、逐之於隅谷之際。渇欲得飲、赴飲河渭。河渭不足、将走北飲大沢。未至道、渇而死」。水谷真成（訳注）『大唐西域記3』（平凡社〈ワイド版東洋文庫657〉）四七二頁・注二五参照。

(24)【鑿空千里、徒聞博望之功】前漢に西域と交渉し、その情報を漢にもたらし、西域ルートを開拓した張騫の功績。張騫は博望侯と称せられた。『漢書』張騫伝「於是西北国始通於漢矣。然騫鑿空、諸後使往者皆称博望侯」。

(25)『南海寄帰内法伝』「総有四十章、分為四巻、名南海寄帰内法伝。……且復粗陳行法、符律相以先呈。備挙条章、考師宗於実録。縦使命淪夕景。希成一簣之功。焔絶朝光、庶有百灯之続。閲此則不労尺歩。可践五天於短階、未徙寸陰、実鏡千齢之迷躅」（大正五四、二〇六上中）。

(26)【希夷】『老子』十四「視之不見、名曰夷。聴之不聞、名曰希」。仏教文献の一例として僧叡の『大智度論』序に「然而照本希夷、津涯浩汗、理超文表、趣絶思境」（大正二五、五七上）とある。

（27）【行蔵】『論語』述而（「子謂顔淵曰、用之則行、舍之則蔵。唯我与爾有是夫」）に基づき、登用されれば進んで行い、認められずに捨て去られれば、身を隠すという出処進退に関わる言葉とされる。ここでは「聖教」に関する「行蔵」であることから、「行」は教えが世に顕現されること、「蔵」は姿をくらまし隠れることを意味すると考えられる。なお道宣の『行事鈔』には、「行蔵之務実難、取捨之義非易」（大正四〇、二中）という用例があり、そこでは「取捨」とほぼ同義で用いられていて、律文などを用いて実行すること（「行」）と捨てて採用しないこと（「蔵」）を指す。『行事鈔』の注釈書では、「行者則取也。蔵者則捨也」（『四分律行事鈔批』卍新纂四二、六一九上）、「行者行用、蔵者蔵置。故論語云、用之即行是取、捨之即蔵是置」（『四分律行事鈔簡正記』卍新纂四三、五八中）、「行蔵者約行事之廃立」（『四分律行事鈔資持記』卍新纂四三、六三一中）と説明される。

（28）【神道無方】類似した表現の一例として、『高僧伝』訳経篇・康僧会伝に「会曰、如来遷迹、忽逾千載、遺骨舎利、神曜無方」（大正五〇、三二五中）とある。

（29）【聖教有寄】類似した表現の一例として『出三蔵記集』所収の僧衛「十住経含注序」に「然道不独運、弘必由人。故令千載之下、霊液有寄焉」（大正五五、六一下）とある。

（30）註（23）水谷（訳注）前掲書四六〇頁。

（31）『大唐西域記』讃の英訳は「神道無方、聖教有寄。待縁斯顕。其言信矣」の八句をまとめて次のように訳しており、こちらは筆者の理解に近い。“It is true that the divine Way has no directional limitations in its spread, but the holy teachings have to depend on circumstances for their appearance.” Li Rongxi, *The Great Tang Dynasty Record of the Western Regions*, BDK English Tripiṭaka 79, Berkeley: Numata Center for Buddhist Translation and Research, 1996, p. 391.

キーワード　仏教史観、僧祐、玄奘、辯機（弁機）、太宗（李世民）

言語史としての反転漢語

――「療治―治療」と「容受―受容」をめぐって――

猿田知之

はじめに

フランスの社会学者マルセル・モース（一八七二―一九五〇）の講演筆録に次のような言葉が残されている。借用が起こったことの研究と同じくらい借用が起こらなかったことの研究は興味深い。それというのも、この研究によってこそ、多くの事例において各文明の広がりの臨界が（社会の広がりの臨界とまったく同じように）説明されるからです(1)。

この指摘は、日本漢語史研究に一つの示唆を与えるものがある。今更改めて記すことでもないが、中国で創出された漢字・漢語・漢文は、朝鮮半島・日本列島へと順次受けいれられ、それぞれ独自の文字文化を形成してきた。その初期段階においては、おそらく無条件に漢語を摂取したことであろう。時が経過するに従って、漸次、地域言語に適合する選択がなされたはずである。それを実証するのが、「反転漢語」（頃日、中国の学者は「同素異（逆）序詞(2)」と称呼している）であろう。一例を紹介してみよう。明・清の資料には「地土」が頻見する。ところが、何故か『日本国語大辞典』(小学館、第二版)をはじめとして、他の古語辞典にも採録されていない。

日本語資料にこの「地土」が全く見出せないわけではない。筆者の採録した用例二・三を挙げてみよう。中世説語集『私聚百因縁集』(一二五七年成)巻三—三、時代降って戦国期の文書[3]、さらに江戸中期の西川如見(一六四八—一七二四)の『町人嚢』[4]にも目睹できる。牛太清著『《洛陽伽藍記》詞汇歴時層次研究』[5]では、四八七年成立の『洛陽伽藍記』に「地土甚寒」(巻五)とあり、五世紀頃から姿を見せるという。一方、「土地」は先秦文献『孟子』にあることは周知のことであろう。「地土」は以降俗語化していったと、周艶梅著『宋代筆記俗語詞研究』(四川大学出版社、二〇二〇年、一八一頁)で述べている。日本列島での用例がすくないのは、透過定着が至極困難であった「漢語」であると言えようか。

さらに「露呈—呈露」を挙げておこう。『全訳漢辞海』(三省堂、二〇〇〇年初版)の「露呈」を各版ごとに調べてみると、現在の四版に至るまで「日本製漢語」と断じている。この認定に従えば、「呈露」は日本語に透過定着をみず、反転した「露呈」が用いられたことになろう。ところが、朝鮮半島の漢文資料を一瞥すると、如上の認定がだいぶ怪しくなってくる。新羅から朝鮮朝初期までの文人作品四三〇二篇を収集した『東文選』(一四七八年成)の続編『続東文選』[6](一五一八年成)に、わずか一例ながら(九八頁)見出せるのである。同書中に「呈露」五例が見えるため、誤刻の可能性も否定できないが、他の朝鮮漢文資料を精査すべきであろう。

如上の事由から、日本列島への漢語定着を考察する上で、「反転漢語」の視座より研究する必要があると、筆者は考えている。

一　「療治」と「治療」

ある漢語の日本文献初出例を知るには、まず『日本国語大辞典』に拠るのが順当であろう。まま訂正を要するところもあろうが、当該漢語の現出時を知る目安となる。また、中国文献の用例であれば、日本においては『大漢和辞典』となるが、後発の『漢語大詞典』（第一版、上海辞書出版社、一九八六年）に一籌を輸するものがある。ともあれ、この二辞典を対照することで、当該漢語の史的推移の大概が、ひとまず把握できる。ところが、ある漢語に焦点をあて、調べていくと、初出に続く文献例との間に相当の時代的あるいは時間的隔りの在ることに遭遇する。はたしてその空隙期間、当該漢語はどうであったのか、という疑念を払拭できない。

例えば、「治療」を『日本国語大辞典』に徴すると、大辞典らしく相当長い記文がある。

〔治療〕【名】（「ぢりょう」とも）病気やけがをなおすこと。療治　＊霊異記（810-824）上・一九「薬もて治療せ令むるに、終に直らず」。＊蔭涼軒日録―寛正五年（1464）二月一五日「春阿不例。医師福富治療不レ可レ叶之由申之。（以下省略）＊北斉書清河王岳伝「時岳遇レ患、高祖令二還レ幷治療一　[語誌]（1）「治療」と「療治」はともに古くから用いられてきたが、近世中期後半頃から、「治療」が多用されるようになる。これは中国近世に「傷寒論」など医学書に「治療」が多用されていることと関連している。（以下省略）

これに対し、「療治」の日本および中国資料の初出例として、

『日本後紀―弘仁二年（811）二月壬午、「沈二滞悪療一、療治無レ験」『栄花物語』（1028-92頃）鳥辺野「寸白におはしますなりとて、その方のれうぢどもを仕まつれば」（以下省略）＊北魏書―裴延儁伝「還レ京療治」

を掲げる。『漢語大詞典』では、「治療」例として『北斉書』、「療治」例に南朝宋の鮑照（四一二?—四六六）用例を引く。

両辞典によれば、「療治」がやや早く先行し、「治療」が後出したと思われる。降って、宋代に至ると、例えば『続資治通鑑長編』（一一八三年成）を閲すると、「療治」五例に対して「治療」七例と拮抗する。また張杲撰『医説』(7)（一一八九年成）では、もっぱら医療関係事項からか、「治療」（二一例）のみで、「療治」例を見ない。洪邁（一一二三—一二〇二）の『夷堅志』にあたると、「治療」（一二例）に対して、「療治」（三例）と、だいぶ劣勢となる。『日本国語大辞典』の語誌の説明は、中国本土において既にその傾向(8)にあったことを示している。

ただ列島初出用例には、補正の必要があろう。

竹内理三編『寧楽遺文』（中巻、東京堂出版、一九六五年）所収、正倉院文書六通に「療治」が見出されるからである（ただし宝亀二年の書状には「療止」の宛字が用いられている）。さらに紀年不詳の同文書「人々啓状」（下巻）に病気見舞の草案一部「乞努力治療、慎勿怠懈」（九五九頁、「怒力」は「努力」の誤記であろう）が目に留まる。「啓状」に収められた年紀からみて、七四五年から七七〇年頃の書状草案と推測される。

また、『日本霊異記』の「治療」例にはいささか疑義がある。「療治」「治療」の用例を時系列に列記一覧化すると、前後文献から孤立した感が否めない。

（成立年）	（文献名）	（用語）
七五八—七七二	正倉院文書	療治・治療
七七九	唐和上東征伝	療治
七九七	続日本紀	療治

八二〇	顕戒論	療治
八二二	日本霊異記	治療
八九一	田氏家集	療治
八九二	類聚国史	療治
九〇〇	菅家文草	療治
九五三	吏部王記	療治
九八五	往生要集	療治

『日本霊異記』の「治療」孤立が際立ち、疑念が生じてくる。改めて本文の確認をすると、一九六七年刊行の『日本霊異記』（日本古典文学大系70所収、岩波書店）は、上巻が興福寺本、中・下巻が真福寺本を底本とし、異箇所として群書類従本・国立国会図書館本・前田家本例を列記している。「治療」が見出せるのは、上巻「皆㆘読㆓法花経品㆒之人㆖而現口喎斜得㆓悪報㆒縁　第十九」である。問題の箇所を示しておこう。

於㆑是卽坐彌口喎斜。令㆓薬治療㆒終不㆑直

当該「治療」が、国会本・類従本では「療而」とある。この「而」は「治」の宛字であろうから、「療治」が浮上する。本文を「療治」に訂正すれば、言語史的な「孤立」がなくなる。

さすれば、繁田信一氏の指摘が、改めて首肯できることになろう。

平安中期の貴族層の間に既に「医療」という概念が存在していたが、（中略）医療による治療は平安貴族によって「療治」と呼ばれていた。[9]

ところで、近年中華書局より道教典籍選刊が出され、一般に入手困難な書も容易に手元に置くことができるようになった。一見するごとに新たな発見もある。

従来、「治療」の初出書は『北斉書』とされてきたが、さらに一世紀遡る陶弘景（四五六―五三六）の『周氏冥道記』（巻一）や六世紀末の『太平経』から「療治」（巻九十三）、「治療」（巻一〇九）を採録できるようになったのである。[10]

その昔、魯迅が隋代までの作品を捜集した『古小説鉤沈』を始めとして、『五朝小説大観』などに「療治」「治療」例を採捃できるが、当該書成立時期に問題が残るので、本稿では対象外とした。

さて、「療治」と「治療」の使い分けは、何によったのであろうか。平安期から室町期の古記録を通覧すると、「療治」が圧倒的多数を占める。用例数の多い古記録を列記すると、次の通りとなる。

（日記名）	（記主）	（年紀）	（用例数）
小右記	藤原実資	九七八―一〇三二	16
玉葉	九条兼実	一一六四―一二〇五	29
明月記	藤原定家	一一八〇―一二三五	36
民経記[11]	藤原経光	一二二六―一二七〇	12
花園天皇宸記	花園天皇	一三一〇―一三三二	9
経覚私要抄	経覚	一四一五―一四七二	16
看聞御記	後崇光院	一四一六―一四四八	14
実隆公記	三条西実隆	一四七四―一五三六	18

言継卿記　山科言継　一五二七―一五七六　16

一覧すれば、「療治」に比して、「治療」の特殊性が確然とすることであろう。如上の用例傾向を前提に、中世医家梶原性全（一二六五―一三三七）の『仮名万安方』（一三一五年成、内閣文庫蔵）において、何故「治療亦與大人全同」（二冊）、「治療有先後耳」（三冊）とあるのかが、明らかとなる。すなわち、「治療」は医家用語であったことによる。後代資料であるが、雨森芳洲（一六六八―一七五五）の『橘牕茶話』に、「医家除レ病曰二治療一」[12]とあるのが、なによりの証拠となろう。

ユニークな国語辞典として喧伝された山田忠雄主幹『新明解国語辞典』（三版、三省堂、一九八一年）の「療治」項に「「治療」の意の老人語」と釈されるようになるのは、だいぶ後のこととなろう。

二　「容受」と「受容」

張巍著『中古漢語同素逆序詞演変研究』（上海古籍出版社、二〇一〇年）は、隋・唐の反転漢語の存在を知るに恰好な書である。ありがたいことに、巻末附録として「中古漢語同素逆序詞詞表」一四一五対が採録されていて、中国文献の目安となる。ただ残念なことに、「容受―受容」は載せられていない。察するに、従来の辞典類に登載されていなかったことに遠因があるかもしれない。また、中国語反対語辞典とも言うべき『現代漢語逆序詞典』（李菁民編著、華語教学出版社、二〇一一年）には、「容受」が「正序詞匯」（七〇八頁）として扱われていても、「受容」の登載はない。現代中国語のスタンダードな辞典『現代漢語詞典』（第七版、商務印書館、二〇一六年）も未載録である。ただ日本の『中国語大辞典』（香坂順一主幹、角川書店、一九九四年）に、現代用語らしい四字句「受容游戯」

が見えるところから察すると、「容受」ほど一般的ではないものの、一部で通用しているのかもしれない[13]。

筆者が「容受―受容」に留意したのは、次の理由からである。『日本国語大辞典』所出文献では、『古事談』（一二一二～一二一五年）を初出例とし、次例に『哲学階梯』（一八八七年）を挙げていることに、違和感を覚えたところに因る。この長期間の空白は何なのか、言語史的には了解し難い事象ではないか。これは資料索捜不足に因るもので、再調査すべきではないか。実情は、浩として煙海の如き中国資料と平安・鎌倉時代資料を前に、亡羊の嘆を禁ぜざるを得なかった。ともかく愚直に採録を試みることにした。その結果の一部を列記してみよう。

（成立年）	（書名）	（容受・受容）
一〇一七	往生要集[14]	容受
一一四〇頃	本朝続文粋	容受
一一七九頃	讃仏乗抄[15]	容受
一二一五	古事談	受容
一二八二	開目抄[16]	容受
一三三五	東帰集[17]	容受
一三七五	東海一漚集[18]	容受

なお、竹内理三編『鎌倉遺文』には、第三巻（一二〇一～一二一一年）に二例、第四巻（一二一一～一二二〇年）と七巻（一二三三～一二三八年）に各一例、「容受」が見出せる。

このように、『古事談』用例は、だいぶ孤立した観がある。「孤例」を言語史的にいかに解釈すべきか。いささか迂遠な方法であるが、比較の意味で、改めて中国資料に目を向ける必要があろう。

調査した一部を紹介してみたい。

(成立世紀)	(書名)	(容受・受容)
三世紀	漢紀[19](荀悦)	容受
四世紀	後漢紀(袁宏)	容受
六世紀	斉民要術	容受
七世紀	群書治要[20]	容受
十世紀	道徳真経広聖義	容受
十一世紀	雲笈七籤	容受
	資治通鑑	容受
十二世紀	続資治通鑑長編	容受
十三世紀	大学直解[21]	容受

見ての通り、これらの資料は「容受」例のみである。杜光庭(八五〇—九三三)の『道徳真経広聖義』に、「容、受也」(巻三十六)、あるいは許衡(一二〇九—一二八一)の『大学直解』の注解「容、是容受」を見ると、反転形「受容」の存在可能性はだいぶ低いと予想される。

ところが、諸種の資料を渉猟しているうちに、やっと「受容」に出会うことになる。たまたま中村璋八著『五行大義』(中国古典新書、明徳出版社、一九七三年)を読んでいたところ、「容受」「受容」ともに在る資料に出会ったのである。「逢遭邂逅」とは、まさにこのことであった。同氏には関連著書が数冊あるので、まずは『五行大義全釈』

（上・下、新釈漢文大系、明治書院、一九八六年）を開いて、再度確認した。同時に『五行大義』の内容・構成・書誌・伝来などを知ることもできた。加えて、ありがたいことに、中村氏に築島裕・石塚晴通の両氏が加わった列島最古の写本が影印出版されたのである。この影印『五行大義』(22)にも、簡にして要を得た解説が付され、門外漢にはさらにありがたいものであった。『五行大義』は、中国戦国時代あたりから隋までの五行説を輯集し、体系的に分類した書であるという(23)。ただ宋代には亡佚し、長い間、中国においては完本を目睹することができなかった。中国の人々が閲読できるようになったのは、鮑延博の「知不足斎叢書」（一八九八年）や王雲五の「叢書集成」（一九三九年）以降のことであった(24)。したがって、隋代に「受容」が現れても、長い間文献資料に姿を見せなかった因由が判明する。

「元弘三年（一三三三）癸酉閏二月二五日」の奥書のある、いわゆる元弘相伝本（愛知県穂久邇文庫現蔵）に見る「受容」「容受」例は次の通りである。

賓者住二籍往来一受《ウケ》二容《イル》嘉慶一也（巻一—第五論九宮数）

対する「容受」は二例見える。

火性炎猛无三シ所二ロ容-受一（第十八論情性）

為レ器則多二シ容-受一（右同）

注目すべきは、いわゆる「合符」（左側の傍線は訓読みを示す「訓合」、中央のそれは音読みを示す符号である）によって、一四世紀頃に「容受」と「受容」の読み分けが示されていたことである。すなわち、当時「容受」は二字漢語として熟合していたことを示している。ところが、「受容」は、おそらく当代人にとって目睹例がなく、熟合度も低かったことを端的に示した読みではなかったか。『五行大義』の日本伝来と所出文献について、既に山口氏によって、ほぼ明らかにされているが、「受容」摂受はされていない。『寧楽遺文』『平安遺文』『鎌倉遺文』を通覧しても、逢遇することができなかった。ただ『古事談』の一例のみの、稀少用例であった。

ところが、意外な書籍で遭遇することになる。たまたま滝沢馬琴（一七六七—一八四八）の未完作品『開巻驚奇俠客伝』を開いていたら、「是等の風聞を受容《うけい》れて」[25]の一節に遭遇したのである。まさに元弘相伝本の「訓合」の用例ではないか。江戸期資料の調査に至っていないため、確かなことは言えないものの、やはり「訓合」の伝統が脈々と受け継がれていたのではないか。もしそうであれば、その伝統は、漢語乱用の時代[26]と称される明治初期資料に反映されているのではないか。当期は種々の漢語字彙集が刊行されているので、手持ちの資料[27]を調べてみた。しかし、残念ながら採録できずに終わった。ただ文章作法書『文機活法』（関口宇之輔著、明治九年〈一八七六〉刊）に、「受容」（五九ウ・七八ウ）二例が採録できたのである。どのような経緯からか不明ながら、ともかく漢語乱用時代に再び姿を現したのである。

そして今日に至っても「受容」と「受け容れ」が、期せずして二人の哲学の文章に見出された。一人は桝田啓三郎（一九〇四—一九九〇）である。彼が翻訳したW・ジェイムズの『プラグマティズム』の解説に、

> ひろい心で新しい経験を受け容れて行く傾向をはぐくみ（中略）個々の事物を具体的に叙述する才能、多様なままに、受容し享受する傾向は、ジェイムズ哲学のいちじるしい特徴であって[28]

とある。もう一人は井筒俊彦（一九一四—一九九三）である。その著『ロシア的人間』に、

> ロシアのインテリゲンツィアは西欧文化を悲劇的にしか受容できなかった。（一六頁）
>
> 十九世紀末のロシアにおけるマルクス主義受容の形態を考えると（五〇頁）
>
> 誰れもこの人生の最後の厳かな祝典を穏やかな気持で受け容れつつ（一九三頁）

彼は頑として受け容れない（二七三頁）[29]

とある。かつて殷盛であった「容受」は影を潜め、代って、近年「受容」を寓目するようになった。とくに学術書において顕著である。

反転漢語「容受─受容」を辿っていくと、ある時は伏流水の如く地底に隠れ、またある時は間歇泉のように地上に顕現する漢語が存在する。

結びにかえて

反転漢語に着目して、日本漢語史の一面を闡明したいと考えてから、だいぶ歳月が経過した。中国や日本の資料を渉猟していくうちに、朝鮮漢文資料の重要性を徐々に痛感するに至った。従来のような、中国と日本の漢語を直接対照させる方法は、いわば「飛び石」伝いの研究で、きわめて危うい研究結果に陥る恐れがあるのではないか。「硲《はざま》の漢語」、すなわち朝鮮漢語を視野に入れて、はじめて日本漢語史が可能となるのではないか。幸いなことに、韓国文集および『朝鮮朝実録』が共にデータベース化され、公開されている。研究がさらに容易となろう。

註

（1）森山工編訳『国民論他二篇』（岩波文庫、二〇一八年）二六九頁。

（2）顔治茂『仏教語言闡釈』（杭州大学出版会、一九九七年）には次のような説明がなされている。「所謂〝同素反序〟とは、対をなしたものであり、両語の語素が、同じでも、語素の順序が反対で、しかも語を構成した後、意味が同一か、近似する語彙現象をいう」（二四四頁）。

（3）『戦国遺文　房総編』巻二（東京堂出版、二〇二一年）五二頁。
（4）『町人嚢』（岩波文庫、二〇一七年）七二頁。
（5）広東高等教育出版社、二〇一八年、二八六頁。
（6）学習院大学東洋文化研究所、学東叢書所収。
（7）福田安典編『医説』三弥井書店、二〇〇二年。
（8）李振東『太平経与東汉确譯仏経复音詞比較研究』（黒龍江人民出版社、二〇一八年、九五頁）によれば、「療治」は前漢代、「治療」は後漢代に姿を見せるという。
（9）繁田信一『陰陽師と貴族社会』（吉川弘文館、二〇〇四年）四六頁。因みに、平安期の代表的古記録『小右記』には、療治十六例のみで、治療例をみない。
（10）加えて、書名であるが、『隋書』経籍志（六五六年成立）医方部に、釈曇鸞撰『論気治療』一巻も目に留まる。
（11）ただし、大日本古記録本七巻未調査のため除く。
（12）『雨森芳洲全書二』（関西大学出版部、一九八〇年）二二七頁。
（13）朴哲希『朝鮮新羅時期文学思想研究』（民族出版社、二〇一九年）には「从対中国文学思想受容的角度来談」（五頁）、「将典籍的伝入与文論的受容結合」（一一頁）、「这一时期対中日典籍、制度、思想的受容」（一五頁）などの記述がある。
（14）『源信』（日本思想大系6、岩波書店、一九七四年）には、出典箇所が示されている。巻上（三五〇頁）例は『大宝積経』巻九六、巻中（三七四頁）例は『十住毘婆沙論』巻六〇引用。
（15）永井義憲・清水宥聖編『安居院唱導集』（角川書店、一九七九年）所収。
（16）鳩摩羅什訳『妙法蓮華経』巻四「欲容受所分身諸仏」の引用。
（17）天岸慧広著。（上村観光編『五山文学全集一』思文閣、一九七三年）。
（18）中厳円月著。（玉村竹二編『五山文学新集』第五巻、東京大学出版会、二〇〇四年）。
（19）『两汉紀』（上・下）中華書局、二〇二〇年。
（20）巻十三漢書（一）、巻二呉志下。古典研究会叢書漢籍之部8、汲古書院、一九九〇年。
（21）許衡著。『近代汉語語法資料彙編元明巻』商務印書館、一九九三年。

(22) 古典研究会叢書漢籍之部7、汲古書院、㈠一九八六年・㈡一九九〇年。
(23) 湯浅邦弘編『中国思想基本用語集』(ミネルヴァ書房、二〇二〇年)一一三頁、蜂屋邦夫『老子探究』(岩波書店、二〇二一年)四一一頁参照。
(24) 註(22)同書(二)所収。中村璋八「五行大義に就いて」参照。
(25) 幸田露伴校訂、第二巻三十一回、日本文芸叢書刊行会、一九二六年、二六九頁。
(26) 暉峻康隆『落語藝談』(小学館、一九九八年)に次のような記述がある。「漢語の乱用は明治五・六年ごろからはじまり、二十年代にいたって最高潮に達している。これは当時の新知識階級である洋・漢学書生が自分たちの学をひけらかすためにむやみに乱用し、それにまた士族あがりの新官僚が権威を誇示するために、これまたむやみに生硬な漢語を法令に使用したからである」(四三六頁)。
(27) 調査した漢語集は次の通りである。『新令字解』(荻田嘯、明治元年)、『日誌字解』(明治二年)、『令典熟字解』(明治二年)、『増補新令字解』(明治三年)、『布令必携新聞字引』(明治五年)、『御布告往来』(明治五年)、『必携熟字集』(村上快誠、明治十二年)。
(28) 『プラグマティズム』(岩波文庫、二〇一二年改版)三一〇頁。
(29) 『ロシア的人間』(中公文庫新版、二〇二二年)。

キーワード 反転漢語、療治、治療、容受、受容

斎院の存廃をめぐって

安田政彦

はじめに

斎院の存廃については、久禮旦雄氏が狩野本三代格の天長元年（八二四）十二月二十九日太政官符を用いて詳細な検討を加えられている[1]。

久禮氏は、弘仁十四年（八二三）に嵯峨天皇によって廃止された斎院は、淳和天皇によって天長元年に再置されたとみなし、淳和天皇と嵯峨太上天皇との対立を推定しておられる。

しかしながら、久禮氏とは違った解釈も成り立つのではないかと考える。以下では、久禮氏の論に導かれながら、斎院の存廃について検討を加えたい。

一　斎院と斎院司

斎院の設置については弘仁元年（八一〇）説（『一代要記』『本朝月令』）と弘仁九年説（『中右記』大治二年四月六日条、『類聚三代格』弘仁九年五月九日太政官符、同廿二日太政官符）、およびその折衷案である弘仁元年に斎院が卜定参入され、その後徐々に整備されて弘仁九年に斎院司が制度化されたとする考えがある。[2] 久禮氏は弘仁元年薬子の変を契機に設置された「内廷機構と側近集団を使って始めた個人的な祭祀」であったとし、斎院の制度上の確立は弘仁九年と解釈している。

私見も久禮氏同様に弘仁元年創始、斎院の設置は弘仁九年とすることに賛意を表するものである。ただし、折衷案のように、徐々に整備されたとは考えない。すでに斎宮が存在するのであるから、斎宮司に倣って設置すれば済むことで、段階を踏んで整備する必然性がないからである。賀茂斎内親王と斎院司は別個に考えるべきではなかろうか。

ところで、弘仁九年の斎院設置については、「その原因となるようなものが前後にみられないという問題点がある[3]」と指摘されているように、斎院司の設置はなぜ弘仁九年なのか、ということについては久禮氏も言及しておられないのだが、以下ではこの点について少し考えてみたい。

最初の斎院である有智子内親王は、卜定された弘仁元年には二歳であった。[4] この段階では薬子の変戦勝の奉斎としての嵯峨天皇の個人的祭祀の側面が強かったであろう。[5] 内親王には親王家が付随し、乳母が給付されているから、嵯峨天皇の個人的祭祀程度であれば、乳母が代理を務める。大きな機構の存在は必要なかったのではなかろうか。

それが弘仁十年には中祀とされ勅祭として整備されるのだが[6]、その前提として機構の整備を必要とし、弘仁九年に斎院司が設置されるのであろう。では、なぜ弘仁九年なのか。そこで有智子内親王の年齢に注目したい。有智子内親王は、弘仁九年に十二歳になるのだが、加算と関係ありはしないだろうか。

そこで、平安初期の皇子女の加冠・加算年齢を検討してみよう（**表1　皇子女の加冠・加算年齢一覧**）。

多くの場合、薨去年齢が不詳のため、加冠・加算年齢が明らかな者は少ないのだが、桓武天皇から醍醐天皇までの皇子女について見ると、二七例について加冠・加算年齢を知ることができる。その平均は十四歳である。しかし、醍醐皇子女は概ね年齢が高く、また、斉中親王は年齢に誤りがある可能性もあり、平安初期に限定すれば、平均年齢はもう少し低くなるのではなかろうか。中でも、恒貞親王と行明親王の十二歳に注目すれば、有智子内親王が十二歳で加算したとしても不思議ではない。あるいは、賀茂祭を中祀とする弘仁十年に十三歳で加算するに先立ち、弘仁九年に機構を整備したとも考えられる。

有智子内親王については、薨伝以外に漢詩が伝わるのみで、詳細は明らかではないが、所京子氏や丸山裕美子氏の評伝がある[7]。まず、その出生順であるが、所京子氏が嵯峨長女とするのが誤りであるとされ、拙稿でも第一皇女は業子内親王であり、有智子内親王は第二皇女とすべきであるとしたのだが[8]、丸山裕美子の考証に説得力があり[9]、やはり有智子内親王を長女とするのが妥当であろう。

また、所京子氏が指摘したように[10]、仲雄王の詩「奉レ和二春日江亭閑望一」（『文華秀麗集』）の中の「垂髪公主車」の「垂髪」は「たれがみ」「さげがみ」のことだそうで、公主は有智子内親王である可能性が高い。弘仁元年生まれの正子内親王の可能性もなくはないが、当時七歳になっていた有智子内親王の方が表現にふさわしいであろう。

薨伝には「頗渉史漢。兼善属文」（前掲薨伝）とあるように、漢詩に秀でており、嵯峨天皇は幼い頃から詩心のあ

表１　皇子女の加冠・加算年齢一覧

№.	年月日	加冠・加算記事	年齢参考記事		加冠・加算年齢
1	延暦17(798) 4. 丁卯17	諱[淳和]及葛原親王於殿上冠。	仁寿３(853) 6. 癸亥４	葛原親王薨。薨時年六十八。	13
2			承和７(840) 5. 癸未８	太上天皇崩于淳和院。春秋五十五。	13
3	延暦20(801) 11. 丁卯９	茨田親王冠。贈皇后(今上后)。高津。大宅三内親王加笄。	天長７(830) 4. 甲子21	二品萬多親王薨。年卌三。	14
4			大同４(809) 5. 壬子７	三品高志内親王薨。薨時年廿一。	13
5	延暦24(805) 11. 戊子23	坂本親王於殿上冠。	弘仁９(818) 11. 乙酉５	治部卿四品坂本親王薨。年廿六。	14
6	承和５(838) 11. 辛巳27	皇太子於二紫宸殿一加二元服一。	天長４(827) 5. 甲戌14	此夜皇后誕二生皇子一。男(恒貞親王)也。	12
7	承和12(845) 2. 癸巳16	天皇喚二時康。人康親王等於清涼殿一令レ加二元服一。	光孝天皇即位前紀	天長八年(831)生二天皇於東京六條第一。	15
8	天安１(857) 4. 丙戌19	許二无品惟喬親王帯劔一。于レ時皇子年十四。未レ加二元服一。			14以前
9	貞観11(869) 2. 丁酉９	賀茂齋儀子内親王始笄。	貞観１(859) 10. 丁亥５	儀子内親王爲二賀茂齋一。	10以上
10	寛平１(889) 正月朔	第二斉中親王加元服	寛平３(891) 10.13庚寅	無品斉中親王薨、年七	3
11	昌泰１(898) 11.21丙辰	三品斉世親王加元服	延長５(927) 9.10	入道上総太守斉世親王薨、年四十二	13
12	承平７(937) 2.16己亥	無品行明親王於東八条第加元服	(一代要記)天暦２(948)5.27	行明親王天薨、年二十三	12
13	寛平９(897) 7.3丙子	皇太子(敦仁)於清涼殿加元服、年十三、			13
14	延喜16(916) 11.27戊寅	今上第一皇子克明親王於清涼殿加元服、即叙三品、	(親王御元服部類記)延喜16(916)11.27戊寅、	御記　此日、克明親王加元服、又慶子親王着裳、皆年十四歳、	14
15	延喜16(916) 10.22甲辰	皇太子保明親王加元服、年十四、			14
16	延喜17(917) 4.29丁未	陽成院第三無品元長第四元利両親王加元服、	(尊卑分脉第三篇)天延４(976)9.10	薨七十六歳	18
17	延喜19(919) 2.26	此日、代明親王加元服、親王年十六、	(親王御元服部類記)		16
18	延喜21(921) 11.24乙巳	今上童親王四人。第四重明。第五常明。第六式明。第七有明。於内裏加元服。	(扶桑略記)天暦８(954)9.14	三品式部卿重明親王、薨年四十九、延喜帝王四子也、	17
19			(一代要記)天慶７(944)11.9	常明親王　薨、年三十九歳、	17
20			(一代要記)延喜11(911)11.20	式明親王　為親王、年五歳、	15
21	延長３(925) 2.24丁亥	依八九親王又公主等加元服事也、	天暦１(947) 7.11甲午	今日、無品普子内親王薨、年卅八、延喜天皇第十一女也、	16
22	延長３(925) 2.25丁亥	第八時明、第九長明両親王、於内裏加元服、	延長５(927) 9.20	無品時明親王薨、今上第十四皇子、年十八、	16
23			(一代要記)天暦７(953)壬1.17	長明親王　薨、年四十一、	13
24	承平３(933) 8.27辛未	先帝第十二康子内親王、於常寧殿初算、即叙三品、	(一代要記)延喜20(920)7.27	康子内親王　為内親王、年二歳、	15
25	天慶１(938) 8.27辛丑	今日、無品英子内親王、於西三条第初筭、	(一代要記)天慶９(946)9.16	英子内親王　薨、年廿六、	18
26	天慶２(939) 8.14	十三親王元服、(貞信公記)	延長８(930) 9.29己丑	上皇第十三皇子章明為親王、年七、	16
27	天慶３(940) 2.15辛亥	先帝第十四成明親王於殿上加元服、即叙三品、年十五、與帝同胞、			15
					14.2

る内親王をしばしば作詩の場に招いていたのではなかろうか。「文章は経国の大業[11]」をモットーに、文化国家建設を推進した嵯峨天皇にしてみれば、漢詩に秀でた有智子内親王は、ことのほか可愛かったに違いない。

嵯峨天皇と有智子内親王の関係を以上のように理解し得るとすれば、加算年齢が平均より若干早い十二歳であっても不思議ではないであろう。加算して一人前になった内親王に、独立した国家機関である斎院司を付属せしめ、改めて国家祭祀としての賀茂斎を担わせることにしたのが、弘仁九年という年なのではなかろうか。

二　斎院の廃置

名実ともに国家祭祀となった賀茂祭ではあったが、斎院司は弘仁十四年六月に停止される[12]。この四ヶ月前の二月、嵯峨天皇は、「幸二斎院一」して「俾二文人一賦二春日山庄詩一」しめている（前掲薨伝）。『類聚国史』では、「幸二無品有智子内親王山庄一。上欣然賦レ詩。群臣献レ詩者衆。賜レ禄有レ差[13]」とあることから、未だ斎院の呼称・制度が確立していなかったとする見解もあるが[14]、斎院司が設置されて以降に呼称・制度が確立していなかったとは考えられない。有智子内親王の住まい、山庄が斎院として機能していたと考えられ、それに斎院司が附置していたことも考えられよう。

このとき有智子内親王は「于時年十七」で、三品を直授されている。

この記事は、有智子内親王の山庄での詩作に、内親王が優れた才能を見せたことに、嵯峨天皇が喜びを隠せなかった様子を伝えているが、それとともに、四月には退位する嵯峨天皇が[15]、それに先立って有智子内親王と斎院司を慰労する意味合いもあったのではなかろうか。

ついで六月に斎院司は停止されるのだが、これは退位した嵯峨太上天皇が国家祭祀としての賀茂祭は一代限りとして停止させたものであろう。この点は久禮氏の指摘の通りであろう。では、天長元年（八二四）の再置も嵯峨太上天皇の意向によるものだろうか。

筆者は久禮氏が述べるように、嵯峨太上天皇と淳和天皇が対立的であったとは考えていない。従って、天長元年の再置は淳和天皇の意向によるものではなかったか、と考えている。

久禮氏の根拠の一つは、有智子内親王が斎院司停止後も斎院に在任し続け、天長八年に退下していること、その後任には淳和皇女ではなく、正良（仁明）女子が卜定されていることにある。

しかしながら、国家祭祀としての賀茂祭は停止したものの、嵯峨太上天皇の個人的祭祀として賀茂奉斎は続ける意向であったのであり、従来通りに有智子内親王を斎内親王として奉斎させたのではなかろうか。すでに三品親王家も付随し、奉斎にそれほど困難はなかったであろう。要するに弘仁九年以前の状態に戻って祭祀を継続したものと思われる（補注1）。

それに対し、淳和天皇は嵯峨太上天皇の意向、ひいては嵯峨太上天皇に寵愛される有智子内親王をも尊重して、天長元年十二月に斎院司を再置し（前掲太政官符）、嵯峨太上天皇の祭祀を再び国家的祭祀として重んじたのではなかろうか。例えば、嵯峨天皇が始めた源氏賜姓は淳和天皇も引き継いでおり、源朝臣こそ継承しなかったが、統朝臣を創出している(16)。源朝臣が継承されるのは、嵯峨天皇の皇子である仁明天皇のときからである。また、親王に通字をつける慣例も定着したのは仁明天皇のときからである。斎内親王が代替わりで交替する慣例も、仁明天皇のときからであることと似ている。

淳和天皇は天長元年八月に「公卿意見六箇条」による太政官符を出し(17)、いわゆる良吏政治を展開し、同三年九月には親王任国を定めるなど、[18]嵯峨天皇とは異なる新しい政治をも推進していくのだが、淳和朝の初期を支えたのは、嵯峨朝後半期から政治を主導した藤原冬嗣を首班とする政権であり、[19]嵯峨太上天皇の意向にも配慮した可能性は十分にあろう。

有智子内親王は淳和朝においても引き続き斎内親王として在任したが、天長八年二十五歳にして退下する。[20]「齢毛老、身乃安美毛有尓依弖」との理由によるが、所京子氏も述べておられるように、[21]二十五歳で老病というのもおかしいが、長年の在任を謙遜した表現と受け止めたい。

ついで斎内親王に卜定されたのは、淳和天皇の皇女ではなく、正良親王（仁明天皇）の女子、時子女王であった。時子女王は仁明天皇の第一皇女とみられる。天長八年に在生していた可能性のある仁明天皇の皇女としては、天長十年に斎宮に卜定された久子女王がいたかもしれない。[22]

ではなぜ淳和天皇の皇女ではなかったのであろうか。

淳和天皇には、氏子・有子・貞子・寛子・崇子・同子・明子の七名の内親王があった。このうち、氏子内親王は大同四年（八〇九）に斎宮に卜定されているが、氏子内親王を含めて、高志内親王所生の皇女である氏子・有子・貞子の各内親王は、高志内親王が大同四年五月に薨去していることから、[23]大同四年以前の出生であることがわかる。寛子・崇子・同子・明子の各内親王については薨去年以外に知るところがないが、天長八年頃に出生した内親王がいなかった可能性もあろう。

親王で第五子の良貞親王は承和十五年（八四八）に四品に叙されているが、[24]このとき十八歳とすれば、天長八年の生まれとなる。また、正子皇后が天長八年十二月に皇子を生んでいる。[25]従って、天長八年頃出生した皇子女がなかったわけではないが、斎内親王に卜定されるのは幼少の場合が多く、[26]相応の年齢の内親王が不在であったということも考えられるのではなかろうか。

いま一つは、嵯峨太上天皇の個人的奉斎から始まった斎内親王は、斎院司が再設置されても有智子内親王の長期在任によって嵯峨太上天皇との関係が深く、それを奉斎するのは嵯峨系の皇女であるべきであると、淳和天皇が判断したことも考えられよう。

それは淳和天皇の皇太子を巡っても窺うことができる。嵯峨太上天皇は再三にわたって淳和天皇の皇子・恒世親王を皇太子に立てるよう要請するが、恒世親王が固辞したこともあって、嵯峨太上天皇の皇子・正良親王が皇太子となっている[27]。皇位は嵯峨系で引き継がれるべきとする淳和天皇の思いがあったのであり、斎内親王も同様に考えていたとは考えられないだろうか。

三　歴代斎院概観

以下では、斎内親王に卜定されたものを見ていくことによって、有智子内親王後の時子女王卜定を考えてみたい(**表2　歴代皇女一覧**)。

時子女王は淳和天皇の譲位によって退下したが、斎宮にならって代替わりでの交替を意図したこと、時子女王が内親王身分ではなく勤めていたこと、仁明天皇に他の内親王があったことから、正式に内親王を卜定し直したものではなかろうか。ついで卜定されたのは仁明天皇の皇女高子内親王である。同じ年に斎宮に卜定されたのは久子内親王であり、出生順は時子・久子・高子・親子・柔子・新子・真子・平子・重子内親王の順ではなかったかと推測する。従って、仁明皇女では早い出生とみられる。

表2　歴代皇女一覧

嵯峨皇女	有智子 弘仁1 (810) 斎院	業子	仁子 大同4 (809) 斎宮	正子 弘仁1 (810) 生	秀子・芳子・繁子・基子・宗子・純子・斉子					
淳和皇女	氏子 大同4 (809) 斎宮	有子 大同4 (809) 以前	有子 大同4 (809) 以前	貞子 大同4 (809) 以前	寛子・崇子・同子・明子					
仁明皇女	時子 天長8 (831) 斎院 承和2 (835) 賜田	久子 天長10 (833) 斎宮	高子 天長10 (833) 斎院	親子・柔子・新子・真子・平子・重子						
文徳皇女	晏子 嘉祥3 (850) 斎宮	慧子 嘉祥3 (850) 斎院	述子 天安1 (857) 斎院	恬子 貞観1 (859) 斎宮	儀子 貞観1 (859) 斎院	礼子	楊子 元慶6 (882) 斎宮	濃子・勝子・珍子		
清和皇女	孟子	包子	敦子 元慶1 (877) 斎院	識子 元慶1 (877) 斎宮						
陽成皇女	長子	儼子								
光孝皇女	忠子	簡子	綏子	繁子 元慶8 (884) 斎宮	穆子 元慶6 (882) 斎院	為子				

高子内親王は仁明天皇の崩御によって退下し、替わって文徳天皇の皇女慧子内親王が嘉祥三年（八五〇）に斎院に卜定されている。同じ年斎宮には晏子内親王が卜定された[28]。ちなみに文徳皇女の出生順は晏子・慧子・述子・恬子・儀子・礼子・楊子・濃子・勝子・珍子内親王の順であったと思われる。しかし、慧子内親王は天安元年に突然廃され、替わって同じ文徳皇女の述子内親王が立てられた。『日本文徳天皇実録』には「其事秘者。世無レ知レ之也」とあり[29]、意味深長であるが、『平安時代史事典』資料・索引編の「賀茂斎院表」には「母の過失か」とある。慧子内親王の卜定が二歳であったとすれば、天安元年（八五七）には九歳であり、彼女自身が男女関係を持つのは不自然であろうから、一見、母の過失の可能性が高いようにみえるが、慧子内親王

の母は斎宮晏子内親王に同じ藤原是雄女の則子であり、晏子内親王の退下は天安二年[30]であるから矛盾する。母の過失でないとすれば、世間に秘匿しなければならないほどの不祥事としては、慧子内親王自身に何らかの問題が起こったと考えざるを得ない。

述子内親王は文徳天皇の崩御によって退下し、清和朝には、清和天皇が幼少であったこともあって、前朝文徳天皇の皇女、述子内親王の妹と思われる儀子内親王が、賀茂斎内親王に卜定される。斎宮には恬子内親王が卜定されている[31]。儀子内親王は貞観十一年（八六九）に「始笄」とあるので[32]、時に十三歳であったとすれば、斎院卜定時は三歳ということになる。ついで三品に直叙され、貞観十八年に「称㆓病加劇㆒」て退下した[33]。天皇在任中の退下は有智子内親王以来であった。

清和天皇は貞観十八年十一月に譲位し[34]、陽成朝において元慶元年（八七七）二月に、清和太上天皇の皇女、敦子内親王が賀茂斎内親王に卜定された。斎宮は同皇女の識子内親王である[35]。敦子内親王は貞観十五年に親王宣下を蒙っているから[36]、この時二歳とすれば、卜定時は六歳前後であったろうか（ちなみに、識子内親王は貞観十八年に親王宣下を蒙っており、時に「年三歳」と見える）。また、同日に「皇子貞数爲親王。年二歳」とある[37]。若干年齢が高いようでもあるが、清和皇女は他に年長の孟子・包子の各内親王がいるのみであったから選択の余地はなかったのである。敦子内親王は清和太上天皇の崩御によって退下し[38]、ついで、光孝女子の穆子女王が卜定された[39]。陽成天皇は九歳で即位しているから、元慶六年には十三歳。皇女があったとは思えない[40]。穆子女王は引き続き光孝朝にも在任するが、結局、陽成皇女が斎内親王に立つことはなかった。ちょうど、淳和皇女が斎内親王に立たず、仁明女子が女王で立った状況に似ている。

長くなったが、こうしてみると、概ね時の皇女で年少の者が卜定され、慧子内親王は例外として、服喪や代替わりを契機に退下する点は斎宮に同じであるが、有智子内親王の退下の状況は、儀子内親王や陽成朝の卜定に影響を与えたようにみえる。

久禮氏のいま一つの論拠は、淳和天皇による斎宮に関しての異例の処置がとられていることにある。すなわち、弘仁十四年六月に「停定斎内親王也」[41]とあり、一年後に氏子内親王が斎宮として野宮に入っていることをもって、淳和天皇による斎王停止とその撤回とみなしている。[42]しかし、斎内親王に何らかの故障が生じたために停止したとは考えられないだろうか。たとえば、斎王が病を発すれば、退下することもあった。[43]この年正月には東大寺で「欲除疫疾」して薬師法が行われており、[44]二月には「天下大疫、死亡不少」という有様であった。[45]五月には「今年諸国疫気流行」といい、「百姓窮弊、仍停止貢相撲人」している。[46]こうした疫病の蔓延は天長二年まで続くのだが、[47]内親王周辺にも影響を及ぼした可能性がなかったとはいえない。そうでなくとも社会状況を鑑みて様子をみるために斎内親王を停止したとは考えられないだろうか。

このように考える余地があるとするならば、淳和天皇の政治性に帰するとするのは早計ではなかろうか。また、斎宮移転の問題も、神宮勢力の掣肘という問題はおくとしても、その焼亡によって多気郡に再移転したことを淳和天皇の斎宮政策に結びつける根拠はない。

いずれにしても、淳和天皇が斎宮に対して嵯峨朝とは異なる政策を実施しようとしたとみるのは考えすぎではなかろうか。

おわりにかえて

では淳和天皇とはどのような天皇であったのであろうか。

以下では、淳和天皇の性格を考えることにより、淳和天皇と嵯峨太上天皇との関係をみていきたい。

淳和天皇は諱を大伴親王というが、大伴親王は親王として初めて賜姓を願い出た親王である(48)。これが儀礼的なものではなく、皇位継承に絡むものであったことは、拙稿に述べた(49)。淳和天皇は皇位継承には淡泊であったのであり、薬子の変後に直系に昇格した嵯峨天皇を尊んでいたと思われる。一方、嵯峨天皇も淳和天皇に恒世親王があることを重んじ、また正子内親王を嫁がせて関係を強固にしており、お互いに尊重するところがあったようである。

先にも述べたように、淳和天皇は独自の政策も展開するが、嵯峨太上天皇の政策をも継承しており、嵯峨太上天皇の意向を踏みにじるようなところはみえない。虎尾達哉氏(50)は淳和天皇を「繊細で感受性に富む」とする一方、嵯峨天皇は豪放であったとする。双方に信頼された藤原冬嗣が、弘仁期後半から天長初期の政権を運営するうえで、淳和天皇と嵯峨太上天皇が対立的になる政策を認めるとは考え難いのである。

なお、嵯峨源氏の定は淳和天皇猶子とされ、天皇に寵愛され、天長四年に嵯峨太上天皇に親王宣下を請うたが許されなかったという逸話が源定薨伝に見える(51)。源定と淳和天皇との人間関係でもあるが、嵯峨太上天皇の子を尊重するものであり、そこに淳和天皇の嵯峨太上天皇に対する尊敬の念が含まれているとみるのは穿った見方であろうか。

従って、斎院司の再置は嵯峨太上天皇の意向に背いた政策ではなく、むしろ淳和天皇が嵯峨太上天皇の意向を尊び、有智子内親王に敬意を払って、賀茂祭を再び国家的行事に位置づけたものとみることができよう。それを斎宮同様に代替わりの退下とともに引き継ぐのは、嵯峨系であった仁明天皇の時代に委ねられたのである。

斎院は薬子の変を契機として嵯峨天皇が戦勝の奉斎として始めたとする説にのっとり、初めは天皇の個人的色彩の強い祭祀であったが、弘仁九年に斎院司が設置されて国家的祭祀とされるに至ったものと考えられる。弘仁九年であったのは、漢詩文に秀で、嵯峨天皇が寵愛する有智子内親王が、斎院として加算年齢を迎えたことを契機としたのではなかろうか。

しかし、嵯峨天皇の退位とともに斎院司は廃止となり、嵯峨天皇退位後も有智子内親王が引き続き斎院を勤める形で、もとの天皇の個人的色彩の強い祭祀として継続するつもりであったが、淳和天皇は嵯峨太上天皇の意向を尊重するとともに、有智子内親王をも尊び、天長元年に再び斎院司を設置して国家的祭祀として賀茂祭を位置づけたものと考えた。

斎院が伊勢斎王のように継承されるに至るのは、嵯峨系である仁明天皇の代になってからであり、それは賜姓源氏が継承されたのに似ている。

以上、推論の多い粗雑な考証となったが、大方のご批判ご叱正を賜れば幸甚である。

註

（1）久禮旦雄「賀茂斎院・伊勢斎宮の淳和天皇朝における存廃について――狩野本『類聚三代格』天長元年十二月二十九日太政官符の評価をめぐって――」（『続日本紀研究』四〇九号、二〇一四年）。

（2）彦由三枝子「九世紀の賀茂斎院と皇位継承問題（Ⅰ）」（『政治経済史学』一三〇、一九七七年）、堀口悟「斎院交替制と平安朝後期文芸作品」（『古代文化』三一－一〇、一九七九年）。

(3) 久禮旦雄註(1)前掲論文。

(4) 『続日本後紀』承和十四年十月戊午26日条。「二品有智子内親王薨。(中略)薨時春秋卌一」

(5) 岡田荘司「賀茂祭の成立」九九頁(『平安時代の国家と祭祀』続群書類従完成会、一九九四年)。

(6) 『類聚国史』5賀茂大神、弘仁十年三月甲午16日条。「勅。山城國愛宕郡賀茂御祖幷別雷二神之祭、宜准中祀」

(7) 所京子「有智子内親王の生涯と作品」(『聖徳学園女子短期大学紀要』一二、一九八六年、一七二〜一八六頁。のち『斎王和歌文学の史的研究』国書刊行会、一九八九年に補訂収録)。丸山裕美子「有智子内親王」(吉川真司編『平安の新京』清文堂出版、二〇一五年)。

(8) 拙稿「皇子女の出生順について——平城皇子女から清和皇子女まで——」(『帝塚山学院大学研究論集』第三六集、二〇〇一年)。

(9) 丸山裕美子註(7)前掲論文。

(10) 所京子註(7)前掲論文。

(11) 「文章経国之大業、不朽之盛事」(『文選』巻五二所収、魏文帝曹丕『典論』)。

(12) 狩野本『類聚三代格』巻四、天長元年十二月二十九日太政官符。

(13) 『類聚国史』巻三二所収、弘仁十四年二月癸丑28日条。

(14) 星野利幸「賀茂斎院を考える」(斎宮歴史博物館特別展図録『賀茂斎院と伊勢斎宮』斎宮歴史博物館、二〇一〇年)。

(15) 『日本紀略』弘仁十四年四月甲午10日条。

(16) 『日本三代実録』貞觀五年正月廿五日戊子条。「散事従四位上統朝臣忠子卒。忠子。淳和太上天皇之女也。天長九年賜姓統朝臣。貞観四年正月授従四位上」

(17) 『類聚三代格』巻七所収、天長元年八月二十日太政官符。

(18) 『類聚三代格』巻五所収、天長三年九月六日太政官符。

(19) 藤原冬嗣が左大臣で薨ずるのは、『日本紀略』天長三年七月己丑24日条。

(20) 『日本紀略』天長八年十二月壬申8日条。

(21) 所京子註(7)前掲論文。

(22)『続日本後紀』天長十年三月癸丑26日条。
(23)『日本後紀』大同四年五月壬子7日条。
(24)『続日本後紀』承和十五年正月戊辰7日条。
(25)『日本紀略』天長八年十二月甲戌10日条。
(26)醍醐第二皇女宣子内親王は延喜十五年(九一五)七月に十四歳、村上第十皇女選子内親王は天延三年(九七五)六月に十二歳で卜定された例はある。
(27)『日本紀略』弘仁十四年四月壬寅18日条。同年五月辛巳28日条。
(28)『日本文徳天皇実録』嘉祥三年七月甲申9日条。
(29)『日本文徳天皇実録』天安元年二月丙申28日条。
(30)『日本三代実録』天安二年九月廿日戊寅条。
(31)『日本三代実録』貞観元年十月丁亥五日条。
(32)『日本三代実録』貞観十一年二月九日丁酉条。貞観十八年にも同じ記事があるが、こちらは衍文であろう。
(33)『日本三代実録』貞観十八年十月五日戊申条。
(34)『日本三代実録』貞観十八年十一月廿九日壬寅条。
(35)『日本三代実録』元慶元年二月十七日己未。
(36)『日本三代実録』貞観十五年四月廿一日乙卯条。
(37)『日本三代実録』貞観十八年三月十三日辛卯条。
(38)『日本三代実録』元慶五年四月廿日丁酉条。
(39)『日本紀略』元慶六年四月九日辛巳条。
(40)皇女には長子・儼子が知られるが、未だ誕生前ではなかったか。
(41)『類聚国史』巻四所収、弘仁十四年六月丙戌3日条。
(42)『類聚国史』巻四所収、天長元年八月庚寅14日条。
(43)『類聚国史』巻四所収、天長四年二月丁巳26日条に「伊勢乃斎内親王本病屢発弖、奉斎之事尓不堪」とある。
(44)『東大寺要録』十、弘仁十四年正月癸亥7日条。

(45)『類聚国史』巻一七三所収、弘仁十四年二月是月条。
(46)『類聚国史』巻一七三所収、弘仁十四年五月己未6日条。
(47)『類聚国史』巻一七三所収、天長二年四月庚辰7日条「諸国往々疫癘不止」。
(48)『日本後紀』大同元年五月甲子朔条。
(49)拙稿「大同元年の大伴親王上表をめぐって」(『続日本紀研究』第二八六号、一九九三年)。
(50)虎尾達哉『人物叢書　藤原冬嗣』(吉川弘文館、二〇二〇年)。
(51)『日本三代実録』貞観五年正月三日丙寅条。

追　記

本稿は二〇二二年度大阪歴史学会古代部会大会報告の関連報告をまとめたものである。報告席上、有意義なご指摘ご教示を与えてくださった方々に感謝申し上げる。

(補注1)質疑応答席上、久禮氏より、国家祭祀となったものが再び嵯峨天皇の個人的祭祀に戻ることがあるだろうか、との指摘を受けた。確かに、そのような例はないし、国家的祭祀からの格下げとみることには問題もある。しかしながら、大会報告予定者である笹田遥子氏から、弘仁十年に国家的祭祀とされたとする史料には、「宜レ准二中祀一」とあることから、国家的祭祀に准じたものと理解できる旨、発言があった。正式な国家祭祀でなかったとすれば、それを斎院司の付属しない、より簡便な祭祀、嵯峨天皇の個人的祭祀に戻すことも可能であったのではないか。この点は後考を待ちたい。

キーワード　賀茂斎内親王、有智子内親王、嵯峨天皇、淳和天皇

祖先祭祀の諸相について
——民俗的見地から——

井原木憲紹

はじめに

仏事において供養は、亡き霊や先祖の霊の冥福、そして成仏を願うものである。

古代から、亡き霊や先祖に対する祭祀は固有信仰の祀りとして行われてきた。仏教伝来以後、仏教が受容されることによって、古代から中世を経て近世に至る間に、「追善供養」「追善回向」という仏教的習俗は、民衆の生活に定着してきた。祭祀として民衆に定着した追善供養の形式や方法は、権門階級によって、推古朝には寺の造立に始まり、平安時代には個霊（先亡の死者）への卒塔婆供養塔建立から墓堂・寺塔造立に至り、また中陰仏事・十仏事・十三仏事等の年忌供養へと展開し、やがて、中世以後近世までに一般民衆に広がり、今日に至ったのである。

供養について、藤井正雄は、「供養」は「塗る・彩る」を意味するサンスクリット語の訳で、「供給資養」の意味であって、仏・法・僧の三宝をはじめ父母・師・長老・死者の霊などへ供物を供給し、これを資養する供施・供給で、略して供ともいう、とし、『阿弥陀経通賛疏』中の「財と行とを進むるを供と曰い、摂資せらるること有るを養と為す」の語と『善導大師別伝纂註』下の「下を以て上に薦るを供と為す。卑を以て尊を資するを養と曰う」の語を引いて説明している。[1]

竹田聴洲は、「供養」は一般的には仏・法・僧の三宝に身・口・意の三方法によって供物を捧げる事で、この物心二面の供養には大きな功徳があるとし、その方法は追善供養の形で追善回向とも呼ばれ、広く民衆に定着していると論じている。「回向」とは「回転趣向」を意味し、自己の行う善根の功徳を一切衆生の悟りに向かって翻転する事であって、功徳は自他一切に及ぶ大乗仏教特有の考え方であり、「追善」は先亡の死者や先祖に対し、善根功徳を追投して冥福に資するのである。そこに日本固有の祖先崇拝が仏教の影響を受け、「追善」が「回向」や「供養」と結びつき供養と回向が同義化したと論じている。[2]

日本固有の祖先崇拝の祀りと仏教の先祖祀りの相違点は、本来の「回向」の解釈によって判然とするが、民衆には先祖祀りを行う事によって、先祖の冥福と成仏を願うことだけでなく、「先祖が守護してくれる」という観念が存在し、今日の人々に定着していると考えられる。その背景には古くからの「祖霊」への「民俗的祖先祭祀」が関係していると考えられ、「祖先崇拝」の原点となっていると思われる。

祖先祭祀はどのように始まり、どのように展開したかを検討したい。

一　祖先と先祖

「祖先祭祀」は「先祖祭祀」とも表現され、人々によって行われる「祖先崇拝」の行為として実行されるとき、使われる言葉である。

祖先と先祖との定義について、藤井正雄は「祖霊信仰の観念[3]」に「先祖」「祖先」「祖霊」の語の概念規定は明確ではないとし、先祖の語について、漢語としての「先祖」は同義の「祖先」と同じく使用されるが、「先祖」の語は広義には「その家の直系の先代全て」を指し、狭義には「第一祖」を指す説明している。

柳田國男は『先祖の話[4]』に「先祖という言葉は人によってややちがった意味に用いられ、理解せられてもいる」と述べ、これを二つに分け、一方は文字によってこの語を知った人たちで、家の最初の人ただ一人、つまり「始祖」と捉える者と、他の一方は、子供の頃からこの言葉を聞き古い人の心持をくみ取っている人たちで、「先祖は祭るべきもの、自分達の家以外では祭るべき者のない霊」と捉える二通りがあると述べている。

「先祖」は、直近の先亡の死者とは区別されるが、「祀り」においては、先祖と先亡の死者は一体として祭祀される事があり、「祖先」とは先祖と先亡の死者を含む言葉で、先亡の死者から先祖に至る一貫した祀りを「祖先崇拝」ということができる。

したがって、祖先崇拝は、家族、氏族・部族の祖先の霊をまとめて祖霊とし、これを崇めて加護を願う信仰形態であって、このような形態を「祖霊信仰」と定義できるのである。

祖霊信仰が日本において定着したのは、古くから農耕経済に支えられてきた民族であったからで、農耕の豊凶は、祖霊への祭祀如何に繋がると考えた。祖霊信仰は、先祖と先亡の死者を含む信仰の形態であるが、伊弉諾の黄泉国訪問の神話の如く、先亡の死者への「哀惜の念」と「忌避の念」があり、実際には先亡の死者への忌避の念が強く存在していた。それは屍骸に対する嫌悪の心で、屍骸から遊離した死霊への恐怖観も合わさり、屍骸に対する「ケガレ」の観念が成立した。祖霊信仰は、先亡の死霊のケガレを祓い祖霊に合わせるところに成立しているとも考えられる。

二 「けがれ」の観念

後世「ケガレ」の観念のもとになった屍骸への嫌悪の念や恐怖観は、いつの頃から発生したか、そこには屍骸の埋葬の処理の仕方や社会の階層分化進展などの歴史的変遷と関係がある。

日本における縄文時代前期の発掘調査においては、屈葬が主流となっており、死者に対しての恐怖観念を背景に、死者の再帰を防止しようとの意図があったと考えられる。ところが縄文時代後期以後には伸葬も発掘され、両方が併存していた事が、各地発掘調査で確認され[5]、斎藤忠は『墳墓』[6]に、「このことが死者に対する再帰への恐怖観念の変化によるかは、判然としない」としているが、少なくとも縄文人には、死者に対しての恐怖観念が存在したと考えられる。

次に、後世の日本社会の精神的基調となる弥生時代以後古墳時代には、「洞穴墓」「岩陰墓」と呼ばれる群集墓も見られ、後期には朝鮮半島の墓制の影響から横穴式石室が流行し、横穴が埋葬の場所とされ、広い階層により群集墳が造営される。この場合には追葬や合葬が行われる[7]。したがって、後に死者を運び込む人々にとって、先に納められた屍骸との接触が不可避となり、これが屍骸に対する嫌悪の念を強く生ずる端緒になったと考えられる。屍骸への嫌悪観念は、屍骸から遊離した死霊へも拡大し、これも忌避の対象とみなし、「ケガレ」と解釈するようになったと考えられる。『古事記』の「黄泉国」から帰った伊弉諾神話の「ケガレ」と「ミソギ」の話は、それを物語っている。

柳田國男は「墓制の沿革について」において「両墓制」の問題を論究し、死体があたかも遺棄されるような第一次墓地である「サンマイ」の存在をとおして、死体は「オキツスタヘ」の如く遺棄されるべきものであり、忌み嫌うものであった。したがって境を意味する「サイノカワラ」が埋葬地の名称として使われ、村人は避けて近づかぬところであった。祖先祭祀は第二次墓地である「詣り墓」で行われたと記している。(8)

鹿児島や沖縄などの南方の島々において行われた「洗骨」の風習は、死体の腐るのを待ち、その後に骨を取り出して一族の先祖墓に合葬し、祭祀を行う習俗で、死体忌避が背景にあることが推測される。また、古代の「モガリ」と呼ばれる習俗も、関連性を窺えるものである。変化を見せる屍骸への人々の嫌悪の念が、死体忌避を増幅させたのである。

「モガリ」とは、「殯」の字で表現され、死者を喪屋に安置して、一定の期間、膳を供え歌舞を供し、祭祀を行う行為や場所を指す言葉とされる。期間は本来、屍骸が骨化する期間でもあったと考えられる。「モガリ」を推測される記事として、『古事記』上巻「天若日子」の条に、葬送において喪屋を建てて膳を作り八日八夜遊んで騒いだ事、つまり祭祀を行ったであろう事が記されており、また『日本書紀』(一)の伊弉諾尊の条にも「殯斂」の語が見られ、埋葬の前に死者を仮に安置する喪屋があったことをしめしている。

モガリの期間は、死者の復活蘇生甦りを待つ期間、あるいは墳墓築造までの期間とも解釈されているが、王侯貴族の場合には墳墓造営との関連から長期間行われ、民衆にあっては復活蘇生甦りを待つ短期間であったと考えられる。

上井久義は「墓の歴史」に、中国の『東夷伝』記述のうち『隋書』には、貴人は三年間殯し、庶民は即日埋葬と記されていることを紹介し、三年間の期間には疑問を呈しているが、(9)日本の七世紀頃の習俗の一端を知ることができる。『日本書紀』大化二年(六四六)三月の詔「大化薄葬令」は、殯は天皇皇后皇子皇女のみで、王以下庶民まで禁止している事から、当時は民衆の間にも殯が行われていた事が推測され、その時代の社会背景が窺える。

井之口章次は「墓所と霊」に、民衆には死者の復活蘇生を待つ期間、遺骸を安置する場として喪屋を設ける習俗が各地に見られるとし、併せて、死者の蘇生の可能性を信ずる人々が多く、殯には呼べば生き返るという「魂よばひ」の習俗があったことを記している(10)。

これは、死者の体と霊魂の分離を判然とさせるもので、結果、死体への忌避つまり「死穢」への忌避と、霊魂の「行先」をめぐって、各種の他界観が生まれた。

三　他界の場所

人が死ぬと霊魂はどこに行くのか、霊魂の行く先である「あの世」とは何処か、については、古くからの屍骸の遺棄場所との関連性が考えられる。遺棄した場所である山中や杜、地下、洞窟や海を「他界」とする考え方は各地に見られる。古代の文献において、山や海などを他界とする観念は、七世紀以前に存在したとみられ『万葉集』には「丘に隠れる」「海浜・島に鎮まる」「川・谷・野に鎮まる」「黄泉・地下に往く」などの語が散見される。なかでも山を他界とする考え方の比重が高かったようである。

堀一郎は「万葉集にあらわれた墓制と他界観・霊魂観について(11)」に、万葉集を巡って「仏教以前の古代信仰においては、山が死者の住所ないし死者の国への通路と見る思想が顕著であり、その背後に死者を山に葬る慣習や、他界を天上や山の彼方とする思想が強く存在していた」と論じている。

このように山中他界観が広く民衆に浸透していたと考えられ、やがて『古事記』に見える高天原神話を生み、天上他界観も形成される。

当時の民衆は、山中や天上に死霊（個霊）や先祖霊（祖霊）が留まっていると理解し、その場所は、住まい近郊の山場であって、先祖霊は「山の神」とされ、稲作が始まる春には山を下って「田の神」となり、収穫が終われば山に帰って「山の神」になるという、転身が繰り返されると考えた。

仏教が民衆に広範に流布するにつれ、近隣から特別視された死霊・祖霊が留まる山は、聖地や霊山と呼ばれるようになった。竹田聴洲は、山に寺院が建立された意味にも関連づけられると指摘している(12)。

四　仏教との融合

仏教の公伝は欽明朝の五三八年とされる。その後、仏教は飛鳥時代から奈良時代にかけて、鎮護国家の法として位置づけられ、京や畿内には官寺とされる大寺が、地方には国分寺が建立され、仁王経・法華経・金光明経・大般若経などによる攘災招福や治病・祈雨などを目的に書写転読が行われ、国家の鎮護、安泰を祈ったのである。

しかし、先祖崇拝との融合は早くから行われていた。飛鳥時代『日本書紀』推古二年（五九四）二月の条に「令興隆三宝。是時。諸臣連等各為君親之恩。競造仏舎。即是謂寺焉」とあり、各豪族によって先祖崇拝、功徳回向のための造寺が行われた。朝廷にあっても国忌とされる帝の年忌が行われ、初見は天武天皇一周忌で、『日本書紀』持統元年（六八七）の条に「九月壬戌朔庚午。設国忌斎於京師諸寺」とある。祭祀として仏教が受容されたが、その担い手は権門層であった(13)。

一方、奈良時代には、役行者や行基に代表される官寺を離れた聖や優婆塞たちによって仏教は民衆に浸透し、日本固有の先祖崇拝の思想と融合した民俗仏教へと変化し始める。その有様は『日本霊異記』[14]や『本朝法華験記』[15]『今昔物語』[16]などの説話文学にこれらを窺うことができる。

日本固有の先祖崇拝の思想においては、死後時を経ない霊魂（死霊）は、死体から遊離しても、喪の「ケガレ」を持つ浄まらない個性を持った霊（「個霊」）であると考えられ、これには対しては懇ろな祭事が必要とされたのである。

死穢の浄化を骨化に求めた洗骨やモガリ、そこに起因する祭祀に加えて、仏教伝来後は、「供養」が意味ある祭事とされた。懇ろな祭事により、年月を経て「ケガレ」は浄まり、個性が失われ、個霊は超個性の先祖霊（「祖霊」）と一体化し、その居場所は、生活の場近くの山や杜であると考えられた。

「祖霊」とは一族の先祖全体をさし、「個霊」が「ケガレ」を脱却した後に集まった集合体なのである。

竹田聴洲は柳田國男の説を要約して、「先祖は各家々に伴うもの」であり、その存在基盤は第一義的には家、とりわけ農民のそれに原型づけられる家である。そこでの死霊は時とともに喪の穢れから浄まり生前の個性は忘失され、一定の時期（多くは死後三十三年もしくは五十年）を画して超個性的な全一体としての先祖霊へ昇華し、神的存在として祀られるに至る。先祖は永く国土の高みに留まって常に子孫の生活を見護り、その幸福を念とするが、古来稲作を中心としたわが国では家の幸福とは年穀の豊饒に象徴され、これをもたらすものは穀霊ないし農神であるため、穀霊と祖霊、先祖と農神とは、結果的に異名同体視されたと述べている。[17]

祖霊は、高みの山にあって、「地主神」「氏神」「山の神」と呼ばれ、時節毎に家郷を訪れ、子孫の繁栄を保証する存在であり、これを迎える行事が「タママツリ」と呼ばれる祭りであった。『日本霊異記』[18]上巻三十話「膳臣広国の蘇生譚」や同上巻十二話などに正月・五月・七月などの「タママツリ」の記事があり、奈良時代に祖霊を迎える祭りが行われていたことが窺える。

仏教が受容された推古十四年（六〇六）以後、仏教が民衆に浸透するにつれ、「タママツリ」などの日本固有の祖霊祭りが仏教と融合する。

個霊が祖霊と一体化する懇ろな祭事は、仏教による「追善回向」の功徳が重要視され、死霊である個霊のケガレが浄まり祖霊に合一するプロセスを、仏教が担ったのである。十世紀中頃、村上天皇天暦三年（九四九）五月二十五日、八省内に死人のケガレがあるために僧供を備えた事の記事があり[19]、ケガレに対して仏教が関与した史実が確認できる。

古代から死後時を経ない死霊（個霊）は祟りやすく災禍をもたらすとの観念のもと、この鎮魂のために貴族層は「追善供養」のための法会や堂塔建立、墓所での供養塔建立などの仏事を行った。末法思想と浄土教信仰の隆盛によりこれに拍車がかかることとなる。

一方、平安末から鎌倉時代になると、大寺院は荘園への武士の侵略によりその経済基盤を失う状況となり、勧進聖の活動を通して経済的根拠を民衆に求めようとした。他に、別所聖・隠遁聖・唱導聖・高野聖等と呼ばれる僧によって、仏教が民衆の日常生活にさらに定着することとなる。当時の仏教説話集『宝物集』[20]『発心集』[21]『沙石集』[22]等に民衆との繋がりの深さを見ることができ、日本の固有信仰と仏教との結合がより強固になり、仏教の民俗宗教化が確定的なものとなった。

民俗宗教化した仏教は「死のケガレ」との関連において、日本人の先祖供養観に大きな影響を与えることとなる。

五　忌日と年忌

死霊は荒ぶる霊であり、鎮魂には七七忌四十九日忌まで供養されることに始まり、新盆のように特に懇ろな「供養」が必要とされ、百日忌や一周忌・三回忌以下三十三回忌、あるいは五十回忌に至る年忌の「供養」を受けて浄まって、祖霊と合一すると考えられるようになり、これをもつて「弔い切り」とし、地域によっては墓倒しや位牌まくり（位牌処分）を行う慣習が伝えられている。

死後七日毎の仏事の出典について藤井正雄は、唐の玄奘訳『阿毘達磨倶舎論』の中陰説を基に『地蔵本願経』『灌頂隋願往生経』『薬師如来本願経』の説によっているとし、これが中国において十王思想と結びつき、百日忌・一周忌・三回忌が加わって十仏事が生まれたと説明している。(23)

これを少し考察すると、世親の著『阿毘達磨倶舎論』第九巻（玄奘訳）「分別世品第三之二」には「中有」の存在や性質、期間について五説が記述されており、七七日はその中の一説として記されている。また、中有の食は香であることも記している。(24)

さらに道教の霊魂観である「魂魄」の概念の「三魂七魄」(25)が流布するにつれ、その「三」・「七」の数値が、後の十王思想の十の数や年忌の数にも影響を与えたのではなかろうか。

隋時代には、達磨笈多訳『仏説薬師如来本願経』の後に流布する『薬師琉璃光七佛本願功徳經』(26)や唐代に訳された『地藏菩薩本願經』(27)などにより、七七日中陰説が定着したようである。

十王思想は唐末五代に『地蔵菩薩本願経』によって流布した地蔵信仰のもとに成立したものといわれる。冥府において、十人の王によって亡者が罪業を裁断されるという思想で、これと中陰説が結合し、さらに百日忌・一周忌・三回忌が加わって十仏事が成立したという。日本には平安末には伝えられ、『地蔵菩薩発心因縁十王経』が創作され、本地垂迹説のもと十王の本地仏を配当し、鎌倉時代以後、この信仰は盛んとなった。

鎌倉時代の十王思想の展開については、日蓮聖人の御遺文『十王讃嘆鈔』[28]に記されている。この書は古来偽書といわれているが『地蔵菩薩発心因縁十王経』の影響を受け鎌倉時代末期に偽作されたと考えられ、当時の十王思想流布を裏づけるものである。

また日蓮聖人の『生死一大事血脈抄』[29]には十王の語が見受けられ、「裁断」することが記されている。

鎌倉時代に十王思想に基づく十仏事が定着していたことは、他の日蓮聖人遺文にも見られる。『上野殿母尼御前御返事』[30]には「四十九日御菩提のため」、『南條殿御返事』[31]には「故五郎殿百ケ日等」、『四條金吾殿御返事』[32]には「御追善第三年の御供養」、『千日尼御前御返事』[33]には「尼が父の十三年」と記されてあり、他にも『回向功徳鈔』[34]や『刑部左衛門尉女房御返事』[35]にも忌日や一周忌・三回忌・十三回忌の記述があり、また当時の日記、藤原定家の『明月記』[36]建暦二年八月四日および嘉禄元年十月二十七日[37]の条に「十三年忌」の語があり、鎌倉時代初頭から十仏事以外に後に十三仏事に入る十三回忌が行われていたとすれば当時に密教系の十三仏信仰が世間に流布していたことが推測できる。

このように鎌倉時代から、密教系の十三守護仏信仰が基になって、藤井正雄が先の著で指摘しているように、南北朝時代にかけて七回忌・十三回忌・三十三回忌を加えた十三仏事が定着したようで、さらに安土桃山時代には十七回忌・二十五回忌を加え十五仏事となったといわれる。

これらの仏事を担うのは、鎌倉新仏教勢力を含む各宗派の信仰を基盤した僧たちである。当時の郷村や市井に外護者を得て造立される寺の寺僧の積極的な布教を背景に、古来の先祖祭祀と合一した日本独自の仏事が成立したのである。

六　今日の仏事法会と民俗信仰

仏教が受容された推古十四年（六〇六）、『日本書紀』[38]には、朝廷において丈六の仏像を元興寺に納め設斎を行い、四月八日と七月十五日にはこの年より寺毎に毎年設斎を行う事が記され、後の灌仏会と盂蘭盆会の初見とされる。また多須那と嶋女の日本における初めての出家があり、聖徳太子の勝鬘経と法華経の講経が行われている。朝廷における純粋な仏教行事として修されたのであるが、仏教が民衆に浸透するにつれて、日本固有の祖霊祀りと融合（習合）し、今日行われる盂蘭盆等の行事となったと考えられる。

四月八日の灌仏会には「卯月ようか」と呼ぶ行事が各地に見られた。山の神が里に降りて田の神になる日（祖霊来臨の日）、山の神の祭日、霊山の山開き日とされ、天道花・高花（石楠花・ツツジ・卯の花などを束ねて竹竿で高く掲げる）を立て祖霊を迎えるという地域もあり、花は釈尊へのお供えであるという地域もある（『歳時習俗語彙』）。四月の田の神祭祀が灌仏会と混同されたと考えられる。

盂蘭盆会は、旧暦七月十五日に自恣僧に百味飲食を供養して七世の父母を救ったという、『仏説盂蘭盆経』[39]に説かれる目連尊者の故事に基づく仏事で、推古天皇十四年に初めて寺院に設斎され、斉明天皇三年[40]に盂蘭盆会が設けられ、天平五年[41]には宮廷の恒例行事となった。日蓮聖人の『盂蘭盆御書』[42]や『四条金吾殿御書』[43]にも記されており、鎌倉時代には民衆に浸透していたと考えられる。

今日、盆は新暦・旧暦・月遅れと各地で日時には違いはあるが、「盆はじめ」の行事において、「盆道づくり」「盆花迎え」に類する行事があり、祖霊を他界の場所から迎えるため、山からの道を整える事や、山に出かけて斎木とされる榁やミソハギを採り里に持ち帰る事、高い天上や海上から迎えるため「迎え火」を門口や浜辺で焚く事や、提灯を門口や軒先に吊るす事などが行われ、「盆じまい」は「シマイボン」「オクリボン」などといい、先祖霊を山や川・海の元の所に送るため、「送り火」焚く、あるいは船で送るなどの行事が広く行われている。また「タナバタ」の笹竹は先祖霊を招く標であり、七日盆と呼ばれる先祖祀りの日であったと推測され、平安期の宮中行事「乞巧奠」の星祭とは趣を異にするものである。

また、このような先祖祀りにおいて、祖霊と、荒魂（先亡の死者）や祟るとされる無縁霊は区別され、荒魂や無縁霊を供養する「施餓鬼供養」が民衆に広まり、今日寺院における盂蘭盆施餓鬼会となっている。

盂蘭盆会は日本固有の七月の先祖祀りが仏教と融合し、民俗信仰化したもので、純粋な仏教からみると矛盾するものである。(44) 仏教においては霊を霊山に送り仏道に入れる事が引導儀式であり、出棺時に故人の茶碗を割ったり、葬送時の往復は道を変えるなど、霊が再び帰る事を想定していないのである。

次に、先祖供養の日として定着している彼岸会は、唐の善導の『観無量寿経疏』にある、春分・秋分の夕日観想により浄土往生を遂げるという「日想観」に基づき、日本独自に成立した法会である。文献初見は『日本後紀』大同元年（八〇六）三月の条の(45)早良親王のために修された法会であるが、もともと春秋の時節には法会が修されていたとも考えられる。西方極楽浄土を説く浄土教信仰は、平安時代後期からの末法思想の影響によって西方極楽往生を求める信仰として、貴族層の寺院建立から浄土教庭園・美術などの文物を生み、広く民衆に浸透した。本来、自らの往生を願う「厭離穢土欣求浄土」の信仰であったが、民衆にあっては、先祖霊供養も併修されたのである。

彼岸中日には「日迎え」「日送り」と呼ぶ太陽に向かって歩く行事が、かつて兵庫県播磨や青垣にあり、川西では「ニッテンさん」に団子をちぎった形で屋外の木の上に供え、但馬地方では道直しを行ったという(46)。これらには高みに居る先祖霊との関連性が考えられ、先祖霊を迎え、春は豊作を祈り秋は収穫を喜ぶ行事を意味するものであった。各地の「社日」と呼ばれる行事がこれであり、民衆にとって仏事として先祖を供養する彼岸との接点がここに見受けられる。

これらは仏教行事の「民俗宗教化」であり、当宗の各地に見られる正月・五月・九月の先祖供養、四月・五月の寺院法要等の背景にも、前記の先祖霊が家郷を訪れる日との関連性が窺えるのである。

結び

今日行われる「仏事」には、日本固有の先祖祀りが融合し民俗的先祖祭祀として伝承されている事は明白である。しかし、今日の世間では古来の「ケガレ」観念が薄らぎ、先祖を供養する事が、先祖の成仏を念じ自身の功徳となる事を自覚せねばならぬところが、供養の意識が薄れ、亡き人は即、仏であると考える人も多く、自身の加護を願う対象を、仏祖三宝だけでなく先祖や先亡の親などに求める傾向が顕著である。これは先祖により守護されるとの日本固有の思考ではあるが、本来の「ケガレ」と「供養」に基づく信仰心が希薄になった実態といえる。個人主義的な現代社会において、先祖供養は日本の固有の民俗的精神文化として重要なものである。社会に向かって「供養」の本来的な意味を再確認させるために、仏教からの積極的な働き掛けが必要であろう。

註

（1）「日本人の先祖供養観の展開」（『仏教民俗学体系四　先祖祭祀と葬墓』名著出版、一九九八年）
（2）「先祖供養の問題視角」（『葬送墓制研究集成』第二巻、名著出版、一九七九年）
（3）『講座・日本の民族俗宗教三　神観念と民俗』弘文堂、一九七九年
（4）『柳田國男全集』十三巻、筑摩書房、一九九〇年
（5）例えば以下の報告書（愛知県吉胡貝塚）埋蔵文化財発掘調査報告一、一九五二年
（6）『墳墓』日本史小百科4、近藤出版、一九七八年、五一頁
（7）国分直一「わが先史古代の複葬とその伝統」（『日本民俗学』五十八号、一九六八年）
（8）『柳田國男全集』十五巻、筑摩書房、一九九〇年
（9）『葬送墓制研究集成』第五巻「総論」、名著出版、一九七九年、一三頁
（10）『仏教民俗学大系四』名著出版、一九七九年、二七九頁
（11）『日本宗教史研究第二　宗教・習俗の生活規制』未来社、一九六三年所収
（12）「先祖供養の問題視角」（『葬送墓制研究集成』第三巻「総論」、名著出版、一九七九年）
（13）『新訂増補国史大系』一巻
（14）『新校群書類従』第十九巻、雑部所収
（15）『続群書類従』伝部所収、延暦寺鎮源著？、一〇四〇年。浄土信仰系の説話多数
（16）『新訂増補国史大系』十六・十七巻所収
（17）註(12)「先祖供養の問題視覚」
（18）『東洋文庫』九七、平凡社、一九七八年所収
（19）『日本紀略』後篇三村上帝代『新訂増補国史大系』十一巻
（20）『大日本仏教全書』一四七、一一七八年・平康頼著。浄土教系の説話多数
（21）同右所収・鴨長明著。浄土信仰の状況が分る説話多数
（22）『岩波文庫』一三五―一、一二七九年？・無住著？。今昔物語から材料を受け継いだ説話多数
（23）註(1)「日本人の先祖供養観の展開」

(24)『阿毘達磨倶舎論』巻第九「分別世品第三之二」(『大正新脩大蔵経』データベース・東大)(No.1558)に、
「欲中有身資段食不。雖資段食然細非麁。其細者何。謂唯香氣。(略) 諸少福者唯食惡香。其多福者好香爲食」

と香を食する事、「故世尊言。諸有情類業果差別不可思議。尊者世友言。此極多七日。若生縁未合。便數死數生。有餘師言。極七七日。毘婆沙説。此住少時」等と、諸説が挙げられている。

(25) 道教では、魂は精神を支える気、魄は体を支える気をさし、諸説あるが魂には天・地・人の三、魄には喜・怒・哀・懼・愛・悪・欲の七の数があるという。「三魂七魄」は晋の葛洪三一七年刊『抱朴子』に(早稲田大学図書館「古典籍総合データベース」『抱朴子』内篇地眞巻十八・二十八ヲ)「欲得通神 當金水分形 形分則自 見其身中之三魂七魄」とある。

(26)『藥師琉璃光七佛本願功徳經』(『大正新脩大蔵経』データベース・東大)(No.0451)「或經七日或二七日乃至七七日如從夢覺復本精神皆自憶知善不善業所得果報由自證見業報不虚乃至命難」の経文

(27)『地藏菩薩本願經』(『大正新脩大蔵経』データベース・東大)(No.0412)「銷滅若能更爲身死之後七七日内廣造衆善能使是諸衆生永離悪趣得生人天受勝妙 樂現在眷屬利益無量是故我今對佛」の経文

(28)『十王讃嘆鈔』(定本三巻、一九六六頁)、建長六年(一二五四)古来偽書説
「夫十王と云事は、本地は皆是久成の如来、(略) 中有冥闇の道に坐して初七日より百箇日、一周忌、終り第三年に至まで、次第に是を請取て、其罪業の軽重を勘へて未来の生処を定め給ふ。是を奉名十王」とある。

(29)『生死一大事血脈抄』(定本一巻、五二二頁)、文永九年(一二七二)
「是人命終為千仏授手令不恐怖不堕悪趣と説れて候。(略) 十王は裁断し、倶生神は呵責せん歟。今日蓮が弟子檀那等、南無妙法蓮華経と唱ん程の者は、千仏の手を授け給はん事、譬ば・夕顔の手を出すが如くと思食せ」とある。

(30)『上野殿母尼御前御返事』(定本二巻、一八〇二頁)には四十九日忌の記述

(31)『南條殿御返事』(定本二巻、一八二〇頁)には百日忌の記述

(32)『四條金吾殿御返事』(定本一巻、六六〇頁)には三回忌の記述

(33)『千日尼御前御返事』(定本二巻、一五四六頁)には十三回忌の記述
「其上御消息云、尼が父の十三年は来八月十一日。(略) 此御経をしるしとして後生には御たづねあるべし」とある。

(34)『回向功徳鈔』(定本一巻、五四頁)には中陰と一周忌三回忌の記述
(35)『刑部左衛門尉女房御返事』(定本二巻、一八〇五頁)には中陰、三回忌・十三回忌の記述
「母の生てをはせしには、心には思はねども一月に一度、一年に一度は問しかども、死し給てより後は初七日より二七日乃至第三年までは人目の事なれば形の如く問訪ひ候へども、十三年四千余日が間の程はかきたえ問人はなし」とある。
(36)『明月記』(国書刊行会刊、二巻、一七三頁)
建暦二年八月四日に「今日母儀三品十三年忌云々」とある。
(37)『明月記』(国書刊行会刊、二巻、四四六頁)
嘉禄元年十月二十七日「今日導師出京故家継中納言十三年忌日云々」とある。
(38)『日本書紀巻二十二』(『新訂増補国史大系』一)
「推古天皇十四年夏四月乙酉朔壬辰。銅・繡丈六仏像並造竟。是日也。丈六銅像於元興寺金堂。時仏像高於金堂戸。以不得納堂。於是。諸工人等議曰。破堂戸而納之。然鞍作鳥之秀工。以不壊戸得入堂。即日設斎。於是。会集人衆不可勝数。自是年初、毎寺。四月八日。七月十五日設斉」とある。
(39)『佛説盂蘭盆經』(『大正新脩大蔵経』データベース・東大)(No. 0685)「僧自恣日以百味飲食安盂蘭盆中施十方自恣僧乞願便使現在父母壽命百年無病無一切苦惱之患乃至七世父母離餓鬼苦得生」とある。
(40)『日本書紀』に「斉明天皇三年(六五七)七月辛丑、作須弥山像於飛鳥寺西。且設盂蘭瓮会」とある。
(41)『続日本紀』に「天平五年(七三三)七月庚午、始令大膳職備盂蘭盆供養」とある。
(42)『盂蘭盆御書』(定本二巻、一七七〇頁)
「抑盂蘭盆と申は源目連尊者の母青提女と申人、慳貪の業によりて五百生餓鬼道にをち給て候を、目連救ひしより事起りて候」とある。
(43)『四條金吾殿御書』(定本一巻、四九三頁)
「盂蘭盆と申候事は、仏の御弟子の中に目連尊者と申て、舎利弗にならびて智慧第一・神通第一と申て、須弥山に日月のならび、大王に左右の臣のごとくにをはせし人なり。此の人の父をば吉懺師子と申、母をば青提女と申。其母の慳貪の科によて餓鬼道に堕て候しを、目連尊者のすくい給より事をこりて候」とある。

（44）拙稿「盂蘭盆についての一考察」（『桂林学叢』十二号、一九八五年）

（45）『日本後記』（『新訂増補国史大系』三）に「奉爲崇道天皇。令諸國國分寺僧春秋二仲月別七日。讀金剛般若經」とある。

（46）『兵庫探検・民俗編』（神戸新聞社、一九七一年）・『国崎』川西市教育委員会、一九七五年）・柳田國男『歳時習俗語彙』（民間伝承の会、一九三九年）を参照、また「社日」と呼ばれる行事が各地にあった事も記録されている。

キーワード　ケガレ、個霊、祖霊、年忌、供養

松林房政海考

池田令道

はじめに

松林房政海《しょうりんぼうしょうかい》（一二三一―九八～）は、日蓮とほぼ同時代に活躍した天台僧で、檀那・恵心の両流から学び、自らは政海―一海―承海―充海―円海―救海と系譜する土御門（門跡）門流を称した。叡山の無動寺松林房に住し、尊海を始めとする多くの仙波門徒を教導し、無動寺恵心流の祖ともいわれている。

京都妙法院蔵『宗要口決集　秘中秘』[1]の「無動寺抄物ヲ可レ見事」には、「九十帖ノ宗要並ニ論談抄等、多クノ疏釈書キ玉ヘル也」との記述があるように、政海は『宗要類聚抄』『一乗論談抄』その他の撰述を書き遺した。それらは日蓮門下により書写され、現在も身延文庫に政海関連の和本が多く現存している。上代の日蓮門下は政海の教学に少なからず影響を受けたことが窺える。ちなみに政海が創唱した「止観勝法華義」は、真偽に問題のある『立正観抄』の内容とも密接に関連する[2]。

政海の事蹟や撰述は、叡山および関東の天台教学はもとより、日蓮とその門下の教学を考察する上でも、じつに重要なものがある。当時有数の学匠たる政海がどのような法華思想や天台教学を展開していたか、考察の対象として十分に興味深い存在であろう。

本稿では、政海の事蹟や撰述および関係典籍について概説し、政海と仙波門徒の交流や止観勝法華の創唱について考察を加えてみたい。

一　政海の略伝

政海は『天台伝南岳心要抄』の識語[3]に、

永仁四年七月一日於二土御門宿所一鈔レ之。南無山王　慈恵大師……。法印政海生年六十六時抄レ之。

と自ら記すので、その生誕は寛喜三年（一二三一）である。また「元亨四年正月一日始レ之」とされる、『血脈相承私見聞』C本の識語[4]には、「仰云、故松林房《政海》法印御房、大和庄俊範法印御房ヨリ御相承有テ取リタマヘル書也」とあれば、元亨三年（一三二三）以前に没している。寂年や年齢は不明であるが、政海は日蓮（一二二二～一二八二）より九歳の年少で、日蓮の弟子日興（一二四六～一三三三）より十五歳の年長にあたる。

政海の修学時代

政海の門流や修学時代については、前述の「無動寺抄物ヲ可レ見事」や「本朝大師先徳明匠[5]」、および定珍（一五四三～一六〇三。逢善寺一五世学頭）の『日本大師先徳明匠記』（以下『明匠記』）等が参考になろう。今は『明匠記』から政海に関わる記述をいくつか引用してみよう。

俊範
静明
心賀
範承
全海〔印〕

①三代明師五人ノ学匠ト云事。示云、心賀ハ俊範御弟子也。然モ静明ハ俊範ノ法弟ニシテ御座ス故ニ弟子ニ成給也。徳大寺左大臣孫也。已上三代ノ明師也。松林房也。政海ハ範承入室ノ弟子也。政海之十八ノ時キ、範承ハ円寂シ玉ヘリ。依二遺言一、俊範ノ下ニシテ御学文有レ之。政海ハ上ノ五人ノ学匠ニ悉ク遇テ有二学文一。サレハ政海ハ三代ノ明師、五人ノ学匠ノ朽木書ト云玉ヘリ。已上加レ之五人学匠ト云也[6]。

②智海・全印・範承。範承ハ受テ二全印ニ一後ニ奉レ値二大和庄法印ノ御房ニ一当流ノ学文ヲハセラレタリ。然レトモ下地ハ西谷ノ義也。此範承ノ弟子ニ有二三人一。教深・慶深・政海也[7]。

③教深ハ師匠ニ先立テ早逝シ畢ヌ。然而慶深・政海ノ二人、範承阿闍梨入滅後、一向ニ大和庄法印ノ御所ニシテ以レ夜ヲ続レ日ニ、励二稽古一事、面授口決異二于他一也[8]。

④政海ノ筆ニ心賀ノ御義ヲ仰ト書玉フ事ハ時ノ頭ナル上ヘ一分ノ師匠也。政海ハ十計ノ宿老也。政海ハ静明ノ上足ニ心賀・政海トテ鼻ヲ並ヘタル人也シカトモ付法渡二心賀一故ニ奉レ値ヒ二心賀一相承アル也。俊範ヲ大和庄ト申ス事ハ慈鎮和尚ノ時キ、大和庄ヲ一所被レ進セ二俊範ニ一故也。坊号ハ無動寺ニハ南勝坊也[9]。

①によれば、政海は檀那流西谷の範承（一二四八没）を師として出家するが、範承の寂後に師の遺言にて恵心流俊範（無動寺南勝房。―一一八七～一二五九）の弟子となる。政海十八歳の時である。「三代ノ明師」とは、政海が俊範の寂後に法弟の静明（―一二四四～八六）、次いで心賀（一二四三～一三一〇―）に師事したことをいう。「上ノ五人ノ学匠ニ悉ク遇テ有二学文一」とは、その三師に西谷時代の「範承」と「全海〔印〕」を加えたもので、『明匠記』には如上のツリモノを掲げている。なお『明匠記』は「全海」と記すが、後述するように、全海は尊海の弟子にて政海に私淑した僧なので、当然その師にはあたらない。一方、②によれば全印は範承の師であり、政海撰『一乗論談

抄』にもたびたび「印云」とする説示がある[10]。また『明匠記』にも「政海ノ筆ニ師云ト者範承アサリノ事也。印ト者西谷ノ全印アサリノ事也」とする記述がみえる。それゆえ「全海」は「全印」を誤伝したものと推定し、今は五人の学匠に全海ではなく全印を加えておきたい。

また②と③の記述によれば、範承の弟子には教深・慶深・政海の三人がおり、教深は師に先立って亡くなったが、慶深と政海は俊範のもとで昼夜に稽古を重ね、法門を面授口決されたという。早逝した教深も学匠として名高く、「実乗房」「乗師」の呼称で論議に頻出する。慶深は「加賀阿闍梨」「円実坊」の呼称があり、俊範の口授をもとに『一心三観行法抄』を述作する。政海は無動寺「松林房」に住して『一乗論談抄』ほか多くの撰述を遺したが、これについては次章に述べる。ともあれ政海と慶深は、檀那流西谷から恵心流（椙生流）の俊範に師事し、その教学力も抜群であったことが窺える。

次いで④には政海と心賀の関係について、政海は心賀より十歳ほど年上であること、両者はともに静明の高弟であること、しかし心賀は静明より付法を受けたので、政海は心賀を「一分ノ師匠」と仰いだことなどが記されている。また④によれば、俊範は「慈鎮和尚（慈円）」より大和庄を譲られたようである。俊範はそこに坂本坊を建立したが、後の永仁二年（一二九四）、政海は当坊にて『一乗論談抄』を再治している。つまり④の内容は、俊範・静明・心賀と政海の縁故や師弟関係を示すものであろう。

二　政海と仙波門徒

次に政海と無動寺を拠点とした仙波門徒との関係について述べてみたい。

抑も無動寺は回峰行の祖とされる相応和尚が創建し、後に無動寺法印を名乗る慈円が検校を務めて勧学講を復興した。その無動寺で俊範は南勝房、心賀は常楽院、政海は松林房をそれぞれ本拠にした。また仙波の尊海は円頓房、全海は香勝房にて学問修練に励んでいる。

古記録によれば、元亀以前の無動寺は南山と称され、八十余坊を数えるほど叡山に一大勢力を築いていた[11]。そこを目ざして武州の仙波門徒が盛んに出入りし、政海に師事して修学するものが跡を絶たなかった。その筆頭格は関東天台の祖ともいうべき尊海（一二五三～一三三二）で、什覚撰『檀那門跡相承私幷恵心流相承次第』には次のような記述がみえる。

武州仙波ノ尊海ト云ハ上総国ノ人也。……一向依テ二学徒ノ助ニ一住山シテ、俊範ノ弟子ニ性（政）海法印ニ値テ少々学問也。別紙切紙並九十帖ノ類聚抄等、初取下セリ。依レ之弥繁昌シテ六十余迄遂業セリ。四得ノ竪者也。雖ニ田舎学匠也一ト遂業ノ弥繁昌ス。……今モ本山ニ四十人有リト申ス。尊海ハ横川法師ニテ御座ス也。又ハ無動寺法師ニテ御座ストモ申ス也。尊海ノ御影ハ無動寺ニ有レ之申ス也。[12]

これによれば、尊海は政海より「別紙切紙並九十帖ノ類聚抄等」を伝授し学問精励したことが、のちのち仙波門徒を「繁昌」させた要因となっている。無動寺恵心流は政海によって始まるとされるが、尊海もそれに列なり「無動寺法師」と称され、その御影は無動寺に存したという。

また尊海には、全海・実海・寛海・豪海・盛海等の弟子があり、それぞれが尊海の跡を嗣いで、全海は仏蔵坊中院、実海は府中定光寺、寛海は仏蔵坊北院の住持を務め、豪海は武蔵の金鑽談所（大光普照寺）、盛海は下野の長沼談所（宗光寺）を開基した。いずれも尊海の教義・信仰を伝播するもので、関東における当時の仙波門徒の隆盛を示すものといえよう。

これらの尊海に師事した多くの学僧たちは、無動寺や仙波にて、政海由来の相伝法門を研鑚したようである。その具体的な事蹟として、全海および実海の政海撰『一乗論談抄』の書写があげられる。

身延文庫蔵の『一乗論談抄』第八上「観音品」には、

本云、応長元年辛亥閏六月十八日。於㆓南山無動寺香勝房㆒書㆑之訖。沙門　全海⑬

との奥書があるように、全海は応長元年（一三一一）閏六月、無動寺香勝房にて『論談抄』を書写した。また第七上「不軽品」の内題下には、署名はないものの「今応長元年六月二十五日於㆓無動寺香勝房㆒書㆑之⑭」とあり、第八下「陀羅尼品・妙荘厳王品・普賢品」の奥書には「本云、応長元年七月二十九日書写畢⑮」とあれば、書写の時期・場所ともに全海書写の事蹟として問題ないであろう。応長元年といえば、政海六十九歳の永仁六年（一二九八）より十三年後のことなので政海在世の可能性もある。また全海は嘉元四年（一三〇六）、同じく香勝房にて政海の『宗要類聚抄』「六即義」を書写している。

政海は元亨三年（一三二三）以前に寂しているが、香勝房や松林房にて、政海より全海への法門直授があったことも十分に推察されようか。

さらに全海の事蹟として、『法命集』「宗旨上」の識語に、

嘉暦元年丙寅五月七日　於㆓山門無動寺香勝房㆒得㆓常楽院造作之寸陰㆒、以㆓松林房秘蔵之自筆㆒書㆓写之㆒畢。不㆑可㆓外見㆒不㆑可㆑令㆓放埒㆒之由、強被㆓炳誡㆒者也。穴賢々々。不㆑可㆑処㆓聊爾㆒矣。一校了。阿闍梨大法師位　全海在判⑯

とあり、同じく「宗旨下」の識語に、

嘉暦元年丙寅五月十七日、於テ㆓山門無動寺香勝房㆒ニ得テ㆑許ヲ松林房已講之重書所㆑令㆓書写㆒就テ一校也。不㆑可㆑有㆓披

露二之由、再三有二其炳誡一、穴賢々々不レ可レ為二他見一。(17)

と記されている。

これによれば、全海は嘉暦元年（一三二六）五月、前述した『論談抄』と同じく無動寺香勝房にて、「松林房秘蔵之自筆」「松林房已講之重書」をもって『法命集』を書写している。これも政海ならびに全海の事蹟を示す貴重な史料といえようか。

次いで実海（―一三〇六〜一三四五―）について述べれば、同じく身延文庫蔵『一乗論談抄』第四下「宝塔品」の識語(18)に次のような記述がみえる。

康永三年甲申十一月一日申刻許。於二武州仙波一写レ之畢。

寒風侵レ膚持病悩心之間、敢以雖レ不レ堪二執筆一、幸乍レ得二明師深秘之疏籍一、徒令レ惜二暗鈍浅劣之身命一、頗以二無益之際軽生重法一首尾十ケ日也内〔之カ〕記レ之。偏是為二弘通利生一而已。権律師実海（花押）

実海は『論談抄』を康永三年（一三四四）十一月、武州仙波にて書写している。その識語には、当時実海は「持病悩心」の身であったが、「明師深秘之疏籍（明師政海の書『一乗論談抄』）」を得たので身命を惜しまず書写した旨が記されている。実海は、全海書写本の第七上、第八上、第八下の三冊をはじめ計八冊の『論談抄』を書写している。是のごとく『論談抄』は仙波門徒に重用され、その教学形成に影響を与えたのである。

なお実海は『義科見聞抄』（日光天海蔵）の識語によれば、徳治年間（一三〇六〜一三〇八）尊海に同道して上洛し、心賀の法談に列座するが、その際の法門伝授を後に「眷属妙義」「三身義」「六即義」等として清書している。徳治年間の実海の年齢は不明だが、諸状況から三十歳前後と思われる。その頃に政海とも邂逅・師事したことは十分に想定されよう。それを証するかのように、『義科見聞抄』には「松林房（松林房政海ノ御事也）云……」「松尋云……」「松林房所レ注玉フ

信尊上人　心聡法務　玄海闍梨　本瑞禅師　沙弥道仏　応円法眼
政海法印　寛海法印　慶有闍梨　沙弥乗恵　性阿禅尼　従法禅尼
心賀法印　秀海僧都　静澄闍梨　蓮阿法師　□□□□　□□禅尼
尊海法印　尊愉僧都　高算闍梨　正暹法師　□□□□　□蓮禅尼
過去　僧都長海　現在　澄海闍梨　業海闍梨　闍梨□海　暦応五□卯月十五日
源愉僧正　慶海僧都　恵胤闍梨　浄心禅尼　宗誉禅尼　沙弥性暁
全海僧都　定海僧都　良海闍梨　妙意禅尼　宗猷禅尼　妙普禅尼
壱海僧都　珍海僧都　□海闍梨　円空禅尼　妙観禅尼　智法禅尼
憲海法印　厳海僧都　光海大徳　妙忍禅尼　念西禅尼　沙弥道法

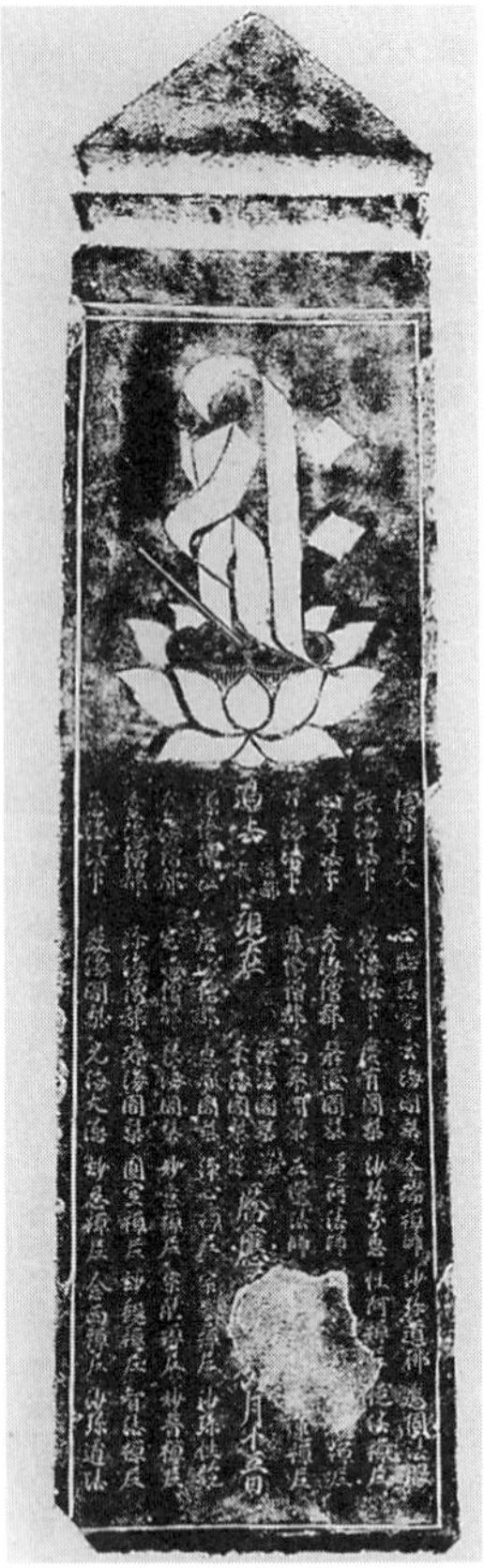

也」等[19]と、政海の教示や注記が頻出している。

次に『血脈相承私見聞』A本には、「河田谷信尊御弟子四人上足」として「朗日房・顕覚房・戒日房・円頓房（尊海）」をあげ、その戒日房の弟子備前律師と刑部律師について次のように記している。

仰云、便宜抄ハ備前律師、奉レリ値二政海法印御房ニ学シタル分ヲ刑部律師ノ奉レリ値二政海一学シタル見聞ニ書副タル抄也。刑部・備前二人共ニ奉レ値二政海ニ学文シタル人也。備前ハ若老後ノ登山也。刑部ハ宿老ノ前ノ登山也。サレハ便宜抄ハ二本有レ之。刑部ノ根本ノ本ト備前ノ書副タル本ト也[20]。

これによれば、刑部律師と備前

律師はともに政海に師事し学問修行に精励した。まず刑部律師が政海に教示を受けて「便宜抄」一冊をまとめたが、さらに備前律師は政海に学んで「便宜抄」に種々の教示を書き添えた。よって「便宜抄」は、主たる刑部本とそれを増補した備前本の二本があると記されている。A本の次上には、備前は「常陸国人」で無動寺実乗房、刑部は「下野国人」で同十如房を本拠としたとある。

「便宜抄」は現存未詳であるが、これらのエピソードも仙波門徒の多くが政海に師事した一つの事例となろう。ちなみに『血脈相承私見聞』A本は「河田谷傍正十九通」に関わる府中等海の私記であり、尊海および実海の義が種々に示されている。

この項の終わりに、川越市喜多院に現存する仙波門徒の僧名を記した、板碑の拓本図版と金石文の翻刻を掲げておきたい[21]。当該板碑は「暦応五年（一三四二）卯月十五日」の銘をもつ、高一三〇cm×幅六二cmという大型であり、上部の梵字（阿字）のもとに、尼僧をふくめ五十余の僧名を刻してある。

翻刻上部の「過去」は故人、「現在」は在世の意味がある。上段右上の「信尊上人」は河田谷泉福寺の中興開祖。日蓮檀越の富木常忍と問答した了性房との説がある。次いで政海、心賀、尊海と並び記されており、尊海が政海・心賀と大変密接な関係にあったことを証していよう。「海」の字の付く僧名が多いが、これらは政海の所縁もしくは尊海の弟子筋であることを示している。

三　政海の述作ならびに関係典籍

ここでは述作や逸書など政海に関わる典籍について述べる。

『宗要類聚抄』九十余巻（未刊典籍）

本抄は、天台論義書たる「宗要」を仏部・菩薩部・二乗部・五時部・教相部・雑部の六部に分けて類聚したもの。政海撰であれば『政海類聚』『政類鈔』『政海類聚抄』等とも称する。写本は叡山真如蔵、西教寺正教蔵、身延文庫、大谷大学等の各所に伝存する。前述の『檀那門跡相承私幷恵心流相承次第』に「九十帖ノ類聚抄」、『恵心流教重相承私鈔』に「九十二帖ノ類聚」[22]とあるように大部の述作で、政海の研究および当時の天台教学の考察には欠かせないが、遺憾ながら現在まで未刊である。

ちなみに『宗要類聚抄』諸本の奥書には、述作時期と推される「文永・建治・弘安・永仁」等の年号が記されるが、永仁六年が最も多く、真如蔵本の「教相部第十七」には、「本云、弘安四年三月二十七日。今永仁六年三月二十六日始之」[23]との記述もみえるので、政海は弘安以前に書き継いだ諸本を永仁年間に再治したのであろう。

なお本抄は、身延文庫に数十冊の写本が現存し、中山門流三世日祐撰『本尊聖教録』の「十　宗要類聚」にも「仏部十一帖　菩薩部十五帖　二乗部十五帖　五時部十四帖　教相部十七帖　雑部二十二帖」[24]との記載があるなど、日蓮門下上代において修学・活用されたことが推察される。また八品門流開祖日隆は、『開迹顕本宗要集』にて本抄を頻繁に引文し、台当異目に関する解釈を加えている。[25]これら日蓮門下への影響を考え合わせても、本抄の解読・翻刻は重要かつ早急になすべき課題といえようか。

『一乗論談抄』（現存八巻十六冊。『興風叢書』〔22〕〔23〕〔24〕〔25〕翻刻収録）

本抄は、鎌倉期における法華経注釈書であり、当時の叡山ならびに関東天台の思想・教学を解明するための重要文献である。写本は伝存が少なく、身延文庫に八巻十六冊を確認するのみ。それも本抄の構成からすれば多くの欠本分が想定され、全体では四十冊ほどの大部であったと思われる。

本抄も前項の『宗要類聚抄』同様に、文永・建治・弘安頃における法華経の論義を政海が書き留めたもので、後の永仁二、三年（一二九四、一二九五）に再治したことが諸本の識語から推察される。

仙波門徒が『一乗論談抄』をこぞって書写・修学したことは既に述べたが、先の日祐撰『本尊聖教録』「廿七 論談抄」にも、「第一上、第一中、第三下之上、第一方便品、第一方便品下、第四上五百・人記、第四中 法師品、第四下 宝塔品、第五上 提婆品、第五中勧持・安楽行、第六下 寿量品第十ノ抄、属累品ノ下、第八下タラニ品・厳王品・勧発品、無量義経ノ抄[26]」との記述がある。現存する身延文庫本と併せて、上代の日蓮門下が『論談抄』に注目し習学を重ねたことは事実と思われる。たしかに本抄には、末法と教行証、戒定恵三学と観心、不軽菩薩の本因行、地涌菩薩と此土弘経等に関する論義があるなど、天台教学と日蓮教学の同異を考察する上で興味深い内容が含まれている。[27]

『天台伝南岳心要抄』（日光天海蔵本。『続天』口決Ⅰ・七～四八頁）

本抄は、「天台伝南岳心要」（以下「心要」と略す）に関する政海の注釈書。『政海心要抄』『政海抄』とも称す。

本抄末尾には、「永仁四年七月一日於二土御門宿所一鈔レ之。……法印政海生年六十六時抄レ之」[28]との識語がある。

本抄は、「心要」の真偽や成立、内容について、三十一項の問いを設け、静明「新仰云」と政海「私云」を軸とし「尋云」「答云」「進云」「疑云」等により論義を展開し、『摩訶止観』の根本が「只略者初縁実相……是名円頓止観」の円頓章に尽きると述べている。

「心要」の注釈書としては別に『漢光類聚』があるが、大久保良順氏は、「三代ノ明師、五人ノ学匠ノ朽木」たる政海の本抄に『漢光類聚』が少しも触れられないことを、「その成立を含めて問題とすべきものは多い」と疑問視している。一方で本抄は、撰者も成立年次も明確な文献であれば、今後も他の中古天台文献の成立や内容を吟味検討する上で重要な位置にあるといえよう。

ちなみに「心要」関連の金沢文庫蔵『止観心要聞書』(29)や身延文庫蔵『心要私見聞』(30)は、内容を通覧したところ本抄との比較検討や「心要」の考察に重要と思われるので解読・翻刻を進めていきたい。

『自解仏乗抄』一巻（未刊典籍）

本抄は、慶安元年（一六四八）の舜興蔵本が西教寺正教蔵に現存する。(31)内題に「自解仏乗鈔　政海記」とあり、「問、一家天台所立止観ノ本意其意如何。又其相貌如何ッ耶。答、色心未分・天地未分二法未顕所レ立止観也」との問答より始まる。書名の「自解仏乗」は『玄義』に示された「大師十徳」の第一を指すにとどまらず、天台大師の己証（止観）は「経論に依らず」とする止観勝法華の意が付与されている。また「自解仏乗」とは政海の自内証のことで、本抄には政海が独自に開発した法門が展開されている。なお本抄には成立に関する識語はないが、内容的に止観勝法華義など成熟した感があり、次項『心地発明抄』とともに永仁以降の述作と推察される。

『心地発明抄』上下二巻（未刊典籍）

本抄は、正保三年（一六四六）および慶安二年（一六四九）の舜興蔵本が西教寺正教蔵に、寛永十四年（一六三七）の実舜本が叡山真如蔵に現存する。なお本抄の上巻は、『自解仏乗抄』と内容が粗同であれば、政海は初め『自解仏乗抄』を述作し、後にそれを増補し『心地発明抄』二巻としたのであろう。本抄の末尾識語には、「右此鈔政海法印御談。天台宗深義者也。不及他見者也」とある(32)。

その内容は、天台所立の止観について政海が独自の知見を開陳している。結論的には、色心・天地未分のところに止観を立てる。そこには仏も法も無く、行ずべき衆生も無く、ただ万法本来の姿こそ止観の正体であるとする。本抄に展開される「未分不生」「本法不生」「機法未分」「未分無生本法」等の用語は、法華経本迹二門の教相を超越し、止観こそ「三世諸仏ノ内証本地甚深ノ奥蔵」とする、政海の止観勝法華義を示すものである。

以下では、政海に関連する述作や逸書について述べてみたい。

『一心三観一念三千行法私記』『一心三観観法次第』（逸書）

この両書は政海述作の逸書と思われるが、『血脈相承私見聞』C本には次のような記述がみえる。

一心三観一念三千行法私記。山　同日受レ之。　尋云、是ハ誰人ノ書タマヘル耶。印。仰云、是ハ松林房《政海》法印御房、大和庄俊範法印御房ヨリ相承有テ取リタマヘル書也(33)。

一心三観観法ノ次第。私云、同二十五日ノ伝授了。　師云、是ハ松林房法印御坊ノ被レ遊也。是モ行ノ重観学ノ分也(34)。

前者の『一心三観一念三千行法私記』は俊範から政海への相承とあるように、明弁『天台相伝秘決抄』にも「此一心三観一念三千ノ行法ノ私記、政海ノ俊範ヘ伝申サレタル也」、「政海伝授記録ナル故ニ、詮要互ニ書キ交ヘタマフニテ可レ有レ之也」(35)等と示されている。俊範は「大和庄法印一心三観祖師(36)」と称され、経海や静明等に一心三観の行法を相伝した。政海も相伝された一人で、俊範からの口決を記録し自らの実修に役立てたものであろう。慶深の『一心三観行法抄』も内容的に同様の一書と思われる。

『大和庄手裏鈔』一巻（『続天』口決Ⅰ・七〇～一四二頁）

本抄の写本には、身延文庫本・妙法院本・西教寺正教蔵本・日光天海蔵本等が伝存するが、最古写本は身延文庫蔵の文明九年（一四七七）、祐憲本である。

本抄の内容は、大和庄俊範の教示を中心に、恵心流（椙生流）の口伝法門をまとめたもの。『続正天台宗全書 目録解題』では、本抄の成立について撰者不明としつつも、「（『大和庄手裏鈔』では）「古《故》大和庄法印御房」「古《故》静明法印」ともいうから、「私尋云」とあるのが編者であろうが、大和庄俊範と静明（一二八六没）に師事した人物で、両師没後に整理されたものである[37]」と述べている。

ここで注目すべきは、本抄には政海撰『一乗論談抄』の長文の引用が数箇所みられることである。すなわち本抄の「3、経文付レ明二調達ノ相一因縁・約教・本迹・観心共釈耶[38]」、「48、爾前ニ逆即是順旨明歟事」、「49、迹門心。逆即是順明歟[39]」など三つの条目は、『一乗論談抄』「第五上 提婆品」の問答部分とほとんど同文である。その中で異同といえば、『一乗論談抄』の「新仰云（静明）」が本抄では「明云」「師云」となり、「私難云（政海）」「私問（政海）」等が「難云」「尋云」と記されている。当然ながら本抄の「明云」「師云」以下には静明の言葉、「難云」「尋云」以下には政海の言葉が綴られている。

本抄の編者について『目録解題』が説示する、「私尋云」を本抄の編者と想定すること、編者は俊範と静明に師事した人物たること、本抄は両師没後に整理まとめられたもの等々、これら三つの要件は『大和庄手裏鈔』の編者が政海たることを少しも妨げない。ここに本抄の政海撰を提起しておきたい。

『椙生枕雙紙』上下二巻（『興風』第七号～第一〇号。翻刻収録）

本書は、慶長十六年（一六一一）の豪誉本が西教寺正教蔵に伝存する。上巻「一念三千」、下巻「正観一心三観」について、相生流の相伝法門を教示する。内容的に政海撰『心地発明抄』に通じるものが多い。例えば、『心地発明抄』には、「止観一部ハ本仏行因云云。是機法未分止観也」、「虎ノ一斑トモ云也。虎ノ大体ハ皆以テ斑也。体ヲモ一斑ノミ見レ之。余斑不レ見レ之。……其大体ヲ取テ見レハ一斑モ無二別物一、一斑虎ノ全体也」等[40]とあるが、本書にも「止観一部ハ本仏行因ト云ヘリ……無作三身ノ内証ノ実義也」、「十界共ニ絶シテ迷悟ノ差別モ無ク本迹未分・機教未分ノ重也」、「虎斑《トラマダラ》雖二無量一ト失二虎ノ体一ヲ斑ノ各ノナルニ分。サレハ各々一斑ヲ証ルコトモ見二テ虎ノ全体一ヲ一斑モ虎也。無量ノ斑モ虎也」等[41]と同意の文章を記している。また本書も天台の「己心中所行法門」は「不レ依二経論一」として、「止観勝法華」に相当する義を述べており、『心地発明抄』との関係は至って密接である。

以上、ここまで政海の述作ならびに逸書や関連する典籍について述べた。

四　政海の「止観勝法華」創唱について

ここでは等覚院日全撰『法華問答正義抄』（以下『正義抄』）に示された、政海の「止観勝法華」創唱説について述べる。

日全（一二九四～一三四四）は中山門流上代の学僧で、元亨三年（一三二三）頃に叡山西谷へ遊学し、毘沙門堂流（檀那流）の「智海末弟」たる禅英を直接の師として修学した。『正義抄』によれば、住山以前に日全は武蔵国諸岡にて仙波門徒が語る教義を次のように聞いている。

其大概ニ云ク、釈尊既ニ観二シテ己心一ヲ得二本妙一ヲ、大師モ又観二己心一ヲ得二玉ヘリ止観一ヲ。……霊山法華ハ迹、顕説ノ法也。今止観ハ未レ下レ機、根本法華ノ内証ヨリ直達法界ト照シ、秀発ノ機依レ之ニ得ル二己心ノ止観一ヲ也。サレハ山家立二三種ノ法華一ヲ。其第一根本法華ト者今当二止観一ニ、第二ハ爾前、第三ハ霊山所説ノ妙法華也。[42]

仙波門徒は、釈尊と天台はともに己心を観じ、釈尊は法華経を天台は止観を悟ったと主張している。釈尊霊山の説法は迹にて「顕説法華」、天台の摩訶止観は本にて「根本法華」と述べ、仙波門徒は尊海伝授の止観勝法華義を「大旨無二残ス処一論二談之一ヲ」したとある。ここに日全の応答は記されてないが、叡山遊学には止観勝法華義の解明と打破が目的だったようである。その証として『正義抄』には、

然ルニ予住山之時、対シ二西谷禅英一ニ委細ニ尋ヌ二此事一ヲ。禅英委細ニ示シテ云ク、此事ハ古ヘ千手堂竪義ノ時、無動寺政海精レ之ヲ、止観ハ大師己心中所行ノ法門ナル故ニ不レ依二経論一ニ覚タリ。竪者如何存ルレ之ヲ。釈迦如来出世ノ本懐ハ法華迹本二門是レ也。迹門開権顕実ハ為二大通結縁ノ者一也。本門開迹顕本ハ本師顕ス二本因本果等ノ久遠之事理一ヲ、於二迹本二門ノ説一ニ以二釈尊本有証得一ヲ示レ他ニ給ヘリ。大師如レ仏以二我己心ノ本法一ヲ説テ号シ二止観ト一示スレ他ニ、霊山法華ハ迹、今ノ止観ハ今説ノ本法也。故ニ法華下シ二鹿苑ノ機一ニ、今止観ハ為二天機秀発ノ一示スレ之ヲ。是故ニ号シ二止観ト一云ニ天真独朗ト一。於レ此ニ有リ二深キ子細一。竪者如何カ存スル。若シ有ラハ二覚悟一一端ヲ立申セト云云。竪者、当谷ノ学者也ケルカ、止観ハ法華行体ナル故ニ能釈也。法華ハ所釈ノ本法也等云云。政海左右略レ之ヲ畢ヌ。

当谷ノ先師快全法印、次日ニ政海ノ許ヘ立テ二使者一ヲ遣スレ状ヲ、聞二精義一尤モ不審也。抑モ止観ハ法華ニ勝タリト被ルレ精之条、天台及ヒ山家大師等ノ釈義ニ未レ見。随テ漢土ノ天台門流中ニ更ニ無二此義一。況ヤ本朝ノ先徳等代々ノ相伝無二此義一。誰人ヨリ相伝スル乎。其返札ニ云ク、千手堂ノ法談事取ル時所レ浮フ精義也。非二師資相承一ニハ。雖レ然深ク案二此義一ヲ文理共ニ分明ナル者歟。委細事ハ期二面之時一ヲ了ヌ。快全（法印）、遣状之文理分明也云云。如レ仰セ遂二面拝一ヲ雖レ可キ二申談一ス先ツ文理且ク可レ示二給フ之一ヲ。依二文理一ニ述ヘ二愚意一ヲ決シ二択是非一ヲ晴ニ自他ノ迷一ヲ云云。此度無二返札一。又三度立二使者一呵シテ云ク、三度

札之所詮、無レ憑ミ眠闇ノ義也云云。第四度状ニ呵シテ云ク、自今已後如レ此ノ謗法邪義於ニ山上学侶ニ一者努々不レ可レ有レ之云云。政海合点ノ返状在レ之云云。

然ルニ東国尊海、随分秘法師資相承ト云事近来少シ其聞ヘ有リ。此条一海ハ存知スルラン。仍尋ニ一海一時、先師政海ノ抄ニ粗見ユル子細有リト云ヘ共、治定トモ不レ見故ニ無レ示レ他云云。所詮末弟中ニカ、ル邪義有ラハ、故政海ノ書札等ヲ可レ被レ見者也。但尊海カ文理能々聞レ之山上ヘ可ニ注進一也。若然者其時山門学侶ニ披露シテ可レ決ニ是非一也云云(43)。

との記述がみられる。当該文における「予」は日全、「西谷禅英」は日全が住山時の師、「先師快全」は禅英の師、日全が住山した元亨三年頃は既に快全没後である。冒頭の「此事」とは止観勝法華義のこと。後段の「一海」は政海の弟子で、「尊海」に対しては師に当たる。

ここに示された、禅英が日全に語った止観勝法華義をめぐる快全と政海のやり取りは、いかにも臨場感に満ちている。以下、大体の通釈を掲げてみよう。

然して私（日全）は叡山に遊学した際、西谷の禅英に止観勝法華について詳しく尋ねた。禅英が示して云うには、止観勝法華とは曾て無動寺の政海が千手堂の竪義に際し、精義者として述べた義である（政海の義は次のとおり）。天台大師の止観とは、大師の己心中に行じ証得した法門であり、法華経等の経論には依らない。竪者はこの義をどう思われるか。釈尊出世の本懐は、法華経の本迹二門――迹門の開権顕実は大通結縁の者のため、本門の開迹顕本は久遠実成を顕すため――であり、この本迹二門を釈尊は本有証得し衆生に示された。それに対し、天台大師も釈尊と同様に、我が己心の本法を証得し、止観と号して衆生に示された。じつは霊山の法華経は迹であり、天台の止観こそ今説の本法である。法華経は鹿苑の下根のために説かれ、止観は天機秀発の上根のために示されている。この義の深い謂われを竪者はどう思われるか。覚悟あらば思う処の一端を述べよ、と政海が迫ると、竪者も西谷の一廉の学僧であれば、止観は法華経の行体で能釈の立場、法華経は所釈にして本法であると答えた。しかし政海は、この竪義における竪者への得略《とくりゃく》（合否）を、略（不合格）と判定した。

翌日、西谷の快全法印（禅英の師）は、政海の許へ使者をもって問状を遣わした。聞くところの精義は大変不審である。抑も止観が法華経より勝れるとは、天台・伝教両大師の釈義に全く見えない。随って中国天台宗の諸師の義にもなく、ましてや日本天台宗の先徳や相伝にこの義は示されない。一体誰から止観勝法華なる法門を相伝したか。

政海は返状を認め、千手堂竪義の際に浮かんだ精義であれば師資相承ではないが、深くこの義をめぐらし文理もまた分明である。詳しくは面談の際に申すと答えている。しかし問状に文理は明らかなので、快全は面談の前にまず政海が反論の返状で文理を示し、それに当方が意見を述べて是非を決し、互いの迷妄を晴らそうと二度目の問状を遣わした。

これに対する政海の返状は無かった。快全は三度目の使者を立てて政海を叱責したが、それにも梨のつぶてであった。四度目の問状にて、快全はこれより止観勝法華のごとき邪義を叡山の学侶に示すべきではない、と叱責すると政海も了解の返状を寄こした。今その返状が此処にある。

しかるに、武州の尊海は止観勝法華の義を随分の秘法として師資相承した、との噂が近ごろ聞こえてきた。この一件について政海の弟子で、しかも尊海の師である一海は存知であろうか。それについて一海に尋ねると、先師の『政海抄』に止観勝法華義が見えているが、確かな法義ではないので他に示すこともない。所詮、末弟中にこのような邪義があれば、政海の「合点ノ返状」等を披見させるべきであろう。尊海の文理については、よく聞いた上で叡山に注進し、時の山門学侶に披露して是非を決すべきである、と答えられた。

以上、山上における政海と快全の「止観勝法華義」をめぐる応酬である。快全が止観勝法華を邪義として四度目の問状を出し、政海はその義をやむなく封印し「合点」の返状を書いた、それが手元にあると、禅英は語っている。以降、山上において止観勝法華はほとんど論義されなくなったが、仙波の尊海は政海より止観勝法華を秘法として相伝していた。一連の止観勝法華に関することを一海に尋ねると、『政海抄』にその義がみえること、ただし治定した法門とは思えないこと、末弟に邪義があれば政海の書札（合点の返状）を示すこと、「尊海ヵ文理」については改めて詮議すべきである等と応答している(44)。

この『正義抄』に記された「止観勝法華義」はじつに具体的で、政海と快全のやり取りも間断するところがないといえよう。登場する快全・禅英・政海・一海・尊海等の関係や位置づけには少しも矛盾や破綻が感じられない。また政海が止観勝法華を創唱したとする『正義抄』の記述は、政海撰『自解仏乗抄』『心地発明抄』の内容とも一致する。政海と仙波門徒との交流、とりわけ政海と尊海の師弟関係は前述のとおりで、『正義抄』の「東国尊海、随分秘法師資相承ト云事近来少シ其聞ヘ有リ(45)」という記述が政海と尊海の師弟授受であることは論を俟たないであろう。

これにより尊海は、東国にて止観勝法華を精力的に弘通した。仙波門徒の入門書『初心勧学抄(46)』に、「塔ノ辻ニ身命ヲ断ゼラルルトモ止観ハ法華ノ大意ニ非ズ」とあるごとく、尊海は止観勝法華を「笠璽《かさじるし》の法門」として多くの門徒に伝授した。その淵源は、政海が精義として臨んだ千手堂竪義にあった(47)。これらの経緯は、「止観勝法華義」の位置づけや内容理解における最も重要な事実といわなければならない。

おわりに

本稿では、恵檀両流に学んだ松林房政海の略伝や述作、仙波門徒との交流や師弟関係、さらに政海が創唱した「止観勝法華義」について論述してきた。

ただし、政海に関する考察は端緒についたばかりである。本文にも述べたが、大部の政海撰『宗要類聚抄』や政海の教示が頻出する心賀談『義科見聞抄』、さらには身延文庫・叡山文庫・大谷大学等に所蔵する『雑々抄』（二十数冊。第二三識語に「心賀法印口伝抄」と記す）にも多くの「政海云」「松林房云」等の教示があり、政海研究には、それらの解読・翻刻を着実かつ早急に進めてゆく必要がある。むろん容易なことではないが、鎌倉期における恵心流（椙生流）の教学を解明するにも心賀・政海はキーパソンになるので、それら諸文献の解読は避けて通れない。『興風叢書』等にて解読・翻刻を進めながら、今後も逐次に政海関連の中間報告を心がけたい。

諸賢には種々ご示教ならびに情報提供を願う次第である。

註

（1）大久保良順「本理大綱集と政海」参照。京都妙法院蓮華蔵の『宗要口決集 秘中秘』の全文翻刻を収録。末尾識語「本云、享徳三年十二月四日書写畢。慶安三年九月吉日」。

（2）拙稿「『立正観抄』の真偽問題について」（『興風』一九号）、同「続『立正観抄』の真偽問題について——花野充道氏の批判に答えて——」（『興風』二二号）、同「『立正観抄』の真偽問題について（三）——再び花野充道氏の批判に答える——」（『興風』二三号）等。花野充道「日蓮の『立正観抄』の真偽論の考察」（『法華仏教研究』第二

号)、同「『立正観抄』日蓮真撰説の論証」(『法華仏教研究』第八号)等。
(3)『続天台宗全書 口決Ⅰ・恵心流1』四八頁。以下『続天』と略称。
(4)『続天 口決Ⅰ・恵心流1』四九二頁。
(5)渡辺麻里子「身延文庫蔵『本朝大師先徳名匠』と談義書の生成」(『興風』二三号)
(6)『大日本仏教全書』第一一一巻二七七頁。以下『仏全』と略称。なお表記については、叡山文庫双厳院本を参考にした。
(7)『仏全』第一一一巻二八一頁。
(8)『仏全』第一一一巻二八一頁。
(9)『仏全』第一一一巻二八二頁。
(10)「全印」「印云」については、『興風叢書〔22〜25〕』参照。『一乗論談抄』各解題の僧名一覧に記載がある。『仏全』第一一一巻二八二頁参照。
(11)山川智應「聖祖叡山御修学中の師友に就ての研究」(『妙宗』第一二編一一号五〇頁)。『無動寺元亀以前院坊記』参照。
(12)大黒喜道「『檀那門跡相承資幷恵心流相承次第』の什覚記録について」(『興風』第一七号)二四二頁。当該文献は『茨城県史料・中世編Ⅰ』に収録するが、大黒稿ではいくつかの誤読・誤植を訂正する。
(13)『興風叢書〔25〕』三六七頁。『一乗論談抄』「第八上 観音品」の末尾識語。
(14)『興風叢書〔25〕』三頁。『一乗論談抄』「第七上 不軽品」の内題下。
(15)『興風叢書〔25〕』四五五頁。『一乗論談抄』「第八下 普賢品」の末尾識語。
(16)『興風叢書〔26〕』四一五頁。『法命集 一』「解題」参照。
(17)『興風叢書〔26〕』四一六頁。『法命集 一』「解題」参照。
(18)『興風叢書〔24〕』二九三頁。『一乗論談抄』「第四下 宝塔品」の末尾識語。なお実海については、拙稿「府中定光寺二代実海に関する考察——二人の天台僧・実海をめぐって——」(『興風』第三〇号)参照。
(19)『義科見聞抄』は日光天海蔵。未刊文献。複写資料より解読。
(20)『続天 口決Ⅰ・恵心流1』四八一頁。

(21) 『新編 埼玉県史 資料編9（中世5金石文・奥書）』五六七・八頁。板碑の拓本図版は『埼玉県史』より転載。因みに、日実『当家宗旨名目』の「一常忍抄ノ事」には「了性トハ河田谷ノ真尊上人ノ事也」（『日蓮仏教研究』第五号七六頁。「本成房日実著『当家宗旨名目』の翻刻」）との記述があり、板碑上部右「信尊上人」と同人とする伝えがある。

(22) 註(12)『興風』第一七号二四二頁。上杉文秀『日本天台史 続』（破塵閣書房、一九三五年）八一四頁参照。

(23) 未刊文献。複写資料より解読。

(24) 『日蓮宗学全書』一巻四一三頁。

(25) 大平宏龍「『開迹顕本宗要集』考」（『興隆学林紀要』第三号）、三浦和浩「『開迹顕本宗要集』に見られる十界事具論――『宗要柏原案立』との関連を踏まえて――」（『桂林学叢』第三二号）。『開迹顕本宗要集』の原文については、『日隆聖人御聖教第一～第五』（日隆聖人御聖教刊行会。昭和五一年校訂再版）参照。

(26) 『日蓮宗宗学全書』一巻四二九頁。

(27) 『興風叢書〔25〕』四六九頁。『一乗論談抄 四』「解題」参照。不軽菩薩の本因行、地涌菩薩の応化に関する論述がある。

(28) 『続天 口決Ⅰ・恵心流1』四八頁。

(29) 金沢文庫本『止観心要聞書』は内題「止観心要談義」、次下に「文永二年九月廿四日。於妙観院始之」と記す。

(30) 身延文庫本『心要私見聞』は、奥書によれば秀源、日教、日義と伝写されている。日義の奥書は「京鷹司西洞院於頂妙寺書之 廿九才 台存日義（花押）」。本書の内題下に「足立順海法印談」とある。

(31) 藤平寛田「政海記『自解仏乗鈔』について」（『叡山学院研究紀要』第三一号）参照。

(32) 藤平寛田「政海記『発明鈔』について」（『叡山学院研究紀要』第三二号）。その他『自解仏乗鈔』『発明鈔』ともに、藤平氏作成のレジュメを参照した。学恩に深謝したい。

(33) 『続天 口決Ⅰ・恵心流1』四九二頁。

(34) 『続天 口決Ⅰ・恵心流1』四九四頁。

(35) 『続天 口決Ⅰ・恵心流1』五三七頁。

(36) 『続天 円戒Ⅰ・重授戒灌頂典籍』二八二頁。恵尋『一心妙戒抄』に「大和庄法印〈一心三観祖師俊範〉」と注記する。

（37）『正続天台宗全書 目録解題』一七六頁。利根川浩行氏解説。

（38）『続天 口決Ⅰ・恵心流1』七二頁。

（39）『続天 口決Ⅰ・恵心流1』一一六、七頁。

（40）『心地発明鈔』の引用は藤平寛田氏のレジュメによる。先の一文は『発明鈔 上』の「（17）尋云。一心三観其相貌如何」、後の一文は『発明鈔 下』の「（6）尋云。一心不生ノ本源ハ師資相承ノ法門ト可レ云耶如何」の問答中にある。

（41）『椙生枕雙紙』の引用は『興風』第七号一一二頁、同八号九二頁、同九号一三〇頁等。

（42）『興風叢書（14）』二六七頁。『法華問答正義抄 五』第二十二「一、法華与天台止観勝劣事」参照。

（43）『興風叢書（14）』二六六、七頁。

（44）政海と快全の問答内容については、註（2）『興風』第一九号、同第二二号、第二三号所収の拙稿参照。

（45）『興風叢書（14）』二六七頁。

（46）承応二年刊『初心勧学抄』参照。

（47）政海が「精義」を務め、「止観勝法華義」を創唱した千手堂竪義は、諸状況から正応四年（一二九一）以降のことと推定される。詳しくは「続『立正観抄』の真偽問題について——花野充道氏の批判に答えて——」（『興風』第二二号三三一頁）参照。この件は『立正観抄』を偽撰遺文と推定する重要な根拠の一つである。

キーワード 政海、尊海、仙波門徒、止観勝法華、日蓮教学

鎌倉政権下の日蓮聖人の動向について

渡邉寶陽

はじめに

筆者は「宗学の徒」であって、歴史については、ほとんど無知である。また日蓮聖人の伝記については、宮崎英修先生（立正大学名誉教授・身延山大学学長）をはじめとする、いわゆる護教的な教育を受けた。

ところで、令和四年度のＮＨＫ大河ドラマ『鎌倉殿と十三人』に刺激されて、伝統的な「祖師伝」を超えて、鎌倉時代に生き生きと活躍された日蓮聖人の姿を思い浮かべることに思い至ったのであった。日蓮聖人は、鎌倉幕府政権下において、どのようにお過ごしであったかについて考察したいとの願いを持ったのである。

周知の通り、『立正安国論』は終生、日蓮聖人の思潮をささえるものであった。呈上については、日蓮聖人遺文によって、大学三郎の協力があったことや、宿屋入道を通じての進献などはよく知られている。が、これらは日蓮聖人遺文の記述に基づくもので、北条時頼をめぐる背景に関する資料がなく、これらについては知ることができなかった。

というわけで、結局、川添昭二氏らの所説を通じて日蓮聖人の生涯を垣間見ることにとどまってしまった。ご容赦を懇願する次第である。この課題については、新進の研究者諸氏の研鑽を期待するものである。

高木豊（立正大学名誉教授）・川添昭二（九州大学名誉教授）・藤井学（京都府立大学名誉教授）の三氏は、鬼籍に入られたが、いずれも、歴史研究者の眼で『日蓮』を研究された方々である。また、高木豊氏の発案で『日蓮とその門弟』（一号～四号）の共編者でもある。なお、筆者は共編者の一員に加えられたのであった。本稿においては、川添昭二著『日蓮とその時代』（山喜房仏書林、一九九九年）を中心に参酌して、日蓮聖人の動向について誌す次第である。

一　源頼朝についての浅井要麟先生の論評

鎌倉幕府は、源頼朝を始祖とするが、昭和二十年（一九四五）刊行の浅井要麟先生の『日蓮聖人教学の研究』（平楽寺書店）には、「源頼朝に対する日蓮聖人の論評」（同書六六〇頁以下）が収載されている。同論考は、昭和九年発行『法華』誌の第二十一巻六号から八号掲載にかかるものである。

姉崎正治博士が『史学雑誌』第二十八篇第三号《論説》「史料としての日蓮上人遺文」（大正六年〈一九一七〉二月本会例会講演）において、㈠紀念記録に関する上人の注意。㈡他の資料と参照すべき記事、（甲）「承久乱に関する記事」、（乙）「転変地夭国土災難に関する記事」、（丙）「雑、宣時、義政の事」。㈢他の史料を補ふべき記事、（甲）「東条郷ならびに地頭の事」、（乙）「念仏者追放の事」、（丙）「関東と真言との関係」。㈣日蓮上人の一生に於ける聖教関係記事、（甲）「二度の流罪と赦免、付「三度の虚御教書」」、（乙）「文永九年の龍ノ口法難」、（丙）「文永十一年の殿中会見と蒙古来寇の予告」を論じている。

この論考に対して、特に㈡の（乙）についての浅井要麟先生の意見が注目される。

浅井要麟先生は、日蓮聖人遺文について、基本的には「祖書学」という書誌的な考察を加えている。頼朝については、「頼朝を是認する」と示しているが、なお「慎重な吟味を要する問題」と述べている。

二　川添昭二『日蓮とその時代』の構成

川添昭二著『日蓮とその時代』は、三篇、十三章から成る。

[第一篇]　日蓮以前・同時代の宗教状況
　第一章　中世仏教成立の歴史的背景
　第二章　『法華験記』とその周辺
　第三章　鎌倉時代の対外関係と文物の輸入
　第四章　鎌倉仏教の群像
[第二篇]　日蓮の史的考察
　第一章　日蓮宗の成立
　第二章　日蓮の出自について
　第三章　龍口法難の必然性
　第四章　日蓮と文永蒙古合戦

第五章　日蓮の史観と真言排撃
第六章　中世の儒教・政治思想と日蓮
［第三篇］　日蓮と北条氏
第一章　日蓮遺文に見える北条氏
第二章　北条氏一門名越（江馬）氏について

川添氏の日蓮研究の背景をふり返ると、川添氏は、実父逝去後、母が日蓮宗僧侶との縁を得、身延山久遠寺経営の中学校に入学。同校を卒業後、東洋大学を経て、九州大学に学んだと記憶する。『九州大学史』の大冊を構成・執筆した縁で、九州大学の教授の道を得、定年後には福岡大学に転じた。少年時代に日蓮聖人について学び、長じて歴史的視野からの日蓮研究に転じた経歴の持ち主である。歴史学界では、日蓮研究は限定的である中で、日蓮聖人の文献を通して日本の歴史研究に資するという角度からの研究を行った、希有の学匠と言えようか。

三　日蓮聖人の出自について

日蓮聖人は、しばしば「海人が子」と称していることが知られる。日蓮聖人の「出自・系譜に関する宗内の所伝」では、「遠州の出身で貫名を姓とし……安房に流され、父を重忠と言った」とされる（『日蓮とその時代』一五三頁）。これに対し、川添氏は、藤井学氏らの推論を是とし、「日蓮の親が日蓮に初等教育をうけさせるぐらいの社会的階層」で、「父母にもある程度の識字能力があった」ことを想定し、「日蓮の父が清澄に権益を持った領家の尼」と関係があったのではないか（同書一六四頁）と勘案した上で、次のような推論を示している。

(1)日蓮聖人が、地頭御家人級の守護被官富木氏（の母）と世俗的にも密接な関係にあり、天津の光日尼のような名主級の者と幼少の時から旧知の間柄であった。
(2)日蓮聖人の家族は下人を使用する層の出自であった。
(4)日蓮聖人が、「領家」の側の訴訟代理人として地頭東条景信と問注を交わし、雑掌＝庄官的役割を果たして、問注を遂行し勝訴できた背景に、父の権主層としての東条における優越的地位が何らかの形で存在していたと考えられること。
(6)日蓮聖人は安房国東条という村落において、「地頭と対峙し得るほど在地に優越的地位を占め、武士的側面をそなえた在地庄官・浦刀祢ないし名主層の出自ではなかったか」（同書一六九頁）

と、川添氏は指摘している。

四　立教開宗から鎌倉「松葉ケ谷」の草庵へ

日蓮聖人は、建長五年（一二五三）四月二十八日、清澄寺「道善之房持仏堂の南面にして、常圓房と申す者並に少々の大衆にこれを申しはじめて、その後二十余年が間退転なく申す」（『清澄寺大衆中』、『定遺』一一三四頁）という弘教の日々を送られた。宗門の所伝では、鎌倉幕府の新体制により、在来の「領家」に対して「守護・地頭」の制が設けられ、安房国では「東条景信」がその職に就いたとされる。「東条景信」は、当時、法然上人門下が鎌倉はじめ、各地で活発な活動を展開した影響下にあったのであろうか。日蓮聖人の清澄寺でのいわゆる《立教開宗》の「信仰告白」に対して、東条景信は日蓮聖人を抹殺しようとしたという。それを察知して、日蓮聖人の清澄寺での兄弟子である浄見房・義浄房が、日蓮聖人を、裏山から東京湾を渡って鎌倉の地に逃がしたと言われる。最近の風説によると、鎌倉松葉が谷の地は、死体を埋めた地であったという。京都の法然上人も、辺鄙な東山吉水に草庵を結んであらゆる階層の人々に法を説いたという。人が住まず、森に囲まれた地で、死体が埋められた状態の地で布教を展開したと言われる。日蓮聖人が幽閉された佐渡塚原の三昧堂の地も同様な状景であったのではなかろうか。最近、京都でも、南方の深草の地は、ごく近年まで住むのが敬遠される地であったと聞いて驚いた。

日蓮聖人は、建長五年（一二五三）から、『立正安国論』執筆の文応元年（一二六〇）まで、ほぼ七年の間、門人と『法華経』の研鑽に勤しんだと、筆者は愚考する。そのころ、富木常忍の本拠は千葉氏の所領にあったかと思われるが、鎌倉との連絡があり、日蓮聖人との接触があったのであろうか。日蓮聖人からの書状（「富木殿御返事」）が伝えられている。

よろこびて御とのひと給りて候。ひるはみぐるしう候へば、よるまいり候はんと存じ候。ゆうさりとりのときばかりに給べく候。又御はたり候て法門をも御だんぎあるべく候。

十二月九日　　　　日蓮

とき殿

（『昭和定本日蓮聖人遺文』一五頁）

富木氏の下人が、日蓮聖人の許に連絡してきたのに対し、夕暮れ時の酉の刻は、鎌田正・米山寅太郎著『新版漢語林』（大修館書店）によると、「午後五時から午後七時までの間」であるという。川添氏は、「日蓮の出自について、領家・地頭などからは海人とよばれる海縁村落に多くみられる鎌倉期特有の権主＝諸行事を負担する有力漁民」とする意見を尊重し（『日蓮とその時代』一五五頁以下）、「地頭御家人級の守護被官富木氏（の母）と世俗的にも密接な関係にあり、天津の光日尼のような名主級のものと幼少の時から旧知の間柄であった」（同書一六九頁）と推論している。こうした推論と重ね合わせると、富木常忍が鎌倉で日蓮聖人から教化を受けていたことの背景に、こうした諸関係があることを思わせるのである。

大尼・新尼と日蓮聖人との関係については、日蓮聖人が身延山に居住した文永十二年（一二六五）二月十六日、日蓮聖人が新尼に宛てた書状「新尼御前御返事」によって、きわめて親近感の濃い関係にあったことを知る。『昭和定本日蓮聖人遺文』一六五「新尼御前御返事」（八六四～八七二頁）には、身延山の光景を描きながら、故郷＝安房国の海の光景を思いやる叙述が展開する。「安房国東条の郷は辺国なれども日本国の中心のごとし。その故は天照太神跡を垂れ給へり。……」という叙述を川添氏は重視している。筆者は、このご返事の末尾に「二月十六日」とあり、文永十二年二月十六日の書とされるところから、宗門所伝の「日蓮聖人生誕の日」とされることとの関連があるのではないかと論じたことがある。

五　北条時頼の宗教信仰と日蓮聖人『立正安国論』

日蓮聖人は、文応元年（一二六〇）、『立正安国論』を宿屋左右衛門を通じて、前執権・時頼に呈上した。時に日蓮聖人は三十九歳。時頼は三十四歳であった。川添氏は、時頼が幼少時から信仰心が強かったことを指摘している（『日蓮とその時代』二八三頁。なお、第三篇・第一章「日蓮遺文に見える北条氏」一「北条時頼の信仰と日蓮」に詳説）。時頼は、当時、影響力のつよかった『宋』との協調を視野に入れていたのであろうか。「時頼は建長八年（康元元年）＝一二五六＝七月十七日以前に出家の素懐を遂げるため、山内に最明寺を建立」、「同年十一月二十三日、蘭渓道隆を戒師として同寺で出家」。その後、近親者が相次いで病死、十一月三日には時頼も赤痢を病み、それが滅機したところで出家したという（同書二八二頁）。文応元年（一二六〇）、無準師範の弟子兀庵普寧が来日、建長寺第二代となる（同書二八一頁）。

日蓮聖人は、得宗被官の宿屋最信を介して、『立正安国論』を時頼に呈上。川添氏は、「時頼が政治の実権を握っていたことや、時頼が禅宗受容であったが、その姿勢は幅広いものであった」という背景があったと見ている。しかし、時頼は所詮、政治家であって、日蓮聖人は『立正安国論』呈上の翌年、弘長元年（一二六一）に伊豆に配流される。が、弘長三年に伊豆配流を赦されたのは、時頼の配慮があったとして、「破良観等御書」（『定遺』一二八六頁）、「聖人御難事」（『定遺』一六七四頁）を挙げている（同書二八五頁）。

六　鎌倉での日蓮聖人門下

鎌倉での「天台大師講」などを中心とする弘教活動から、最明寺時頼への『立正安国論』呈上による「四大法難」の受難が連続し、日蓮聖人の周辺は厳しい状況下にあったように思われる。『昭和定本日蓮聖人遺文』最初期に見えるのは、二「富木殿御返事」（『定遺』一五頁）である。以下、『昭和定本日蓮聖人遺文』に沿って、関係人名を一覧したい。

一三「武蔵殿御消息」＝身延山（曾存）＝正元元年（一二五九）七月十七日については、『日蓮聖人遺文辞典』「歴史篇」一一一一頁で、武蔵殿を天台僧と推論している。『南条兵衛七郎殿御書』（『定遺』三一九頁）は、文永九年（一二七三、聖寿四十三歳）十二月十三日の書。南条氏は駿河国富士郡上方上野郷に住した御家人とされる。南条氏は日興に仕えた信徒のようで、日蓮聖人との触れあいは、病身であったことによるようである（『日蓮聖人遺文辞典』「歴史篇」八三九・八四〇頁)。七郎は文永十年に死去するが、その家族が身延山入山後の日蓮聖人に師事し、供物を届けている。文永三年(一二六六)正月六日『法華題目抄』の宛先については、日蓮聖人の母・光日尼、日蓮聖人の伯母などの推測があるが、不明とされる(同「歴史篇」一〇四〇頁)。『立正安国論』関連では、文永五年四月五日の『安国論御勘由来』の「法鑑房」については、北条氏に近い僧侶との推定がある(同「歴史篇」一〇〇四頁)。宿屋左右衛門入道については、北条時頼に仕えた得宗被官とされる(同「歴史篇」一一四六頁)。

日蓮聖人の門下としては、四条金吾・富木常忍や(太田金吾ら太田氏・曽谷法蓮・金原氏)・南条氏・池上宗長・宗仲兄弟等の名が思い起こされる。鎌倉幕府の動向との関連については、あらためて考察する必要があろう。

《三位房》については、宮崎教授は、『御輿振御書』(文永六年三月一日)の授与者として同辞典「歴史篇」四二六頁に解説されている。三位房は俊逸であったようであるが、『法門可被申様之事』のなかで三位房が京都の貴顕に評価された事を誇ったことに、日蓮聖人が注意を喚起しているとされる。三位房は比叡山で「天台学」を学んだ日蓮聖人の弟子かと思われるとされるが、その所伝にもかかわらず、本書に、「三位房」の名の記載はないようである。

《浄見房・義浄房》『善無畏三蔵鈔』の授与者とされるが、本文中に氏名なし。写本「本満寺本」

《太田・曽谷・金原》『転重軽受法門』真蹟・中山法華経寺(『定遺』五〇七頁)

《四条金吾》「四条金吾殿御返事」文永八年七月十二日(『定遺』四九二頁)。真蹟ナシ。『四条金吾釈迦仏供養事』は、真蹟曾存であるが。多数の御返事を受けながら、何故か真蹟はほとんど伝わらない。『開目抄』は、四条金吾を通じて門下に授与された書とされる。

《池上宗長・宗仲》『兄弟抄』(『定遺』九一八頁)。真蹟あり。文永十二年四月十六日。ほか、多数の御返事あり。

《曽谷法蓮》『法蓮鈔』（『定遺』九三四頁）。建治元年（一二七五）

《乙御前母》『女人某御返事』真蹟（『定遺』六一〇頁）

七　釈尊御領観と蒙古襲来

日蓮聖人は、「この三界は皆是れ我が有（う）なり」として、〈釈尊は人間一般にとって、主・師・親であり、物みな釈尊の有（ゆう）であるから、日本国の所領は釈尊の有である〉と川添氏は論じている（『日蓮とその時代』一八一頁）。《「有」とは、すべては釈尊のもとにある、というほどの意味である。》ここでは、「南条兵衛七郎殿御書」（『定遺』三二〇頁）、「一谷入道御書」（同九九二頁）、「弥三朗殿御返事」（同一三六六頁）の原文が引用されている。

川添氏は、「日蓮の釈尊御領観は蒙古来牒を機に深化し、現世の権力を否定する反秩序的性格をあらわにした。釈尊御領観は『法華経』信仰を媒介にした山門領維持の論理が深化・定着したものであり、専持法華を定礎する国土観であった」とし、龍口法難以降の日蓮聖人の信仰行動、さらに蒙古来寇との関連について述べている（『日蓮とその時代』一九八頁）。

八　霊山参詣

川添氏は、『立正安国論』に予言された内乱・外寇、殊に「蒙古来寇」について関心が深く、優れた論考を世に問うている。そのためか日蓮聖人の「身延入山」については、あまり触れていないようである。日蓮聖人は、文永十一年（一二七四）、佐渡流罪を許され、三月二十六日に鎌倉に帰り、四月には鎌倉幕府要人と面談するが、鎌倉から逃れて、五月十七日には、富木常忍に「富木殿御書」を送っている。

十二日さかわ（酒匂）、十三日たけのした（竹ノ下）、十三日くるまがえし（車返）、十五日をおみや（大宮）、十六日なんぶ（南部）、十七日このところ、いまださだまらずといえども、たいし（大旨）はこの山中心中に叶て候へば、しばらくは候はんずらむ。結句は一人になて日本国に流浪すべきみ（身）にて候。又たちとどまるみ（身）ならばけさん（見参）に入候べし。（『定遺』八〇九頁）

日蓮聖人は、小田原から、富士浅間神社付近を通って、南部（山梨県南部地方）を経由し、同北部の波木井の地に向かったことが知られる。筆者の思い過ごしになろうかとも案じるのであるが、富士山南部は、六老僧のひとり日興上人が布教した地であるから、そちらに向かうこともあり得ると思うのであるが、日蓮聖人は、一路、「南部氏の館」に向かったのである。あるいは、弘安二年（一二七九）に起きた「熱原法難」の前兆があったせいであろうかとも愚考する（宮崎英修編『日蓮辞典』二九頁参照）。

日蓮聖人は、小田原付近から、直ちに北上して、南部の地をめざした。「富木殿御書」の追而書には、

けかち（飢渇）申すばかりなし。米一合もうらず。がし（餓死）しぬべし。此の御房たちもみなかへして但一人候べし。……（『定遺』八〇九頁）

と誌されている。甲州（山梨県）は、後の時代になっても、耕作面積が少なかったようであるが、日蓮聖人は、山深き「身延」の地を何故選ばれたのであろうか。「ただ一人で『法華経』宣布のために日本国を流浪すべき身」と覚悟されて、日蓮聖人は「いまださだまらずといえども、大旨はこの山中、心中に叶いて候えば」しばらく、身延の地にとどまることを決意されたのであった。伝教大師最澄が「比叡山」の山中に「法華経宣布」を決意した事に

因んで、「身延の地」を『本門法華経流布の地』と定められたのではないかと想定する。

身延の草庵については、(1)文永十一年六月十七日、「かりそめにあぢち（庵室）を」建てたが、

やうやく四年がほど、はしら（柱）くち、かきかべ（牆壁）をち候へども、なを（直）す事なくて、よる（夜）ひ（火）をとぼさねども、月のひかりにて聖教をよみまいらせ……（『庵室修復書』、『定遺』一四一〇頁）

という状態であったが、「今年は十二のはしら（柱）四方にかふべ（頭）をな（投）げ……」という状態になり、修理したことが誌されている。

弘安五年（一二八二）九月に、南部氏の思いやりで、日蓮聖人は「常陸の湯」での療養に向かった。周知の通り、途中、鎌倉に向かわずに、武蔵国池上の池上宗長・宗仲の屋敷で、十月十三日午前八時頃、御入滅された。鎌倉には、後の「妙本寺」等が建築されたが、往時の「池上」邸付近は、一面の田園地帯であったと思われる。日蓮聖人御入滅後、「池上氏の氏邸」は、鎌倉「妙本寺」の管轄となり、永らく《両山一主》制で管理された。時代は遷り、徳川家康の側室「養珠院お万」の方の縁で、池上山上に本院が遷されて今日に至っている。

九　六老僧の補弼について

日蓮聖人が御入滅の前に、本弟子六人を定めて滅後の法灯を託したことは、あらためて言うまでもない。

本弟子六人とは、弁阿闍梨日昭・大国阿闍梨日朗・白蓮阿闍梨日興・佐渡阿闍梨日向・伊予阿闍梨日頂・蓮華阿闍梨日持である。本弟子六人を定めるにあたっては、各地域の指導僧などの配慮があったとされる。わけても、日昭は終始、日蓮聖人を補佐したことが知られる。日蓮聖人が身延に入山された後、弘安七年、日昭は浜土に『法華

寺』を建立して、門信徒の指導に当たったとされる。また、越後の風間信昭が相州名瀬に一宇を建立して、日昭を屈請、「妙法寺」と称したとされる（宮崎英修編『日蓮辞典』二〇八頁）。その後の伝統継承が、それぞれに見られるが、日蓮聖人御在世当時、各地域の集団構成はどうであったのであろうか。それらについても、今後の研究が望まれるのではなかろうか。

付　記

一代前の学匠の伝統を継承されて、刈谷定彦先生・小西日遶先生・大平宏龍先生が御活躍くださいました。そしてまた、後輩諸師が先生方の頌寿を慶讃されること、まことに尊く拝察します。

謹んで、慶賀申し上げます。第二次大戦後、日蓮系各宗派は、それ以前の「日蓮主義」に対する反省が展開され、新たな教学発展を期待されることになりましたが、諸先生はこれに応えて充実したご研究に専心しておられます。なおなお、今後のさらなる御研鑽を御期待申し上げます。

キーワード　立正安国論、釈尊御領観、霊山往詣、身延の草庵、常陸の湯

日蓮聖人における「一大事の教え」
――佐渡期を中心として――

庵谷行亨

はじめに

日蓮聖人（一二二二～一二八二）は、自身が「末法の法華経」（本門法華経）に信受した本化法門を、極めて重要な教え（未曾有の大法）であると認識されていた。したがって、法門を教示することにおいては、「大事」「一大事」「まことの大事」「一期の大事」「当身の大事」「大法」「秘法」「正法」「白法」「深法」等と呼称される場合が多い。法華経が「一大事の教え」であることは、法華経や諸先師の文に多くの説示が見られ、日蓮聖人はそれらの文をしばしば引用されている(1)。

また、日蓮聖人の時代に近い「一大事」の用例として、次のような記述が見られる。

①道元禅師『正法眼蔵』

道元禅師（一二〇〇～一二五三）が、寛喜三年（一二三一）八月から建長五年（一二五三）正月にかけて説法した内容を撰述した『正法眼蔵』の第一二巻「授記」には、「授記の功夫するちから、諸仏を推出するなり。このゆへに、唯以一大事因縁故出現といふなり」[2]とある。

②本覚房道範『道範消息』

真言宗の本覚房道範（一一七八～一二五二）が、仁治四年（一二四三）から宝治三年（一二四九）の間に記したとされる書状『道範消息』に「そもそも一大事を心にかけ不生の心地に御遊覧候事まことによろこび入り候」[3]とある。

③『太平記』

後醍醐天皇即位の文保二年（一三一八）から後光厳天皇の貞治六年（一三六七）までの歴史を記述した『太平記』の中の第二六巻「妙吉《みょうきつ》侍者事付秦始皇帝事」には、「夢窓和尚モ此僧ヲ以テ一大事ニ思フ心著給ヒニケレバ」[4]と見える。

①は法華経の文を引用して、「仏の授記は、仏の功徳力であり、諸仏を出生することから、唯以一大事因縁故出現と言うのである」と述べ、「一大事因縁」を「授記」に即して「諸仏出生」の「功徳力」と説明されている。

②は、真言宗の本覚房道範が仁治四年（一二四三）に讃岐に配流され、その間に、高野山御室に送った書状である。法華経の「唯以一大事因縁故出現於世」の文を意図して、「仏が人々を救うために世に出現されるという一大事を心に懸けて、仏の御意に想いをいたされていることは誠に喜ばしいことであります」と述べている。

③は禅林寺（南禅寺）夢窓国師の侍者妙吉について、「夢窓和尚もこの僧を重んずべき因縁のある人であると心に思っておられるので」と記されている。

これらは多少のニュアンスの違いはあるが、いずれも法華経の「一大事因縁」の文を意図していることが分かる。したがって、概して当時の有識者には、「一大事」の言は法華経の教えを基に理解されていたように思われる。

ここでは、日蓮聖人遺文における「大事」「一大事」「まことの大事」「一期の大事」「当身の大事」等とそれに関連する「大法」「秘法」「正法」「白法」「深法」「最大の法」等の表現を確認し、その意味について検討したい。

日蓮聖人における「一大事の教え」——佐渡期を中心として——

日蓮聖人が、自ら信解体得した本化法門を「大事」「一大事」と称されるのは、佐渡期以降がほとんどである。佐渡期は法華経勧持品の「数数見擯出」の経文を色読したとの自覚のなかで、自身こそ法華経に証明された「真の法華経の行者」であるとの認識を不動のものとされた頃に相当する。「真の法華経の行者」「真の法華経の受持者」は、法華経虚空会の経説によれば、釈尊滅後の弘法を別付嘱された地涌菩薩（本化菩薩）にほかならない。

したがって、佐渡期とその後の身延期における日蓮聖人は、「虚空会上塔中の三仏」から付された「本門釈尊の内証の法」を弘通すべき任を受けた「本化菩薩の自覚者」として生きられたのである。日蓮聖人の生涯のなかでも、佐渡期と身延期との思想と行動が、とくに重要な意義を秘めていることは、これによっても理解される。

1　佐渡において教示された教えの重要性

佐渡において教示された教えが、特段、重要であることを示された遺文として『三澤鈔』がある。『三澤鈔』には次のように述べられている。

また法門の事はさど（佐渡）の国へながされ候し已前の法門は、ただ仏の爾前の経とをぼしめせ。この国の国主我をもたもつべくば、真言師等にも召し合せ給はずらむ。爾の時まことの大事をば申すべし。弟子等にもないなひ（内々）申すならばひろう（披露）してかれらしり（知）なんず。さらばよもあわ（合）じとをもひて各々にも申さざりしなり。しかるに去る文永八年九月十二日の夜、たつの口にて頸をはねられんとせし時よりのち（後）、ふびんなり、我につきたりし者どもにまことの事をいわ（言）ざりける、とをも（思）いてさどの国より弟子どもに内々申す法門あり。これは仏より後、迦葉・阿難・龍樹・天親・天台・妙楽・伝教・義真等の大論師・大人師は知りてしかも御心の中に秘せさせ給いし、口より外には出し給はず。その故は仏制して云く、我滅後末法に入らずばこの大法いうべからずとありしゆへなり。日蓮はその御使にはあらざれども、その時剋にあたる上、存外にこの法門をさとりぬれば、聖人の出でさせ給うまでまづ序分にあらあら申すなり。しかるにこの法門出現せば、正法・像法に論師・人師の申せし法門は皆日出でて後の星の光、巧匠の後に拙を知るなるべし。この時には正・像の寺堂の仏像、僧等の霊験は皆きへうせて、ただこの大法耳、一閻浮提に流布すべしとみへて候。各々はかゝる法門にちぎりある人なればたのもしとをぼすべし。[6]

佐渡以前の法門は「ただ仏の爾前の経とをぼしめせ」とし、「真言師等にも召し合せ」の折に「まことの大事」を「申す」つもりであったが、その機会も期待できず、「去る文永八年九月十二日の夜」の龍口刎頸の危機を契機として、「我につきたりし者ども」に「まことの事」を言わなければならないと考え、「さどの国」より「内々申す法門」がある、と述べられている。

さらに、これは、「滅後末法」の「大法」であるゆえに、「仏」が「制」し、「大論師・大人師」等の先聖も「知りてしかも御心の中に秘せさせ給いし」（内鑑冷然）法門であり、末法の今時こそ「一閻浮提に流布」すべき「時剋にあたる」として、「各々はかゝる法門にちぎりある人」であることから頼もしく思うようにと教示されている。[7]

2　佐渡期における「一大事の教え」とそれに関連する表記

日蓮聖人が、佐渡期に叙述された文章中には、「一期の大事」「当身の大事」「大事の法門」「大法」「肝心」等と表現される例が見られる。関連する表現をも含めて主な事例をあげると次のとおりである。

（1）『開目抄』文永九年（一二七二）二月

①華厳乃至般若・大日経等は二乗作仏を隠のみならず、久遠実成を説かくさせ給へり。此等の経々に二の失あり。一には存㆓行布㆒故仍未㆑開㆑権。迹門の一念三千をかくせり。二には言㆓始成㆒故曾未㆑発㆑迹。本門久遠をかくせり。此等の二の大法は一代の綱骨・一切経の心髄なり。迹門方便品は一念三千・二乗作仏を説て爾前二種の失一を脱たり。しかりといえどもいまだ発迹顕本せざれば、まことの一念三千もあらはれず、二乗作仏も定まらず。水中の月を見るがごとし。根なし草の波上に浮るににたり。本門にいたりて、始成正覚をやぶれば、四教の果をやぶる。四教の果をやぶれば、四教の因やぶれぬ。爾前迹門の十界の因果を打やぶて、本門十界の因果をとき顕す。此即本因本果の法門なり。九界も無始の仏界に具し、仏界も無始の九界に備て、真十界互具・百界千如・一念三千なるべし[8]。

②この疑はこの書の肝心、一期の大事なれば、処々にこれをかく上、疑を強くして答をかまうべし[9]。

③日蓮といゐし者は去年九月十二日子丑の時に頸はねられぬ。これは魂魄佐土の国にいたりて、返年の二月雪中にしるして、有縁の弟子へをくれば、をそろしくてをそろしからず。みん人いかにをぢずらむ。これは釈迦・多宝・十方の諸仏の未来日本国当世をうつし給う明鏡なり。かたみともみるべし[10]。

『開目抄』は、配流の地である佐渡国塚原三昧堂において、文永八年（一二七一）十一月から勘案し翌文永九年

（一二七二）二月に脱稿された。四條金吾頼基をはじめ門下一同に重要法門を書き示された聖人の「かたみ」の書である。

日蓮聖人が「諸仏の明鏡」とされた「門下へのかたみ」の法門は、「数数見擯出」の経文を色読した「魂魄日蓮」の「一期の大事」であり、それは「法華経に証明された行者」「釈尊から別付嘱された本化の菩薩」の内証法門であった。後世、『開目抄』を「人開顕の書」と称する所以である。

①では、爾前諸経は、一念三千不説のゆえに「迹門の二乗作仏」、未顕本のゆえに「本門の久遠実成」を明らかにしていないとし、この「二の大法」（「迹門の二乗作仏」と「本門の久遠実成」）は「釈尊一代の綱骨」「一切経の心髄」であると述べられている。これを受けて、本門の「発迹顕本」に「本門十界の因果」が顕れ、これによって「真の二乗作仏」「真の一念三千」が成就するとして、これを「本因本果の法門」「真の十界互具・百界千如・一念三千」であるとされている。すなわち「真の大法」は「発迹顕本」に顕現する「本因本果」「本門一念三千」である。

②は、「法華経の行者と値難」を論点として、その究明が『開目抄』執筆の重要な目的であることを述べられている。値難の体験が「法華経の行者」の正当性を証明し、その正当なる「法華経の行者」が「本門の大法」を弘通することの必然性を示されたものである。行者値難の正当性を論証することが「一期の大事」であることは、値難の行者の受持弘通する法が極めて「大事」であることを意味する。

③は、「片瀬龍口で頸をはねられた日蓮が魂魄となって佐土の国にいたり、雪中に記した『開目抄』は、釈迦・多宝・十方の諸仏の未来日本国当世をうつし給う明鏡であり、かたみとも見るように」と教示されている。三仏の名前が挙げられているのは、日蓮聖人が法華経の虚空会を見据えておられるからである。三仏の塔中付嘱は「滅後

の要法」の受持弘通を約束するものである。その事実についての自覚と責任に立脚して叙述されたゆえに、『開目抄』は、三仏の「未来日本国当世をうつし給う明鏡」となるのである。その表現の奥底に、日蓮聖人の強い師意識（塔中において別付嘱を蒙った本化菩薩としての自覚と使命）を見ることができる。

（2）『下方他方旧住菩薩事』文永九年（一二七二）

龍樹・天親・南岳・天台・伝教等不レ弘二通本門一事。一不二付嘱一故二時不レ来故三迹化他方故四機未レ堪故。龍樹談二宣迹門意一天親約レ文釈レ之不レ明二化道始終一。天台大師弘二通本迹始終一。但本門三学未二分明一歟[11]。

「龍樹・天親・南岳・天台・伝教等」が「本門を弘通」しなかった理由に「不付嘱」「時不来」「機未堪」の三点を挙げ、「天台大師」は「本迹の始終を弘通」したが「本門の三学」は「いまだ分明ならず」とされている。文永十一年（一二七四）の『法華取要抄』には「如レ是乱二国土一後出二現上行等聖人一本門三法門建二立之一一四天四海一同妙法蓮華経広宣流布無レ疑者歟[12]」とあることから、「本門の三学」はこの「本門の三法門」を指すものと考えられる。『下方他方旧住菩薩事』は「時」と「師」の視点で述べられているが、『法華取要抄』では「時の情況」（国土の混乱）と「具体的な弘通の師」（上行等の聖人）を指摘し、「建立」「広宣流布疑い無き者歟」とより積極的な叙述になっている。

（3）『観心本尊抄』文永十年（一二七三）四月二十五日

①今本時娑婆世界離二三災一出二四劫一常住浄土。仏既過去不レ滅未来不レ生。所化以同体。此即己心三千具足三種世間也。迹門十四品未レ説レ之。於二法華経内一時機未熟故歟[13]。

②此本門肝心於二南無妙法蓮華経五字一仏猶文殊薬王等不レ付二属之一。何況其已下乎。但召二地涌千界一説二八品一付二属之一[14]。

③其本尊為レ体本師娑婆上宝塔居レ空塔中妙法蓮華経左右釈迦牟尼仏・多宝仏釈尊脇士上行等四菩薩文殊弥勒等四菩薩眷属居二末座一迹化・他方大小諸菩薩万民処二大地一如レ見二雲閣月卿一。十方諸仏処二大地上一。表二迹仏迹土一故也。如レ是本尊在世五十余年無レ之。八年之間但限二八品一[15]。

④正像二千年之間小乗釈尊迦葉阿難為二脇士一。権大乗並涅槃・法華経迹門等釈尊以二文殊普賢等一為二脇士一。此等仏造二画正像一未レ有二寿量仏一。来二入末法一始此仏像可レ令二出現一歟[16]。

⑤問正像二千余年之間四依菩薩並人師等建二立余仏小乗・権大乗・爾前迹門釈尊等寺塔一本門寿量品本尊並四大菩薩三国王臣倶未レ崇二重之一由申レ之。此事粗雖レ聞レ之前代未聞故驚二動耳目一迷二惑心意一。請重説レ之。委細聞レ之[17]。

⑥又於二本門一有二序正流通一。自二過去大通仏法華経一乃至現在華厳経乃至迹門十四品・涅槃経等一代五十余年諸経十方三世諸仏微塵経々皆寿量序分也。自二一品二半一之外名二小乗教・邪教・未得道教・覆相教一。論二其機一徳薄垢重幼稚貧窮孤露同二禽獣一也[18]。

⑦以二本門一論レ之一向以二末法之初一為二正機一。所謂一往見レ之時以二久種一為二下種一大通・前四味・迹門為レ熟至二本門一令レ登二等妙一。再往見レ之不レ似二迹門一。本門序正流通倶以二末法之始一為レ詮。在世本門末法之初一同純円也。但彼脱此種也。彼一品二半此但題目五字也[19]。

⑧所詮迹化・他方大菩薩等以二我内証寿量品一不レ可二授与一。末法初謗法国悪機故止レ之召二地涌千界大菩薩一寿量品肝心以二妙法蓮華経五字一令レ授二与閻浮衆生一也[20]。

⑨問曰此経文遣使還告如何。答云四依也。四依有二四類一。小乗四依多分正法前五百年出現。大乗四依多分正法後五百年出現。三迹門四依多分像法一千年・少分末法初也。四本門四依地涌千界末法始必可二出現一。今遣使還告地涌也。是好良薬寿量品肝要名体宗用教南無妙法蓮華経是也。此良薬仏猶不レ授二与迹化一何況他方乎[21]。

⑩如㆑是現㆓十神力㆒地涌菩薩嘱㆓累妙法五字㆒云（略）此十神力以㆓妙法蓮華経五字㆒授㆓与上行安立行浄行無辺行等四大菩薩㆒。前五神力為㆓在世㆒後五神力為㆓滅後㆒。雖㆑爾再往論㆑之一向為㆓滅後㆒也[22]。

⑪像法中末観音薬王示㆓現南岳天台等㆒出現以㆓迹門㆒為㆑面以㆓本門㆒為㆑裏百界千如一念三千尽㆓其義㆒。但論㆓理具㆒事行南無妙法蓮華経五字並本門本尊未㆓広行㆒㆑之。所詮有㆓円機㆒無㆓円時㆒故也[23]。

⑫此時地涌菩薩始出㆓現世㆒但以㆓妙法蓮華経五字㆒令㆑服㆓幼稚㆒。因謗堕悪必因得益是也。我弟子惟㆑之。地涌千界教主釈尊初発心弟子也。寂滅道場不㆑来双林最後不㆑訪不孝失有㆑之迹門十四品不㆑来。本門六品立㆑座但八品之間来還。如㆑是高貴大菩薩約㆓足三仏㆒受㆓持之㆒。末法初可㆑不㆑出歟[24]。

⑬此時地涌千界出現本門釈尊為㆓脇士㆒一閻浮提第一本尊可㆑立㆓此国㆒[25]。

⑭天晴地明。識㆓法華㆒者可㆑得㆓世法㆒歟。不㆑識㆓一念三千㆒者仏起㆓大慈悲㆒五字内裹㆓此珠㆒令㆑懸㆓末代幼稚頸㆒[26]。

『観心本尊抄』は、文永十年（一二七三）四月二十五日、佐渡国の一谷入道の館で執筆された教義書である。『観心本尊抄副状』の宛先は富木常忍となっているが、『副状』の文章中には「奉太田殿教信御房等」とあることから、富木・太田・曾谷等の有力檀越をはじめ信心堅固な門下一同に宛てられたものと考えられている。『観心本尊抄』は略称であり、具名は『如来滅後五五百歳始観心本尊抄』と称する。日蓮聖人、五十二歳の折の著作である。

『開目抄』を「人開顕の書」とするに対し、『観心本尊抄』は「法開顕の書」と称されている。「法開顕」は、本化自覚者日蓮聖人が「当身の大事」「未聞の事」である「末法の大法」（一大事の教え）を開示されたことをいう。その内容は、本門の肝心「南無妙法蓮華経」の一大秘法である。一大秘法は、末法の「事行の法門」であり、文永十一年の『法華取要抄』には「本門三法門[27]」と教示される。それが「本門の本尊・本門の戒壇・本門の題目」の三大秘法である。本門の本尊は「久遠実成の教主釈尊」（大曼荼羅御本尊）、本門の戒壇は「本門妙戒（題目受持）受戒の道場」、本門の題目は「南無妙法蓮華経」をいう。

①は、「本門の本尊」に帰命し「本門の題目」を至心に受持する「今本時」に顕現する「己心の三千具足三種の世間」の「常住の浄土」（一念三千の浄土）を教示されたものである。教主釈尊と受持の信行者が題目「南無妙法蓮華経」において感応道交した境界であり、この文を四十五字法体段と称している。仏は「過去不滅未来不生」の「久成の仏」、題目受持の信行者は「本門釈尊の因果」に包摂されて「所化以て同体」となる。このような「一念三千の常住の浄土」は、「時機未熟」のゆえに迹門には「未説」であるとされている。

②は前掲①を受けたもので、「今本時の娑婆世界」を「この本門の肝心南無妙法蓮華経の五字」と表記し、この「肝心の法」は「文殊薬王等の迹化」には付さず、「但地涌千界を召して八品を説いて付嘱」された、と述べられている。「本時の娑婆世界」の剋体である「本門の肝心南無妙法蓮華経の五字」は地涌千界付嘱の肝心法である。

③は、「本門の本尊」の相貌を教示されたものである。「本師の娑婆の上に住立した題目宝塔を中心に釈迦多宝の二仏が並坐し、上行等の四菩薩が脇士」となる様相は、法華経虚空会における大法（要法）付嘱の儀相を表示するもので、四十五字法体段で示された「本時の娑婆世界」を表象している。それは「久遠釈尊の悟界」であると同時に、「所化以て同体」の「久遠釈尊の救済世界」でもある。日蓮聖人は、「かくのごとき本尊」は本化菩薩在座の「本門八品に限る」とし、「本門の本尊」には「上行等の本化地涌菩薩」の存在が不可欠であることを示唆されている。

この「観心法門」を絹布に墨筆で認められたのが、『観心本尊抄』執筆から約三ヶ月後の七月八日に図顕された総帰命の大曼荼羅本尊であると考えられている。(28) 佐渡の日蓮聖人は、文永八年の松葉谷草庵での捕縛・片瀬龍口での斬首の危機・依智への護送・佐渡への配流・塚原配所の日々、文永九年の塚原での問答・二月騒動・「かたみ」としての『開目抄』の述作・一谷への移宅、文永十年の「一期の大事」である『観心本尊抄』の述作等を経て、心中に涌きあがる「観心の法門」を具象化し大曼荼羅として表明された。まさしく佐渡における「一大事の法門」の顕発である。

④は、正像二千年の本尊に対して、末法今時には「寿量の仏」の「仏像」が「出現」すべきであるとされている。「寿量の仏」は③に言う「本師」であり、『報恩抄』所述の「本門の教主釈尊」[29]と同意である。『報恩抄』には、「本門の教主釈尊」は「宝塔の内の釈迦多宝、外の諸仏、並に上行等の四菩薩を脇士とした本尊」であるとされていることから、「寿量の仏」「本門の教主釈尊」は大曼荼羅本尊と同義であり、大曼荼羅本尊上層の主尊を表示した一塔両尊四士本尊とも同じであること分かる[30]。

⑤は、問者が「末法今時に建立されるべき本尊は、前代未聞のゆえに耳目を驚動し心意を迷惑する」として、詳細な説明を求める文である。その前代未聞・耳目驚動・心意迷惑の本尊は「本門寿量品の本尊並四大菩薩」と表現されている。この文は一尊四士本尊の教示と理解されている。一尊四士本尊は「虚空会付嘱の儀相」の「題目宝塔と釈迦多宝の二仏」を「教主釈尊」（「寿量の仏」）の一仏において表示されたもので、大曼荼羅本尊および大曼荼羅本尊上層の主尊を表示した一塔両尊四士本尊と同義である。

⑥は、本法三段と称されている科段で、「諸仏微塵の経々」を三段に分けて、正宗分を「寿量」「一品二半」とする壮大な教判である。ここで言う「本門」は本迹の相対を超えた本門義で「釈尊内証の本門」を意味する。観心では「寿量」、教相では「一品二半」と表現されるが、その本質は本法の「南無妙法蓮華経」（教観相即の題目）である。

⑦は、「末法為正と種脱」について論じたもので、「一往」は、久種を下種、大通・前四味・迹門を熟、本門を脱としながら、「再往」は、本門の教えは「末法の初」を「詮」とする。「在世の本門」と「末法の初」は「一同に純円」でありながら、「在世の本門」は「脱」で「一品二半」、「末法の初」は「種」で「題目五字」であるとされている。両者は、本門の法体においては「一同に純円」であるが、化益は「脱」と「種」、教法は「一品二半」と「題目五字」の相違があることを示されている。したがって、「末法の初」は「題目五字」の信行と「題目五字」による下種を肝要とする。

⑧は、「末法の初」は「謗法の国悪機」のために、「迹化・他方の大菩薩等」には「我内証の寿量品」を授与することはできないとして、「地涌千界の大菩薩」を召して「寿量品の肝心たる妙法蓮華経の五字」を「閻浮の衆生」に「授与せしめた」とされている。「迹化・他方の大菩薩等」に授与しない理由は、「末法の初」は所対の国土と機根が謗法・悪逆であり、弘教の任に堪えることができないためである。「地涌千界の大菩薩」は、釈尊から「滅後の弘教」のために地下から召し出され別付嘱された「正当なる導師」（本弟子。久成の人）である。釈尊が「地涌千界の大菩薩」に「授与」された「大法」は「釈尊内証の寿量品」、すなわち「寿量品の肝心たる妙法蓮華経の五字」である。「末法の初」の悪機（重病者）を教益（治癒）するためには「大良薬の大法」でなければならず、その弘通の任も「本化地涌菩薩」でなければ成しえない。

ここに「大法」流布の必然性が整足した。法は「釈尊内証の寿量品」である「妙法蓮華経の五字」、機は「謗法逆機」、時は「末法の初」、国は「謗法の国」、師は「地涌千界の大菩薩」である。すなわち、「末法の初」は「謗法逆機」のゆえに、釈尊の本弟子である「地涌千界の大菩薩」が「釈尊内証の寿量品」である「妙法蓮華経の五字」を弘通することが、「虚空会上塔中付嘱の法華経[31]」に決定付けられており、その「誓言」（本化）と「付嘱」（釈尊）

に立脚して、「大法」(「妙法蓮華経の五字」)が流布されるのである。

⑨は、寿量品所説の「遣使還告」は「本門の四依地涌千界」であるとし、その地涌菩薩が「良薬」である「寿量品の肝要たる名体宗用教の南無妙法蓮華経」を釈尊から授与されたとされている。「一大事の教え」(「南無妙法蓮華経」)を受持弘通する「末法の師」を明示されたものである。その文の背景には、「末法の初」における「本化地涌の出現と大法弘通の必然性」の確信がある。

⑩は、神力品の十神力は「地涌菩薩に妙法五字を嘱累」するためであるとして、虚空会における結要の別付嘱は「妙法蓮華経の五字」を「上行安立行浄行無辺行等の四大菩薩」に授与し、「滅後」の衆生を利益せしめるものであるとされている。

⑪は、「像法の中末」に「観音・薬王」が「南岳・天台等」として「示現し、出現」し、「迹面本裏」の法華経に立脚して「百界千如・一念三千」を説いたが、それは「理具」を論じたもので、「事行の南無妙法蓮華経の五字並に本門の本尊」は、「円機」はあっても「円時」無きゆえに「いまだ広くこれを行」じられていない、とされている。「末法の初め」は「本面迹裏」の一念三千である「事行の南無妙法蓮華経の五字並に本門の本尊」が広宣流布されるべき「時」である。

前掲⑧では「迹化・他方の大菩薩等」が末法に「大法」(「内証の寿量品」「寿量品の肝心たる妙法蓮華経の五字」)を弘めなかった理由として、所対の機根(謗法逆機)が指摘されていたが、ここでは「円機あれども円時なき故」とされている。すなわち「時」に比重が置かれていることが分かる。それは、機は時に必然的に従属するからである。時代が推移するに連れて機根が下降することは正像末を説く仏教の歴史観が示すとおりである。所対が「末法の機」であるという「末法」に視点を当てた捉え方がされているのである。

したがって、像法時に活動した「南岳・天台等」が弘通する法は「迹面本裏」の「理具」、今時（末法の初め）の「地涌千界の大菩薩」（本化）が弘通する法は「事行の南無妙法蓮華経の五字並に本門の本尊」となるのである。

⑫は、「末法の今時」は、「本門八品」に「来還」して要法（題目）の受持弘通を「三仏」と「約足」（約束）した「教主釈尊の初発心の弟子」（久成の弟子）である「高貴の大菩薩」（地涌菩薩）が「世」に「出現」して、「妙法蓮華経の五字」を「幼稚」に「服」せしむことの必然性を述べられている。虚空会塔中付嘱の事実は「今、末法の初め」にこそ実現されなければならない。それが久成の師弟における「約足」（約束）である。この「約足」（約束）に法華経の未来（「滅後の法華経」）がかかっていることから、これを「付嘱の大事」と称する。

⑬は、地涌千界が出現して「本門の釈尊」の「脇士」となって、「一閻浮提第一の本尊」がこの「国」に「立つべし」、と述べられている。地涌菩薩は題目受持弘通の「末法の導師」であり、そのことは「本門の教主釈尊」の「脇士」として「本門の本尊」の剋体を決する重要な要素となっている。地涌千界が本門釈尊の脇士となるとの教示は前掲⑤の一尊四士本尊の説示と共通している。

⑭は、『観心本尊抄』の総結の文である。「不識一念三千者」である「末代幼稚」を救済する「仏」の「大慈悲」として、「宝珠」を「裹」んだ「五字」を「頸」に「懸」けさせしめたもう、と述べられている。「仏の大慈悲」の菩薩行として、「宝珠の五字」を「末代幼稚の頸」に「懸」けるのは、「如来所遣」の本化地涌菩薩である。

（4）『観心本尊抄副状』文永十年（一二七三）四月二十六日

観心法門少々注レ之奉二太田殿教信御房等一。此事日蓮当身大事也。秘レ之見二無二志一可レ被レ開二祏（開祏《かいせき》）之一歟。此書難多答少。未聞之事人耳目可レ驚二動之一歟。設及二他見一三人四人並レ座勿レ読レ之。仏滅後二千二百二十余年未レ有二此書之心一。不レ顧二国難一期二五五百歳一演二説之一。(32)

『観心本尊抄』叙述の内容を「観心の法門」と表現し、「この事、日蓮当身の大事なり」とされている。「可秘」「難信」「未聞」「驚動」「未有」の法門であるゆえに、「国難」を被ることをも覚悟して「演説」するとし、閲読には「無二の志」（堅固な信心）と慎重な配慮（「三人四人座を並べてこれを読むこと勿れ」）が必要であると厳しく誡められている。「日蓮当身の大事」の表記には、この法門の宣説に、「釈尊の内証の法」の顕現、「釈尊の勅宣」への応答、「虚空会の誓言」の履行、「本化の使命」の遂行、「末代衆生の救済」の実現などがかかっているとの、「観心法門」を信受感得した日蓮聖人の深い思いが凝縮している。「釈尊一大事の大法」を「五五百歳」（末法の初め）を「期」して広宣流布することとの使命と責任を帯した本化菩薩の言表である。

（5）『顕仏未来記』文永十年（一二七三）閏五月十一日

諸天善神並地涌千界等菩薩守二護法華行者一。此人得二守護之力一以二本門本尊・妙法蓮華経五字一令四広二宣流三布於閻浮提一歟。例如下威音王仏像法之時不軽菩薩以二我深敬等二十四字一広二宣流三布於彼土一招中一国杖木等大難上也。彼二十四字与二此五字一其語雖レ殊其意同レ之。彼像法末与二是末法初一全同。彼不軽菩薩初随喜人日蓮名字凡夫也。[33]

「諸天善神並に地涌千界等の菩薩」が「法華の行者」を守護するとし、行者はこの「守護の力」を得て「本門の本尊・妙法蓮華経の五字」を「閻浮提」に「広宣流布」するとされている。諸天善神と同様に地涌千界もまた行者守護の菩薩として位置づけられている。[34] 続いて「威音王仏の像法時の不軽菩薩の二十四字」と「釈迦仏の末法時の自身の五字」とを、「大難」における共通性において指摘し、「不軽菩薩は初随喜の人」「日蓮は名字の凡夫」とされている。

『観心本尊抄』において「地涌千界」とされていた「末法の師」を、値難（色読）の事実に立脚して自らの身に当て、その行実を不軽菩薩の行軌と対比されている。

(6)『富木殿御返事』文永十年(一二七三)七月六日

御勘気ゆりぬ事、御歎候べからず候。当世日本国子細可レ有レ之由存レ之。定如二勘文一候べきか。設日蓮死生雖レ為二不定一妙法蓮華経五字流布無レ疑者歟。伝教大師御本意円宗為レ弘二日本一。但定慧存生弘レ之円戒死後顕レ之。為二事相一故一重大難有レ之歟。仏滅後二千二百二十余年、于レ今寿量品仏与二肝要五字一不二流布一。(略)故天台大師指二日蓮一云後五百歳遠沾二妙道一等云云。伝教大師恋二当世一云末法太有レ近等云云。幸哉我身当二数数見擯出之文一。悦哉悦哉。[35]

富木殿に対し、佐渡配流の「御勘気」が赦されないことを嘆くことはないと諭し、「妙法蓮華経の五字の流布は疑いなきものか」として、伝教大師の「円宗」弘通の先例を挙げ、値難色読の法悦の中に、やがて「寿量品の仏と肝要の五字が流布する」ことの確信を教示されている。

(7)『波木井三郎殿御返事』文永十年(一二七三)八月三日

①鎌倉筑後房・弁阿闍梨・大進阿闍梨申小僧等有レ之。召レ之可レ有二御尊一。可レ有二御談義一。大事法門等粗申。彼等日本未二流布一大法少々有レ之。随御学問可二注申一也。[36]

②但仏滅後二千余年三朝之間数万寺々有レ之。雖レ然本門教主寺塔地涌千界菩薩別所二授与一妙法蓮華経五字未レ弘二通之一。有二経文一無二国土一。時機未レ至故歟。(略)当レ知所レ残本門教主、妙法五字流二布一閻浮提一無レ疑者歟。[37]

①は、檀越の波木井三郎に対して鎌倉在住の弟子から法門を聴聞するように教示された文章中に、「大事の法門」「大法」と表現されている。その「大法」は「未流布」のゆえに、門下がこぞって「流布」しなければならないので、「談義」「学問」(信解)に精進するようにと述べられている。

②は、「仏滅後二千余年三朝の間に数万の寺々」があるが「本門の教主の寺塔、地涌千界の菩薩に別して授与さ

れた妙法蓮華経の五字はいまだ弘通されていない」とし、その理由を「経文」には説かれていても「国土」には無く「時機」至らざるゆえか、とされている。その上で、日蓮聖人の確信として「本門の教主、妙法五字」が「一閻浮提」に「流布」することは疑いないと述べられている。「本門の教主の寺塔」「本門の教主」は本門の本尊、「地涌千界の菩薩に別して授与」された「妙法蓮華経の五字」「妙法五字」は本門の題目を意味する。

（8）『小乗大乗分別鈔』文永十年（一二七三）

此心ならば涅槃経・大日経等の一切の大小権実顕密の諸経は皆小乗経。八宗の中に倶舎宗・成実宗・律宗を小乗と云のみならず、華厳宗・法相宗・三論宗・真言宗等の諸大乗宗を小乗宗として、唯天台宗一宗計実大乗宗なるべし。彼彼の大乗宗の所依の経経には絶て二乗作仏・久遠実成最大法をとかせ給はず。譬ば一尺二尺の石を持者をば大力といはず、一丈二丈の石を持を大力と云が如し。華厳経の法界円融四十一位・般若経の混同無二十八空・乾慧地等の十地・瓔珞経の五十二位・仁王経の五十一位・薬師経の十二大願・双観経の四十八願・大日経の真言印契等、此等は小乗経に対すれば大法・秘法也。法華経二乗作仏・久遠実成に対すれば小乗の法也。一尺二尺を一丈二丈に対するがごとし(38)。

諸宗の諸経を比較検討して、法華経の二乗作仏と久遠実成こそが「最大の法」であるとされている。『開目抄』では、諸経と法華経との相異を挙げるなかで、二乗作仏と久遠実成をもって法華経の超勝性を述べ、さらに発迹顕本に「真実」（「真の一念三千」）を論じられている(39)。この趣旨に基づけば、本書の意図は、発迹顕本に立脚することによって二乗作仏の真実性も定まり、そこに「真の一念三千」である「最大の法」の意義が成就することになる。

（9）『法華行者値難事』文永十一年（一二七四）正月十四日

天台・伝教宣レ之本門本尊与二四菩薩戒壇南無妙法蓮華経五字一残レ之。所詮一仏不二授与一故二時機未熟故也。今既時来。四菩薩出現歟。日蓮此事先知レ之。（略）各々為二我弟子一者深存二此由一。設及二身命一莫二退転一[40]。

「天台・伝教」は「時機未熟」のために「本門本尊と四菩薩と戒壇と南無妙法蓮華経五字」を「弘め残」したが、「今既に時来」るゆえに「四菩薩」が「出現」することは必定であるとし、「日蓮はこの事を先ず知った」として、弟子門下に対し不惜身命の覚悟を促されている。

『法華行者値難事』のこの文は、真蹟が現存する遺文中、三大秘法を構成する三法門の名目を挙げた最初と考えられている。三大秘法は、この後、『法華取要抄』[41]『報恩抄』[42]などに叙述される。

以上、「一大事の教え」に関連すると思われる佐渡期の日蓮聖人遺文における主な用例を挙げた。

むすび

法華経の「唯以一大事因縁故出現於世」は、「仏が衆生救済という重要な因縁をもってこの世に出現された」ことを言い、これを「仏の出世の本懐」と称している。「一大事」は、世間における一般的な用法では「特別大切な事」「容易ならざる出来事」を意味するが、仏教的な用例においては法華経の「唯以一大事因縁故出現於世」を意図した表現がなされることがある。

法華経の「唯以一大事因縁故出現於世」は、釈尊における「一大事」である。日蓮聖人の場合は「釈尊の一大事」と「自身の一大事」の双方において「一大事」の言葉が使用されている。

「釈尊の一大事」は、「大事の法門」「大法」「内証の寿量品」「寿量品の肝心」「寿量品の肝要」「肝要」「最大の法」等の用例である。これらは「末法に弘通すべき釈尊の大切な教え」を意味する。「日蓮聖人自身の一大事」は、事」を意味する。

このような表現は、釈尊の教えを頂受し、釈尊と感応した日蓮聖人の境界を表出している。本師釈尊に直参した日蓮聖人が感得した「一大事の法」が、「文底の一念三千」であり「内証の寿量品」である。すなわち、「釈尊の一大事」は「法華経色読の行者日蓮聖人」における「一期の大事」「当身の大事」であり、これを日蓮聖人は「まことの大事」と表現されたのである。

このような法門受容は、教主釈尊とその教えを受け止める行者とが相対的に向き合っていたのでは成しえない。釈尊の世界に日蓮聖人が没入することによって表出する境界である。「一大事の教え」の本質は「本師釈尊」の「久遠法の世界」である。いわば「久遠の弟子」が「本師釈尊」の「久遠法」に感応し昇華した「久遠の法門」である。

日蓮聖人はこれを『開目抄』に「本因本果の法門」「真の一念三千」、『観心本尊抄』に「観心の法門」「内証の寿量品」「本門の肝心」「寿量品の肝心」「寿量品の肝要」等と表現し、その他諸遺文には「大事」「大法」「肝心」等と表現されたのである。

それが題目「南無妙法蓮華経」の「一大秘法」であり「本門三法門」の「三大秘法」である。この「大法」は本化地涌菩薩が虚空会上塔中において三仏から別付嘱を蒙った「未曾有」の「久遠法」であるゆえに、特別重要であり、みだりに公開してはならない「秘法」なのである。

日蓮聖人は、「起顕竟の法門」（「虚空会の本門」）に立脚し、「虚空会塔中付嘱の儀相の真実」（本化の誓言と釈尊の付嘱による約束）に心身を投入して法華経を受け止められた。したがって、久遠釈尊の「毎自作是念の悲願」（衆生救済の大慈悲）を「滅後末法の救い」（「今本時の娑婆世界」）に見出し、本化の自覚の中で「法華経世界の実現」（「立正安国」の顕現）に邁進された。その教えの根底にあったのは「本門寿量品文底の一念三千」（「観心法門」）であり、その実践原理は「末法の法華経」が要請する「教えの体系」であった。すなわち、流布必然の時は「末法の初め」、娑婆有縁の仏は「本門の教主釈尊」、弘通の法は「本門の肝心南無妙法蓮華経」、広布の土は「娑婆世界から一閻浮提」、流布の国は「一向謗国」、所対の機は「謗法逆機」、能弘の師は「本化地涌菩薩」という「五義の法門」である。

これらは、末法の末代幼稚をみそなわす釈尊の御意であり、その内実の深秘性と使命の重要性を覚知し、その御意に生きることが、日蓮聖人における「一大事」であった。

すなわち、末法の大法・大法の信受・大法の実現など大法に生きることのすべてが、日蓮聖人にとっての「一大事の教え」であったのである。

※本稿は、日蓮聖人における「一大事の教え」について、佐渡期を中心に考察した。続いて身延期については次の稿を参照していただきたい。

①「日蓮聖人における「一大事の教え」――身延期を中心として――（一）」（『大崎学報』第一七九号、立正大学仏教学会発行）

②「日蓮聖人における「一大事の教え」――身延期を中心として――（二）」（『身延論叢』第二八号、身延山大学仏教学会発行）

註

（1）法華経の迹門正宗分略開三顕一には「甚深無量」「甚深未曾有法」「広大甚遠」「一切未曾有法」「無量無辺未曾有法」「甚深微妙法」（以上、方便品）、同じく広開三顕一には「釈尊の出世」を「一大事因縁」（方便品）、法説周の四衆領解段には「未曾有聞如是深妙之上法」（譬喩品）、本門流通分には「地涌菩薩の仏滅後弘経の発誓」の文言中に弘通の法を「真浄大法」（如来神力品）等と説かれている。とくに「一大事因縁」については、法華教学では「釈尊出世の本懐」と称している。日蓮聖人は「釈尊出世の本懐」について、『守護国家論』（『昭定』九四頁・曾）、『崇峻天皇御書』（『昭定』一三九七頁・真）、『聖人御難事』（『昭定』一六七二頁・真）等に叙述されている。拙稿「日蓮聖人における出世の本懐」（『日蓮宗勧学院中央教学研修会講義録』第三〇号）参照。「未曾有聞如是深妙之上法」は『開目抄』（『昭定』五七一頁・曾）に法華経が「十界皆成」の教えであることの証文として挙げられている。「真浄大法」は『観心本尊抄』第十三番問答（『昭定』七〇五頁・真）に「菩薩界所具の十界」の証文として挙げられている。章安大師灌頂は『摩訶止観』の序に、天台大師智顗講述の『摩訶止観』を「説己心中所行法門」（『正蔵』第四六巻一頁b）と称揚し、妙楽大師湛然は『摩訶止観輔行伝弘決』において、『摩訶止観』巻五の「第七正修止観章」を釈して「乃是終窮究竟極説。故序中云㆓説己心中所行法門㆒。良有㆑以也」（『正蔵』第四六巻二九六頁a）と讃歎している。日蓮聖人はこのことについて、『八宗違目鈔』（『昭定』五三一頁・真）、『観心本尊抄』（『昭定』七〇三頁・真）、『智慧亡国御書』（『昭定』一一三〇頁・真）、『像法決疑経等要文』（『昭定』二二八〇頁・真）、『断簡三四七』（『昭定』二九八四・二九八五・二九八七頁・断）等に叙述されている。『摩訶止観』は法華経の修行について論述した書であることから、『摩訶止観』の称揚は法華経の称賛をも意味する。

（2）『日本思想体系』第一二巻「道元」上二六八頁。

（3）『日本古典文学大系』第八三巻「仮名法語集」七八頁。

（4）『日本古典文学大系』第三六巻「太平記」三、七八頁。作者については、小島法師・法勝寺の恵珍・玄慧・山伏・禅僧・上層武士など諸説がある。

（5）弘長年間の伊豆配流と、このたびの佐渡配流。

（6）『昭定』一四四六～一四四七頁・真の影写本・日興写本。

（7）佐渡配流以前の法門を「仏の爾前の経とをぼしめせ」とする『三澤鈔』の文意に立脚して、一妙院日導は『祖書綱要』に「第七佐渡已前未顕真実章」「第八佐前未破両家真言宗章」「第九佐渡前後法門異相章」「第十佐前未顕真実二意章」を立て、佐前佐後における法門の異相を論じた。さらに、日蓮聖人教学における佐前佐後法門異相については、望月歓厚「佐前佐後の法門の異相」（『日蓮聖人御遺文講義』第三巻）、浅井円道「佐渡始顕の法門」（『観心本尊抄』仏典講座三八）等を参照。

（8）『昭定』五五二頁・曾。
（9）『昭定』五六一頁・曾。
（10）『昭定』五九〇頁・曾。
（11）『昭定』二三三四頁・真。
（12）『昭定』八一八頁・真。
（13）『昭定』七一二頁・真。
（14）『昭定』七一二頁・真。
（15）『昭定』七一二～七一三頁・真。
（16）『昭定』七一三頁・真。
（17）『昭定』七一三頁・真。
（18）『昭定』七一四頁・真。
（19）『昭定』七一五頁・真。
（20）『昭定』七一五～七一六頁・真。
（21）『昭定』七一六～七一七頁・真。
（22）『昭定』七一七～七一八頁・真。
（23）『昭定』七一九頁・真。
（24）『昭定』七一九頁・真。
（25）『昭定』七二〇頁・真。
（26）『昭定』七二〇頁・真。
（27）『昭定』八一八頁・真。

(28) この大曼荼羅本尊は、「日蓮始図レ之」とあることから「佐渡始顕大曼荼羅本尊」と称されている。なお、この場合の「始顕」は、「大曼荼羅本尊が文永十年七月八日に始めて図顕された」ではなく、「一閻浮提未曾有の大曼荼羅」が「末法の初めに始めて図顕された」の意である。真筆は明治八年に身延山の大火によって焼失した。日乾の臨写が京都本満寺、日亨の臨写が身延山久遠寺に所蔵されている。『観心本尊抄』と「佐渡始顕本尊」との関係については、桑名法晃「始顕本尊の讃文と開・本両抄」（『印度学仏教学研究』第六二巻第一号）に論述されている。

(29) 『報恩抄』「一は日本乃至一閻浮提一同に本門の教主釈尊を本尊とすべし。所謂宝塔の内の釈迦多宝、外の諸仏、並に上行等の四菩薩脇士となるべし」『昭定』一二四八頁・曾・断。

(30) 大曼荼羅は「十界互具の仏界を図顕した悟界」（救済世界）であり、同時に「本時の娑婆である浄土」（常住の浄土）を表象する。一塔両尊四士は、「本師の娑婆の上に住立する宝塔の南無妙法蓮華経」に「並坐する二仏」と「脇士の本化四菩薩」をもって、「本因本果本国土の三妙が具足した本仏世界」を顕現する。一尊四士は虚空の「題目宝塔と釈迦多宝の二仏」を「能説の教主釈尊」（本門の教主釈尊）に集約し、「能弘の本化四菩薩」を脇士として「本因本果の仏界」を具現する。いずれも本化菩薩が三仏から別付嘱を蒙った「南無妙法蓮華経の大法」を剋体とする「一念三千の本尊」である。

(31) 滅後のために三仏が本化地涌に別付嘱された「要法の法華経」。

(32) 『昭定』七二一頁・真。「開祏」は「開祏《かいせき》」ではないかと思われる。拙稿「日蓮聖人遺文における「開祏」の文字について」（『身延論叢』第二七号）参照。

(33) 『昭定』七四〇頁・曾。

(34) 地涌菩薩の行者守護については『真言諸宗違目』（『昭定』六四〇～六四一頁・真）『観心本尊抄』（『昭定』七二〇頁・真）『撰時抄』（『昭定』一〇六一頁・真）等に見られる。

(35) 『昭定』七四三～七四四頁・真。

(36) 『昭定』七四五頁・日興写。

(37) 『昭定』七四八頁・日興写。

(38) 『昭定』七七〇頁・断。

(39) 『昭定』五五二頁・曾。

(40)『昭定』七九八～七九九頁・真。
(41)『昭定』八一五～八一六頁・真。
(42)『昭定』一二四八頁・曾・断。

凡　例

一　日蓮聖人遺文は立正大学日蓮教学研究所編『昭和定本日蓮聖人遺文』(身延山久遠寺発行)により『昭定』と略記した。

二　日蓮聖人遺文の真蹟現存等の状況については、次のように表記した。

　真　　真蹟現存遺文
　曾　　真蹟曾存遺文
　断　　真蹟断簡・真蹟断片現存遺文
　○○写　直弟子○○の写本現存遺文

三　日蓮聖人遺文の系年は『昭和定本日蓮聖人遺文』によった。

四　『大正新脩大蔵経』は『正蔵』と略記した。

キーワード　日蓮聖人、一大事、大法、一大秘法、三大秘法

日蓮に於ける仏界と仏性

前川健一

はじめに

日蓮が一念三千を重視し、これを自身の仏教思想の中心に置いていることは周知のとおりである。日蓮にとって一念三千が重要である理由としては、一つには凡夫成仏の原理としてであり[1]、もう一つには草木成仏を通じて本尊論を成立させる根拠としてであると言える[2]。前者については衆生に仏性があるという仏性論でも説明できるが、後者については「一切衆生悉有仏性」という『涅槃経』に由来する仏性論（有情にだけ仏性がある）では対応不可能である。「無情仏性」という言葉も用いているが、これはむしろ一念三千から導かれるものであると、日蓮は考えていた[3]。ここに日蓮が一念三千を重視した理由の一半がある。

こうした基本的な立場のほかに、仏性論よりも一念三千が優越する理由として、以下のような点が挙げられる。

（1）天台教学の教判において、『涅槃経』は『法華経』を補足するものであり、『涅槃経』に説かれる仏性論は、本質的には既に『法華経』で説かれている[4]。

（2）仏性論では、九界所具の仏界は説明できても、仏界所具の九界（いわゆる性悪）は説明できない[5]。

このように考えていくと、日蓮仏教において仏性論は二義的な価値しか持たないように見える。本稿では、実際の用例に即して、日蓮仏教における仏性の位置づけを検討してみたい。

一　日蓮遺文に於ける「仏性」の用例

『昭和定本日蓮聖人遺文』（以下、定本）における「仏性」の用例数を遺文ごとに一覧にしたものが、**表1**である。ここには、『仏性論』という書名への言及は省いてある（なお、参考のため、「仏界」の用例数も掲出してある）。これらを見ると、突出して「仏性」への言及が多い遺文があることに気づく。具体的に言えば、『顕謗法抄』一〇例、『八宗違目抄』一〇例、『法華初心成仏抄』九例、『爾前二乗菩薩不作仏事』八例である。しかも、『八宗違目抄』は真蹟現存、『顕謗法抄』『爾前二乗菩薩不作仏事』は真蹟曾存、『法華初心成仏抄』は日祐の『本尊聖教録』に記載があり、いずれも真正性の高い遺文と言える。以下、これらにおける「仏性」の理解を検討してみたい。

なお、これらの系年について、『定本』では次のように判定している。

『爾前二乗菩薩不作仏事』正元元年（一二五九）

『顕謗法抄』弘長二年（一二六二）

『八宗違目抄』文永九年（一二七二）二月一八日

『法華初心成仏抄』建治三年（一二七七）

これに対して、山上弘道は、諸宗批判の内容から推して、『顕謗法抄』を文永九年に置くことを提案している[6]。

表1　日蓮遺文に於ける「仏性」「仏界」の用例数

題名	書誌情報	定本番号	仏性	仏界	（仏法界）
一代聖教大意	日目写本	10	1	4	
一念三千理事	内36/1、祐・朝・平	11		1	
守護国家論	曽存	15	4	5	
十法界事	内34/25、朝・平	16	1	2	
爾前二乗菩薩不作仏事	曽存	17	8		
二乗作佛事	延山録外、朝	19		1	
十法界明因果抄	内16/20、日進写本、祐・朝	22		1	
同一鹹味御書	外3/52、本	27	1		
顕謗法抄	曽存、日乾対照本	31	10		
持妙法華問答抄	内21/1、朝・平	33	1		
聖愚問答抄	外1/1、三	43	4		
法華経題目抄	内11/1、真蹟断簡	44		1	
天台真言勝劣事	内35/16、祐・朝・平	77	1		
寺泊御書	真蹟	92	1		
八宗違目抄	真蹟	96	10		
草木成仏口決	外13/14、本・三	97	1		
開目抄	曽存	98	6	6	
真言見聞	内37/1、金・朝・平	110	1		
観心本尊抄	真蹟	118	1	11	1
諸法実相抄	受2/11、朝	122		1	
義城房御書	外25/1、朝・本	123		1	
当体義抄	内23/9	134	1	2	
木絵二像開眼之事	曽存	138	1		
兄弟抄	真蹟	174	1		
撰時抄	真蹟	181	1	2	
御衣並単衣御書	真蹟	195	1		
四条金吾釈迦仏供養事	曽存、真蹟断簡	220	1		
松野殿御返事	外8/33、朝・意・本・三	231	2		
崇峻天皇御書	曽存	262	1		
法華初心成仏抄	内22/1、祐・朝・平	270	9		
上野殿御返事	伝日興写本（大石寺）	282	2		
妙法尼御前御返事（一句肝心の事）	外16/26、意・三	298	1		
三世諸仏総勘文教相廃立	内14/28、祐・朝・平	348	5	7	3
諸経と法華経と難易の事	真蹟	367		1	
諫暁八幡抄	曽存（後欠）、真蹟（後半）	395	1		

一代五時鶏図	真蹟	図20	2		
華厳法相三論天台等元祖事	真蹟	図32	3		
一念三千法門	外17/25、本・三	続14	2		
寿量品得意抄	外15/11、意・本・三	続22		2	
合計			85	48	4

※内＝録内、外＝録外、金＝『金綱集』、祐＝日祐『本尊聖教録』、朝＝日朝写本、平＝平賀本、意＝日意『大聖人御筆目録』、本＝本満寺録外、三＝三宝寺録外

その他のものについて見ると、『爾前二乗菩薩不作仏事』では、源信の『一乗要決』、円仁の『速証仏位集』が肯定的に引用されている（後掲）ので、台密批判以前であることが分かる。また、『涅槃経（北本）』巻三十六から「雖信佛性是衆生有。不必一切皆悉有之。是故名為信不具足」（大正蔵一二巻五七五b二五―二六）が引用されている（後掲）が、同じ文は『顕謗法抄』でも引用されており（後掲）、しかもこの二書以外にはこの文の引用が見えないので、両者が近い関係にあることが推察される。

『法華初心成仏抄』でも、安然の「我日本国（皆信大乗）」という文（『普通授菩薩戒広釈』〈大正蔵七四巻七五七c二一―二三〉）や、源信の『一乗要決』が肯定的に引用される（いずれも定本一四一四）ので、台密批判以前と考えられる。内容的にも、真言批判は見られるが、台密批判は見られない。また、「人既にひがみ、法も実にしるしなく、仏神の威験もましまさず、今生・後生の祈も叶はず。かゝらん時は、たよりを得て天魔波旬乱れ入り、国土常に飢渇して、天下も疫癘し、他国侵逼難・自界叛逆難とて、我国に軍・合戦常に有て、後には他国より兵どもをそひ来て此国を責べしと見えたり」（定本一四二一―一四二二）という口吻は、二月騒動（文永九年、一二七二）・文永の役（文永一一年、一二七四）を経験した時期のものとしては切迫感を欠いているように見え、仮に真作だとすれば、文永九年よりも前に置くことが穏当であるように思われる。

『八宗違目抄』も台密批判が見られず、安然の『菩提心義抄』が肯定的に引用されている（定本五二九）ので、文永九年より後とは考えられない。

このように検討してみると、仏性についての言及が多いのは、文永九年以前ということになる。さらに、『爾前二乗菩薩不作仏事』と『顕謗法抄』との密接な関係からすると、文永九年前後に集中的に論じているという可能性もある。以下、それぞれの所説を検討してみたい。

1　『爾前二乗菩薩不作仏事』

問云、二乗成仏無之者、菩薩成仏無之、正証文如何。

答云、『涅槃経』三十六云「雖信仏性是衆生有、不必一切皆悉有之。是故名為信不具足」三十六本。三十二 如此文者、先四味之諸菩薩皆一闡提人也。不許二乗作仏、非不成二乗作仏、将又菩薩作仏不許之者也。以之思之、「四十余年」之文、不許二乗作仏、菩薩之成仏又無之也。

『一乗要決』中云「『涅槃経』三十六云『雖信仏性是衆生有、不必一切皆悉有之。是故名為信不具足』三十六本。三十二 第三十一説『信一切衆生及一闡提悉有仏性、名菩薩十法中第一信心具足』三十六本。第三十 明『一切衆生悉有仏性』、非是少分。若猶固執少分一切、非唯違経、亦信不具。何因楽作一闡提耶。由此、応許全分有性。理亦応許一切成仏（中略）」文。

『金錍註』云「境謂四諦。百界三千生死即苦、達此生死即涅槃、名衆生無辺誓願度。百界三千具足三惑、達此煩悩即是菩提、名煩悩無辺（ママ）誓願断。生死即涅槃、証円仏性、即仏道無上誓願成。惑即菩提、無非般若、即法門無尽誓願知。惑智無二、生仏体同、苦集唯心、四弘融摂、一即一切。斯言有徴」文。

慈覚大師『速証仏位集』云（中略）又云「第一明妙経大意者、諸仏唯以一大事因縁故出現於世、説『一切衆生悉有仏性』、聞法観行、皆当作仏。抑仏以何因縁説『十界衆生悉有三因仏性』。天親菩薩、『仏性論』縁起分第一云『如来、為除五種過失生五種功徳故、説一切衆生悉有仏性』。謂五種過失者、一下劣心、二高慢心、三虚妄執、四謗真法、五起我執。（中略）疑無生故、不能発大菩提心、名下劣心。謂我有性能発菩提心、名高慢。於一切法無我中、作有我執、名虚妄執。違謗一切諸法清浄智慧功徳、名謗真法。意唯存己、不欲憐一切衆生、名起我執。翻対此五、知定有性、発菩提心」。（定本一四五―一四六）

ここでの「仏性」はすべて引用文の中に出てくるが、それらを肯定的に引用しているので、仏性が衆生に遍在していることから、一切衆生成仏を導くという天台宗の論理を肯定していると考えられる。なお、本書には、上に引用した『金錍註』（明曠『金剛錍論私記』）中で「百界三千」とあるのを除いて「一念三千」への言及がない。

2　『顕謗法抄』

問云、或人云「無量義経の『四十余年未顕真実』の文は、あえて四十余年の一切の経々竝に文々句々を、皆『未顕真実』と説給にはあらず。但四十余年の経々に、処々に『決定性の二乗、永不成仏』ときらはせ給、釈迦如来を『始成正覚』と説給しを、其言ばかりをさして『未顕真実』とは申なり。あえて余事にはあらず。而を、みだりに『四十余年』の文を見て、『観経』等の凡夫のために九品往生なんどを説たるを、妄に『往生はなき事なり』なんど押申は、あにをそろしき謗法の者にあらずや」なんど申は、いかに。

答云、此料簡は、東土の得一が料簡に似り。（中略）されば、この料簡は古の謗法の者の料簡に似り。

但且汝等が料簡に随て尋明らめん。問、「法華已前に二乗作仏を嫌けるを、今『未顕真実』という」とならば、まず決定性の二乗を仏の「永不成仏」と説せ給し処々の経文ばかりは、「未顕真実」の仏の妄語なりと承伏せさせ給か。さては仏の妄語は勿論なり。若爾者、妄語の人の申ことは、有無共に用ぬことにてあるぞかし。

「決定性の二乗、永不成仏」の語ばかり妄語となり、若余の菩薩・凡夫の往生・成仏等は実語となるべきならば、信用しがたき事なり。譬へば、東方を西方と妄語し申す人は、西方を東方と申べし。「二乗永不成仏」と説く仏は、余の菩薩の成仏をゆるすも、又妄語にあらずや。五乗は但一仏性なり。二乗の仏性をかくし、菩薩・凡夫の仏性をあらはすは、返て菩薩・凡夫の仏性をかくすなり。（定本二五七―二五八）

難云、「華厳五教、法相・三論三時、禅宗教外、浄土宗難行・易行、南三北七五時等、門はことなりといへども、入理一にして、皆仏意に叶、謗法とならず」といはゞ、謗法という事あるべからざるか。（中略）闡提者、天竺の語、此には不信と翻ず。不信者、「一切衆生悉有仏性を信ぜざるは、闡提人」と見へたり。不信者、謗法の者なり。恒河の七種の衆生の第一は、一闡提謗法、常没の者。第二は、五逆謗法、常没等の者なり。あに謗法をそれざらん。（定本二六五―二六六）

四句。一「信而不解」、二「解而不信」、三「亦信亦解」、四に「非信非解」。

問云、「信而不解」之者、謗法歟。

答云、『法華経』云「以信得入」等云々。『涅槃経』九云。

難云、『涅槃経』三十六云「我、於契経中説。有二種人、謗仏法僧。一者、不信瞋恚心故。二者、雖信、不解義故。（中略）」等云々。此二人之中、「信而不解」者、説謗法、如何。

答云、此「信而不解」者、『涅槃経』三十六、恒河之七種之衆生之第二者説也。此第二之者、『涅槃経』、聞「一切衆生悉有仏性」之説、雖信之、而又不信者也。

問云、如何雖信而不信乎。

答云、聞「一切衆生悉有仏性」之説、雖信之、又心寄爾前之経一類衆生、云「無仏性」者也。此、「信而不信」者也。

問云、証文如何。

答云、説恒河第二衆生云、経云「得聞如是大涅槃経、生於信心、是名為出」。又云「雖信仏性是衆生有、不必一切皆悉有之。是故、名為『信不具足』」文。如此文者、口雖信涅槃、、心存爾前之義者也。又（中略）得実経之文、覚権経之義者也。（中略）

問云、「解而不信」者、如何。

答、恒河第一者也。

問云、証文如何。

答云、『涅槃経』三十六説第一云「有人、聞是大涅槃経『如来常住、無有変易、常楽我浄』、終不畢竟入於涅槃。『一切衆生悉有仏性』。一闡提人、謗方等経、作五逆罪、犯四重禁、必当得成菩提之道。須陀洹人・斯陀含人・阿那含人・阿羅漢人・辟支仏等、必当得成阿○菩提』。聞是語已、生不信心」等云々。

（定本二七二―二七三）

ここでは「一切衆生悉有仏性」が一切衆生成仏の根拠とされ、それを信じないことが謗法であるとされている。

なお、本書には、以下のように一念三千への言及がある。

大日経・真言宗は未開会、記小・久成なくは、法華経已前なり。開会・記小・久成を許さば、涅槃経とをなじ。但、善無畏三蔵・金剛智・不空・一行等の性悪の法門・一念三千の法門は、天台智者の法門をぬすめるか。若爾者、善無畏等の謗法は似破か、又雑謗法か。

（定本二七一―二七二）

しかし、すでに見たように、衆生成仏の根拠としては仏性の遍在が強調されており、それと「一念三千」との関係は必ずしも明確ではない。

3 『八宗違目抄』

『記』九云「若其未開、法応《ママ》非迹。若顕本意《ママ》、本迹各三」。『文句』九云「仏於三世等有三身。於諸教中秘之不伝」。

仏
- 法身如来
- 報身如来
- 応身如来

衆生仏性
- 小乗経不論仏性有無
- 華厳・方等・般若・大日経等、衆生本有正因仏性、無了因・縁因
- 法華経、自本有三因仏性

衆生
- 正因仏性
- 了因仏性
- 縁因仏性

『文句』十云「正因仏性〈法身ノ性也〉通亘本・当。縁・了仏性、種子本有、非適今也」。

（定本五二五。ただし、真蹟にもとづき文字を改めた）

ここは全体としては、『法華経』にのみ主師親の三徳（報身・応身・法身の三身に対応）があることを説く箇所であるが、引用箇所では仏の三身に対応する衆生の三因仏性の有無によって諸経の優劣を判定している。内容上は

『開目抄』の所説と密接な関係があり、『定本』では系年を『開目抄』と同じ文永九年としている。ただし、『開目抄』では、ここで述べられたような三因仏性との関連は述べられていない。

問云、真言宗用一念三千乎。

答云、『大日経義釈』善無畏・金剛智・不空・一行云（中略）又云「又此経宗横統一切仏教。（中略）如説『如実知自心、名一切種智』、則仏性涅槃経也・一乗法華経也・如来秘蔵大日経也、皆入其中。於種々聖言、無不統其精要」。（後略）

（定本五二八）

ここは諸宗が一念三千を盗んだという主張を展開する箇所で、真言宗について『大日経義釈』を引用している中で「仏性」が出てくる。ここに付された割注は日蓮によるものであるが、「仏性・一乗・如来秘蔵」を『涅槃経』『法華経』『大日経』に配当するのは、安然の『教時義』巻二の説による。(7)

4 『法華初心成仏抄』

問云、仏の名号を持つ様に、法華経の名号を取分て持べき証拠ありや如何。

答云、経云（中略）是、我等衆生の行住坐臥に南無妙法蓮華経と唱ふべしと云文也。

凡妙法蓮華経者、我等衆生の仏性と、梵王・帝釈等の仏性と、舎利弗・目連等の仏性と、文殊・弥勒等の仏性と、三世の諸仏の解の妙法と一体不二なる理を、妙法蓮華経と名たる也。故に、一度妙法蓮華経と唱れば、一切の仏、一切の法、一切の菩薩、一切の声聞、一切の梵王・帝釈・閻魔法王・日月・衆星・天神・地神、乃至地獄・餓鬼・畜生・修羅・人・天、一切衆生の心中の仏性を唯一音に喚顕し奉る功徳、無量無辺也。我が己心の妙法蓮華経を本尊とあがめ奉て、我が己心中の仏性、南無妙法蓮華経とよびよばれて顕れ給処を仏とは云也。譬ば、籠の中の鳥なけば、空とぶ鳥のよばれて集るが如し。空とぶ鳥の集れば、籠の中の鳥も出んとするが如し。口に妙法をよび奉れば、我身の仏性もよばれて必顕れ給ふ。梵王・帝釈の仏性はよばれて我等を守り給ふ。仏・菩薩の仏性はよばれて悦び給ふ。されば、「若暫持者、我則歓喜。諸仏亦然」と説給は、此心也。されば、三世の諸仏も妙法蓮華経の五字を以て仏に成給し也。三世の諸仏の出世の本懐、一切衆生皆成仏道の妙法と云は是也。是等の趣を能々心得て、仏になる道には、我慢・偏執の心なく南無妙法蓮華経と唱へ奉るべき者也。（定本一四三二―一四三三）

ここに見られる成仏論は、真偽問題のある『聖愚問答抄』の下記の箇所と類似しており、影響関係があると思われる。

汝至愚也。今、一譬を仮ん。夫、妙法蓮華経者、一切衆生仏性也。仏性者法性也。法性者菩提也。所謂、釈迦・多宝・十方諸仏、上行・無辺行等、普賢・文殊、舎利弗・目連等、大梵天王・釈提桓因、日月・明星・北斗七星・二十八宿・無量諸星、天衆・地類・竜神八部・人天大会・閻魔法王、上、非想雲上、下、那落炎底、所有一切衆生所備仏性を、妙法蓮華経とは名くる也。されば、一遍、此首題を唱へ奉れば、一切衆生の仏性が皆よばれて爰に集る時、我身の法性の法報応の三身ともにひかれて顕れ出る、是を成仏とは申す也。例せば、籠の内にある鳥の鳴時、空を飛衆鳥、同時に集る、是を見て籠の内の鳥も出んとするが如し。（定本三八七）

一方、一念三千については以下のように述べており、衆生成仏の原理とする観点は見られない。

問云、無智の人も法華経を信じたらば即身成仏すべき歟。又何の浄土に往生すべきぞや。

答云、法華経を持においては、深く法華経の心を知り、止観の坐禅をし、一念三千・十境・十乗の観法をこらさん人は、実に即身成仏し解を開く事も有べし。其外に、法華経の心をもしらず、無智にしてひら信心の人は、浄土に必生べしと見えたり。されば「生十方仏前」と説、或は「即往安楽世界」と説きき。是、法華経を信ずる者の往生すと云明文也。（定本一四二六）

二　『開目抄』から『観心本尊抄』へ

仮に以上の四書が文永九年前後のものだとすると、『開目抄』の所説は興味深い。同書では註（1）に引用したように、一念三千を衆生成仏の原理としているが、一方で、以下のように仏性についての言及もある。

一念三千は十界互具よりことはじまれり。法相と三論とは、八界を立て十界をしらず。況や互具をしるべしや。倶舎・成実・律宗等は、阿含経によれり。六界を明て四界をしらず。「十方唯有一仏」「一方有仏」だにもあかさず。「一切有情悉有仏性」とこそとかざらめ。一人仏性、猶ゆるさず。而を、律宗・成実宗等の「十方有仏」「有仏性」なんど申は、仏滅後の人師等の、大乗の義を自宗に盗入たるなるべし。（定本五三九）

爾前の諸経も又仏陀の実語なり。『大方広仏華厳経』云（中略）此の経文の心は、雪山に大樹あり、無尽根となづく。此を大薬王樹と号。閻浮提の諸木の中の大王なり。此木、高は十六万八千由旬なり。一閻浮提の一切草木は、此木の根ざし・枝葉・花菓の次第に随て花菓なるなるべし。此の木をば仏の仏性に譬へたり。一切衆生をば一切の草木にたとう。但、此の大樹は火坑と水輪の中に生長せず。二乗の心中をば火坑にたとえ、一闡提人の心中をば水輪にたとえたり。此の二類は永く仏になるべからずと申経文なり。（定本五四三）

『大雲経』云「是経即是諸経転輪聖王。何以故。是経典中宣説衆生実性・仏性・常住法蔵故」等云々。（中略）

『涅槃経』云「(中略)従仏出於十二部経、従十二部経出脩多羅、従脩多羅出方等経、従方等経出般若波羅蜜、従般若波羅蜜出大涅槃。猶如醍醐。言醍醐者、喩於仏性」等云云。

此等の経文を『法華経』の已今当・六難九易に相対すれば、月に星をならべ、九山に須弥を合たるににたり。(定本五八五―五八八)

仏性が言及されているとは言っても、『法華経』以前・以後の教説についての説明であり、成仏論に結び付けるものではない。

さらに、「観心本尊抄」になると仏性への言及が、「『金錍論』云「乃是一草・一木・一礫・一塵、各一仏性、各一因果、具足縁・了」等云々」(定本七〇四)という引用文一箇所だけになる。一方、一念三千については「所詮、非一念三千仏種者、有情成仏・木画二像之本尊、有名無実也」(定本七一一)「不識一念三千者、仏、起大慈悲、五字内裹此珠、令懸末代幼稚頸」(定本七二〇)と述べられ、衆生成仏の原理であることが示される。

以上の経緯を単純化すると、衆生成仏の原理をめぐって、仏性説と一念三千説を並列した認識から、一念三千説へと一元化したと考えることができる。

なお、「三世諸仏総勘文教相廃立」も比較的、仏性への言及が多い。一方で、本書では一念三千は言及はされるものの、展開の仕方は『観心本尊抄』などとは大きく異なっている[(8)]。内容上も検討の余地があるため、ここでは触れない。

ちなみに、「報恩抄」には一念三千への言及はなく、『法華経』が最勝であり、その肝心は題目である「南無妙法蓮華経」である、という単純な主張に終始している(『撰時抄』の方には一念三千への言及がある[(9)])。これがたまたまであるのか、日蓮の思想の展開を示すものであるのかは、今後の検討課題としたい。

三　「仏界」について

日蓮の成仏論では、一念三千論によって人界の凡夫に仏界が内在していることが、成仏の根拠となるはずである。しかし、**表1**を見ると、「仏界」そのものへの言及は意外に少ないことが分かる。一念三千を成仏の原理として強調する『開目抄』『観心本尊抄』において言及が多いのは当然かもしれないが、定本の係年に基づけば比較的初期とされる遺文に言及が見られる一方、『三世諸仏総勘文教相廃立』を除けば、佐渡赦免以後の遺文ではあまり言及が見られない。この結果は、これまでに検討してきたような仏性論から一念三千論へという関心の推移とは、必ずしも整合性が取れないように思われる。この問題については、各遺文の系年も含め、慎重な検討が必要であると思われる。ここでは、問題のみ指摘し、今後の考察を期したい。

註

（1）『開目抄』「仏になる道は、華厳唯心法界、三論の八不、法相の唯識、真言の五輪観等も実には叶べしともみへず。但天台の一念三千こそ仏になるべき道とみゆれ。此一念三千も我等一分の慧解もなし。而ども、一代経々の中には此経計一念三千の玉をいだけり。余経の理は玉ににたる黄石なり。沙をしぼるに油なし、石女に子のなきがごとし。諸経は智者猶仏にならず、此経は愚人仏因を種べし」（定本六〇四）。

（2）『観心本尊抄』「所詮、非一念三千仏種者、有情成仏・木画二像之本尊、有名無実也」（定本七一一）。

（3）湛然『止観輔行伝弘決』巻第一之二「無情仏性惑耳驚心」（大正蔵四六巻一五一c二七―二八）の引用が、『木絵二像開眼之事』（定本七九三。曾存）・『四条金吾釈迦仏供養事』（定本一一八三。曾存・断簡現存）・『草木成仏口

決』（定本五三三）にある。一念三千との関係について、たとえば『四条金吾釈迦仏供養事』には「一念三千の法門と申は、三種の世間よりをこれり。（中略）此法門は、衆生にて申せば即身成仏といはれ、画・木にて申せば草木成仏と申なり。止観明静なる、前代いまだきかずとかかれて候と、「無情仏性惑耳驚心」等とのべられて候は、是也」（定本一一八三）とある。

（4）『寺泊御書』「涅槃経所説円教如何。此法華経所説仏性常住、重説之令帰本、以涅槃経円常摂法華経。涅槃経得分、但限前三教」（定本五一三）。

（5）『富木入道殿御返事（治病大小権実違目）』「法華宗の心は一念三千、性悪・性善、妙覚の位に猶備れり」（定本一五二〇）。

（6）山上弘道『日蓮の諸宗批判 「四箇格言の再歴史化」の前提』（本化ネットワークセンター、二〇一一）二三二―二三三。

（7）安然『教時義』巻二「亦摂仏性一乗如来秘蔵。此中仏性即涅槃経。一乗即法華経。秘蔵即真言教」（大正蔵七五巻四〇三b一―三）。

（8）「十界衆生、品々雖異、実相理一、故無分別。百界・千如・三千世間、法門雖殊、十界互具、故無分別」（定本一六九一）、「『止観』云「昔有荘周。夢成胡蝶、経一百年。苦多楽少、成汗水驚、胡蝶不成、百年不経、無苦無楽。皆虚事也。皆妄想也」已上取意。『弘決』云「無明如夢蝶、三千如百年。一念無実、猶如非蝶。三千亦無、如非積年」已上。此釈、即身成仏証拠。夢成蝶時、荘周不異。寤蝶不成思時、無別荘周。我身思生死凡夫時、如夢成蝶、僻目・僻思。我身本覚如来思時、如本荘周」（定本一六九五）。

（9）たとえば、「一念三千は九界即仏界・仏界即九界と談ず」（定本一〇〇四）。

キーワード　一念三千、仏界、仏性、『開目抄』、『観心本尊抄』

『上行所伝抄』について

山上弘道

はじめに

『上行所伝抄』は明治八年の身延山久遠寺の大火によって焼失した真蹟曾存遺文である。その存在は身延山久遠寺（以下、久遠寺）第十二世日意（一四四四～一五一九）の『大聖人御筆目録』（以下『日意目録』）に「上行所伝抄」として記録されるのを文献的初見とする。

遺文集としては、弘経寺日健（～一四七三・一五〇六～）が編集した『日健本』にはじめて収録され、またその後、おそらく『日健本』から取材したと思われる『三宝寺録外』所収本も現存する。

また幸いなことに、久遠寺二十六世日暹（一五八六～一六四八）編集の『延山録外』に、日暹が真蹟から模写した写本が現存し、その原型はほぼ復元することができる。

しかるに『上行所伝抄』は『三宝寺録外』以降、『刊本録外』で未収録となり、その他の遺文集にも近現代にいたるまで全く収録されなくなる。その理由は、『上行所伝抄』が『曾谷入道殿許御書』の草案と推定される故と思われる。草案である以上その措置は問題ない。

しかし後述するように、『上行所伝抄』との魅力的な書名が日蓮自身によって付けられていること、また成稿たる『曾谷入道殿許御書』と、重要な部分で異なるところも見られ、そこから日蓮の推敲状況や、『曾谷入道殿許御書』に展開される法義をより深く理解するヒントを見出すことができ、その点貴重な資料といえる。

そこで本稿では、まず第一に『上行所伝抄』の伝来状況や、その記録から読み取れる書誌等について述べ、第二にその内容を『曾谷入道殿許御書』と対比しつつ概観し、そのうえで『曾谷入道殿許御書』と異なる部分をいくつか取り上げ、『上行所伝抄』の法義的位置づけや、日蓮の推敲状況などを検証してみたい。

一 『上行所伝抄』の伝来と書誌

1 目録類から

まず久遠寺に所蔵された真蹟を伝える、歴代の各目録からその存在を確認していこう。初見は先述のように『日意目録』である。その「録外之分御筆御書」の項に、『録外御書』たる「八風等真言破御書」（『昭和定本日蓮聖人遺文』〈以下、『定遺』〉番号二四五『四條金吾殿御返事』）「光日上人御書」（同四〇九『光日上人御返事』）「妙心尼御前御返事」（同一九二）等とともに、「上行所伝抄」と記録されている。[1] ここに日意が『上行所伝抄』を「録外御書」とし、「守護国家論御草案」「開目抄御草案」などを収録する「御筆双紙之分」、すなわち草案の項に入れていないことに注意しておきたい。

次に久遠寺二十一世日乾（一五六〇～一六三五）の『身延山久遠寺御霊宝記録』（『日乾目録』慶長八年〈一六〇三〉成立）には、「一、上行所伝抄　九紙整足ト見タリ」[2]とあり、日乾は全九紙で首尾整束としている。ただし「九紙整足ト見タリ」との微妙な言い回しからは、「ほぼ整束と思われる」との意が読み取れる。これは後述するように、末尾がやや不安定であったためと思われる。

「九紙」とあり、後述する『三宝寺録外』所収本、『延山録外』所収本の総文字数からして、一紙約二七〇字程度（十五字×十八行ほどか）であったと思われ、他の日蓮真蹟文書に比して、かなり詰めて記されていたようである。なお『延山録外』所収の模写本が一行十五字程度であり、冊子本故に行数は参考とならないが、一行字数は案外真蹟に準じて記されているのかもしれない。

次に久遠寺二十二世日遠（一五七二～一六四二）の『身延山久遠寺蓮祖御真翰入函之次第』（『日遠目録』慶長十年〈一六〇五〉成立）では、「一、上行所伝抄　一巻」と記され、その横に日暹筆にて「是ハ暹云太田抄御草案歟」と注記されている[3]。これは『延山録外　三』に収録される日暹写本冒頭に、日暹筆にて「太田抄御草案也」（十九丁表）とあることと符合する。すなわち日遠まで『上行所伝抄』として伝来した本抄は、日暹以降『曾谷入道殿許御書』の草案と見做されることになったのである。

その後二十八世日奠（一六〇一～一六六七）の『甲州身延山久遠寺蓮祖御真翰入函之次第』（『日奠目録』万治三年〈一六六〇〉成立）では、「一、大田抄　暹云此書之御草案歟」[4]とあり、右日暹の見解が踏襲され、三十三世日亨（一六四六～一七二一）の『西土蔵宝物録』（『日亨目録』正徳二年〈一七一二〉成立）では「大田禅門御書御草案　一巻」[5]として記録されている。

2　写本類から

写本としての初見は先述のように『日健本』で、その奥には「御本云、此御書之正本者甲州身延山久遠寺ニ在之云云」とある由である。[6] ただし本写本は未見であり、今後の調査実見を期したい。

次に日護（一五八〇〜一六四九）が所持したとされる『三宝寺録外』[7]にも収録され、その奥書に「上行所伝抄三時弘通次第抄トモ申　正像末三時弘通次第並以妙法蓮華経五字授与上行等四菩薩ニ給事　御自筆身延山有之」とあり、「三時弘通次第抄」との異称と、『日健本』と同じく真蹟が身延山にありとの情報が見られる。

次に日暹が真蹟から日蓮の字体に似せて筆写した『延山録外』所収本がある。すなわち『延山録外　二』と同「三」に、大小四点の筆写本が確認される。その詳細は次項にて紹介するが、日暹は、『延山録外　三』に「太田抄御草案也」として収録される、「夫仏滅後有三時」（十九丁表）から末尾「就中大集経五十一」（二十八丁表）までのみを同草案と見ていたように思われる。それはそれ以外の断簡がそれと間隔を開けて筆写されていること、ことに『延山録外　二』（四十九丁表）収録分の四行断簡は、内容から同草案の一部と判断されるが、[8] 巻数が異なっており、同一文書とは見ていなかったと思われる。

以上三写本を紹介したが、以下に『三宝寺録外』所収本が、構成や字体において『延山録外　三』に収録される模写本群と、密接な関連が認められることを指摘しておきたい。

すなわち『三宝寺録外』所収本は、『延山録外　三』に「太田抄御草案也」として収録される、「夫仏滅後有三時……就中大集経五十一」の最もまとまった部分を主としつつ、その次下半丁（白紙）をおいて二十九丁表に見られる「弥勒菩薩瑜伽論云……末法所記正文也」の文言、さらに同丁裏の『涅槃経』[9]の文もその続きと見て『上行所伝抄』として収録しているのである。

これは『三宝寺録外』所収本の大元の写本筆者が、久遠寺に所蔵される真蹟群から直接筆写した可能性が高いことを示していよう。

それを如実に示すこととして、『三宝寺録外』所収本の次の文言を上げておこう。すなわち『曾谷入道殿許御書』の「伝教大師ハ仏ノ滅後相二当テ一千八百年像法之末ニ一」「慈氏菩薩相二当テ仏ノ滅後九百年ニ一(10)」とする部分であるが、『三宝寺録外』所収本では「仏滅後相配テ一千八百年ノ末ニ」「慈子菩薩ハ相配仏滅後九百年ニ」と、双方「相配」としている。これでは意味が今ひとつ通じにくいのであるが、なぜこのような間違いが生じたのであろうか。

そのヒントとなるのが日暹の模写本で、その部分は**図1**のように記されている。

これも一見「相配」のように見えるが、これは「相充」と記されていると思われる。日蓮の「充」の字は、**図2**に示す『一代五時図　略本(11)』の「宛満」のように異体字で記されるので、「ふしづくり」部分が小さいが日暹筆写の字と似ていることが了解されよう。つまり草案真蹟は「仏滅後相宛」と「宛」(充)の字が使用されていたのである。「充」は「あたる」とも読むので、「あいあたる」で「相当」と意味は同じである。

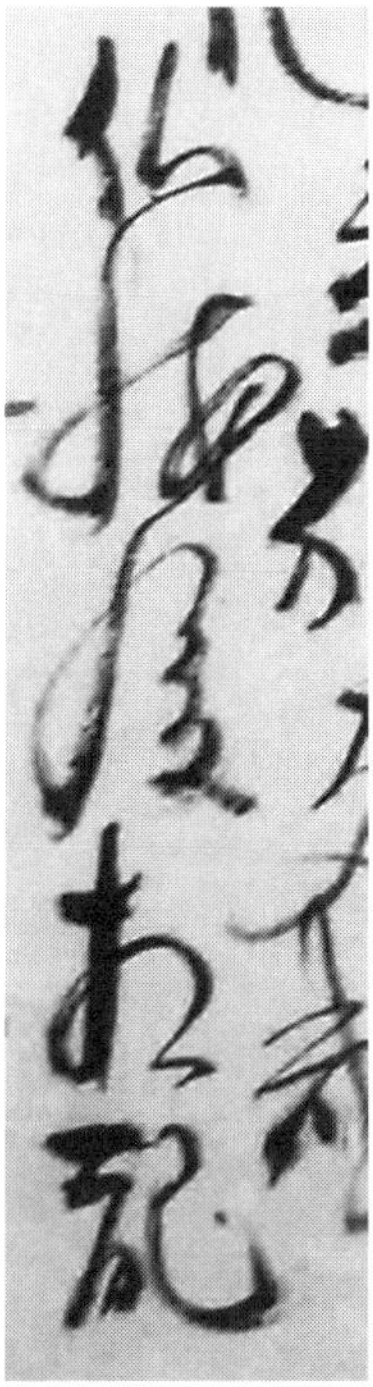

図1　『延山録外』「仏滅後相充」

図2　『一代五時図　略本』「充満」

右状況から『三宝寺録外』が「相配」としているのは、転写時に誤記されたものではなく、その元本が真蹟から筆写した際に、「宛」の字が「配」と似ていたために誤読し、それが踏襲されていると推測されるのである。

以上を整理すると、次のような本抄の筆写伝来状況が想定される。

まず『日健本』への収録について。それは日健の師真如日住（一四〇六〜一四八六）が、中山法華経寺と久遠寺との和睦を果たす中で久遠寺に赴いていること、日住は『録外御書』の収集に尽力していたことから、身延において真蹟から直接筆写したか、あるいは当住であり親交の深かった久遠寺十一世行学日朝（一四二二〜一五〇〇）より筆写本を提供されたか、いずれにせよ日住は真蹟から直接取材した写本を所持することになり、それを日健が受け継いで『日健本』に収録されたと思われるのである。

また『三宝寺録外』所収本は、先述の奥書の共通性（真蹟在身延と）からも、『日健本』から転写収録したと思われる。

二　『上行所伝抄』の内容と『曾谷入道殿許御書』との比較

1　『上行所伝抄』の内容概観

本項では『延山録外』所収『上行所伝抄』の内容を概観する。本来ならばすべてを翻刻紹介すべきであるが、紙数が限られておりそれは叶わないので、概略を示すこととする。なおその全貌は拙著『日蓮遺文解題集成』の『曾谷入道殿許御書』の項[12]に示しているので参照されたい。先述のように大小四編が確認されるが、各項目を設けて以下に紹介したい。

(二)『延山録外　三』(十九丁表～二十八丁表)収録分

これが『上行所伝抄』の主要部分であり、かつその分量も全体の八割を占めている。

冒頭「夫仏滅後有三時。所謂正法一千年前五百年迦葉・阿難・商那和修・末田地・脇比丘等、一向以小乗小薬対治衆生軽病。所謂四阿含経・律論等後号律宗・倶舎宗・成実宗等是也。後五百年……」とはじまり、末尾は「天台・伝教等諸大聖知而未弘宣肝要秘法。法華経文赫々、論釈不載之又明々。生知自可知。賢人値遇明師信之。増上慢愚人等以邪推増長謗法。就中大集経五十一」で終っている。

冒頭「夫」から文章がはじまっており、これは日蓮が多く大部の著述の冒頭に使用していることから、『上行所伝抄』が著述を目指したものであると同時に、その文頭であることがわかる。

さて成稿たる『曾谷入道殿許御書』では、冒頭は末法の衆生は本未有善の悪機のみであるから、不軽菩薩の逆縁毒鼓によって下種結縁すべき時であることが示されるが、(13)『上行所伝抄』ではその部分がなく、次下の三時弘経次第から末法は上行所伝の妙法弘通の時であることを論ずる部分、『曾谷入道殿許御書』の「仏ノ滅後ニ有リ二三時一。所謂正法一千年ノ前ノ五百年……」部分から説き起こされている。次いで正法・像法の諸人師が妙法五字を弘通しなかった理由が示され、今末法に至り本化上行が出現し、釈尊より付属された一大事の秘法たる妙法五字が弘通されることが示されている。

その末文は「就中大集経五十一」であり中途半端に終っているが、『曾谷入道殿許御書』では、以下に同経に説示されている五五百歳の文言が示されている。(14)なお『三宝寺録外』所収の『上行所伝抄』では、「大集経五十一ニ後五百歳ノ経文アリ」と傍線部分の文を補って、次項（二）の文章に繋げている。

以上のようにその内容は、ほぼ『曾谷入道殿許御書』に準じているが、途中『曾谷入道殿許御書』にて詳述される、上行付属の理由が明示されていない。[15]なお参考ながら、そこで示される妙法五字上行付属の四故や、その根拠として引文される『文句』九、『文句記』九、『文句記』四、道暹『輔正記』は、建治二年三月頃に系けられる『下方他方旧住菩薩事』に見られ、『曾谷入道殿許御書』との関連が看取される。[16]

また『曾谷入道殿許御書』にて弘法真言・法然浄土教が重点的に破折されている部分[17]も見られない。よってこれらは成稿に際し盛り込まれたことがわかる。

（二）『延山録外　三』（二十九丁表）収録分

本断簡は右断簡から二十八丁裏の白紙を経て二十九丁表に記されており、その内容は以下である。

弥勒菩薩瑜伽論云、東方有小国。其中唯有大乗種姓等云云。慈氏菩薩相宛仏滅後九百年見有権機趣無著菩薩請来下中印度演説瑜伽論百巻。雖然法華経涌出・寿量之初、奉請久遠実成正法、於分別功徳品眼前聴聞悪世末法時能持是経者之誠言、故鑒知末法所記正文也。

これは『曾谷入道殿許御書』の、前項で示した『大集経』の五五百歳についての記述の次下に示されている、『瑜伽論』の文とそれを解説する部分である。[18]

（三）『延山録外　三』（三十一丁表）収録分

本断簡は右（二）断簡から、他の二断簡を経て三十一丁表に記されており、『定遺』の『延山録外目録』では

「下種一乗強化事」と命名されている[19]。

下種之者退○経歴三五。雖然仏今初成道之時、仏鑑此機、四十余年之後必可得度之由鑑《見知》之、且以権法誘引、此者於滅後者也。過去下種《無結縁》者強下種子。又於滅後於在世下種者在滅後無結縁者強説之。無左右不説之、正法千年之間迦葉・阿難・龍樹・天親等伝法是也。且置之後粗書之。　上行所伝抄。

これは『曾谷入道殿許御書』の、仏は過去久遠に下種を受けながら退転し三五の塵点を経た者に対し、誘引調熟のために爾前経を説いたが、過去下種無き末法の衆生には妙法をただちに強説する旨が示される部分に相当する[20]。

なお末尾に「上行所伝抄」とあり、これら草案断簡が、その名において推敲制作されていたことがわかる。

（四）『延山録外　二』（四十九丁表）収録分

本断簡は上記断簡とは離れて『延山録外　二』に収録されるが、内容から草案群の一部と判断される。

今入末法二百二十余年、五濁強盛三災頻来《起》、衆生濁見濁二濁者充満、逆謗二輩散在四海。専仰一闡提之輩恃怙棟梁、尊謗法者為明師。孔丘孝経提之打父母頭、釈

これは『曾谷入道殿許御書』の『定遺』九〇〇頁五行目から七行目までに相当する。なお右内容は、（一）の二十一丁にも見られ、両者を比較すると本断簡の文章が『曾谷入道殿許御書』により近く、（一）の後に推敲されたものと判断される。

（五）参考『延山録外　三』（二十九丁裏）収録『涅槃経要文』

涅槃経第十一云、世有三人其病難治。一謗大乗二五逆罪三一闡提。如是三病世中極重。悉非声聞縁覚之所能治。

『三宝寺録外』では、『定遺』所収『延山録外目録』が「涅槃経要文」とする右断簡を、『上行所伝抄』の一部と見て末尾に付けている。この断簡は先に紹介した(二)断簡の裏に記されており、久遠寺宝蔵にて本抄断簡群とともに収蔵されていたと思われ、それ故に本抄断簡と判断され、末尾に付けられたと思われる。

ただし今文は『曾谷入道殿許御書』には引文されておらず、建治二年十一月三日状『大田入道殿御返事』[21]のみに引文されるもので、内容的には本抄と関連してはいるが、本抄断簡群の一部としてよいかは判断がむつかしい。よってここでは参考として掲げておきたい。

2　『上行所伝抄』と『曾谷入道殿許御書』との比較検討

(一) 全体的な流れとして

『上行所伝抄』はその名のごとく、まず三時弘教の次第を論じたうえで、今末法は五逆謗法の衆生が充満する故に、その逆謗二機の衆生を救うために上行菩薩が再誕出現し、釈尊より付属委託された妙法五字を弘通することが示されている。

成稿たる『曾谷入道殿許御書』と較べると、冒頭の「教・機・時・国・師」の説示、そして次下の、末法の悪機に対する弘通の方軌は不軽菩薩の逆縁毒鼓が用いられるべきことが示される段、続く真言破折が見られない。また後述するように、妙法五字上行菩薩付属の四故が整足せず、その根拠たる経釈の引文も見られない。

さらに当然のことながら、末文に見られる『曾谷入道殿許御書』の対告者曽谷入道殿・大田殿に対する書籍収集の要請も見られない。

(二)注意すべきこと二題

①時の問題

さてそうした相違の中で、特に注目すべきことを二点上げておきたい。

その第一は、正像の諸師が妙法五字を弘通しなかった理由として、『上行所伝抄』では「一自身不堪故。二自仏不譲故。三無所被機故」としている。それに対し『曾谷入道殿許御書』では「一《ニハ》自身不《ルカ》レ堪《ヘ》故《ニ》。二《ニハ》無《キカ》二所被《ノ》機一故《ニ》。三《ニハ》従《リ》レ仏不《ルカ》二譲《リ》与《ヘ》一故《ニ》。四《ニハ》時不《ルカ》レ来《ラ》故《ナリ》[22]」とし、「四《ニハ》時不《ルカ》レ来《ラ》故《ナリ》」が追加されている。

『曾谷入道殿許御書』は『取要撰時抄』(光長寺『日法本』)との異称があるように、文永十一年の『法華取要抄』と、建治元年から二年初頭にかけて成立した『撰時抄』との橋渡し的位置にある。すなわち『法華取要抄』が、機根の面から要法五字こそ末法悪機の衆生を救う正法たることを説示するのに対し、『撰時抄』では、機根のみではやや不安定故に末法という時に焦点を絞り、要法五字が末法適時の大法たることを決定づけているのであるが、『曾谷入道殿許御書』ではその双方が示されているのである。

そのような法義展開を念頭に置けば、右述のように草案段階の『上行所伝抄』に「四《ニハ》時不《ルカ》レ来《ラ》故《ナリ》」が見られないのは『法華取要抄』に近い故であり、成稿にあたって、より『撰時抄』に近い形となった経緯を読み取ることができるのである。

②「一大事秘法」について

『曾谷入道殿許御書』では「留《メ》二置《キタマフ》於一大秘法《ヲ》一」「但持《シテ》二此一大秘法《ヲ》一隠二居《スル》於本処《ニ》一之後[23]」と、二度にわたり「一大秘法」の語が見られる。

しかるに『上行所伝抄』では後者に相当する部分は見られないが、前者では「留置一大事秘法」となっている。

「一大秘法」も「一大事秘法」も、文脈からして上行所伝の妙法五字たることは疑いなく、その点大きな相違はない。

ただし「一大秘法」にはその語彙から「三大秘法」に展開する要素があるのに対し、「一大事秘法」の場合は必ずしもそのようには展開されないことには注意が必要である。

その際特に念頭に置くべきは、「三大秘法」の用語が偽撰遺文たる『義浄房御書』『三大秘法稟承事』『御義口伝』[24]に見られるのみで、真撰遺文には見られないことである。もちろん『法華取要抄』にて「本門ノ三ツノ法門」として「本門ノ本尊ト与二戒壇一与二題目ノ五字一」が、また『報恩抄』にも本門の本尊・戒壇・題目が示されているのであるから[25]、「三ツノ法門」として本門の本尊・戒壇・題目が説示されていることは明白である。

しかしそれを真撰遺文においては、「三大秘法」の語を用いて示されていないことは重視されてしかるべきであろう。恐らく「三大秘法」の語は、日蓮滅後に『曾谷入道殿許御書』の「一大秘法」の語から発想して作られた造語と思われる。

しかるに今日「三大秘法」は、日蓮が使用した用語であることが前提とされ、そのうえで『曾谷入道殿許御書』に示される「一大秘法」が、あたかも「三大秘法」中の「一大秘法」、ないしその中心たるものとして論じられる傾向があるように思われる。

しかし前述のように、「一大秘法」の内実はあくまで「一大事秘法」であり、そのような意味での「一大秘法」ではないことをここに確認しておきたい。

おわりに

以上『上行所伝抄』について、その伝来やおよその書誌、さらにその内容を、『曾谷入道殿許御書』と対比しつつ概観した。その結果『曾谷入道殿許御書』の草案であることが改めて確認され、かつそれ故に成稿の『曾谷入道殿許御書』より『法華取要抄』と近似する部分が見られることが確認された。またその後『曾谷入道殿許御書』の成稿を経て、末法という時に焦点を絞り、妙法五字を末法適時の大法と確定する『撰時抄』に向うという、日蓮の思考経緯を読み取ることができた。

よってその成立は、文永十一年五月身延入山から十一月初旬にかけて完成する『法華取要抄』[26]を経て、同年末頃から、『曾谷入道殿許御書』が完成する翌文永十二年三月以前の、およそ三ヶ月ほどが想定される。

当初『上行所伝抄』という法義書を目指し進められた執筆作業は、一転、曽谷入道殿・大田殿への書状として、両氏へ浄書送付されることとなった。その理由は、この時期同時に進められていた『注法華経』作成のための資料収集にあったと思われる。『曾谷入道殿許御書』末文では、両氏に所領の寺々より可能な限り資料収集するよう要請している。

さて今後の課題であるが、京都府深草の瑞光寺に所蔵される『日健本』所収の『上行所伝抄』を拝見する機会を得て、本稿で推測した伝来状況を再確認したいと思う。関係諸氏のご理解ご協力を乞う次第である。

最後に、『延山録外』の写真使用をご許可いただいた身延文庫に、心より御礼申し上げ擱筆する。

註

（1）山上弘道『日蓮遺文解題集成』「付録」三四頁。『昭和定本日蓮聖人遺文』（以下、『定遺』）二七四二頁。
（2）同右「付録」四六頁。『定遺』二七五三頁。
（3）同右「付録」五三頁。『身延山資料叢書　一』六六頁。
（4）同右「付録」六〇頁。『甕師法縁史』二七四頁。
（5）同右「付録」六九頁。『定遺』二七五八頁。
（6）冠賢一「日蓮遺文『録外御書』の書誌学的考察」（高木豊・冠賢一編『日蓮とその教団』）五・九頁。
（7）三宝寺所蔵の『三宝寺録外』は虫食い等破損状況が激しく披見するに堪えないようであるが、妙顕寺五十四世河合日辰が明治三十九年に復元した珍本が東京都大宣寺に所蔵されている。今は同本による。
（8）『定遺』の『延山録外目録』（二七九九頁）では「曾谷入道殿許御書御草案」とする。
（9）『定遺』の『延山録外目録』（二七九九頁）では「涅槃経要文」の名で収録。
（10）『定遺』九〇五頁六行目、九〇九頁三行目。
（11）『日蓮聖人真蹟集成』三巻二八四頁一三行目。
（12）山上弘道『日蓮遺文解題集成』「第Ⅰ類　真撰遺文」三一二頁以下。
（13）『定遺』八九五頁から八九八頁四行目。
（14）『定遺』九〇八頁九行目以下。
（15）『定遺』九〇二頁一一行目「此四大菩薩」から九〇四頁一一行目「答テ云ク以二テ口伝ヲ一伝レン之ヲ」あたりまで。
（16）『定遺』二三三三～二三三四頁。なお『下方他方旧住菩薩事』の系年に関しては、山上弘道「日蓮真蹟遺文『下方他方旧住菩薩事』について」（『花野充道博士古稀記念論文集　日蓮仏教とその展開』）四三五頁以下、同『日蓮遺文解題集成』「第Ⅰ類　真撰遺文」四〇〇頁参照。
（17）『定遺』九〇六頁一三行目から九〇八頁六行目あたりまで。
（18）『定遺』九〇九頁三行目～八行目。
（19）『定遺』二七九九頁。
（20）『定遺』八九六頁六行目～八九七頁五行目。

(21)『定遺』一一一五頁。なお『大田入道殿御返事』の系年については、建治元年説・弘安元年説などがある。建治元年説は建治二年頃から見られる智証批判があることから否定される。また弘安元年説については、それを否定する決定的根拠はないが、他国侵逼の危機について述べており、それは文永の役からほど近い建治年間に多い故に、今は建治二年状と推定しておきたい。なおその詳細は、山上弘道『日蓮遺文解題集成』「第Ⅰ類　真撰遺文」四五四頁以下を参照されたい。
(22)『定遺』八九八頁。
(23)『定遺』九〇〇・九〇二頁。
(24)『義浄房御書』(『定遺』七三〇頁)。『三大秘法稟承事』(『定遺』一八六四頁)。『御義口伝』(『定遺』二六七一頁)。なおこの三書を偽撰遺文と推定する根拠については、山上弘道『日蓮遺文解題集成』「第Ⅲ類　偽撰遺文」九五三頁以下・九四七頁以下・一〇五〇頁以下参照。
(25)『定遺』八一五頁・八一八頁・一二四八頁。
(26)『法華取要抄』の系年については、山上弘道『日蓮遺文解題集成』「第Ⅰ類　真撰遺文」二八九頁以下参照。

キーワード　上行所伝、延山録外、取要撰時抄、一大事秘法、三大秘法

『観心本尊抄』受持譲与段の文証の考察
――『注法華経』『悉曇蔵』との関連を含めて――

菅原関道

はじめに

『観心本尊抄』第二十問答では三経四疏の文を証拠に、受持による自然譲与を導き出している。ただしその際、『涅槃経』『大智度論』の「沙」の字を「薩」に置き換えている。これを客観的に考察したのが、庵谷行亨氏の「日蓮聖人の妙字釈」である。周知のように、この三経四疏の文はわずかな出入りがあるが、『開目抄』『注法華経』にも見られる。数年前、池田令道氏は『注法華経』の三経四疏の内、一経三疏の文が、元慶四年（八八〇）の安然撰『悉曇蔵』に引用されていることを発見し、日蓮は披閲していたであろうと、興風談所の定例勉強会で口頭にて指摘した。しかし、考察は行われなかった。本稿はこれらを踏まえて、『観心本尊抄』『注法華経』の三経四疏の文、および『悉曇蔵』の一経三疏の文について考察する。日蓮遺文の後に記したのは『昭和定本日蓮聖人遺文』の頁数である。また、引用文などの旧字は通行の文字に改めた。

『観心本尊抄』と『注法華経』の三経四疏

考察の準備として、まず『観心本尊抄』第二十問答の冒頭部を掲げて、三経四疏の文を上段①～⑦に摘出する。下段には『注法華経』第一巻表見返しから三経四疏の文をⓐ～ⓖに摘記して、若干の説明を行う。山中喜八編著『定本注法華経』の番号でいうと、ⓐ～ⓖは第一巻一番～七番にあたる。『日蓮聖人真蹟集成』第七巻口絵に当該所のカラー写真がある。

> 問テ曰ク 上ノ大難未タレ聞カ二其会通ヲ一如何。答テ曰ク 無量義経ニ云ク 雖レ未タレ得レ修二行スルコトヲ六波羅蜜ヲ一 六波羅蜜自然ニ在前ス等云云。法華経ニ云ク 欲スレ聞ント二具足ノ道ヲ一等云云。涅槃経ニ云ク 薩トハ者名ク二具足ニ一等云云。龍樹菩薩ノ云ク 薩トハ者六也等云云。無依無得大乗四論玄義記ニ云ク 沙トハ者訳シテ云フレ六ト。胡ノ法ニハ以テレ六ヲ為ス二具足ノ義ト一也。吉蔵ノ疏ニ云ク 沙トハ者翻シテ為ス二具足ト一。天台大師ノ云ク 薩トハ者梵語。此ニハ翻スレ妙ト等云云。私ニ加ヘハ二会通ヲ一如シレ黷カ二本文ヲ一。雖レ爾リト文ノ心ハ者釈尊ノ因行果徳ノ二法ハ妙法蓮華経ノ五字ニ具足ス。我等受二持スレハ此五字ヲ一自然ニ譲二リ与ヘタマフ彼因果ノ功徳ヲ一。（七一一頁）

《観心本尊抄》

①無量義経云、雖未得修行六波羅蜜、六波羅蜜自然在
前

②法華経云、欲聞具足道

③涅槃経云、薩者名具足

《注法華経》

ⓐ大経云、薩者名具足義

ⓑ□□□□欲聞具足道

ⓒ無依無得大乗四論玄義記云、沙者訳云六。胡法以六
為具足義也

④龍樹菩薩云、薩者六也
⑤無依無得大乗四論玄義記云、沙者訳云六。胡法以六
　為具足義也
⑥吉蔵疏云、沙者翻為具足
⑦天台大師云、薩者梵語。此翻妙

ⓓ吉蔵疏云、沙者翻為具足
ⓔ玄八云、薩者梵語。此翻妙也
ⓕ大論云、薩者六也
ⓖ般若経八〈広乗品〉云、沙字門、諸法六自在王性清
　浄故

両者は、①無量義経とⓖ般若経の文の有無を異にする以外、同じである。『観心本尊抄』に①「無量義経云、雖未得修行六波羅蜜、六波羅蜜自然在前」（大正九、三八八中）の経文が引かれたのは、④大智度論「薩者六也」と⑤無依無得大乗四論玄義記「沙者訳云六。胡法以六為具足義也」の六を六波羅蜜に重ね合わせるためであろう。そして、②～⑦の諸文により、妙＝薩＝具足＝六＝沙の等式が成立するとして、釈尊の六波羅蜜修行の功徳は妙法五字に具足し、これを受持すればその修行ができなくても、釈尊の因行果徳が譲与されて成仏できることを示そうとしている。

『開目抄』には、

法華経方便品の略開三顕一の時、仏略して一念三千心中の本懐を宣ヘ給フ。（中略）舎利弗等驚て諸天龍神大菩薩をもよをして、（中略）欲レス聞カント二具足ノ道一ヲ等トは請せしなり。文の心は四味三教四十余年の間いまだきかざる法門うけ給はらんと請せしなり。此文に欲聞具足道と申スは（五六九頁）

とあり、この後に③～⑦と同じ文を引いて、次のように結んでいる。

妙トハ者具足。六トハ者六度万行。諸の菩薩ノ六度万行を具足するやうをきかんとをもう。具トハ者十界互具。足と

申《ス》は一界に十界あれば当位に余界あり。満足の義なり。（中略）諸大菩薩諸天等此の法門をきひて領解《シテ》云《ク》我等従《リ》レ昔来 数聞《ケトモ》二世尊《ノ》説《ヲ》一未《タ》下曾《テ》聞《カ》中如《キ》レ是深妙之上法《ヲ》上等云云。（中略）華厳・方等・般若・深密・大日等の恒河沙の諸大乗経は、いまだ一代《ノ》肝心たる一念三千《ノ》大綱骨髄たる二乗作仏久遠実成等《ヲ》いまだきかずと領解せり。（五七〇頁）

すなわち、妙＝薩＝具足＝六＝沙の等式が成立することから考えれば、舎利弗の「具足の道を聞かんと欲す」の懇請は、諸菩薩の六波羅蜜の功徳がそなわる十界互具・一念三千の教えを聞きたいと願ったものであり、それをほぼ聞き終えた大菩薩や天衆たちは、「我等昔より来、しばしば世尊の説を聞けども、未だ曾て是くの如き深妙の上法を聞かず」と語り、法華経以前の諸大乗経では、一念三千法門の基盤たる二乗作仏・久遠実成の教えを聞いたことがなかったと領解したのである、と述べている。なお、ⓖ般若経の文は門下某筆であるが、重要なので一緒に考察したい。

法華経「欲聞具足道」、法華玄義「薩者梵語。此翻妙」

方便品の会座で略開三顕一が説かれた時、舎利弗は四衆の疑念を知り、自らも疑念を懐いて釈尊に、「我昔より来、未だ曾て、仏に従いて是くの如き説を聞きたてまつらず。（中略）唯、願わくは世尊、この事を敷演したまえ」（大正九、六中）と懇請した。②ⓑの「欲聞具足道」（同、六下）はその偈頌の文である。その答えは広開三顕一の長行の最後に、「余乗あることなく、唯一仏乗のみなり」（同、七下）と示される。

⑦ⓔの法華玄義「薩者梵語。此翻妙」（薩とは梵語なり。此には妙と翻ず）の典拠は、『法華玄義』巻第八上の「薩達磨、此翻二妙法一」（薩達磨は此には妙法と翻ず）（大正三三、七七五上）の文である。

涅槃経「薩者名具足義」

③ⓐの涅槃経「薩者名具足義」の原文は、『注法華経』第一巻裏二九三番に記入されている、次の文の傍線部である。

涅槃経〈四十経〉第八、如来性品。沙者名具足義。若能聴是大涅槃経、則為已得聞持一切大乗経典。是故名沙。
（沙とは具足の義と名づく。もし能くこの大涅槃経を聴かば、すなわち已に一切の大乗経典を聞持することを得と為す。この故に沙と名づく）　（大正一二、四一四上）

これは『北本涅槃経』（四十巻）巻第八・如来性品の経文で、悉曇《しったん》五十字門の沙字の字義である。③ⓐでは傍線部の「沙」を「薩」に置き換えている。これを含む『北本涅槃経』の長文が、『悉曇蔵』巻第六に引用されている。

四十涅槃第八文字品〈北経如来性品之内也。無二文字品一。三十六巻経名二南経一。又云二新経一。四十巻経名二北経一。又云二古経一。〉（中略）云、善男子、所有種種異論、呪術、言語、文字皆是仏説。非二外道説一。（中略）迦葉菩薩、復白レ仏言、世尊所謂字者、其義云何。善男子、有二十四音一。名為二字義一。所レ言字者、名曰二涅槃一。常故不レ流。若不レ流者、則為二無尽一。夫無尽者、即是如来金剛之身。是十四音名曰二字本一。噁者〈南経云阿〉不破壊故。不破壊者名曰二三宝一。（中略）沙者名二具足義一。若能聴二是大涅槃経一、則為二已得レ聞二持一切大乗経典一。是故名レ沙。（中略）如レ是字義能令二衆生口業清浄一、衆生仏性則不下如レ是仮二於文字一然後清浄上。何以故。性本浄故。（中略）又半字義皆是煩悩言説之本。故名二半字一。満字者、乃是一切善法言説之根本也。（中略）仏讃二迦葉一、善哉善哉。楽二正法一者、応二如レ是学一。〈以上経文〉
（大正八四、四二一中～四二三上。傍線部は四二二下）

二一〇九文字に及ぶ引用なので、ところどころ中略したが、傍線部に当該文がある。これは『南本涅槃経』（三十六巻）でいえば、巻第八・文字品の全文にあたる。[1] 内容は三つに分かれる。第一に、点線部以降では、釈尊が迦葉に、「あらゆる種種の異論・呪術・言語・文字は皆仏説なり。外道の説に非ず」、「十四音あり。名づけて字義と為《い》う。言う所の字とは名づけて涅槃と曰う」、「この十四音を名づけて字本と曰う」と説いている。第二に、二重傍線部「噁とは〈南経に阿と云う〉破壊せざる故《こと》なり。破壊せざる者を名づけて三宝と曰う」以降では、五十字門すなわち五十音の字母の意義が説かれる。五十音とは、噁《あ》・阿《あ》・億《い》・伊《い》（南本では短阿《たんあ》・長阿《ちょうあ》・短伊・長伊）などの母音（通摩多《つうまた》）十二字と、迦《か》などの子音（体文《たいもん》）三十四字、魯《ろ》などの母音（別摩多）四字を合わせたもので、十四音とは、通摩多の十二字から菴《あん》と阿《あ》（南本では菴と痾《あふ》）の二字を除き、別摩多の魯《ろ》・流《る》・盧《る》・楼《ろう》の四字を加えたもののようである。[2] 傍線部「沙者名二具足義一。」の沙は子音の第三十一字目にあたる。第三に、波線部「是くの如き字義は能く衆生をして口業を清浄ならしむとも」以降では、これらの字義は衆生の口業を清浄にするが、元来衆生の性は清浄であること、半字は煩悩の言説の根本で、満字は善法の言説の根本であること、などを説いている。この悉曇五十字門は、後述の「無依無得大乗四論玄義記」と「吉蔵疏」の文に関連する。

大智度論「薩者六也」と般若経「沙字門、諸法六自在王性清浄故」

④ⓕ「薩者六也」の典拠は、『大智度論』巻第四十八の「若聞沙字即知人身六種相。沙秦言六」（大正二五、四〇八中）の文である。この「沙」も「薩」に置き換えられている。これと前記の『涅槃経』の原文が「沙」であれば、妙＝薩＝具足＝六＝沙の等式は、妙＝薩と、沙＝具足＝六に二分されるから、釈尊の六波羅蜜修行の功徳が妙法に具足することは、経疏から裏づけできない。庵谷行亨氏も、「沙が薩でない限り妙に具足の義を論証することは不可能である」[3] と述べている。さらに庵谷氏は、

聖人が「沙」を「薩」と置き換えられたことについて、『録内啓蒙』は「薩ヲ半音ニ用レハ沙ト同シキ故ニ、

或ハ薩ト云ヒ或ハ沙ト云。倶ニ梵語ナリ」（第六巻六七丁表）とし、『日蓮聖人御遺文講義』第三巻（望月歓厚著、二二〇頁）、『観心本尊抄講話』（山川智応著、三九三頁）も「沙」と「薩」は同じと述べている。しかし原語の意味は異なるもので、「沙」はsasで数詞の「六」を意味し、「薩」はsatで「妙」・「正」・「真」・「善」等を意味する形容詞である。(4)

として、「沙」と「薩」を同義とする意見を退けた。そして、前の③ⓐ「薩者名具足義」とこの④ⓕ「薩者六也」の改変は、日蓮の「意識的な操作(5)」に他ならないと指摘している。

右の文を含む『大智度論』の長文が、『悉曇蔵』巻第七に引用されている。

大智度論四十八云。経復次須菩提。菩薩摩訶薩摩訶衍。所謂字等語等諸字入門。（中略）沙字門。諸法六自在王性清浄故。（中略）論釈曰。字等語等者。是陀羅尼。（中略）若聞沙字即知人身六種相。沙秦言六。（中略）是名二菩薩摩訶薩摩訶衍一。（大正八四、四四六中～四四八中。点線部は四四六中、傍線部は四四七中）

約二八五〇文字に及ぶ引用で、傍線部に当該文がある。周知のように、『大智度論』は『大品般若経』の注釈書であり、経文を「経」の下に引き、「論」の下にて注釈する。右の二重傍線部がそれである。すなわち、『大品般若経』広乗品には一切字の根本として四十二字門が説かれ、点線部「沙の字門とは、諸法や六自在王の性が清浄なる故《こと》なり」（ⓖに該当。大正八、二五六上）は沙の字義を示している。これを注釈したのが、傍線部「もし沙の字を聞けば、すなわち人身の六種の相を知る。沙は秦では六という」の文である。点線部の「六自在王」は六根のことで、六根による煩悩は制御しがたく、王のように自在であることに喩えていて、「六自在王性清浄」とは六自在王（六根）が本性として清浄であることを説いている。それゆえ、傍線部の「知人身六種相」は、衆生の身の六根清浄なることを知るという意味であり、「六種」は六波羅蜜のことではない。

『悉曇蔵』を披閲したであろう日蓮は、この意味を知っていたのではなかろうか。門下某者が、ⓕ「大論云、薩者六也」の文の直下に、ⓖ「般若経八〈広乗品〉云、沙字門、諸法六自在王性清浄故」の文を記入したのはこの関連性のゆえであり、「大論云、薩者六也」の「薩」は元来「沙」であるべきことを示しているようにも思える。ⓖの記入時期は不明であるが、日蓮滅後であろうか。なお、『大品般若経』の悉曇四十二字門や『涅槃経』の悉曇五十字門には娑の字義も示されている。当然ながら、沙とは字義も梵字字形も異なり、沙（ṣa）の梵字はष、娑（sa）の梵字はसである。娑は薩と表記されることもあり、沙（ṣa）षと、娑・薩（sa）सは別物である。[6]

無依無得大乗四論玄義記「沙者訳云六。胡法以六為具足義也」

無依無得大乗四論玄義記の⑤ⓒ「沙者訳云六。胡法以六為具足義也」（沙は訳して六という。胡法には六を以て具足の義と為《い》うなり）は、『涅槃経』五十字門の沙の字義に対応している。この「六」は数を表す数詞であろう。以下、少し長くなるが、横超氏以降の慧均撰『無依無得大乗四論玄義記』の研究を紹介しながら説明したい。

『大日本続蔵経』第一輯第一編第七四套第一冊（台湾での復刻本は第七四冊）所収の本書は全十巻である。目次に巻第一は十地義、巻第二は断伏義・金剛心義とあるが、一九五八年に横超慧日氏は、巻第一が初章中仮義、巻第二が八不義である写本を発見し、続蔵経の目次は続蔵経の編纂者が変更したものと推定した。そして、永超が嘉保元年（一〇九四）に集録した『東域伝灯目録』に、「四論玄義記十二巻〈均正、又云均僧正十四巻、又云無依無得大乗四論玄義記〉」（大正五五、一一五九下）とあり、諸目録にも十二巻とあることを示しつつも、右の文に見られるように、十四巻説もあると紹介した。[7] 伊藤隆寿氏は、安遠が延喜十四年（九一四）に集録した『三論宗章疏』に「四論玄義十二巻」（大正五五、一一三八上）とあることや、「奈良朝現在一切経疏目録」（石田茂作『写経より見たる奈良朝仏教の研究』所収）によると、本書が天平十二年（七四〇）に均章十二巻、天平十六年に大乗四論玄義記十二巻として書写され、その後も十二巻の書写が六回行われていることから、元来は全十二巻であり、十四巻説は誤伝であるとした(8)。しかも、江戸時代頃には本書の伝承は不確かとなり、現行の続蔵経所収のものは元来の半分に過ぎないと述べている(9)。続蔵経の目次は次のようになっている。

巻第一十地義（全欠）、巻第二断伏義・金剛心義、巻第三（全欠）、巻第四（全欠）、巻第五二諦義（後半欠文）、巻第六感応義、巻第七仏性義、巻第八仏性義（冒頭欠文）、巻第九二智義、巻第十三乗義・荘厳義・三位義

（続蔵一―七四―一、一右上～左上）

この配列について伊藤氏は、続蔵経編纂の際に用いた底本がすでに原形態を留めていなかった可能性もあると指摘する。そして、日本の三論宗章疏類に引用される本書の逸文を抜出整理して、原形態を次のように推定した。

巻第一初章中仮義、巻第二八不義、巻第三二諦義、巻第四夢覚義・感応義、巻第五十地（断伏）義・金剛心義、巻第六仏性義、巻第七仏性義、巻第八五種菩提義、巻第九二智義、巻第十成壊義、巻第十一開路義・四悉檀義・十四音義、巻第十二三乗義・荘厳義・三位義・三宝義(10)

この巻第十一に十四音義があるが、『悉曇蔵』巻第七に十四音義の逸文がこのように引用されている。

無依無得大乗四論玄義記巻第十一云、十四音義、有㆓三重㆒。第一明㆓大意㆒。第二論㆓字本㆒。第三釈㆓五十字㆒。十四音義出㆓涅槃経文字品㆒也。（中略）第二明㆓字本㆒。報恩解云、十四音者、第一涅音、第二槃音也。今謂不㆑然。若肆曇二音者、第一短阿音、第二長阿音。（中略）第三明㆓五十字㆒。解。大般涅槃経中五十字出㆓古旧解㆒也。（中略）沙者訳云㆑六。胡法以㆑六為㆓具足義㆒也。（中略）羅者羅摩言㆑垢。明㆓如来垢不㆑能㆑汚。或復示㆑有㆑垢也。

（大正八四、四四三中～四四六中。傍線部は四四六中）

約四〇〇〇文字に及ぶ引用で、傍線部に⑤ⓒの当該文がある。十四音義の全容は現存しないので不明であるが、これは十四音義の冒頭部であろうか。文中にあるように、十四音のことは『南本涅槃経』文字品（大正一二、六五三下。北本は四一三上）に見られる。傍線部の文は、『涅槃経』の「沙者名具足義。若能聴是大涅槃経、則為已得聞持一切大乗経典。是故名沙」の文に対応しているから、これを③ⓐで「涅槃経云、薩者名具足」と改変しながら、傍線部の「沙者訳云六。胡法以六為具足義也」の文をそのまま⑤ⓒに記したのは矛盾である。

伊藤氏は十四音義の逸文として、弘安三年（一二八〇）に澄禅が撰した『三論玄義検幽集』の裏書に引かれる二一二文字を抜出した。(11) しかし、右の『悉曇蔵』の引文とは別文であり、かつて『無依無得大乗四論玄義記』の十四音義に⑤ⓒの文が存在したことを示す、右の傍線部は貴重である。なお、伊藤氏が『三論玄義検幽集』の一部分として扱っている裏書は、教誉によって早い時期に書き付けられ、延海（一三七九～一四三二―）が本書を筆写した際、「裏書云」として本文に加えられたものである。

慧均（六世紀半ば～七世紀前半）について横超氏は、『成実論』の研究から三論宗へ転向し、陳の太建六年（五七四）に興皇寺法朗（五〇七～五八一）の弟子としてその会下にあった人で、同門の吉蔵（五四九～六二三）より先輩であろうと推定したが、そのことはいまだ確定していない。(12) また、続蔵経の目録・表題に「唐　均正撰」とあり、慧均僧正を中国唐の人としていて、古くから唐の慧均と考えられてきた。しかし伊藤氏は中国人とは考えにくく、論文発表は控えていたが、おそらく新羅人であり、新羅で撰述されたのではないかと推察していた。(13) 韓国木浦大学教授の崔鈆植氏（現在は東国大学教授）は、日本留学中に伊藤氏から示唆を受け、それが契機となって、ドイツのボッフム大学のプラッセン氏と研究を行い、百済で撰述されたという新説を二〇〇六年に共同で発表した。(14) ただし、崔氏は慧均が中国人であるか、百済人であるかについては判断を保留している。そして、『無依無得大乗四論玄義記』巻末の識語「顕慶三年歳次戊午年十二月六日興輪寺学問僧法安為　大皇帝及内殿故敬奉義章也」について、「大皇帝」を新羅国王と想定する場合、本書は顕慶三年（六五八）に初めて新羅に伝えられ、この文献を捧げた「興輪寺学問僧」は百済出身で、新羅の興輪寺に滞在した僧、あるいは百済に留学して帰国した新羅僧ということになるであろう。一方、「大皇帝」を日本国王と想定する場合、本書は顕慶三年に日本に伝えられ、「興輪寺学問僧」は日本に渡来し活躍した新羅興輪寺出身の僧、あるいは新羅の興輪寺に滞在し修学して帰ってきた日本出身の学問僧ということになるであろう、[15]と述べている。

「吉蔵疏云、沙者翻為具足」

⑥ⓓ「吉蔵疏云、沙者翻為具足」（沙とは翻じて具足と為《い》う）の文は、吉蔵の『法華経』に関する注疏の『法華義疏』十二巻、『法華玄論』十巻、『法華統略』六巻、『法華論疏』三巻、『法華遊意』一巻にはない。しかし、『悉曇蔵』巻第七に引かれる「吉蔵涅槃疏」の中に見られる。

吉蔵涅槃疏云、今釈二此文一。略為二三意一、一者明、借レ字、詮二弁涅槃一、因レ字得二涅槃一。故云二所言字者名曰涅槃一也。二者明、欲レ破二世人高下之見一、涅槃極高出二於生死之外一。亦文字則是世間浅近之法、此則極下。今破二高下之見一。故云二字者則是涅槃一。（中略）三者明、此文字世出世共用。若是世間人用字、則以自名二生死一。若是仏用之則以自名二涅槃一。（中略）既用二此字一以名二涅槃一。故云二字者名二涅槃一也。（中略）短阿者下第二別釈二十四音一。此中合二後四字一、都有二五十字一。（中略）沙者翻為二具足一。（中略）如下提婆達示現破二僧宝一不上レ破。不レ応三於レ此生二怖畏一也。

（大正八四、四四〇上～四四三中。傍線部は四四三上）

傍線部がそれである。ところどころ中略したが、引用は約四六七〇文字に及んでいる。[16]二重傍線部「此の文」とは、『南本涅槃経』文字品冒頭の「仏復告迦葉、所有種種異論呪術言語文字。皆是仏説非外道説」から「是十四音名曰字本」（大正一二、六五三下）の一段を指すと思われ、これに三意ありとする。その後、文字品は、「短阿者不破壊故。不破壊者名曰三宝」と続き、短阿などの母音十二字と、迦などの子音三十四字、魯などの母音四字を合わせた悉曇五十音の字義を説明する。点線部「短阿とはの下は、第二に別して十四音を釈す。この中に後の四字を合わせ、都て五十字あり」とは、その意である。傍線部「沙者翻為二具足一。」は、『涅槃経』の「沙者名具足義」の文に対応しているから、これを③ⓐで「涅槃経云、薩者名具足義」と改変しながら、⑥ⓓに「沙者翻為具足」の文をそのまま記したのは矛盾である。

吉蔵の『涅槃経』の注疏には『涅槃経遊意』一巻、『大般涅槃経疏』二十巻があるが、『涅槃経遊意』に右の「吉蔵涅槃疏」の文章は見られない。一方、『大般涅槃経疏』は現存しないものの、安澄（七六三～八一四）、玄叡（?～八四〇）、珍海（一〇九二～一一五二）、澄禅（一二二七～一三〇七）など、日本の代表的な三論学者の著述に多数引用されており、それらを抜出整理したのが、平井俊榮氏の「吉蔵著『大般涅槃経疏』逸文の研究（上）」「同（下）」[17]である。平井氏は『南本涅槃経』文字品第十三を注釈した『大般涅槃経疏』の逸文として、珍海の『三論名教抄』から二三七文字、珍海の『三論玄疏文義要』から一三一文字の文章を抜出している。今回私は、二三七文字中の「大品明四十二字」から「以為根本」の三十三文字と、一三一文字中の「猶如一阿字」から「故云字者名涅槃也」の五十二文字[18]の文章が、右の「吉蔵涅槃疏」の引文中（大正八四、四四〇上中）にあることを見出した。これにより、「吉蔵涅槃疏」は『大般涅槃経疏』であり、不明だった⑥ⓓの典拠は『大般涅槃経疏』であると、確定できると思う。ただし、⑥ⓓに該当する右の傍線部「沙者翻為具足」の文は二三七文字と一三一文字の逸文に含まれないので、この文が『大般涅槃経疏』に存在したことを示す『悉曇蔵』の引文は貴重である。

結び

空海は経文を改変して引用したり、経論を自分の主張に引きつけて強引に解釈する傾向があり、法然・親鸞・道元にも、経論の文字や訓点を改変して引用する事例があり、独自の思想を生み出す要因ともなっている。その点からいえば、③ⓐ「薩者名具足義」と④ⓕ「薩者六也」の改変は、特別なことではない。しかし改変しなければ、釈尊の六波羅蜜修行の功徳が妙法に具足することは、経疏から裏づけできなし、受持譲与も導出できない。経疏の裏づけがないとなれば、受持譲与段や『日妙聖人御書』の、

　此妙の珠は昔釈迦如来の（中略）六度の功徳を妙の一字にをさめ給て、末代悪世の我等衆生に一善も修せざれども六度万行を満足する功徳をあたへ給ﾌ。（六四四頁）

の主張は、客観的な事実というよりも、日蓮の主観的な解釈といえるであろう。これらは、まさに〝そうであるに違いない〟という日蓮の主体的な確信、決断の言であり、ここに思想家としての独自性があると思われる。

註

（1）『北本涅槃経』は大正一二、四一二下〜四一四中、『南本涅槃経』は六五三下〜六五五中を参照。

（2）『新国訳大蔵経　大般涅槃経（南本）Ⅰ』三一九頁頭注を参照。

（3）庵谷行亨「日蓮聖人の妙字釈」（『日蓮聖人教学研究』山喜房佛書林、一九八四年、二五三頁。初出は一九八一年）を参照。

（4）「日蓮聖人の妙字釈」二六四頁を参照。なお、『国訳一切経　涅槃部一』（北本）の「沙とは具足の義と名づく」の

脚注に「沙sa」（一八四頁）、『新国訳大蔵経 大般涅槃経（南本）I』の当該文の頭注にも「沙sa」（三二四頁）とある。

（5）「日蓮聖人の妙字釈」二五三頁を参照。

（6）『密教大辞典』（法藏館、一九七九年増訂第三刷）第二巻の「サ 娑（薩） sa」（七四四頁）、第三巻の「シャ 灑（沙） sa sha」（一〇三八頁）の項、および佐和隆研編『密教辞典』（法藏館、一九七五年）の付録二二、二九頁を参照。

（7）横超慧日「新出資料・四論玄義の初章中仮義」（『印仏研』七―一、一九五八年）、同「四論玄義の初章中仮義」（『岩井博士古稀記念 典籍論集』一九六三年）を参照。

（8）伊藤隆寿『三論宗の基礎的研究』（大蔵出版、二〇一八年、一七六頁）、同「『大乗四論玄義』の構成と基本的立場」（『駒澤大学仏教学部論集』二号、一九七一年、一四〇頁）を参照。

（9）伊藤隆寿「慧均『大乗四論玄義』について」（『印仏研』一八―一、一九六九年、一三四頁）を参照。

（10）『三論宗の基礎的研究』一八八～一八九、三〇五～三三二頁を参照。涅槃義、法身義、浄土義、般若義については、所収巻数が不明であるとしている。

（11）『三論宗の基礎的研究』三三〇頁を参照。伊藤氏が典拠に示した大正七〇、四二八上を見ると、「〈裏書云〉四論玄第十一。十四音義云。此中十四音即是十四字。」云云とある。

（12）横超慧日「四論玄義の初章中仮義」一五四、一五五頁を参照。伊藤氏も「慧均が年長であったかも知れない」（『三論宗の基礎的研究』一八二頁）と述べているが、崔鈆植氏は年上かどうかは未詳としている。「公開講演『大乗四論玄義記』と百済仏教」（『駒澤大学仏教学部論集』三九号、二〇〇八年、二六頁）を参照。

（13）『三論宗の基礎的研究』一七八、一八〇頁を参照。

（14）崔鈆植「百済撰述文献としての『大乗四論玄義記』」（『韓国史研究』一三六号、二〇〇七年）、同「『大乗四論玄義記』百済撰述説再論――金星喆教授の反論に対する批判――」（『韓国史研究』一三八号、二〇〇七年）を参照。以上は韓国語であるが、二〇〇八年一月二十六日に駒澤大学において「『大乗四論玄義記』と百済仏教」というタイトルで講演し、その内容が「公開講演『大乗四論玄義記』と百済仏教」に収録された。

（15）菅野博史氏による第六十回学術大会パネル発表報告「『大乗四論玄義記』とその周辺」（『印仏研』五八―二、二〇一〇年、二五八頁）の崔鉉植「『大乗四論玄義記』の撰述地域及び文体の特徴」を参照。

（16）二〇二三年六月の興風談所定例勉強会における発表の際、私はこの長文すべてが「吉蔵涅槃疏」の引用であることを理解していなかったため、これまで同様、「吉蔵疏云、沙者翻為具足」の文は典拠不明であると発言した。池田令道氏も同様の認識であった。その発言を本稿によって訂正したい。

（17）「吉蔵著『大般涅槃経疏』逸文の研究（上）」は『南都仏教』二七号、一九七一年。「同（下）」は同二九号、一九七二年。

（18）「吉蔵著『大般涅槃経疏』逸文の研究（上）」八七～八八頁を参照。

智顗の四重の展転興廃説と日蓮教学
――池田令道氏の『立正観抄』日進偽作説への反論――

花野充道

天台智顗は、文字の法師と暗証の禅師をともに批判して「教観双美」を標榜する。智顗の代表的な教観論は、教相判釈（学解）が五時と四教、観心（実践）が一心三観と一念三千である。智顗は『法華玄義』に、「教相の智慧の目と、観心の修行の足が相まって、悟りの清涼池に到る」と説いている。智顗の教観論は、『法華玄義』の「絶待妙釈」にも説かれている。

「天台沙門」として出発した日蓮は、智顗の「絶待妙釈」に説かれる「四重の展転興廃説」をふまえて、教判は「権実の勝劣」からさらに進めて「本迹の勝劣」まで主張し、観心は一念三千の観法に代わる行として末法の衆生に「妙法の唱題」を勧めた。日蓮の教観論を考察し、あわせて『立正観抄』の真偽について論じてみたい。

一　智顗の観心行と日蓮の唱題行

日蓮は建長五年（一二五三）、三十二歳の時に、清澄寺の大衆に向かって、初めて公然と南無妙法蓮華経の唱題を勧めた。日蓮教団では、これをもって「立教開宗」としている。日蓮が叡山遊学を経て、なぜ唱題を勧めるに至ったのか、その具体的な経緯はよくわからない。

日蓮が唱題の意義について語るのは、現存する遺文の中では、三十七歳の時に執筆した『一代聖教大意』（日目写本）が最初である。日蓮はその中で、

問うて曰く、妙法を一念三千と云う事如何。（七一）

という問を設けている。この設問に対する解答こそ、日蓮が人々に唱題を勧める論理的な根拠であったことは疑いない。いわば、日蓮が一生をかけて、その確立に努めた唱題成仏の論理は、なぜ末法において、天台の一念三千の観法の代わりに唱題を勧めるのか、ということであった。同書では、そのことについて、「妙法＝一念三千であるから、妙法を唱えれば成仏できる」と言いたいのである。

日蓮は同書の中で、まず一念三千の名目の出処（『摩訶止観』第五）を明かし、ついで「妙楽大師、末代の人に勧進して言わく、竝びに三千を以って指南と為す」（七一）と述べて、一念三千の法門を最重視している。続けて「八舌の鑰《かぎ》」の伝説を引用し、最澄が入唐した時、天台宗第七祖の道邃和尚に向かって、「此の一蔵を開き給へ」と願い出たところ、

［道］邃和尚の云く、「此の一蔵は開くべき鑰無し。天台大師、自ら出世して開き給うべし」と云々。其の時伝教大師、日本より随身の［八舌の］鑰を以って開き給ひしに、此の経蔵を開きたりしかば、経蔵の内より光、室に満ちたりき。其の光の本を尋ぬれば、此の一念三千の文より光を放ちたりしなり、ありがたかりし事なり。其の時、［道］邃和尚は返って伝教大師を礼拝し給ひき。「天台大師の後身」と云々。（七二）

と記している。これが、「妙法を一念三千と云う事如何」の答えである。しかし、これでは答えになっていない。

『一代聖教大意』には、

此の経は相伝に有らざれば知り難し。(六六)

予の習ひ伝うる処の法門は、此の答えに顕わるべし。……秘蔵の故に顕露に書《しる》さず。(七一)

などの文があって、日蓮が当時の叡山の秘事口伝の教風を受けていたことが知れる。そういう事情からか、日蓮は「八舌の鑰」の伝説を引用して、「妙法を一念三千という事いかん」の答えとするだけで、その内容を顕露に記すことはしなかった。ただ日蓮にとっては、叡山遊学時に学んだ「八舌の鑰」に見られるような「妙法＝一念三千」の論理が、智顗の一念三千の観法に代わる成仏の行として、末法の衆生に唱題を勧める論拠になったことは確実であろう[1]。

日蓮はその翌々年、三十九歳の時に、国家諌暁の書である『立正安国論』(真蹟現存)を幕府に奏進した。そのことによって、松葉ケ谷の草庵が襲撃され、その翌年、伊豆へ流罪となる。さらに四十三歳の時には、安房の東条松原大路で地頭の東条景信の手勢に襲われ、自身も刀傷を負うという迫害を蒙る。

それから二年後、日蓮が四十五歳頃の著述と推測される『十章抄[2]』(真蹟現存)には、唱題と一念三千の関係について、次のような記述が見える。

[摩訶止観に]妙解に依りて以て正行を立つと申すは、第七の正観、十境十乗の観法は本門の心なり。一念三千は此れよりはじまる。一念三千と申す事は迹門にすらなを許されず。何に況んや爾前に分たえたる事なり。一念三千の出処は略開三の十如実相なれども、義分は本門に限る。爾前は迹門の依義判文、迹門は本門の依義判文なり。但だ真実の依文判義は本門に限るべし。……真実に円の行に順じて、常に口ずさみにすべき事は南無妙法蓮華経なり。心に存すべき事は一念三千の観法なり。これは智者の行解なり。日本国の在家の者には但だ一向に南無妙法蓮華経ととなえさすべし。名は必ず体にいたる徳あり。(四八九)

日蓮はこの書の中で、「一念三千の出処は、法華経の方便品の十如実相である」という事実を認めながら、「義分は本門に限る」と論じて、「真《まこと》の一念三千は本門に至って初めて成立する」という立場をとっている。そして、「一念三千の観法は智者の行解なり。日本国の在家の者には、但だ一向に南無妙法蓮華経ととなえさすべし。名は必ず体にいたる徳あり」と記している。日蓮は、悪世末法の衆生は下機下根であるから、もはや衆生の己心に具わる十界三千を観察して、成仏を目指すという「智者の修行」はできないとして、法然の称名念仏と同じように、「勝行」にして「易行」であるという論理によって法華の唱題を勧めている。日蓮は、南無妙法蓮華経と唱えさえすれば、名は必ず体（諸法実相の理＝一念三千の理）に至りて成仏する、と論じているのである。

そのような「末法」「劣機」の自覚に基づく日蓮の選択唱題の論理が、法然の『選択本願念仏集』の影響下で形成されていったことは想像に難くない。(3) ただ浄土門の法然は「往生」が目的であるから、「称名」の根拠を阿弥陀仏の本願に求めたのに対して、聖道門の日蓮は「成仏」が目的であるから、「唱題」の根拠を一念三千の法門に求めたところに決定的な相違がある。

文永八年（一二七一）の九月、日蓮が五十歳の時に、最大の法難である龍の口の斬首事件が起こり、日蓮は刑場での不思議な宗教体験を経た後、佐渡へ流罪になる。日蓮は佐渡に到着するや、極寒の塚原の三昧堂で直ちに『開目抄』（五一歳、身延曽存）の執筆にとりかかり、その中で、

日蓮といゐし者は、去年九月十二日、子丑の時に頸《くび》はねられぬ。此れは魂魄、佐土の国にいたりて、……。（五九〇）

と記している。日蓮自身が「頸はねられぬ。此れは魂魄」と記している以上、宗教学的に言えば、龍の口の法難が日蓮の「回心《かいしん》（conversion）」の契機となったことは明らかである。(4)

日蓮は後に回想して、『三沢抄』（五七歳、日興写本）に、

法門の事は、佐渡の国へながされ候ひし已前の法門は、ただ仏の爾前の経とをぼしめせ。……去《い》ぬる文永八年九月十二日の夜、たつの口にて頸をはねられんとせし時よりのちふびんなり。我につきたりし者どもに、まことの事をいわざりけるとおもて、さどの国より弟子どもに内々申す法門あり。（一四四六）

と記している。日蓮自身が明確に、「龍の口の法難以前と以後とで、弟子に教える法門が変わった」と述べていることを確認しておきたい。

日蓮は『開目抄』の中で、

教の浅深をしらざれば、理の浅深弁ふものなし。（五八八）

と述べている。この文は、能詮の法華経の本迹の「教」に浅深があれば、所詮の本迹の「理」にも浅深がある（迹門所説の十如実相の理と、本門所説の一念三千の理には勝劣がある）、という意味を含んでいる。能詮の教の浅深については、

一切経の中に、此の寿量品ましまさずば、天に日月の無く、国に大王の無く、山河に珠の無く、人に神《たましい》のなからんがごと［し］。（五七六）

と説かれ、なぜ一切経の中で「寿量品が最勝であるのか」については、

一念三千の法門は、但だ法華経の本門寿量品の文の底にしづめたり。……但だ我が天台智者のみこれをいだけり。（五三九）

と説かれている。

一念三千の依文は、法華経迹門の十如実相であるが、義分は本門に限る。本門に限るといっても、その本門寿量

品の文上に一念三千が顕露に説かれているわけではない。「教相」の寿量品の文底に沈められた「観心」の一念三千の法門を拾い出して説いたのは天台智顗である。このような日蓮の教観論は、恵心僧都源信の作と伝えられる『自行念仏問答』(5)にも、すでに次のように説かれている。

法華の意とは、摩訶止観なり。……止観第五の巻に、能く能く自ら衆生成仏の義を学すべし。……止観に云く、「一心に十法界を具し、百法界に即ち三千種の世間を具す。此の三千は一念に在り。若し心無くんばやみなん。介爾も心有らば即ち三千を具す」已上。……教主釈尊の出世の本懐は、四十余歳に未顕真実の法なり。然るに法華に至りて、尚ほ本迹二門の差別有り。……衆生の介爾の一念に三千の性相を歴歴と備うる事は、法華本門にも尚お顕わさず。況んや迹門においてをや。何かに況んや爾前の諸経においてをや。故に今の文の意は、四種釈の中には第四の観心の意なり。三［法］妙の中には、心法妙の心なり。（恵全一—五三六）問うて云く、是くの如く爾前、迹門、本門、観心の別の事ありや。答う。汝が心より起こるに非ず。玄文に出づ。細《くわし》くは彼の文を見るべし。（五四八）

『自行念仏問答』は源信の真撰ではないが、叡山の真如蔵に江戸時代の写本があり、巻末に「本云」として建久九年（一一九八）の奥書が記されているから、院政期にはすでに成立していたことは疑いない。文中に、「一念三千は、法華本門にもなお顕わさず。況んや迹門においてをや。何かに況んや爾前の諸経においてをや」と記され、それは『法華文句』に説かれる四種釈中の「観心の意」であると言う。「玄文に出づ」とは、『法華玄義』の「絶待妙釈」に説かれる「四重の展転興廃説」を指している。

二　日蓮の教観論と四重の展転興廃説

光宅寺法雲は、法華経の前半に説かれる開三顕一を「因門」、後半に説かれる開近顕遠を「果門」と称した。前半は二乗の授記が説かれるので「因門＝成仏論」、後半は釈尊の久遠の寿命が説かれるので「果門＝仏身論」と解釈したのである。ところが智顗は、「因門」「果門」の呼称を変えて、新たに前半を「迹門」、後半を「本門」と称した。因門・果門という場合は、因↓果という方向になるが、本門・迹門という場合は、本↓迹という逆の方向になる。智顗は法華経を「久遠仏の本地門（自行の成仏論）」と、「垂迹門（化他の化導論）」で解釈し直したのである。これは、法雲や吉蔵と異なる智顗の全く独創的な法華経解釈であることを強調しておきたい。[6]

智顗の法華経解釈、すなわち「本迹の仏身による化導」と「権実の教法による化導」は、『法華玄義』の「施開廃の蓮華六譬」に説かれている。それは仏が衆生済度のために、「方便の迹身を施し、開き、廃した」、「方便の権教を施し、開き、廃した」という教説である。[7]

本地の釈尊は、久遠に自行として菩薩道を行じて成道し、化他のために垂迹身をインドに示現した【施迹】。インド応現の釈尊は、化他のために衆生の機根の不融（差別）に応じて方便教を施して化導し【施権】、衆生の機根が円融（平等）になったので、法華時に至って正直に方便を捨てて真実の教を説き【捨権・開権顕実】、さらに本門に至って迹身を払って真実の身を顕わした【払迹・開迹顕本】。

これを、われわれの立場から論ずれば、インドに誕生した釈尊は、出家し修行して悟りを開き、先に①「方便の爾前経」を説いて衆生を化導し、次いで②「真実の法華経迹門」を説いて衆生を成仏せしめた【開権顕実】。さらに③「法華経の本門」に至って、インド応現の垂迹化他の方便身を払い、久遠の本地自行の真実身を明かした【開迹顕本】。われわれは、久遠に釈尊が行じた④「自行の観心行」を修して成仏を目指すべきである。これが智顗の法華経観である。『法華玄義』に説かれる「四重の展転興廃説」も、①爾前→②迹門→③本門→④観心の次第に沿って説かれていることに留意する必要がある。

智顗は「妙法蓮華経」の「妙」の字を釈して、相待妙《そうだい》と絶待妙《ぜつだい》を論じ、まず相待妙について、

麁に待する妙とは、半字を麁と為すに待して、満字を妙と為すことを明かす。また是れ常と無常、大と小を相待して、麁と妙と為すなり。……此れもまた鹿苑を麁と為すに待して、法華を妙と為す。妙の義は皆な同じ。麁に待することもまた等し。（大正蔵三三―六九六b）

今。譬えを以て譬えを解す。官に三航、及《お》以《よ》び私船有るが如し。……三航は同じく是れ官物なるが故に、倶に称して満と為す。私船は官物に非ず。是の故に半と言う。官物の中に二航は小にして容《い》るる所は蓋し寡《すく》なし。大航は壮麗にして、容載倍《ますま》す多し。独り称して妙と為すのみ。智者は譬喩を以て解することを得。（六九六c）

と記している。

このように「相待妙」は、半字と満字、常住と無常、大乗と小乗を相待分別して、麁に待する妙を論ずる。麁より妙のほうが勝れていることは言うまでもない。釈尊が説いた蔵教・通教・別教・円教の四教を、私船・小航・中航・大航に譬えてその優劣を判じ、大航＝円教を「独妙」としているから、智顗が四教を相待して円教を最勝（真実の教）としていることは明らかである。

釈尊は自行（瞑想）を修して悟りの実智（根本無分別智）を得た後、化他のために権智（後得分別智）をもって権教（方便の教）を説き、権実の二智をもって衆生を化導していった。衆生の根性が円融に成ったところで、「正直

に方便を捨てて、無上道の教え（純円教たる法華経＝実教）」を説き、衆生を仏の悟り（実智）に導き入れて成仏せしめた（我が如く等しくして異なることなからしめた）。これが智顗の説く「権実四教の化導論」＝「根性の融・不融の相」である。したがって、釈尊一代の「五時八教」の教判においては、実教＝円教が最勝（円教至上主義）であることは明白である。ただ智顗には、前述したように、権実二教の化導論（五時八教）のほかに、本迹二身の化導論もあることを忘れてはならない。

智顗は続いて絶待妙について述べている。

絶待もて妙を明かすとは、四と為す。

一に、随情の三仮の法の起こるに、若し真諦に入らば待対は即ち絶す。……此れ三蔵の経の中の絶待の意なり。

二に、随理の三仮の若《ごと》くは、……事に即して而も真なるは、乃ち是れ絶待なり。此れは通教の絶待なり。

三に、別教の若し起こらば、……絶は還って待［対］有り。若し別教の中道に入らば、待［対］は則ち絶す。

四に、円教の若し起こらば、無分別の法を説く。辺に即して而も中にして、［一切は］仏法に非ざること無し。亡泯して清浄なれば、豈に更に仏法ありて仏法に待せん。如来の法界なるが故に、法界を出《い》でて外に、また法の相い形比《くら》ぶべきもの有ること無し。誰れに待して麁と為し、誰れに形《くら》べて妙なるを得ん。待すべき所無く、また絶する所無し。何と名づくるか知らざれば、強いて言いて絶と為す。……妙とは不可思議に名づく。麁に因りて名づけて妙と為さず。……文に云わく、「止みなん、止みなん、説くを須《もち》いず。我が法は妙にして思い難し」と。「止みなん、止みなん、説くを須いず」とは、即ち是れ言を絶す。「我が法は妙にして思い難し」とは、即ち是れ思を絶す。（六九六c）

このように「絶待妙」は、「相待分別を絶した絶待無分別の妙」＝「相い比すべきもの無き妙、一切は妙に非ざること無き妙」である。智顗は「随情の三仮の法（蔵教）の起こるに」↓「随理の三仮（通教）の若《ごと》くは」↓「別教の若し起こらば」↓「円教の若し起こらば」と四教を展転して、その「絶待妙」を論じ、円教所説の絶待妙は「不可思議なるが故に、言を絶し、思を絶す」と述べている。そして、その円教所説の「不可思議境」＝「即空即仮即中の理」を証得する修行が、実は一念三千の観法なのである。智顗は『摩訶止観』に、

祇《た》だ心は是れ一切法、一切法は是れ心なるのみ。……玄妙にして深絶なり。識の識る所に非ず、言の言う所に非ず。所以に称して不可思議境と為す。（四四―五四ａ）

と述べている。一切法は円融相即して待対を絶した「玄妙」であり、「ただ一心」にほかならない。智顗は「言を絶し思を絶した不可思議なる一切法」を対境として止観を修し、一念に三千の不可思議境を体得（一念に一即一切の理を体得）すべきことを説いているのである。

続いて「絶待妙の問答」が次のように説かれる。

問う、何の意もて絶を以て妙を釈せん。

答う、祇だ妙を喚《よ》びて絶と為すのみ。絶は是れ妙の異名なり。世人、絶能と称するが如きのみ。また妙は是れ能絶、麁は是れ所絶なり。此の妙に麁を絶するの功《く》有り。故に絶を挙げて以て妙と名づく。迹の中に先に方便の教を施せば、大教は起こることを得ざるが如し。今、大教の若し起こらば方便の教は絶す。所絶を将《も》って、以て妙と名づくるのみ。また迹の中に、大教の既に起これば、本地の大教は興ることを得ず。今、本地の教の興らば、迹中の大教は即ち絶す。迹の大を絶する功は、本の大に由る。迹を絶する大を将って、本の大に名づく。故に絶と言うなり。また本の大教の若し興らば、観心の妙は起こることを得ず。今、観に入りて、縁が寂せば、言語の道は断じ、本の教は即ち絶す。絶は観に由る。此の絶の名を将って、観妙に名づく。此の義を顕

わさんが為めの故に、絶を以って妙と為す。（六九七ｂ）

この文を妙楽湛然は『法華玄義釈籤』に、

［四］教と本迹と及《およ》び観心と展転して相い絶す。（八四六ｂ）

と釈している。

前の文に、蔵教↓通教↓別教↓円教と展転して「四教の絶待妙」が説かれ、この文に「大教の若し起こらば」↓「本地の教の興らば」↓「観に入りて、縁が寂せば」と展転して「本迹・観心の絶待妙」が説かれていることから、湛然は「［四］教↓本迹↓観心と展転して相い絶す」と釈したのである。この湛然の釈に従って、私は「絶待妙の問答」を「四重の展転興廃説」と称している。

「絶待妙の問答」の原文は、「大教の若し起こらば方便の教は絶す。所絶を将って、以て妙と名づくるのみ」となっている。[8] しかし、その前文には「妙に麁を絶するの功有るが故に、絶を挙げて以て妙に名づく」、「妙は是れ能絶、麁は是れ所絶」と記されているから、文脈からすれば、その後文の「所絶を将って、以て妙と名づくるのみ」の「所絶」は「能絶」と記されるべきであろう。故に私は、この「所絶」の語は、「能絶」の語の写誤であろうと考えている。

湛然は、この絶待妙の問答の文を「展転して相い絶す」と釈している。すなわち、妙が興れば、麁は「絶せられる」＝「亡ぜられる」＝「廃せられる」わけであるから、「［法華の］大教が若し起こらば、［爾前の］方便の教は絶す（興↓廃）」、「［法華本門の］本地の教が興らば、迹中の大教は即ち絶す（興↓廃）」、「観［心］に入りて縁が寂せば、本の教は即ち絶す（興↓廃）」と、展転して興廃することになる。したがって『法華玄義』に説かれる「四重の展転興廃説」は、実質的に日本天台の「四重興廃」と同じ思想であることがわかるであろう。

田村芳朗氏は『鎌倉新仏教思想の研究』[9]の中で、

智顗［の『法華玄義』］においては、四重相互興廃であり、観心は、……本迹教相に即するものである。……ところが天台本覚思想では、段階的な四重興廃であり、止観・観心の超勝に落着するものである。（四二四）

と論じている。しかし、智顗の「施開廃釈」と「四種釈」の法華経観を考えれば、観心は相対差別の教相を絶した絶対一如の理（不可思議の境）を観ずる行であるから、「本迹の教相」に即する「四重の相互興廃」ではなく、「爾前→迹門→本門と展転する教相」を絶した「観心の妙」を説く「四重の展転興廃」であることは明らかである。

慶林日隆も『四帖抄』[10]に、智顗の四重の展転興廃説を解釈して、

爾前・迹［門］・本［門］と展転して興廃するは、教の中の浅深なり。……在世心外の事相の教門の差別したるを己心に入れて一にして、一如の本迹を観ずべしと云う事を釈せり。（一二三四）

と述べている。伝円珍作の『三大部切合』に説かれる「四重の浅深」も、伝最澄作の『断証決定集』に説かれる「四重の興廃」も、その内容はすべて「四重の展転興廃説」にほかならないことを強調しておきたい。

日蓮が『一代聖教大意』（三七歳）の翌年に執筆したとされる『十法界事』（録内）には、

法華本門の観心の意を以て一代聖教を按ずるに、菴羅《あんら》果《か》を取りて掌中に捧ぐるが如し。所以は何ん。迹門の大教起これば爾前の大教亡じ、本門の大教起これば迹門・爾前亡じ、観心の大教起これば本迹・爾前共に亡ず。此れは是れ如来所説の聖教、従浅至深して次第に迷ひを転ずるなり。（一四〇）

と説かれている。日蓮はこの書の中で、「法華本門の観心」と記し、続いて「四重の展転興廃」の文を引用した後に、「此れは是れ如来所説の聖教、従浅至深して次第に迷ひを転ずるなり」と解釈していることに注目していただきたい。

さらに日蓮は、四十九歳の時に執筆した『法門可被申様之事《ほうもんもうさるべきようのこと》』(11)（真蹟現存）でも、「四重の展転興廃」中の一文を引用して、次のように述べている。

「捨てられて候四十余年の経々の今に候はいかに」なんど、俗の難ぜば、返詰して申すべし。「塔をくむあししろ（足代）は、塔くみあげては切りすつるなり」なんど申すべし。此の譬へは、玄義の第二の文に「今、大教の若し起こらば方便の教は絶す」と申す釈の心なり。妙と申すは絶という事なり。絶と申す事は、此の経起こらば已前の経々を断止（たちやむる）と申す事なるべし。「正直捨方便」の捨の文字の心、又嘉祥の「日出でぬるは星かくる」の心なるべし。但し爾前の経々は、塔のあししろなれば切りすつるとも、又塔をすり（修理）せん時は用ゐるべし。又切りすつべし。三世の諸仏の説法の儀式、かくのごとし。（四四七）

現代語訳すれば、次のようになる。

俗人から、「捨てられた爾前経が、今でも弘まっているのはなぜか」という問難があったときは、「塔を建てるために組まれた足場は、塔が完成すれば取り払われて捨てられる」と答えなさい。この譬えは、『法華玄義』に「今、法華の大教が起これば、爾前の方便教は絶せられる」と説かれている意味を顕わしたものです。絶待妙の「妙」とは、「絶」という意味です。また「絶」とは、この法華経が説かれたならば、爾前の諸経は断ぜられて止むということです。法華経の方便品の「正直捨方便」の「捨」の字も、嘉祥吉蔵の「日が出でぬれば、星は隠る」の「隠」の字もみな同じです。爾前経は塔（法華経）を建てるための足場ですから（「施開廃」の施）、塔が完成すれば捨てられます（「施開廃」の廃）。塔を修理する時にはまた用いますが（施）、修理が終わればまた捨てられます（廃）。三世の諸仏の説法の儀式は、このように定まっているのです。

この文中に引用された吉蔵の「日出でぬるは星かくる」の典拠は不明である。(12) ただ『法華玄義』の「一巻教相」

には、

灯《とう》、炬《こ》、星、月が、闇と共に住するは、諸経に二乗の道果を存して、小と並び立つるを譬う。[対して] 日は、能く闇を破すが故なり。法華は化城を破し、草庵を除くが故なり。また日は星月を映奪して、現ぜざらしむが故なり。法華は迹を払い、方便を除くが故なり。（六八四c）

と説かれている。日が闇を破すように、仏の真実教が顕われれば方便教は破せられる。また日が昇れば星月は見えなくなるように、仏の本身が顕われれば迹身は払われる。「法華は迹を払い、方便を除く」——すなわち「法華経は迹を払って（廃迹）、本を顕わし（顕本）、方便を除いて（廃権）、真実を顕わす（顕実）」のである。日蓮の権実勝劣思想（法華最勝の思想）や本迹勝劣思想（本仏最勝の思想）が、『法華玄義』の教説を基盤にしていることは明らかであろう。

先に引用した『自行念仏問答』には、「衆生の介爾の一念に三千の性相を歴歴と備うる事は、法華本門にも尚お顕わさず。況んや迹門においてをや。何かに況んや爾前の諸経においてをや」と説かれている。日蓮もまた『十章抄』に、「迹門に一念三千の文があるけれども、義分は本門に限る」と記し、『開目抄』には、「教相においては、本門の寿量品が最勝であるけれども、その寿量品にも一念三千は顕露に説かれず、寿量品の文底から観心の一念三千を拾い出して説いたのは天台大師である」と記している。このような日蓮の教観論は、まさに『法華玄義』の「四重の展転興廃説」↓日本天台の「四重の興廃説」を承けた教説だったのである。

三　日蓮の本迹勝劣論と台当違目論

日蓮は佐渡流罪以前においては、当時、民衆にまで教線を拡大していた法然の専修念仏を意識しながら、天台の一念三千の観念観法に代わる末法劣機の修行として、法華経の題目を唱えることを勧奨していた。ところが、龍の口における宗教体験を経て、唱題の意義づけが大きく変わっていく。佐渡配流後、塚原三昧堂で『開目抄』を執筆した段階では、未だ明白でなかった地涌の菩薩の自覚が、その翌年、一谷で執筆した『観心本尊抄』では顕われるようになる。日蓮はその『観心本尊抄』（五二歳、真蹟現存）の中で次のように記している。

所詮、迹化・他方の大菩薩等に、我が内証の寿量品を以て授与すべからず。末法の初めは謗法の国にして悪機なるが故に、之れを止めて、地涌千界の大菩薩を召して、寿量品の肝心たる妙法蓮華経の五字を以て、閻浮の衆生に授与せしめたまふ。……「是の好き良薬を今留めて此に在く、汝取って服すべし。差《い》えじと憂ふること勿れ。是の教を作し已りて復他国に至りて、使ひを遣はして還りて告ぐ」等云云。……本門の四依は地涌千界、末法の始めに必ず出現すべし。今の「遣使還告」は地涌なり。「是好良薬」とは寿量品の肝要たる名体宗用教の南無妙法蓮華経是れなり。此の良薬をば仏は猶お迹化に授与したまはず。何に況や他方をや。（七一五）

本門の教主釈尊（本仏＝久遠実成の釈尊）は、迹化の菩薩（迹仏＝始成正覚の釈尊に教化された菩薩）に内証の寿量品を付嘱されなかった。「内証の寿量品」とは、「教相の寿量品」に対する語で、「寿量品の文底に沈められた観心の一念三千」＝「寿量品の肝心たる妙法蓮華経の五字」を指している。本仏釈尊は、本化の菩薩（本仏釈尊に教化された菩薩＝地涌千界の菩薩）を召して、末法の衆生の「良薬」＝「寿量品の肝要たる名体宗用教の南無妙法蓮華経」を授与された。日蓮はその本化の菩薩（上行菩薩）の再誕であるとの自覚に立って、ひたすら末法下種の南無妙法蓮華経を日本国の一切衆生の口に入れるために励んでいる。これが、『観心本尊抄』以降に展開する日蓮教学の骨子であるから、佐渡配流以前と以後とでは、法華経の題目の意義づけが大きく変わっていることがわかるであろう。

ただ『観心本尊抄』には、次のような文もある。

> 像法の中末に、観音・薬王、南岳・天台等と示現し出現して、迹門を以て面と為し本門を以て裏と為して、百界千如・一念三千其の義を尽せり。但理具を論じて事行の南無妙法蓮華経の五字並びに本門の本尊、未だ広く之れを行ぜず。（七一九）

この文から、日蓮の滅後、「彼（天台）は迹表本裏、此（日蓮）は本面迹裏」（『御義口伝』二六六四）と説かれるようにもなったが、日蓮教学においては、本迹は単に表裏の関係ではなく、明確に勝劣の関係にあることに留意する必要がある。

日蓮は『治病大小権実違目』（異称『富木入道殿御返事』、五七歳、真蹟現存）に、

> 法華経に又二経あり。所謂迹門と本門となり。本迹の相違は、水火・天地の違目なり。……今本門と迹門とは、教主すでに久始のかわりめ、百歳のをきな（翁）と一歳の幼子のごとし。弟子又水火なり。……一念三千の観法に二あり。一には理、二には事なり。天台・伝教等の御時には理なり、今は事なり。観念すでに勝る故に、大難又色まさる。彼れは迹門の一念三千、此れは本門の一念三千なり。天地はるかに殊なりことなり……。（一五一八・一五二二）

と、本迹勝劣を明言している。すなわち、教相における迹門（始成正覚の仏）と本門（久遠実成の仏）の相違、観心

における理の一念三千（止観）と事の一念三千（唱題）の相違、これが日蓮の主張する本迹勝劣・台当違目（天台教学と日蓮教学の相違）である。智顗においては、大乗経典中に説かれる円教が最勝であり、円教の実相は本迹同、本迹の仏身は不思議一であったから、日蓮の爾前・法華の勝劣論と法華本迹の勝劣論が、日本天台の四重興廃思想の影響下に成立していることを考える必要がある(13)。

それでは日蓮において、本門と観心の関係はどうであろうか。日蓮は『観心本尊抄』に、

　此等の［過去の］聖人（龍樹・天親）は、知りて之れを言はざる仁なり。或いは迹門の一分之れを宣べて、本門と観心とを云はず。（七一〇）

と、末法に至って「本門」と「観心」が流布すべきことを記し、その「本門」と「観心」の関係を、

　［本門の］十界久遠の上に国土世間既に顕われ、［観心の］一念三千殆ど竹膜を隔てり。（七一四）

と記している。

真《まこと》の一念三千は、爾前・迹門には説かれず、ただ本門寿量品の文の底に沈められている。寿量品に至って、九界（本因）と仏界（本果）の十界常住の上に、さらに国土世間の常住まで顕説されたことにより、本門の十界三千と観心の一念三千とはほとんど竹膜を隔てるまでになった。「竹膜を隔てり」とは、「竹膜のような僅《わず》かな違いに過ぎない」＝「ほとんど同じである」という意味である(14)。

日蓮における本門と観心の関係は、このように「竹膜（ほとんど同じ）」の関係である以上、「但観無教の観心」ではなく、あくまで「本門の観心」であった。それは、佐前の『十法界事』に、「法華本門の観心の意を以て、一代聖教を按ずるに、……」と記して以来、日蓮の一貫した教説であったから、身延入山後に著わした『立正観抄』（五三歳）においても、中古天台の学匠が唱える止観勝法華説に対して、智顗の「四重の展転興廃」の文を引用し

て厳しく批判している。

当世天台の教法を習学するの輩、多く観心修行を貴びて法華本迹二門を捨つと見えたり。……若し止観修行の観心に依るとならば、法華経に背くべからず。止観一部は法華経に依りて建立す。……故に知んぬ。法華経を捨てて但だ観を正とするの輩は、大謗法・大邪見・天魔の所為なることを。……天台の釈の意は、「迹の大教起これば爾前の大教亡じ、本の大教興れば迹の大教亡じ、観心の大教興れば本の大教亡ず」と釈するは、本体の本法をば妙法不思議の一法に取り定めての上に修行を立つるの時、今像法の修行は観心修行を詮と為すに、迹を尋ぬれば迹広し、本を尋ぬれば本高し、極むべからず。故に末学の機に叶ひ難し、但だ己心の妙法を観ぜよと云ふ釈なり。然りと雖も妙法を捨てよとは釈せざるなり。若し妙法を捨てば何物を己心と為して観ずべきや。（八四四・八四六）

当世の天台宗の学匠の中には、観心修行を貴びて「法華経を捨てて、但だ止観を正とする輩」がいるが、それは「大謗法・大邪見・天魔の所為」である。智顗の「四重の展転興廃」の文の意は、像法の修行は観心修行を詮とするけれども、迹（衆生法）は広すぎるし、本（仏法）は高すぎるから、末学の機にはそれらを観ずることが難しい。故に、「己心の妙法を観ぜよと云う釈」であり、決して「妙法（法華経）を捨てよという釈」ではない。

日蓮は、もし止観が法華経に勝るというならば、「種々の過これ有り」と言う。なぜなら、

止観は天台の道場所得の己証なり。法華経は釈尊の道場所得の大法なり〈是一〉。釈尊は妙覚果満の仏なり。天台は住前未証なれば、名字観行相似には過ぐべからず。四十二重の劣なり〈是二〉。法華は釈尊乃至諸仏出世の本懐なり。止観は天台出世の己証なり〈是三〉。法華経は多宝の証明あり。来集の分身は広長舌を大梵天に付く、皆是れ真実の大白法なり。止観は天台の説法なり〈是四〉。是の如き等の種々の相違之れ有れども、

仍《な》お之れを略するなり。……止観は法華経に勝ると云ふ邪義を申し出だすは、但是れ本化の弘経と迹化の弘通と、像法と末法と、迹門の付嘱と本門の付嘱とを、末法の行者に云ひ顕はさせんが為の仏天の御計らひなり。（八四六）

日蓮は、当時の天台宗の中に「止観は法華経に勝ると云う邪義」を唱える学匠が出来したが、それは「本化の弘経と迹化の弘通」と、「像法の止観と末法の唱題」と、「迹門の付嘱と本門の付嘱」を、「末法の法華経の行者（日蓮）に言い顕わせんがための仏天の御計らいである」と述べている。

このような本迹の「台当違目」は、日蓮の五十五歳の作とされる『断簡二三二』[15]（真蹟現存）にも、

此等に勝れていかなる法門ありて、本門の極理、［今に］尚を残れりというや。（二九三八）

と記されている。

『観心本尊抄』から『立正観抄』を経て、『断簡二三二』『治病大小権実違目』へとつながる台当違目の骨子を図示すれば、次のようになるであろう。

迹門――迹仏の付嘱――迹化の弘通――像法の止観――迹門の観心＝理の一念三千（止観）――迹門の円理

本門――本仏の付嘱――本化の弘通――末法の唱題――本門の観心＝事の一念三千（妙法）――本門の極理

四　日興門流と日向門流の四重興廃解釈の相違

池田令道氏は、『立正観抄』について、身延三世日進による偽作説を主張している。[16] しかし私は、そのような池田氏の仮説に同意することはできない。

執行海秀氏は『日蓮宗教学史』[17]の中で、

> ［日進の］教学は、……日進の門に学んだ日全の『正義抄』に依って窺ふことが出来る。……その教学は極めて素朴で、本迹論の如きも、……約教本迹の法体同を主張しているに過ぎない。即ち「本迹の説相に久近の不同ありと雖も、妙体は只一法の題目にして、五字の題目に本迹宛然なり」といふのである。（五九）
>
> 由来、日陣以前の本迹論に於いては、約教本迹の法体に於いて勝劣の義が確立されていない。従って勝劣を主張するものは教観勝劣論に堕し、一致を主張するものは台当本迹の一致に堕し、約宗判が確立されなかった。然るに日陣は「若し二経の実相の浅深を立てずんば、正像二代の弘経と末法今時の弘経と何の違目かあらん」と論じているが、これはわが初期の本迹思想史上、一時期を画するものと言ふべきであろう。（一〇八）

と記している。私は、このような執行氏の思想史観に全面的に賛同する。

一三二二年、中山の日祐（二五歳）は、身延の日進（五二歳）に質問して指導を仰ぎ、一三二六年、中山本妙寺の落慶には、日進を導師に迎えて法要を奉修している。等覚院日全は、叡山に遊学した後、身延で日進に学び、さらに一三三〇年、中山の日祐のもとで修学している[18]。これら三師の密接な交流を考えるとき、執行氏が言われるように、「日進の教学は、日全の『正義抄』（『法華問答正義抄』）に依って窺うことができる」と言ってよいであろう。

日進は「約教本迹の法体同を主張している」とは、日進は「法華経の本迹に説かれる実相の理が同じであると論じている」という意味である。円光日陣（一三三九―一四一九）以前の本迹論においては、本迹所説の実相（法体）について勝劣義が確立されていない。勝劣を主張するものは、中古天台教学の影響を受けて教観勝劣論に堕し、一致を主張するものは、迹門の天台教学と本門の日蓮教学の一致に堕して、台当違目が明確化されていなかった。日陣が「本迹所説の実相に浅深・勝劣を立てなければ、正像における迹化の弘通と、末法における本化の弘通の違いが明確にならない」と論じているのは、日蓮教団の初期の本迹思想史上、まさにエポックメーキングというべきであろう[19]。

私は、本迹の実相勝劣を記した『立正観抄』を日蓮の真撰と考えている。偽書説を主張する池田氏は、『立正観抄』と日全の『正義抄』を対比して、「まず注目したいのは引用文の一致である」（①二九〇）として、同じ引用文を多数列挙されている。それに対して私は、「『立正観抄』日蓮真撰説の論証[20]」において、『立正観抄』は最蓮房からの情報をもとに執筆されたものであり、『正義抄』は日全の叡山遊学の成果に基づく著述であるから、「たまたま同じ文言を引用したにすぎない」（一四）と反論を述べた。

すると池田氏は、「たまたま同じ文言を引用したにすぎない、と強弁する人に再説しても無益なのかも知れないが、……」（③五二〇）と断った上で、「『立正観抄』と『正義抄』に共通する引用文として十八件が挙がった」（五二二）として、「何でもかでも偶然では、考察も学問も成り立たないのではないか」と私の反論を批判している。このような池田氏の批判に対して、私は「たまたま偶然であると評しても、考察も学問も成り立つので、ご心配には及ばない」と再反論しておきたい。

私は、真蹟が現存する日蓮遺文には「無作三身」「一心三観」「本覚」の用語が見られないから、それらの語の見える日蓮遺文はすべて偽書である、と断定するような短絡的な結論に同意することはできない[21]。引用文や用語の問題より、もっと重要なことがある。それは思想内容からの考察である。『立正観抄』には次のような文がある。

此の妙法は諸仏の師なり。今の経文の如くならば、久遠実成の妙覚極果の仏の境界にして、爾前迹門の教主・諸仏・菩薩の境界に非ず。経に「唯仏与仏　乃能究尽」とは、迹門の界如三千の法門をば、迹門の仏が当分究竟の辺を説けるなり。本地難思の境智の妙法は、迹仏等の思慮に及ばず。何に況や菩薩・凡夫をや。（八四八）

このような文は、「久成の仏菩薩も、始成の仏菩薩も、所得の理体の妙法は只だ一なり」と論ずる身延の日進には、絶対に書けないと断言できる。この文は、明らかに「約教本迹の法体勝劣」を示した文である。

池田氏は、一六一二年の日乾自筆本が現存する『本迹事』を引用して、

台当の対比が「本迹雖殊不思議一」の項目で語られているように、日進にとっての「五字観心」とは本迹一致・不思議の妙法という括りになるのであろう。……日進は人に約して、迹門始成の仏と本門久成の仏の境界には大きく懸隔があるものと見ていた。……それでは本迹の「妙体は只だ一法」とされた所以は如何となれば、日進は久成仏が本門の妙法を得て、はじめて迹門本門の「理体の妙法は只だ一なり」と確認されたと考えたのであろう。つまり迹門の仏は当然ながら本迹一致の妙法は説けないのである。これらの所説が日蓮の説く本迹法門や観心法門と同じか否かは別にして、日進における本迹勝劣と一致の関係をよく説き示したものとは言えるであろう。(③五三九・五四一)

と述べている。長文なので必要な箇所のみ引用したが、正確を期す人は、池田氏の全文を確認していただきたい。日進が『観心本尊抄』や『治病大小権実違目』の教説を習得していたことは言うまでもない。したがって、日進が本迹勝劣を論じているのは当然である。ただ、本門の本仏釈尊が説いたのは、「本門寿量品の肝心の妙法」であり、「本地難思の境智の妙法」=「本門の極理」であるにもかかわらず、日全の『正義抄』[22]には、「日進の義」として、

久始の不同在りと雖も、妙法は只だ一法なり。久成の仏菩薩も始成の仏菩薩も、所得の理体の妙法は只だ一なり。然りと云ヘトモ始成の妙覚［仏］の始得なるが故に、久本を説かずと云う云云。以上、進師の御義畢んぬ。(⑤二五八)

と記されていることが問題なのである。

日進に学んだ日全も、「当家に約して本迹を論ずれば」として、

示して云く、本勝迹劣の条は勿論なり。但し本勝は久成の故なり。迹劣は近成の故なり。……若し法性の理に約せば、一理の故に勝劣無きなり。……今本迹所詮の法体を妙法蓮華経と題する故に、此の五字に本迹宛然なり。……上行菩薩所伝の妙法蓮華経の五字の中に本迹［あるなり］。（⑤二四四・二五六）

と、日進と同じ解釈をしている。『立正観抄』には、「久成の仏が証得した本地難思の妙法と、始成の仏が証得した界如三千の法門は異なっている」と「本迹の法体異」が説かれているのに、日進は、「久成の仏も、始成の仏も、その証得した理体の妙法は同じである」と「本迹の法体同」を説いていることは明らかであろう。

これをもって執行氏は、「［日進の］教学は極めて素朴で、本迹論の如きも、……約教本迹の法体同を主張しているに過ぎない」と論じ、私もまた、

当時の身延門流と中山門流に共通する「一往本迹勝劣・再往本迹一致義」……［すなわち］教相において本迹の勝劣は明白であるが、それは久近の異であって、その理体の妙法に本迹の不同はない……［これが］当時の本迹一致派の主張であった。（「論証」三四）

と論じたのである。

日蓮は『十法界事』や『立正観抄』に、『法華玄義』の「四重の興廃」の文を引用しているから、直弟子の日興や日向は、四重の興廃を知っていたに違いない。日興の弟子の三位日順（一二九四―一三五六―）は、『五人所破抄』に、

日興の云く、……［天目による］方便品の疑難に至っては、汝未だ法門の立破を弁えず。……正見に任せて二

義を立つ。一には所破の為め、二には文証を借りるなり。……方便読誦の元意は、只だ是れ牒破の一段なり。若し所破の為めと云はば、念仏をも申すべきか等の愚難は、誠に四重の興廃に迷い、未だ三時の弘経を知らず、重畳の狂難、嗚呼の至極なり。（宗全二―八六）

と記し、日興自身が執筆した『三時弘経次第』にも、

桓武天皇と伝教大師と共に迹化付属の師檀と為して、爾前を破して迹門を立て、像法を利益し国土を護持す。……今日蓮聖人と共に本化垂迹の師檀と為して、迹門を破して本門を立て、末法を利益し国土を治むべし。

（宗全二―五三）

と記されている。故に、『五人所破抄』の「法門の立破」「四重の興廃」の意味は、像法の伝教大師は「爾前を破して迹門を立て」、末法の日蓮聖人は「迹門を破して本門を立つ」――故に「迹門の方便品は所破のために読む」という意味になるであろう。

日興の孫弟子の薩摩日睿も、一三四九年の『類聚記』[23]に「建武三年二月廿八日相伝　迹門方便品を読む三義」として、「為本施迹」「開迹顕本」「廃迹立本〈非如非異不如三界〉」の「三義」を図し、続いて、

［日蓮］上人の四重興廃とは、天竺ニシテ外道は常楽我常ノ四ノ義ヲ立つ。是ヲ仏の廃し給ふ時、小乗を説いて苦々無常無我ト説く。又小乗ヲ廃し給ふ時、大乗ヲ説いて常楽我常ト説く。又法華を説き給ふ時、前四味ヲ廃しテ四十余年未顕真実と説き、権を廃して実を立つ。又迹門を破シテ本門ヲ立つ。（三八二）

と記している。

このように日興の門流は、四重の興廃を「迹門を破して本門を立つ」と本迹勝劣義で解釈しているから、方便品の読誦はあくまで所破のためであり[24]、天台の「本迹は殊なりと雖も不思議一なり」の釈は一貫して用いていない。

日興門流の本迹勝劣義を「四重の興廃」の観心にあてはめれば、末法においては、天台の迹門の観心（迹化弘通の止観）を破して、宗祖の本門の観心（本化弘通の妙法）を立つ、ということになるであろう。

対して日向の門流では、天台の「本迹は殊なりと雖も不思議一なり」の釈を用いていることは、日進の『本迹事』[25]に、

> 日向の御勘文に云く、……［法華経］一部の中に於いて一字一句も之れを捨つべからざるの旨之れ有り。是れ則ち本迹は殊なりと雖も不思議一の意なるか。開目抄に云わく、此の経は一部八巻廿八品六万九千三百八十四字の一々に皆な妙の一字を備えて、卅二相八十種好の仏陀なりと云云。（三七八）

と記され、日進自身も、「本迹は殊なりと雖も不思議一の事」という項目を立てて、

> ［日進］示して云く、此の釈は、処々に之れ多し。然りと雖も玄文の七巻の初めに名を釈し、名を釈する下に六重の本迹を釈す。六重の下コトニ本迹は殊なりと雖も不思議一と云へり。（三八四）

と記していることから明白である。

日進は続けて、

> ［ある人］問うて云く、観心本尊抄に云く、南岳・天台等出現して迹門を以って面と為し、本門を以って裏と為して、百界千如・一念三千、其の義を尽くせり、と云云。之れに付いて、南岳・天台の行は、既に本門を以って面と為すというべきなり。四重の興廃の時は、本迹の上に観心を立つと云うべきなり。是れ即ち［天台］大師の実義なり。本迹を以って裏と為し、観心を以って面と為すと云うべきなり。いかん。（三八四）

と記した後に、「［日進］示して云く、此の事、一大事なり。此の御書の所詮、一部の始終は、只だ此の事に在るか」と述べている。わかりにくい文章であるが、ある人が「迹→本→観の四重の興廃をもって解釈すれば、天台大

師の実義は、迹面・本裏ではなく、観心面・本迹裏ではないか」と問うたのに対して、日進は「此の御書（『観心本尊抄』）の所詮は、只だ此の事に在るか」として次のように述べている。

所詮、五字を以って地涌に付属し、迹化他方を簡び畢んぬ。然れば則ち天台宗は、迹門の理の一念三千を以って、本迹の上に己心中所行の法門を立つと云う事なり。［宗祖の］一念三千とは、妙法の五字にして、末法付属の修行なるべし。観心本尊抄の題名より始終の所詮は、五字を以って観心［とす］、云云。サレハ先師（日向）は、大聖人の御所作の次第は、方便品・寿量品の後に、題目を唱え玉ふ事、迹・本・観心と次第し玉ふ、と云云。（三八五）

日向は、師匠の日蓮が常の所作で、方便品・寿量品の読誦の後に題目を唱えていたことを知っていたから、弟子の日進に、「方便品・寿量品の後に、題目を唱える事は、四重の興廃の次第に基づく」と教えたと考えられる。日蓮の常の所作を「四重の興廃」で解釈することは、日興も日向も同じである。ただ日興は、どこまでも本迹勝劣義に立脚して、迹門の方便品は「所破」のために読み、続いて「本門の寿量品」を読み、さらに「観心の妙法」を唱えると解釈した。対して日向は、方便品と寿量品を読むのは、「本門と迹門は勝劣があると雖も」、宗祖は「法華経の一字一句も捨つべからず」と述べられている。これは「本迹は殊なりと雖も不思議一の意なるか」と解釈し、弟子の日進は観心の唱題について、「本門と迹門の理体の妙法は只だ一なり」と解釈したのである。ここに、日向・日進と日興の根本的な相違を確認することができる。

私は、日蓮自身が明確に本迹勝劣を論じているのに、日蓮滅後になぜ本迹一致派の教学が展開したのか、永い間不思議に思っていた。ただ日蓮は『十法界事』や『立正観抄』に四重興廃の文を引用しており、常の所作に寿量品とともに方便品も読誦していたから、天目との論争の経緯の中で、身延門流や中山門流において、中古天台の四重興廃思想に基づいた「教相においては本迹勝劣、観心においては本迹一致」という本迹一致派の教学が展開していったのであろう、と考えるに至った[26]。

池田氏は、日蓮滅後になぜ本迹一致派の教学が展開したとお考えなのであろうか。日蓮が常の所作で方便品の読誦をしていたことは、日興門流も認めているから、方便品の読誦が直ちに本迹一致派の教学を産んだとは考えられない。もし日蓮に四重興廃思想の受容がなかったとすれば、日蓮滅後になぜ中古天台教学に基づく一致派教学が展開していったのか、池田氏の思想史観をご教示賜れば幸いである。

また池田氏は、

なぜ花野氏が『三十四箇事書』『漢光類聚』『法華略義見聞』『一帖抄』等の成立や内容について意見を述べよ、といわれるのか不思議な感じで受け止めている。……『修禅寺決』や『漢光類聚』の成立時期が『立正観抄』の真偽の検討にどれほど必要であろうか。私は殆ど不必要と考えている。（③五一六）

と述べている。

池田氏は、ただ止観勝法華の創唱者と『立正観抄』の真偽論に限定して議論したいようである。しかし私は、思想史学の方法論[27]をもって研究しているので、智顗の『法華玄義』に説かれる「四重の展転興廃説」が、どのような経緯の中で中古天台の「四重の興廃思想」へと変容し、さらに「止観勝法華」「禅勝止観」「五重の円[28]」等の思想を産み出していったか、に関心がある。『立正観抄』の真偽は、天台本覚思想の展開史上に位置づけて考究しなければわからない、というのが私の考えであるから、『漢光類聚』『法華略義見聞』『一帖抄』などの文献の成立について池田氏の思想史観をお伺いしたにすぎない。

爾前→迹門→本門と教相を次第に絶していって（亡じていって）、最終的に言語道断の実相理を観ずる「四重興廃」は、法華の教相より止観の観心を勝とする「止観勝法華」と同じ論理構造をしている。したがって、天真独朗の止観行を高調すれば、政海や尊海を待つまでもなく、いつでも四重興廃説は止観勝法華説へと転換されることに留意する必要がある。たとえば『法華略義見聞』には、

四重興廃の事。……観心の大教興れば本［門］の大教亡ずと。此れに於いて異義有り。私〈粟田口〉之れに於いて三義有り。檀那院の義に云く、……。常住院の義に云く〈慧心〉、……。当流相承［の義］に云く、今、観心の大教とは、本迹未分、天真独朗の摩訶止観の観心なり。（旧仏全一六―三九）

と説かれている。私は、このような『法華略義見聞』等に説かれる思想や円爾弁円の思想が、「止観勝法華」の説と密接な関係をもっていると考えている。[29] 詳細は稿を改めて論ずることにしたい。

五 『立正観抄』日進偽作説の検証

日蓮は『立正観抄』に、

天台大師は霊山の聴衆として、如来出世の本懐を宣べたもうと雖も、時至らざるが故に妙法の名字を替へて止観と号す。迹化の衆なるが故に、本化の付属を弘め給はず。正直の妙法を止観と説きまぎらかす。故に有りのままの妙法ならざれば帯権の法に似たり。（八四七）

『当体義抄』（五二歳、録内）に、

天台大師は薬王の化身なり等云云。若し爾らば霊山に於て本門寿量の説を聞きし時は之れを証得すと雖も、在生の時は妙法流布の時に非ず。故に妙法の名字を替へて止観と号し、一念三千・一心三観を修し給ひしなり。

……凡そ妙法の五字は末法流布の大白法なり。地涌千界の大士の付属なり。(七六七)

と説いている。『観心本尊抄』から『立正観抄』『当体義抄』『治病大小権実違目』へとつながる台当違目を再図示すれば、次のようになる。

迹門――迹仏の証得せる界如三千の法門(諸法実相＝円真の理)――迹門の一念三千(止観)――迹化天台の弘通

本門――本仏の証得せる本地難思の境智の妙法(本門の極理)――本門の一念三千(妙法)――本化日蓮の弘通

「本地難思の境智」の語は、「『立正観抄』と『当体義抄』以外には見えないから両書は疑わしい」と論ずる懐疑主義者もいる。(30) しかし、日蓮自筆の『注法華経』(定本四一七)や『双紙要文』(『対照録』下一六八)に、『法華文句記』の「本地難思の境智」の書き込みが確認されたことにより、(31) 単なる用語の有無による感想文のような偽書説は、その安直さが露呈することになった。

現在、検索機能の進化によって、用語の有無による日蓮遺文の偽書説が教団を席巻している。私は、そのような安直な真偽論を到底受け入れることはできない。現今の懐疑主義者の疑義説に対しては、真蹟現存遺文によって反論するしか方法がないのが実状である。しかし、たとえ現存する真蹟遺文に「本地難思の境智」の引用がなかったとしても、日蓮がこの語を意識的に用いなかったという理由は全く考えられない。私は、日進写本が現存する『立正観抄』を日蓮の真撰と見ているので、『当体義抄』もまた真撰と見てよいと思っている。

池田氏は、日進が『立正観抄』を偽作した動機について、「当時の関東天台に拡がりつつあった止観勝法華説に対し、日蓮の名のもとに破折を加えるため」(①二九四)と推論している。もしそうであったとすれば、その書が身延門流で布教に活用されなければ全く意味をなさないことになる。日進が、関東天台破折のために、奥書を捏造してまで日蓮の名前で偽作したのであれば、当然それを活用してもらうための策略も考えたに違いない。ところが、その書が身延門流で全く活用された形跡がないのは、いったいどうしたことであろうか。

私が思うに、日進は京都でたまたま偶然に日蓮の『立正観抄』を書写したけれども、その内容を充分に会得するまでには至らなかった。日蓮遺文の中で、中古天台教学をストレートに批判しているのは、この『立正観抄』だけであるから、日進がその書に記された台当違目を正確に理解して、日全や日祐に教えていれば、中古天台教学に立脚した本迹一致派の教学は起こらなかったかも知れない。残念ながら、日進は日蓮の『立正観抄』を書写しながら、誰にも見せずに入寂した（一三三七年ごろ）のであろう。もし日全や日祐が日進書写の『立正観抄』を見たならば、日全の『正義抄』の「法華与天台止観勝劣事」（一三四四年成立）の記述も変わっていたであろうし、日祐の『本尊聖教録』（一三四四年成立）にも、必ずやその書名が記載されたに違いない。

池田氏は、

『学天台宗法門大意』も『天台大師和讃』も、他の日蓮遺文には全く引用のない珍しい典籍である。これらの引用が、『正義抄』と『立正観抄』の両方に見られるのは、単なる偶然として片付けることはできない。今までの経緯よりすれば、日全の叡山における修学の成果が、『立正観抄』に反映したと見てまず間違いはないであろう。（②三四三）

と述べている。

しかし私は、日進が京都で『立正観抄』に出会ったことも「偶然」なら、『正義抄』に『立正観抄』と同じ引用書が見られるのも「偶然である」と思っている。もし日進が日全の叡山修学の成果を横取りして、日全にわからないように、日蓮の名前で『立正観抄』を偽作したのであれば、日進は日全が『正義抄』で問題視する「根本法華（止観）が顕説法華（本迹二門）に勝る」という中古天台義も必ずや破折したに違いない。日進は「止観勝法華の説」だけ破して、なぜ「根本法華勝の義」を破さなかったのであろうか。その理由は全く考えられない。

池田氏は、日進が複数の『立正観抄』を偽作し、そのうちの一本に、わざとわかりにくい奥書を入れ（現存の日進本）、日進が奥書を入れなかった一本を、富士門流の侍従公日朝（大石寺日目の弟子）は日蓮の真撰と信じて書写した（現存の日朝本）、という単なる憶測に基づいた仮説を提示されている。しかし日進が、日全や日祐に隠れて密かに、しかも複数偽作した『立正観抄』が、誰の目にもふれずに身延の住房の中で眠っていたとすれば、その偽作書のうちの一本を、富士門流の日朝はどのようにして入手したのであろうか。

私は、日進が奥書まで捏造して『立正観抄』を複数偽作したとは考えていないので、日蓮が最蓮房に与えた『立正観抄』が実際に京都に存在していたと推論している。奥書には、日蓮の自筆本を「有る人」が書写し、それを日進が転写したことが記されているから、日蓮の自筆本から次第に転写されていったうちの一本が、富士門流の日朝本（一三六四年）であったと考えるのが最も自然であろう。

日朝本の『立正観抄送状』には、「若し此の意を得れば、檀那流の義尤も吉きなり。此れ等の趣を以って」（八七一）の文があるが、日進本にはその文が欠落している。日蓮の自筆本に「檀那流云々」の文があり、日進が書写するときにその文が脱落したことはありえても、日進が偽作した『立正観抄』にその文がないのに、日蓮の真撰と信じて書写した日朝が、宗祖の聖文に勝手にその文を書き加えることなど絶対にありえない、と断言できる。日進本も、日朝本も、ともに日蓮の自筆本から転写された写本であるから、そのような写誤が起こったと考えるのが妥当な推論であろう。

偽書は、誰が作ったかわからないように偽作されるのが普通である。策略家がいかにも原書を書写したかのように偽装して本文を偽作し、信憑性を高めるために自分の名前を記した奥書まで捏造して、しかもその自筆の偽作書が現存しているという事例を、私は寡聞にして知らない。もし池田氏がそのような事例を御存知なら、ぜひとも教えていただきたい。

池田氏は、私が「本迹実相の勝劣が明言された『立正観抄』を、本迹実相の一致を論じた日進が偽作することなど絶対にありえない」（「論証」三八）と述べたことに対し、

花野氏は「久遠実成の妙覚極果の仏の境界」と「爾前迹門の教主・諸仏・菩薩の境界」との対比や、「本地難思の境智の妙法は迹仏等の思慮に及ばず」等の表現を本門・迹門の法体勝劣と思われたのだろうが、これは十分に日進の言う「本迹勝劣の重」なのである。……すなわち『立正観抄』にいう「本地難思の境智の妙法」には、本迹一致の妙法たる意が十分に含まれているのである。（③五四二）

と反論している。しかし、すでに述べたように、『立正観抄』には「本迹一致の妙法たる意」は全く含まれていない。むしろ「本迹実相の勝劣」が明言されている。

本迹の法体勝劣（実相勝劣）が説かれた『立正観抄』は、円光日陣（一三三九―一四一九）が、本迹一致の六条門流から独立する際の重要な思想的論拠となった。日陣の弟子の日台は『日陣聖人雑御会釈集』[32]に、

立正観抄の事。［日陣聖人の］仰せに云く、立正観抄の題目は、当世の天台宗、観心の大旨に迷惑して権実雑乱する故に、彼の観心を破して権実の邪正の異を知らしめ、其の上に大師の己証の内証を明かして、当家の深意を定めるなり。（一五八）

と記し、義円（日信）もまた『五十五難勢初番答　義円会釈』[33]に、

何ぞ是れ等の［宗祖の］御本意に背いて、本迹一致の御弘通と定め申すべきや。其の故は、報恩抄・撰時抄・観心本尊抄・呵責謗法抄・法華取要抄・治病抄・立正観抄・当体義抄等に、其の意を分明に釈し玉ヘリ。（六

五）

［本圀寺の云く］、本迹の実相には浅深無し等云云。［義円］会して云く、本迹二経の実相の勝劣は、御書に自ら判じ玉へり。何ぞ料簡を加うべきや。……立正観抄には、方便品の唯仏与仏の究竟の実相をば迹門当分なり、と簡び玉へり。……立正観抄には、迹門の唯仏与仏、乃至、唯我知是相等の諸仏の究竟の悟りの実相をば迹門の仏の当分の実相なり、と簡び玉へり。（六六）

授職抄・観心本尊書得意抄・本門宗要抄等の事、之れに付いて日陣が了簡して申され候様は、真に大聖人の御自判の正本を拝見せずに申さば、何度も御書とは信用し難く申す等云云。随って此等の偽書を本とセバ、法華本迹二門の本意を失う。……加様に日陣より聴聞申し候……。（六八）

と記している。

義円の文で注目されることは、師匠の日陣の教示に従い、遺文の真偽を判別して、宗祖日蓮の思想を論じていることである。日陣は『授職灌頂口伝抄』『観心本尊得意抄』『法華本門宗要抄』を偽書と断じ、[34]『報恩抄』『撰時抄』『観心本尊抄』『呵責謗法滅罪抄』『法華取要抄』『治病大小権実違目』とともに、『立正観抄』と『当体義抄』を「宗祖の御本意」を明かした真撰御書として重要視している。宗祖の教学を考究し熟慮して本迹勝劣の論陣を張った日陣が、身延日進の作った偽書を宗祖の真撰と誤認することなど到底考えられない。

義円は、本圀寺側が「本迹の実相に浅深無し」と主張したのに対して、「立正観抄には、方便品の唯仏与仏の究竟の実相をば迹門当分なり、と簡び玉へリ」と反論しているから、『立正観抄』を本迹の法体勝劣の文証として引用していることは明らかである。すでに述べたように、池田氏は「『立正観抄』にいう「本地難思の境智の妙法」には、本迹一致の妙法たる意が十分に含まれている」と主張しているが、池田氏の解釈は、遠くは日陣や義円、近くは執行氏や私の解釈と全く異なっている。どちらの解釈が妥当であるか、もはや贅言を要しないであろう。

日陣が「宗祖日蓮の正意は本迹勝劣である」と主張して六条門流から独立したように、同じく四条門流から本迹勝劣義を掲げて独立したのが、慶林日隆（一三八四―一四六四）である。日隆は『四帖抄』に、

天台末学の種々の大僻見を、尼崎本興寺流に会通して云く、但し委悉には立正観抄に御会通これあり。（一二四）

と記している。日蓮滅後の門流の中で、学匠の誉れも高い日隆が、本迹一致派の日進の偽作である『立正観抄』を論拠として、本迹勝劣・台当違目を論ずることなどありえるだろうか。[35] 私は池田氏による前代未聞の新仮説より、日隆の眼力のほうを信用している。

六 「仮説―論証」の科学的な方法論の提唱

日蓮滅後から今日まで、本迹勝劣派と一致派の論争がたびたび起こったが、『立正観抄』の日進偽作説は未だ誰も唱えたことがない奇想な仮説である。ただ現今の懐疑主義の学風の中では、真蹟が現存していない遺文については、どこまでも疑うことが可能であるから、多種多様な偽作説が展開されることになる。疑義を探し出して疑うことは簡単であるが、真撰たることはどのように論証すればよいのだろうか。もし『立正観抄』の日進自筆本が現存していなかったならば、『立正観抄』偽撰説に対して、誰も有効な反論ができないという現実を深刻に受け止めなければならない。

真蹟の現存・不現存は、まさに「偶然」にすぎないから、池田氏が「偶然では、考察も学問も成り立たない」と

断定されるのは間違っている。われわれは、まさに「偶然」によって残された書物の範囲内でしか、考察も研究もできないという学問の限界を考えるべきである。たまたま偶然に、『立正観抄』の日進自筆本が現存していたからこそ、その事実を論拠として、宮崎英修氏は「日進が書写した自筆本が現存することから、その真偽を疑うことは妥当ではない[36]」と解説され、浅井円道氏も「日進の写本が現存する以上は、一応真撰と見る外はない。『立正観抄送状』についても、日進写本の現存により、真撰と見なければならない[37]」と論述されている。しかし疑えばキリがないから、たとえ日進自筆本が現存していても、それは書写本ではなく日進の偽作本であると主張されれば、もはや真蹟が発見されない限り、議論は平行線をたどるしかないであろう。

議論が平行線をたどるのは、方法論が異なっているからである。私は「主観的仮説の提示―論証」という科学的な方法論を提唱している。ところが池田氏は、「方法論の相違で煙に巻くようなことはお止めいただいて、正面から『立正観抄』の真偽を論じていただきたい」（③五六九）と述べて、方法論の重要性を全く理解されていない。方法論が異なれば当然、結論も異なってくるので、池田氏には真摯に方法論の問題に向き合っていただきたい。

池田氏は、浅井要麟氏の方法論[38]を継承して、「懐疑→客観的真実の発見」という方法をもって研究されている。その方法は、仮説を立てずに、懐疑を用いて「客観的な真実を追求する」というものである。しかし、哲学的に論ずれば、各人の主観を離れて「客観的な真実」が存在していると考えるのは幻想にすぎない[39]。いかに懐疑を尽くして真実を追求しても、「客観的な真実」は発見できないという池田氏の方法論の矛盾を自覚すべきである。池田氏は、次のように主張している。

最蓮房宛日蓮遺文すべてを論争の俎上に挙げ、真摯に議論を尽くし、その一通々々の真偽を解決していけば、自ずと最蓮房なる人物の骨格も浮かび上がろう。実在とか架空とかはその後の議論ではなかろうか。（②三七

四）

どうして最蓮房宛遺文の真偽を考察するのに、最蓮房の架空か実在かという前提が必要になるのか。仮説が立つとか立たないとか、全く関係のない話ではないだろうか。……私としては全般にわたってもう少し落ち着いた、きめの細かい議論を積み重ねたいと思っている。（③五四九）

池田氏の方法論をもってすれば、どうしてもこのような主張にならざるを得ないであろう。もし池田氏の方法論が正しければ、同じ方法論を用うる研究者と、「落ち着いた、きめの細かい議論」を積み重ねてみればよい。いくら議論を積み重ねても、私がすでに指摘したように、

池田氏の懐疑主義をもってすれば、必ずや［最蓮房］架空説とならざるを得ないであろう。もし実在説を取られるのであれば、池田氏は何を根拠にされるのであろうか。……最蓮房は限りなく架空に近いが、架空と言い切る根拠もまたないので、「結局はわからない」というのが池田氏の結論とならざるを得ない。（「論証」三九）

ということは目に見えている。疑えばキリがないから、最蓮房宛遺文の真蹟が発見されない限り、結論は永遠に出ないのである。

池田氏の方法論では、「結局はわからない」ということが結論になる。それは、たとえ「客観的な真実」が存在していたとしても、「そのような客観的な真実など誰にもわからない」ということを物語っている。われわれ研究者にとって、真実とは主観的な事実にすぎない。池田氏は仮説を立てることを嫌い、真摯に議論して「客観的な真実」に到達することを夢見ておられるが、『立正観抄』日進偽作説も、実は池田氏の「主観的な仮説」にすぎないことを自覚すべきである。

私は「仮説―論証」の方法論を用いているから、初めから自説が仮説であることを自覚している。私の主張は、

「本門と迹門の理体の妙法は只だ一なり」と論ずる日進が、本迹の法体勝劣を明言した『立正観抄』を複数、しかも策略的な奥書まで捏造して偽作することなど絶対にあり得ない。ゆえに「池田氏の不可解は不可解のままで、池田氏の疑義は疑義のままで、日蓮の真撰と認めるしかない」（「論証」二四）というものである。

対して池田氏は、

はじめに『立正観抄』の真撰ありきでは、結論が先に出ているので真偽を論ずる価値もなくなろう。これが通れば議論は果てしなく堂々巡りするだけである。（③五一一）

と、私の仮説を「結論が先に出ている」と批判している。しかし私の結論は、熟慮を重ねた上で提示した仮説である。そういう意味では、池田氏が熟慮の末に提示した『立正観抄』日進偽作の仮説と同じである。

池田氏には、自らの説が「仮説」であるとの自覚がないから、自分が納得のいかない疑義を列挙して、「何でもかでも偶然では、考察も学問も成り立たない」（③五二五）、「方法論の相違で煙に巻くことはやめていただきたい」（③五六九）、「花野氏の見解、これは殆ど暴論に近いのではないか」（②三七六）と批判され、執念をもって日進偽作説で決着を着けたいようである。しかし私は、日蓮の真筆が発見されない限り、懐疑主義者を納得させることはできないとわかっているから、初めから執念など持っていない。池田氏に対して、「花野の真撰の結論も仮説であるなら、池田氏の偽撰の結論もまた仮説であるとの自覚を持っていただきたい」と言っているにすぎない。

池田氏には、再度、ピェール・デュエムの「データが仮説をくつがえすわけではない。仮説を倒すことができるのは仮説だけである」という言葉を贈りたい。これからも、池田氏は日進偽作の仮説の論証に努め、花野は日蓮真撰の仮説の論証に努める。ただそれだけのことではないだろうか。池田氏と私の仮説のどちらがより説得力を持っているか、それは読者が判断されるであろう。

池田氏と私とは、方法論が異なる以上、いくら議論を積み重ねても、堂々巡りするだけで、最蓮房の実在の是非さえも決着が着くとは思えない。私は最蓮房実在の仮説を提示しているが、池田氏の方法論では、いつまでたっても実在・架空の仮説を提示することができないであろう。日蓮遺文の真偽考証の目的は、日蓮自身の思想を探求することにあるから、池田氏は『立正観抄』日進偽作の仮説に立って、日蓮の思想を考察していただきたい。私は『立正観抄』日蓮真撰の仮説に立って、日蓮の思想を考究していきたいと考えている。

池田氏のような徹底した懐疑主義の方法論で、中世仏教の思想研究をしている学者は、興風談所の他に見当たらない。たまたま奇跡的に、日蓮には真蹟現存遺文が多いので、そのような方法論も容認されるのであろうが、中世仏教の文献はそのほとんどが写本であるから、池田氏のような方法論では中世仏教の思想史研究はできないとだけ言っておきたい。

註

（1）拙稿「日蓮の唱題思想と檀那流の灌頂玄旨口伝」、同「日蓮教学と『修禅寺決』」（拙著『天台本覚思想と日蓮教学』山喜房仏書林、二〇一〇年）参照。『修禅寺決』にも、「臨終の一念三千の観とは、妙法蓮華経是れなり。……臨終の時、専心に応に妙法蓮華を唱うべし」（伝全五―八七）などの文がある。日蓮が『修禅寺決』を読んでいたか否かは議論の余地があるが、当時の慧檀両流の中にすでに「八舌の鑰」の口伝や、『修禅寺決』に説かれるような「一念三千＝妙法」の思想があり、日蓮がそれを知っていたことは確実であろう。

（2）『十章抄』の系年は定まっていない。私は文永三年に比定している。拙稿「日蓮教学の思想史学的探究」（花野古稀論集『日蓮仏教とその展開』山喜房仏書林、二〇二〇年）九五頁。

（3）拙稿「日蓮の生涯とその思想」（シリーズ日蓮２『日蓮の思想とその展開』春秋社、二〇一四年）参照。

（4）拙稿「『種々御振舞御書』の真偽をめぐる諸問題」（『法華仏教研究』二八号、二〇一九年）参照。

（5）拙稿「『自行念仏問答』の成立と思想」（拙著『天台本覚思想と日蓮教学』）参照。

（6）智顗教学と吉蔵教学の関係がしばしば議論されるが、吉蔵は智顗の法華経解釈（本迹論）を受容して、仏身の本迹開合を論じたと考えるべきである。拙稿「『法華文句』の四種釈について」（『天台学報』五八号、二〇一六年）参照。

（7）智顗は『法華玄義』に、「本迹は身に約し、位に約す。権実は智に約し、教に約す」（七七〇b）と述べている。

（8）『法華玄義』（『大正新脩大蔵経』）の原文（漢文）は、次の通りである。

祇喚妙為絶。絶是妙之異名。如世人称絶能耳。又妙是能絶、麁是所絶。此妙有絶麁之功、故挙絶以名妙。如迹中先施方便之教、大教不得起。今大教若起方便教絶。将所絶以名於妙耳。

（9）田村芳朗『鎌倉新仏教思想の研究』（平楽寺書店、一九六五年）。引用文の下の（　）の中は、そのページ数である。以下、他の著書、他の論文も、すべて同じ。

（10）『法華宗全書（日隆1「法華天台両宗勝劣抄」）』（東方出版、一九九九年）。（　）の中は、そのページ数である。以下、他の引用文もすべて同じ。

（11）『法門可被申様之事』の系年は定まっていない。私は文永七年に比定している。註(2)拙稿「日蓮教学の思想史学的探究」一一〇頁。

（12）天台門徒の蓮剛が、貞観六年（八六四）ごろに撰述したとされる『定宗論』には、「嘉祥大徳、〔天台〕大師に負うの日、自ら伏して云く、日出でぬれば星収む。巧みを見て拙きを知る」（七四―三一九b）と記されている。『法門可被申様之事』の記述は、この文に基づくか。

（13）本迹の実相勝劣は、皇覚の『三十四箇事書』の「本迹二門実相同異の事」にも説かれている。拙稿「智顗の法華経観から日本天台の四重興廃思想へ」（『平安・鎌倉の天台』山喜房仏書林、二〇二一年）を参照されたい。

（14）光林（布施）義高「『一念三千殆隔竹膜』考」（『法華宗宗学研究所所報』二一輯、一九九九年）を参照されたい。

（15）『断簡二三一』の系年について、『昭和定本』は弘安期とし、『対照録』（中巻三五六）は「健治二年」（五五歳）としている。本稿では『対照録』の系年に従った。また『昭和定本』第四巻の改定増補版第二刷までは、判読不能として「本門の極理、尚を□というや」と記されていたが、第三刷（一九九九年）では、□が「勝」と判読されている。『対照録』や『御書システム』では、□が「残」と判読され、布施義高氏は「日蓮聖人教学における「本門の極理」」（『大崎学報』一七〇号、二〇一四年）の中で、「残」の判読を是として詳細な検討を加えられている。本稿では、布施氏の研究成果に従った。

（16）池田氏の『立正観抄』日進偽撰説は、右記の論考に述べられている。引用するときは、①②③の下にその頁数を記した。

池田令道①「『立正観抄』の真偽問題について」（『興風』一九号、二〇〇七年）

池田令道②「続『立正観抄』の真偽問題について」（『興風』二二号、二〇一〇年）

池田令道③「『立正観抄』の真偽問題について（三）」（『興風』二三号、二〇一一年）

（17）執行海秀『日蓮宗教学史』（平楽寺書店、一九六九年）

（18）拙稿「二種の『金綱集』の思想的考察」（『法華仏教研究』三三号、二〇二二年）参照。

（19）布施義高「『注法華経』「迹本理勝劣事」をめぐって」（『法華宗宗学研究所所報』二四輯、二〇一〇年）を参照されたい。

（20）拙稿「『立正観抄』日蓮真撰説の論証」（『法華仏教研究』八号、二〇一一年）。以下、引用するときは、「論証」と略称する。

（21）山上弘道氏は『日蓮の諸宗批判』（本化ネットワーク叢書〈1〉、二〇〇一年）の中で、日蓮の真蹟現存遺文に「無作三身」「一心三観」「本覚」の用語が見られないとして、宗祖はなぜこれらの用語を「あえて使用されなかったのか」と記している。たまたま真蹟現存の遺文に見えないからといって、どうして「宗祖はあえて使用されなかった」と断定できるのか。そのような断定を下す合理的な理由は全く考えられない。それは、現代の検索至上主義者の単なる一仮説にすぎないことを自覚すべきである。拙稿「日蓮の思想史研究ノート（一）」（『法華仏教研究』二六号、二〇一八年）を参照されたい。

また山上氏は、「花野充道氏「日蓮教学の思想史学的探究」についての感想」（『興風』三十三号、二〇二一年）において、「［門流の研究者は］先師が、真撰を前提として門流法義を構築してきた遺文を、偽撰とすることはなかなか難しいことであろう」（五一〇）と論じているが、学問の世界では、いずれの門流の学者であっても、主観的な偽書説を提示することは自由である。たとえば日蓮正宗の佐藤慈豊氏は、「高祖遺文録真偽決略評」（『日蓮大聖人御書新集』、一九二九年）の中で、徹底した懐疑に基づく偽書説を展開している。疑えばキリがないから、佐藤氏のような安直な偽書説が出てくるのである。

山上氏は、門流の先師は、真撰を前提にして門流の教学を構築してきたから、懐疑を尽くして活発な議論をすれば、「今日とはかなり異なる景色が提供される可能性は甚だ高い」（五一一）と論じている。しかし私は、円光日陣や慶林日隆が『立正観抄』や『当体義抄』や『如説修行抄』の真撰を前提にして、あるいは「無作三身」や「本覚」の用語を用いて、門流教学を構築したのは、決して日蓮の思想に反するものではないと思っている。山上氏は、現代学者が徹底した懐疑の方法論を用いて、日蓮滅後、今まで不明であった真実を解明し、「新たな景色を創り出す」と意気込んでおられるが、私は「それは現代学者の慢心ではないか」と反論しておきたい。私が円光日陣や慶林日隆の慧眼を高く評価していることは、本文中に述べた通りである。

山上氏と私の日遺遺文に対するスタンスの違いは、『如説修行抄』の真偽の仮説によく現れている。『如説修行抄』については、日蓮滅後、未だかつて偽撰説を唱えた学匠は一人もいない。しかし、現今の懐疑主義の方法論を用いたならば、それこそ疑えばキリがないから、『如説修行抄』の偽撰説も提示されてくる。真蹟が現存しない以上、真撰たることが論証できない『如説修行抄』を、今成氏や山上氏のように偽撰と見るか、私のように真撰と見るか、ここに懐疑主義者と護教主義者の方法論の相違が端的に現われていると言ってよいであろう。

浅井要麟氏から田村芳朗氏あたりまでの研究者は、偽作であることがほぼ確定している遺文は別として、自分から見て疑わしい遺文があったとしても、「今後のさらなる検討を要する」と表現して、伝統的に日蓮の真撰とされてきた遺文に対する扱いがもっと慎重であった。個人的な感想も含めて疑うことは自由であるが、それが直ちに偽作説の主張となるところに、現今の徹底した懐疑主義者の学問的な執念を感じる。山上氏の『如説修行抄』偽撰説に対する反論は、註(2)拙稿「日蓮教学の思想史学的探究」二一二頁に述べているので参照していただきたい。ただ本文中にも記したように、これまた真蹟が発見されない限り、論争は水掛け論で終わる可能性が大である。

山上氏は、徹底的な懐疑に基づく真偽判によって、日蓮正宗から独立した正信会の新たな「宗学」の創出を模索されているのかも知れない。日陣や日隆の場合を見ても、既成教団から独立する際に、宗学論争が起こることは歴史の必然である。そのような学問的な視点に立って、日蓮正宗の宗学と、そこから独立した創価学会や正信会がどのような宗学の創出を模索しているのか、いわゆる正信会の川澄教学をめぐる論争や、創価学会の凡夫本仏論をめぐる論争などとあわせて改めて論じてみたい。

いる。
(22) 引用した『正義抄』は、興風叢書(14)『法華問答正義抄(五)』(興風談所、二〇一〇年)に翻刻・掲載されている。
(23) 『日睿類集記』は、『興風』一八号(二〇〇六年)に翻刻・掲載されている。
(24) 日興が入滅するや、日興門流では方便品の読不読の論争が起こった。高橋粛道「仙代問答(方便品読不読論争)」(『道心』十一号、一九九六年)を参照されたい。大石寺の堅樹日寛は『当流行事抄』(宗全四―九〇)に、方便品の読誦は「所破」「借文」のため、寿量品の読誦は「所破」「所用」のため、と論じている。
(25) 引用した『本迹事』は、『興風』一七号(二〇〇五年)に翻刻・掲載されている。池田氏は「天目・日向の方便品読不読論争について」(『興風』一七号、二〇〇五年)の中で、「日進・日全の親交や『正義抄』と『本迹事』の内容比較からも十分に日進著作を裏付けられる」と述べている。日進の真筆が現存しているわけではないので、疑えばキリがないが、私は徹底した懐疑主義者ではないから、池田氏の仮説に特に異論はない。
(26) 拙稿「日蓮教団と中古天台教学」(シリーズ日蓮3『日蓮教団の成立と展開』春秋社、二〇一五年)参照。
(27) 前川健一氏は「日蓮理解における「思想史的」方法の再検討」(『日本仏教綜合研究』二〇号、二〇二二年)において、「花野氏の「思想史学」は、むしろ「思想史学的宗学(教学)」と言うべきものである」と述べている。前川氏には、まず「思想史学」「宗学」「教学」の定義から始めて、私への評論を進めていただきたい。そうしないと噛み合った議論にはならないであろう。私の「思想史学」の定義は、拙稿「田村芳朗――思想史学と本覚思想研究――」(『戦後歴史学と日本仏教』法藏館、二〇一六年)の中に記してあるから、それを読んでいただきたい。
私は「宗学」について、日蓮宗の「宗学」、日蓮正宗の「宗学」というように使っている。当時の歴史的状況(創価学会による日蓮宗の本尊雑乱攻撃)を考えれば、浅井要麟氏は思想史学の方法を用いて、それまでに確定していなかった本尊論等の日蓮宗の「宗学」の確立を目指されていたと考えられる。信仰の学である「宗学」をどのように確立するかは、日蓮正宗から独立した創価学会においても悩ましい問題であろう。私が用うる「宗学」と「思想史学」の相違は、拙稿「日蓮教学と本覚思想について(一)」(『法華仏教研究』一六号、二〇一三年)等で論じているので参照されたい。

私は、思想史学の方法を用いて、日蓮の思想(日蓮教学)を研究している。したがって、たとえば日蓮の本尊について論ずる際は、天台教学の展開史上に日蓮の本尊論を位置づけて論述するよう心がけている。「辻史観(辻善之助氏の史観）」「井上思想史観（井上光貞氏の思想史観）」などと称されるように、研究者が自らの「史観」「思想史観」を提示すれば、その人の「主観的な学説」が評価の対象となることは言うまでもない。

各宗門の大学では、教団の「宗学」としての研究と、学問としての「教学」の研究の線引きが曖昧な場合が多い。立正大学の庵谷行亨氏は『日蓮聖人の観心論』（山喜房仏書林、一九九九年）の中で、「私としては、……宗学を学ぶ者が学位を申請することの是非について躊躇がないわけではなかった」と率直な感想を述べている。創価大学の前川氏も、今後、日蓮教学の研究について学位を授与する際には、その判断基準が立正大学とどのように異なっているのか、学問の「客観性」と「主体性」の問題について、真剣に取り組まざるを得なくなるであろう。私が考える思想史学の研究論文の評価基準は、註(2)拙稿「日蓮教学の思想史学的探究」二二三頁に私見を記しておいたので参照されたい。前川氏による花野思想史学に対する論評については、稿を改めて私の見解を述べてみたい。

(28) 日興に仮託された『五重円記』には、「私に云く、円に於いて権と迹と本と観心と元意の五重を習う」（宗全二―八八）と説かれている。

(29) 私は、日蓮が叡山を下った後に、俊範―静明の師弟の間で、本迹未分思想に基づく止観勝法華説が唱えられるようになったと考えている。拙稿「中古天台と法華経」（シリーズ日蓮1『法華経と日蓮』春秋社、二〇一四年）、註(13)拙稿「智顗の法華経観から日本天台の四重興廃思想へ」を参照されたい。

(30) 大黒喜道「日興門流における本因妙思想形成に関する覚書（五）」（『興風』二〇号、二〇〇八年）二四一頁。この大黒論文を引用して、山上弘道氏は「日蓮仮託偽撰遺文の類型的分類試論」（『興風』三四号、二〇二二年）の中で、「双方（『立正観抄』『当体義抄』）とも身延門流における成立（偽作である）」（一五六頁）と主張している。山上氏は、両書に類似した用語や文章が見られることから、両書を同門流の人師による偽作とされるが、私は同一門流の偽作ではなく、同一人物（日蓮）の著作と見ていることは、本文中に述べた通りである。

(31) 布施義高「「本地難思境智」解釈の変遷」（『印仏研究』五四巻一号、二〇〇五年）を参照されたい。

(32) 『法華宗全書（増補第一輯）』（法華宗宗務院教学部、一九八七年）

(33) 『五十五難勢初番答　義円会釈』（『法華宗宗学研究所所報』第二一輯、一九九七年）

(34) 日陣自身が『本迹同異決』の中で、『観心本尊得意抄』『授職灌頂口伝抄』『法華本門宗要抄』を偽書と断じ（宗全二三―二四四）、「[宗祖の]御書の中に、本地難思の境智と判ぜり」（二四六）と記している。布施義高「門祖日陣聖人の本迹実相勝劣論に関する考察」(『法華宗宗学研究所所報』第二一輯、一九九七年)を参照されたい。

(35)大平宏龍氏は「慶林日隆教学の形成と特色」(『興隆学林紀要』二〇号、二〇二三年)の中で、四重興廃思想と止観勝法華説を区別しないで論述されているが(三九頁)、日隆は四重興廃思想は受容し、止観勝法華説は批判していることに留意する必要がある。

(36)宮崎英修「日蓮遺文の解題」(講座日蓮2『日蓮の生涯と思想』春秋社、一九七二年)

(37)浅井円道「解説」一一八一頁(『日蓮聖人遺文辞典(歴史編)』一九八五年)

(38)浅井要麟氏の方法論の問題点は、拙稿「純粋日蓮義確立の問題点」(『暁雲』一二号、一九七五年)で論じているので参照されたい。今後、日蓮の思想は複雑であるから、懐疑に基づく真偽判によって、単純に一元化することは不可能である。今後、伝統的な会通判も用いて、研究者が自らの仮説を提示し合い、議論していく必要がある。

(39)註(4)拙稿「『種々御振舞御書』の真偽をめぐる諸問題」中に、「真実とは主観的な事実である」(四八)と題して哲学的に論じているので参照されたい。

【付記】池田氏は、『立正観抄』と『正義抄』に共通する十八の引用文を挙げているが、たとえば当時、『恵心僧都全集』三巻に収録された『教観大綱』のような書が、複数存在していた可能性は充分に考えられる。「本迹不思議一」を説く日進が、策略をめぐらせて、日蓮の名前で偽作した『立正観抄』を複数作ったとは到底考えられないから、日蓮も日全も、『教観大綱』に類する書を参照して、それぞれ著述したと考えるのが最も自然であろう。

※引用した日蓮遺文の下の( )の中は、『昭和定本』のページ数である。引用に当たり、「出ぬる→出でぬる」、「付属→付嘱」など現代表記に直した箇所がある。

※この論考は、二〇二三年六月の締め切りにあわせて脱稿したが、その後、同年の十二月に、山上弘道著『日蓮遺文解題集成』が刊行された。本稿では、山上氏の労作を参照することができなかったので、今後、刊行予定の『日蓮聖人本尊聖教事典』の「立正観抄」の項で取り上げることにしたい。

キーワード　絶待妙、四重興廃、止観勝法華、台当違目、最蓮房

五味主についての一考察

株橋隆真

一　問題の所在

古来法華宗（本門流）では「五味主」と呼ばれる法門が存在し重要視されているが、門下においては然程《さほど》注目されていないのが現状である。その理由の一つは、根拠となる日蓮遺文の真蹟が確認されていなかったことにもあろうが、(1)日蓮聖人（一二二二〜一二八二。以下、宗祖と呼称）の法華経観、延いては題目観に対する解釈の相違に起因するものであろう。

そこで「五味主の法門」について改めて考察し、宗祖の示された法華経、題目の意義をより明らかにしたいと思う次第である。

二　五味について

既知の如く五味とは、涅槃経聖行品に説かれる「涅槃五味」といわれる乳味・酪味・生酥味・熟酥味・醍醐味をいい、十二部経（全仏教）から要味を漸次に取り出し涅槃経が要法であることを明示するための譬喩[2]であるが、華厳経の三照譬と相俟って多用され、特に天台大師智顗（五三八〜五九三）は五時に配当して説時の順序や被る利益を整理し、また化法の四教においては蔵・通・別の三教にはそれぞれ五味があるが、円教のみ醍醐の一味であるとして、法華経が全仏教の中心、要の教えであることを主張したのである[3]。

このように当時涅槃経・華厳経中心の仏教観が盛んな中で、涅槃五味・華厳三照譬を併用しながら法華経中心の仏教体系を確立したことは画期的で、批判の対象にもなったが、次第に注目されるようになってきた。

中国天台宗第六祖妙楽大師湛然（七一一〜七八二）に至るとさらにその色合いを増し、

顕露の七の中に於いて、通じて奪て之を言はば並に七に非ざる也。別して与えて之を言はば但だ前の六に非ず。何となれば七の中に円教有りと雖も兼帯なるを以ての故に、是の故に不同なり。此れ部に約して説くなり。彼の七の中の円と法華の円と其の体別ならざるが故に但六を簡ぶ。此れ教に約して説く也[4]。

と、部に約して奪っていえば法華と秘密教以外の七教とは異なり、法華が七教すべてを超越しているが、教に約して与えていうと、頓・漸・不定、蔵・通・別の六教を超越するのみで、爾前の円と法華の円は同じであるという。

この約教別与・約部通奪の二種の観点を用いて法華と尓前の諸経を比較対照して同異を判別し、この二種の公式の内、後者の約部通奪を用いていわゆる法華超八・超八醍醐といわれる学説を提唱して法華経至上を強調することになるのである。

例えば、

法華は一期の教表を超す。若し将に今教を以て昔教に対せば、教既に差別あり。部又同じからず。兼但対帯、権実、遠近あり。具に進否を知り、方に今経を暁む。如是既に然なり、他皆此れに準ずべし。(5)

と述べ、さらに超八については、

法華を論ぜざるは法華の部が八の蔵に非らざるを以ての故なり。故に第一巻に教相を結して云く、今法華是れ定にして不定に非らず等と。前八教の中に顕露ありて、秘に望めて顕と名づくると雖も、猶ほ権教近迹の為に覆はる。是の故に法華の顕に同じからず。又八教中に円教有りと雖も、偏を帯して円を明かし、円猶は漸に属す。(6)

とか、あるいは、

今経八に於いて何に属するや。若し超八の如是に非らずんば、安んぞ此の経の所開と為さん。(7)

等と述べ、法華円教は八教の所摂ではなく、他の教の兼帯を一切認めず純一無雑であるとし、より法華超八の立場を鮮明にしている。(8)

以上のように、法華醍醐を五味を超越する他とは比較にならない存在であることを明示することによって、一代説法においての法華経の位置づけを決定し、これこそが要の中の要であると主張しているのである。

それでは、これらの説が五味主の法門どのような影響を与えているのかを考えてみる。

三　宗祖の五味主の法門について

五味主の法門とは、

涅槃経は醍醐のごとし、法華経は五味の主の如し。（中略）法華経は五味の中にはあらず。（中略）諸経は五味、法華経は五味の主と申法門は本門の法門也。(9)

と教示されることに依拠し、諸経と法華経の比較において五味と五味主という関係を示し、さらにそれは本門の法門であるという。つまり元来天台には二種の解釈があり、爾前の円と法華の円は同じ円であるという迹門の立場と、法華経は五味主とする本門の立場があり、相違するものであるとしている。しかしながら、

天台宗には二の意あり。一には華厳・方等・般若・涅槃・法華同醍醐味也。此釈の心は爾前と法華とを相似せるににたり。世間の学者等此筋のみを知て、法華経は五味の主と申法門に迷惑せるゆへに、諸宗にたぼらかさるゝ也。開未開、異なれども同く円なりと云云。是は迹門の心なり。(10)

と、世間の学者は上述の約教別与の側面、つまり迹門の解釈のみを知るだけで約部通奪の側面、即ち本門の解釈である五味主の法門に迷惑しているという。しかし、

諸経は五味、法華経は五味の主と申法門は本門の法門也。此法門は天台・妙楽粗書せ給候へども、分明ならざる間学者の存知すくなし。(11)

とあり、天台・妙楽は法華経は五味主とは明らかに説いていないので、ほとんど理解されていないとされている。確かに天台三大部本末には五味主の語および概念規定は見当たらない。

宗祖の「涅槃経は醍醐のごとし、法華経は五味の主の如し」と、法華経は主であるとするこの根拠は、

若し法華の教旨を論ずれば、唯だ開権顕遠を以て教の正主と為す。独り妙の名を得る意、此に在り云云(12)。

又云く、故に知んぬ法華は為れ醍醐の正主等云云(13)。

等とあり、この「法華は為れ醍醐の正主」という新たな「正主」という概念に着目され、これによって「法華経は五味の中にはあらず」という本門の法門の結論に至られたのであろう。

この「醍醐正主」という概念は天台大師智顗には管見の限り見当たらず、妙楽大師湛然の独創であると考えられる。

四「正主」と「超八」について

この「正主」と前出の「超八」の違いは何であろうか。これについては日隆聖人（一三八五〜一四六四。以下、隆師と略称）の御聖教の処々に散見できるので、これらを基に考えてみる。

例えば、

高祖の「諸経は五味、法華経は五味主」と判じ玉う「諸経は五味」と云う五味相生同醍醐味と云う一筋なり。今出す所の玄籤の一の立所所依の文の下の意なり。此の上に超八の法華これあり。此れは尚を今日脱益の法華なり。此の上に「五味主」「醍醐正主」の法華経、第二第三の教相の処にこれあり。此の三五下種の五味主の法華経を以て涅槃と勝劣を論ずれば、涅槃は最も劣るなり(14)。

とあり、「超八」は「今日脱益の法華」、「五味主、醍醐正主」は「第二第三の教相」の「三五下種」の法華経とし、

また、

法華経は五味主なる間、今日の説処は旅宿なり。過去三五下種の所を本宅となし本王宮となす。此の本王宮とは「本と大縁を結するは寂光を土となす」と云う下種の本所にて、即ち娑婆寂光一如の本土なり。此の下種の法華経は名字即の信行を以て実体となし、一念信解の功徳を歎ず[15]。

といい、しかも「今日の説処は旅宿」、「過去三五下種の所を本宅となし本王宮となす」として、この「本王宮」は「下種の本所」とされている。これらを整理すると、

「超八」―在世脱益の法華経―旅宿
「正主（五味主）」―三五下種の法華経―本宅

ということになろう。特に説処について在世が「旅宿」、三五下種の本所が「本宅」と表現されていることは、非常に興味深い。

このように、「超八」・「正主（五味主）」それぞれ、能化の説時を在世・本地とし、所化の利益を脱益・下種というように明確に峻別され、宗祖の本意である末法下機の成仏のための教えは、久遠下種の本門法華経であることを明示されているのである。

さらに、

「法華経は五味主」と云うは第二第三の三五下種に亘ると雖も、顕本の重は第三教相の久遠下種の処を五味主と云うなり。此の下種とは本因妙の上の「本時の自行は唯円と合す」の久遠本覚の根本本地の定教にして、「所以に本門は遠し已れば更に遠せざるなし」と云う重にして、十界久遠の上行法界皆記の根本法華の会座には十界具足して座に列し下種を成ず[16]。

と、「過去三五下種の所を本宅」についても「第二第三の三五下種に亘ると雖も、顕本の重は第三教相の久遠下種の処を五味主と云うなり」と示すように、五味主は第二教相、第三教相の三五下種に亘っているが、顕本すれば「第三教相の久遠下種の処を五味主」と久遠本地の下種を五味主と解釈し、末法下機の衆生成仏の根本は、久遠下種であり五味主であるとしている。このことこそが宗祖の本意であり主張であると教示されていることは重要視しなければならないところであろう[17]。

五　五味・五味主について

ここで改めて五味・五味主について整理検討すると、

是れ能具能摂なり。既に中間今日前四味は分別説三の所開なり。第五時の頓漸泯合の法華、法譬二周の唯有一乗の十如実相は所具所摂なり。故に高祖の「諸経は五味、法華経は五味主」と判じ玉う「諸経は五味」という分斉の第五時脱益の法華なり、是れ聖人証得の法華なり、是れ広説法華なり。（中略）止観一部に引き移して所依の依経に憑って円頓止観の妙行を立つ。末代の為には過時の立行なり[18]。

とあり、この法華経は「諸経は五味」という像法過時立行の第五時脱益の所具所摂の法華経ではなくて、

過去下種の名字信行の妙法蓮華経は五味主として諸迹の戒定慧六度万行の頂上に居し、「道の元、功徳の母」たる信行なる間、末代凡夫相応の要行なり[19]。

と、末法相応・能具能摂の五味主であるとしている。

そして三五下種について上述のように顕本されたが、これを詳細に検討すると、

三五下種一類倶絶して、本地難思の境（迹）智（本）の妙法蓮華経を顕せば化城品の三千塵数、即寿量品の五百微塵と打ち顕れて、三五久遠の下種より三周の声聞の脱益を照了すれば、久遠下種を脱する故に、脱の聖人ながら名字信行の即身成仏の二乗なり。此の種子下種の一辺を以て一経の本意と為す。[20]

として、第三の法門によって明らかになるところの五百塵点の久遠下種となり、

法華経は現在を以て旅宿となし、三五遠所の過去を以て本所と為すなり。玄の一に云く、此妙法蓮華経者本地甚深之奥蔵也。是れ其の証なり。[21]

といって、久遠本地の本所の教義を五味主であると表現しているのである。

したがって整理図示すると、

五味―在世第五時脱益、所具所摂の法華経―迹中
五味主―末法相応、久遠下種、能具能摂の法華経―本地

となり、前述の「超八」・「正主（五味主）」の関係と粗同一の意味内容となり、その上、五味・五味主では本地・迹中、能具所具・能摂所摂の関係も有していることがより明らかとなったのである。

六　結び

以上、五味・五味主について少しく考察してきたが、宗祖が『曽谷殿御返事』において妙楽の文から「正主」に着目し「諸経は五味、法華経は五味主」と判じられたことについて改めて考察すると、

此釈に若論教旨とかゝれて候は法華経の題目を教旨とはかゝれて候。開権と申は五字の中の華の一字也。顕遠

とかゝれて候は五字の中の蓮の一字也。独得妙名とかゝれて候は妙の一字也。意在於此とかゝれて候は法華経を一代の意と申は題目なりとかゝれて候ぞ。此を以て知べし。法華経の題目は一切経の神、一切経の眼目也[22]。と示されるように、五味主は題目であり、しかも「法華経を一代の意と申は題目なりとかゝれて候ぞ。此を以て知べし。法華経の題目は一切経の神、一切経の眼目也」と魂であり眼目ともされているのである。

これを隆師は、

是れ五味主なり。謂く、諸迹の根源本所なり。其の下種の法とは五重玄の中には総名なり[23]。

と、総名南無妙法蓮華経と解され、

本迹勝劣は二経六段の意なり。又本迹一致は熟脱に約し、法行観に約す。故に迹門の心と云うなり。本迹勝劣は三五下種・五味主に約し、信行観に約するなり。また本迹一致は上行付嘱を破して法華宗を失うなり。本迹勝劣は本門八品上行付要の三大秘法顕然して末法相応の本尊を顕わし、宗旨の光りあり[24]。

とあるように、これを受持信行することが末法相応の易行であり肝要であるとされ、これこそが末法相応の五味主の南無妙法蓮華経であるとするのである。

このように妙楽の「法華超八」・「醍醐正主」の視点が、宗祖においては、「三時五紀[25]」の時代的整理による末法という時間的観点から「五味」・「五味主」へと展開し、さらにはこの新たな知見によって「五味主の南無妙法蓮華経」という究極の信行へと昇華されていったのではなかろうか。

宗祖のこのような思想的展開の背景には、前出の「天台宗には二の意あり[26]」という二面的解釈が存在し、これを本門・迹門、本地・迹中と分別して、

像法の中末に観音・薬王・南岳・天台等と示現し、出現して、迹門を以て面となし、本門を以て裏となして、

百界千如・一念三千その義を尽くせり。ただ理具を論じて事行の南無妙法蓮華経の五字、並に本門の本尊いまだ広くこれを行ぜず。所詮円機あれども円時なきが故なり。(27)

と述べて迹面本裏・本面迹裏という宗祖独特の二面的・思想的基盤を構築し、在世・滅後末法という時代的峻別が可能になったのではないだろうか。この確かな時代認識は、宗祖の最も優れた特筆すべき根源的視座であり、これによって明らかになった「上行付嘱」という教義に立脚した宗祖の教学はすべてこの卓見、即ち「末法こそが正機である」という視点の上に成り立っていると言っても過言ではなかろう。

したがってこのことから隆師が末法正機の修行を、

南無妙法蓮花経とは本門三箇秘法の中の本尊なり。下の本門円宗とは本門の戒壇、事行の南無妙法蓮花経なり。(28)

とか、

第三とは久遠本因妙名字信位の根本下種の南無妙法蓮華経、是れ五味主なり。此の妙法蓮華経に三五下種の功徳を備ふ。此の三五下種は即ち今日五味のための本主なり。(29)

あるいは、

高祖大士は本門の題目の行者として、一部の誦文は単の読誦にあらず、是れ則ち一部読誦は南無妙法蓮華経なるべし。法華取要抄に「日蓮は広略を捨てて要を好む」と判じたまえり。高祖の一部修行は天台・伝教等のごとくにはあらず。彼れは広略の誦文なり。高祖は本門題目の行者として一部倶に五味主と意得、一代の判教を得たまえり。(30)

等と示し、五味主の事行の南無妙法蓮華経であると定義されるところである。

そしてこの修行は、

是れ即ち「醍醐正主」「五味主」の上の教観なり。「此の妙法蓮華経は本地甚深の奥蔵なり」の上に教観一致の宗旨を立てて、「一念信解は即ち是れ本門立行の首」と云える本門流通信行の上の日蓮宗なり(31)。

とし、また、

故に久遠五味主の本因妙を沙汰すれば自から末代衆生の身上と成る間、更に他の宝を数えるにあらざるなり。五味主の法門即末代我等の観心の法門なり。此の事は本興寺流随分の相承なり。これを秘すべし、これを秘すべし……(32)。

さらに、

尼崎流として諸御抄の教観を一言に口伝する事これあり。如何。答う、口伝に云く、〈教〉諸教は五味、法花経は五味主なり。〈観〉迹門より本門は下機を摂す。教弥実位弥下と云々是れなり。此の教相教観一致の口伝これあり。これを秘すべし。これを秘すべし(33)。

等とあり、この「教観一致」の信行とは事行の南無妙法蓮華経の聞信口唱の実践であって、「迹門より本門は下機を摂す。教弥実位弥下」と末法下機相応の易行であることを明示されている。

そしてさらに、

唯だ今日一代は一具の五味と云いて、猶を法花の醍醐味をば「醍醐正主」「五味主」と賞翫して、御抄のごとく「諸経は五味、法花経は五味主」と沙汰して、一切衆生根本下種の一乗一法の醍醐味を顕わすを末代下種の所依経となすべきなり(34)。

また、

宗旨をば五味主の三五下種の妙法蓮花経を以て本因妙の本座に就けて、しかして本門八品を説いて上行に付して末代極悪の凡心に移し奉り、疑わず平信とする所に即身成仏を談ず。恐らくは諸宗超過の易行の深旨、末代希有の「教弥実位弥下」の宗旨なり。（中略）宗旨は五字に在り。文字は信心を顕わす故に位を名字と号す。法を総名と称し、事行の南無妙法蓮花経と名づく。敢えて宗旨に背かず云々(35)。

等と、五味主の法華経は末代下種の所依の経典であり、本門八品において上行菩薩に付嘱され、上行日蓮たる宗祖の末法下種によって凡夫の即身成仏が成り立つのであるとされる。

言い換えると、五味主の教相によって本地・迹中が分別され、脱益と下種益の区別が明らかになり、「諸宗超過の易行の深旨、末代希有の「教弥実位弥下」の宗旨」の教即観心の信行観の実践へと導かれ、これによって末法の名字の凡夫が久遠成道の功徳と直結し、成仏が可能になる唯一の道筋であることが立証されるのである。

隆師はまた宗祖の本意に準拠して本門・迹門の修行について以下のように教示している。それは、

像法は迹門、末法は本門なり。しかりと雖も、像法も迹顕本密なれば天台の内鑑冷然は本門にこれあり。仍て玄文止共に法華経一部迹本に依るなり。其の本門は迹中之本の本門なる故に共に迹門の意なれば、像法の迹門とは定むるなり。爰に知んぬ、日蓮宗に末法は本門と約束すれども、本面迹裏と立行する故に、迹本共に今日脱益の辺をば取らずして、五味主・醍醐正主たる三五下種の辺の法華経一部を取りて天台内鑑本密の玄文止に合し、本面迹裏の信行を致す間、末法の助行の迹門これあるべし(36)。

とあり、宗祖の立行は五味主・醍醐正主たる本面迹裏の信行であるとしている。

また天台・妙楽の観心と宗祖の総名の観心の相違について、

此の観心は更に止観の如き自力の観に非ず、自力の観は法行観なり。今の本門の本尊の観心は教弥実位弥下の易行観なる故に、観心本尊抄・四信五品抄の如く、経力信力の観心なり。是れ本門八品上行要付の観心なり(37)。

と、法行観・信行観（易行観）と区別し、さらにその会通については、

天台・妙楽は五重玄の中の体章の観心をば止観の如く法行観と名づけ、事理一如の総名妙法蓮華経の観心をば信行観にてこれを釈す。玄の一に云く、観心とは即ち聞き即ち行ず云云。籤に云く、観心とは一句を聞くに随って事を摂して理を成ず。観境を待たず云々。玄の八・九の下の意を以てこの文を見れば、即聞即行と云ひ随聞一句と摂事成理と不待観境と云ふは信行観なり。又分別品の四信五品総持の以要言之の観心をば、疏の九に廃事存理と云ふ。是れ信行観なり。(38)

と、総名を以て玄義や釈籤を解釈すれば、天台の法行観も総名の信行観となることを文句記の「廃事存理(39)」として解き明かされることを示している。さらにまた、

末代の行者名字即の宗玄義を以て本地総名の南無妙法蓮華経を取り奉りて、愚者悪人の観心本尊と仰ぎ奉るべき者なり。(40)

とあるように、総名五味主の南無妙法蓮華経の信行観による研心精進こそが末代凡夫の唯一の実践修行であるとされるのである。

それではこの五味主の題目がどのように具体的に末法の衆生に下種されるのかというと、

一念三千を識らざる者には仏大慈悲を起こし五字の内に此の珠を裹み末代幼稚の頸に懸けさしめたまう。(41)

と、宗祖は示され、これに隆師が、

別体理具三千の智者の解行を以て南無妙法蓮華経に摂して、末法悪人下種の正行と為す。(42)

と科文されていることによって、「仏大慈悲を起こし五字の内に此の珠を裹み末代幼稚の頸に懸けさしめたまう」の意味内容が理解ができる。つまり、「下種の正行」の実践が必要になるのである。

さらにその正行については、

正行とは四信五品抄の如く、解を以て信に収め、信心が家の三学を以て南無妙法蓮華経に収めて、南無妙法蓮華経を以て末代の正行となす。故に南無妙法蓮華経と信唱するが即ち是れ懺悔なり。次に南無妙法蓮華経と勧請し奉る是れなり。次に南無妙法蓮華経と随喜せしむる是れなり。次に南無妙法蓮華経を以て廻向せしむるなり。次に南無妙法蓮華経を発願するなり。此れを本門の教弥実位弥下の五悔と云うなり。(43)

とあることから、末法においては総名五味主の南無妙法蓮華経の修行を以て正行としているである。しかも、この正行の解明は、題目の聞・信・口唱という実践信行の意義を言及し明示している希有な例であり、これによって末法の修道がより明確になり、究竟されていると言えるのではないだろうか。

以上、宗祖遺文の五味主について天台、妙楽、さらには隆師の整理を参考に考察してみると、特に妙楽の「法華は為れ醍醐の正主」の「正主」の概念から「超八」と「正主」、「五味」と「五味主」へと展開し、「教弥実位弥下」の信行へと発展したことによって五味主の法門は、宗祖の目指された「皆共成仏道」の具現化であり、同時に題目義の明確化であると理解することが可能になろう。

このような観点からすると、五味主の総名の題目であるからこそ信行する意義があり、それが末代凡夫にとっての成仏道実践の唯一の法であることを教示していると言えるのではないだろうか。

註

(1) 興風談所『幌延長應寺調査報告』(二〇〇九、九、一)によれば、『昭和定本日蓮聖人遺文』(以下『定本』と略称)の番号三三九『曽谷殿御返事』冒頭の「焼米二俵給はり畢んぬ。」に続く三行断片である。(中略)さて、全体的な感想であるが、字体としては宗祖の特徴が良くでており、宗祖の筆として間違いないと思われる。ただし常の筆致に較べ、ややたどたどしさ、勢いのなさを感じはする。しかし本状と同年の弘安二年に系けられる『白米一俵御書』と較べると、そうした感じが共通しているように思われ、特に「米」「ん」の字などはよく似ている。しかしその可能性は甚だ低いとは思うけれども、臨模たることを全否定することはできない。だが、たとえそうであったとしても、この字体からして真蹟を忠実に書き写したことは疑いないであろう。本状はこれまで『法華問答正義抄』が引文している他は『日朝本』が初出であったが（目録としては『日祐目録』にあり）、本断片により今後は真蹟断存御書とされるべきである。としている。この調査結果により『曽谷殿御返事』が宗祖の真蹟と認定され、第一級の価値を有する資料であることが明らかになった。

(2)『大般涅槃経』巻一四（南本）、聖行品七之四、大正一二、四四九頁a

(3)『妙法蓮華経玄義』巻十下（『玄義』と略称）、大正三三、八〇八頁b〜八〇九頁a参照。

(4)『法華玄義釈籤』巻二、大正三三、八二五頁c

(5)『法華文句記』巻一、大正三四、一五九頁c

(6)『玄義釈籤』巻二十、大正三三、九六二頁c

(7)『法華文句記』巻一、大正三四、一五九頁c

(8)安藤俊雄氏は「約部別与・約部通奪という観点は湛然がはじめて提唱したもの」としているが、それは「法華超八の立場を明示するとともに、智顗の真意に添って法華経と諸経との相違を明確」したことであり、「智顗の真意を明確に指示」したものであると評価している（『天台学——根本思想とその展開——』平楽寺書店、一九六八年、三〇六〜三〇七頁）。

(9)『曽谷殿御返事』（焼米抄）、定遺一六五五頁

(10)同、定遺一六五四頁

隆師も以下のように評している。

高祖御釈の中に「開未開異なれども同じく円なりと云々。此れは迹門の心なり。諸経は五味、法華経は五味主と申す法門は、本門の法門なり。天台・妙楽は粗ぼ書かせ玉いて候えども、分明ならざる間、学者の存知少なし」と云えり。此の御釈を以て今の本疏の文を交合すれば、「開未開異なれども同じく円なり」と釈し玉う約

教釈の意を以て十義を釈する故に、初重の教相の中の頓漸五味の教門、約教釈の意を正となして約部を兼ね、顕本を兼ねるとこれを釈し、更に第二第三教相の五味主の義分をば釈せざるなり。此の第二は大通下種、第三は久遠下種なり。此の三五下種を五味主と云う。此の五味主を以て諸御抄に移して、第二の下種を以て助行となし、第三の久遠下種を以て正行となして本門法華宗を立てる故に、三五下種の眼を以て華厳等前四味の諸経を見れば、諸部の円は次第三諦の所摂の別門と成って、円融の義分は大通下種に奪取せられて、からだ計り爾前に残留してこれあって、得道の者は一人もこれなし。故に華厳仏恵の円は円融の三諦にあらず、次第別門の所摂なり。

ここでは三五下種を五味主とし、第二大通下種を助行、第三久遠下種を末法の正行としている（『弘経抄』七四、隆全八、一三三〜一三四頁）。

（11）同、定遺一六五四頁

（12）『止観輔行伝口決』巻七、大正四六、三六六頁a

（13）同右

（14）『弘経抄』四二、隆全五、二八頁

（15）同三四、隆全四、一七二頁

（16）同八一、隆全八、六七二〜六七三頁

（17）大平宏龍氏は「五味主を支える法義は一往は三五下種であり再往は第三の法門ではなかろうか」と指摘されている（『日蓮遺文の思想的研究――日蓮の教相論に関する一視点――』東方出版、二〇二三年、三〇〇頁）。また、『玄義教相見聞』（一帖抄）によって『曽谷抄』（焼米抄）の文を三種教相に配当整理して、

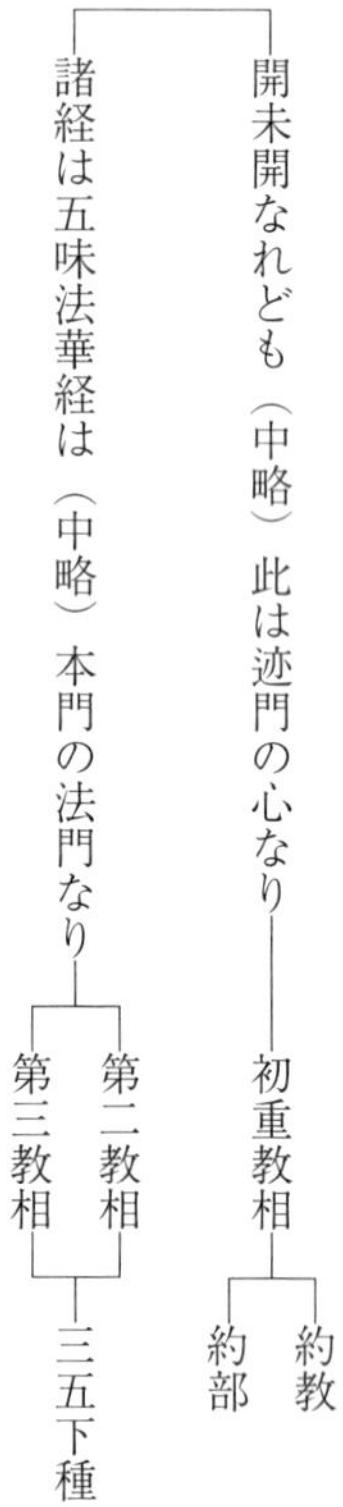

とされ、さらに過現・本迹・種脱の三相対の意をもって、

┌諸経は五味────現在──迹──脱
└法華経は五味主─過去──本──種

のように図解されている（『日蓮遺文の思想的研究──日蓮の教相論に関する一視点──』東方出版、二〇二三年、二八九頁）。

(18)『弘経抄』四八、隆全五、三四八頁

(19)同四八、隆全五、三四九頁

(20)同（註）一〇参照。

(21)同右

(22)『曽谷殿御返事』（焼米抄）、定遺一六五五頁

(23)『弘経抄』四八、隆全八、三四八頁

(24)同一〇〇、隆全一〇、六一五頁

(25)『大集月蔵経』九（大正一三、三六二頁a～b参照）に五箇五百歳が説かれ、これに宗祖は滅後三時を対当して、

仏の滅後に三時あり。所謂正法一千年の前五百年には迦葉・阿難・商那和修・末田地・脇比丘等、一向に小乗之薬を以て衆生の軽病を対治す。四阿含経・十誦・八十誦等の諸律と相続解脱経等の三蔵とを弘通して、後には律宗・倶舎宗・成実宗と号する是也。後の五百年には馬鳴菩薩・龍樹菩薩・提婆菩薩・無著菩薩・天親菩薩等の諸の大論師、初には諸の小聖の弘めし所の小乗経之を通達し、後には一々に彼の義を破失し了て諸の大乗経を弘通す。是又中薬を以て衆生の中病を対治す。所謂華厳経・般若経・大日経・深密経等、三論宗・法相宗・真言陀羅尼・禅法等也。（中略）像法に入りて一千年月氏の仏法漢土に渡来するの間、前四百年には南北の諸師異義蘭菊にして東西仏法未だ定まらず。四百年之後五百年之前、其の中間一百年之間に南岳・天台等漢土に出現して、粗法華之実義を弘宣したまう。然れども円慧円定に於ては国師為りと雖も円頓之戒場未だ之を建立せず。故に国を挙て戒師と仰がず。（中略）像法之末八百年に相ひ当て、伝教大師和国に生を託して華厳宗等六宗之邪義を糾明するのみに非ず、加之南岳・天台も未だ弘めたまわざる円頓の戒壇を叡山に建立す。日本一州之学者一人も残らず大師の門弟と為る。（中略）吾師伝教大師、三国に未だ弘まらざるの円頓の大戒壇

を叡山に建立したまう。此れ偏に上薬を持ち用て衆生の重病を治せんと為《せ》る是也。今末法に入りて二百二十余年、五濁強盛にして三災頻りに起り、衆と見との二濁国中に充満し、逆と謗との二輩四海に散在す。（中略）而るに予地涌一分に非れども、兼て此事を知る。故に地涌之大士に前き立ち、粗々五字を示す。

と三時五百歳の三国相伝の相を説いて、三時五紀の内容を説示されている（『曽谷入道殿許御書』定遺八九八〜九一〇頁参照）。

(26)『曽谷殿御返事』（焼米抄）、定遺一六五四頁
(27)『観心本尊抄』定遺七一九頁
(28)『名目見聞』一、日蓮所立五時四教名目見聞七頁
(29)同二、日蓮所立五時四教名目見聞四八頁
(30)『当家要伝』法全日隆三、二一一〜二一二頁
(31)『弘経抄』一四、隆全二一、一五九〜一六〇頁
(32)『名目見聞』二、日蓮所立五時四教名目見聞五〇頁
(33)同九、日蓮所立五時四教名目見聞二六三頁
(34)同九、日蓮所立五時四教名目見聞二六二頁
(35)同十一、日蓮所立五時四教名目見聞三九六〜三九七頁
(36)『弘経抄』二、隆全一、一一一〜一一二頁
(37)『宗要集』仏部第一、三四頁
(38)同右
(39)「廃事存理と云ふは戒等の事を捨てて題目の理を専らにす云云。所益弘多とは初心の者諸行と題目と並べ行ずれば所益全く失ふと云云」と宗祖は戒律や止観等の諸行を廃して題目の理を以て専念すべしとされ、そうでなければ如何なる利益も得ることはできないと、題目の実践を勧められている（『四信五品抄』定遺一二九七頁）。
(40)『私新抄』四、宗全八、一〇二頁
(41)『観心本尊抄』真、定遺七二〇頁
(42)『日隆聖人文段主要御書』（法華宗宗務院、二〇〇七年）一三六頁

（43）『弘経抄』三四、隆全四、二〇一頁

追　記

令和六年三月の「法華宗教学研究発表大会」において、小衲の「五味主についての一考察」の研究発表の際に、大平宏龍先生から「五味主と三種教相は裏腹であり、つまり、五味主は本地から迹中を、三種教相は迹中から本地をそれぞれ明らかにする判釈である」とのご指摘を戴き、またさらに、五味主は日存・日道両師からの口伝であるという、貴重なご教授を頂戴した。ここに記して謝意を表するものである。

キーワード　正主、超八、醍醐、五味、五味主

末法下種論に関する一考察

――逆縁下種論の成立をめぐって――

平島盛龍

一　問題の所在

日蓮門下教学史においては古来、日蓮の下種思想を論じる際に〝逆縁下種〟の用語が使用されてきた。しかしながら、日蓮遺文にそうした用語が使われているわけではない。おそらくは、謗法者に対する下種を日常的に実践せよと勧める当家にはもとよりそうした用語が生まれる素地があり、日蓮滅後のある時期にこのような教義用語が造られたものと推察する。[1]

そこで今日、どの時期の遺文に対してこうした造語が使われているかを検索すると、その嚆矢は伊豆流罪前後にある。[2]即ち、『唱法華題目鈔』[3]（以下『唱題鈔』、文応元年・三九歳）に謗法の衆生には強いて法華経を説き聞かせ逆縁・謗縁を結ぶべきことが勧められたことにはじまり、その後『教機時国鈔』（弘長二年・四一歳）に「信謗共に下種」といわれ、続いて『顕謗法鈔』（弘長二年・四一歳、真曽）にも法華経を謗らせて逆縁を結ぶことが論じられている。

このように伊豆流罪前後の遺文に語られた逆縁の救済であるが、管見ではその後十有余年の間そうした論調が見られなくなる。この点についてはまた別に論じる必要があるが、いずれにしても『如来滅後五五百歳始観心本尊抄』（文永一〇年・五二歳、真蹟、以下『本尊抄』）以降、『法華取要抄』（文永一一年・五三歳、真蹟、以下『取要抄』）・『曽谷入道殿許御書』（文永一二年・五四歳、真蹟、以下『太田抄』）等の主要遺文において再度逆縁の救済が論じられるようになる。つまり、大判すれば、佐前と佐後との二度にわたって逆縁の救済が集中的に論じられているのである。しかしながら、後述の如くその内容は大きく異なるものであり、日蓮における下種思想の展開という文脈で論じること自体に違和感さえ覚えるのである。

そこで本稿では、いくつかの視座を設け、〝逆縁下種〟という表現を佐渡流罪以前の遺文にも当てることが適当であるかを改めて考えてみたい。なお、本稿の引用文については基本的に書き下しとした。

二　末法下種思想の梗概

まずはじめに、佐前の遺文群に展開する逆縁救済の内容をどう見るか、その判断基準となる確立した末法下種思想[4]の梗概についてあらかじめ私見を述べておこう。

そもそも末法下種論を展開するにはその前提として、釈尊による衆生教化の歴史を三益論でさばき、末法未下種の判断に立つ必要がある。その点、『本尊抄』や『太田抄』は久遠下種以降在世脱益ないし正像二時[5]に至るまでの釈尊による衆生教化の歴史を踏まえ、その上で上行付嘱の教義を根拠に末法下種論を展開している。

いま試みに『本尊抄』（『定遺』七一五〜七二〇頁）の内容によってその大略を示せば、まず「久種を以て下種と為し、大通・前四味・迹門を熟と為して、本門に至て等妙に登らしむ」と、釈尊による衆生教化の歴史を三益論でさばいたのに続けて、「在世の本門と末法の初は一同に純円なり。但し彼は脱、此は種なり。彼は一品二半、此は但だ題目の五字なり」と、末法は唯一題目による下種の時であるとする。道理として、これが末法未下種の判断に基づくことは言うまでもなかろう。(6) 問題は、何を根拠に末法未下種が判断されたかである。

『本尊抄』は続けて「其証文如何」と問いを設け、末法＝下種の証文として上行付嘱の教義に関する主要な経釈を引く。つまり、法華経は上行付嘱の教義を説く、それ故に末法が下種の時であるということであろう。それに続いて、法華経自体が末法を志向していることの文証（「悪世末法時」等）を挙げたあと涅槃経の七子の譬えを引き、父母の慈悲は罹患した子に対してより多く注がれることを例証とし、釈尊の慈悲がもっぱら病者たる滅後末法の衆生に向けられているとする（＝末法為正）。その病者とは「法華経誹謗の者」のことであり、その謗法の病を癒やすには唯一の良薬（＝題目）を投与するしかない、そのために釈尊は地涌菩薩に対して題目を付嘱したのであるとする。しかしてその付嘱を受けた地涌菩薩は題目を弘める（＝下種する）べく、滅後末法時に必ず出現するのであるという。(7)

このように日蓮が論じた上行付嘱の教義を要するに、滅後末法の衆生の為に「下種の法」（＝久遠下種の題目）(8) が付嘱されるというものであり、末法未下種の判断は実はそこから逆に導き出されたのではないかと考えられる。再説すれば、上行付嘱の教義を説くことにおいて法華経はそれ自体が末法未下種なることを示唆しているのであり、そのことに対する洞察が末法為正という日蓮独自の法華経観を生み、(9) ひいては末法下種が実践されるに至ったと見ることができるのではないか。つまり、末法未下種の判断は、日蓮の心的状況等も考慮に入れる必要があると思われるが、(10) 基本的には客観的な法華経の教相に依拠したものであったと考えるのである。故に末法下種とは、日蓮の主観のもとに創作された思想ではなく、上行付嘱の教義から導出されたもので、いうなれば法華経[11]が要請する思想であったものを日蓮が初めて見出したと考えるべきであろう。

なお『本尊抄』は続けて、今時末法の天地顛倒せる現実を直視し、「此の時地涌の菩薩始めて世に出現し、但だ妙法蓮華経の五字を以て幼稚に服せしむ。因謗堕悪必因得益とは是れなり」と、謗法の病を療治する実践のあり方へと論を進める。この「妙法蓮華経の五字を……服せしむ」という行為は無論、良薬である題目を飲ませるということであるが、謗者であるが故に「服す」というその行為は少なくとも題目を受持するということでは有り得ない。即ち、能化の立場からすれば題目を聞かせることが投薬の行為なのであり、それが下種になると考えられていた。一方で、所化の立場においては題目を聞くことが服薬の行為なのであり、それが下種益になると考えられていたといえよう。ここに引かれた『法華文句記』（以下『記』、不軽品釈）の「因謗堕悪必因得益」の文は不軽菩薩の但行礼拝について言われたものである故にこれは、逆縁の救済が題目の聞法（＝下種）をきっかけとして実現していくことを証するものと理解されるのである。

ところで右に『本尊抄』によって末法下種思想を概観したが、『取要抄』（『定遺』八一五〜八一六頁）や『太田抄』（同八九五〜九〇二頁）の内容もほぼ同様であり、謗法の病を療治し得る良薬は題目に限るとした上で、不軽菩薩の如く、強いて題目を聞かせることが逆縁救済の唯一の方法であることを端的に語ったものと理解される。その際、題目を聞かせて謗縁を結ぶというその行為が下種とみなされた[12]のであり、この点については注意を要する。なぜなら、『本尊抄』以降の下種論は上行付嘱の教義を根拠としているからである。つまりそれは、「不軽の跡を承継」（同八四三頁）すること即ち下種の実践を担う者が、本仏釈尊の慈悲の側面が現れた姿（＝本因妙）として意義づけられていることを意味するのである。[13]

如上、『本尊抄』以降の遺文に展開する末法下種思想の梗概を論じた。日蓮滅後のある時期から逆縁下種の用語が使用されるようになるが、おそらくその当初はこのような確立した末法下種思想について言われたものと推察する(14)。その確立した末法下種思想の骨子を示せば、①上行付嘱の教義を根拠とすること。以下それに基づく、②末法末下種の判断、③下種の法(=唯一題目)の開顕、④末法下種の実践者の意義づけ、等からなる。そうすると、こうした思想としての要件を満たしていない佐前の遺文群について、〝逆縁下種〟という同様の表現を適用することがはたして妥当であろうか。あるいは、日蓮における逆縁下種論の成立と展開という文脈で論じることに問題はないのであろうか。

三 『唱題鈔』における逆縁の救済

逆縁の救済を視座とする日蓮の論述は、主として『法華文句』(以下『疏』)の不軽品釈に依拠している。いわゆる不軽品釈とは、衆生の機根を鑑みて法華経を説くべきであるとする方便品と、たとえ悪機であっても強いて法華経を説くべきであるとする不軽品、その経説の違いを会通したもので、『唱題鈔』と『太田抄』の二書に引かれている(15)。しかしながら、同じく不軽品釈に拠りながら説き出されてくる内容は大きく異なる。そこでいま両書を比較し、『太田抄』に見られる日蓮的解釈の先入観を抜きにして、『唱題鈔』の内容をいかに解釈するべきかを考えてみたい。

1　不軽品釈の引用と日蓮的解釈の推移

まずは『唱題鈔』の内容を見てみよう。本書は冒頭から繰り返し法華経との「結縁」を問題にしているのであるが、そうした文脈を踏まえて、当該の不軽品釈が次のように解されている。

天台大師会して云く、本と已に善有るには釈迦は小を以て之を将護し、本と未だ善有らざるには不軽は大を以て之を強毒す文。文の心は、本と善根ありて今生の内に得解すべき者の為には直ちに法華経を説くべし。然るに、其の中に猶聞いて謗ずべき機あらば、暫く権経をもてこしらえて後に法華経を説くべし。本と大の善根もなく、今も法華経を信ずべからず。なにとなくとも悪道に堕ぬべき故に、但押して法華経を説いて之を謗ぜしめて逆縁ともなせと会する文なり。此の釈の如きは、末代には善無き者は多く、善有る者は少し。故に、悪道に堕す事疑い無し。同じくは法華経を強いて説き聞かせて毒鼓の縁と成すべきか。然れば、法華経を説いて謗縁を結ぶ時節なる事諍い無き者をや。（『定遺』二〇四～二〇五頁）

これによると日蓮は、逆縁の衆生にいきなり法華経を説くことの正当性を主張し、かつそうすることが末法逆縁の衆生を救済する唯一の方法であることを証するために不軽品釈を引いたものと理解される。注意するべきは、そこに〝下種〟の用語やそれに類する表現が使用されていないことである。この時期の日蓮は、「毒鼓の縁」「謗縁」といった法華経との結縁によって逆縁の衆生が救われることに関心を注いではいたものの(16)、その行為を下種と意義づけるところにまでは至っていなかったのではないかと考えられるからである。したがって、本已有善・本未有善の語義についても、後年の如く已下種・未下種を明言していない。

この点、大黒喜道氏は『唱題鈔』に見られる不軽品の日蓮的解釈について、「宗祖が末代の衆生に対する逆縁毒鼓の正当性を主張されたものである」としつつも、「ここでは逆縁毒鼓＝下種については触れられておらず、それゆえそれ以上の展開も見ることは出来ない」ことをすでに指摘されている。[17]

次に『太田抄』の内容を見ると、同じく不軽品釈を引いて、

文句の十に云く、問うて曰く、釈迦は出世して踟蹰して説かず。今は此れ何の意ぞ。造次にして説くは何ぞや。答えて曰く、本と已に善有るは釈迦は小を以て之を將護し、本と未だ善有らざるには不軽は大を以て之を強毒す等と云云。釈の心は、寂滅・鹿野・大宝・白鷺等の前四味の小大・権実の諸経、四教八教の所被の機縁、彼等の過去を尋ね見れば久遠大通の時に於て純円の種を下せしかども、諸衆一乗経を謗ぜしかば三五の塵点を経歴す。然りと雖も、下せし所の下種純熟の故に時至つて自ずから繋珠を顕わす。但し四十余年の間、過去に已に結縁の者も猶謗の義有るべきの故に、且く権小の諸経を演説して根機を練らしむ。（同八九六頁）

と、まずは本已有善を已下種と解した上で、久遠下種以降在世脱益に至る釈尊の衆生教化の歴史を論じている。それに続けて滅後正像二時と末法との違いに言及し、

仏の滅後に於て三時あり。正像二千余年には猶下種の者有り。例せば在世四十余年の如し。根機を知らずんば、左右無く実経を与うべからず。今は既に末法に入りて在世の結縁の者は漸漸に衰微して権実の二機皆悉く尽きぬ。彼の不軽菩薩末世に出現して毒鼓を撃たしむるの時なり。而るに今時の学者、時機に迷惑して或は小乗を弘通し、或は権大乗を授与し、或は一乗を演説すれども、題目の五字を以て下種となすべきの由来を知らざる歟。（同八九七頁）

と、正像は已下種、末法は未下種（＝本未有善）と大判し、以て唯一題目による末法下種の正当性を主張することへと論を進めている。続けて本書は付嘱論を視座として仏滅後正像二時における仏教流布の歴史を述べたあと、

大覚世尊仏眼を以て末法を鑑知し、此の逆謗の二罪を対治せしめんが為に一大秘法を留め置きたもう。（中略）爾の時に大覚世尊寿量品を演説し、然して後に十神力を示現して四大菩薩に付属したもう。其の所属の法は何物ぞや。法華経の中にも広を捨て略を取り、略を捨てて要を取る。所謂妙法蓮華経の五字、名体宗用教の五重玄なり。（同九〇〇～九〇二頁）

と、末法下種の実践が上行付嘱の教義に拠ることを明かしている。こうした論の展開は先述の『本尊抄』と同様なのであり、末法末下種の判断と、それにもとづく末法下種の実践が、上行付嘱の教義に拠っていることがよく理解されよう。

かくして『唱題抄』と『太田抄』の両書は、同じく逆縁に対する「毒鼓」を論じながら、その内容は次の点において明らかに相違している。その一つは逆縁の衆生に聞かせるべき内容が法華経から題目へと変化していることであり、二つには不軽品釈の解において三益論ないし下種論を視座としているかどうかということ、そして三つには逆縁救済の文脈が上行付嘱の教義によって上書きされているかどうかである。そうすると、特に二つ目の問題について考え得ることは、そもそも天台の不軽品釈自体が三益論や下種論の展開を意図するものではなく、『唱題鈔』における日蓮の解釈もまた天台のそれを祖述するものであった可能性である。

この点につき、続けて天台教学における下種の定義を確認した上で、改めて不軽品釈の内容を検討してみよう。

2　天台教学における下種の定義

さて以前にも論じたように、[18] 法華経聞法が下種になることについては、五千起去の衆生に対する本末の釈に明らかである。即ち、彼らが方便品の略開三顕一を聞法して下種益を得たことについては本末が諸処に言及するところ

で、たとえば『疏』は、

（引用者註、五千起去の衆は）上に開三顕一を聞くに、言は略にして義隠るれば、猶未だ誇りを生ぜず。住すれば則ち損有り。是の故に制止せざるなり。繋珠の因縁を作すに足る。去れば則ち益有り。もし広開三顕一を聞かば情に乖きて謗りを起こす。住すれば則ち損有り。是の故に制止せざるなり。（『正蔵』三四―四八頁c～四九頁a）

とし、『記』は「この五千は已に下種を蒙れり」（同二二九頁a）と扶釈している。なお、右の『疏』に「去れば則ち益有り（中略）住すれば則ち損有り」というのは、起去して法華経を誹謗しなかったから「繋珠の因縁を作す」（＝下種益を得る）ことができたようにも読めるが、そうではない。『記』（同二三一頁c）によれば、在座を続ければ誹謗の罪によって堕獄し「近利」（＝涅槃経での得益）を失するから「損有り」としたのであって、法華経誹謗が下種益の妨げになるということではない。つまり、不信の者であっても法華経聞法によって下種益を蒙ることができるわけである。この点を補強すれば、『記』に「毀呰して信楽を生ぜず。信楽を生ぜざる者もまた結縁を得る」[19]という。しかも、この法華経聞法が領解の段階にまで及んでいないことについては、前掲の『疏』に「言は略にして義隠るれば、猶未だ誇りを生ぜず」とするところに示唆されているというべく、また『記』が、

起去の者、三慧無しと雖も、然れども種を納むること性に在り。繋珠を為すを得る。（同一九〇頁c）

と細釈するように、聞慧すら認めていないところに明らかであろう。

以上によって天台教学における下種を定義すれば、「たとえ信心や領解をともなわなくとも、単に法華経を聞法することで蒙る利益である」とすることができよう。つまり下種とは、所化の機根に根差した教義というよりも、下種の法ないし聞法の功徳に力点を置いた教義と考えられよう。『釈籤』に下種を定義して「聞法を種となし、発心を芽となす」（同三三二―八四〇頁b）等というのも、こうした内容を踏まえてのことと推察される。この場合、得

益の側面だけではなく、下種益を与える行為——法華経を聞かせること——もまた下種とみなされるのは言うまでもない。つまり、下種をする能化の立場（＝下種）と下種される所化の立場（＝下種益）との両面が相俟って下種思想を形成しているわけである。[20]

なお、下種の定義に関していくつか注意したい点は、三大部をはじめとする智顗の著述には「下種」の成語は見られず、湛然の釈になって使用されるようになることである。右に挙げた本末の事例からもそれを窺うことができる。いま一つ注意したい点は、『釈籤』に第二教相の化道の元始を消釈して、「漸及び不定に寄すと雖も、余教を以て種と為さず」（同八二五頁c）としたことである。即ち、湛然の義に従えば下種は法華経聞法に限ることになるが、智顗の如く約教釈に立てば広く円乗（＝円教）の聞法が下種と見なされるのである。[21]

3　天台の不軽品釈私見

さて不軽品には、不軽菩薩が「我深敬汝等不敢軽慢所以者何汝等皆行菩薩道当得作仏」という二十四字の法華経（＝仏性常住の理[22]）を説いたところ、それは虚妄なる授記であるとして増上慢の四衆（以下、上慢四衆）が誹謗した。その後彼らは法華経誹謗の罪によって千劫堕獄することになるが、その罪を消滅した後に順縁となって不軽菩薩の教化を蒙り、さらには不軽菩薩の後身である釈尊の施化に与り、ついに阿耨菩提において不退の者となったことが説かれている。

この経説から法華経聞法の功徳が莫大[23]であることを読み取った天台本末は次の如く、不軽菩薩が強いて法華経を聞かせた行為を「強毒」「毒鼓」等と称し、それを根拠に上慢四衆の救済を論じた。即ち『疏』は、

問う、釈迦は出世し踟躕して説かず。常不軽は一見し造次にして言うは何ぞや。答う、本と已に善有るには釈

迦は小を以て之を将護し、本と未だ善有らざるには不軽は大を以て之を強毒す。（中略）毀者は善悪の両果を得る。謗るが故に悪に堕す。仏性の名を聞く毒鼓の力もて善の果報を獲る。（中略）経に大力有りて終に大果を感ず。(24)

（『正蔵』三四―一四一頁a～b）

とし、『記』は次の如く扶釈した。

不軽以大而強の下に云云とは、唱えて聞かしめんが為の故なり。応に強毒以て当来聞法の相を作すことを釈すべし。具さには経文に、後の時に益を得る者の如し。（中略）毀者等とは、即生に随従せるも尚猶苦に堕す。是れ則ち信毀の二鼓を撃て生後の両因となす。問う、若し謗ずるに因って苦に堕せば、菩薩は何が故に為に苦の因を作るや。答う、其れ善因無ければ謗らずともまた堕す。謗るに因って悪に堕せば、必ず由って益を得ん。人の地に倒れて、還って地に従って起つが如し。

（同三四九頁b～c）

また、『記』は不軽菩薩の但行礼拝を釈して、

夫れ益に冥顕有り。顕は近く冥は遠し。遠は勝意の如し。現に受けずと雖も声懐に納む。謗罵の辜に由って悪道に堕す。聞いて順従するの力もて還って不軽に遇い、乃至今日還って会入せしむ。是の義を以ての故に上慢尚遠因を成ず。聞いて信ずる、寧ぞ現益無からんや。故に、毀謗の者も毒鼓の因を成ず。

（同三四九頁a）

ともしている。なお、本稿はこれらを総称して「不軽品釈」という。

蓋し、上慢四衆が誇りながらにでも法華経を聞き、その謗縁に因ってやがて順縁となり、ついに阿耨菩提において不退の者となったという不軽品の展開は、種熟脱の三益を以て論じることが可能であろう。とりわけ先に述べた下種の定義からすると、不軽菩薩が上慢四衆に対して法華経を説き聞かせた行為は下種とみなし得るものであろう。故に『記』は、随所に下種を連想させる表現を用いて消釈を試みてはいる。しかしながら、『記』はついぞ不軽菩

薩の法華経説法が下種であるとは明言していないし、また本已有善・本未有善の語義についても已下種・未下種を明言してはいない。これは一体どういうことであろうか。無論、「仏、もし出でざれば已未の二善皆悉く成ぜず。未者には下種、已者には熟脱なり[25]」等の扶釈を借りれば不軽品釈が三益論や下種論と密に関係していることが理解されるのであるがしかし、それ故にこそ不軽品釈自体がそうした内容を展開していないことが不審に思われるのである。

そこでその理由を推考するに、本未有善とは上慢四衆の過去についていうものであるが、実のところ法華経は彼等の過去がどうであったかについて何も語っていないのである。それにもかかわらず態々『疏』が本未有善と解したのは、過去を語る必要があったからであり、それは、天台教学の立場からしていきなり法華経を説いたという不軽菩薩の行為を合理的に説明する必要があった[26]からと考えられる。この点については、「釈迦は出世し踟躕して説かず。常不軽は一見し造次にして言うは何ぞや」という『疏』の設問自体が物語っているところでもある。つまり、不軽菩薩が法華経を頓説したことの理由づけに本未有善がいわれたのであって、本未有善であることを根拠に下種論を展開すること自体が目的ではなく、またそれを意図するものでもなかったと考えるのである。

それよりも本未は、上慢四衆が法華経との謗縁を結ぶこと（＝結縁）でやがて順縁となりついに阿耨菩提を得ることができたとするその文脈の方に関心があったのであろう。その点を、法華経聞法の功徳（＝「毒鼓の力」）を強調することでその文脈を合理的に釈した。つまり天台の不軽品釈は、「下種」ではなく、「結縁」の概念をもって逆縁の救済を論じているとみるのが妥当と考えるのである。

ところで、右に不軽品釈に対する私見を述べたが、同様の先行所見がないか天台諸師の末釈[27]を検したところ、日蓮の読書範囲にあったかどうかは不明[28]ながら、宝地房証真（～一二〇七～）の『法華疏私記』に次の如き興味深い解釈を確認した。

文に本未有善不軽以大等とは、問う、若し爾れば無始より已来未だ大を結ばざる者有りや。答う、何ぞ有ることを妨げんや。設い必ず有りといはば、今は微少の結縁を論ぜざるなり。（『天全』文句五―二五一七頁）

いささか具体性に欠ける内容ではあるが、これは上慢四衆の過去および彼らに対する不軽菩薩の教化を「結縁」とみた有効な事例といえる。すなわち証真は、発心を下種とみなす一方で、単なる聞法は「微少の結縁」であるから下種にはならないとする一義を認めており[29]、これを本未有善の解釈にあてたわけである。これについては『法華玄義私記』にも、

但今籤に不為余教為種と云うは是れ大通結縁に約す。一切を謂うにはあらざるなり。問う、もし最初の結縁は必ず円乗を以てすれば、今経及び諸大乗経並びに宿し善を殖ゆる者、方に之を聞くことを得ると云うや。答う、もし微縁に拠らば無善もまた聞く。不軽等の如し。もし信解を発するは必ず須く宿善なるべし。（同玄義一―二一八頁）

とあるように証真は、本已有善・本未有善の「善」を単なる円乗（＝円教）の聞法ではなく、信解（発心）をともなう「宿善」と理解していたといえよう。この義によれば、本未有善とは過去に円乗の聞法はあったとしても信解（発心）がなかったという意味での未下種の衆生ということになる。したがって、上慢四衆が不軽菩薩から法華経を聞いた時の利益についても、それは結縁であって下種とは見ていなかったといえる。彼らは法華経を誹謗し信解（発心）をともなっていないからである。つまりこれは、天台の不軽品釈が下種論を展開するものではなく、結縁の概念をもって逆縁の救済を論じたとみる先行所見の一つなのである[30]。なおこの場合、証真が約教釈を立場としていることは言うまでもない。

他方で天台諸師の中には、結縁ではなく、下種論を視座とする末釈も確認される。即ち、明の一如（一三五二〜一四二五）が著した『法華経科註』（以下、如註）には、

問う、釈迦は出世し踟躕して説かず。常不軽は一見し造次にして言うは何ぞや。答う、釈迦の所化とは昔曾て下種せる本已有善の故に小乗を以て之を將護し、即ち為に大を説かざるなり。不軽の所化とは本未有善、下種を与えんと欲するが故に大法を以て之を強毒す。（『続蔵』三一―三〇八頁a）

と、本已有善・本未有善を已下種・未下種と解した上で不軽菩薩の教化を強毒の下種とみなすなど、明らかに下種論を視座とする註解を試みている。また、『疏』が上慢四衆の利益を「仏性の名を聞く毒鼓の力もて善の果報を獲る」と解したことについても、

仏性の名を聞き大乗の種を下せしに由て、復た不軽の菩提を教化するに遇う。是れ善の果報なり。（同三〇八頁b）

とあって、約教釈を立場とはするが、下種益の功能にまで説き及んでいる。もっとも、これをもとに下種の実践を勧める如き内容にはなっていないのであるが、時国を隔てて日蓮と同様の解釈がなされたことは偶然の一致とはいえ誠に興味深い。

管見において留意したいのは、天台諸師の中に如註の如く明確に下種論を意識した註解が他に存在しないことである。[31] そうすると、如註は日蓮滅後の成立であるから、下種論を視座とするこうした解釈は日蓮遺文が初見である可能性が考えられよう。しかし、それとて『太田抄』の解釈について言い得ることであって、『唱題鈔』の当該箇所を厳密に評せば、智顗の所見を約部釈の立場から咀嚼したことの他に日蓮の独自性はなかったと言っても過言ではない。

一方で、不軽品釈は如註の如く下種論を視座として解釈し得るにもかかわらず、証真の『私記』はもとより他の末釈においてもそこまで論及するものはなく、多くの場合「毒鼓」「遠因」等の用語を使用して註解を試みている。その理由に関しては、遺憾ながら特に言及するところを確認することができなかった。しかしながらそれについては先述の如く、そもそも天台本末がそうした解釈を意図するものでなく、法華経聞法の功徳に力点を置き、結縁の概念をもって上慢四衆の救済を論じることが不軽品釈の主意であるとみた可能性が高いと考える。

そうだとすると、同じく「毒鼓の縁」「謗縁」等の結縁を論じた『唱題鈔』の内容は、本末の意図に忠実な解釈であったと見ることができるのではないか。つまり、『唱題鈔』は天台の不軽品釈を祖述するものであったところ、その後『本尊抄』において末法下種思想の確立をみ、『太田抄』にいたって下種論を視座とする日蓮独自の解釈が示されたと考えるのである。

四　結語

以上、『本尊抄』以降の確立した末法下種思想を基準とし、かつ不軽品釈の原義に関する考察を踏まえ、『唱題鈔』の内容を検討した。はたしてそこに下種思想を読み取ることができるかというと、法華経聞法という一点においてのみ接点が認められた。そこで、本書に逆縁下種を論じた従来の所見について考えるにそれは、法華経聞法を下種とみる天台の下種の定義を念頭に、その視座から本書の不軽品釈を解したことに因ると思われる。或いは、『太田抄』における不軽品釈の解が先入観としてあった可能性も否定できないであろう。

しかしながら、下種思想との一分の接点があるからといって、逆縁下種論の成立と展開という文脈に『唱題鈔』

を位置づけることにはいささか問題があると言わねばならない。日蓮的視座からすると、その内容は天台本末と同様、下種ではなく、結縁の概念で説明されるべきものと考えるからである。

しかも管見において、『唱題鈔』は一つとして末法下種思想の要件を論じていない。ことに留意すべき点は、下種の実践が未下種の判断を前提とすることである。そうすると、本書が著された時点でその判断に至っていた可能性は極めて低いと言えるのではないか。末法未下種の判断は、『本尊抄』を初見とする上行付嘱の教義から導出されたと考えるからである。さらに本書には、法華経による結縁を説いてはいるが、下種の法は唯一題目であるという開顕がなされていない。そうしたことを勘案すると、両者はむしろ異質の思想[32]とみるべきではないか。

つまり、ともに逆縁の救済を主題としながらも、『唱題鈔』以後十有余年にわたる仏教思想の研鑽と宗教体験の蓄積は、上行付嘱の教義への関心を喚起し、結果として日蓮に別の思想を構築せしめた。それが『本尊抄』以降の遺文群に説かれた末法下種思想であり、のちに逆縁下種論と称されるものであろう。そうだとすれば、天台との連続・不連続を論じる観点からして、少なくとも『唱題鈔』の内容を同じ教義用語で表すことについては再考が求められよう。

なおその場合、『教機時国鈔』（弘長元年・四一歳）に「信謗共に下種[33]」とされたことが問題となるが、これについては稿を改めたい。

註

（1） 管見では、慶林日隆（一三八五〜一四六四）の『当家要伝』に首題と一念三千との同異を述べて、「首題は折伏、一念三千は摂受、首題は逆縁下種、一念三千は順縁熟益」（『法華宗全書　日隆3』東方出版、二〇一九年、二四頁）とあるのが初見である。また本書には、「順縁を以て智者の為に一念三千を修行せしめ、愚者の為には逆縁を以て下種を成ず。いわゆる妙法蓮華経これなり。法華取要抄に云く、もし逆縁ならば、但だ妙法蓮華経の五字に限るのみ。例せば不軽品の如しと云えり。しかのみならず、如説修行抄一巻の意、逆縁逆化の為には南無妙法蓮華経なるべしと見えたり」（同二九頁）とあるから、題目を下種の種子とみる『本尊抄』以降の下種論を逆縁下種と称していることが確認できる。

（2）茂田井教亨『観心本尊抄研究序説』（山喜房仏書林、一九六四年、八八頁）、浅井円道「宗祖における観念論打破の思想」（『日蓮聖人教学の探求』二三四頁、初出は『茂田井先生古稀記念　日蓮教学の諸問題』平楽寺書店、一九七四年）、株橋日涌「宗祖一代における折伏について」（『観心本尊鈔講義』一二五四～一二五五頁、初出は『桂林学叢』第一一号、法華宗宗務院、一九八二年）、山上弘道「日興抄録『唱法華題目抄』について」（『興風』第二〇号、興風談所、二〇〇八年）、菅原関道「初期日蓮聖人の「正法」について」（『興風』第二一号、興風談所、二〇〇九年）、『日蓮宗事典』（日蓮宗宗務院、一九八一年、五九頁）等。こうした先行所見によるまでもなく、かつては筆者自身もそのように考えていた。今は本稿の如く考えを改めたい。

（3）本書の真蹟は現存しないが、『南條兵衛七郎殿御書』（文永元年・四三歳、真蹟）の行間に白蓮日興（一二四六～一三三三）による抄録が確認されることから真撰である可能性は極めて高いことが、大黒喜道・山上弘道氏等によって指摘されている。但し、本書に勧持品三類の文を引用せること等「幾つかの不審な点が存する」ことから、株橋日涌師（『観心本尊鈔講義』一二五二頁）は安国論以前に係ける『縮遺』・『定遺』に疑義を提示されている。

（4）これについては、拙稿「日蓮の下種論管見」（『日蓮教学研究所紀要』第五〇号、二〇二三年）に卑見を述べた。

（5）正像二時の衆生が已下種であるという見方について、『本尊抄』（『定遺』七一九頁）の文脈は地涌出現の有無を論じることに力点を置いているためいささか不明瞭なるも、『太田抄』になると「正像二千余年には猶下種の者有り」（同八九七頁）と明言されている。

（6）『本尊抄』自体は末法未下種を明言していない。しかしながら、久遠下種から在世脱益に至る釈尊の化道を述べ、それに続けて末法下種が言われたのであるから、道理としては末法未下種の判断を前提としていることになる。ちなみに同年に係る『小乗大乗分別鈔』（文永一〇年・五二歳、真断）には、『本尊抄』を補うような仕方で末法未下種なることが詳述されている。

（7）大平宏龍「上行付嘱考」（『日蓮遺文の思想的研究』東方出版、二〇二一年）によると、「上行付嘱の教義とは、単に本仏が地涌に付嘱をしたというだけでなく、必ず地涌の菩薩が末法に出て題目を弘めることまでを意味する」という。

（8）『太田抄』に「題目の五字を以て下種と為すべきの由来を知らざるか」（『定遺』八九七頁）とは、それを端的に語るものであろう。これについては大平宏龍「日蓮教学における下種論私見」（『日蓮遺文の思想的研究』所収）に、『太田抄』の文脈を踏まえて、「明言はないが、久遠下種もまた五字以外によるとは考え難い」（二五五頁）としている。なお久遠下種の法が題目であることについては、拙稿「『法華取要抄』題号釈私案――久遠下種の法が題目であることの文証――」（『桂林学叢』第二六号、法華宗宗務院、二〇一五年）に卑見を述べた。

（9）大平宏龍「〝法華経は末法日蓮等が為〟私考」（『日蓮遺文の思想的研究』所収、初出は『興隆学林紀要』第一二号、二〇〇六年）は、『本尊抄』『取要抄』とともに上行付嘱の教義を根拠に末法為正が論じられていることを詳論している。なお『撰時抄』（『定遺』一〇一七頁）に、上行付嘱の教義に拠って末法時の大白法興隆（＝題目の広宣流布）を論じているが、これも末法為正論に通底する内容といえよう。

（10）大平宏龍「日蓮教学における下種論私見」参照。

（11）上行付嘱の教義は本門八品に説示される故、いわゆる「法華経」とは本門八品ということができる。

（12）『法華取要抄』に「下種」の成語は見られない。しかしながら、『本尊抄』や『太田抄』との論旨の類似性に鑑み、同抄に下種論が展開しているとみることに大方の異論はないであろう。

（13）この点に関しては、拙稿「慶林坊日隆の一仏二名論――立論の動機と目的――」（花野充道博士古稀記念論文集『日蓮仏教とその展開』山喜房仏書林、二〇二〇年）を参照されたい。

（14）註（1）参照。

（15）管見では、その他に『注法華経』不軽品の紙背に引用されるが、日蓮自身の所見等は確認されない（山中喜八編『定本注法華経　下巻』法藏館、一九八〇年、五三〇頁）。

（16）こうした問題に対する日蓮の関心はすでに『一代聖教大意』（『定遺』六七～六八頁、正嘉二年・三七歳）の頃から窺うことができる。そこでは不軽品釈には拠らずして、法華経との結縁の功徳や法華経の経力による初心の功徳が強調されている。それとともに、聞法生謗が「遠種」となって当来の聞法に繋がるとして、謗法者の救済を視野に入れている。不軽品を視座とする『唱題鈔』の内容はその延長に位置づけることができよう。

(17) 大黒喜道「事行の法門について(四)――逆縁毒鼓の下種益について」(『興風』第九号、興風談所、一九九四年)

(18) 「下種の原義に関する試論(一)――機との関わりについて――」(『桂林学叢』第二三号、法華宗宗務院、二〇一一年)等。

(19) これは、『疏』(『正蔵』三四―四九頁a)が五千起去の衆の例証として挙げた金光明経の「二種の人」を『記』が細釈したもので、「金光明等とは第七に云く、一には深く大乗方等を信ず。二には毀呰して信楽を生ぜず。信楽を生ぜざる者もまた結縁を得る。故に引いて例となす」(同二三二頁a)と見える。即ち、後者の「結縁」を「下種」とみて五千起去の衆に当てたわけである。日蓮もまた『法蓮鈔』に「彼の五千の上慢は聞て悟らず、不信の人也」(『定遺』九四四~九四五頁)という。

(20) 拙稿「日蓮の下種論管見」参照。

(21) 本文に引いた『釈籤』につき痴空は、「漸及び不定とは、且く化儀の中の二を挙ぐ。意は円を除く余の七教を兼ぬ」(『天全』玄義一―二一八頁)と細釈する。これによると、智顗だけでなく湛然もまた約教釈を立場とし、広く円教を下種の法とみなしたことになる。そうした見方もあり得ようがしかし、湛然の所謂「余教を以て種と為さず」とは下種の法における雑円の否定という意味でもあるから、つまりは唯一法華経という約部釈の意が正意となろう。これについては、約教釈を立場とする証真にあっても、「但今籤に不以余教為種と云うは是れ大通結縁に約す。一切を謂うにはあらざるなり」(『天全』玄義一―二一八頁)というから、「不以余教為種」の解に限っては法華経を下種の法とみていたことになろう。ちなみに日蓮は、「爾前迹門の円教すら尚仏因に非ず」(『定遺』七一四頁)という。

(22) 『疏』に不軽の解および境・行を釈して、「仏性に五有り。正因仏性は本当に通亘す。縁了仏性は種子本有にして今に適まるに非ざるなり。果性・果果性は定んで当に之れを得べし。決して虚しからざるなり。是れ不軽の解と名づく。解を将て以て人に歴るに、彼も亦た此の如し。是れ不軽の境を敬うと名づく。此の境を敬うが故に、不軽の行と名づく」(『正蔵』三四―一四〇頁c)というから、不軽菩薩の法華経説法とは仏性常住の理を説いたことになる。

(23)『記』は常不軽菩薩の但行礼拝を釈して「一句を宣るに功莫大なり」(『正蔵』三四―三四九頁a)とし、法華経聞法の功徳を称揚する。

(24)「経に大力有りて終に大果を感ず」とは「逆を挙げて以て順を顕し、持を勧めて以て毀を遮す」に続く文である。故に『疏』は、上慢四衆(=逆縁)が不軽菩薩の但行礼拝(=法華経聞法)に因ってやがて阿耨菩提において不退の者(=順縁)となったところに法華経の経力を認めているのであろう。つまりこれは、直前に言われた「仏性の名を聞く毒鼓の力もて善の果報を獲る」を言い換えたものと理解される。

(25)『正蔵』三四―一六二頁c。序品冒頭「一時仏住」の「仏」に対する『記』の釈。

(26)その前例は化城喩品で、大通智勝仏の入定後に釈迦菩薩が法華経を説いたことにある。この経説をもとに智顗は、化道の始終を説くことが法華経独自の教相であることを指摘した。不軽品も同様の文脈でありながら、本末は三益論を展開していない。その理由は、「毒鼓の力」「謗縁」等の法華経聞法の功徳に力点が置かれたためと考える。

(27)本文所引の他は、道暹(生没年未詳)の『法華文句輔正記』(『続蔵』二八―七九八頁c)、智度(生没年未詳)の『法華経疏義纉』(同二九―一〇二頁a～c)、従義(一〇四二～一〇九一)の『三大部補注』(同二八―三二〇頁a～三二一頁b)、播磨の道邃(?～一一五七)の『法華疏記義決』(『仏全』一五―二八五頁a)、守倫(生没年未詳)の『法華経科註』(『続蔵』三〇―八一四頁c～八一五頁b)、徐行善(生没年未詳)の『法華経科註』(同三一―一四五頁c)、痴空(一七八〇～一八六二)の『法華文句記講義』(『天全』文句五―二五一一～二五一七頁)、守脱(一八〇四～一八八四)の『法華文句記講述』(同)等を調査したが、紙幅の関係で詳細は割愛する。

(28)『日蓮聖人遺文辞典　歴史篇』(身延山久遠寺、二〇〇三年、五四四頁)参照。

(29)『法華玄義私記』に結縁と下種との同異を論じて、「泛く下種及び結縁を言わば、同じく是れ一事なり。若し別して論ぜば、聞法を下種と名づく。是れ了因種の故。発心を結縁と名づく。是れ仏果の縁なる故。籤の二に云く、聞法を種と為し、発心を芽と為す云云。或は、聞法を以て結縁と名づく。是れ微縁なる故。発心を下種と名づく、是れ仏種子なる故」(『天全』玄義一―二一八頁)という。ここには下種について聞法と発心の二義を挙げるが、後者がいま問題とするところである。

(30)下種の定義につき、証真と筆者の所見は相違する。しかしながら不軽品釈の見方につき、本末有善の衆生が、下種ではなく、法華経との結縁によって救済されていくと見る点は共通している。

(31) 如註に先行する所見としては、平安時代の伝来が指摘されている守倫（生没年未詳）の『科註』（以下、倫註）に、上慢四衆の利益について「謗ずるもまた種を成ずるなり」（『続蔵』三〇―八一四頁c）と下種益をほのめかす註解を施している。また、常不軽の菩薩行について「諸の四衆の為に強毒の種を下す」（同八一五頁b）ともしている。管見の限りこれは、『疏』のいわゆる「強毒」を下種と解した初めての所見であり注意を要する。しかしながら、肝心の不軽品釈そのものについては、

問う、釈迦は出世し踟蹰して説かず。常不軽は一見し造次にして言うは何ぞや。答う、本と已に善有る故に釈迦は小を以て之を将護し、本と未だ善有らざるには不軽は大を以て之を強毒す。根縁不同の故に爾致すのみ。（同八一四頁a）

と、『疏』の釈に「根縁不同の故に爾致すのみ」の一文を加筆するだけで具体性に欠ける。故に、これをもって下種論を視座とする註解とみなすことはひとまず控え、今は如註の成立過程にあるものとして倫註を見ておきたい。

(32) この場合の「異質の思想」とは無論、上行付嘱の教義に由来する末法下種思想とは異質であるということであって、『唱題抄』執筆当時の日蓮が天台由来の下種思想に関心を寄せていたことまでをも否定するものではない。

(33) 『定遺』二四二頁。なお本書については今日、「疑義濃厚な遺文」という見方もある（山上弘道『日蓮の諸宗批判』本化ネットワークセンター、二〇一一年、二五七頁）。なお同氏はその後、『日蓮遺文解題集成』（興風出版、二〇二三年、七八三頁）において従前の所見を訂し、「真偽未決遺文」と改められている。

附　記

大平宏龍先生は「日蓮教学における下種論私見」の註(27)に拙稿の問題点をご指摘下さった。本稿はそれに応答するものであるが、結果として、かつての私見を大きく変更することとなった。再考の機会を与えて下さった先生に対し甚深の謝意を表します。

また『法華経科註』に関し、菅野博史先生や大平寛龍先生から懇切なる御教示を頂戴した。記して感謝申し上げます。

キーワード　逆縁下種、末法下種論、結縁、上行付嘱、不軽品釈

日蓮聖人における真言批判の成立過程について

日種隨翁

はじめに

日蓮聖人（以下「聖人」と呼称す）は「念仏無間・禅天魔・真言亡国・律国賊」のいわゆる四箇格言に象徴されるように、当時の仏教諸宗に対して厳しく批判を加えられたが、その中でも「仏法の邪見と申は真言宗と法華宗との違目也。禅宗と念仏宗とを責候しは此事を申顕さん料也」（『曽谷入道殿御書』〈『定遺』八三八頁〉）として、とりわけ真言宗に対する批判を最終目的とされたようである。真言批判について従来言われていることを確認すると、例えば『日蓮宗事典』に、

聖人は開宗以前は『戒体即身成仏義』に明らかなように真言宗を仏教中最高の教えと捉え、開宗後は法華を最勝とされたが、『守護国家論』のときはまだ法華真言を共に正法とされた。『教機時国鈔』には空海批判があり、『善無畏鈔』には中国密教批判が見えて来る。しかし台密の円仁批判の時期は遅れ『開目抄』に一箇所「慈覚大師等の真言勝れたりとおほせられぬれば、なんどをもえるはいうにかいなき事なり」（定五八五頁）とあるの

を初見とし、以後次第に頻繁となり、身延入山後本格化する[1]。

と見えるように、開宗以前には顕劣密勝思想によって真言宗を最勝とされていたこと、開宗後は法華最勝思想であったこと、正元元年（一二五九）の『守護国家論』の頃には「法華・真言」を共に正法としておられたということ。それ以降、弘長二年（一二六二）の『教機時国鈔』には空海に対する批判があり、同年の『顕謗法鈔』や文永三年（一二六六）の『善無畏鈔』には中国密教の人師に対する批判が見られるようになり、佐渡以後になると台密に対しても批判が見られはじめ、次第に本格化していく、といったあたりが注目されている。これらを時系列で整理すれば、真言最勝→法華最勝→法華・真言同→真言批判という流れが読み取れるが、法華最勝であるが故に真言批判がなされたということ以外は、いずれも矛盾する概念であり、相容れぬ道理であって、それがどのような経緯で推移し、そして真言批判に至ったかということは、必ずしも明確にはされていないように思われる。さらに佐渡以前の遺文に散見される真言批判についても、様々に意見されているところで、田村芳朗氏は、『顕謗法鈔』に見える真言批判について「形式的な教判論のうえからであって、ふかく思想内容にたちいって破折したものでない。また、とくに真言をとりあげて破したのではなく、法華最第一の教判にのっとって諸宗を破した、そのうちの一つとしてである[2]」とし、また『善無畏鈔』に見える批判についても「思想内容的に、ふかく、くいいった作品ではない[3]」と言われる。そして、「結論的にいえば、明確な真言破がうちだされてくるのは、佐渡流罪を契機としてである[4]」と、佐渡以前に見られる教判上からの批判はいまだ十分ではないとし、東密を含め真言批判が実行されるのは、聖人の教学が確立する佐渡流罪以後とされる。それに対して平島盛龍氏は、文応元年（一二六〇）の『一代五時図』や『唱法華題目鈔』に見られる教判論に着目して「日蓮聖人がかつて重用された真言経典を自らの教判論において第三方等部の摂属として貶めたことは、きわめて大きな意味を持つ」とし、その重要性を強調して「それこそは、台東両密に対する批判の核心であり、のちに展開する厳しい真言批判の起源になっていると考える」[5]と、教判論こそが批判の核となっているとして、真言批判の始まりを文応元年に置かれる。ただし五時教判における大日経の位置については、山上弘道氏によって方等部の摂属とされたのは文永六年頃からであるという意見が提示されており、平島氏の言われる真言批判の開始を文応元年とする所論は否定されているところである。山上氏の見解については後に述べることとしたいが、少しく触れておくと、氏は『昭和定本日蓮聖人遺文』(以下『定遺』)の『断簡五七』を『日蓮大聖人御真蹟対照録』の説を採用してその系年を文永三年と断定し、「後八年の大法法華・涅槃・大日経等」(『定遺』二四九九頁)とあることによって、文永三年頃までは大日経が第五時に配されていると言われる。そしてこのことが「宗祖が初期段階からこの時期あたりまで、真撰遺文による限り真言を批判対象としていない理由の一端」[6]であるとされているように、教判論が真言批判において一つの重要な根拠となっていたと見る立場である。このような平島・山上両氏の見解に反して田村氏はこれを「形式的な教判論」であるとして本格的な真言批判の根拠とは見做されないわけであるが、はじめ真言最勝を主張して受用されていた教えを批判するからには、根拠が薄弱のまま、それを開始されたとは到底考えられないのであって、そこには教判論とともに、批判に向かわしめた明確な根拠が存していたと思われる。

そこで本稿では、真言批判が行われるようになった根拠とはいかなるものであったのか、そしてどのような過程を経て真言批判が成立したのであるかということを、佐渡以前の遺文を中心に検討していきたい。

一　真言批判の始まる時期

まず初めに、佐前期の遺文の中で真言宗批判が述べられはじめる時期を確認しておきたい。先に挙げた『日蓮宗事典』の説示を参考にして、『定遺』が示す系年順に見ていくと、弘長二年の『教機時国抄』に、弘法大師の真言第一・華厳第二・法華第三とする教判に対する批判が見られる（『定遺』二四三頁）。これが東密批判の最初である。次に同年の『顕謗法鈔』には、善無畏・金剛智・不空・一行という真言師が、法華経と大日経との対判を理同事勝と判じたことに対する批判（『定遺』二七一〜二七二頁）が開始されているから、真言批判が見られはじめるのは弘長二年ということになる。

ところで、近年の日蓮研究においては、遺文の系年等は概ね『定遺』の説が採用されており、さほどの問題提起もされてこなかったようであるが、昨今、山上弘道氏によって諸遺文を対象とした全体的かつ詳細な研究が行われ、系年の再構築が図られている。その中、真言批判に関連する諸遺文についても、疑義説の提示や、系年の変更が行われているが、今、佐前遺文のそれを挙げると以下の通りである。

(1)偽撰あるいは疑義濃厚な遺文（系年は『定遺』による）

㋐『念仏無間地獄抄』（建長七年）㋑『教機時国抄』（弘長二年）㋒『法華真言勝劣事』（文永元年）㋓『聖愚問答抄』（文永二年）㋔『星名五郎太郎殿御返事』（文永四年）㋕『与北條弥源太書』・『与建長寺道隆書』・『与寿福寺書』（文永五年）㋖『真言天台勝劣事』（文永七年）

(2)系年を変更すべき遺文（『定遺』の系年→山上説の系年を表記）

㋐『諸宗問答抄』（建長七年→文永九年頃）㋑『顕謗法抄』（弘長二年→文永九年頃）㋒『善無畏抄』（文永三年→文永七年）㋓『法門可被申様之事』（文永六年→文永七年）㋔『小乗大乗分別抄』（文永十年→文永七年）㋕『聖密房御書』（文永十一年→文永六・七年）㋖『小乗小仏要文』（文永七年→文永六年頃）

本来ならば、詳細に研究されている論拠の一々を紹介しなければならないが、今はその余裕もないので、詳しくは山上氏の『日蓮の諸宗批判』を参照されたい[7]。

さて、まず(1)の疑義が提示されている遺文であるが、疑いのある以上は、本稿においても検討対象から外さざるを得ない。そうなると、真言批判の始まりと目される『教機時国抄』も除外の対象となり[8]、また『定遺』では同年に系けられる『顕謗法抄』についても、系年を文永九年頃の成立に変更されていることから、批判の開始時期を弘長二年に置くことはできなくなった。

次に(2)の系年を変更された遺文についてであるが、系年を変更される一つの論拠として、真言批判の有無が有力な判断基準となっている。まず、①文永三年頃までは大日経が第五時に配されているから[9]、それ以前には真言批判は見られないはずであること。これに該当するのが㋐と㋑の遺文である。次に②真言批判が見られ、かつ年代の確定する遺文としては、真蹟断簡の残っている文永七年の『善無畏三蔵抄』のみであること。またそれに関連して五時教判の中で方等部に配されはじめるのは文永六年頃の㋖『小乗小仏要文』あたりであること。これらに抵触するのが㋐・㋑・㋒の遺文である。さらに③慈覚・智証両大師やその著作に対して肯定的であるということは、台密批判がなされる以前であること。それに①と②とを勘案して変更されたのが、㋔と㋕の遺文である。

以上のようなことから、山上氏は真言批判の開始時期を文永六・七年あたりであると確定されているが、筆者もひとまず氏の見解[10]を支持して、以下にそれに至る過程を検討していくこととしたい。なお、今挙げた諸遺文の系年については、山上説を採用して表記することとする。

二　最初期における思想的基盤

初期の聖人の思想については台密思想の影響下にあったということは、夙に指摘されているところであるが、建長五年（一二五三）の立教開宗以降は法華経を最勝とされたと、一般的には理解されている。しかしながら建長六年の『不動愛染感見記』には生身の不動・愛染を感得したということと、自身の受けた相承について大日如来より二十三代目であることが記されており、このような密教的要素をどのように理解したらよいのか、さらにはその思想的基盤は奈辺にあるのかということは、必ずしも明確ではないように思われる。件のような問題をここでは見ていきたいが、聖人の初期思想については『守護国家論』執筆までを初期と定めて検討を試みる。諸宗の批判という観点から見たとき、その嚆矢は『守護国家論』に見える法然上人の『選択集』批判であり、諸宗の見解に対する排他的傾向は本書より始まるという指摘がなされている(11)から、そこに思想的転換が認められると考えるからである。

さて、ではまず、現存する最初の著作といわれる『戒体即身成仏義』を取り上げたい。この書は戒体を小乗・権大乗・法華開会・真言戒体の四種に分けて論じており、戒体発得の時、即身成仏の仏果を得られるのは法華開会と真言戒体であるとし、法華は真言の初門であるとして真言戒体を最上位に置く。この中で「法華開会の戒体」の箇所では、

十界互具する故に妙法也。さるにては亘二テ十界一ニ二乗菩薩凡夫を具足せり。故に二乗を不成仏ト云はば、凡夫・菩薩も不成仏ト云ッ事也。法華の意は、一界の成仏は十界の成仏也。法華已前には仏モ非二ス実仏一ニハ、九界を隔てし

仏なる故に。何況や九界ヲ耶。然ルに法華の意は、凡夫も実には仏也。十界具足の凡夫なる故に。何況や仏界ヲ耶。（『定遺』一〇～一一頁）

と、法華経は十界互具を説く故に妙法と規定し、この理論によって十界の成仏、ことに凡夫の成仏が説かれており、法華経以前の仏は実仏ではないとする権実判が見られている。ところが、このような理論の上に、

経ニ云ク今此三界ハ皆是レ我カ有ナリ。其ノ中ノ衆生ハ悉ク是吾カ子ナリ等云云。知ルト二法華経ヲ一申スは、此文を可レキ知ル也。我有と申す有は其レ非レハ二真言宗ニ一者難レシ知リ。（『定遺』一四頁）

と言い、法華経を知るというのは衆生が仏の子であることを知ることである、としながらも、それは真言宗でなければ知ることができないと述べられているのである。ここに「有」を知る具体的な方法は示されていないが、あるいは実践の方法としては真言の事相が想定されているように思われる。そうすると、最初期における聖人の見解は、教理としては法華経、さらに言えば所説の十界互具の理であるものの、事相においては真言が勝るという台密の理解そのものであり、「理同事勝」の立場にあったと言える。ただし、『戒体即身成仏義』については、昨今、島津毅氏によって偽書説(12)が出されており、参考までとするより他ないが、日蓮思想の根幹が十界互具論であったことは、例えば『色心二法抄』に、

先ッ、止観・真言に付て此旨を能能可レキ得レ意也。先ッ此旨を得レ意者大慈悲心・菩提心を可レシ得レ意。其故如何となれば、世間の事を案ずるも、猶心をしづめざれば難レシ得レ意。何況や、仏教の道生死の二法を覚んことは、道心を発さずんば協ふべからず。道心ト者、無始より不思議の妙法蓮華経の色心、五輪・五仏の身を持ながら迷ひける事の悲しき也。如何しても此旨を能能可レキ尋也。（『定遺』一九四七頁）

とあって、生死の苦から脱れようとするならば、まず凡夫が本来有している「妙法蓮華経の色心」や、五輪・五仏

の存在を認識しなければならないと説かれる。ここでいう「妙法蓮華経の色心」とは、

仏は九界に遍す。九界は全く仏界の色心なり。此理をしらずして無始より迷ける事よ。
（『定遺』一九四九頁）

と説かれているから、十界互具を根拠として人界の色心は即ち仏界の色心であるということを説明していることがわかる。またここでは「五輪・五仏」という密教思想が説かれているが、これとて十界互具に関連付けて述べられる程度であり、あくまで思想の根幹は十界互具にあると言える。次に『一代聖教大意』を見ると、

蔵通二教ニハ仏性之沙汰無シ。但菩薩之発心ヲ仏性ト云フ。別円二教ニハ衆生ニ仏性ヲ論ス。但シ別教之意ハ二乗ニ仏性ヲ不レ論セ。爾前之円教ハ附ニシテ別教ニ二乗之仏性ノ無ニシ沙汰一。此等ハ皆麁法也。今ノ妙法ト者此等ノ十界ヲ互ニ具スト説ク時妙法と申ス。十界互具と申ス事は十界ノ内ノ一界ニ余ノ九界ヲ具シ十界互ニ具スレハ百法界ナリ。玄義二ニ云ク又一法界ニ具ニスレハ九法界ヲ即チ有ニリ百法界一文。法華経ト者別ノ事無シ。十界之因果ハ爾前ノ経ニ明ス。今ハ十界之因果互具ヲおきてたる計リ也。
（『定遺』六九～七〇頁）

と、蔵通別の三教には二乗に仏性を認めない、爾前の円教も別教と同じように二乗に仏性を認めないから麁法であるとし、法華経は十界互具を説く故に妙法であると規定する。これらの遺文に見られるように、初期における思想的基盤は、法華経に説かれる十界互具の理であったと理解されよう。しかしながらそれは教理の上からのみ言えることであって、建長六年の『不動愛染感見記』に「自ニリ大日如来一至ニル日蓮ニ廿三代嫡々相承一」（『定遺』一六頁）と、かつて受けた真言の相承を重んじている事実からして、事相においてはなお真言が勝れているという認識であったと考えられる。そうすると少なくともこの頃までは、台密の円密一致思想の影響下にあったと理解されよう。

抑も台密では、例えば慈覚大師の『蘇悉地経疏』には法華経等の一乗教は理秘密教と位置付けられるも「未レ為レ究ニ尽如来秘密之意一。今所レ立毘盧遮那金剛頂等経。咸皆究ニ尽如来事理倶密之意一」（『大正蔵』六一、三九三頁中）と、

大日経・金剛頂経等は事理倶密教であるという顕密判であって、結局は真言の優位性を主張するものであるから、詰まるところ円劣密勝思想であると言える。したがって聖人もこのような思想の影響下にあったとすれば、法華最勝の立場であったとは言い難いのである。

ところで、以上のような初期に見られる法華と真言との問題について「日蓮にとっては、法華と真言は理においては同体であるにしても、事（はたらき）においては法華の方がすぐれているという確信ははじめから持っていたのであろう(13)」という向きの意見があるが、これはむしろ逆で、理においては、あくまで法華経の十界互具の理であったが、事相においては、真言勝という理解が開宗以後も影を落としていたと見るのが妥当であろう。

三　真言宗に対する評価の推移

前項で見てきたように、台密の影響によって「理同事勝」の立場にあった聖人が、それをどのように超克され、批判するにまで至ったのであろうか。この問題を、教理上の側面と事相の側面から、以下に検討していく。

1　教理面からの検討

まずは、教判論から探ってみると、『守護国家論』には、

四十余年ノ諸経ハ不了義経、法華・涅槃・大日経等ハ了義経也。（『定遺』九七頁）

と、法華経と共に涅槃経と大日経を了義経とする教判が見られる。これは例えば智証大師の『大日経指帰』には、これら三経を天台の五時判の内には第五時に配当して、「法華為レ初。涅槃為レ中。秘密為レ後」（『大正蔵』五八、一二

〇頁中）という次第を述べているのと同様であるから、台密の教判と比べても選ぶところはない。また、

四十余年ノ諸大乗経ノ意ハ如二ク法華・涅槃・大日経等一ノ不レ許二サ二乗無性ノ成仏一ヲ。（『定遺』一一二頁）

とあって、大日経にも法華経と共に「二乗・無性」の成仏が説かれている、即ち十界互具の理が説かれていると理解されているので、法華経と大日経との関係は理においては同一であるという認識であったことがわかる。ところが文応元年の『唱法華題目鈔』には、

四十余年の諸経を対二スレハ法華経一ニ不了義経、法華経は了義経。涅槃経を対二スレハ法華経一ニ、法華経は了義経、涅槃経は不了義経。大日経を対二スレハ法華経一ニ、大日経は不了義経、法華経は了義経也。（『定遺』一九六～一九七頁）

として、法華経と大日経の対判が見られるが、ここでは大日経は法華経に対するときには不了義経であると断じて、法華経の優位性を主張されている。

さて、ここに説かれる教判について、五時判の中には何方の摂属かという議論があるが、山上氏が「基本的に『守護国家論』と同じ教相判釈が念頭に置かれていた」[14]とされるように、爾前経とは別立てで法華経・涅槃経・大日経を挙げているところからして、大日経の配当は『守護国家論』と同じく第五時とするのが妥当であろう。そうすると『唱法華題目抄』において第五時の大日経がどのような理由によって不了義経とされたのかが問題となるが、『守護国家論』の以下の一説に注目すると、

一代五十年之間ノ説之中ニ自二リ法華経一先歟。後歟。同時ナル歟。亦先後不定ナル歟ト。若シ答レハ先ト以二テ未顕真実之文一ヲ責レメヨ之ヲ。敢テ勿レ尋二ルコト彼ノ経ノ説相一ヲ。答レハ後ト以二テ当説ノ文一ヲ責レメヨ之ヲ。答二ハ同時一ナリト以二テ今説之文一ヲ責レメヨ之ヲ。答二ハ不定一ト不定ノ経ハ非二ス大部ノ経一ニ。一時一会ノ説ニシテ亦非二ス物ノ数一ニ。其ノ上雖二モ不定ノ経一ト不レ出二三説一ヲ。設ヒ雖レモ立二ツト百千万之義一ヲ載二セテ四十余年等ノ文一ヲ自レリノ不レル称二セ虚妄一ト外ハ不レ可レラ用フ。仏ノ遺言ニ云レフカ不レレト依二ラ不了義経一ニ故也。

（『定遺』一三三三～一三三四頁）

と、法師品の「我所説経典。無量千万億。已説。今説。当説。而於其中。此法華経。最為難信難解」（『大正蔵』九、三一頁中）とある文によせて、法論の相手の依経が爾前経であれば已説、法華経と同時であると言えば今説、後の経であるとすれば当説の文をもって破せ、として法華経が三説に超えて最も勝れている点を強調されている。そうすると、大日経は当説に配せられることとなり、ここに法華経と大日経との勝劣論が窺えるから『守護国家論』においても大日経を不了義経として扱われてもよいはずであるのに、了義経とされているところからすれば、超えてはならない一線として台密思想が横たわっていたように思われる。つまり大日経は法華経と同一理が説かれるという台密の理解を踏襲したことによって大日経は了義経であると判断されたのではないかと考えられるのである。ところが『唱法華題目抄』においては大日経を不了義経とされるところ、『守護国家論』に見られた法華経と大日経の「理同」という関係性が否定されて、已今当の三説の中には当説に配して了義経は法華経のみに限定される。そうすると、成仏の根本原理たる十界互具の理は大日経から奪われ、法華独妙という考え方がここに読み取れるのである。このような点については平島氏が「理同事勝を標榜する天台密教との決別の意思表示[15]」と述べられる通り、大日経を不了義として扱われたことは、後に展開される『大日経義釈』や台密思想に見られる理同批判の嚆矢として位置付けることができるであろう[16]。

ところで、大日経の位置について、先の山上氏の見解によると、大日経等の密教経典は文永六年頃からは第五時から方等部へと修正されていたようである。そうすると、真言批判においても爾前経たる密教経典と実教たる法華経との、いわゆる権実判が論点として挙げられそうであるが、真言批判が述べられる遺文を確認すると、方等部摂ということが必ずしも批判における有効な論点とはなっていないことに気づく。例えば文永六・七年に系けられる

『聖密房御書』（『定遺』は文永十一年）には、

大日経をば善無畏・不空・金剛智等の義《ニ》云《ク》、大日経の理と法華経の理とは同《シ》事なり。但印と真言とが法華経は劣なりと立たり。良諝和尚・広修・維蠲なんど申《ス》人は大日経は華厳経・法華経・涅槃経等には及ばず、但方等部の経なるべし。日本の弘法大師云《ク》、法華経は猶華厳経等に劣れり。まして大日経には及べからず等云云。又云《ク》、法華経は釈迦の説、大日経は大日如来の説、教主既にことなり。又釈迦如来は大日如来の御使として顕教をとき給《フ》。これは密教の初門なるべし。或《ハ》云《ク》、法華経の肝心《タル》寿量品の仏は顕教の中にしては仏なれども、密教に対すれば具縛の凡夫なりと云云。（『定遺』八二〇頁）

とあって、大日経と法華経との関係について、善無畏等の理同事勝説と、正統的な天台学者である良諝和尚・広修・維蠲らの大日経を方等部の摂属とする説と、弘法大師の大日経第一・華厳経第二・法華経第三とする教判、また教主論について大日勝釈迦劣とする説が挙げられ、教判上における大日経の解釈についての先行する理解を紹介している。この中で、善無畏等の説と弘法大師の説については批判の対象として挙げられるところであるが、その批判の内容について見てみると、まず善無畏に対する批判については、天台大師が法華経に基づいて立てた一念三千義を、大日経にも説かれているとしたこと（『定遺』八二二頁）、法華経には印契や真言については説かれないけれども、二乗作仏・久遠実成という大事の法門が説かれていて、二乗作仏の事実と印契・真言とを比べると天地ほどの差があるとし、また久遠実成の仏は一切の仏の本地身たる仏であると述べられる（『定遺』八二三〜八二四頁）。次に弘法大師に対する批判については、法華経を大日経ならびに華厳経に劣るとするのは誤りであり、謗法であるとされる（『定遺』八二四頁）。これらの批判を見る限りにおいては、広修・維蠲らの大日経は方等部の摂属であるとする見解が、批判における論拠とはなっていない。したがって自説の論拠として引用されたというよりも、大

日経の一解釈として紹介されたものと推察される。(17) さらに文永八年の『寺泊御書』には、

諸宗之中ニ真言宗殊ニ至二ス僻案一ヲ。善無畏・金剛智等ノ想ニ云ク、一念三千ハ天台ノ極理・一代ノ肝心也。顕密二道ノ可レキノ為レル詮之心地ノ三千ヲハ且ク置レク之ヲ。此ノ外印ト与二ト真言一仏教ノ最要等云云。其ノ後真言師等事ヲ寄二セ此ノ義一ニ、無二キ印真言一経経ヲハ下レス之ヲ。如二シ外道ノ法一ノ。或義ニ云ク、大日経ハ釈迦如来之外ノ説ナリト。或義ニ云ク、教主釈尊第一ノ説ナリト。或義ニ現二シテ釈尊一ト説二キ顕経一ヲ現二シテ大日一ト説二クト密経一ヲ。不レシテ得二道理一ヲ無尽ノ僻見起レス之ヲ。譬ハ如下シ不レル弁ヘ二乳ノ色一ヲ者、作二ストモ種々ノ邪推一ヲ不レルカ当中ラ本色上ニ。又如二シ象ノ譬一ノ。今汝等可レシ知ル。大日経等ハ法華経已前ナラハ如二ク華厳経等一ノ已後ナラハ如二シ涅槃経等一ノ。

（『定遺』五一三～五一四頁）

とあって、真言宗の誤った理解の源流は、善無畏等が密教の説く印契と真言を最要としたことにあり、後の真言師たちはそれに倣って印・真言を説かない経を密教の下位に据えて、種々の誤った見解が生まれたとして、以下の三説を揚げる。

①大日経は釈尊が説いたのではなく、大日如来の説であるとする大日別体説。
②大日経は釈尊の説いた経々の中の第一であるとする釈迦中心説。
③釈尊と現れて顕教を説き、大日と現れて密教を説いたとする釈迦・大日同体説。

そして聖人自身の見解としては、大日経等の密教経典を釈尊の教説と位置づけて五時判に組み込み、法華経以前ならば華厳経と同等であり、以後ならば涅槃経と同等であるとされており、大日経を方等部の摂属と限定していないことからすると、ここでの批判は、已今当の三説超過の文が有力な根拠となっていたと考えられる。

翻ってこの時期の批判の対象は善無畏等の見解と弘法大師の見解であるが、善無畏以降の解釈として挙げられている三つの解釈の中、東密の見解はいずれに該当するかというに、先に挙げた『聖密房御書』に述べられている弘

法大師の説と照合すると「法華経は釈迦の説、大日経は大日如来の説、教主既にことなり」とあるから①に当たり、また「釈迦如来は大日如来の御使として顕教をとき給ふ」と大日如来を本地身とし、応化身である釈迦如来が顕教を説いたとしているから、これは③に当たる。この両説はいずれも教主について、釈迦如来とは別に大日如来を立てて密教の優位性を主張するという顕密判であるから、五時判の埒外にある。このような見解に対する反駁の主眼は、密教を五時判の内に組み込むことであって、五時判中における大日経の位置という問題は重要なテーマではなかったのではないか。つまりこの時期の真言批判の実質は、権実の問題よりも顕密の問題として捉えられていたということである。密教経典が第五時の摂属か、方等部の摂属かという問題が浮上してくるのは、佐渡以後に展開される台密批判において表面化したのではないかと思われるが、この問題については稿を改めたい[18]。

さて、ではここまで見てきたような真言宗の所論に対してどのように批判がなされているかといえば、文永七年に系けられる『小乗大乗分別抄』(『定遺』は文永十年)には、

又法華経の寿量品に楽於小法徳薄垢重者と申文あり。天台大師は此経文に小法と云は小乗経にもあらず、又諸大乗経にもあらず、久遠実成を説ざる華厳経の円乃至方等・般若・法華経の迹門十四品の円頓大法まで小乗の法也。又華厳経等の諸大乗経の教主の法身・報身・毘盧遮那・盧舎那・大日如来等をも小仏也と釈し給ふ。此心ならば涅槃経・大日経等の一切の大小権実顕密の諸経は皆小乗経。

とあり、久遠実成の仏を本地仏とし、大日如来等の一切仏を小仏として主従関係を示し、所説の経も大小権実顕密の一切経ならびに法華経迹門まで小乗の法であると断ずる。そうすると大日経は、法華経以前の説であろうが、以後の説であろうが、どちらにしても小乗の法という位置付けとなるわけである。そして批判の根拠としては、二乗作仏・久遠実成は法華経の肝用にして諸経に対すれば奇たりと云へども、法華経の中にてはいまだ奇妙な

らず。一念三千と申す法門こそ、奇が中の奇、妙が中の妙

（『定遺』七七〇頁）

と、法華経は二乗作仏と久遠実成、ならびに一念三千が説かれていることが批判の核となっていることがわかるが、このような批判の論理は初期の遺文[19]にも確認されるところであり、然程の展開もなかったようである。そうなると佐前の遺文においては、文応元年の『唱法華題目抄』において大日経を不了義経と定められたことより他には、教理上の発展は特に見受けられないようであって、このような点をもって、田村氏は佐前の真言批判について「法華最第一の教判にのっとって諸宗を破した、そのうちの一つ」であるとか、「明確な真言破がうちだされてくるのは、佐渡流罪を契機としてである」とされたのであろう。

2　事相面からの検討

では視点を変えて事相の側面より真言宗批判を見ていこう。まず考えられることとして、唱題思想の高まりによって批判が始まったのではないかと推測されるが、浅井円道氏の指摘によると、主に佐前期の遺文に見られる唱題の功徳は「悪道を免れる」と説かれるのみで低く評価されているようであり、文永三年の『法華題目鈔』にようやく出離生死が説かれるようであるから[20]、批判に至らしめた要因は他に求めなくてはならない。そこでまず、真言の事相についての言及を遺文に求めてみると、文永二年に系けられる『薬王品得意抄』には、

華厳経ノ法界唯心・般若ノ十八空・大日経ノ五相成身・観経ノ往生ヨリ法華経ノ即身成仏勝レタル也。（『定遺』三三九頁）

とある。管見の限りではこれが真言の事相を法華経の下位に据える最初であって、ここでは真言の五相成身観を取り上げて、法華経の即身成仏より劣っていると述べられる。よって、建長六年頃に見られた真言の事相を重んじる立場は、『薬王品得意抄』が著されるまでの間に修正されたわけであるが、その間の遺文を事相という視点で見て

みると、文永元年に系ける『南條兵衛七郎殿御書』の説示が注目される。すなわち、

いかなる大善をつくり、法華経を千万部読み書写し、一念三千の観道を得たる人なりとも、法華経のかたきをだにもせめざれば得道ありがたし。（『定遺』三二一頁）

と、たとえ法華経を千万部読誦・書写しようとも、一念三千観を体得しようとも、謗法を責めなければ得道はあり得ないとし、

第四巻云而此経者如来現在猶多怨嫉況滅度後。第五巻云一切世間多怨難信等云云。日本国に法華経よみ学する人これ多。人のめ（妻）をねらひ、ぬすみ等にて打はらるゝ人は多けれども、法華経の故にあやまたるゝ人は一人なし。されば日本国の持経者はいまだ此経文にはあわせ給はず。唯日蓮一人こそよみはべれ。我不愛身命但惜無上道是也。されば日蓮は日本第一の法華経の行者也。（『定遺』三二七頁）

とあって、謗法を責めたことによって受けた迫害は、法華経の経文に符合するところであり、法華経に精通する仏教者は多いけれども、経説を実体験したのは日蓮一人のみであり、我こそが日本第一の法華経の修行者である、と述べられている。

以上のことからすると、文永元年頃の聖人における法華経の行法についての見解は、法華経を読誦・書写するという五種法師よりも、一念三千の観法を修するよりも、さらには題目の唱題よりも法華経の色読が上位概念として存在していたということになる。それだけでなく、謗法訶責という行為と、教理上の中心思想となっていた十界互具論との関係性を示唆する見解も見られるところで、佐後の遺文ではあるが『撰時抄』の説示を見てみると、

此の三の大事（三度の高名）は日蓮が申たるにはあらず。只偏に釈迦如来の御神我身に入かわせ給けるにや。我身ながらも悦び身にあまる。法華経の一念三千と申大事の法門はこれなり。

（『定遺』一〇五四頁、（　）内は筆者加筆）

とあって、三度に及ぶ国家への諫暁は釈尊が宗祖自身に入れ替わって行ったのだとして、これこそが一念三千の法門であるとされているように、謗法を責めるということに、一念三千論が落とし込まれているのである。さらに言えば『富木入道殿御返事』に、

一念三千観法に二あり。一理、二事なり。天台・伝教等の御時には理也。今は事也。観念すでに勝る故、大難又色まさる。彼は迹門の一念三千、此は本門一念三千也。天地はるかに殊也こと也。（『定遺』一五二二頁）

として、法華経色読と「一念三千の観法」とを関連付けて述べられている点も見逃せない。値難ということに事観があるとするならば、『南條兵衛七郎殿御書』に見られる法華経の色読についても、あるいは十界互具・一念三千論との関連性が認められるのではないであろうか。ただしここで疑問となるのは、先にも見てきたように、十界互具論を論じられる際には、特に凡夫の己心に仏界を具すという点を強調して述べられていたように思われるが、ここでは外なる仏が想定されて、しかもその仏からの能動的な働きかけを感じておられるという点である。そうすると、聖人の十界互具・一念三千という理解は、内なる仏の存在と外なる仏の存在とを立証する理論であったことがわかるが、このような見解については、早く『守護国家論』に、

我等常没《ノ》一闡提《ノ》凡夫、欲《スルハ》レ信《セント》二法華経《ヲ》一為《ノ》レ顕《サンカ》二仏性《ヲ》一先表也。故《ニ》妙楽大師《ノ》云《ク》自《リハ》レ非《サル》二内薫《ニ》一何《ソ》能《ク》生《セン》レ悟《ヲ》。故《ニ》知《ヌ》。生《スル》レ悟《ヲ》力《ハ》在《リ》二真如《ニ》一。故《ニ》以《テ》二冥薫《ヲ》一為《ス》二外護《ト》一也已上。自《リ》二法華経一外《ノ》四十余年《ノ》諸経《ニハ》無《シ》二十界互具一。不《レハ》レ説《カ》二十界互具《ヲ》一不レ知《ラ》二内心《ノ》仏界《ヲ》一。不《レハ》レ知《ラ》二内心《ノ》仏界《ヲ》一不レ顕《レ》二外《ノ》諸仏《モ》一。故《ニ》四十余年《ノ》権行《ノ》者《ハ》不レ見レ仏《ヲ》。設《ヒ》雖《モ》レ見《ルト》レ仏《ヲ》見《ル》二他仏《ヲ》一也。二乗《ハ》不レ見二自《ラノ》仏《ヲ》一、故《ニ》無《シ》二成仏一。爾前《ノ》菩薩《モ》亦不《レハ》レ見二自身《ノ》十界互具《ヲ》一不レ見二二乗界《ノ》成仏《ヲ》一。故《ニ》衆生無辺誓願度《ノ》願《モ》不二満足《セ》一。故《ニ》菩薩《モ》不レ見レ仏《ヲ》。凡夫《モ》亦不《ルカ》レ知《ラ》二十界互具《ヲ》一故《ニ》不レ

顕サ二自身ノ仏界ヲ一。故ニ無ク二阿弥陀如来ノ来迎モ一、無シ二諸仏如来ノ加護モ一。（『定遺』一二四頁）

と、まず内在している真如・仏性が無明に薫習して悟りを求めるようになり、この力が外からは護り助ける働きとなる、という妙楽大師の『弘決』の説を引用した後、爾前経には十界互具を説かないから、己心の仏界を知らない、知らないから外の仏も顕れない、だから爾前経を依経としている修行者は仏に見えることができないとし、二乗も菩薩も凡夫も十界互具を知らなければ、自身の仏界を顕すことができないので、阿弥陀仏の来迎や仏の加護も無いと述べられている。このような論理を裏返すと、法華経は十界互具を説くから、己心の仏界の存在が知れる。よって、法華経の修行者は外の仏に見えることができて、加護を受けることが可能となる、ということになろう。つまり外なる仏の存在は内なる仏の顕現として捉えられていたわけである[21]。

ところで、このような内外の仏の存在については、大平宏龍氏によって注目すべき指摘がなされている。即ち、

『開目抄』中の十界互具・一念三千論は、先にみたように客体的・対象的であり、十界互具論で言えば、能具の十界の方、換言すれば仏界・釈尊と人界・日蓮との関係を中心に追求した所と言えよう。即ち聖人が、「外なる釈尊」の御意に従って法華経を色読された所が「法華経の行者」であろう。然し、一念三千が仏種であるならば、自らの己心の中に十界を具足すること、つまり所具の十界の確認がなければならないはずである。それ故、聖人は『開目抄』一部において、自身が法華経の行者であることを証明し、一期の大事を述べた結語に近いところで、次は「内なる釈尊」と自己との関わりを述べる必要にかられたということであろうか。（中略）従って『本尊抄』は聖人の己心に具する十界の問題を解決することが第一のこととされ、その上に本尊論が展開されることになったのではないであろうか[22]。

と、「外なる釈尊」については『開目抄』において自身との関係性を中心にして追究され、そのことによって、今

度は「内なる釈尊」に注視されるに至り、それが『本尊抄』において披露されるに至った、という重要な意見が述べられている。このような一念三千論が聖人における結論とするならば、特に「外なる釈尊」の追求については佐渡以前から注視されていたのではないかと思われ、具体的には『南條兵衛七郎殿御書』の「日蓮は日本第一の法華経の行者」という表現に着目すれば、これは単に経文に合致したという以上に、迫害に値うことによって、外なる仏の存在と共に、その仏との強い結びつきを認識されたのではないかということである。いわずもがな『南條兵衛七郎殿御書』は小松原法難の直後に著されたものであり、その時の現状も詳細に描出されているが、「うちもらされて、いままでいきてはべり、いよいよ法華経こそ信心まさり候へ」(『定遺』三二六頁)という極めて危険な状況の中でも生き延びたという体験によって、仏の加護の力というものを感じ取られたのではないか。そしてその仏とは行者を守護する存在であると同時に、弘教の使命を与えた存在でもあったのである(23)。このような見方よりすると、真の「法華経の行者」は「唯日蓮一人」であるという認識に立たれてからは、排他的傾向をより一層強められたのであり、「日本国に法華経をよみ学する人」は大勢いるけれども、「外なる釈尊」の真意に適った修行者は皆無であると見做される。そうであるならば法華経と真言の関係を「理同事勝」とする立場も、『大日経義釈』にちらつく一念三千義も、法身大日如来を中心とした世界観も、「外なる釈尊」に背く「不孝の者」であるとされるのは当然の帰結であろう。

ところで、かつて田村芳朗氏は、聖人の諸宗批判を評して、

初期には、絶対的一元論(絶対開会)の立場にたち、天台円教、真言密教の一元論に与同しつつ、相対的二元論(相対廃立)の浄土教を批判し、後期になると、それが、しだいに相対廃立の色彩をおびるようになり、天台・真言とも訣別し、現実対決的、未来建設的となっていった(24)。

と言われている。ここでいう「後期」というのは佐渡以後のことを指すのであろうが、『南條兵衛七郎殿御書』の時点で「外なる釈尊」が想定されていたということになると、二元論的要素を認めなければならない。したがって天台・真言と決別されていくのは、小松原法難直後あたりからではなかったであろうか。

以上のような推論が許されるならば、かつて重用してこられた密教の事相は、法華経の色読という事相上の実践において超克されたのではないかと考えられ、佐前期に見られる真言批判に向かわせる要因としては、数々の迫害の中でも、特に小松原法難であったということになるであろう。

おわりに

以上、粗雑ながら真言批判の成立過程について検討を加えてきた。

最初期における聖人の教学的立場は、台密思想に見られる「理同事勝」の影響を受けたものであったが、特徴としては「理」においては法華経に説かれる十界互具の理を根幹とされ、その他の思想は見られないものの「事」については建長六年の『不動愛染感見記』の頃までは真言の影響が見受けられた。このような密教的要素も文応元年の『唱法華題目抄』になると、大日経を不了義として法華最勝を主張されるようになっていた。これらの変遷を示すと、真言最勝＝法華・真言同→法華最勝→真言批判となるであろう。そして真言批判を成立させた根拠としては、法華経色読がその核心となっていたのではないかと指摘した。「外なる釈尊」の命によって法華経の経説を実体験される、いわゆる色読が十界互具・一念三千理の実践、即ち法華経の行法にまで昇華したのであって、それを唯一の正解とされ、真言に対しても批判の矛先が向くこととなったのである。おそらくこのような考えに至ったのが文永元年の終わりのことであろうから、真言批判の開始は、文永二・三年頃が想定されてもよいのではないかと思われる。ただし『教機時国抄』が真蹟であったとするならば、伊豆流罪も視野に入れた再考が必要であろう。

以上のような拙い推論が許されるならば、佐前の真言批判は田村氏の言われるような「形式上の教判論」からの批判では決してなく、聖人の不惜身命の御弘通なくしては生じ得なかった重要な批判であったと理解されよう。

註

（1）『日蓮宗事典』「台密・東密」の項

（2）田村芳朗『鎌倉新仏教思想の研究』（平楽寺書店、一九六五年）五八〇頁

（3）同右、五八二頁

（4）同右、五八九頁

（5）平島盛龍「日蓮聖人の真言批判について――末法下種思想形成の一側面――」（『桂林学叢』一九、二〇〇五年）

（6）山上弘道『日蓮の諸宗批判』（本化ネットワークセンター、二〇一一年）六五～六六頁

（7）山上弘道「資料編　系年を変更した遺文　偽撰・疑義濃厚と判断する遺文」（『日蓮の諸宗批判』本化ネットワークセンター、二〇一一年）

（8）『教機時国抄』の疑義について『日蓮の諸宗批判』では「教義的に破綻するところはない」「真蹟と仮定するならば、真言批判が見られるので、文永六年以降に系けられるべき」と述べられていることからして、決定的な疑義とはなっていないようである。

（9）「かの浅経の読誦等の句に華厳・方等・般若等をいるゝだにも不思議なるに、後八年の大法法華・涅槃・大日経等をば通じ入て上品上生の往生の業とするだにも不思議なるに、あまさえ称名念仏に対して法華経等の読誦は無間等の往生也なんど申て日本国中の上下万人を五十余年が程、謗法の者となして無間大城に堕しぬる罪はいくら程かをぼす」（『断片五七』〈『定遺』二四九九〉）

（10）ここに挙げた諸遺文に対する山上氏の所論について、花野充道氏は「日蓮教学の思想史学的探究」（『日蓮仏教と

その展開』山喜房仏書林、二〇二〇年）の中で「私の真偽判定の基準は、日興などの直弟子の写本、日進や日代や日春などの孫弟子の写本、日祐の目録に記された遺文は真撰と見てよい、ということで一貫している」（八八頁）と、自身の立場を明確にされつつ、『日祐目録』に記載されている『教機時国抄』や『真言天台勝劣事』を真撰と見做される。また『諸宗問答抄』の系年について、「山上氏は『諸宗問答抄』について、佐渡で著された『法華浄土問答抄』『諸宗違目事』『八宗違目抄』と同じように「諸宗との対決を予想して作成された」と推論されているが、私はそのようには考えていない（中略）『諸宗問答抄』は門弟に教えるような教科書的な著述であるから、その系年は激動の佐渡配流中に置くより佐前の文永三年（四五歳）ごろに置いたほうがよい、というのが私の考えである」（八九頁）といい、また『顕謗法抄』の系年については「山上氏は日蓮の真言批判の開始を文永六・七年頃とする自身の仮説に立脚して、本書の成立を文永九年ごろと推論しているが、私は氏の立てる仮説の前提自体が遅ぎると考える（中略）日蓮は伊豆配流を契機として、四一歳の『教機時国抄』で初めて五義を論じ、その後『顕謗法抄』の他に、文永元年九月の『当世念仏者無間地獄事』、文永元年十二月の『南條兵衛七郎殿御書』でも連続的に五義が論じられているから、私は『顕謗法抄』の成立を文永元年（四三歳）ごろと推定しておきたい」（九八〜九九頁）と言われている。さらに『法華真言勝劣事』の真偽について花野氏は、身延三世日進が関与して『法華真言勝劣事』という偽書が成立したとする山上氏や池田令道氏の説に対して、「日向が下総に居を移した一三一三年から日王丸書写の一三二七年のわずか十四年の間に、身延の日進かその周辺において『法華真言勝劣事』が偽作され『金綱集』に挿入された可能性が考えられない以上、私は日蓮の真撰として認めてよいと考えている」とし、系年については「本書は日蓮が佐渡配流の翌年二月に著した『八宗違目抄』と『開目抄』、さらにその翌年四月に著した『観心本尊抄』の中間、すなわち文永九年七月の著述と見てよい」（一八二頁）といった反論も見られるところであるが、以上のような遺文をめぐる諸問題については今後の検討課題としたい。

（11）　三浦和浩「日蓮の浄土教批判における一考察」（『仏教学研究』七一、二〇一五年）によれば「初期の日蓮思想は、法華経信仰を標榜しつつも、それはあくまでも　他の教えに対する寛容的な態度を兼ね備えたものであった」として『守護国家論』以前は諸宗に対して寛容的であり、それ以後は排他的傾向が見え始めるという指摘があり、島津毅「初期日蓮における浄土宗批判の特質」（『日蓮仏教研究』一四、二〇二三年）には法然『選択集』に対する批判は『守護国家論』より始まるとされている。

(12) 註(10)島津前掲論文では、『守護国家論』以前には見られないはずの、法然や道綽を念頭にした浄土教批判や権実判を用いた批判が見える点、さらには聖人以降の天台戒家の法門が混入していることなどを理由として、偽書と断定している。

(13) 勝呂信浄『法華経のおしえ日蓮のおしえ』(大東出版社、一九八九年)一五〇頁

(14) 註(6)山上前掲書、二三〇頁

(15) 註(5)平島前掲論文

(16) 花野氏は前掲論文において、「「大日経を法華経に対すれば、大日経は不了義経、法華経は了義経なり」と論ずる日蓮が、「大日経は法華経に勝れたり」と主張する空海を批判するのは当然であ」(八七頁)るとして、『教機時国抄』が真撰であることの根拠とされている。

(17) 平島盛龍「日蓮聖人の五時教判における真言経典の位置付け――方等の部意をめぐって――」(『桂林学叢』二一、二〇〇九年)には「『唐決』が大日経方等部摂を主張した唯一の先行所見であるという意味で、それを一面では評価しつつも、その決を導く過程については大いに問題があると考えられていた」と言われるように、聖人は広修・維蠲等の見解に対して、方等部に修正される拠り所になるほどの重要な理解であるとは見ていなかったようである。

(18) 明確に大日経が方等部に配されている遺文を挙げると「已説の華厳・般若・大日経等、今説の無量義経、当説の涅槃経等」(『撰時抄』〈『定遺』一〇五六～一〇五七頁〉)、「大日経は華厳・般若にこそをよばねども、阿含にはすこしまさりて候ぞかし」(『三三蔵祈雨事』〈『定遺』一〇六九頁〉)、「華厳・大日経・般若経・阿弥陀経等の四十余年の経経」(『下山御消息』〈『定遺』一三一五頁〉)、「外道の経は易信易解、小乗経は難信難解。小乗経は易信易解、大日経等は難信難解。大日経等は易信易解、般若経は難信難解なり。般若と華厳と、華厳と涅槃と、涅槃と法華と、迹門と本門と重々の難易あり」(『諸経与法華経難易事』〈『定遺』一七五〇頁〉)等である。

(19) 例えば『守護国家論』には「四十余年ノ諸大乗経ノ意ハ如ク二法華・涅槃・大日経等ノ不レ許サ二二乗無性ノ成仏ヲ一」(『定遺』一一二頁)とあり、また「四十余年之間ハ教主モ権仏ノ始覚之仏也。仏権ナルカ故ニ所説モ亦権也。故ニ四十余年之権仏ノ説ハ不レ可レ信レス之ヲ。今ノ法華・涅槃ハ久遠実成ノ円仏之実説也。十界互具ノ実言也」(『定遺』一三五頁)とあるように、批判の対象は専ら法然浄土教ではあるが、批判の論点としては同様である。

(20) 『日蓮宗事典』「成仏」の項

(21)　都守基一「日蓮聖人における仏の加護について」(『日蓮教学研究所紀要』一八、一九九一年)参照。
(22)　大平宏龍「『観心本尊抄』拝読私見——佐渡塚原と一谷の間——」(『桂林学叢』二一、二〇〇九年)
(23)　このような「仏」について、『南條兵衛七郎殿御書』では「親も親にこそよれ、釈尊ほどの親。師も師にこそよれ、主も主にこそよれ、釈尊ほどの師主はありがたくこそはべれ。この親と師と主との仰をそむかんもの、天神地祇にすてられたてまつらざらんや。不孝第一の者也。(中略)たとひ爾前の経につかせ給て、百千万億劫行ぜさせ給とも、法華経を一遍も南無妙法蓮華経と申させ給はずは、不孝の人たる故に三世十方の聖衆にもすてられ、天神地祇にもあだまれ給はん歟」(『定遺』三二〇〜三二一頁)と、主師親三徳を兼ね備えた釈尊であり、その教えに順ずる「南無妙法蓮華経」の信者は、三世十方の聖衆や天神地祇から護られるべき存在であることが示唆されている。
(24)　註(2)田村前掲書、二七二頁

付　記

本稿において取り上げた山上弘道氏の遺文研究は『日蓮の諸宗批判』を参照したが、脱稿後に最新の研究成果として、遺文を網羅的に解説された『日蓮遺文解題集成』が刊行されている。その内容を本稿中に反映させられなかったことは誠に遺憾であるが、今後の研究に役立てていきたいと思う。

キーワード　法華経色読、十界互具、一念三千、理同事勝、諸宗批判

日蓮聖人における説話の受容と活用

芹澤寛隆

一　問題の所在

筆者はこれまで、日蓮聖人（以下、宗祖と称す）における説話の受容と展開について考察を行ってきた(1)。その中で今回は、「商山の四皓」について考察を試みたい。四皓は『開目抄』『如来滅後五五百歳始観心本尊抄』などに引用される中国史上の賢人である。宗祖の中では一貫して評価の高い人物であり、理想的な人物として、また彼らの住んでいた商山は隠棲の場として理想的であると宗祖が認識されていたことは間違いない。ではあるが、宗祖が彼らについての知識をどのように受容し、どのように解釈し、自らの文章中に表現しているのかについて、精査されたものは管見の限り確認できない。既に拙稿で示してきたが、宗祖における中国思想の受容については、これまで先師の注釈書の理解に基づく、原典主義とも言うべき解釈がまかり通っており、実際に宗祖が原典を見たかどうかについては、きちんと確認されていない場合が多くある。

本論では四皓について、原典とされている『史記』の記述に見られる疑問点を軸とし、宗祖がどのような意図で彼らを文章中で用いたのかを整理したい。

二　四皓について

宗祖御遺文（以下、宗祖遺文と称す）中において、四皓は五通五ヵ所で確認できる。うち、真蹟が現存しているのは二通二ヵ所である。以下にそれぞれの部分を引用する。なお、宗祖遺文は立正大学日蓮教学研究所編『昭和定本日蓮聖人遺文改訂増補版』（身延久遠寺、一九八八年。以下、『定遺』と略す）に依った。

深谷に開敷せる花も中道実相の色を顕し、広野に綻ぶる梅も界如三千の薫を添ふ。言語道断心行所滅せり。可謂商山の四皓の所居とも、又不知古仏経行の迹歟。(2)

『聖愚問答鈔』中の一節である。真蹟は現存しない。内容としては、愚人が賢人に出会った場所である洞窟の環境としてなぞらえた場所およびそこに在していた者として用いられている。

次いで『開目抄』（身延曾存）を確認する。

其上に地涌千界の大菩薩大地より出来せり。釈尊に第一の御弟子とをぼしき普賢・文殊等にもにるべくもなし。華厳・方等・般若・法華経の宝塔品に来集せる大菩薩、大日経等の金剛薩埵等の十六大菩薩なんども、此の菩薩に対当すれば獼猴の群中に帝釈の来給がごとし。山人に月卿等のまじわれるにことならず。補処の弥勒猶迷惑せり。何況其已下をや。此千世界の大菩薩の中に四人の大聖まします。所謂上行・無辺行・浄行・安立行なり。此の四人は虚空霊山の諸大菩薩等、眼もあはせ心もをよばず。華厳経の四菩薩・大日経の四菩薩・金剛頂経の十六大菩薩等も、此の菩薩に対すれば翳眼のもの丶日輪を見るがごとく、海人が皇帝に向奉がごとし。大公等の四聖の衆中にあつしにたり。商山の四皓が恵帝に仕にことならず。巍々堂々として尊高也。釈迦・多宝・十方の分身を除ては一切衆生の善知識ともたのみ奉ぬべし[3]。

上行等の四菩薩に比定し、恵帝に仕える姿を釈尊に仕える四菩薩になぞらえている。

次いで『如来滅後五五百歳始観心本尊抄』を確認する。

不識一念三千者　仏起大慈悲　五字内裹此珠令懸末代幼稚頸。四大菩薩守護此人大公周公摂扶成王四皓侍奉恵帝不異者也[4]。

『開目抄』同様に上行等の四菩薩に比定している。

次いで『新尼御前御返事』（身延曾存）を確認する。

彼の商山の四皓が世を脱し心ち、竹林の七賢が跡を隠せし山かくやありけむ[5]。

宗祖自身が身延山に入った心境を例えている。

最後に『曽谷入道殿許御書』を確認する。

例如漢王四将長良・樊噲・陳平・周勃四人比商山四皓季里枳・角里先生・園公・夏黄公等四賢。天地雲泥也。四皓為体　頭頂白雪　額畳四海之波　眉移於半月　腰張於多羅枝恵帝侍於左右被治世之事移尭舜之古　一天安穏　之事不異神農之昔。此四大菩薩亦復如是[6]。

本書は四皓について最も詳細に述べられている。四皓とほぼ同時期の人物である張良等と比して、より優れた存在として、具体的に四人の名を挙げて示している。また、彼らの姿形を示し、頭が白く、額にしわがあり、腰が曲がっているということを挙げ、老人の姿であったことを示している。さらに、彼らが仕えた恵帝の時代は尭舜や神農といった古代中国の理想と同様であると、高い評価をしている。

以上の御遺文のうち、環境を示す例である『聖愚問答鈔』『新尼御前御返事』について、比定されているもの、比較されているものを整理すると、次表のようになる。

	四皓になぞらえられている人物	環境	心境
聖愚問答鈔	聖人	後には青山峨峨として松風常楽我浄を奏し、前には碧水湯湯として岸うつ波四徳波羅蜜を響かす。深谷に開敷せる花も中道実相の色を顕し、広野に綻ぶる梅も界如三千の薫を添ふ。 ＝『法華経』教説の場	言語では表現できない、心の働きを超越した心境
新尼御前御返事	宗祖自身	身延山	会う人は山人 訪ねる人は旧友 ↓乱を避け、静かな空間で過ごす 落ち着いた時間

両書の中で、四皓は聖人や宗祖に比定されていたり、その環境は自身が居た身延山に譬えられるなど、自らや置かれている環境の譬えに用いられていたことがわかる。その評価は高いものであったと言えよう。

また、『開目抄』『如来滅後五五百歳始観心本尊抄』『曽谷入道殿許御書』において、比定されている人物、対比されている人物を整理すると、次表のようになると思われる。

	四皓に比定されるもの	四皓より劣っているとされるもの
『開目抄』	・上行等の四菩薩 ・皇帝 ・太公望等の四聖 （尹伊・務成・太公望・老子）	・『法華経』会座の迹化の菩薩 ・華厳経の四菩薩 ・大日経の四菩薩 ・金剛頂経の十六大菩薩等 ・海人
『如来滅後五五百歳始観心本尊抄』	・四大菩薩（『法華経』の行者を守護する者） ・大公・周公（周の成王に仕え、治世を扶けた者）	
『曽谷入道殿許御書』	・上行等の四菩薩 ・帝釈 ・妙高（須弥山） ・尭舜 ・神農	・初成道（『華厳経』）の四菩薩 ・『大集経』に説かれる十方諸大菩薩 ・『大日経』八葉中の四大菩薩 ・『金剛頂経』の三十七尊中の十六大菩薩 ・猿猴 ・華山 ・漢王四将

一見してわかるように、宗祖は四皓を上行等の四大菩薩になぞらえていた。自身の上行自覚を踏まえれば、自身に比定していたとも言えよう。それだけ高い評価がなされていた四皓であるが、その考えの根拠となったものは何であったのか、そもそも宗祖は何を用いて四皓について知り得ていたのか、確認する必要があると思われる。

原典の確認

そもそもこれまでの遺文研究の中で四皓はどのように理解されてきたのか。立正大学日蓮教学研究所編纂『日蓮聖人遺文辞典』歴史篇に依れば、

しこう【四皓】 秦末に東園公・甪里（ろくり）先生・綺里季（『曾谷入道殿許御書』九〇二頁Aには季里枳、同真蹟には季里木に作る）・夏黄公の四人は乱を避けて商山に隠れた。四人は歳皆八〇有余で髪眉皓白であったので、時人はこれを「商山の四皓」と称した。漢の高祖が立つに及んで四人を迎えんとしたが能わず。高祖の二年（前二〇五）高祖は呂后との間の子・盈（のち恵帝）を立てて太子としたが、のち太子を廃し戚夫人の子の趙王如意を立てんとした。大臣多く諫め、呂后は張良が高祖の信任を得ている所から建成侯呂沢をして留侯張良に謀を問い、張良はこれに対し、「骨肉の間の問題は臣等が介入する余地はないが、高祖は山中に匿れて漢の臣とならぬ四人の老人を高く評価している故、金帛を惜しまず太子をして書をつくらしめ厚礼を以て之を迎え、客として時々従えて入朝すれば、高祖は必ずや異として之に質問されることであろう。そして四人が賢者であることを知るならば、一つの解決策が得られるであろう」と進言し、呂后はこの謀を用い、呂沢に命じて人をして太子の書を奉ぜしめ、辞を低くしてこの四人を客として迎えた。たまたま漢の一一年（前一九六）黥布の反乱があり高祖は太子にこれを撃たしめんとしたが、四人は「我等が賓客として来たのは太子を安泰ならしめ

るにある。太子が将として功有りとも位の上では何の益もない。もし敗れれば禍が来るであろう。しかも太子の下につく諸将は嘗て高祖とともに天下を定めた将軍たちである。これは羊をして狼に将たらしめるようなもので、諸将は太子のために力を尽さないであろう。しかも高祖は戚夫人を愛してその子の趙王如意を太子にしようとしている。宜しく呂后に説いて黥布は天下の猛将である。須らく高祖が親征すべきであると直訴されるがよい」と呂沢に進言し、呂沢は直ちに呂后にこれを伝え、高祖が親征して翌年黥布の軍は撃破された。このとき既に高祖は病甚しく、太子をかえることを主張し張良の諫言も用いなかったが、四人は太子に侍して高祖に謁した。時に高祖はこれを見て彼等が四皓であることを知り、彼等の進言を聞くや、戚夫人を召し、「我、之を易えんと欲すれども、彼の四人之を輔け、羽翼已に成り、動かし難し。呂后は・真に而（なんじ）の主なり」と述、寛（鱏）に太子を廃することを断念したという。四人は高祖に謁するや、再び山林に趨り去ったが、高祖は一二年四月に崩じ、太子は恵帝として五月に即位した。しかし人となり仁弱、母を尊んで皇太后とし、百官の位を進、在位中（前一九四―一八八）の政治は多く呂后によって左右された。なお恵帝の元年一二月、呂后は趙王如意を毒殺している。出典は『史記』五五、留公世家第二五、張良伝に付説されている。（筆者注：以下、傍線は筆者が必要に応じて付した）更に『史記』の「索隠」によれば、「陳留志」によると東園公の姓は唐、字は宣明、園中に居り因って号とす。夏黄公は姓は崔、名は広、字は少通、齊の人。夏里に隠居して修道せる故にこれを号とす。南里先生は河内の朝の人。太伯の後齎で姓は周、名は術、字は元道。京師では覇上先生と号し、また甪里先生と号したという。また『漢書』王貢伝の序には「漢の興るや園公・綺里季・夏黄公・甪里先生有り」とあるが顔師古はこれに註して四人の履歴が明らかでないのは後代の附説であろうとしている。綺里季について「陳留志」が関説する所がないのも恐らく脱文であろう。綺里季は姓は朱、名は暉、字は文季という臆説もある。『開目抄』（五七三頁B）、『観心本尊抄』（七二〇頁A）、『曾谷入道殿許御書』（九〇二頁A）にみえ、忠の手本として挙げられている。（野村耀昌[7]）

とあり、『史記』を出典としていることがわかる。

『遺文辞典』に先立つ宗祖遺文の注釈書を確認しても『史記』がその出典とされている。また、これまでの宗祖所覧の文献に関する研究でも、『史記』は読まれていた可能性が高い文献として挙げられてきている。

次に原典と思われる『史記』について見ていきたい。『遺文辞典』にもあるように出典は『史記』五五、留公世家第二五、張良伝と考えられる。

【原文】

上、欲廢太子、立戚夫人子趙王如意。大臣多諫爭、未能得堅決者也。呂后恐、不知所爲。人或謂呂后曰、留候善畫計筴。上信用之。呂后乃使建成候呂澤劫留候曰、君常爲上謀臣。今上欲易太子。君安得高枕而臥乎。留候曰、始上數在困急之中、幸用臣筴。今天下安定、以愛欲易太子。骨肉之閒雖臣等百餘人何益。呂澤彊要曰、爲我畫計。留候曰、此雖以口舌争也。顧上有不能致者、天下有四人。四人者年老矣。皆以爲上慢侮人。故逃匿山中、義不爲漢臣。然上高

【書き下し】

上、太子を廢し戚夫人の子趙王如意を立てんと欲す。大臣多諫爭すれども、未だ堅く決する者を得ること能はざるなり。呂后恐れ、爲所を知らず。人或は呂后に謂ひて曰く、「留候善計策畫し、上之を信用せり。」と。呂后乃ち建成候呂澤をして留候を劫さしめて曰く、「君常に上の謀臣爲り。今、上、太子を易へんと欲す。君安んぞ枕を高くして臥するを得んや。」と。留候曰く、「始め上數々困急の中に在り、幸に臣の筴を用ひたり。今、天下安定し、愛を以て太子を易へんと欲す。骨肉之閒は、臣等百餘人と雖も、何の益あらん。」と。

此四人。今公誠能無愛金玉璧帛、令太子爲書、卑辭安車、因使辯士固請宜來。來以爲客、時時從入朝、令上見之、則必異而問之、問之、上知此四人賢、則一助也。於是呂后令呂澤使人奉太子書、卑辭厚禮、迎此四人。四人至、客建成候所。

漢十一年、黥布反、上病、欲使太子將往擊之。四人相謂曰、凡來者、將以存太子、太子將兵、事危矣。乃説建成候曰、太子將兵有功、則位不益。太子無功還、則從此受禍矣。且太子所與倶諸將、皆嘗與上定天下梟將也。今使太子將之、此無異使羊將狼也。皆不肯爲盡力。其無功必矣。臣聞、母愛者子抱。今戚夫人日夜侍御、趙王如意常抱居前。上曰、終不使不肖子居愛子之上、明矣、其代太子位必矣、君何不急請呂后承閒爲上泣言。黥布天下猛將也。善用兵。今諸將皆陛下故等夷。乃令太子將此屬無異使羊將狼。莫肯爲用。且使布聞之、則鼓行而西耳。上雖病、彊載輜車、臥而護之、諸將不敢不盡力。上雖苦、爲妻子自彊。

呂澤彊ひて要して曰く、「我の爲に畫計せよ。」と。留候曰く、「此れ口舌を以て争ひ難きなり。顧ふに上致こと能はざる者有り、天下に四人有り。四人の者は年老いたり。皆以爲へらく、上は人を慢侮すと。故に逃れて山中に匿れ、義として漢の臣と爲らず。然れども上は此の四人を高しとす。今、公、誠し能く金玉璧帛を愛む無く、太子をして書を爲らしめ、卑辭安車、因つて辯士をして固く請はしめば、宜く來るべし。來らば以て客と爲し、時時從へて入朝し、上をして之を見せしめば、則ち必ず異として之を問はん。之を問い、上、此の四人の賢なるを知らば、則ち一助なり。」と。是に於て、呂后、呂澤に令して、人をして太子の書を奉ぜしめ、辭を卑くし禮を厚くし、此の四人を迎へしむ。四人至り、建成候の所に客したり。

漢の十一年、黥布反するや、上病み、太子をして將として往き之を撃たしめんと欲す。四人相謂ひて曰く、「凡そ來れるは、將に以て太子を存せんとするなり。太子、兵に將たるは、事危し。」と。乃ち建成候に説

於是、呂澤立夜見呂后。呂后承閒爲上泣涕而言如四人意。上曰、吾推豎子固不足遣。而公自行耳。

（中略）

漢十二年、上從擊破布軍歸、疾益甚、愈欲易太子。留侯諫、不聽。因疾不視事。叔孫太傅稱説引古今、以死争太子。上詳許之。猶欲易之。及燕置酒、太子侍。四人從太子。年皆八十有餘。鬚眉皓白、衣冠甚偉。上怪之、問曰、彼何爲者。四人前對、各言名姓。曰、東園公、角里先生、綺里季、夏黄公。上乃大驚曰、吾求公數歳、公辟逃我。今公何自從吾兒游矣。四人皆曰、陛下輕士善罵。臣等義不受辱。故恐而亡匿。竊聞、太子爲人、仁孝恭敬愛士、天下莫不延頸欲爲太子死者。故臣等來耳。上曰、煩公。幸卒調護太子。四人爲壽。已畢、趨去。上目送之、召戚夫人、指示四人者曰、我欲易之、彼四人輔之、羽翼已成、難動矣。呂后眞而主矣。戚夫人泣。上曰、爲我楚舞。吾爲若楚歌。歌曰、

きて曰く、「太子、兵に將として功有りとも、則ち位益さず。太子、功無くして還らば、則ち此より禍を受けん。且つ太子の與に倶にする所の諸將は、皆、嘗て上と與に天下を定めし梟將なり。今、太子をして之に將たらしむるは、此れ羊をして狼に將たらしむるに異なる無きなり。皆、爲に力を盡すを肯ぜざらん。其の功無からんこと必せり。臣聞く、母愛せらるるときは子抱かると。今、戚夫人、日夜侍御し、趙王如意常に抱かれて前に居る。上曰く、『終に不肖の子をして愛子の上に居らしめじ。』と。明かなるかな、其の太子の位に代らんこと必せり。君何ぞ急に呂后に請ひ、閒を承けて上の爲に泣きて、言はしめざる。『黥布は天下の猛將なり。善く兵を用ふ。今、諸將は皆陛下の故の等夷なり。乃ち太子をして此の屬に將たらしむるは、羊をして狼に將たらしむるに異なる無し。用を爲すを肯ずるもの莫からん。且つ布をして之を聞かしめば、則ち鼓行して西せんのみ。上、病むと雖も、彊ひて輜車に載り、臥して之を護せば、諸將、敢て力を盡さず

鴻鵠高飛、一擧千里、羽翮已就、横絶四海。横絶四海、當可奈何。雖有矰繳、尚安所施。歌數闋。戚夫人噓唏流涕。上起去、罷酒。竟不易太子者、留候本招此四人之力也。(8)

んばあらじ。上、苦しむと雖も、妻子の爲に自ら彊めよ。』と。

是に於て、呂澤、立ちどころに夜呂后に見ゆ。呂后、閒を承けて上の爲に泣涕して言うこと、四人の意の如くす。上曰く、「吾推ふに豎子固に遣るに足らず。而公自ら行かんのみ。」と。

(中略)

漢の十二年、上、布の軍を撃ち破りてより歸り、疾益々甚だしく、愈々太子を易へんと欲す。留候諫むれども聽かず。疾に因りて事を視ず。叔孫太傅、稱説して古今を引き、死を以て太子を争ふ。上詳りて之を許す。猶ほ之を易へんと欲す。燕して置酒するに及びて、太子侍す。四人、太子に從ふ。年皆八十有餘。鬚眉皓白、衣冠甚だ偉なり。上之を怪み、問ひて曰く、「彼は何爲る者ぞ。」と。四人前みて對へ、各々名姓を言ふ。曰く、「東園公、甪里先生、綺里季、夏黄公。」と。上乃ち大に驚きて曰く、「吾、公を求むること數歳なりしが、公、我を辟逃せり。今、公、何に自りて吾が兒に從ひて游ぶか。」と。四人皆曰く、「陛下は士を輕んじ善く罵る。臣等、義として辱を受けず。故に恐れて亡げ匿れたり。竊に聞く、太子は人と爲り、仁孝恭敬にして士を愛し、天下、頸を延ばして太子の爲に死するを欲せざる者莫しと。故に臣等來れるのみ。」と。上曰く、「公を煩はさん。幸に卒に太子を調護せよ。」と。四人、壽を爲す。已に畢りて、趨り去る。

上之を目送し、戚夫人を召し、四人の者を指し示して曰く、「我之を易へんと欲すれども、彼の四人之を輔け、羽翼已に成り、動かし難し。呂后は眞に而の主なり。」と。戚夫人泣く。上曰く、「我が爲に楚舞せよ。吾、若が爲に楚歌せん。」と。歌ひて曰く、「鴻鵠高く飛ぶ、一擧千里、羽翮已に就り、四海を横絶す。四海を横絶す、當に奈何す可き。矰繳有りと雖も、尚ほ安にか施す所あらん。」と。歌ふこと數闋。戚夫人噓唏して流涕す。上起ち去り、酒を罷む。竟に太子を易へざるは、留侯が本此の四人を招きたるの力なり。(9)

実際に原典を確認すると、当時太子であった恵帝に四皓が仕えていたことが、太子の位を廃されなかった大きな理由であることがわかる。四皓の説話について、この内容が原典であることは疑いようがないが、ここでいくつかの疑問点が生じる。それは、この原典を読む限り、四皓の位置づけは宗祖が示すほど高いようには思えないからである。

以下、四点挙げる。

一、この原典のみでは四皓が恵帝に仕えたとは言えないこと

「四人爲壽。已畢、趨去。」とあるように、四皓は高祖劉邦に会い、太子の廃嫡を阻止した後、立ち去っている。『史記』や『漢書』の「恵帝紀」等を確認しても、四皓が、高祖没後も恵帝に仕えたという記述は無く、また山林に戻ったものと考えられる。宗祖にとって四皓とは、幼帝に仕える姿が重要であるが、原典からでは、それに適した人物とは思えない。

二、仕えられた恵帝は決して明帝ではないこと

高祖劉邦の後を継いで皇帝となった恵帝ではあるが、実権は母である呂后が握っており、異母兄弟の暗殺なども有り、政治にはほとんど関与せず、在位わずか七年で亡くなっている。『漢書』中の『恵帝紀』にも寛大な人柄であったことは示されているが、[10]同時に母である呂后のために至徳が欠損しているとも述べられており、[11]いわゆる明帝・賢王とは言えない存在であった。四皓が上行等の四菩薩に比定されており、仕える相手が釈尊や『法華経』の行者とされているとき、四皓が仕えた相手が人物が優れていないという歴史的事実は、宗祖の解釈を揺るがしかねない存在であると言えよう。

三、四皓の出仕を助言した張良よりも四皓が優れているとの認識を宗祖が持っていたこと

『曽谷入道殿許御書』では、高祖劉邦に仕えた四将すなわち張良・樊噲・陳平・周勃よりも四皓は優れていると、宗祖は述べている。しかし原典とされる『史記』中では、四皓は張良の伝記の中にのみ登場しているのであり、そもそも四皓が恵帝に仕えることで皇太子の座を追われなくても済むと助言したのは張良である。また『史記』には「竟に太子を易へざるは、留侯が本此の四人を招きたるの力なり」とあり、その内容から見ても最も優れているのは張良であり、四皓は自主的に恵帝に仕えたのではない。よって、『史記』のみでは張良よりも四皓が優れているとは言えない。にもかかわらず宗祖は張良よりも四皓が優れていると述べている。この点についてこれまでの先行研究および宗祖遺文注釈書では管見の限り論じられていない。

四、四皓が自主的に恵帝に仕えたわけではないこと

三とも重なるが、四皓はもともと秦末の乱世を嫌い、高祖劉邦にも仕えず逃げ隠れていた存在である。また張良も当初は「皇太子廃嫡については家族の問題であり、自分の意見など通用しない」と述べ、四皓の招聘には消極的であった。また実際に四皓と対応したのは呂后、呂澤であり、張良の伝記の中に、恵帝が具体的に四皓と何かをしたことは書かれていない。

以上の四点から、宗祖が『史記』の張良伝を参考に四皓を四大菩薩に比定したとするには、大幅な読み替えもしくは解釈の変更を必要とする可能性がある。周知の事実ではあるが『如来滅後五五百歳始観心本尊抄』の対告衆である富木常忍も、『曽谷入道殿許御書』の対告衆である曾谷教信・大田乗明も、白文を読解できるほどの知識人である。そうした人物に対して、原典と大幅に異なる人物像を示すのであれば、何故、四皓＝四大菩薩なのかを示す必要があると思われるが、それはなく、ただ優れた人物の例として挙げられている。このことは、宗祖が『史記』を参照して用いたというよりも、他の文献を参考にして用いたからではないかと考えられるのである。

宗祖が原典ではなく二次資料やｎ次資料を参照していた可能性については、既に高木豊氏が指摘しているが[12]、四皓もまた同様に、『史記』ではなく別の資料を参照していた可能性があると考えられる。

三　四皓の出典について

筆者はこれまで、宗祖における中国思想の受容と展開について考察してきたが、その中で、宗祖が類書や金言集を用いていた可能性について指摘してきた。既に別稿[13]にて挙げているが、ここでは、宗祖所覧と考えられる類書・金言集中の四皓について挙げる。

『明文抄[14]』

高祖欲廃太子立戚夫人趙王如意。呂后刼留侯迎此四人。上及燕置酒太子侍。四人者従太子。年皆八十有余。鬚眉皓白。衣冠甚緯。上恠之問曰。彼何為者。四人前対各言名姓曰。園公。角里先生。綺里李。夏黄公。上乃大驚曰。吾求公数歳。公避逃我。今公何自従我児游乎。四人皆曰。陛下軽士善罵臣等。議不受辱。故恐而已匿。窃聞。太子為人孝仁恭敬愛士。上曰。煩公幸卒調護太子。四人為寿。已畢迻去。上目送之。召戚夫人。指示四人者曰。我欲易之。彼四人傅之。羽翼已成。難動矣。呂后真而主矣。戚夫人泣。竟不易太子者。留侯本招此四人之力。

先に挙げた『史記』の内容の抜粋である。四皓の名が具に示されていることや『曽谷入道殿許御書』にあるような四皓の姿などが示されている。四皓が恵帝に仕えていたという事実については、「呂后刼留侯迎此四人」とあるように、恵帝自身によるものではなく、その母が張良を脅したことによって四皓が迎えられて仕えたことになり、先に挙げた疑問点全ての解とは言いがたい。

商山四皓　園公。綺里李　夏黄公　角里先公

人名のみが記されている。

『和漢朗詠集』(15)

綺里季之輔漢恵商山之月垂眉　　大江匡衡　老人

四皓のうち綺里季のみではあるが、「漢の恵帝を輔け」とあるように、恵帝に仕えていたことが示されている。

『本朝文粋』(16)

綺里季之輔漢恵商山之月垂眉　　大江匡衡　壽考

『和漢朗詠集』と同じ内容であるが、四皓のうちの一人が恵帝に仕えていたことを知ることができる。

以上のように宗祖所持とされる文献中のみからでも、四皓についての知識はある程度得られることがわかった。すなわち、『史記』を用いなくても宗祖は四皓について知り得た可能性があり、『明文抄』を宗祖と対告衆の共通認識とすれば四皓＝四大菩薩という構図も不十分ながら説明がつく。

しかしながら、『聖愚問答鈔』や『新尼御前御返事』に示されたような、四皓のいたとされる「商山」については、類書・金言集のみからでは見いだせないことも明らかとなった。

次に『遺文辞典』中で野村耀昌氏が挙げている『漢書』王貢伝の序を確認したい。王貢伝は『漢書』巻七十二、王貢兩龔鮑傳第四十二を指す。

【原文】

漢興有園公綺里季夏黄公角里先生、四人者當秦之世避而入商雒深山以待天下之定也、自高祖聞而召之、不至。

【書き下し文】

漢興りて園公、綺里季、夏黄公、角里先生有り。此の四人は秦の世に当たり避けて商雒の深山に入り、以て

其後呂后用留侯計、使皇太子卑辭束帛致禮、安車迎而致之。四人既至、従太子見、高祖客而敬焉。太子得以為重、遂用自安。語在留侯傳[17]

天下の定まるを待つなり。高祖聞きて自り之を召すも至らず。其の後呂后留候の計を用い、皇太子をして辞を卑くし束帛して礼を致し、安車にて迎え之を致す。四人既に至り、太子に従って見え、高祖客として焉を敬う。太子以て重きを為すを得、遂に用て自ら安んず。語、留侯傳に在り[18]。

この内容だけ見れば、最後に「留侯傳に在り」とあるように出典は『史記』であるが、皇太子即ち恵帝みずからが礼を尽くして四皓を招聘したとあり、それによって皇太子の座を安んじたとある。内容だけ見れば、四皓は恵帝が皇太子になるのに不可欠な人物であり、『史記』にある、「趨り去る」という部分が無いために恵帝に仕え続けたと読むことができる。また、秦の乱世を避けて商山に身を隠したという姿が、『聖愚問答鈔』や『新尼御前御返事』に示された環境と宗祖の置かれた状況とが合致する故に用いられたと考えられる。

次いで『漢書』の張良伝を確認したい。

【原文】

漢十二年、上従破布帰。疾益甚、愈欲易太子。良諫不聴、因疾不視事。叔孫太傅称説引古、以死争太子。上陽許之、猶欲易之。及宴置酒、太子侍。四人者従太子、年皆八十有余、須眉皓白衣冠甚偉。上怪問日、何為者。四人前対、各言其姓名。上乃驚日、吾求公避逃我。今

【書き下し文】

漢の十二年、上布を破るに従って帰る。疾益す甚しく、愈よ太子を易えんと欲す。良諫むるも聴かれず、疾に因って事を視ず。叔孫太傅称説して古を引き、死を以て太子を争う。上陽って之に許すも、猶之を易えんと欲す。宴に及んで置酒し、太子侍る。四人太子に従い、

公何自従吾児游乎。四人日、陛下軽士善罵。臣等義不辱、故恐而亡匿。今聞太子仁孝恭敬愛士。天下莫不延頸願為太子死者。故臣等来。上日、煩公、幸卒調護太子。四人為寿巳畢、趨去。上目送之。召戚夫人指視日、我欲易之、彼四人為之輔、羽翼已成、難動[19]。

年皆八十有余、須眉皓白にして衣冠甚だ偉なり。上怪しみ問うて曰く、何を為す者ぞ。四人前んで対え、各其の姓名を言う。上乃ち驚いて曰く、吾公を求むるに避けて我より逃ぐ。今公何を自て吾が児に従い游ぶや。四人曰く、陛下士を軽んじて罵るを善む。臣等義として辱しめられず、故に恐れて亡匿す。今太子仁孝にして恭敬し士を愛するを聞く。天下頸を延べて太子の為に死なんと願わざる莫し。故に臣等来たる。上曰く、公を煩わす、幸くは卒に太子を調護せよ。四人寿を為すこと已に畢り、趨かに去る。上目にて之を送る。戚夫人を召し指視して曰く、我之を易えんと欲するも、彼の四人之の輔けと為り、羽翼巳に成り、動かし難し[20]。

このように『漢書』では、張良は高祖劉邦による皇太子廃嫡を止められず、漢王朝成立直後の立太子にまつわる内紛の目を摘んだのは四皓の功績であると読むことができる。

以上より、宗祖が四皓を用いた根底には、『史記』ではなく『漢書』の内容があり、『明文抄』を依証の一つとしていた可能性を挙げることができる。

なお、宗祖における「中国思想」の受容の可能性について考察し、書名を挙げ、照合を試みた例として、三好鹿雄の「日蓮聖人所覧の外典に就いて[21]」がある。三好氏は、宗祖が所持、閲覧したとされる中国撰述書の一覧を作成し、四種に分類しているが、その中で『史記』は「他書に引用されたるものをその儘引いて居り、所覧ありしや否や決し難きもの」の中に『史記』を挙げ、『摩訶止観』に引用されていることを指摘している。そして『漢書』については「内容より問題とはなるが、所覧ありしや否や決し難きもの」の一つに挙げている。また高森大乗氏は「日蓮聖人の学問的環境に関する一試論[22]」の中で、宗祖御遺文を（i）仏教書（仏教典籍・仏典・仏書）、（ii）仏教以外の哲学書（儒書・政治哲学書）、（iii）史書・古記録、（iv）辞書・事典、（v）軍記物・日記（私的日記）・説話集・詩文集・和歌集他、に分類している。『史記』『漢書』はそのうち（iii）に分類されているが、書名を挙げるのみで、日蓮の所持、閲覧の可能性の論拠を示していない。

四　小結

甚だ雑駁な内容ではあるが、上記を整理すると、これまで宗祖遺文の研究史の上では四皓の出典は『史記』とされており、これまでの遺文注釈書もその流れにあった。しかし、内容から見れば出典としてふさわしいのは『漢書』および『明文抄』であり、それらから宗祖は四皓を知り遺文に用いた可能性が高いことを示すことができたと思われる。

そこで、あらためて問題となるのが、なぜ宗祖は四皓をこれほどまでに高く評価したのかであろう。ここで筆者は一つの可能性を挙げたい。

それは、四皓の存在が四菩薩と比定しやすかったという点である。次表は四皓と四大菩薩を比較したものである。

	四皓	四大菩薩
人数	四	四
姿	頭には白雪を頂き、額には四海の波を畳み、眉には半月を移し、腰には多羅枝を張り ＝老人としての姿	是諸菩薩。身皆金色。三十二相。譬如少壮人　年始二十五 示人百歳子　髪白而面皺 是等我所生　子亦説是父　父少而子老 『法華経』従地涌出品第十五 ＝老人としての姿
仕える人物	恵帝 ＝廃嫡されそうであった人物・幼稚な人	釈尊『法華経』 末代幼稚の『法華経』の行者 『如来滅後五五百歳始観心本尊抄』
仕えた結果	皇帝として治世	一念三千を知る＝成仏

このように、宗祖の中ではその姿形や幼稚な人に仕えるという姿勢こそが四皓の業績であり、であるが故に高く評価され、用いられたと考えられる。さらに、恵帝の場合は、周の成王同様に、創業者である父ではなく二代目として賢臣がいたからこその即位治世であり、そこに正しい師を持ったという事実を宗祖が重視していたことが考えられる。以前拙稿でも述べたが、宗祖が遺文中で用いた中国史上の王・皇帝のうち、高く評価しているのは他者の意見を取り入れる者たちであった[23]。彼らは師を持つか、正邪を判断するだけの能力を持った王たちであり、遺文の記述を確認すると、「賢王」や「善王」と表現されている。その認識を踏まえれば、『史記』や『漢書』『明文抄』にある姿は賢王ではないが、四皓が仕えたことを以て、宗祖は恵帝を賢王と認識していたと考えられるのである。

さらに付言するならば、宗祖にとって幼い者、年少者に仕えるという姿が重要であって、その人物が実際はどのような人物であったのかという点、すなわち「事実」は、二の次であったのではないだろうか。であるが故に、張良は自分より年長である劉邦に仕えていたのでその姿は他の偉人と変わらず、四皓よりも低い評価であったと考えられるのである。また、日本史上でそういった人物を見いだすことは、歴史的評価の変動により自らを危うくする危険性もあったために、あえて四皓を用いたのではないだろうか。

今後は四皓同様に、中国史上の評価と宗祖の解釈の間に相違があると思われる人物、例としては、『隋書』に悪政を行った王として書かれているが宗祖が「聖主」と表現している隋帝や、宗祖が批判している玄奘や慈恩法師を師としていながらも、宗祖が「賢王」と表現している唐の太宗などについて、精査することで宗祖の中国思想の受容と展開についてさらに考察を深めたい。

註

(1) 拙稿「日蓮における中国思想の受容と展開」東北大学二〇一五年度提出博士論文等。
(2) 「聖愚問答鈔」『定遺』三五七頁。
(3) 「開目抄」『定遺』五七三頁。
(4) 「如来滅後五五百歳始観心本尊抄」『定遺』七二〇頁。
(5) 「新尼御前御返事」『定遺』八六五頁。
(6) 「曽谷入道殿許御書」『定遺』九〇二頁。
(7) 立正大学日蓮教学研究所編纂『日蓮聖人遺文辞典』歴史篇（久遠寺、一九八五年）四四三頁。
(8) 田中篤実等校訂、長澤規矩也解題『和刻本正史　史記』二（古典研究会発行、汲古書院、一九七二年）六六六頁。
(9) 吉田賢抗『新釈漢文大系』第八七巻「史記七（世家下）」（明治書院、一九八二年）一〇六二頁。
(10) 班固撰、小竹武夫訳『漢書上巻（帝紀　表　志）』（筑摩書房、一九七七年）二九頁。

(11) 同右。
(12) 高木豊『日蓮とその門弟』(弘文堂新社、一九六五年)の第二章「日蓮の布教における説話の活用」で述べられている。
(13) 拙稿「日蓮における『類書』『金言集』」(『思想史研究』四四号、二〇一二年)。
(14) 「明文抄」『続群書類従』巻三十一(続群書類従完成会、一九七二年)。
(15) 「和漢朗詠集」(大曽根章介・堀内秀晃校注『和漢朗詠集』新潮社、一九八三年)。
(16) 藤原明衡編『本朝文粋』(『校注日本文学大系』第二三巻、誠文堂新光社、一九三二年)。
(17) 班固撰、長澤規矩也解題『和刻本正史　漢書』二(古典研究会発行、汲古書院、一九七二年)七五一頁。
(18) 書き下しについては註(17)『和刻本正史　漢書』二および伊藤直哉「陶淵明「贈羊長史」試論」(『日中言語文化』桜美林大学紀要』第五号、二〇〇七年)二三一—三七頁を参考に筆者解題。
(19) 註(17)班固撰、長澤規矩也解題『和刻本正史　漢書』一(古典研究会発行、汲古書院、一九七二年)四九九頁。
(20) 書き下しについては註(17)『和刻本正史　漢書』一および註(18)伊藤前掲論文を参考に筆者解題。
(21) 三好鹿雄「日蓮聖人所覧の外典に就いて」(『東方学報』第六冊、一九三六年)。
(22) 高森大乗「日蓮聖人の学問的環境に関する一試論」(『日蓮宗教学研究所紀要』第三二号、二〇〇五年)。
(23) 拙稿「日蓮聖人遺文における中国史上の王・皇帝」(『大崎学報』一六九号、二〇一三年)。

キーワード　日蓮、中国説話、四皓、史記、如来滅後五五百歳始観心本尊抄

日蓮教学における付嘱論の一断面
――上行付嘱に視点を置いて――

山下宗秀

一　問題の所在

本論文は、〈仏滅後〉末法に生きる私たちが、どのように救われるのかを『法華経』付嘱論の観点から明らかにするものである。(1)

そもそも『法華経』の説示において、付嘱に別付嘱と総付嘱があり、「神力品」において別付嘱、「嘱累品」において総付嘱が説かれていることが知られている。

ところで、中国の天台大師（五三八～五九七）は、『法華経』の付嘱について『法華経』「見宝塔品」における「付嘱有在」(2)の文を根拠として、『法華文句』巻八下において二つの意義がある、と解釈している。すなわち、次の文である。

付嘱有在者。此有㆓二意㆒。一近令㆑有㆑在。付㆓八万二万旧住菩薩㆒此土弘宣。二遠令㆑有㆑在。付㆓本弟子下方千界微塵㆒。令㆓觸処流通㆒　又発㆓起寿量㆒也。(3)

天台大師は、「付嘱」に二つの意味があり、一つは、〈仏滅後〉から近い世に、『法華経』の弘経者として、八万、二万の菩薩に『法華経』を付嘱して『法華経』を弘めることを「近令有在」といい、もう一つは、〈仏滅後〉から遠い世に『法華経』を付嘱して、本化の弟子を召し出して『法華経』を流通しようとすることである。この本化付嘱が「寿量品」の開迹顕本の契機となることから、「寿量品」を発起する、というのであり、これを遠令有在という[4]。

一方、伝教大師最澄（七六六または七六七～八二二）は、『法華秀句』において、『法華経』が諸経に超勝し、天台法華宗が諸宗に勝れる理由の十項目の一つに、十勝の中の九番目として「多宝分身付属勝[5]」という項目を立てて、「見宝塔品」の経説を根拠として、釈尊・多宝如来・分身諸仏の三仏在座の下で仏（釈尊）が『法華経』の付嘱を勧募したことについて、このような付嘱は『法華経』に限る、と記している。

以上、天台大師と伝教大師最澄の『法華経』の付嘱に関する記述を見てきた。そこで本稿では、文献的に信憑性のある日蓮聖人（一二二二～一二八二、以下聖人）の遺文中から、「地涌」、「上行（菩薩）」の表記を抽出することによって『法華経』「本門八品」の教義である「上行付嘱」について、少しく検討してゆくことにしたい。

二　「上行付嘱」に関する先行研究について

『法華経』の付嘱論に関しては、管見ながら十一氏による二十三本の先行研究がある。しかし日蓮教学において、「上行付嘱」に関して直接論じられている論文は少ない。そこで本論に入る前にまず先行研究を整理し、確認してゆきたい。残念ながら本稿でその全てを紹介することはできないが、その主要な先行研究である大平氏の(1)「日蓮遺文管見――「内証の寿量品」をめぐって――」、(2)「上行付嘱考」の二本の論文を取り上げて、「上行付嘱」についての先行研究を概観してゆきたい。

1 「日蓮遺文管見――「内証の寿量品」をめぐって――」

大平氏は、本論文において聖人の主著である『如来滅後五五百歳始観心本尊抄』（以下『本尊抄』）における「我内証ノ寿量品」（『昭和定本日蓮聖人遺文』〈身延山久遠寺、一九五三年初版、二〇〇〇年改訂増補第三版、以下『定遺』〉七一五頁）のその具体的な内容について検討されている。すなわち聖人の拝んだ正体が「上行付嘱」の題目であるとすると、その付嘱の場面（本尊為体、形貌）が実際に拝まれる本尊の姿となり、実質的には付嘱する釈尊の姿を拝むことになる。第一義的には題目が、第二義的には釈尊が本尊である。このように見れば、いわゆる人法問題も解決できることになる。そして『新尼御前御返事』の一文に、「御本尊」（『定遺』八六六〜七頁）が「宝塔品より事をこりて寿量品に説き顕し、神力品属累に事極リて」（『定遺』八六七頁）とあることから、これが「本尊の起顕極《ごく》」である。一方、この文が一般的に「起顕竟の法門」と言われるのは、『御義口伝』の一文が出典となっているからである（『定遺』二六八五頁、二七〇一頁）。しかし一般に『御義口伝』は偽書とされることが通説であることから、聖人の法門としては「起顕極」と表記すべきであり、『曽谷入道殿許御書』の一文から、五義の中「師」の根拠は「上行付嘱」であり、迹化・他方の菩薩等の正像二時の弘経も、「上行付嘱」を根拠としている。

以上のことから大平氏は、「我内証ノ寿量品」とは、久遠実成を主意とする通常の「寿量品」（在世脱益の寿量品）ではなく、〈仏滅後〉末法の衆生の救済である末法下種のための「寿量品」、即ち「上行付嘱」の立場から見た「寿量品」であり、付嘱（授与）するのは、その所顕の題目である、と結論づけられた。

大平氏は本論文において、『本尊抄』と『法華取要抄』における〈仏滅後〉の地涌の菩薩の役割に注目されている。すなわち、『本尊抄』においては、医師譬における失心の子に対する救いのあり方から、「上行付嘱」の教義とは、単に本仏が地涌に付嘱しただけではなく、地涌の菩薩が必ず末法に出て題目を弘めることまでを意味する。そして『法華取要抄』においては過去久遠以来の仏法が、『法華経』の題目に総在されていることを、広略要の概念によって示されたが、そのことは本仏の大慈大悲からすると、「上行付嘱」の題目ということになる、と結論づけられた。

以上、大平氏の二本の先行研究を概観してきた。そこから指摘できることは、日蓮教学において、末法の衆生に対する救済は、『法華経』「本門八品」の教義である「上行付嘱」を根拠としている。そして『法華経』付嘱論に関する論文の中で「上行付嘱」に言及する程度のものはあるが、管見の限り専論は、大平氏の「上行付嘱考」のみであり、そのことは注目に値する。そこで本稿においては、大平氏の二本の先行研究を基礎にして、聖人は「上行付嘱」の思想を、どのような理由で取り上げられるようになったのかを、遺文中から少しく検討してゆきたい。

三　遺文中における「上行菩薩」に関する表記の検討

聖人の遺文中、「上行付嘱」という表記は、管見の限り無いことから、「上行菩薩」に関する表記に注目し、「地涌」「上行（菩薩）」の表記を抽出すると、八十一カ所確認することができる。その記述内容を検討すると、試みではあるが、⑴地涌の菩薩（上行菩薩）の出現（涌出）についての記述、⑵「上行付嘱」としての記述、⑶『法華経』行者の守護としての記述、⑷龍樹菩薩・南岳大師・天台大師・伝教大師は地涌の菩薩ではないという記述、⑸日蓮聖人は上行菩薩の垂迹であるとの記述、⑹上行菩薩は本仏釈尊の垂迹であるとの記述、以上六つの概念に分類することができる。そしてその記述箇所を列挙すると、次のようになる。

⑴地涌の菩薩（上行菩薩）の出現（涌出）についての記述

①『開目抄』五七二～三頁、②『祈祷抄』六七一頁、六七七頁、③『本尊抄』七一九頁（三カ所）、七二〇頁、④『瑞相御書』八七四頁、⑤『大善大悪御書』八七七頁、⑥『曽谷入道殿許御書』九〇一頁、九〇三頁、九〇四頁、⑦『撰時抄』一〇二九頁、⑧『富木入道殿御返事』一五一九頁、計八遺文十五カ所。

⑵「上行付嘱」としての記述

①『本尊抄』七一二～三頁（二カ所）、七一六頁、七一六～七頁（二カ所）、七一七頁（二カ所）、七一七～八頁（二カ所）、七一八頁（二カ所）、七二〇頁（二カ所）、②『波木井三郎殿御返事』七四八頁、③『法華取要抄』八一一頁（二カ所）、八一六～八頁（三カ所）、④『新尼御前御返事』八六六～八頁（二カ所）、⑤『曽谷入道殿許御書』九〇九頁（三カ所）、九一〇頁（三カ所）、⑥『撰時抄』一〇一七頁、一〇四八頁、⑦『高橋入道殿御返事』一〇八四頁（二カ所）、一〇八五頁、⑧『報恩抄』一二四八頁、⑨『下山御消息』一三一六頁（二カ所）、⑩『四條金吾殿御返事』一三六二頁、⑪『日女御前御返事』一五〇九頁（二カ所）、⑫『中務左衛門尉殿御返事』一五二四頁、⑬『本尊問答抄』一五八六頁（二カ所）、⑭『太田殿女房御返事』一七五五頁、計十四遺文四十四カ所。

⑶『法華経』行者の守護としての上行菩薩の記述

①『真言諸宗違目』六四〇頁、②『日妙聖人御書』六四七頁、③『本尊抄』七〇五頁（二カ所）七一二頁（二カ

所)、④『顕仏未来記』七四〇頁、⑤『撰時抄』一〇〇七頁、一〇六一頁、⑥『高橋入道殿御返事』一〇八五～六頁(二カ所)、⑦『清澄寺大衆中』一一三五～六頁、⑧『下山御消息』一三四二頁、⑨『四條金吾殿御返事』一三六二頁(二カ所)、⑩『上野殿御返事』一四九二頁、⑪『檀越某御返事』一四九三頁、⑫『妙心尼御前御返事』一七四七頁、計十二遺文十八カ所。

(4)龍樹菩薩、南岳大師、天台大師・伝教大師は地涌の菩薩ではないという記述
『下方他方旧住菩薩事』一三三一四頁、計一遺文一カ所。

(5)日蓮聖人は上行菩薩の垂迹であるとの記述
『頼基陳状』一三五二頁、一三五八頁、計一遺文二カ所。

(6)上行菩薩は本仏釈尊の垂迹であるとの記述
『日眼女釈迦仏供養事』一六二三頁、計一遺文一カ所。

それぞれ確認することができた。それでは次に(1)～(6)の六つの概念について検討してゆきたい。

1　地涌の菩薩(上行菩薩)の出現(涌出)についての記述

地涌の菩薩(上行菩薩)の出現(涌出)についての記述は、佐渡流罪後の文永九年(一二七二)二月著述の『開目抄』から弘安元年(一二七八)六月二十六日『富木入道殿御返事』までの八遺文十五カ所であることを確認することができる。

遺文中において、その代表的な記述は、次の文である。

①『開目抄』

地涌千界の大菩薩大地より出来せり。（中略）此千世界の大菩薩の中に四人の大聖まします。所謂**上行**・無辺行・浄行・安立行なり。
（『定遺』五七二頁）

②『本尊抄』

地涌千界不レルハ出二テ正像一ニ者正法一千年之間ハ小乗権大乗也。（中略）今末法ノ初 以レテ小ヲ打レチ大ヲ 以レテ権ヲ破レシ実ヲ東西共ニ失レシ之ヲ 天地顛倒セリ。迹化ノ四依ハ隠レテ不二現前一セ。諸天弃二テ其国一ヲ不レ守二護セ之一ヲ。此時**地涌ノ菩薩**始テ出二現シ世一ニ 但以二テ妙法蓮華経ノ五字一ヲ令レム服二セ幼稚一ニ。
（『定遺』七一九頁）

③『本尊抄』

今ノ指二ス自界叛逆・西海侵逼ノ二難一ヲ也。此時**地涌千界**出現シテ本門ノ釈尊ノ為リテ脇士一ト 一閻浮提第一ノ本尊可レシ立二ツ此国一ニ。月支震旦未レタ有二サ此本尊一。

（『定遺』七二〇頁）

④『瑞相御書』

其上本門と申スは又爾前の経経の瑞に迹門を対するよりも大なる大瑞なり。大宝塔の地よりをどりいでし、**地涌千界**大地よりならび出テし大震動は、大風の大海を吹ケば、大山のごとくなる大波の、あし（蘆）のは（葉）のごとくなる小船ノをひほ（追帆）につくがごとくなりしなり。

（『定遺』八七三〜八七四頁）


これらの記述を私なりに解釈すると、次のようになる。

①では、「従地涌出品」において、地涌千界の大菩薩たちが出現した。この千世界の大地から出現した大菩薩の中に特に立派な四人の聖者がおられた。それらはすなわち上行菩薩・無辺行菩薩・浄行菩薩・安立行菩薩である。と記している。

②では、地涌千界の菩薩たちが〈仏滅後〉正法や像法の時代に出現しなかった理由は、正法一千年間は小乗の教

え・権大乗の教えが伝えられる時代である。（中略）今は末法の初めにあたり、小乗の教えが大乗の教えを打倒し、方便の教えが真実の教えを破り、東を西と、西を東といって、東西の両方を見失い、天と地とがさかさまに認識されるような世の中である。このような状態の中で、『法華経』迹門の教えを弘める四依の導師はもはやその力が及ばないから、隠れたままで出現することはない。また諸天善神もそのような状態に陥ってしまった国を見捨てて、守護することはない。こうした時に本仏釈尊の本弟子である本化地涌の菩薩が初めて世に出現し、ひたすら題目を宗教的幼稚の衆生に弘めようとするのである。と記している。

③では、まさにこの闘諍堅固の時代に、本化地涌千界の菩薩が出現し、本門の教主釈尊の左右に立つ脇士となって、世界第一の本尊がわが国に建てられるであろう。と記している。

④では、『法華経』本門が説かれる時には、『法華経』以前の諸経や『法華経』迹門の瑞相に比べても、はるかに大きな瑞相を現されている。「見宝塔品」において大地より多宝塔が踊り出たり、「従地涌出品」において本化地涌の菩薩が数限りなく大地から並び出た時の大震動は、ちょうど大風が吹きすさび、大山のような大波がうねる大海の中に、蘆の葉にも等しい小船に帆をあげて出てゆくようなものであった。と記している。

以上の四カ所の記述から、①『開目抄』における「上行」の表記が、遺文中における「上行（菩薩）」の初出であることを確認することができた。

2 「上行付嘱」についての記述

「上行付嘱」についての記述は、佐渡流罪後の文永十年（一二七三）四月二十五日著述の『本尊抄』から身延において弘安三年（一二八〇）七月二日著述の『太田殿女房御返事』までの十四遺文四十四カ所であることを確認することができる。

遺文中において、その代表的な記述は、次の文である。

①『本尊抄』

此本門ノ肝心於テハ二南無妙法蓮華経ノ五字ニ一仏猶文殊薬王等ニモ不レ付二属之ヲ一。何ニ況ヤ其已下ヲヤ乎。但召シテ二**地涌千界**ヲ一説テ二八品ヲ一付二属シタマフ之ヲ一。其本尊ノ為レ体　本師ノ娑婆ノ上ニ宝塔居シレ空ニ　塔中ノ妙法蓮華経ノ左右ニ釈牟尼仏・多宝仏釈尊ノ脇士**上行**等ノ四菩薩（中略）如キレ是ノ本尊ハ在世五十余年ニ無シレ之。八年之間但タ限ル二八品ニ一。

（『定遺』七一二～七一三頁）

②『本尊抄』

所詮迹化・他方ノ大菩薩等ニ以テ二我内証ノ寿量品ヲ一不レ可ニ授与ス。末法ノ初謗法ノ国　悪機ナル故ニ止メレ之ヲ　召テ二**地涌千界**ノ**大菩薩**ヲ一寿量品ノ肝心タル以テ二妙法蓮華経ノ五字ヲ一令メタマフレ授二与セ閻浮ノ衆生ニ一也。

（『定遺』七一五～七一六頁）

③『法華取要抄』

日蓮ハ捨テテ二広略ヲ一好ム二肝要ヲ一。所謂**上行菩薩**所伝ノ妙法蓮華経ノ五字也。（中略）仏既ニ入テ二宝塔ニ一仏並ヘレ座ヲ　分身来集シ　召シ二出シ**地涌**ヲ一　取テ二肝要ヲ一当テ二末代ニ一授二与センコト五字ヲ一当世不レ可有ル二異義一。（中略）出二現シ**上行等**ノ**聖人**一本門ノ三ツノ法門建二立シ之ヲ　一四天四海一同ニ妙法蓮華経ノ広宣流布無キレ疑ヒ者歟。

（『定遺』八一六～八一八頁）

④『新尼御前御返事』

我レ五百塵点劫より大地の底にかくしをきたる真の弟子あり。此にゆづるべしとて、**上行菩薩等**を涌出品に召シ出させ給ヒて、法華経の本門の肝心たる妙法蓮華経の五字をゆづらせ給ヒて、あなかしこあなかしこ、我滅度の後正法一千年、像法一千年に弘通すべからず。（中略）而ルに日蓮**上行菩薩**にはあらねども、ほぼ兼てこれをしれるは、彼の菩薩の御計《ラヒ》かと存《シ》て、此二十余年が間此を申《ス》。

（『定遺』八六七〜八六八頁）

これらの記述を私なりに解釈すると、以下のようになる。

①では、この本門の肝要の法門である南無妙法蓮華経の五字については、釈尊は『法華経』迹門においても文殊菩薩や薬王菩薩らにも付嘱されることはなかったから、ましてそれ以下の菩薩らに付嘱されなかった。ただ本門に入って、地涌千界の菩薩たちを召し出して、（従地涌出品第十五から虚空での説法を終えた嘱累品第二十二に至る）八品の間にこのことを説いて、地涌の菩薩に付嘱されたのである。その（本門八品に付嘱された南無妙法蓮華経の）本尊を仰ぎ見ると、久遠実成の本仏釈尊が娑婆世界の上に、多宝塔が虚空に浮かび、その多宝塔の中央の南無妙法蓮華経の左に本仏釈尊、右に多宝如来、さらにその両側に釈尊の脇士である上行菩薩・無辺行菩薩・浄行菩薩・安立行菩薩らの地涌の菩薩の代表である四大菩薩がいらっしゃる。このような本尊は、釈尊一代の説法五十数年の間にも、ほかに例を見ないところであって、ただ『法華経』が説かれた八年間のうちの、中でも「従地涌出品」第十五から「嘱累品」第二十二まで（虚空会の後半）の間に集中して説かれた姿なのである。と記している。

②では、迹門の教化を受けた菩薩、他方の国土から来た大菩薩らには、「我内証《ノ》寿量品」、つまり〈仏滅後〉の末法の衆生の救済である末法下種のための「上行付嘱」の立場から見た「寿量品」を付嘱することはできない。なぜなら末法の初めにおける日本は、正法である『法華経』を謗る国で、宗教的悪機であるから、迹化の菩薩には付嘱せず、地涌千界の菩薩を召し出して「寿量品」所顕の題目を末法の一切衆生に授与（付嘱）する。と記している。

③では、日蓮は広略を捨てて、肝要を好む。それは本仏釈尊から上行菩薩に付嘱された上行所伝の題目である。（中略）本仏釈尊が宝塔の中に入って、多宝如来と座を並べて、十方分身の諸仏が来集し、地涌の菩薩を召し出して、『法華経』の肝要である「上行付嘱」の題目を末法の一切衆生に広まることは、疑いが無い。（中略）上行菩薩

等の聖人は、本門における「本門の本尊・本門の戒壇・本門の題目」を建立し、題目が弘まることは疑いない。と記している。

④では、私が五百億塵点劫の昔から、大地の底に隠していた真の弟子がいる。彼らに題目を付嘱するために、上行菩薩等を涌出品に召し出して、本門の肝心である題目を付嘱しようとした。〈仏滅後〉正法・像法時代に、その題目を弘通してはいけない。（中略）従って私日蓮は上行菩薩ではないけれども、このことを知っているのは、上行菩薩のお計らいと思って、この二十年間このことを申してきました。と記している。

以上の四カ所の記述から、『本尊抄』が「上行付嘱」についての記述の初出であり、③『法華取要抄』において初めて「上行菩薩所伝ノ妙法蓮華経」と記され、末法における題目は、本仏釈尊から地涌上行菩薩に付嘱されたものであると認識されていることを確認することができる。

3　『法華経』行者の守護としての記述

『法華経』行者の守護としての記述は、佐渡一谷において文永九年（一二七二）著述の『真言諸宗違目』から弘安三年（一二八〇）著述の『妙心尼御前御返事』までの十二遺文十八カ所確認することができる。

遺文中において、その代表的な記述は次の文である。

①『真言諸宗違目』

問テ云ク　汝為《たら》ハ二法華経ノ行者一何ゾ天不ルヤレ守セ二護汝ヲ一乎。答テ云ク（中略）但非レハ二**地涌千界**ノ大菩薩・釈迦・多宝・諸仏之御加護ニ一者難キレ叶ヒ歟。

（『定遺』六四〇頁）

②『日妙聖人御書』

当レ知ル 釈迦仏・多宝仏・十方分身の諸仏、**上行**・無辺行等の大菩薩 大梵天王・帝釈・四王等 此女人をば影の身にそうがごとくまほり給ッらん。（『定遺』六四七頁）

③『本尊抄』

地涌千界ノ菩薩ハ己心釈尊ノ眷属也。（中略）**上行**無辺行浄行安立行等ハ我等カ己心ノ菩薩也。妙楽大師云ク 当ニレ知ル身土ハ一念三千ナリ。故ニ成道ノ時称ニフテ此ノ本理一ニ一身一念遍ニネシ於法界一ニ等［云云］。（『定遺』七一二頁）

④『顕仏未来記』

雖レ爾リト於ニテ仏ノ滅後一ニ捨ニテ四味三教等ノ邪執一ヲ帰ニセハ実大乗ノ法華経一ニ 諸天善神並ヒニ**地涌千界等菩薩**守ニ護セン法華ノ行者一ヲ。此人ハ得ニテ守護之力一ヲ以ニテ本門ノ本尊・妙法蓮華経ノ五字一ヲ令四メン広ニ宣流三布セ於閻浮提一ニ歟。（『定遺』七四〇頁）

これらの記述を私なりに解釈すると、次のようになる。

①では、お尋ねします。あなたが『法華経』の行者であるというならば、どうして諸天の守護がないのか。お答えします。（中略）「従地涌出品」で大地から涌出して来た地涌の菩薩・釈尊・多宝如来などの諸仏のご加護でなければ叶うことができない。と記している。

②では、確かに言えることとは、釈迦仏・多宝仏・多宝如来・十方分身の諸仏、上行・無辺行等の大菩薩は、『法華経』を真っ直ぐな心で信仰する女性を、影の身にそうようにお護り下さるということです。と記している。

③では、地涌千界の菩薩は、私たち『法華経』の行者の己心に宿る本仏釈尊の教化を受けた菩薩であり、上行無辺行浄行安立行等の四菩薩は、私たち『法華経』の行者の己心に宿る菩薩である。なぜなら、妙楽大師は、『摩訶止観輔行伝弘決』において次のように述べているからである。「まさに、知るべきである。身も国土も、すべて我々『法華経』の行者の己心の一念に具わる三千の法界に包まれているのである。なぜなら、本仏釈尊が成道され

た時に、本仏釈尊の一身、一念が法界に遍満したからである。(6)」と記している。

④では、〈仏滅後〉『法華経』以前に説かれた四味・三教等の邪執を捨てて、実大乗である『法華経』に帰依すれば、諸天善神や地涌千界の菩薩が、『法華経』の行者を守護する。そしてこの人は、守護の力を得て、『法華経』本門に示された本尊と題目を世界全体に弘めるであろう。と記している。

以上の四カ所の記述から、地涌の菩薩をはじめとする諸天善神が、『法華経』の行者を守護する。そしてその人は、守護の力を得て、『法華経』本門に示された本尊と題目を世界全体に弘めるであろう。と記していることを確認することができる。

4　龍樹菩薩、南岳大師、天台大師・伝教大師は地涌の菩薩ではないという記述

龍樹菩薩、南岳大師、天台大師・伝教大師は地涌の菩薩ではないという記述は、文永九年（一二七二）著作の『下方他方旧住菩薩事』の一遺文一カ所である。

遺文中において、その記述は次の文である。

『下方他方旧住菩薩事』

龍樹・天親・南岳・天台・伝教等不レ弘ニ通セ本門ヲ一事。（中略）

龍樹菩薩ハ迹化他方ナル歟。旧住ナル歟。**地涌**ナル歟。南岳観音出ニ感通伝一天台薬王出ニ感通伝一伝教モ亦如レ是。

（『定遺』二三二四頁）

この記述を私なりに解釈すると、次のようになる。

聖人は、龍樹・天親・南岳・天台・伝教等は『法華経』本門を弘通せず、と標題され、龍樹菩薩は、迹化の菩薩か、他方の国土から来集した菩薩か、この娑婆世界に旧住する菩薩か。地涌の菩薩か。南岳大師、天台大師・伝教

大師も同様である。と記している。

5　日蓮聖人は上行菩薩の垂迹であるとの記述

聖人は上行菩薩の垂迹であるとの記述は、建治三年（一二七七）六月二十五日に身延で著述された『頼基陳状』の一遺文二カ所である。

遺文中において、その記述は次の文である。

『頼基陳状』

①其故は、日蓮聖人は御経にとかれてましますが如くば、久成如来の御使、**上行菩薩**の垂迹、法華本門の行者、五五百歳の大導師にて御座候聖人を、頸をはねらるべき由の申シ状を書キて、殺罪に申シ行はれ候しが、いかが候けむ死罪を止《やめ》て佐渡の島まで遠流せられ候ヒしは、良観上人の所行に候はずや。其訴状は別紙に有レリ之。

（『定遺』一三五二頁）

②其に付ひて諸僧の説法を聴聞仕リて、何レか成仏の法とうかがひ候処に、日蓮聖人ノ御房ハ三界ノ主・一切衆生の父母・釈迦如来の御使**上行菩薩**にて御坐《をはし》候ける事の法華経に説カれてましましけるを信シまいらせたるに候。

（『定遺』一三五八頁）

これらの記述を私なりに解釈すると、次のようになる。

①では、経文に説かれている通りであるならば、久遠実成の本仏釈尊のお使い、上行菩薩の垂迹、法華経本門の行者、後五百歳の末法の大導師である聖人の首を刎ねよとの申し状を書き、死罪にせよと申して行われたが、どうしたことであろうか、死罪を止めて佐渡の島まで流罪にしたのは、良寛上人の仕業ではないか。その訴状は別紙に

有ります。と記している。

②では、諸宗の高僧の説法を聞いて、どれが成仏の仏法であるかと、尋ねたところ、聖人は一切衆生の父母、本仏釈尊のお使い上行菩薩であることが『法華経』に説かれていることを信じました。と記している。

以上の記述から、この申し状において聖人は本仏釈尊のお使いで、垂迹である上行菩薩である、と記していることを確認することができる。

6　上行菩薩は本仏釈尊の垂迹であるとの記述

上行菩薩は本仏釈尊の垂迹であるとの記述は、弘安二年（一二七九）二月二日に身延で著述された『日眼女釈迦仏供養事』の一遺文一カ所である。

遺文中において、その記述は次の文である。

『日眼女釈迦仏供養事』

法華経ノ寿量品ニ云ク　或ハ説キ二己身一ヲ　或ハ説ク二他身一ヲ等云云。東方の善徳仏・中央の大日如来・十方の諸仏・過去の七仏・三世の諸仏、**上行菩薩**等、文殊師利・舎利弗等、大梵天王・第六天の魔王・釈提桓因・日天・月天・明星天・北斗七星・二十八宿・五星・七星・八万四千の無量の諸星、阿修羅王・天神・地神・山神・海神・宅神・里神・一切世間の国々の主とある人、何れか教主釈尊ならざる。天照太神・八幡大菩薩も其本地は教主釈尊也。

（『定遺』一六二三頁）

この記述を私なりに解釈すると、次のようになる。

『法華経』「寿量品」に「仏は、仏の身を説いたり仏以外の身を説いたりし」等云云。東方世界の善徳仏、中央の大日如来、十方世界の諸仏、過去世の七仏、三世の諸仏、上行菩薩等の地涌の菩薩、文殊師利菩薩・舎利弗らの声聞・大梵天王・第六天の魔王・帝釈天・日天・月天・明星天・北斗七星・二十八宿・五星・七星・八万四千の諸星・阿修羅王・天神・地神・山神・海神・宅神・里神・一切世間の国々の主となる人、それらのいずれもが、本仏釈尊の垂迹仏であり、天照太神や八幡大菩薩もその本地は本仏釈尊である。と記している。

おわりに

以上、遺文中から、日蓮教学における教義の根幹である「久遠下種・末法下種・上行付嘱」の中の「地涌」「上行（菩薩）」の語を抽出することによって、「上行付嘱」について検討してきた。そこであらためて指摘できることは、管見の限り「地涌」「上行（菩薩）」の語の初出は、『開目抄』であることを確認することができた。そして大平氏が指摘されているように(7)、「上行付嘱」の教義の初出は『本尊抄』であることもまた、確認することができた。

それではなぜ聖人は、『本尊抄』以前に「上行付嘱」の教義を論じられなかったのか。それは、『本尊抄』述作の僅か一カ月余り後の文永十年五月十一日述作の『顕仏未来記』において、「日来《ひごろ》ノ災月来《つきごろ》ノ難　此両三年之間ノ事既ニ死罪ニ及ントス。今年今月万カ一モ身命ヲ脱カレ難キ也。」（原漢文、『定遺』七四二頁）という中にあって、『寺泊御書』において「数数見擯出。数々トハ者度々也。日蓮擯出衆度《たびたび》。流罪ハ二度也。」（原漢文、『定遺』五一四～五頁）と記されているように、外面的には二度の流罪を体験され『法華経』を色読したという確信と、内面的にはそれに基づいて『本尊抄』において唯一題目、すなわち「総名南無妙法蓮華経」による教学を確立された。そしてその題目を如何にして末法の衆生に付嘱（授与）するのかが、「上行付嘱」の教義であることから(8)、『本尊抄』において初めて『法華経』「本門八品」の教義である「上行付嘱」を確立されたのではないだろうか。

そして聖人は、『曽谷入道殿許御書』において、

故ニ四依ノ菩薩等出二現シ滅後一仏ノ随テ二於付属一妄リニハ不レ演二説シタマハ於経法一ヲ。（『定遺』八九五頁）

と記されていることから、仏の教法は、必ず仏からの付嘱に随って説かれることから、〈仏滅後〉末法には必ず本化の地涌の菩薩である、上行菩薩が出現して要法である「本門八品上行所伝の総名南無妙法蓮華経」を一切衆生に下種する時であるという確信があったと言えるであろう。

註

（1）『法華経』の付嘱論に関して、管見ながら以下の十一氏、二十三本の先行研究がある。⑴苅谷日任①『法華宗教義綱要』（法華宗宗務院、一九六三年）四〇頁以下。②「総別問題を中心にしての本宗教義」（『桂林学叢』第一号、一九六〇年、『株橋先生古稀記念　法華思想と日隆教学』東方出版、一九七九年再録）。⑵株橋日涌③『観心本尊鈔講義』上・下巻（法華宗〈本門流〉宗務院、一九八二年、一九八七年）。④『法華宗教学綱要』（東方出版、二〇〇六年）⑶三浦成雄（日脩）⑤「観心本尊抄御撰述に至る宗祖の信仰と教義の発展過程」（『桂林学叢』第七号、一九七三年）。⑷中条暁秀⑥『日蓮聖人遺文辞典　教学篇』【上行所伝】【付属・付嘱】の項、六二八頁a～c、身延山久遠寺、二〇〇三年）。⑸小松邦彰⑦『日蓮聖人遺文辞典　教学篇』【付属・付嘱】の項）一〇三九頁d～一〇四二頁c。⑹大平宏龍⑧「『本尊抄』と『小乗小仏要文』――本門八品に関して――」（『日蓮遺文の思想的研究』東方出版、二〇二二年再録、「本尊抄と小乗小仏要文――本門八品正意論に関して――」（『桂林学叢』第七号、一九七三年）。⑨「『観心本尊抄』拝読私見――佐渡塚原と一谷の間――」（『桂林学叢』第二一号、法華宗〈本門流〉宗務院、二〇〇九年）。⑩「『観心本尊抄』『其本尊為体』の意味するもの――日蓮聖人の本尊私案――」（『桂林学叢』第二四号、法華宗〈本門流〉宗務院、二〇一三年）。⑪「『報恩抄』私見――いわゆる三大秘法に関する箇所の解釈をめぐって――」（松村壽巖先生古稀記念

論文集刊行会編『日蓮教学教団史の諸問題――松村壽巖先生古稀記念論文集――』山喜房仏書林、二〇一四年）。⑫「日蓮遺文管見――「内証の寿量品をめぐって」――」（北川前肇先生古稀記念論文集刊行会編『日蓮教学をめぐる諸問題』山喜房仏書林、二〇一八年。『日蓮遺文の思想的研究』東方出版、二〇二二年再録）。⑬「『観心本尊抄』管見――上行付嘱再考――」（第五十七回法華宗教学研究所総会レジュメ、二〇一九年）。⑭「〝法華経は日蓮が為〟私考」（『日蓮遺文の思想的研究』東方出版、二〇二二年、旧稿「〝法華経は日蓮が為〟私考」（『興隆学林紀要』第一二号、二〇〇六年）。⑮「慶林日隆の八品正意論管見」（花野充道博士古稀記念論文刊行会編『花野充道博士古稀記念論文集　日蓮仏教とその展開』山喜房仏書林、二〇二〇年）。⑯「上行付嘱考」（『日蓮遺文の思想的研究』所収）。⑺菅野博史⑰「『法華経』における地涌菩薩について――現実世界への関与――」（『東洋学術研究』第四九号第一号、二〇一〇年）。⑻米澤晋之介⑱『慶林坊日隆教学の研究』（山喜房仏書林、二〇二〇年）二四一頁以下。⑼前川健一⑲「法華経の付嘱について」（花野充道博士古稀記念論文刊行会編『花野充道博士古稀記念論文集　仏教思想の展開』山喜房仏書林、二〇二〇年）。⑽平島盛龍⑳「慶林坊日隆の一仏二名論――立論の動機と目的――」（『花野充道博士古稀記念論文集　日蓮仏教とその展開』所収）。⑾庵谷行亨㉑「日蓮聖人教学における仏法の弘通㈠――四依の菩薩を中心として――」（『日蓮学』第四号、身延山大学国際日蓮学研究所、二〇二〇年）。㉒「日蓮聖人教学における仏法の弘通㈡――四依の菩薩を中心として――」（『身延山大学仏教学部紀要』第二一号、身延山大学仏教学部、二〇二〇年）。㉓「日蓮聖人教学における仏法の弘通㈢――四依の菩薩を中心として――」（『身延論叢』第二六号、身延山大学仏教学会、二〇二一年）。

（2）『大正新修大蔵経』（大正新修大蔵経刊行会、以下『正蔵』、一九八八年〈普及版〉）第九巻三三頁c。

（3）『正蔵』第三四巻一一四頁b。

（4）『日蓮聖人遺文辞典　教学篇』（小松邦彰【付属有在】の項、身延山久遠寺、二〇〇三年）一〇四二頁c～d。（取意）

（5）『伝教大師全集』第三巻（叡山学院、一九二六年）二八頁。

（6）『正蔵』四六巻二九五頁c。

（7）大平宏龍「上行付嘱考」一〇六～七頁。

（8）同右、一〇六頁。

付　記

苅谷定彦（玄翁）先生、大平宏龍先生、小西日遶先生には、平成四年（一九九二）興隆学林専門学校入学以来、今日までの学恩と、三先生の傘寿を祝し拙文を献呈する機会を与えて頂き感謝申し上げます。

キーワード　『法華経』、総名南無妙法蓮華経、本門八品、上行付嘱、地涌の菩薩

熱原法難に関する日興の記録（再検）
――いわゆる熱原三烈士ノート――

坂井法曄

一　三烈士の身分・識字力・受持をめぐる試論

本稿でとりあげる熱原法難の殉教者、すなわち弘安二年（一二七九）十月、平頼綱の沙汰により、禁獄・斬首された法華衆三名（熱原三烈士）らについて、日蓮は「あつわらの愚痴の者」（一六七四頁、真蹟）[1]、「あつわらのもの」（一七六六頁、真蹟）、「熱原百姓等」（一六七六頁、日興写本）、「あつハらのものとも」（一八二九頁、御筆集）等と呼んでいる。

かように日蓮遺文からは、その三名についての名を知ることはできないが、日蓮の直弟、日興の『白蓮弟子分与申御筆御本尊目録事』（以下、『弟子分帳』と略称。永仁六年〈一二九八〉記）によれば、その三名は、駿河国富士郡下方熱原郷の住人、神四郎・弥五郎・弥次郎であった[2]。ただしここに挙げたとおり、伝えられるのは仮名のみで、日興が『弟子分帳』に記録しなければ、その仮名さえも、今日に知られることのない人たちだった。『弟子分帳』によると、熱原法難で捕らえられた法華衆は都合二十名、斬首された三名は、その「張本」とされた。また日興は三名を「在家人弟子分」として『弟子分帳』に記録しているが、一口に「在家人」といっても多種多様で、①は鎌倉時代、「田畠を持たず『在家』——屋敷のみを持つ百姓を『在家人』と呼んだ」し、在家人は「借上」（金融）や商業によって銭貨を蓄積するなど、富裕者も多かったらしく、中には「一国の守護も肩を並べられないほどの栄耀」を極めた者までいたという[3]。

②は『日本国語大辞典（第二版）』（『日国』）が、『却癈忘記』・『米沢本沙石集』の用例をあげて解説する「仏戒を受けた在家の男女。優婆塞（うばそく）または優婆夷。信男または信女。在家」、③は『日国』が『太平記』『日葡辞書』の用例によって解説する「庶民」である。

神四郎らは②③に該当すると思われるが、『弟子分帳』は「在家人弟子分」とは別に「俗弟子分[4]」もあげる。こちらは主に領主層を指しているかにみえる。ちなみに『日国』所引の『日葡辞書』は「Zaiqenin（ザイケニン）貧しくて賤しい人」と訳し、土井忠生他編訳『邦訳日葡辞書』（岩波書店、一九八〇年）は「Zaiqenin.（在家人）身分の低い庶民」と訳す。これらの解説をかりていえば、神四郎らは「日蓮の教えを受持する、社会的身分の低い在家信者」といえようか。また前掲のとおり日蓮は彼らを「あつわらの愚痴の者」といっている。この「愚痴の者」については類例があって、親鸞の『一念多念文意』に、

井ナカノヒト、、ノ・文字《モンシ》ノ・コ、ロモシラス・アサマシキ・愚痴《クチ》キワマリナキユヘニ・ヤスク・コ、ロエサセムトテ・オナシコトヲ・トリカヘシ〳〵・カキツケタリコ、ロアラムヒトハ・オカシクオモフヘシアサケリヲ・ナスヘシ・シカレトモ・ヒトノソリシヲカヘリミス・ヒトスチニオロカナルヒト〳〵ヲ・コ、ロヘヤスカラムトテ・シルセナリ・[5]

とみえる。ここで親鸞のいう「井ナカノヒト、、（田舎の人々）」とは「関東の人を指している[6]」と考えられている

が、彼らは「文字《モンシ》ノ・コ、ロモシラス・アサマシキ・愚痴《クチ》キワマリナキ」者だった。日蓮のいう「あつわらの愚痴の者」に通じよう。親鸞もまた、日蓮と同じような人びとを布教対象としていたのである[7]。

斬首された神四郎・弥五郎・弥次郎の三名も、むろん「文字《モンシ》ノ・コ、ロモシラス・アサマシキ・愚痴《クチ》キワマリナキ」者、すなわち識字力をもたぬ人だった。駿河地方における、法華衆のリーダーは南条時光だったが、時光自身、読み書きを不得手としていたし、だからこそ、日蓮が駿河地方の檀越へ宛てた書状には、「玄乗房・はわき房（伯耆房＝日興）に度々よませて、きこしめせ」（一〇九一頁、御筆集）、「はわき殿申させ給へ」（一七四八頁、御筆集）、「ハわきとのよみきかせまいらさせ給候へ」（一八九四頁、真蹟）といった指示がみられるのである。こうした檀越の識字力や、日蓮の教説を読み聞かせる、弟子たちの役割については、すでに高木豊氏の論考[8]があるけれども、ともかく斬首された三名は、「南無妙法蓮華経」「ナムメウハウレンクヱキヤウ」「なむめうほうれんくゑきやう」等、いずれも読み書きができなかったに違いない。

私はながく、そんな彼らがなぜ、最期まで題目を受持・貫徹することができたのか、まったく答えを出せずにいた。むろん今もってわからないが、どうやら私は識字力の有無にとらわれてきたらしい。しかし最近はむしろ、識字力をもたなかったからこそ、より深く日蓮・日興の教えを信受し、脳裏に焼きつけることができたのではないか、と思いつつある。

人類の歴史をみても、二十万年前とされる「ホモ・サピエンス」から今日にいたるまでの間、人類が文字を持った期間はわずかに3％。97％は話し言葉だけで生きてきた。いうまでもないが、仏説もまた文字が誕生するまで、口伝されてきた。そのことは「如是我聞」に象徴されるし、原形のスートラは表音文字（音を組み合わせて語意を表す文字）から、表語文字（一文字で語意を表すの文字＝漢字）による漢訳仏典、すなわち多様な語意・熟語をもつ経典へと、変貌を遂げたことはよくしられる[9]。

まさに文字は人類史においては新参者で、現在においても、人間の脳は文字文化を受容し切れず、人口の8～10%ほどはディスレクシア（読字・識字障害）を抱えているという。文字という記録媒体の誕生は、利便性も高めたが、文字を使用する人たちは「記憶」よりも「記録」を重んじるようになり、記憶力が衰えていったと考えられてもいる。

また文字の考案者や支配層がこれを独占することによって身分格差も生じた。しかも漢字文化圏にある日本は、表語文字（日本では漢字）と表音文字（日本では仮名・片仮名）が複雑に入り組んだ、独特な文化を有しており、これを駆使できる人はさらに限られていた。文字は教育制度などによって支配者が統制することができるいっぽう、人びとが日常生活で話す言葉までは統制すること、関与することはできない[10]。

神四郎らは識字力はなくとも、日興らの咀嚼した日蓮の教えを理解して記憶し、これを法華衆の同志と語り合ったり、あるいはこれを受持し、伝える能力にたけていたのではなかろうか。

近年、鎌倉期における、百姓の共同組織は希薄であったと指摘されるが、そんな中『弟子分帳』にみえるとおり、熱原の百姓たちは、さまざまな濡れ衣をきせられ、拷問をうけても最後まで抵抗し、二十名が異体同心をつらぬいた。法華衆の強固なつながり、紐帯があらためて注目されている[11]。しかし結局、張本とみなされた三名は斬首された。『弟子分帳』によると、平頼綱父子は、法華衆に対し蟇目をもって射ながら「可申念仏之旨再三[12]」にわたって責めたという。そして彼らは称名を拒否し、唱題をもってこれにこたえ、斬首されたという。

彼らがそこまでして称名を拒否し、唱題を選択したことにも理由があろう。やはり日蓮・日興らが浄土教を強く批判していたこと、そして題目の大事を、彼らなりに理解し、深く心身に刻み込んでいたからではないか。

宗教弾圧でいえば、建永・嘉禄法難など、浄土教は日蓮門下に先行するが、称名の大事を説く彼等はどんな説示をしていたのか。ちょうど日蓮が鎌倉に進出した時期、東国の親鸞門徒が弾圧を受けていて、康元二年（一二五八）、親鸞はその門徒に対し、次のような書状（真浄宛）を送っている。

サテハ念仏ノアヒタノコトニヨリテ、トコロセキヤウニ、ウケタマハリサフラフ、カヘス〳〵コ、ロクルシクサフラフ、詮スルトコロ、ソノトコロノ縁ソ、ツキサセタマヒサフラフラン、念仏ヲサヘラルナントマフサンコトニトモカクモ、ナケキオホシメスヘカラスサフラフ、念仏ト、メンヒトコソ、イカニモナリサフラハメ、マフシタマフヒトハ、ナニカクルシクサフラフヘキ、余ノヒト〳〵ヲ縁トシテ、念仏ヲヒロメント、ハカラヒアハセタマフコト、ユメ〳〵アルヘカラスサフラフ、ソノトコロニ、念仏ノヒロマリサフラハンコトモ、仏天ノ御ハカラヒニテサフラフヘシ…（中略）…トモカクモ仏天ノ御ハカラヒニ、マカセマイラセサセタマフヘシ、ソノトコロノ縁ツキテオハシマシサフラハヽ、イツレノトコロニテモ、ウツラセタマヒサフラフテオハシマスヤウニ、御ハカラヒサフラフラフヘシ、（傍線部は鎌倉期の写本あり）[13]

弾圧はこれより先にはじまっていたが[14]、親鸞は右のように結論した。本状については近年、平雅行氏が存覚『破邪顕正抄』と併用し、専修念仏の弾圧に対し、親鸞・存覚が無抵抗で退去したこと、またそうせざるを得なかった遠因を、建永法難にもとめている。さらに親鸞が、縁が尽きたらその地を去って他所へ移れ、と指示していることをあげ、鎌倉時代における村落の開放性にも着目している[15]。

ともかく親鸞は、その地に念仏が広まるかどうかは、仏天のはからいに任せること、弾圧を受けた地域は、念仏とは縁が尽きたことを繰り返し述べ、他所への移住を指示しているけれども、何より本状における親鸞の教示は、「厭離穢土」の思考にのっとったものではなかろうか[16]。すなわち阿弥陀仏が同地を念仏の広まる所とは定めなかった、阿弥陀仏とは無縁の地として、離れることを指示した、とも読めよう。

もっとも日蓮も、危険の及びそうな地域については警戒していて、建治元年（一二七五）と推定される高橋入道宛て書状（一〇八九頁、真蹟）に、

するかの国は守殿の御領、ことにふしなんとは後家尼こせんの内の人々多し、故最明寺殿・極楽寺殿の御かたきといきとをらせ給なれは、きゝつけられは各々の御なけきなるへしとをもひし心計なり、いまにいたるまても不便にをもひまいらせ候へは、御返事まても申す候き、この御房たちのゆきすりにも、あなかしこあなかしこ、ふしかしまのへんへ立よるへからすと申せとも、いかか候らんとをほつかなし、

といっている。日蓮は親鸞のように、住民の移住は指示しなかったものの、不安は弘安二年の熱原法難として的中した。[17]その経過は周知のことなので、ここでは縷説におよばないが、日蓮は『聖人御難事』（一六七四頁、真蹟）において、弾圧・拘束された熱原の法華衆にむけ、

彼のあつわらの愚痴の者とも、いゐはけましてをとす事なかれ、彼等には、たゝ一えんにをもい切れ、よからんは不思議、わるからんは一定とをもへ、ひたるしとをもわは餓鬼道ををしへよ、さむしといわは八かん地獄ををしへよ、をそろしゝといわは、たかにあへるきし、ねこにあへるねすみを他人とをもう事なかれ、

と教示している。日蓮は建治から弘安にかけて、駿河国の檀越に対し「末法に入ぬれは余経も法華経もせんなし、但南無妙法蓮華経なるへし」（一四九二頁、御筆集）等、法華経と題目とを相対させ、唱題の大事をといているが、熱原の百姓たちは、この〝日蓮的〟な教示を信解し、貫徹したといえる。

ともかく三名が弾圧に屈せず、高声に「南無妙法蓮華経」と唱え、生涯を終えたことは衝撃以外の何ものでもない。報告をうけた日蓮が受信の時刻を記して「非只事」（一六八三頁、日興写本）と声をあげ、三名が最期に唱えた

「南無妙法蓮華経」を平出していることからも、その衝撃度がうかがえる。また次節でとりあげるように、日興が本件について重ねて記録したのも、これを重事と受けとめ、後世に伝えようとした証である。[18]

二　日興の記録「経十四年」再検

(一) 弟子分帳

熱原法難・法華衆の斬首に関する日興の自筆記録は二点ある。一つは冒頭からしばしば引用している『弟子分帳』である。原本は破損・欠損が多く、いま日優（北山本門寺十四世・一六〇九〜一六八四）写本によって塡補すれば次のとおり（〔　〕内は日優写本）。

次□〔在〕家人弟子分
一冨士下方熱原郷住人神四郎　兄
□〔一〕冨士下方同郷住人弥五郎　弟
□〔一〕冨士下方熱原郷〔住人弥次〕郎
此三人者越後房下野房弟子〔廿人之内〕o也弘安元□〔年〕奉□□〔信始〕處依舎兄弥藤次入道訴被召上鎌倉終仁被切頸畢平左衛門入道沙汰也子息飯沼判官十三歳令ヒキメヲ以散々仁射天可申念仏之旨再三雖責之廿人更以不申之間張本三人お召禁天所令断罪也枝葉十七人者雖禁獄終仁放畢其後経十四年平入道判官父子發謀反被誅畢父子（余白）コレタ□□〔、事〕ニア□□〔ラス〕〔法花経ノ現罰ヲ蒙レリ〕

既知の資料ではあるが、原文対照作業で得た知見を少しばかり報告しておく。まず斬首された三名のうち、「弥

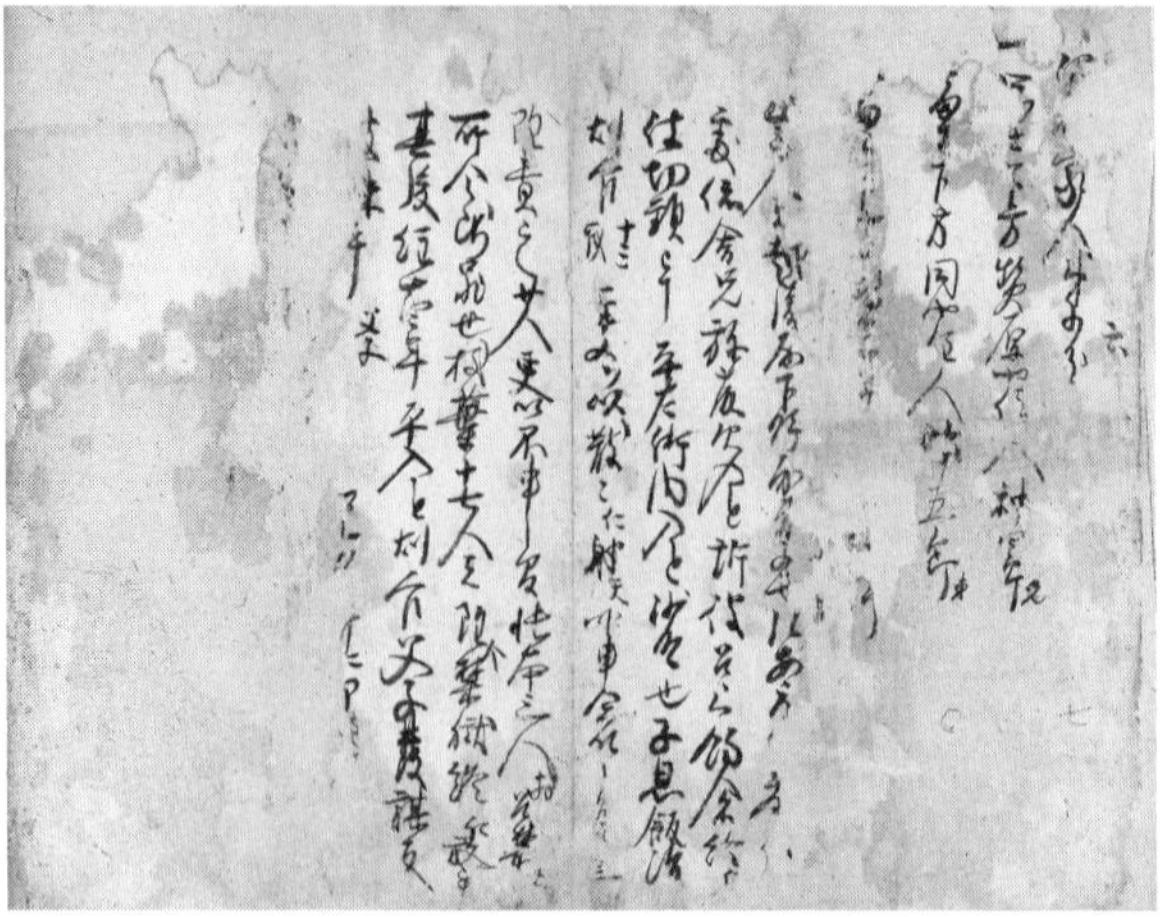

図1

次郎」の名は、当該部を原本が欠損しているため、日優写本に依拠していることである。本件についてはかつて指摘したけれども[19]、日優写本は貴重本とはいえ、明らかに原本には存在しない文言を加えている箇所もあり、その点、注意を要する。

また原本（図1）をみると、頼綱父子の誅殺に関する末文で「父子」の下が数字分あいていて、しかも父子は小書きで右に寄せている。これは飯沼判官（資宗）の「十三歳」同様、日興が割書を試みた形跡とみられ[20]、後続の文章からして、割書は平左衛門父子の誅殺に関する記事だったと予想される。

そこで頼綱父子の誅殺に関する当時の記録にあたってみると、父子の滅亡を知った人びとの反応はひややかだった。たとえば仁和寺の弁秀は「平禅門被誅害之由風聞候、必定候歟」、「驕不久候[21]」といい、定厳書状は「平禅門事、被改由事」をうけ「訴人者、如雲霞候[22]」といっている。また後年の語りだが、頼綱の誅殺時、熱海にたてられた彼の屋敷が陥没したとの巷説があった。実は頼綱父子誅殺の九日前、鎌倉では「山頽、人家多顚倒、死者不知其数」（『鎌倉年代記裏書』）という大地震があって、頼綱父子は、その混乱に乗じて討たれたが、ともかく伝承は「昔平左衛門作虐不可勝計、據此地造館、臨誅、屋陥入地中、人皆云、活陥地獄[23]」という。さらに頼綱の嫡子宗綱は、死罪は免れたものの、かつて日蓮が配所された、佐渡国へ流刑に処され、赦免された後、今度は上総国に流されている[24]。

おそらく日興は、こうしたたぐいの巷説について、実否を確認・割書した上で「コレタ□□［、事］ニア□□［ラス］［法花経ノ現罰ヲ蒙レリ］」と記そうとしたのではないか。日優写本は原文の空白部を詰めて「父子コレタ、事ニアラス」と書写し、既刊書も同様に翻刻しているけれども、当該部は日興自筆のとおり、「父子」と「コレ」の間に空白を設け、適切な注をほどこしておくべきだろう。また頼綱父子の誅殺年について、法華衆の斬首から「経十四年」と記していることも注意される。この事件（平禅門の乱）は『實躬卿記』永仁元年（一二九三）四月二十六日条に「去廿二日卯刻平左衛門尉頼綱法師幷子息資宗等以下被誅之由申入云々[25]」と記録されており、同年から「十四年」をさかのぼると、法華衆の斬首は、弘安三年（一二八〇）ということになる。私は法華衆三名の斬首年について、弘安二年説を支持してきたが、いっぽうで、当事者である日興の自記を重視すべきではないか、とも考えていた。それは『弟子分帳』だけではなく、次節でとりあげる日興書写本尊にも、同じ記録がみえるからであった。

（二）日興書写本尊（徳治三年卯月八日付）

日興が徳治三年（一三〇八）四月八日付で書写した本尊（北山本門寺蔵）に次のような記録がある。まずは『日興上人御本尊集』（興風談所、一九九六年）によって掲げよう。

駿河国富士下方熱原郷住人神四郎号法華衆為平左衛門尉被切頸三人之内也左衛門入道切法華衆頸之後経十四年
企謀反間被誅畢其子孫無跡形滅亡畢、

この翻刻文によると、日興は先の『弟子分帳』（永仁六年＝一二九八）に続いて、十年後の徳治三年（一三〇八）、

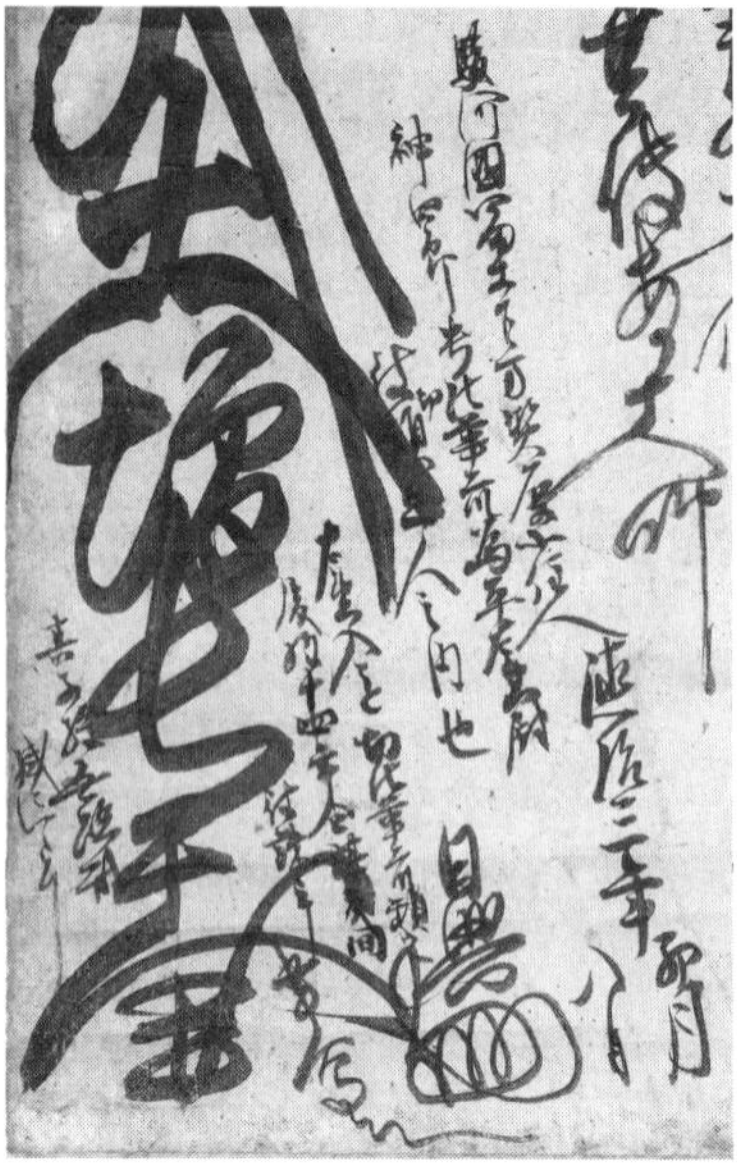

図2

にも、頼綱父子の誅殺年について、法華衆の斬首から「十四年」後と記録していたことになる。むろん『弟子分帳』の記録と同様、逆算すれば法華衆三名の斬首は弘安三年（一二八〇）となる。堀日亨[26]が、これら日興の記録を論拠に、

> 「十四年を経て」といわれしを、年暦をたどれば弘安三年に当たり、これが記念曼荼羅書写の日は、かならず当時の命日とみるべきであれば、二十人の御勘気すなわち処分の年月日は、弘安二年十月十五日が一同ひとまず禁獄すなわち入牢で、神四郎等兄弟三人の斬首および他の十七人の追放は、弘安三年四月八日と定むるのが当然であらねばならぬことを主張する。

とするのも一理あるし、当事者の日興が二度にわたって、しかも最初の記録『弟子分帳』から十年を経てもなお、「十四年」といっていることは、日興の脳裏に、法華衆の斬首や、頼綱父子の滅亡に関する年次が深くやきつけられていた、と理解して失当ではあるまい、と私もどこかで思っていた。

だが事実は違った。日興の自筆（**図2**）を確認したところ、当本尊に記された「経十四年」は「経十七年」だったのである。『日興上人御本尊集』の編集に携わった者として、個人的に遁辞を記すと、編集当時は立正安国会編『日蓮大聖人御真蹟　御門下御本尊集』（一九八一年）掲載図版によって右添書を翻刻した。ルーペを使って丹念に

読み込み、既刊書の読みをいくつか改めた。しかし「経十四年」については、若干の違和感はもったものの、気づくことはできなかった。『弟子分帳』の「経十四年」と同じという予断もあった。

しかし原文の「十七年」は、後人によって「十四年」に改ざんされていたのである。実見結果を踏まえ、撮影写真をトレースしたのが**図3**で、所見は①〜⑥のとおり。

①「十」の二画目に加筆し、「七」の二画目と一筆であるかのように改ざん
②「七」の左に「四」の一画目を記す
③追加した「四」の一画目に続き三画目を記す（二画目は「七」の一画目をそのまま用う）
④「四」の四画目を記す
⑤「四」の二画目終筆を追加
⑥「四」の五画目を「七」の二画目の隙間に引く

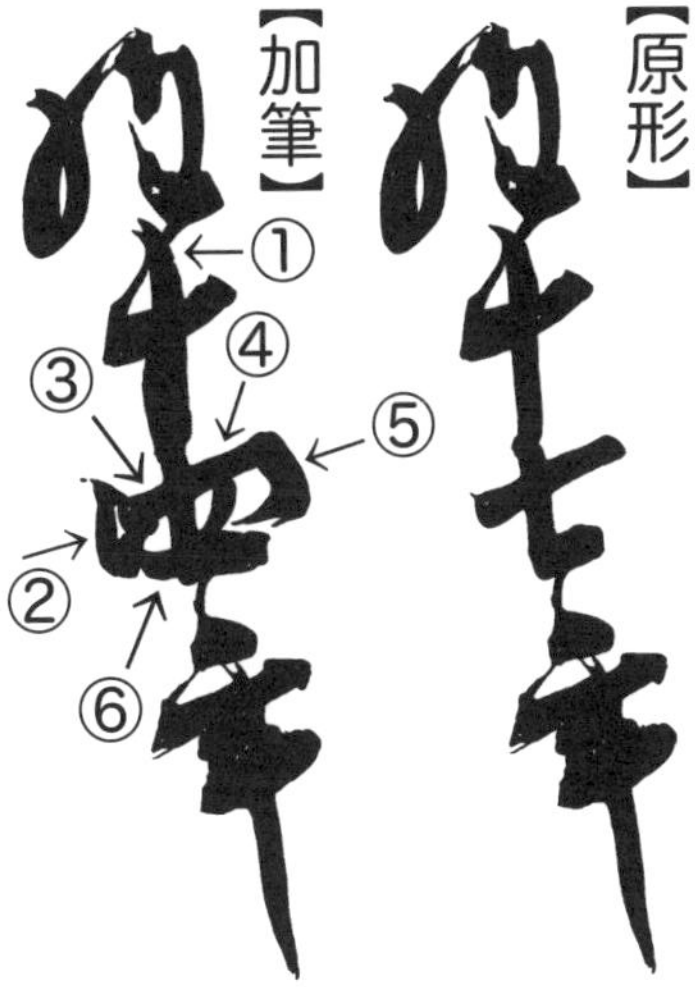

図3

加筆部の墨質は、当本尊の日興筆とは明らかに異なり、容易に相当な時間的経過を看取できる。日興自身が改めたとの仮定もしたが、日興はこうした記録を改める場合、わざわざ訂正花押まで据えており（**図4**＝小泉妙円寺蔵、**図5**・**図6**＝北山本門寺蔵）、かくも強引に、粗雑にすぎる改変を行ったとは考えがたい。

ではいったい、誰が、何を目的に「十七年」を「十四年」に改めたのか。当本尊は寛文二年（一六六二）、日精が

図4

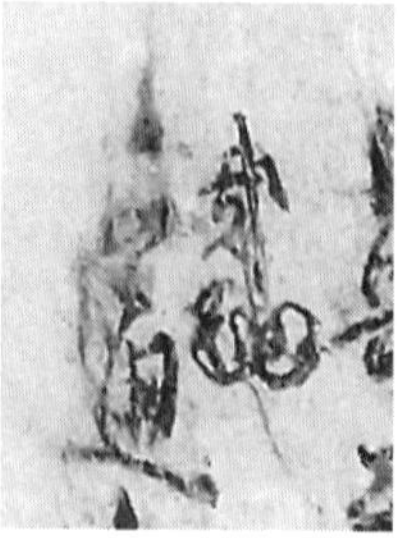
図5

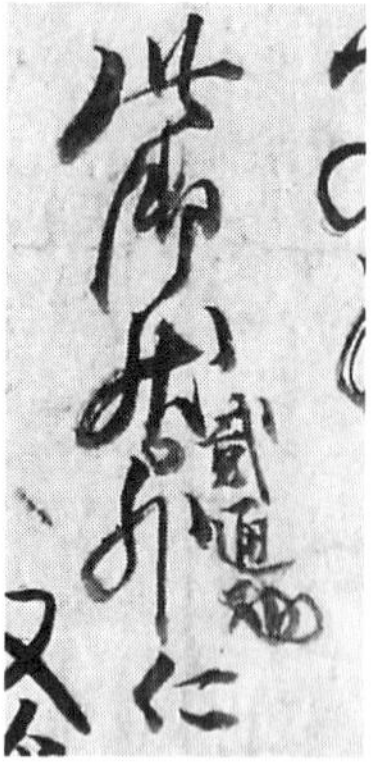
図6

『富士門家中見聞抄　上』（日興伝）に「経十四年」と引用しているの[27]で、改ざんはこれ以前である。

思うにその理由は、『弟子分帳』との整合をはかるためだろう。『弟子分帳』によると、法華衆三名は「弘安元□［年］奉□□［信始］處」という。ところが当本尊の記載「経十七年」から逆算すると、法華衆の斬首は建治三年（一二七七）で、これでは法華衆は入信前に斬首されたことになってしまう。

諸状況からすると、筆を加えたのは、『弟子分帳』の内容を熟知し、両者の記事を照合できる立場にあった者、すなわち『弟子分帳』と当本尊を所蔵する、北山本門寺の住侶であることは疑いない。ちなみに同寺十四世日優（一六〇九～一六八四）は、『弟子分帳』を書写して私に筆を加え、熱原法難関連の日蓮遺文を書写するなど、本件に関しても強く関心をよせていたと思われる[28]。

ともかく当本尊の記載は「経十四年」ではなく「経十七年」であった。やはり三名の斬首は『聖人等御返事』の冒頭記事をもって、推断するのが適確であろう。記録のミスや記憶違いは誰にでもあることで、日興は日蓮遺文の到来年についてもミスが指摘されているけれども、ことさら強調するようなことではあるまい。

本件の考察を通じて痛感したのは、やはり一文字のもつ重みであり、原本にまさるものはない、ということである。大石寺門徒では『家中抄』以降、「経十四年」をもとに、前掲、堀日亨の指摘にいたるまで、一貫して法華衆の斬首を弘安三年と主張してきたが、これはまた別の問題をかかえているので、それについては稿をあらためて論じることにしよう。

註

（1）以下、日蓮遺文の典拠に『昭和定本日蓮聖人遺文』のページと真蹟・写本所在を掲出するが、本文は必ずしも同書の翻刻どおりではない。

（2）『日興上人全集』（興風談所、一九九六年）一二七頁。ただし後述どおり、翻刻文は若干の問題があるので補訂を要する。

（3）網野善彦『日本とは何か〈日本の歴史00〉』（講談社学術文庫、二〇〇九年四刷）二七三頁以下。

（4）『日興上人全集』一二六頁。この「俗弟子分」には「第一弟子」と記された「俗弟子六人」ともいうべき、六名の有力檀越が含まれている（拙稿「日興の生涯と思想」〈『興風』二八号、二〇一六年、三四二頁〉参照）。

（5）『定本親鸞聖人全集』三巻（一念多念文意）一五二頁。本文は『親鸞聖人真蹟集成』四巻三九六～三九七頁掲載の図版をもとに翻刻した。

（6）一楽真『親鸞の教化　和語聖教の世界』（真宗文庫、二〇一七年）七〇頁。なお親鸞は、こうした「愚痴キワマリナキ」人びとの教説理解のため、仮名書きを「分かち書き」にしたり「和讃」を用いている（松野純孝『ゐなかの人々と親鸞』本願寺伝道ブックス57、二〇〇七年）。また親鸞消息の片仮名化について、永村眞「親鸞聖人の消息と法語」（『高田学報』九四、二〇〇六年）は「漢字の読みを示す傍訓には、読みの一字一字を確実に表記する、崩しが少なく連綿のない片仮名が用いられたのは自然の成り行きではなかろうか。そして法語に平仮名ではなく片仮名が用いられた理由も、傍訓と同様に、平易さと正確さを求めた結果」と推考する。

（7）服部之総『親鸞ノート（正・続）』（『服部之総全集』三巻三五六頁）。服部氏は「親鸞は念仏往生の正信の徒を、領家・地頭・名主のなかでなく百姓のなかに期待していた」と端的に語る。

（8） 高木豊「日蓮と日蓮宗教団の形成」（『アジア仏教史　日本編V鎌倉仏教3〈地方武士と題目〉』佼成出版社、一九七二年）。なお本件については、拙稿「日蓮門弟と文書をめぐって」（『御書システムコラム』二〇一五年五月）、同「日興の生涯と思想（六）」（『興風』三一号、二〇一九年）でも、先行研究に導かれつつ、少しばかり論じた。また時代はくだるが、日我は『いろは字』下巻奥書に「法花典曰、但以假名字引導於衆生矣」（鈴木博『妙本寺蔵永禄二年いろは字影印・解説・索引』清文堂、一九七四年、一六七頁）と引用し、『法華経』にみえる「假名字（仮りの名字）」と「仮名《かな》字（いろは字）」を重ね用いているかにもみえる。

（9） 船山徹『仏典はどう漢訳されたのか　スートラが経典になるとき』（岩波書店、二〇一三年）。ちなみに月漢日の語意については、日蓮門下も意識をしていて、例えば『日順雑集』に「和言ハ一字ヲ一字ト読間義少シ、漢語ハ一字ヲアマタニ読テ義多シ、梵語ハ義多ク籠レリ」（『日蓮宗宗学全書』二巻三八二頁）等とみえる。もちろん私も、禅僧による漢訳仏典・学問仏教批判、また「教外別伝　不立文字」について、日蓮および門下が批判していることは承知しているが、識字力をもたぬ檀越の、教説理解の問題とは別に考えるべきだろう。

（10） 以上は『ヒューマニエンス60〝文字〟ヒトを虜にした諸刃の剣』（NHK、二〇二〇年放送）を参看。なおディスレクシアの割合について、欧米では20%とする報告があるなど、正確な把握はできていないようである。

（11） 湯浅治久「中世東国社会論再構築の試み」（菊地大樹他編『寺社と社会の接点』高志書院、二〇二一年）。

（12） 『日興上人全集』二一七頁。

（13） 『定本親鸞聖人全集』三巻（親鸞聖人御消息集）一四七頁。真宗史料刊行会編・平雅行担当『大系真宗史料　文書記録編1　親鸞と吉水教団』（法藏館、二〇一五年）二九三頁（底本は京都永福寺蔵写本。引文はこれによった）。同解説は永福寺所蔵写本について「室町時代中期の書写と考えられる」（三三六頁）とする。なお本文引用傍線部については、鎌倉末期の写本（妙源寺本）が現存しており、永福寺本と「漢字と仮名、仮名遣には差違があるが、文意には違いがない」（『親鸞集・日蓮集（日本古典文学大系82）』一六四頁頭注＝多屋頼俊校注）という。また「親鸞聖人御消息集広本」については字句のことなど、種々の指摘はある（平松令三『親鸞真蹟の研究』〈法藏館、一九八八年〉、遠藤美保子「親鸞の思想を語るに消息集は再検討されるべきこと」〈中尾堯編『鎌倉仏教の思想と文化』吉川弘文館、二〇〇二年〉等）が、引用書状については、特に問題はないと考える。

(14) この弾圧、および引文「真浄坊宛書状」の執筆年については、山田文昭『親鸞とその教団』（法藏館、一九四八年）十一章、注(7)服部之総『親鸞ノート（正・続）』、笠原一男『親鸞と東国農民』（山川出版社、一九五七年）十二章、松野純孝『増補　親鸞』（真宗大谷派宗務所出版部、二〇一〇年）第九章等に詳しい。

(15) 平雅行『改訂　歴史のなかに見る親鸞』（法藏館、二〇二一年）第三章・第八章。注(11)湯浅論考も平氏の指摘を引く。

(16) 浄土宗各派では、厭離穢土＝現実逃避のイメージを払拭するためか、これをネガティブに捉えた論著が多くみられる。ただやはり、浄土教の基本に「厭離穢土」のあることは事実であり（高田文英「『厭離穢土』について――笹田教彰氏の論考をうけて――」（『印度學佛教學研究』五三巻二号、二〇〇五年）、これを踏まえて論じるべきと思う。なお親鸞のそれついては、『教行信証』に説かれる二種廻向（往相・還相）を基本に論じられ、また親鸞の「厭離穢土」理解について、小池俊章「真宗における厭離について」（『印度學佛教學研究』三九巻二号、一九九一年）は「親鸞が厭離の対象として見ているものは、世の悪しきとこの身の悪しきであると考えることができる」とする。ちなみに戸頃重基『日蓮の思想と鎌倉仏教』（冨山房、一九六五年、第二章）など、日蓮にも「厭離穢土欣求浄土」的思想がみられるとの指摘もあるが、都守基一「霊山往詣について」（『日蓮教学研究所紀要』一四号、一九八七年）は、日蓮のいう霊山は法華経の説相に由来し、往詣は見仏・聞法・供養の義を示したものであって、仏の来迎によって浄土に往生する信仰とは根本的に異なると指摘する。

(17) 本件に関する外的要因については、拙稿「日興の生涯と思想（三）」（『興風』二八号、二〇一六年）、拙稿「日蓮の駿河下向をめぐって」（『鎌倉遺文研究』三九号、二〇一七年）に少しく述べた。

(18) 拙稿「日蓮遺文中の擡頭・平出とその周辺」（『興風』三三号、二〇二一年）参照。

(19) 注(17)拙稿「日興の生涯と思想（三）」。

(20) このように失念や未確認記事と思われる箇所を空白にする例は、日興門下でいうと、『五人所破事』（日代写本、『日興上人全集』二九九頁頭注参照）や、日恩「富士諸山邪正記録」に登場する「清水坊」の日号などにみられる（佐藤博信『中世東国日蓮寺院の地域的展開』勉誠出版、二〇二二年、第六章参照）。また『後慈眼院殿記』明応三年（一四九四）十月十三日条「法華之輩号日蓮上人忌日各詣本　寺」も同例と思われ、淺野長武「室町時代に於ける朝廷と法華宗」（『史学雑誌』三八―三号、一九二七年）は「詣本　寺」の空白部に触れ「本圀寺・本禅寺・本満寺・本能寺・本法寺・本隆寺の内何れかを指したもの」と推察する。
(21)『鎌倉遺文　古文書編』二三巻三六四頁(一八一八一号)。
(22)『鎌倉遺文　古文書編』二四巻八六頁(一八四二二号)。
(23)『空華日用工夫略集』永和元年二月二十六日条。
(24)『保暦間記』(『群書類従』第二十六輯、雑部五二頁)。
(25)『大日本古記録　實躬卿記二』二四〇頁。
(26)堀日亨「富士日興上人詳伝(九)」(『大白蓮華』九号、一九五〇年。『富士日興上人詳伝』九一〜二頁)。
(27)『日蓮正宗歴代法主全書』一巻一四二頁。また日精は『家中抄　中』(同前二〇八頁)『日蓮聖人年譜』(同前一一八頁)にも「経十四年」としてこれを引いている。
(28)北山本門寺文書。日優は熱原法難関係日蓮遺文の書写につづき「弘安中御書」「佐渡以後御書」「佐渡以前御書」「年号未勘」の順で、日蓮遺文名を列挙している。

付　記

本稿に図版を掲載するにあたり、北山本門寺・小泉妙円寺よりご許可を賜った。甚深の謝意を表する。

キーワード　日蓮、日興、熱原法難、親鸞、識字力

本迹論の類型化をめぐる問題

布施義高

はじめに

日蓮（一二二二―八二）滅後の門下教学史に展開した本迹論を研究する場面で、立正大学第十四代学長・望月歓厚師（一八八一―一九六七）によって行われた種々相の「類型化」[1]は、今なお大いなる規範と受け止められている。けれども、望月師の研究の後、優れた教学史的資料の数々が公にされ、関連領域の研究も進み、その所見は、再検証を要し、更新や塡補あるいは修正が施されなければならない段階に入っていると考えられる。

近時、迂生は、この点に注視しながら、日蓮教学史上の本迹論の受け止め方をめぐって、今後の課題を少しく探った[2]。拙稿は、ささやかながら、その一部と連結する小論である。

一　本迹実相勝劣義と已今・久近

1

まず、本迹勝劣論について見ると、望月師が示された、諸学説についての類型化は、勝れた面を有するも、別稿で論じた通り、同時に、少なからぬ問題を孕むようである。(3)

日蓮教学史上、室町期以降の本格的な勝劣論は、特に、本迹実相勝劣義を見据えながら展開した、と大局を摑み取ることが可能のように思われる。この本迹実相勝劣義への着眼は、既に素朴な形ながら初期日蓮教学史上に見出せるが、(4)室町期以降、愈々本格的に穿鑿が深められたごとくである。(5)

円光坊日陣（一三三九―一四一九）の著作中、そのことを示す説示は枚挙に遑がなく、(6)日陣以降、勝劣派系の碩学の所論は、大凡、実相理の本勝迹劣を、日蓮教学の教理的基盤とする認識が共有された模様である。

慶林坊日隆（一三八五―一四六四）も、(7)例えば、「本迹の実相天地勝劣なり……何ぞ本迹の実相一同ならんや」（『法華宗本門弘経抄』第八五巻、『隆全』第九巻二四一―二頁）等々と、日蓮教学を本迹実相勝劣の立場と指摘したことは斯界に知悉されるところである。日隆の正意を精確に理解することは、その著作の厖大さと、論述上の視点の重層性――(8)等から、今日的にも難度の高い研究課題に位置づけられるものであろう。

また、常不軽院日真（一四四四―一五二八）も実相勝劣義に立ったことは、古来より知悉されるが、(9)近時、PDF版が公開された『法華三部経科註（文段経）』等の第一級資料から確証づけられるに至った。例せば、日真が教学的基礎を形成した時期の作と見られる『文段経』では、法華経巻六「如来寿量品」の経文「諸所言説皆実不虚」についての註解を示す中で、『文句記』巻第九下「若方便教二門倶虚。因門開竟望於果門則一実一虚。本門顕竟則二種倶実。故知迹実於本猶虚」（『正蔵』第三四巻三三五頁b）を引用した上で「私　本末問答之釈　二門之理浅深」と明記していることを指摘できる（『法華三部経科註 PDF』法華宗〈真門流〉宗学研究所監修制作、二〇一四）。

勿論、諸教学者ともに、総じて本迹実相勝劣義に立脚しながら、掘り下げた所見には各教学者毎の特色を有し、教理史の成立をその中に見ることができる。しかも、その際、教学における救済論の全体的な構図、あるいは題目論、一念三千論、五重玄義の構造――等との関わりの究明に配意しながら考究が深められていったことが判る。

この問題の核心を日蓮遺文に求めれば、日蓮が、諸法実相を即「一念三千」と捉えて、これを法華経の極理（根本真理）と定め、さらには、「一念三千＝具足＝妙」と示された教学的特性に見出されることとなろう。[10]故に、本迹実相勝劣義の考究には、南無妙法蓮華経の題目と結び付いた極理と、法華経、あるいは本迹との関係づけを鮮明化する目途が存した[11]ことは、明らかである。[12]

こうした点の重要性が強く認識された契機を探った場合、既述の日陣が、応永四年（一三九七）以来、京都六条本国寺五世建立院日伝（一三四一―一四〇九）と繰り広げた本迹論争（陣伝論争）が大きくクローズアップされよう。中国天台教学の甚大な影響を受けて本迹の「実相同体論」を打ち出した日伝側の主張が日蓮の根本真理論に悖ることを指弾し、あるべき捉え方の追究を訴えたのが、日陣であったといえよう。

なお、この問題と絡み、本迹論を考究する際に「法体」の語が依用されるケースも少なくない。筆者自身も、既発表の幾つかの拙論において、先学の優れた研究[13]の用例を踏まえる形で、屢々「法体」の語を用いながら論述を加えたところである。けれども、この点も、今日的には、教学史上の様々な用例の検討など、より厳密な考証が望まれよう。例せば、本迹実相勝劣を標榜した日陣が「法体」の語を用いる場合、種々の局面に即した用例が存するも、その講述書『御書本疏聞書集』（日台筆録）では、

高祖所弘ノ法体可レ亘ニ五重玄ニ云事任ニ神力塔中ノ付属相ニ所也

（『法全』増一―一二三五頁）

等とて、日蓮教学における「法体」の概念は、五重玄義に亙ると指摘していることを知る。

この辺の問題については、稿を改め、掘り下げて論じてみたい。

2

ところで、望月師は、本迹勝劣論の類型を示すに当たり、日陣の系統を「已今本迹理勝劣」、日隆の系譜を「久近本迹事勝劣」と規定した。その問題点については、先に少しく触れたところである(14)。

例せば、日陣は、確かに已今本迹を軸に日蓮教学の本迹論を打ち出した。が、その際、「開迹顕本」を重視する立場から、久近の概念を取り込んで教学体系化を図ったと考えられる。また、「本地・迹中」の久近本迹を軸に置いて本門八品正意の末法衆生救済を論理化した日隆も、最新の優れた研究を私なりに受け止め直すと、已今本迹の意義を、決して否定するのではなく、寧ろ必須の前提としているように映るのである。

少しく細説すれば、日陣は、本門における開顕―開迹顕本を、日蓮の本門中心の法華経観の核心と捉え 当時の教学界の状況を憂い、教相の浅深勝劣論や本迹実相勝劣義を中心に教学を展開した。而して、その根本真理論は、具に、已今本迹による本門の開顕が詮した久近の世界を取り込む概念であったことが理解される。すなわち、「本門ニ所レ明最初証得ノ実体本有常住ノ実相」（『御書本疏聞書集』、『法全』増一―一二九二頁）が「寿量品ノ開迹顕本ノ実相」（『本迹同異決』、『宗全』第七巻五八頁、『同異決会本(15)』上一―一六〇頁）の根本と捉えられ、本門の開顕の中に真の実相は

把捉されている。殊に、「五百塵点ノ顕本」「約ニ甚大久遠ノ本迹ニ顕本」の所論には、日陣が洞見した、日蓮教学における本門の開顕の構造が如実に表されている。(16)

勿論、日陣は、日蓮教学全体の中枢に題目を位置づけているのであり、「(前略)名ト云モ体宗用教ヲ名ト云(後略)」(『雑聞書』〈日陣講述・日台筆録〉、『法全』増一—五五頁)等とて、総名を重視した上で「観心本尊抄ニハ名体宗用教ノ五重玄共ニ寿量品ニ限ル(『定遺』七一七頁取意)ト釈シ給ヘリ」(『宗全』第七巻一三五—六頁)という意義の玩味を、日伝側、延いては当時の教学界に呼び掛ける目線が存した、と受け止めることができよう。

また、日陣の著述を概観すると、本仏釈尊の三世益物、神力品別付嘱への着眼、(17)地涌往還の本門八品の儀相、(18)在末種脱、下種が重視され、さらには末法の観心を視点とした教学樹立に照準が定められていたことは顕然である。(19)左に掲げる消息の記述は、『四信五品抄』(『定遺』一二九六頁)、『上野殿御返事』(『定遺』一四九二頁)等の説示を踏まえ、広略二門に箇んだ、末法衆生済度の肝要の法、南無妙法蓮華経の重要性を示しながら、日陣の宗学研鑽の姿勢が如何なる視線に基づいていたかを如実に窺わせている。

朝夕ハ元祖ノ御筆ヲ思惟候テ、我心ヲモアキラメ、人ノヒヅミヲモナヲサルベク候、正ク広略二門ヲイマシメ、檀戒等ノ功徳ヲモセイシ候事ハ、初心異縁ニ所ニレテ紛動一セ、乱レガハシク候ヘバ、御セイバイ候、末法ニ入テ余経モ法華経モ無レシト詮云御書ヲ心ニカケ、時時節節ノ行業ニハ唯題目タルベク候、ヤ、モスレバ助行ノ小善ヲコト、センコ者ニ対シテ御ホウビ候ヘバ所対ノ不同ヲ打忘テ、正修ノ行相ヲイルガセニ存スル事候、能能御用心可レ有候、

(「与妙俊比丘尼書」、『宗全』第七巻九〇頁)(20)

一方、日隆の所論に関し、近時、碩学・大平宏龍師は、日隆教学完成期における【「迹門—理具三千」を所摂、「本門—事具三千」を能摂、更にその「本門—事具三千」を所摂、「本地本門—事行題目」を能摂とする「法体三

重[21]】の構図を指摘された。日隆著作中の「（前略）事理の三千は体玄義、妙法蓮華経は総名なり」『法華宗本門弘経抄』第六一巻、『隆全』第六巻五二六頁）といった記述を念頭に置くと、その際、総名の体は【「迹門―理具三千」＝所摂、「本門―事具三千」＝能摂】を取り込む意が注ぎ込まれている、と受け取れようか。[22]

今、そのことを承けながら、筆者なりに、日隆の教観論や、『観心本尊抄』第二十番答・第二十一番答（五重三段）・第二十二番答（種脱対判）等の理解に再考を試みると、次のような見逃せない側面が浮かび上がる。

日隆は、爾前・迹門を有教無観、本門を教即観（教観一致）と捉えるところに日蓮教学の基礎を見た。[23]

観妙を以て本妙を廃すと云ふは在世滅後・正宗流通・教観の異なり。法体に二ありて、本妙より観妙勝ると云ふにはあらざるなり。……日蓮宗の意は、爾前迹門は教のみ有つて観無し、本門には教即観にして教観一致なる故に本妙即観妙なり。

（『法華宗本門弘経抄』第三巻、『隆全』第一巻二〇六～七頁）[24]

このような本妙即観妙の教観論を念頭に置くならば、教判上からは、爾前・迹門に対して超勝性が打ち出された、本門に核を置く実相論が久近・在末種脱を貫く、というイメージが日隆教学の深層に流れているように受け取れる。

拙論で特に注目したいのは、例えば『観心本尊抄文段』の記述に見る日隆の『観心本尊抄』理解である。[25]

日隆の教学の変遷を追った場合、同書の法体観は、本地事行題目を最上とする法体三重説ではなく未だ法体二重の段階と指摘される。[26]その場合、三重説に至って題目（能摂）の所摂と位置づけられるにしても、『文段』で『観心本尊抄』の文脈に即して克明に描き出された本門正宗の捉えられ方は、三重説に至っても共通性を有するものであったと思われる。

すなわち、『観心本尊抄』第二十番答についての日隆の文段を見ると、「夫始寂滅道場」以下の説示（『定遺』七一二頁L8～）が「在世ニ約シテ五時ノ教門ヲ明シ、第五時本門ニ於テ事理三千ヲ論ズ」と明示され、その内、四十五字（『定遺』七一二頁）の直前までは「前後一代諸経並ニ迹門等ノ依正ノ無常ナル義ヲ明ス」、四十五字は「正シク本門依正久遠ノ一念三千ノ体ヲ顕ハス」「本門一品二半ノ正宗ノ意ニ約シテ理具一念三千[27]ヲ顕ハス」と明記されていることを確認できる（以上、『日隆聖人文段主要御書』〈以下同〉一〇八頁）。つまり、『観心本尊抄』の筆致に則って、在世一代聖教の教相の次第浅深の線に沿いながら文段を付し、一品二半で顕される「本門依正久遠の一念三千の体」が根本と受け止められていることが知られるのである。

また、『観心本尊抄』第二十一番答の五重三段に付された日隆の文段を見ると、五重全体の趣意を「広ク一代諸経ノ三段ニ経テ、権実ヲ簡ビ、本迹ヲ分チ、本門八品上行要付ノ本尊ヲ顕ハシテ、末代愚人ノ易行ヲ勧ムルコトヲ明ス」（傍線引用者、一一〇頁）等と記し、その中で第一重から第四重までの展開について、「且ク在世一代諸経ニ約シテ、通物シテ三段ヲ明ス正意ハ、本門一品二半ノ正宗を顕サンガ為ナリ」（傍線引用者、一一〇頁）と指摘して、その上で、第四重本門三段について「本門に於テ三段ヲ分チテ依正久遠ノ本門ノ一念三千ヲ明ス」（傍線引用者、一一二頁）とて、先と同様の見解を明記していることが確かめられる。つまり、いわゆる三重説に置き換えて説明すれば、仏在世の一代聖教における説法次第に留意し、権実・本迹、法華経の已迹今本の本門正宗において本門事具三千が詮顕される、と捉えられていたものであろう。

勿論、第五重三段の見方については先の日陣[28]と少しく異なるものがあり、日隆は、第五重三段こそが、「物ジテ本門八品ヲ標ス」（一一三頁）とて、本門八品の教学の核心であるとする。そこでは、前四重を承けながら、本門流通・教弥実位弥下の意に立ち、「本門八品ノ内一品二半ノ久遠下種」（一一二頁）、「一品二半ノ久遠ノ仏種子」（一一三頁）が詮され、「本門八品上行伝受ノ南無妙法蓮華経」（一一二頁）が顕されるという。しかも、ここにおいて、日隆は、本地（種→久遠下種）・迹中（熟・脱→一代権・迹・本）の構図を提示している（一一三頁）。

けれども、その際も、「自《リ》二一品二半一之外《ハ》名《ク》二小乗教・邪教・未得道教・覆相教一《ト》。（中略）爾前迹門《ノ》円教《スラ》尚非《ス》二仏因《ニ》一。（後略）」（『定遺』七一四頁）の説示から、「一品二半ハ脱ノ内ノ種ナル故ニ猶ホ正宗ニ属ス」（『日隆聖人文段主要御書』一一三頁）と論じている点は、注視を要するように思われる。

日隆における、以上の『観心本尊抄』理解を念頭に置く限り、法体三重説でも題目（能摂）の所摂とされる本門事具三千は、その詮顕が（いわゆる約説已今本迹の）在世・本門正宗を離れてはあり得ないという認識が存するように受け取れるのである。日隆が見た本門正宗は、「迹中之本」（脱）と位置づけられつつ、その際、本地事行題目（種）を含むとされ、本門正宗を基点に論が運ばれている面が存することは注目されよう。

このような視点から言えば、日隆の教学においては、『観心本尊抄』の説示から《爾前・迹門に対する本門》で本門事具三千が確定し、そのことを前提としながら、「本地」「迹中」の久近本迹が詳説され、さらには、かかる構図に本門序正流通の一往・再往の釈（『定遺』七一五頁以下）を重ねて本門八品が宣揚され[29]、本門に《在世―一品二半―脱》と《末法―八品―種》の在末種脱が判じられて、末法救済の論理が突き詰めて探究されたものと考えられる[30]。その中で、既述の教即観の立場は、末法を視点とした教即観として論究されるに至ったと見られよう[31]。ここにおいて、三益論―末法下種の視点から下種の法の本質が考察され、在世の本門正宗を「八品ガ家ノ一品二半」と受け止め直し、ここから「以脱還種[32]」するという着眼が示されている点は、注視すべきであろう。

そして、こうした局面においても、次のような実相論が原則に置かれていたと捉えられよう。

本門正意の寿の長遠は事円事実相なり、今六句の実相を釈する故に「此《レハ》須《ク》レ指《ス》二本智《ノ》照《スコトヲ》レ境《ヲ》一」と云へる久遠の実相は五味主の体玄義なり、故に本迹の実相天地勝劣なり、既に爾前迹門の実相三千は、十界の仏界の果頭慈父は始覚土民なり、随つて三千実相も定らずして浮草の如し、本門の因果国の事の三千は能覚の仏界慈父大王なり、此の大王の本智即本智照境する本地難思の境智の妙法実相なり、何ぞ本迹の実相一同ならんや、此の実相は別、名は総、総別一体の妙法蓮華経なり、（後略）

（『法華宗本門弘経抄』第八五巻、『隆全』第九巻二四一―二頁）

なお、かように見来れば、近代以降に日隆教学に投ぜられた〈本門一品二半の台当分別が不鮮明[33]〉といった批判は、的を射ていると言えず、再検討を要することになると思われる。

以上、覚え書き的にではあるが、ここでは、日陣・日隆の両学匠の教学を例に取って、碩学・大平宏龍師の指摘に導かれながら、近時思い描いたことの一端を少しく誌した。両教学の間には、日陣が已今本迹、日隆が久近本迹・在末種脱を中心に本迹論を展開し、教学の重心の置き方に相違が見られることは、確かな事実である。しかしながら、総括的にいえば、こうした事例からも、日蓮教学史上、已今本迹あるいは久近本迹と系統分けされる勝劣派系統の教学も、内容的に、実際には、已今や久近が密接に交錯している場面があり、その中で、教観、三益、在末種脱などの構図が描き出されている様子を改めて噛み締めることができる。すなわち、従来言われる教学的な色分けの構図が、そこまで単純化して論じ得るものではないことが領解されてくる。

近代以降――殊に望月師のダイナミックな類型化が提示されてより、諸学説のシンボリックな特徴は学界に周知された感がある。が、それに伴う先入観が余りにも漫ろ歩きした場合、各教学者が実際に論理化した日蓮教学の全体像には目が向けられづらくなり、時に、偏見や誤解を生む危険性さえ存すると考えられ、留意を要しよう。

なお、今一つ注意を払うべきは、本迹実相勝劣という所見は、勝劣派系教学――その所論の細部には見解の異なりが見出せるにせよ――のみのキャッチワードと思われがちであるが、現に、一致派の流れをも含めた近現代の学匠の多くが、日蓮教学の重要な特徴として、その視線を共有していたと受け取れる点である[34]。

二　本迹一致論の種々相と類型化をめぐる問題

1

次いで、本迹一致論の種々相とその類型化に関する問題について、少しく見てみたい。

望月師が「本迹論と日蓮宗の分派」で示された類型化は、この点についても、最も纏まった成果として、現在に至るまで、高い評価と大きな影響力を有しているように思われる[35]。

今、その学説の骨子のみ示せば[36]、本迹一致論の形式として、台当一致（天台教学と日蓮教学の一致）・二経一致（日蓮教学の本迹二門の一致）・題文一致（玄題と文相の一致）・底上一致（文上を全て迹門、文底を本門とした一致）が掲げられる。次いで、本迹一致論は、内容的に一致論と一体論の二方向に大別され、本迹一体論として、仏意一体論（機情有勝劣）、体章一体論（宗用有勝劣）、実相同体論（時機有勝劣）、未分一体論（已分本迹有勝劣）、題目超越論（経文有勝劣）、一経一体論（文文句句悉妙法）――等が挙げられている。さらに、内容的な一致論として、本迹修性論（迹門＝性〈体〉、本門＝修〈用〉）、文上本迹始本不離論（行の観点からの迹門＝始覚と本門＝本覚の不離）、底上始本相即論（文上＝始覚に即して文底＝本覚が顕され、始覚と本覚が相即する故に、文上〈迹〉と文底〈本〉も相即する）という所論が掲げられ、これらに「未顕本迹勝劣・已顕本迹一致」が一貫することを指摘している。

今日、かかる学説を基本として踏みつつ、妥当性の検証を行い、さらに細かな類型・分別を試みることが、先述の勝劣論の場合と同様、可能な状態にあると思われる[37]。

2

叙上の望月師による分類の中には、極度に抽象度を高めた師独特の造語も使用される等、勝劣論の場合同様、やはり注意を要する。そうしたことを含め、望月師の整理には、再検証を要する面があろう。

例せば、望月師は、優陀那院日輝（一八〇〇―五九）の本迹論の核を「底上始本相即論」と受け止め、また、望月師も自身の学説の中枢に位置づけたことが窺える。この点については、別稿で既に少しく論じたところである。(38)

なお、卑見では、日輝の著述中、実際、かかる成語は存しないようである。故に、望月師は日輝の著述の全体から、その意を汲み取り成語化したものと推定できる。師の『日蓮宗学説史』を見ると、その辺の証左として『続篇宗義録』「本門観心両重分別章」の記述（『充洽園全集』第四編〈以下同〉一七一頁）が掲げられているようである。

また、私に検すると、例せば、『続篇宗義録』の前段「二種本門立条異目章」には、

二種本門雖モ三綱要ニ立ツト二十異ヲ一其名目之異而已。推二求スルニ其ノ義ヲ一全ク同シ焉。（中略）当ニレ知ル二種本門。唯タ在ル二今家ノ教相ニ一耳。今且ク以テ二五意ヲ一弁セン二両重ノ之異ヲ一。一ニハ有始無始。即始覚本覚也。是レ則チ約シレ教ニ約スルレ果ニ也。二ニハ有作無作。是レ約シレ行ニ約スルレ因ニ也。三ニハ総体別体。謂ク迹家ノ久遠ハ唯タ論ス二釈迦一仏ノ本迹ヲ一。本宗ノ実成ハ総シテ通ス二一切ノ生仏ニ一。四ニハ能詮ノ施設。且ク立ツ二塵点一所詮ノ実義。当機ノ所証　五ニハ約シテ二時節ニ一論シ二三世ノ益物ヲ一。約シテ二法界ニ一顕ス二十界常住ヲ一也

（一七〇―一頁、傍線引用者）

とあり、一妙院日導（一七二四―八九）が『祖書綱要』第十六二種本門十条異目章で開示した文上随他（迹）・文底随自（本）の二種本門思想(39)との脈絡を示しながら自説が示されていることを知る。あるいは、他の著作にも、

（前略）能証ノ事ニ約スレハ諸仏同ク始覚ナリ　所証ノ妙法ニ約スレハ諸仏同ク本覚ナリ　始覚ノ仏ニ即スル

本仏ナリ　本覚ヲ証得スル始覚仏ナリ　故ニ始覚ニ非レハ本覚ヲ顕スコト能ハス（中略）本門顕レ已テ後ハ本迹倶ニ三世常住ナリ　コレ一部ノ中妙法不二而二ナル所以也。

（『本迹帰宗論』、『充洽園全集』第四編九頁）

（前略）今我家ハ約シテ二有作無作ニ一明二本迹ヲ一故ニ本ヲ為二理体ト一迹ヲ為二事用ト一本カ家之迹迹即本ノ之用ニシテ而亦名レ迹亦名レ本　然以レ用随フレ体ニ故ニ迹亦為ナルレ本ト　是ノ故ニ本迹倶ニ名二本門ト一也（後略）

（『本迹日月灯』、『充洽園全集』第四編六〇頁）

等と見え、望月師が「底上始本相即論」で示そうとした内容が確かに日輝の本迹論の基部に存したことを知る。けれども、惜しむらくは、望月師が、学説を抽象化し造語化する際、その論拠を必ずしも明示してはいない憾みがある故に、その妥当性の有無は、後進に判断し難い面があるといえよう。

また、「文上本迹始本不離論」は、文上の「迹門―始覚」と「本門―本覚」の不離を意味するという。これは「多くはないが思想上斯ういう考もあり得る」とて、想定し得る見方を掲げられたもので、加えて、その成語化が望月師によってなされていることにも、注意する必要があろう。

3

なお、本迹勝劣論の検討にも通じるが、本迹一致論の類型化に関連する重要な考証として、それぞれの学説の論拠を、今日の学術的立場から鮮明化し整理を試みることがあるように思われる。日蓮遺文との関わりからの綿密な検討は、遺文の真偽論も含めて、最重要であり、今後の課題としたい(40)。今は、本迹一致論に大きく作用した天台教学との関わりの面から、少しく再確認を試みたい。

日蓮教学史上の一致論を彩った天台教学の主要なエッセンスとしては、【①中国天台教学系統の学説】と、それを承けながらも、奇抜な思想的展開を見せた【②日本中古天台教学系統の学説】とが知られるところである。

執行海秀師は、周知の通り、日蓮教学史の学風について、鎌倉時代末期を「台家与同時代」、南北朝時代~室町戦国期を「中古天台心酔時代」、安土桃山期~江戸前期の創業確立期を「志那天台心酔時代」と区分され、こうした学的傾向が本迹論史全体の展開と密接に係わり(41)、一致論の展開にも相関していると考えられよう(42)。


【①中国天台教学系統の学説】中国の天台法華教学の本迹義は、《迹門実相正意（迹体為正）の本迹実相同(43)、久近本迹の理同事異(44)、「本迹雖殊不思議一」》を思想的基盤とする。日蓮教学史上の本迹一致論には、この中国原始天台教学のエッセンスを基盤として、その立場から日蓮遺文を理解し、本迹一致（一体）を立論する系統がある(45)。すなわち、久近本迹の理同事異を日蓮教学の本迹論の帰結と捉えた本迹一致論は、教学史的資料に頻出するところであり(46)、日蓮教学史上、《体章一体論(47)（約宗勝劣約体一致）》や、その先駆けとなる学説(48)《約仏勝劣約法一致》、さらには《本迹相資》の所論、あるいは再往一致（一体）を《題目超越（本迹超絶題目）(49)論(50)》《開顕一致（相待妙—勝劣、絶待妙—一致）(51)》に求める所論の鼓舞に繋がっていると受け取れるのである。

ここで認識すべきは、かような潮流にある一往本迹勝劣・再往本迹一致の論理形式全般が、実際には、中国原始天台教学とも色調が異なる側面の存することであろう。

例えば、『本迹難』が主張した一往勝劣（宗〈宗・用〉）再往一致（体）の学説(52)は、一見すると、中国天台教学の五重玄義観に基づいたかにに見える。が、厳密には、宗・体の不一不異から離れ(53)、また、その「宗ヵ家之体(54)」も宗体不一の枠で用いる(55)など、中国天台教学の基本線から逸脱していること瞭然たるものがある(56)。

総じて、天台教学では、例せば、「本迹雖㆑殊不思議一。雖㆑一而本迹宛然。故云㆓不二而二㆒」（『法華文句記』巻第十中、『正蔵』第三四巻三四四頁b）といった表現に象徴されるごとく、本迹一致というより、寔に、「本迹の二而不二・不二而二」を原則として論じられている印象が強い。すなわち、本迹の判（本妙迹麁の判麁妙）と開（本迹相顕理融）との不可分、不離相即が原則とされているのである。

さらに視点を変えていえば、条々の諸学説は、確かに中国天台教籍中に典拠を求め得るが、こうした原始天台教学の特徴に着眼し輪郭を明瞭化させせたのは、寧ろ日本天台教学史における（観心主義の系統に比されるところの）教相主義の潮流であったとも言い得る。その意味で、叙上の本迹一致論の諸類型は、日本天台教学の「始覚・教相主義の系譜」から展開した学説と大判することも可能と思われる。

【②日本中古天台教学】日本中古天台教学では、いわゆる本覚思想が台頭し、「迹門＝始覚＝不変真如＝理常住（理円）＝有作三身、本門＝本覚＝随縁真如＝事常住（事円）＝無作三身」等と図式化する本迹判や、「本迹未分の根本法華」（観心）を仏教の中心に置く教観論を特色とするに至っている。[57] 日蓮滅後の教学史上、こうした本迹判は一致・勝劣両派の流れに、また、独特な教観論は、特に、一致論の中で重用された傾向を観て取ることができる。中古天台の観心主義の系譜にある、日蓮教学史上の本迹一致論としては《機情有勝劣》[58]《開顕一致》[59]《(本迹)未分一体論》[60]《題目超越（本迹超絶題目）論》[61]等を挙げることができる。これらは、いずれも、中国天台教学との思想的脈絡も見出せるが、日本天台で独特に展開した学説が応用されたとの印象が強い。[62]

中でも、爛熟期の中古天台教学では、例せば、

仰云。相生流　本迹ノ同異不同ノ。二ノ習有レ之。無二浅深一者。迹中之本ノ本迹也。対二本門ノ実相一。此上ニ不同ノ本ト云ハ根本法華ノ内証。本地妙法ノ実体也。此本地ノ妙法ニ対スレハ。迹中之本ノ本ナレトモ遙ニ下タル教也。況ヤ迹門ヤ不レ及二相対一ニモ事也。釈云本極法身○何況凡夫矣。此本極法身ト云カ。本地法身ノ不同ノ本也。サテ蓮実坊和尚ハ。五百塵点ハ迹仏ノ寿命。森羅ノ万法ハ本仏ノ寿命矣。挙二事成ノ界数一ヲ。破迹顕本シタルハ。迹中之本ノ本也。実ニハ三千森羅ノ諸法。

本覚常住ニシテ。有ノ任ナル処カ。真実ノ本地ノ久成ノ妙法也。直兼ノ仰義也（『玄義私類聚』、『仏全』第一七巻一八六頁）

等と見えるごとく、《顕説法華＝迹、根本法華＝本》とする独特な本迹説が打ち出された。時に、こうした系統の学説が、日蓮教学史上の本迹一致論へダイレクトに取り入れられた形跡が存することも、見逃すことができない(63)。

かくして、先述の《底上始本相即論》は、大局的には、こうした系譜に立つとも見られ、文上（教）＝始覚＝用迹と文底（観）＝本覚＝体本と配し、体用本迹義を内容として導き出されている。その体用本迹義、文上・文底の分別は、《二種本門思想》同様、日本中古天台教学の観心主義系の教観勝劣論と同一線上にあり、この顕本論における「始覚即本覚（始即本）」の立場を教に約して論じるところに本質が存するものである。こうした学説が日蓮本来の教学と異質なものであることは、既に日蓮教学研究の泰斗・北川前肇師が鋭く指摘された(64)ところである(65)。

4

また、注意したいのは、先述の本迹勝劣論の場合と同様、本迹一致論も、その類型化によるラベリングが議論の中で先行すると、各教学者の所論が本来有つ、時に複合的、あるいは多面的もしくは重層的な側面、さらに、それに伴う真の特性が希釈されて受け止められる危うさが存することであろう。

例せば、『本迹難』は、確かに《体章一体論（約宗勝劣約体一致）》を基調としたが、細見すると、先述した中国天台教学系の諸学説の多くを内に含んでいたと見られる面がある。すなわち、同書には、《約仏勝劣約法一致(66)》《仏意一体論（機情有勝劣(67)）》《本迹相資(68)》《開顕一致(69)》、あるいは《「本迹雖殊不思議一」の重視(70)》《題目超越（本迹超絶）論に通じる色彩(71)》等を確認することができる。

また、その後の六条系の教学の展開を俯瞰するに、一往約宗勝劣論は寧ろ影を潜め、《（本迹）実相同体論》と同時に《題目超越論》を鼓舞する主潮が形成され[72]、一往機情勝劣や《本迹相資》等の高揚など、多面的に一致論を展開したことが窺える[73]。了義院日達（一六七七―一七四七）に至っては「台当一致」の形式に陥ったとの批判がある[74]。

一方、日本中古天台の観心主義的教学の影響下、《未分一体論》に《題目超越論》を重ね合わせたことが知られる[75]行学院日朝（一四二二―一五〇〇）は、その世界を、「（本迹雖殊）不思議一の体玄義」と示している[76]。かつ、《本迹相資》を謳うなど、複合的に、本迹論を打ち出したことが領解できる[77]。

さらに、本迹一致論の集大成を図った既述の日輝の学説にも、多面性が存する。日輝は、本迹を、因門・果門に約した「約教」と、台当分別を判じる「約宗」とに分け、あるいは、教・行・証の三種の視座から、本迹並存（教門）、本迹倶亡・本迹相資（行門）、本迹双成（証道）等と論じ、本迹の異体を認めながら、本門の立場から本迹相資を論じ、さらに観心の角度から教観相資を打ち出している[78]。こうした日輝の教学の基部に据えられたのが、先述の、いわゆる「底上始本相即論」であったと考えられる。

以上のように、各教学者の本迹論一致論は、諸説が、時に複合的に論じられ、時に重ね合わせられている。勿論、望月師の論述には、そうした特徴を踏まえて丁寧に論を運ぼうとした様子も確認できる。けれども、今日の我々は、今一度この点を充分に押さえた上で研究の進捗に臨む必要があるように思われる。

結びに代えて

日蓮教学史を概観すると、いずれの教学者も当然、南無妙法蓮華経を根幹とする教学の樹立を志向されている。その教学の中枢が詮顕される機軸を、法華経の本迹二門の教判、あるいは、本迹の関係性を見据えながら検討した[79]

ところに、日蓮滅後の本迹論史が成立していると見られる。

殊に、室町時代以降の本格的な本迹論の主潮は、諸法実相と本迹の関係づけの問題が大きな関心の的となって[80]、題目、五重玄義が考究され、已今・久近、教観、種脱との関わりが留意されながら考覈が深められていった、と大局を摑み取ることができよう。

日蓮の教判論の意義を奈辺に見出し、どの局面を教学の中核と見做したかの傾向を把握する営みにおいて、各教学者の本迹論を抽象化し、史的な全体像に類型化を試みることは、極めて有効性をもつといえよう。が、実際、各学匠は細部に亙っての教学の論理化を索めており、その教学的総体は決して単純ではない。考察上、この点への配意を欠くと、やはり実態と懸け離れた偏見に陥り、結果的に悲劇をもたらすと考えられる。

また、我々が本迹論から何を学ぶべきかを考えた場合、従来の濃厚な論争的色彩から脱し、本迹論史上の諸学説が想定する様々なフェーズを今日的に再吟味することによって、今日的に教学の精緻化を進めるという重要な課題も存しよう。歴史の中で重視された視点として、教判・教観・種脱、已今・久近、一々文々是真仏、あるいは本門開顕後の世界や、本迹超絶題目論が指示した題目の領域、あるいは「本迹雖殊不思議一」との関わり[81]等がある。これらにつき、日蓮門下の各門流・各教団が伝統的に背負うテーゼとは一旦距離を置き、厳正かつ建設的な角度から検討を加えることが、重要な研究課題として存在するように思われる。

日蓮教学史上の本迹論は、今日の進んだ日蓮遺文研究の水準に比した場合、時代の制約による様々な限界が伴うことも事実であろう。その意味で、今日の日蓮研究から眺めた場合、相対化して論じられねばならないであろう。

けれども、その一方、様々な制約を受けながらも、各時代に抽んでた学匠の慧眼は、時に、現在の我々が瞠視すべき程に奥深いものが見られる。その意味からも、我々は大いに教学史的資料という先達の知見の宝庫に学ばねばならないであろう。その際も当然、厳正な妥当性の検証は必須であり、汲むべきところを汲み取るという、冷静かつ敬虔な姿勢が重んじられなければなるまい。

註

（1）望月歓厚『本迹論と日蓮宗の分派』（日宗社、一九二七）、同「本迹論と日蓮宗の分派（後篇）」（『大崎学報』第八一号、一九三二）、同「本迹論と日蓮宗の分派」（『大崎学報』第九九号、一九五二）。以上は、同『日蓮教学の研究』（平楽寺書店、一九六一）の第八章として纏められている。

（2）拙稿「本迹論研究の視座」（『日蓮教学研究所紀要』第五〇号、二〇二三）。

（3）註（2）拙稿参照。

（4）拙稿「初期日蓮教学史と本迹論」（〈『印仏研』第六〇巻第一号、二〇一一〉・〈『法華仏教研究』第一六号、二〇一三〉）。

（5）なお、玄妙阿闍梨日什（一三一四―九二）や日什門流諸師の、この点をめぐる見解については、拙稿「玄妙阿闍梨日什の教学史的資料をめぐって」（『法華仏教研究』第二六号、二〇一八）参照。

（6）日陣の本迹実相勝劣義については、拙稿「円光日陣に於ける本迹論の一考察」（『大崎学報』第一五一号、一九九五）、同「門祖日陣聖人の本迹実相勝劣論に関する考察」（『法華宗宗学研究所所報』第二一輯、一九九七）等参照。また、この点については、『本迹二経実相理浅深事』、『本迹二経之理浅深』（応永一三年九月一四日）、『本迹二経理浅深事』（応永一二年九月二四日）といった日陣撰述書や講録の題名そのものが、そのことを象徴的に表しているといえよう。

（7）近時の日隆に関する優れた論攷に、大平宏龍「慶林日隆の本迹論管見」（『興風』第三三号、二〇二一）、同講述「慶林日隆教学の形成と特色」（『興隆学林紀要』第一九号〈二〇二一〉・第二〇号〈二〇二三〉）等、株橋祐史「本迹論をめぐる一考察――日隆聖人の本迹論を観点として――」（『桂林学叢』第一五号、一九九四）、平島盛龍「慶林日隆の本迹論に関する一考察」（北川前肇先生古稀記念論文集『日蓮教学をめぐる諸問題』〈山喜房仏書林、二〇一八〉）、三浦和浩「日蓮聖人の一念三千義における「観法」と「法体」との関係性について」（『興隆学林紀要』第一八号、二〇二一）等がある。

また、日隆の教学に関する研究史に関しては、大平寛龍「慶林日隆聖人関係研究文献目録」（『法華宗研究論集』〈東方出版、二〇一二〉）に詳しい。

（8）註（7）大平宏龍「慶林日隆の本迹論管見」等参照。

（9）例えば、望月歓厚・執行海秀の両師は、承慧日修（一五三二―九四）の『真諦法流正伝抄（青藍抄）』や護持此経論争の記録（立正大学図書館所蔵写本）によって、日真の本迹論を論じられたごとくである。望月歓厚『日蓮教学の研究』三五一頁以下、同『日蓮宗学説史』（平楽寺書店、一九六九）二一一頁以下、執行海秀『日蓮宗教学史』（平楽寺書店、一九五二）一一七頁以下参照。

（10）拙稿「日蓮教学における題目論の一断面」（『日蓮仏教とその展開』所収）等参照。

（11）この点、注目したいのは、日陣も、「（前略）知《ヌ》一念三千《ト》与《ハ》二諸法実相一語異《ニ》意可《ト》レ同云《フ》事《ヲ》　爾《ハ》者御抄本疏取合中《ニ》一念三千《ヲハ》自《リ》二諸法実相《ノ》文一立《テ》給《ヘリ》　若《シ》爾《ハ》者諸法実相《ト》仏説《キ》給《フ》意在《リ》二一念三千一《ニ》　此《ノ》諸法実相《ノ》道理《ヲ》亦開三顕一開権顕実《トモ》一念三千《トモ》妙法蓮華経《トモ》判《シ》給《フ》歟　以《テ》二此等《ノ》義分一《ヲ》両経《ノ》実相理《ニ》可《シト》レ有《ル》二浅深一立《テ》申《シ》候也」（『雑聞書』、『法全』増一―一八二頁）等とて、日蓮教学においては諸法実相＝一念三千＝妙法蓮華経を意味する、という認識が基本にあったことである。この構図を基調として、本迹実相同の立場に対し、日陣は実相理（一念三千）の本迹勝劣を打ち出し、迹門＝理、本門＝事と分別した。その際、日陣が、それを、事・理の相対ではなく、真理（本門＝事）と非理（迹門＝理）の相対（理・非相対）と説明していることには注意しなければならないであろう（『宗全』第七巻一二六頁等参照）。

（12）註（4）拙稿「初期日蓮教学史と本迹論」参照。

（13）註（9）執行海秀『日蓮宗教学史』、同「日蓮聖人の教判に於ける教観の問題について」（『大崎学報』第九五号、一九三九）等参照。

（14）註（2）拙稿「本迹論研究の視座」参照。

（15）本迹同異決会本刊行委員会編『門祖日陣尊聖人六百御遠忌金出版　本迹同異決　会本』上下二巻（法華宗〈陣門流〉宗務院、二〇一八）。

(16) 拙稿「円光日陣と中古天台本覚思想」（『印度学仏教学研究』第四八巻第一号、一九九九）、拙稿「『注法華経』「迹本理勝劣事」をめぐって」（『法華宗宗学研究所所報』第二四輯、二〇一〇）等参照。

(17) 日陣は、末法衆生済度のために、寿量品の妙法が神力品で別付嘱されると見ている。「与大賢坊書」（『宗全』第七巻七七頁）、『雑聞書』（『法全』増一―一一―三、七七―九頁等）等参照。

(18) 例せば、日陣は、『観心本尊抄』第二〇番答の「今本時（中略）但召シテ二地涌千界ヲ一説テ二八品ヲ一付二属シタマフ之ヲ一」の説示（『定遺』七一二頁）を解説する中で、日陣は「次今本時娑婆世界トヨリ云時機未熟ノ故歟ト云訖ハ常住ノ依正三千本有ノ義ハ限二寿量品ニ一云意ヲ釈給也。次ニ此本門ノ肝心ヨリ云已下ハ於二在世ニ一説所定テ其上ニ付属ノ様ヲ釈給フ也。説二於八品ヲ一付二属之一者地涌往還ノ間ヲ云也、即自二涌出品一至二属累品一也」（傍線引用者、『観心本尊抄見聞』、『法全』教四―四五八頁）等と講じている。

このように見てくると、日隆とは視点の置き方に相違が認められにせよ、日陣も、末法衆生済度のための付嘱の視点から八品の重要性を充分に踏まえていたことが確認できる。日陣の場合、その際、末法の済度の法の本質を「本門寿量品の肝心」たる名体宗用教の南無妙法蓮華経と見るところに重きが置かれたといえよう。

(19) なお、日陣の在末種脱論、三益論、教観論については、筆者は、曽て註(6)拙稿「円光日陣に於ける本迹論の一考察」等でも論じたことがある。また、侍従阿闍梨日現・菩提心院日覚・智門院日求・本有院日相―等、日陣以後の陣門先哲諸師は、およそ以上のような諸点に特に留意を払いつつ、日蓮教学体系化の進捗を目指した。

(20) 他、「与円光坊書」（『宗全』第七巻六四頁）等参照。

(21) 大平宏龍「日隆聖人文献における『私新抄』の位置――事具三千をめぐって――」『興隆学林紀要』第一〇号、二〇〇〇）、同「慶林坊日隆教学の確立――法体一重説から法体三重説へ――」（『興風』第三〇号、二〇一八）等参照。故・大黒喜道師も「理事の一念三千と妙法五字の関係――法体二重説・法体三重説に触発されて――」（『興風』第二九号、二〇一七）等で、大平師の所見を承けながら考証を進められた。

(22) 日隆は、事の三千と題目との法体の間に、同異の二面を論じ、時に、「示して云く、妙法蓮華経と、一念三千とは同歟異歟。答、諸御抄の中に同異の両辺ともに定判し玉へり、所詮落居は何れも同じきなり、本門の妙法蓮華経、事の三千にして、倶に下種の法なりと云へども、事の三千の辺は意密の観心にして智者の解行なり、故に末代の下機に堪へざるなり、南無妙法蓮華経は口唱の事行なる故に、未了者の為めには「以レ事顕レ理」と云つて末代下愚の未了者の為めには南無妙法蓮華経は易行なり、其の上、法体又勝れたり、其の故は首題は総体門なり、事の三千は別体門なり、伝教大師の御釈、及び玄籤の第一の序の下明了なり云云」（傍線引用者、『法華宗本門弘経抄』第八九巻、『隆全』第九巻五七二―三頁）等とて、事の三千を別体門、題目を総体門と配している（類文多数）。この点は、既に、株橋日涌『法華宗教学綱要』（東方出版、二〇〇六）七八頁以下等で注目され、総体門＝題目（能摂）、別体門＝〈本因果国の事具三千の実相〉（所摂）と示されている。

(23) かかる見解にこそ、日蓮教学史上、極めて高く評価される教観の構造が存する（執行海秀「日蓮聖人の教判に於ける教観の問題について」）。現代の我々は、今一度この点を噛み締める必要があるように思われてならない。

(24) 他、『私新抄』（『宗全』第八巻二一〇頁）等参照。

(25) この辺については、以前、拙稿「本門の世界――『観心本尊抄』理解の一視点――」（『法華宗教学研究発表大会第三十回記念記録集』、二〇一七）で少しく触れたことがある。

(26) 大平宏龍「日隆聖人文献における「私新抄」の位置――事具三千をめぐって――」、同「慶林坊日隆教学の確立――法体二重説から法体三重説へ――」参照。

(27) ここでいう理具一念三千について、株橋日涌師は、「本門の事具一念三千に対する迹門の理具一念三千をいうのではなく、実は総名所摂の本門事具一念三千を意味するものであって、ここの「理具」の語は総名を「事具」というに対する法体の意」（同著『観心本尊鈔講義』上巻〈法華宗宗務院、一九八二〉五九四―五頁）と指摘されたところである。

なお、『観心本尊抄文段』では、題目を「事具ノ妙法」と把捉し、妙字具足義（三経四疏引用）を「惣名事具三千ノ法体」、（題目に摂される）釈尊の因行果徳は「別体ノ理具三千」と示されている（『日隆聖人文段主要御書』一〇六―八頁）。

(28) 註(6)拙稿「円光日陣に於ける本迹論の一考察」参照。日陣は、『観心本尊抄』の第五重三段の正宗分を「寿量品」「本門ノ妙法蓮華経」（『法全』教四―四六六頁）「寿量品ノ一念三千ノ妙法蓮華経」（同四六九頁）と解し、「三世ノ諸仏ノ出世ノ正意ハ為レ説ニ寿量品ヲ也。其故ハ一切衆生ノ成仏得道ハ限ニ寿量品ニ故也」（同四六六頁）等と解説し、その上で在末種脱を法体同と捉えている。

(29) その際、日隆の本門八品の主張には、「本門八品は皆悉く滅後末法下種の為なり。此の事観心本尊抄一部の大事なり。（中略）八品の中にも涌出、寿量、神力の三品は最要なり。又三品の中には寿量の一品最要なり」（『法華宗本門弘経抄』第八巻、『隆全』第一巻五五三頁）という認識が見られる。

(30) こうした認識に立って、「玄の二の四重興廃の観心の大教興れば本門の大教を廃すと云う所廃の本門は一品二半脱益正宗の本門なり。能廃の観心の大教は末法の初めの為の本門八品上行要付本因妙名字信行観心の事なりと交すべきなり云云。」（傍線引用者、『法華宗本門弘経抄』第一巻、『隆全』第一巻五頁）等と判じられるものであろう。

(31) 日隆は、本妙即観妙を、究極的には、本妙が「一品二半顕本の本果の本妙」＝所観の境、観妙が「八品所顕の本因妙名字の観心の妙」＝能観の智を意味するとし（『法華宗本門弘経抄』第三巻、『隆全』第一巻二〇七頁）、末法の立場からの立ち入った考証がなされている。なお、日隆の言う一品二半と八品について、北川前肇『日蓮教学研究』（平楽寺書店、一九八七）第二篇題三章に詳しい考証がある。

(32) 『日隆聖人文段主要御書』一一四、一一七頁等々。日隆著作中、用例多数。
日隆は、『観心本尊抄』の在末種脱の本質を、「以脱還種」の義を軸に「且ク八品ト一品二半トヲ相対シテ、脱ヲ以テ種ニ還シ八品ニ属して末法流化ヲ招ク」（一一四頁）と示し、【在世—正宗—一品二半—一念三千の妙理—脱—住上—聖者—証】【末法—流通—八品—題目—種—名字—悪人—信】の総対義をその中に見ている（同上）。この場合、注視しなければならないのは、「以脱還種」、すなわち種の本質を「一品二半ノ久遠ノ仏種子」と記されている点ではなかろうか。

(33) 註(9)執行海秀『日蓮宗教学史』一一八頁等、取意。

(34) 註(9)望月歓厚『日蓮教学の研究』二六五頁以下参照。註(13)執行海秀「日蓮聖人の教判に於ける教観の問題について」等参照。なお、遡れば、近世一致派教学の大成者である優陀那日輝も、本迹体異を認めた上で、本迹論を多面的に論じたとの印象をもつ（『充洽園全集』第二編三四九頁、第四編二六頁等参照）。

(35) なお、望月師の研究以後の、本迹一致論の研究に関する概況については、拙稿「「一念三千殆隔竹膜」考」（『法華宗宗学研究所所報』第二二輯、一九九九）参照。
近時は、例えば、藻原の和泉房日海（一三三六—八九）の教学に関して、註(4)拙稿「初期日蓮教学史と本迹論」等で取り上げたことがある。その後、大黒喜道編著『興風叢書(19)三種教相見聞』（興風談所、二〇一五）、都守基一「茂原日海『末法行儀相伝抄見聞（顕底抄見聞）』について」（『日蓮仏教研究』第九号、二〇一八）、同

「藻原日海『初心行者位見聞』について」(『興風』第三〇号、二〇一八)、同「藻原日海『己証聚類集』について」(『日蓮仏教研究』第一〇号、二〇一九)等が発表されている。また、都守基一師は、『日蓮教学研究所紀要』第四六号(二〇一九)の《史料紹介》(44)で、『本迹問答』(立正大学図書館蔵)を翻刻され、その際、詳しい解題もしたためられている。

また、唯本院日伝(一四一九―一六三)の『妙法弘行本迹問答抄』についても、都守基一師が、『日蓮教学研究所紀要』第四一号〈史料紹介《39》〉(二〇一三)で翻刻され、詳しい解題をしたためられた。「日昭門流日伝著『妙法弘行本迹問答抄』の諸本対照」(『日蓮仏教研究』第八号、二〇一六)では、五本の底本を精密に翻刻対照された成果が公にされている。

(36) 以下、望月歓厚『日蓮教学の研究』第八章「本迹論と日蓮宗の分派」による。

(37) その細論は、今後の課題であるが、参考までに日蓮教学史的資料から筆者が実際に確認できた本迹一致論を、現時点での報告という意味で私的に摘記すると、およそ次のごとくである。中国天台教学の《迹門実相正意(迹体為正)の本迹実相同、久近本迹の理同事異、「本迹雖殊不思議一」》を重視する系統、殊に「本迹雖殊不思議一」系、さらには、「教相勝劣観心一致」、約仏勝劣約法一致(法=実相、妙法)、約宗勝劣約体一致(宗章勝劣体章一致)、機情勝劣仏意一体、開顕一致(相待妙勝劣・絶待妙一致)、本迹未分一体、一経一体、本迹超絶題目(一致)、二種本門思想(文上随他本門〈一往勝劣〉・文底随自本門〈再往一致〉)、本迹相資、「(望月歓厚師のいわゆる)底上始本相即一致」、一々文々是真仏、「本有の勝劣・一致」――等である。このような諸学説には、進展の順序や、時代毎の流行、あるいは門流毎に基調とされた傾向が存すると考えられ、今後、あらためて整理を要しよう。

(38) 註(2)拙稿「本迹論研究の視座」参照。

(39) 日導の本迹論については、先行研究を挙げながら、註(35)拙稿「「一念三千殆隔竹膜」考」で少しく論じたことがある(八八―九一頁)。

(40) また、関連して、見落とせないのは、各時代を通じ、本迹一致論の中には、日蓮遺文の前後の文脈からの読解や、その前提をなす思想的な骨組みを、意識的にか無意識的にか度外視し、一見すると、本と迹が並列的、あるいは不離に見える箇所のみをピックアップして、本迹一致の的証に掲げたと見られるケースも存することである。

例せば、『観心本尊抄』第二十番答の題目三十三字段(『定遺』七一一頁)や第二十一番答・五重三段・第四重本

門三段中の「一念三千殆隔二竹膜一」（『定遺』七一四頁）について、それが直ちに本迹一致、あるいは本迹の一念三千の同を釈したものと受け止める説が存したことを知る。つまり、日蓮教学の特徴を総合的に摑み取る姿勢の中から慎重に立論するのではない場合が見られる。拙稿註(10)「日蓮教学における題目論の一断面」一四〇頁参照。また、註(35)拙稿「「一念三千殆隔竹膜」考」四七、七四頁参照。

(41) 執行海秀註(9)『日蓮宗教学史』二頁以下参照。

(42) 例せば、室町時代の本迹一致論は、日本中古天台教学の影響を受けた学説に特徴づけられることは、当時の勝劣派の学匠にも明確に認識されていたことが分かる。『宗要活套集』では次のように録している。「当世一二致スル本迹一ヲ門人、言ヒ二扇ノ裏ハ迹表ハ本、人ノ影ハ迹身ハ本門一ト、云テ二左ハ迹右ハ本等一ト、今経ノ本迹二門ヲ一致スルハ者皆此第四ノ体用本迹ノ分齊也、能能可二分別一也」（『宗全』第一一巻二四八頁）等、と。当時の本迹一致論の大勢が体用本迹論によるものであったと具体的に指摘していることは、興味深い。

(43) 『法華玄義』巻第一上（『正蔵』第三三巻六八二頁b―c）、『法華玄義釈籤』巻第一（『正蔵』第三三巻八二〇頁b―c）、『摩訶止観輔行伝弘決』巻第三之一（『正蔵』第四六巻二一七頁b）等参照。

(44) 『法華玄義釈籤』巻第十五（『正蔵』第三三巻九二〇頁b）等参照。

(45) つぶさな事例の一端については、以下、掲げていきたい。

(46) 例せば、等覚院日全（―一三四四）著『法華問答正義抄』（『興風叢書』一四―二三五、二五七、二五八、二五九頁以下等）、常寂院日耀（一四四二―一五二二）著『本迹一致対論用意抄』中六丁以下等、禅智院日好（一六五五―一七三四）『録内扶老』（『日蓮宗全書』校補録内扶老二〇二頁）等々、枚挙に遑がない。

(47) このような立場は、『本迹難』のみならず、『本迹決疑抄』上三四丁右等にも見られる。

(48) 註(4)拙稿「初期日蓮教学史と本迹論」参照。

(49) こうした流れからは、中国天台教学でいう、非本非迹の「(本迹雖殊)不思議一」の局面のみを切り取る形で、これを本迹超絶の題目の世界の核とする学説が形成されたと見られる。

(50) 円明院日澄（一四四一―一五一〇）の『本迹決疑抄』（上二五丁右等）、中道院日栖（一五〇二―八三）『本迹問答鈔』巻之一（二丁左以下、一二丁左、二七丁右以下等）、一如院日重（一五四九―一六二三）『見聞愚案記』（第一巻一〇条一六丁等）、安国院日講（一六二六―九八）『録内啓蒙』（三六―一八等）、了義院日達『本迹雪謗』（一

―二二等）等々。

(51) 例せば、円明日澄『本迹決疑抄』（下巻二三丁）、安国院日講『録内啓蒙』（五―三三）等。

(52) 『法全』教三―四二二頁等。『同異決会本』上九五頁等。

(53) 『法華玄義』巻第九下（『正蔵』第三三巻七九四頁b）。

(54) 同右。

(55) 『法全』教三―四二二頁等。『同異決会本』上九一・九三頁等。

(56) 拙稿「円光日陣に於ける本迹論の一考察――本門宗体一如と本門教即観の視座から――」参照。

(57) 拙稿「日蓮と天台本覚思想」（シリーズ日蓮第二巻『日蓮の思想とその展開』〈春秋社、二〇一四〉）一九九―二〇〇頁参照。

(58) 日本中古天台では本覚思想色を伴いながら、独特に仏意・機情が論じられることとなった。例せば、『二帖抄見聞』では、機情に約した本迹異、仏意に約した本迹不二（即《スルノ》レ迹《ニ》本。即《スル》レ本《ニ》迹）が論じられている（『天台宗全書』第九巻二八四頁）。この日本天台の学説が、日蓮教学史上の本迹論の中に持ち込まれることとなった。『本迹決疑抄』上五丁左以下、二三丁右以下、二七丁左等。慈眼院日恵（一六三二―九九）『観心本尊抄恵抄』（『日蓮教学研究所紀要』第二六号《史料紹介》四三頁以下等）等参照。

(59) 日本中古天台教学では、開顕義も本覚思想独特の色調で彩られることとなった。例せば、『二帖抄見聞』では、迹門始覚の理を本門開顕後に無作本覚の実理と開会する本迹理同の立場が示されている（『天台宗全書』第九巻二八四頁）。こうした学説が、日蓮教学史上の本迹論に影響を与えた。上行日叡（一三一八―一四〇〇）『立法華肝要集』（立正大学古書史料館蔵写本〈日蓮宗宗学全書刊行会蒐集本、原本・身延山蔵〉）七、一〇、三六丁等。

なお、日蓮教学史上、例せば、中古天台の観心主義教学を摂取した和泉房日海の学説をめぐる問題については、註(4)拙稿「初期日蓮教学史と本迹論」（二〇一三）の註23を往見されたい。

また、先に掲げた、円明院日澄、安国院日講の学説にも、天台本覚思想的色彩を指摘し得る。

(60) 日本中古天台独特の本迹未分の根本法華の世界を本迹一致論の根拠とする立場。日蓮教学史上の資料の用例は枚挙に遑がない。例えば、伝・日像（一二六九―一三四二）『本迹口決（祈禱経裏書）』（『宗全』第一巻二一〇頁）、和泉房日海『本迹問答』（『日蓮教学研究所紀要』第四六号《史料紹介》一四頁以

下等）等、真如院日住（一四〇六—八六）『観心本尊抄見聞』（『日蓮教学研究所紀要』第二六号《史料紹介》七五頁等）、妙高院日意（一四二一—七三）『本尊抄見聞』（「本門ニシテハ事ノ一念三千ヲ明ス故ニ御判釈ニ有二本迹異一始覚本覚ノ内証ハ竹膜ヲ隔テタリト」、立正大学古書史料館蔵写本〈原本・石川海典師蔵〉）、『顕底抄見聞（顕底抄）』（『日蓮教学研究所紀要』第四〇号六〇頁等）、行学院日朝『当家朝口伝』上「七、本迹二門事」等（立正大学古書史料館蔵写本）、瞻山日具（一四二三—一五〇一）『澗亭函底抄』（立正大学古書史料館蔵写本）上巻二丁右～左、五丁左～六丁右等、本成房日実（—一四六一—）『当家宗旨名目』巻之下二五丁右等（元禄八年版本）、心性院日遠（一五七二—一六四二）『本尊抄遠記（私記）』（『棲神』第六号（大正六年）掲載、八ノ三以下）、慈眼日恵（一六二三—九九）『観心本尊抄恵抄』（『日蓮教学研究所紀要』第二六号《史料紹介》四五頁等）、一妙日堯（一六三四—一七一四、本遠寺七世）『本尊抄私記（堯記）』（立正大学古書史料館蔵写本〈日蓮宗宗学全書刊行会蒐集本〉二十八丁以下、『棲神』第八号〈大正七年〉三頁以下）等々に見られる。

(61) 例せば、『二帖抄見聞』では、観勝教劣を実体として措定される観心世界が「不同ノ本」＝「超絶ノ本」と示されている（『天台宗全書』第九巻二八三頁）。また、先に取り上げた、安国院日講や、六条系教学者——円明日澄や中道日栖の所論には、天台本覚思想色を指摘し得る。

(62) これらの学説の一々の詳論は、紙幅に鑑みて、本稿では割愛したい。

(63) 和泉房日海の学説。註(4)拙稿「初期日蓮教学史と本迹論」（二〇一三）註23、都守基一「『本迹問答』解題」（『日蓮教学研究所紀要』第四六号、二〇一九）等参照。

また、一例を挙げれば、本迹未分の根本法華の世界を重視した瞻山日具の所説に、次のように見える。『義山致谷集（源流山谷集、一名像公本迹一致抄）』立正大学古書資料館蔵（明治二九～三〇年、是純〈時中院〉日董書写本）を見ると、本迹未分の根本法華の世界を本（真の本門）、経説としての法華経本門を迹（迹中之本）＝迹門、あるいは事成之遠本を迹とする本迹論が高揚されている。同書では、『釈籤』巻第十五「約レ経雖二是本門一。既是今世迹中指レ本名為二本門一。」（『正蔵』第三三巻九二三頁c）を論拠としながらも、「本門者久遠実成之実説雖レ説レ之尚是事成之遠本ニシテ而本地難思之境智尚未二分明一之上ハ如来内証之本極法身之重未レ顕之故ニ猶是迹門分之利益也」（上巻二丁裏）、「（前略）本迹相対之中ノ本門也是則迹中之本也　故ニ猶一往ノ意也　今本門ト者是本地難思境智指二本迹未分ノ根本一ヲ也（中略）是必根本法花ノ住本顕本ノ重（中略）故ニ一往浅深ノ分ハ則本迹相対之分也　再往実義之処ハ本迹未分根本法花也ト云事分明也」（下巻九丁表―裏）等と記している。「本地難思境智」（『文句記』巻第十上、『正蔵』第三四巻三四二頁c）や「本極法身」（『玄義』巻第七上、『正蔵』第三三巻七六六頁a）、あるいは住本顕本を、本迹未分の根本法華の世界と捉える見方は、正しく、相当に進展した中古天台本覚思想の特徴と軌を一にするといえよう。

(64) 北川前肇『日蓮教学研究』第二篇第一章参照。

(65) 註(2)拙稿「本迹論研究の視座」で、北川前肇師の指摘を承け、論述を試みている。

(66)『法全』教三―四五三頁等。『同異決会本』上三五七・三五九頁等。

(67)『法全』教三―四一八、四七三頁等。『同異決会本』上五五頁・下一一〇頁等。

(68)『法全』教三―四一九、四三一頁等。『同異決会本』上六七、一五三頁等。

(69)『法全』教三―四四四～五頁等。『同異決会本』上二六七・二六九・二七一頁等。

(70)『法全』教三―四三九頁等。『同異決会本』上二一一頁以下、等。

(71)『法全』教三―四六八～九頁等。『同異決会本』下六六・六八頁等。

(72)《本迹）実相同体論》については、中道日栖の『本迹問答鈔』巻之一（二丁左）等、円明日澄の『本迹決疑抄』（上一六丁右等）、了義院日達の『本迹雪謗』（二―三二丁等）等参照。《題目超越論》については、『本迹問答鈔』巻之一（三丁右）等、『本迹決疑抄』（上一六丁左以下等）、日達の『本迹雪謗』（一―二二丁等）等参照。

(73) 例えば、『本迹決疑抄』上一四丁等々参照。

(74) 註(9)望月歓厚『日蓮教学の研究』二六五頁。

(75)『当家朝口伝』下「二十五、寿量品肝心」では、『観心本尊抄』の寿量品の肝心の題目を『四信五品鈔（初心行者位抄）』「非ス経文ニ非ス其義ニ唯一部ノ意耳」（『定遺』一二九八頁）を重ね合わせて、心＝「一部ノ意」とし、同時に「本迹未分ノ果上」とする見方を示している。

(76)『当家朝口伝』下「二十一、本迹雖殊不思議一」。

(77)『当家朝口伝』（立正大学図書館所蔵写本）に「本迹者鳥双翼人両眼ナルヘシ」（上「七、本迹二門ノ事」）等と見えるところである。

(78) 註(9)望月歓厚『日蓮宗学説史』九五四頁以下、註(9)執行海秀『日蓮宗教学史』三四一頁以下、註(35)拙稿

「「一念三千殆隔二竹膜一」考」九四頁以下等参照。なお、日輝が、『本迹帰宗論』で「教門ノ法体ニ即シテ観心ノ妙法ト成カ故ニ直ニ一品二半ヲ指テ観心ノ大教ト名ケテ観ニ即スルノ教ナレバ観心ノ大教ナリ」（『充洽園全集』第四編二五頁）、「コノ妙法ハ全ク観心ノ大教ニシテ心法妙ナル故ニ、並テ迹本二門ヲ亡スル非迹非本ノ妙法ナリ、当ニ知ルベシ、本迹ノ高下浅深勝劣ハ教相ノ所談ナリ、今観心ノ妙法ヲ取テ本迹二門倶ニ不用ナリ、何ソ労シク勝劣高下ヲ争ハンヤ」（同二七頁）等と主張していることは、先学により、屢々注目されるところである。日輝の本迹論についての更なる多角的な考察は、今後の課題としたい。

(79) 例せば、日陣は、『雑聞書』で、「又今高祖所弘ノ本迹ノ浅深勝劣ト被ヲレ書（中略）爾ニ今浅深勝劣ヲ判シテ天台伝教ノ弘法ニ勝レテ仏滅後二千余年間三国ニ不レ伝ルラ法門ト者第六ノ已今本迹也　已ト者迹門　今ト者正シク指ス二寿量一ヲ也　加様ニ本迹ヲ分テ勝劣ヲ判スル意也　教相ノ本迹ト云ヘハ今昔ヲ忘レ今昔ト云ヘハ経ノ本迹ヲ失也　経ニハ久遠五百ノ昔ヲ沙汰スルヲ本ト云ヒ　今日伽耶計ヲ迹ト云也　爰本ヲ以テ能々思惟シ合スベシ」（『法全』増一―七〇頁）と論じたところである（他、同一三三頁等参照）。あるいは、一致派の学匠にあっても、例せば、中道日栖でさえも「第六ニ已今本迹ト者已迹今本ノ約束也（中略）今ト者以テ二寿量品一ヲ本ト定タリ　本迹ノ法門ハ此ノ已今本迹ノ上ニ於テノ沙汰ナルヘシ」（傍線引用者、『本迹問答鈔』巻一―五丁左）等と叙べ、円明日澄の著と伝える『本迹決要抄』には「仍高祖ノ本迹ハ……大段ハ如レ此已今本迹ナレドモ……」（下巻九丁）等とある。また、註(13)執行海秀「日蓮聖人の教判に於ける教観の問題について」等参照。

(80) なお、日蓮教学史上の本迹勝劣論は、およそ終始一貫して、『観心本尊抄』で披瀝された「迹門無得道」論（『定遺』七一四頁取意）に着眼して考究が進められている。この点から考究を進めることも、極めて重要性をもつと思われる。

(81) この問題の一端について、筆者は、拙稿「『注法華経』「迹本理勝劣事」をめぐって」（『法華宗宗学研究所所報』第二四輯、二〇〇九）等で論じたことがある。

引用書籍略称

『大正蔵経』→『正蔵』、『昭和定本日蓮聖人遺文』→『定遺』、『法華宗全書』教義篇→『法全』教、『法華宗全書』増補

↓『法全』増、『本迹同異決　会本』↓『同異決会本』、『原文対訳　日隆聖人全集』↓『隆全』、『日蓮宗宗学全書』↓『宗全』

※苅谷定彦・小西日逶・大平宏龍の三先生の頌寿をお祝い申し上げ、謹んで祝意を捧げ奉ります。

キーワード　本迹論、勝劣論、一致論、実相、望月歓厚

「絶対（絶待）」私考

芹澤泰謙

はじめに

「絶対」の語は哲学、特に西洋哲学では他のものとの関係から独立で、何ものにも制約されないこと、もの、存在等とされ、究極キリスト教に代表される「神」のことが、絶対なものとされてきた。岩波の『哲学思想事典』には「絶対」の二文字は無く、「絶対者」「絶対空間・時間」「絶対主義」等との項目で「絶対」の語の下に付す語をもって「絶対〇」と示し、解説されている。「絶対」の語は「絶対」の二文字ではなく、絶対〇と絶対の下にある概念を持った語を付することで、〇の語の概念と関係して、絶対性というものを示し、解説しようとするのである。そして「絶対」を理解する前提として、「絶対」という用語に対する対語としての「相対」という用語を避けて通ることはできない。そのことを示す前に、私事になるが筆者の思い出に触れておきたい。筆者が未だ小学生高学年（五年生の時か）の頃か、師父に「絶対って何のことなの、どういう意味なの」という、生意気な質問を発した記憶がある。その時の師父の返事は問の解答ではなく、「そのことはお前が一生かかっても考え続けなければならないことだ。と思いなさい。父さんも同じように考えている。」というものだった。師父が哲学という学問をしていることを、おぼろげながら分かっていた時分の質問だったが、その返事は今も忘れられないものである。筆者の頭の中に「絶対」という用語がしっかりと存在することになり、それ以来「絶対」とは何か、それが何であり、どのようなものであり、どのような意味を持ち、どのような働きを持ち、何を表現するものであるのか、は今も筆者の問であって、今回その私考の一端を述べようと思った次第である。

一　「絶対」と「相対」

論題に「絶対（絶待）」と示したのは、「絶対」は一般的な意味であり、「絶待」は天台教学、さらには日蓮教学で論じられる「絶待相待」である。天台智顗の『法華玄義』中に「絶待妙・相待妙」とある絶待・相待の語にして、意味は絶対相対と同様のものとして理解する。そのため「絶対相対」と「絶待相待」の語は同じ意味として論じるものとする。

「相対」とは二つ以上ものごとが関連したり比較されたりする意味であり、究極相対する概念の比較対照を行なえる相互の関係である。類似の概念でも相反する概念でも、それら（二つ以上）があることで、相互の比較をすることにより、それぞれ同時性・類似性・相違性・逆意性などが示されることとなる。比較対照する概念は複数であり、一つのみでは相対とはいえないのである。ものごとが相互に関係をもつなり対立したりすることから、概念の比較対照が示されるのである。そして、ものごと等は単体（一つ）ではなく複数であるのである。そして「相対的」と的を付することで、その様である様の意味が付加されることとなる。

対して「絶対」は一般的には他との関係、特に二つ以上の比較対照も含めて、それが無い唯一の概念が「絶対」の意味であるといえよう。他と比べるものがないこと。他との比較や対立を超絶していることを「絶対」の意味とするのである。そのため冒頭にも触れたように、西洋哲学では一般的に「絶対」は「絶対者」となり唯一絶対の存在としての神を意味するというのである。

しかし、ここでは絶対を神という問題としてではなく、論理学的手法により考察を進めたい。論理的思考において、「絶対」は比較対照を超えたもの、比較対照とすることを超越した概念とするものであるとしても、「絶対」の語と「相対」の語はその二つを比した時は、相対的な位置であり、関係となることになる。このことは宗教学においても哲学においても、多くの先学が思考し指摘しているところでもある。「絶対」と「相対」の二つの概念用語を対比した時、その相互関係は「相対的相対」「相対的絶対」「絶対的相対」「絶対的絶対」という四通りの言い方となることは形式論理の示す通りである。そしてそれをどのように表現したかが、先学それぞれの示されているところである。筆者はここでは、ドイツで十九世紀前半に活躍した哲学者ヘーゲル（一七七〇―一八三一）の「弁証法」を借りて理解していきたいと思うのである。周知のごとくヘーゲルは彼の主著『精神現象学』において絶対的観念論としての「絶対知」を主張し、その論述に弁証法が示されたのである。自己から他者、そしてさらなる自己へと生成することが、一般から普遍へ、そして究極の絶対知へと発展させていく論法が弁証法だというのである。ヘーゲルは矛盾によって対立を生み出し、それを止揚することによって、より高次元なものを求めることで、当時の一般的な概念論をより統一的にとらえようとしたのである。

先に「相対」と「絶対」の二つの用語との対比から、四通りの形「相対的相対」「相対的絶対」「絶対的相対」「絶対的絶対」を挙げたのであるが、「相対的相対」の表現を除いた他の三つについて、ここから考察してみたい。

「相対的相対」の表現は、概念の次元上の展開を考えるには、「相対的」語が相対的な繰り返し論法を推測させ、「絶対」を導出するには論理的な無理がある、と思うからである。

そして他の三つの表現はそれぞれに論理的に説明できると思うものである。それぞれは「相対的」「絶対的」の二概念を規定し、相対的なるもの、絶対的なるものを、「相対○」「絶対○」と「○」の概念（用語）を規定した上での論法が可能であると考えられるからである。例として「相対的絶対」は「相対」と「絶対」を対比した時は、その対比そのものが相対的である。ただの「絶対」を単体と考えた時、単体としての「絶対」と「相対的絶対」は、少なくとも単体であった絶対よりは相対と比較対照した考察を得ての絶対であるから、先の単体としての絶体に対する対立や矛盾がある二元的なものとするならば、それ（相対的絶対）は一元的なもの、同一的なものへと止揚された、と考えることができるからである。そこにヘーゲルの止揚の方法が「相対」と「絶対」とを対比し、さらに「相対的絶対」や「絶対的絶対」などを弁証法的に発展させての理解とすることができると思うものである。ヘーゲルが指摘した対立や矛盾を止揚して、さらなる上の次元の概念を規定していく方法を利用し、以下に論じる天台教学日蓮教学が教学用語としている「絶待」「相待」を考えてみたい。ここで今までの「絶対」「相対」は（ぜったい・そうたい）と読み、以下の「絶待」「相待」は（ぜつだい・そうだい）と、慣例に従って読むものとする。

二　「絶待」と「相待」

「絶対」について、恩師田村芳朗先生は『鎌倉新仏教思想の研究』の冒頭に、相絶（相待妙と絶待妙）の概念を整理され、先生の本覚思想の展開陳述のスタートとされている。

先学も必ず引用する文であるが、ここにそれを示しておきたい。天台大師智顗の講述書『法華玄義』の会本巻二の上に、

明妙者。一通釈。二別釈。通又為レ二。一相待。二絶待。

とあり、「相待・絶待」の二種を示している。そして、その前段階に『玄義』の解説の主目的である『法華経』の五文字「妙法蓮華経」の「妙」の解説が、「五重玄」といわれる釈名・顕体・明宗・論用・判教の五重各説である。『玄義』の出だしは「七番共解」を通釈とし、五重玄は別釈としている。そして、別釈の五重玄の釈名において、「妙法」を「法」と「妙」に分け、法は三法妙で解説し、「妙」の解説の最初に「相待妙」「絶待妙」が示されているのである。それが通釈とされるもので、別釈としてはここでは触れないが迹門十妙・本門十妙と分析しての解説解釈をしているのである。そしてその「相待妙」「絶待妙」であるが、「相待妙」は法華経と法華経以外の他の諸経とを対比区別するものである。法華経以外の諸経を麁とし、法華経を妙とすることで、麁と妙との相対分別となり、法華経たる妙が勝れているとする教判である。一方「絶待妙」は法華経と他諸経との対比ではあるが、法華経の妙は相対分別を超越した妙であるとして、それ故それを「絶待妙」と称する、としている。そのため「相対妙」は法華経以外の諸経(爾前経)に通じるものがあるけれども、「絶待妙」は法華経のみの所説であるとするのである。

ここで一言触れておきたいことを述べる。『日蓮宗事典』の「相待絶待」の用語を解説されている思師浅井円道先生は、日蓮聖人の相絶二妙の理解を、

故に相待妙とは麁妙を分別する教判であり、麁を破して妙を顕わす立場である。(中略)分別を超絶した不可思議なる所を絶待妙と称す。麁妙を超えるのは開会によるから……。(中略)相待妙は一分爾前円にも通じるが、絶待妙は法華円教のみの所説である。

として、先述した法華経と他の諸経との対比で、法華経の妙と諸経の麁との分別が相待妙、法華経の妙は諸経との分別を越えた、絶待妙であるとしている。しかしその後に日蓮聖人の相待二妙の理解を、

聖人は二妙を世界観・人世観に適用するよりも、教判に利用されたから、二妙の中では相待妙の破麁顕妙を宗教として重んぜられたわけで、

として日蓮聖人の二妙観は相待妙が良い、重視された、というのである。しかも絶待妙は法華円教そのものであることをいい、日蓮聖人は著作中に絶待妙の引用文例が少ないのであるからして、相待妙を宗教として重んじたとされる。しかし、そういってよいのであろうか。そのように断定してしまうのは短絡的な感がするのであり、少し疑問とせざるを得ないのである。日蓮聖人の『開目妙』に、

爾前の円は相待妙。絶待妙に対すれば猶悪也（定本五九五頁）

と引用していることだけでも、日蓮聖人の立場は明確であろうと思うのである。さらに浅井先生は同書の中で引き続いて、

聖人は絶待妙から降り立って相待妙の修行をされたということを慶林日隆は常に強調した。

と記している。それは『法華玄義』で教判として利用された「相待妙絶待妙」であるから、相絶二妙の中では相待妙の破麁顕妙が宗教として重んぜられているということで、そのことを慶林日隆師を引いて示しているのである。浅井先生が指摘されている相絶二妙の爾前諸経と法華経の対比は教判であるということは肯定するものであるが、ここに世界観人生観というような教判とは異なる価値感をもった概念を示して、相絶二妙を説明されたのはどのような意図であるのか、と疑問視したくなるのである。用語の論証において、議論の場と対象は当然前提、前置きがあってなされるべきであり、新たな概念、価値や理念、他の思想的教学的用語を説明することなく、論じている対

象に付加や添加、同列同一視の対象として論じるのは、次元の変更となり、論証のプロセスを迷路にしかねないと考えるからである。『事典』の用語解説であるから、限られた文字数での説明であるが、相絶二妙の対比はあくまで原本の『玄義』に依って示してほしかったと思うのである。その上に立って日蓮聖人の引用や理解を示してもらいたいということである。唐突に世界観や人生観の用語を示しての説明は、変に論点を変えてしまうことになると思うのである。思師の解説に異を提したことになるが、お世話になった先生だからこそ、正確を期してほしかったと願うからである。ただし先生は後に出版された『日蓮聖人遺文辞典（教学篇）』中の「相待絶待の二妙」の解説では、日蓮聖人の遺文に触れながらも、『事典』とは異なり『玄義』の意を正確に述べておられるのである。いずれにしても、「相待妙絶待妙」は日蓮聖人の理解は法華経と諸経の分別、教判としての引用がなされたといえる。ただここで確認しておきたいことは、相待妙絶待妙の二妙が立てられたからとして、相待妙に絶待妙を相対して、相待妙と絶待妙の相対を考えての対比ならば、絶待妙は相待妙に対立相対するものであって、真に絶待妙であるとはいえないことになる。それを避ける意味であろうか、『法華玄義』には「滅待滅絶」、『玄義釈籤』には「絶待倶絶」ということが示されている。繰り返し相対分別となるものを、超えるもの、また、それを避けようとする意味での『玄義』『釈籤』の説示であると思うのである。

三　隆師の「相待妙」「絶待妙」

先に、浅井先生が『日蓮宗事典』の中で、日蓮聖人は「絶待妙から降り立って相待妙の修行されたということを慶林日隆は常に強調した」と述べられたことを念頭に、いくつかの問題を考えてみたい。その前提として、田村先生が『鎌倉新仏教思想の研究』で示された「絶対と相対」の「三種の絶対観」を参考とさせていただき論述してみることとする。田村先生は三種の絶対観として、相対と絶対の関係について天台智顗の論理を一般化して、

一、相対を相対として否定して、絶対を立てること——相対に対する絶対。

二、相対が相対そのままで絶対化されること。

三、相対を相対として否定しながら、しかも、それを統摂する絶対。

と三種に分類され、それぞれを解説されている。そして、第一は相対と絶対の二元論的な議論となり、あくまで絶対といっても相対に対立する絶対で、真の絶対とはならなくて相対的矛盾の対立になってしまうとされる。第二のそれは絶対と相対の論理的矛盾を克服して、具体的統一を示すものではあるが、絶対が絶対となる絶対的絶対というものとなり、その絶対はただ観念的・抽象的なものとして、無媒介な同一性、抽象的一元論となってしまうとされる。さらにその抽象的絶対を現実に適応した場合、相対的現実を絶対的存在、絶対肯定してしまう危険性を指摘されている。

そこで、第三の立場を示すと、第一第二の関係ではなく、相対と絶対を超絶した相即不二の相対即絶対、絶対即相対の相互対応としてある絶対で、真の絶対のありようを見出し、真に絶対的絶対が確立すると述べている。そこに、絶対的絶対を指して田村先生は、それを慶林日隆師の「総名絶待妙」であると指摘されているのである。そこで田村先生の指摘を受けて隆師の「相待妙絶待妙」を考えてみたい。

隆師はその著『法華宗本門弘経抄（原文対訳法華宗本門弘経抄第一巻）』の二一八頁以降に「十、相待妙、絶待妙の事」から「二十二、本門の妙法蓮華経を以て終極の絶待妙と為す事」までに十三の項目を立てて、「相待妙絶待妙」に関する種々の問題論点を記述されている。

最初の「十、相待妙、絶待妙の事」は『法華経玄義』『玄義釈籤』を引いて「本迹の待対は相待妙の意なり、迹本の倶絶は絶待妙の意なり」と示し、相待妙は本門と迹門を相対する意、絶待妙は迹門本門を一体、一つとしたものと示している。そして、次の「十一、待絶二妙勝劣の事」の問（尋ねて云く）に答える中に、

先ず迹門流通止観の意は思議相待を以て別教に属し麁に属し不思議絶待妙を以て真実と為すなり。（中略）次に本門流通の意は還て絶待妙は劣り相待妙は勝るるなり。

として、本門流通は相待妙を勝意とするのである。さらに、

本已有善熟脱の機に対して絶待妙を示し本未有善下種の機に対して相待妙を以て惣名絶待妙を示すべきなり

と、ここに「惣名絶待妙」の語を示しているのである（以下、引用文の総名は原文に即して惣名と記す）。この「惣名絶待妙」は文中の「絶待妙」ではなく、この絶待妙に対する相待妙の対語でもない用語といえる。隆師は先の文の以下に、

時機に依て法を示すべきなり。在世は絶待妙を以て宗極と為し滅後正像又以て此の如し。末法は悪世にして邪智の謗者之れ多し故相待妙を以て謗者を破し、惣名絶待妙を示すべきなり。

として、相待妙の勝意は時機によるとするも示すべき正法は「総（惣）名絶待妙」であるとしている。先に触れた浅井先生の相待妙修行の意は「惣名絶待妙」を無視されての理解と思うのである。「二十二、本門妙法蓮華経を以て終極の絶待妙と為す事」の文頭に、

口伝に云く。権実本迹の諸経を以て妙法蓮華経に納むる故に惣名と名く。惣名の故に絶待妙なり

と示し、総名は絶待妙であると定義している。続けて、

体宗用の三章即一部（中略）体宗用の別を以て妙法蓮華経に摂する故に惣名と名く、惣は即ち絶待妙なり。

（中略）次に爾前を以て所開と為し迹門を以て能開と為す。又迹を以て所開と為し本を以て能開と為す。又本を以て妙法蓮華経に摂す。妙法蓮華経は根本能開の故に絶待妙なり。

とありさらに次下に「妙法蓮華経も根本能開絶待妙なり」「妙法蓮華経は本地の絶待妙なり」等とあり、題目妙法蓮華経は「総名絶待妙」「能開絶待妙」「本地絶待妙」との用語をもって、『玄義』が言うところの「絶待妙」と日蓮教学、隆師が主張する題目の超勝性の表現としての「絶待妙」の意味意義は相違があると指摘できる。そしてこの「能開絶待妙」であるが、隆師は「能所」の用語を教判として多用されている。能所は能開所開・能弘所弘・能化所化・能摂所摂等と能と所の下に動詞的用語を付して、その動詞的用語の能動性と受動性、自動的なものと多動的なものとの関係を対比し、比較対照とする教判であるといえる。隆師の能所判ともいうべき能所の用語は「開会」を使っての「能開所開」の使用が多見できるのである。開会する能動の主体と開会される受動の対象を比較し、勝劣判として示されるのである。ここに挙げた「能開絶待妙」は、前に引用した『本門弘経抄』の項目、「二十二、本門の妙法法華経を以て終極の絶待妙と為す事」の中に爾前と迹門の能所、迹門と本門の能所、本門と妙法蓮華経との能所から、妙法蓮華経の題目を能開絶待妙としているのである。さらに次下にも、「根本能開の釈尊上行の本土を以て妙法蓮華経を成じ、能覚の本因本果の陰生も能開絶待、本国土の国土世間も能開絶妙なり。所覚の妙法蓮華経も根本能開絶待妙なり。」として、題目は能開絶待妙なり、としているのである。また、同文中に「妙法蓮華経は本地の絶待妙なり」として、法華経の三種教相で示す本地法華経が示す題目（これは総名妙法蓮華経でもある）を本地絶待妙であると表現するのである。

隆師の絶待妙は、その論述中に「総名絶待妙」「能開絶待妙」「本地絶待妙」等の表現で、いずれも妙法蓮華経の題目、隆師が他門流との差異を破し、日蓮聖人の正統としての「本門八品上行所伝」の題目を説明されようとしているのである。

そして、一つ指摘しておきたいことは、『本門弘経抄』の「十九、本門流通の意は絶待の上の相待妙の事」との項目があり、また「十四、迹門待絶二妙の事」の中に「この法華経の理（法華経は絶待妙にして、その経の文文句に能開所開ありと信知すること）を知らずして習ひ読む者は但爾前経の利益なりと示し給ふは、絶待妙が家の相待妙なり。此の絶待妙が上の相待妙の相待と云ふは不二が上の而二、理円が上の事円となり。是れ即ち法華経の説教元意一経の意なり」とあり、「絶待妙が上の相待妙」の表現がある。法華経の弘教は現実社会であり、相対的存在の混然たる社会である。そこに法華経（絶待妙）を布教する時の形態を「絶待妙の上の相待妙」と示したといえる。先に指摘した浅井先生の言い方は、このことを指しておられると思うのである。しかし浅井先生が「絶待妙に降り立って相待妙を修行した」世界観・人生観からの隆師への言い様は、先述した「総名絶待妙」や「本地絶待妙」を理解しなければ、一義的な見方、表面上の理解といわざるを得ないと思うものである。思師の解説にこだわるのは、筆者が立正大大学院在学中の浅井先生との隆師観で、何度かやり合ったことが、このような態度に出てしまったと自嘲するものである。

おわりに

「絶対」と「相対」（絶待と相待は同意のものとして）を論述してみた。あらためて書くこの小論文でも、ここ何年も書くということを怠ったことで、少し苦労したものである。「絶対」という用語、それが絶対者や絶対的なもの、存在等と形而上に設定し、抽象的に概念規定をしての理解は、あらためて考えると、きわめて安易な一元論的理解となり、それをさらに追求することが、無意味であるような気持にさせられる。絶対者や絶対的存在を「疑うな。信じろ」というあり様は、世界の諸宗教を表面的に見ただけでも、多く見ることができる。仏教の「信」はそれでよいのだろうか、とこの論述をしながら再考したところである。師父の言う「一生を通して」を今かみしめているところである。

キーワード　相対（待）妙、絶対（待）妙、絶対の上の相対、物名絶対妙

上行菩薩の冥顕両益についての一考

清水俊匡

はじめに

久遠下種の衆生の中、無始の無明によって下種を退転した者は、退大取小、退本取迹して迷いの生死輪廻に陥る、久成報身釈尊は垂迹して退転の衆生を調熟し、最後法華経本門を説いて脱益せしめ、入涅槃を唱え滅後の弘経を地涌上行に付属（依嘱）するのであるが、本門八品において仏滅後弘経を付属された地涌上行菩薩は仏滅後如何にして弘経し滅後の衆生を利益するのか、日隆聖人の御聖教の所説を管見の範囲で考察する。

まず弘経抄に「本門十妙」を釈して、

示して云く、三世常恒の儀式として在世の衆生をば釋尊佛身にて之を益し、滅後の衆生をば本因の上行菩薩身にて一切衆生に佛種子を下すなり、仍て本の十妙は久成の報佛釋尊の自行の因果、化他の能所なり、初の本因果國の三妙は釋尊上行の因果依正三千の妙法蓮華經所覺の法、能覺自行の因果圓滿報佛の相なり、第四の感應より化他の應用なり、本涅槃妙より已下は報佛自性所生の菩薩上行應用の能所の利益なり

（『法華宗本門弘経抄』隆全第一巻、三六四頁）

とあって本門十妙を説く中、本涅槃妙より以下は本仏報身自性所生の菩薩上行応用の能所の利益であるとされる、そこで本門十妙の「本利益の下」と「第九の利益の下」の弘経抄の釈を見ると、

次に本利益とは上行の益なりと釋する間經文解釋の如くんば在世本門八品の御座に之れありといへとも其の巨益は滅後末法の爲めの要法の付屬なる故に滅後の利益なり所付の上行既に滅後の教主に定めらるゝ上は巨益又滅後の益なるべきなり　仍て諸御抄觀心抄に本門は一向滅後の爲と釋し玉へり此の意なり　之に依て玄の七に云く今日本門を説ひて一切諸佛所有の法を付屬し兼て迹門の法を得るなり〇十法界の身を以て諸の國土に遊ぶに即ち冥顯の兩益あるなり云云

（『法華宗本門弘経抄』隆全第一巻、三七八―三七九頁）

とあって本利益とは上行の利益であるが、経文に従えば上行付属は在世であるけれどもその内容は滅後末法のための要法の付属であるから、その利益も滅後である。付属された上行すでに滅後の教主と定められている。このことは本門に説かれるから本門は一向滅後のためである。また「本門を説いて一切諸佛所有の法を付属するとあるからその中に迹門の法も兼ねて納められている」、とされる。法華玄義巻七下を引いて、「滅後弘經の主たる上行菩薩への一切法の依嘱であるからその利益も滅後の衆生の爲となる」とし、さらに「上行菩薩は十法界の身を備えていて諸々の國土に弘經す、その滅後弘經に冥顯の兩益ある」と説かれる。

一　冥顕両益について

岩波仏教辞典には、「冥顕」の利益について、

いつのまにか、それとわからない形で仏・菩薩（ぼさつ）より受ける利益（りやく）・加護（かご）を〈冥益（みようやく）〉〈冥応（みようおう）〉〈冥加（みようが）〉などといい、はっきりとそれとわかる形で受けるのを〈顕益（けんやく）〉〈顕応（けんおう）〉〈顕加（けんか）〉などという。

とある。いまこの冥顕の両益は『玄義』巻第七下の「流通利益」に従って説かれる。即ち、

又流通利益者。前流通迹門。是諸發誓菩薩及諸羅漢。得授記者。此土他土弘經。論其功徳觀文。但明冥利。不説顯益。今説本門。付囑一切諸佛所有之法。兼得迹門法也。秘奥之藏。即是本迹中實相也。一切甚深之事。即是本迹中因果也。如此等法。付囑千世界微塵菩薩。法身地弘經。何但如生身此土他土弘經耶。十法界身遊諸國土。則有冥顯兩益也。

（『妙法蓮華経玄義』巻第七下〈大正三三、七七一頁ａ〉）

とあって、前の迹門を流通するのは、諸々の誓いを発する菩薩及び諸々の羅漢の授記をうる者の此土他土に弘経するもので、其の功徳を論ずれば、文を観るに冥利を明かすのみにして顕益を説かない、今、本門を説いて一切諸仏所有の法を付属して、兼ねて迹門の法も得るのである。これらの法を千世界微尽の菩薩に付属して法身地に弘経す。さらに十法界身をもって、諸々の国土に遊べば冥顕の両益があると説かれる。

「流通利益」について本迹の別があり、迹門を流通するのは諸の発誓する菩薩および諸の授記を受ける阿羅漢の此土他土に弘経するもので、その功徳を論ずれば冥利を明かすのみにて顕益を説かない。これにたいして本門の流通は一切諸仏所有の法、兼ねて迹門の法を得。この法を千世界微尽菩薩（地涌）に付属して法身地に弘経する。地涌付属は滅後の弘経でこの弘経に冥顕両益がある。

いまの本門流通の一切諸仏の法に「兼得迹門法」について、日道聖人の仰せとして弘経抄に次の所説がある。

上行要付の要法體具に迹あり冥益有り故に「兼得迹門法」と云ふなり又上行に十法界身ある身に九道權迹の形

あり玄の九に云く権迹に住して形を九道に垂れて而も本法を用ひて衆生を利益す云云　此の上行九道の権迹は冥益の邊なり兼得迹門法也の意なり是れ屬累品の廣略權迹付屬の邊即ち正像應用の冥益なり仍て上行顯益の邊は本門惣名五義付屬、神力屬累上行要付の末法弘經と顯はる玄の九の「而用本法利益衆生」の意なり

（『法華宗本門弘経抄』隆全第一巻、三七九―三八〇頁）

上行に付属せられる要法に要法体具の迹法があり、「兼得迹門法」といって、そこに冥益がある、また上行の十法界身に九道権迹の形がある『玄義』第九（大正三三、七九九頁ａ）に説く「住於権迹垂形九道。而用本法利益衆生」の意である。即ち十方界身を備える上行菩薩は権迹に住して形を九道に垂れ、しかも本法を用いて衆生を利益するのであり、上行菩薩の九道権迹の辺は「兼得迹門法」の意で同じく冥益を与える。これは属累品の広略付属の辺、正・像二時の利益衆生の事と説かれる。上行顕益の辺は本門惣名五義付属、神力属累上行要付の末法弘経の意とされる。

○上行菩薩の九道権迹、兼得迹門法―冥益（属累品の広略付属）
○上行菩薩の本門惣名五義付属、神力属累上行要付の末法弘経―顕益

さらに『五時四教名目見聞』（『日蓮所立本門法華宗五時四教名目見聞』第十一、三九一頁）に玄義七と玄義九の文を准らえて、玄義七下の文に玄義九巻の文を准えれば地涌上行の十法界身の冥益とは権迹乃至正像等の垂迹の示九道身、顕益は末法等地涌上行直身の利益であると説かれる。

○地涌上行の十法界身・権迹乃至正像等の垂迹の示九道身の利益―冥益
○地涌上行の末法等地涌上行直身の利益―顕益

「玄義九巻の文」とは、本門十妙を釈する中、本門の力用を十重に釈する「住迹用本」の釈で、

住迹用本者。上來住迹顯本者。直是迹中隨機方便顯本地理。今言住迹用本者。即是中　間迹至道樹。數數生滅他身他事者。皆用本地實因實果。種種本法爲諸衆生而作佛事。故言住迹用本。此就師爲解。若約弟子者。即是本時妙應眷屬。住於權迹垂形九道。而用本法利益衆生。文云。然我今非實滅度。而便唱言當取滅度如來以是方便教化衆生。此是住迹而用本時滅度。而示滅度也。（『妙法蓮華経玄義』第九下〈大正三三、七九九頁ａ〉）

「住迹用本とは迹に住して本を顕わすは、直だ是れ迹の中に随義の方便もて、本地の理を顕す」。師弟である仏菩薩について師である仏が中間、迹、道樹に現れ、衆生利益するのであるならば、弟子である上行は形を九道に垂れ而も本法を用いて衆生利益がある。（なぜならば）即ち上行は本地妙応の眷属であるからである。

本地妙応の眷属とは、

玄の九に云く、即是本地妙應眷屬住於權迹垂形九道而用本法文。此の如く中間今日爾前迹門の間示九道身して密かに衆生をして脱を得しめ、本門に至て顯はに九道の身を上行の本身に収め、上行要付して滅後の唱導と成す。滅後の一切衆生に父子天性これあり。故に法華已後の後番の五味にも示九道身して君拾の機・通入佛性の機・偏被末代の機と示現して實者の三機を調養して皆知常住せしめ、密かに而用本法して本涅槃妙の益を與へ偏被末代の時示九道身して、正像の四依に冥加して而用本法の密益これあり、末法に至て九道の身を上行の本身に収めて下種の利生これあり。之に依て玄の七に云く、十方界身遊諸國土則有冥顯兩益文。故に知んぬ涅槃座の皆知常住の益は皆悉く上行の示九道身の冥益なり。

（『開迹顕本宗要集』隆教第三巻、三七三頁）

即ち本地妙応の眷属である上行菩薩は、中間今日爾前迹門の間、示九道身して密かに衆生をして脱を得しめ、本門に至て顕わに九道の身を上行の本身に収め、上行要付して滅後の唱導と成す。さらに法華已後の後番の五味にも示九道身して、君拾の機・通入仏性の機・偏被末代の機と示現して実者の三機を調養して皆知常住せしめ、密かに而用本法して本涅槃妙の益を与え偏被末代の時、示九道身して、正像の四依に冥加して而用本法の密益がある。末法に至て九道の身を上行の本身に収める故に下種の利生がある。涅槃座の「皆知常住の益」は皆な悉く上行の示九道身の冥益である。

そこで、地涌上行の滅後流通の利益は本門十妙中本因妙を以て最要とすると説かれる。即ち弘経抄に、

疑ふて云く、本因妙を以て滅後流通の最要と爲す意如何

答、本門の意は無始無終三世常恒無量無辺の五百嘿點の本門十妙なり無窮の故に一個の十妙を定めたり仍て本因妙をも其れに従ひ前の本涅槃妙の滅後流通上行付屬の本因妙名字信行なり其の時は釋尊上行と一體にして因果不同なり釋尊因行に在れば上行なり、上行果徳にあれば釋尊なり釋尊に十界を具する九界の辺は上行なり本因妙なり故に上行は釋尊自性本具の眷屬なり、三世本有として釋尊は本果に在りて衆生を得脱せしめ上行は本説法妙の末に出現して本涅槃妙の滅後の唱導を請取つて滅後の主師親と成つて能化所化共に本因妙名字即に居して本未有善の衆生に初て佛種を下すべきなり故に知りぬ本因妙は滅後流通の要行なり

（『法華宗本門弘経抄』隆全第一巻、三六六頁）

さらに、

此の久遠最初の本とは籖の十に「本門以本因爲元始」と釋する故に本因妙名字信心を以て現未迹中の根本と爲すなり此の時は本因妙の釋尊も上行菩薩なり其の所居の土は本覺の娑婆なり、是れ即ち先佛の本佛の爲には前佛の本涅槃妙滅後末法の日本國に当るなり其の日本國の主師親は上行體内人界の日蓮大士なり

（『法華宗本門弘経抄』隆全第一巻、三八〇―三八一頁）

上行菩薩の示九道身の利益衆生は、「権迹に住して正像等の垂迹」とあって中間今日前四味滅後正法像法二時の間

の利益は上行直身の衆生利益（顕益）ではない、しかし上行の姿を変えての利益（冥益）とされる。そこで示九道身の上行が声聞の形をとる事もあるので、これと三周の声聞との不同が問題となる。

二　上行の菩薩の示九道身の冥益における声聞と三周の声聞の不同について

初めに宗要集に説かれる上行菩薩示九道身を示すと、

當宗の義に云く、先づ上行とは釋尊自性所生同躰の九界惣持身の菩薩なり。故に釋尊に本因本果の功徳これあり。本因とは九界なり、上行菩薩なり。本果とは佛界なり、釋尊なり。一切衆生得脱の時分には従因向果の尊形を示し、下種の時機には本果より本因に垂下し従果向因して菩薩界の尊形を示す。此の菩薩とは地涌上行なり。此の時は師も上行なり、所化も地涌本化なり。此の如く久遠下種したる衆生退本取迹すれば、第二番已後如影随形して示九道身するなり。玄の九に云く、即是本時妙應眷屬住於權迹垂形九道而用本法利益衆生　文。されば中間今日前四味迹門の間に示九道身しては、久遠下種を熟せしめ下種を脱せしめんと示すなり。

（『開迹顕本宗要集』隆教第二巻、三一六頁）

とあって上行は本来釈尊自性所生同体の九界惣持身である、これは釈尊に本因本果の功徳がある故に下種の時は滅後なる故に菩薩の姿となり、所化の衆生は勿論、能化の師も上行の姿となる。

上行示九道身の声聞と三周の声聞の不同は権者・実者の不同である。権者は上行で「内秘菩薩行外現是声聞の内秘菩薩行」して久遠下種を脱する。実者の声聞の方は上行体内に流入して、久遠下種に立還り上行体内の末座にて本化迹化の差別相を示すと説かれる。

即ち、

三周の聲聞に於て權者あり、實者あり。權者の邊は上行なり、内秘菩薩行外現是聲聞の内秘菩薩行は地涌上行なり。内秘して久遠下種を脱せしむるなり。故に而用本法と云ふ。さて實者聲聞の方は本門躰外の聲開界にして、單熟單脱し開迹顯本して地涌上行躰内に流入して、二住已上増道損生して等覺一轉入于妙覺するかと思ひたれは、久遠下種に立還り上行躰内の末座にあって、法爾の本化迹化常差別の相を顯すなり。涌出品の前三後三の釋意之を思ふべし云云

(『開迹顕本宗要集』隆教第二巻、三一六頁)

三　本眷属上行の利生

久遠より已來三世常恒の儀式として、上行の本眷屬には必ず必ず滅後の唱導を付す。其の利生に冥顯の兩益あり。爾前迹門は冥益、本門は顯益なり。隨って正像は冥益、末法は顯益なり。然るに此の住迹用本は釋尊上行の師弟として、中間今日の迹中に冥益を施し、密に後に立って實因實果の種種の本法を示す、機は之を知らざる故に斷惑證理すと云ふも、本門金剛智の智力なり、此くの如き師弟應用利生の本懐は滅後利生の爲めなり、然るに此の住迹用本、住本用迹は本涅槃妙滅後利生の顯本なり、其の旨解釋分明なり、今住迹用本と云ふを以て結釋の引證の經文に云く「然我今」已下の意を以て上を消釋すれば、釋尊上行の應用利生と云ふも、世世番番今日共に本涅槃妙の滅後利生と見へたり、仍て此土、他方、諸の分身の土、皆悉く滅後應用の利生と云ふは上行の所作なり、上行體内の人界の利生と云ふは三世常恒日蓮大士なり云云

(『法華宗本門弘経抄』隆全第九巻、四八頁)

即ち久遠より已来三世常恒の儀式として、上行本眷属には必ず必ず滅後の唱導を付す。その利生に冥顕の利益が有り、爾前迹門は冥益、本門は顕益なり。さらに滅後正像は冥益、末法は顕益であるが、両益とも本涅槃妙已後の滅における利生であるから上行の「所作」であると。しかしてその姿は「示九道身」である。因みに上行体内人界利生は三世常恒に日蓮大士であるとされる。

○本眷属の上行　爾前迹門―冥益―正像
　　　　　　　　本　　門―顕益―末法

地涌菩薩の冥顕両益の有り様について宗要集に以下の所説がある。

　當宗の義に云く、迹中には娑婆三界をば三蔵佛が領主なり。夫れを癈迹顯本すれば久遠五百塵劫已前遠々の無始より已來釋尊上行が本主にて、諸土惣在の王城王宮の娑婆即寂光の本國土妙なり。此の本國土妙娑婆三界の事相寂光にして釋尊上行三世益物化道の始終種熟脱の利生これあり。故に釋尊は父なり、一切衆生は子なり。故に我亦爲世父、今此三界皆是我有　其中衆生悉是吾子　唯我一人能爲救護と云ふ三徳有縁の釋尊なり。本涅槃妙の後の父は上行等なり、一切衆生は子なり。疏の六の本末釋の如し。躰外の分身彌陀等の諸佛には下種得脱生養の縁これなし。故に釋尊上行の唯我一人權爲救護の化道の始終種熟脱の三世益物なり。此の種熟脱の種は久遠にあり、此の下種の時は本果より本因に下り釋尊の御身を本因に下り上行と成て衆生に佛種を下す。其の後も地涌上行に十法界の身を具し佛界を以て分身散影して熟脱の佛果の益を成じ、其の後顯本の遠由に分身を一所に集め現脱を以て久遠本種に還せば、分身も久遠下種の本因妙地涌本身に還り、上行要付の後廣略付囑の時正像に出でて本尊と成り能弘の師と成り冥益を示し、又末法には本身の地涌の尊形を以て顯益を施すなり。玄の七に云く、十法界身遊諸國土則有冥顯兩益也文。玄の九に云く、則是本地妙應眷屬住於權迹垂形九道而用本法利益衆生云云。此の時は佛界の分身と云ふも地涌躰内の示現なれば、唯此の界本國土妙の本身は釋尊なり。分身は地涌なり。躰外迹中の分身の土は他方十方なり。疏の九に云く、是我弟子應弘我法以縁深厚能遍此土益遍分身土益遍他方土益と云へり。前三後三の釋の意分明なり。此の土の本國土妙の分身は地涌なり、是れ本主なり。太田抄に云く、而地涌千界大菩薩住娑婆界多塵劫、二随釋尊自久遠已來初發心弟子、三娑婆世界一切衆生最初下種菩薩也云云。觀心本尊抄・開目抄之を思ふべし云云。此の大旨を以て之を思ふに諸宗は皆謗法なり。

（『開迹顕本宗要集』隆教第三巻、九一―九二頁）

即ち迹中においては娑婆三界は三蔵仏が領主であったが、これを廃迹顕本すれば久遠五百塵劫已前遠々の無始より釈尊上行が本主である。さらにその土は諸土惣在の王城王宮の娑婆即寂光の本国土となり、この本国土妙娑婆三界は事相寂光で、ここにおいて釈尊上行の三世益物化道の始終、種熟脱の利生がある。そこで、本主である釈尊上行が下種する時には本果より本因に下り、釈尊の御身を本因へと下り上行と成って衆生に仏種を下し、その後、地涌上行の備える十法界の身のその仏界より分身を散影して熟脱の仏果の益を成し、その後、顕本の遠由にしたがって分身を一所に集め現脱を以て久遠本種に還す。そのとき分身も久遠下種の本因妙地涌本身に還り、上行要付の後、広略付属の時、即ち正法・像法において本尊と成り、能弘の師と成って冥益を示す。さらに末法あっては本身の地涌の尊形を以て顕益を施すのである。その所以は玄の七（『法華玄義』巻第七下〈大正三三、七七一頁b〉）にいう、「十法界身遊諸國土則有冥顯兩益也」の付属を受けた十法界身を備えた上行の利生であり、さらに玄の九（『法華玄義』巻第九下〈大正三三、七九九頁a〉）にいう、「即是本時妙應眷屬住於權迹垂形九道而用本法利益衆生云云」の本仏の妙応眷属である上行は本地（時）本仏の分身として迹中権迹において本身を隠して、形を九道に垂れ本法を以て利生（冥益）するのであるが、この時は仏界の分身といっても地涌体内の示現であって、この界本国土妙の本身は釈尊であり分身は地涌である。

疏の九（『法華文句』巻第九上〈大正三四、一二四頁c〉）に「是我弟子應弘我法以縁深厚能遍此土益遍他方土益」とあって、釈尊が迹化・他方の菩薩の滅後弘通の誓願をとどめ地涌菩薩を招聘する「前三後三」の釈は、明らかにこの土本国土妙の分身地涌は、本主である。太田抄（『曽谷入道殿許御書』昭和定本第一巻、九〇三頁）に、「而地涌千界大菩薩住娑婆界多塵劫、一随釋尊自久遠已來初發心弟子、三娑婆世界一切衆生最初下種菩薩也」とあるごとく、地涌上行が本国土妙の本主である。観心本尊抄・開目抄も同様である。

結

以上、上行菩薩滅後の弘経について冥顕両益の観点から考察してきたのであるが、上行の滅後弘経は本門十妙を説く中、本涅槃妙より以下の本仏報身自性所生の菩薩上行応用の能所の利益であるから本仏の働きである。しかし滅後、弘経が本仏から上行への法の付属という過程を踏んで利益を施すその意味は、「三世常恒の儀式として在世の衆生をば釋尊佛身にて之を益し、滅後の衆生をば本因の上行菩薩身にて一切衆生に佛種子を下す」で、在世の衆生には釈尊のすがたを以て、利益（熟脱の利益）滅後の衆生には上行菩薩のすがたで、衆生を利益するのであるが滅後正・像二時は冥益即ち上行菩薩のすがたを隠して利益（熟脱）し、末法においては顕益即ち地涌上行直身の利益（下種）である。更に滅後の冥顕両益は共に上行菩薩の所作と説かれる。

此の上行の所作について弘経抄に、『観心本尊抄』の末の「疑云」以下に、地涌千界の菩薩が正像に現れて法華経を流通する「上行の所作」があるかの問答があり、宗祖はこれに答えて「爾らず」「宣べず」という。いま本涅槃妙滅後応用の利生は上行の所作とされることについて、弘経抄に以下の会通がある。

尋ねて云く、此の地涌の菩薩は滅後正像末の惣導師なり正像に出現して此の經を弘通するや答、觀心抄の末に、「疑曰」と云ふより下に重々の問答之れあり事相顯現の出世は更更之れ有るべからず其の意文義分明なり若し正像に出現すと云はゞ教機時國を亂して謗法となるべきなり但し此の上行等にも示九道身の得之れあり玄の七に云く十法界の身を以て諸の國土に遊ぶは即ち冥顯の兩益あるなり云云　此の十法界身の冥益は上行體内の權迹の益なる間此の冥益を以て正像二時の熟益を成ずるなり此の正像冥益の唱導とは藥王觀音南岳天台なり此の故に天親龍樹内鑒冷然と云ふなり又天台傳教も内鑒冷然なるべし是れ皆地涌冥益の邊を内鑒するなり仍て報恩抄の末に云くされば内證は同じけれども法の流布は〇傳教は越へさせ玉へり云云　云ふ處の同の一字は内鑒冷然の邊なり

（『法華宗本門弘経抄』隆全第一巻、三七五―三七六頁）

正・像二時に地涌が具体的に現れることはない。もしそうだとすれば教機時国を乱して謗法となる。ただし、この上行等にも示九道身の得があって、妙法蓮華経玄義第七にいう「十法界の身を以て諸国に遊ぶ冥顯の両益」がある。この十法界身の冥益は「上行體内の權迹の益なる間此の冥益を以て正像二時の熟益を成ず、此の正像冥益の唱導は藥王觀音南岳天台なり此の故に天親龍樹内鑒冷然と云う、又天台傳教も内鑒冷然なり、是れ皆地涌冥益の邊を内鑒」してのことである、よって『報恩抄』（昭和定本第二巻、一二四七頁）の末の「内證は同じけれども、法の流布は〇傳教は越へさせ玉へり云云」という所の同の一字は「内鑒冷然の邊なり」と会通されている。

キーワード　正像冥益、末法顕益、上行菩薩、九道身、十法界身

日隆聖人の著述中にみえる『依憑天台集』からの引用

米澤立晋

一　問題の所在

日蓮聖人（一二二二―一二八二。以下、聖人）滅後、直弟子らによって教線が拡大し種々の門流が形成されていく中、日像（一二六九―一三四二）門流の流れを汲む慶林坊日隆聖人（一三八五―一四六四。以下、隆師）は八品門流の祖とされる。隆師はその生涯において、弘教面では京都本能寺や尼崎本興寺をはじめ多数の寺院を建立・改宗し、求法面では古来より三千余帖とも呼ばれる著述を執筆し、その多くが真蹟およびそれに準ずる形で現存している。(1)

隆師の教学は、種々の経論疏類に対して法華経本門八品の視点から解釈を試みたことが特徴的であり、日蓮遺文を面、天台三大部本末を裏として天台教学と日蓮教学との相違を明確にしようとした、いわゆる台当異目がその根底をなしている。このような隆師の教学思想が展開される理由の一つとして、当時の日蓮門下において中古天台本覚思想による観心主義教学の影響が挙げられる。(2)また、隆師の著述中には日蓮遺文はもちろんのこと、天台大師智顗（五三八―五九七。以下、智顗）や妙楽大師湛然（七一一―七八二。以下、湛然）のみならず、伝教大師最澄（七六六

六、七六七―八二二。以下、最澄）を始めとした日本天台宗諸師の教学研鑽の姿勢が見逃せない。

では最澄の著述について、隆師は日蓮教学を踏まえどのように解釈を加えていたのであろうか。その問題を検討する上で、本稿では隆師の著述中に引用の多かった『依憑天台集』に注目したい。方法論としては、まず日蓮遺文と隆師の著述中にみえる『依憑天台集』からの引用箇所を提示する。次いで、隆師の引用する『依憑天台集』の文について該当する日蓮遺文についても視野に入れ考察する。

二　日蓮遺文および隆師の著述中にみえる『依憑天台集』の文

日蓮遺文中にみえる最澄の著述からの引用は、『守護国界章』『法華秀句』『依憑天台集』『顕戒論』等多岐に渡っている[3]。また隆師も聖人と同様に、『守護国界章』『法華秀句』『依憑天台宗集』等からの引用が看取できる[4]。

『依憑天台集』とは、名を『大唐新羅諸宗義匠依憑天台集』といい一巻からなる。内容としては、中国・朝鮮の諸宗の学匠が天台義に依憑した文例を列挙して、天台義が諸宗より勝れた所以を顕した典籍とされ、序文・本文・跋文から構成される[5]。序文と跋文は最澄が記し、本文は一三項目に亘って諸宗派諸師の著述からの引用となっている。本文における各述者と書名を列挙すれば、（1）南山大師道宣（五九六―六六七）『大唐内典録』[6]（2）嘉祥大師吉蔵（五四九―六二三）『仁王経疏』[7]（3）濮陽大師智周（六七八―七三三。以下、智周）『菩薩戒経疏』[8]（4）青龍寺良賁（七一七―七七七）『仁王経疏』[9]（5）賢首大師法蔵（六四三―七一二）『華厳五教章』[10]（6）静法寺慧苑（六四八―七〇四）『続華厳経略疏刊定記』[11]（7）李通玄（六三五―七三〇）『新華厳経論』[12]（8）清涼大師澄観（七三七―八三八）『大方広仏華厳経随疏』[13]（9）元暁（六一七―六八六）『涅槃宗要』[14]（10）一行（六八三―七二七）『大毘盧遮那仏経

疏』[15]（11）惟懿（生没年不明）『仏頂経疏鈔』（現在散逸）（12）湛然『法華文句記』[16]（13）章安大師灌頂（五六一―六三二。以下、潅頂）『国清百録』[17]となる。[18]

執筆年については、序文に弘仁七年（八一六）と記され、跋文には弘仁四年（八一三）とあることから、従来より議論されている。[19]こうした内容で構成される『依憑天台集』について、隆師はその著述中においてどのような箇所を引用したのであろうか。その手がかりとして、日蓮遺文中に確認できる『依憑天台集』からの引用についても提示する必要があると考え、**付表**を作成した。[20]本稿ではこの**付表**をもとに考察していきたい。

凡　例

(1)**付表**の最上段「番号」は、日蓮遺文および隆師の著述中にみえる『依憑天台集』からの引用文について通し番号を施した。

(2)「『依憑天台集』の文」は、日蓮遺文および隆師の著述中にみえる『依憑天台集』からの引用箇所を提示し、『伝教大師全集』（以下『伝全』）の該当箇所を記載した。

(3)「日蓮遺文中の引用」には、日蓮遺文中にみえる『依憑天台集』からの引用箇所について、遺文名と真蹟の有無、および『昭和定本日蓮聖人遺文』の該当頁を記載した。

(4)「隆師の引用」には、隆師の著述中に確認できる『依憑天台集』からの引用について著述名と該当頁を記載した。また同頁内に複数回の引用が確認できた場合、その回数に応じて重複して該当頁を記載した。そして書誌情報として、『日蓮宗宗学全書』を『宗全』、『法華宗全書』を『法全』、『原文対訳法華宗本門弘経抄』を『隆全』、『日蓮所立本門法華宗五時四教名目見聞』を『名目見聞』、『日隆聖人御聖教開迹顕本宗要集』を『隆教』

と略記した。

(5)書名のみの引用や引用箇所が不明の場合、「書名のみ」「引用箇所不明」とそれぞれの欄に記載した。

付表

番号	『依憑天台集』の文	日蓮遺文中の引用	隆師の引用
①	依憑天台集序 前入唐受法沙門伝前入唐受法沙門伝法華宗釈最澄　撰 天台ノ伝法ハ者。諸家ノ明鏡ナリ也。陳隋ヨリ以降。興唐ヨリ已前。人ハ則チ歴代称シテ為二シ大師一ト。法ハ則チ諸宗以テ為二ス証拠一ト矣。故ニ梁粛ノ云ク。夫レ治世ノ之経ハ。非ンハ二孔門一ニ則チ三王四代ノ之訓。寝テ而不レ彰レ。出世ノ之道ハ。非ンハ二大師一ニ則チ三乗四教ノ之旨。晦テ而不レ明カナラ者也。我カ日本ノ天下ハ。円機已ニ熟シテ。円教遂ニ興ル。此間ノ後生。各執シ二自宗一ヲ偏ニ破二ス妙法一ヲ。 『伝全』3・343	『秀句十勝抄』(真)3・2381	
②	新来ノ真言家ハ。則チ泯二シ筆受ノ之相承一ヲ。旧到ノ華厳家ハ。則チ隠二ス影響ノ之軌模一ヲ。沈空ノ三論宗ハ者。忘二レテ弾呵ノ之屈恥一ヲ。覆二ヒ称心ノ之酔一ヲ。著有ノ法相宗ハ者。非二シテ僕陽ノ之帰依一ヲ。撥二フ青龍ノ之判経一ヲ。最澄南唐ノ之後ニ。稟二ケ此一宗一ヲ。東唐ノ之訓ヲ。聞二キ彼ノ戒疏一ニ。拾二テ円珠ヲ於海西一ニ。献二ス連城ヲ於海東一ニ。略シテ示二シ菽麦ノ之珠一ヲ。悟二ル目珠ノ之別一ヲ。 『伝全』3・344	『法門可被申様之事』(真)1・451、『開目抄』(曽存)1・579以下、『報恩抄』(断片・曽存)2・1215、『秀句十勝抄』(真)3・2381、『一代五時継図』(無)3・2422 2428、『注法華経』(真)『定本注法華経』下・602	『法華宗本門弘経抄』『隆全』9・353

③	謹テ著シテ二依憑一巻ヲ一。則チ贈ル二同我ノ後哲ニ一。其時興日本第五十二葉弘仁之七丙申ノ之歳ナリ也。大唐新羅ノ諸宗ノ義匠依二憑スルノ天台ノ義ニ一集巻一。 『伝全』3・344	『報恩抄』(断片・曽存)2・1215 1216、『秀句十勝抄』(真)3・2381	『十三問答抄』『宗全』8・403、『四帖抄』『法全 日隆1』48 89 193 193 239 244、『名目見聞』116 382 384、『玄義教相見聞』『法全 日隆2』83、『法華宗本門弘経抄』『隆全』1・528、5・183、6・437 437 512、9・353・354、10・64、11・196 196 245 330、『開迹顕本宗要集』『隆教』1・3、2・367、3・413、4・399 510
④	大唐新羅諸宗義匠依憑天台義集一巻 前入唐習業沙門最澄　撰 『伝全』3・345	『秀句十勝抄』(真)3・2381 2382	
⑤	照二了スルコト法華ヲ一。若ク三高輝ノ之臨ムカ二幽谷ニ一。説クコト二摩訶衍ヲ一。似タリ三長風ノ之遊フニ二大虚ニ一。仮令ヒ文字ノ之師。千群万衆。数尋ヌルモ二彼ノ妙弁ヲ一。無シ二能ク窮ムルコト一也。 『伝全』3・346以下	『撰時抄』(真)2・1025、『秀句十勝抄』(真)3・2382	
⑥	義同シテレ指スニレ月ヲ。不レ滞ラ二筌蹄ニ一。 『伝全』3・347	『撰時抄』(真)2・1025、『秀句十勝抄』(真)3・2382	
⑦	理ハ会ヒ二無生ニ一。宗ハ帰スル二一極ニ一者也。 『伝全』3・347	『撰時抄』(真)2・1025、『秀句十勝抄』(真)3・2382以下	

⑧	新羅国華厳宗ノ沙門元暁讃シテ二天台ノ徳ヲ一証ス二諸宗ノ教時ヲ一 其涅槃宗要ノ末ニ云ク。又如キハ二随時ノ天台智者ノ一。問テ二神人ニ一言ク。此 土ノ四宗。会スルヤ二経ノ意ヲ一不ヤ。神人答テ言ク。失多ク得少シ。又問フ。 成実論師。立ツ二五時教ヲ一。称フヤ二仏意ニ一不ヤ。神人答テ曰ク。小ク勝ル二四 宗ニ一猶ホ多シ二過失一。然ルニ天台智者。禅恵倶ニ通シ。挙リテレ世ヲ所レ重スル。 凡聖難シレ測リ。是知リ二仏意ノ深遠ニシテ無キヲレ限。而シテ欲ス下以テ二四宗ヲ一科リ二 於経旨ヲ一。亦判シテ二五時ヲ一。限ラント中於仏意ニ上。是猶ホ二以テレ螺ヲ酌ミレ海ヲ。 用テレ管ヲ闚フレ天ヲ者ノ一耳。教迹ノ浅深。略シテ判スルコト如シレ是ノ。云云 『伝全』3・358	『注法華経』(真)『定本注法華経』下・602以下	
⑨	大唐南岳ノ真言宗ノ沙門一行同シテ二天台ノ三徳ニ一数息ニ三諦ノ義 其毘盧遮那経疏ノ第七ノ下ニ云ク。三落叉ハ是数ナリ。数ハ是世間ナリ也。 出世ノ落叉ハ是見ナリ。三相トハ謂ク字ト印ト本尊ト等シク。随ヒテ取ルニ二其一ヲ一。 一合ノ相是ナリ也。字ト印ト尊ト等ク。身語、心等キヲ。名クレ見ルト二実相ヲ一。 乃至能ク令ムトハ二持誦セ一者。浄ケレハ令ム二一切ノ罪ヲシテ除カ一。若シ不浄ナラハ。 更ニ一月等如シレ前ノ也。所ノレ説ク念誦者トハ。数、牒ス二上文ニ一也。不レ応ニ 異シ二此法則ニ一也。是ノ故ニ。令メテ二耳ヲシテ聞カ一。息出ツル時ハ字出テ。入ル 時ハ字入リテ。令ム二随ヒテレ息ニ出入セ一也。今謂ク。天台ノ之誦経ハ。是円 家ノ数息ナリトハ。是此意ナリ也。 『伝全』3・358以下	『八宗違目抄』(真)1・528、『秀句十勝抄』(真)3・2381以下、『注法華経』(真)『定本注法華経』下・602	
⑩	猶ホ如シ二天台ノ法身般若解脱ノ義ノ一。云云 『伝全』3・359	『秀句十勝抄』(真)3・2382	
⑪	天竺ノ名僧聞キ二大唐ノ天台ノ教迹最堪ヘタリトレ簡フニ二邪正ヲ一渇仰訪問ノ縁 法華文句記ノ第十巻ノ末ニ云ク適与ニ二江淮ノ四十余僧一往キテ礼ス二台山ニ一。 因リテ見ルニ二不空三蔵ノ門人含光ノ。奉シレ勅ヲ在リテレ山ニ修造スルヲ一。云ク与ニ二 不空三蔵一親ク遊フ二天竺ニ一。彼ニ有リレ僧問テ曰ク。大唐ニ有リ二天台ノ教迹一。	『報恩抄』(断片・曽存)2・1215以下、『秀句十勝抄』(真)3・2382	

	最モ堪ヘタリト下簡ヒ二邪正ヲ一暁ムルニ中偏円ヲ上。可ケンヤ下能ク訳シテレ之ヲ。将中至ス此土ニ上耶ト。豈ニ非スヤ三中国ニ失シテレ法ヲ。求ムルニ二之ヲ四維一ニ。而モ此方少シ二有ルレ識ルコト者一。如キノミ二魯人ノ一耳。故ニ厚クレ徳ニ向フレ道ニ者。莫シレ不ルハ二仰キレ之ヲ敬一ハ。願クハ学者行者。随ヒテレ力ニ称讃セヨ。応ニレ知ル。自行兼ヌレ人ヲ。並ニ異ルニ二他典一ニ。 『伝全』3・360以下		
⑫	千年之興二五百一。実ニ復在リ二今日一ニ。南岳ノ叡聖。天台ノ明哲。昔ハ三業ニ住持シ。今ハ二尊ニ紹クレ係ヲ。豈ニ止、灑クノミナランヤ二甘露ヲ於振旦一ニ。亦当ニレ震フ二法鼓ヲ於天竺一ニ。生知妙悟。魏晋ヨリ以来。典籍風謡。実ニ無シ二連類一。 『伝全』3・362	2382『秀句十勝抄』(真)3・	
⑬	吁乎実ナルカナ哉。生レナカニシテ知ル者ハ上ナリ。学ヒテ知ル者ハ次ナリ。此言有リレ以ヘ也。不シテレ出テ二庭戸一ヲ。天下可シトハレ知ル。豈空ク伝ヘンヤ哉。此間在リ二比蘇一ニ。大唐聞ク二天台一ニ。今吾カ大師。雖レ不トレ遂カ二杖ヲ於葱嶺一ニ。然レトモ霊山ノ之聴。恒ニ存ス二心腑一ニ。雖レ不トレ負ハ二経ヲ於流沙一ニ。而モ南岳ノ告。篤ク載ス二簡牘一ニ。三蔵ハ尋ネ二梵偈ヲ於印度一ニ。天台ハ振フ二法鼓ヲ於天竺一ニ。波倫ハ入リテレ漢ニ。礼シ二文殊ヲ於台山一ニ。梵僧ハ来リテレ呉ニ。謁ス二弥勒ニ於東陽一ニ。漢地已ニ有リレ聖。秦国何ソ無カランヤレ賢。支那ノ三蔵。和シ二諍論ヲ於天竺一ニ。震旦ノ人師。糅ス二群釈ヲ於梵本一ニ。於テハ二彼ノ智略一ニ。神州亦好シ。於テハ二此義味一ニ。大唐亦妙ナリ。唯敬テ信シ二於義理一ヲ。寧謗リテ二人法ヲ一招カシヤレ殃ヲ哉。貴ヒテレ耳ヲ賎ムハレ目ヲ。漢人ノ所レ嗟ク。敬ヒテレ遠ヲ軽スルハレ近ヲ。此間難シレ免レ。伏シテ願クハ。有心ノ君子。放レテ二愛憎ノ之情ヲ一熟、察セヨ二諸宗ノ憑ヲ一。 『伝全』3・363以下	2383『秀句十勝抄』(真)3・	
⑭	今吾カ天台大師。説キ二法華経ヲ一。釈ス二法華経ヲ一。特ニ秀テテ二於群一ニ。独二歩ス於唐一ニ。明ニ知ヌ。如来ノ使ナルコトヲ也。讃センハ者積ミ二福ヲ於安明一ニ。謗ランハ者開ク二罪ヲ於無間一ニ。雖レ然リト。於テハ二信センハ者一ニ為リ二天鼓一ト。	『総在一念抄』(無)1・85、『得受職人功徳法門抄』(無)1・629、『曽	『私新抄』『宗全』8・16、『法華宗本門弘経抄』『隆全』1・80、5・90、

	於テハ二謗ラン者一ニ為ル二毒鼓一ト。信謗彼此。決定シテ成仏セン。　『伝全』3・364	谷入道殿許御書』（真）1・911、『撰時抄』（真）2・1058、『報恩抄』（断片・曽存）2・1218・1219、『随自意御書』（断片）2・1618、『富木殿御返事』（真）2・1818、『大夫志殿御返事』（断片）2・1851、『大黒天神相伝肝文』（無）3・2042、『大黒送状』（無）3・2044、『秀句十勝抄』（真）3・2383	6・385・396、9・353、10・375、11・613・745・788、『開迹顕本宗要集』『隆教』4・142・193
⑮	又偈ニ云ク。有リテレ人求ム二仏道ヲ一。而モ於テ二一劫中ニ一。合掌シテ在リ二我カ前ニ一。以テ二無数ノ偈ヲ一讃セン。由ルカ二是ノ讃仏ニ一故ニ。得二無量ノ功徳ヲ一。歎二美セン持経者ヲ一。其福復過クトレ彼ニ也。妓カ捨テテレ福ヲ慕フレ罪ヲ者ナランヤ哉。願クハ同ク見ヘ二於一乗ニ一倶ニ入ランコトヲ二於合海ニ一也　『伝全』3・364	『秀句十勝抄』（真）3・2383	
⑯	書名のみ	『善無畏抄』（断片）1・411、『大田殿許御書』（真）1・855、『撰時抄』（真）2・1036、『報恩抄』（断片・曽存）2・1211、『破良観等御書』（無）2・1284、『下山御	

⑰	引用箇所不明	消息』(断片)2・1326 『報恩抄』(断片・曽存)2・1210	『四帖抄』『法全　日隆1』149。『法華秀句』『伝全』3・245以下か。

付表を整理すると、日蓮遺文中にみえる『依憑天台集』からの引用は一九遺文(『注法華経』を含めると二〇)が確認でき、そのうち、真蹟・断片・曽存が一四遺文、真蹟が存しないものが六遺文であった。また『依憑天台集』からの引用文は、管見の限り一五種が確認でき、書名のみの引用や引用箇所不明を含めると計四七箇所を数えることができる。そのうち、⑰を除いた、真蹟・断片・曽存遺文は三九箇所、真蹟が存しないものが七箇所であった。

引用回数が多い順に整理すると、『秀句十勝抄』(真)一四箇所、『報恩抄』(断片・曽存)八箇所、『撰時抄』(真)五箇所、『注法華経』(真)三箇所、『一代五時継図』(無)二箇所、『総在一念抄』(無)・『善無畏抄』(断片)・『法門可被申様之事』(真)・『八宗違目抄』(真)・『開目抄』(曽存)・『得受職人功徳法門抄』(無)・『大田殿許御書』(真)・『曽谷入道殿許御書』(真)・『破良観等御書』(無)・『下山御消息』(断片)・『随自意御書』(断片)・『富木殿御返事』(真)・『大夫志殿御返事』(断片)・『大黒天神相伝肝文』(無)・『大黒送状』(無)に各一箇所の引用がみられた。

さらに、『依憑天台集』の各文を引用した回数については、⑭が一一遺文一二箇所、②が六遺文七箇所、⑯書名のみの引用が六遺文、③⑨が三遺文、⑤⑥⑦⑪が二遺文、①④⑧⑩⑪⑫⑬⑮⑰が一遺文であった。聖人の場合、序文・跋文からの引用を中心としているが、本文からの引用も『秀句十勝抄』をはじめ、『八種違目抄』『撰時抄』『報恩抄』『注法華経』といった真蹟およびそれに準ずる遺文類から複数確認できた。

次に、隆師が引用した『依憑天台集』の各文は、管見の限り、②が一箇所、③が二八箇所、⑭が一二箇所、⑰『法華秀句』と思われる文が一箇所で、いずれも序文・跋文からの引用であり、日蓮遺文中に引用される『依憑天台集』と比較して偏りがある結果となった。

これらの結果を踏まえ、本稿では隆師の著述中に確認できた②③⑭の文について検討したい。なお、日蓮遺文中にみえる①④~⑬⑮⑯からの引用については今後の研究課題としたい(21)。

1　新来ノ真言家ハ則泯ニシ筆受之相承ヲ一旧到ノ華厳家ハ則隠ニス影響之軌模ヲ一。

『依憑天台集』序文から隆師が引用する箇所は②③であった。一瞥すると、②③は連続する文章であり、分けて考える必要性は無いように思われる。しかし、隆師は③のみを多数引用していることからも、本稿ではあえて別立てして考察していきたい。

そこでまず②の文を解釈すると、日本に新しく来た真言宗は師と弟子が面々相対して伝授する面授の相承を重んじて、訳主の口説を受けて筆記して相承する筆授の相承を滅ぼしていると指摘している。また華厳宗は天台教学から受けた影響の規模を隠しており、空に沈む三論宗は、天台教学に呵責されたことによる屈服の恥を忘れ、潅頂の住居である称心精舎において嘉祥大師吉蔵（五四九―六二三）が天台教学に心酔したことを覆い隠している。さらに有に執著する法相宗は、智周が智顗に帰依したことは無かったとし、青龍寺の良賁は天台教学に基づいて経典解釈をしたことを撥ねのけている。そして、華厳宗の南唐の道璿（七〇二―七六〇）が天台宗の影響を受けた『註菩薩戒経』を記し、鑑真（六八八―七六三）とともに来日し東大寺の唐禅院に住していた法進（不明―七七八）は、これをもとに『梵網戒経疏』を講義した。このことについて最澄は、真実の理法を海西（唐）に拾い、その教えを海東（日本）に献上したとし、例えるならば、大豆と麦の異なりと示し、魚の目と宝珠との違いを悟らせるものであるとしている。(22)

聖人は該文について、『法門可被申様之事』（真）・『開目抄』（曽存）・『報恩抄』（断片・曽存）・『秀句十勝抄』（真）・『二代五時継図』（無）・『注法華経』（真）中で引用し、本稿では『開目抄』と『報恩抄』中にみえる『依憑天台集』からの引用箇所については、便宜上ゴシック体を用いた。なお、日蓮遺文と隆師の著述中にみえる『依憑天台集』からの引用箇所については、便宜上ゴシック体を用いた。

真言大日経等には二乗作仏・久遠実成・一念三千の法門これなし。善無畏三蔵カ震旦に来て後、天台の止観を見て智発し、大日経の心実相我一切本初の文の神に天台の一念三千を盗ミ入レて真言宗の肝心として、其上ニ印と真言とをかざり、法華経と大日経との勝劣を判ずる時、理同事勝の釈をつくれり。両界の漫荼羅の二乗作仏・十界互具は一定大日経にありや。第一の誑惑なり。故ニ伝教大師云ク **新来ノ真言家ハ則泯二シ筆受之相承一ヲ旧到ノ華厳家ハ則隠二ス影響之軌模一ヲ**等云云。(23)

『開目抄』によれば、真言宗が依経とする大日経には二乗作仏・久遠実成・一念三千の法門は説かれておらず、真言宗初祖善無畏三蔵（六三七―七三五）が中国に到来後、智顗の『摩訶止観』を参考として、大日経の「心の実相」「我れは一切の本初である」と説かれた経文を解釈している。すなわち、真言宗は智顗の一念三千の法門を盗み取って真言宗の肝心となる教えとしたのである。具体的には、印相と言語表現である真言とを秘密の事相とすることで、法華経と大日経との優劣を判断じ、両経とも理においては同様であるが、事相については大日経が勝れていると定義した。しかし、真言宗が主張する金剛界・胎蔵界の曼荼羅では二乗作仏と十界互具の教えは明示されておらず、この点に真言宗の主張に誤りがあり、その証拠として、『依憑天台集』②を引用していることが見て取れる。

また、『報恩抄』においても以下の記述が確認できる。

設《トヒ》慈覚、伝教大師に値《ヒ》奉《リ》て習《ヒ》伝《ヘ》たりとも、智証、義真和尚に口決せりといふとも、伝教・義真の正文に相違せば、あに不審を加《ヘ》ざらん。伝教大師の依憑集と申《ス》文は大師第一の秘書なり。彼書ノ序ニ云ク**新来ノ真言家ハ則泯シニ筆受之相承ヲ一旧到ノ華厳家ハ則隠シニ影響之軌模ヲ一。沈空ノ三論宗ハ者忘テニ弾呵之屈恥ヲ一覆フニ称心之酔ヲ一著有ノ法相ハ非《なみし》ニ僕陽之帰依ヲ一撥フニ青龍之判経ヲ一**等(24)。

『報恩抄』によると、慈覚大師円仁（七九四―八六四。以下、円仁）が最澄の弟子として教えを習い受けたり、智証大師円珍（八一四―八九一。以下、円珍）が修禅大師義真（七八一―八三三。以下、義真）から直接に口伝による相承がなされたとしても、最澄や義真の正しい文献と相違していれば不審を抱かざるをえないとしている。その証拠として、聖人は、『依憑天台集』②の文を引用していることが看取できる。

そして隆師の場合、該文について『法華宗本門弘経抄』如来寿量品釈に一箇所の引用が確認できる。

又報恩抄の上巻に云く、伝教義真の正しき文に相違せば豈に不審を加へざらんや、伝教大師の依憑集と申す文は大師第一の秘書なり、彼の書の序に云く、**新来ノ真言家ハ則泯シニ筆受ノ相承ヲ一旧到ノ華厳家ハ則隠スニ影響ノ軌模ヲ一**等云云(25)。

『法華宗本門弘経抄』では、隆師が独自に論を展開するために『依憑天台集』を引用したのではなく、あくまで聖人の『報恩抄』を引用することで天台教学が他宗の教学に影響を与えた存在であることを提示していることが窺える。

2　謹テ著シテ二依憑一巻ヲ一贈ル二同我ノ後哲ニ一。

次に、③の文について確認すると、『報恩抄』（断片・曽存）二箇所、『秀句十勝抄』（真）一箇所の引用がみられる。『報恩抄』では「贈同我後哲」までの引用であるのに対し、『秀句十勝抄』では「前入唐習業沙門最澄撰」までの引用であった。この問題については、『秀句十勝抄』が『法華秀句』の各項目における要文を挙げ、聖人が経論釈を引用した上で自身の解釈を述べられた性質上のものであるためではないかと推察する。そこで③を解釈すると、「謹んで『依憑天台集』一巻を私と同心の後世の学者に贈る。その時としては、日本の第五二葉、弘仁七年（八一六）丙申の歳である。『大唐新羅諸宗義匠依憑天台集』一巻。前に唐に入って学業を習った沙門最澄の撰[26]」とある。ここで問題となるのは、聖人が『依憑天台集』を引用する際、「同我後哲」とは一体誰を指しているのかである。

そこで該当する日蓮遺文を提示すれば以下のようになる。

　慈覚・智証と日蓮とが伝教大師の御事を不審申スは、親に値ッての年あらそひ、日天に値ヒ奉リての目くらべにて候へども、慈覚・智証の御かたふどをせさせ給はん人々は、分明なる証文をかまへさせ給ッべし。（中略）乃至**謹テ著シテ二依憑集一巻ヲ一贈ル二同我ノ後哲ニ一**。**某《それ》ノ時興ルコト日本第五十二葉弘仁之七丙申之歳也**云云。[27]

　慈覚・智証の二人は言は伝教大師の御弟子とはなのらせ給ヘども、心は御弟子にあらず。其故は此書ニ云ク**謹テ著シテ二依憑集一巻ヲ一贈ル二同我ノ後哲ニ一**等云云。[28]

謹テ著二シテ依憑一巻一ヲ贈二ル同我ノ後哲一ニ。其時ハ興日本第五十二葉弘仁之七丙申之歳也。大唐新羅ノ諸宗ノ義匠依二憑スルノ天台ノ義一ニ集巻一 前入唐習業。沙門最澄撰(29)

『報恩抄』では、円仁・円珍および聖人が最澄の教えに不審を抱くことは、親に対して年齢を争ったり、日天に向かってどちらがよく見えるかと比較するようなものであり、聖人は円仁や円珍を味方する人々に対し、明瞭な証文の用意を求めていることが理解できる。その上で、聖人は『依憑天台集』③の文を引用し、円仁・円珍が「同我後哲」に該当しないと規定していると同時に、聖人自身が「同我後哲」となりうる存在である可能性を示唆している。

同じく『報恩抄』おいて聖人は、円仁・円珍の二人は言葉では最澄の弟子とは名乗ってはいるが、心の中では弟子ではないと指摘する。その証拠として③の文を引用し、「同我」とは、真言宗は天台宗よりも劣ると習い受けとめてこそ初めて「同我」と言えるのではなかと主張している。この記述からも、聖人は、円仁・円珍を「同我後哲」と認めておらず、聖人自身が「同我後哲」となるべき存在であると暗示した文ではなかろうか。

さらに『秀句十勝抄』では、③の文を引用するに留まっているが、文頭に、「日蓮疑テ云ク伝教大師不レ破二セ真言宗ヲ一乎」(30)とあることからも、真言批判の一要素として該文を引用したものと考えられる。

次に、隆師の著述中にみえる③の引用箇所を提示すると、管見の限り『十三問答抄』一箇所、『四帖抄』六箇所、『名目見聞』三箇所、『玄義教相見聞』一箇所、『法華宗本門弘経抄』一二箇所、『開迹顕本宗要集』五箇所の計二八箇所に及び、いずれも『報恩抄』と同様に「贈同我後哲」までの引用であった。その中で、隆師が思考しうる「同我後哲」とは聖人の解釈と相違があるのか否かが問題となる。そこで、実際に隆師の著述を概観すると、以下の記述が確認できる。

❶其の中に依憑集の「**贈二同我ノ後哲一**」と云ふ同我とは義真円澄までなり、第三の慈覚大師は同我にあらず、既に智水絶へ畢って又日蓮大士相継し玉へり、御抄の意其の相分明なり云云[31]

❷当宗の義に云く、諸御抄殊に撰時抄、報恩抄等に、本門八品上行要付の後は何れも内証は同じけれども、法の流布の正法の初めには迦葉阿難、小乗を弘め、正法の中終には天親龍樹、法華論等の諸論を造りて権大乗を弘む。故に法華論も正像時機に相応の外宜の辺は、法華経をも権大乗爾前別円の義分に共して法華論を造り之を弘む。而れども内鑑冷然の辺は法華の開三開近の心地に住して法華論を造り、**同我の後哲**の迹本流通の天台蓮祖に擬す[32]。

❸南岳天台之を内鑑して法華三昧を伝へ信行観を修して「不レ受二余経ノ一偈一」の行に移し、「**贈リ二同我之後哲一**」玉へり[33]

❹十　天台宗に玄・文・止を講ずる意と、日蓮宗に講ずる玄・文・止との不同の事。

問うて云く、この両宗の不同は如何。

答う、天台所説の玄・文・止において二筋これあり。内鑑と外縁となり。内鑑は本門、外縁は迹門なり。都合、迹面本裏の玄・文・止なり。内証本裏の辺をば、末代**同我の後哲**に贈らんがために、文底に秘してこれを沈め、意密に日蓮聖人に贈り奉る云云[34]。

❶は、『法華宗本門弘経抄』如来寿量品釈中に記述されたものである。隆師によれば、『依憑天台集』中にみえる

「贈同我後哲」の「同我」とは、延暦寺初代座主義真と第二世寂光大師円澄（七七一―八三七）までであり[35]、第三世円仁は「同我」には該当せず、円仁以降は智慧の法脈は断絶していると規定している。そうした中、末法に至り聖人がその法脈を継承しており、そのことは日蓮遺文を見れば明白であると主張している。つまり隆師は、❶の引用において、『報恩抄』の引用と類示した解釈がなされていることが分かる。

❷は『開迹顕本宗要集』二乗部第八中に引用がみられ、『撰時抄』『報恩抄』等といった日蓮遺文では、本門八品において上行菩薩に要法を付嘱された後は、いずれも内証の面では変わりがないとしている。すなわち釈尊滅後の正法の始めには、迦葉や阿難が小乗を弘通し、天親や龍樹が『法華論』等の緒論を作成して権大乗を弘めていた。このことについて天親は、正法や像法では時が至らぬため、機根に合わせあえて法華経を権大乗の四教中の別教と円教に配当したとしている。なぜなら、天親や龍樹等は内証としては法華経の教えを得悟していたが、時節が適合しなかったので宣説せず『法華論』を作成し、同我の後哲である智顗や聖人に法華経の教えを託すとしている。❷において、隆師は「贈同我後哲」の文を天親・龍樹から智顗や聖人へと応用し引用していることが注目できる。

❸は『法華宗本門弘経抄』薬草喩品釈中に記され、南岳大師慧思（五一五―五七七。以下、慧思）や智顗は、❷と同様に、内証としては法華経の教えを得悟しているため、法華三昧を伝え信行を観じるための修行をしている。また、法華経譬喩品の「余経の一偈に受けざれ」と説かれる経文を受け、慧思や智顗が修行方法を移行したことは、同我の後哲に贈るためであるとしている。このことからも隆師の解釈では、「同我」を慧思や智顗までも関係性を持つと規定し、「後哲」については最澄や日蓮へと展開しているものと思われる。

❹は、『法華天台両宗勝劣抄』（以下『四帖抄』）において引用が確認できる。ここでは、天台宗と当宗における天台三大部の解釈の相違について問答する箇所である。隆師によれば、天台宗では天台三大部を解釈するに際し、内

鑑を本門、外縁を迹門と捉える迹面本裏であると定義している。この本門を裏面に置いた教えについて智顗は、末法の同我の後哲に贈るためにあえて文底に沈めて意密として聖人に贈ったものであるとしている。❹において隆師は、末法で生きる聖人を「末代」という語を付した上で「同我後哲」であると標榜していることが特筆できよう(36)。

これらを整理すると、隆師が引用する③の「同我」とは、最澄のみならず龍樹・天親・慧思・智顗までをも含んでいることが看取できた。また、「後哲」を聖人と規定することは、末法における日蓮教学の正当性を提示するための一要素として『依憑天台集』の文を用いたのではないかと推察する。

3　讃スル者ハ積ミ二福ヲ於安明ニ一謗スル者ハ開ク二罪ヲ於無間ニ一。

これまで考察してきた②③は、『依憑天台集』序文に該当する箇所であった。④〜⑬については『依憑天台集』本文に該当し、管見の限り隆師の著述中には確認できなかった。この問題については推測の域を出ないが、『依憑天台集』本文は諸師の著述からの引用である性質上、隆師は『依憑天台集』をあくまで最澄が記述した箇所に基軸を置き引用していたのではないかと思量する。そこで改めて隆師の著述中における『依憑天台集』からの引用を辿ると、『依憑天台集』跋文(37)からも引用が見られ、⑭では日蓮遺文中において真蹟の有無を含め計一二箇所の引用が確認できた。

⑭を解釈すると、「今、我が天台大師は法華経を注釈することは特に秀でたものがあり、唐の時代において独歩の存在であり、如来の使いであることは明らかである。よって法華経を讃える者は須弥山の高さほどの福徳を積み、誇る者は罪を無間地獄へと開く。そうであるけれども、信じる者にとっては、打たなくてもおのずから妙音を発する天の太鼓（順縁）となり、謗る者にとっては毒薬を塗った太鼓（逆縁）となるため、信ずる者も謗る者も最終的

には成仏が決定している。また、どうして福を捨てて罪を慕う者がいようか。願わくは、同じく一乗を見てともに川が和合する海へと入りたい[38]」とある。

この文について聖人は、『総在一念抄』（無）一箇所、『得受職人功徳法門抄』（無）一箇所、『曽谷入道殿許御書』（真）一箇所、『撰時抄』（真）一箇所、『報恩抄』（断片・曽存）二箇所、『随自意御書』（断片）一箇所、『富木殿御返事』（真）一箇所、『大夫志殿御返事』（断片）一箇所、『大黒天神相伝肝文』（無）一箇所、『大黒送状』（無）一箇所、『秀句十勝抄』（真）一箇所の計一二箇所（真蹟・曽存・断片八箇所、真蹟無四箇所）もの引用が見られた。このことは、日蓮教学を考える上で⑭の文が一つの重要タームとなっている可能性が示唆される。そこで本稿では、真蹟およびそれに準ずる遺文である『曽谷入道殿許御書』『報恩抄』『随自意御書』に注目し見ていくこととする。

伝教大師ノ云ク**讃スル者ハ積ミ二福ヲ一於安明ニ一謗スル者ハ開クト二罪ヲ一於無間ニ一**等云云。安明トハ者須弥山之名也。無間トハ者阿鼻ノ別名也。国主誹二謗セハ於持者ヲ一失レヒ位ヲ臣民毀二呰スレハ於行者ヲ一喪レホス身ヲ[39]。

まず『曽谷入道殿許御書』では、⑭の引用文を受けて、安明とは須弥山を指し、無間地獄とは阿鼻地獄であると定義している。よって、国主が法華経の受持者を誹謗すればその位を失い、臣下や民が法華経の行者を毀謗するとその身を亡ぼすとしている。

依憑集ニ云ク**今吾天台大師説二キ法華経ヲ一釈スルコト二法華経ヲ一特ニ秀シ於群ニ一独リ歩ス於唐ニ一。明ニ知ンヌ如来ノ使也。讃ル者ハ積ミ二福ヲ於安明ニ一謗ル者ハ開ク二罪ヲ於無間ニ一**等云云。法華経・天台・妙楽・伝教の経釈の心のごとくならば、今日本国には法華経の行者は一人もなきぞかし[40]。

次いで『報恩抄』では⑭の文を引用した後に、法華経を解釈する上で、智顗・湛然・最澄の御心の通りであれば、今の日本国には法華経の行者は一人もいないことになると述べている。

伝教大師釈《シテ》云《ク》**讃者積**下**福於安明**上**謗者開**下**罪**《ヲ》**於無間**上等云云。ひへ（稗）のはん（飯）を辟支仏に供養せし人は宝明如来となる。つちのもちゐを仏に供養せしかば閻浮提の王となれり。設《トヒ》こう（功）をいたせども、まことならぬ事を供養すれば、大悪とはなれども善とならず。設《ヒ》心をろかにすこしきの物なれども、まことの人に供養すればこそ大なり。何《カニ》況《ヤ》心ざしありてまことの法を供養せん人々をや[41]。

そして『随自意御書』では、『依憑天台集』を引用した後、稗の飯を辟支仏に供養した人は宝明如来となり、土の餅を仏に供養すれば閻浮提の王となった過去があるとした上で、たとえ功績があったとしても、まことの道にそぐわない事を供養したとすれば大悪とはなっても善にはならない。反対に、たとえ心は愚かであってもまことの人に供養すればその功徳は広大であるとしている。まして心ざしのある者が、真実の法を供養すればその功徳は計り知れないものがあると述べられている。

日蓮遺文中にみえる⑭の引用は、正法（法華経）を受持する必要性と、誹謗した謗法の罪の重さについて例示する際に引用したものと思われる。また聖人は時に着目し、時によって供養する対象は変化するため、末法では法華経の行者が供養する対象であることを⑭の文を用いて示している。

次に、隆師の著述中にみえる⑭の引用は、管見の限り、『私新抄』一箇所、『法華宗本門弘経抄』九箇所、『開迹顕本宗要集』二箇所の計一二箇所の引用が確認できた。いずれの著述も⑭全文の引用ではなく、「讃者積福於安明謗者開罪於無間」といった部分的引用が大半であった[42]。本稿では、『私新抄』『法華宗本門弘経抄』『開迹顕本宗要集』中にみえる『依憑天台集』からの引用箇所について見ていきたい。

❺忝モ本地ノ聴衆塔中遺付ノ嫡弟トシテ、末世ノ唱導ヲ蒙リ和国ニ受《ケ》レ生《ヲ》、教機時国既ニ到来セリ、何ゾ悪逆救助ノ秘術ヲ不《ン》レ回《サ》乎、**信謗彼此決定成仏**《ノ》弘宣定《テ》可《シ》レ有《ル》レ之[43]

❻諸の難易二行の中には本門の妙法蓮華経を以て易行の中の易行と為し、諸宗の中には本門日蓮宗を以て最極と為すなり、是れ即ち自讃毀他にあらず但だ是れ所依の経に依る故なり、恐らくは此の宗を信ぜざる諸宗は**罪を無間に開き之を讃むる信者は福を安明に積むと**云云。[44]

❼所詮今経は三説超過・超八醍醐の永異諸経たる極大乗無上の正法なる間、信ずれば一念須臾の間に三菩提の妙果を証し、謗ずれば二の巻の如く展転無数劫堕獄する間、今経の時三五下種の者、退本取迹退大取小して法華経を誹謗する故に六道に輪廻して、今日に釈尊の御出世に値ひ奉る間、三五塵劫を経たり。是れ謗法罪の故なり。更に経法の過にあらず。只是れ機の過なり。之に位て依憑集に云く、**讃スル者ハ積ミ二福ヲ於安明一ニ謗ル者ハ開ク二罪ヲ於無間一ニ**、等と判じたまへり。[45]

まず❺『私新抄』では、第一巻「付二種熟脱一天台当家分二別教相一事」[46]の解釈中に『依憑天台集』からの引用がなされる。ここでは、本地の聴衆（上行菩薩）が釈尊の二仏並坐や上行付嘱といった法華経の儀式により末法において唱導を委嘱され、日本国に生を受け教機時国という教法流布の時期が到来しているとし、今こそ十悪や五逆を犯した謗法者を成仏へと導く必要性があると提起している。その証拠として⑭を引用し、法華経の教えを世間に説き弘めることを定めている。

次に❻では、『法華宗本門弘経抄』第一巻大意「三、本門は過去の下種を以って爾前迹門の得道を破し而して本門流通末法下種を成ずる事」[47]中に隆師が⑭の文を引用している。ここでは、難行・易行について本門の法華経は易行中の易行であると定義し、諸宗の中においても当宗の教えこそが至極の教えであるとする。この考えは、単に自身を褒め讃え他者を謗るのではなく、法華経を依り所とした結果であるとしている。隆師は、当宗の教えを信受できず諸宗の教えを信行した結果として、「謗者開罪於無間」の文をあえて先に引用した後に、「讃者積福於安明」の文を引用していることが注目できる。

そして❼『開迹顕本宗要集』教相部第四では、法華経は三説超過の超八醍醐の教えであり、諸経とは異なる至極の大乗経典であるとしている。正法時代では法華経を信ずることにより瞬時に仏の悟りや真理を悟った境地に至る者がいる一方、法華経を謗れば無数劫という長期の時間繰り返し堕獄する。また、三千塵点劫・五百億塵点劫の過去において下種を受けた者が本門を退いて迹門を採用したり、大乗を退いて小乗を取ることは、法華経を誹謗する行為であるため六道輪廻し、今日在世の釈尊と出会うまでに途方もない時間を経る必要があることを提示している。これは偏に、法華経の教えを退転した謗法罪よるものであり、釈尊が説いた法華経以外の教えが間違っているのではなく、機根に応じた信行を実践しなかったためであるとして⑭の文を引用している。

隆師の場合、❺以外は、「讃者積福於安明謗者開罪於無間。」の文を引用していた。このことは、法華経以外の経典を信仰することで謗法罪を犯すことがいかに重大な罪であるかを明確にするとともに、日蓮遺文以外の『依憑天台集』をあえて引用することで、その主張を強固にするための要素として引用したものと思われる。

おわりに

以上、隆師の著述中にみえる『依憑天台集』からの引用について、日蓮遺文の引用箇所を提示した上で考察してきた。日蓮遺文中にみえる『依憑天台集』序文・跋文からの引用は、佐渡流罪以降の日蓮遺文を中心に複数回の引用がなされていた。その内容は、『依憑天台集』を通して、真言批判や法華経を謗ることの罪の重さ、末法における法華経弘通の重要性等について記されたものであった。

また、隆師が引用した『依憑天台集』の文は、序文・跋文からの引用に限定されていたことが注視できる。隆師は『依憑天台集』という文献に対し、あくまで最澄が記述した箇所に注目し、自身の著述中で『依憑天台集』を引用することで日蓮教学の補強をしていたのではないかと推察する。具体的には、②の引用において、聖人の『報恩抄』から引用することで天台教学が真言宗や他宗の教学に影響を与えた存在であることを標榜していた。③の引用では、主に「贈同我後哲」について、隆師が引用する「同我」とは、最澄のみならず龍樹・天親・慧思・智顗までをも含み解釈を試みていることが理解できた。さらに、隆師が「後哲」を聖人と定義する際、「末代」といった語を前後に用いていることが特徴的であった。隆師は「後哲」を聖人と規定することで、末法における日蓮教学の正当性を提示するための一助として『依憑天台集』の文を用いたのではないかと考えられる。そして⑭の引用では特に、「讃者積福於安明謗者開罪於無間」の引用が多数を占めていた。このことは、法華経以外の経典を信仰することで謗法罪を犯すことがいかに重大な罪であるかを主張すると同時に、日蓮遺文以外の著述である『依憑天台集』をあえて引用することで、その主張を強固するための要素として用いたのではないかと思考する。

なお、日蓮遺文中にみえる『依憑天台集』からの引用①④〜⑬⑮⑯については今後の研究課題としたい。

註

（1）大平宏龍「『本門弘経抄』考――自宝と他宝――」（『渡邊寶陽先生古稀記念論文集　日蓮教学教団史論叢』平楽寺書店、二〇〇三年）によると、隆師関係の諸文献の中、著述と考えられるものは、重本・断簡を除けば二七四巻ほどであると指摘している。

（2）隆師の中古天台批判に関する先行研究については、主に以下の論著が挙げられる。浅井要麟『日蓮聖人教学の研

究』（平楽寺書店、一九四五年）二二五頁。執行海秀『日蓮宗教学史』（平楽寺書店、一九五二年）一一五頁以下。株橋諦秀「中古天台の宗名論批判」（『隆門論叢』第一輯、一九六〇年）。松井孝純「日隆聖人と中古天台教学」（『隆門論叢』第一輯）。和田晃岳「日隆聖人の本覚論」（『桂林学叢』第三号、一九六二年）。大平宏龍「日隆聖人著『名目見聞』の一考察」（『桂林学叢』第一〇号、一九七八年）。大平宏龍「日隆聖人の中古天台義批判について」（『株橋先生古稀記念法華思想と日隆教学』東方出版、一九七九年）。株橋日涌『観心本尊鈔講義』（法華宗宗務院、一九八二年）上巻五六八頁以下。大平宏龍「日隆教学における中古天台義」（『印度学仏教学研究』第三二巻二号、一九八四年）。北川前肇『日蓮教学研究』（平楽寺書店、一九八七年）五一一頁以下。大平宏龍「室町時代の日蓮教学と本覚思想――慶林坊日隆について――」（浅井圓道編『本覚思想の源流と展開』平楽寺書店、一九九一年）。

（3）聖人が引用する最澄の著述からの引用については、浅井円道『上古日本天台本門思想史』（平楽寺書店、一九七三年）二八頁以下等に詳しい。

（4）この他にも、伝最澄の文献を含めると、『法華去惑』（真）、『顕戒論』（真）、『註無量義経』（真）、『学生式問答』（偽）、『一心戒体秘決』（偽）、『末法灯明記』（偽）、『修禅寺決』（偽）、『断証決定集』（偽）等の引用が確認できる。また隆師の著述中にみえる『守護国界章』からの引用については、拙稿「日隆にみる『守護国界章』の受容と展開――天台義と日蓮義の相違を中心として――」（『平安・鎌倉の天台』山喜房仏書林、二〇二一年）において少しく考察してきた。

（5）『仏書解説大辞典』（大東出版社、一九三三年―一九七八年）第一巻二三七頁、吉澤道人「『依憑天台集』について」（『天台学報』第一四号、一九七二年）、田村晃祐編『最澄辞典』（東京堂出版、一九七九年）一八頁、田村晃祐『最澄教学の研究』（春秋社、一九九二年）八六頁以下、米森俊輔「最澄撰『大唐新羅諸宗義匠依憑天台義集』に関する諸問題」（『龍谷大学仏教学研究室年報』第一二号、二〇〇四年）、大竹晋訳『現代語訳　最澄全集』（国書刊行会、二〇二一年）第一巻五六〇頁等。

（6）高楠順次郎他編『大正新修大蔵経』（大正新修大蔵経刊行会、一九二四―一九三二年、以下『正蔵』）第五五巻二八四頁b。

（7）『正蔵』第三三巻三一四頁b。

（8）河村孝照他編『新纂大日本続蔵経』（国書刊行会、一九七五―一九八九年、以下『卍続蔵経』）第三八巻四四〇頁

a以下。

(9)『正蔵』第三三巻四九四頁c。

(10)『正蔵』第四五巻四八〇頁b以下。

(11)『卍続蔵経』第三巻五七八頁c。

(12)『正蔵』第三六巻七三四頁b、七三五頁b。

(13)『正蔵』第三五巻五〇九c以下、五一二頁b。

(14)『正蔵』第三八巻二五五頁c。

(15)『正蔵』第三三九巻七八五頁c以下。

(16)『正蔵』第三四巻三五九頁c以下。

(17)『正蔵』第四六巻八二二頁ab。

(18)常盤大定『仏性の研究』（丙午出版社、一九三〇年／国書刊行会、一九七三年）三三三頁以下、吉澤道人「『依憑天台集』について」、田村晃祐『最澄教学の研究』八六頁以下、米森俊輔「最澄撰『大唐新羅諸宗義匠依憑天台義集』に関する諸問題」、『現代語訳　最澄全集』第一巻三九頁以下等を参考にした。

(19)吉澤道人「『依憑天台集』について」、田村晃祐「最澄『依憑集』について」（『印度学仏教学研究』第二一巻二号、一九七三年）、田村晃祐『最澄教学の研究』八八頁、米森俊輔「最澄撰『大唐新羅諸宗義匠依憑天台義集』に関する諸問題」、『現代語訳　最澄全集』第一巻三九頁以下等。

(20)先行研究として、田村晃祐「最澄の教学と日蓮――日蓮の『依憑集』『法華秀句』受容――」（『東洋大学文学部紀要』第四九集、一九九六年）等が挙げられる。また、**付表**作成に際し確認した隆師の著述は、現在翻刻されている『御書文段集』『当家要伝』『私新抄』『御書文段集』『十三問答抄』『四帖抄』『本門戒体見聞』『名目見聞』（『五帖抄』を含む）』『玄義教相見聞』『六即私記』『法華宗本門弘経抄』『開迹顕本宗要集』等を中心とし、興風談所編『文献統合システム』（二〇二三年度版）等を参考にした。

(21)田村晃祐「最澄の教学と日蓮――日蓮の『依憑集』『法華秀句』受容――」では、聖人の『依憑天台集』の引用態度について、『依憑天台集』が本来六宗を批判している文にであるにも拘わらず、そのほとんどが真言批判の文として用いられており、さらには天台の密教をも批判する言葉として用いられている点に大きな特色があると指摘されている。ただ田村氏の論稿は、『依憑天台集』からの引用が確認できる日蓮遺文の真蹟の有無については言及されておらず、『注法華経』についても触れられていなかった。
(22)『現代語訳　最澄全集』第一巻四〇頁等参照。
(23)立正大学日蓮教学研究所編『昭和定本日蓮聖人遺文』(身延山久遠寺、一九五三年、二〇〇〇年改訂増補第三刷。以下『定遺』)第一巻五七九頁以下。
(24)『定遺』第二巻一二一五頁。
(25)『原文対訳日隆聖人全集』(御聖教刊行会、一九二五―一九三四年、『原文対訳法華宗本門弘経抄』日蓮聖人御降誕奉讃会、一九七〇―一九七一年再版。以下『隆全』)第九巻三五三頁。
(26)『現代語訳　最澄全集』第一巻四〇頁等参照。
(27)『定遺』第二巻一二一五頁。
(28)『定遺』第二巻一二一六頁。
(29)『定遺』第三巻二三八一頁。
(30)同右。
(31)『隆全』第九巻三五四頁。
(32)『日隆聖人御聖教　開迹顕本宗要集』(日隆聖人御聖教刊行会、一九五五―一九八二年。以下『隆教』)第二巻三六七頁。
(33)『隆全』第五巻一八三頁。
(34)『法華宗全書　日隆1』(東方出版、一九九九年)二三九頁。
(35)聖人は、『開目抄』(『定遺』第一巻五八〇頁)、『報恩抄』(『定遺』第二巻一二一九頁以下)、『諫暁八幡抄』(『定遺』第二巻一八三七頁以下)において、円澄は半ば空海の弟子でもあったため、一向に法華経の人ではないと論じている。
(36)隆師の著述中、❹と同様に「贈同我後哲」の前後に「末代」と類する記述があるものとして、『隆全』第六巻五一二頁、第一〇巻六四頁、第一一巻一九六頁、二四五頁、三三〇頁、『名目見聞』一一六頁、三八二頁、三八四頁、『法華宗全書　日隆1』八九頁、一九三頁、二四四頁、『宗全』第八巻四〇三頁、『隆教』第三巻四一三頁等が挙げられる。

(37)『依憑天台集』跋文については、遠藤順昭「依憑天台集の跋文について」(『天台学報』第三五号、一九九三年)等に詳しい。

(38)『現代語訳　最澄全集』第一巻六四頁等参照。

(39)『定遺』第一巻九一一頁。

(40)『定遺』第二巻一二一八頁以下。

(41)『定遺』第二巻一六一八頁。

(42)具体的には、日蓮遺文からの孫引きや、「讃者積福於安明」「謗者開罪於無間」のみの引用として、『隆全』第五巻九〇頁、『隆全』第六巻三八五頁、『隆全』第六巻三九六頁、『隆全』第九巻三五三頁、『隆全』第一〇巻三七四頁、『隆全』第一一巻六一三頁、『隆全』第一一巻七四五頁、『隆全』第一一巻七八八頁、『隆教』第四巻一九三頁の九箇所が挙げられる。

(43)立正大学日蓮教学研究所編『日蓮宗宗学全書』(山喜房仏書林、一九五九—一九六二年。以下『宗全』)第八巻一六頁。

(44)『隆全』第一巻八〇頁。

(45)『隆教』第四巻一四二頁。

(46)『宗全』第八巻一四頁。

(47)『隆全』第一巻六八頁。

キーワード　最澄、日隆、依憑天台集、新来真言家、同我後哲

慶林坊日隆と日興門流の制誡について

小西顕龍

はじめに

筆者は別稿において、慶林坊日隆（一三八五—一四六四）の五種の法度と日興門流寺院の四種の法度に注目しその相違について少しく考察した[1]。そして、日隆制定の法度は日隆教団全体もしくは、両本寺である京都本能寺と尼崎本興寺を意識した規定が多いことに対し、日興門流寺院の法度は、保田妙本寺・日向定善寺・讃岐本門寺といった本寺ではあるが、地方寺院内における規定であり、その主眼は日隆制定法度と少し異なるものであることが理解できた。そこで、本稿では富士門流の門祖である白蓮阿闍梨日興（一二四六—一三三三）および富士門流大石寺中興日有（一四〇二—一四八二）が制定したとされる制誡に注目し、日隆の法度との相違について少しく考察したい。

日興は「日興遺誡置文」全二六箇条を規定し、その正本はかつて北山本門寺に存在したとされているが現存していない[2]。立正大学日蓮教学研究所編『日蓮教団全史』上では、日興の制誡とは認めがたく後世のものであるが、日興に仮托して作られた上古の山規として有力な資料とする[3]。

また、日隆の教学に影響を受けたとされる大石寺第九世日有は、日興門流教学の礎を築いた学匠である。日隆と日有の年齢差は十七歳であるが同時代に活躍し、両者は対面したという記述がみられる。[4][5]

そして、日有の指南として伝来する「化儀抄」は全一二一箇条で、日有の弟子である南条日住が筆録し、日有遷化の翌年である文明十五（一四八三）年浄書し、当時二十七歳の大石寺第十二世日鎮に、法主貫首の心得を教訓としてまとめ提出されたようである。[6]文明十五年当時は、大石寺第十世日乗と第十一世日底はすでに遷化しており、日鎮へ「化儀抄」を提出する必要性があったことがうかがえる。その正筆は大石寺に格護されており、[7]日興制定「日興遺誡置文」全二六箇条と共に大石寺門流の貫首および弟子や檀越が遵守すべき規定とされている。これら二種の制誡は日興門流の出家者および在家者が遵守すべき根本的な規定であり、日興門流の制誡を検討する上で意義があると思われるのである。そこでこれらの制誡に注目し、日隆の制誡と日興・日有の制誡との同異について検討したい。

一　日隆と日有

大石寺第十七世日精（一六〇〇―一六八三）著『富士門家中見聞』下によれば、日有は永享四（一四三二）年上洛して奏聞を企てるが、その際に尼崎の日隆を訪ね、日隆より『四帖抄』を贈られたとされる。[8]この点については、影山堯雄著『日蓮教団史概説』では、『富士門家中見聞』下の説を引用し、日有は日隆より『四帖抄』を受けたが終世これを開かなかったという記述を紹介している。[9]一方、宮崎英修著『不受不施派の源流と展開』では、同じ『富士門家中見聞』下の記述を引用するが、日隆が日有の器量を認めたために『四帖抄』を贈ったとしている。[10]ところで、この『四帖抄』は尼崎本興寺に現存する『四帖抄』、すなわち、日隆著『法華天台両宗勝劣抄』とは異なる書物であることが指摘されている[11]。

また、日隆と日有の教学については、執行海秀著『日蓮宗教学史』では、日有の教学は日隆の八品下種論に強い影響を受けたとして日隆教学との同異点を指摘している[12]。さらには、池田令道著『富士門流の信仰と化儀』では、日隆と日有の邂逅の記述について、日隆と日有の生年や『四帖抄』の著述年代等を考慮し、単なる伝説ではなく現実にあった事象として考察されている[13]。このように、日隆と日有はお互いにその存在を意識していたことが推察されるのである。

そこで、ここでは「日興遺誡置文」と「化儀抄」に注目し、日興門流が遵守すべき戒律について確認し、日隆の法度との相違について少しく考察していきたい。

二　日興と日有の制誡について

それでは「日興遺誡置文」と「化儀抄」についてみていきたい。「日興遺誡置文」の条文は、立正大学日蓮教学研究所編『日蓮宗宗学全書』を参照したい[14]。『日蓮宗宗学全書』では保田妙本寺蔵日我古写本を底本として、廣蔵院日辰古写本と大石寺蔵日時古写本[15]とを対校しており、静岡県編『静岡県史』[16]や日興上人全集編纂委員会編『日興上人全集』[17]では『日蓮宗宗学全書』を底本としている。そこで、本稿では『日蓮宗宗学全書』を基に考察していきたい。

また、紙数の制約上、本稿では「化儀抄」の条文については掲載することがかなわないため、「化儀抄」の条文は堀日亨編『富士宗学要集』を参照されたい。[18]『富士宗学要集』では大石寺蔵南条日住書写本である「化儀抄」正本を底本としており、『富士宗学要集』を基に考察していきたい。

1　「日興遺誡置文」

「日興遺誡置文」は全二六箇条からなり、元弘三（一三三三）年癸酉天文五（一五三六）年日我の写本が保田妙本寺に格護されている。さきにもふれたとおり、『日蓮教団全史』上では、日興以後の偽作とされるが、その内容から室町期初中期頃の上古の山規として有力な資料であるとしている。「日興遺誡置文」の条文を列挙すればつぎのようである。なお、引用に際して条文中の旧漢字を常用漢字に改めた。

日興遺誡置文

夫以レハ末法弘通之恵日者、照シ二極悪謗法之闇一ヲ、久遠寿量之妙風ハ者吹キ二払フ伽耶始成ノ権門一ヲ、於戯値フヿ二仏法一ニ希ニ〆喩ヲ仮リ二曇華ノ薬一ニ、類ヲ比セン二浮木ノ穴一ニ、尚以テ不レ足者哉、爰ニ我等依テ二宿縁深厚一ナルニ幸ニ得レ奉レ遇二此ノ経一ニ、随テ為ニ二後学ノ一染ル二条目ヲ於筆端一ニ事、偏ニ為レ之作ンカ二広宣流布之金言一ヲ也、

一　富士之立義聊モ不ルレ違セ二先師ノ御弘通一ニ事、

一　五人之立義一一ニ違スル二先師之御弘通一ニ事、

一　御抄何レニモ擬シ二偽書一ニ毀二謗セン当門流一ヲ者可レ有レ之、若シ加様ノ悪侶出来セハ不ルレ可二親近一ス事、

一　造テ二偽書一ヲ号シ二御書一ト致ス二本迹一致ノ修行一ヲ者ハ師子身中ノ虫ト可キ二心得一ス事、

一　不〆レ呵二責セ謗法一ヲ不ルレ可レ好ム二遊戯雑談ノ化儀並外書歌道一ヲ事、

一　可シレ禁ス二檀那之社参物詣一ヲ何ニ況ヤ其器ニ〆而称〆二一見一ト可シレ詣ス下致セル二謗法一ヲ悪鬼乱入ノ寺社上ニ耶返モ返モ口惜キ次第也是レ全ク

一　非ス二己義ニ一任ス二経文御抄等ニ一云云、

一　於テハ二器用ノ弟子ニ一者許シ二閣キ師匠ノ諸事ヲ一可キレ教二学ス御抄以下之諸聖教ヲ一事、

一　学問未練ニ〆名聞名利之大衆ハ者予カ不レ可レ叶フ二末流ニ一事、

一　予ハ後代ノ徒衆等不ルレ弁ヘ二権実ヲ一之間ハ者振二捨テ父母師匠之恩ヲ一為ニ二出離証道ノ一詣テ二本寺ニ一可キ二学文ス一事、

一　無ク〆二義道ノ落居一不ルレ可二天台ノ学文ス一事、

一　於テハ二当門流ニ一染メ二御抄ヲ於心肝ニ一極理ヲ師伝〆而若シ有ラレ間マ者可キレ聞ク二台家ヲ一事、

一　好ミ二論義講説等ヲ一不レ可ラレ交ユ二自余ヲ一事、

一　未タル二広宣流布セ一間ハ捨テ二身命ヲ一可キレ致ス二随力弘通ヲ一事、

一　於テハ二身軽法重之行者ニ一雖レ為リト二下劣ノ法師一任テ二当如敬仏之道理ニ一可キレ致ス二信敬ヲ一事、

一　於テハ二弘通之法師ニ一者雖レ為リト二下輩一可キレ為ス二老僧ノ思ヲ一事、

一　雖レ為リト二下劣ノ者一従リレ我勝レタル智者ヲハ可キ二仰テ師匠トス一事、

一　雖レ為リト二時之貫首一相二違〆仏法ニ一構ヘハ二己義ヲ一不ルレ可レ用フレ之事、

一　雖レ為リト二衆義一有ラハ二仏法ニ相違一者貫首可キレ摧レ之ヲ事、

一　不ルレ可二衣ノ墨黒ナル一事、

一　不レ可レ着ス二直綴ヲ一事、

一　不レ可ラ二謗法ト同座ス一可キレ恐ル二与同罪ヲ一事、

一　不ルレ可レ請ク二謗法ノ供養ヲ一事、

一　於テハ二刀杖等ニ一者為ニ二仏法守護ノ一許スレ之ヲ、但シ出仕之時節ハ不レ可レ帯歟、若シ其レ於テハ二大衆等ニ一者可キレ許スレ之ヲ歟ノ事、

一　雖レ為リト二若輩一自リ二高位ノ檀那一不ルレ可レ居ル二末座ニ一事、

一　如ク二先師ノ一予カ化儀モ可シレ為ル二聖僧一、但シ於ハ二時ノ貫首或ハ習学之仁ニ一者設ヒ雖レ有リト二一旦ノ婬犯一可キレ差二置衆徒ニ一事、

一　於テ二巧於難問答之行者ニ一如ク二先師ノ一可キ二賞翫ス一事、

右ノ条目大略如シレ此、為ニ二万年救護ノ一置キ二二十六箇条ヲ一後代ノ学侶敢而勿レ生スルヿ二疑惑ヲ一於テモ二此内一箇条ニ一犯ス者ハ不レ可レ有ル二日興カ末流ニ一、仍テ所レ定ル之条条如シレ件ノ、

元弘三年癸酉正月十三日　　日　興　判

「日興遺誡置文」の先行研究については、管見の限りであるが、㈠日達上人述『(略解) 日興遺誡置文　日有師化儀抄』[19]、㈡尾林広徳著『日興上人遺誡置文注釈』[20]、㈢大草一男述『日興遺誡置文のやさしい解説』[21]等がある。これら先師の研究に導かれながら、その内容についてたずねてみたい。各条文の内容を列挙すればつぎのようである。

まず冒頭に、一般的には遇いがたいとされる宗祖の説かれた正しい教えに、我々は過去の縁が深く厚いため遇うことができ、後世の門弟のために条目を記し、宗祖の末法における広宣流布の金言を仰ぐ、と記している。

第一条では、日興の門流である富士門流が宗祖の正統門流であること。

第二条では、日興以外の日昭・日朗・日向・日頂・日持の五人は宗祖に対して異立義を唱えていること。

第三条では、宗祖の真筆御書を偽書と称し富士門流を非難する者がいる。このような謗法者には親近してはいけないこと。

第四条では、自門流に都合の良い偽書をつくり本迹一致の修行をする者は獅子身中の虫というべきであること。

第五条では、謗法を厳しくとがめしかることをせずに遊戯雑談や外典の書や歌道に心を奪われてはいけないこと。

第六条では、信徒が神社や他宗の寺院へ参詣することを禁止していること。

第七条では、才能のある弟子には師匠は自分に仕える用事をさせず御書等の教学を研鑽させなければいけないこと。

第八条では、学問が未熟であるのに名聞名利を求める僧は日興の末流にはなれないこと。

第九条では、日興の末弟は、仏法の権実二教が分からないうちは本寺にて学問をしなくてはならないこと。

第一〇条では、宗祖の教えを十分に学んでから天台の学問をすべきこと。

第一一条では、御書を心に留め肝心の法門を師から教わった後に天台の宗義を聞くべきこと。

第一二条では、宗祖の教えを自分勝手に解釈してはいけないこと。

第一三条では、宗祖の教えが広宣流布していないうちは身命を捨てて個々の能力に応じて宗祖の教えを弘めなければならないこと。

第一四条では、身軽法重・死身弘法の折伏の行者に対しては、人格が感心できなくても敬うこと。

第一五条では、宗祖の教えを弘める人は後輩であっても敬うこと。

第一六条では、若く身分が低い人でも学問に優れている人は師匠と敬うこと。

第一七条では、貫首は人事に関して、宗祖の教えに違背し勝手な解釈をする人を登用してはいけないこと。

第一八条では、僧侶が決定したことで宗祖の教えに違背していた場合は貫首は決定事項を覆さなければならないこと。

第一九条では、衣の色は黒色にしてはいけないこと。

第二〇条では、腰より下に襞をつけた直綴を着てはいけないこと。

第二一条では、謗法者と同座してはいけないこと。

第二二条では、謗施を受けてはいけないこと。

第二三条では、刀杖の所持は許可するが法要に出仕の時は所持してはいけないが、一般の衆僧においては許可すること。

第二四条では、若輩僧であっても高位の檀那より上座に座ること。

第二五条では、日興の末弟で貫首や学問僧は一時の過ちとして不邪婬戒を犯しても僧侶とさせること。

第二六条では、難問答に巧みな僧侶は大切にすること。

そして、条文の末尾には、以上の条目二六箇条を末法の衆生を救うために定め置き、後の時代の弟子は疑いを生じてはならず、一箇条でも遵守しなければ日興の末流ではないと厳しく規定している。

すなわち、①「日興遺誡置文」では、日興以外の日昭・日朗・日向・日頂・日持の五人は宗祖に異立義を唱えており、富士門流だけが宗祖の正当門流であること、②他門流は宗祖真筆遺文を偽書と称し、自分の門流に都合の良い偽書を創作し富士門流を非難していること、③信徒が他宗の神社・仏閣へ参詣することを禁止すること、④僧侶が謗法行為を厳しく批判せずに遊戯雑談や外典の書や歌道を重視してはいけないこと、⑤師匠は弟子に自分への給仕より御書の研鑽をさせること、⑥日興の弟子は仏法をはじめ学問を研鑽すること、⑦台当異目をふまえ先に宗祖の教学を学んだ上で天台の宗義を聞くべきこと、⑧宗祖の教えを自分勝手に解釈せずに、広宣流布させること、⑨折伏の行者・宗祖の教えを弘める者・学問に優れている者は人格が感心できなくても、年が若くても、身分が低くても敬うべきこと、⑩貫首には宗祖の教えに違背し勝手な解釈をする人を登用してはならず、貫首は僧衆の決定事項が宗祖の教えに違背していた場合にはそれらを否決すること、⑪黒衣や直綴を着用してはいけないこと、⑫謗法者との同座を禁止すること、⑬謗施の不受、⑭衆僧が法要出仕時以外に刀杖所持を許可すること、⑮座配において出家者が在家者の上座であること、⑯出家者で一時の過ちとして不邪婬戒を犯しても僧侶とさせること、⑰難問答に巧みな者を大切にすること、等がその特徴である。

まず、①の内容は、「五一相対・五一相違」についてふれており、例えば「富士一跡門徒存知事」第五条では末法謗法の時は如法経・法華三昧・一日経の修行、つまり法華経二十八品の全てを読誦し書写することを禁止しているが、別稿において検討した「讃岐本門寺法度」の第二条では、一巻経の読誦を怠ることを禁止している。[22]

一、五人一同ニ云、勤二行シ如法経一ヲ書二写シ供三養ス之一ヲ、仍テ在々所々ニ行二ス法華三昧又ハ一日経一ヲ。(「富士一跡門徒存知事」第五条[23])

一、一巻経懈怠之れ有るべからざる事(「讃岐本門寺法度」第二条[24])

③の内容は、日隆制定「信心法度」第一条と共通してみられる規定である。

一　他宗謗法之堂社へ不可参同拝佛神
一紙半銭ニテモ不可供事(「信心法度」第一条[25])

つぎに、④の内容であるが、別稿において検討した、日興門流寺院の法度である日郷「五箇条法式」第五条では継承されているが、日睿「五箇条の制誡」第二条と第三条では管絃や連歌が許容されており[26]、時代を経て条文内容が変化していることが指摘できる。

一、管絃歌舞に携はり自行化他を障るべからざる事。(日郷「五箇条法式」第五条[27])
一、一月に三度管絃有るべき事。(日睿「五箇条の制誡」第二条[28])
一、一月に三度連歌有るべき事。(日睿「五箇条の制誡」第三条[29])

さらに、⑩の内容において、「日興遺誡置文」第一七・一八条で貫首になるための基準や貫首の権限について規定されているが、従来の研究で指摘されている門流の貫首権は、[30] ㋑教学面の代表者・決裁者（決定権）、㋺本寺財産を支配（支配管理権）、㋩僧徒・末寺の統率（支配権）等であり、貫首は絶対的権限の施行者であるとする立場からは少し緩和されているように感じられる。貫首の選定については、日隆制定「日隆聖人未来遺言之事」、「本能寺之法度」第二条では、本興寺の貫首は本能寺の貫首が選定すること、本興寺の貫首は七年間器用の人で修学者を待ち、候補者が複数いた場合は京都妙顕寺の様に本尊の前で御籤を取り決定すること、等が規定されており、京都・尼崎を中心とした日隆門流においては、貫首の立場が「日興遺誡置文」に比べより強いものであり、絶対的なものであることが理解できる。

　於二本興寺能化一七年之間
　可レ相二待器用之人一、但其中
　修學者有レ之、僧衆檀方以二
　相談合一可レ定二住持一者也、若
　器用之人多者如二京都一於二
　本尊御前一可レ取二御鬮一（「日隆聖人未来遺言之事」[31]）

一　於二本能寺貫首職一為二本興寺一致二成敗一無二世出世之
　贔屓一選二學匠之器用志之人一可二付嘱一事（「本能寺之法度」第二条[32]）

また、⑭の内容において、日隆制定「本能寺之法度」第六条では闘諍を企て刀杖を帯す衆徒においては贔屓や偏頗なくつきあう仲間から追放することを規定し、「日興遺誡置文」と大きく異なることが理解できる。[33]

一　於下企二闘諍一帯二刀杖一衆徒上者無二贔屓偏頗一可レ放二交衆一事（「本能寺之法度」第六条[34]）

そして、⑯の内容において、日隆制定「本能寺條々法度本尊勧請起請文之事」の第一条では女犯・肉食の禁止について厳しく規定し、加えて、「本能寺之法度」第三条では大犯三箇条のうちの一箇条として再度女犯・肉食の禁止について厳しく規定しているが、「日興遺誡置文」では過去の女犯については寛容であり、大きく異なっているのである。

一　不レ可レ爲二女犯肉食一事　委者如二別記一云云（「本能寺條々法度本尊勧請起請文之事」第一条[35]）

一　於二大犯三箇條之法度一者如二惣別之記一可レ行二守之一者也、若有二違背之輩一者、永代可レ放二交衆一事（「本能寺之法度」第三条[36]）

以上、「日興遺誡置文」について概観した。つぎに日有「化儀抄」についてみていきたい。

2　「化儀抄」

さきにもふれたとおり、日有の指南として伝来する「化儀抄」は「日有聖人御談」、「日有仰せに曰く」とも称され、全一二一箇条からなり、弟子の南条日住が筆録、日有遷化の翌年の文明十五（一四八三）年浄書し、当時二十七歳であった大石寺第十二世日鎮に、法主貫首としての心得を教訓として提出されたものである。

「化儀抄」に関する先行研究としては、管見の限りであるが、㈠堀日亨著『有師化儀抄（水鏡沙弥）註解』[37]、㈡手塚桂颯著『通俗富士の教義』上[38]、㈢相葉伸著『不受不施的思想の史的展開』[39]、㈣宮崎英修著『不受不施派の源流と展開』[40]、㈤日達上人述『（略解）日興遺誡置文　日有師化儀抄』[41]、㈥久保川信海著『日有上人化儀抄略解』上[42]・中[43]、㈦甲斐阿日源著『化儀抄略解』上[44]、㈧池田令道著『富士門流の信仰と化儀』[45]、㈨大草一男講述『化儀抄のやさしい解説』[46]、㈩榎木境道編『日有上人化儀抄拝考』[47]等があり、これらを基として「化儀抄」の条文の分類について確認していきたい。なお、「化儀抄」の内容を検討するにあたり、「化儀抄」全一二一箇条の条文一条ごとの確認はここでは紙数の制約上かなわず、先師の研究を参照させて頂くことをお許し願いたい。

三　「化儀抄」の条文の分類について

1　先行研究における「化儀抄」の条文の分類

「化儀抄」の条文の検討と分類については、管見の限りであるが、㈠宮崎英修著『不受不施派の源流と展開』、㈡榎木境道編『日有上人化儀抄拝考』、㈢池田令道著『富士門流の信仰と化儀』[48]等の先学の研究があり、なかでも㈡は全条文をその内容から分類を行っている。それでは「化儀抄」の分類について確認しておきたい。

まず、宮崎英修氏は王侯除外の不受不施制という視点から、「化儀抄」の該当部分を日隆制定「信心法度」や日成制定「妙覚寺法式」の条文と比較する上で、①「社参制禁」、②「謗施・法施の受不」、③「世事・儀礼による受容」、④「門徒の信・不動揺の指導」の四項目に分類している。

つぎに、榎木境道氏は「化儀抄」全体を詳細に分類し、①「師弟相対の信心」第四・二九条、②「仏法で説く差別即平等の教え」第一条、③「天下の師範たるべき望み」第六九・八九条、④「無縁の慈悲」第三・六一条、⑤「血脈法水と信心」第一二・一七・二七・一〇五条、⑥「法統相続の諸問題」第一八・四八・五二・五六・九七・一〇六条、⑦「御供養の志とその扱い」第二・一四・二三・二四条、⑧「本宗の本尊について」第三三・七〇・七三・七七・七八・一一八条、⑨「本因妙の法門」第一一六条、⑩「末法の仏道修行」第二二・三五・五三・九二・

九三・一一九条、⑪「葬儀の心得」第六・四一・四二・四三・四六・四七・八五・八六・八七・八八・一〇二・一〇三・一〇四条、⑫「精霊回向への理解」第一九・八一・八三・一一七条、⑬「塔婆に関する化儀」第三一・三七条、⑭「風俗習慣と日本様」第一三・一六・三四・三八・八二・一一三・一一四条、⑮「謗法とは」第五七・五八・五九・六七・八四条、⑯「謗法者との交わり」第二五・二六・九五・一〇〇・一〇一・一〇七条、⑰「謗法払いと法華開会」第六五・七二条、⑱「謗法への対処」第一五・三九・四〇・五四・六六・七一・七五・七六・七九・九六・九九・一〇八・一〇九・一一〇条、⑲「行体行儀の大事」第五条・二八・四五・六四・六八・九四条、⑳「修行修学」第七・九・三〇・三二・三六・四四・五一・五五・一一一・一一二条、㉑「法衣の化儀」第二〇・二一・四九・五〇・一一五条、㉒「本寺末寺と師弟関係」第八・一〇・一一・六〇・六二・六三・七四・八〇・九〇・九一・九八条、㉓「一乗要決と涅槃経の引文」第一二〇・一二一条の全二三項目に分類している。

さらに、榎木氏はこれらの分類を「日興遺誡置文」の条文と比較している。すなわち、②「仏法で説く差別即平等の教え」と「日興遺誡置文」の第二四条が、⑩「末法の仏道修行」と「日興遺誡置文」の第二三条が、⑯「謗法者との交わり」と「日興遺誡置文」の第二一条が、⑱「謗法への対処」と「日興遺誡置文」の第二二条が、⑲「行体行儀の大事」と「日興遺誡置文」の第一四・一五・一六・二五・二六条が、⑳「修行修学」と「日興遺誡置文」の第一〇・一一条が、㉑「法衣の化儀」と「日興遺誡置文」の第一九・二〇条が、それぞれその内容において対応していると指摘している。

また、池田令道氏は富士門流における化儀という視点から日有上人の聞書を考察の対象としており、そのうち「化儀抄」に関しては①「平等観」第二一・一四・二五条、②「謗法観」第七六・一〇七条、③「師弟子の法門」第四・六〇・六六、④「富士門流の修行と不軽菩薩」第三五・一一九条、⑤「本尊観」第三三条、⑥「報恩観」第一五・四七条、⑦「和様と唐様・戒律の持破」第三四・八二条の七項目について考察している。

2 「化儀抄」の条文の分類

以上、先師の「化儀抄」に関する分類をみてきたが、ここでは、「化儀抄」の内容をさらに理解しやすくするために、以下の一四項目を立てて「化儀抄」を分類しその内容整理を試みたい。

すなわち、①僧侶としての心構えについての条項として、第一・二・三・四・五・六・七・九・一五・一六・五九・六一・六四・九〇・九二・九四条が、②本尊についての条項として、第三三・七〇・七三・七七・七八・九九・一一八条が、③法要式についての条項として、第三一・三〇・三六・三七・三八条が、④信者の教化についての条項として、第一〇・一一・五二・七四・八〇・九一・一一六条が、⑤回向と受持についての条項として、一三・二八・三二・三五・四一・四六・四七・四八・九三・一一九条が、⑥謗法についての条項として、第一二・一七・一八・二五・四五・五三・五四・五七・五八・六五・六七・七五・七六・八四・八八・九六・九七・一〇一・一〇二・一〇三・一〇四・一〇六・一〇七・一〇八・一二一条が、⑦他門流や他宗とのつきあいについての条項として、第二六・五五・六六・七二・七九・八七・八九・九五・一〇〇・一〇九・一一〇・一二〇条が、⑧葬儀についての条項として、第四二・四三・八五・八六条が、⑨筋目を守ることについての条項として、第八・一四・二三・二四・二七・三一・五一・五六・六〇・六二・六八・九八・一〇五条が、⑩日常生活についての条項として、第三四・三九・四〇・六九・七一・一一一・一一二・一一三条が、⑪僧侶の衣帯についての条項として、第二〇・二一・四九・五〇・六三・一一五条が、⑫献膳・霊供についての条項として、第一九・二九・八一・八二・八三条が、⑬建築様式についての条項として第一一四条が、⑭位牌についての条項として第一一七条が、それぞれ分類できると思われる。以上を表にしたのが**表1**である。

表1 「化儀抄」の分類表（筆者が提起する条文内容による分類）

分類番号	「化儀抄」の条文内容	「化儀抄」の条文番号
①	僧侶としての心構えについて	一・二・三・四・五・六・七・九・一五・一六・五九・六一・六四・九〇・九二・九四
②	本尊について	三三・七〇・七三・七七・七八・九九・一一八
③	法要式について	二二・三〇・三六・三七・三八
④	信者の教化について	一〇・一一・五二・七四・八〇・九一・一一六
⑤	回向と受持について	一三・二八・三二・三五・四一・四六・四七・四八・九三・一一九
⑥	謗法について	一二・一七・一八・二五・四五・五三・五四・五七・五八・六五・六七・七五・七六・八四・八八・九六・九七・一〇一・一〇二・一〇三・一〇四・一〇六・一〇七・一〇八・一二一
⑦	他門流とのつきあいについて	二六・五五・六六・七二・七九・八七・八九・九五・一〇〇・一〇九・一一〇・一二〇
⑧	葬儀について	四二・四三・八五・八六
⑨	序列や立場等の筋道を守ることについて	八・一四・二三・二四・二七・三一・五一・五六・六〇・六二・六八・九八・一〇五
⑩	日常生活について	三四・三九・四〇・四四・六九・七一・一一一・一一二・一一三
⑪	僧侶の衣帯について	二〇・二一・四九・五〇・六三・一一五
⑫	献膳・霊供について	一九・二九・八一・八二・八三
⑬	建築様式について	一一四

四 「化儀抄」と日隆制定法度との同異について

つぎに、「化儀抄」と日隆制定「信心法度」とを比較していきたい。

ところで、日隆制定の法度については、日隆が日隆教団全体に制定した㈠「本能寺日隆以下大衆連署起請文[49]」、㈡「日隆遺言状[50]」、㈢「信心法度[51]」、㈣「日隆日禎日明連署本能寺法度[52]」と、特定の末寺に制定した㈤「讃州宇多津弘経院法度定書写[53]」との五種類が確認できる。

先にもふれたように、宮崎英修著『不受不施派の源流と展開』では、「化儀抄」を①「社参制禁」に関する条目として、第七五・七六・九九条を、②「謗施・法施の受不」に関する条目として、第五四・八七・八八・九六・一〇六・一〇七・一〇八条を、③「世事・儀礼による受容」に関する条目として、第二五・七一・一〇〇・一〇五・一八三（一〇一の誤りであろうか）条を、④「門徒の信・不動揺の指導」に関する条目として、第一八・四四・五二・八四・九五条を分類し検討している[54]。

まず①では、謗法堂社への参詣禁止が社壇建立の禁止にまで高められていると指摘する。つぎに②では、在地の最高権力者である地頭が関係し営む仏事ならば、酒の初穂を持って行くことは世事・仁義であるとし、他宗や他門の営む仏事でこちらが酒をもらうことも世事であるとし、「信心法度」第一・七条をさらに寛やかにしていると指摘している。また、「信心法度」第九条では謗法の擲銭・散供を厳制しているが、「化儀抄」第一〇八条では許容していると指摘している。③では、他宗や未信者からの布施については、世間一般のつきあいの世事や儀礼として受け入れ謗施とはしない項目について指摘している。さらに、④では、「化儀抄」第八四条の謗法行為を見聞きしていたにもかかわらず知らないふりをすることの禁止については、「信心法度」第一三条に通じていると指摘し、「化儀抄」第九五条では禁止の対象から公事を除外し、先にもふれたように地頭を特別扱いした公武除外の不受不施義であることが理解できるとしている。すなわち、「化儀抄」では、六老僧中の日興以外の五人との激しい対立意識が随所にみられること、自他門の区別を峻別していること、世事や仁義の釈を広げ柔軟な不受不施義を示していること、公武除外の不受不施義を示していること等が確認できるとする。以上が宮崎氏の指摘である。先師の研究に加え新たに確認できた事項はつぎのようである。

　僧侶の刀杖所持については、先にもふれたが、日隆制定「本能寺之法度」第六条では厳しく禁止しているが、「化儀抄」第二一・九二条では許容している。これは「日興遺誡置文」第二三条でも許容されており、日興門流では上古の山規から刀杖所持が許容されていたことが分かるのである。

　一、出仕の時は太刀を一つ中間に持たすべし折伏修行の化儀なるが故なり、但シ礼盤に登る時、御霊供へ参る時は刀をぬいて傍に置くべきなり云云。（「化儀抄」第二一条[55]）

　一、釈迦の末法なる故に在世正像の摂受の行は爾るべからず一向折伏の行なるべし、世嶮なるが故なり云云、仍テ刀杖を帯するなり之を難ずべからず云云。（「化儀抄」第九二条[56]）

　夫婦間の信仰について、「化儀抄」第四八条では、夫が他宗で妻が法華宗でその子が母の信仰を受け継いでいれば法華宗の教えを継承させていくことを規定し、「化儀抄」第五二条では、夫が謗法の妻子眷属の教化について上代は三年に限るが末代は五年十年折伏することを規定しているが、日隆制定「信心法度」第八条の、夫が他宗で妻が法華宗の場合はいつまでも門徒から追放しないが、夫が法華宗で妻が他宗の場合は三年間のうちに妻を法華宗に帰依させなければ門徒から追放するという規定と通じるものがあり、家庭内における母親および女性の信仰心が篤いことが推察され、さらに「化儀抄」では折伏する期間を十年まで許容し「信心法度」よりも寛容であることが理解できる。

一、父親は他宗にて母親は法花宗なる人、母親の方にて其ノ信を次ぐべき間、彼ノ人には経を持たすべきなり、其ノ故は人の種をば父の方より下す故に、父は他宗たるが故に、母方の信を次ぐべき人には初メて経を持たすべきなり云云。（「化儀抄」第四八条[57]）

一、謗法の妻子眷属をば連々教化すべし、上代は三年を限リて教化して叶はざれば中を違ふべしと候けれども、末代なる故に人の機も下機なれば五年十年も教化して彼ノ謗法の処を折伏して同ぜざる時は正法の信に失なし、折伏せざる時は同罪たる条分明なり云云。（「化儀抄」第五二条[58]）

一　男他宗ニテ女性當宗ナラハ何迄モすつ遍からす
男當宗にて女性他宗ナラハ三年迄ハ可置　其過ハ
可放門徒事（「信心法度」第八条[59]）

女犯・肉食については、日隆制定「本能寺條々法度本尊勧請起請文之事」の第一条および「本能寺之法度」第三条では厳しく禁止しているが、「日興遺誡置文」第二五条では過去の女犯については寛容であり、大きく異なっているのである。

そして、つぎの**表2**をみても分かるように、日隆「信心法度」全一三箇条中一一条が表の分類番号⑦「他門流とのつきあいについて」にふれ、残りの二条のうち一条が表の分類番号④「信者の教化について」にふれ、つぎの一条が表の分類番号⑥「謗法について」にふれている。つまり、「信心法度」は檀越が現実に日常生活を営む上での他宗や他門流とのつきあい方に重点を置いた、とても細やかな規定であることが理解できるのである。

表2 「化儀抄」「信心法度」「日興遺誡置文」対照表

分類番号	「化儀抄」の条文内容	日隆「信心法度」の条文番号	「日興遺誡置文」の条文番号
①	僧侶としての心構えについて		七、八、九、一〇、一一、一二、一三、一四、一五、一六、一七、一八、二三、二五、二六
②	本尊について		
③	法要式について		
④	信者の教化について	八	
⑤	回向と受持について		
⑥	謗法について	一三	一、二、三、四、五、二一、二二
⑦	他門流とのつきあいについて	一、二、三、四、五、六、七、九、一〇、一一、一二	六
⑧	葬儀について		
⑨	序列や立場等の筋道を守ることについて		二四
⑩	日常生活について		
⑪	僧侶の衣帯について		一九、二〇

⑫	献膳・霊供について		
⑬	建築様式について		
⑭	位牌について		

むすびに

以上、日隆制定法度と日興制定の「日興遺誡置文」と日隆在世時に近い時期に制定された、日有指南「化儀抄」について比較検討を行った。日隆制定の法度のうち、「信心法度」だけが檀越に対しても謗法行為を禁止しており、その他の法度は、日隆教団全体または本寺である京都本能寺と尼崎本興寺を意識した規定が多い。それに対して、「日興遺誡置文」と「化儀抄」とには、謗法行為の禁止・檀越の法華経信仰の法統相続・他門流の信仰の禁止等が示され、日隆制定「信心法度」と比べると、謗法行為の規定、謗法行為の禁止、与同罪の禁止については同じであるが、それに加えて、他門流の信仰は全て謗法行為であることが「信心法度」よりも強烈に示されていることが分かるのである。これは、宗祖の本弟子の六老僧中、日興が他の五人と対立したことに端を発しているものと思われるのである。

また、「信心法度」では、一般社会との不受不施義については厳格な規定がなされているが、「化儀抄」では「信心法度」より寛容な態度を示しているのである。この理由として、「信心法度」が都である京都中央における厳格な制誡であることに対して、「化儀抄」は地方における制誡として世事・仁義の釈を自在に駆使して柔軟な不受不施義が示されていることが指摘されているが(60)、それに加えつぎのような事項が新たに確認できた。

まず、女犯肉食については、日隆制定「本能寺日隆以下大衆連署起請文」第一条と「本能寺之法度」第三条では厳しく禁止しているが、「日興遺誡置文」第二五条では寛容であることがうかがえること。

つぎに、僧侶の刀杖所持については、日隆「本能寺之法度」第六条では厳しく禁止しているが、「日興遺誡置文」第二三条では出仕時以外は許容し、「化儀抄」第二二・九二条でも許容しており、日興門流では上古の山規から刀杖所持が許容されていたことが分かること。

さらに、貫首の選定については、日隆制定「日隆聖人未来遺言之事」、「本能寺之法度」第二条では、本興寺の貫首は本能寺の貫首が選定すること、本興寺の貫首は七年間器用の人で修学者を待ち、候補者が複数いれば御籤により決定すること、等が規定されるが、「日興遺誡置文」第一七条では貫首の罷免についてふれられており、京都・尼崎を中心とした日隆門流においては、貫首の立場が「日興遺誡置文」に比べより強いものであり、絶対的なものであることが理解できること。

そして、夫婦間の信仰について、「化儀抄」第四八・五二条では、夫が他宗で妻が法華宗でその子が母の信仰を受け継いでいれば法華宗の教えを継承させること、夫が謗法の妻子眷属の教化について上代は三年に限るが末代は五年十年折伏すること、等を規定しており、日隆制定「信心法度」第八条の、夫が他宗で妻が法華宗の場合はいつまでも門徒から追放しないが、夫が法華宗で妻が他宗の場合は三年間のうちに妻を法華宗に帰依させなければ門徒から追放するという規定と通じるものがあるが、「化儀抄」では折伏する期間を十年まで許容し「信心法度」よりも寛容であること、等が新たに確認できたのである。

ところで、「日興遺誡置文」の規定と別稿において考察した日興門流寺院制定法度の規定において、一見すると齟齬がみられるように思われるが、これについては今後の課題とさせて頂きたい。

まず、「日興遺誡置文」第二条では、「五一相対・五一相違」についてふれているが、例えば「富士一跡門徒存知事」第五条では末法謗法の時は如法経・法華三昧・一日経の修行、つまり法華経二十八品の全てを読誦し書写することを禁止しているが、「讃岐本門寺法度」の第二条では、一巻経の読誦を怠ることを禁止していること。さらに、「日興遺誡置文」の第五条では、謗法を厳しくとがめてしかることをせずに遊戯雑談や外典の書や歌道に心を奪われてはいけないことを規定しているが、日向定善寺日睿制定「五箇条の制誡」の第三条では、一月に三度楽器の演奏を行うことを規定し、第四条では、一月に三度連歌をすることを規定していて、若年僧の一般教養を習得することを奨励したものと考えられること。これらの整合性について検討することが、日興門流の制誡を研究する上での課題であるように思われるのである。

註

（1）小西顕龍「慶林坊日隆の法度と日興門流寺院の制誡について」（『日蓮教学研究所紀要』第五十号、二〇二三年）を参照されたい。

（2）日達上人述『（略解）日興遺誡置文 日有師化儀抄』四頁（日蓮正宗富士学林、一九七二年）。

（3）立正大学日蓮教学研究所編『日蓮教団全史』上（平楽寺書店、一九六四年）三七三頁。宮崎英修氏は、後人の偽作であり室町中期以降の成立を示唆している（宮崎英修「日蓮教団の制戒」〈渡辺宝陽編『法華仏教の仏陀論と衆生論』平楽寺書店、一九八五年。後に宮崎英修『日蓮教団史研究』山喜房仏書林、二〇一一年、再録〉）。また、花野充道氏は、宮崎氏の説をふまえて、日隆の前後時代に京都の日大系の人師の手によって偽作されたという仮説を提示する（花野充道「『不動・愛染感見記』の真偽をめぐる諸問題――日蓮の思想形成における密教受容について――」〈『法華仏教研究』第二十三号、法華仏教研究会、二〇一六年〉）。

（4）執行海秀『日蓮宗教学史』（平楽寺書店、第一一刷、一九九二年）一三七頁以下。
（5）日精『富士門家中見聞』下（堀日亨編『富士宗学要集』第五巻宗史部、創価学会、一九七八年）二五六頁。影山堯雄『日蓮教団史概説』（平楽寺書店、一九五九年）四四頁。宮崎英修『不受不施派の源流と展開』（平楽寺書店、一九六九年）一三六頁。正本堂建立記念出版委員會編『日蓮正宗歴代法主全書』第一巻（日蓮正宗總本山大石寺、一九七四年）二九八頁。執行海秀『興門教学の研究』（海秀舎、一九八四年）一五〇頁。法華宗宗門史編纂委員会『法華宗宗門史』（法華宗〈本門流〉宗務院、一九八八年）一〇四・一〇五・一二一頁。池田令道『富士門流の信仰と化儀』（興風談所、一九九三年）四三〇・四三一頁。富谷日震『本宗史綱（旧本門宗）』上巻（日蓮本宗本山要法寺、一九九四年）二四五頁。
（6）註（5）池田『富士門流の信仰と化儀』四四四―四四六頁。
（7）註（2）日達上人述『（略解）日興遺誡置文 日有師化儀抄』一二一頁。日蓮教学研究所編『日蓮宗宗学章疏目録改訂版』（東方出版、一九七九年）五五頁。
（8）註（5）堀日亨編『富士宗学要集』第五巻宗史部、二五六頁。
（9）註（5）影山『日蓮教団史概説』四四頁。
（10）註（5）宮崎『不受不施派の源流と展開』一三六頁。
（11）株橋諦秀「日隆聖人教学の序説」（『桂林学叢』第四号、一九六三年）、日隆『法華天台両宗勝劣抄』（法華宗全書日隆1、東方出版、一九九九年）解題。
（12）註（4）執行『日蓮宗教学史』一三七頁以下。
（13）註（5）池田『富士門流の信仰と化儀』四三〇・四三一頁。
（14）立正大学日蓮教学研究所編『日蓮宗宗学全書』第二巻興尊全集、興門集（山喜房仏書林、一九五九年）一三一頁以下。
（15）『日蓮宗宗学全書』には日時の記載は無いが、註（2）日達上人述『（略解）日興遺誡置文 日有師化儀抄』四頁に日時の名が見られ、ここでは日時古写本とした。
（16）静岡県編『静岡県史』資料編5中世一（静岡県、一九八九年）一〇五三頁以下。
（17）日興上人全集編纂委員会編『日興上人全集』（興風談所、一九九六年）二八二頁以下。

(18) 堀日亨編『富士宗学要集』第一巻相伝・信条部(創価学会、一九七四年)六一頁以下。
(19) 註(2)日達上人述『(略解)日興遺誡置文 日有師化儀抄』。
(20) 尾林広徳『日興上人遺誡置文注釈』日蓮正宗仏書刊行会、一九八三年。
(21) 大草一男述『日興遺誡置文のやさしい解説』暁鐘編集室、一九九五年。
(22) 註(1)小西「慶林坊日隆の法度と日興門流寺院の制誡について」参照。
(23) 註(17)日興上人全集編纂委員会編『日興上人全集』三〇二・三〇三頁。
(24) 堀日亨編『富士宗学要集』第八巻史料類聚一(創価学会、一九七八年)二三八頁、高瀬町編『高瀬町史』史料編(高瀬町、二〇〇二年)二二三頁。
(25) 註(1)小西「慶林坊日隆の法度と日興門流寺院の制誡について」参照。
(26) 同右。
(27) 註(24)堀日亨編『富士宗学要集』第八巻、二三〇頁、註(5)正本堂建立記念出版委員會編『日蓮正宗歴代法主全書』第二巻、二七五頁。
(28) 註(24)堀日亨編『富士宗学要集』第八巻、二三〇頁。
(29) 同右。
(30) 註(3)立正大学日蓮教学研究所編『日蓮教団全史』上、一二四・一二五頁。糸久宝賢『京都日蓮教団門流史の研究』(平楽寺書店、一九九〇年)一一頁以下参照。
(31) 註(1)小西「慶林坊日隆の法度と日興門流寺院の制誡について」参照。
(32) 同右。
(33) 小西顕一郎「慶林坊日隆教学の研究——『法度』を中心として——」(『日蓮教学研究所紀要』第二十九号、二〇〇二年)、小西顕龍「慶林坊日隆における『法度』について」(『印度學佛教學研究』第五八巻第一号、二〇〇九年)、小西顕龍「日隆教団の法度について——中世制定の法度を中心として——」(『桂林学叢』第二五号、二〇一四年)等を参照されたい。
(34) 註(1)小西「慶林坊日隆の法度と日興門流寺院の制誡について」参照。
(35) 同右。

(36) 同右。
(37) 堀日亨『有師化儀抄（水鏡沙弥）註解』（註(18)堀日亨編『富士宗学要集』第一巻）。
(38) 手塚桂颯『通俗富士の教義』上、大日蓮編集室、一九六〇年。
(39) 相葉伸『不受不施的思想の史的展開』講談社、一九六一年。
(40) 註(5)宮崎『不受不施派の源流と展開』。
(41) 註(2)日達上人述『(略解) 日興遺誡置文　日有師化儀抄』。
(42) 久保川信海『日有上人化儀抄略解』上、仏生編集室、一九八七年。
(43) 同右・中、一九九〇年。
(44) 甲斐阿日源『化儀抄略解』上、仏生編集室、一九九三年。
(45) 註(5)池田『富士門流の信仰と化儀』。
(46) 大草一男講述『化儀抄のやさしい解説』暁鐘編集室、二〇〇五年。
(47) 榎木境道編『日有上人化儀抄拝考』和党編集室、二〇一九年。
(48) 註(5)池田『富士門流の信仰と化儀』四八頁以下。
(49) この法度の真蹟については、日隆の直筆が本能寺に格護されており、興隆学林専門学校図書館所蔵写真を参照した。また、写本としては日唱上人草稿『両山歴譜』文安元年条（東京大学史料編纂所謄写本）にその条文がみられる。活字化したものとしては「法華宗宗門史資料（一）」（『桂林学叢』第六号、法華宗宗務院、一九七〇年）一〇八頁以下、註(5)法華宗宗門史編纂委員会『法華宗宗門史』一一八頁以下、藤井学・波多野郁夫編『本能寺史料』古記録篇（思文閣出版、二〇〇二年）四二九頁、藤井学・上田純一・波多野郁夫・安国良一編『本能寺史料』中世篇（思文閣出版、二〇〇六年）一八頁以下がある。
(50) この法度の真蹟については、日隆の直筆が本能寺に格護されており、興隆学林専門学校図書館所蔵写真を参照した。活字化したものとしては「本能寺文書」（立正大学日蓮教学研究所編『日蓮宗宗学全書』第二十巻史伝旧記部(三)、山喜房仏書林、一九六八年、二八二頁以下）、註(49)藤井学・上田純一・波多野郁夫・安国良一編『本能寺史料』中世篇、二四・二五頁がある。
(51) 日隆直筆の所在は明確ではない。妙蓮寺文書編纂会編『妙蓮寺文書』（大塚巧藝社、一九九四年）九二頁以下、

註(49)日唱上人草稿『両山歴譜』寛正四年条（東京大学史料編纂所謄写本）、「本興寺文書」（未刊）、註(49)「法華宗宗門史資料（一）」一一〇頁以下、註(49)藤井学・波多野郁夫編『本能寺史料』古記録篇、四一九・四二〇頁を参照した。

(52) この法度の真蹟については、日隆の直筆が本能寺に格護されており、興隆学林専門学校図書館所蔵写真を参照した。また、写本としては註(49)日唱上人草稿『両山歴譜』寛正四年条（東京大学史料編纂所謄写本）にその条文がみられる。活字化したものとしては註(50)「本能寺文書」二八三頁以下、註(49)「法華宗宗門史資料（一）」一一一頁以下、註(5)法華宗宗門史編纂委員会『法華宗宗門史』一三四頁以下、註(49)藤井学・波多野郁夫編『本能寺史料』古記録篇、四一九頁、註(49)藤井学・上田純一・波多野郁夫・安国良一編『本能寺史料』中世篇、二七・二八頁がある。

(53) この法度の真蹟については、日隆の直筆が宇多津本妙寺に格護されていることを、後の本妙寺の住持秀也日淳が記している。活字化したものとしては、註(49)藤井学・上田純一・波多野郁夫・安国良一編『本能寺史料』中世篇、二〇・二一頁がある。

(54) 註(5)宮崎『不受不施派の源流と展開』一三六頁以下。

(55) 註(18)堀日亨編『富士宗学要集』第一巻、六三頁。

(56) 註(18)堀日亨編『富士宗学要集』第一巻、七三頁。

(57) 註(18)堀日亨編『富士宗学要集』第一巻、六七頁。

(58) 註(18)堀日亨編『富士宗学要集』第一巻、六七・六八頁。

(59) 註(1)小西「慶林坊日隆の法度と日興門流寺院の制誡について」参照。

(60) 註(5)宮崎『不受不施派の源流と展開』一三六頁以下。

付記

成稿に際し佐野湛要先生、漆原正宗先生には資料の紹介等貴重なご助言を賜り、末筆ながら記して甚深の謝意を表するものである。

キーワード　日隆、日興、日有、日興遺誡置文、化儀抄

三河日要・要賢日我の本門八品理解

――「旅宿」概念を中心に――

三浦和浩

はじめに

広蔵院日辰上人（以下、日辰師・一五〇八―七六）の『負薪記』（一五五八）は、その当時の京都日蓮教団の状況を伝えるものとして広く知られている。その中で日辰師は、久成院日尊上人（一二六五―一三四五）が三十六ヶ寺、三河日要上人（以下、日要師・一四三六―一五一四）が四十六ヶ寺もの新寺を建立したことを引き合いに出しつつ、一方で教学的な支柱となるべき「門徒決定の聖教」が欠落していることを指摘し、そのために他門流に学ばざるをえず、その結果、他門流に転派してしまう僧が少なくなかったことを嘆いている。中でも京都においては、本能寺、すなわち八品門流に帰依する者の多いことに言及し、転派しなかった者においても、例えば日要師らの名を挙げて、彼らが日隆上人（以下、日隆師・一三八五―一四六四）による八品教学の影響を受けていたことを示唆している(1)。このような、八品教学が日興門流に浸透することについては、「若し各所所建立を好み学文せずば末の世に千所建立すとも、一時に本能の末寺と成らん(2)」という日辰師の言説からも、それに対する警戒感の強さを窺うことができよう。

また、『負薪記』撰述より以前に、本能寺から日興門流の住本寺に対して両寺の通用の申し出があったようであるが、[3]

我れ云く、若し通用ならば離山すべしと。時に通用なし。若し通用ならば住本は皆本能の末寺となるべし。況や日興嫡々の門徒の糸乱れざる身として日朗門徒、中古迷乱八品所顕と通用せんや。[4]

と述べているように、日辰師の強い反対の甲斐もあってか、この能住両寺の通用は阻止されている。これに続けて、

先づ若年の間は門徒の学文を極め、文釈の会通・経釈書判普合せん事を修学すべき所に、其の義は無して人目を本とする事、豈に名聞にあらずや。若し古来の聖教無ば、問答対決し、義理の下る様に聖教を談合して書き置くべき事なり。[5]

と、新寺を建立して名声を上げることよりも、日興門流としての教学研鑽の必要性を強く主張していることは、日辰師が「中古迷乱」として非難する八品教学の影響を排除せんがためであったことが看取される。『負薪記』の、

日向の国の日郷門徒は日隆の誤りを知らずして、蓮公の百四十八通の御抄箱の中に入れて一帖玄文を賞翫せる事は、隆門の面目・興門の恥辱なり。[6]

という一節は、あまりにも有名である。

このように、「日向の国の日郷門徒」の出身となる日要師は、八品教学の影響を受けた学匠として日辰師から批判されているが、日要師と同郷で日要師の形式上の弟子となった人物に要賢日我上人（以下、日我師・一五〇八―八六）がある。日我師は日辰師と同時代に活躍し、日興門流において「西辰東我」として日辰師と並び称される学匠であるが、日我師もまた、八品教学の影響を色濃く受けた学匠としてその名を知られている。

しかし、当然のことながら両師は日興門流の徒であり、日隆師と完全に同一の本門八品思想を有しているわけではない。では、いかなる点において日隆師と要我両師とはその学説を異にしているのであろうか。

そこで本稿において注目したいのは「旅宿」という概念である。「旅宿」とは日隆師が本地と迹中を説明する中で使用する一つの比喩表現であるが、この「旅宿」という表現は日要師にも用いられており、さらにその概念は日我師にも受け継がれている。この「旅宿」については、すでに望月歓厚師が『日蓮宗学説史』において、日我師の日蓮本仏論との関係の中で若干触れられてはいるものの、日隆師との比較を通しての十分な考察はなされていなかった(7)。

本稿では、まず日隆師が用いた「旅宿」について概観し、要我両師がそれをどのように用いているかを確認することで、彼らの本門八品に対する考え方の一端を明らかにしたい。なお、日興門流における日隆教学の研鑽および要我両師の略歴などについては、大平宏龍先生による詳細な報告があるのでそちらを参照されたい(8)。

一 日隆師所説の「旅宿」について

①「本所」と「旅宿」

「旅宿」の語は日隆文献の内、『十三問答抄』、『本門法華宗五時四教名目見聞 法華の下』(以下『五帖抄』)、『玄義教相見聞』(以下『一帖抄』)、『法華宗本門弘経抄』(以下『弘経抄』)、『開迹顕本宗要集』(以下『宗要集』)に散見される一種の比喩表現である。例えば、『五帖抄』第一帖「第五時法華下」の「四、妙法蓮花経とは、三世の中に何れを以て根本開発の依地となすや」の項目に次のようにある(以下、傍線は筆者)。

尋ねて云く、此の妙法蓮花経は、三世の中には何れを以て本主開発の地となすや。

答う、これに付いて総別の意これ在り。総じては三世領主の法花経なり。別しては過去を以て本所本領となして、現末を以て垂迹の旅宿となして本より迹を垂れ、垂迹の仮りの住家より過去久遠の本土に還帰して、また未来滅後流通の末法の本国土へ御出でこれある以上。

玄の一に云く「此の妙法蓮花経は本地甚深の奥蔵なり」と云えり。妙楽これを受けて、「迹の中に説くと雖も、功を推せば在ることあり。故に本地と云う」以上。此の本末の釈は、現の迹より過去本所に帰会する証文なり。(9)

ここでは問者が、法華経が過去(久遠本地)、現在(今日在世)、未来(滅後末法)の三世において、いずれをもって正意とするかという問いを立て、喩えをもってそれを表現している。

まずその主題として「妙法蓮花経とは、三世の中に何れを以て根本開発の依地となすや」とあるが、ここに示された「根本開発の依地」という表現は、荘園制における在地領主の呼称である「開発領主」(または「根本領主」)に由来していると考えられる。中世の寄進地系荘園にあっては荘園領主は寄進先である中央の権門勢家であったが、しかし現地を領域的に支配するのは荘園を開発した「開発領主」としての在地豪族であった。日隆師はそのような当時の社会的背景に基づいて、その主題に「根本開発の依地」という表現を用いたのであろう。また、文中に見られる「本主」や「本所」「本領」も荘園制の中で用いられる用語である。

この問いに対して、答者は、総じては三世に亘るとし、別しては過去―すなわち久遠本地こそが「本所」であって、現在―すなわち釈尊の在世は「旅宿」であり「仮りの住家」であると規定している。つまり、法華経の「本所」たる過去久遠本地にこそ法華経の正意があり、それに対して今日在世の現在は「旅宿」とされている。このように日隆師は、法華経が必ず本所たる久遠本地に還帰することを示し、法華経がその久遠本地を起点として、末法の未来へと出立すると説明するのである。

②滅後末法と旅宿の関係

先引の箇所からは、現在・未来は、一応は共に「旅宿」と解されるが、続いてこのように述べられている。

此の妙法に観心釈を作さば、過より流通に趣くの意なり。あるいは涌出品已下の八品に過去の上行を召して滅後の唱導を定むるは、過より未来に移る証文なり。これに依って疏の九に云く、「過を召して以て現に示し、経を弘めて以て当を益す」以上。是れ其の証文なり[10]。

ここでは、本門八品において過去の上行菩薩を召喚して仏滅後の唱導を定めていること、すなわち上行付嘱が、法華経が過去（久遠本地）から未来（滅後末法）に移行する証文であるとし、さらに、

但し過より当来に移ると云うも、本門過去常の家の現当なり。これに依って記の九に云く「本成より来たりて三世に物を益す故に、此の三世は皆過去に属す。○菩薩の弘経は且く当に在り」と云えり。文意明鏡なり。凡そ所依の土は皆正報に順ずるなれば、久成の釈尊・上行の所在の処は皆悉く過去の常寂光土なり。縦い滅後末法悪世なりとも、釈尊・上行の有縁の本土なれば過去常本国土妙の浄土なり[11]。

と述べ、たとえ滅後末法は悪世であったとしても、それは釈尊・上行の有縁の本土であるから、過去常本国土妙の浄土であるとしている。そして最終的には、

故に知んぬ、此の妙法は正は過当、傍は現なり。往きては過去を以て正となし、当の流通を以て過去に属し、過去の種子下種を以て今日爾前迹門得道の物を見れば、下種に随えば皆悉く過去本門得道の物なり[12]。

として、久遠本地の過去と滅後末法の未来を共に法華経の正意とし、今日在世の現在を傍意とする、と結論づけて

いる。また続けて日隆師は、日蓮聖人の法華経観について、

尼崎本興寺の元祖日存・日道は、二十年に及んで諸流を伺い、諸御抄を拝し奉らせたもう。愚老に至って両師の業を汲むこと三十余年。恐らくは御抄本書の淵底を明らめるに、高祖御出世の本懐は妙○経を過去に置き奉り種子を無上の経王と成し、其の種子下種を取って末法下種の所依経と仰ぎ奉らんとするなり[13]。

とし、久遠本地の法華経の種子下種が末法における所依の経典となることを示しているが、これはすなわち、久遠本地の「種子」ではなく「種子の下種」という行為そのものが法華経の「根本開発の依地」となることを示しているものと言えよう。

③種脱相対としての「本所」と「旅宿」

このように、「種子下種を取って末法下種の所依経」と規定する場合、「種子」と「下種」とを分けて考える必要がある。

下種の種子とは、寿量品所説の事具一念三千仏種を指すのが日隆門流の基本説であり、それは「本門所詮の法体にして寿量品の本因本果本国土の三妙の文によって宗祖日蓮大士が感得し成立せしめたもの[14]」と説明される。その種子を過去（久遠本地）に下種された事実こそが法華経の正意（本所）であって、それが一往は「旅宿」であるとされる未来（滅後末法）に移されることで、先ほどの文章中において「正は過当」とされ、現在（在世脱益）は傍意と規定されるのである。

例えば、『弘経抄』第一巻（「本門経王の下」）には、

私に云く、法華経は現在熟脱の座に有れば旅宿なり。本座の王城王宮は過去三五下種の所なり。猶を大通下種

の所を以て旅宿となすなり。故に久遠本因妙を以て根本の王宮となすなり。玄の一に云く、此の妙法蓮華経とは本地甚深の奥蔵なり云々。云う所の「此」とは迹中なり。「本地」とは本因妙なり。これに依って釈籤の第十に云く、本門は本因を以て元始となす云云。本因とは名字即なり。名字即は末代相応の易行なり。されば法華経は今日寂場已来の五味一筋、二乗三五七九十法界の在世脱益の一辺は聖道門・難行道に似たりと雖も、難行道の旅宿を捨てて根本の久遠本因妙名字即本国土妙の日本国本覚王宮に還帰すれば最上の易行なり。法然上人は此の深義を知らず、法華経を捨てて念仏に移る事は最極の謬解なり⒂。

と、三五下種を一往「本所」（ここでは「王宮」）と定めつつも、久遠本地が明かされれば、三千塵点は迹中熟益として「旅宿」に配され、在世脱益も聖道門・難行道に類する「旅宿」であって、「王宮」たる久遠本地の本因妙に還帰することで、法然の時代、すなわち滅後末法における最上の易行となることが示されている。

これは、『弘経抄』の第二十五巻（「方便品の下」）に、

法華経現在脱益の座に在りては旅宿なり。故に廃迹顕本して「雖脱在現具騰本種」すれば、根本の本座に還る。其の本種とは本因妙名字信行の処なり。此の本因妙の易行を以て上行に付するなり。此れを以て本門終窮究竟の極説となすなり。籤の十に云く、本門は本因を以て元始となす文。元始とは根本法輪の根本法華と云うことなり云云⒃。

とあるのと同義である。また、『弘経抄』第三十二巻（「方便品の下」）にも、

示して云く、法華経は三世の中に現未を以て旅宿となし、過去を以て本宿王宮となす故に、熟脱は権迹に在って難行に似たり。下種は必ず過去に在り。故に「種子無上」と云う。下種は三五下種共に名字信行にあり。これを以て今経の宗要となす⒄。

と、ここでも過去下種を「本宿」「王宮」としている。

④「本宅」としての本門八品

このように、現当を「旅宿」、過去久遠本地を「本所」とする表現は、下種をその根拠としていることが分かるが、それと類似する表現として『宗要集』（仏部第四）には次のようにある。

故に本門は其の座は現在に有りと雖も、其の義は過去に有り。故に一品二半の現脱は有りと雖も、聽て現脱の旅宿を去って「具騰本種」して、久遠本因妙の昔の下種信行観心の本宅に還帰して、十界久遠の本因妙信行観の本尊聖衆と成り竟って、信行観の釈尊は本因果国互融の本因妙の三千妙法を以て信行観の上行に付し、滅後悪世の信者に授くべしと定め給ふ[18]。

ここでは、報身本仏を「観心の教主」「下種の教主」として捉える中で、現在の脱益を一品二半と定めそれを「旅宿」とし、久遠本地を「下種信行観心の本宅」と表現しているが、ここで注目したいのは、その本宅から上行付嘱・末法下種に至ることに言及している点である。上行付嘱・末法下種は久遠下種と並んで教義の根幹であり[19]、例えば、

玄の一に云く、此の妙法蓮華経は本地甚深の奥蔵なり云云。云う所の「本地」とは本門八品上行付属の妙法蓮華経なり。故に知んぬ、本門の三門は滅後末法上行弘経の大意・釈名・入文判釈なり[20]。

と言うように、本門八品が上行付嘱の儀式であることは論を俟たず、また本門八品こそが「本地」の法華経であるというのが、日隆教学の基本説である。

これに関連して、『弘経抄』六十四巻（提婆品の下）において、天台の止観と宗祖の止観の違いを述べる中で、日

隆師は次のように述べている。

日蓮大士は止観を以て口業に出し、事の三千・事行の妙法蓮華経と云うは是れなり。三千三観を以て口業に出すは、天台内鑑本門の止観なり。止弘の五に明鏡なり云云。依って本門の心は、総名は一経にありと雖も、本処は本門にあり。迹門は旅宿なり。本宅は本門なり。本門に取っても本門八品にあり。本門八品に本因妙・本果妙を説く。本果妙は身意を以て正となし、口業を以て裏に置く。本因妙に名字・観行・初住あり。其の中に名字即の信行を以て本因妙の正意となす。此れは口業を以て正となす。信心と云うも、口に守り、言と説と教とを信じて妙法蓮華経を取る故に、口と信と合して妙法蓮華経を取るなり。[21]

ここで日隆師は、明確に本門八品を「本宅」と表現しているが、これは寿量一品二半の「種子」ではなく、「下種信行観心」という、末法衆生の事行の南無妙法蓮華経を「本宅」（本所）とするものと理解できよう。

二　日要・日我両師の「旅宿」について

①日要師の「旅宿」

先述のように、『負薪記』において隆門の亜流であるが如く批判された日要師ではあるが、本尊造像の否定や、あるいは日蓮本尊論などの興門特有の思想が見られるように、日要師自身は日興門流の学匠であって、完全に八品門流に帰依したわけではもちろんない。執行海秀師の言葉を借りれば、それは「日隆の八品思想によって興門教学を説明せんとしたもの」であり、日要師自身は保田妙本寺系の興門教学の形成者として理解されるべきであろう。確かに、日要師の著述中には八品教学を祖述しているところも多く、その中から日要師自身の教学を峻別すること

は、いささか困難ではあるが、例えば『法門尋十五箇条』には、

　問う、首題の五字は神力・寿量の中に何品を主とするや、いかん。答う、上行要付八品所顕の内の寿量品なるべし。仍て神力付属これなくんば、寿量の要法首題何ぞ我等がためならんや云云(22)。

とあるように、基本的には題目の正体を「寿量の要法」としていることが窺える。

　そのような中で、日要師は『法華本門開目抄聞書』に次のように述べている。

　一、上行菩薩は本地の菩薩にて仮染めにも迹の座になをりたまはず。されば八品過ぎて薬王已下の六品は座を立つと云へり。しかりと雖も、本門八品も上行菩薩の旅宿なりと云云。此の旅とはいずれのところより、いずれに行きたまふ時の旅宿なるや心得べし取意(23)。

　ここでは、日隆師が「本宅」と称した本門八品について、日要師はこれを「上行菩薩の旅宿」であると規定している。その上で、

　三世の間に過去より未来にうつる中宿は現在なり。されば「過を召して現を示し、経を弘めて当を益す」故に従地涌出品と云う云云。是れが秘釈なり。過未一同の釈と云うなり。過去下種の者に対面のために現在に出て旅宿して未来にうつりたまふなり。さてこそ八品聴聞して六品に座を立つと御定判ある、此の意なり云云(24)。

と言うように、現在を過去から未来に移る「中宿」とし、『法華文句』の一節(25)を引いた上で、過去から現在に出現し未来へと移るその主体を、ここでは「法華経」という法ではなく「上行菩薩」という人に置くことで、上行菩薩の出現する本門八品を「旅宿」と規定していることが窺える。いわば上行菩薩を旅人に見立て、その旅の宿として「本門八品」を定義しているのである。

　但し、この場合の「本門八品」が、本地の本門八品ではなく、今日在世における本門八品を指していることには

注意が必要である。日要師談『当体義抄見聞』には次のようにある。

さて八品に出らる地涌は信心の座席なり。何ぞ旅宿とは云うや。是れは舎利弗・目連が涌出品の時に上行の体内に流入して寿量品に至り具騰本種して見る時は、過去は信心の本地、八品は旅宿と云うなり。是れは過去が家の現在の八品なり。(26)

ここでは、過去久遠本地（本宅）はあくまでも寿量品と理解され、本門八品は上行菩薩の現在の旅宿と規定される。また、続く箇所では、

さて此の上行は在世は分証究竟に対する時は旅宿に成るに依って、教弥権位弥高の上行なり。是れは舎利弗・目連に対する上行なれば断惑滅証理の解者即短而長の上行、惑者と釈するは舎利弗・目連なり。断惑すれば解者と成る、是れ定まる義なり。さて未断惑の過去の信心の侭出現し玉へば是無智比丘の僧形なり。去れば二ヶの上行の不同を、彼れは脱、是れは種と分け玉へり。末法の上行の機に対向し玉へり。仍て信の方が過去の正意たる事を、四信五品抄に一念信解の信をば過去の是無智比丘の道理にて是れは名字即、さて解の方をば観行・相似に譲らるるなり。しかる間、我等は過去を続ぐ方を以て本因妙下種の宗旨と云うなり。さて人法は一体なれば妙法蓮華経の過去より来たるとは日蓮なり。是れは教弥実位弥下の本門末法の本尊なり。さて八品の上行は解の家に旅宿する間、是れを妙法蓮華経の旅宿と云うなり。(27)

と、上行菩薩に信と解の二種を立て、今日在世の八品（旅宿）における上行は〈解者—教弥権位弥高—脱益〉、過去久遠本因妙下種（本宅）の時の上行を〈信心—教弥実位弥下—下種益〉として、「我等は過去を続ぐ方を以て本因妙下種の宗旨と云うなり。さて人法は一体なれば妙法蓮華経の過去より来たるとは日蓮なり。是れは教弥実位弥下の本門末法の本尊なり」と、ここで日蓮本尊論を展開し、「さて八品の上行は解の家に旅宿する間、是れを妙法

蓮華経の旅宿と云うなり」と、改めて本門八品を「在世」の「旅宿」と規定しているのである。

②日我師の「旅宿」

日要師と同様、その弟子に当たる日我師にも、「旅宿」概念は継承されている。その著作である『一帖玄文尼崎抄聞書』には次のようにある。

> 第三は師弟の遠近の教相にして法華経の本意なり。さて大聖も日蓮が法門は第三の法門なり。本門八品は上行菩薩の旅宿と御定判ある。此の旅宿と云うにあまたの意あり。三処の元旨にて心得るなり。爾前は寂場を以て元旨となすと云う時は華厳の最初は旅宿、迹門は大通を以て元旨となすと云う時は大通の三千塵点は旅宿、本門は本因を以て元旨となすと云う時は大通の下種は旅宿と成るなり。さて当家の意は、久遠本因妙より末法にうつり玉ふ旅宿、在世より本迹共に旅宿と成るなりと云云(28)。

ここで日我師は、「本門八品は上行菩薩の旅宿」であるとする日要師の説を忠実に受け継いでいる。また同書では、

> 本門八品の本尊は勝劣の本尊なり。此の本尊を造立する時、一致の本尊に成るなり。在世の本門と末法の初めと一同に純円なり。但し彼れは脱、此れは種、彼れは一品二半、是れは只題目の五字なり以上取意。脱益の本尊を造る時は神力結要の儀式にはあらざるなり。(中略)何にしても本門八品の時も事行の本尊なるべし矣。釈に云く、経中要説在之事矣。本門八品も過去より末法に出玉ふ旅宿なり。過去と未来とは時節異にして意是れ同じなり以上云云(29)。

として、本尊造像を否定する文脈で、本門八品を久遠本地の過去から末法の未来へと移動する（いわば中間地点と

して の）旅宿と捉えているが、この箇所から、造像を認める八品門流への批判的な姿勢が看取される。

こうした日我師による八品門流への批判は、『蓁蛇異見抄』の次の箇所からも看て取ることができる。

尋ねて云く、此の宗の宗旨・宗教の意いかん。仰せに云く、宗意は四宗折伏一代聖教に相通する分は宗教なり。妙法の五字は宗旨なり。日我云く、富山の宗教は本迹の中にも本門八品なり。宗旨は久遠本因妙下種の妙法なり。彼の家の妙法五字と云うは八品所顕の釈尊・上行所伝の妙法なり。なお在世脱益の迹の妙法なり。日蓮が法門は第三と遊ばすも、在世に約する時は宗教なり。五味の主教是れなり。宗旨とは習うべき秘伝なればこれを書かざるなり。(30)

ここで日我師は、「彼の家」すなわち八品門流の題目論である「本門八品上行所伝」の本門八品を、日要師と同様に在世脱益に配当し、五味主の法門も在世の中に納めている。これは日隆師が『一帖抄』に、

次に「法華経は五味の主」と云うは、現在迹中の第五時の法華経の旅宿の座を去って、過去久遠の本座の王宮に移る時は、但だ上一人と仰せられて現在迹中の下万民に共せず。座を並べず膝を交えず、永く現在迹中の五味の諸経に異なるなり。(31)

とし、本地の法華経を指して五味主としていることとは、大きく異なる考え方である。

さらに、日我師は、

当家の意ならば、付属の時に在世には下種なく、久成に下種を置くなり。此の時は上行旅宿なり。旅宿のきりがみは王勅の印判にあらず。路地の引付なり。末代の引付は神力品なり。本因妙本仏の綸旨、綸言、久遠の印判は、其の文章は南無妙法蓮華経、文の主とは日蓮、印とは御判なり。(32)

と、上行を旅宿、宗祖を本因妙本仏と定めることで、明確な日蓮本仏論を展開している。

まとめ

以上、日隆師所説の「旅宿」について概観し、八品教学の影響を受けた日興門流の要我両師の「旅宿」の概念について考察した。

日我師が「富山の宗教は本迹の中にも本門八品なり。宗旨は久遠本因妙下種の妙法なり」と言うように、要我両師とも、確かに「本門八品」を重視している。その点のみを見れば、要我両師は日辰師の言うように「隆門の面目・興門の恥辱」となろう。しかし、日隆師が「本門八品」を久遠本地に位置させ、それをもって法華経の「本宅」としたのに対し、要我両師は「本門八品」を在世に据え置き、それを「旅宿」と称するところには、両者の本門八品理解において明確な乖離が見られた。

要我両師に共通するのは、この本門八品を在世脱益の辺に置く際に、日蓮聖人を本尊・本仏に同定する文脈と併せて語られていることである。このことから、要我両師が「本門八品」を、敢えて在世脱益に留め置いたのは、日興門流の特徴である日蓮本仏論を導くためになされた、教学上必要な措置であった可能性が推測される。その意味では、日我師に見られた本尊造像に対する批判についても、造像を肯定的に捉える日隆師(33)に対する反論を、隆師教学の根本である本門八品にことよせて主張するものであったと推論することもできよう。

また、日隆師が「下種信行観心」という、末法衆生の事行の南無妙法蓮華経を「本宅」とするのに対して、要我両師があくまでも寿量一品二半の「種子」、すなわち事具三千をもって「本宅」とするところは、寿量文底の題目という日興門流の教学的特徴が発露したものと解釈できるのではなかろうか。

本稿冒頭に触れたように、望月歓厚師（『日蓮宗学説史』）が日我師の「旅宿」を日蓮本仏論との関係の中で捉えようとされたことは、本研究の先駆であった。本稿がその仮説を証明する素材を提示できたとすれば、それは望外の喜びである。日興門流による八品教学の受容あるいは依用の詳細については、未だ未解明な部分も少なくない。本稿が、日興門流における八品教学研鑽の全貌を解明する一つの契機となれば幸いである。

註

（1）『日蓮宗宗学全書』（以下『宗全』）二三巻、八八頁
（2）『宗全』二三巻、八九頁
（3）宗門史編纂委員会編『法華宗宗門史』（法華宗〔本門流〕宗務院・一九八八年）二五九頁
（4）『宗全』二三巻、八九頁
（5）同右
（6）『宗全』二三巻、九二頁
（7）望月歓厚『日蓮宗学説史』（平楽寺書店、一九六八年）二九三頁。ここで望月師は「（前略）即ち文底本因妙に本因本果具足して下種の本仏あり。されば経の付属とは本法を本仏に取戻すなり。「付属トハ路次ノ引次キ也、取戻シナリ、上行旅宿云々。」（蟇蛇異見抄）といふ上行旅宿とは、本仏が上行として付属を受くるは旅宿の引次ぎなりとの意か」とし、旅宿を日蓮本仏論との関係の中で捉えようと試みている。
（8）大平宏龍「日隆上人と東国法華宗」（『興隆学林紀要』創刊号、一九八六年）
（9）『仏立宗義書』第三巻、一二一頁
（10）同右
（11）同右
（12）『仏立宗義書』第三巻、一一三頁
（13）同右

(14) 株橋日涌『観心本尊鈔講義』上巻(法華宗(本門流)宗務院、一九八一年)一八三頁
(15) 『日隆聖人全集』(以下『隆全』)第一巻、三三頁
(16) 『隆全』第三巻、一三九頁
(17) 『隆全』第四巻、三四頁
(18) 『日隆聖人御聖教』第一巻、一一六頁
(19) 株橋日涌先生は、「本門の説相を要言すれば、久遠下種―上行付嘱―末法下種となる」とし(株橋前掲書・上巻、六五一頁)、大平宏龍先生も、「隆師によれば、日蓮教学の根幹は久遠下種・上行付嘱・末法下種の三義」であるとしている(大平宏龍「日隆文献における「云口」について」『法華宗研究論集』東方出版、二〇一一年、四五七頁)。
(20) 『隆全』第一巻、三六頁
(21) 『隆全』第七巻、四九頁
(22) 『富士学林教科書研究教学書』第三〇巻、七二六頁
(23) 『興風叢書』二、一二頁
(24) 『興風叢書』二、一五頁
(25) 『大正蔵』三四巻、一一四頁、下段
(26) 「日興門流史料システム」二〇一三年版(興風談所)システムNo.65956。なお、本資料の底本が宮崎定善寺蔵・覚存日乗本であることを興風談所の池田令道先生よりご教示いただいた。この場を借りて御礼申し上げたい。
(27) 同右
(28) 『富士学林教科書研究教学書』第七巻、二六頁
(29) 『富士学林教科書研究教学書』第七巻、九九頁
(30) 『富士学林教科書研究教学書』第七巻、一一〇頁
(31) 『法華宗全書』日隆二、五二頁
(32) 『富士学林教科書研究教学書』第七巻、一八四頁
(33) 本尊の造像について、日隆師は『弘経抄』(『隆全』第三巻、六四三頁)に、「然るに妙法蓮華経釈尊上行は日蓮大士と我等が為には本尊なり。本尊の釈迦上行をば造像せずして、日蓮大士の造像計りを本堂に安置し奉る事富士

門流の法則なり。恐らくは謬中の謬、是れ即ち極大謗法なり」として、一塔両尊及び本化四菩薩を造像せず日蓮聖人のみを造像して本尊と仰ぐ日興門流の勧請形式を批判している。

キーワード　本門弘経抄、開迹顕本宗要集、開目抄聞書、一帖玄文尼崎抄聞書、日蓮本仏論

日蓮門下における『科註妙法蓮華経』の展開についての素描

大平寛龍

はじめに

日蓮門下では『御義口伝』に引用される文献の一つとして、『科註妙法蓮華経』（以下、『科註』）はつとに知られてきた。それは、中国の元朝期の徐行善が妙法蓮華経を分科し註解を施した徐註と呼ばれるものであり、いわゆる倫註（宋の守倫『科註』）・徐註・如註（明の一如『科註』）という三種の『科註』[1]の一つである。これに関する門下の主な関心は、『科註』（徐註）の成立年代（元貞元年、一二九五）が、日蓮（一二二二〜一二八二）の滅後一三年に当たり、『御義口伝』の講述年代（弘安元年、一二七八）よりも一七年も遅いという、執行海秀氏の指摘した矛盾点にあったと思われる[2]。ただし、そもそも徐註が門下でいつ頃から流布したのかなどの問題については、従来は十分に論じられることはなかった。

だがこれまで筆者は、慶林日隆（一三八五〜一四六四）の主著とされる『本門弘経抄』（以下、『弘経抄』）には、徐註であり五山版と見られる日隆の所持本『科註』（以下、日隆本『科註』ないし日隆本）が三一箇所引用されているだけでなく、その構成に日隆本の科文が用いられていることなどを論じた[3]。また別稿では、徐註である本国寺日伝（一三四一～一四〇九）の写本『科註』（以下、日伝本『科註』ないし日伝本）の成立時期（応永一六年、一四〇九）が、日隆の伯父で法兄とされる日存（一三六九～一四二一）の日隆本を入手した時期とほぼ同時代と考えられること、ただし日伝本と日隆本とは異本と見られること、などを論じた[4]。これらを踏まえて本稿では、日隆本『科註』を門下においていかに位置づけられるのかという問題について考察を試みたい。そして門下における法華経講釈書を中心に『科註』の引用等を調査し、日隆本・日伝本とともに整理したい。

そこでもう一点触れておきたいのが、『御義口伝』の『科註』引用の問題である。近年に山上弘道氏は、門下諸文献における『御義口伝』引用の初見を円明院日澄（一四四一～一五一〇）撰『法華啓運鈔』（以下、『啓運鈔』）とする執行海秀氏の指摘[5]を踏まえながら、『御義口伝』成立は日澄とその周辺からだと論じている[6]。『御義口伝』の成立問題は本稿の主眼でないため、ここでは深く立ち入らない。だが『科註』を引用する門下諸文献の一つという観点から、本書の成立が可能と考えられる時期について、一つの仮説を提示したい。

もとより本稿は、今後に新たな資料が発掘された場合に直ちに再検討を求められる可能性を孕んだ、暫定的なものである。だが『科註』を中心とした検証を通じて、門下における法華教学史の新たな一側面を照射できればと考える。

一　門下における代表的法華経講釈書と『科註妙法蓮華経』

日隆本『科註』を引用する『弘経抄』について、渡辺宝陽氏は門下における代表的な四本の法華経講釈書の一つと述べており、[7] 近年でも、その見解を木村中一氏は踏襲している。[8] よってまずは両氏の挙げる四本について、『統合システム』も用いつつ、刊本を中心に『科註』の引用等を確認したい。成立順にその四本を挙げると、㈠等覚院日全（一二九五～一三四四）撰『法華問答正義抄』[9]（以下、『正義抄』）全一二巻（正慶二（一三三三）～康永三（一三四四）にかけて作成）、㈡日隆撰『弘経抄』全一一七巻（成立期は不詳。文安三年（一四四六）享徳二年（一四五三）頃に述作か？）[10]、㈢行学院日朝（一四二二～一五〇〇）撰『法華草案抄』[11]（以下、『草案抄』）一二巻（成立期不詳。寂年（明応九年・一五〇〇）に暫定）、㈣日澄撰『啓運鈔』全五五巻[12]（文亀二（一五〇二）～三（一五〇三）年にかけて作成）である。この四本では、日全『正義抄』以外に「科注云」などの引用等が確認できた。


㈠日全撰『正義抄』：引用・参照無し。

㈡日隆撰『弘経抄』：31箇所引用（典拠は本稿註③に挙げた拙稿「日隆聖人御所持『科註妙法蓮華経』の経文部分に関する書込について」一九二～一九九頁を参照。）。

㈢行学日朝述『草案抄』：5箇所引用・参照（『草案抄』四巻四九丁裏、六巻二五丁裏、同一二巻四四丁裏～四五丁表。）。

㈣日澄撰『啓運鈔』：12箇所引用・参照（『啓運鈔』①五巻二一丁裏～二二丁表、②一八巻二四丁裏、③一九巻二七丁裏、④三一巻二四丁表、⑤三四巻四一丁裏、⑥五二巻四四丁裏～四五丁表、⑦五二巻四六丁裏、⑧五二巻四八丁裏、⑨五二巻四九丁表～裏、⑩五二巻四九丁裏、⑪五二巻五〇丁表、⑫五二巻五〇丁表。以下、割注内の丸数字は『啓運鈔』の該当箇所を表す。）。


故に、この四本では、『弘経抄』以降に『科註』が用いられたことが分かる。だが㈠『正義抄』と㈡『弘経抄』とでは約一一〇年間あり、㈡『弘経抄』から㈣『啓運鈔』までの約五〇年間と比べても開きが大きい。この間に位置するのが、「應永十六年太歳己丑二月五日」の日付と日伝の署名のある日伝本『科注』である。[13] これは㈠『正義抄』の約六五年後、㈡『弘経抄』の約四四年前頃に当たる。またいわゆる陣伝論争（応永四年～一一年、一三九七～一四〇四）の約五年後になるが、日聡撰『本迹難』や日陣撰『本迹同異決』に『科註』は引用されていなかった。[14]

一方で、日隆本『科註』には「日存之」の書込があるため、拙稿[15]で論じたように、日選から日存へ改名した可能性のある時期の上限の応永二〇年（一四一三）五月頃から、日存没年の応永二八年（一四二一）の間に、日存が日隆本を入手した可能性が考えられる。これは日伝本成立の四〜一一年後となるため、日隆本も同時代的に存在したことになる。これらを整理すると、**図1**のようになる。

図1　門下における代表的法華経講釈書と『科註妙法蓮華経』の展開

康永三年（一三四四）	日全『正義抄』：引用・参照無し。
応永四〜一一年（一三九七〜一四〇四）	陣伝論争
応永一六年（一四〇九）	日伝本『科註』成立
応永二〇年五月〜二八年（一四一三〜二一）カ	日存の日隆本『科註』所持
文安三年〜享徳二年（一四四六〜五三）カ	日隆『弘経抄』：31箇所引用
明応九年（一五〇〇寂年に暫定）	行学日朝『草案抄』：5箇所引用・参照
文亀二〜三（一五〇二〜〇三）	日澄『啓運鈔』：12箇所引用・参照

『科注』の展開

以上からは、門下における『科註』への関心は日伝本以後という見通しになる。また日隆本は、門下最初期の刊本の『科註』となる。そして門下で『科註』を用い始めたのは、『弘経抄』以降頃の可能性が考えられる。

二　門下諸文献と徐註・倫註・如註

1　本成房日実撰『当家宗旨名目』における倫註の引用

ただ、前章の検出結果は、門下における倫註引用の次の実例があるため、さらに事情は複雑となる。日実（―一四六一―）撰『当家宗旨名目』（以下、『宗旨名目』。寛正二年、一四六一）の写本（身延文庫蔵写本、四一丁裏）では、次のように倫註が引用されている（傍線・太字は筆者による。以下同様）。

第六ニ添品法花。（引用者中略）巻ノ数ハ七巻八巻異説也。仍**科注云、一句含両人云**ヘリ。[16]

『大日本続蔵経』（以下、続蔵）所収の倫註（以下、続蔵本倫註）（続蔵三〇巻六三六a）には「那笺多者**一句含**ニ**両人**一」とあり、傍線部が符合する。このため、引用に用いた日隆本『科註』が現存する『弘経抄』以外では、門下諸文献で引用された『科註』が倫註か徐註かの見極めを要することになる。なぜなら「徐行善の科註は〔倫註〕より縮約された簡略な形のもの」[17]と朴鎔辰氏が述べるように、倫註と徐註には似た註文が多く、同文の場合もあるからである。また応永年間（一三九四～一四二八）に一如が日本を訪れたという説（続蔵三二巻一七一a）も伝わるため、如註も無視できない。よって以下では、『草案抄』『啓運鈔』について、両本の成立より古い日隆本・日伝本と共に、続蔵所収の徐註（以下、続蔵本徐註）、続蔵本倫註、続蔵所収の如註（以下、続蔵本如註）を用いて検証したい。

2 『法華草案抄』で引用・参照された『科註』の検証

『草案抄』で確認できた五箇所の『科註』の引用等のうち、提婆品に「科注云初禅ノ梵王也」（『草案抄』六巻二五丁裏）、「科注ニハ無想天ノ主ト云也」（『草案抄』六巻二五丁裏）（送り仮名は刊本等による。以下同様）と引く二箇所は、日隆本（日隆本は巻子本のため、同じ版種の冊子本である龍谷大学図書館蔵本〈以下、龍谷本〉で丁数を示す。龍谷本四巻六三丁表）[18]、日伝本（四下二九丁裏～三〇丁表）、続蔵本の徐註（続蔵三二巻一一〇b）・倫註（続蔵三〇巻七七六b）が同文のため、典拠を判別できなかった。ただ続蔵本如註（続蔵三二巻二七三c）にこれらの文言は記されていなかった。

残る三箇所のうち、法師品にある次の一箇所（『草案抄』四巻四九丁裏）は、為字訓を引用している。

此《サレバ》ノ行者ヲバ如来則為以衣覆之ト云ヘリ。**則為ノ為ヲバ、科注ニハ訓ジテレ当ニ注セリ。**

日隆本（龍谷本四巻二八丁裏）・日伝本（四上二五丁裏）には『草案抄』と同じ為字訓の「則為並平声訓當」がある。だが続蔵本の徐註（続蔵三二巻九九b）・倫註（続蔵三〇巻七六三a）・如註（続蔵三二巻二六六c）には為字訓がない。

残る二箇所の典拠は同じだが、一箇所（『草案抄』一二巻四五丁裏）は趣意のため、文言の検証が可能な厳王品の「於是二子白父母言至諸佛難値時亦難遇」（『大正新脩大蔵経』〈以下、正蔵〉九巻六〇ab）の註文を引用した次の箇所（『草案抄』一二巻四四丁裏～四五丁表）を挙げる（傍線部は日隆本・日伝本との異同箇所、□内は続蔵本倫註との異同箇所、ルビは続蔵本倫註の字句を示す）。

科註云、一眼之亀値浮木孔ト者、阿含[云、如]《云、佛告諸比丘如》乙大海ノ中ニ有二一盲亀一。寿無量劫百年一[過■]ギテ出二[水面]《其頭海中》一二、有二一[眼■]一。浮木[只]《秖》有二一孔一。漂二流海ノ内一二遂レテ浪ニ東西ス。盲亀一タビ出コト擬下ス値テ二此孔一穿レ[形]《頭》向レシント中ヘ。其木西浮バ亀或東ニ出ズ。囲遶スル亦爾ナリ。雖二復差ヒ違一ト尚或ハ相値甲ガ、凡夫漂二流五趣之海一二復得二コト人身一難コト甚二於此一ヨリモ矣。

この箇所と日隆本（龍谷本七巻四二丁裏）・日伝本（七下一一丁裏）の註文とでは、傍線で示した二箇所に各々同じ異同があった。

一つは『草案抄』の「出二水面一」に「于」字の加わった「出二于水面一」、もう一つは「穿レ形向レ中」に一字異同のある「穿レ頭向レ中」である。これらの異同は、日隆本・日伝本との対照から徐註を典拠と見なせる範囲内のものである。

一方、これに近い文言なのが、明朝期（崇禎元年、一六二八）の重刻本を収録した続蔵本倫註である。ここでは□で囲んだ範囲内に『草案抄』と一三字の異同が見られるが、他は日隆本・日伝本と同文である。

だが江戸期の釈養存による版本（元禄七年、一六九四）を収録した続蔵本徐註（続蔵三二巻一六六b）は、次のように全く異なる。しかもそれは、江戸期の版本（寛文七年、一六六七）を収録した続蔵本如註（続蔵三二巻三三四a）とほぼ同文である（傍線部は続蔵本如註との異同箇所、ルビは続蔵本如註の字句を示す）。

此重催二父母一今正是時佛難レ遇《値》。故《妙樂云故》一眼龜者、約レ事是祇《秖是》譬レ難レ値耳。若作二所表一凡龜魚之眼兩向看レ之。既云二一眼一所見非レ正、在二生死海一而又邪見。何可レ値二於佛法浮木實諦之孔一。

また前述の経文に対して、『法華文句』巻一〇下（以下、『文句』）に「重催二父母一。今正其時佛難レ値故」（正蔵三四巻一四七c）とある一節は、続蔵本の徐註・如註の一文目と符合する。さらに続蔵本の徐註・如註の二文目以降は、次の『法華文句記』（以下、『文句記』）（正蔵三四巻三五八c）を引いている。

經云譬一眼龜者、約レ事秖是譬レ難レ値耳。若作二所乘一凡龜魚之眼兩向看レ之。既云二一眼一所見非レ正、在二生死海一而又邪見。何可レ値二於佛法浮木實諦之孔一。

即ち続蔵本の徐註・如註は、『文句』『文句記』で構成した解説である。従ってそれらと異なる文言の日隆本・日伝本は、『文句』『文句記』にない解説であり、『草案抄』はそれを参考にしたことが分かる。だがそれ故に、続蔵本徐註ではこの箇所を検証できない問題がある。

以上より、『草案抄』で引用・参照された『科注』は、日隆本・日伝本に基づいて徐註と判断できる。また日隆本・日伝本には『文句』『文句記』にない解説が見られ、『草案抄』はそれを引用していた。だが続蔵本徐註では、異同大のために典拠の検出が不可能な箇所もあった。加えて続蔵本の徐註・倫註・如註は為字訓がない。よって徐註の検証では、『弘経抄』より古くから存在する日隆本・日伝本との対照が重要と考えられる。

3 『法華啓運鈔』で引用・参照された『科註』の検証

上述のように、『啓運鈔』での『科註』の引用・参照は一二箇所ある。このうち二箇所は、「不次第ノ様ハ如二シ科注一ノ」（『啓運鈔』一八巻二四丁表）と「科注ノ分文ハ如レ此ノ也」（『啓運鈔』五二巻五〇丁表）とあり、文言を検証できない。だが残る一〇箇所は、日隆本（龍谷本①巻一上一七丁表、③巻二、三三丁裏、④巻四、四六丁裏、⑤巻四、六三丁裏、⑥巻七、二七丁裏、⑦巻七、二八丁表・裏、⑧巻七、二九丁表、⑨巻七、二九丁裏、⑩巻七、二九丁裏、⑪巻七、二九丁裏。）・日伝本（①一上三一丁表、③二上四二丁表、④四下一一丁裏、⑤四下三〇丁裏、⑥七上二七丁裏、⑦七上三〇丁裏、⑧七上三一丁裏、⑨七上三一丁裏、⑩七上三二丁表、⑪七上三二丁表。）と全同だった。そしてそのうち六箇所が続蔵本徐註と同文（続蔵三一巻⑤一一〇四〇b。⑥一六一b。⑦八一六二c。⑧一六二c。⑨一六二c。⑩一六二c。）であり、一箇所は異同一字（続蔵三一巻⑪一六二c）で、残る三箇所（続蔵三一巻①一二c～一三a。③五一c。④一〇四c～一〇五a。）は日隆本・日伝本と異同大であった。また続蔵本倫註と全同なのは、前述の一〇箇所のうち、経文（続蔵三〇巻⑤七七六c）と科文（続蔵三〇巻⑧八四一a）の二箇所だけであり、註文には全て異同があった（続蔵三〇巻①六四九bc。③七〇五c。④七六九a。⑥八三七c。⑦八四〇b。⑨八四一a。⑩八四一a。⑪八四一b。）。これらのうち、紙幅の都合上ここでは譬喩品の「捉狗兩足　撲令失聲　以脚加頸　怖狗自樂」（正蔵九巻一四a）に対する註文について、続蔵本の徐註・倫註・如註には典拠を求めることのできなかった一例を示しておく。

まず『啓運鈔』には「科注云　頸ハ猶レシ境ノ也矣」（『啓運鈔』一九巻二七丁表）とある。これは次の日隆本（龍谷本二巻三三丁裏）・日伝本（二上四二丁表）の末尾の傍線部と全同である（傍線部は続蔵本倫註との異同箇所、ルビは続蔵本倫註の字句を示す）。

脚加頸者、如二狗《雖》被レ撲《則》而擾動不レ停《伏》、更以レ脚枷《加》、枷令悉伏《■■■■》。此喩《■■》貪境、雖下知二不浄一而止中貪《■》之心上未《猶未》二甚静一、更以㆓無常観脚㆒加㆓保常之頸㆒、頸猶境也《則生怖畏則貪覺不起》。

この日隆本・日伝本の一節は、ここにルビを用いて示したように、続蔵本倫註の文言とやや近い。だが『啓運鈔』に引用された「頸猶境也」の語を倫註は欠くため、倫註を典拠とは見なせない。

次に示す続蔵本徐註（続蔵三二巻五一c）も異同が大きく、また「頸猶境也」の語も欠くため、典拠を確認できない。しかも、続蔵本如註（続蔵三一巻二二三bc）とほぼ同文である。そしてこれらの「　」の一、四番目と■ルビの前半部分は『文句』（正蔵三四巻七六a）と対応していることから、これは『文句記』（正蔵三四巻二七一b）、二、三番目と■ルビの後半部分は『文句記』で構成したものと分かる（傍線部は続蔵本如註との異同箇所、ルビは続蔵本如註の字句を示す）。

■■■■■■■■《「狗足如因捉之如謗」》■■■■■■■■■《「故謗無苦因如捉狗足」》。「謗㆓無苦因㆒之上、復謗㆓無苦果㆒、如㆓脚加㆑頸。」苦因「本得㆓苦果㆒、如㆓狗之有㆑聲」、「邪見之人撥㆘言苦因無㆗得㆓苦果㆒之理㆖」「如㆓撲《撲普木切小撃也》令㆑失聲。」既謗㆓無苦因苦果㆒、如㆓怖㆑狗自樂㆒也。

なお続蔵本如註は、検証可能な一〇所で全同なのは経文（続蔵三一巻二七三c）・科文（続蔵三二巻三三〇c）の二箇所のみであり、他は全て異同があった（続蔵三一巻①一八四a。③二二三bc。④二七〇b。⑥三二八c。⑦三三〇ab。⑨三三〇c～三三一a。⑩三三一a。⑪三三一a。）。

故に『啓運鈔』の『科註』の典拠も、日隆本・日伝本に基づいて徐註と判断できる。そして『啓運鈔』もまた、『文句』『文句記』にない解説を日隆本・日伝本から引用している。

三　その他の門下諸文献における『科註妙法蓮華経』の引用・参照について

続いて、『科註』を引用・参照したその他の門下諸文献について見ていきたい。筆者の調査では以下の四本が確認できた。即ち㈠妙蓮寺常住院日忠（一四三八～一五〇三）撰『妙経直談抄』（以下、『直談抄』）（成立期不詳。寂年の文亀三年・一五〇三に暫定）、㈡保田妙本寺日我（一五〇八～一五八六）撰『十一品文句全』（成立期不詳。寂年の天正一四年・一五八六に暫定）、㈢広蔵院日辰（一五〇八～一五七六）撰『開迹顕本法華二論義得意抄』（以下、『二論義抄』）（永禄三年、一五六〇）、㈣同『観心本尊抄見聞』（以下、『本尊抄見聞』）（永禄一〇年、一五六七）である。撰者の三名は、批判的であれ受容的であれ、日隆教学の影響を受けたとされている点が興味深い[19]。以下、検出結果を示したい。

1　日忠撰『妙経直談抄』の一箇所

法華経一部を講義した㈠『直談抄』は、涌出品抄で『科註』の文段を参照している。けれどもこれは日隆本（龍谷本五巻三七丁表）、日伝本（五上四四丁裏～四五丁表）、続蔵本の徐註（続蔵三一巻一二六c）・倫註（続蔵三〇巻七九三a）・如註（続蔵三一巻二九〇c）と全同であり、典拠を判別できない。

初ノ五行ハ頌法説㆒、次譬如少壮人ヨリ下頌譬説㆒也。開譬合譬微細ノ文段如本疏㆒**如科注**㆒云云[20]。

ただ日忠は日隆教学の祖述者とされるため、徐註を用いた可能性があるが、即断は避けておきたい。

2　日我撰『十一品文句全』の八箇所

㈡日我撰『十一品文句全』は、『法華経』の序品から宝塔品の経文について、『法華文句』に拠りながら注釈を施したものとされる[21]。ここでは以下の八箇所が確認できた（傍線部は続蔵本徐註との異同箇所、□内は続蔵本倫註との異同箇所、右ルビは続蔵本徐註の字句、左ルビは続蔵本倫註の字句を示す）。

勇施菩薩ト者、科注ニ云ク、世間内〔内財〕外ノ財、出〔及出〕世無上ノ法、悉〔財悉〕能ク遍〔偏〕ク施〔施勇敢〕ニ無レシ怯〔惜／怯亦無吝惜〕。宝月菩薩ト者、科注ニ云ク、尊〔三徳分證尊〕貴ナルコト如レク宝ノ、種智円明ニシテ清涼ナルコト如レシ月ノ云云。月光菩薩ト者、科注ニ云ク、分〔月有虧盈破暗之義以喩菩薩本盈迹虧耳。或云菩薩分〕証中道ノ智光ハ能ク破シテ二十界ノ煩悩ノ暗〔昏暗〕一ヲ頓〔使之頓〕明也云云。此ノ心也。満月菩薩ト者、科注ニ云ク、百〔由斯菩薩百〕福厳備シテ妙相円明ナルコト如二シ月ノ満〔満故〕一スルカ云云。心ハ如レシ文ノ。大力菩薩ト者、科注ニ云ク、境智冥合シテ抜苦与楽ハ勝二ル諸ノ編少〔小也〕一ニ。（引用者省略）無量力菩薩ト者、科注ニ云ク、本ハ高クシテ迹ハ下リ、力ハ大ニ用ハ除〔深〕ク。普ク救〔救偏提／救偏提也〕フ云云。（引用者省略）越三界菩薩ト者、科注ニ云ク、妙ニ悟二リ千如一ヲ、洞ニ遣二リ百非一ヲ、超二ユ世出世一ヲ云云。（引用者省略）右ノ十八菩薩ノ中ニ、七菩薩ハ天台・妙楽ノ本末ニ略レスル之ヲ間、科注ヲ以テ少々書ク也(22)。

ここに挙げた七菩薩は天台・妙楽の本末で略されているため『科註』によって記した、と日我が末尾で述べるように、『文句』（正蔵三四巻二二c〜二三a）、『文句記』（正蔵三四巻一八四bc）にこれらの解説はない。日隆本（龍谷本巻一上三二丁表）・日伝本（一上三一表・裏）は、これらの解説と全同であったため割愛する。他方で続蔵本徐註（続蔵三一巻一二c）は、三菩薩については全同（寶月・大力・越三界）であるものの、残る四菩薩に関して異同があった（勇施〈異同五字〉・月光〈異同四字〉・満月〈異同一字〉・無量力〈異同三字〉）。また続蔵本倫註は、一菩薩（越三界）については全同だが、その他は全てに異同があった（勇施〈異同一〇字〉・寶月〈異同四字〉・月光〈異同二四字〉・満月〈異同四字〉・大力〈異同一字〉・無量力〈異同四字〉）。なお続蔵本如註（続蔵三二巻一八四a）は『三大部補註』の解説文を記しており全く異なる。

故にこれも日隆本・日伝本に基づき、典拠を徐註と判断できる。また日我が徐註を引いた理由も、天台・妙楽にない解説を求めたことにあった。

3　広蔵院日辰撰『開迹顕本法華二論義得意抄』の二箇所と『観心本尊抄見聞』の一箇所

㊂『二論義抄』は、日辰が法華経二八品ならびに開結二巻等に各々二論義式の問難答釈を設け、日尊門流教学の独自性を闡明しようとした教義書とされる。(23) 本書で引用された二箇所のうち一箇所は、神力品の結要付嘱における「皆於此經宣示顯説」（正蔵九巻五二a）の経文に対する解説（真蹟第六冊一八丁表〈日連教学研究所〈以下、日教研〉架蔵写真帳〉。『日蓮宗宗学全書』〈以下、宗全〉三巻三九〇頁）であり、次のように述べている。

　問フ、解釈ノ中ニ、撮其枢柄而授与之文。（引用者中略）答フ、奥蔵・枢柄ハ倶ニ寿量要法ノ譬喩也。所以ニ枢柄ヲ科註ニハ作ス二枢要一ト。

日辰はここで枢柄を寿量品の要法の譬喩として重要視している。枢柄を含む一節は、『文句』の「撮其枢柄」（正蔵三四巻一四二b）と対応している。だが日辰は本書の別の箇所で「文句ニ枢柄ト判セルヲ科註ニ撮其枢要ト作セリ、然バ柄ノ字ハ要ト云フ事也」（真蹟第六冊三三丁表〈日教研架蔵写真帳〉。宗全三巻四〇五頁）とも述べているように、『文句』にない表現に着目しながら自説を論じている。晩年にも日辰は㊃『本尊抄見聞』で「科注ニ云ク其ノ枢要ヲ撮ル」(24) と言及しており、その関心の高さが窺える。日辰の述べる通り、日隆本（龍谷本六巻三六丁表）・日伝本（六下五丁裏）には「撮其樞要」と記されている。だが続蔵本の徐註（続蔵三一巻一四八b）・倫註（続蔵三〇巻八一六c～八一七a）・如註（続蔵三一巻三〇b）は全て「撮其樞柄」であり、日辰の論じる文言と異なっている。故にここも日隆本・日伝本に基づき、徐註と判断できる。また日辰の関心も『文句』にない字句にあった。

なお『日蓮宗宗学全書』（以下、宗全）三巻所収の『二論義抄』には如註が引用（宗全三巻三九七～三九八頁）されており、続蔵本如註（続蔵三一巻三一〇bc）とも符合する。だがこれは真蹟（真蹟第六冊二四丁表（日教研架蔵写真帳））にはなく、宗全所収の『二論義抄』を書写（元禄一六年、一七〇三）した嘉伝日悦が加えたものと考えられており、考察の対象外となる。如註は一般に深草元政（一六二三〜一六六八）からの流布とされており[25]、嘉伝日悦の書写はそれ以降に当たることを指摘しておきたい。

4　門下諸文献における徐註・倫註の引用・参照

以上を整理すると、**図2**のようになる。

図2　門下諸文献と『科註妙法蓮華経』（徐註）の展開

『科注』（徐註）の展開

康永三年（一三四四）	日全『正義抄』：引用・参照無し。
応永四〜一一年（一三九七〜一四〇四）	陣伝論争
応永一六年（一四〇九）	日伝本『科註』書写
応永二〇年五月〜二八年（一四一三〜二一）カ	日存の日隆本『科註』所持
文安三年〜享徳二年（一四四六〜五三）カ	日隆『弘経抄』：31箇所引用
寛正二年（一四六一）	日実『宗旨名目』：倫註を1箇所引用
明応九年（一五〇〇寂年に暫定）	行学日朝『草案抄』：5箇所引用・参照
文亀二〜三（一五〇二〜〇三）	日澄『啓運鈔』：12箇所引用・参照
文亀三（一五〇三寂年に暫定）	日忠『直談抄』：1箇所参照（徐註？）
弘治五年（一五五八寂年に暫定）	日我『十一品文句全』：8箇所引用・参照
永禄三（一五六〇）	日辰『二論義抄』：2箇所引用
永禄一〇（一五六七）	日辰『本尊抄見聞』：1箇所引用

この結果、日実の倫註引用があるものの、日隆本・日伝本に基づき、門下では『弘経抄』頃から徐註の引用・参照が主流となったと考えられる。また引用された徐註には、天台・妙楽にない解説が多く見られた。そしてこれらの検出は、門下最初期であり精度の高い日隆本・日伝本との対照によって可能となった。

四　『御義口伝』の成立時期の問題と『科註妙法蓮華経』に関する諸問題

執行海秀氏は、『御義口伝』に『科註』を引用することをふまえ、『科註』の成立年代と『御義口伝』の講述年代との矛盾点を指摘するとともに、典拠が徐註であること、倫註の註文と異同大であることも指摘している。[26]その『御義口伝』における『科註』の引用箇所は、宝塔品の「爾時釋迦牟尼佛至如却關鑰開大城門」（正蔵九巻三三b）に対する註文である。これは、執行氏が『御義口伝』の最古写本と述べる日経写本（天文八年、一五三九）[27]の下巻を収める正蔵（正蔵八四巻三一八a）や、それと対校してあり引用箇所が全同である『昭和定本日蓮聖人遺文』（二六四七～二六四八頁）に次のようにある[28]（「　」や傍線は筆者による）。

第十　如却関鑰大城門ノ事　科註ノ四ニ云ク、此ノ開レ塔見レ佛ハ蓋シ有ル二所表一也。何トナレバ則チ「開塔ハ即チ開権也。見佛ハ即チ顕実也。是レ亦タ証シレ前ヲ復タ将ニ二ル起サントレ後ヲ耳。如却関鑰トハ者、却ハ除也。表ハス二障除コリ機動クコトヲ一。」謂ク法身ノ大士、破レシ惑ヲ、顕レシ理ヲ、増レシ道ヲ、損レスル生ヲ也矣。

この引用文の「　」内は、『文句』の一節（正蔵三四巻一一四b）の「開レ塔者即是開權。見レ佛者即是顯實。亦是證レ前、復将レ開レ後。如レ却關鑰者、却障機動也」と対応するため、『文句』を典拠と見なせる。だがその後の傍線部は典拠が見当たらない。したがって『御義口伝』は天台・妙楽にないこの解説を意識したと考えられる。

ただ、続蔵本徐註（続蔵三二巻一〇四b）では、今の「 」の部分が、

開レ塔**表**二開權一見レ佛**表**二顯實一。**亦是**證レ前復將レ**開**レ後也。如却關鑰者**即《■》猶**レ除也。**闢是横**レ**木持**二**其門**一**者鑰即鑠也**。**表**二**執**レ**迹之障除顯**レ**本之機動**一**也**。　（傍線部・太字は『御義口伝』との異同箇所、ルビは続蔵本倫註の字句を示す）

とあって、『御義口伝』の引用文との異同が顕著である。しかも、この後に続くはずの引用文末尾の一節が存在しない。さらには、続蔵本倫註（続蔵三〇巻七六八b）との異同も■を振った「即」字のみであり、後は同文となっている。

このように、続蔵本徐註と続蔵本倫註は異同一字のみのほぼ同文である。しかしながら執行氏は、引用文との対照に続蔵本倫註を用いた一方で、この問題や続蔵本徐註に一切触れずに、寛文一一年（一六七一）京都寺町山田屋喜兵衛開版の版本の徐註を収める立正大学発行本を用いて典拠を論じている。(29)立正本は、「起」字が『文句』と同じ「開」字となっており、末尾の「矣」字を欠くものの、他は『御義口伝』の引用文と同文である。(30)後述するように、これは基本的には日隆本・日伝本と同様であるため、結論としては筆者も異論はない。ただ現在の資料的環境の見地からすれば、続蔵本徐註に関する説明がなく、また理由も示さずに立正本を用いた執行氏の論証の方法には問題がある。加えて筆者は、江戸期版本を不用意に用いるべきではないとも考える。なぜなら、寛永八年（一六三一）に中野氏道伴（?～一六三九）により発行された徐註は、この箇所の字句（第四巻四三丁裏）は立正本と全同であるものの、慶安四年（一六五一）と天和三年（一六八三）に版行された際に、誤りが多いため修正を施したと刊記に注記されているからである。(31)故に立正本も含めた徐註の江戸期版本を用いる際には、本稿で確認した続蔵本徐註の事例からしても、全般的な考証が求められよう。これはさらに検証が必要で、ここでは今後の課題とせざるを得ない。よって『御義口伝』の検証においては、本稿で『科註』の引用を検出した門下諸文献より古く、またそれらにおける『科註』の引用箇所ともよく符号した日隆本・日伝本の方が適切と考える。なお続蔵本如註（続蔵三二巻二七〇a）は異同

が大である。

さて日隆本（龍谷本四巻四四丁裏）・日伝本（四下一〇丁表）は、前述の立正本と同様に、ともに『御義口伝』に「起」とある字を『文句』と同じ「開」字とし、末尾の「矣」字を欠いている。特に日隆本との異同は、この二字しかない。だが日伝本（四下一〇丁表）には、さらに「**増**道**損**生」を「**損**道**増**生」と記した誤りがある。もっとも既に拙稿で述べたように、誤植は日隆本の科文にも存在する。[32] しかしながら書写された日伝本は刊本の日隆本とは異本と見られるため、誤りの要因が原本にあるのか筆記者にあるのか判別できず、日伝本の場合刊本である日隆本より問題が複雑である。このため門下諸文献における徐註の引用等を検証する際には、まず日隆本が標準となり得る。よって『御義口伝』の引用箇所は、これら諸テキストの特質が図らずも示された特徴的な箇所といえよう。

ところで上述のように、『御義口伝』を引用する門下諸文献の初見は日澄『啓運鈔』であると執行氏は指摘している。[33] 故に『御義口伝』成立の下限は『啓運鈔』と考えられる。また徐註の上限となる日伝本の成立時は、『御義口伝』成立の上限と見なせる。よって『御義口伝』の成立可能な時期を示すと、**図3**のようになる。

図3からは、門下における『科註』の展開においては、応永一六年（一四〇九）の日伝本成立時から文亀三年（一五〇三）の『啓運鈔』撰述の間に『御義口伝』が成立した可能性が浮かぶ。それは、門下で主流となった徐註への関心の高まりの中で、『御義口伝』に徐註が引用されたことを示唆している。故に『科註』を中心とした観点からは、当時に徐註を求めた門下諸文献の一つとして、『御義口伝』を相対化することができるのではないだろうか。

図3　『御義口伝』の成立時期の問題と『科註妙法蓮華経』（徐註）の展開

弘安元年（一二七八）	伝日蓮講述『御義口伝』
元貞元年（一二九五）	『科註』（徐註）の成立（中国元朝）
康永三年（一三四四）	日全『正義抄』：引用・参照無し。
応永四～一一年（一三九七～一四〇四）	陣伝論争
応永一六年（一四〇九）	日伝本『科註』書写
応永二〇年五月～二八年（一四一三～二一）カ	日存の日隆本『科註』所持
文安三年～享徳二年（一四四六～五三）カ	日隆『弘経抄』：31箇所引用
寛正二年（一四六一）	日実『宗旨名目』：倫註を1箇所引用
明応九年（一五〇〇）（寂年に暫定）	行学日朝『草案抄』：5箇所引用・参照
文亀二～三（一五〇二～〇三）	日澄『啓運鈔』：12箇所引用・参照
文亀三（一五〇三寂年に暫定）	日忠『直談抄』：1箇所（徐註？）
弘治五年（一五五八寂年に暫定）	日我『十一品文句全』：8箇所引用・参照
永禄三（一五六〇）	日辰『二論義得意抄』：2箇所引用
永禄一〇（一五六七）	日辰『本尊抄見聞』：1箇所引用

『御義口伝』成立の可能性

おわりに

門下において、現時点で最も古い日伝本『科註』の成立（応永一六年、一四〇九）と同時代的に存在した日隆本『科註』は、門下最初期の刊本と見られる。本稿の検証では、日実『宗旨名目』に倫註の引用があり、日忠『直談抄』は判別不可能だったものの、『弘経抄』以降に門下で関心を集めたのは徐註であり、天台・妙楽の本末にない解説が求められたことなどが判明した。また徐註を引用・参照した門下諸文献としては、『弘経抄』『御義口伝』以外で『草案抄』『啓運鈔』『十一文句全』『二論義抄』『本尊抄見聞』が確認できた。

これら門下諸文献に引用された『科註』を徐註であると根拠づけたのは、日隆本・日伝本だった。符合しなかった続蔵本の倫註・如註だけでなく、江戸期版本を収録した続蔵本徐註は異同大により検証不可能な箇所がしばしば存在した。特に『御義口伝』における『科註』の引用箇所とほぼ異同のなかった日隆本・日伝本とは異り、続蔵本徐註はそれらと異同大であるだけでなく、続蔵本倫註ともほぼ同文だった。一方で日隆本・日伝本は、本稿の検証で確認できた『科註』を引用する門下諸文献よりも古く、徐註の引用箇所等ともほぼ符合した精度の高いものであった。ただし『御義口伝』で引用された「増道損生」の語が「損道増生」と誤写されている日伝本は、写本であるためその要因が原本にあるのか筆記者にあるのかが判別できず、また日隆本とも異本と見られるため、刊本である日隆本よりも複雑な問題を抱えている。故に現時点で門下最初期の刊本と見られる日隆本は、門下における『科註』（徐註）研究の基軸となり得る重要な資料であると位置づけることができる。

また徐註を引用した『御義口伝』は、日伝本成立時（応永一六年、一四〇九）から、『御義口伝』引用の初見とされる『啓運鈔』撰述（文亀三年、一五〇三）までの間に成立した可能性が考えられる。そしてこの観点からは、当時関心を集めた徐註を用いた門下諸文献の一つとして、『御義口伝』を相対化することも可能であろう。

もっとも本稿で検討した内容は、現時点での大まかな見通しを提示する素描であり、さらに詳細な調査は将来に期さざるを得ない[34]。だが、『御義口伝』が成立した可能性のある時期の背景に、門下における『科註』の展開があったことは、従来見落とされてきた。故に『科註』に関する諸問題は、門下における法華教学史のみならず、門流教学の考究においても、今後は注意が払われるべきではないだろうか。

註

（1）三種の『科註』については、拙稿「日隆聖人御所持『心空嘉慶版妙法蓮華経』『科註妙法蓮華経』小考」『桂林学叢』第二五号、二〇一四年三月、二〇六～二〇七頁。
（2）執行海秀『御義口伝の研究』山喜房仏書林、二〇〇六年、二〇四～二〇六頁。
（3）註(1)拙稿「日隆聖人御所持『心空嘉慶版妙法蓮華経』『科註妙法蓮華経』小考」二〇六～二〇七頁。拙稿「日隆聖人御所持『科註妙法蓮華経』の経文部分に関する書込について――御所持本『心空嘉慶版妙法蓮華経』と『本門弘経抄』とのつながりを示すもの――」『桂林学叢』第二六号、二〇一五年一〇月。拙稿「『本門弘経抄』と『科註妙法蓮華経』」『印度学仏教学研究』通巻第一四四号、二〇一八年三月。拙稿「『本門弘経抄』と『科註妙法蓮華経』との関係について」『桂林学叢』第三〇号、二〇一九年一二月。
（4）拙稿「本国寺日伝写本『科註妙法蓮華経』に関する一考察」『興風』第三三号、二〇二一年一二月。
（5）執行海秀『興門教学の研究』海秀舎、一九八四年、六三頁。
（6）山上弘道「円明日澄の著述を初出とする偽撰遺文について――『法華啓運抄』を中心として――」『興風』第三二号、二〇二〇年一二月、二六二～二六四頁。山上弘道『日蓮遺文解題集成』興風出版、二〇二三年、一〇五〇～一〇六〇頁。

（7）渡辺宝陽『日蓮宗信行論の研究』平楽寺書店、一九七六年、七九〜一一九頁。
（8）木村中一「日蓮教団における法華経注釈書・談義書について」（小松邦彰等編『シリーズ日蓮2　日蓮の思想とその展開』春秋社、二〇一四年）四二九〜四三九頁。
（9）等覚院日全撰『法華問答正義抄』一〜五（『興風叢書』第一〇〜一四号）興風談所発行、二〇〇六〜二〇一〇年（明和七年〈一四九八〉本の斉藤要輪書写本）。
（10）『弘経抄』成立時期については、株橋日涌「日隆聖人教学の序説」『桂林学叢』第四号、一九六三年五月、三九〜四〇頁。
（11）『法華草案抄』全一二巻（承応年間〈一六五二〜一六五五〉刊ヵ）京都大学貴重資料デジタルアーカイブ https://rmda.kulib.kyoto-u.ac.jp/item/rb00018714#?c=0&m=0&s=0&cv=0&xywh=-5795%2C-224%2C17605%2C4462（最終閲覧日二〇二三年一二月三一日）。
（12）『法華啓運鈔』全三二冊、承応三年（一六五四）、二条松屋町山屋治右衛門刊行。
（13）註（4）拙稿「本国寺日伝写本『科註妙法蓮華経』に関する一考察」二五五頁。
（14）本迹同異決刊行委員会『本迹同異決会本』上下、法華宗（陣門流）宗務院、二〇一八年。
（15）註（4）拙稿「本国寺日伝写本『科註妙法蓮華経』に関する一考察」二五九〜二六三頁。
（16）川上大隆・都守基一「本成房日実著『当家宗旨名目』の翻刻」『日蓮仏教研究』第五号、二〇一三年三月、一一六頁。
（17）朴鎔辰「元代『科註妙法蓮華経』の刊行と流通」『印度学仏教学研究』通号一三八号、二〇一六年三月、一〇一一頁。
（18）巻子本・冊子本の両用については、拙稿「称名寺聖教『科註妙法蓮華経』小考」『桂林学叢』三三号、二〇二二年一二月、九五〜一〇五頁。拙稿「叡山文庫天海蔵『科註妙法蓮華経』小考」『日蓮教学研究所紀要』五〇号、二〇二三年三月、一〇四頁。
（19）大平宏龍「日隆聖人と東国法華宗」『興隆学林紀要』創刊号、一九八六年一〇月、九七〜一二〇頁など。
（20）法華宗全書編纂局編纂『法華宗全書　日忠1　妙経直談抄Ⅲ』東方出版、二〇〇八年、七一・五二一頁。
（21）『統合システム』「上代事典」史料番号一五九八。

(22) 『統合システム』システム№八三八六三～八三八六八、八三八七二。
(23) 神田大輝『広蔵院日辰教学の研究』山喜房仏書林、二〇二〇年、三三二頁。
(24) 『観心本尊抄見聞』(『富士学林教科書研究教学書』第五巻、富士学林、一九七〇年) 四一五頁。
(25) 『仏書解説辞典』第一〇巻、大東出版社、一九六八年、二八頁。
(26) 註(2)執行『御義口伝の研究』二〇四～二〇六頁。
(27) 註(5)執行『興門教学の研究』六三、三一三頁。
(28) 正蔵や『昭和定本日蓮聖人遺文』に収める『御義口伝』に関しては、註(6)山上『日蓮遺文解題集成』一〇五〇～一〇六〇頁。
(29) 註(2)執行『御義口伝の研究』二六五頁。
(30) 立正大学宗学研究会編『科註妙法蓮華経』立正大学出版部、一九三一年、五四八頁。
(31) 「此ノ科註、頻年燿二流二布ス于世一ニ。因リ甚ダ有ルニ謬誤一、今更ニ改メ二訓点一ヲ削リ二衍字一ヲ、且ツ修二補シ字畫之闕者一ヲ、以テ行フレ之ヲ者也。慶安四年辛卯夷則吉旦　中野氏道伴」「(同文) 天和三癸亥仲冬吉旦　中野氏版行」『科註妙法蓮華経』第八巻四六丁裏刊記(徐註。原白文、返り点・送り仮名等は筆者による)。両本は寛永八年(一六三一)仲春刊行の中野本『科註』の後印本とされる(二〇一六―二〇一七研究報告大会〈要旨〉「刊記を疑う――校合調査に基づく刊年・印行年の確定――」和漢古典籍研究会分科会、二〇一七年一二月、二頁 **https://www.jaspul.org/pre/e-kenkyu/kotenseki/report.html**〈最終閲覧日二〇二三年一二月三一日〉)。
(32) 註(3)拙稿「『本門弘経抄』と『科註妙法蓮華経』との関係について」八五～八七頁。
(33) 註(5)執行『興門教学の研究』六三頁。
(34) 例えば行学日朝は『草案抄』以外の法華経講釈書も多数報告されている(寺尾英智「行学院日朝の法華経談義書について」『印度学仏教学研究』通巻一二五号、二〇一一年一二月など)。

付記1

立正大学日蓮教学研究所様には、広蔵院日辰撰『開迹顕本法華二論義得意抄』の架蔵真蹟写真帳を閲覧させて頂きました。厚く御礼申し上げます。

付　記2

脱稿後、河村孝照先生（元東洋大学教授）より『続蔵経解題』（国書刊行会、二〇二三年一二月）を御恵贈頂きました。本書は、河村先生がかつて御発行された小冊子『続蔵解題』全一三冊を、上寿を迎えられたことも記念して、一冊にまとめられたものです。私はそのうち倫註・如註の解題を収める『続蔵解題（十一）』について、本稿註（1）に挙げた拙稿「日隆聖人御所持『心空嘉慶版妙法蓮華経』『科註妙法蓮華経』小考」二〇六〜二〇七頁の参考文献の一つとして参照させて頂きました（当拙稿註（13）に表記）。『科註』の参考論文等は数少ない中で、有難い御教示を賜った者として御発行に感謝し、心より御礼申し上げます。

付　記3

学術論文の体裁に従い、「聖人」等の敬称は省略した。

キーワード　科註妙法蓮華経、日隆、法華草案抄、法華啓運鈔、御義口伝

古記録に見える京都妙蓮寺日応僧正の事跡

太田晴道

はじめに

私は前に論文「妙蓮寺日応僧正について」[1]（以下、論文A）で、本門法華宗京都大本山妙蓮寺「再興初祖」と尊称される日応僧正について、主に宗門外の同時代史料を基に、その生涯の一面を左記の通り検証した。

論文Aの検証内容

①日応の誕生は応永三十一年（一四二四）十月八日の夕方（『看聞御記』）

②日応の世寿は八十五歳（『看聞御記』『実隆公記』）

③日応の出自は庭田重有の子、重賢（後に長賢）の同腹の弟（『看聞御記』『実隆公記』『長興宿禰記』『宣胤卿記』『親長卿記』）

④日応の幼名は亀丸（『看聞御記』）

⑤亀丸の妙蓮寺入室は永享三年（一四三一）八月九日。当初より法華堂妙蓮寺主と呼ばれていた。八歳（『看聞御

記』）
⑥亀丸の得度は永享九年（一四三七）十月十三日の祖師忌で、日応と名乗る。十四歳（『看聞御記』）
⑦日応の僧正任官の時期は文明九年（一四七七）二月。五十四歳（『お湯殿の上の日記』）
⑧日応の宮中参内は文明六年（一四七四）五月九日を史料の初見とし、永正元年（一五〇四）八十一歳まで見られる（『親長卿記』『お湯殿の上の日記』『実隆公記』『十輪院内府記』『忠冨王記』『晴富宿禰記』『言国卿記』）

また、次に論文「文明～明応期における妙蓮寺の寺僧たち――『晴富宿禰記』をめぐって――」[2]（以下、論文B）で、日応在任中の妙蓮寺の寺僧について述べた。

論文Bの内容
①壬生家と妙蓮寺の関係。
②妙蓮寺の節養のこと（論文Bでは「節養」の意味を正しく理解しておらず、後に、『時代別国語辞典』で「せちやしない」、節日《せちび》の饗応であることを知った。訂正しておきたい）。
③『晴富宿禰記』所見の妙蓮寺の僧たち。
④妙蓮寺僧の組織として、寺主（貫首）↓老僧（含学頭）↓評定衆↓衆徒という区別が見られる。
⑤寺内の稚児のこと。
⑥日応による門弟参内の働きかけ。

そこで今回は、論文A・Bで記さなかった日応の事跡について古記録を基に管見を述べたい。

一　妙蓮寺再興時の位置

妙蓮寺の寺地に関する論文は、最近では河内将芳氏の「中世妙蓮寺の寺地と立地について[3]」があり、詳細に考証しておられるので参照していただきたい。

本稿は、平成十二年に法華宗教学研究所の総会で「大本山妙蓮寺史の発掘——古記録に見える日応僧正の事跡——」と題して口頭発表したもの（レジュメ有り）を補訂したものであるが、妙蓮寺の位置に関しては、当時発表した内容を略記して日応在世期の位置を確認しておきたい。

日像が最初に開創した寺は妙法蓮華寺といわれ、その場所は五条西洞院の柳屋という酒屋の屋敷内であり、柳寺とも称され、開創の年は永仁二年（一二九四）とも三年ともいわれている。後にいう「像師の室」であるが、日像のたび重なる難により廃絶した。

その後、日像が開創した妙本寺（初め妙顕寺）より、寺主月明と化儀・化法の両面で対立した日存・日道・日隆の三師は、一味同心の大成坊日慶（後の仏性院。妙蓮寺「再興本願主」と尊称）ら四師を伴い退出した。七師の居住先は五条西洞院柳屋の日像の旧跡といわれている（一説に内野の日道の坊室）。

仏性院日慶が再興したという妙蓮寺の位置について『妙蓮寺祖師記[4]』は応永年中（一三九四〜一四二八）に四条綾小路に再興といい、『卯木山妙蓮寺草創縁記[5]』は永享年中（一四二九〜一四四一）に、廃絶した最初の妙蓮寺を移して四条綾小路に再興したといい、年次に相違がある。

後者『草創縁記』の改訂本と見られるのが『妙蓮寺開闢再興略記[6]』であるが、それには「四条と綾小路は共に横通りであって位置がはっきりしない、今考えるに、四条堀川のあたりか」と注記している。

近年の妙蓮寺では、それら旧記を会通して『大本山妙蓮寺署史』[7]や『大本山妙蓮寺の沿革』[8]に見られる通り、応永年間に五条西洞院に再興、永享年間に四条堀川に移転したとしている。

日蓮門下の古書の中で、妙蓮寺の位置を記す最古の史料は『日像門家分散之由来記』[9]であるが、綾小路大宮と記されている。

それでは実際、妙本寺退出直後の頃はさておき、天文法華の乱（天文法乱）まで続く再興妙蓮寺の位置は、どこであったろうか。

妙蓮寺再興初祖日応の在世中の記録である小槻（大宮）長興の日記『長興宿禰記』[10]には三ヶ所に妙蓮寺の位置が記されている。

①文明十二年四月六日条「妙蓮寺五条坊門大宮法華堂」

②文明十三年三月二十四日条「妙蓮寺法華堂綾小路大宮也」

③文明十八年八月二十一日条「五条坊門大宮法華堂妙蓮寺」

右の内②は足利義政夫妻が壬生地蔵堂参詣の帰りに妙蓮寺に渡御した記事に有り、③は義政がまた女中衆を連れて妙蓮寺に参詣した記事に有る。「五条坊門大宮」と「綾小路大宮」と表記に違いはあるが、これは誤りではなく、妙蓮寺は五条坊門（現仏光寺通）と綾小路の間にあったから、どちらも正しいと見てよい。またこの記事で示す妙蓮寺の位置は『日像門家分散之由来記』に符合する。したがって、再興妙蓮寺の正しい位置は「綾小路大宮」もしくは「五条坊門大宮」というべきである。

二　日応の入寺の背景

妙蓮寺を再興した日慶は自ら寺主となることなく、あくまで再興本願主として、長老坊すなわち方丈に入らず、境内の大成坊（後の仏性院・常住院・小方丈ともいう）に住して妙蓮寺の興隆を願い、門弟の育成に努めた。

永享三年八月九日、日慶は庭田重有の子、重賢の弟で八歳になる亀丸を迎えた。

庭田家は天皇に仕えながら伏見宮家にも仕える有力な家柄で、重有の叔母は伏見宮初代栄仁《よしひと》親王の母で、妹は三代貞成《さだふさ》親王（後崇光院）に仕え、後花園天皇と貞常親王の母である。

日慶が、どうして庭田重有の子を迎えたかであるが、貴顕から求めた理由は『妙蓮寺祖師記』に明らかで、

四姓出家し共に釈種と成る。然りと雖も親り僧中を覧るに、俗姓の高下に依って参内の遅速有り。今且く其の姓を撰んで須く寺務と為すべし。若し其れ御（筆者注、御前の略）に対して説法せば広布を成ぜんか。仏法の興廃は帝者の任なり。通経の人豈に此の用心無けんや。

とあるように、寺門の興隆は俗姓の高下によると記している。

日慶は当時の仏教界や日蓮教団全体の動向などから見て、寺務職は公家から迎えなければ。ことに山門や妙本寺からの圧力に対抗するには絶対に必要な条件であると考えたに違いない。ただし、日慶の考えを裏づける一級の史料は見当たらない。あくまでも妙蓮寺の伝承である。

亀丸（日応）の入寺は『看聞御記』[11]に「定直籌策」、即ち定直という人物の籌策によると書かれている。この「籌策」について、私は前の論文（論文A）で「謀策」と解釈して記したが、それは誤りで計略的な策謀の意味で

はなく「仲介」（なかだち）の意味であったので訂正したい。

前の『妙蓮寺祖師記』には続いて、

　熟ら之を慮るに、客の曰く大通院（伏見宮栄仁親王）に多子有り、なかんずく、小児の一人容質端麗にして其の性聡明なり。此に乞うを得て以て剃度せしめ名づけて日応と為す。

とある。大通院は庭田重有の誤りであるが、ある客が日慶に日応を紹介したことが記されている。この客こそ定直という人物に相当するのではあるまいか。定直が亀丸入寺の仲介人であるという事実からして、日慶と定直は昵懇の間柄であったと考えられる。

そこで論文Aで述べた「定直」について、その後に判明したことを付け加えることにしたい。

まず、苗字の不明であった定直という人は『地下家伝』[12]によって姓は紀氏、苗字は嶋田であることが判明した。嶋田定直は益直の子で、母は春日社司宮内少輔清原安元の女《むすめ》である。官位は『地下家伝』に詳しく、文安三年（一四四六）に従四位に叙されたのは『建内記』[13]によれば、伏見宮貞成親王の執奏によるものであった。没年は文明十四年（一四八二）六月十二日で、『長興宿禰記』同日条に、

　今日、前院庁（定直朝臣、法名正益）入道円寂（年八十五）唯念仏宗也、臨終正念、遂大往生云々。

とあり、八十五歳の大往生であったと書かれている。

定直の屋敷は『康富記』[14]によれば、楊梅西洞院北頬で（応永三十年十月十二日条）、同日記の文安元年（一四四四）二月三十日条には、中原康富が定直宅に招かれて行った席に庭田少将重賢もいたことが記されている。庭田重賢と定直は、『看聞御記』永享三年十一月十九日条に「今夜重賢迎妻、庁定直妹云々」とあって、義兄弟の関係であった。重賢が定直の妹と結婚したのは、亀丸（日応）入寺の三ヶ月後のことである。つまり、日応と嶋田定直は義兄

弟になったわけである。

以上のように、後小松院の院庁（主典代）で、伏見宮家代官であった定直は当時の貴顕の日記に多くその名が見え、庭田家とも種々のつながりがあったことがわかる。

日慶と定直の関係は詳しくわからないが、亀丸入寺について定直が仲介したことと、『妙蓮寺祖師記』の客云々の記述からして、両人はかなり親しい関係と思われ、何か日慶の人脈も見えてくるような気がするのである。

三　日応の事跡

次に、八歳で入寺して童形のまま妙蓮寺主と呼ばれ、十四歳で得度した日応の事跡を年月を追ってみてみたい。

①妙蓮寺・妙覚寺間の堀の埋め戻し事業

応仁の乱が終息に近づいた頃、幕府は京都市街の復旧に取りかかった。文明十年（一四七八）一月、将軍足利義政の壬生地蔵参詣を前に、下京の壬生構《かまえ》（構とは要害で、防衛のための堀をいう）の取り壊しに着手し、五条坊門櫛笥以東、妙蓮寺・妙覚寺の間の堀を埋め立てた。『晴富宿禰記』[15]（以下『晴富記』と略称）正月十四日条に「櫛笥以東妙蓮寺・妙覚寺之間堀埋之、譜《（普）》請、自法華堂沙汰之」とあり、この命令を出したのは幕府であるが、実際に作業を指示したのは法華堂、すなわち妙蓮寺と妙覚寺であった[16]。この堀は戦火による延焼を防ぐために普請されたものので、おそらく妙蓮寺と妙覚寺が共同で掘ったものであったろう。

②長老坊（方丈）の建築

文明十年三月十九日、再興本願主の仏性院日慶が八十二歳で示寂した。その姿は、苦しまず常のようであり、枕元にいた日応はその死期を知らないほどの大往生であったという。[17] その初七日忌が過ぎた二十六日、方丈である長老坊（本坊とも呼ばれた）の建築が始まっている。『晴富記』同日条に、

　廿六日戊子　晴

　　妙蓮寺長老坊自今日造作云々、

とある。長老坊には明浄坊通盛・明現坊・治部卿等が同宿しているから、[18] 手狭になったための造作であったろう。

③勝仁親王・伏見宮邦高親王の参詣

文明十一年二月二十七日夕方、宮中より妙蓮寺に対し、急に勝仁《まさひと》親王と伏見宮邦高親王が二十九日に参詣するとの知らせがあり、翌二十八日、俄に後架《こうか》（便所）などを新造。参詣当日は十乗坊日忠の談義が有り、勝仁親王の出題で連歌を催し、奏楽も有ったと『晴富記』は記している。[19]

④越前巡錫

同年五月十四日、日応は越前巡錫のため、敦賀の末寺に下向した。『晴富記』には、

　十一日丁卯　晴

　　妙蓮寺有書状、越前下向来十四日可罷立云々、予此間憚寺中之穢理乗坊卒去事不向之間、無便之由被申送、

とあり、十三日条には「明日可下向越前末寺敦賀云々」と記されている。帰山した日は不明である。また、この妙蓮寺

「末寺」の文言は記録に見える初見でもある。

⑤多宝塔の建立

同年九月、日応は多宝塔を造立して座敷に置いた（二仏奉安、彩色荘厳）。『晴富記』九月十八日条に、

自妙蓮寺被招之間向之、上人造立多宝塔婆、奉安二仏、彩色荘厳頗結構也、奉置座敷、招老僧以下寺家評定衆等令拝見、

とあり、拝見した壬生晴富は頗る結構と賞賛している。同記の十月二日条には、

晩向妙蓮寺、為安置宝塔、造立土倉、結構持仏堂之儀也、作事見及了、

とあって、多宝塔を安置するための建物（持仏堂の構え）を建立したことが知られる。日記の「土倉」には割書で「三間土倉買得之云々」とあることから、間口三間の土倉を買得して移築、手直ししたものと思われる。同記の十月八日条によれば、晴富は建物戸口の踏石を寄付している。

妙蓮寺の古図（『大本山妙蓮寺史』所収）である天明火災以前境内古図には「三重塔」、寛延元年奉行調査古図には「宝塔」、天明火災以後境内古図には「宝塔跡」となって、その場所には塔婆が画かれている。日応の宝塔建立が後世にも受け継がれていたことが知られる。

⑥東大門と築地

『晴富記』文明十一年十二月五日条に次のような記事がある。

五日丙辰　雨降

今暁五夜鐘後妙蓮寺強盗、東大門北脇築地堀穿欲入之処、寺中用心甚之間引退云々、凡近日諸方盗人、

妙蓮寺に強盗が入ろうとしたが、寺中の用心が厳しかったため引き揚げたという記事である。ここで私が注目したいのは、妙蓮寺の東側に「東大門」があって（その他の門は不明）、境内は「築地」塀で囲まれていたであろうことである。前述①の壬生構の件からして、相当に門も築地も頑丈に造られていたと考えられる。

⑦善阿弥に命じて庭を作る

文明十二年二月頃、日応は善阿弥に命じて庭を作らせた。この庭はどのような庭かわからないが、『晴富記』二月二十日条には「向妙蓮寺、見庭、昨今善阿ミ　沙汰之」と有るから、すでに完成していたと思われる。また二十五日条には、

　廿五日丙子　晴

　妙蓮寺持仏堂南庭構文庫幷前栽等結構周備、寺家評定衆各見之、賞翫之由聞及之間、予向之随身之儀有之、一献、有数献、

とあり、多宝塔を安置した持仏堂の南庭に文庫（書庫）を構え前栽（庭前の植え込み）を周したとあるから、持仏堂を中心とした庭であろうか。

ちなみに、この善阿弥は著名な作庭家で、『鎌倉室町人名事典』[20]によれば、河原者の出身と伝えられ、足利義政の寵愛を受けて、室町殿をはじめ相国寺の蔭涼軒・睡隠軒などを作り、興福寺大乗院の庭園改修工事にも携わったといわれる。専門の作庭家として名が残る初めての人物である。

⑧足利義政夫妻の参詣

文明十三年三月二十四日、足利義政は壬生地蔵の大念仏に参詣しての帰路、妙蓮寺方丈に遊び、前栽を見物した。義政が寵愛する善阿弥が作った庭（⑦）の見物が主目的であったようである。二日後、中御門宣胤は妙蓮寺に日応を訪ね、義政の渡御を祝っている。宣胤は、その日の日記に「当時法華衆繁昌驚耳目者也」と記している。

義政夫妻が妙蓮寺に渡御したことは『大日本史料』第八編之十三の同日条に「義政夫妻、山城宝幢三昧寺壬生地蔵大念仏ニ詣シ、帰路、妙蓮寺ニ遊ブ」とあって、詳細に史料を載せているので（『宣胤卿記』[21]『長興宿禰記』『親元日記』[22]）省略する。

⑨妙蓮寺と本能寺の和解

文明十五年二月五日、日応は「血脈相承譜」（正しくは「法華本門授法伝来血脈相承」という）を作り、日忠に授与した（『妙蓮寺文書』[23]）。妙蓮寺は永享元年（一四二九）以来、同門の本能寺と義絶状態にあった。それは、本能寺（当時は内野の本応寺）の日隆が妙蓮寺の日慶に対して、日存・日道両師を歴祖に加えるよう提言した（「妙蓮寺内証相承血脉之次第條目事」[24]）のを日慶が断ったことに起因する。日応の「血脈相承譜」には「日隆《本能寺》上人」と書かれているが、日存・日道の名は無い。

同月十一日、十乗坊日忠等四名は連署して「妙蓮寺本門信心学徒内證相承祖師次第」[25]を作り、日存・日道・日隆の三師を歴祖に加えた。これによって、妙蓮寺と本能寺の不和は解消した。この間、妙蓮寺の日忠と本能寺の日学（日忠の実兄）は両寺の和解を図り、日学は文正元年（一四六六）七月、『妙蓮寺・本能寺両門和合決』[26]を著している。同書は日慶の示寂前であり、「血脈相承譜」と「内證相承祖師次第」は示寂後である。

両山和合の功績は、ひとえに日学・日忠の兄弟にあるが、それを容認した日応の功績も評価されなければならない。

⑩足利義政二度目の参詣

文明十八年八月二十一日、足利義政は女中衆を連れて妙蓮寺に参詣した。前回とは違い、今度の渡御は純然たる参詣で、法華経を聴聞し、後に日応の長老坊で一献振る舞われた。このことは『大日本史料』第八編之十八の同日条に「義政、京都妙蓮寺ニ詣ル」とあって、史料として『長興宿禰記』と『實隆公記』[27]の同日条を掲げているので省略する。

⑪足利義熙（義尚）追善のため法華経一部と五百疋を贈る

『蔭涼軒日録』[28]長享三年（一四八九）四月十五日条に左の記事がある。

承舜首座来云、妙蓮寺云、為悦山居士追薦、経王一部・五百疋、可進納鹿苑、如何、愚云、先規如何、舜云、勝智院殿御中陰時、可進納之請取有之云々、一見請取、則妙蓮寺進上法華経一部・五貫文有之、寛正四年八月廿八日、主事紹本判、侍真紹繁判、侍依真総判、院主判、龍岡和尚在日付後、

将軍足利義熙は三月二十六日、近江で死去した。その四十九日追善のため、妙蓮寺日応は中陰道場である相国寺鹿苑院に法華経一部と五百疋を進納したいと申し出たのである。鹿苑院は妙蓮寺にそのような先例が有るか確認したところ、寛正四年（一四六三）八月二十八日、足利義教室の中陰に法華経一部と五貫文を進上していることが判明したというのである。

右の記事では、妙蓮寺が進納したかどうか明らかではないが、先例に任せて受け取ったと思われる。ちなみに、寛正四年の進納も日応の代である。

⑫鎮守の社の移築

延徳四年（一四九二）四月、妙蓮寺は鎮守の社《やしろ》を北の方に移し、拝殿を本殿の跡に建てた。『晴富記』同年四月二十四日条に、

妙蓮寺鎮守社頭後方北引退之、拝殿此間社之跡立之同引建之、拝殿之蹤建□□（鳥居カ）、

とある。ここでいう鎮守の社とは、三光天子を奉安した社と思われる。妙蓮寺の「鎮守三社之略縁起[29]」によれば、三光天子の御尊像は大覚大僧正の作で、仏性院日慶が感得し、日忠が相伝して勧請したものであるという。他の二社の一は日像開眼の鬼子母神・十羅刹女尊像を天文法乱頃より勧請、二は三十番神勧請の社で「明応年中番神問答往復の刻、忠師自門一流の神秘有るを以ての故に強いて之を勧請したまう」と記されており、延徳四年時点の社は三光天子社ということになるが、確定する史料は見当たらない。

⑬内裏に松を献上

明応四年（一四九五）十月二十八日、日応は内裏に松の木を献上し、常の御所の庭に植えた。『お湯殿の上の日記[30]』同日条に、

廿八日。御しゆかゐ昨日のことし。ふけよりひふつ二いろまいる。めうれん寺より松の木まいりて。つねの御所の御庭にうへさせらるゝ。

と記されている。

⑭伏見宮家が玉蓮院と寺領を寄進

京都伏見に玉蓮院という寺があった。この寺は伏見宮家の御仏室である。『妙蓮寺開闢再興略記』によれば、この寺と寺領が伏見宮家より日応に寄進されたというが、その時期は記されていない。

『實隆公記』明応五年十二月七日条に、

七日庚辰雨降、妙蓮寺日応上人有消息、自去晦日居住伏見玉蓮院云々、寺之事中付故一品息新発、先住伏見之由被命、

とある。

日応は十一月晦日より、妙蓮寺のことは付弟（庭田雅行の子、日雅）[31]に任せて、伏見の玉蓮院に居住していた。それは、伏見宮家の命令であったようである。したがって、伏見宮家からの玉蓮院と寺領の寄進は、この頃であったと考えられる。

むすび

以上述べたように、きわめて断片的な史料の中から窺い知ることができることは、日応は公家出身、ことに皇室にきわめて近いという関係を十分に生かし、妙蓮寺の発展に貢献したという古来からの評価は正しいといえよう。

再興本願主の日慶は化儀の面を重視して日応に期待をかけ、化法の面は日忠に任せた。この日応・日忠の両輪が

妙蓮寺という新興寺院を大きくし、盛りたてる礎となったのは、日慶に先見の明があったからに他ならない。故に日応が再興初祖と称され、日忠が法運中興と称されたのである。もちろん、日応が化法の面も、日忠が化儀の面も重視しておられたことは、いうまでもないことである。

註

（1）『興隆学林紀要』五（興隆学林専門学校、一九九一年）
（2）『桂林学叢』一五（法華宗教学研究所、一九九四年）
（3）『興風』三三（興風談所、二〇二一年）
（4）慶長十一年、学室道輪寺四世日澄著。「日蓮宗宗学全書」二三（史伝旧記部六）
（5）妙蓮寺四八世日沿筆（写本カ）。大本山光長寺塔頭南之坊浦辺諦善師所持（福原日事旧所持本）
（6）『大本山妙蓮寺史』（大本山妙蓮寺、一九八二年）所収
（7）福原日事（大本山妙蓮寺、一九三一年。註(6)再録）
（8）永井日揮（一九八一年。註(6)再録）
（9）元亀三年、筆者不明。「日蓮宗宗学全書」一八（史伝旧記部一）
（10）「史料纂集」一一五（続群書類従完成会、一九九八年）、「改定史籍集覧」二四（臨川書店、一九八四年）
（11）『看聞日記』ともいう。伏見宮貞成親王の日記。「続群書類従」補遺二。亀丸入室の記事は永享三年八月九日条にある。
（12）正宗敦夫編（自治日報社、一九六八年）、「日本古典全集」（第六期、同刊行会、一九三七年）所収。
（13）万里小路時房の日記（東京大学史料編纂所編「大日本古記録」岩波書店）
（14）中原康富の日記（「増補史料大成」臨川書店）
（15）壬生晴富の日記（宮内庁書陵部編「図書寮叢刊」）
（16）高橋康夫『京都中世都市史研究』（思文閣出版、一九八三年）

(17)『晴富記』同年三月二十日条。
(18)『晴富記』文明十一年二月二十九日条。
(19)『晴富記』同年二月二十八日・二十九日条。
(20)安田元久編(新人物往来社、一九八五年)
(21)中御門宣胤の日記(「増補史料大成」臨川書店)
(22)蜷川親元の日記(「続史料大成」臨川書店)
(23)『妙蓮寺文書』妙蓮寺文書編纂会(代表中尾堯)編、大本山妙蓮寺、一九九四年。
(24)日隆自稿本、尼崎本興寺蔵(『大本山本興寺寺宝目録』大本山本興寺、一九九一年)。このことについては小西徹龍『日隆聖人略伝』(法華シリーズ6、東方出版、一九八五年)に詳しい。
(25)『本能寺文書』(「日蓮宗宗学全書」二〇・史伝旧記部三)。『本能寺史料』中世篇(思文閣出版、二〇〇六年)
(26)『宗門史談』四(法華宗宗門史談会編、法華宗宗門史編纂室、一九八二年)所収。
(27)三條西實隆の日記。同日条は刊本『實隆公記』巻一下(続群書類従完成会、一九五九年)
(28)相国寺鹿苑院内の蔭凉軒主が記した日記。文明十六年から明応二年の記者は亀泉集証(竹内理三編「増補史料大成」臨川書店)。該当記事は『大日本史料』第八編之二十七の延徳元年四月二十七日条(足利義熙尽七日忌の記事)にもある。
(29)註(6)『大本山妙蓮寺史』所収。
(30)御所の女官達が書き継いだ日記(『続群書類従』補遺三、同完成会)
(31)註(2)太田論文B参看。

付記

本稿は「一　妙蓮寺再興時の位置」で述べたように、平成十二年九月七日に法華宗教学研究所の総会(於大本山本能寺)での「大本山妙蓮寺史の発掘——古記録に見える日応僧正の事跡——」と題する口頭発表を補訂したものである。

キーワード 京都妙蓮寺、日応僧正、古記録、仏性院日慶、十乗坊日忠

金剛院日承の講説本をめぐって

――『広経抄』成立の背景――

株橋祐史

一　問題の所在

金剛院日承（本能寺本興寺両山第十二世、一五〇一～一五七九。以下、日承）の著作の法華経の経抄は、『略経抄』全七巻と『広経抄』全四十四巻とが知られている。この二書について『法華宗宗門史』では、

以信得入の教学を研鑽することとなればと日承はこれに精根をかたむけ学僧に法華経の一文一句を講授し始めたのは天文十六年（一五四七）であった。（中略）日承は法華経の講讃を続行すること三ヶ年を数え、同十九年、門弟にこれを筆録させ『略経抄』七冊に纏めた。しかし、この概説にあきたらず、内外多事、法労の法体をかえりみず、教学の深奥を究めるのみならず本化教学の深秘を書き留めんと、更に法華経全巻の述作が再開されたのである。

即ち永禄十一年（一五六八）八月二十五日『薬王品』より始まり、元亀三年（一五七二）十月十六日『安楽行品』下をもって終わっている。(1)

とある。これらから次のことが確認できる。まず、最初の日承の法華経講義は天文十六年（一五四七）より開始され、同十九年（一五五〇）に至る三ヶ年に及ぶこと。次に、同十九年にこの講説を門人が筆録して七冊の講説本にまとめ最初の経抄たる『略経抄』としたこと。三には、日承はこれでよしとせずさらに法華経の深義を伝えんとして、永禄十一年（一五六八）八月二十五日より元亀三年（一五七二）十月十六日至る四年二ヶ月の歳月にて『広経抄』を述作したこと、等である。しかし、講説本である『略経抄』と著述本である『広経抄』との関係性についての論及がなく、この記述ではその書名より「略の経抄」と「広の経抄」との意で、あたかも『略経抄』の広説が『広経抄』であるかの如き印象を与えかねない。『広経抄』が広説であることに異論はないが、『略経抄』と『広経抄』の内容を対比すれば、はたして単純にそうであるのだろうか、という疑問を拭いきれない。また管見の限りではあるが、これらについての論及は先行文献にはない。[2]

そこで、本稿においては、新たに発見した日承の講説本に着目し『広経抄』成立の背景を考察したい。

二　検討する新出資料について

(1) 概略

本稿において検討する「講説本」即ち経抄写本は、去る令和四年八月二十九日に大本山本能寺の許可を得て現地調査を行った際に偶然にも発見したもの三本と、枚方大隆寺蔵の一本である。どれも今まで注意されたことはないものばかりである。これらを示せば次の如くである。まず大本山本能寺蔵の三本は、

1、『妙法蓮華経序品第一見聞　上巻[3]』

題簽なし
外題　承師　序品下　二帖之内上巻　圓常院
内題　妙法蓮華経序品第一
奥書　妙法蓮華経序品第一見聞　二帖之内第一
　御能化日承聖人　日源　花押
　浄名居士云
　今我疾苦　皆由過去　今生修福　報在将来
　玄六引歟

2、『妙法蓮華経序品第一見聞　下巻』(4)

題簽なし
外題　序品下　第二帖目　下巻　安立坊
内題　妙法蓮華経序品第一
奥書　妙法蓮華経序品第一見聞　二帖之内第二
　越後国住人
能化金剛院日承法師　持主安立坊日深　花押
雖為初心浅学無双之悪筆為勧学書写畢
麤字落字一々多之後見人々有之者本門八品上行要付之

首題御廻向奉■■云云　　常住坊　日精

3、『妙法蓮華経方便品第二[5]』

題簽なし

外題　日承上人　広経抄　方便品草案[6]

内題　妙法蓮華経方便品第二

奥書　妙法蓮華経巻第一

であり、次に大隆寺蔵の一本を示せば、

4、『承談　譬喩品品　上[7]』

題簽　承談　譬喩品上

内題　妙法蓮華経第三

奥書　妙法蓮華経譬喩品第三見聞　二帖之内第一

　于時天文十七年戊申霜月二日書写之畢」日尭[8]」

である。

これら1・2・3・4の資料は、すべて日承の法華経の講説本の写本であることに注意をしなければならない。

そして資料4以外はその成立を示す年月日がないことが確認できる。

まずは1、2の資料を見てみよう。これらによって確認できることは、資料1、2両本共奥書に「妙法蓮華経序品第一見聞」とあること、資料1は日源師筆の写本であること、資料2は安立坊日深師所持本を常住坊日精師が書写したことを示していることである。また両本共に修復歴が確認できる。外題については資料1の「承師　序品下」と資料2の「序品下第二帖目」との文字は同筆であり、資料1の「二帖内上巻」と資料2の「下巻」との文字はそれぞれが異筆であって、さらに資料1の「圓常坊」と資料2の「安立坊」との文字もそれぞれ異筆であり、これら両本の本文の文字もまた異筆である。これらのことからすれば、本文成立後年月を経て修復が施され、その際に外題が書き加えられ、また年月を経て巻数および署名が加えられたと類推することができる。しかも巻数と署名の書き入れも時期が異なると思われるのである。また両本の親本の成立についても記述がなく、現時点においては「日源」をはじめ、「圓常坊」「安立坊」「日深」「常住坊日精」なる師の素姓来歴の情報には触れ得ていない。これについては調査が必要であろう。

次に資料3は、題簽はないが、外題は朱文字で「日承上人　広経抄　方便品草案」とあり、これは内題および本文とは異筆であることから、後に書き込まれた可能性は否定できない。内題は「妙法蓮華経方便品第二」であり、奥書は「妙法蓮華経巻第一」となっていることが確認できる。

ここで指摘すべきは、資料1、2両本と当本を対比したところ、資料1と当本とは筆致が限りなく似ており同筆と断定してもよいことである。とすれば、当本の筆録者は「日源」であるとすることができる。しかしながら、このことについては慎重に検討したい。当本の奥書に「妙法蓮華経巻第一」とあるのは、親本がこの記載であった可能性も考慮に入れるべきであろうが、「序品」と「方便品」にて法華経の第一巻が立てられているのは周知のことであるので、この表現になったかもしれない。また、筆者の奥書ついては、あるいは散逸した可能性も拭いきれない。

ここで指摘しておきたいのは、当本の外題が「日承上人　広経抄　方便品草案」となっていることによって当本は『広経抄方便品』の「草案」であると考えられることである。

資料4については、先年資料紹介した『寿量弁』[9]の小口書きに「承談抄　寿量品」とあることから類推すれば、当本題簽の「承談」とは日承の法華経の談義あるいは講談という意であろう。また解説内容については、資料1・2・3のみならず当本もほぼ同じであるので一具の「見聞類」と見做すことは可能である。奥書には「妙法蓮華経譬喩品第三見聞　二帖之内第一」とあり、前述の資料1・2・3と一具の「見聞類」と見做すことができることをここに指摘しておきたい。また「天文十七年戊申霜月二日書写之畢」とあることには注意を要する。さらには資料3の外題によって推測すれば、当時ではいわゆる一連の「見聞類」が『広経抄』の草案本であると認識されていた可能性も指摘できるのである。このことについては後に検討を加えたい。

以上の資料は、『略経抄』と『広経抄』以外に日承による法華経各品の講談を筆録した「経抄」があったことを示している。

(2) 成立についての関連事項

これらの成立を考えるについて、まずは関連する事項を年代順に挙げておくこととし、次項に『略経抄』との対比においてもこれを検討したい。

関連する事項は、

①天文十二（一五四三）年十二月、日承本能寺貫首就任[10]。

②天文十三（一五四四）年十二月十六日、日承『私新抄』写本に奥書を書す。奥書には、

此抄以隆師御草案御直筆奉転写之

併有法命相続志而已

天文十三年極月十六日 日承花押(11)

とある。

③天文十六（一五四七）年、法華経一部の略談をはじめ同十九（一五五〇）年、略談終わって門人これを記して『略経抄』とする。(12)

④同十六（一五四七）年十二月二十六日『略経抄序品之下』（以下、『略、序品』）なる。(13)

⑤同十七（一五四八）年五月二十日『略経抄方便品之下』（以下、『略、方便品』）なる。(14)

⑥同年十一月二日、日尭上人『承談　譬喩品上』を書写する。(15)

⑦同年同月七日、『略経抄譬喩品之下』（以下、『略、譬喩品』）なる。(16)

等である。日承は天文十二（一五四三）年十二月本能寺貫首就任後、法華経講義のための準備を始め、その一環として『私新抄』の写本作業に取りかかり完成後、天文十六（一五四七）年より法華経一部の略談を始め、同年十二月二十六日に序品、同十七（一五四八）年五月二十日に方便品等の略談を終え、同年十一月二日、資料4日尭上人写本がなり、同年同月七日に譬喩品の略談が終わったことを示している。ここでは特に⑥⑦の資料4の成立と『略、譬喩品』の成立の年月日に注意が必要である。即ち『略、譬喩品』成立以前に資料4がなっているということである。このことは資料1・2・3・4も『略経抄』以前に成立していることを示唆しているのではないだろうか。

三　『略経抄』との関係

ここでは『略経抄』との関係について検討することとする。そもそも、『略経抄』には「先年の経抄」あるいは他にも「先度の経抄」「前々の経抄」「先の御経抄」なる語が散見できる。まずは「前々の経抄」に着目して資料3たる『日承上人　広経抄　方便品草案』と『略、方便品』との対比を試みる。即ち『略、方便品』において、

> 此の品の来意について日与聖人三種教相に約して成せり。当家としては三五下種の信心に約して甚深に成し在す事これあれども之を略す。又上の品は仏の入定の間の儀式、此の品は正しく仏の仰説法光の故定慧の来意也。或いは又上の品は種々の神通を現さる間神通妙、此の品は正しく説法妙也。故に神通妙説法妙の来意也。何れも前々の経抄に其の沙汰あればこれを略す。[17]（句読点は筆者、以下同じ）

とあって、方便品の来意について、日与聖人[18]が三種教相に約したこと、また当家としては三五下種の信心に約したことについて甚深の解釈があること、序品は仏の入定の間の儀式であり神通妙説法の来意であること、方便品は定慧の来意であって神通妙説法妙の来意であること、これらは「前々の経抄」に述べているので今は省略する旨を明かしている。即ち『略経抄』以前に「前々の経抄」たる日承の「経抄」が存在したことは確実である。

今資料3の該当箇所を挙げるが、資料3と『広経抄、方便品三帖之内上』（以下、『広、方便品上』）は共に今の『略、方便品』の説示の順序と異なっているものの、それぞれ項目を挙げて委しく解説を施している。今は資料3と『広、方便品上』の順序に従って資料3より「入定説法」示せば、

> 一意に云く、上の品の説相広しと雖も入定の間の儀式也。天雨の四華地動の六瑞等其の外不思議の瑞相に驚い

て発問答問等これあれども御入定の間の儀式也。正しく御説法なさる事は此の品が初め也。故に入定説法の来意也。此の意の経家を挙げしむる時尓時世尊従三昧安詳而起告舎利弗云云。偈頌には仏自住大乗如其所得法定慧力荘厳以此度衆生云云。[19]

と「入定説法」と「定慧」の来意を示し、次に「神通妙説法妙」を示して、

又一意に云く神通妙説法妙の来意也。故は上の品は不思議の神通にて事畢りたまえり。此れ即ち衆心を踠動せしむる意也。此の如く神通を現じては衆心を動かしめて如来内証の智慧の法体を説き顕す也。神通説法の来意也。[20]

と説き、次に「日与聖人の御義」を示して、

一、日与聖人の御義に云く、此の品の来意に付いて三種教相に約して成し在す也。其の姿は上に談ずる処の根性円融し十界皆成の旨を談ずる分は初重教相融不融の分なり。サテ此の成仏する事は何に依ると云うに昔大通仏の所の法花の下種結縁せしに依ると云うは第二の教相の意也。尚談ずる時は、久遠本因妙の御修行の時一切衆生法華経を受持し奉るに依ると云うは第三の教相の意也。此の時信心堅固の人は久遠の昔も釈尊同等の悟りを開く也。此れ即ち本化上行菩薩也。信心薄短の輩は退本取迹退大取小せしに依って五百塵点劫の間三悪四趣六凡の九界に沈淪する也。尓りと雖も本門不軽品の意は若取若捨〇従因出現と云うて終に成仏する処の法体也。(中略)仍って三種教相の中には第三の教相を以て談ずる処が蓮師出世の本意也。サレバ御抄(稟権抄)に云く総じて御心得候え法華経と尓前と引き合せて勝劣浅深を判ずるに当分跨節の事三様有り〇後五百才は是れ也と云云。(後略)[21]

とあって、日与の御義は方便品の来意について三種教相に約して解釈する旨を示して根性円融して十界皆成を説く

は初重教相、その十界皆成の依拠を大通下種とするは第二教相、なおこの上に十界皆成を談じて、久遠本因妙の修行の時一切衆生が法華経を受持したことを根拠とする時は第三教相の観点であるとし、さらにこの久遠本因妙の修行の時信心堅固にして釈尊と同等の開悟をされた人が本化上行菩薩であるという。かように来意について三種教相に約して釈し、その中でも第三教相の心をもって解釈することが日蓮の本意であり、その根拠を『稟権出界抄』であるとするのである。

次に「当家の意」ついては、

当家の意此の□意に付いて、三五下種の信行を以て在世迹門の序正を会して悉く本因妙名字信行の易行と云う事を成し在す也。此れに付いて、迹門流通の序正、本門流通の序正と云う事を甚深に成し在す事これあり。御聖教沙汰の時顕すべし。[22][23]

と示して、「当家の意」としては、この来意については三五下種の信行をもって迹門の序正を会して、ことごとく本因妙名字信行の易行となされていると示して、御聖教には「迹門流通の序正」「本門流通の序正」について甚深に委説されていることを顕している。

以上、『略、方便品』に「何れも前々の経抄に其の沙汰有れば之を略す」に該当する箇所と対照して「前々の経抄」がこの資料3であることを確認した。これに前述の③~⑦の事項を考え合わせれば、資料3の成立は天文十六(一五四七)年以前であることは容易に首肯できることである。

次に資料4たる『承談　譬喩品上』と『略、譬喩品』の関係を検討する。

今は『略、譬喩品』の「先年の経抄」に着目して一文を挙げれば、

舎利弗は既に初住の智を得て三世了達在って何とて新しく記別を授くる耶と云うにこれについて問答の釈を設

け四の意を以て合せり。是は先年の経抄に顕す間之を略す。(24)

である。ここについて資料4では、

舎利弗は既に初住の智を得て「過去所有皆憶念、未来一切悉分別」する事也。何事に新しく記別を授けらる耶。その上、上にも既に「説我当作仏」とも「我定当作仏」とも領解して「当に作仏すべき」旨を知る事也。爰の元如何と云うに是れは問答の御釈也。本書に云く「若し大の解を得れば自ら仏を得んと知りぬ。何ぞ記を須いることを俟たんや」として、これに答う時四の意を挙ぐ也。一、昔未だ二乗に記せず而るを今須く記すべし。（中略）二、中下未だ悟らず。記を以てこれを勉励す。（中略）三、聞く者をして結縁せしむ。（中略）四、その本願を満ず。（以下略）(25)

とあって、何故に三世了達の舎利弗に新たに記別を授くかについて、問答釈を設け四意を挙げて詳細に論じている。『略、譬喩品』ではここを「先年の経抄に顕」したので、今は「之を略す」としている。また「前の御経抄」の箇所を挙げれば、『略、序品』の「十号の事」の下に、『弘決』、『大経』、『大論』、『瓔珞経』の十号の存略を、名目のみ挙げた後、次の如く示されている。

一々の姿存略、前の御経抄譬喩品の下に之れ有り。(26)

とあり、資料4を見れば、「第三得果の事」の下に十号の存略を委説し十号の一々を詳細に論じているのである。(27)

これらから、この「先年の経抄」あるいは「前の御経抄」は資料4を指しているのである。とすれば、当本の成立については、『略、序品』の脱稿が天文十六（一五四七）年十二月二十六日、『略、譬喩品』の成立が「天文十七（一五四八）年霜月七日」とあるのを見れば、少なくとも天文十六年十二月二十六日より以前と考えなければならないであろう。資料4は日尭師によって同十七年霜月二日に書写されたこともこれの援証になり得るのである。かように考察するとき、『略談抄』は、それ以前の「経抄」即ち資料1・2・3・4等一具の「見聞類」を元にした略談であるということができるのである。

四　『広経抄』との関係

これについては、既に資料3は外題と前述の検討から「草案」と「本書」であるとしたが、ここでは、さらなる確認のために、煩わしいが前出の資料3の箇所を再び引いて『広、方便品上』の当該箇所を並べて対比することとする。

「入定説法」についてまず資料3を挙げれば、

一意に云く、上の品の説相広しと雖も入定の間の儀式也。天雨の四華地動の六瑞等其の外不思議の瑞相に驚いて発問答問等これあれども御入定の間の儀式也。正しく御説法なさる事は此の品が初め也。故に入定説法の来意也此の意の経家を挙げしむる時尓時世尊従三昧安詳而起告舎利弗云云。偈頌には仏自住大乗如其所得法定慧力荘厳以此度衆生云云。[28]

である。これに対応する『広、方便品上』の箇所は、

一意は上の序品の相貌事広しと雖も何も皆入定の間の儀式也。天雨の四華地動の六瑞等其の外不思議の瑞相に驚いて疑念し発問答問する等は御入定の間の儀式也。正しく御説法なさることは此の品が初め也。故に入定説法の次第也。是即ち定慧の来意也。此の経に尓時世尊従三昧安詳而起〇諸仏智慧云云。私に云く定慧は生死即涅槃煩悩即菩提也。玄九に之れを釈す也。[29]

とある。これを見れば、引用経文の起尽が多少異なるものの文章はほぼ同じである。ただし『広、方便品上』には日承の自説を述べる「私に云く」の一節があり「煩悩即菩提」の解釈が「玄義九」にあることを示している。
次に「神通妙説法妙」については資料3に、
又一意に云く神通妙説法妙の来意也。故は上の品は不思議の神通にて事畢りたまえり。此れ即ち衆心を踠動せしむる意也。此の如く神通を現じては衆心を動かしめて如来内証の智慧の法体を説き顕す也。神通説法の来意也。(30)
とある。ここを『広、方便品上』では、
一意は神通妙説法妙の次第也。上品は不思議神通にて事畢る也。是れ即ち衆心を踠動せしめんが為也。仍って神通を現じて衆心を動かしめて如来内証の智慧の法体を説き顕さる。故に神通説法の来歴也。定仰せに云く、法花一経総じて寄言絶言をば出でざる也。取り分け此の品の始終是れ也。(後略)(31)
とする。『広、方便品上』に日定(32)の義が引用されている以外は同意である。
次に「日与聖人の御義」について資料3では、
一、日与聖人の御義に云く、此の品の来意に付いて三種教相に約して成し在す也。其の姿は上に談ずる処の根性円融し十界皆成の旨を談ずる分は初重教相融不融の分なり。サテ此の成仏する事は何に依ると云うに昔大通仏の所の法花の下種結縁せしに依ると云うは第二の教相の意也。尚談ずる時は、久遠本因妙の御修行の時一切衆生法華経を受持し奉るに依ると云うは第三の教相の意也。此の時信心堅固の人は久遠の昔も釈尊同等の悟りを開く也。此れ即ち本化上行菩薩也。信心薄短の輩は退本取迹退大取小せしに依って五百塵点劫の間三悪四趣六凡の九界に沈淪する也。尓りと雖も本門不軽品の意は若取若捨◯従因出現と云うて終に成仏する処の法体也。

（中略）仍って三種教相の中には第三の教相を以て談ずる処が蓮師出世の本意也。サレバ御抄（稟権抄）に云く、総じて御心得候え法華経と尓前と引き合せて勝劣浅深を判ずるに当分跨節の事三様有り○後五百才は是れ也と云云。方便品○師弟長遠して本門より立ち還りて談ずる処の此の品の来意也(33)。

である。これについて、『広、方便品上』には、

与師聖人三種の教相に約して来意を成したまえり。其の姿は上に談ずる処の根性円融十界皆成の所談は初重の教相融不融の分也。此の衆生の成仏する事は何に依る耶と云うに、昔大通仏の所にしての法花の下種に依ると談ずれば第二教相の意也。第三の教相の時は久遠本因妙の御修行の時一切衆生法華経を受持し奉る。信心堅固の人は即ち久遠の昔釈迦同等の覚位を成したまえり。是即ち本地涌出の菩薩也。信心薄短の族は退本取迹退大取小し、五百塵点劫の間三悪四趣六凡九界に沈淪する也。去れば本門の意は若取若捨経事成縁○之を脱して終に成仏する処の法体也。（中略）此の三重中に第三の教相を以て談ずる処が蓮師門弟の講談也。稟権抄に云く、総じて御心得候え○日蓮の法門は第三○云云。籤一云く、方便品初雖○師弟長遠云云。之れを思う可し(34)。

とある。『広経抄、方便品上』には御遺文や『釈籤』の引用に多少の修正があるが、同意の文である。

次に「当家の意」については資料3では、

当家の意此の来意に付いて、三五下種の信行を以て在世迹門の序正を会して悉く本因妙名字信行の易行と云う事を成し在す也。此れに付いて、迹門流通の序正、本門流通の序正と云う事を甚深に成し在す事これあり。御聖教沙汰の時顕すべし(35)。

とあるのを『広、方便品上』では、

当家の意、三五下種の信行を以て在世迹門の序正を会して悉く本因妙名字信行の易行と成すと云う一ヶ条之れ

について迹門流通の序正流通、本門流通の序正流通、甚深になさること御聖教の如し(36)。とする。これもまた同じと言えよう。ここにおける「甚深に成し在す事これあり。御聖教沙汰の時顕すべし」および「甚深になさること御聖教の如し」とある御聖教との関連については、次項において少しく触れたい。

かように『略、方便品』の「来意」についての説示に注目し、それを手がかりに資料3と『広、方便品上』を対比したところ、資料3は『広、方便品』の草案本であることが確認できた。資料3の外題が「広経抄　方便品　草案」と題される所以である。

続いて資料4についても検討してみよう。

資料4に、

一別号の下、当分に約する時は世間の事法を以て権実の法門を顕すが譬喩の大綱なり。跨節の時は譬を以て本迹の実義を顕す。是が別号の終極なり。大段釈段に入るに総別二重の釈を設けらるなり。その初の総釈の事、是は当品の譬喩に限らず総じて一切の譬喩の功能を理らるなり。譬の字もタトヘ喩の字もタトヘなり。譬の字の心は法体に相似たる物を譬に挙るが譬の字の意なり。この相似たる譬を以て法の法体を能く心得よと教ゆる処が喩の字の意なり。疏に云く、先ず総じて釈せば譬とは比況なり。喩とは暁の訓なり。此れに託して彼に比し、浅に寄せて深を訓ゆる云云。月を知らしむべき為に団扇を挙るは譬の字の心、月は此の如き物と知れと教ゆるが喩の字の意なり。又風を教ゆる時樹を動かすは譬の字の意、かぜは此の如くサハカシキ物と教ゆるが喩の字の意なり。総じて一切譬喩と云う事を此の分に心得べきなり。故に譬喩の二字は譬への始終なり。妙楽は玉篇を引いて判ぜり。記に云く、類を以て比況する之を譬と謂う。開暁して悟らしむ之を喩と謂う。既に両字双て題す。応に小別あるべし云云。(中略)記に云く、樹扇風月唯円教理云云(37)。

とある。ここは、『略、譬喩品』では「此の下に樹扇風月の譬を挙るに付いて妙楽の消釈併に余の所釈蓮師の御評判重々の沙汰は先年の経の抄の時顕し畢んぬ[38]」として委説されていないところである。このことは、『略、譬喩品』がここを元に略説したことを示しているのである。一方『広、譬喩品上』においては、

一別号の事、譬喩品と題せり。当分の時は世間の事法を以て権実の法門を顕すが譬喩の大綱なり。跨節の時は譬を以て本迹の実義を顕すなり。是が別号の終極なり。大段釈段に入るに総別二重の釈あり。初に総釈の事、是は当品の譬喩に限らず総じて一切の譬喩の功能を判ずるなり。譬の字もタトヘ喩の字もタトヘなり。譬の字の心は法体に相似たる物を譬に挙るが譬の字の意なり。又この相似たる譬を以て法の法体を能く知れと教ゆる処が喩の字の意なり。疏に云く、先ず総じて釈せば譬とは比況なり。喩とは暁の訓なり。此れに託して彼に比し、浅に寄せて深を訓ゆる。前に広く五仏長行偈頌を明す。上根利智は円聞して悟を獲る。中下之流は迷を抱いて未だ遣らず。大悲已まず巧智無辺なり。更に樹を動かして風を訓え扇を挙げて月を喩うにその悟解を使う。故に譬喩と言う云云。月を知らしめんが為に団扇を挙るは譬の字の意なり。さて月は此の如しと知れと教ゆるが喩の字の意なり。又風を教ゆる時木を動かすは譬の字の意、風は此の如く騒ぐ物なりと教ゆるが喩の字の心なり。総じて一切譬喩と云う事を此の分に心得べきなり。故に譬喩の二字は譬への始終なり。妙楽は玉篇を引いて判ぜり。記に云く、玉篇に云く、類を以て比況す之を譬と謂う。開暁して悟らしむ之を喩と謂う。既に両字双て題せり。応に小別あるべし云云。（中略）樹扇風月の譬の当体が其の侭妙法蓮華経の覚体なる処を妙楽は樹扇風月唯円教理と釈せり。故にこの譬一体の題号なりと習うなり。云云[39]。

とある。これを見れば明らかに資料4を基調としている。特に妙楽の玉篇の引用には詳細な解説があり、当流の所釈を示して詳説し、結句「樹扇風月の譬の当体が其の侭妙法蓮華経の覚体なる処を妙楽は樹扇風月唯円教理と釈せ

り。故にこの譬一体の題号なりと習うなり」としているのである。さらに詳細な対比は必要であるが、これらは資料4が『広、譬喩品上』の草案であることを示しているのである。

かように資料3・4はそれぞれ『広、方便品上』、『広、譬喩品上』の草案であることを確認した。今ここでは対比しなかったが、資料1・2も同様に草案本であるということができる。しかし、資料1・2・3・4では触れられなかった項目も『広経抄』には非常に数多くある。また逆に『広経抄』では触れられていない項目が資料1・2・3・4には散見できる。あるいは同じ項目であってもさらに詳細に論及するところも多いのである。このようなことから、『広経抄』はこれら「草案本」の内容を検討し取捨あるいは加筆して分量が増していったと考えられる。それ故資料1・2は二帖、『広、序品』は五帖であり、資料3は一帖、『広、方便品』は三帖であり、資料4は二帖、『広、譬喩品』は三帖となるのである。

五　桂林坊日隆の『御聖教』との関連

『広経抄』は桂林坊日隆（一三八五〜一四六四。以下、日隆）の『御聖教』の中でも特に『法華宗本門弘経抄』（以下、弘経抄）との関連が深く『広経抄』は『弘経抄』の删略本であることは既に指摘したところである。[40]そうであるならば、草案本である資料1・2・3・4と『弘経抄』との関連を検討しておかなければならない。ここでは資料資料3・4を取り上げてこれを確認することとする。

資料3において『広、方便品』には記されていない項目の中で注目したいものがある。それは、

開基聖人は、迹門正宗の妙法、迹門流通の妙法、本門流通の妙法、本門正宗の妙法と云う事を甚々に成し在し

て迹本の起尽を分別し本門に於いて正宗流通、得脱下種の起尽を委しく記し在すなり[41]。

と説かれる箇所である。ここで、日隆は『弘経抄』第二五「釈名の下」において「甚々」に「委しく記」していることを示している。即ち、『弘経抄』第二五「釈名の下」において、「迹門正宗の妙法蓮華経の事[42]」と題して「迹門正宗の妙法蓮華経」とは迹門正説三周脱益の妙法蓮華経であるとして、これは開権理円の妙法であり名仮体実の妙法蓮華経であることを示して委説し、「迹門流通の妙法蓮華経の事[43]」では、これは迹門流通四安楽行止観の観心の妙法蓮華経であって即ち名仮体実の本迹不思議一の妙法蓮華経であるとして解説し、「本門正宗の妙法蓮華経の事[44]」の下では、これは在世脱益の名体倶実の妙法蓮華経であって智者の行解なることを詳説し、さらに「本門流通の妙法蓮華経の事[45]」と題する下では、本門流通の妙法蓮華経とは本門八品上行付嘱末法下種の妙法蓮華経であるとして付嘱と下種を詳細に論じ、妙法蓮華経には重々の意義があることを示している。ここを資料3では刪略して、かように述べたものである。これを見れば、草案本もまた『弘経抄』との関係が深いことを読み取れるのである。

次は、前述の「来意」の「当家の意について」の下の「三五下種の信行」を説く箇所において、資料3では「御聖教沙汰の時顕すべし」とし、『広、方便品上』では「御聖教の如し」として御聖教を拝することを勧めている箇所についてである。

ここでいう『弘経抄』の「甚深の沙汰」の箇所を示せば、『弘経抄』第二五の下の、「三五下種の信行を以て在世の序正を会して悉く名字信位の易行と成す事[46]」であり、それ以下に、「付けたり滅後流通の為の序正の事[47]」、「付けたり迹門流通の為の序正を宣ぶる事[48]」、また「次に本門流通の為の序正を示す事[49]」との表題の下に縷々当家の意が説かれるところであって、その関連が窺われる。

次には資料3の「広開三顕一の下」おける「当家の意」を示したい。即ち、当家の意は初の有通有別門に三周の実体を宣べて第二従り第九に至る迄は三周に付いての種々の功能を釈せり。第十の待時不待時に至って権迹本の流通の詮要を釈すと成せり。仍って十門に中には待時不待時が肝要也。在世に付け滅後に付け重々成る子細之れあり。以ての外に広広釈せり。追って顕すべし。(50)

とあって、「十門の料簡」については「追って顕すべし」とする。この「追って」とは「正本即ち『広、方便品中』に至ってとの意に解され「『広、方便品中』にて御聖教の当該箇所を顕す」との意を示したものである。今その当該箇所を示せば、

当流の意は初の有通有別に三周の実体を宣べて第二従り第九に至る迄は三周に付いて種々の功能を釈し。第十の待時不待時にして権迹本の流通の詮要を釈すと成さるなり。仍って十門に中に待時不待時が肝心なり。在世に付け滅後に付け重々成さるなり。御聖教五帖目に此の十門の料簡を広広と分別し給えり。之れを拝す可し。(51)

とあって、「十門の料簡」については「御聖教五帖目に此の十門の料簡を広広と分別し給えり」として御聖教五帖目を拝するよう注意しているのである。即ち、『弘経抄』第二九の「方便品の下　九帖の内　第五　文句第三の半ば已下第四　二、広開三顕一の下　文句第四」の下において「三周料簡の事」の「大意の事」を説く中で「当流の意」を示している。今これを示せば、

当流の意は此の十門の中には初めの有通有別門にては三周の実体計りを定めて、第二より第九に至るまでは三周に就いて種々の功能を釈し、第十に至って広く爾前迹本の流通等に約して待時不待時を釈するなり、殊に此の一門、本門流通の滅後教機時国の撰時抄の意を顕す故に、当宗として大切なり、仍って在世は機を以て法を顕す、故に今三周も爾前の熟脱と今経の極脱とを相対して、得脱の前後を定むるに待時不待時あり、是れ機の上の時なり、此くの如き待時不待時は、在世正宗脱益の上の教門なり、此の上に迹の正宗八品と本の正説一品

二半と此の現脱を以て、三五下種名字観行に還して、而も法師品已下十六品半の流通、並びに本門八品上行付要の末法の本尊の信行下愚を見れば、待時に非ず、不待時に非ずして、而も後五百歳悪世末法時と、釈尊御定めの待時なり、此の故に撰時抄の如く滅後流通は釈尊御定めの付嘱の時国を以て本懐と成す故に不待時無くして待時あるなり[52]。

である。これに続いて以下にも「三周の義天台当家不同の事」と表題を立て、三周の義を委説しているのである。今の「十門の料簡」については、当流の意としては、尓前迹本の流通等に約して待時不待時を解釈するのであるが、撰時抄の意である本門流通の滅後教機時国によって解釈するのが重要であるとして、真実の滅後流通は上行付嘱の時国をもって本懐とする故に不待時なくして待時即ち末法下種の時であると釈されるのである。

かように資料3において「御聖教」という語は多くの場合『弘経抄』を指しており[53]、『弘経抄』を基調として講義されている。これらを見れば、『弘経抄』との関係性は明白であろう。

さらに資料4を挙げれば、

一開基聖人の御聖教には迹門正宗の来意、迹門流通の来意、本門流通上行要付の来意と云う事をなされたり。
左様の姿之を略す[54]

とある。ここでいう「御聖教」とは『弘経抄』のことであり、その『弘経抄』第三四の「一、来意の事[55]」以下を指していると思われる。ここでは、「来意の事」は『弘経抄』に委説されているのでこれを省略する旨を記している。これらによって、資料3・4は『弘経抄』の删略本であることが容易に首肯されるのである。

さて今ここに引用した資料4の一文に対応する『広、譬喩品上』の箇所を挙げれば、即ち、

一隆師御聖教に迹門正宗の来意、迹門流通の来意、本門上行要付の来意という事をなせり。これを拝し奉るべ

し、これを拝し奉るべし。(56)

である。資料4では「左様の姿之を略す」としているところを、ここでは「これを拝し奉るべし、これを拝し奉るべし」としている。これは何を意味しているのだろうか。これは単なる省略ではなく、「『弘経抄』を拝読して、より一層深い理解をせよ」との意と類推する。となれば、日承が『広経抄』を述作する意図は、『弘経抄』拝読を勧め本宗の教義の本意を伝え、さらに宗内学侶に深い理解を得させようとすることにあるといえよう。

六　結語

以上、雑駁ながら新出の資料を検討してきた。これらによって指摘できることは次の如くである。まず『略経抄』成立以前に日承による法華経品の講談・講釈があり、それを門人が筆録して「妙法蓮華経〇〇品見聞」ともいわれる経抄があったことである。これらは、『略経抄』が示す「先年の経抄」「先度の経抄」「前々の経抄」「先の御経抄」であって、その成立は、『略、序品』の脱稿の天文十六（一五四七）年十二月二十六日以前より始まり、歳月を経て順次成立し、資料4が天文十七（一五四八）年十一月二日成立となれば、その親本の成立はそれ以前であることは明白であり、これがあって天文十七年十一月七日『略、譬喩品』脱稿可能となる。このことからすれば、少なくとも天文十九（一五五〇）年の『略経抄』脱稿以前に三年以上掛かって完成したと推測できる。このことは、『略経抄』は、日承がこの経抄を元に略談し、門人が筆録したものであることを示しているのである。

『広経抄』との関係においては、それぞれの本文の対比からすれば、これらの検討資料のみならず、あったであろう一連の「見聞類」は『広経抄』の「草案本」であるということができるのである。特に資料3の『日承上人

広経抄　方便品草案』の存在は、このことを決定づけていると言っても過言ではない。

そこで『広経抄』成立の背景を推すれば、日承の構想の中には、まず『弘経抄』を基調とした経抄の述作、即ち『広経抄』を著述するという大きな目的があったと考えられる。何故なら現在のところ日承自著の著述本は『広経抄』のみ確認されていて、「草案本」や『略経抄』等は講説本であることが一つの理由になるのではないかと思考するからである。その著述の準備として法華経、日蓮遺文、御聖教等の研鑽があったのである。天文十三（一五四四）十二月十六日の『私新抄』の筆写もその一環であろう。加えて年月不明であるが『開迹顕本妙法蓮華経直談抄』[57]の写本制作も同様であろう。これらの研鑽を元に一連の「見聞類」所謂「草案本」が完成することとなる。さらに門人教育のためにこれを元に略談して『略経抄』がなるのである。これにとどまらず、日承は『広経抄』著述のためさらに研鑽を進めて「草案本」に加筆訂正を加え、永禄十一年（一五六八）八月二十五日「薬王品」より書き始め四年二ヶ月歳月を経て、元亀三年（一五七二）十月六日「安楽行品」の下をもって擱筆した。ここに四十四巻の畢生の大著が完成する、時に日承七十二歳である。[58]この高齢をもって四年二ヶ月にて四十四巻を著述したことは、相当な速筆であって、それをなし得たのは周到な用意があったからこそであることは容易に想像できよう。これらは、当宗教学の真髄を門人に深く理解させようとする日承の献身的心情の発露であると思われてならないのである。

今回検討した資料以外の「見聞類」については、いまだ発見し得てないことはまことに遺憾である。これら「見聞類」は「草稿本」ゆえに廃棄された可能性も否定できないが、これからの調査を俟ちたい。

本稿において日承の教学思想に論及することはできなかったが稿を改めて考察したいと思うところである。

最後になったが、現地調査を快諾してくださった大本山本能寺様、ならびに執事長はじめ山内各上人には甚深の謝意を申し上げる次第である。

註

（1）『法華宗宗門史』（法華宗宗門史編纂委員会、一九八八年、二五四頁）
（2）拙稿「日承聖人著『広経抄』について」（法華宗教学研究所編『法華宗研究論集』二〇一二年、四〇三頁）において、著作年と著述順序について論及し、脱稿の月日については真筆本の記述より「元亀三年十月六日」であると指摘した。
（3）『本能寺文書・什宝等目録』（法華宗大本山本能寺、一九八七年、以下『目録』）二〇頁によれば、「妙法蓮華経序品第一見聞　二冊」、法量二七・一×二一・一センチ、ラベル「戊28―1」、「日源奥書あり、常住坊日精筆写カ」とある。袋綴じ五〇紙。
（4）『目録』二〇頁によれば、ラベル「戊28―2」、法量二六・九×二一・一センチとあるが今回の実測では二七・〇×二一・二センチとなった。袋綴じ六〇紙。
（5）『目録』二〇頁によれば、「妙法蓮華経方便品第二　一冊」、ラベル「戊29」。袋綴じ七一紙。
（6）この外題はすべて朱文字である。
（7）法量　二七・五×二〇・五センチ。袋綴じ53紙。
（8）奥書にはこれに続いて他筆の朱文字にて、
今明治四十四辛亥年マデ三百六十五年ニ当ル
昭和十六年辛巳迠三百九十五年ニ当ル
永正十一甲戌年生永禄八丑歳
両山十三祖　日尭上人　主本興寺時年五十二歳
天正八庚辰歳六月三日化年六十七
との加筆がある。
（9）拙稿「資料紹介　日承聖人口述『寿量弁』」所収、「『寿量弁』解題」（『桂林学叢』第三十二号、法華宗宗務院、

二〇二二年、一六一頁）

(10)『両山歴譜　日唱本』（藤井学・波多野郁夫編著『本能寺資料　古記録編』二〇〇二年、四四七頁）、『両山歴譜　日心本』（同、五六六頁）。

(11)『私新抄』十三巻の日承写本の調巻は六巻であり各巻末に日承筆の奥書が確認できる。ただし本文の日承筆は第五巻のみである。なおこの写本については、平島盛龍「『私新抄』（真蹟）に関する覚書」（『桂林学叢』三十三号、法華宗宗務院、二〇二二年、五二頁）に委しい。

(12) 註(10)『両山歴譜　日唱本』四四九頁、『両山歴譜　日心本』五六七頁。

(13)『略経抄序品之下』（以下、『略、序品』）奥書。『略経抄』は興隆学林専門学校蔵写本を使用する。ただし同本は第七巻のみ欠損である。

(14)『略経抄方便品之下』（以下、『略、方便品』）奥書。

(15) 同右。

(16)『略経抄譬喩品之下』（以下、『略、譬喩品』）奥書。

(17)『略、方便品』一ヲ。

(18) 生没は一四二六～一四九一年、両山第六世、金剛院、以下日与。

(19)『日承上人　広経抄　方便品草案』（以下、『草案』）一ヲ。

(20)『草案』一ウ。

(21)『草案』二ヲ～二ウ。

(22) この虫損は前後の意より「来」である。

(23)『草案』三ヲ。

(24)『略、譬喩品』八ウ。

(25)『承談　譬喩品上』二四ヲ～二五ウ。

(26)『略、序品』四八ヲ。

(27)『承談　譬喩品上』二六ウから二八ゥ。

(28)『草案』一ヲ。

(29)『広経抄、方便品上』(以下、『広、方便品上』)一ウ。『広経抄』全四四巻については、大本山本能寺に真蹟本二二巻が蔵されている(『目録』一九～二〇頁、ラベル戌二七―一～同―二二)。写本は大本山本能寺・本興寺蔵等他多数確認されているが、今は大隆寺蔵本を使用する)。
(30)『草案』一ウ。
(31)『広、方便品上』二ヲ。
(32)日定(一四六二～一五三一。両山第八世、精進院)
(33)『草案』二ヲ～二ウ。
(34)『広、方便品上』三ヲ～三ウ。
(35)『草案』三ヲ。
(36)『広、方便品上』三ウ。
(37)『承談　譬喩品上』七ヲ。
(38)『略、譬喩品』三ヲ。
(39)『広、譬喩品上』六ウ。
(40)註(2)拙稿「日承聖人著『広経抄』について」四〇三頁では、「冊略本」と表現した。
(41)『草案』五ヲ。
(42)『日隆聖人全集』(以下、『隆全』)三―二三六頁。
(43)『隆全』三―二三七頁。
(44)『隆全』三―二三八頁。
(45)『隆全』三―二四〇頁。
(46)『隆全』三―二二九頁。
(47)『隆全』三―二三〇頁。
(48)『隆全』三―二三一頁。
(49)『隆全』三―二三三頁。
(50)『草案』三四ヲ。

(51)『広、方便品中』一四ウ。
(52)『隆全』三—四五四頁。
(53)また『弘経抄』以外では「諸聖教」と「御聖教」全体を示すことや『弘経抄』以外を指す時は『四帖抄』など特定した書名を示すことも確認している。
(54)『承談　譬喩品上』五ウ。
(55)『隆全』四—一一九頁以下。
(56)『広、譬喩品上』五ヲ。
(57)常住院日忠（一四三八〜一五〇三）著。この写本制作については門人に筆写させ日承自らが校合したものであることが知られる。
(58)これらとは別に年月不明ながら『四節増進記』、『五段抄』等の著述も知られている。

キーワード　日承、略経抄、広経抄、草案本、見聞類

京都妙顕寺第十三世日紹の新出曼荼羅本尊について

本間俊文

はじめに

京都妙顕寺第十三世に連なる龍華院日紹（一五四二―一六二二、星陽、はじめ「日詔」と号す）は、戦国期から江戸期にかけて活躍した四条門流の僧侶である。特に、豊臣秀吉による京都東山方広寺大仏殿千僧供養会への出仕要請や、その後の徳川家康による大坂対論等に関わった人物として知られ、伝統的な宗義制法と現実的な教団運営のあり方をめぐって教団内部が混沌とする中、当事者の一人として先導的役割を果たした。

日紹の事蹟については、日蓮宗事典刊行委員会編『日蓮宗事典』(1)、日本仏教人名辞典編纂委員会編『日本仏教人名辞典』(2)、宮崎英修『日蓮宗徒群像』(3)、蓮昌寺史編纂委員会編『蓮昌寺史』(4)等において立項して解説され、周知のところである。その一方で、千僧供養会や大坂対論の当事者としての姿は様々な場面で語られるものの、それ以外の事蹟については不明な点が多く、また日紹自身の史料的制約もあり、多くの研究課題を残している状況にある。

このたび、日蓮宗久昌山宗寿寺（石川県加賀市大聖寺神明町三番地）に、日紹がまだ「日詔」と号していた頃に揮毫した曼荼羅本尊一幅が所蔵されていることが確認された。当曼荼羅本尊は、これまで存在が知られてこなかった新出の日紹自筆史料である。そこで本稿では、宗寿寺所蔵の新出曼荼羅本尊の概要を紹介するとともに、日紹自筆史料中における当曼荼羅本尊の史料的意義についても少しく考察してみたい。

なお、本稿中における日紹・日詔の表記について、原則「日紹」を統一的に用いるが、宗寿寺所蔵の新出曼荼羅本尊そのものを説明する場合には、便宜上「日詔」を用いることとする。

一　日紹の事蹟について

日紹の新出曼荼羅本尊を紹介するに先立ち、まずは日紹という人物の事蹟について確認してみたい。以下、日紹に関する主な伝記として、A本乗院明伝『歴代略伝』、B深草元政『龍華歴代師承伝』、C六牙院日潮『本化別頭仏祖統紀』の記事を列記する。

A　本乗院明伝『歴代略伝』　元和二年（一六一六）卯月吉日

　花山院養子　備州住人

　　日紹大和尚

一、人王百六代　後奈良院御宇天文十一太歳壬寅誕生、

一、慶長年中　宗号諍論出来於（ママ）二伏見御城一

　羽柴太閤秀吉御時　徳善院僧正玄以判者

　浄土宗　知恩院　永観堂難状十月十二日玄以奏之

対決　難状法花宗仁十月十五日卯刻到来、巳刻登城、亥刻対決、落居、

妙顕寺　妙覚寺　本国寺　立本寺　頂妙寺

法花宗　本乗院　実蔵院　常泉院　玉泉院　妙雲院

妙顕寺宗号　綸旨　奉二上之一、浄土宗輩閉口、都鄙諸侍衆五千余人列座而見二聞之一、徳善院僧正玄以十月十五日亥刻

対決落居夜半仁速疾被レ達二上聞一也。宗号諍論祖師已来三度目也(5)

B

深草元政『龍華歴代師承伝』明暦元年（一六五五）

日紹大僧都

師諱ハ日紹字ハ星陽。姓ハ平氏。備ノ之前州金川人。初ノ名ハ日詔。後ニ自改レム紹ト。遊二テ于下ノ総州飯塚ノ庠序一ニ而学業大ニ成レリ。殊トニ善二シ演説一ニ。又タ議論奪レフノ席ヲ之手也。中年帰二テ備前一ニ住二ス州県ノ之蓮昌寺一ニ。諸人ノ帰レスルコト之ニ如二シ水ノ之就レクカ下一キキニ。堯師壮レンナリトシテ之ヲ労スルニ以二テス当寺ノ之職一ヲ。天正ノ之初為二ル大僧都一ト。慶長年中知恩永観ノ之両寺詰二テ法華ノ之宗号一ヲ訴レフ之ヲ秀吉公一ニ。便チ令三ム僧正玄以ヲシテ糺二サ其ノ是非一ヲ。師乃チ附二シテ綸旨ヲ於明伝法師一ニ遣二ハス伏見ノ之城一ニ。逮レンテ披二クニ鳳詔一ヲ両寺ノ僧侶愕然トシテ杜レツ口ヲ。是レ宗号論ノ之第三度也。慶長四年妙覚寺ノ日奥於二テ宗門一ニ立二ツ不受用ノ之義一ヲ。不二レハ一宗ニ一者雖二トモ国恩一ト不レ受。由レテ是ニ既ニ及二フ公評一ニ。乃チ以二テ東照宮ノ之命一ヲ決二ス之於大坂ノ之城一ニ。師乃チ為二テ之カ偶一ト而述二フ受用ノ之説一ヲ。理旨援証明皦ナリ也。奥受レテ屈ヲ貶二セラル西海一ニ矣。師ノ之平居五更ニ自吹レテ灯ヲ読二誦シ法華一部一ヲ。次ニ唱二ヘ首題若干遍一ヲ。次ニ閲二シテ高祖ノ書一ヲ至レテ午ニ而止ム。以テス為二日課一ト。了ニ無二シ虚日一。其ノ余ハ随二フ機縁一ニ耳ノミ。元和八年六月二十五日安庠トシテ戢レサム化ヲ。享年八十一(6)

C

六牙院日潮『本化別頭仏祖統紀』享保十六年（一七三一）

師諱ハ日紹字ハ星陽姓ハ平氏備之前州金川ノ人初名ハ日詔後自改レ紹ト遊二于総之下州飯塚庠序一ニ而学業大ニ成殊ニ善二

演説一ニ又議論奪レ席ヲ之手也中年帰二備前一ニ住二ス州県之蓮昌寺一ニ諸人帰レスルコト之ニ如二水之就一レカ下レルニ堯師壮レナリトシテ之ヲ労スル二以二ス当寺之職一ヲ天正之初為二大僧都一ト慶長中知恩永観之両寺詰二法華之宗号一ヲ訴レ之ヲ秀吉公便令三僧正玄以ヲシテ糺二其是非一ヲ師乃附二シテ綸旨ヲ於明伝法師一ニ遣二ス伏見之城一ニ逮レテ披二クニ鳳詔一ヲ両寺ノ僧侶愕然トシテ杜レ口ヲ是宗号論ノ之第二度也慶長四年己亥妙覚寺日奥於二宗門一ニ立二不受用之義一ヲ不二一宗一ナラ者ハ雖二国恩一ト不レト受由レ是ニ既ニ及二公評一ニ乃以二東照宮之命一ヲ決二ス之ヲ於大坂之城一ニ師乃為二之カ偶一ト而述二受用之説一ヲ理旨援証明皦也奥受レ屈ヲ貶二セラル西海一ニ矣師之平居五更ニ自吹レテ灯ヲ読二誦シ法華一部一ヲ次二唱ルコト首題一ヲ若干遍次ニ閲二シテ高祖ノ書一ヲ至レテ午ニ而止以為二日課一ト了ニ無二虚日一其余ハ随二フ機縁一ニ耳元和八年壬戌六月二十五日安庠戢化享年八十一[7]

Aは日紹在世中に編纂された史料であり、当時の状況を直接伝えるものとして貴重である。また、B・Cは日紹滅後成立の史料だが、この二つはほぼ同文であることから、Bに基づいてCの伝記が編纂されたことが想定される。

これらの史料によれば、日紹は備前国金川（現・岡山県岡山市）の出身であり、はじめは「日韶」と名乗り、時期は不明ながらも後に「日紹」に改めたという。なお、宮崎英修氏は、日紹の読みは「にっしょう」ではなく「にちじょう」であることを指摘している。[8]

日紹は下総国飯高檀林に入って学んだが、弁説に優れた碩学として周囲から高く評価され、「天下無双の説法者」[9]との呼称も伝わっている。飯高檀林での研鑽を終えた日紹は、いつ頃か定かではないものの故郷の備前国に帰国し、人々に請われて岡山蓮昌寺の第十九世を継承した。蓮昌寺住持を務めていた頃の日紹の立場について藤井学氏は、「後年はさておき、かつては妙覚寺門徒の重鎮であったことは疑いない」[10]と述べている。

その後、程なくして京都妙顕寺第十二世顕彰院日堯（一五四三—一六〇四）の招請を受け、日紹は同寺第十三世として晋山することとなった。日紹の妙顕寺晋山の時期については、文禄二年（一五九三）首夏良辰付で日紹に宛てられた『日堯付属状』[11]が伝来していることから、文禄二年四月の出来事と判断される。

妙顕寺晋山後の日紹は、京都日蓮教団諸寺を代表する妙顕寺の住持として、近世日蓮教団が直面した重大事件に次々と関与していくことになる。それらは、文禄四年（一五九五）九月の大仏千僧供養会出仕要請、慶長元年（一五九六）十月の宗号論、そして慶長四年（一五九九）十一月の大坂対論である。

まず、文禄四年（一五九五）五月の京都東山方広寺大仏の落成を受けて、豊臣秀吉は同年九月、先祖供養のため千僧供養会を修する旨を諸宗に通達して出仕を要請した。日蓮教団では、法華経未信者である秀吉の要請に応じることは不受不施義に反することであり、その一方で要請を拒否すれば教団そのものの存続が危ぶまれる事態に陥りかねないことから、数度会合を開いて対応について協議した。最終的には、教団護持を優先して出仕を主張した本満寺一如院日重ら長老派の意見が採用されて出仕が決定したものの、妙覚寺仏性院日奥・本国寺究竟院日禛は頑として不出仕の主張を譲らなかったため、教団が二分する事態となった。この時の妙顕寺日紹は、はじめ日奥らに同心して不出仕の立場を表明していたが、寂照院日乾の説得を受けて出仕へと転じた[12]。

翌慶長元年（一五九六）十月十二日には、浄土宗知恩院・永観堂より「法華宗」との宗号を号することに対する難状が、寺社奉行前田玄以を通じて豊臣秀吉に提出された。これを受けて秀吉は伏見城にて浄土宗と日蓮教団との宗論を命じたため、十月十五日、両宗の僧侶が登城・対決することとなった。当宗論は、先述A～Cの伝記に「三度目の宗号論」として語られるものである[13]。日蓮教団側の出席者はAに確認できるが、これによれば日紹自身は出席していない。しかし日紹は、かつて門祖日像が後醍醐天皇から賜った建武元年（一三三四）四月十四日付の綸旨[14]を出席者の一人である本乗院明伝に託し宗論に臨ませたことが、B・Cに記されている。そして明伝が「妙顕寺為㆓勅願寺㆒、殊弘㆓一乗円頓之宗旨㆒」と記されたその綸旨を宗論の場で読み上げ提出した結果、浄土宗は閉口し、日蓮教団側の勝利に決着した。このように、日紹指示のもとに当宗論を乗り切った様子が窺える。

さらに慶長四年（一五九九）十一月二十日、徳川家康が大坂城において受派・不受派の両者を召喚して行わせた対論、いわゆる大坂対論では、日紹は出席者の一人としてその名を残している。その様子は、日紹『於内府様御前対決記録』（後掲**表**③）等に詳しい。当対論の出席者は、受派が日紹と堺妙国寺日統、不受派が日奥であった。対論の結果は不受派日奥の敗北となり、日奥は袈裟衣・数珠を剝ぎ取られるとともに、翌慶長五年（一六〇〇）六月には対馬に流罪となった。この時に剝ぎ取られた袈裟衣・数珠は現在岡山妙覚寺に伝来しており、袈裟衣の背面には日紹による当対論の経緯を記した墨書が確認できる（後掲**表**④）。その後、日奥は慶長十七年（一六一二）正月に流罪赦免となり、京都妙覚寺に帰還した。先年千僧供養会が自然と廃止になり、教団内に和融の機運が高まったことを受けて、日紹は京都諸寺と日奥との和融を仲介し、元和二年（一六一六）六月二十一日には諸寺名代として自ら妙覚寺の日奥のもとに赴いて改悔の作法を行って和解を成立させた[15]。

この間、日紹は慶長十年（一六〇五）八月二十四日に『日紹譲状』（後掲**表**⑥）を認め、約十一年務めた妙顕寺住持職を龍華院日衍に譲っている。そして『佐渡国寺社境内案内帳』によれば、日紹は翌慶長十一年（一六〇六）に佐渡へ渡り、相川下寺町に玉泉寺を建立したとされる[16]。しかし、日衍が慶長十六年（一六一一）十月十六日に遷化したため、日紹は元和元年（一六一五）三月十二日に再び『日紹譲状』（後掲**表**⑩）を興善院日饒に宛てて発給し、日饒が妙顕寺第十五世を継承した。

それから数年後、B・Cに記載される通り、日紹は元和八年（一六二二）六月二十五日に八十一歳をもってその生涯を閉じた。

二　新出の日詔曼荼羅本尊について

このたび紹介する宗寿寺所蔵の日詔曼荼羅本尊の装訂は掛幅装一幅で、料紙には楮紙打紙が用いられる。法量は縦四八・五㎝×横二九・六㎝の一紙で、書誌に関する次のような記事が確認できる。**図版1**～**図版3**と合わせて掲載する。

（授与書）「加州車村住／又右衛門尉／当寺参授之」
（年月日）「文禄三甲午／七月令日」
（ウワマキ）「韶師／日尹表相」

すでに確認されている慶長十年（一六〇五）仲秋令日の日付を有する日紹曼荼羅本尊（京都妙顕寺蔵、**図版4**、後掲**表⑦**）と対照してみると、その筆致は全体的に近似していることが窺える。特に「南無妙法蓮華経」の首題・四天王・首題下「南無日蓮」の運筆は酷似していると言える。したがって、宗寿寺所蔵の日詔曼荼羅本尊は、京都妙顕寺第十三世日紹が揮毫したものと見て間違いない。また、**図版1**・**図版2**と**図版4**を比較すると、花押の相貌に若干の相違が認められる。具体的には、**図版4**では花押右下部の線が右横に伸びて記されるが、**図版1**・**図版2**ではそれが見られない。つまり、日紹の花押は後年にかけて変化することも今回新たに判明した。

当曼荼羅本尊は、文禄三年（一五九四）七月令日付で揮毫されたものである。署名花押右の授与書によれば、当曼荼羅本尊は加賀国車村在住の又右衛門尉という武士に授与されたものであることがわかる。先述した通り、日紹の京都妙顕寺継承は文禄二年（一五九三）のことであるから、当曼荼羅本尊はその翌年に揮毫されたものとなる。

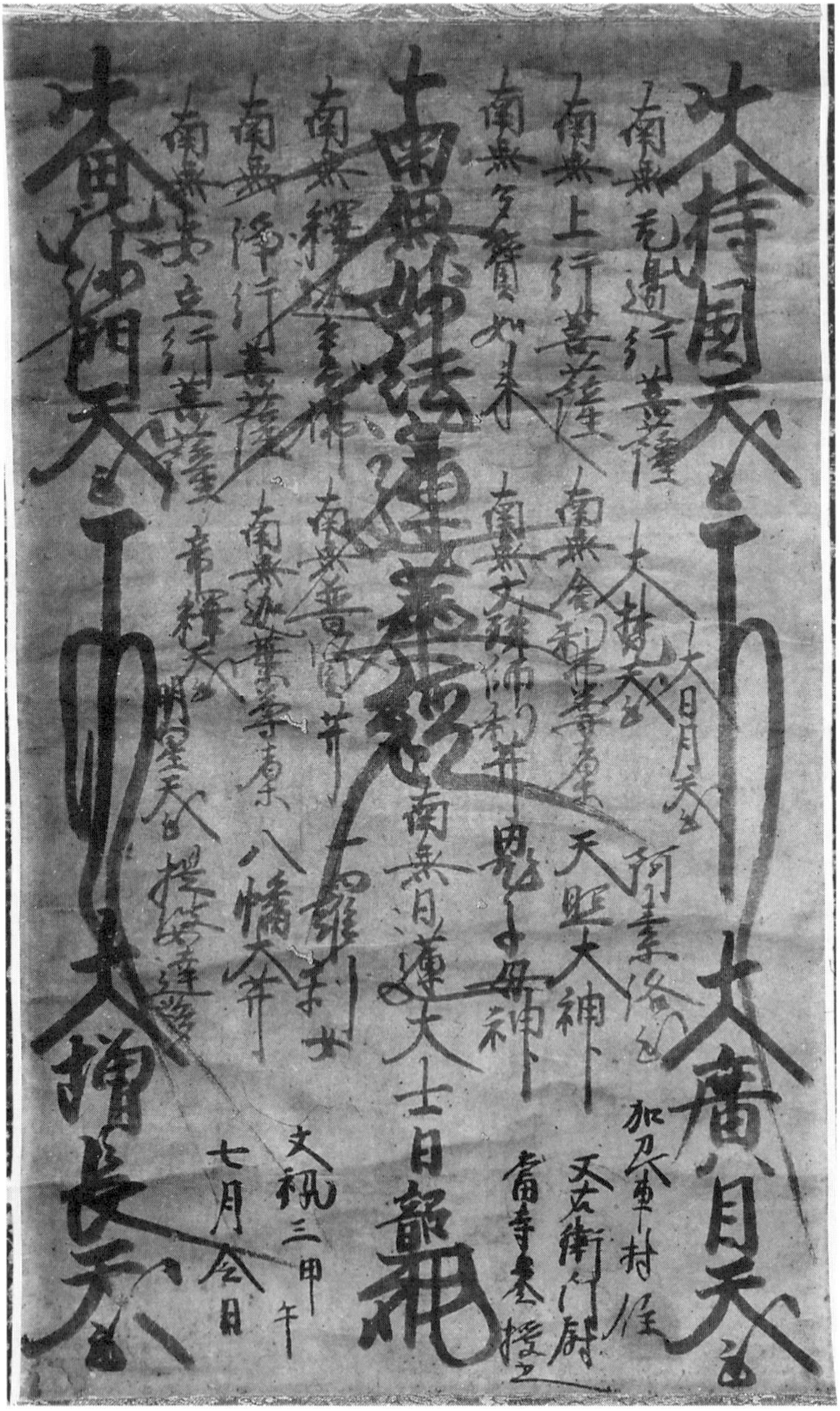

図版１　新出日詔曼荼羅本尊（全体）（加賀市宗寿寺蔵）

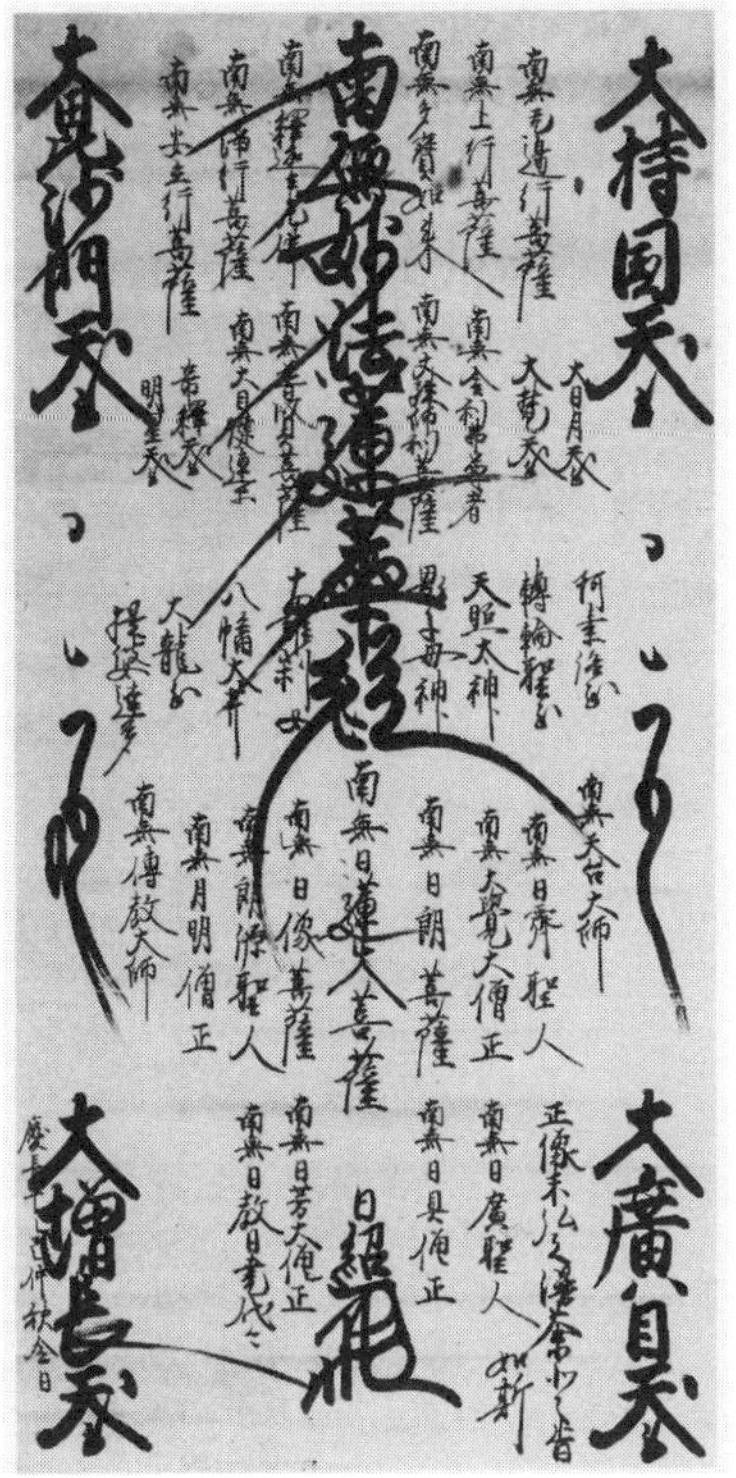

図版4　日紹曼荼羅本尊（京都妙顕寺蔵）

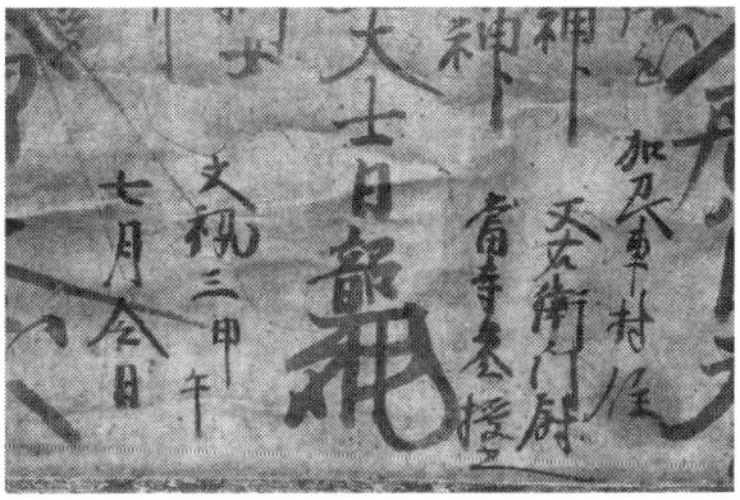

図版2　新出日詔曼荼羅本尊（花押・授与書）

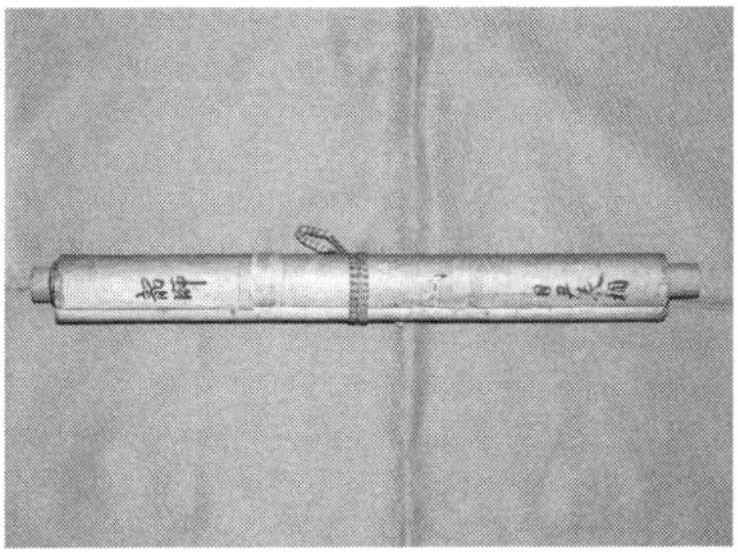

図版3　新出日詔曼荼羅本尊（ウワマキ）

したがって、「当寺参授之」とは、又右衛門尉が当寺＝妙顕寺に参詣した折にその記念として授与されたものと想定される。

被授与者の又右衛門尉が居住した車村は加賀国河北郡に所属する村で、現在の金沢市車町に比定される地名である。車村は、宝乗寺（暦応二年開創）・本蔵寺（元和八年開創）をはじめとして、日蓮教団寺院が多く所在する「法華谷」と称される地域の一角にあたる。[17] 六牙院日潮『本化別頭仏祖統紀』所収「加州車村宝乗寺二十代日養上人伝」[18]には、車村宝乗寺日養の教化を受けて熱心な檀越となった加賀の豪商・車屋庄右衛門が、七面大明神の守護を受けて数々の利益を得たエピソードが語られるが、[19]

又右衛門尉もまた車村という法華信仰を身近に感じることのできる環境下で生まれ育ったことが結縁の契機となったのであろうか。当曼荼羅本尊が宗寿寺に伝来している経緯については定かではないが、おそらく京都妙顕寺で日紹から当曼荼羅本尊を授与された又右衛門尉が居住地の車村に持ち帰り、その後何らかの理由で宗寿寺に納められたものと推測される。なお、宗寿寺の縁起については、『日蓮宗寺院大鑑』に以下のように記載されている。

〔旧日本寺名〕京都妙顕寺

永禄元（一五五八）年の創立。開山盛盈院日英。勇師法縁。開山日英はもと真言宗の僧で白英と称していたが、永禄元年に改宗、大聖寺町に法華坊を結ぶ。のちに寺号を公称し大聖寺城主山口玄蕃の祈願所となる。延宝元年に前田公の命により現在地に移転。元禄九年九世日欣のとき本堂を再建。付近に長流亭、法皇山、天然記念物鹿島の森、首洗いの池、長者屋敷あり。[20]

また、ウワマキに見える「日尹」とは、宗寿寺第二十三世寿政院日尹（―一八六九―）に比定される。宗寿寺所蔵の過去帳によれば、日尹は嘉永七年（一八五四）七月に宗寿寺に入山し、明治二年（一八六九）四月に退山したとの記事[21]が見られるが、生没年については記載がなく不明である。ただし、先代の第二十二世本妙院日観の没年が明治七年（一八七四）七月十三日、後代の第二十四世正運院日軌の没年が大正十四年（一九二五）六月十六日であることから、日尹は江戸後期から明治期の人物と想定される。ウワマキの記事から、当曼荼羅本尊の現行の表具は日尹の代に整えられたものであることが読み取れる。

三　新出日韶曼荼羅本尊の史料的意義について

次に、宗寿寺所蔵の新出日韶曼荼羅本尊が、これまで確認されている日紹自筆史料の中でどのような位置にあり、どのような意義を有するものであるのかについて検討してみたい。まず、現在確認されている日紹自筆史料を列記すると、以下の表の通りとなる。

表　日紹自筆史料一覧

	史料名	年月日	授与書・宛所	所蔵
①	日韶曼荼羅本尊(22)	文禄三年（一五九四）二月令日	越州妙泰寺住持本妙院権大僧都日人	福井妙泰寺
②	**日韶曼荼羅本尊**	**文禄三年（一五九四）七月令日**	**加州車村住又右衛門尉当寺参授之**	**加賀宗寿寺**
③	於内府様御前対決記録(23)	慶長四年（一五九九）十一月二十日		京都頂妙寺
④	日奥袈裟衣内墨書(24)	慶長四年（一五九九）十一月二十日以降		岡山妙覚寺
⑤	日紹曼荼羅本尊(25)	慶長五年（一六〇〇）霜月令日	授与之妙興寺住持建住院日元	小浜妙興寺
⑥	日紹譲状(26)	慶長十年（一六〇五）八月二十四日	竜花院日衍上人参	京都妙顕寺
⑦	日紹曼荼羅本尊(27)	慶長十年（一六〇五）仲秋令日		京都妙顕寺

⑧	日紹曼荼羅本尊[28]	慶長十三年（一六〇八）二月日	信心女妙祐逆霊山参詣之真文	野山妙本寺
⑨	日紹曼荼羅本尊[29]	慶長十八年（一六一三）九月令日	授与之月窓	敦賀妙顕寺
⑩	日紹譲状[30]	元和元年（一六一五）三月十二日	竜華院日饒上人	京都妙顕寺
⑪	日紹曼荼羅本尊[31]	元和四年（一六一八）三月令日	授与之中村長左ヱ門尉	敦賀妙顕寺
⑫	日饒・日紹連署置文[32]	元和四年（一六一八）霜月二十六日		京都妙顕寺
⑬	日紹曼荼羅本尊（未完[33]）	未詳		京都妙顕寺

この表に示したように、日紹自筆史料は管見の限り一三点確認される。⑬は年月日未詳だが、曼荼羅本尊内に「日紹」と署名されているので、少なくとも妙顕寺晋山後のものと考えられる。したがって、表に掲載した史料はすべて日紹が京都妙顕寺に晋山した後に作成されたものであり、かつ大坂対論以降成立の史料が大半を占めていることが窺える。その所蔵場所は京都・北陸の四条門流寺院が中心となっているが、日紹はこれらの地域以外にも佐渡に渡島したことが伝えられるため、今後、佐渡でも新たな日紹自筆史料が見出される可能性も想定される。

本稿で紹介した日詔曼荼羅本尊は②だが、成立年代的にはこれまで確認されている日紹自筆史料の中で二番目に古いものとなる。また、日紹がかつて「日詔」と号していたことを直接伝える日紹自筆史料は、これまで①の一点しか確認されておらず、主に先述B・C等の二次史料によって知られるところであったが、②は日紹自身が旧号「日詔」を使用している二例目の史料であり、日紹の旧号使用の事実をさらに裏付けるものである。

なお、日紹における「日詔」→「日紹」への具体的な改号時期については、現時点では断定に至っていない。ただし、すでに①が確認されていることから、旧号「日詔」の使用下限は文禄三年二月というのが研究の現状であった。しかし、今回②が新たに確認されたことにより、日紹は文禄三年七月の時点においてもまだ「日詔」を名乗っていることが判明した。これにより、旧号「日詔」の使用下限が従来よりさらに五ヶ月繰り下がることになる。現時点ではなお「日詔」→「日紹」への改号時期断定には至らないものの、「日紹」の使用が確認できる最も早い史料が⑤であるため、②の存在によって、改号時期が文禄三年七月から慶長五年十一月のどこか、というところまで絞り込みが進んだ。日紹がどのような理由・契機から改号するに至ったのかは定かではないが、少なくとも文禄二年（一五九三）の京都妙顕寺晋山後一年以上経過しても、なお「日詔」を名乗っていることが新たに窺えるのである。

おわりに

以上、本稿では、加賀市宗寿寺に所蔵される新出日詔曼荼羅本尊の概要を紹介するとともに、日紹自筆史料中における当曼荼羅本尊の史料的意義について少しく考察した。

すでに述べた通り、日紹は強大な外的圧力の政策によって表面化した、受・不受をめぐる教団内の教義論争の当事者の一人として、京都日蓮教団を代表する妙顕寺住持との立場から、理想と現実の間での究極的選択を迫られた人物である。日紹の事蹟解明が進むことで、受・不受論争に揺れた近世初期京都日蓮教団の実態がより明らかになっていくことが見込まれる。これまで確認されている日紹自筆史料が決して多くない現状の中で、今回新たな自筆史料が見出され、またその史料によって日紹の事蹟をわずかながら補完し得たことは貴重な成果であり、今後の研究に大いに裨益するだろう。

その一方で、本稿では新出曼荼羅本尊の紹介に留まり、日紹の事蹟の再検討までは考察が及ばなかった。この点は今後の課題として、さらなる新出史料の発掘を進めたいと思う。

註

（1）日蓮宗事典刊行委員会編『日蓮宗事典』（日蓮宗宗務院、一九八一年）六五九頁。
（2）日本仏教人名辞典編纂委員会編『日本仏教人名辞典』（法藏館、一九九二年）六四五頁。
（3）宮崎英修『日蓮宗徒群像』（宝文館出版、一九九三年）一一九頁。
（4）蓮昌寺史編纂委員会編『蓮昌寺史』（岡山蓮昌寺、二〇〇二年）一〇七・七五三頁。
（5）立正大学日蓮教学研究所編『日蓮宗宗学全書』第一九巻（山喜房仏書林、一九六〇年、以下『宗全』と略記）一二八頁。日富『龍華秘書』所収本。
（6）立正大学図書館所蔵『龍華歴代師承伝』（A06/120/1）。
（7）日蓮宗全書『本化別頭仏祖統紀』（本山本満寺、一九七三年）三四四頁。
（8）宮崎英修『日蓮宗徒群像』一二一頁。
（9）伝日典『妙正物語』（柏原祐泉・藤井学校注『日本思想体系57　近世仏教の思想』岩波書店、一九七三年）三九〇頁。
（10）藤井学『法華文化の展開』（法藏館、二〇〇二年）一八八頁。
（11）『宗全』第一九巻六七頁、中尾堯・北村行遠・寺尾英智「京都妙顕寺古文書目録」（『立正大学文学部研究紀要』第八号、立正大学文学部、一九九二年）四一頁、『妙顕寺文書目録』（文化庁文化財保護部美術工芸課、一九九二年）三五頁。
（12）日奥『禁断謗施論』（『原文対訳万代亀鏡録』上巻、万代亀鏡録刊行会、一九三一年、六七五・六九七頁。『万代亀鏡録』出版科学総合研究所、一九八二年、巻四―四三三頁）。
(13) 立正大学日蓮教学研究所編『日蓮教団全史　上』（平楽寺書店、一九七三年）五二〇頁には、「宗号論は妙顕寺の所伝では三回おこなわれており、第一回は応永元年（一三九四）四世日霽の時、第二回は天文四年（一五三五）八世日広の時、第三回は慶長元年（一五九六）十一世日紹の時で、（中略）第一回の宗号論はすでにのべた如く実際にはおこなわれていないから、天文四年の宗号論を第一回とすべきで、慶長元年の宗号論を第二回目とする」とある。
(14) 妙顕寺文書編纂会編『妙顕寺文書　一』（大塚巧芸社、一九九一年）一六七頁。
(15) 日奥『禁断謗施論』（『原文対訳万代亀鏡録』上巻六七七・六九八頁、『万代亀鏡録』巻四―四三七頁）。
(16) 山本修之助編『佐渡叢書』第五巻（佐渡叢書刊行会、一九七四年）一九三頁、望月真澄「佐渡における日蓮霊場の形成過程」（『印度学仏教学研究』第七〇巻第一号、日本印度学仏教学会、二〇二一年）二四六頁。
(17) 「角川日本地名大辞典」編纂委員会編『角川日本地名大辞典　17石川県』（角川書店、一九八一年）三五二頁、平凡社地方資料センター編『日本歴史地名体系第一七巻　石川県の地名』（平凡社、一九九一年）五四六頁。
(18) 日蓮宗全書『本化別頭仏祖統紀』四二七頁。
(19) 宮崎英修『日蓮宗の人びと』（宝文館出版、一九七六年）一一八頁。
(20) 日蓮宗寺院大鑑編集委員会編『日蓮宗寺院大鑑』（池上本門寺、一九八一年）六五七頁。
(21) 立正大学日蓮教学研究所架蔵写真帳『1346 大聖寺市蓮光寺・宗寿寺・小松市真福寺文書』。
(22) 日蓮宗宗務院宗宝調査記録（昭和八年八月）。
(23) 頂妙寺文書編纂会編『頂妙寺文書・京都十六本山会合用書類　二』（大塚巧芸社、一九八七年）七七頁、中尾堯「不受不施関係文書と「京都十六本山会合用書類」」（『立正大学文学部論叢』第一一二号、立正大学文学部、二〇〇〇年）二六頁。
(24) 宮崎英修『不受不施派の源流と展開』二四九頁、中尾堯「不受不施関係文書と「京都十六本山会合用書類」」一四頁。岡山県立博物館編『令和元年度特別展　岡山の日蓮法華』八六・一一七頁。
(25) 日蓮宗宗務院宗宝調査記録（昭和八年九月）。
(26) 『宗全』第一九巻六七頁、立正大学日蓮教学研究所編『日蓮宗宗学章疏目録』（東方出版、一九七九年）一一〇頁、中尾堯・北村行遠・寺尾英智「京都妙顕寺古文書目録」四一頁、『妙顕寺文書目録』三五頁。
(27) 妙顕寺文書編纂会編『妙顕寺文書　一』四三頁、中尾堯・北村行遠・寺尾英智「京都妙顕寺古文書目録」二四頁。
(28) 日蓮宗宗務院宗宝調査記録（昭和四年八月）。
(29) 日蓮宗宗務院宗宝調査記録（昭和八年八月）。
(30) 『宗全』第一九巻六八頁、立正大学日蓮教学研究所編『日蓮宗宗学章疏目録』一一〇頁、中尾堯・北村行遠・寺尾英智「京都妙顕寺古文書目録」四一頁、『妙顕寺文書目録』三五頁。
(31) 日蓮宗宗務院宗宝調査記録（昭和八年八月）。
(32) 中尾堯・北村行遠・寺尾英智「京都妙顕寺古文書目録」三九頁、『妙顕寺文書目録』三三頁。
(33) 中尾堯・北村行遠・寺尾英智「京都妙顕寺古文書目録」二六頁。

付　記

本稿執筆に際し、加賀市宗寿寺住職町田吉宏上人・同寺修徒町田侑実上人には、貴重な寺宝の調査ならびに論文掲載のご許可・ご配慮を賜りました。また、立正大学仏教学部寺尾英智教授には、貴重なご教示を賜りました。末筆ながら記して感謝の意を表します。

キーワード　日紹、日詔、妙顕寺、四条門流、不受不施

三好・松永氏と法華宗

天野忠幸

はじめに

戦国時代に近畿と四国を治めた三好氏は、法華宗との関係が深かったことが知られている。三好長慶の父の三好元長が、細川晴元や本願寺証如が差し向けた一向一揆に攻められ、堺の法華宗寺院である顕本寺（日隆門流）で自害したことから、元長は日頃から法華宗に帰依しており、三好氏は代々熱心な壇越と考えられた[1]。長慶やその次弟の安宅冬康は、日隆門流の両本山の一つである尼崎本興寺や、兵庫津久遠寺の檀那である正直屋棰井氏に特権を与え庇護しながら、大阪湾の港町に進出する[2]。

また、長慶の宿老の松永久秀は本国寺（六条門流）の有力な檀那であることから、教義上の解釈の違いから対立していた一致派と勝劣派の調停にあたり、「永禄の規約」の成立に尽力した[3]。同じ時期、久秀は、法華宗の申し入れにより、キリスト教の取り調べにもあたっている。

長慶の長弟の三好実休は、堺の会合衆の油屋伊達氏出身で頂妙寺（中山門流）第三世を務める日珖に深く帰依した。(4) 日珖は実休の陣僧としても活動し、実休が討死すると菩提を弔うため、堺に妙国寺を建立する。実休の長男で阿波を治める三好長治は、日珖を居城の勝瑞に招き、真言宗や浄土宗と宗論を行わせた。勝瑞宗論や天正の法華騒動と呼ばれており、江戸時代の軍記物では法華宗への改宗を画策した失政とされる。(5)

このように三好氏が法華宗と結び付いていった背景には、法華宗が京都や大坂湾、瀬戸内の港町に広まり、その信者が都市上層を占める状況があった。(6)

その一方、三好氏や松永氏が法華宗と関係を持った発端や、三好氏権力の中に他にも法華宗の信者がいたのか。また、浄土真宗の本願寺顕如が門跡成して地位を向上させ、キリスト教が畿内で布教を始めるなど、当時の畿内の宗教秩序が大きく変化し始めていた中で、三好氏は法華宗をどのように位置づけようとしていたのかなど、不明な点も多い。そこで、本稿ではこうした具体的な関係を見ていく。

一　三好長慶と日隆門流

1　三好元長と堺顕本寺

十六世紀中期、細川管領家の家督をめぐって、京都を基盤とする将軍足利義晴・細川高国方と、阿波から渡海した堺公方足利義維・細川晴元・三好元長方が激しく争っていた。享禄四年（一五三一）に元長が高国を滅ぼすと、義維が上洛を果たすかに見えたが、内紛が勃発する。あくまでも義維を推す元長と、高国が滅んだことで義晴との和睦を見据える晴元の対立が激化した。享禄五年、晴元は元長を討つため、本願寺証如に一向一揆を依頼する。六月、一向一揆は元長の居る堺に殺到した。

【史料1】『細川両家記』享禄五年六月二十日条

和泉・河内・津の国三ヶ所の一揆はせ集り十万計にて筑前守（三好元長）陣所南庄へ取懸たり、たのまれたる南庄より諸勢引入ければ、合戦にも及ばず、爰にては腹を切、かしこにては討死する程に、筑前守大寺（念仏寺）にてはいかゞとて、顕本寺へ取こもられける、又御所様（足利義維）も四条の寺（引接寺）より顕本寺へ御成有けれ共、四方より責入程に、筑前守を初て同名山城守（三好一秀）、塩田若狭守、同息二人、加地丹波守父子、此外諸侍共廿余人腹切ぬ、又御所侍上杉方初て八人腹きりぬ、凡討死七十余人也、一揆も三十余人討死する也、既御所様も御腹召るゝ処に、晴元より人を遣はされ刀をうばひ取、前に御座候つる四条の道場へうつし申されける也、

当初、元長は堺南庄の惣社開口神社の神宮寺である念仏寺（大寺）で自害しようとしたことに注意したい。しかし、「いかゞ」と思い直して顕本寺に籠っている。この時、足利義維も御座所である時宗の四条道場引接寺より顕本寺に駆け付けた。そして、元長と三好一秀、年寄衆の塩田胤光・胤貞親子や加地為利親子ら二十名余だけでなく、義維の被官である四条上杉氏の次郎や、細川奥州家の尚経など八名も切腹した(7)。合わせて七十余名が自害したが、一揆方も三十余名の死者が出ている。義維も切腹しようとしたところ、晴元の兵に拘束され、引接寺に軟禁された。念仏寺は同年九月に晴元方の三好長尚から免税特権が安堵されているので(8)、元長を受け入れず、戦って追い出したのであろう。元長はあくまでも次善の策として、顕本寺に逃れたのである。一方、軟禁の身であった義維が発給したのが次の御内書である。

【史料2】『本能寺文書』足利義維御内書(9)

今度於顕本寺、実行坊日近忠節無比類候、然者依其馳走、当寺可褒美候也、

七月十一日（享禄五年）　（花押）

本能寺

義維は、顕本寺において実行坊日近が忠節を尽くしてくれ、比類なき働きをしたと、顕本寺の本山である本能寺を誉めた。一揆方も三十余名が討ち死にしたのは、日近のような法華宗の僧侶が、元長が自害する時間を稼ぐために奮戦したためである。

そもそも元長が顕本寺で自害する以前に、三好氏と法華宗の繋がりを示す史料はない。阿波は高野山真言宗の力が強い地域であるし、三好元長の祖父の之長は浄土宗の百万遍知恩寺で自害して、その後も知恩寺で菩提が弔われている。すなわち、元長は法華宗を信仰していたから、顕本寺で自害した訳ではない。実態は逆で、元長が顕本寺のおかげで恥ずかしくない最期を迎えることができたから、元長の子の三好長慶・三好実休・安宅冬康・十河一存兄弟が、法華宗を特に保護するようになったのである。

【史料3】『顕本寺文書』安宅冬康書下(10)

当寺儀、開運（三好元長）為位牌所寄宿事、長慶・之虎（実休）被免許之上者、猶冬康（安宅）別而信心之条、聊不可有相違者也、仍状如件、

天文廿四

二月二日　　安宅摂津守

冬康（花押）

堺南庄

顕本寺

安宅冬康は淡路の海賊をまとめあげ、長慶と共に、兵庫津や尼崎、榎並といった港町に進出していた(11)。そうした冬康は、父元長が自害した顕本寺を、長慶や実休が位牌所と認定し、軍勢の駐屯を免除するという特権を与えてい

ることを踏まえ、自身も信心からその特権を確認している。

2　日隆上人号の追贈と本興寺の勅願所指定

三好長慶は、天文二十二年（一五五三）に将軍足利義輝を追放すると、戦国時代で初めて足利将軍家の者を誰も擁立せず、首都京都を支配し始める。後奈良天皇は同年に長慶を義輝と同じ従四位下に叙しており、長慶に京都の平和維持を期待していた。

そうした天文末年、尼崎では本興寺に集う人々が尼崎の惣社である貴布禰社の地に「寺内」を構え、浄土真宗の本願寺と対立が激化していた。そこで、安宅冬康は法華宗を支援し、三好長慶が弘治二年（一五五六）に本興寺の「門前寺内」として「貴布禰屋敷」を寄進し、領主権と都市特権を認めたことで、法華宗寺内町が形成された。

長慶は同年、後奈良天皇と共に明の嘉靖帝より倭寇の停止を求めて派遣されてきた国使を接見し、禁裏の修理を命じられるなど、天皇より篤い信頼を寄せられていた。また出雲の安来清水寺と鰐淵寺の座次相論にあたって、天皇が下した裁許を非難し再審を求めるなど、助言も行うようになっていた[12]。

このような三好氏と朝廷の蜜月関係が形成されていた弘治三年に、本興寺は大きな画期を迎える。

【史料4】『本興寺文書』後奈良天皇綸旨[13]

当寺令専興隆之沙汰、碩学多才之佳名、尤神妙也、弥挑法灯、宜被抽　宝祚延長・国郡無為之懇祈之由、

天気所候也、仍執達如件、

弘治三年二月廿五日　左中弁（柳原淳光）（花押）

日諦上人御房

日諦は本興寺の第十一世で、禁裏で法華経を講じた功績などを賞せられた。そして、同日に後奈良天皇は日隆に上人号を追贈する。[14] 日隆の没した二月二十五日に合わせて発給されたのであろう。さらに同日には天皇は本興寺を勅願所とすることを許し、天下の平穏を祈願するよう日諦に命じた。[15]

永禄四年（一五六一）七月一日には、正親町天皇の口宣案が発せられ、第十五世の日逕が同日のうちに、大法師から権律師、権少僧都を経て権大僧都に任じられた。[16] 日逕は開山日隆の生前の地位である権大僧都に昇ったが、天文法華の乱以後、激しく対立していた延暦寺が、法華宗の僧は律師を極官とし、僧都や僧正に任命しないように、朝廷に申し入れていたことを踏まえると、日逕の昇進は極めて異例な事であった。

そして、本興寺は永禄六年に日隆百年忌を諸末寺や檀那が参詣する中、恙なく催している。本興寺の寺内町公認から、日隆への上人号追贈や本興寺の寺格上昇、日逕の昇進に至る一連の流れの背景には、三好氏の強力な後押しがあったと考えられる。[17]

二　三好氏被官と法華宗

1　松永久秀と六条門流

松永久秀は摂津国島上郡東五百住出身の土豪で、三好長慶に取り立てられたが、本国寺の檀那として知られる。その本国寺と三好氏の最も古い時期の接触と考えられるのが、次の史料である。

【史料5】『実相寺文書』本国寺日助書状[18]

態令啓候、仍近日可有御渡海之由承候、尤珍重存候、武運長久之御祈念、不可有如在候、兼又当宗御入魂之儀
簡要候、恐々謹言、
十月四日　日助（花押）
三好孫次郎《長慶》殿
御宿所

『戦国遺文』では「天文九年カ」としたが、本願寺証如の『天文日記』天文六年（一五三七）九月十八日条によると、長慶は前日に安宅冬康を連れて淡路に下向したという。管見の限り、長慶が仮名「孫次郎」を名乗っている期間で畿内を離れて淡路や阿波に渡海したのは、この記事以外にないことから、【史料5】は天文六年の可能性が高い。

実相寺は上鳥羽に所在する寺院で、妙覚寺（日像門流）の筆頭末寺である。また、日助は本国寺の第十四世で、天文法華の乱により京都から堺の成就寺に避難していた。そうした中、長慶は淡路から堺へ渡海する旨を日助に伝えており、日助は武運長久を祈ると返している。ここにある「当宗御入魂」とは、洛中還住の支援を意味するであろう。

従来、松永久秀が長慶に仕えた契機は不明であったが、京都への復帰を図る本国寺が細川晴元への取り成しを望み、長慶と連絡を取り合っていたという下地があったのである。『本圀寺年譜』天文九年条によると、三月十日に日助が三光天子像を造立するが、その願主は久秀であった。

永禄七年（一五六四）に永禄の規約が成立すると、京都では十五本山が久秀の与力である今村慶満の屋敷に参会したが、堺の法華宗は久秀の母の宿所に参会した。

【史料6】『法泉寺文書』妙顕寺旧蔵「永禄之旧規勝劣一致和睦之次第案文(19)」

同九月廿一日　於堺南庄松永老母宿所

諸寺参会人数

頂源寺　要行寺　　成就寺　妙法坊　　顕本寺　蜜教院
興覚寺　蓮乗坊　　経王寺　教蔵院　　妙法寺　法泉院
成就寺　円乗坊　　本光寺　円教坊　　妙慶寺　実泉坊
妙法寺　報恩院　　照光寺　円珠坊　　本成寺　一乗坊
本受寺　真如院　　経王寺　教行坊　　本光寺　慶栄坊
調御寺　法泉坊　　法花寺　真浄坊　　興覚寺　善住坊
本耀寺　善儀坊　　本住寺　楼泉坊　　本教寺　善勝坊
法花寺　本仙坊　　顕本寺　定教坊　　円明寺　善住坊
本伝寺　要春坊　　多宝寺　常寿坊　　仏乗院　仏歳坊
弘経寺　民部卿

妙蔵寺　　妙福寺

大方殿へ音信

折五合　樽　一致方　　折五合　樽　勝劣方

諸寺ヨリ樽代　是ハ翌日ニ返進

大方殿のふるまい

御三こん（献）　さうに（雑煮）

頂源寺要行寺から弘経寺民部卿の二十八名は堺の法華宗の僧侶であるが、彼らを久秀の母（大方殿）に取り次いだ妙蔵寺と妙福寺とは誰であろうか。

【史料7】『兼右卿記』天文二十三年（一五五四）九月五日条[20]

日蓮宗本国寺僧摂州多喜山妙蔵寺〇日《寂光房》　、自松永弾正忠久秀以吹挙状、〇《内裏守護》卅番神幷天神七代・地神五代所望之間、調遣了、見于左、

天神七代

国常立尊（以下略）

本国寺の僧侶で摂津滝山城にいた妙蔵寺寂光房は、滝山城主である松永久秀の披露状を吉田兼右に取り次ぎ、天地開闢の時に生まれた国常立尊など七柱の神、神武天皇以前に日本を治めた天照大神など五柱の神、一か月三十日をそれぞれ結番して国土を守る法華経守護の善神を、滝山城に勧請しようとした。兼右は唯一神道を継承する公卿で、これに応じている。

【史料8】『東寺百合文書』ニ函二九八号文書、安井宗運書状[21]

此外不申候、自然万一妙蔵し（寺）留主にて候ハヽ、本庄孫三郎方して、状をも差越とも、あけ候へと、可被仰候、本庄孫三郎方なり共、又ハかなり（加成通綱）孫三郎方なり共、われ〳〵（我）かたよりと候て、あけ候へと可被仰候、

御折紙祝着申候、仍多喜山（滝）へ之書状認進候、

一、多喜山にてハやと（宿）あるましく候間、やとへ（宿）書状候へく候、妙蔵寺と申てら（寺）にて候、城中にて候間、可然候、山下迄おり候事、難成候、山下へ罷下したゝめ（認）なと仕候ハんとし候へハ、諸事不合期候間、如此候、

一、此やと（宿）の住持して、やかて披露候へく候、彼是可然候、

一、飯米をもち（持）候て、あかり候へと、可被仰付候、鳥目をもち候てハ、山上にてハ不如意たるへく候、このてら（寺）にてしたゝめ（認）候て、たへ（食）候へと、可被仰候、よ（余）の所にてハ、薪も水もあるましく候、

一、やと（宿）へ扇子一本にて、可然候よし、可被仰付候、

一、此坊主して被申候ハヽ、返事もはやく、やと（宿）もよく、かた〳〵可然候、大かたの仁ハ、取乱之最中たるへく候間、返事おそく候へく候、恐々謹言、

安法

七月十日（弘治二年）　宗運（花押）

宝厳院（祐重）

御返報

弘治二年（一五五六）に、東寺に雇われていた安井宗運が東寺宝厳院祐重に送った書状で、滝山城で松永久秀に面会を求める際の注意事項がまとめられている。まず、滝山城の周辺には宿がないので、山上の城内にある妙蔵寺

に宿泊するように勧めた。山下との行き来は不便であったようだ。妙蔵寺は単に宿泊施設であっただけでなく、その住持の寂光房が久秀へ訴えを披露する役割を担っていること、そして、寂光房に頼むと久秀からの返事も早いことを教えている。

妙蔵寺寂光房は、長慶の宿老で多忙を極める久秀の取次として、その権力に組み込まれており、それは滝山城の構造にも登城者の宿という形で反映されていた。そうした久秀の信頼を得ている妙蔵寺寂光房は、久秀が檀那である本国寺の僧侶であったのである。

【史料9】『宝乗山妙福寺縁起[22]』

此寺往古在摂州島上郡五百住村、而京大光本国寺十四世蓮花院大僧都日助上人、釈門棟領仏家領也、天文年中之始、摂泉往返之時、五百住僧堂歴覧矣、高祖尊容一軀、于時相招村老以諮詢来由、答曰竜華樹院日像菩薩刻彫也矣、計知此寺永仁正安草創乎、歳星遙阻而近里老者伝曰時時顕於奇瑞、施々於威光真俗目撃、挙世信仰時運難奈何之、

（中略）

永禄頃当郡八上高城城主松永孫六霜台以有事、縁詣彼寺、拝嚢祖尊像而聞説、此大士者昔像公刻彫助師点眼也、果以感得屈請権大僧都日洞、準予開墓、曳摂州妙福寺於八上山中、而建修梵宇、新模諸尊聖容鎮守之玉躰、更令開眼供養、洞公裏書之諸尊今現在矣、

（後略）

【史料10】『妙福寺日蓮証人坐像[23]』

永禄五年壬戌七月吉日

採色施主　松永孫六良敬白、

開眼導師法印　権大僧都日洞敬白

妙福寺は、現在、丹波篠山に所在する本国寺末の寺院である。本国寺日助が天文年間（一五三二～五五）に京都と堺を往復していた際、五百住で日蓮の座像を発見し、村人にその来歴を聞いたところ、日蓮が亡くなって間もない永仁年間（一二九三～九九）か正安年間（一二九九～一三〇二）に妙顕寺（日像門流）の開山となった日像が彫ったものであるという。河内の葛井寺が所蔵する大般若経巻六百の建武三年（一三三六）十二月二十三日付奥書に「摂州島上郡五百住妙福寺」と見えることから、鎌倉時代後期には妙福寺が五百住に建立されており、日蓮の座像が納められていたようだ。

その後、弘治三年（一五五七）に波多野秀忠を追い出し八上城主となった松永久秀の甥の孫六が、久秀（霜台は久秀の官途である弾正少弼の唐名）と共に、永禄年間（一五五八～七〇）に妙福寺に参詣し、寺を五百住より八上城内に移した。その時に日蓮の座像の彩色を行い、日洞が裏書を記したが、これが【史料10】にあたり、永禄五年（一五六二）のことである。慶長十六年（一六一一）に八上城が廃城になると、妙福寺は新たに築城された篠山城の城下に移った[24]。

妙福寺が妙蔵寺寂光房のように城主への取次を担ったかどうかは不明であるが、松永氏が城主を務める滝山城と八上城の城内に法華宗寺院が設けられていたことは興味深い。こうした両寺が、永禄の規約に際して、堺の法華宗寺院をまとめ、久秀の老母に取り次ぐ役目を果たしていたのである。

2　斎藤基速と頂妙寺

三好実休が帰依し、弘治元年（一五五五）から頂妙寺の第三世を務める日珖は、永禄四年（一五六一）より始まる『己行記』を残した。日珖が実休の家族や実休の率いた阿波や淡路南部の国人たちに受法したことが知られているが、日珖と交流したのは彼らばかりではなかった。永禄四年三月初めに日珖は権僧正の官を賜ったが、「柳原殿馳走、斎越之気遣也」と記しており、尽力したのが、本興寺日諦の功績を賞し、日隆への上人号追贈や本興寺の勅願所指定を担当した公家の柳原淳光と、武家の斎藤基速（越前守）であったことがわかる。その基速は閏三月二十八日に六十三歳で死去するが、日珖は晦日に使者よりその報を聞くとすぐに弔問に赴き、荼毘に付せられた吹田に四月十二日まで逗留しているので、基速と日珖の交わりは深かったようだ。

斎藤基速は、堺公方足利義維の奉行人として、義維の意を受けて奉書を発給するなど活躍した人物で、義維の没落後は一時期出家して「丈林軒卜数」と名乗っていた[25]。しかし、天文十八年（一五四九）に三好長慶が江口の戦いで細川晴元や三好宗三を打ち破った直後から長慶に仕えて取次を務めるようになり、時には一軍を率いた。「評定衆」とも称され、長慶権力の中枢として、宿老の松永久秀や三好長逸と共に、京都周辺の公家や寺社の相論を管掌し、大和筒井氏や摂津池田氏との交渉を担当している。永禄三年には五盛亀甲の大紋を着た姿が描かれ、相国寺の惟高妙安が賛を記した寿像が、頂妙寺に納められた。その基速画像と同じ箱に収められているのが次の文書である。

【史料11】『頂妙寺文書』三好長慶書状[26]

今度頂妙寺諸坊内ニ寺外江可令沽却沙汰在之様承候、従古禁制之由候上者、不可然候、当方族自然買取儀候者、以有様可申届候、更不可有疎意候、恐々謹言、

六月十二日　　　長慶（花押）

斎藤越前守（基速）殿

御宿所

頂妙寺の諸坊の中に寺地を売却しようとする者がいるのは、従来の禁制に背く行為であるとし、長慶は三好氏被官でもし買った者がいたならば報告せよと、基速に命じている。頂妙寺の寺領保護に関する内容であり、寺に直接手交すればよいのに、わざわざ基速に伝えているのは、基速と日珖が懇意であり、日珖が基速を取次として長慶に訴えたからであろう。松永久秀と共に三好氏を支える斎藤基速は、日珖に帰依し、頂妙寺の檀那と呼べる存在であった。

3　永禄の規約に尽力した三好氏被官

永禄の規約が成立した直後の永禄七年（一五六四）九月、松永久秀のもとで京都の諸寺院間だけでなく、関東との調整も行った堺出身の薬草院日扇（妙覚寺末の堺経王寺四世の日梁）は、自らと同じように実務に当たった人々を妙覚寺で慰労した。

【史料12】『法泉寺文書』妙顕寺旧蔵「永禄之旧規勝劣一致和睦之次第案文[27]」

九月二日於妙覚寺薬草院（日扇）振舞去廿日参会

御人数　相伴　本能寺旦那 小野宗仙入道　興覚寺檀那 東村大和守　妙覚寺旦那 松田一兵衛　妙覚寺旦那 大饗新右衛門　他宗 大饗与一助　霜台之 二阿弥

妙覚寺旦 服部妙善入道

座敷 能五番大夫堀池二助息十三才妙覚寺旦那 弥三良（郎）

日之間ニ三番諸寺御立之後入夜三（抹消）二番

日扇と同じ妙覚寺の関係者として、松田一兵衛（市兵衛尉）と大饗新右衛門、服部妙善が見える。松田一兵衛は永禄年間に松永久秀の被官として活動した[28]。大饗氏は久秀の奉行人を務めた楠正虎の改姓以前の姓であることから[29]、その同族と考えていいだろう。また、興覚寺は【史料6】にも見える堺の法華宗寺院で、その檀那の東村氏には、三好実休に仕える篠原伊賀守の子が養子に入っており、実休の次男義堅（十河存保）が十河氏の養子になると、それに従っている。義堅は堺を拠点としたため、天正三年（一五七五）には近郊の新堀城を織田信長が攻めるが、討死した者の中に東村氏がいる[30]。

久秀とその家族だけでなく、その被官にも法華宗は広まっていたし、堺を拠点に三好氏の被官が活動していく中で、法華宗の信者となる者もいたようだ。

4　本国寺の門跡成

永禄の規約に向けて、法華宗諸寺院や三好氏が調整に当たっていた永禄六年（一五六三）、もう一つ大きな問題となっていたのが、本国寺の門跡成であった。門跡とは貴種が住持を務める高い寺格で権威的存在であり、浄土真宗の本願寺は、永禄二年に門跡成していた。

『お湯殿の上の日記』永禄六年閏十二月六日条によると、将軍足利義輝より武家伝奏の勧修寺晴右と広橋国光を通じて、近衛尚通の次男である久我通堅の子の本国寺日勝を門跡にするようにとの申し入れが正親町天皇になされている。義輝は尚通の娘である慶寿院の子であり、日勝は従甥にあたる。しかし、天皇は義輝から延暦寺に届けよと回答し、勅許は下されなかった。

【史料13】『京都東山御文庫所蔵文書』松永久秀書状[31]

（封紙上書）

「　　松永弾正少弼

勧修寺殿　　　久秀

広橋殿人々御中　　」

就本国寺住持（日勝）門跡事、為上意、御執奏之処、山門江可被成御届之由候、如何在之儀候哉、先年佐々木（六角）定頼申曖時之書札も、更加様之儀、不相構事候、若向後申事候者、為此方可申理候、以御執奏之旨、急度勅許候様ニ御馳走所仰候、恐惶謹言、

壬（永禄六年）十二月十四日　　　久秀（花押）

勧修寺（晴右）殿

広橋（国光）殿

人々御中

本国寺日勝の門跡成については、檀那である松永久秀も支援していたようで、延暦寺に届けたのはどういうことかと勧修寺晴右と広橋国光を詰問している。かつて、天文法華の乱により堺に避難していた法華宗が洛中へ還住する交渉が大詰めであった天文十五年（一五四六）に、延暦寺は法華宗に末寺となるよう迫った。これを拒否する法華宗は、六角定頼に仲介を頼んだ。定頼は、法華宗が末寺銭ではなく日吉御祭礼料の費用を、延暦寺に納めることとし、両者の顔を立てた。[32]しかし、今回、本国寺が門跡となるにあたって、既に門跡となった浄土真宗の本願寺が

比叡山西塔の末寺であったように、延暦寺は直接的な形で本国寺に末寺となり、上下関係を明確にするよう迫ったようで事態は硬直した。

そこで久秀は、今後は三好氏方としても道理を述べるので、天皇に執奏し、必ずや本国寺を門跡とするという勅許を得るように馳走せよと、晴右と国光に迫っている。

こうした経緯から、将軍義輝や長慶・久秀は本国寺の門跡成を推進する一方、延暦寺はその末寺にならない限り門跡成を認めないと拒否しており、正親町天皇は双方の板挟みにあっていたようだ。『お湯殿の上の日記』閏十二月二十一日条では、天皇は中山孝親と正親町三条実福を延暦寺座主の応胤法親王に遣わし、内々に意見を求めている。閏十二月二十九日条によると、梶井・青蓮院・妙法院の三門跡からの回答が、座主より天皇のもとに届けられた。

永禄初年の正親町天皇は、外来のキリスト教を日本から排除し、かつては異端視し弾圧してきた本願寺や法華宗と密接な関係を積極的に結ぼうとしていた(33)。その背景には、戦国仏教の豊かな経済力に対する期待もあった。しかし、日本仏教の中核である延暦寺の拒否により、本国寺の門跡成はならなかったのである。

おわりに

三好氏と法華宗の関係は、三好元長が一向一揆に敗れ、念仏寺に追われる中、顕本寺が自害する元長のために戦ったことから始まった。こうした所縁から、三好長慶や安宅冬康は日隆門流を庇護し、本興寺も天皇と密接な関係を構築した三好氏の力を背景に、その寺内町の公認や開山日隆への上人号追贈、寺格の上昇、住持の昇進を成し遂げた。

法華宗との関係は三好一族だけに留まらない。六条門流の本国寺は、洛中還住に向けて、細川晴元の有力被官である三好長慶を頼るが、本国寺の檀那である松永久秀が長慶に仕える背景には、そのような前提があった。久秀や甥の孫六には本国寺の末寺の僧侶が仕えており、居城においても近侍する存在であった。久秀と共に三好氏権力の中枢であった斎藤基速は、三好実休と同様に、堺出身で中山門流の頂妙寺の日珖に帰依した。永禄の規約に尽力した久秀の被官には、日像門流の妙覚寺の檀那もいる。京都や堺を治める三好氏の諸階層には、法華宗の檀那が数多く存在していた。

日逕や日珖は延暦寺の反対を乗り越え出世するが、本国寺日勝の門跡成は延暦寺に激しく拒絶されている。キリスト教を排斥する天皇とその布教を公認する三好氏や、縁戚の日勝を推す足利義輝と本国寺を支援する松永氏など、それぞれの思惑があったものの、社会的地位を向上させてきた法華宗を、その実力に応じて、顕密仏教の中心たる天台宗や真言宗、法相宗に並ぶ地位に位置づけ権威化しようとする動向が、存在していたのである。

註

（1）豊田武『堺――商人の自由と都市の自由――』（至文堂、一九五七年）、秋永政孝『戦国三好党　三好長慶』（人物往来社、一九六八年）、今谷明『戦国三好一族』（新人物往来社、一九八五年。二〇〇七年に洋泉社新書より再版）

（2）天野忠幸『増補版　戦国期三好政権の研究』（清文堂出版、二〇一五年）

（3）都守基一「永禄の規約をめぐる中世日蓮教団の動向」（『興風』一八、二〇〇六年）、天野忠幸「三好氏と戦国期法華宗教団」（『市大日本史』一三、二〇一〇年）、同『松永久秀と下剋上』（平凡社、二〇一八年）、河内将芳『戦国仏教と京都――法華宗・日蓮宗を中心に――』（法藏館、二〇一九年）

（4）泉澄一『堺　中世自由都市』（教育社、一九八一年）、矢内一磨『中世・近世堺地域史料の研究』（和泉書院、二〇一七年）、河内註（3）前掲書。
（5）長谷川賢二「天正の法華騒動と軍記の視線――三好長治の「物語」をめぐって――」（高橋啓先生退官記念論集『地域社会史への試み』原田印刷出版、二〇〇四年。後に天野忠幸編『論集戦国大名と国衆一〇　阿波三好氏』岩田書院、二〇一二年）
（6）湯浅治久『戦国仏教　中世社会と日蓮宗』（中公新書、二〇〇九年）、河内将芳『日蓮宗と戦国京都』（淡交社、二〇一三年）
（7）天野忠幸『三好長慶』（ミネルヴァ書房、二〇一四年）、木下聡『室町幕府の外様衆と奉公衆』（同成社、二〇一八年）、川口成人「戦国期の細川一門「五条殿」」（『戦国史研究』八五、二〇二三年）
（8）天野忠幸『戦国遺文　三好氏編』第一巻（東京堂出版、二〇一三年）一〇二号文書「三好長尚書状」天文元年九月三日付
（9）岡田謙一「足利義維の御内書について」（『古文書研究』七三、二〇一二年）
（10）『戦国遺文　三好氏編』第一巻四〇六号文書
（11）中平景介「安宅冬康・神太郎・神五郎」（平井上総編『戦国武将列伝一〇　四国編』戎光祥出版、二〇二二年）、小川雄「安宅冬康」（天野忠幸編『戦国武将列伝八　畿内編下』戎光祥出版、二〇二三年）
（12）天野註（2）前掲書、天野忠幸『三好一族』（中央公論新社、二〇二一年）
（13）本興寺編、天野忠幸・仁木宏監修『本興寺文書』第一巻（清文堂出版、二〇一三年）
（14）註（13）
（15）註（13）
（16）註（13）
（17）三好氏に庇護された本興寺に対し、織田信長や荒木村重は尼崎支配の主導権を得るため、六条門流の長遠寺に特権を付与し取り立てた。それによって、両寺の関係は悪化し、永禄の規約を破って宗論を起こしそうになり、堺奉行の松井友閑や薬草院日扇に制止されている（天野忠幸『荒木村重』〈戎光祥出版、二〇一七年〉、同「尼崎で起こりかけた宗論」〈『地域史研究』一二〇、二〇二一年〉）

(18)『戦国遺文　三好氏編』第一巻一三八号文書
(19)岡山県立記録資料館、都守註(3)前掲書
(20)岸本眞実・澤井廣次「『兼右卿記』(十一)」(『ビブリア』一六〇、二〇二三年)
(21)『戦国遺文　三好氏編』第一巻参考四二号文書
(22)奥田楽々斎『多紀郷土史考』上巻(臨川書店、一九五八年)
(23)奥谷高史『丹波古銘誌』(綜芸社、一九七五年)
(24)奥田楽々斎『多紀郷土史考』下巻(臨川書店、一九五八年)
(25)佐藤稜介「斎藤基速」(天野忠幸編『戦国武将列伝七　畿内編上』戎光祥出版、二〇二二年)
(26)『戦国遺文三好氏編』二巻一〇四二号文書
(27)岡山県立記録資料館、都守註(3)前掲書
(28)天野忠幸「松永久秀家臣団の形成」(天野忠幸ほか編『戦国・織豊期の西国社会』日本史史料研究会、二〇一二年)
(29)天野註(28)前掲書
(30)天野註(2)前掲書、同『三好一族と織田信長』(戎光祥出版、二〇一六年)
(31)『戦国遺文　三好氏編』第二巻九六三号文書
(32)河内註(6)前掲書
(33)安藤弥「顕如の前半生――本願寺「門跡成」から親鸞三百回忌へ――」(金龍静・木越祐馨編『顕如』宮帯出版社、二〇一六年)、同『戦国期宗教勢力史論』(法藏館、二〇一九年)

キーワード　日隆門流、滝山城、妙蔵寺寂光房、斎藤基速、本国寺の門跡成

長谷川等伯筆日蓮聖人画像についての一考察
――六器と共に描かれる香炉について――

藤村泰介

一　問題の所在

桃山時代の絵師・長谷川等伯は、若き頃は「信春」と名乗り、北陸地方を中心に主に絵仏師として活動していた。法華寺院に多くの仏画を残しているが、その一つに富山県大法寺日蓮聖人画像がある。その画像では日蓮聖人の前に置かれた机の上に鈴、十巻本法華経、柄香炉が置かれ、さらにその机の前に小さな机を置き、その上に香炉を中心に花瓶、燭台、六器が置かれている。日蓮聖人の前に置かれる仏具のうち六器は密教法具の一つに数えられ、現在、法華寺院においては一部を除き使用されていない仏具である(1)。密教において六器は火舎香炉と一具として用いられるが、大法寺日蓮聖人画像に描かれている香炉は、火舎香炉とは形状が異なっている。一方、日蓮聖人画像で最も古い作品とされる静岡県妙法華寺画像では、一尊四士画像の前に机を置き、その上に香炉・花瓶・飲食器と共に六器が置かれているが、そこに描かれている香炉は火舎香炉である。

日蓮聖人画像に描かれる六器については、これまであまり取り上げられることがなく、その六器と共に描かれる香炉については、単に「香炉」と記されるだけで、香炉の種別について注目されることはなかったようである。等伯が六器と共に描いた香炉について考察してみたい。

二　日本における香炉について

日本において香供養は仏教伝来とともに行われていたとみられ、香を焚く器となる香炉についての記録は、『日本書紀』皇極天皇元年（六四二）七月二十七日の条に「庚辰、於二大寺南庭一、嚴二佛菩薩像與二四天王像一、屈二請衆僧一、讀二大雲經等一。于時、蘇我大臣、手執二香鑪一、燒レ香發レ願」[2]と記され、また、天智天皇八年（六六九）十月十九日の条には「甲子、天皇幸二藤原内大臣家一、命二大錦上蘇我赤兄臣一、奉二宣恩詔一。仍賜二金香鑪一」[3]との記述があり、香炉が用いられていたことがわかる。

また法隆寺の国宝玉虫厨子（七世紀中頃制作）の須弥座部正面の絵画の中に香供養の様子が描かれ、脚付きの居香炉や、柄香炉を手に持った僧や天人の姿があらわされ、また法隆寺の金銅灌頂幡にも柄香炉を手に持つ天人の姿があらわされている。

奈良時代には、『法隆寺伽藍縁起幷流記資財帳』（天平十八年〈七四六〉）に、「合香爐壹拾具」[4]とあって、「丈六分白銅單香爐壹口（口径三寸二分　高三寸六分）　佛分参具（二具鍮石　一長一尺五寸　一長一尺　一具白銅　長一尺三寸）」[5]と記されている。丈六分の白銅単香炉は口径と高さがほぼ同じであることから机上に置く居香炉のことと考えられ、寸法の長いものは柄香炉と考えられる。素材も鍮石製と白銅製のものがあったことがわかる。

『大安寺伽藍縁起幷流記資財帳』（天平十九年〈七四七〉）には「合香爐貳拾肆具（佛物十八具之中　一具銀重三斤十両二分　一具鍮石　一具牙　一具赤銅　十三具白銅　法物一

一具鍮石常住僧物二具高麗通物四具」[6]とあり、香炉の素材に銀・牙・赤銅などあったことがわかる。平安時代の『仁和寺御室御物実録』（天暦四年〈九五〇〉）になると、素材が鍮石・純金・銀・瑠璃・赤銅・紫檀・白銅・金銅・白角・岐佐木などと増えていき[7]、香炉が多様な発展をしていったことがうかがえる。

三　仏具の中の火舎香炉

石田茂作氏は『新版仏教考古学講座』（第五巻　仏具）の「総説」において、仏具を①荘厳具、②供養具、③梵音具、④僧具、⑤密教法具、⑥その他に分類されている。密教では真言を誦し、秘密灌頂、加持、護摩を焚くなど他では見られない固有の儀式があるため、仏具も他とは違う特殊なものがあり、「密教法具」の項目を立てる必要がある。他の書物、研究を見ても、仏具の分類において「密教法具」は別の項目として立てられている。

石田氏は前掲書において「密教法具には金剛五種鈴の如く梵音具に属するものもあるが、鈷杵・輪宝・羯磨・橛・大壇等を合わせて一具をなすものであるので、しばらく別の項目におく。護摩壇用具もこれに属する」とされ、金剛五種鈴を、梵音具の項ではなく、密教法具の項で取り上げられている。しかし火舎香炉については、供養具の香供養具の項で取り上げ、また密教法具の項でも、さらに詳しく取り上げられている。

『日蓮宗事典』の仏具の項では、①荘厳具、②供養具、③犍稚具（梵音具）、④僧具の四項目に分け、香炉は供養具に分類される。また松村寿厳氏は「日蓮宗と仏具――その受容時期を視点として――」の中で仏具を①荘厳具、②梵音具、その他を一括して③法具とする三項目に分類し、香炉などの供養具は荘厳具の項に含めている。当然のことながら、仏具の分類に法華寺院で使用されない「密教法具」の項目は立てられず、火舎香炉も取り上げられていない。

四　密教法具の中の火舎香炉

火舎香炉は広く密教法具の中で用いられる。密教においては、金剛杵・輪宝・羯磨、金剛鈴、護摩具などを根本法具と呼び、火舎香炉・六器・花瓶・飯食器・灑水器・塗香器など供養具を補助的法具と呼んでいる。

火舎香炉は大壇上の四方面に配置する四面器や密壇の一面器の中央に置かれ、その左右に六器・花瓶・飯食器などを配して用いられる。大治五年（一一三〇）を基準とする和歌山県那智経塚の出土品に、四口の火舎香炉、四橛、羯磨、花瓶、六器などの遺品があり、仁平三年（一一五三）銘の経筒を年代基準とする京都花背別所経塚などで、火舎香炉・六器・花瓶をそろえた一面器の遺品があることから、平安時代後期には、大壇の四面器や密壇の一面器の成立があったことが知られる。

五　香炉の形式的分類

香炉は形式によって次のように分類される。(8)

- 居香炉―博山炉・火舎香炉・蓮華形香炉・紇哩字香炉・金山寺香炉・蛸足香炉・鼎形香炉・三脚香炉・香印盤
- 柄香炉―鵲尾形柄香炉・獅子鎮柄香炉・瓶鎮柄香炉・蓮華形柄香炉

釣香炉　桶形香炉　象炉（香象）　外置香炉

香炉は机上に置き使用する居香炉と、手に持って使用する柄香炉の二つに大きく分けられ、これが基本的な形式となる。その他にこれらに当てはまらない、釣香炉、桶形香炉、象炉、外置香炉などがある。六器と共に描かれる香炉は、机上に置き使用される居香炉である。居香炉は単香炉、置香炉とも呼ばれ、この形式に属する香炉は種類が非常に多い。

居香炉に属する各香炉の形式は次の通りである。

・博山炉は、蓋の部分を峻験な山形につくり、脚付杯で盤状の台に載せられる。

・火舎香炉は、密教の修法壇上に配置される法具の中央に置かれるもので、単に火舎とも称され、火蛇、化赭とも称されることがある。火舎香炉については後述する。

・蓮華形香炉は、その名の通り蓮華の形をした香炉で、火炉は開敷蓮華形を成し、台脚は反花蓮華形になっている。また、火炉の蓮華形には開敷形と未敷形（蕾形）の二形式がある。

・紇哩字香炉は、蓮華形香炉の一種で、蓮華形の火炉に蓮葉形の蓋をのせ、その上に開敷蓮華を付けた独鈷杵形を立て鈕とする。蓋に梵字を透かした煙孔を持つ。

・金山寺香炉は、口縁に幅広の鍔が有り、やや外広がりの円筒形の深鉢状の火炉に、裾が広がった台脚が付いた香炉で、蓋を持たない。金山寺香炉の名称は韓国の金山寺の名に由来する。

・蛸足香炉は、火炉部は口が窄まった鉢形で、脚先が外に曲がった長短二種の脚を各六本あるいは八本持ち、長い脚のみで火炉を支える。火炉側面に葉状文や宝珠文・雲文を施し、長脚の付根に鬼面を表すものが多い。

・鼎形香炉は、中国古代の銅器の鼎に起源を持つもので、火炉口縁部の左右に耳を付け、火炉胴部に膨らみを持つ。鈕を持つ蓋がつけられ、鈕には獅子や龍があしらわれることが多い。円形の場合は三脚、方形の場合は四脚で、脚がなく円座になっているものもある。また耳の無いもの、蓋の無いものもあり、バリエーションが多い。

・三脚香炉は、火舎香炉以外の三脚を持つ香炉をいう。火炉部が桶形・壺形・鉢形などのものがある。

・香印盤は、粉末の香を文様や梵字の形に盛って香印をつくり、端から次第に燻焼させる盤で、長時間の焼香を可能にするものである。香篆盤、香盤、常香盤ともいう。

六　火舎香炉の形式的分類

火舎香炉は形式によって次のように分類される。(9)

火舎香炉
- 単層火舎
- 二重火舎（重層火舎）
- 異形火舎（蓮座式・塔鋺形）
- 片供香炉（卍字火舎）

単層火舎（**図1**）

火炉に蓋をつけるのみの単層式のものをいう。鍔形の幅広い縁をつけた火炉の下に三脚を持つもので、これに宝珠形の鈕を持つ蓋を被せる。蓋は中央が盛り上がった甲盛形で、猪目形や雲形・飛鳥形・円形などの煙孔を透かしている。平安時代の火舎はこの単層式である。

二重火舎（重層火舎）（**図2**）

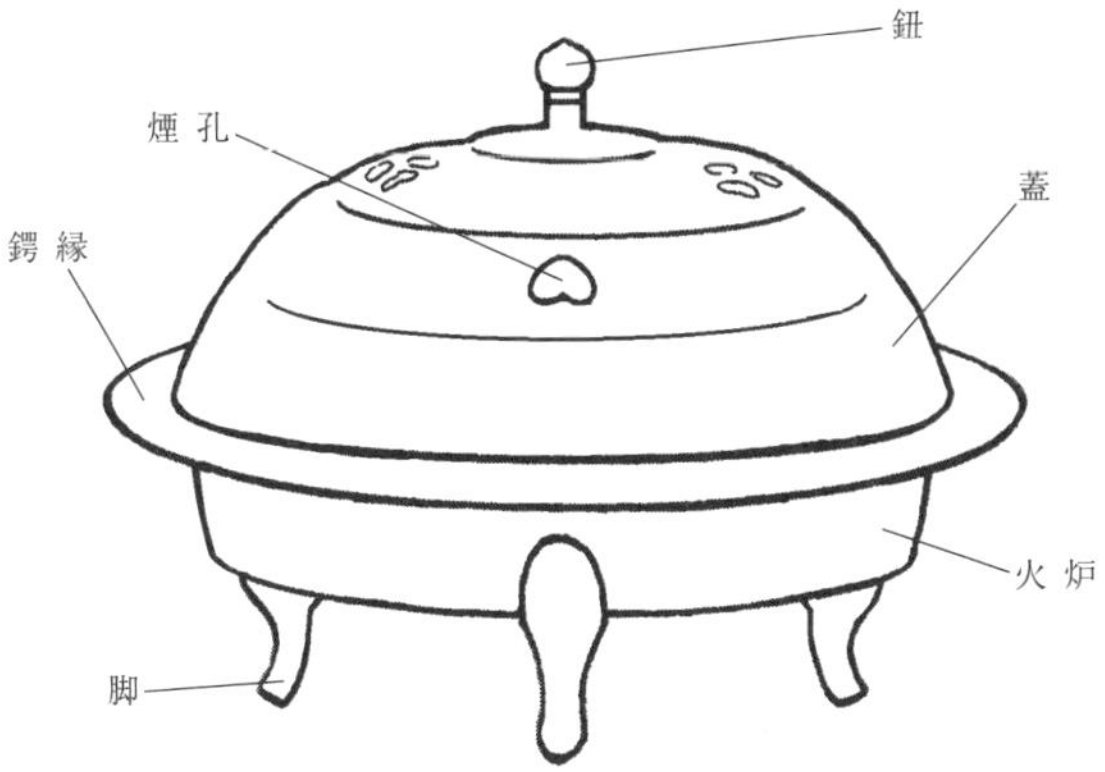

図1　単層火舎

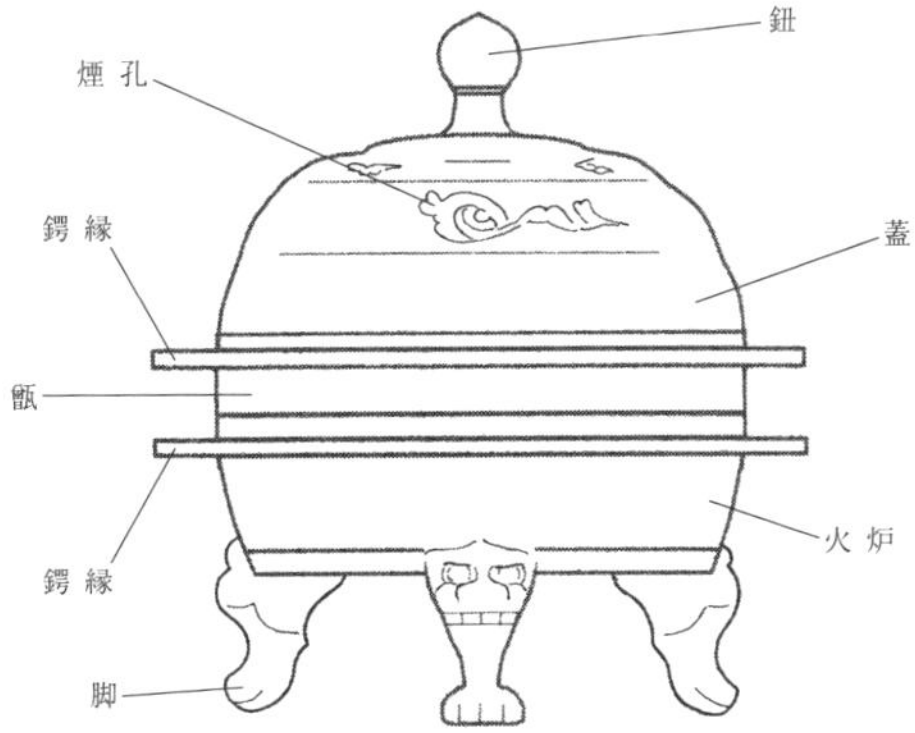

図2　二重火舎

単層火舎の火炉と蓋の間に、さらに火炉と同様の鍔縁をつけた輪形の甑を重ねたもの。浅い一重の火炉では焼香の火が消えやすいので、火炉内の空間を広くして火が消えないようにするために甑の部分が付けられたと考えられている。遺品のうえで最古のものは平安時代末から鎌倉時代初頭の栃木輪王寺のものがあるが、使用が定着したのは鎌倉時代以降と考えられている。

異形火舎

火炉の下に三脚ではなく蓮座を付けた蓮座式火舎と呼ばれるものや、旅壇具の小型密教法具の一つである塔鋺形火舎と呼ばれる飲食器に似た高坏状のものなどをいう。

片供香炉

卍字火舎とも呼ばれ、蓋に卍字の煙孔を透かす。片供とは六器のうち向かって右側の前供三器を用いて仏を供養する修法で、この式の香炉の名称となっている。室町時代を遡る遺品は見られない。

これらのうち主に用いられるのは単層火舎・二重火舎である。火舎香炉の形式を年代的に見ると、平安時代のものは単層火舎で、蓋の宝珠鈕が小さく、蓋も火炉も丈が低く、全体的に薄手の鋳製で、三脚も細く小さいことが特徴として挙げられる。鎌倉時代に入ると蓋の甲盛りが強くなってゆき、全体的に厚手になり宝珠鈕も三脚も重厚になって、蓋と火炉の間に甑を加えた二重火舎となる。室町時代は鎌倉期の形式を受け継ぎながら、さらに厚手になり丈が高くなっていく傾向が見られるが、次第に形式化が進んでゆくことになる。

七　六器と共に描かれる香炉

表1は等伯筆日蓮聖人画像をはじめ、六器が描かれる画像について表にしたものである。①～④は等伯の作品、⑤⑥が長谷川派関係の作品、⑦～⑩はそれ以外で六器が描かれる作品である。⑨、⑩の二作品は福井県本境寺に蔵される絵曼荼羅で、便宜上、応安元年銘を持つ⑨を絵曼荼羅A、制作年の銘がない⑩を絵曼荼羅Bとする。この二作品では、日蓮聖人とともに他の聖人の前の机にも六器が置かれている。(10)

⑦妙法華寺日蓮聖人画像のみ一尊四士画像の前に香炉・花瓶一対・飲食器・六器の供養具が置かれている。それ以外の作品では、像主の前の机に鈴・法華経・柄香炉などが置かれ、その前にもう一つ小さな机を置いて香炉・花瓶一対・六器が置かれている。ただし①大法寺画像のみ香炉・花瓶・燭台の三具足と共に六器が置かれている。また④本住寺日蓮聖人画像は、画面の痛みが激しく判別し難いが香炉は描かれていないようである。

六器と一具として用いられる火舎香炉の形式的特徴として、主に次の三点が挙げられる。

1、蓋―中央が盛り上がった甲盛形で鈕、煙孔を持つ
2、火炉（胴部）―幅広い鍔縁を持つ
3、脚―三脚を備える

これら火舎香炉の特徴をもとに、各作品の香炉について見ていきたい（**図3・4・5**は等伯作品に描かれる香炉をトレースしたものである）。

表1　画像に描かれる香炉と六器

①	日蓮聖人画像	富山・大法寺	永禄七年（一五六四）	鼎形香炉	花瓶・燭台・六器	六器は香炉の前、左右に分ける	等伯（信春）筆
②	法華経本尊曼荼羅図	京都・妙傳寺	永禄十一年（一五六八）	金山寺香炉	花瓶一対・六器	六器は香炉の前、左右に分ける	等伯（信春）筆
③	「法印日禛」銘高僧図	個人蔵	天正六年〜文禄四年（一五七八〜一五九五）	鼎形香炉	花瓶一対・六器	六器は香炉の前、左右に分ける　香炉に蓋なし	等伯（信春）筆
④	日蓮聖人画像	石川・本住寺	十六世紀	確認できず	花瓶一対・六器	香炉なし？	等伯（信春）筆
⑤	日経上人画像	京都・立本寺	十六世紀	火舎香炉	花瓶一対・六器	六器は香炉の前に等間隔	
⑥	日蓮聖人画像	石川・本圡字	寛永六年（一六二九）	火舎香炉	花瓶一対・六器	六器は香炉の前に等間隔	長谷川等誉筆
⑦	日蓮聖人画像	静岡・妙法華寺	十四世紀	火舎香炉	花瓶一対・六器・飲食器一対	一尊四士画像の前、六器は香炉を中心に左右に分け同列上に並ぶ	
⑧	日像上人画像	京都・妙顕寺	十四世紀	火舎香炉（？）	花瓶一対・六器	六器は香炉の前、左右に分ける	
⑨	絵曼荼羅A	福井・本境寺	応安元年（一三六八）	火舎香炉	花瓶一対・六器	六器は香炉の前に等間隔	
⑩	絵曼荼羅B	福井・本境寺	十四世紀	火舎香炉	花瓶一対・六器	六器は香炉の前に等間隔	

図３　等伯筆大法寺日蓮聖人画像に描かれる香炉

図４　等伯筆法華経本尊曼荼羅図に描かれる香炉

①等伯（信春）筆大法寺日蓮聖人画像

香炉（図3）は宝珠鈕を持つ蓋に円形の煙孔が二つ描かれる。蓋は中央が盛り上がり、その口縁部は波形で、反花形にも見える。火炉の上部、口の部分が窄み、肩から胴にかけて膨らんだ形をもつ。火炉口縁部左右に把手のようなL字形の耳が付いている。胴部に帯状の文様が見られ、三脚を持つ。火舎香炉と比較すると蓋、火炉部とも形状が異なり、鍔縁も持たない。よってこの作品に描かれる香炉は火舎香炉ではないとみられる。その形式、特に火炉口縁部左右に耳を持つ特徴から、この香炉は鼎形香炉と考えられる。

②等伯（信春）筆法華経本尊曼荼羅図[11]

香炉（図4）に蓋がなく、香炉内の灰が描かれているのが確認できる。口部がやや外に広がる円筒状で深鉢形の火炉部と末広がりの台座を持つ形式は、明らかに火舎香炉とは異なる。この香炉は形状から金山寺香炉と考えられる。ただし高麗製金山寺香炉に施されるような象嵌は見られず無地である。

③等伯（信春）筆「法印日禛」銘高僧図[12]

この画像の香炉（図5）は①大法寺日蓮聖人画像に描かれる香炉と同じように火炉口縁上部左右に耳を持つが形状が異なり、U字を逆さまにしたような形の耳が付けられている。火炉は口の部分が窄み、肩から胴にかけて膨らんだ形を持ち、①大法寺本の香炉の形状に似ている。蓋がなく、香炉内の灰が見える。机上にも蓋が置かれておらず、また火炉口縁部の上面に耳が付いており蓋を被せるのが不可能な形状なので、もともと蓋を持たないものと考えられる。三脚を持ち、①大法寺画像と同様、机の中央、左右の花瓶よりやや後方に置かれているが、①大法寺画像と違い、二脚の方を前に置かれているように見える。蓋を持たないことや、火炉部の形状から、この香炉は火舎香炉ではないとみられる。①大法寺画像と同じく、その形式および耳を持つ特徴から、この香炉は鼎形香炉と考え

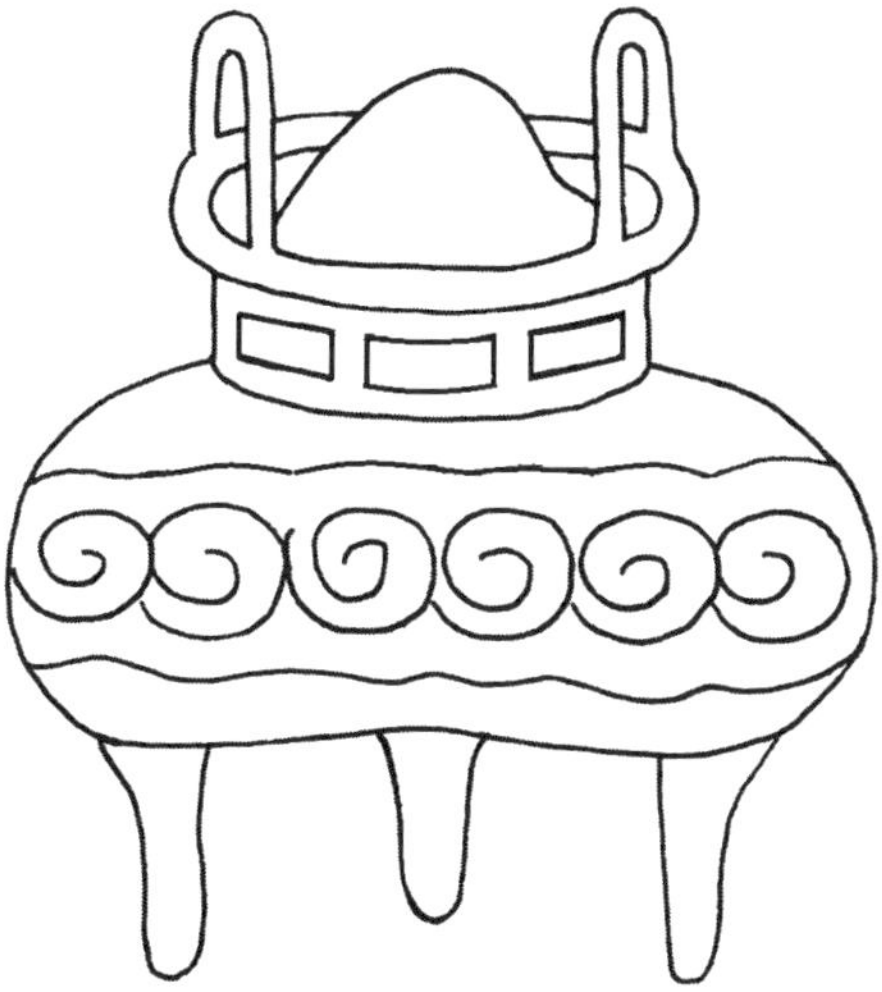

図５　等伯筆「日禛」銘高僧図に描かれる香炉

られる。

④等伯（信春）筆本住寺日蓮聖人画像

画面の痛みが激しく判別し難いが、六器と共に机上に置かれるはずの香炉は描かれていないようである。

⑤立本寺日経上人画像[13]

宝珠鈕を持つ蓋に煙孔が三つ横並びに付けられている。火炉口縁部に鍔縁を持ち、三脚を備えることから、この香炉が火舎香炉であることが確認できる。

⑥本土寺日蓮聖人画像[14]

鈕の付いた蓋で、火炉口縁部に鍔縁を持ち、三脚を備えることから火舎香炉と考えられるが、鍔縁が波形であることは異例である。六器の胴部が極端に浅く、描き方に形式化が見られる。

⑦妙法華寺日蓮聖人画像

宝珠鈕を持つ蓋で、火炉口縁部に鍔縁を持ち、三脚を備えることから、この香炉は火舎香炉であることが確認できる。

⑧妙顕寺日像上人画像

鈕を持つ蓋に煙孔を上下二段に配し、三脚を備える。鍔縁がはっきりとは確認できないが、おそらく火舎香炉を描いたものであろう。
⑨本境寺絵曼荼羅A
鈕を持つ蓋で、火炉口縁部に広い鍔縁を持つ。二脚を前にして置かれ、後ろの一脚が見えないが、おそらく三脚の香炉を描いていると考えられる。これらの形式の特徴から、この香炉は火舎香炉と考えられる。
⑩本境寺絵曼荼羅B
画面の痛みが激しく確認しづらいが、香炉は鈕を持つ蓋で、火炉口縁部に鍔縁を持ち、三脚であることから、この香炉は火舎香炉であることが確認できる。

以上のように、ここに取り上げた画像の中で、六器と共に描かれる香炉が火舎香炉ではないものは、等伯が描いた①大法寺日蓮聖人画像、②法華経本尊曼荼羅図、③「法印日禛」銘高僧図の三作品のみであることが確認できた。またその他の作品で六器と共に描かれる火舎香炉は、すべて単層の火舎香炉であった。

八　絵巻における六器と共に描かれる香炉

法華関係以外で祖師像・高僧像に六器が描かれる例は、管見の限り確認できていない。しかし絵巻には、六器が描かれている作品が複数ある。その中で法然上人行状絵図（京都・知恩院）を取り上げてみたい。法然上人の伝記を絵巻にしたものは鎌倉時代からいくつも制作されてきた。知恩院所蔵の作品は、古くは「四十八巻伝」と呼ばれ、鎌倉時代末に制作されたものといわれている。

法然上人行状絵図においては、阿弥陀仏画像や須弥壇の前など、本尊の前に前机が置かれ、その上に香炉・花瓶

表2　法然上人行状絵図（京都・知恩院）に描かれる香炉と六器

①	巻一	五段	阿弥陀仏画像掛け軸の前	火舎香炉・花瓶一対・六器	六器は香炉の前、等間隔
②	巻十	六段	須弥壇の前（画像？）	火舎香炉・花瓶一対・六器	六器は香炉の前、左右に分ける
③	巻十一	一段	須弥壇の前	火舎香炉・花瓶一対・六器・他仏具一対	六器は香炉の前、等間隔
④	巻十二	六段	阿弥陀仏画像の前	火舎香炉・花瓶一対・六器・他に仏器一対	六器は香炉の前、左右に分け机の角に
⑤	巻十四	一段	須弥壇の四辺	花瓶・六器×四辺	六器は香炉の前、左右に分ける
			須弥壇の前	火舎香炉？・花瓶一対（六器は柱に隠れている？）	／
⑥	巻十四	二段	阿弥陀仏像の前	火舎香炉・花瓶一対・六器・他仏具（柄香炉か？）	六器は香炉の前、左右に分け机の角に
⑦	巻十四	三段	阿弥陀仏像の前	火舎香炉・花瓶一対・六器・燭台？	六器は香炉の前、左右に分ける
⑧	巻二十五	三段	阿弥陀仏像の前？	火舎香炉・花瓶一対・六器	六器は香炉の前、等間隔
⑨	巻二十七	五段	弥陀来迎三尊仏画像の前	火舎香炉・花瓶一対・六器（六器が一つ多いか？）	六器は香炉の前、等間隔
⑩	巻三十	五段	「観無量寿経曼陀羅」「浄土五祖影」の前	火舎香炉・花瓶一対・六器	六器は香炉の前、左右に分ける
⑪	巻三十六	四段	一切経の経櫃の前	火舎香炉・花瓶一対・六器	六器は香炉の前、左右に分ける
⑫	巻三十九	一段	不動明王画像の前	火舎香炉・花瓶一対・六器	六器は香炉を中心に左右に分ける
⑬	巻三十九	二段	阿弥陀仏画像？の前	火舎香炉・花瓶一対・六器	六器は香炉を中心に左右に分ける
⑭	巻三十九	四段	阿弥陀仏画像？の前	（香炉確認できず）・花瓶一対・六器（一部確認できず）	／
⑮	巻三十九	五段	不明	火舎香炉・花瓶一対？・六器	六器は香炉を中心に左右に分ける
⑯	巻三十九	七段	天台密教系曼荼羅図？の前	火舎香炉・花瓶一対・六器	六器は香炉を中心に左右に分ける
⑰	巻四十四	四段	阿弥陀仏画像の前	火舎香炉・花瓶一対・六器	六器は香炉の前、等間隔
⑱	巻四十八	四段	画像の前か？	火舎香炉・花瓶一対・六器	六器は香炉の前、等間隔

などと共に六器が描かれる場面が十八ヶ所確認できる（表2）。絵巻は情景を描いているため、仏具の一部が隠れて確認できない箇所もある。⑤巻十四・一段では香炉の下部は柱に隠れて確認できず、⑭巻三十九・四段では香炉が人物の陰に隠れているようで確認できない。この香炉が確認できない二ヶ所を除く、他の十六ヶ所において六器と共に描かれる香炉の形式を見てみると、火舎香炉の特徴である鈕を持つ蓋、火炉口縁部の幅の広い鍔縁、香炉を支える三脚を確認でき、六器と共に描かれている香炉が十六ヶ所すべてで単層の火舎香炉であることがわかる。①巻一第六段では火舎香炉の下に盤のようなものが敷かれているのが確認できるが、香炉の下に盤を敷くのは博山炉に見られるもので、火舎香炉でもこのような形式があったのだろうか。また⑱巻四十八第四段の火舎香炉は鍔縁の幅が狭く描かれている。

法然上人行状絵図以外にも、融通念仏縁起、慕帰絵詞、当麻曼荼羅縁起、稚児観音縁起、二月堂縁起、石山寺縁起などで六器が描かれている箇所があるが、そこで六器と共に描かれる香炉はすべて単層の火舎香炉である。

九　等伯が六器と共に描いた香炉について

六器と火舎香炉は一具として取り扱われるものであるにもかかわらず、なぜ等伯は火舎香炉ではない香炉を六器と共に描いたのだろうか。

火舎香炉は平安時代後期には使用されていたことが知られ、等伯作品に描かれた鼎形香炉、金山寺香炉は鎌倉時代末から使用されたと考えられている[15]。取り上げた画像の内、火舎香炉・六器の組み合わせで描かれた画像や絵巻は多くが十四世紀の作品であり、等伯の作品は十六世紀後半の作品である。法華寺院にはじめから当宗独自の仏具があったわけではなく、その草創期においては既存の仏具を移行し使用していた時期があり、やがて時代を経て当宗独自の仏具の形式へと移行していったのではないかと考えられる。

しかし等伯作品と同じく十六世紀頃に描かれた⑤立本寺日経上人画像、また等伯以後の一六二九年に描かれた⑥本土寺日蓮聖人画像のように、等伯と同時代、またそれ以後であっても、六器と共に火舎香炉を描く作品が存在する。火舎香炉と火舎香炉以外の香炉が同時期に併存し使用されていた可能性もあるが、他の可能性として、絵師が作品を制作する際に手本とした粉本の存在が影響しているのではないかと考えられる。粉本に描かれる香炉が火舎香炉であれば、それを手本としてその通りに描けば火舎香炉が描かれることになる。粉本は作品を一定のレベルに保つために大きな役割を果たすが、誰が描いても同じような画一的でオリジナリティーに乏しい作品になってしまうという問題がある。等伯は粉本を手本としながらも、それに縛られず、当時、実際に目にした供養風景を取り入れ、作品に独創性を持たせたのではないだろうか。それは信春時代にして、すでに絵師としての自信の表れとも受け取れ、また既存の作品を超えようとする野心の表れとも受け取れる。等伯作品と同じ図様の粉本が存在した可能性も考えられるが、作品によってそれぞれ香炉の形式を変えていることから、等伯のオリジナルであろう。

おわりに

等伯筆日蓮聖人画像に、六器と共に描かれる香炉について考察を加えてみた。

仏画や高僧図は、その性質上、粉本の図様通りに描くことが求められたと考えられる。それに変更を加えるには、作品の依頼主や寺院の承諾も必要であったであろう。それが認められたのは、その変更が制作当時の実際の供養風景を反映したものであったからだと考えられる。

また火舎香炉と六器を一具として用いるという密教における縛りを離れ、鼎形香炉や金山寺香炉を用いるということは、六器を、密教法具ではなく供養具の一つという認識で用いていたということを示すものではないだろうか。等伯が描いた鼎形香炉は、三具足の香炉として発達したとされる香炉である。(16) 三具足が供養具として発達し、その使用が一般化するにしたがって、(17) 六器は三具足の前に置かれる補助的なものとなり、やがて使用されなくなっていったのではないだろうか。

法華寺院において火舎香炉・六器が使用されていたとしたら、実際どの程度の範囲で使用されていたのか、いつごろから使用されなくなったのか、定かではないが、さらに多くの作品や遺品、文献等を対象にして考察することが必要と考え、それを今後の課題としたい。

註

(1) 日蓮正宗では現在も六器を使用しているようである。
(2) 『日本古典文学大系』六八 日本書紀 下、二四一頁
(3) 『日本古典文学大系』六八 日本書紀 下、三七三頁
(4) 『大日本仏教全書』一一七巻、寺誌叢書第一、六頁
(5) 同右
(6) 『大日本仏教全書』一一八巻、寺誌叢書第二、一一九頁
(7) 『續々群書類從』第十六 雑部一、一三九頁
(8) 岡崎譲治監修『仏具大事典』 鎌倉新書、一九八二年
(9) 同右

(10) 福井本境寺絵曼荼羅に描かれる仏器を「六器ではない」とする見方もある（岡崎讓治監修『仏具大事典』「日蓮宗の仏具」の項、脚注11）。しかしその根拠は示されていない。

(11) 作者を示す落款印章はないが、画風の検討から等伯が信春時代に描いた作品と判断されている。

(12)「日禛上人画像」とも呼ばれるが、像主を日禛上人とすることには疑問がある。「法印日禛」の署名から日禛上人存命中の作品であることがわかるが、像主の前に香炉・花瓶・六器等を置くということは、像主が礼拝の対象であることを示すものであり、存命中の上人の前に置かれるとは考えにくい。①大法寺日蓮聖人画像と図様が類似しており、像主が日蓮聖人の可能性も考えられる。

(13) 画像を収める箱の表に「長谷川等伯筆」と記されているが落款印章はなく、画風の検討から等伯作品ではないであろうとする意見が多い。

(14) 作者を示す落款印章はないが、画風の検討から長谷川派の一人、長谷川等誉の作品と考えられている。等誉に関する詳しいことはわかっておらず、等伯との縁戚関係があったかどうかなどは不明。長谷川家菩提寺の七尾市長壽寺過去帳二十六日の項に「寛永十三年正月繪師／等誉／長谷川」との記述があり、等伯が亡くなってから二十六年後に亡くなっていることがわかる。

(15) 久保常晴『続仏教考古学研究』ニュー・サイエンス社、一九七七年

(16) 藏田藏編『仏具』（日本の美術16）至文堂、一九六七年

(17) 奈良弘元氏は、我が国における三具足の使用について、蠟燭の利用が広まるのが江戸時代に入ってからであることから、三具足の使用は南北朝時代まで遡ることができるとしても、その一般化はさらに後のことになるだろうと指摘されている。今回取り上げた等伯の作品の中で、香炉・燭台・花瓶の三具足は大法寺本だけで、他の作品は香炉・花瓶一対の組み合わせである。

参考文献

岡崎讓治監修『仏具大事典』 鎌倉新書 一九八二年

石田茂作監修『新版仏教考古学講座』第五巻 雄山閣 一九八四年

久保常晴『続仏教考古学研究』　ニュー・サイエンス社　一九七七年
藏田藏編『仏具』（日本の美術16）　至文堂　一九六七年
阪田宗彦編『密教法具』（日本の美術282）　至文堂　一九八九年
鈴木規夫編『供養具と僧具』（日本の美術283）　至文堂　一九八九年
中村元・久野健監修『仏教美術事典』　東京書籍　二〇〇二年
松村寿巌「日蓮宗と仏具――その受容時期をめぐって――」『日蓮教学研究所紀要』第六号　立正大学日蓮教学研究所　一九七九年三月
坂輪宣教『仏教美術の廻廊』　宝文館　一九八四年
『大日蓮展』図録　東京国立博物館　二〇〇三年
『日蓮と法華の名宝』図録　京都国立博物館　二〇〇九年
『没後四〇〇年　長谷川等伯展』図録　毎日新聞社　二〇一〇年
『長谷川等伯展～「信春時代」―等伯のプレリュード～』　七尾美術館　二〇一一年
『法然上人絵伝』（続日本絵巻大成1～3）　中央公論社　一九八一年
『日蓮聖人と法華の至宝』第六巻「仏具と荘厳」　同朋舎新社　二〇一五年
奈良弘元「仏具「三具足」をめぐって」『日本佛教学会年報』第六十七号　日本佛教学会　二〇〇二年五月
遠藤幸一「新出「信春」印・「法印日禛」銘高僧図について」『富山大学教育学部紀要』三十一号　富山大学教育学部　一九八三年三月
『日蓮宗事典』　日蓮宗宗務院　一九八一年

キーワード　長谷川等伯、日蓮聖人画像、六器、火舎香炉、信春

一枚刷りの日蓮絵伝について

――『新版日蓮聖人御一生記』と『南無日蓮大菩薩御一生記略図』――

寺尾英智

はじめに

日蓮の絵伝記は、江戸時代に出版文化が花開くと、日澄『日蓮聖人註画讃』（仮名書本）をはじめとして数多く刊行された。江戸時代後期には、より短編で簡明平易な伝記が刊行されるようになる。そのような絵伝記として最も簡略なものに、冊子ではなく一枚刷りのものがある。[1] 一枚刷りの絵伝記は、江戸時代における祖師信仰の隆盛ともあいまち、錦絵や各種の摺物などと同様に庶民に広く受け入れられたものと考えられる。

このような一枚刷りの絵伝記については、戦前に山上・泉氏が日蓮宗関係の錦絵・版画を集成する中で、七点を掲げられた。[2] ついで冠賢一氏は、簡略な日蓮伝記本の一つとして二点に言及されている。[3] しかしながら、個別具体的な研究は、その後ほとんど進展していない状況である。山上氏の集成した資料は、残念ながら氏の没後に散逸したようであり、[4] 目録としての掲出であったため内容について不明な点も多い。

そこで本稿においては、まず一枚刷りの日蓮絵伝について諸本を集成して概略を提示する。その上で、数点の諸本を取り上げ、画および本文の構成内容を検討し、その特徴を明らかにしていきたい。

一　一枚刷り絵伝の諸本

一枚刷りの日蓮絵伝について、管見に入ったものを示すと、次の通りである。[5] 標題があるものはそれに拠り、記されていないものについては（　）で括り適宜名称を記した。誕生や龍口法難など、伝記の場面を示す項目の数、ならびに各項目に伝記を記述した本文（詞書）の有無、刊行者、版型の縦長・横長の別などについて付記した。なお、描かれた画面を説明する単語のみが画中に記される場合は、詞書に含めていない。

1高祖御一代略図　詞書なし　十五項目　縦
2（日蓮聖人一代図）　詞書なし　十五項目　縦
3（日蓮聖人一代図）　詞書なし　十六項目　縦
4（日蓮聖人一代図）　詞書なし　十六項目　縦
5高祖御一代略図　詞書なし　十六項目　横
6（高祖一代図）　詞書あり　十七項目　横
7（高祖一代図）　詞書あり　二十八項目　縦　東山法華寺
8（高祖一代図）　詞書あり　二十八項目　縦　本圀寺
9新版日蓮聖人御一生記　詞書あり　二十九項目　横　江崎屋求板
10南無日蓮大菩薩御一生記略図　詞書あり　二十九項目　横　本光院日晨[6]

11南無日蓮大菩薩御一生記略図　詞書あり　二十九項目　横　徳蔵寺
12日蓮聖人御一生記　詞書あり　三十項目　横
13真像図画日蓮上人御一代記　詞書なし　四十九項目　縦　身延山
14七難所御影　詞書なし　九項目　縦
15祖師御難所　詞書なし　十一項目　縦
16（本門八品弘通大導師日蓮大菩薩）　詞書なし　十項目　縦

1～13は、誕生から入滅までの生涯全体に亘るものである。1と5の各項目は雲により、2～4、6～13・16の各項目は罫線により区画されている。14・15・16は、生涯全体ではなく、法難に関係する場面を中心にしたものである。14・15の各項目は、罫線などにより区画されることはない。十六点のうち、詞書があるものは七点、詞書がないものが九点となる。9については、多色刷りのものと、墨版のみのものが確認される。12は多色刷りである。それ以外はいずれも墨版であるが、手彩色されたものもある。

刊行者について見ると、9に本屋名があり、十六点の中で唯一商業出版であることが明らかである。7・8・11・13には寺院名が記され、寺院版であることがわかる。5にも蔵版寺院を示すと考えられる印が捺されている。10も僧侶名と考えられる名称があり、寺院版であろう。刊行者について記されない八種類についても、日蓮絵伝という内容を考えれば、やはり寺院、あるいは篤信者等による私家版である可能性が高いのではなかろうか。

3と4は、全ての項目の絵柄と内容が一致しており、寸法も同様であることから、同版であると判断される。両者の相違部分は、3では左下最下段に位置する「身延山図」の項目において彫工名を「（《ママ》彫工東都吉村宗次」と記すが、4は上記彫工名の部分を空白とする。4のこの部分は、削除されたものと考えられる。なお、3と4共に、右下最下段の「名越御庵主召取御難」（龍口法難における松葉谷草庵での召し捕り）の項目は、その上に位置する「小松原東条御難」の項目より画面の横幅が短く、項目の右側に不自然な余白がある。この部分には、3・4に先立つ当初の印本では施主・刊行者などが記されており、その部分の版が後に削除された可能性が考えられる。資料の新出を待ちたい(7)。

5は、下部に位置する「十徳」と題する讃文の末に「寛政八丙辰歳仲春穀旦」と日付が記される。このことから寛政八年（一七九六）の刊行が想定できよう。讃文の後には、印文「相模国／三浦郡／久野谷／法久山／妙光寺」の朱印が捺される(8)。

7と8は、全ての項目の絵柄と内容・詞書が一致しており、寸法も同様であることから、同版であると判断される。両者の相違部分は、末尾の項目「第廿八　御旧跡の事」の後に位置する刊記に相当する部分である。7では、

発起　西京四条住　湯浅広宣堂謹誌

長谷川西尾藤井田邑村瀬石田福田物而有志面々

本圀寺別院

東山志留谷法華寺

と記され、本書は法華寺版といえる。同部分について、8では、

本圀寺蔵版（朱印・「大光山／本圀寺」）

となっている。7のこの部分の書体は本文と共通するが、8の書体は相違する。また、8には7の第一行目の文字の右端部分の残画があり、7に見られる地の部分全体を縁取る雲が刊記の下部にも及ぶが、8にはこの部分のみ欠けている。以上のことから、8の刊記は7の刊記を削除して埋木し、改刻したことが明らかである。なお、刊記に

日付は記されていないが、「第廿八　御旧跡の事」の本文に、

高祖大士六百御遠忌為御報恩謝徳、兼ては妙法広布、天下泰平、国土安穏、五穀豊饒、万民快楽也、

とあり、本書が明治十四年（一八八一）に迎える日蓮六百遠忌を期して刊行されたことが知られる。

10と11は、全ての項目の絵柄と内容・詞書が一致しており、寸法も同様であることから、同版であると判断される。両者の相違部分は、標題の下部に10では「本光院日晨」とあるが11では「徳蔵寺」とあることである。両者は、文字の欠損などの状態から、10が先行する刷りであるとしてよい。10の当該部分を削除して埋木し、改刻したものとみられる。

13には、左下隅に「石渡刀称三彫刻（印）／歌川国直謹画（略押）」と彫工名・絵師名を記しており、歌川国直の画であることがわかる。歌川国直は嘉永七年（一八五四）六月二十七日に没しており、作画期は文化六年（一八〇九）から天保期（一八三〇～一八四四）に至るという[9]。したがって、本書刊行の下限は嘉永七年、文化から天保の頃の刊行とみられる。

2には、裱背に次に示す墨書銘があり、弘化四年（一八四七）に開眼されたものであったことが判明する。刊行は同年、あるいはそれ以前のこととなろう。

弘化四年開眼の
高祖大菩薩御一代之図
昭和五十四年秋彼岸
修理入魂
法華山道入寺嗣法

心眼院日定（花押）

9と10・11は標題が異なっているが、全ての項目について画並びに詞書が一致する。ただし、9と10・11では、文字の書風や画の細部について相違する部分も見られることから、同一の版ではなくどちらかが他方を引き写した覆刻関係にあるものと考えられる。9の詞書については、日澄『日蓮聖人註画讃』の抜粋であるとの指摘もされている。[10] そこで、以下本稿においては9と10・11を取り上げ、その内容についてさらに検討を進めることにする。

二　『新版日蓮聖人御一生記』と『南無日蓮大菩薩御一生記略図』の概要

『新版日蓮聖人御一生記』（以下、『新版一生記』と略称、**図1**）は、立正大学図書館所蔵本と北澤光昭氏所蔵本、山梨県立博物館二点の四本を確認した。立正本は墨版に色版を重ねた多色刷りであるが、北澤本・山梨県立博物館本二点の合計三本は墨版のみの刷りである。また、立正本は掛軸装に装訂されている。法量を立正本により示すと、次の通りである。

本紙　縦三五・〇センチメートル　横四七・四センチメートル

匡郭　縦三一・八センチメートル　横四五・五センチメートル

『新版一生記』は、全周を囲む匡郭の内側を界線で区切り、伝記の項目が五段に配置される。各段は、上から第一段のみ五項目で、第二段以降は六項目である。各項目は右側部分を短冊形に区切り、篇目（項目名）を記す。また、右端の部分は五段には区分されず、天地を通す短冊形で、標題等が次のように記される。

新版日蓮《にちれん》聖人《しやうにん》御一生記《ごいつしやうき》　（極印）　玉川文浪画　馬喰町四丁目　（商標）江崎屋求板

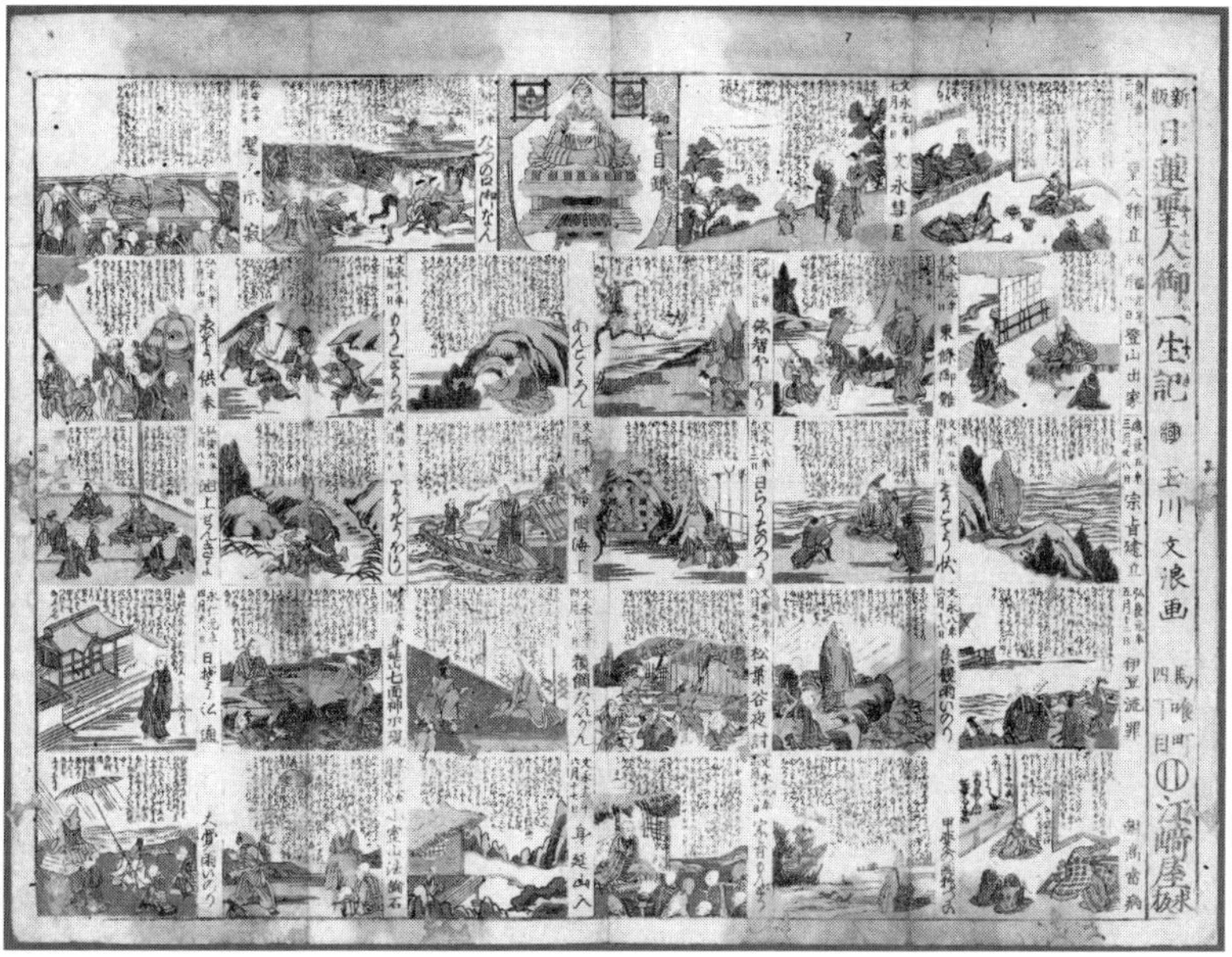

図１　『新版一生記』（立正大学図書館蔵）

本書を出版した本屋は江戸馬喰町四丁目の江崎屋であるが、求板とあることから、[11]江崎屋は本書の出版権を他から得ていたことがわかる。したがって、江崎屋版に先立って江崎屋以外から刊行された版が存在することになるが、未詳である。

本書には「極」の印文の改印がある。同印が単独で使用されたのは、寛政三年（一七九一）から文化元年（一八〇四）および文化十二年（一八一五）から天保十三年（一八四二）であることから、本書の出版が許可された時期が絞られる。[12]

板元の江崎屋については、同一の屋号を称する吉兵衛、重吉、惣兵衛、辰蔵の活動が知られるが、商標（板元印）と馬喰町四丁目という住所により吉兵衛であることが判明する。江崎屋吉兵衛は安永二年（一七七三）から活動が確認され、嘉永五年（一八五二）六月に有田屋清右衛門に株を譲ったという。[13]活動期間は八十年に及ぶことから、数代に亘っているものと考えられよう。

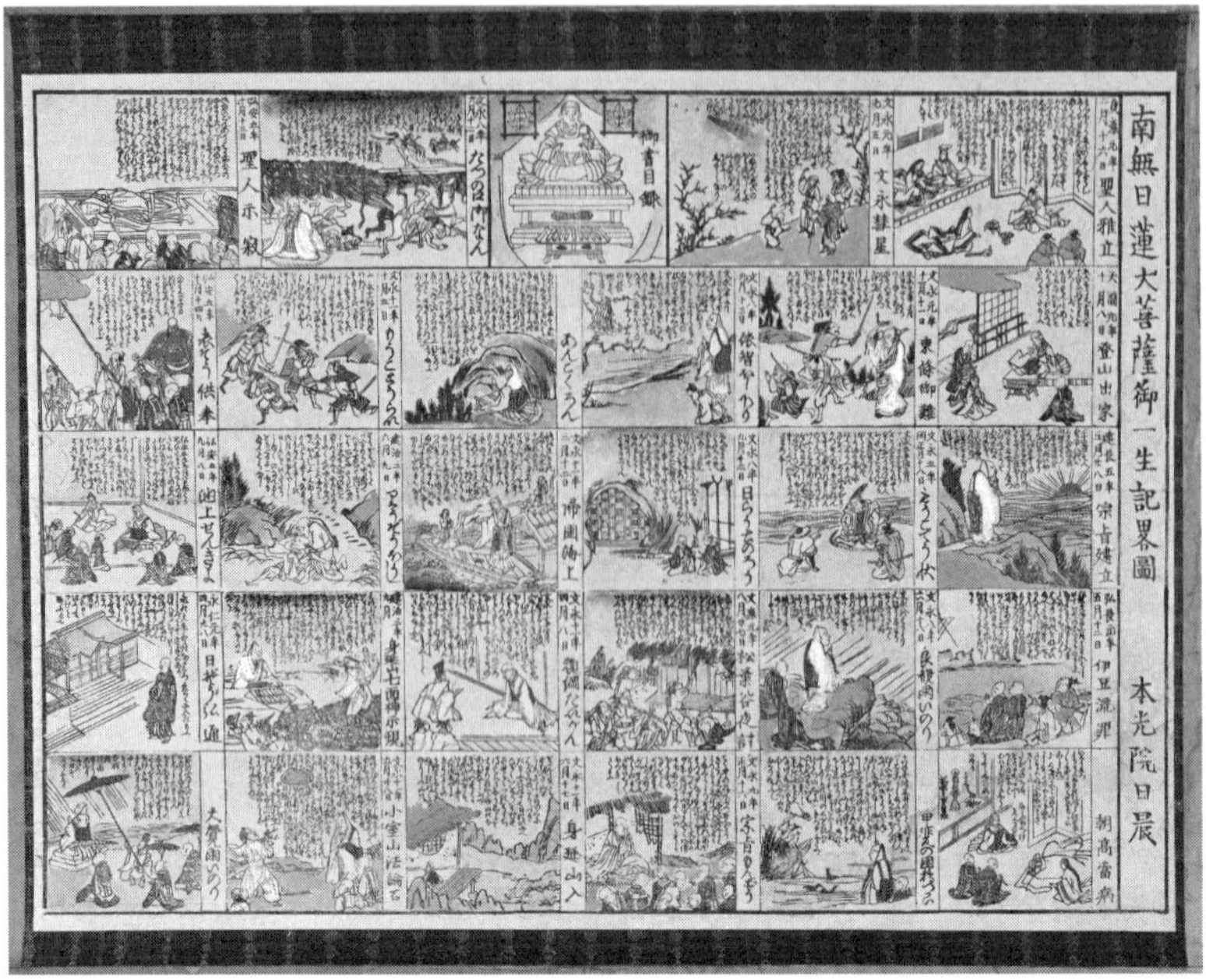

図２　『一生略図』（筆者架蔵）

絵師の玉川文浪については、喜多川歌麿風の画風であるが、門人であったか否かは明らかではないという。活動時期については、享和期（一八〇一～一八〇四）、あるいは文化文政期（一八〇四～一八三〇）であるとされる。[14]

以上のことから、『新版一生記』の刊行時期は、絵師の活動が想定されている享和年間以降であると考えられる。また、その下限は嘉永五年六月となろう。

『南無日蓮大菩薩御一生記略図』（以下、『一生略図』と略称、**図2**）は、10について架蔵本二本、11について北澤光昭氏所蔵本一本を確認した。10の二本は墨版のみの刷りであり、手彩色されている。11は墨版のみの刷りである。三本共に掛軸装に装訂される。法量を10の一本により示すと、次の通りである。

本紙　縦三三・七センチメートル　横四六・六センチメートル

匡郭　縦三二・三センチメートル　横四六・〇センチメートル

匡郭内を界線で区切り、伝記の項目が配置されるが、配置ならびに内容は『新版一生記』と全て同一である。右端部分の短冊形に、10では標題等が次のように記される。

南無日蓮大菩薩御一生記略図　　本光院日晨

標題の下に記される本光院日晨は、刊行者であろう。本光院日晨は、名称から僧侶であると考えられる。院号を同じくする同名の僧侶を検索すると、敦賀妙顕寺三十五世日晨が見出される。日晨は文政九年（一八二六）十二月四日に五十七歳で遷化しており[15]、年代からみて本書の刊行者の可能性が考えられる。一案として示しておきたい。11では、前述したように10の「本光院日晨」の部分が「徳蔵寺」と改刻されている。同名の寺院は現在複数が知られるが、相当する寺院があるのか未詳である。

『新版一生記』と『一生略図』では、四周に廻らされた匡郭の寸法および線の幅が異なっている。縦横共に〇・五センチメートルほど前者が短い。線の幅は、前者は細く後者は太い。画についても、細部で異なる点が見られる。一例を示すと「御書目録」の項では日蓮坐像が描かれる。『新版一生記』では日蓮像の頭部の後に三角形の僧綱襟が描かれるが、『一生略図』では三角形の僧綱襟は描かれていない。その他にも、「聖人雅立」の項の童子（日蓮）について、『一生略図』では後頭部に髱が描かれるが、『新版一生記』では描かれていない。同画では、画面手前に描かれる人物二名について、烏帽子の形も異なりが見られる。描線の太さなどにも相違が見られる。また、詞書の文字についても、字画の長短について相違がある。このように、両本は同一の版木を用いて標題等を埋木等により改刻したものではなく、別版であることは明らかであろう。

三　画の検討

『新版一生記』『一生略図』は全二十九項目から構成される。二十九項目は、前述したように上下方向に五段、左右方向には第一段が五列、第二段から第六段までは六列に配置される。内容の順序は、右側上端より左側下端に向かい、概ね各列上から下に配置されるが、必ずしも伝記の推移の順次に従っていない部分もある。描かれた内容は、大きく二つに区分される。

1、日蓮の生涯　「聖人雅立」から「御書目録」までの二十七項目

2、日蓮滅後における門下の活躍　「日ぞう弘通」「大覚雨いのり」の二項目

このように両書は、日蓮の伝記に加えて、孫弟子である日像、その弟子である大覚の伝記まで併せ描いている。日蓮の生涯を描く二十七項目では、最初に置かれる項目がいわゆる誕生の場面ではなく、「聖人雅立」となっている。また、日蓮の法力を強調する逸話を示す項目が加えられている。「甲斐の国鵜つかい」「帰国海上」「小室山法論石」「身延山七面神示現」の四項目がこれに当たる。このような特徴的な項目構成を取るという点に、両書の特色が見られる。それでは、両書の各項目はどのようなものを典拠として、描かれているのであろうか。

数多くの事跡を描くための典拠となるものとして、刊行された絵入の伝記本の存在がある。日蓮の絵入伝記本は、江戸時代に盛んに出版されている。ここでは二十九場面という多数の場面を描く両書との関連を考慮して、数多くの事蹟を網羅した主な絵入の伝記本を掲げると、次の通りである。[16] これらはいずれも和文体の漢字仮名交じり本である。三種類を掲げた『日蓮聖人註画讃』は、A本B本C本の本文に大きな異なりは見られないが、挿絵に相違が

ある。[17]同様に二種類を掲げた『日蓮大聖人御伝記』は、日蓮伝の挿絵そのものに大きな相違はないが、B本では一部の挿絵に説明文が付されるとともに、巻十に掲載される身延山図が相違している。[18]なお、①②③④⑤⑥それぞれに掲げた複数の刊年本は、挿絵に関する大きな相違は見られないことから、一括した。

①日澄『日蓮聖人註画讃』A本　無刊記本・寛永九年（一六三二）本あり
②　同　右　B本　寛文十一年（一六七一）本・天和三年（一六八三）本・無刊記本あり
③　同　右　C本　文化十一年（一八一四）本
④著者未詳『日蓮大聖人御伝記』A本　延宝九年（一六八一）本・寛政七年（一七九五）本・文化十三年（一八一六）本あり
⑤　同　右　B本　天保十四年（一八四三）本
⑥石川流宣『絵入日蓮上人御一生記』　享保六年（一七二一）本・文化二年（一八〇五）本・文政七年（一八二四）本・無刊記本あり
⑦深見要言『高祖累歳録』　寛政五年（一七九三）本・安政六年（一八五九）本あり
⑧同　『本化高祖紀年録』　寛政七年（一七九五）
⑨北尾重政『絵本日蓮大士御一代記』　享和三年（一八〇三）
⑩柳水亭種清『南無日蓮御一代記』　安政四年（一八五七）
⑪中村経年『日蓮上人一代図絵』　安政五年（一八五八）
⑫小川泰堂『日蓮大士真実伝』　慶応三年（一八六七）

以上に掲げた十二種のうち『新版一生記』の刊行年次の下限が嘉永五年（一八五二）であることから、⑩⑪⑫は

図3　『新版一生記』（部分）
（立正大学図書館蔵）

図4　吉田幸一編『石川流宣画作集』
（下巻308頁より）

参照の対象外であると考えてよい。そこで、『新版一生記』『一生略図』と①から⑨に掲げた九種類の伝記本[19]について、画の比較検討を行うことにする。

『新版一生記』『一生略図』（以下、『両書』と略称）の項目として特徴的な「聖人雅立」（**図3**）は、多くの伝記本には見られない（『両書』では各項目の篇目に日付が記されるものがあるが、以下では省略した）。その中で、⑥石川流宣『絵入日蓮上人御一生記』（以下、『絵入一生記』と略称）に唯一見られる（**図4**）。ただし、同書では「聖人稚立」と記される。[20]『両書』の画面は、成長した童子（日蓮）を祝う場面であろう。この場面は、全体の構図をはじめ、人物の数・姿形まで『絵入一生記』の画と一致しており、『絵入一生記』を雛形としたことは明らかであろう。『絵入一生記』の標題に示される稚立は、幼立とも記し、「おさなだち」と読む。幼生と同義の言葉で、幼いころにだんだんに育ってゆくこと、また、成長の過程、その成長のさまを意味する。[21]したがって『両書』の篇目として掲げられる「聖人雅立」は、「聖人稚立」の誤記であると判断される。

『両書』では、日蓮滅後における門下の活躍として「日ぞう弘通」「大覚雨いのり」の二項目が描かれている。日像・大覚まで含む伝記本は、④『日蓮大聖人御伝記』A本、⑤『日蓮大聖人御伝記』B本、⑥『絵入一生記』の三種となる。「日ぞう弘通」では、日像が内裏の門前で題目を唱える場面を描く。この場面は、④⑤⑥三本に描かれる。三本共に同様の構図をとるが、④⑤では門の前に柵があり、日像の法衣に僧綱襟があること[22]が⑥と相違する。⑥と『両書』の画では、いずれも柵・僧綱襟共になく共通している[23]。

「大覚雨いのり」では、大覚が祈雨の祈禱を行う場面が描かれる。この場面は、④⑤には見られないが、⑥には存在する。⑥と『両書』の画では、描かれる人数に多少の差はあるものの、大覚が礼盤に坐すこと、俗人の従者が大覚に長柄の傘を差し掛けること、諸僧は自ら傘を持つことなど、全体の構図と構成が共通する[24]。大覚が祈雨の祈禱を行う場面は、日像の絵入伝記本である明和九年（一七七二）の日将『日像菩薩徳行記』にも描かれる。同書では、大覚が坐す礼盤の周囲に柱が立てられて幣束が廻らされ、大覚や諸僧は傘を差していないなど、絵柄が異なっている[25]。

このように、『両書』における特徴的な三つの場面は、いずれも⑥『絵入一生記』と共通していた。そこで、『両書』と『絵入一生記』の全項目にわたり比較したところ、前述の三項目に加えて九項目について、共通性を見出した。これを『両書』の篇目により示すと「登山出家」「朝高当病」「文永彗星」「日らう土のろう」「帰国海上」「頼綱たいがん」「もうことうらい」「池上せんきよ」「御書目録」の各項目である。

このうち「御書目録」は、『絵入一生記』において日蓮大菩薩・日朗菩薩・日像菩薩のいわゆる三菩薩坐像を描く画の中から、日蓮坐像の部分を抜き出したものである。御書目録の項目に日蓮坐像を描くものには②『日蓮聖人註画讃』B本および③C本があるが、いずれも日蓮像は説法像の形式を取り上畳に坐す。『両書』では読経像の形式を取って礼盤に坐し、『絵入一生記』のそれも同様であった。ただし『両書』では、日蓮像の前に幔幕がある。この点については、『日蓮聖人註画讃』（以下、『註画讃』と略称）B本およびC本と構成を同じくする。

『絵入一生記』以外の絵伝記本において、『両書』の画と共通性が複数見出せたものに⑧『本化高祖紀年録』（以下、『紀年録』と略称）がある。共通する画を『両書』の篇目により示すと、「宗旨建立」「松葉谷夜討」「伊豆流罪」「東条御難」「良観雨いのり」「甲斐の国鵜つかい」「たつの口御なん」「依智ほし下り」「宗旨もんどう」「小室山法論石」「身延山七面神示現」「聖人示寂」「表そう供奉」の十三項目となる。

このうち「たつの口御なん」は、頸の座の場面を主とし、行合川の場面を右上に小さく配置する。『紀年録』では「高祖竜口御難」と「七里ヶ浜行逢」の二項目が対応する。頸の座の場面では、敷皮に坐す日蓮の姿について、諸書では衣を開けて首から両肩を露出するが、『両書』ならびに『紀年録』では衣の乱れはない。また、日蓮の後ろでもんどり打って倒れる介錯人の姿形も、『両書』ならびに『紀年録』と諸書では異なっている。『両書』では、日蓮の右側に落馬する人物が描かれるが、その姿は『註画讃』B本および『絵入一生記』（画に付された篇目「竜口御難」、以下同じ）と共通する。ただし位置が異なり、日蓮の左側となる。⑨『絵本日蓮大士御一代記』では、日蓮の衣に乱れはなく『両書』ならびに『紀年録』と共通するが、介錯人の姿ならびに落馬する人物に相違がある。

行合川の場面は、『紀年録』では右手の使者が棒に挟んだ文書を持っているが、『両書』では左手の使者が持ち、左右反転させた構図となっている。使者は共に乗馬である。この場面を描くのは他に①『註画讃』A本と③C本、⑦『高祖累歳録』（行逢）、『絵本日蓮大士御一代記』である。A本では使者は共に棒に挟んだ文書を持たず、C本および『高祖累歳録』『絵本日蓮大士御一代記』では使者は共に持つという相違がある。なお『高祖累歳録』の使者は、一方が徒である。

日蓮の法力を強調する逸話である「甲斐の国鵜つかい」は、④『日蓮大聖人御伝記』A本および⑤B本、『絵入一生記』（甲斐鵜操）、『高祖累歳録』（鵜飼老翁）、『絵本日蓮大士御一代記』にも描かれる。『日蓮大聖人御伝記』A本・B本、『絵本日蓮大士御一代記』では日蓮が供養のため石に写経する場面を、『絵入一生記』では日蓮と鵜飼の亡霊が対面する場面を描く。『両書』と『高祖累歳録』『紀年録』（高祖吊鵜飼翁）では、夜中に漁をする鵜飼を、日蓮と弟子が岸辺から弔う場面を描いているが、『両書』と『紀年録』では日蓮が合掌するなど、より近似している。

残る四項目について検討すると、「あんこくろん」について『註画讃』B本との共通性が見られた。「あんこくろん」では、岩屋の中に坐した日蓮が、経机を前にして巻子本を手に取り開き見る。日蓮は高祖頭巾を被り、後ろ姿に描かれる。『註画讃』B本（あんこくろん第五）も、同様の場面であった。『註画讃』C本では、日蓮は斜め前から描かれる。この岩屋の場面は、『註画讃』A本では、「名越松葉谷」と記されており、日蓮の鎌倉入りを描いた場面であった。A本における『立正安国論』の執筆場面は、建物の中で机を前に筆を執る姿を描く。

「身延山入」についても、『註画讃』B本・C本との間に類似が見られる。「身延山入」では、草庵の日蓮が峨々たる高山を眺める場面である。日蓮は後ろ姿で描かれる。『註画讃』B本（しんゑん山いり第廿七）では、日蓮は前向きである。『註画讃』C本も同様の場面である。なお、『絵入一生記』（身延山入）では旅姿の日蓮が、『紀年録』（高祖南部氏所営移新居）では草庵で祀られた本尊を前に読経する日蓮と弟子が描かれる。

「もうこてう状」では、蒙古の使者が国書を日本の武士に渡す場面である。使者は帽子を被っており跪いて国書を差し出し、対する武士は敷皮にどっかりと坐す。『註画讃』B本では武士は地面に坐すが、C本では円筒形の腰掛に坐し、共に国書を受け取るために手を差し出す。『註画讃』A本では、使者・武士共に立ち姿である。

①～⑨の諸書と共通性が見られない項目は、「りうぞうほうし」である。本項目は、龍象房が人肉を喰らうとい

う場面を描く。山中の道で、龍象房が道行く男性を押さえ込み、その頭に噛みついている情景が描かれる。『絵入一生記』(龍象法師)をはじめとする諸伝記本では、龍象房が説法する場で日蓮の弟子である三位公が問答を交わす場面であり、『両書』の場面は特徴的である。このような特異な場面は、寛政十二年(一八〇〇)刊行の『日蓮上人御一代記(絵本日蓮記)』に見られる。本書では、龍象房が噛みつくのは男の腕であったが、男は頭からも血を流していた(26)。

このように『両書』の全二十九項目の中で、大半の二十五項目が『絵入一生記』『紀年録』と共通性が見られた。『両書』の画は、先行する日蓮の絵入り伝記本を典拠として参照し、描かれたものと考えられる。諸書の中でも『絵入一生記』『紀年録』の二書から、多大な影響を受けていることが明らかである。

四　篇目と本文の検討

『両書』の各項目は、大多数が『絵入一生記』『紀年録』を典拠としていたが、各項目に付された篇目も画と同様なのであろうか。そこで、『両書』の篇目を画の典拠となる諸書の画に付された篇目と対照し、確認することにする。

『両書』の篇目は仮名書きのものもあり、日付を付記する。『絵入一生記』『紀年録』の表記は漢字であるが、日付は付記しない。『絵入一生記』の篇目は、画に付されたものと本文に付されたものでは相違する場合がある。一例を示すと、次の通りである(以下、諸書の引用にあたっては、振り仮名を省略した)。

【画の篇目】

【本文の篇目】

日蓮大聖人御誕生　付登山出家之事	聖人稚立　登山出家
宗旨建立　付国主を諫之事	宗旨建立
伊豆国流罪　付朝高病快気之事	伊豆流罪　朝高当病

このような相違はあるものの、『両書』の篇目は、二十九項目中の二十項目が『絵入一生記』の画に付されたものと一致した（以下、『絵入一生記』の篇目は画に付されたものを指す）。一例を示すと、次の通りである。なお、『紀年録』の篇目も「宗旨建立」の一項目が一致するが、同項目は『絵入一生記』も同一である。

【『両書』の篇目】	【『絵入一生記』の篇目】	【『紀年録』の篇目】
文永元年十一月十一日東条御難	東条御難	高祖小松原御難
文永五年閏正月十八日もうこてう状	蒙古牒状	（画ナシ）

『絵入一生記』と篇目が一致しない九項目の中では、五項目については類似の篇目である。これを示すと、次の通りである。

【『両書』の篇目】	【『絵入一生記』の篇目】
貞応元年二月十六日聖人雅立	聖人稚立
甲斐の国鵜つかい	甲斐鵜操
文永九年正月十六日宗旨もんどう	諸宗問答
建治三年九月延山七面神示現	七面神現
弘安五年十月十四日表そう供奉	喪葬供奉

以上のうち、「聖人雅立」は「聖人稚立」の誤記であることを先に指摘した。「表そう供奉」についても、日蓮葬

送の場面であることから、『絵入一生記』に示されるように「喪そう供奉」の誤記であると考えられる。したがって、『絵入一生記』と一致する項目は二十二項目、類似する項目は三項目となろう。

「あんこくろん」「松葉谷夜討」「小室山法論石」「御書目録」の四項目は、該当する項目そのものが『絵入一生記』に無かった。この内、「御書目録」を除く三項目は『紀年録』に項目があるが、次に示すように『両書』と同書とは必ずしも一致しないことから、同書を含め諸書を参照したものであろう。なお、『絵入一生記』の本文には、「あんこくろん」「松葉谷夜討」「御書目録」に関する記述そのものは存している。[27]

【『両書』の篇目】	【『紀年録』の篇目】
あんこくろん	高祖書安国論
文応元年八月廿七日松葉谷夜討	高祖松葉谷御庵室
文永十一年五月廿八日小室山法論石	高祖善智争法力
御書目録	（画ナシ）

『両書』の一である『新版日蓮聖人御一生記』の本文については、『註画讃』の抜粋であることが指摘されている。[28]『註画讃』は、日蓮の体系的な仮名書きの伝記本として最初に刊行され、版を重ねて広く普及した。そのような歴史的背景を考えれば、『註画讃』に続いた仮名書きの伝記本が『註画讃』を種本、また一種の枠組みとして著作されたことは、首肯される。その上で、『両書』の本文がどのような特徴を持つものであるのか、改めて検討する必要がある。[29]

『両書』の項目は、過半が『絵入一生記』と一致していたことから、本文も『絵入一生記』との関係が強いことが考えられる。そこで、『両書』と『絵入一生記』、さらに『註画讃』の三書を比較したものが**表1**である。内容が対応する部分には、同一の数字を付した。

「聖人雅立」について三書の内容は大筋では一致しているが、『絵入一生記』と『両書』には、『註画讃』には無い部分①があった。『両書』の本文は、用語や言い回しの一致からみて、『絵入一生記』を抜き書きして簡略化していることが明瞭であろう。このように、『絵入一生記』に拠りつつそれを簡略化した項目は、「伊豆流罪」「朝高当病」「文永彗星」「東条御難」「もうこてう状」から「聖人示寂」「表そう供奉」に至るまで多数を占める。『註画讃』に項目がない「日ぞう弘通」「大覚雨いのり」においても、同様であった。

「あんこくろん」では、『絵入一生記』と『両書』は、漢字表記と仮名表記の相違はあるがほぼ同文であった。「松葉谷夜討」は、『絵入一生記』『註画讃』では言及されない①④があり、独自色の強い内容となっている。これらの一方で、「りうぞうほうし」では、『両書』と『註画讃』がほぼ同一であった。

「日らう土のろう」は、『絵入一生記』には言及されない項目である。そこで『註画讃』と比較したものが**表2**である。一見して明らかなように、『註画讃』を抜き書きして簡略化していることが明瞭であろう。

「小室山法論石」は、『註画讃』『絵入一生記』には言及されない項目である。本項目は、『紀年録』に収録される。そこで両者を比較したものが**表3**である。一見して明らかなように、「小室山法論石」と『紀年録』は大筋で一致するものの、それぞれ独自の本文であった。

このように、『両書』の本文も、標題と同様に『絵入一生記』を主たる種本としていた。また、一部には『註画讃』を利用している部分も見られ、『絵入一生記』『註画讃』に含まれない独自の記述内容も見られた。(30)

表1

註画讃Ａ本	絵入一生記	両書
【御誕生第一】	【日蓮大聖人御誕生】	【聖人雅立】
	①末法うゑんの、唱導師、しうそ日蓮大ぼさつ、じよくあくぐとんの、きのために、しゆだいの五じを、すゝめんと、ちかひたもふぞ、ありかたき、	①まつほううゑんのしやうどうしうそ日れん大ほさつ、じよくあくくとんのきのために、しゆだいの五じをすゝめんとちかい給ふそありがたき、
②蓮師の姓は三国氏、父は遠江国の主、貫名の重実がじなん、重忠なり、日蓮は第四の子、聖武皇帝のばつそん、	②そも〳〵姓は、三国氏、聖武皇帝、御すへに、貫名の次郎、重忠と、申せし人の、御子なり、重忠もとは、遠江、ぬきなをりやうし、おわします、	②三くにうじ、しやうむくはうてい御すへぬきの二郎しげたゞと申せし人の御子、
③父は遠州より安房国長狭の郡東条の郷のかたうみ市河の村小湊の浦にはなたれて、ぎよふとなれり、	③ほんてう八十、三代の、土御門の、御時に、建仁三季、みつのと亥、五月七日に、安房の国、長狭の郡、東条の、郷のかたうみ、市川の、小湊とゆふ、ところにそ、御とし三十、二才にて、なかされたまへ、おわします、	
④母は清原氏なり、つねに朝日をねんじゆす、日天むねをてらすと夢に見給てはらめり、	④さて御母は、清原氏、天武天帝、後胤に、山崎左近、良兼の、御娘にて、おはします、母のいかなる、御願にか、此国にきて、十九年、ついにおこたる、事もなく、朝日をはいし、給ひける、ある夜日天、御むねを、てらさせたまふと、夢に見て、はらみたまへる、御子なり、	④御母は山崎左近よしかねの御娘也、おこたることなく朝日をはいし給ひける、あるよ日天むねをこかさせ給ふとゆめみて、はらみたまへる御子也、

⑤ほんてう八十六代の御門、後堀川院の御時、貞応元年みづのえむま、二月十六日のむまのこくにうまれ給へり、釈迦如来の御入滅よりこのかた二千百七十一年にあたる、如来は二月十五日にねはんし給ひ、日蓮は二月十六日にたんじやうなれり、死生のつゐで、そのゆへあり、

⑥此ほとりに、すこしの水あり、いかなる日てりにも、この水ひることなし、これをうぶ湯の水といふなり、

【安国論第五】

①同きとし、国主をいさめ、安房の国より鎌倉のうち名越の松葉か谷にうつり、小庵にすみ給ふ、毎日名越の道に出て、声をはかりに妙法の首題をとなへ給ふ、

②正嘉元年ひのとのみ八月二十三日いぬの時に大地しん、又おほ日でり、同き二年八月一日に大風、おなしき二日に大水をよびききん、やくびやう、同き三年までやまず、年号を正元とあらため、あるひは文応とあらたむれども、ききん大水大風やむことなし、八月にいたつていよ〳〵おこり、うしむまはちまたにたをれ、人のしにかばねみちにみてり、

⑤人皇八十、五の帝、後堀川の、院のとき、貞応元年、みつのへむま、二月の中の、六日には、誕生ならせ、給ひける、仏のめつご、二千百、十一ねんに、あい当る、それは二月の、十五日、これは二月の、十六日、ゆへありとこそ、申なり

【国主を諫之事】

①まつ鎌倉に、うちこへて、国主をいさめ、申さんと、松ばか谷に、すみ給ふ、まい日名越の、道にいて、こゑをはかりに、妙法の、首題をとなへ、たまひける、

②正嘉元年、ひのとのみ、八月廿、三日には、戌の上こく、大地震、それよりしては、大ひてり、おなしく二年、八月の、朔日にこそ、大風よ、大水飢饉、ゑきれいの、国のさいなん、やむ事なし、さて正元と、年号し、また文応と、あらたむる、なをもわざわい、やまされば、

⑤二月十六日御たんじやう、ほとけはめつご二千百十一年、それは二月十五日、これは二月の十六日、ゆへありとこそ申なり、

【あんこくろん】

①あは国よりかまくらへ来り、こくしゆをいさめ松はか谷にすみ給ひ、まい日なこへの道にいで、しゆたいをとなへ給ひける、

②正か元八月廿三日いぬの上こく大じしん、夫より大日でり、同二ねん八月一日大風、大水、ききん、ゑきれい、くにのさいなんやむことなし、さて正元とねんこうし、又文応とあらたむる、なをもわざわいやまざれば、

③まづ大ぢしんにおとろき、するがのくにの一切経の蔵にいり、もろ〳〵の経論をひらき見たまふに、たなこゝろをさしてこれをしり、立正安国論を一巻しるし給ふ、 ④文応元年かのえさる七月十六日たつの刻に、鎌倉の奉行、宿谷の左衛門入道をたのみ、副元帥の平の時頼にあげ給ふ、 ⑤宿谷にたいしていさめ給ふやうは、国をおさめたみをやすくせんとおぼさは、禅宗、念仏者をうしなひ給ふへし、もし此いさめをもちひい給はずは、此一門よりことおこり、他国にせめられ給ふべし、 ⑥三度天下をいさめ給ふ、これはじめなり、	④是を聖人、かんかへて、文応元朞、かのへさる、七月中の、六日には、勘文壱通、せいさくし、宿谷左衛門、入道に、委細の意趣を、のたまへて、時頼卿へ、上たまふ、安国論は、是なりき	④これをしやう人かんかへて、文応元期かのへさる七月十六日に、かんもん一つうせいさくし、宿谷左衛門入道にいさいの意趣をのたまへて、ときより殿へ上け給ふ、あんこくろんはこれ也、
（【安国論第五】⑤） ②（宿谷にたいしていさめ給ふやうは、国をおさめたみをやすくせんとおぼさは、禅宗、念仏者をうしなひ給ふへし、もし此い	【伊豆国流罪】 ②さても宿谷の、入道に、申させ給ひ、けるやうは、国おたやかに、民やすく、天下をおさめ、たまはんには、たゝ禅宗と、念仏者、是をうしなへ、たまへかし、さなく	【松葉谷夜討】 ①かまくら松ばが谷へ上人初て庵をむすび給へば、さる来りてしゆ〴〵の御しよく物を上ける、これ一天よりあたへなるべし、

さめをもちひい給はずは、此一門よりことおこり、他国にせめられ給ふべし」

【諸宗夜討第六】

③其後日数をへて、諸宗数百人、草庵へよせきたりて、夜うちにせんとす、日蓮おうぜいの中をやぶり、其夜のがいをのかれ給ふ、弟子能登公、だんな進士の太郎をはじめとして、きずをかうふる衆おほし、建長五年よりこのかた、天下をいさめ給ふゆへに、かやうのなんきたるなり、

【龍象房第二十九】

①龍象房といふものあり、

は国の、災よ、ぢかいほんきやく、なんとあり、御一門の、中よりも、かならすどしうち、おこるへし、他国しんひつ、なんはまた、たのくによりも、此くにを、ほろぼすへしと、たくむなり、うたかひ給ふ、事なかれ、かく希有をのみ、時頼へ、申あけさせ、たまふゆへ、

③念仏真言、禅律に、みな此事は、もれきこへ、諸宗おなしく、よりきして、庵へこそは、よせきたる、弟子に能登公、たんなには、進士の太郎、さきとして、命をおします、ふせくゆへ、今宵のなんも、のかれける、

⑤（省略）

【龍象房か事】

①此ころふしき、神変の、法師一人、出来たり、龍象房と申ける、智恵第一の、舎利弗も、多聞第一阿難なを、是にはいかて、

---

③しかるに文元の八月廿七日のよ、夜うちあまたいり入来りけれ共、おんつゝがなくのがれ給ふ、これ御とくあつき故なり、

④此庵は日ほうにつかはされ、いまにおさるばたけといふは此いわれ也、

【りうぞうほうし】

①りうぞうぼうといふもの、

②洛中にして人をくらふのよし、ろけんの間、山門より、住所をやきうしなひ、其身をばつせんとする所に、

③しぜんに命をのがれ、鎌倉にくだり、人の肉をくらふ、大仏殿のにし、桑が谷にして説法し、不審あらん人はきたり、問答すべしとひろうすといへとも、仏のごとくたつとふゆへに、一問答にも及ものなし、

④しかるに、建治三年六月九日に、日蓮の御弟子三位公日心と云僧、かしこにゆき、種々の難問を挙処に、一も返答なし、

まさらんと、かまくら中に、さたしける、大仏殿の、西のほう、桒か谷にそ、住居ける、

②元は江州、さかもとの、ほとりにありて、洛中の、人を食ふの、露顕あり、山門よりも、かれがすむ、庵を焼て、その身をも、罰せんとこそ、さだめける、

③自然に命、のかれえて、いま関東に、くたれとも、人の肉をそ、食しける、日々に説法、おこたらす、仏のことく、たつとみて、貴賤群聚を、なしければ、いま某か、仏法に、不審のあらん、人は来て、問答せよと、披露する、ひともんだうに、およふもの、一人もなし、

④日蓮の、弟子三位公、日心は、麁法ひろむる、龍象を、つぶすべきには、あらねども、我師建長、此かたは、諸経超過の、妙法を、ひろめたまへる、時節なり、隔歴円融、ひとしきと、世俗のおもふ、かなしくて、建治三年、六月の、九日の昼、難問を、しゆ〲に問かけ、給えとも、返答さらに、ならされば、聴衆の人も、興さめて、日の出るには、蛍火の、光のうせし、ごとくとて、人また是を、沙汰しけり

---

②らく中にあつて人をくふあいだ、山門よりちう所をやきうしないしに、

③しぜんにいのちをのがれ、かまくらにきたりて、また〲人のにくをくらふ、大ふつにしくはかやつにせつほうし、ふしんあらんものはもんどうせよなと、こうけんはきしに、

④六月九日おんでし日しんこゝにきたり、しゆ〲のなんもんをあぐるに、一句もへんとうなし、

註　【　】内は各書の篇目を示す。以下同じ。

表2

註画讃A本	【籠中遣状第十八】 ①同年十月三日に、依智より鎌倉の籠中にある五人の中へ状有、此月十日に佐渡の嶋へまかるなり。をの〳〵は法華経一部つゝあそはし候へは、我身ならびに父母兄弟ともにゑかうしましまし候へ、今夜のさむさに付ても、いよ〳〵心くるしさ申計なし、籠を出させ給はゝ、明年の春かならす来り給へ、見え参らすへく候、 ②同九日に別して日朗にをくり給状にいはく、日蓮は明日は佐渡の嶋へまかる也、今夜のさむきにつけても、籠の中の有さま思ひやられていたはしく候、あはれ殿は法華経一部、しきしんの二法ともにあそはしたる御身なれは、父母六親一切衆生をたすけ給べき御身なり、法華経を人のよみ候は、口ばかりによめとも心にはよまず、心にはよめと身にはよまず、しきしんの二ほうともにあそばされたるこそたつとく候へ、天諸童子、以為給仕、刀杖不加、毒不能害とかれ候へは、べちの事は有へからす、籠を出させたまはゝ、とく〳〵きたり給へ、見奉りみえ奉らん、
両書	【日らう土のろう】 ①ゑちごよりかまくらのろう中にある五人の中へ状あり、日れん今月十日にさどへおくる、 ②此ほけきやう一ぶ、しきしんの二ほうともにあそばしけるおんみなれは、父母六しんいつさいしゆしやうをたすけ給ふべき御身なり、べつの事はあるべからず、ろうを出させ給はゞとく〳〵きたりみたてまつらん、

表3

紀年録	【修験者善智が事】 ①州の小室といふ所に修験者あり、名を善智といふ、法術をもつて世に唱、此月高祖日朗日興二人を従へ往て議論す、善智口を箝む、且法力を争ひ、勝事あたはずして服す、 【善智高祖を害せんとする事】 ②小室の善智、帰に降服しるといへども、陰になをこれを恚る、則高祖を毒殺せんと欲し自ら来てもちを供す、高祖これを庭に投ず、一狗これを食で、忽ち斃る、こゝにおゐて善智慙愧懺悔して丹誠に受戒す、移居して朝夕敬事す、日伝これなり、然して高祖狗のために浮図を造る、
両書	【小室山法論石】 ①甲州こむろ山にて聖人しゆげんじやにあひ給ふ、此しゆげんも法力ありて宗ろんあり、しゆげん石を空に上けてふしぎをあらはす、上人の給ふは、此石おろしてみよとおゝせけるに、おろす事かなはず、上人そらにとめ給ふゆへなり、なんじ未法力たらず、我おろしてみすべしと、だいもくをとなへ給へば石落たり、 ②又あはのぼたもちにどくを入、上人にそのふれば、ふしぎに犬あらわれ来り、ぼたもちをくらいしす、上人きびしくいましめ給へば御でしとなり、名を日伝と改、としは十八才なり、上人犬の死こつをほうむらせ、とうばをたて給ふ、此とうば今にみのぶ山におさまりある、いぬのとうばといふはこれ也、

註『紀年録』の篇目は目録による。

おわりに

『両書』として一括した9と10（および11）のうち、9の標題である『新版日蓮聖人御一生記』には特に「新版」と冠されていた。その「新版」たる所以は、玉川文浪画による一枚刷りの「日蓮聖人御一生記」が既に刊行されていたことに拠るものであろうか。

一枚刷り絵伝には、「新版」を冠さない12『日蓮聖人御一生記』もあったが、本書は本屋による刊行ではなかった。画風も『両書』とは異なり、玉川文浪画とは認められない。本書の項目数は三十であり、『両書』より一項目多いが、項目の配置、項目の標題、本文・画の内容には、『両書』と共通し、あるいは類似する部分も多い。そのため、同書と『両書』さらには『絵入一生記』との関係も問題となる。詳細は省略するが、12『日蓮聖人御一生記』は『両書』を種本としつつ、修正を加えたものとみておきたい。なお、『両書』と『日蓮聖人御一生記』、『絵入一生記』『紀年録』における篇目と画の相互関係については、**表4**にまとめた。

「日蓮聖人御一生記」という標題は、種本ともいえる『絵入一生記』（絵入日蓮上人御一生記）に由来するのではなかろうか。同書の享保六年本（一七二一）は「関東和讃嗚題目」（巻一目録、巻二、巻三）・「日蓮聖人嗚題目」（巻一序）と置題（内題）していたが、文化二年（一八〇五）本・文政七年（一八二四）本・無刊記本の各本は「日蓮聖人御一生記」（内題）と置題していたからである。[31] 石川流宣『日蓮聖人御一生記』に対する、新版としての「日蓮聖人御一生記」との位置づけである。そのようであるとすれば、『新版日蓮聖人御一生記』の刊行時期は、『絵入一生記』文化二年本の刊行以後ということになろうか。[32]

表4

＊記号について
● 『両書』の画の原拠と考えられるもの
○ 『両書』の画とおおよそ同一のもの
▲ 『両書』と12『日蓮聖人御一生記』で構図がおおよそ同一のもの
△ 同右、ただし左右が反転するもの

	両書	12日蓮聖人御一生記	⑥絵入一生記	⑧紀年録
1	〈貞応元年二月十六日〉聖人雅立	(同上)△	聖人稚立● 上2ウ	
2	〈天福元年十月八日〉登山出家	(同上)△	登山出家●〔上3オ〕	
3	〈建長五年三月廿八日〉宗旨建立	(同上)△	宗旨建立〔上5ウ〕	四月廿八日宗旨建立●〔一19ウ〕
4	あんこくろん	安国論御製作	(画ナシ)	高祖書安国論〔二又18ウ〕
5	〈文応元年八月廿七日〉松葉谷夜討	(同上)▲	(画ナシ)	高祖松葉谷御庵室●〔二19ウ〕
6	〈弘長元年五月十二日〉伊豆流罪	(同上)▲	伊豆流罪〔上6オ〕	高祖竄伊東●〔三5ウ〕
7	朝高当病	朝高当病平愈△	朝高当病●〔上9ウ〕	
8	〈文永元年七月五日〉文永彗星	(同上)▲	文永彗星●〔上11オ〕	

9	〈文永元年十一月十一日〉東条御難	〈文永元年十一月十一日〉小松原御難	東条御難〔上13ウ〕	高祖小松原御難●〔四9オ〕
10	〈文永五年閏正月十八日〉もうこてう状	〈文永五年閏正月十八日〉蒙古状▲	蒙古牒状〔上14オ〕	〔画ナシ〕
11	〈文永八年六月十八日〉良観雨いのり	〈文永八年六月十八日〉良観雨祈▲	良観雨祈〔上17ウ〕	高祖霊山崎祈雨●〔五11オ〕
12	甲斐の国鵜つかい	甲斐石和川鵜匠	甲斐鵜操〔上18オ〕	高祖吊鵜飼翁●〔七11ウ〕
13	〈文永八年九月十二日〉たつの口御なん	〈文永八年九月十二日〉龍口御難	竜口御難〔中20ウ〕○（②註画讃B本同一）	高祖竜口御難●〔五16ウ〜17オ〕七里ヶ浜行逢●〔五18オ〕
			鎌倉御殿〔中21オ〕	
14	〈文永八年九月十二日〉日らう土のろう	〈文永八年九月十二日〉日朗土牢▲	日朗土囚●〔中24ウ〕	
15	〈文永八年九月十三日〉依智ほし下り	〈文永八年九月十三日〉依智星降▲	依智星下〔中25オ〕	依智星降●〔五19ウ〕
		〈文永八年十月十日〉佐渡流罪		
			廃所塚原〔中28ウ〕	
16	〈文永九年正月十六日〉宗旨もんどう	〈文永九年正月十六日〉宗旨問答▲	諸宗問答〔中29オ〕	高祖与唯阿生喩等会大野●〔六1ウ〕
			佐渡御松〔中32ウ〕	

		〈文永十一年二月十四日〉赦免状		
17	〈文永十一年三月十三日〉帰国海上	〈文永十一年三月十二日〉帰国海上	帰国海上●　〔中33オ〕	
18	〈文永十一年四月八日〉頼綱たいがん	〈文永十一年四月八日〉頼綱対顔△	頼綱対顔●　〔中36ウ〕	
19	〈文永十一年五月廿八日〉小室山法論石	〈同上〉△	（項目ナシ）	高祖善智争法力●　〔七10オ〕
20	〈文永十一年六月十七日〉身延山入	〈同上〉	身延山入　〔中37オ〕	
21	〈文永十一年十月五日〉もうことうらい	〈文永十一年十月五日〉蒙古到来	蒙古当来●　〔下41ウ〕	
22	〈建治三年六月九日〉りうぞうほうし	〈同上〉▲	龍象法師　〔下42オ〕	
23	〈建治三年九月〉身延山七面神示現	〈建治三年九月〉七面明神示現▲	七面神現　〔下45ウ〕	七面大明神示現●　〔八14オ〕
24	〈弘安五年九月八日〉池上せんきよ	〈弘安五年九月八日〉池上遷去▲	池上遷去●　〔下46オ〕	
25	〈弘安五年十月十三日〉聖人示寂	〈同上〉▲	聖人示寂　〔下49ウ〕	高祖入滅●　〔十9ウ〕
26	〈弘安五年十月十四日〉表そう供奉	〈弘安五年十月十四日〉表葬供奉▲	喪葬供奉　〔下50オ〕	高祖葬儀●　〔十10ウ～11オ〕

27	御書目録	（表題なし）▲	日蓮大菩薩　日朗菩薩 日像菩薩●〔下58オ〕	
			朗師御暇〔下53ウ〕	
28	〈永仁元年四月廿八日〉 日ぞう弘通	〈永仁元年四月廿八日〉 日像弘通▲	日像弘通●〔下54オ〕	
29	大覚雨いのり	（ナシ）	大覚雨祈●〔下57ウ〕	

註　〔　〕内に⑥⑧の調巻丁数を示した。

本稿では、一枚刷りの絵伝記から『新版日蓮聖人御一生記』と『南無日蓮大菩薩御一生記略図』を取り上げ、先行する絵入伝記本との関係を明らかにしてきた。一枚刷りの絵伝記は、未発掘のものも数多いと考えられる[33]。江戸時代後期には、歌川国芳の『高祖一代略図』（十枚組）など日蓮伝そのものの錦絵も刊行される。このような視覚的な媒体を中心とした祖師伝の広がりについて、改めて検討を進める必要があろう。今後の課題としたい。

註

（1）日蓮伝記本の出版については、冠賢一『近世日蓮宗出版史研究』（平楽寺書店、一九八三年）第三章を参照。

（2）山上、泉『日蓮聖人註画讃之研究　附日蓮宗関係版画錦絵総目録』（かぐのみ社、一九四三年）一三八〜一三九頁、「日蓮宗関係版画錦絵総目録」三七〜四一・四四・四五。いずれも山上氏架蔵。

（3）冠賢一『近世日蓮宗出版史研究』一七〇頁。

（4）小此木敏明「山上、泉による錦絵の蒐集」（『日本古書通信』第一〇八四号、二〇一九年）。

（5）各本の所蔵は以下の通りである。
1立正大学図書館（N22/Ko88）。

2架蔵。

3架蔵。

4架蔵。

5静岡市妙栄寺（望月真澄『江戸の法華信仰』国書刊行会、二〇一五年、二一頁）、架蔵。

6山梨県立博物館（歴-2005-003-006465「日蓮宗摺物集」所収）。本書については北澤光昭氏の教示を得た。

7立正大学図書館（「日蓮上人絵伝図」N22/Y96　立正大学図書館編『立正大学図書館　古今善本録〜蔵書から伝える図書館150年の軌跡〜』二〇二三年、一八頁）、龍谷大学図書館（「日蓮上人絵伝」024.301-19-6/6　龍谷大学図書館貴重資料画像データベースにより閲覧、以下同じ）、架蔵。

8身延山大学図書館（N22/ニ）。

9立正大学図書館（N22/Ta77）、北澤光昭氏、山梨県立博物館二点（共に歴-2005-003-006465「日蓮宗摺物集」所収）。山梨県立博物館本については北澤光昭氏の教示を得た。

10架蔵二点。

11北澤光昭氏。

12龍谷大学図書館（「日蓮上人絵伝」024.301-19-5/6）。

13身延山大学図書館（730/ニ）、矢島氏。矢島氏所蔵本には画面下端の外側に罫線に囲まれて「身延山」と記されるが、身延山大学図書館所蔵本では、同部分は表具の一文字に覆われており確認することができない。切除されている可能性もあろう。矢島氏所蔵本については、平井智親氏の教示を得た。

14龍谷大学図書館（「日蓮上人絵伝」024.301-19-1/6）、山梨県南部町浄泉寺（望月真澄『江戸の法華信仰』三六頁）、架蔵。

15龍谷大学図書館（「日蓮上人絵伝」024.301-19-4/6）。

16北澤光昭氏。

この他、冠賢一氏は9と共に『高祖大士行状曼荼羅』を掲げるが（『近世日蓮宗出版史研究』一六七頁）未見である。なお、龍谷大学図書館には、「日蓮上人八難所御影」二点（024.301-19-2/6および024.301-19-3/6）も所蔵される。「八難所」と標題されるが、日蓮伝のものではなく久遠成院日親の法難図である。

（6）山上、泉『日蓮聖人註画讃之研究　附日蓮宗関係版画錦絵総目録』目録四〇に「南無日蓮大菩薩御一生記略図（本光院日晨）横一」とあり、同一本であろう。

（7）山上、泉『日蓮聖人註画讃之研究　附日蓮宗関係版画錦絵総目録』目録三七に「日蓮聖人御一代図会（吉村宗次彫）長一」とあり、3と同一本の可能性がある。

（8）架蔵本に拠る。妙栄寺本では、讃文筆者の落款と考えられる印鑑二顆が捺される。架蔵本は、妙栄寺本よりも後刷りであろう。

（9）楢崎宗重『江の島と錦絵』鎌倉国宝館論集第三（一九五九年）三四頁。

（10）冠賢一『近世日蓮宗出版史研究』一六六頁以下。

（11）求版については『日本古典書誌学辞典』（岩波書店、一九九九年）の同項目（鈴木俊幸氏執筆）を参照。

（12）石井研堂『増補改版　錦絵の改印の考証　一名錦絵の発行年代推定法』（菊寿堂伊勢辰商店、一九三二年、国会図書館デジタルコレクションにより閲覧）、日本浮世絵協会原色浮世絵大百科事典編集委員会編、菊地貞夫他『原色浮世絵大百科事典』第三巻（大修館書店、一九八二年）参照。

（13）石井研堂・廣瀬菊雄『地本錦絵問屋譜』二二丁ウ〜二三丁オ（伊勢辰商店、一九二〇年、国会図書館デジタルコレクションにより閲覧）、井上隆明『改訂増補　近世書林板元総覧』（青裳堂書店、一九九八年）一五一頁・同書「板元印一覧」六頁。井上隆明『改訂増補　近世書林板元総覧』については北澤光昭氏の教示を得た。

（14）井上和雄編『浮世絵師伝』「文浪」の項（渡辺版画店、一九三一年）一六八頁、東方書院編『浮世絵大成』第七巻・吉田暎二「図版解説」の「文浪・晩器・白峨・久信」の項（東方書院、一九三一年）一七頁参照（いずれも国会図書館デジタルコレクションにより閲覧）。

（15）影山堯雄編『新編日蓮宗年表』（日蓮宗新聞社、一九八九年）四三七頁、日蓮宗寺院大鑑編集委員会編『日蓮宗寺院大鑑』（大本山池上本門寺、一九八一年）六七九頁、木村中一編『最初具足山　妙顯寺史』（最初具足山妙顯寺、二〇一四年）二三頁。

（16）絵入の伝記本については、拙稿「身延文庫所蔵『日蓮聖人御一代記屛風』について――江戸時代の日蓮絵伝記

――」（『立正史学』第一二八・一二九合併号、二〇二一年）の註21に掲げた諸論考を参照。なお、⑦『高祖累歳録』の挿絵は、明治時代の後刷り本では寛政五年本より削除されたものがある（山上・泉『日蓮聖人註画讃之研究附日蓮宗関係版画錦絵総目録』）。近時に至り北澤光昭氏は、安政六年本においても寛政五年本と出入があることを指摘されている（「『高祖累歳録』披見の種々相（二帖本と袋綴り各三例の概略）その一【資料紹介】」、『日蓮教学研究所紀要』第五〇号、二〇二三年）。

(17) 山上・泉「日蓮聖人絵詞伝の研究――画主文従の代表的仮名御伝記に就ての考察――」（『大崎学報』第七九号、一九三一年）、同「古刻史上より観たる「日蓮聖人註画讃」の体系と其の影響」（『大崎学報』第八三号、一九三三年）、同『日蓮聖人註画讃之研究　附日蓮宗関係版画錦絵総目録』。

(18) 山上・泉「日蓮聖人絵詞伝の研究」、小林正博編『日蓮大聖人御伝記』（USS出版、二〇一一年）、拙稿「身延文庫所蔵『日蓮聖人御一代記屏風』について――江戸時代の日蓮絵伝記――」。

(19) 使用した諸本は、以下の通りである。①無刊記本　冠賢一解説『日蓮聖人註画讃』（勉誠社、一九七四年）、寛永九年本　身延山大学図書館所蔵本・立正大学図書館所蔵本　②天和三年本　館山市立博物館所蔵本・立正大学日蓮教学研究所架蔵複写本、無刊記本　立正大学図書館所蔵本　③立正大学図書館所蔵本　④延宝九年本　小林正博『日蓮大聖人御伝記』・身延山大学図書館所蔵本　⑤酒田市立光丘文庫所蔵本（国文学研究資料館新日本古典籍総合データベースによる閲覧）、著者架蔵本　⑥享保六年本　吉田幸一編『石川流宣画作集』下巻（近世文藝資料二四）（古典文庫、一九九五年）、文化二年本　立正大学図書館所蔵本、文政七年本　同上、無刊記本　立正大学仏教学部宗学科研究室所蔵本　⑦立正大学図書館所蔵本・影山堯雄解説『高祖累歳録』（日本仏書刊行会、一九六一年）⑧静岡県立中央図書館葵文庫所蔵本（国文学研究資料館新日本古典籍総合データベースによる閲覧）・山口晃一監修『日蓮聖人伝記全集』一〇（法華ジャーナル、一九八七年）、著者架蔵本　⑨常円寺日蓮仏教研究所所蔵本

(20) 『絵入一生記』上二丁裏、吉田幸一編『石川流宣画作集』下巻三〇八頁。本書の書名は、享保六年本の題簽題による。内題は「関東和讃嗚題目」（巻一目録、巻二、巻三）、「日蓮聖人嗚題目」（巻一序）である。

(21) 『日本国語大辞典　第二版』「おさなおい（幼生）」「おさなだち（幼立）」の項。第二巻一一一三頁・同一一一四頁。

(22) 『日蓮大聖人御伝記』三三九頁。

(23)『石川流宣画作集』下巻三九三頁（本書には後人の戯書が見られる）。

(24)『石川流宣画作集』下巻三九八頁（本書には後人の戯書が見られる）。

(25)三木随法編『肥後阿闍梨龍華樹院日像菩薩年表』（京都府第一部布教師会、一九九一年）並びに京都大学附属図書館谷村文庫所蔵本（京都大学貴重資料デジタルアーカイブによる閲覧）。

(26)立正大学図書館所蔵（N28/R27）。

(27)各項目に関する記述は次の通りである。「あんこくろん」上七丁裏・三一六頁、「松葉谷夜討」上八丁表〜裏・三一七頁、「御書目録」下五五丁裏・三九六頁。

(28)冠賢一『近世日蓮宗出版史研究』一六六頁以下。

(29)『両書』の本文全体については、別稿にて紹介したい。

(30)冠賢一氏は「『日蓮大聖人御一代実記』と『日蓮大菩薩御一代記』、そして『日蓮上人絵図』『日蓮上人御一生記』『日蓮上人（聖カ）御一生記』、後述の『新版日蓮聖人御一生記』（一枚摺）は、それぞれ書名こそ異なるが、篇目に多少の相違があるのみで、内容は全く同じものである」と指摘する（同『近世日蓮宗出版史研究』一六七頁）。これらの諸書を『註画讃』と対照した史料5では、同一本文のものとして①『日蓮大聖人御一代実記』『日蓮大菩薩御一代記』、②『日蓮上人絵図』『日蓮聖人御一生記』『日蓮上人御一生記』『新版日蓮聖人御一生記』（一枚摺）、③『日蓮御一代記』と区分するので（一六八〜一六九頁）、『新版日蓮聖人御一生記』（一枚摺）と内容が全く同じものとしては『日蓮上人絵図』『日蓮聖人御一生記』『日蓮上人御一生記』であることがわかるが、所蔵等については明示されていない。これらの諸書については、今後の検討課題である。

(31)文化二年本・文政七年本は立正大学図書館所蔵本（N22/I-76、N22/N71）、無刊記本は立正大学仏教学部宗学研究室所蔵本（N22/R98）を確認した。目録題「日蓮聖人御一生記上　目録」、中巻内題「日蓮聖人御一生記中」、下巻内題「日蓮聖人御一生記下」。なお、享保六年本の内題については、註(20)を参照。

(32)文化二年本の刊記には

文化二乙丑年十一月求版

浪花南御堂南土提ノ側

書肆　播磨屋重郎兵衛

同心斉橋通塩町東側
　尼屋与兵衛

とあり、刊行の時期が明らかである。

（33）　古書店の販売目録には、本稿で取り上げたもののほかにも、各種の一枚刷り絵伝が掲載されている（北澤光昭氏の教示）。それらの現所蔵者は未詳であり、今後の資料発掘が待たれる。

付　記

北澤光昭氏より、所蔵本並びに関連資料についてご教示をいただくとともに、調査の機会をいただいた。立正大学図書館より、調査ならびに図版掲載の便宜をいただいた。感謝申し上げます。

キーワード　絵入日蓮上人御一生記、江崎屋吉兵衛、玉川文浪、日蓮聖人註画讃、本化高祖紀年録

近世法華教団における服制規定の整備

幡鎌一弘

はじめに

江戸幕府の寺社統制のもと、法華教団は本末関係を強化し本寺の権威を確立していくが、その方策の一つとして服制があった。『法華宗宗門史』によれば、本寺は末寺の服制を厳しく取り締まり、享保五年（一七二〇）・同九年（一七二四）には自讃毀他の説法禁止とともに許可なくして色衣を着ることを禁じたとされている[1]。本山が服制を通して体制強化を目指していたことに疑いないが、規定の背景に何があり、規定がどのような影響をもたらしたのかについては明らかになっていないように思われる。

小西日遶先生の御発意によって『本興寺文書』[2]の刊行が始められ、法華宗とは全く御縁のなかった筆者に校訂の声をかけていただいたことは、まことに僥倖であった。これにより仏教系新宗教に視野を広げることができた。深く感謝申し上げる。本稿は、『本興寺文書第五巻』（以下、適宜『第五巻』などと略す）・『第六巻』に執筆した「解説」[3]を大幅に改稿したものである。

本興寺と両本山をなしていた本能寺の『本能寺史料』[4]があるとはいえ、『本興寺文書』の公刊は、宗門史にとって画期的な事業だろう。『法華宗年表』[5]や『法華宗宗門史』編纂時に利用された史料が日の目を見て、宗門史の読み直しや新たな視点を提示することが可能になるのは間違いない。[6]

たとえば、冒頭で示した享保五年・九年の規定は「本興寺文書」が典拠であり、享保五年は、『第五巻』に「色衣免許の節定書」（**表1-9**、後述）として、享保九年は『第二巻』に「諸山条目」として掲載されている（**表1-14**）。『法華宗宗門史』に挙げられていたのはこの二点だけだが、『第二巻』には、色衣の規定がある宝永五年（一七〇八）「両山定書末寺請状」（**表1-6**）や、享保九年の「諸山条目」の前提になっている享保三年（一七一八）「諸山条目」（**表1-8**）が採録されている。このほか、『第五巻』には「色衣御免に付差上証文」が数多く掲載されている。本稿では、『本興寺文書』などに掲載されたこれらの史料を用いて、『法華宗宗門史』で概説された服制規定の流れを再検討し、いささかなりとも学恩にお応えしたい。

一　法華宗禁制などにみる装束規定

近世の服制を検討する前段として、戦国期にさかのぼって確認してみよう。すでに、広く日蓮宗の服制を検討した坂輪宣敬氏によって、天文年間、延暦寺と対立した法華宗が帰洛するための和議の条件のなかに、法衣の条文があったことが注目されている。[7]具体的には、天文十六年（一五四七）六月十七日「申定条々」に、①紫衣の禁止、白袈裟・素絹・朱柄笠・塗足駄を用い公界徘徊禁止、②地下人葬送の時に勅会の装束・甲袈裟・乗輿の禁止、ただし、公家の住持は素絹・紫袈裟・塗輿許可、一寺に宿老一人のみ紫袈裟許可（乗輿は禁止）、との取り決めがあった。[8]

この「申定条々」の背景を追究した坂輪宣教氏によれば、装束は教団内外に僧侶や寺院の身分・格式を示す重要な指標であり、法華教団では紫衣や白袈裟・素絹といった装束を着用し塗輿を使用し始めていたことが、延暦寺との軋轢の一つの要因だったという。[9]

身分という点では、「申定条々」に公家出身か否かという種姓が反映している点に注目したい。当時、すでに公家衆が法華宗（日蓮宗）の寺院に子弟を入院させており、[10]とりわけ天文十六年当時の本能寺貫首は伏見宮家出身の日承であった。日承は緋衣・緋紋白袈裟および九曜菊大紋を許されており、菊大紋だけは日承一代に限られていたが、他の装束は日衍に譲られ着用が認められた。その後、本興寺でも菊紋が許されるようになったという。[11]種姓に基づく身分編成に伴って、紫衣や菊紋が教団内部に浸透し始めていたのであろう。

戦国期に服制が重要だったものの、その後、法華教団がどのように対応していたのかは明らかではない。小西顕龍氏は戦国期の日隆教団の法度を整理し、天文十六年以後の法度も五点示しているが、[12]いずれにも服制に関する規定はない。坂輪顕敬氏が、江戸時代に入ってからの寛永十三年（一六三六）九月四日に京都十六本山が定めた「法華宗禁制」（**表1-1**）を一つの指標にしていることからすれば、[13]法華教団では、服制を本格的に規定し始めるのは寛永十三年以後といってよいようである。

表1は、管見に入った寛永から享保期までの服制に触れた禁制・条目等を一覧にしたものである。寛永十三年以後しばらくは特に規定は見出せず、元禄後半になってから、繰り返し触れ流され、享保期にさらに徹底されていることがわかる。寛永から元禄の間の天和二年（一六八二）十二月十五日の「本興寺・本能寺諸末寺未来際法度」（『第二巻』二〇頁など）に服制に関する規定がなかったことは、元禄期から享保期に服制が強化・徹底されたことを傍証する。

表1　本山による色衣規定

番号	年月日	西暦	名　称	色衣に関する内容	制定者等	出　典
1	寛永13.9.4	1636	法華宗禁制	藍染直綴の禁止。／平僧が大衣を着すことの禁止（一色袈裟の禁止、九条袈裟は時宜による）。／能化以外の平僧が色衣を着すこと、布法服・布七条を用いることの禁止、満山が出仕する際は素絹を用いること。／平僧が紫絳の五条ををつけること、末寺の住持が色直綴を着すことの禁止。／20歳以前の僧が色袈裟を着すことの禁止。	十六本山による取り決め	『頂妙寺文書・京都十六本山会合用書類二』pp.154-155
2	元禄11.3.15	1698	法華宗条目	平僧住持、所化の説法、法事のときに黒色以外の色の法服・直綴を着してはいけない。	十六本山による取り決め	『頂妙寺文書・京都十六本山会合用書類二』p.201
3	元禄15.3.15	1702	法華宗条目	平僧が黒染以外の色法服・直綴を着してはいけない。／紫袈裟・紋白袈裟をかけてはいけない。／一色七条を掛けてはいけない。	十六本山による取り決め	『頂妙寺文書・京都十六本山会合用書類二』p.203、『第6巻』pp.55-56
4	元禄15.3.15	1702	法華宗条目	玄文能化以外が絹の衣服を着してはいけない（下着をのぞく）。／先規の通り玄能以外は裳子衣・絹袈裟を着してはいけない。	十六本山による取り決め（京都諸談所上座中宛）	『頂妙寺文書・京都十六本山会合用書類二』p.204
5	宝永元.3.15	1704	法華宗会合定	元禄15年の満寺会合で定めた衣服の3か条を守ること。	十六本山による取り決め	『頂妙寺文書・京都十六本山会合用書類二』p.206
6	宝永5.5.21	1708	両山定書末寺請状	みだりに色衣を着してはならない。紫袈裟禁止。	定目に対する本因寺の請状	『第2巻』p.193
7	享保3.3.15	1718	法華宗定書	末寺住職は黒色の法服・直綴以外着してはいけない。／末寺住職は紫地の袈裟・一色の七条大衣を着してはいけない（官僧・聖号はこのかぎりではない）。	十六本山による取り決め、末寺に申し渡す	『頂妙寺文書・京都十六本山会合用書類二』p.218
8	享保3.3.15	1718	諸山条目	（上記定書とほぼ同文）	法華宗定書を両山から末寺へ触れ	『第2巻』pp.193-194、『第6巻』p.135

9	享保5. 正 .26	1720	色衣免許の節定書	紫袈裟免許は本山から補任を受けること（本山への功績・寺の由緒・寺の格・住僧の年齢による）。／冥加料銀10枚。	大坂勝劣一派十二か寺に対する十六本山による取り決め	『第５巻』p.80
10	享保5.2.2	1720	12ケ寺色衣御免に付差上証文	12か寺に紫色衣を免許する（法衣は本山の格式を守ること）。／冥加料銀10枚。／僧の寺が替わったら免許の法会を着してはいけない。／御本尊は本山から授与。／檀越院号・日号は本山が出す。／紫地菊の浮紋・居紋は禁止。／本山役者が下向した時は役者が上座。	大坂勝劣一派十二か寺に対する十六本山による取り決め	『第５巻』pp.80-81
11	享保5.5	1720	両山末寺掟	末寺の住持の色衣の免許は、文句聴聞のものに限る、ただし寺の由緒・寺格により器量を選ぶ。冥加料新銀10枚。／末寺の聖号は玄能以上に限る（冥加料金20両）。／色衣・紫袈裟・聖号を許可しても紫地菊の浮紋・居紋禁止。	本能寺・本興寺両本山による定（本能寺日栄）	『第６巻』pp.154-155
12	享保6.2	1721	両山末寺掟	末寺の住持の色衣の免許は、文句聴聞のものに限る、ただし寺の由緒・寺格により器量を選ぶ。冥加料新銀10枚。／末寺の聖号は玄能以上に限る（冥加料金20両）。／色衣・紫袈裟・聖号を許可しても紫地菊の浮紋・居紋禁止。	本能寺・本興寺両本山による定（本興寺日慶）	『本能寺史料本山篇下』p.11
13	享保7.3.15	1722	法華宗条目	末寺住持は紫袈裟、一色の七条、大衣禁止（官僧・聖号はこの限りではない）。／聖号免許あるいは由緒があっても本山の出場の場所で紋白袈裟、曲彔禁止。	十六本山会合により決定、両本山から大坂５か寺・大鹿妙宣寺・河内末寺・堺顕本寺・同本受寺宛	『第６巻』pp.110-111
14	享保9.3.15	1724	諸山条目（法華宗条目）	本山から許可なく色衣を着し聖号名乗ることの禁止、供人なく紫衣で檀家へ出入り禁止。／享保３年の５か条遵守。	十六本山会合により決定、本能寺から東国末寺、本興寺から西国末寺へ、享保3.3.15「諸山条目」と併せて触れる	『第２巻』p.194、『第６巻』p.135

表1のうち、宝永五年五月「両山定書末寺請状」（表1―6）は定書そのものではなく、定書の順守を誓った本因寺が提出したものである。経緯は不明だが、「本興寺・本能寺諸末寺未来際法度」と重なる規定もあり、末寺住持が入院に際して、本山側の定めた禁制をもとに提出したものではないかと推測される。

寛永十三年の「法華宗禁制」では、平僧、末寺の僧、二〇歳以下の僧が基準となっており、坂輪顕敬氏は、平僧かそれ以上かの簡単な二分的な規制だと評価している。(14) ただ、天文十六年「申定条々」が種姓（公家）による区分が前提になっていたのに対し、教団内での僧侶の地位に関わった基準になっていることに注意したい。さらに平僧であっても能化には色衣が許されており、檀林での学歴が基準に含まれていることは重要だろう。

元禄十五年（一七〇二）三月十五日の二つの条目は、一つは末寺一般に対するもの（表1―3）、もう一つは諸檀林に対するものである（表1―4）。寛永十三年の平僧であるかどうかと、能化であるかどうかという基準が、二つの禁制として強調された。前者には「所々においてみだりに（色衣を）着しているという風聞があるので、惣会合で評議した。今後、諸末寺同士でよく取り調べ、違犯している輩がいたら本山へ報告すること」と、色衣の規制が緩んでいると認識し、京都十六本山側が危機感を募らせていることがうかがえる。

これに関わる史料として、元禄十三年（一七〇〇）に本興寺から本能寺への書状、あるいは本能寺日勢から本興寺日軌に宛てた書状がある。前者は、日円が伏見宮へ挨拶に行ったとき（元禄二年頃か）の経緯から近年菊紋が重く見られるようになっていること、妙蓮寺日応が伏見宮へ菊紋を願い出たが認められなかったこと、元禄十三年春の京都十六本山の会合において色衣・紋白袈裟が取り上げられたこと、本興寺日軌が入院の挨拶に上京した時に他宗から菊紋のことが問題になったことをあげ、その宗派は大坂で力を持っており何らかの取り調べがあるかもしれない、と伝えている。日勢は日軌に対し、菊紋素絹法服・白紋五條袈裟の使用を慎むように指示している（『第六

たのだろう。巻』三三〜三四頁)。元禄十三年の京都十六本山会合内容は不明だが、このことが元禄十五年以後の条目につながっ

その後、本興寺・本能寺両本山で、住職の地位、檀林学歴を基準に色衣を許すと決めたのが、享保五年(一七二〇)五月の「両山末寺掟」(**表1-11**)である。これによれば、本山での勲功、寺の格、僧侶の年齢を考慮するとしつつ、原則は、末寺の住持の色衣は文句聴聞でなければ許されず、また聖号も玄能以上でないと認められないとした[15]。檀林での学歴が身分表象とさらに結びついていった。後に紹介するように、大坂ではこの定めに合致しない住持に色衣が認められず、紛糾することになる。

二 「色衣証文」の変化

前章での禁制の整理を踏まえ、末寺から出された「色衣御免に付差上証文」(以下「色衣証文」と略す)を検討してみよう。**表2**は、『第五巻』に掲載された「色衣証文」四四点に『本能寺史料』に掲載されている三〇点を一覧にしたものである(内容の①〜⑨は次に説明)。実際には一六点重複するため、重複分は『本興寺文書』の備考に注記し、実質的な総点数は五八点となる。期間は、元禄十年(一六九七)から天保十四年(一八四三)までである。表内の数字は、「色衣証文」何条目かを示している。

一見しても明らかなとおり、色衣許可の請状とはいえ、時期によって違いがあり、おおよそ三つに分類できる。

A　元禄十年から元文三年(一七三八)までの請書で、三か条からなる。

B　享保五年の大坂の末寺の請書で、A型に類似した請書と享保五年二月「一二ケ寺色衣御免に付差上証文」

表2 「色衣証文」一覧

番号	出典	年月日	西暦	国	寺院名	住持	内容											備考
							内容	①謝辞	②着用は国内	③本山との関係	④菊紋禁止	⑤一代限り	⑥冥加料	⑦本尊·守	⑦院号·日号	⑧本山役者	⑨後住	
1	129	元禄10.8.晦	1697	出雲	大雄寺	本龍院	色衣		1	1		2					3	
2	東259	元禄14.11.3	1701	出羽	蓮住寺	本寿院			1	1							3	永代上人号に付随
3	西335	元禄17.正	1704	讃岐	本覚寺	要心院	色衣		1	1		2					3	
4	120	宝永7.4.21	1710	備中	本隆寺	松雲院	色衣		1	1		2					3	
5	127	享保2.4.5	1717	長門	普門寺	慈雲院	色衣		1	1		2					3	西222に同文
6	133	享保3.6.16	1718	因幡	萱能寺	要言院	色衣		1	1		2					3	
7	西205	享保3.9.4	1718	周防	本国寺	事観院	色衣		1(周防長門)	1		2					3	
8	50	享保5.2	1720	大坂	妙法寺・妙堯寺・本行寺・本経寺・久本寺	-	一派色衣紫袈裟	1	1		6	3	2(継目規定)	4	5	7		
9	64	享保5.6	1720	摂津	妙宣寺	敬詔院	色衣		1	1		2					3	東102に同文、65享保8年同人着用詫び
10	東124	享保5.7.8	1720	大坂	久本寺		一派色衣紫袈裟	1(格式を守る)			6	3	2	4	5	7		
11	43	享保5.7	1720	大坂	久本寺	-	一派色衣紫袈裟	1	2	3**								4他門出座法会規定、5曲彔禁止、東125に同文(日付は8日)
12	47	享保5.7.8	1720	大坂	本経寺	-	一派色衣紫袈裟	1(格式を守る)			6	3	2	4	5	7		東148に同文(2条に付記あり)
13	48	享保5.7.8	1720	大坂	本経寺	-	一派色衣紫袈裟	1	2	3**								4他門出座法会規定、5曲彔禁止、東149に同文
14	40	享保5.7	1720	大坂	本行寺	-	一派色衣紫袈裟	1(格式を守る)			6	3	2	4	5	7		東117と同文

15	41	享保5.7	1720	大坂	本行寺	-	一派色衣紫袈裟	1	2	3**								4他門出座法会規定、5曲彔禁止、東118と同文
16	52	享保5.7	1720	大坂	妙法寺	-	一派色衣紫袈裟	1(格式を守る)			6	3	2	4	5	7		東152に同文（日付は8日）
17	51	享保5.7	1720	大坂	妙法寺	-	一派色衣紫袈裟	1	2	3**								4他門出座法会規定、5曲彔禁止、東153に同文（日付は8日）
18	107	享保5.11.13	1720	讃岐	本照寺	示玄院日観	色衣		1	1		2					3	西343に同文
19	124	享保7.6.18	1722	長門	本行寺(赤間関)	是應院	色衣		1	1		2					3	西213に同文（日付は9日）、125冥加料
20	138	享保8.2.19	1723	肥後	久本寺	妙善院	色衣		1	1		2					3	
21	123	享保8.9.14	1723	周防	本国寺	事成院	色衣		1(長門周防)	1		2					3	西206に同文（日付は8日）
22	126	享保11.2.21	1726	長門	本行寺(萩)	報事院	色衣		1	1		2					3	西211に同文
23	西28	享保13.7.24	1728	出雲	大雄寺	本事院	色衣		1	1		2					3	
24	3	享保16.4.23	1731	出羽	蓮荘寺	養賢院	色衣		1	1		2					3	
25	16	享保16.4.23	1731	加賀	本光寺	勇猛院	色衣		1	1		2					3	東350に同文
26	東105	享保19.12.6	1734	摂津	妙宣寺	正行院	色衣		1	1	2	3	4	5	6	7	8	
27	13	元文2.9.19	1737	加賀	承證寺	惣名院	色衣		1	1		2					3	
28	116	元文3.4.26	1738	備前	菅能寺	恵海院	色衣		1	1		2					3	
29	5	元文5.8.25	1740	江戸	永隆寺	東林院	色衣		1	1	2	3	4	5	6	7	8	
30	118	延享4.12	1747	備前	松寿寺	観壽院日正	色衣		1	1	2	3	4	5	6	7	8	西48に同文
31	108	寛延2.3	1749	讃岐	本法寺	恵雲院名代寛承	色衣		1	1	2	3	4	5	6	7	8	
32	西353	宝暦2.6	1752	肥前	本成寺	十如院日幸	色衣		1	1	2	3	4	5	6	7	8	
33	84	宝暦4.4	1754	摂津	本経寺	直行院	色衣紫袈裟	1	2	3*	4	5	6	7	7	8	9	
34	53	宝暦4.6	1754	大坂	妙法寺	理乗院	色衣紫袈裟	1	2	3*	4	5	6	7	7	8	9	

番号	出典	年月日	西暦	国	寺院名	住持	内容											備考
							内容	①謝辞	②着用は国内	③本山との関係	④菊紋禁止	⑤一代限り	⑥冥加料	⑦本尊・守	⑦院号・日号	⑧本山役者	⑨後住	
35	33	宝暦4.6	1754	淡路	本妙寺	正行院	色衣		1（阿波淡路）	1	2	3	4	5	6	7	8	
36	8	宝暦7.8	1757	武蔵	本性寺	（本立院）	色衣		1	1	1	2		3	3	4	5	東219に正本
37	西345	宝暦10.6	1760	讃岐	国祐寺	松樹院	色衣		1	1	1	2		3	3	4	5	
38	西241	宝暦11.5	1761	淡路	京妙寺	啓運院	色衣		1（阿波淡路）	1		2					3	
39	117	明和6.4	1769	備前	菅能寺	堅樹院	色衣紫袈裟	1	2	3	4	5	6	7	8	9	10	
40	東119	明和6.6	1769	大坂	本行寺・本経寺	好運院・真立院	色衣紫袈裟	1	2	3*	4	5	6	7	7	8	9	
41	東308	明和6.7	1769	越前	光玖寺	瑞龍院	色衣紫袈裟	1	2	3	4	5	6	7	7	8	9	
42	西219	明和8.6	1771	長門	諦玄寺	唱弘院	色衣		1	1		2					3	
43	14	安永3.5	1774	加賀	承證寺	嘉傳院	色衣紫袈裟	1	2	3	4	5	6	7	8	9	10	
44	19	安永8.2	1779	越前	妙法寺	宣舟院	色衣		1	1	2	3	4	5	6（日号無）	7	8	
45	113	安永9.2	1780	伊予	妙昌寺	本瑞院	色衣		1	1	2	3	4	5	6	7	8	
46	130	天明元.10.15	1781	出雲	大雄寺	能生院	色衣紫袈裟	1	2	3	4	5	6	7	8	9	10	
47	西61	天明4.5	1784	備前	菅能寺	真行院日現	色衣紫袈裟	1	2	3	4	5	6	7	8	9	10	
48	44	寛政3.10	1791	大坂	久本寺・妙法寺	遠里院・榮松院	色衣紫袈裟	1	2	3*	4	5	6	7	7		8	
49	55	寛政10.5	1798	大坂	妙法寺	玄宏院	色衣紫袈裟	1	2	3*	4	5	6	7	7	8	9	54に願書
50	142	寛政11.6	1799	屋久島	正建寺	高顕院	永代色衣	1	2（薩摩大隅日向）	3	4	5		6	6	7	10	8継目、9補任冥加料
51	57	享和3.7.28	1803	大坂	妙法寺	信立院	色衣紫袈裟	1	2	3*	4	5	6	7	7	8	9	56に願書

52	141	享和3.10	1803	屋久島	本仏寺	一乗院	色衣	1	2（薩摩大隅日向）	3	4	5	6	7	7	8		9継目登山
53	42	文化9.4	1812	大坂	本行寺	正信院	色衣紫袈裟	1	2	3*	4	5	6	7	7	8	9	
54	49	文化9.4	1812	大坂	本経寺	大法院	色衣紫袈裟	1	2	3*	4	5	6	7	7	8	9	
55	45	文化11.11	1814	大坂	久本寺	正誠院	色衣紫袈裟	1	2	3*	4	5	6	7	7	8	9	
56	15	文政2.11	1819	加賀	承證寺	志誠院	色衣紫袈裟	1	2	3*	4	5	6	7	7	8	9	
57	59	文政6.7	1823	大坂	妙堯寺	観行院	色衣紫袈裟	1	2	3*	4	5	6	7	7	8	9	
58	西361	天保14.4.8	1843	薩摩	正建寺	広宣院	永代聖人	1		1	4	6	8	4	4	6	8	永代聖人地緋衣文白五七条、9条継目

注：出典・備考欄略称　番号のみ＝『本興寺文書第五巻』末寺の史料番号、東＝『本能寺史料畿内東国末寺篇』、西＝『本能寺史料西国末寺編』

（**表1-10**）の両様が含まれている。後述するように、これには大坂勝劣一派の色衣をめぐる争論が関係している。

C　享保十九年（一七三四）十二月、摂津国妙宣寺のほか、元文五年（一七四〇）八月、江戸永隆寺の「色衣証文」以下で、若干の例外はあるが八〜一〇か条からなる。

表2の説明のため、最も条目の多いC型の妙堯寺観行院の「色衣証文」（**表2-57**）を掲げる。『第五巻』のなかで最も新しい証文である。近世における色衣に関する規定の完成型といってよいかもしれない。

一札

一、[①]此度拙僧義願ニ付、色衣・紫袈裟蒙御免許難有奉存候

一、[②]御本山者勿論、摂州一国之外、色衣・紫袈裟堅着用仕間敷事

一、[3]御両聖幷御本山衆徒御来集之節者色衣着用仕間敷事
但シ、黒衣・紫小袈裟御免許之事
一、[4]紫地菊之浮紋・居紋之法衣着用仕間敷事
一、[5]色衣御免許之儀者限在住之内、隠居幷転住之節者堅着用仕間敷事
一、[6]為冥加料銀子拾枚可差上事
一、[7]御本尊守者如先格御本山御授与之事
附、檀越院号・日号、御本山御免許之事
一、[8]御本山役者御出之砌者可為座上之事
一、[9]後住之儀者従先規如御定、他門之出家者勿論、雖為弟子或者檀那之子孫、以私意計略不可定住持、若器量之僧於有之者訴両御本山江可蒙御下知事
右之條々寺檀共堅可相守候、若違背於有之者可被任御寺法候、為後日之依而如件
文政六癸未年七月
妙堯寺観行院（花押）
加判　久本寺正成院（花押）
本興寺・本能寺御役者中

表2の内容欄の①〜⑨は、各条文に対応している。その要点は以下の通りである。①〔許可内容・謝辞〕色衣・紫袈裟を許されたことに対する感謝。②〔着用は国内〕色衣を着用するのは寺院のある国内に限る。③〔本山との関係〕両本山貫首・衆徒が来集する時は色衣を着用しない（ただし黒衣紫小袈裟は許可）。④〔菊紋禁止〕紫地で菊の浮紋・居紋の付いた法衣は着用しない。⑤〔一代限り〕色衣は当該寺の在任限りで、隠居・転住した場合は着用

しない。⑥〔冥加料〕冥加料として銀子一〇枚を本山に納める。⑦〔本尊・守〕本尊・守は本山から授与する。⑧〔院号・日号〕檀家の院号・日号は本山が免許する。⑨〔本山役者〕本山から役者が下向した時には役者が上座となる。⑩〔後住〕他門の出家を後住としてはいけない。また、弟子・檀家の子孫であっても私意・計略によって後住を選んではいけない。もし、器量のある僧侶がいたら本山に訴えて、その指示を待つ。

要点は以上だが、若干補足しておきたい。②の「国」とは、当該寺院の所在する国、たとえば大坂では摂津国であって、基本的に一か国である。ただし領国型の大名の場合は、一か国とは限らない。本国寺（表2-21）が周防国・長門国、本妙寺（表2-35）・京妙寺（表2-38）が淡路国・阿波国、正建寺（表2-50）・本仏寺（表2-52）が薩摩国・大隅国・日向国となっているのは、それぞれ毛利家・蜂須賀家・島津家の領国に由来する。このことは、色衣が寺院の本末関係だけではなく、大名との関係で規定されていることを示唆するだろう。また、同じ毛利家領であっても、赤間関本行寺・萩本行寺（表2-19・22）は長門国一国に限られていた。おそらく寺格によって差異化が図られていたのだろう。

③について、数字に＊がなければ（　）内の但し書きはなく、＊は但し書きがあり、＊＊は但し書きの内容が単独で記されている場合である。この但し書きは、元禄から享保初年までは付記されていない。享保五年、両本山貫首あるいは衆徒が来集するときに色衣を使わないことを前提に、その場合に黒衣に紫小袈裟を使うことが明示されたようで、B型の大坂末寺の請書に記された。ただ、それがすぐに広がることはなく、寛政期になって定式化した。

享保五年に色衣免許の冥加金を銀一〇枚とすることや、本尊は本山から授与、檀越の院号・日号は本山が出すこと、紫地菊浮紋居紋禁止が定められ（表1-9・10）、それが「色衣証文」の⑥・⑦・④に反映した。もともとA型は、色衣免許に直接関係する②・③・⑤に、「本興寺・本能寺諸末寺未来際法度」の一項でもある⑨が加わる三か条のシンプルなものだった。「色衣証文」に後住人選規定が加わる背景を示す史料は未見だが、色衣を許可される年齢が高かったのではないかと推測している。服制規定が本質的に本末体制を規定するものである以上、後継住職を選ぶ際に本山の指示を受けることもまた、体制の維持に必要なことだったのであろう。

さらに享保期に、⑦・⑧のように直接色衣に関係しない事項も加わってきた。これは大坂勝劣一派十二か寺が色衣を願い出たことが発端である。おそらく享保三年三月に京都十六本山が「法華宗定書」を取り決め、末寺に指示したことにより（表1-7・8）、大坂勝劣一派十二か寺はまとまって京都十六本山会合宛に色衣願いを提出したと推測される。これに対し、享保五年正月、京都十六本山会合は色衣を認める条件として、十二か寺にいったん願いを取り下げさせ、十二か寺それぞれの本山から補任を受けること、「本山への功績・寺の由緒・寺の格・住僧の年齢」によって定めること、冥加料として銀一〇枚を納めることを決めた（表1-9）。そしてそれを受けた本山は、先に見た項目の⑥・⑤・⑦・⑧・④・⑨を含めた請書を提出した（表1-10）。これが、のちの「色衣証文」の骨格になった。大坂勝劣一派十二か寺と本山側とのやり取りのなかで、色衣の規定が整えられていったのである。

いまのところ、ここでいう大坂勝劣一派十二か寺がどの寺なのか特定できていない。ただ、本興寺・本能寺両本山末寺の本行寺・久本寺・本経寺・妙法寺・妙堯寺の五か寺が含まれていて、享保五年二月、いったん五か寺連名で両本山に証文を提出した（表2-8）。その後、本興寺・本能寺両本山は、色衣免許の条件として文句聴聞であること、聖号は玄能以上であると定め、あらためて個別に証文を提出させたのである（表2-10〜17）。これがB型である。なお、Bには、他にない規定として、他門も出座する大法事や葬送では「素美留茶《みる》」あるいは「藍美留茶」・紫七条袈裟が許され、本山の出仕する葬送での曲彔は禁止されている。これらは、その後他の規定に表れないので、本山貫首や役僧がしばしば出向く大坂独自のものだろう。

大坂五か寺のうち、色衣を認められたのは四か寺で、妙堯寺は文句未聞だったため認められなかった。妙堯寺を支援する末寺側の主張をみると、色衣が本末の関係ではなく、複数の門末からなる大坂十二か寺の格式を表すものでもあったことが示される。たとえば、十二か寺では、色衣が僧侶の学徳の有無や人物の甲乙に関係なく寺号に与えられるものになっていたと主張する（『第六巻』一九八頁）。毎年十二月十日に行う会合で色衣を渡すのが「一派一統の格式」であり、妙堯寺だけ色衣が許されないと「一派の和合」が破れるのだという（『第六巻』二五二頁）。

大坂の十二か寺の活動について、具体的な内容は全く不明だが、本山を異にする法華宗の末寺が地域で組を作り活動する例として「江戸十三か寺」がある。詳細は、三吉廣明氏の論考に詳しいが、正徳四年（一七一四）には「定」を設けており、会費を定め、定期的に会合を開き、講や葬送などの扱いを定めていた[16]。大坂末寺から出された「色衣証文」に、他門出座の大法要や葬送時の規定があるのは、大坂の十二か寺でも江戸と類似のことが行われていたからだろう。享和三年（一八〇三）、大坂妙法寺が他宗・他門との法要立合のために色衣を願い出た事情も同じに違いない（『第五巻』二六三頁、**表2-51**）。

地方に展開する末寺からすると、本末関係もさることながら、地域、特に藩との関係は重要だった。末寺は、藩や地域内での地位を明示するため、しばしば色衣を申請した。元禄十五年に備中本隆寺が色衣を願い出た理由は、寺の由緒・格式のほか、近隣に色衣となる自他宗の僧が四、五人も現れたからだった（『第六巻』五四頁）。**表2-2**の出羽国蓮住寺は、永代聖号に併せて色衣の免許を受けた。これは久保田藩に触頭を願い出るための方策で、触頭にならなければ一代限りと申し入れている。時期は遅れるが、淡路国妙勝寺の場合は国主（蜂須賀家）へのお目見えに自分一人だけ黒衣では立場がないからであり（『第五巻』二二〇頁）、同国妙京寺は阿波・淡路両国に来る巡見使への対応のため（『第五巻』二二〇～二二一頁）、屋久島本隆寺は太守年礼や諸寺立合法要（『第五巻』三六五～三六六頁）を理由として、色衣の使用を願い出ている。

本末関係を強化するという本山側の立場とは別に、末寺はそれぞれの地域の政治的な秩序のなかで、宗派間あるいは宗派内の立場・格式を示すためにも色衣を必要とした。それは、時として、本山には、「学徳」「人物」にかかわらずみだりに色衣を着用している基盤に映った可能性があるように思われる。

おわりに

本稿では、『本興寺文書』などを用い、一八世紀前半までの本山による服制規定を整理し、元禄末から享保期にかけて服制の取り締まりが強化されていたことを跡付けた。さらに、それに対応して、末寺からの「色衣証文」に変化が生じていたことを示した。課題としていた、服制が強化される背景にまで十分踏み込むことはできなかったが、元禄期に朝廷内で菊紋に対して何らかの関心が生じていたことが推測された。また服制を規定する条件として、檀林での学歴が重要な要件となったことにも注意を促した。学歴と色衣すなわち身分が密接に結びつく組織に徐々に変化していったのだろう。

一八世紀初頭、本山は末寺の服制が乱れていると認識していたかもしれないが、視点を変えるとそれは、末寺が地域社会の中で、藩との関係、他宗との関係、他門との関係など、地域との結び付きを深め地位を模索した結果だったかもしれない。本末体制という教団論理を経糸とすれば地域社会は緯糸であり、宗教史はどちらかといえば前者に陥りがちである。実際に織りなされる姿を分析するためには、経緯両様からのアプローチも必要なことだろうと思う。

て擱筆する。

『本興寺文書』には汲めども尽きぬ豊かな歴史が眠っている。教団内外から注目され利用されていくことを祈って擱筆する。

註

（1）法華宗宗門史編纂委員会編『法華宗宗門史』、法華宗（本門流）宗務院、一九八八年、三二四～三二五頁。
（2）『本興寺文書』は二〇一三年の第一巻から現在第六巻（二〇二一年）まで、清文堂出版より刊行されている。
（3）『第五巻』四八二～四八四頁。『第六巻』三六六頁。
（4）『本能寺史料』全六巻、思文閣出版、一九九二年～二〇〇六年。
（5）法華宗宗門史編纂委員会編『法華宗年表』法華宗宗務院、一九七二年。
（6）幡鎌「本興寺文書を読む――本門佛立講開講をめぐって――」（『第五巻』清文堂出版、二〇一九年、四四三～四六七頁）は、従来、佛立講を開いた長松日扇の言葉によって性格づけられていた当時の法華教団の動向や日扇を法華宗に導いた日雄について、本興寺史料から読み解いた試みである。
（7）坂輪宣敬「日蓮宗の法衣の変遷」（宮崎英修編『近世法華仏教の展開』平楽寺書店、一九七八年）、六一九～六二〇頁。
（8）いくつか類似の史料があるうち、日付の最も新しいのが六月十七日付で、辻善之助『日本仏教史第五巻中世篇之四』（岩波書店、一九七〇年、四五六～四五七頁）に所収される。このほか、天文十六年五月「法華宗十五本山連署申定条々案」（『本能寺史料中世篇』八九～九一頁）などがある。
（9）坂輪宣政「中世法華宗の地位についての一考察――天文法難の和睦における法衣などの規定をめぐって――」『大学院年報』第一号、立正大学大学院文学研究科、一九八四年。
（10）辻『日本仏教史第五巻中世篇之四』三八三～三八七、四〇二～四一九頁。
（11）『法華宗宗門史』二五六～二五八頁。『本能寺史料中世篇』一三六頁に当該史料が掲載される。坂輪宣政「中世法華宗の地位についての一考察」（四～五頁）によれば、妙顕寺貫首日広は木寺宮の出自であったという。日承については、小西日遶「日隆門流の成立と展開」（小松邦彰・花野充道編『シリーズ日蓮3　日蓮教団の成立と展開』

春秋社、二〇一五年、一九七～一九八頁）も参照。近世後期の記述に日承の代に菊紋が許されたとある（「宮方許状写等留書」『第五巻』四一頁）。

（12）小西顕龍「日隆教団の法度について――中世制定の法度を中心として――」『桂林学叢』二五号、二〇一四年。

（13）註（7）坂輪顕敬「日蓮宗の法衣の変遷」六二一～六二二頁。

（14）註（7）坂輪顕敬「日蓮宗の法衣の変遷」六二二頁。

（15）檀林における修学・住職の地位などについては、福岡淳翁「本宗檀林の形成と展開」（株橋先生古稀記念論集刊行会編『株橋先生古稀記念法華思想と日隆教学』法華宗興隆学林、一九七九年）を参照。

（16）三吉廣明「法華宗江戸組寺「定」について」『桂林学叢』三〇号、二〇一九年。

キーワード　本末体制、服制、色衣、檀林、『本興寺文書』

ある僧侶の人生
――人事記録としての本興寺文書――

岩城卓二

一　本興寺文書の特質

安永九年（一七八〇）二月、河内国の北部に位置する交野郡中宮村に堂宇を構える真浄寺の住職学祐は、本山である尼崎の本興寺より同寺内の塔頭堯運院への転住を申し付けられた。[1] 僧侶の転住は旦方中や近隣の末寺が反対し、決定までに時間を要することも珍しくなかったが、学祐の転住はこじれることもなく周囲の理解を得られたようで、同年中には入院し、本興寺内で新しい生活を始めている。

学祐は播磨国赤穂城下に生まれ、一三歳の時、城下福泉寺の弟子となり剃髪。延享二年（一七四五）頃より本興寺学室での修行生活に入り、宝暦八年（一七五八）一〇月に塔頭本寿院の住職となるが、二年後の宝暦一〇年に真浄寺に転住し、約二〇年間の在寺を経て安永九年、再び本興寺内塔頭の住職を務めることになった。[2] そして一四年務めた後の寛政六年（一七九四）夏頃病床に伏し、同年七月二三日に死去する。本興寺文書「両山相談控」には、「堯運院当夏已来病気之所養生相不叶、去七月廿三日死去」と記されている。[3]

近世の本興寺は京都の本能寺と両寺一貫首で、本興寺は教学の道場、本能寺は布教の道場であったことはよく知られている。末寺の諸事は両寺の塔頭の住職が務める役者間の相談の上で決定されたため、本興寺には両役者間で交わされた書簡類を書き留めた冊子形態の文書が多く残されている。

『大本山本興寺寺宝目録』では、その多くは「日記」というタイトルが付されており、その点数は約一三〇冊にもなる。本興寺文書の核というべき文書であり、その記述内容の特徴・変遷については幡鎌一弘の考察に詳しいが[4]、「日記」に書き留められた書簡には末寺住職の隠居・退院の許認可、後住の選定に関わる記述が多く、本興寺と本能寺の役者の主要な相談事は末寺住職の人事であったことが窺える。役者が、末寺の住職・旦那中との間で交わした書簡も書き留められているが、その記述内容も人事に関わるものが多い。そして、同内容の書簡を書き留めた「両山相談控」「諸末寺許状帳」を加えると、末寺の人事情報が記録されている冊子文書の総点数は約二〇〇冊にもなる。さらに尼崎藩・幕府への願書や触書等を書き留めた「願書控」等からも人事動向を知ることができる。

しかしながら、それぞれの人事の主役となる僧侶の個人情報の記載は限られており、次々に登場する僧侶たちの人生を辿ることは容易ではない。どういう家に生まれ育ち、何歳で剃髪し、修行を始めたのか。そしてどういう経緯で弟子・所化から一寺の住職となったのか、また転住したのか。僧侶の人生を辿るには、ぎっしりと文字が書き込まれ、一冊で二〇〇丁近くに及ぶこともある「日記」類を丁寧に読み、断片的な点と点の情報をつないでいく作業が必要となる。それでも復元できるのは人生のごく一断面でしかないが、一人の僧侶の人生に起こった事実を確定し、関係する情報を加えながらその意味づけを行うことで、近世における僧侶・寺院・宗教の社会的位置、また誤解を恐れずに言うならば、妻帯しなかった近世法華宗僧侶の再生産のあり方を知ることができよう。本稿はそのケーススタディである。

二　播磨国赤穂時代

「日記」類等から推測すると、学祐は享保一一年（一七二六）から一四年頃の生まれだと思われる。

この頃の赤穂は、播磨国赤穂郡内に二万石を領有する森家の城下町であり、学祐が生まれた享保一〇年代前半は三代藩主長生の時代であった。学祐の父は河原権太兵衛といい、森家中の武士であったと思われる。享保期の藩の財政状態は厳しく、[5]河原家の暮らしぶりがどのようなものであったかはわからないが、与蔵と名付けられた少年は一三歳で剃髪し、おそらく旦那寺であった福泉寺の住職に弟子入りする。

福泉寺は武士の旦家が多く、明治以降は寺の維持に苦慮したようであるが、「日記」類によると、それは近世も同じであったことが知られる。「皆家中旦那之事ニ候得者遮而致世話も無之」。これは宝暦八年（一七五八）一〇月、二年以上も住職不在が続く福泉寺の後住をめぐって、本興寺の役者が認めた書簡の文言である。[6]この間、看主（留主居）を務めていた貞学が「立《（達）》而相断」ってきたことで、後住の選定が急務となったのである。貞学がぜひとも退寺したいと申し出た事情はわからないが、「遮而致世話も無之」という文言からは、寺務について旦家である武士たちの協力を十分に得られなかったことが窺える。

本能寺役者の書簡にも「赤穂表も武士旦家斗ニ而、殊ニ数少、至而貧寺由承及候間、住僧一分之働薄候而者寺相続難成様ニも及承候」とあり、福泉寺の住職を務めることの難しさが窺える。旦家は武士ばかりで、しかも旦家数が少ないため「至而貧寺」だというのだが、それは十分な寄進を得られなかったという経済的問題だけではなかろう。先の「遮而致世話も無之」と合わせて、「住僧一分之働薄候而者寺相続難成」という文言を深読みすると、身分差による気遣いや、町人・百姓の旦家に比べると寺務全般に対する協力が不十分であったということが、貞学退院の一因のようにも思われる。

与蔵は一三歳のとき、この福泉寺の住職の弟子となり、僧侶学祐としての人生を始めることになる。安永七年（一七七八）から寛政一〇年（一七九八）の間に本興寺塔頭の住職になった僧侶一七人という限定付ではあるが、**表**の通り一八世紀においては一〇歳前後で剃髪するのが一般的であったことがわかる。

学祐の師匠は元文三年（一七三八）八月頃に福泉寺の住職となった栄照院である。栄照院の履歴はわからないが、享保二〇年（一七三五）に住職となったばかりの先住隆善院が、元文二年（一七三七）に加賀国金沢の本因寺に転住となったため、後住として入寺した。隆善院は本因寺を隠居する住職の弟子であったことから、本因寺の後住の候補となり、転住したのであるが、福泉寺での在職はわずか二年であった。それでも後住の候補となったのは本因寺の後住を速やかに決定しなければ、加賀藩の国法により「上寺」されるという切迫した事情があったためである。予期せぬ住職の隠居・死去・転住はしばしば旦方中を混乱させているが、この転住は福泉寺旦方中側から異義が出されることなく速やかに承認されている。[7] 国法による「上寺」は藩領城下町に所在する末寺の後住選定においてしばしば問題になっているが、その場合、住職が転住となり、無住になってしまう旦方中側の意向よりも、両本山や「上寺」となる側の意向が優先されたように思われる。

また本因寺の後住の選定では同じ金沢に所在する承証寺・本行寺・妙久寺の末寺三ヵ寺の意向が重視されているが、「大坂五ヶ寺」「河内七ヶ寺」のように触の伝達や寺務の相互補助のため国・地域単位で末寺がまとまり、後住の選定に関与していたことは「日記」類から窺える。

学祐は師匠栄照院のもと福泉寺で修行生活を送るが、寛保元年（一七四一）八月、その師匠が急死する。[8] 福泉寺

表　安永７（1778）～寛政10（1798）本興寺塔頭住職の履歴

法名	生国	父親	俗名	剃髪年齢	師匠	経歴
貞了	備前国牛窓	那須静之進	蓮治郎	8	備前国牛窓本蓮寺	明和元本興寺学室→安永７塔頭本成院
学存	河内国中宮	河内屋利右衛門	与四郎	10	河内国中宮真浄寺	安永５本興寺学室→安永８塔頭実成院
学祐	播磨国赤穂	河原権太兵衛	与蔵	13	播磨国赤穂福泉寺	延享２本興寺学室→河内国真浄寺　→安永９塔頭堯運院
寛道	淡路国津井	長五郎	長吉	12	淡路国津井隆泉寺	安永３本興寺学室→天明３塔頭本寿院
智山	駿河国岡宮	中尾久兵衛	奥次郎	11	駿河国岡宮光長寺	安永元細草談林　→天明４本興寺学室　→天明４塔頭一乗院
智静	摂津国大坂	久光弥右衛門	忠吉	8	摂津国曽根崎藤井寺	安永３伏見談林　→安永10摂津国藤井寺→天明７塔頭本成院
孝林	阿波国徳島	東條庄左衛門	貞之丞	14	?	明和９伏見談林　→寛政元塔頭実成院
宣雄	淡路国津井	善作	菊五郎	12	摂津国大坂妙堯寺	安永７細草談林　→寛政元本興寺学室　→寛政元塔頭本成院
宣承	淡路国釜口	川井九右衛門	六蔵	11	淡路国釜口妙勝寺	宝暦11本興寺学室→備前国誉能寺　→寛政３塔頭恵運院
智慶	大隅国種子島	川上衛門	秀次郎	10	大隅国種子島慈遠寺	天明３本興寺学室→寛政３塔頭本寿院
聞雅	阿波国撫養	田中良庵	喜市	10	阿波国撫養安立寺	明和４本興寺学室→阿波国安立寺　→寛政４塔頭一乗院
完山	大隅国種子島	岩本林右衛門	林次郎	11	大隅国種子島慈遠寺	天明６本興寺学室→寛政４塔頭本教院
慈運	讃岐国高松	加茂小太郎	幸吉	8	讃岐国和田国祐寺	安永６伏見談林　→寛政２本興寺学室　→寛政６塔頭堯運院
慈盛	摂津国大坂	松屋作兵衛	与吉郎	11	摂津国大坂本行寺	明和９本興寺学室→寛政６塔頭本成院
湛随	大隅国国分	泊長兵衛	長吉	10	大隅国国分遠寿寺	天明２本興寺学室→寛政８塔頭恵運院
英存	尾張国名古屋	赤堀惣右衛門	友次郎	10	尾張国名古屋長栄寺	天明６本興寺学室→寛政10塔頭恵運院
令善	肥前国平戸	山本甚右衛門	甚之助	11	肥前国平戸本成寺	安永９本興寺学室→寛政10塔頭本教院

備考：「願書控」（『大本山本興寺寺宝目録』近世文書二十四・文書番号795、『本興寺文書』4、3-81頁）に記録されている「由緒書」により作成。

旦方中より両本山役者宛の書簡によると、栄照院は六月中旬より病床に伏し、次第に症状が重くなっていったが、年も若いことから快方に向かうと信じていたところ、八月二四日昼八つ半時頃に死去したという。短い在住ではあったが、「御勤方茂別而宜段々御馴染茂多罷成、法儀等弁、寺茂致繁昌、寺檀共悦居」と、栄照院が僧侶としての務めを恙なくこなし、短期間の間に旦方中より信頼を得ていたことが窺える。

弟子は後住の有力候補になることが多かったが、一五歳前後の学祐では若すぎた。栄照院の死去直後、旦那中は「学祐与申弟子も御座候得共未若年僧」であるため、後住のことは改めてお願いすると申し出ている。

しかし後住はなかなか決まらず、寛保二年（一七四二）九月に伏見大亀谷談林の所化啓運が看主として入寺する。啓運は務めぶりがよろしかったため、翌三年閏四月、旦那中は啓運を後住とすることを両本山に願い出、二年半以上を要してようやく栄照院の後住が決定した。先住の隠居・死去の後に看主が入寺することは珍しいことではなく、旦方中が看主の人柄や務めぶりを見極めた上で、正式に後住とすることを願い出ていることも多い。

後住が入寺すると、先住の弟子が在寺を続けることは難しかったのであろう。学祐は福泉寺を離れ、本興寺学室に入室することになる。

三　本興寺学室所化・塔頭本寿院の住職

塔頭堯運院の住職となるにあたって作成された学祐の由緒書、いわば履歴書によると、学祐が本興寺学室で所化として修行生活に入ったのは延享二年（一七四五）とされる。[9] しかし、延享二～四年の「本興寺所化在談・引談宗門改帳」に学祐の名はみえず、五年の同帳に初めて登場する。[10] 宗門改帳に従えば学祐は延享四年（一七四七）三月から五年三月の間に入室したことになる。宗門改帳に登録されないまま学室で修行を始めていたのか、あるいは由緒書、宗門改帳のどちらかの誤記なのか、その理由はわからない。

表に示した一六人の多くは、学祐と同じく生まれ近くの旦那寺と思われる両本山末寺への弟子入りから僧侶としての人生を始めている。父親が姓を名乗っていても武士の家の生まれというわけではないが、有力旦家の子弟も多かったようである。また学室所化の宗門改帳によると、城下町・在郷町を本国・生国とするものが多く、都市出身者が学室所化の再生産を担っていたように思われる。

延享五年（一七四八）三月「宗門御改寺内人数」帳によると、本興寺内には方丈に貫首日憲、一乗院等塔頭四院と遠定坊等四坊に八人の住職、方丈・塔頭四院・三坊に二人の弟子と八人の下男、他に二人の行者と門守一人が暮らしていた。学室の所化の人別は、別に作成される「本興寺所化在談引談宗門改帳」に登録されたが、同年には一人の能化と、六五人の所化が修行に励んでいたことがわかる[11]。

延享五年の学室所化の生国は出羽から屋久島まで広範囲に及ぶが、多くは西国である。それは淡路国をはじめ大坂以西の瀬戸内沿いを中心とするが、大隅国種子島の出身者も多い。

新しく学室の住人となった所化は「本興寺所化宗門改帳」に法名・生国・父親・師匠・請人が記載され、尼崎藩に届けられた。延享五年の「本興寺所化宗門改帳」は残っていないが、延享四年と五年の「本興寺所化在談引談宗門改帳」によると、学祐をはじめ延享五年に学室所化として登録されたのは計一〇人。前年三月以降学室を去った所化も一〇人で、このうち末寺の住職として転住したのは四人、生まれ故郷に帰国したのは六人である。帰国者のうち三人は延享元年三月以降、二人は延享二年三月以降の入室者である[12]。この五人のように二、三年で学室での修行生活を終える僧侶もいる一方で、**表**から知られるように、一〇年以上学室で修行した後、末寺・塔頭の住職となる僧侶も少なくなかった。学祐は後者の一人であった。

学祐が学室入りした直後の寛延二年（一七四九）、学室の集解の講師であった学隆が大坂久本寺の後住に就くことになったため、講師の配置換えが実施された。このとき学祐は、同じ年に入室した種子島出身の泰玄とともに、尾張名古屋長栄寺出身で、すでに條箇の講師を務めていた志山を学隆の後任とすることを願い出ている[13]。この時期の学室の修学内容を知ることはできないが、学祐は宝暦七年（一七五七）一〇月には「役入」し、学室の中でも重んじられるようになっていることから[14]、熱心に修行に励んだものと思われる。

宝暦八年一〇月、学祐は塔頭本寿院の後住となる。「日記」には「宣要院跡学祐入坊、栄林坊与申候」と記され[15]、塔頭八坊の歴代を記した文書には、塔頭本寿院の歴代として、宣要院日正に続いて「栄林坊日念」の名が記されている[16]。学祐は剃髪から二〇年近くを経た三〇歳前後で本山塔頭の住職になったのである。

安永九年（一七八〇）に堯運院の住職になった際、本人名で尼崎藩に提出された由緒書には、この本寿院住職になったことが記載されていない。その理由は不明であるが、本興寺学室入り年も事実とは異なる可能性があることから、本人が記したことになっている由緒書であってもそのまま信じるのではなく、「日記」類等で確認していく必要があろう。

表の通り、学室の所化が塔頭の住職になることは珍しいことではなかったが、宣要院の退院は転住・老衰・病気といった一般的な理由によるものではなかった。本能寺役者の書簡によると、宣要院と塔頭本教院住職の乗光坊は公儀より逼塞を命じられ、宝暦八年一〇月一一日にそれを許されたが、すぐに自ら退院を願い出たことがわかる。一二日には塔頭を退居したらしく、この報に接した本能寺の役者は「前代未聞之珍事、驚入、気毒」と認めている[17]。

現存する「本興寺寺内宗門改帳」には、毎年八、九の塔頭の名が記されているが[18]、うち一、二の塔頭が無住であるのは珍しいことではなかった。宝暦一〇年春、「御遠忌前多用之砌無人ニテ難義」を理由に、無住が続いた塔頭堯運院に、河内国中宮の真浄寺住職教授院を配置する人事が行われている。[19] 宝暦一三年に予定されている開祖日隆三百遠忌の準備のため、塔頭の無住を解消する必要があったのであろう。教授院は真浄寺住職退院の手続きが完了した直後に、「隠居したばかりであるが」という理由を付けて、堯運院の住職になっている。おそらく堯運院入りすることは了解済みで、退院手続きが進められたものと思われる。

転住ではなく、退院→後住という手続きが踏まれた理由はわからないが、この後の真浄寺旦方中の反応は意趣返しなのであろうか。真浄寺の後住として学祐を指名してきたのである。[20] 本興寺は御遠忌前の多忙な時期に塔頭が無住になることを嫌い、最初の願いには応じなかったが、真浄寺旦方中より再願があったため、一一月に、学祐が真浄寺の後住となることを許可している。ようやく堯運院の住職が決まったところで、また無住の塔頭が生まれることになったのである。本山と末寺旦方中の関係は上意下達的なものではなかったことが窺える。

寛政二年（一七九〇）六月、本興寺役者は本寿院住職の本行坊に「寺法相背筋有之候ニ付退院」を申し付けた。本行坊は大坂久本寺住職の弟子で、入院間もなかったのであるが、この処分を報知された本能寺役者は書簡に「人少之山内気之毒」と認めている。[21] 寺務を司る塔頭が無住になり寺内の寺務遂行に支障が出ることよりも、山内の秩序を乱した僧侶を退院させることが優先されたといえる。本興寺内の秩序は寺法によって保たれており、塔頭住職時代の学祐も、この寺法秩序の中で生きていたのである。

四　河内真浄寺・塔頭堯運院の住職

末寺の住職は就任後の早い時期に本山に登山し、天和二年（一六八二）一二月に定められた七ヵ条からなる「定本興寺・本能寺諸末寺尽未来際法度」に署名し、法度を遵守することを誓約しなければならなかった[22]。学祐も宝暦一一年（一七六一）二月一三日、「栄樹院日念」として法度に署名している。登山は住職として公認されるために必要な儀式であったが、遠方の末寺の住職には登山をしないまま隠居を願い出、問題となっていることもある。

学祐は二〇年近く真浄寺の住職を務めるが、安永九年（一七八〇）二月、本興寺役者より「師跡之事」を理由に、塔頭堯運院への転住を求められた[23]。堯運院の先住は、出雲国松江生まれの英林であることから本興寺学室時代の学祐は、この英林を師として修行に励んだものと思われる。学祐は赤穂福泉寺の住職栄照院と英林の二人を師匠としたことになる。

堯運院の住職となった学祐は、尼崎藩への諸届・願を司る役者に就き、尼崎城内への出入り口となる御門の通行を許されている[24]。

この領主尼崎藩への諸事を司る役者とは別に、本興寺内の塔頭住職は交代で、末寺の人事や争論等々の寺務を司る役者を務めた。塔頭の住職は本能寺の役者と相談しながらこれらを処理していったが、塔頭住職が二つの役者をはじめ寺内の寺務をどのように分担していたのかは不明である。

末寺の人事は両山役者の合意の上で進める必要があり、末寺への書簡・許状等はどちらかの役者が作成し、押印した上で、もう一方の役者に送付し、その文言に異論がなければ加印し、両寺役者が押印した文書が末寺に送付された。一つの案件のために何度も書簡が交わされることも少なくなかった。

両山の塔頭は末寺が本山に登山した際の宿坊になった。各末寺の宿坊は本興寺と本能寺の両方に設けられたが、どこでも自由に宿泊できるわけではなく、各末寺の宿坊は決められていた。「日記」類や「両山相談控」からは、この宿坊が本山役者と末寺をつなぐ役割を果たしていたことが知られる。一例を挙げよう。[25]

天明六年（一七八六）六月、越前国府中の久成寺の旦方中より本能寺の宿坊源妙院と、本興寺の宿坊堯運院に後住願が届けられた。このときの堯運院主は学祐である。

旦方中は久成寺「大破ニ付、修覆等働有之仁躰」を後住とするように求めるが、本能寺側は後住に相応しい僧侶に心当たりがなかったため本興寺の「評議」に託す。「評議」の進め方や誰が「評議」に関わったのかはわからないが、本興寺側は「評議」のうえ学室の所化智賢を推薦した。当時、本興寺の学室は「無人」、すなわち人数が少なかったため、本興寺側は学室と久成寺の兼帯を目論むが、本能寺側は、兼帯ではなく久成寺の寺務に専念できる後住でなければ久成寺旦方中の理解は得られないと、この提案に反対する。そこで本興寺側は敦賀本勝寺の塔頭要顕院の転住を提案し、本能寺側も同意であれば、宿坊源妙院より「内分御聞合」、すなわち要顕院や旦方中の意向を探ることを求めた。「内分御聞合」した結果なのかは判然としないが、「子細も御座候得者如何敷」と、本能寺側はこの提案にも反対し、伊賀国妙徳寺の所化寛道の転住を提案し、同意であれば「当方宿坊より内々聞合」うと申し出た。ところが源妙院が寛道の意向を尋ねたところ「無拠断」われたため、今度は後住として播磨国赤穂福泉寺の本隆院を提案した。宿坊が「内々御聞合」する場合、本興寺と本能寺で分担があったようで、福泉寺への「内々御聞合」は、堯運院主であった学祐が担うことになっている。分担は地域ごとに決められていたように思われる。

しかし学祐が福泉寺に「内々御聞合」を行う直前になって、事態は大きく動く。どうやら久成寺の後住がなかなか決まらないことを耳にした伊賀国の妙昌寺の本随院が寛道に、自分が久成寺の後住になれるよう本能寺に取り次いでほしいと申し出たらしいのである。そこで寛道は、妙徳寺の本能寺宿坊である定性院と、本能寺の塔頭高俊院に、それを伝えている。この頃、寛道は本能寺に滞留していたようで、高俊院と知己の間柄であったと思われる。その「諸末寺許状帳」には、天明六年閏一〇月八日に両山の役者が本随院に宛てた書簡が書き留められている。[26] その書簡には久成寺の後住について両山が「評議」したところ、本随院に転住を申し付けることになったので、「速領掌有之、早速越境、法燈相続之籌策頼入候」と認められている。これだけを読むと、本山の役者が本随院に依頼したかのようにみえるが、「両山相談控」から知られる真相は、先に三人の候補者がいたが両山の合意、本人の了解が得られず、自ら名乗り出た本随院に決したというものであった。そして、すでに本随院の意向は承知していたにもかかわらず、「速領掌有之、早速越境、法燈相続之籌策頼入候」と、まるで初めて本随院の意志を確認するかのような文言が認められたのである。「許状」は最後にやりとりされる形式的な文書であり、先述した真浄寺教授院の塔頭入りと同じく、事実は文書の性格を見極めながら確定していく必要がある。異なる位相の文書が残されている本興寺文書は、この点でも貴重といえよう。

本随院を後住とすることは、両山の役者より久成寺の旦那中にも「本随院儀転住申付候間、寺繁栄候様宜取持頼入候」と、知らされている。そして両山の宿坊よりも旦那中に書状が届けられている。その内容は不明であるが、「取持」の依頼であったと思われる。

このように宿坊は、寺務が円滑に進むため両本山と末寺をつなぐという重要な役割を担っていたのである。

学祐は塔頭堯運院の住職として読経や法会等を務めながら役者・宿坊としての仕事もこなし、いつからかはわからないが、「栄樹院日詔」を名乗っていたようである。そして堯運院の住職として一四年余を過ごした寛政六年七月二三日、六〇余年の人生を閉じることになった。死去の知らせを受けた本能寺では回向が催されており、学祐の死は本能寺でも惜しまれたことが窺える。

一八世紀半ば、本興寺山内で暮らしていた八〇人近くの僧侶のうち、学祐のように人生の軌跡がある程度でも辿れる僧侶は限られている。学祐は希有な存在ではあろうが、本興寺文書の「日記」類は無数の僧侶の人生の一断面が記された人事記録であり、しかも書き留められた書簡からは、僧侶や旦方中の生々しく人間くさい感情を窺い知ることもできる。

他方で両山の「評議」を左右しかねない宿坊による「内々御聞合」の実態は、現存する本興寺文書からはみえない。宿坊となった各塔頭には、末寺とのやりとりを記録し、「内々御聞合」が知られる文書が作成されていたと思われるが、残念ながらいまのところ確認できていない。両山役者の書簡からも事実の一面しかみえないことに注意を払う必要はあるが、一人の僧侶に絞って、関係する事実を拾い出していくことで、近世における僧侶・宗教の社会的位置を考えるための重要な手がかりを発見することができよう。本興寺文書は、こうした無数の事実、とくに人事に関する記述が豊富な点で、今後の近世史研究の進展に資するまことに貴重な文書群といってよい。

註

（1）「日記」（『大本山本興寺寺法目録』（本興寺、一九九一年）二十四近世文書・文書番号一四一（文書名は目録の記載に従う。以下、二十四近世文書分については文書名・文書番号を記載）、「願書控」七九五（『本興寺文書』四、清文堂出版、二〇一六年、一一頁（以下、『本興寺文書』に掲載されている場合は、巻数と該当頁数を記載）

（2）「日記」七六・八〇。「願書控」七九五

(3)「両山相談控」二四三
(4)『本興寺文書』六(二〇二一年)、幡鎌一弘「解説」
(5)『赤穂市史』二(赤穂市、一九八三年)
(6)「日記」七六
(7)「諸末寺住持職控」二〇八
(8)以下、福泉寺の後住に関わる記述は「日記」五七・五八、「諸末寺住持職控」二〇八による。
(9)「願書控」(七九五、『本興寺文書』四、一一頁)
(10)「本興寺所化在談・引談宗門改帳」七〇六~七〇九(『本興寺文書』四、三〇五~三一七頁)
(11)「宗門御改寺内人数」六九三(『本興寺文書』四、二七一~二七三頁)
(12)「本興寺所化在談・引談宗門改帳」七〇六・七〇七・七〇八・七〇九(『本興寺文書』四、三〇四~三一七頁)。
同帳は、学室入りした年次順に記載されている。
(13)「日記」六三
(14)「日記」七五
(15)「日記」七六
(16)「両本山歴代年記」八二七(『本興寺文書』二、一一頁)
(17)「日記」七六
(18)『本興寺文書』四、二六一~二九三頁
(19)「日記」八〇
(20)同右
(21)「両山相談控」二四二
(22)「諸末寺制法」(『本興寺文書』二、二〇~五八頁)
(23)「日記」一〇一
(24)「願書控」七九五(『本興寺文書』四、一二頁)
(25)以下、この一件に関わる記述は「両山相談控」二四三による。

（26）「諸末寺許状帳」二三一

キーワード　学室、宿坊、塔頭、転住、役者

中沢道二に関する一考察

三吉廣明

はじめに

私の自坊である烏山の妙壽寺には心学者である中沢道二（一七二五—一八〇三）の墓が存在している。この人物は江戸後期の心学者であり、江戸幕府の設置した軽罪人・虞犯者の自立支援施設である加役方人足寄場の教諭方も務め、江戸における石門心学の普及に努めた人物である。この道二の墓がなぜ妙壽寺にあるのか、これまでの研究ではその理由が明らかになっていなかった。今回、中沢道二の伝記の記述や墓地および墓石の碑銘等から、中沢道二と妙壽寺の関係について少しく考察したい。

一　先行研究整理

まず、先行研究整理として、中沢道二がどういった人物であったのかを確認したい。『國史大辞典』（以下、『國

史』と略す）によると、

中沢道二　一七二五―一八〇三　近世の心学者。通称は亀屋久兵衛、名は義道、道二は字。享保十年（一七二五）八月十五日、京都の機織りを業とする家に生まれて家職を継いだが、若年より妙法の真義を体認することの工夫に努めた。明和二年（一七六五）四十一歳で家職を離れて東嶺禅師の法筵に連なり、翌三年には東寺の霊元禅師に学んで透徹した悟境に達した。この後、安永の初め布施松翁の勧めによって手島堵庵の弟子となり、石門心学の修行に励んだ。これまでの修養を基礎に真摯な求道の結果、程なく堵庵より深い信頼を得て代講を勤めた。安永八年（一七七九）三月、五十五歳で堵庵の命により関東に下り、この地に教化活動を開始した。天明三年（一七八三）、江戸日本橋に心学講舎参前舎を建営し（のち神田に移転、現在は中野で活動）、ここを足場に関東一帯より中部・東北地方に布教の手を伸ばし、享和三年（一八〇三）六月十一日、七十九歳で没するまで勤めて倦まなかった。墓は東京都世田谷区北烏山の妙寿寺（筆者注：妙壽寺）にある。法名貞徳院法玄道二信士。かれは心学教化思想の要諦を「道あるべきやう」の文言に求めた。すなわち「道」は主観的な心（ある）と同時に客観的な規範（べきやう）であると説き、石田梅岩の主張する社会批判の教説と手島堵庵の強調する主観的な人生哲学の面との融合を試みた。この意味で、かれの心学は生活学であるとともに人間学を伴って、武家・庶民を通じて社会の各層に広まった。武家についてみれば、一般武士のみでなく、松平定信（首座老中）・本多忠籌（ただかず・陸奥国泉藩主）・戸田氏教（美濃国大垣藩主）・堀直皓（信濃国須坂藩主）はじめ諸大名で聴講するものが二十名を超え、また心学に熱心であった浅井きをを通じて千代田城の大奥にも布教の手を広げた。さらに寛政二年（一七九〇）、定信が江戸石川島に免囚や無宿人を収容して労役させた人足寄場を建営すると、依嘱されて同所の講師として活躍した。こうして道二の晩年には、京都明倫舎における上河淇水

（うえかわきすい）の活動とも相まって、心学教化は四十ヵ国に普及して講舎は八十一を数え、全盛期を現出した。なお、かれの道話の聞書、いわゆる『道二翁道話』は、心学のみならず、近世教化思想史全般のうえで重要な意義を持つ教訓書である。(1)

とある。注目すべき点としては、

・若年より妙法の真義を体認することの工夫に努めたこと

・墓が妙壽寺に有ること

であろう。ではあるが、何故妙壽寺にあるのかについて、その接点となりそうな記述は確認できない。

次いで、中沢道二の伝記についていくつか確認したい。残念ながら、道二が自身の半生や信仰について述べているものは確認できなかった。道二の道話をまとめたとされる『道二翁道話』(2)は非常に大部であり、今後さらに確認は続けていきたい。

『道二翁道話』第五編序文

これは、道二と「断金の友」であったとされる入江致身（生没年は不明）の手によるものであり、道二没後五か月で記されたものである。なお、内容は石川謙校訂『道二翁道話』岩波文庫に依り、旧字、旧仮名遣いは筆者が改めた。

翁名は義道、龜屋久兵衛と称し、世々平安の人なり。享保十年乙巳秋八月十五日、上京新町一条の街、中澤氏の家に生まれたまえり。さて幼少より、父と倶に織職を業とし、二十五歳のころ、居を中筋千本のほとりに遷せり。家ははなはだまずしく、平日書よむいとまもなく、故に文字には疎けれども、たゞふかく儒仏の教を信じ、家職の寸隙をはかりて、所々の講釈法談の席につらなり、又は宿儒高僧の許にいたりて、道の大原を研窮すること年久しく、後我梅巖石田先生の教を信仰し、手島堵庵先生に親炙して、ついに性理の蘊奥をきわめ、五十五歳の春、剃髪して道二と改名し、師の許可を受て、おなじとしの秋東都にいたり、みちをかたること凡二十余年なり。（中略）ことし（筆者注：享和三年）仲夏はからずも疾を得て、数日医療のしるしなく、季夏十一日、ついに東都三前舎の中に終りたまえり。享年七十九歳なり。おなじき二十四日本荘（筆者注：本所・正しくは猿江）の妙壽寺におくり葬りけるとぞ。その発引の日前後にしたがう社友、貴となく賤となく、数千人に及ぶとなん。（中略）予、翁と平素断金の友たるをもて、（中略）享和三年癸亥冬十一月[3]

道二の略歴としては最も初期のものである。『國史』の内容と比して、法華との接点については触れられていない。また、埋葬前後に多くの参列者があり、妙壽寺にも多くの参列者が来ていたことが窺われる。

『道二先生事績略』

これは著者は不明である。竹中靖一氏によれば「同種の『事績』中、もっとも古いものと推定される[4]」という。なお、内容は心学参前舎編『手嶋堵庵先生・中沢道二先生御事蹟[5]』に依った。

道二先生名は義道、俗称は亀屋久兵衛、世々平安の人なり。父は義教、母は山田氏の女なり。先生享保十年乙巳秋八月十五日を以て、上京新町一条通中澤氏の家に生れたまえり。幼少より父と倶に織職を業とす。又幼稚の頃より深く儒仏の教を信し問う事を好みたまえり。先祖より日蓮宗にして父母深く祖師を信仰し他宗をきらい、若し他仏へ供えたる物杯到来すといえども、家人にも与えずして又他に贈れりとなり。先生幼稚といえども思い玉うには、両親は何故に斯く蓮宗に帰依し妙法を尊信し玉ひしか、妙法とはいかなるものぞと明暮疑い居玉う事、終に大悟道の基になれりと、先生常に語り玉えり。

先生十二歳の時、同職何某へ奉公に出で玉う。其家も同宗にて殊に信者なりし。或冬の頃、先生寒気に侵され遺溺を患い居玉えど、朋輩へいわんも恥しく服薬灸治したまわんもよしなく、止む事を得ずして主人にかくと申せしかば、主人の云るゝは、何事も信心にこそあれ、幸い立品寺に日像上人作の鬼子母神あり、是へ参詣すべしとありけるを、其教にしたがい、七日の心願を起し、日々に三千遍の題目を唱え、毎朝参詣し玉えどもとかく病い癒えず、爰に於て信心少しく怠りいぶかしとおもわれし。ある朝祈禱はせで、只拝殿に題目のみ唱え居て、ふと思い玉うに、神体は木像か銅仏か、斯く幾重ともなく戸帳厨子杯ありては、我禱る事の聞ゆべきや否やとの不審更にはれずして其儘過ごし居玉いしが、十九歳の時つくづくと思い返へし見玉うに、神仏へ祈誓の通ると通ぜざるとは我心にあるべし、必ずしも他に求むるに及ばんや、既に釈尊の諸経を説く法華経に至り終に四十余年未顕真実とあれば、是即ち法華より尊き経文あらじ、しかし観世音の三十三身に変化して、諸仏菩薩の出現と云とも、皆本体あるならん、題目も文字もあとよりして付たるものなり、先づ妙法と云はいかなるものとおもうにも、物ありて後の名なれあ、水火の如きも名のみにて其実なくんば、冷くも熱くもなくして日用にたゝざるがごとし、是七宗字の題目も人の名のごとく、其人に逢ねば益なきがごとし、さらば鬼子母神にも必ず吾祈誓をきこしめす御本体在すべしと、日夜工夫をこらし玉えりとなり。

先生二十五歳の頃、居を中筋千本の辺に移せり。家甚だ貧しく平日書を読む暇もなし、故に文字には疎けれども、唯深く三道の教を信じ、家職も亦惰玉う事なし。朝は未明より起き家職の暇をはかりて、所々の講釈法談の席につらなり、常々唯妙法の二字のみ心にかけ給えり。或日妙見寺に参詣し玉いて、堂前の旗に妙法の二字あるを、傍の僧に妙法の意如何にと問い玉えば、一天四海皆帰妙法という事也と答えしのみにて、疑いを解くの便りなしと也。其後も有名の僧などにたより、妙法の活きたるはいかなるものぞと問い玉うに、何れにても唯尊き題目故に、疑いを起さず信心し唱えられよと答うる僧多しとなり。

先生四十一歳の頃、冬の日朝とく庭を掃除し玉うに、外の方を禅僧あまた集い行きけるを見て、御僧達には何国へか行き玉うと問い玉えば、西山の等持院に東嶺禅師の説法のあるを聴聞に行なりといえり、先生の云くその説法は我如き在俗も聴聞をゆるさるにやとの玉えば、僧俗を撰ばずと答えり。夫より随い行くて見玉えば、堂上に僧徒数百人坐して聴聞せり。先生は傍にうずくまり居て聞玉うに、何となく精神の澄むみて尊く覚え、又の日も其次の日も行き玉うに禅師説法の半に大喝一聲して云く、坐中寒気を厭い聴聞に倦めりと見ゆ、さようの物は早く還俗して商いにてもせよ、修善は覚束なし、又志しあるものは吾すみかを見出すべし、魚は水に住て水をしらず、人は妙法の中に居て妙法を知らず、先づ住所より尋ね求めよと叱られしを先生聞たまい、心中にうなづき、扨こそ名号も題目も外ならず、早く帰りて坐禅し自己を発明せんと悦びて、夫より夜ごとに正坐し玉うに、初めの程は睡りかちにありたるも、漸くすいみんも催さず、七日めの暁に心気朗かにして〇然たり、譬えば青天に白日を見たるがごとく覚え、其時妙たる一字の理を発明し、即身金色の弥陀也とも会得し、その嬉しさいわんかたなくありしと常にも語りけり。是十一月十一日の事にてありしとなり。其翌年四月頃、厠に行きたる時に又法の理を発明せられしとぞ。譬へば食物は一味にてもあれ二便に分れ出るは妙の自然なり、耳には耳の妙法、目には目の妙法あるなり。妙は形によれり。音を聞くは妙なり、耳は法なり。目は諸物を見るは妙也、指にも五本ながら妙法備われり、是身心共に妙法なるが故に諸法実相ともいえるなり。斯と又発明ありし時も喜しさは譬えんに物なし。其厠を出でし時烏のカアカアと鳴聲を聞き一天四海皆帰妙法なりと会得し、後々までも烏はカアカアというをもて人に諭し教え玉う也。是より万事に疑いなくなり給うといえり。この後東寺に霊元禅師の大会ありし時、僧俗男女数百人群集すと聞き玉い、先づ知識に見え吾発明を試んとて、取次の僧に就て禅師に拝謁を云い入る。禅師に逢て妙法発明の趣を物語りし玉うに、禅師驚歎して云く、在俗にもかかる人のありけるにやと賞誉し尚示されけるは、大吾に至るといえども妙法の生たるを握りたりと思うははや違えり、得たることは得ても此音を聞き得ざれば我ものならずとて、片手をもて虚空を打れしに、先生聞けりとの玉う。禅師又何と聞きたりやとありければ、先生頓首し玉うにより免されしとなり。其後は宿儒高僧の元に至りて、道の本意を研窮し、年歴て後、梅岩石田先生の教を信仰し、手島先生に師とし事え、終に性理の蘊奥を究め、三教一致の理をあきらめ玉えり。

先生四十五歳の春剃髪して道二と改名し、師の命によりて江戸に来り、塩町炭屋某の家に居を求め、夜ごとに道話して聞せ玉うなり。先生道話の終りに御高札の写を略して読み聞す事をはじめ玉えり。斯くて聴衆も日々に増しければ、小川町なる近藤左京様御屋敷内を借用ありて先生の寓居とせり、其御殿にて毎日一六日の日を道話、二五日を前訓の定日とし玉う。此時天明七年なりしが京都明倫舎の規則をうつし都講の掟とせり。寛政三年の秋神田相生町に借地し、三前舎を建て大に講席をひらき玉うなり。夫より一六会日はいうも更也、芳名郡下にあまねく、諸侯方の招きに応じ、日々に教諭道話し玉う。嘗て堵庵先生著し玉う会友大旨には、士の業はしらざる所なりとも記し玉いけるが、斯く上つ方招き学び玉う事の出藍の功となり玉えり。

先生或夏の夕、雨あがりに端居して涼み玉う時、のきの樋より滴れの落つるを見て語り玉いけるは、雨落の平かなる所へ落ちし一滴の、十方へバット散りたるを天命之謂性の語に譬うるに、平かなる所に落ちたる滴れの十方へ散て偏せざるは是則ち人に稟くる性の如し。因て人と形をうくれば正しかるべき筈也、落る滴れは天命也、十方へちるは衆理を具うるに似たり、又側になりたる所に落つれば一方へのみ流るるなり、夫れ禽獣の性は偏にうくれば皆よこに歩くなり、故に馬は馬、牛は牛とのみ一方に用いられて、万事に応ずる事なしとその玉えり、凡て諭をとり玉う事、何事も如斯敏捷也となり。常の講釈を道語と名づけ、教え導くに神釈老荘の語より、百家衆妓狂言綺語を交えて縦横自在に演説すといえども、其要は致知格物より誠意正心修身に至るらしめ、人々をして固有の性を見し、其性に率い身に孝悌を行うの他なしと示されけり。されば上は諸侯より下商買にいたるまで教に従う事、草木の風に○すがごとしと也。是故に京師に帰往し、或は東国北国に赴き、又は浪花南紀の辺に遊説し、丹但播陽の諸州に行き玉い、道を語る事数しられず、至る所人皆群集し教によらざるはなし。其中に忠臣孝子の聞えある者あれば、深くよろこび必ず尋ね行て贈りものをし、酒を好む人には一樽を携え行て与え玉う事もありとなり。日を追て社中多くなりければ、江戸にては茅場町に慎行舎、愛宕下に圭明舎、四谷に○○舎を建て、社友彌進み会輔ありといえり。其頃先生教諭し玉うにより□（筆者注：欠字か）所国にて会輔の席をいとなみし人々多しとなり。其人となり奇才卓越の人というべし。享和三年癸亥の五月、先生社中に示し置き玉う箇条代筆にて十余条あり、名判を居えられけるが、同月下旬より先生はからずも疾を得て数日医療の効なく、終に六月十一日三前舎にて終り玉う、享年七十九歳。同二四日本庄猿江妙壽寺に葬送す。法号を貞徳院法玄道二日信居士と云えり。其日前後に相従う社中貴となく賤となく数千人に及べり、殊に諸侯方よりは使者を賜わり、御直参の方々には騎馬にて跡より見送り玉う者少なからずとなり。嗚呼先生は石門の雄俊成功の人と云べし。先生文字には疎しといえども、没後諸生の聞書をもて道二道話を著し、外に童蒙訓等あり、尚道話聞書を写し取りて世に益々行わる。

この『事績』から加筆された部分として、

・中澤道二の生家の信仰が日蓮宗であったこと

・奉公先も日蓮宗であったこと
・夜尿症であり、それを治すために立品寺の鬼子母神を信仰していたこと
・妙法とは何かについて若年より考えていたこと
・日蓮宗からはその解を得ることができなかったこと
・等持院の東嶺禅師の講を聞いて、自分なりに妙法について解を得たこと

が挙げられる。また、道二の法号について、貞徳院法玄道二日信居士と記されている。興味深い点として、道二による道話や前訓の講説日が毎月十六日と二十五日であり、日蓮聖人の聖誕、日隆聖人の開山会と同日であることも挙げられよう。

『中澤道二先生事績略』

竹中靖一氏によれば「参前舎の什物に属するが、明治年間、高橋好雪、長沼漂月、川尻宝岑らの間で編纂せられたもの[6]」という。なお、内容は心学参前舎編『手嶋堵庵先生・中沢道二先生御事蹟』に依った。内容的には『道二先生事績略』と重複する部分が多いため、特に法華や妙法との関係について示された箇所を引用する。

先生○は義道、通称は久兵衛、道二と号す。中澤氏にして考の名を某と云い○は某氏なり。織工を以て業となす。享保十年乙巳八月十五日を以て京都上京新町通り一条の街の家に生る。（中略）先生の家は日蓮宗なり、双親共に其の宗門を信ずる事厚ければ、先生亦従て朝暮題目を称うることを怠らざりし。

先生常に妙法の二字に疑いを懐けり。抑も法華経は諸経第一にして四十九年未顕真実とあれば必ず深き故あら

む。就中皆帰妙法と云えば法華の端的は妙法の二字にありと思うにつけ、愈此の二字に於て疑団凝結し、常に先生の心となり片時も措く事あらざりし。

又常に鬼子母神を信じて参詣せられしが、或る時心に思うよう、此の本尊は木にて造りたるか銅にて鋳たるものならむに、斯く祈願の霊験あるは如何なる故にや、木像銅仏に霊あるべき謂れなし、思うに神仏の霊験は祈る者の心にあるべくなぞ思い続くるより是亦一つの疑とはなりしなり。

或る時日蓮宗の寺に詣ずることありしに、堂前に妙法の二字を記せる幡を建てたり。傍なる僧に其の所以を問う、僧対えて一天四海皆帰妙法という。是の語素より先生の疑い思うところにして是等の示しにては更に満足する能わず、尚且つ名ある僧に依て屢問い試むるに僧等皆云う、在俗の深く尋ねて益無き事なり、只信じて称えられなば夫れにて善けむと、先生心に悦びず日夜之を究明せんと欲するも家業に隙なく典籍を窺うの余陰だもなし、時々講釈法談の席に連なり其の説を聴くを以て解疑の便りとなし、私かに工夫を凝さるる事年久しかりし。（中略）享和三年癸亥六月十一日、先生病を以て参前舎に終り給う。享年七十又九歳。同　二十四日本所猿江妙壽寺に贈葬す。此の日前後に従う社友、貴となく賤となく数千人に及べり。霊碑に書して貞徳院法玄道二居士という。(7)

この『事績』は先に挙げた『道二先生事績略』を底本としており、内容は重複するが、文中に「四十九年未顕真実」という語があり、『開目抄』の記述を参考にした可能性が考えられる。

以上、三つの資料を基に道二の伝記について確認してきたが、いずれの記述においても、道二は自身の生家の信仰である日蓮宗の信仰には疑義を抱いており、彼が悟ったとされる妙法については、等持院の東嶺禅師の影響が大きいことがわかる。であるならば、墓が妙壽寺にあることは、信仰面から言えば説明がつかない。

以上を踏まえ、これまでの中澤道二に関する事績について、細部を確認したい。

二　妙壽寺と中沢道二

まず、道二の生家について見ていきたい。彼の生家は『道二先生事績略』等に依れば、上京新町一条通中澤氏の家である。現在の地名で言えば上京区新町一条通周辺となる。管見の限りではあるが、同地には生誕を示す碑等は存在していない。二十五歳の時の転居先である中筋千本は、現在の上京区中筋千本であり、旧地からは北北西に位置する。いずれもいわゆる「西陣」に該当するエリアである。このあたりには日蓮宗の本山である立本寺や真門流の本隆寺、本門法華宗の妙蓮寺など、法華系寺院が点在している。生家がどの寺院の檀家であったのかは『事績略』等からは確認できないが、日蓮門下については、一致派・勝劣派を問わず、身近な存在であったことは間違いないであろう。

次いで、『道二先生事績略』に出てくる立品寺であるが、これは立本寺の誤りであると考えられる。日蓮宗本山である立本寺は日像聖人を開基とする寺院であり、寺伝には、日像作の鬼子母神像があり、古くから信仰を集めていたらしい。道二の伝記の中で鬼子母神についての記述は彼自身の信仰を決定づける話の一つではあるが、きっかけが夜尿症であったために入江致身が書かなかったものと推測される。

次に江戸における道二の様子であるが、四十五歳の春、まずは日本橋塩町の炭屋某の家を寓居として講説を始めている。これは現在の中央区新川一丁目付近である。次いで神田小川町、神田相生町と居を移し、講席を開いていた。**図1**は現在の地図にそれぞれの場所をプロットしたものである[8]。

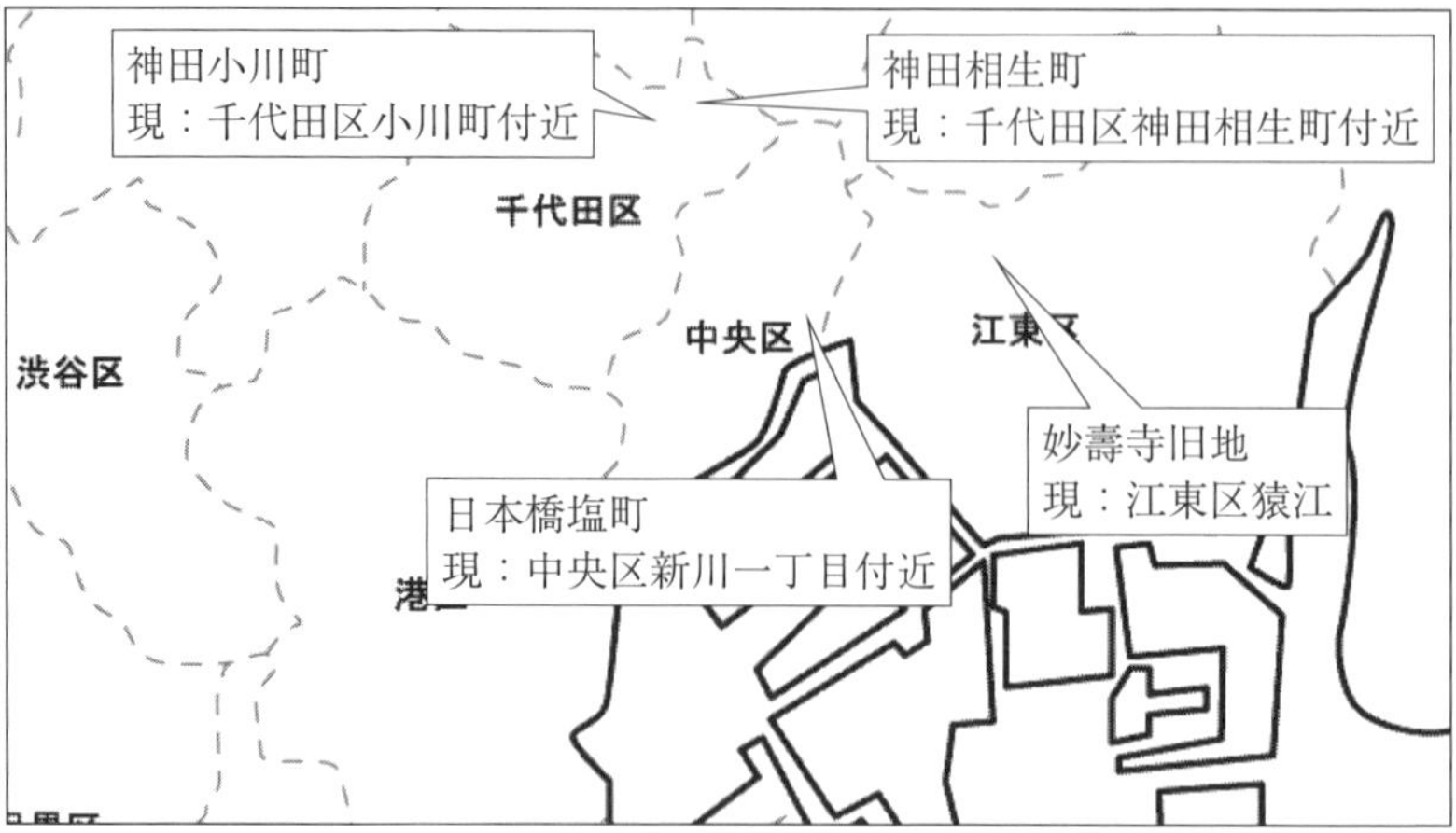

図１　道二講席の場および妙壽寺所在地

一見してわかるように、妙壽寺とは距離的にも大きく離れており、かつ妙壽寺の記録として、日本橋塩町の炭屋や小川町の近藤左京との関係や相生町との関係を示すものはなく、道二の活動と妙壽寺を関連付けることはできない。

それを踏まえた上で、妙壽寺に現存している道二の墓石を確認したい。

なお、写真では不明瞭な箇所もあったため、拓本を採取した。これは今まで行われてこなかった初めての試みである。以下は墓石の刻字である。数字は先に挙げた写真の番号を示している。また異体字は新字に改めたが旧字はママとした。

③　中澤道二之墓

④　京都西陣産

⑤　享和三癸亥六月十一日

⑦
　　　隨法院道悦日理　天明元辛丑十一月七日
妙　順理院妙悦日事　同　八戊申十一月十七日
　　貞徳院法玄道二日信　享和三癸亥六月十一日

写真① 中沢家墓地全景

写真② 中央 中沢道二墓石（左右側面に刻字あり、背面には無し）

写真③　中沢道二墓石正面

写真④　中沢道二墓石右側面

写真⑤　中沢道二墓石左側面

写真⑥　墓地左側墓石　中沢家歴代墓石か（左右側面に刻字あり、背面には無し）

写真⑦　中沢家歴代墓石正面

写真⑧　中沢家歴代墓石　右側面

写真⑨　中沢家歴代墓石　左側面

写真⑩　中沢道輔墓石（左右側面に刻字あり、背面には無し）

写真⑪　中沢道輔墓石正面

写真⑫　中沢道輔墓石　右側面

写真⑬　中沢道輔墓石　左側面

写真⑭　墓地手前側墓石　参前舎主歴代墓か

写真⑮　参前舎主歴代墓石　正面

写真⑯　参前舎主歴代墓石　右側面

写真⑰　参前舎主歴代墓石　左側面

写真⑱　参前舎主歴代墓石　背面

貞性院妙意日誠　文政四辛巳四月四日

法　順正院宗悦日法　文化六己巳十二月八日

順光院妙正日信

⑧

一譽法泉信士　宝永六己丑十月十日

淨譽清心禪定尼　正徳五乙未十一月十三日

伯應院道善日祐　享保十九甲寅十月十一日

直至院妙善信女　宝暦六丙子十一月十七日

容澹貞與信尼　寛延三庚午六月廿九日

轉譽妙壽禪定尼　享和三癸亥八月廿四日

⑨

樂譽道壽禪定門　寛政九丁巳十一月廿二日

心譽恵香禪定尼　享和三癸亥十一月廿七日

法屋貞光信女　寛政五癸丑三月五日

亥心孩子　即幼水子　亥　享和三癸亥十月十三日

妙稚嬰孩　速幼孩子　即　同　四月廿七日

智空孩子　少幼水子　妙　文化元甲子七月二日

速　同　三丙寅四月七日

智　文化五戊辰正月廿三日
少　同十三丙子八月朔日

⑪ 中澤道輔之墓
⑫ 文政八年乙酉六月十一日
⑬ 京都西陣産
⑮ 池田寛月
植松自謙
竹田道跡　之墓
中村徳水
⑯ 天保十三□寅年
行学清教信士
七月十八日
⑰ 享和二年壬戌二月二日
文化七年庚午二月四日
天保十年己亥十月十三日

⑱　當寺本山京都妙蓮寺葬之

試みに墓石に記された人物を命日の順に並べ替えると**表1**のようになる。なお、推測ではあるが道二の経歴等を参考に人名を附した。かれらについての精査は今後の課題としたい。

表1　墓石に記された人物の没年一覧

西暦	道二生没年との差	法号	命日	人名・道二との関係
1709	−16	一譽法泉信士	宝永六己丑十月十日	
1715	−10	浄譽清心禪定尼	正徳五乙未十一月十三日	
1725	0	中沢道二　誕生	享保十年	
1734	9	伯應院道善日祐	享保十九甲寅十月十一日	
1750	25	容澹貞與信尼	寛延三庚午六月廿九日	

1756	31	直至院妙善信女	宝暦六丙子十一月十七日	
1781	56	隨法院道悦日理	天明元辛丑十一月七日	
1788	63	順理院妙悦日事	同　八戊申十一月十七日	
1793	68	法屋貞光信女	寛政五癸丑三月五日	
1797	72	樂譽道壽禪定門	寛政九丁巳十一月廿二日	
1802	77		享和二年壬戌二月二日	池田寛月か
1803	78	即幼水子	享和三癸亥四月廿七日	
1803	78	貞德院法玄道二日信	享和三癸亥六月十一日	中澤道二
1803	0	轉譽妙壽禪定尼	享和三癸亥八月廿四日	
1803	0	亥心孩子	享和三癸亥十月十三日	
1803	0	心譽恵香禪定尼	享和三癸亥十一月廿七日	

1804	1	妙稚嬰孩	文化元甲子七月二日	
1806	3	速幼孩子	同　三丙寅四月七日	
1808	5	智空孩子	文化五戊辰正月廿三日	
1809	6	順正院宗悦日法	文化六己巳十二月八日	
1810	7		文化七年庚午二月四日	植松自謙か
1816	13	少幼水子	文化十三丙子八月朔日	
1821	18	貞性院妙意日誠	文政四辛巳四月四日	
1825	22		文政八年乙酉六月十一日	中澤道輔
1839	36		天保十年己亥十月十三日	竹田道跡か
1842	39	行学清教信士	天保十三壬寅七月十八日	中村徳水か
		順光院妙正日信		

道二の年齢から推測するに、祖父母の代と思われる「伯應院道善日祐」の頃に日号が用いられていることから、この頃より法華信者であったことがわかる。

また、法号が記されていない人物も確認できたこと、道二没後の人物についても刻まれていること、刻まれている人物が系年順ではない箇所があることから、少なくとも歴代の墓石は道二滅後に制作もしくは移転されたものであることが言える。

以上に加えて、参前舎歴代舎主の合同墓に「當寺本山京都妙蓮寺葬是」とあることから三つの可能性を考えることができる。

第一に、中澤家の菩提寺が京都妙蓮寺であり、江戸で没したがために当時妙蓮寺の末寺であった妙壽寺にて葬儀・埋葬をした可能性である。『事績略』等にもあるように、両親は熱心な法華信者であった。道二自身はその信仰に疑義を持っていたにせよ、両親の信仰までを否定することはせず、かつ彼自身や息子の道輔の活動拠点が江戸になっていたために妙壽寺と縁を結んだのではないだろうか。

第二に、京都における心学の拠点として妙蓮寺が存在していた可能性である。道二の信仰とは関わりなく、妙蓮寺という拠点があり、その江戸末寺である妙壽寺もまた心学の拠点としての役割を持っていたのではないだろうか。

第三に、中澤家の墓石制作や移転に参前舎の人物が関わっていた可能性である。**写真⑮**に示された四名の心学者のうち、植松自謙は道二を開祖とする参前舎の第二代舎主、道二の息子である第三代舎主道輔をはさみ、竹田道跡は第四代舎主、中村徳水は第五代舎主と、参前舎の歴代舎主であることがわかっている。その中で第五代の中村徳水が何らかの形で妙蓮寺と縁があり、その縁を以て道二の葬儀および埋葬を行い、加えて参前舎歴代舎主の合同墓を作成することにより、妙壽寺を江戸心学のうち参前舎の葬送に関する拠点として整備したのではないだろうか。

今回の調査で妙壽寺の史料ならびに妙蓮寺の資料も確認したが、その中に心学との関係を示すものは見いだせなかった。ではあるが、合同墓に「當寺本山京都妙蓮寺葬是」とあることこそがその証左となり得るのではないだろうか。

表2は妙壽寺歴代墓墓誌及び妙壽寺蔵江戸組寺『定』から確認した道二在世当時の妙壽寺歴代である。残念ながら震災等で史料が焼失しており、これ以上のことは不明である。

表2　妙壽寺歴代事績　敬称略

代数	法号	若年月日	世寿	備考
9世	遠成院日兄	明和七年（一七七〇）一月二十三日		
10世	日傳			
11世	智燈院			安永五年（一七七六）制定の『定』に署名を確認できる
12世	不明			
13世	智善院日宥	寛政十二年（一八〇〇）十二月二十二日	二十六歳	

14世	代数不明	15世	16世
不明	随運院	寛正院日文	不明
		弘化四年（一八四七）十月十六日	
		六十九歳	
	天保十二年（一八四一）制定の『定』に署名を確認できる	妙蓮寺第四十六世大亀谷檀林八十二代化主	

小結

甚だ雑駁な内容ではあるが、妙壽寺に眠る心学者、中沢道二について少しく考察を試みた。今回初めて中沢家の墓石の拓本を採り、詳細を明らかにすることができた。少なくともこれまでの伝記で示されてこなかった道二の生家の菩提寺が当時、妙壽寺の本山であった妙蓮寺であったこと、道二の法号について、『國史大辞典』に示されたものが誤りであることを明らかにすることができた。加えて、心学の道場であった参前舎の歴代舎主の合同墓が妙壽寺に存在し、道二滅後も江戸の心学と大きく関わりがあったことを明らかにできた。

今後の課題であるが、道二および彼以降の心学と妙壽寺の関係について、道二の道話等に加え、今回明らかになった参前舎の歴代舎主の文献等を確認し、法華との縁についてさらに考察を深めたい。

また、中沢家についてであるが、寺伝では明治以前に断絶しており、本来は無縁墓となっていた可能性があった。しかし、現状として、妙壽寺の猿江から現在の地までの移転がなされたときに、日蓮大聖人の供養塔や歴代墓の近く、一等地とも言える位置に墓が設置されている。そこには、近代以降も江戸における心学の拠点の一つであった参前舎の影響もあったように考えられる。現在、参前舎は活動を休止しており、史料も散逸していると聞くが、この機に改めて江戸心学と法華の関係について、調査を進めたいと考えている。

註

（1）『國史大辞典』第十巻、五八五頁
（2）石川謙校訂『校訂　道二翁道話』第五刷、岩波書店、一九九一年
（3）註（2）前掲書、一四五頁
（4）竹中靖一『石門心学の経済思想：町人社会の経済と道徳』ミネルヴァ書房、一九七二年、五三〇頁
（5）高村光次編「道二先生事跡略」（『手嶋堵庵先生　中澤道二先生御事蹟』心學参前舎、一九三九年）一五―二三頁
（6）註（4）竹中前掲書、五三〇頁
（7）高村光次編「中澤道二先生事績略」（『手嶋堵庵先生　中澤道二先生御事蹟』心學参前舎、一九三九年）二四―三四頁
（8）白地図専門店：https://www.freemap.jp/listAllItems.html よりダウンロードしたものに加筆、二〇二三年十二月十三日取得

キーワード　中沢道二、心学、参前舎、妙壽寺、江戸

近世檀越による法華宗外護
――天王寺屋弥右衛門を事例として――

地見心澄

はじめに

寺院および仏教教団の存立について、檀越の存在を抜きにして考察することはできない。中世より近世にいたるまで、法華宗各門流を経済的に支えてきたのは、商工業者であった。とりわけ、近世の日隆門流においてその名を残すのが、天王寺屋である。従来、天王寺屋が本能寺・本興寺両山本末の大檀那であることは認知されていたが、天王寺屋を名乗る人物は多く、その全体像は明らかでなかった。ところが近年、両替商・天王寺屋五兵衛家を経済史の視点から考察する研究が山本修作氏によってなされ(1)、天王寺屋が支えた本山・末寺寺院においては史料の整理・翻刻が進められてきた。

そこで本稿では、自ら願主となって一寺院を建立した天王寺屋弥右衛門を取り上げ、彼の法華信仰・寺院外護の実態を史料から明らかにするとともに、一大外護者集団であった天王寺屋一門と弥右衛門の信仰の関わりについて論考することとする。本稿により、近世商人の仏教信仰について、興味深い実例を提供しうるものと考えている。

一　天王寺屋弥右衛門外護による法華宗大願寺の成立

天王寺屋弥右衛門が開基檀那となって建立された寺院に、大願寺がある。大願寺は、現在の大阪市淀川区に所在し、現在は本門法華宗に属する寺院である。

大願寺の旧本山の一つである本能寺には、大願寺より提出された由緒書が二点所蔵されている。最も古い物が、天保十年（一八三九）十月に大願寺十二世日慈上人が本能寺・本興寺両役者に提出した「蒲田大願寺由緒書」である。ここに記された由緒には、大願寺が推古天皇の代に起こったいわゆる「長柄の人柱」の故事により建立されたことともに、以下のように記される。

爾ル後江刕永源寺中興石梯叟道雲当寺在住ノ日、乃チ第一百十四主東山帝、宝永六年己丑夏、有ニル由緒一故、譲ニ与ス当寺ヲ於円光院日慶上人一ニ、将ニ属ニスル本興・能両寺末流一ニ矣、爰ニ信檀在リ摂坂住山岸弥右衛門了法者、喜ニ捨シテ財産一ヲ、以テ造ニ建シ諸宇一ヲ、寄ニ附シ田苑一ヲ、結構ス焉、（中略）権門帰伏、発起建立ノ大檀那、摂坂住天王寺屋弥右衛門、[2]

（送り仮名筆者）

天王寺屋弥右衛門の姓が山岸であり、道号を了法と名乗っていたことを示すとともに、彼が諸堂宇を建立し、田園を寄付したとある。ここに記される通り、大願寺は宝永六年（一七〇九）、天王寺屋弥右衛門（　―一七一六）が願主となり、臨済宗永源寺派の僧侶・石梯道雲（一六四五―一七一五）から法華宗の僧侶・圓光院日慶上人（一六六二―一七三三。以下、日慶師と略記）に譲渡され、本能寺・本興寺両山末寺に改宗された、という経緯を持つ。弥右衛門は大願寺の譲渡・改宗に際して、どのような役割を担ったのだろうか。

「大願寺譲渡」という事象については稿を改めて詳細に考察する予定であるが、本稿では大願寺譲渡に関連する文書から、一部を提示したい。

覚

一　金子百三拾両者

右ハ此度摂州西成郡北中嶋之内仏生院村孤雲山大願寺、依為古地貴院江永代致附属候、依之御入院被成候ニ付、為御祝儀右之通被懸御意、致受納候処仍如件

尾州大高郷長寿寺住持
石梯（印）

代僧
機外（印）

肝煎山口村
六左エ門（印）

宝永六年丑五月八日

京本能寺尼崎本興寺両寺之末寺
圓光院

天王寺屋
了法殿(3)

本文書は、宝永六年（一七〇九）五月、大願寺の持主であった尾張長寿寺（現・名古屋市緑区）住持石梯が記し、

大願寺所在地・仏生院村[4]の隣村である山口村肝煎が連署の上、日慶師および天王寺屋了法に対して提出された、金子百三十両を受領した旨の証文である。本文を見ると、大願寺を古地（古跡と同義か）であるから圓光院に永代附属すること、また大願寺に入院されるにあたり、その御祝儀として金子を受領することを述べている。あくまで「寄進」と「御祝儀」であり、大願寺を売ったのではないという点を強調しているのである。これは、寛文五年（一六二八）の諸宗寺院法度の中に「寺領一切不可売買之、幷不可入于質物事[5]」との条目があり、それに抵触することを避けるための建前であろうと考えられる。証文の受取人に名を連ねていることから、譲渡に当たり弥右衛門が金子を用意したものと考えられる。

「蒲田大願寺由緒書」には「造建諸宇」の文言も見え、弥右衛門が堂宇の建立も行ったことを記す。これを裏付けるように、宝永七年（一七一〇）四月十四日に営まれた大願寺建立法要の法則《ほっそく》には、

脩㆓シテ五味正主ノ之要行㆒ヲ　備㆓ヘ上リ本尊聖衆ノ之開眼㆒ニ

挑㆓テ一座高妙ノ之説灯㆒ヲ　擬㆓上ル伽藍建立ノ之供養㆒ニ

（中略）

維時　宝永七庚寅四月中四日[6]

願主　天王寺屋　了法

と記されており、天王寺屋了法が願主となって法要を営み、法華宗教義に基づく本尊の開眼と、伽藍の建立が行われたことが分かる。これについて、他の史料からその詳細を明らかにしてみたい。

山岸家の事績については、大願寺に『山岸太平記』と題された手稿本が所蔵されている。「目録」「第三」「第五」「第七」「第十三」「第十四」と表紙に記された六冊が紙縒りで綴じられ、「目録」には十五冊分の記事見出しが羅列

してあることから、元は目録および本編十五冊の計十六冊であったと推測される。著者・著述時期は不詳であるが、その内容から、弥右衛門の妻・妙蓮が著作に関わり、彼女の在世中に書かれたものと推定される。(7) 妙蓮については次節で述べることとする。この『山岸太平記』の現存部分には、大願寺や山岸家の信仰についても記述が見られる。

次に引用するのは、大願寺を法華宗側が取得した頃の伽藍についての記述である。

于時宝永五 戊《ツチノト》（ママ）子きめ夫〻寺□請成就して宝永六庚丑（ママ）三月十三日十四日十五日(8)
堂供養有之者也
本堂　梁《ウワハリ》行三間
　　　桁行六間
前後ニ壱□《ケン》之しころ庇但シ三方押廻シ三尺之板ゑん、亦高サ弐尺五寸之高棟有西例三十三間、南例弐十五間瓦葺かけ□ひ、
三十番神堂梁行三尺桁行四尺、拝殿梁行壱尺半桁行弐間瓦葺
表門口八尺之ひ□屋ね瓦葺、くり梁行弐間半桁行七間、北面ニ半間之庇押通シ南面東え押廻シ半間庇取付北面庇ともニ瓦葺也、
地蔵堂壱間半四面前ニ弐尺之庇ヲ付瓦葺
撞鐘堂八尺四方ニ四本柱瓦葺
宝永七年寅八月大風ニ而破損ゆへくり取こぼち、梁行三間桁行ヲ拾六間前後ニ壱間半のしころ庇を付、惣やね瓦葺ニ□建願□候之事、(9)
（□は解読未了文字）

本文書からは、堂供養の法要が行われた時点で、本堂・三十番神堂および拝殿・表門・庫裏・地蔵堂・鐘撞堂の

諸堂があったことが読み取れる。この時に全ての堂宇が一新されたのか、一部のみが建立されたのか、史料には明示されていない。そこで着目するのは、三十番神堂と地蔵堂である。

三十番神信仰は、ひと月三十日を順番に守護する三十神を指し、日蓮門下において盛んに取り入れられてきた神祇信仰である。[10] 弥右衛門が元禄八年（一六九五）に諸仏像を寄進した尼崎本興寺には、天正・慶長期に建立されたとされる三光堂に三十番神像が奉安されている。[11] また、天王寺屋本家の菩提寺である久本寺にも、この時期、既に三十番神堂が建てられていたことが分かっている。[12] 以上の経緯から、少なくとも三十番神堂は弥右衛門が大願寺改宗にあたり、新たに建立したものと推測できる。

法華宗に譲渡される以前の大願寺においては、「長柄の人柱」の故事に由来する地蔵菩薩像、通称「笑地蔵」のほか、釈尊立像、不動明王像が「三尊」として安置されてきた。[13] その笑地蔵が、本堂とは別の堂宇に安置されていることも見える。これも、地蔵菩薩が法華宗教義では信仰の対象外であることから、法華宗本尊の入仏供養に伴って、地蔵堂が建立され、地蔵菩薩像が遷座したものと推測できる。以上の記録により、「蒲田大願寺由緒書」に記された弥右衛門による「諸宇の造建」が裏付けられた。続いて、同由緒書に見られた「寄附田苑」について、その内容を検証してみよう。

現在大願寺は農地を所有していないが、宝暦十一年（一七六一）に記された、蒲田村の「田畑面積石高作人書上」から農地の詳細を読み取ることができる。本史料は、蒲田村の庄屋であった渡邊家において保管されてきた文書で、宝暦十一年に村内全一三八一筆の耕作地の面積・石高・作人を書き上げたものである。

橋本大願寺地
高七斗弐升七合　　当巳ゟ起返

此反別七畝廿歩　　　　大願寺持ニ成
此□四斗三升五合
三口高〆七百六拾四石八斗七升九合　□□
此反別六拾弐町四反九畝五歩
又
宝永六丑年間辺《(ママ)》越前守様御知行所之節起返ニ□請之
永荒之内起返高五石三斗弐升六合　大願寺請所之内
此反別四反六畝三歩
但宝暦元未年大願寺頼ニ付
当畝御取箇御免(14)

この史料は、大願寺の石高を記すとともに、宝永六年に間部氏の知行地で荒地だったものを大願寺が耕作し、大願寺の年貢地となったことを記している。宝永六年は、大願寺が譲渡された年である。「蒲田大願寺由緒書」の記述と時期を考慮すれば、弥右衛門が耕作させ、寄進したものと考えるのが妥当であろう。同由緒書によれば、大願寺には朱印地・除地はなく、全て年貢地であったが、収入源となったことは間違いない。天保十年当時の檀家は六軒であった(15)。譲渡・改宗が可能であったほどであるから、弥右衛門に譲渡された当時から、檀家に恵まれた寺院ではなかったと思われる。弥右衛門は布施による収入が望みにくい状況を考慮し、年貢地ではあるが田畑を寄進したのではないだろうか。

以上、史料からは、弥右衛門が単に大願寺を取得するのみならず、さらに私財を投じて伽藍と運営環境の整備を行ったことが明らかとなった。では、弥右衛門がそこまでして迎えた日慶師とは、如何なる僧侶であったのか。『両山歴譜　日心本』には次のように記されている。

一、第三十九世日慶上人為本興寺貫首、京都松屋吉左衛門産、寛文二壬寅歳出生、若年ニメ而出家シ、本能寺円光院日祐弟子トナリ、字賀順、初ハ小栗栖談林ニテ修学シ、中口ヨリ細艸談林ニテ勤学シ、終ニ為能化、号円光院、其后宝永七庚寅年長柄大願寺ヲ建立シ住在セリ、願主天王寺屋了法・同弥右衛門也、享保二丁酉年五十六才ニテ入院大願寺ヨリ[16]

これによると日慶師は寛文二年（一六六二）京都の生まれ。出家して本能寺塔頭円光院・日祐上人の弟子となり、初めは伏見・小栗栖檀林で、そののち上総国（現・千葉県大網白里市）細草檀林に移り修学を続け、ついに能化となり、圓光院と号した。長柄大願寺が建立（改宗）された後には大願寺の住職となり、享保二年（一七一七）五十六歳の時に両山三十九世として本興寺にすすんだ。

日慶師について『両山歴譜』からさらに記事を拾うと、貫首在任中に本堂再建を発願して享保七年（一七二二）に本堂の入仏供養を行い、同年六月に本興寺を退山して大願寺に戻り、享保十八年（一七三三）に遷化するまで住したことが記されている[17]。

弥右衛門と日慶師の関わりについては、『山岸太平記　目録』の記事に見ることができる。

一　大病ニ付天満船大工町令隠居事
弥右衛門顕長法体ニ附、法号 顕性院宥山了法居士ス
六十一本□祝儀本式一家ヨリ夥敷儀式かさり立祝儀致ス、幷振舞之事

一　関東細草談林ヨリ加順諸化資縁親之結納ニ付大坂江御登御□リ、則天満隠居宅御越、御さかつき之御□約有之、幷御□時有之直ニ又々関東江御下向有之、向後□□■之□江戸ニ罷有候手代□兵衛ニ可被附□状□事、

第二

一　元禄十六歳癸未九月於細草談林ニ御官位有テ御能化ニ御成被遊圓光院日慶ト号ス、依之七月ニ右之御祝儀御届ケ之□物相調江戸□兵衛迄差遣ス品々事

一　宝永二歳関東ヨリ御登リ被遊候、依之天満を丶松町□□ニ至□調、当分ニ御仮宅御■住建被候事(18)

（■は虫損による文字欠落、傍線筆者）

弥右衛門顕長は病気により隠居の身となり、入道して法号・了法を名乗ったと記してある。そして、細草檀林より大坂にやって来た所化・賀順師(19)と「資縁親(20)」の結納を交わした。元禄十六年（一七〇三）賀順師は四十二歳で能化となって圓光院日慶を名乗った。この時に弥右衛門は、祝儀の品々を江戸経由で贈っている。その後宝永二年（一七〇五）日慶師は大坂に上り、天満に用意された仮宅に住んだ、と読める。能化になって二年という期間を考慮すれば、細草の化主を終えた上で大坂に移ったと思われるが、大願寺が譲渡される四年前のことである。『両山歴譜』にも大願寺以前に住職歴の記述がないため、四年間の日慶師の生活一切を弥右衛門が支援していたとも考えられる。檀林の化主に至る修学年数は非常に長く(21)、その間の経済的裏付けが必要になることは想像に難くない。この記述は、修学時から退檀、入山する寺が決まるまでの僧侶個人の生活一切を、檀那が支援した例を示していると言えよう。

また、次の『山岸太平記』の記述からは、弥右衛門が僧侶への支援をさらに広げようとしていたことが読み取れ

る。

> 顕長諸方大名様方江御用達シ滞之越ヲ聞、初テ驚後悔シテ曰、我大願寺建立之節ヨリ思ひ立シ事ハ、寺之後に三十三間之間に諸化部屋を建、三間ニ一間之ひさしを落シ、譬バ京本能寺尼崎本興寺両本寺之諸化ヲ解間之内ニ勝手次第ニ寺え来リ、□□諸化之勤メハ八品一部之布施料ヲ八分宛ニ定メ、右布施□ニテ談林諸入用相納させ、貧成諸化ハいつに而も勝手次第ニ寺え来リ、八品料ニ而学文滞無之□行相読相調候様ニ可致と、則今橋二丁目拾七間半之家屋敷一ヶ所、天満拾壱丁目拾五間余裏行弐拾六間三方屋敷一ヶ所、天満堀川町表弐拾三間裏行弐拾間二方屋敷一ヶ所、右家屋敷三ヶ所之外ニ銀四百貫目附置候者、縦諸化何にて成共入込来候而も、八品料幷飯料不足成事有間鋪と兼而存立候事故(22)、

この記述によれば、弥右衛門顕長には大願寺の境内に所化部屋を整備する意向があったという。そして、本能寺・本興寺の所化が暇をもらった時には大願寺に来て、一度の読経布施(23)として八分を受け取り、檀林に入る仕度金に充当する。そして困窮した所化はいつでも大願寺で読経して布施を受け取り、学業が継続できるようにする、という構想を、二代目当主である朋慶に伝える。そのために家賃収入用の家屋敷と銀四百貫目を用意し、布施や飯料が不足することがないようにと考えていたことが記されている。

これに関連して着目するのが、『両山歴譜　日心本』の記述である。先に引用した日慶師の項には、続いて次のような記述がある。

> 張帋ニ、隨師ノ伝云、日慈加云、大願寺建立主長柄大願寺建立之発起ハ、両山貫主閑居所ト定置、時節到来セハ本興寺境内地狭候故、学室ヲ長柄ニ引キ、墓幷ニ庵ヲ学室ノ跡ニ引移、庵ヲ返、院ニ願、骨堂ヲ庵ノ跡ニ移、御開山堂ヲ広ケ度トノ慶師及願主含ト云々、卯五月廿一日憲師地広ノ思召立モ此レヨリ起ルト云々(24)

両山五十六世・大願寺六世日隨上人（一七二八―一八〇六）の所伝として、日慶師には「大願寺建立の発起として、ゆくゆくは本興寺の境内地拡張のために学室を大願寺境内に移転する意図があった」ことを記している。さらに、五十年後に尼崎本興寺に晋山した両山七十三・八十世・大願寺十二世日慈上人（　―一八四四）が、ここに、これは「大願寺建立主」つまり弥右衛門の意図である旨を加筆しているのである。

以上、『山岸太平記』を中心に史料を検討し、大願寺が天王寺屋によって法華宗寺院として形作られていく推移をみた。弥右衛門は大願寺の伽藍を一新し、田畑も寄進して法華宗寺院としての基盤を整えていた。さらに、早くから日慶師に帰依し、その修学を資金面で助けていた。そして日慶師が学僧として出世したが故に、大願寺を山岸家の菩提寺に留めず、能化である日慶師が住職するに相応しい寺、さらに修行僧の修学を支援する寺ともする構想があったことが明らかとなった。

二　天王寺屋弥右衛門の法華信仰

前節では、弥右衛門による大願寺伽藍整備、日慶師への支援の様子をみた。商工業者による熱心な法華宗への外護は、鎌倉末期、日像聖人によって法華宗が京都に布教された当初から見られたようである。十六世紀後半成立とされる『日像門家分散之由来記』には、永仁二年（一二九四）日像上洛の折「酒屋柳ハ檀那ノ始」[25]とされ、応永二十年（一四一三）叡山衆徒によって妙本寺（現在の妙顕寺）が破却された際には、柳酒屋が銭千貫文、小袖屋経意が三百貫を寄進したと記される。[26]このように熱心な京都町衆の法華信仰の背景を、藤井学氏は、法華宗が「現世＝寂光土」の理念を信仰的理想境として内包していたからだとし、「世間一般の生業・生活は、それが武家の奉公であれ、商行為であれ、法華経帰依の功徳によって、それはあるがままの姿で浄化されるのである」[27]とみた。現世を肯定する法華宗のこのような思想を背景に、商工業者は生業に励むとともに、熱心に法華宗寺院に寄進を行った。商工業者による外護は、室町時代後期の堺にも見られ[28]、近世に入り商工業中心地が移動するのに合わせて、大坂でも見られるようになったと言えるだろう。

一方で、法華宗においては、他の宗旨を信仰したり、他宗の寺社に参詣したりすることは、「謗法」として絶対的な禁忌であった。これを避けるため、法華宗各門流では信徒の生活を法度で規定したのである。本能寺・本興寺の開祖・日隆聖人は、宝徳三年（一四五一）に信徒向けの信心法度十三箇条を定めた[29]。そこには、「男が他宗で女性が当宗（法華宗）ならばいつまでも（信仰を）捨ててはならない。男が当宗で女性が他宗ならば、三年までは猶予するが、それを過ぎれば門徒を追放する」、「他宗の人が婿・嫁に来たならば、当宗とせよ。同じく家内に宮仕えが来たならば、まず一日でも当宗とせよ[30]」との条目があり、夫婦・一家・一族で法華信徒となることを求めたのである[31]。これはそのまま天王寺屋一門にも当てはめることができる。

近世前期大坂においてよく知られる「天王寺屋」といえば、天王寺屋五兵衛家の名が挙がるだろう。五兵衛家は寛永五年（一六二八）に創業し、寛文十年（一六七〇）には大坂町奉行から十人両替の筆頭に任ぜられている[32]。宮本又次氏は鴻池家文書の中から五兵衛の系図を発見し、次のように記している。

秀綱　大眉吉右衛門

天正十二甲申八月十二日誕生幼名五作

（中略）

元和元乙卯年七月大阪今橋出住ス故、大阪ニテ元祖トス、高祖以由縁号天王寺屋

妻

寛永十五戊（ママ）寅年三月十六日摂州久本寺葬

清秀奇峯院心月浄隆海雲日光居士　行年五十五才

慶安三庚寅年閏十月廿二日摂州久本寺葬

因山清運院隨月妙慶攸炎日喜大姉　行年五十七才[33]

元祖とされる吉右衛門秀綱夫妻は、本能寺本興寺両山末寺であった久本寺（現在の大阪市中央区）[34]に葬られたと記される。この久本寺の檀那には、五兵衛家とは別に天王寺屋久左衛門家がある。その系図を参照すると、元祖久左衛門（高月院九設日山）の妻、本事院妙清日浄の項に、

清運院妙慶　但シ妙清ハ妙慶之妹也

慶安三寅十月廿二日　妙慶ハ天王寺屋五兵衛入道定休養母

元祖天王寺屋吉右門浄隆妻[35]

との記述があり、初代天王寺屋五兵衛光重の養父・吉右衛門と初代久左衛門は妻同士が姉妹であると分かる。さらに、三代目久左衛門長好（受得院覺源宗與日住）の項には、

宗与妹七十九才

好雲院桂月妙蓮日空　天弥右衛門エ遣ス履信ノ妹也

宝暦二壬申六月廿八日右夫婦長柄大願寺建立也[36]

と記される。つまり、前節で述べた弥右衛門の妻・妙蓮は三代目久左衛門の妹だったのである。[37]その久左衛門家は五兵衛家と姻戚関係にある。弥右衛門は久左衛門家から妻を迎えることにより、豪商・天王寺屋五兵衛家の一門に

連なることができたのである。それは同時に、久本寺を菩提寺とする法華信徒集団の一員になることをも意味した。

五兵衛家・久左衛門家が菩提寺とした久本寺は、寺伝によれば永禄五年（一五六二）大坂平野郷の塩谷新兵衛が檀那となって建立されたとされる[38]。ただし、現存する諸堂宇は、寛永六年（一六二九）建立の本堂を始めとして、十七世紀以降に整備されたものである[39]。久本寺には、五兵衛家を始めとして天王寺屋一門、ならびに泉屋（住友家）が熱心に堂宇・什物の寄進をしていた記録が残る。近世前中期の寄進の記録として、四世日啓上人による寛文八年（一六六八）『永代寄進物覚帳』、八世日然上人による元禄十二年（一六九九）『久本寺永代寄進物覚』の二冊、先祖供養の為の寄進帳として、寛文七年（一六六七）『永代日配之覚帳』、元禄十二年『久本寺永代日牌月牌料覚』の二冊、計四冊の折本が久本寺に架蔵されている。これらの帳面の年次はいずれも、書き始めた年を示すものである。本稿末尾に添付した**表1**は、上記二冊の寄進物帳から、大願寺譲渡（宝永六年）までの天王寺屋を名乗る人物による寄進を抽出したものに、櫻井敏雄氏の伽藍調査によって明らかになった寄進状況を加えたものである。家系別に全寄進一五二件を単純比較すると、五兵衛家だけで六割弱（九〇件）を占め、以下件数順に作兵衛家（一八件・一二％）、久左衛門家（九件）、仁右衛門家（八件）、六右衛門家（七件）と続き、弥右衛門は忠兵衛家と並んで四件の記録がある。

さらに、天王寺屋一門は、久本寺のみならず本山・本興寺や周辺寺院にも積極的に寄進を行っていた記録が見られる。章末の**表2**は、宝永六年までに天王寺屋一門から本興寺に対して行われた寄進の記録をまとめたものである。**表1**と同様に件数を比較すると、五兵衛家（一五件・四八％）に次いで弥右衛門家が多くの寄進（七件・二二％）を行っている。二つの表を比較して明らかなのは、弥右衛門が、本家の菩提寺である久本寺よりも、本興寺に対して多く寄進を行っていることである。しかもその内容を比較すると、久本寺へは「打敷」「法服」「畳表替」「高欄修繕」であるのに対し、本興寺へは本堂の仏像九体を一人で寄進している。

弥右衛門の信仰心が本興寺に対して強く向けられていたことは明瞭と言える。また弥右衛門には、久本寺においては本家・五兵衛家の顔を立てる意識があったとみることもできるだろう。さらに、本興寺の元禄八年（一六九五）八月五日付日記には次のような記事がある。

五日　晴天　大坂天王寺屋弥右衛門作善、方丈・塔頭早朝ヨリ出座、則於天満宅一部経読誦、非時終テ塔頭ハ各帰寺、方丈ハ直ニ久本寺江御越、御滞留、六日ヨリ八日マテ御説法、(40)

弥右衛門が「作善」のために本興寺の方丈（貫首）と塔頭を天満の自宅に招き、法華経一部読経を依頼している。これは本興寺に仏像九体が奉納される三日前に当たる。本山との関係を熱心に築こうとする弥右衛門の意志が看取される。このような傾向は、他の天王寺屋一門には見られない。久本寺から離れて独自に菩提寺を求めたのは、弥右衛門の他には、享保十一年（一七二六）に曽根崎・藤井寺の寺地を寄進した庄兵衛のみである。(41)では、弥右衛門が本興寺への寄進では満足せず、自らの菩提寺を求めた動機は何であったのか。『山岸太平記目録』には、次のような記述が見える。

第一

一　山岸弥右衛門出生之事

附リ繁昌富貴沙汰之事

関東巡国道行幷妙法霊之ためニ依テ一寺建立志之事(42)

弥右衛門は「妙法霊」のために一寺建立を志したとある。「蒲田大願寺由緒書」には天王寺屋弥右衛門の法名に続き、「智性院天月妙法日珠大姉　貞享三丙寅九月晦日」と記されている。(43)大願寺にも「天王寺屋了法」を施主とする同じ法号・命日の位牌が安置されており、『山岸太平記』には弥右衛門の妻・妙蓮は後妻であるとの記述があるため、「妙法霊」は弥右衛門の先妻を指すのだろう。かかる信仰の動機を持った弥右衛門にとって、資産家として信仰の発露の模範となったのが、本家・天王寺屋五兵衛家による久本寺外護であったことは疑いない。資産を築いた弥右衛門が一門他家に遠慮することなく信仰心を発露する方法として、まず本山と直接関係を結び、次いで、自ら一寺建立しようとしたのであろう。自らの菩提寺を建立することは、仏教的には布教拠点を寄進する功徳として肯定され、世俗的には経済力を示すステータスとなる。しかし、元禄五年（一六九二）幕府により新寺建立は完全に禁止されてしまった(44)。菩提寺建立には既存寺院の名跡を譲り受けるほかなくなっていたのである。

本家にも比肩する程の寄進を各所に行った弥右衛門の経済力は、どのような事業によって支えられていたのか。大願寺譲渡より五年ほど後になるが、『山岸太平記』にその一端を見ることができる。

岩間勘右衛門様之別紙状ニ者、是迄信濃守殿方(45)へ金銀仕送リ給屋敷表用事共無滞大□ニ存候、依之手前方ゟも右返済代物随分無滞様ニ差向《さしむけ》申事ニ候、然所ニ去辰八月大雨風有之、不寄存知大分之登セ荷物代物海上ニ逢候ゆへ、返弁も手前不存不足ニ罷成、千万気毒ニ存候、併《しかし》当年為登《のぼす》代物追々船入津可致之条、左候へ者中勘も相知れ可申候、

（中略）

先達而信濃守殿妹ヲ黒田甲斐守殿(46)へ結納被致所ニ、本家松平右衛門守殿病死ニ付、右甲斐守殿儀本家之家督ニ被参候ニ付、俄ニ大身之方へ罷成候ゆへ、婚礼寺〔時カ〕之入用此度壱万五千両入増ニ罷成候、是ヲ勤メ不申候而は屋敷ニも礑《はた》と手支之段、亦ハ御公辺之存念も如何敷差当リ迷惑ヲ致スニ付、何分貴殿方へ相談と以埒明候様ニと信濃守被申付罷登リ申事ニ候間、何連道ニも貴殿大儀ニて可有之候へとも、此度之儀相働可給候(47)、

（括弧付ルビ・傍線筆者）

弥右衛門は盛岡藩に「金銀仕送リ」つまり融資をしており、盛岡藩の役人・岩間勘右衛門から、その返済分として国元から届けられるはずだった荷物が、船が大雨風に見舞われて回収不能となり、千万気の毒、申し訳ない、と記した手紙が届いた。その後、勘右衛門は大坂に弥右衛門を訪ねてきた。藩主の妹の結納相手は次男だったにもかかわらず、長男が病死して思いがけず福岡藩主という大変な身分となってしまった。ついてはそれに相応しい婚礼費用として追加で一万五千両が必要となり、これを弥右衛門に用立ててほしい、と藩主の命を受けて頼んできたというのである。ここで、弥右衛門が大名貸しを行っていたことが明らかとなる。そして『山岸太平記』では、これまで大金を用意してきたのだから一度藩主にお目見えしたいとの弥右衛門の要望に対して、藩主は来年国元に居るので、是非とも盛岡に来ればよいと勘右衛門が応え、翌年のお目見えにつながったことが記されている。盛岡藩家老による日記『盛岡藩雑書』正徳四年（一七一四）三月十六日項には、天王寺屋弥右衛門が藩主・南部利幹にお目見えしたことが記されており、『山岸太平記』の記述を裏付けている(48)。

藩主にお目見えしたことが奏功したのか、二年後、弥右衛門は盛岡藩領内で大きな利権を手に入れることに成功する。

一　仲津古御留山
正徳六年未ノ歳（ママ）ゟ十五ヶ年、天王寺屋弥左衛門（ママ）へ御運上被レ下、御礼金五万五千両(49)

本史料『田名部記』は、享保年間に下北半島・田名部代官所管内の事務事項をまとめたもので、各村の留山（藩により伐採制限された桧山）を列記した中に天王寺屋の名が見える。これによれば、「天王寺屋弥左衛門」は正徳六年（一七一六）大畑付近にある一山の十五年間伐採権を五万五千両にて得ている。江戸時代前中期、下北半島はヒバの産地として活況を呈していた。弥右衛門は大畑の留山から伐採したヒバを港へ運び、廻船で上方または江戸で売って、さらに財を成したと考えられる。

この大畑には寛文三年（一六六三）開創、元禄十三年（一七〇〇）移転の法華宗寺院・本門寺があるが、弥右衛門はここに宝永元年（一七〇四）堂宇を建立・寄進している。[50] これに従えば、弥右衛門は留山の伐採権を得るより前から、拠点を大畑に構えていたと考えられる。先記『山岸太平記』の記述通り、海運には事故が付き物であったため、航行安全や生業繁栄を願った寄進であったと思われる。

以上、本節では弥右衛門の法華信仰の淵源が、遠くは中世の法華宗京都開教時からの町衆の法華信仰、近くは天王寺屋五兵衛家により規定された、同族同信の思想にあることを指摘した。そして、五兵衛家を筆頭に天王寺屋一門が久本寺に寄進を行う中、弥右衛門は本家の顔を立てつつ、本山・本興寺により熱心に寄進していたことを示した。そして、旺盛な寄進の源となる事業については、弥右衛門が盛岡藩に大名貸しを行い、藩領のヒバ伐採権を得て財を蓄えていたことを明らかにした。弥右衛門は蓄えた富を信仰へと振り向け、その到達点として大願寺を得て、自らの菩提寺・理想の法華宗寺院として造り替えていったのである。

おわりに

以上、大願寺所蔵史料を軸として、天王寺屋弥右衛門による寺院外護について考察した。弥右衛門は、伽藍を建立すると同時に田畑を寄進して、大願寺が法華宗寺院として永続するための策を講じるのみならず、帰依する日慶師に協力し、修行僧を支援する体制も整えようとしていた。弥右衛門が姻戚関係により連なることができた天王寺屋一門は、同族同信の法華信徒集団でもあった。弥右衛門は一門筆頭たる五兵衛を模範としつつも、自身の菩提寺を建立することを志向し、本山・本興寺への熱心な寄進を経て、大願寺の獲得を果たしたのであった。

最後に、天王寺屋弥右衛門家と大願寺のその後について、概略を述べておきたい。『山岸太平記　第十三』『同第十四』によると、天王寺屋了法こと弥右衛門顕長は享保元年（一七一六）十月に没した。ところが、跡を継いでいた弥右衛門朋慶、その養子となった又三郎も、それぞれ同六年（一七二一）・七年（一七二二）に相次いで没してしまう。了法の妻・妙蓮はその後継者として新たに養子を迎えたが、二人連続して素行不良であった。そこで寛保元年（一七四一）、妙蓮は奉行所に養子縁組解消を求めると同時に、商売を畳んで引退逼塞する旨を申し出たことが記されている。これにより、天王寺屋山岸家は短い繁栄の時を経て断絶してしまう。大檀那を失った大願寺は、その後十軒に満たない檀家に支えられつつ幕末まで苦難の百年を乗り越えたことが、各種の史料から看取される。この経緯については、機会をみて後稿にまとめたいと考えている。

註

（1）山本修作『天王寺屋五兵衛の事績』晃洋書房、二〇一九年

（2）『本能寺史料　畿内東国末寺篇』法華宗大本山本能寺、一九九二年、二〇一頁

（3）「大願寺寄進ニ付長寿寺住持石梯金子受取状」（大願寺所蔵史料）

（4）仏生院村はこの後、宝永七年四月までに蒲田村と改称されている（大願寺所蔵史料より）。

（5）『御触書寛保集成』六〇九頁

（6）『大願寺建立法要法則』（大願寺所蔵史料）

（7）『山岸太平記』著作の契機は、「おわりに」に記した通り、山岸家の絶家確定であったと推測する。同書に記される最後の年号は延享二年（一七四五）であり、註(35)「天王寺屋久左衛門家系図」による妙蓮没年は宝暦二年（一七五二）であることから、この八年の間に書かれたものではないかと思料する。

（8）この日程が正確ならば「譲状」が交わされる前に堂供養が行われたことになるが、先述した宝永七年四月十四日付の建立供養法要の法則文が大願寺に所蔵されていることと矛盾する。建立供養法要の日程を誤記したか、あるいは堂宇の供養のみ先だって営まれたのか、確定できない。
（9）『山岸太平記　第五』（大願寺所蔵史料）
（10）藤井学『法華文化の展開』法藏館、二〇〇二年、二七頁
（11）大本山本興寺編『本興寺の歴史と名宝』二〇一三年、四〇頁
（12）久本寺三十番神堂の正確な建築年代は不明であるが、櫻井敏雄氏は建築様式および史料から寛文八年（一六六八）から延宝二年（一六七四）と推定している。櫻井敏雄「久本寺の遺構に関する研究」（『近畿大学理工学部研究報告』三九号、二〇〇三年）五一頁。
（13）庄司千賀「長柄の人柱伝説と『江南大願寺三尊記』」（『東洋大学大学院紀要』二五号、一九八八年）。「長柄の人柱」伝承と大願寺由緒の形成過程については、後日稿を改めて考察したい。
（14）「田畑面積石高作人書上」宝暦十一年（大阪市史編纂所所蔵・蒲田村渡邊家文書）
（15）『本能寺史料　畿内東国末寺篇』二〇二頁
（16）『両山歴譜　日心本』（『本能寺史料　古記録篇』法華宗大本山本能寺、二〇〇二年）五九六頁。当該部分は日心上人による記述。
（17）註（16）『両山歴譜　日心本』五九七頁
（18）『山岸太平記　目録』（大願寺所蔵史料）
（19）「加順」を『両山歴譜　日心本』にみえる日慶師の字「賀順」に比定し、「諸化」を「所化」と同意であると解した。
（20）「資縁」は仏道修行を助ける衣食住などの外的な条件をいう（『岩波仏教辞典』一九九六年、三三九頁）。したがって、「資縁親」は僧個人に対しそれらの援助を行う在家信者を指すものと考えられる。
（21）古山豊『法雲山遠霑寺　細草檀林』（南林山住本寺、二〇一七年、一一五頁）に引用される寛政元年（一七八九）「檀林階級書上之控」（原史料未見）の内容、および榎木境道『日寛上人と興学』（妙教編集室、二〇〇三年）五三八～五五六頁を参照すると、細草檀林では入檀から能化に至るまでには年間約二百日の就学をおよそ三十年修めな

ければならなかったようである。
(22)『山岸太平記　第三』(大願寺所蔵史料)
(23)史料中の「八品料」は、法華経本門八品を読経したことに対する布施の意であると解した。
(24)註(16)『両山歴譜　日心本』五九六頁
(25)『日像門家分散之由来記』(『日蓮宗宗学全書』第十八巻史伝旧記部一)一一八頁
(26)『日像門家分散之由来記』一〇三頁
(27)註(10)『法華文化の展開』三五二頁
(28)宝徳三年(一四五一)堺・顕本寺の開基檀那は銹屋・木屋であったという(註(16)『両山歴譜　日心本』五五六頁)。
(29)本法度については、小西顕一郎「慶林坊日隆教学の研究――『法度』を中心として――」(『日蓮教学研究所紀要』二九号、二〇〇二年)を参照されたい。
(30)「信心法度事」(『法華宗宗門史資料(一)』『桂林学叢』第六号、一一〇頁)より抜粋、現代語訳した。
(31)法華宗他門流ではあるが、藤井学氏はその一例として、近世初頭における本法寺檀越・本阿弥家を挙げている(註(10)『法華文化の展開』三三六頁)。
(32)註(1)『天王寺屋五兵衛の事績』、一七三頁。原著では一六二八年を嘉永五年としているが、明らかな誤植なので寛永五年と訂正した。
(33)宮本又次「天王寺屋五兵衛家とその系図」(『上方の研究』第三巻、一九七五年、二〇頁)より抜粋。
(34)現在は本門法華宗、大本山妙蓮寺末寺
(35)「天王寺屋久左衛門家系図」久本寺所蔵、天王寺屋久左衛門家所蔵文書の複写。
(36)註(35)「天王寺屋久左衛門家系図」。履信は長好の弟、九郎衛門のこと。久本寺関係史料では、天王寺屋はしばしば「天」と略記されている。
(37)妙蓮の俗名は不明。生前のある時期より「妙蓮」を名乗っていたと見られる(『本能寺史料　畿内東国末寺篇』二〇〇頁)。
(38)正行院日友(久本寺十七世)「当山由緒幷代々什物帳」天明六年(一七八六)(久本寺所蔵史料)

(39) 註(12)櫻井「久本寺の遺構に関する研究」
(40)「元禄八年日記」(『本興寺文書　第六巻』清文堂出版、二〇二一年)五頁。なお、同年七月には初代五兵衛光重初盆回向のため、貫首日宣上人が大坂に赴いている。
(41)『法華宗年表』法華宗(本門流)宗務院、一九七二年、一四六頁、および『両山歴譜　日心本』五九二頁。
(42)『山岸太平記　目録』(大願寺所蔵史料)
(43) 貞享三年は一六八六年。
(44) いわゆる「新寺(新地)建立禁止令」については、朴澤直秀「新地建立禁令をめぐって」(『仏教史学研究』六〇巻一号、二〇一七年)などを参照されたい。
(45) 南部藩主・南部利幹のこと。
(46) 筑前国福岡藩第五代藩主、黒田宣政のこと。宝永四年(一七〇七)に南部利幹の妹おつやと縁組。同七年兄の死去に伴って嫡子となる。同八年家督相続。正徳三年幕府の許可を得て結納し翌年一月に婚礼(『新訂黒田家譜　第三巻』文献出版、一九八二年、三一九頁)。
(47)『山岸太平記　第三』(大願寺所蔵史料)
(48) 盛岡市教育委員会・盛岡市中央公民館編『盛岡藩雑書　第十巻』一九九六年、六八七頁。なお、『山岸太平記』ではこれ以前に山岸家の家督相続について記載があるため、盛岡で藩主にお目見えしたのは二代目の弥右衛門朋慶であったと思われる。
(49) 農林省編『日本林制史資料』第十四巻、一九三二年、三三頁
(50) 鳴海健太郎『下北の海運と文化』一九七七年、三〇頁

付記

本稿は、筆者の大手前大学大学院比較文化研究科博士前期課程修士二〇二一年度学位論文「近世法華宗寺院の成立」より一部を抜粋、再編したものです。原論文執筆に当たり、指導教員である岡佳子教授(当時)に御指導を賜りました。また、本研究においては、大願寺御住職・吉村日彦上人、久本寺御住職・増田日倫上人には史料提供および成果の発表

について御快諾いただき、多大なる御協力を頂戴しました。ただし、文責は筆者に帰するものです。ここに記し、深く謝意を表します。

また、一寺建立の浄業を成された天王寺屋弥右衛門家の各霊位（顕性院宥山了法日覚居士・智性院天月妙法日珠大姉・好雲院桂月妙蓮日空大姉）に心より敬意を表し、御霊前に謹んで本論文を捧げます。

キーワード　本興寺、天王寺屋、檀越、法華信仰、大坂商人

表１　天王寺屋を名乗る人物からの寄進一覧（大坂久本寺分）

「天王寺屋」は省略、〇数字は代数。

年代	西暦	人物	寄進先	寄進物	出典	備考
寛永12	1635	五兵衛	久本寺	日隆聖人筆本尊（寛正４年筆）	『久本寺誌』	
慶安１	1648	五兵衛	久本寺	客殿	棟札	『久本寺誌』，櫻井2003
慶安３	1650	作兵衛	久本寺	庫裏		『久本寺誌』，櫻井2003
寛文８以前	1668	五兵衛	久本寺	方丈	寛文８寄進物覚帳	
寛文８以前	1668	五兵衛	久本寺	玄関廊下中門等	寛文８寄進物覚帳	
寛文８以前	1668	五兵衛	久本寺	本堂灯籠	寛文８寄進物覚帳	
寛文８以前	1668	五兵衛	久本寺	堂ノ畳十枚・堂薄縁十枚	寛文８寄進物覚帳	
寛文８以前	1668	五兵衛	久本寺	畳十八畳	寛文８寄進物覚帳	
寛文８以前	1668	五兵衛	久本寺	畳表替合六十一枚	寛文８寄進物覚帳	
寛文８以前	1668	五兵衛	久本寺	畳二十枚表替方丈	寛文８寄進物覚帳	
寛文８以前	1668	五兵衛	久本寺	本堂経机十一脚	寛文８寄進物覚帳	
寛文８以前	1668	五兵衛	久本寺	馨台一厳	寛文８寄進物覚帳	
寛文８以前	1668	五兵衛	久本寺	本堂馨一枚	寛文８寄進物覚帳	
寛文８以前	1668	五兵衛	久本寺	御経一部	寛文８寄進物覚帳	
寛文８以前	1668	五兵衛	久本寺	御経九部	寛文８寄進物覚帳	
寛文８以前	1668	五兵衛	久本寺	馨台一厳	寛文８寄進物覚帳	
寛文８以前	1668	五兵衛	久本寺	将軍位牌・華鬘・金灯籠	寛文８寄進物覚帳	
寛文８以前	1668	五兵衛	久本寺	御影堂経机９脚	寛文８寄進物覚帳	
寛文８以前	1668	五兵衛	久本寺	本堂東西之遣戸以上十七枚	寛文８寄進物覚帳	
寛文８以前	1668	五兵衛	久本寺	五十人前吸物椀	寛文８寄進物覚帳	
寛文８以前	1668	五兵衛	久本寺	腰高木皿二百	寛文８寄進物覚帳	
寛文８以前	1668	五兵衛内方	久本寺	御影堂蓮師之金灯籠一対	寛文８寄進物覚帳	
寛文８以前	1668	五兵衛内方	久本寺	御影堂隆師之華鬘三枚	寛文８寄進物覚帳	
寛文８以前	1668	五兵衛内方	久本寺	百人前椀打敷内三十人前	寛文８寄進物覚帳	
寛文８以前	1668	②吉右衛門之重	久本寺	番神堂三光天子鬼子母神像	寛文８寄進物覚帳	櫻井2003
寛文８以前	1668	吉兵衛	久本寺	本堂過去帳幷台	寛文８寄進物覚帳	
寛文８以前	1668	久左衛門	久本寺	御影堂隆師之金灯籠一固	寛文８寄進物覚帳	忠兵衛との連名
寛文８以前	1668	久左衛門	久本寺	蓮師之御戸帳	寛文８寄進物覚帳	
寛文８以前	1668	久左衛門	久本寺	百人前椀打敷内二十人前	寛文８寄進物覚帳	
寛文８以前	1668	久左衛門	久本寺	隆師之御戸帳	寛文８寄進物覚帳	
寛文８以前	1668	九兵衛	久本寺	永代資道銀二百目	寛文８寄進物覚帳	
寛文８以前	1668	小兵衛	久本寺	十五ノ入子ノ鉢大小二組	寛文８寄進物覚帳	
寛文８以前	1668	作兵衛	久本寺	惣門	寛文８寄進物覚帳	
寛文８以前	1668	作兵衛	久本寺	金天蓋	寛文８寄進物覚帳	
寛文８以前	1668	作兵衛	久本寺	遠州椀・打敷百揃	寛文８寄進物覚帳	
寛文８以前	1668	作兵衛	久本寺	朱椀・打敷五十人揃	寛文８寄進物覚帳	
寛文８以前	1668	作兵衛	久本寺	汁椀・大鐺二対	寛文８寄進物覚帳	

年代	西暦	人物	寄進先	寄進物	出典	備考
寛文8以前	1668	Y作兵衛	久本寺	畳三十畳	寛文8寄進物覚帳	
寛文8以前	1668	作兵衛	久本寺	唐物大鉦一固	寛文8寄進物覚帳	
寛文8以前	1668	作兵衛	久本寺	本堂御拝沓踏石	寛文8寄進物覚帳	
寛文8以前	1668	忠兵衛	久本寺	百人前椀打敷内十人前	寛文8寄進物覚帳	
寛文8以前	1668	忠兵衛	久本寺	御影堂隆師之金灯籠一固	寛文8寄進物覚帳	久左衛門との連名
寛文8以前	1668	忠兵衛	久本寺	百人前椀打敷内十人前	寛文8寄進物覚帳	
寛文8以前	1668	忠兵衛	久本寺	住物入ノ文庫	寛文8寄進物覚帳	
寛文8以前	1668	仁右衛門	久本寺	御経二部	寛文8寄進物覚帳	
寛文8以前	1668	仁右衛門	久本寺	御影堂隆師之金灯籠一固	寛文8寄進物覚帳	
寛文8以前	1668	八兵衛	久本寺	御影堂之華鬘三枚	寛文8寄進物覚帳	
寛文8以前	1668	六右衛門	久本寺	位牌仏壇東西	寛文8寄進物覚帳	
寛文8以前	1668	六右衛門	久本寺	御経二部	寛文8寄進物覚帳	
寛文8以前	1668	六右衛門	久本寺	隆師之金灯籠一対	寛文8寄進物覚帳	
延宝4	1676	五兵衛内方	久本寺	百人前椀打敷内三十人前	寛文8寄進物覚帳	
延宝5	1677	久左衛門	久本寺	梵鐘	『久本寺誌』	櫻井2003
延宝5	1677	作兵衛	久本寺	常夜石灯籠1対		櫻井2003
天和3以降	1683	①五兵衛	久本寺	四菩薩不動愛染四天王大黒像修覆	寛文8寄進物覚帳	「六世日清代」
天和3以降	1683	①五兵衛	久本寺	砂金之七条一条	寛文8寄進物覚帳	「六世日清代」
天和3以降	1683	①五兵衛	久本寺	七条袈裟一条	寛文8寄進物覚帳	「六世日清代」
天和3以降	1683	①五兵衛	久本寺	打敷二枚	寛文8寄進物覚帳	「六世日清代」
天和3以降	1683	①五兵衛	久本寺	幡一双	寛文8寄進物覚帳	「六世日清代」
天和3以降	1683	①五兵衛	久本寺	霊供之本膳幷同椀・菓子盆	寛文8寄進物覚帳	「六世日清代」
天和3以降	1683	①五兵衛	久本寺	御上人御膳本二幷椀本二坪平	寛文8寄進物覚帳	「六世日清代」
天和3以降	1683	①五兵衛	久本寺	摂待之茶碗八十	寛文8寄進物覚帳	「六世日清代」
天和3以降	1683	①五兵衛	久本寺	雑椀幷打敷五十人前	寛文8寄進物覚帳	「六世日清代」
天和3以降	1683	①五兵衛	久本寺	四仙人之大掛物一幅	寛文8寄進物覚帳	「六世日清代」
天和3以降	1683	①五兵衛	久本寺	塩町弐丁目天八兵衛屋敷分	寛文8寄進物覚帳	「六世日清代」
天和3以降	1683	③五兵衛	久本寺	本堂御仏前之礼盤同前机	寛文8寄進物覚帳	「六世日清代」
天和3以降	1683	③五兵衛	久本寺	本堂経机・御経十揃	寛文8寄進物覚帳	「六世日清代」
天和3以降	1683	③五兵衛	久本寺	茶菓子盆二十	寛文8寄進物覚帳	「六世日清代」
天和3以降	1683	③五兵衛	久本寺	青磁之大香炉	寛文8寄進物覚帳	「六世日清代」
天和3以降	1683	③五兵衛	久本寺	方丈之大衝立	寛文8寄進物覚帳	「六世日清代」
天和3以降	1683	③五兵衛	久本寺	判事之濃茶茶碗	寛文8寄進物覚帳	「六世日清代」
天和3以降	1683	③五兵衛	久本寺	安南皿五十	寛文8寄進物覚帳	「六世日清代」
天和3以降	1683	③五兵衛	久本寺	青磁之花入	寛文8寄進物覚帳	「六世日清代」
天和3以降	1683	③五兵衛内方	久本寺	大打敷	寛文8寄進物覚帳	「六世日清代」
天和3以降	1683	③五兵衛内方	久本寺	小幡一双	寛文8寄進物覚帳	「六世日清代」
天和3以降	1683	③五兵衛内方	久本寺	幡一双	寛文8寄進物覚帳	「六世日清代」

年代	西暦	人物	寄進先	寄進物	出典	備考
天和3以降	1683	③五兵衛内方	久本寺	小打敷一枚	寛文8寄進物覚帳	「六世日清代」
天和3以降	1683	岩之助	久本寺	隠元灯籠	寛文8寄進物覚帳	「六世日清代」
天和3以降	1683	吉右衛門	久本寺	番神之本社葺替	寛文8寄進物覚帳	「六世日清代」
天和3以降	1683	②作兵衛	久本寺	本堂両尊中尊同台座修覆	寛文8寄進物覚帳	「六世日清代」
天和3以降	1683	②作兵衛	久本寺	方丈畳表替十二帖	寛文8寄進物覚帳	「六世日清代」
天和3以降	1683	②作兵衛内方	久本寺	大打敷	寛文8寄進物覚帳	「六世日清代」
天和3以降	1683	仁右衛門	久本寺	七条之袈裟一条	寛文8寄進物覚帳	「六世日清代」
天和3以降	1683	仁右衛門	久本寺	打敷一枚	寛文8寄進物覚帳	「六世日清代」
天和3以降	1683	仁右衛門	久本寺	幡一双	寛文8寄進物覚帳	「六世日清代」
天和3以降	1683	弥右衛門	久本寺	打敷一枚	寛文8寄進物覚帳	「六世日清代」
天和3以降	1683	六右衛門	久本寺	本堂仏壇金物等修覆	寛文8寄進物覚帳	「六世日清代」
元禄2	1689	①五兵衛	久本寺	黒塗家具三十人前	寛文8寄進物覚帳	
元禄2	1689	③五兵衛	久本寺	二疋獅子青磁ノ香炉	寛文8寄進物覚帳	
元禄2	1689	③五兵衛	久本寺	黒塗唐物ノ卓	寛文8寄進物覚帳	
元禄2	1689	③五兵衛	久本寺	濃茶茶碗三ツ	寛文8寄進物覚帳	
元禄2	1689	③五兵衛	久本寺	茶菓子入錦手ノ鉢二	寛文8寄進物覚帳	
元禄2	1689	③五兵衛	久本寺	青磁鯉手冷物鉢一	寛文8寄進物覚帳	
元禄2	1689	③五兵衛	久本寺	蒔絵食籠	寛文8寄進物覚帳	
元禄2	1689	③五兵衛	久本寺	蒔絵重箱一組	寛文8寄進物覚帳	
元禄2	1689	③五兵衛	久本寺	塩瀬フクサ三	寛文8寄進物覚帳	
元禄2	1689	③五兵衛	久本寺	庭植木十本	寛文8寄進物覚帳	
元禄2	1689	③五兵衛	久本寺	庭景石二	寛文8寄進物覚帳	
元禄2	1689	③五兵衛	久本寺	金入紋砂ノ七条トクサ色	寛文8寄進物覚帳	
元禄2	1689	③五兵衛	久本寺	青貝之香箱	寛文8寄進物覚帳	
元禄2	1689	③五兵衛	久本寺	燭台三ツ	寛文8寄進物覚帳	
元禄2	1689	③五兵衛	久本寺	手燭二ツ	寛文8寄進物覚帳	
元禄2	1689	③五兵衛	久本寺	酢和皿難波焼三十	寛文8寄進物覚帳	
元禄2	1689	③五兵衛	久本寺	和物茶碗難波焼三十	寛文8寄進物覚帳	
元禄2	1689	③五兵衛	久本寺	碗難波焼三十	寛文8寄進物覚帳	
元禄2	1689	③五兵衛	久本寺	手拭掛唐物	寛文8寄進物覚帳	
元禄2	1689	③五兵衛	久本寺	唐物人形　寒山子	寛文8寄進物覚帳	
元禄2	1689	③五兵衛	久本寺	大盞三十箱入	寛文8寄進物覚帳	
元禄2	1689	③五兵衛	久本寺	蒔絵硯箱　小道具共	寛文8寄進物覚帳	
元禄2	1689	③五兵衛	久本寺	上蒔絵之琴一張	寛文8寄進物覚帳	
元禄2	1689	久左衛門	久本寺	祖師堂戸帳（紛失）	寛文8寄進物覚帳	
元禄2	1689	久左衛門	久本寺	祖師堂水引（紛失）	寛文8寄進物覚帳	
元禄2	1689	作兵衛	久本寺	畳之表替二十畳	寛文8寄進物覚帳	
元禄3	1690	①五兵衛	久本寺	鉢　半双同一双之房	寛文8寄進物覚帳	
元禄3	1690	①五兵衛	久本寺	鐃　一	寛文8寄進物覚帳	
元禄4	1691	久左衛門	久本寺	鐅　一	寛文8寄進物覚帳	
元禄4	1691	作兵衛	久本寺	庫裏之窓	寛文8寄進物覚帳	
元禄4	1691	作兵衛	久本寺	庫裏同宿部屋天井	寛文8寄進物覚帳	

年代	西暦	人物	寄進先	寄進物	出典	備考
元禄4	1691	庄兵衛	久本寺	唐金之卓香炉	寛文8寄進物覚帳	
元禄5	1692	③五兵衛	久本寺	袈裟七条　紫ノ修多羅共ニ	寛文8寄進物覚帳	
元禄5	1692	③五兵衛	久本寺	大金灯籠　一	寛文8寄進物覚帳	
元禄5	1692	③五兵衛	久本寺	本堂大看盤二・玄関看盤	寛文8寄進物覚帳	
元禄6	1693	伊右衛門	久本寺	開基大上人御位牌	寛文8寄進物覚帳	
元禄7	1694	六右衛門	久本寺	番神堂金灯籠	寛文8寄進物覚帳	櫻井2003
元禄7	1694	③五兵衛	久本寺	本堂脇仏壇之卓	寛文8寄進物覚帳	
元禄7	1694	③五兵衛	久本寺	番神堂拝殿金灯籠	寛文8寄進物覚帳	櫻井2003
元禄7	1694	勝右衛門	久本寺	番神拝殿磬台一	寛文8寄進物覚帳	
元禄13	1700	③五兵衛	久本寺	番神常燈大金灯籠	元禄12寄進物覚	
元禄13	1700	③五兵衛	久本寺	柄香炉	元禄12寄進物覚	
元禄13	1700	③五兵衛	久本寺	御経机朱塗一脚	元禄12寄進物覚	
元禄13	1700	③五兵衛	久本寺	二畳台之畳	元禄12寄進物覚	
元禄13	1700	③五兵衛	久本寺	鳶觜十本	元禄12寄進物覚	
元禄13	1700	③五兵衛	久本寺	張籠二十	元禄12寄進物覚	
元禄13	1700	久左衛門	久本寺	御経十一部	元禄12寄進物覚	
元禄13	1700	五作	久本寺	金幡一双	元禄12寄進物覚	五郎作・作十郎と連名
元禄13	1700	仁右衛門	久本寺	間鎗	元禄12寄進物覚	
元禄13	1700	仁右衛門	久本寺	鈴汁次	元禄12寄進物覚	
元禄13	1700	仁右衛門	久本寺	銅茶出	元禄12寄進物覚	
元禄13	1700	妙玄	久本寺	御影堂常燈金灯籠台共	元禄12寄進物覚	
元禄13	1700	弥右衛門	久本寺	鈍子桃色法服	元禄12寄進物覚	
元禄14	1701	①五兵衛	久本寺	七条袈裟　切雑	元禄12寄進物覚	
元禄14	1701	③五兵衛	久本寺	科註箱	元禄12寄進物覚	
元禄14	1701	③五兵衛	久本寺	本堂水引	元禄12寄進物覚	
元禄14	1701	③五兵衛内方	久本寺	本堂大金灯籠一対	元禄12寄進物覚	
元禄14	1701	④五兵衛	久本寺	本堂諸尊仏像修繕	元禄12寄進物覚	弟2人との連名
元禄14	1701	作兵衛	久本寺	高座天蓋再興	元禄12寄進物覚	
元禄14	1701	弥右衛門	久本寺	方丈畳表替五十七畳	元禄12寄進物覚	『久本寺誌』
元禄15	1702	作兵衛	久本寺	表門再興	元禄12寄進物覚	
元禄16	1703	④五兵衛	久本寺	客殿襖絵		櫻井2003
元禄16	1703	弥右衛門	久本寺	本堂高欄修繕	『久本寺誌』	
元禄16	1703	六右衛門	久本寺	堂前常夜金灯籠	元禄12寄進物覚	
元禄16	1703	六右衛門	久本寺	本堂畳表替	元禄12寄進物覚	
宝永3	1706	③五兵衛	久本寺	磬并台　但華原磬	元禄12寄進物覚	

典拠：『久本寺誌』：増田日紘『改訂増補久本寺誌』久本寺、2003年
櫻井2003：櫻井敏雄「久本寺の遺構に関する研究」（『近畿大学理工学部研究報告』39号、2003年）

表2　天王寺屋を名乗る人物からの寄進一覧（尼崎本興寺分）

「天王寺屋」は省略、〇数字は代数。

年代	西暦	人物	寄進先	寄進物	出典	備考
慶安5	1652	五兵衛	本興寺	祖師堂日蓮聖人像	『大本山本興寺寺宝目録』	作兵衛と連名
慶安5	1652	作兵衛	本興寺	祖師堂日蓮聖人像	『大本山本興寺寺宝目録』	五兵衛と連名
寛文11	1671	作兵衛	本興寺	『仏祖統記』刊本	『大本山本興寺寺宝目録』	法号浄慶
延宝6	1678	五兵衛	本興寺	細川家への貸米利米年50石	『本興寺文書』5-84	
延宝7以前	1679	五兵衛	本興寺	経・経机21揃	『本興寺什物帳』	『本興寺文書』2-332
延宝7以前	1679	五兵衛	本興寺	雪村筆寒山拾得絵	『本興寺什物帳』	『本興寺文書』2-332
延宝7以前	1679	五兵衛	本興寺	御経20部・机・蓋	『本興寺什物帳』	『本興寺文書』2-333
延宝7以前	1679	吉右衛門	本興寺	金襴切雑七条袈裟	『本興寺什物帳』	『本興寺文書』2-335
延宝7以前	1679	五兵衛家来	本興寺	梵刹幡	『本興寺什物帳』	『本興寺文書』2-335
延宝7以前	1679	五兵衛	本興寺	来迎柱幡	『本興寺什物帳』	『本興寺文書』2-335
延宝7以前	1679	③五兵衛内方	本興寺	白地金紗九条袈裟	『本興寺什物帳』	『本興寺文書』2-335
延宝7以前	1679	五兵衛	本興寺	紫修多羅	『本興寺什物帳』	『本興寺文書』2-335
延宝7以前	1679	五兵衛	本興寺	段子赤地法服	『本興寺什物帳』	『本興寺文書』2-335
延宝7以前	1679	庄兵衛	本興寺	唐作土圭	『本興寺什物帳』	『本興寺文書』2-336
延宝7以前	1679	五兵衛	本興寺	書本御経並朱塗机	『本興寺什物帳』	『本興寺文書』2-336
延宝7以前	1679	弥右衛門	本興寺	本尊諸尊衣替・光背新造13体	『本興寺什物帳』	『本興寺文書』2-336
延宝7以前	1679	弥右衛門	本興寺	本堂仏壇塗・金具荘厳	『本興寺什物帳』	『本興寺文書』2-336
延宝7以前	1679	吉右衛門	本興寺	繡雑大打敷	『本興寺什物帳』	『本興寺文書』2-336
延宝7以前	1679	五兵衛内儀	本興寺	紺地金襴打舗	『本興寺什物帳』	『本興寺文書』2-336
延宝7以前	1679	五兵衛	本興寺	華鬘3枚	『本興寺什物帳』	『本興寺文書』2-337
延宝7以前	1679	六右衛門	本興寺	堂前之手水鉢	『本興寺什物帳』	『本興寺文書』2-338
延宝7以前	1679	①五兵衛	本興寺	蒔絵重箱　三重組	『本興寺什物帳』	『本興寺文書』2-338
天和3	1683	仁右衛門	本興寺	祠堂銀259匁6分	『本興寺文書』5-7	
貞享3	1686	茂兵衛	本興寺	三十六歌仙中女蔵人左近板絵	『大本山本興寺寺宝目録』	
元禄8	1695	弥右衛門	本興寺	宝塔釈迦多宝座像	『大本山本興寺寺宝目録』	

年代	西暦	人物	寄進先	寄進物	出典	備考
元禄 8	1695	弥右衛門	本興寺	四菩薩立像	『大本山本興寺寺宝目録』	
元禄 8	1695	弥右衛門	本興寺	持国天立像	『大本山本興寺寺宝目録』	
元禄 8	1695	弥右衛門	本興寺	不動明王像	『大本山本興寺寺宝目録』	
元禄 8	1695	弥右衛門	本興寺	愛染明王像	『大本山本興寺寺宝目録』	
元禄 9	1696	五兵衛妻	本興寺	妙法蓮華経折本	『大本山本興寺寺宝目録』	
元禄10	1697	庄兵衛	本興寺	開山堂天井金箔荘厳		『法華宗年表』135

典拠：『大本山本興寺寺宝目録』大本山本興寺、1991年
　　　『本興寺文書　第二巻』清文堂出版、2013年
　　　『本興寺文書　第五巻』清文堂出版、2019年
　　　『法華宗年表』法華宗宗務院、1972年

長松日扇の教化活動にみる福祉の理念
――菩薩を視点として――

武田悟一

一　問題の所在

長松日扇（清風・一八一七―九〇）は、安政四年（一八五七）一月一二日、京都新町蛸薬師南の百足屋町（現、京都市中京区）の引染職谷川浅七郎宅の一室において、数名の在家者を集めて「華洛本門佛立講」（以下、佛立講と略称）を開講している。この佛立講の第一歩は、出家者を中核としない在家者を主体とする信仰共同体であり、社会的には慶林坊日隆（一三八五―一四六四）を門祖と仰ぐ八品門流の在家講として活動を開始していることは明らかである。しかも日扇は、本仏釈尊の悟りの世界である『法華経』を顕揚し、本化別頭教学を樹立した日蓮聖人（一二二二―八二）の教え、これを継承し法華経の本門の教説にあたる従地涌出品から嘱累品に至る八品を主軸として展開する日隆の本門八品教学を正統に継承しているという強い宗教的自覚のもとに、活動を展開しているのである。日扇は、これらの教えに立脚し、佛立講の首導者として信徒に対し、どのような教化活動を行っていたのであろうか。

ところで、筆者はこれまで日扇の教化活動を明らかにするという課題のもと、その特質について少し考察してきた(1)。これらの考察の結果、明らかになったことは、日扇は唱題を中心とする信仰に立脚し、信徒が現証利益という宗教的体験を感得することで法華経信仰に邁進できるように教化を実践していたことである。また、日扇の教化活動の特質に三十一文字からなる釈教歌（御教歌）があり四〇一四首存している。日扇が釈教歌を詠じる理由は、全佛立講信徒に対して法華経や聖人、日隆の示された教え、さらには信仰における具体的な実践や方法などを明確かつ平易に伝えようとする意図があったことが知られるのである(2)。

このように、日扇の教化活動には、信徒によって信行的・経済的支援によって展開されてきた側面も存する一方で、ひたすらただ題目のみ唱え続ける信行の実践、あるいは釈教歌を耳で聴き文字で理解して信行を増進していくという易行性を推進することは、その機根や能力の立場にあった信徒も多数存していたことを物語るものではなかろうか。

換言すれば、日扇の佛立講に入講した信徒には、たしかに社会的地位や経済的に自立している者、あるいは信仰を裏付ける教義について理解できる学問的能力を有する者も多数存していた。一方で、経済的困窮、病気や怪我による体調不良、家族や他者との人間関係の不調和など、いわゆる貧・病・争の苦を抱えていた者も多数いたはずである。つまり、これらの要因が、佛立講に入信して信行を実践した結果、現証利益という宗教的体験をした者が多数いたということが言えよう(3)。

そこで、以上の点を踏まえ、あらためて日扇の教化活動に注目してみると、宗教的行為を前提としつつも、福祉の理念と関連づけることが可能ではないだろうか。仏教福祉における特色について、その項目のみ列挙すると、中村元は、社会福祉から仏教思想を見た場合、（一）慈悲思想、（二）縁起思想、（三）恩思想、（四）菩薩思想、（五）

実践的行為が特徴であると指摘されている。[4] 一方、仏教社会福祉の先学者である長谷川良信は、仏教社会事業の視点から、その規範的なものとして（一）菩薩行の実践垂範という人格的事実、（二）教理教相の過程にみる本質的な意義と価値、（三）自己の体験に基づく普遍的価値、であると指摘されている。[5] つぎに森永松信は、『法華経』に菩薩思想があると指摘されている。[6] また、守屋茂は、（一）慈悲思想、（二）菩薩道の帰結、（三）福田思想、（四）如説修行が特徴であるという。[7] さらに吉田久一は、原始仏教の福祉思想が現代の社会福祉思想に提起できるものとして（一）慈悲―菩薩行、（二）縁起相関関係、（三）戒律・修行、（四）ジャータカ、（五）国家・社会、（六）福祉関連事項が特徴であると指摘されている。[8]

以上、管見ながらの五氏の見解を項目のみ確認すると、その共通項として菩薩が挙げられる。[9] 周知の通り「菩薩」は、修行を経た未来に仏になる者の意で用いられてる。悟りを求め修行するとともに、他の者も悟りに到達させようと努める者、と理解されていると思われる。そこで、本稿では、日扇における教化活動の菩薩に注目して、福祉の理念に迫りたいという課題のもと、第一に仏教における菩薩について概観し、第二に仏教福祉の先学による菩薩の捉え方と福祉との関係を確認し、第三に日扇の菩薩に対する解釈について確認し、そこからみられる日扇の福祉理念についてたずねてみたい。

二　仏教における菩薩について

仏教における菩薩はどのように位置づけられているのであろうか。筆者自身の理解として、中村元の研究に沿いながら以下概観したい。

菩薩という語彙についてたずねてみると、サンスクリット語 bodhisattva に相当する音写語であるが、菩薩という漢語は、その短縮された俗語系から音写されたものと見なされている。一般には、悟り（bodhi・菩提）を求める衆生（sattva・薩埵）の意味であると解釈されている。(10) この菩薩は、そもそも原始仏教や上座部においては、釈尊の前生における修行期間のすがた、すなわち成道に至るまでの釈尊のことを指していたようである。

また、仏伝文学に注目してみると、釈尊の本生譚において、必ず成し遂げようとする誓いである「誓願」、過去世において過去仏が修行者に対し未来世において仏となること予言し保証を与える「授記」、修行において退歩しない「不退」、次の生で仏となることが決まっている「一生補処」など、菩薩修行をめぐる重要な概念が準備され、これらの菩薩修行を釈尊が成道する前世において全て成し遂げたというのである。その中には、自己犠牲をもいとわない修行も含まれている。

つまり原始仏教や仏伝文学から理解できることは、菩薩という存在は、過酷な修行過程において成し得た修行者であること。その修行者は過去世に修行し、現在世で悟りを開くことができた釈尊であると看取できる。一方、このような菩薩の修行は、釈尊を師と仰ぐ弟子たちに成し遂げることができるのか否かという点において、部派仏教は菩薩行を完成して成仏しうるのは、釈尊のような極めて限られた人のみとされている。そして、一般の修行者が目指し得る現実的な目標は、阿羅漢もしくは縁覚だとされていたのである。

ところで、紀元一世紀前後に、菩薩は特定の人のみであると規定する部派仏教に対して、菩薩の可能性をすべての人に有していると主張したのが大乗仏教であった。すなわち、部派仏教における伝統を墨守し独善的な主義主張に対して、民衆の間から発生した大乗仏教は、一切の生きとし生けるものを救おうとする誓願を立てたのである。その誓願は、慈悲心にもとづくものであるから悲願といい、機宜に適したありとあらゆる手段方便を用いて一切衆生を救おうとする。そうしてここにおいては、他人のために奉仕するという慈悲行の精神が、宗教の中心に置かれるに至ったという[11]。

したがって、大乗仏教においては、最高の悟りを求める菩提心を起こして、自らの修行の完成（自利）と一切衆生の救済（利他）のために六波羅蜜を行じて、成仏を目指す人は菩薩なのである。大乗の修行を行う人は菩薩と呼ばれるが、かれは生きとし生けるものを救おうとする大慈悲心を持っている人である。

このように、大乗仏教においては、菩薩の位置づけが大乗の修行を行うものはすべて菩薩であり、部派仏教における菩薩の思考と異なることが理解できる。では、部派仏教には菩薩の視点、利他行とか、利他を実践する人物を菩薩は一切存在しないと位置づけているのであろうか。この点に注目してみると、中村には、部派仏教においても説一切有部の論書の中に菩薩における利他行がしばしば言及されていること、また上座部仏教の寺院後からは菩薩像が発掘されていることからも、興味深い点であると指摘されている[12]。

さらに時代は下るのであるが、インドでは実際の人物についてこういう呼称の用いられていたことが、歴史的にも実証されている。例えば西紀四世紀にマイソール地方を治めたバーナ王朝のある王は、世の中の一切衆生を憐んだというので、一碑文の中でボディーサットバに比せられているという。またダーラーのボヂャ王治世シャカ暦九七七（西暦一〇五四）年ダシャバラの著した天文学書『Cintāmaṇisāraṇikā』の冒頭および末尾では、著者のことを大悲あるボディーサットバと呼んでいる[13]。

以上、仏教的語源という視点から確認してきたが、苦しみに満ちた迷いの世界から逃れて安楽な世界に至ろうとするのではなく、困難な娑婆世界における現実の社会の中で衆生とともに働き続けるところに菩薩の役目があると受け止められる。ここに、菩薩が福祉における理念の基底であることを理解できよう。

三　仏教社会福祉研究者による菩薩の受容

前項においては、仏教にみる語源的から確認した。そこで、仏教社会福祉の先学者は菩薩・菩薩行と福祉との関係についてどのように考えられているのであろうか。そこで、本稿の冒頭に掲げた、長谷川良信、森永松信、守谷茂、吉田久一の各氏見解をたずねてみよう。

1　長谷川良信にみる菩薩と福祉について

長谷川の論考として知られるのは「仏教社会事業に関する管見」である。本稿は、昭和三六年（一九六一）九月に法藏館から刊行された『講座近代仏教』第五巻の生活編に所収されている。仏教社会事業はいかにあるべきか、という視点から、長谷川自身が五〇年近く携わった仏教社会事業の経験から論究されたものである。

ところで、長谷川にみる菩薩と福祉についての見解は、第一には仏教史上の菩薩・菩薩行実践の歴史的視点からの吟味、第二には仏教社会事業者の心がまえ、第三には仏教社会事業家の具備すべき資格、の三つである。以下、確認してみよう。

まず第一については、仏教社会事業における規範的な意味として、菩薩行の実践垂範という人格的事実に顧みることであると指摘されている。すなわち釈尊をはじめ、インド・中国・日本の三国仏教史上の祖師やその教えを継承した先師たちは「済度衆生とか、利他大乗とか、済世利民とかについていかに切実な努力と行績[14]」を残されているのか否かについて検討する必要が存するというのである。換言すれば、歴史的人格的な示範が仏教社会事業の必然性が考えられると指摘している。さらに、「いかなる教訓も理念も、それがすべての仏教徒の第一義的な使命感ともなって、普遍的に、かつ情熱的に実践躬行される為には、もう一つ、そうした仏教社会事業を自己の体験に於て吟味把握したものでなければ空理空論に了ってしまう[15]」として「仏教社会事業を提唱し遂行することが、自己の仏教徒としての所詮であり、絶対的示命であり、同時に仏教徒の何人に向かっても、敢て鼓吹し得る所の菩薩の行道[16]」であるという。

つぎの第二は、仏教社会事業家の心構えとして、「自分は、まったく、無知無能無力ではあるが、仏即ち大御親に愛されておる長男坊（大乗菩薩の自覚）という自任、そこで、世の中の悲境に沈んでいる多くの弟妹に対して親代わりとなって、その一人一人に、或いは集団に、救済、保護、援助、相談、調整の手を差し伸べなければならない[17]」と指摘されている。仏の愛子という菩薩の自覚をもって実践し、「あらゆる善巧方便、進趣方便をつくして、それらの弟妹を守り抜くということ[18]」である。つまり、菩薩が衆生を救うにあたって、相手の素質や性格に応じた方法を巧みに用いたり機に応じて種々の手段をとる、あるいは修行の進むことによって種々の手段をとることは、福祉における理念と、その事業に携わる者の心構えとしてとして看取できる。

つづいて第三について、仏教社会事業家の具備すべき資格を六つ列挙しているが、その最後に「つねに大乗菩薩の信念と意気とに燃え、深く四弘誓願の本旨に徹し、社会事業に対する近代科学の示命と仏教慈悲主義の方法論としての各種布施形式乃至善巧方便、進趣方便について、比較研究を怠らないこと[19]」と、菩薩を基盤とする信念と意気、菩薩が起こす四つの誓願の本来の趣旨に徹することを挙げられている。

以上、長谷川による菩薩にもとづく福祉の理念について確認してきた。仏教社会事業を仏教福祉に置き換えるのであれば、釈尊をはじめ先師先哲による菩薩・菩薩行の実践を明鏡とし、釈尊の愛子という菩薩の自覚をもって実践することが、福祉に携わる者としての具備すべき資格とみることができると考えるのである。

2　森永松信にみる菩薩と福祉について

森永の著書として知られるのは『佛教社会福祉学』である。本書は、昭和三九年（一九六四）四月に誠信書房から公刊されたもので、全七章二四節からなる。社会福祉学の研究に併せて仏教における社会学的あり方として、社会福祉が重要な意義を持っていることに着目して研究が進められたものである[20]。

ところで、森永にみる菩薩についての見解は、第五章「仏教社会事業の問題」の第二節「仏教における福祉理念」にみることができ、『法華経』[21]に注目して言及されている[22]。以下、確認してみたい。森永は、「宗教的生命をもつ人格の衆生救済の実践は、個人的解脱のみに執着するもの（小乗仏教の阿羅漢など）のよくするところではなく、これと反対に大衆の社会生活のなかに身を投じ、人間性の尊厳を護り、その障害と対決し、いわゆる理想社会建設への行願を修する人間像（菩薩）によってこそ、よく果たされうるものであることを、譬喩品は、羊・鹿・牛の比喩的説明によって教示している[23]」と指摘している。譬喩品の箇所は法華七喩の一つ「三車火宅の喩え」の事と推察されるが、羊車（声聞乗）、鹿車（縁覚乗）は個人の救済であるが、牛車（菩薩乗）は一切衆生を救済する菩薩であり、森永はこの箇所を、二乗を否定的人間像の止揚という視点から福祉の理念を見いだそうとしている。この点に注目するとき、仏が衆生に対して平等に大白牛車（一仏乗）を与えるという点は、福祉理念において大切な教示がなされているのではなかろうか。

森永は「仏陀の悟得した宗教的真理は、機能化して人類の救済の実践となって現れるのであるが、それと同時に、その境地を追体験あるいは共体験しようとする悲願は求道の人間像となり、このような宗教的実践を通して、人類的規模での精神共同社会建設の実現を期待する。かかる視点に立ちつつ、法華経は、とくにあらゆる角度から、大乗的菩薩としての人間像を強調[24]していると指摘している。

以上、森永による菩薩にもとづく福祉の理念について確認してきた。森永は、法華経にはあらゆる角度から大乗的菩薩としての人間像が強調されていることを指摘していることが理解でき、ここに福祉の理念が看取されるのである。

3　守屋茂にみる菩薩と福祉について

守屋の指摘する菩薩と福祉との関係については、『仏教社会事業の研究』において知ることができる。本書は昭和四六年（一九七一）五月、法藏館から刊行されたもので、全三章一三節からなる。

ところで、守屋にみる菩薩についての見解は、第一章「仏教における社会福祉思想」の第一節「仏典に現れた社会福祉思想の概観」にみることができる。

守屋は、菩薩の理念である「上菩提を求め、下衆生を化す」に高次の内面的・人格的な自覚を期待している、と指摘している。[25]すなわち、上菩提を求めることは、下衆生を化すための必要なる条件であり、下衆生を化するということは、上菩提を求めるための意義を形成するものとして、相即不離の関係である。この関係のもとに把え、前者後者ともに分離しては存在することのできないものとして認識されている。そして究極においては、成仏すら求めることではないとして、その執著を戒め、菩提を求めることの純化を冀求して、純乎として純たる慈悲の追求を迫っている点が見逃せないとしている。[26]

また守屋は、菩薩にみる「衆生のために」とは、個々の衆生の生き方を指していることはいうまでもないが、その衆生が如法に仏意に適った生き方ができるように、仏土すなわち国家・社会を考えていかねばならない。国家社会の目的が仏意に適っていれば、個々の衆生もまた仏意に適った生き方ができるとしている。[27] さらに守屋は、衆生が仏法のままに終始するべき国土の建設が菩薩の役割であると指摘している。つまり、衆生の福祉をはなれて仏法の興隆はなく、仏法の興隆は衆生が仏法に随順することにおいてのみ目的を達することが、菩薩の活動なのである。[28] そして、この点を日本に注目してみると、「上菩提を求め」ることに対する教養の高さと、「下衆生を化す」ことに対する社会的活動とが、相即不離の関係に立った大乗相応の菩薩道の連続性をもって終始した者が菩薩である。これらの高僧・大徳たちは、日本仏教伝統をともなった国土と衆生との、即一的展開を追求する浄仏国土建設をもって一貫していたことも忘れてはならないであろう、と指摘している。[29]

以上、守屋による菩薩にもとづく福祉の理念について確認してきた。守屋は、菩薩の実践「上求菩提下化衆生」には、高次の内面的・人格的な自覚を期待していること、菩薩は衆生が活動する娑婆世界の建設の役割であること、日本仏教史上の先師たちは菩薩の自覚をもって実践してきているととらえていることが解る。すなわち、これらの理念や行動を福祉の理念として受け止めていると考えられる。

4　吉田久一にみる菩薩と福祉について

つづいて、吉田久一による菩薩と福祉との関係については、「仏教と福祉」(『原典仏教福祉』〈北辰社、一九九五年〉所収)、『日本仏教福祉思想史』(法藏館、二〇〇一年)、『新・日本社会事業の歴史』(勁草書房、二〇〇四年)などにみることができる。吉田は、慈悲は利他行で、「浄仏国土」を指向する菩薩行にイメージされ、とくに大乗仏教で重視された。もともと菩薩 **bodhisattva** は仏智 **bodhi** と友情 **sattva** の合成語であり、生死輪廻の現実にあって、一切衆生が「仏性」を得なければ、「正覚」をとらないとされている。『スッタニパータ』に「ボーディサッタ（菩薩、未来の仏）は、もろもろの利益、安楽のために人間世界に生まれたもうたのである」と紹介している。[30]
このことから吉田は、菩薩行における自利利他は、自他の対立ではなく、他によって自己を否定し、それによって真の自己を生かす相即であるという。すなわち、他者との共歓同苦をすることによって、愛する側の優位と愛される側の負い目という対立関係を消滅させている。このように考えると、菩薩行のいわゆる「上求菩提下化衆生」の自利利他も矛盾的弁証の実践である、と指摘している。
そして、これらのことを福祉の面において考えると、対象を客体とみるのではなく主体と位置づけると、恩恵的救済は否定され、仲間としてのアイデンティティを基盤とすることができるというのである。菩薩の衆生済度は、現実社会の浄土化も役目である、と指摘している。[31]
以上、仏教福祉の先学にみる菩薩の考えと福祉の理念についてたずねてきた。長谷川は菩薩・菩薩行の実践を明鏡とし、福祉に携わる者としての理念を明らかにしている。森永には、大乗的菩薩としての人間像の強調に福祉の理念が看取できる。守谷は、「上求菩提下化衆生」に基づいて、理念や実践を福祉の理念として受け止めている。吉田には、菩薩行は慈悲の実践にあるとして、その行動が福祉の現実問題を明らかにしていることが確認できる。

四　日扇にみる菩薩と福祉の理念について

さて日扇は、菩薩についてどのようにとらえていたのだろうか。試みに『日扇聖人全集』本篇[32]にあたる全三五巻の語彙に注目してみると、『佛立事典』第二巻に所収されている菩薩・菩薩行については**表1**のように「菩薩」は

表1 『日扇聖人全集』にみる菩薩・菩薩行

通番	語彙	箇所数
1	菩薩	104
2	菩薩行	101
3	菩薩行一大事	1
4	菩薩行肝心	1
5	菩薩行弘通広宣	2
6	菩薩行信受ハ忘ル、間ナシ	1
7	菩薩行第一	2
8	菩薩行トハ教化ノ事	1
9	菩薩行二唱へ死	1
10	菩薩行ノ一生	1
11	菩薩行ノ御時ノ本法	1
12	菩薩行の観心	1
13	菩薩行ノ心得	3
14	菩薩行ノ志シ	1
15	菩薩行ノ成仏	1
16	菩薩行の信者	1
17	菩薩行ノ大願	1
18	菩薩行ノ導師	1
19	菩薩行の人	8
20	菩薩行ノ望ミ	1
21	菩薩行の人々の法名	1
22	菩薩行のモトデ金	1
23	菩薩行ハ口唱	1
24	菩薩行ハ化他の行	1
25	菩薩行ハ慈悲正直ノ根元	1
26	菩薩行ハ信行	1
27	菩薩行ハ仏因	1
28	菩薩行ハ仏トナル	2
29	菩薩行ハ仏ニナル根本ノ直道	1
30	菩薩行ヲトゲテ菩薩の所ニカヘル	1
31	菩薩行ヲ悦ブ（悦ヒ楽シム）	2
	計	247

一〇四箇所、「菩薩行」は一〇一箇所あるが、菩薩に関連する語彙も含めると語彙数三一、数は二四七箇所となる。[33]そこで、これらの中から「菩薩」の語彙を中心に確認すると、次のA～Iの史料において福祉の理念に関係があると考えられる。またA～Iの史料を分類すると、（一）菩薩は慈悲、（二）一切衆生の救済、（三）人を助ける（四）苦から救う、となる。以下確認してみよう。

1　菩薩は慈悲

この項目に該当する文は、二箇所見られる。まず、A『勧愚因縁発心抄』は、日扇五一歳の慶応三年（一八六七）一月五日に執筆したものである。そこには、つぎのような記述が見られる。

〽一心の上ニ慈悲おこれバ、菩薩なり、其菩薩ニ備る福あり[34]

日扇は、私たちの心に一瞬でも慈悲が芽生えば、菩薩である。さらに菩薩に備わっている福徳を得ることができるという。このように、慈悲が起これば菩薩となるは、菩薩行を実践できる者として受け止めることができよう。また、この点は、前項にて確認した吉田の指摘する慈悲―菩薩行になると考えられる。

つぎのB『多刹二種臨終鈔』は、日扇五二歳の明治元年（一八六八）一二月六日に執筆したものである。そこにはつぎのような記述が見られる。

これ則大慈悲の菩薩の御心にして所作も菩薩　ことハも菩薩　かほかたちも菩薩にして成仏うたかひあることなし[35]

日扇は、大いなる慈悲を持つ者は菩薩であり、その行動は菩薩そのものであるから、自身の身体的にも菩薩となり、やがて即身成仏できるというのである。

このように、慈悲の持つ衆生を憐れんで慈しむ心は、菩薩の理念である下化衆生と密接な関係が存し、菩薩・慈悲の考え方と福祉の理念に不二の関係性があると考えられる。

この項目に該当するものは三箇所である。まず、C『末法相応安楽教導抄』は、日扇六〇歳の明治九年（一八七六）一月三一日頃に執筆されたものである。その記述は以下のようである。

信心宗、愚痴宗は当宗の宗旨、及ばすともわれも助られ奉れば一切衆生を力に随ひ助けんとするは菩薩の御心、この心を専らにせざれば、菩薩に非ず、本因妙に非ず経の御意に叶はず如説修行にあらず[36]

日扇は、信心宗、愚痴宗という門祖日隆による十二宗名[37]は、佛立講の要であるとし、佛立講の信者は一切衆生を助ける菩薩の心で信仰に励むべきである。もし、一切衆生を救う心に集中できないのであれば、菩薩ではないと誡めている。つまり、佛立講の信仰は常に菩薩の心をもって他者を助けるという点は、福利の理念に通じるものと考えられる。

つぎにD『清風感得随分己証ノ御法門の事』は、日扇六一歳の明治一〇年頃に執筆されたものと考えられている。そこにはつぎのような記述がみられる。

衆生ヲ助ケントノ心オコレハ菩薩也　菩薩ノ心オコレハ法ノ為ニ苦労スルヲ楽シミトス　コレ生身ノ本化ノ菩薩　娑婆一人御出世也[38]

日扇は、衆生を助けるという心が起これば菩薩であり、信仰のために苦労することを楽しみとするのは、この娑婆世界に本化の菩薩が存している、というのである。つまり苦労をすることを楽しみとするという菩薩の心、菩薩行の実践は、松森の『法華経』にみる大乗的菩薩としての人間像としても受け止めることができ、福祉の理念にも当てはまると考えられる。

ついでE『因果撥無教誡問答抄』は、日扇六八歳の明治一七年（一八八四）一二月五日に執筆されたもので、翌六日には竹内氏の講席において信徒に説法をしたようである。そこにはつぎのような記述がみられる。

されハ今の信者も過去謗法の者なりしが上ニ三毒強盛の悪人なり　故ニ世間軽重の悪ハ此御経を持ち奉る迠已前の悪報のこと也　此御法を持奉る人ハ此経の御力ニよりて皆善人也　菩薩也　一切衆生を助けんと思ふ人の功徳ニ当れる人也(39)

日扇は、佛立講に入信して法華経題目信仰を信行することによって、今は善人であり菩薩である。そして、一切衆生を助けたいと思う人の功徳に当れるという。つまり、佛立講の信者は皆菩薩であり、一切衆生を救済する菩薩行を実践すべきであるという。

このように、一切衆生の救済には、菩薩としての自覚とその実践が求められている。日扇は教化活動の中で信徒に対し菩薩であること、衆生救済が菩薩行であるという点は、宗教的実践ではあるものの福祉の理念に通じるものと考えられるのである。

3　人を助ける

この項目では、二箇所確認できる。まずF『上行所伝、妙法五字ハ一切衆生ヲ助クル道也の事』は、日扇六五歳の明治一四年頃に執筆されたものと推される。ここにはつぎの記述がみられる。

人ヲ助ケント思フ心ハ菩薩也　一念三千ナレバ此心起ルトキニ一切ノ事々自然ニ皆成就ス(40)

日扇は、人を助ける心は菩薩そのものであり、一念三千の法門に照らせば、菩薩の心が起これば、一切の物事が自然に成就できるという。つまり物事の成就には菩薩の心を起こすこと、人を助けるという行動を起こすことが必要であるというのである。
つぎにG『末法弘経必談抄』は、日扇七〇歳の明治一九年春に執筆されたものである。そこには、つぎのような記述が見られる。

俚諺教曰〈菩薩とハ在家出家ニかゝハらず、人を助くる人をいふなりと(41)

日扇は、菩薩とは、人を助ける人をいうのであるから、その社会的身分は僧俗関係なく菩薩であるというのである。このように、菩薩＝人を助けるという行動は、福祉実践の基本であると指摘できよう。

4　苦から救う

この項目では二箇所確認できる。まずH『要学三書伝　四』は明治一九年八月頃に執筆されたものである。

サレバ当講ノ信者我カ罪滅ノ為口唱ニ油断ナク一人ニテモ堕獄ノ苦ヲヌカント行ジ給フ人ハ菩薩也　如来ノ御使也経文明白也(42)

日扇は、佛立講の信徒は、自身の罪障消滅のために題目口唱の信行を行いつつ、他者の苦しみを取り除く実践をすべきであるという。これが菩薩であり、しかも久遠本仏の使者であると法華経に明白であるというのである。つまり、菩薩の「上求菩提」は罪障消滅にあたり、「下化衆生」は他者の抜苦となろう。
さて最後のI『折伏最極の慈悲たる事』は、日扇がいつ頃に執筆したのかは不明な史料である。そこには、

我身ニ難ノ来ル事ヲ厭ハズシテ人ノ堕獄ヲ救ハントスルハ難キガ中ノ難キヲ行スル菩薩也(43)

とて、菩薩とは自分自身に苦難があった状態であったとしても、他者の苦しみを救うことができるというのである。

おわりに

以上、日扇における教化活動の菩薩に注目して、福祉の理念に迫りたいという課題のもと、先学の菩薩に対する見解を手がかりとして少しく考察してきた。そこで理解できたことは、一、日扇の教化活動には、菩薩は慈悲に基づくものであること。二、佛立講の信徒は菩薩であり、一切衆生を救済する立場であること。三、人を助ける当事者は、僧俗関係なく行うことができること。これら教化活動において日扇の弟子や佛立講の信者に対して教導をしていることである。また史料からは、仏教福祉の先学が指摘されている福祉の理念につなげることが可能な箇所も確認できた。このことからも、日扇における教化活動の一側面には福祉の理念があるとみてよいと、あらためて理解できるのである。

なお、日扇の教化活動の特色の一つに三十一音からなる釈教歌が知られるが、菩薩に関する歌が存していると考えられる[44]。そのため、釈教歌を通して福祉の理念を見いだすことは可能か否かの検証の必要がある。また、仏教福祉の特色に挙げられた他の項目についても、日扇の教化活動にみる福祉の理念とどう見ることができるのかを考察しなくてはならないが、これらの点については別の機会にゆずりたい。

註

（1） 日扇の教化活動に関する研究として、拙稿「長松日扇における教化活動の一側面――嶋田弥三郎との交流を中心として――」（『日蓮教学研究所紀要』第三六号、立正大学日蓮教学研究所、二〇〇九年）、拙稿「長松日扇における教化活動の一考察——嶋田清二との交流を中心として——」（冠賢一先生古稀記念論文集『日蓮教学教団史論集』山喜房佛書林、二〇一〇年）、拙稿「長松日扇における教化活動の一研究——曼荼羅本尊授与を視点として——」（『日蓮教学研究所紀要』第三九号）、拙稿「長松日扇における教化活動の一研究——曼荼羅本尊授与にみる教導をめぐって——」（『印度学仏教学研究』第六四巻二号）、拙稿「長松日扇の釈教歌にみる教化活動の一考察——「謗法」について詠じている歌を視点として——」（北川前肇先生古稀記念論文集『日蓮教学をめぐる諸問題』山喜房佛書林、二〇一八年）を参照されたい。

（2）たとえば『開化要談 宗』には「〇歌にして教えておけバいつまでも 御法門をハわすれさりけり」（『日扇聖人全集』〈以下『扇全』と略称〉第十三巻三六六頁）とて、難解な仏教の教説や、信仰の道筋を和歌の形にして端的に示して教えておけば、説いた法門の内容を決して忘れることがないものである、と示していることがわかる。

（3）日扇の著述等に注目すると、信徒による現証利益感得の経験談が多数記されている。たとえば、『当講霊談記』には「九月十三日、姉小路近江屋善兵衛 六十二才 アシノヤマイ 講中 十二日イノル二十年ノ病 亡夫義右エ門を弔フテ 速座ニスワリ タツ」（『扇全』第三巻二二二頁）とて、二〇年間も足の病気を患う近江屋に対し、信者が一二日間の祈願をしたところ、近江屋の足は治ったという（『清風寺布教区 佛立開講一五〇年記念誌 開導聖人時代の御利益談集』〈清風寺布教区、二〇〇五年〉一三頁参照）。なお、日扇の教化活動による信徒の利益談についての考察は、今後の課題としたい。

（4）『岩波仏教辞典 第二版』（岩波書店、二〇〇二年）四六〇頁参照。

（5）長谷川良信稿「仏教社会事業に関する管見」（『講座近代仏教』第五巻、法藏館、一九六一年初版、二〇一三年新装版）一五一頁参照。

（6）森永松信『佛教社会福祉学』（誠信書房、一九六四年）一二六～一二七頁参照。

（7）守屋茂『仏教社会事業の研究』（法藏館、一九七一年）八～一一頁参照。

（8）吉田久一『新・日本社会事業の歴史』（勁草書房、二〇〇四年）二九～三〇頁参照。

（9）なお、長谷川以外の四氏の見解においての共通項である「慈悲」については、拙稿「長松日扇の教化活動にみる福祉の理念——慈悲を視点として——」（『大崎学報』第一七八号、立正大学仏教学会、二〇二二年）において少しく考察している。

(10) 中村元『岩波仏教辞典　第二版』九二二頁参照。
(11) 中村元『慈悲〈サーラ叢書1〉』(平楽寺書店、一九五五年)六一~六二頁
(12) 同右書、六一~六二頁参照。
(13) 同右書、六三頁参照。
(14) 註(5)長谷川前掲論文、一五一頁
(15) 同右
(16) 同右論文、一五二頁
(17) 同右
(18) 同右
(19) 同右論文、一五九頁
(20) 註(6)森永前掲書序文等参照。
(21) 『法華経』における福祉思想について論究しているものとして、清水海隆『仏教福祉の思想と展開に関する研究』(大東出版社、二〇〇二年)第二章「法華経における福祉思想」第一節「法華経の菩薩行」がある。本書では、菩薩行の具体的実践方法である六波羅蜜に着目し、『法華経』には一六箇所にみられると指摘されている(一一〇~一二〇頁)。
(22) 森永は仏教福祉思想にみる『法華経』の位置づけについて「人間の福祉探求の場を広く地上の社会生活に求め、それを活動の本来の場所として、人類の福祉実現の為に、聖なる『行』を展開する人間像を描いたものといいえよう。しかも、それはこのような人間像のあり方を主体的には個人の人格的視点より、客観的には人間関係の社会生活的視点より、その両面において解明している」(一三〇頁)として、その叙述の方法として三周説法にみられ、理想的人間の聖なる人格内容、それを目指して研鑽するために身命を惜しまない人間の志念、実践力を中核とする人間関係が重厚に表現されている、と指摘している。
(23) 註(6)森永前掲書、一三一~一三二頁
(24) 同右書、一三二~一三三頁
(25) 註(7)守屋前掲書、一一〇~一一一頁

(26) 同右書、一〇～一一頁参照。
(27) 同右書、一二頁参照。
(28) 同右書、一二頁参照。守屋は、慈悲の大誓願の下に経営されるべき仏国土（国家・社会）は、いかなるものを想望し期待しているのであろうか、ということについて、『大智度論』には、「山河人民城邑等、名づけて国と為す」（『大正』第二五巻三二六頁b）と記されている。かかる与えられたもの自体がそのまま仏教の目指すところの国土ではない。永明延寿著『宗鏡録』第八十八巻には、「十方微塵の国土は、皆仏と名づけ、施無畏者と為す」（『大正』第四八巻八九八頁b）とするように、国土は衆生の施無畏の媒体であるところから、衆生によってみがきあげられた国土が仏国土であり、また仏とされるのである。また、『大方広仏華厳経』巻第三十八には、「国土とは是れ何の義ぞ。文殊曰く、一切の菩薩の住処なればなり」（『大正』第一〇巻八三七頁b）として、国土というのは、山河大地が横たわっているだけでは国土とはならない。国土とは慈悲実践の当体とするところに、「菩薩の住処」とされる所以がある。さらに、『大方広仏華厳経』巻第四十には、「菩薩は無国土において有国土を現じ、或いはこれに反す」（『大正』第一〇巻二一四頁c）とされると指摘している。
(29) 同右書、二〇～二一頁参照。守屋の日本仏教史仏教渡来の後五十有余年にして世に出られた聖徳太子の仏教に対する理解は、次のように言える。大陸の仏教をそのまま受入れたのではなくして、その枠の内にありながらも、徹底して日本の内面的自覚の上に立って、これを消化し摂取することに努められた。太子は「上菩提を求め、下衆生を化す」ことと「説の如く修行する」ことをもって一貫されていた。即ち太子の学問・思想と行実は不即不離の関係のもとに、「上菩提を求め」ることは「下衆生を化す」ことによって意義づけられ、「下衆生を化す」ことは「上菩提を求め」ることによって深められるという大乗相応の解行に外ならなかった。学問をすればするほど、思想が深まれば深まるほど、強く行実に迫るものがあり、行実に移せば移すほど、学問を修め思想をねらねばならなかった。これは仏教の狙いであり、また特にこれを強化したものが日本仏教の特色でもあった。日本の仏教史上はたまたま社会福祉のために、不朽の足跡を貽したほどの大徳・高僧たちは、何れもこの太子の伝統に生き、またこれによって育成せられたものであった。行基などの高僧たちは、いずれもその主たる人々であって、透徹した社会的認識の下における精神的体験の深さを持つとともに、対社会的、もしくは対人間的行動・実践の行実ゆたかな人であった。

(30)『日本仏教福祉思想史』一一頁
(31)同右
(32)『日扇聖人全集』は全三五巻の他、別巻全二巻、宗要篇全五巻の計四二巻ある。本稿はその本篇にあたる三五巻のみを用いた。
(33)『佛立事典』第二巻六五九頁参照。
(34)『扇全』第二巻二三九頁
(35)『扇全』第二巻四四八頁
(36)『扇全』第五巻一〇頁
(37)日隆『十三問答抄』には「日蓮宗ト云者過去宗也下種宗也本門経王宗也事相宗也無智宗也信心宗也易行宗也経力宗也口唱宗也名字即宗也教弥実位弥下宗也直入法華折伏宗也」(『日蓮宗宗学全書』第八巻四〇五頁)と記載されている。
(38)『扇全』第一六巻二五二頁
(39)『扇全』第九巻一七頁
(40)『扇全』第三〇巻九五頁
(41)『扇全』第一〇巻一八頁
(42)『扇全』第一〇巻三〇〇頁
(43)『扇全』第三〇巻一六八頁
(44)たとえば日扇六九歳の明治一八年(一八八五)三月に執筆した『鄙振一席談』には「西洞院二条下ル井上由兵衛席 へ御弘通を心懸たる信者をハ 人を助くる菩薩とそいふ」(『扇全』第九巻一六一頁)とて、釈教歌に菩薩に関する歌を詠じていることが知られる。

キーワード　長松日扇、本門佛立宗、教化活動、仏教福祉、菩薩

師厳道尊への道
――評伝　福島日陽上人――

福島泰樹

序

厳かにして道尊ければ、躬を鞠《ま》げて祇奉《しぶ》す。如来一たび命じたまへば、四方より奔踊《ほんゆう》す。故に従地湧出品と言ふ。

（天台大師智顗『法華文句』第九巻）

歳晩、白雪輝く富士を仰ぎながら車を走らせた。

大本山光長寺は、日春日法両聖人開基、宗祖日蓮大聖人を開山と仰ぎ、いまを去る七百四十七年前の建治二年（一二七六）開創に遡る法華本門の根本道場であり、宗祖御真筆本尊五幅、宗祖御舎利、御真骨等数々の霊宝を護持してきた。

本堂に参拝、裏手墓所への石段を登る。宗祖・開基二祖御廟を拝し、大本山七十世福島日陽上人の墓前に立つ。さまざまの想い出が駆け巡る。昨十一月三十日は、師父日陽上人四十三回忌であった。

日陽上人（以下、日陽）の最終著述は、法華宗布教誌「無上道」に連載された「師厳道尊物語」である。昭和五十五（一九八〇）年十月号から、翌年十二月号まで十四回にわたって連載された。後《のち》、宗務総長川口善教が「上人は、戦後の宗門の勝れた指導者の一人であり、その御一生を〝法悦〟という一点に集約なされようとした」に始まる一文を寄せ、学林教授大平宏龍が解説を書き、東洋出版から刊行（平成二年〈一九九〇〉）された。帯には「幼くして宗祖日蓮大聖人にお仕えし、生涯を宗祖への至孝に生きた日法・日像両聖人が再会する！　時あたかも日法聖人六五〇遠忌の春暁」とある。

解説は、『法華文句』第九巻の冒頭の一節をあげ「従地涌出品」の品題に及び、宗祖の御義を説明、「南無妙法蓮華経の自行・化他が無常なる今を生きる唯一最高の生き方であり、それを弟子として受け、師となって伝えてゆく事を」「厳粛に示したものが、師厳道尊の四字」なのであると結んでいる。その顕著な現れが、物語三章で語られる「日常聖人と日頂聖人」の師厳道尊物語である。

宗祖三回忌は、弘安七年十月、鎌倉浜土（日昭）、池上（日朗）、身延（日興）、下総中山（日常）で、それぞれ営まれた。十二日逮夜、その子日頂は待てども、帰っては来ない。思い起こせば、百ケ日忌も、守塔輪番の定を制定する時も、また宗祖葬送の時も不参であった、と日常は思う。

法論のため遅参した日頂に、日常は、宗祖三回忌法要はわが門家の遵守すべき三則（第一「給仕」第二「修行」第三「学問」）のうちいずれに当たるか、と問う。第三番目の学問、の応えを待って、すかさず日常は声を発した。何故に第一の給仕を疎かにして、第三の学問に走ったか。大聖人三回忌の法要は、千年経とうとただの一度しかめぐり会うことはできない。

久遠成院日親著『伝燈鈔』(1)に伝わる日常・日頂師厳道尊物語は「泣き銀杏」なる法話として語り継がれ、日陽得意の法話の一つでもあった。「千年たてど大聖人の三回忌は只の一度しかない」という報恩謝徳の思念は、日陽の実人生の指標として厳格に守られ、宗政においては、聖年奉讃会報恩事業の達成へと波及していった。そしていま一つ日陽の指標となったものは、肥後阿闍梨日像の師厳道尊である。

弘安五年（一二八二）十月十一日、枕辺で帝都開教、大法奏上の遺嘱を受けた日像（経一麿）は、二十四歳となった正応五年（一二九二）、帝都開教の使命を果たすべく十月二十六日から百日を期して、心身鍛錬の行に入った。昼は比企ヶ谷の学室での極細字による法華経書写、夜は由比ヶ浜での自我偈百遍と唱題数万遍の読誦である。「極細字写経は、紙面は長さ五尺（一五一・五センチ）、巾二寸（六センチ）に法華経一部二十八品六万九千三百八十四文字を書く」。百日に書くとなると一日七百字、しかもその一字一字は拡大鏡を必要とする極細字、幅はわずかに六センチ。これに過ぎたる心身の難行はない。

日陽は、鉄筆で細字を刻んだ謄写版「日像菩薩について」所収増補版「日像菩薩年表」[2]で満願の日の感動を伝えた。正応六年「二月七日、日像満願の朝、海水湯の如く感じられ、東方　旭光、霊山大会を感見、玄題七字、燦々波状に輝き、竜の躍るが如し、これを写して波振りの題目と名づく。」「二月十三日　細字法華経書写終る。紙長五尺、幅二寸　末尾に永仁元年二月十三日、日像生年二十五歳」とある。

以後、日像は日朗を池上に訪れ、上洛上奏の決意を述べ、母を平賀に訪れ、小湊、清澄、小松原、竜の口と聖跡を巡り、伊東から身延へ向かうのである。物語では、この途次、日像は光長寺に日法を訪ね再会を果たす。その推測を掻き立てた論拠となったのは、建武元年（一三三四）六月、大法奏上なった日像に、日法が書き送った「殊ニ一乗ヲ弘ムベシノ論旨ノ趣、六月十一日到来、謹テ拝見仕リ候。抑、日蓮上人ノ御本懐、上聞ニ達セシメ候ノ条実ニ以テ悦ビ極リ無ク存ジ候此旨当宗ノ人々ニ披露セシムベク候、何レニモ参上ヲ企テ申シ談ズベキコト難シ」（妙顕寺蔵）の書簡の存在であろう。とまれ、大平宏龍は、遺稿集『師厳道尊物語』をして、「自身の仏法に対する信解を語」り「信心の有難さと、それゆえの厳しさを伝えようとしたのであろう。それは使命に死し、純信に生きた人々への限りない共感と連帯の表明といえよう」と評した。

以下、日陽本山在任中、法華宗財務部長で光長寺役職員であった石田智清（日信　大本山七十八世）が「現代仏教人名録[3]」に記したプロフィールを以って、序文の締めとしたい。

上人は、一九三九（昭和一四）年宗務書記として宗務に携わって以来、人生活動期のほとんどを、法華宗（本門流）の宗務行政に捧げられた。常勤部長として五代（三名）の宗務総長を助け、後、自らも四期十六年に及びその職に在った。現在の法華宗の在り方の基本を敷いた現宗制宗規は、上人らが中心となって成案したものであり、宗門戦後史のほとんどの出来事に深く関与している。宗政における上人の手法は、宗政家タイプというよりは行政官タイプであり、手堅い事務処理に特徴があった。〝自らが為す〟のでなく、理念を施策とし人と組織によってそれを実現していくところに、行政の面目が存する。布教教学振興会を企画（部長時代）推進して、硬直化する宗門財政に活力を与え、教区教学講習会を盛んに活用して、信心の同致性を高めるとともに、宗内庶民の声を吸収し、各聖年に奉讃会を組織してその委員会等に宗門のエネルギーと知的能力を集約し、事業を実現していった。上人自身「教義の解明」を重要施策に掲げ、その内局を出版内局と評する声もあるが、それらもこのような手堅い布石の上に可能化されたものである。

総長としての末年大患を患われたが、奇跡的に九死一生の蘇生を得られ、いよいよ信心三昧、近来とみに老僧の風格円熟とお見受けする。大本山の猊座を踏まれ、宗祖七百遠忌の奉行に情熱を傾注されておられることは心強い。

本山での来歴は、以下である。「昭和二一年代議員に選任、二七年末寺総代、三七年門末会議長に就任、また日春・日隆・日朝三大聖人御遠忌奉讃会会長として大本堂建立推進につとめる。……」

一

福島日陽は、明治四三（一九一〇）年八月四日、東京市下谷区入谷一一一番地、感応寺（宝塔山）に松井日等、つよの四男二女の長男として生まれる。六月に大逆事件が発生、八月には韓国併合条約がなされた年でもある。その精神史を述べるには、その師父から語らねばならない。

日陽師父松井日等上人

師父松井日等（泰能）は、明治元年甲州河口湖畔小立村に生まれ、満七歳で父を喪い、妙法寺で師僧妙地院日祥（妙法寺四十二世）の下で得度、妙法寺は文永六年宗祖開山（法華堂）、二十八紙大曼荼羅を格護していた[4]宗門最古の寺である。星のきらめく未明に床を離れ、師僧の就床した深更に布団にもぐるまで、飯炊き、清掃、勉学、誦経と寸時の休みもなかった。この時期に、日等は「給仕」の精神を体得した。即ち、炊飯は三宝給仕であり、師に給仕であり、清掃はみ仏への給仕であり、寺門への給仕である[5]。

当宗の僧俗が遵守する三則とは「給仕・修行・学問」であ

る。このうち一つでも欠けてはならない。少年期から青年期における、この師父日等からの訓戒は、日陽の生涯に多大な影響を及ぼしてゆく。

満十八歳の明治十八年八月、師僧の死に遭い叔父、信隆院日示（正見寺三十世中興）が住職をする沼津正見寺に弟子入り、第二の師僧に仕える。明治二十二年、満二十歳の日等に、師僧から東京市下谷区入谷感應寺復興の師命が下る。(6) 帝国憲法が発布、東京・神戸間に鉄道が開通した年である。

感応寺の草創は、元和二（一六一六）年、日純が小田原に創立。後、江戸浅草に、次いで下谷へ移建。安政江戸大地震により伽藍倒壊。以来三十四年、永住する住職はなくこの間、十数人の僧が入退を繰り返した。檀家は離散。雨露を凌ぐ仮屋に黙々と一人住まい、日々瓦礫を片付け墓地の草を毟る給仕第一の若き僧の姿が檀信徒を安心させ、入山六年後の明治二十八年（一八九五）、間口六間奥行七間の瓦葺破風造りの本堂は完成する。

だが、その悲願の本堂も明治二十八年建立から数えて二十八年、大正十二年（一九二三）九月一日、関東大震災で烏有に帰してしまう。日等は、迫り来る炎の中、本堂の屋根から降りようとしなかった。感応寺の類焼を食い止めるため、一命を投げ捨てていたのであろう。だが同時に、日等にはさらに重要な任務があった。祖師像と過去帳を護り通さなければならない。元和元年（一六一五）以来三百年余りにわたる先亡諸霊のいのちのすべてが、過去帳に留めてあるからだ。決死の師父日等の姿は終生瞼に灼きつき、一命をもって仏祖に仕える「給仕」の精神を、日陽は師父日等から学んだ。

母松井つよは、明治十六年（一八八三）、備後能登原正瑞寺（沼隈郡千年村）に平田日恵、かめの子の長女として生まれた。明治十九年三歳で母を、二十八年十二歳で父を亡くし以後親戚のもとに在ったが、東京下谷本光寺の兄・平田日亮（後に大本山鷲山寺八十七世）を頼って上京。その縁で感應寺に嫁いだ。父、母共に法華本門の血筋を引くことを日陽は心ひそかな誇りとしていた。後年大病を患い九死に一生を得たその功徳を、「本門八品上行所伝の御題目が永い世代の間、相伝されて、私の血潮の中に、流れ、大利生をうけたものと信じている」[7]と書き記した。

以下、足早にその生立ちを追えば、大正十二年春、神田区仲猿楽町の順天中学校に入学したのも束の間、関東大震災が発生（九月一日）、東京市内を焼き尽くし、深川区、本所区、浅草区、下谷区の妙壽寺・永隆寺・本性寺・長国寺・本光寺・真源寺等、組内寺院の多くが焼失。[8]師父日等苦心建立の本堂も焼け落ちた。檀信徒の大半が家を消失し多くの死者を出した。のみならず感應寺は、帝都復興事業（幹線道路五十二本造成）の幹線第一号「昭和通り」造成のため、境内地の大半を失うこととなる。[9]

大震災から三年六ヶ月、昭和二年（一九二七）三月十五日、再建なった本堂で日陽は得度（すでに六歳得度[10]）、四月八日（光長寺）入寺昇堂、同月十三日僧籍登録を終え泰信の僧名を得る。この間の、復興局との折衝、墓地の移転に伴う新墓地の造成（カロート式）等、師父日等の労苦は並大抵のことではなかったであろう。翌昭和三年十二月二十三日、権講師補任。中等学校卒業資格によるものであろうか。神田の中学校も震災で全焼、仮校舎を転々とした五年間であった。

翌昭和四年三月、立正大学文学部予科入学。この頃、学長（清水龍山）の排斥運動が起こり、実行委員に押しあげられた。このことが師父日等の耳に入り、師父は厳かに淳々と日陽を諭した。その言葉を要約するなら——私は、八歳の時、妙法寺で得度し、三尺さがって師の影を踏まず、という教育を受け、厳しい修行をしてきた。清水龍山師は、開目抄、本尊鈔を御講義しておられる。この大事の御法門を聴聞している学生たちが、恩師を排斥することは、言語道断である。報恩抄には、「仏教を習はん者、父母・師匠・国恩を忘るべしや」と、大聖人は仰せられている。もし、私の言葉に逆らって恩師排斥運動を続けるならば、まず私を排斥してから大学の排斥運動に参加するがよい[11]。

昭和六年、同文学部文学科に入学。十年三月、立正大学卒業。在学中は演劇部で活躍、卒論は近松門左衛門と聞き及んでいる。究学への道を志し、助教として同大に残る。四月、僧都に昇進。十月十三日、師父日等遷化（六十七歳）。翌十四日、感応寺第三十世を相続（二十五歳）。十一年九月、専任布教師に任命され、宗門御奉公の一歩を標す。この間結婚、一子の父となっていた。昭和十四年七月一日、宗務書記に任ぜられ、この日を境に本門法華宗宗務庁への日参が始まる（二十八歳）。

二

この間の時代の趨勢を辿るなら、昭和十年（一九三五）、天皇機関説の美濃部達吉が、不敬罪で告発され、八月「大日本帝国統治の大権は厳として天皇に存する」の「国体明徴」の声明が発せられた。二・二六事件（昭和十一年）を契機に軍部ファシズム体制が強固に布かれてゆく。昭和十二年七月七日、盧溝橋事件が勃発、日中は全面戦争に突入。翌八月には、強力な国民精神の結集をはかるため「国民精神総動員」の号令が下され、一大国民運動として展開されてゆく。さらに十三年、総力戦体制完成のため、精神のみならず人的物的資源統制運用を可能にする「国家総動員法」公布、十四年には国民徴用令が発せられた。

国民精神総動員の逆流は、本門法華宗の存立基盤（本尊・教義）を直撃する。昭和十二年三月、兵庫県芦屋の神職が、日蓮所顕の本尊中、天照大神・八幡大菩薩の座配について不敬ありと、神戸地方裁判所に告訴。十一月、宗内僧侶が刈谷日任著『本門法華宗教義綱要』（昭和十一年刊）に国神不敬ありと右翼理論家蓑田胸喜に告発、ために文部省は同書の回収を指示、焚書処分とし、著者・学林教授（苅谷日任）・宗務総監（貫名日靖）・宗務部長（松井正純）・教務部長（片山完光）・宗務書記（松本完瑞）全員が引責辞任した。この月、牛込区津久戸町二八番地に宗務庁舎を新築、旧庁舎（本郷区浅嘉町）から移転。

本門法華宗宗務庁の役職は、宗務総監・宗務部長・教務部長・財務部長・宗務主事・宗務書記からなる。宗務書記の職務といえば、受信発信簿、進達書類の整理、辞令の清書、印刷文（鉄筆による原紙切り）の作成、謄写版印刷、封書の宛名書き糊付け発信など日々の仕事に加え、宗会、宗務所長会開催のための書類作成、「宗報」の原稿整理・編集・校正など列挙すれば切りがない

日陽が最初に取り組んだ仕事は、昭和十四年十一月一日発行の「宗報」第三十八号の編集であろう。本誌ではまず、宗会議員選挙発令。次いで「告示」（三九五号）宗務総監は、各教区宗務所長に「忠義顕彰大法要合同執行ニ関スル件」を発令、「本門法華宗国民精神総動員」を呼びかけ、翌十五年に迫る「紀元二千六百年新年奉祝実施要綱」（文部次官）を公布。このような戦時一色の誌面を撥ね除けるように、今夏実施の山形北海道樺太の巡教法要（前々管長福原日事）と巡回布教（小笠原日堂）の道中録に誌面（二段組三六頁）の半数を割いた。

七月十五日、「晩七時、室蘭母恋劇場」では「聴衆千三百余名、満場立錐の余地なく……」、七月十六日「午後七時より、日高国静内町公会堂に於いて」「聴衆約五百名」「深夜馬車に揺られて寺へ着けるは十二時過ぎなりき」。そして日持上人海外布教の足跡を求め樺太での「建塔」記念大法要へと向かい、宮城県内（日弁上人殉難顕彰大法要）に至る巡教は一ヶ月に及ぶ。改めて戦争の時代の宗門を支えた人々の護法愛宗への情熱と宗門の揺るぎない底力を感じさせる。さらに付け加えるなら、十月十八日、京都放送局全国中継による小笠原日堂「開教者の辿った道日持上人」原稿収録という早業をやってのけている。その校正にあたり日陽は、小笠原日堂という巨人に遇えた僥

倖を噛みしめたことであろう。

この年、日蓮宗管長望月日謙は、身延山久遠寺に日蓮門下代表百余名を招集、曼荼羅中国神削除を決議するが、本宗はこれを拒絶[12]。四月、宗教を教義の如何に関わらず画一的に規制する「宗教団体法」が成立した。立ち塞がる国家権力を視野に入れざるを得ない苦渋の年明けではある。宗教統制の宗教団体法が効力を発揮、文部省は日蓮門下統合を指示。十二月、日蓮門下統一合同会議が開催され、本宗は一致派との統合拒否の方向に向かう。そして三派合同、国神不敬事件の再燃、日米開戦へと、波瀾の昭和十六年を迎えるのである。

昭和十六年三月、法華宗（本成寺）、本門法華宗、本妙法華宗（本隆寺）合同して「法華宗」となり、宗務庁を本門法華宗庁舎と定めた。庁舎前での法華宗合同内局発足の記念写真[13]がある。管長岡本日盛を中心に総監星川日敬（陣門）、顧問三吉日照、教学部長松井正純、財務部長原紹光ら十三人の中に、若き日の日陽の姿がある。

三派合同してほどない四月十一日（金）、日陽は定時八時半に出庁。鶯谷から山手線に乗り、神田で中央線に乗換え飯田橋で下車、大久保通りを少し行くと津久戸小学校、右に曲がれば法華宗宗務庁だ。この朝、日陽は学林教授株橋諦秀と野口清聲（仏立講）と三人、仏立講の僧階の件で話し合っていた。階下では三吉前総監が、残務整理をしている。ほどなく株橋教授は、大島書記に呼ばれて階下へと降りてゆく[14]。階下には、三人の刑事が待機していた。しばらくして三吉前総監は、後を頼むと株橋に言い残し連行されて行く。次いで株橋検挙。四時を回って日陽は、三浦日確（千葉本興寺）から電話でことの真相を知る。

本門法華宗教義に不敬の容疑ありとしこの日、三吉日照・教学部長松井正純・学林教授刈谷日任・小笠原日堂・株橋諦秀・泉智亘の六名が兵庫県警察部特高に一斉検挙され、取調べが始まる。七月、小笠原不起訴、三吉・松井起訴猶予で釈放される。刈谷・株橋両師は起訴され、予審の翌十七年四月まで拘禁。神宮不敬事件として公判開始。

昭和十八年八月第一審において、刈谷に懲役一年半、株橋に懲役一年、共に執行猶予三年の判決が下る。

だが宗門（両師）は、弾圧に屈することなく法廷を国家諫暁・公場対決の場と定め、控訴の申立てを発する。以後、裁判の場は法華宗教義宣揚正法死守の場として一致結束。そして結末を迎えることとなる。

昭和二十年三月十日東京大空襲。大審院（高等裁判所）炎上、本件書類のすべてを焼失。敗戦後の十月二十四日、両師免訴となる。昭和十六年四月十一日から四年半、神宮不敬裁判は実質勝訴となった。昭和十二年三月、一神官による神戸地裁告訴に端を発した本宗教義に対する国家弾圧はここに終結した。この間、日蓮宗は、重要遺文を選び二〇八箇所を削除、出版を日蓮門下に呼びかけるが、当宗はこれを蹶然と拒否した。蓮祖門祖八品正意の底流を流れるものは、殉難必死の信心である。(15)

三派合同後の五月、日陽は「第一教区支所管事」に就任。この時、新制法華宗の寺院教会数は八九八、教師数は一七二〇人、沙弥沙弥尼数は七五〇人。そして教団は、北海道から九州まで全国一九教区に分割。さらに「開教地」として、朝鮮、台湾、関東州、満州国、北支、中南支、北米合衆国に教線を伸長していた。日陽が従事した「第一教区」教区範囲は東京府五十一寺院教会を軸に、神奈川県・栃木県・群馬県・埼玉県の、一府四県の一一四寺院教会からなる。(16)

昭和十七年一月二十八日、法華宗一水会（代表福島泰信）が異体同心有事即応を目的に獅子吼会本部に中堅僧俗合同して発足された。(17)日陽は同年三月宗務書記に復帰、八月宗務主事就任。法華宗報国会（傷病兵輸送自動車献納運動等）、御遺文削除に関する宗務顧問会、教学審議会、教学講習会開催等に加えて戦時諸務、裁判、宗内事務と多事にわたり、庁舎での業務は繁多を極めたことであろう。

この間、豊文（雲州法恩寺二十世、二十年三月奄美沖にて戦死）、英夫、忠義ら三人の弟たちは、次々戦地に召集されて行った。しかし日陽自身は、「兵役は第一乙種合格の第一補充兵」[18]でありながら、敗戦に至るその日まで不思議に召集を免れていた。

昭和十九年七月サイパン陥落、十一月米大型長距離爆撃機Ｂ２９は、東京空襲を開始。翌二十年三月十日、東京大空襲により浅草本性寺、長国寺、下谷本光寺、真源寺、感應寺など多くの寺院教会が焼失した。関東大震災から数えて二十一年六ヶ月。師父日等苦心の堂宇も再び烏有に帰し、一族は近隣寺院での着の身着の儘の生活が始まった。「私は、戦災で寺を焼かれ、檀家の九割は罹災し、四散した[19]」のである。

牛込の宗務庁舎も五月の空襲で灰燼に帰し、烏山永隆寺に移転。不幸中の幸は、宗務庁舎の宗門資料書類のすべては空襲を前に永隆寺に運びこまれていた[20]。寺を喪った日陽に、大日本戦時宗教報国会に派遣の宗命が下る。与えられた部署は、総務主事。総力戦遂行のため前年九月、報告会の事務所は文部省内に設置されていた。焦土の中、霞ヶ関文部省への通勤が始まる。自らは寺を焼け出されていながら空腹を抱え東奔西走、列車を狙った空襲に身を曝しながら任務遂行を果たしたこともあった。そのため総監松井正純は、二人の息女を亡くした[21]。改めて、宗門の戦時下を思う。

八月十五日、日本無条件降伏、ポツダム宣言受諾発表。空襲は大阪、愛知、兵庫、広島、北九州、ほぼ全土に及び、広島・長崎に原爆は投下され、戦争は終わった。三一〇万人の人々が命を喪い、国土の多くが焦土と化した。本宗にあっては、九四寺院教会が烏有に帰し、戦地国内で多数の僧俗が戦死した。

三

敗戦後日陽は、大日本戦時宗教報国会解体に伴い発足した日本宗教会に出役（翌年六月、法人登記により「日本宗教連盟」に改称）。事務所は焼け残った築地本願寺にあった。その間、不在住職に代わり毎日焼跡に通い、瓦礫の整理、墓参に来る檀家の消息を記録したのは寺庭の初江であった。

昭和二十年十二月二十八日、連合軍総司令部（ＧＨＱ）宗教法人令公布（登記のみで宗教法人設立を可能とし、宗教団体からの分派、独立、新たな宗教団体の設立を容易にした）。翌二十一年、本門仏立講は法華宗より離脱、本門仏立宗と改宗。法人令公布にともない、本宗は一宗三総監制[22]を行うこととなる。

この頃、寺族は延焼を免れた法昌寺の離れの二階に移り住んでいた。階下には罹災二家族が居住。廊下に囲まれた一間には、日等、日陽が震災・空襲の劫火から必死に護った祖師像が安置され、師父、母、祖母、兄、叔母、相次いで復員した二人の叔父と筆者の八人が起居を共にしていた。この間、母は幼い筆者を連れて寺に通い焼跡の片付けに若い汗を滴らせていた。東京大空襲から数えて二年八ヶ月、待ちに待ったその日が来た。昭和二十二年十二月、焼跡に仮本堂、庫裡が竣工。仏連に日参する日陽を外護する変化の人（鍬間長平）が現れたのだ。焼跡にバラックが建ち、戦後復興は徐々になされていった。

仏連（日本宗教連盟）への勤務は続いていた。玄関に腰をおろしゲートルを巻く国民服の父の姿は、七十五年もの歳月を経て、いまだ瞼に焼き付いている。日宗連は、神社本庁・教派神道連合会（教派連）・全日本仏教界（全仏）・新日本宗教団体連合会（新宗連）の五つの協賛団体で構成されていた。日宗連は、政府、ＧＨＱとの唯一の折衝機関でもあった。

昭和二十三年八月、東京教区宗務所長に就任するも、翌年六月には法華宗社会部長に就任。「昭和二十四年に、私は松井内局に再三請われて社会部長として入局したが、又々忙しく朝から晩まで宗務院に閉じ込められた」(23)と述懐。福島泰信三十九歳、松井正純五十六歳、後に弁慶と牛若丸に譬えられる二人三脚の戦後復興の旅が始まったのである。

この年、創刊してほどない「無上道」(十月号～)に、福島日裕の名で小説「南海の聖《ひじり》種子島日典上人物語」連載を開始。挿絵画家中一弥が挿画を担当。編集後記には「……福島部長の創作による歴史的物語で、どんどん書いて下さるので有難い」、編集局長小笠原日堂(教学部長)の一文である。敗戦後三年、紙不足に加え発行費用に事欠く時代に、布教機関誌「無上道」(創刊昭和二十四年、発行人英保皓一郎)は、偏に小笠原の死身弘法の信心から生まれた。執筆に至る経緯は、殉教先師に寄せる日陽の熱い想いが伝わったからであろう。

物語は、種子島領主の命を受けた僧林応が、奈良で七カ年律宗を修学、堺で渡航の船を待つところから始まる。ふとした縁で顕本寺日浄と論談、諭された林応は、日浄に案内を乞い尼崎へと向かってゆく。道中目に触れる風物を通して日浄は、法華経を、日蓮の人とその教えを説いてゆく。連載六回目(24)に、この一節がある。

「そなたは、必ずや本化の宗風を振起するものと私は思っている」と、薄紫に山容を染めている六甲の山を見ながら言うと、日浄は一人でうなづいていた。「師厳道尊は、本化門家の鉄則だ。師は厳かにして、道は尊し、林応殿。道は尊い、お解りじや喃。」

「……さればこそ、師は厳かでなければならない。我が門家は命をかけて必ず遵守しなければならない三つの鉄則があるのじや。……」

「本化門家の遵守すべき三則は、給仕、修行、学問と心得ました」

「夕暗は、静かに而もゆるやかに二人を包んで行った。微風は二人の法衣の袖を、裾を払って通り過ぎて行く。あれ程かまびすしく啼いていた蟬の声はすっかりと止んだ。六甲の山を墨に染めて、夕陽は二人の視界から隠れた。」

幼少年時代、師父日等から諭された「本化門家の遵守すべき三則は、給仕、修行、学問」の文言は、さらに晩年に至り繰り返し述べられることとなる。とまれ、長期連載を構想しての書き出しである。しかし、連載は突如断ち切られることとなる。その後に続く激務が執筆を許さなかったのである。

昭和二十五年、松井正純総監三選に伴い財務部長（社会部長兼任）に就任。三十九歳になっていた。開宗七百年記念奉賛会記念事業では、庶務・経理部長を兼任。大本山妙蓮寺の離脱問題、及び宗教法人法施行（昭和二十六年三月成立）に伴う諸事務の履行、三派合同法華宗解体（二十七年七月）、法華宗（本門流）の認可（十月）と時は過ぎていった。

四

昭和二十七年（一九五二）十月一日、三門流合同十年七ケ月を以て法華宗は解散した。翌二日、「法華宗（本門流）」の認可を得、「……以て四海帰妙の素願を達成することを期」すの諭達が発せられ、松井日宏は総長に就任、日陽は引続き財務部長、庶務部長を兼任。宗務院（谷中妙泉寺）通いは続いた。[25]

朝勤、朝食を済ませると足早に寺を出て行く。筆者の幼少時の記憶では、父は私が眠ったあと「シュウムチョウ」から帰って来るものとばかり思っていた。物心ついてからの父は、宗務院から帰り夕べのお勤めをすると、一合か二合の酒をゆっくり楽しみながら、家族に思い出話を聞かせる。この間も、正座を崩すことはなかった。お膳が片づくと書類を広げガリ版に向かい、たえず原紙を切っていた。居間は宗務院の仕事場でもあった。父の寝言は、宗内でも有名であったと聞く。夜半大声で「南無妙法家蓮華」と叫ぶのである。また低音の美声は祖父（日等）譲りと聞く。読経、引導文は副総裁川島正次郎を感動させもした。また、能筆の人で、夜更けまで慶讃、歎徳文に筆を走らせていた。大の相撲好きで、クラシック音楽を愛した。厳しさのうちに、束の間のよき時代の雰囲気を漂わせていた。岡村日晴、大平日譲の名をよく口にした。

録音機が登場する以前の、宗会など各種会議の記録は、すべて速記である。速記を原稿に起こし鉄筆でガリを切る。「宗報」に収録の、「僧侶中」で郵送される長文の「告示」、宗会で報告される宗務院費歳入歳出決算書に至るまで、総長在任中のすべての資料は鉄筆から生まれ、謄写版を上げ下げしで丹念に印刷したものである。

昭和二十八年三月、松井日宏、宗務総長を辞任（翌春本能寺貫首に就任）。同日、片山完光（日顕）宗務総長に就任。日陽は財務部長に留任[26]。感應寺へ所用で立ち寄る川口善教（日唱　光長寺七十六世）、近藤文政（北九州市本門寺開基）両書記の紅顔が思い出される。三十二年三月、木下日衆宗務総長に、日陽は庶務部長として内局を支える。この間の筆者の想い出は、松井日宏からのひっきりなしの手紙と電話である。電話の応答は鄭重で、目上の人に対する態度は終生変わることはなかった。敗戦から十数年、いまだ時代は貧しかった。自坊はいまだ仮本堂のままであった。部長就任以来、宗務に忙殺される日々が続いていたのだ。

昭和三十五年一月八日、宗務総長就任（庶務部長兼任）、内局（教学部長三浦智憲、財務部長寺内泰徹、社会部長小林高喜）を組織、自らは庶務部長を兼任した。五月二十五日、本能寺において第八次定期宗会が開催され、施政方針で日陽は、「布教網の拡充」と「教義研鑽の大成」を柱に、「教義こそ、宗門の生命体」とし、その推進を、㈠学林の充実、㈡研究図書の刊行、㈢教義研究団体の育成、㈣教学講習会の活用をあげ、㈠については「移築建造費」を「予算案に計上」、学林新校舎建設の一歩を標す。㈡については『法華宗質疑解明』（桂林同学会編）を発刊開始。㈢については、桂林同学会結成（松井内局）の後を受け、その研究発表機関誌「桂林学叢」創刊号を発刊。㈣については、宗務当局出席による地方と中央のさらなる結束を訴えた[27]。

以後、宗門史編纂委員会（昭和三十二年結成）の事務局を本能寺に設置、「日蓮門下に於ける我が宗団の地位を明確にする」等編纂大綱を定め、各委員に資料収集（教区・本山）の責任分担を計った。自ら立案した布教教学振興会も教学研究団体の助成、『法華宗質疑明解』「桂林学叢」「法華宗信報」の刊行と成果を上げていった。また昭和十一年、弾圧により焚書処分にされた刈谷日任著『法華宗教義綱要』再刊の意義を説き続け、ついに「二千有余枚」の「一宗の教義を明確に文字とした[28]」大著『法華宗教義要綱』（三十八年二月刊）は、門祖五百遠忌を明年に控えた三十六年三月、脱稿を得たのである。刈谷は自らの死を予期し「昭和三十七年十月十三日」付けの自序を書き上げていた。

この間、日陽は三十六年二月、宗務院庁舎建設委員会委員長に就任。同年五月法華講堂増改築案宗会承認を得、同所に庁舎建設準備を始めた矢先、吉崎白蓮（立正題目教会）特志寄付申出を受け、豊島区西巣鴨に土地を確保。翌三十七年五月、庁舎建立の浄業達成[29]、落慶入仏法要を修す。三十八年五月、桂林同学会を発展解消、宗門研究機関創設のため「法華宗教学研究所」を創設（初代所長株橋諦秀）。宗学・仏教学・宗門史・文化の四部門を総合的に研究すべく規約を制定、毎年総会・研究発表会を義務づけ、入局以来十四年の悲願を達成した。

任期最後（第十二次、落慶なった宗務院で）の宗会で「法類とてなき天涯の孤児同然の私が曲りなりにも宗務総長の重責に今日まで堪え得ましたことは、宗祖大聖人、門祖大聖人の御冥加と宗内僧侶各位の護法心の然らしむところと感銘一入深きものがあります[30]」と謝意を述べた。

昭和三十九年一月八日、宗務総長に再任（庶務部長兼任）、第二次内局を組織（教学部長松本日宗、財務部長寺内泰徹、社会部長青柳日勝）。四十一年二月十六日、早々と聖誕七百五十年慶讃準備委員会を結成。真俗共に宗門意識の涵養と護法運動の積極的展開を目標に、文書布教の充実を上げ、布教機関紙「無上道」誌の読者倍増、「法華宗信報」の四季刊行、布教叢書の年刊行の目標を掲げ、宗祖御生誕から七五〇年に至るわが宗門史を一望できる『法華宗年表』（宗門史編纂委員会）の刊行に力を入れた。そして、聖誕七百五十年慶讃の意義とは、「宗門意識と報恩思想と正法弘通精神の昂揚である[31]」と結んだ。宗務所長会では「無上道」の一万部発行を呼びかけた。

以後、学林学監株橋諦秀に『観心本尊抄講義』執筆を委嘱、慶讃事業として声明の統一を計った。四十二年六月、法華講堂再建委員長に就任、これを成就。昭和四十三年一月八日、宗務総長に再々任（庶務部長兼任）第三次内局を組織（教学部長松本日宗、財務部長寺内泰徹、社会部長中野秀明）。第十五次教学審議会で、学林枚方大隆寺より、臨時教室を本興寺に移転決定。五月二十二日、昭和大本堂の落慶なった大本山光長寺で第十七次宗会が開催された。

少しく一人称体で書き記すなら——

次の内局のため早々と聖誕七百五十年慶讃準備委員会を立ち上げ、組織作りと資金作りに努力してまいりましたが、はからずも三選に選ばれました。総長三選は過去に森（智孝）、三吉、松井内局の三局のみ、身に過ぎたる法幸を恐れるのみであります。しかも本年は日像菩薩生誕七百年、第三次内局は御聖誕七百五十年報恩奉行を終えて終了。組局以来一貫しての政策は、㈠宗徒の教義解明、㈡教義の弘伝、㈢正法正義の文書を後生に遺すことであります。肉体には限りがありますが、研究の成果は無限の生命があり、研究、出版を可能にするのが、布教教学振興会の義財であります。

なお、御聖教『開迹顕本宗要集』刊行のための寺院教会賦課金をもって五巻完結を期す。宗義が後生に誤りなく弘伝伝承されるには文章によるものと信じています。資料収集に十年の歳月を要した『法華宗年表』も慶讃事業として刊行される。また青年会運動が各地で活発に展開されるべく、毎年教区宗務所長会には議題の一つとしてまいりました。[32]

各地で開催される教学講習会には、当局の他、自ら作成のガリ版刷教材「日像菩薩について（日像菩薩御生誕第七百年を讃えて）」「日像菩薩略年表」、さらに「教学講習会教材／豊臣時代より徳川時代初期に於ける／護法運動について――主として受派・不受派の論争――／第一講　謗法論（法華経・御妙判による）」などを配付して講義にあたった。

四十三年九月一日、伝道車献納運動を受けて「法華宗青年伝道隊員」募集、「第一次法華宗青年伝道隊員研修会」が告達される。そして、聖誕七百五十年の第一の目標として「四大本山一体不離の盟約を締結する」べく昭和四十四年五月十二日、証誠者宗務総長、宗会代表立会いの下、「光長寺、鷲山寺、本能寺及び本興寺の四大本山は、一味法水の宗是を恪遵」「茲に盟約を締結し、永世これを破棄することなく、堅く遵守すべきことを制約し、以て祖恩に応えんことを期す」なる「四大本山盟約[33]」が交わされた。妙蓮寺復帰を願いつつ、離脱の轍を踏まぬためである。

四十五年五月第十九次宗会においては、毎年本山を会場とした学林生全員による練行の実施を決議。聖誕七百五十年奉賛負担金により『本門弘経抄』を再刊、全寺院教会に全十一巻を財産目録に記載することを要請した。

四十六年、第三次福島内局の終盤に至り、松本義仙に加え渡辺信也、宮村秀徹ら宗務書記を増員した理由をこう述べている。「従来は、宗門の経済的理由で、私が、事務全般に従事して、極めて最小限の人員で宗務を運営していたが、いずれは、私が退院せねばなりません。その時に至って、宗務に支障を来すようでは、宗門のために申し訳のないことであり、宗門将来のために、若い人達に、宗務に慣れ、宗務運営の悦びを感じて貰うために、思い切って若い人達を登傭した次第であります。今から訓育せねば、私が退職した日に、支障を来すこと明らかであるがためであります(34)」。

苦しい宗務財政を支えるため、徳永永存主事と二人で事務全般をこなしている時代も長くあった。宗会、宗務所長会開催の多忙の時期には、在京学生信心結集の道場法華講堂の学生を謄写版印刷と製本に駆りだしていた。

昭和四十七年一月八日、宗務総長に再々任、内局を組織(教学部長松本日宗、庶務部長原井日慈、社会部長中野秀明、財務部長寺内泰徹)。三月、宗務総長三期満了の功に依り権大僧正に叙任される。五月二十五日、伊豆法華荘で第二十一次宗会開催。施政演説の冒頭こう述べた。これを要約するなら――

退陣する存念であったが、聖誕七百五十年報恩事業としての学林校舎再建、記念出版等々、その途上にあるため立候補した。総長四選は、宗門未曾有のこととて、感銘に堪えない。

……学生時代から痛感していたことは、当宗に研究図書の刊行がないことであった。門祖三千余帖の大著述は、末代宗義の誤りなきを伝えるためで、その衣鉢を継ぐ我等が刊行図書に事欠くようでは、まことに門祖の御意志に反すると、内局組織以来、宗義研鑽、図書刊行に、乏しき財源を捻出しつつ精進してきたのはそのためである。

私は、現在「日宗年表」「龍華年表」を使用しているが、当宗独自の「年表」を作るべきであり、宗門の伝統を歴史的事実に基づいて記述した「宗門史」を刊行すべきであると、前総長時代に内局の役員として強引に献策、「宗門史編纂委員会」結成に到り、資料の蒐集に努め、茲に十五年を経過し、その成果が『法華宗年表』となって刊行されたのであり、聖年記念事業として相応しいと信じている。私は、宗務院から帰寺し、連日深更まで「両山歴譜」「日宗年表」「龍華年表」その他参考文献を前にして、校正いたしつつ、涙に眼がうるむこと再三再四に及び、深更、独り法悦にひたりつつ、校正をいたしました。

そして七百五十年慶讃の要として「法燈相続」を上げ、「優秀な人材即ち、僧宝育成機関の完備」を上げ、「本邦最古の学苑」学林草創の歴史に及び、学林が本興寺に帰還、再建されることの意義を語り、こう続けた。

「学林新校舎は、鉄筋コンクリート四階建てでありまして、延坪は、二百七十五坪余……。我々の後に続く教師を育成する機関を、我々の世代に完備せしめて、以て、聖誕七百五十年の総括といたす所存であります」。さらに、「宗義は、宗門の生命でありまして、正法正義を体得することは、教師の必須条件であります」[35]。

年が明けて昭和四十八年三月末頃から日陽は、食物の嚥下にも苦しんでいた。四月は年度始め、五月は宗会、六月は宗務所長会。宗費、本山交付金の賦課、宗費告知書発送、学林校舎建立勧進事務連絡等に加えて、宗務院歳入歳出、布教教学振興会、聖誕七百五十年奉讃会、興隆学林再建費中途決算書の資料作りは、すべて原紙浄書の謄写版による。

後に日陽は述懐している。「病院へ行けば、入院・手術と決まっている」ならば、宗会、所長会はどうなるのだ。「倒れないうちに、身辺を整理せねばならぬ、六月になり、全国宗務所長会議、四大本山主伴会の時には、殆ど、食事も喉を通らなかった」。レントゲン写真の結果は食道癌であった。しかも癌は大動脈に癒着、手術は危ぶまれた。「宗務を整理し、誰にでも判るようにしておかなければならない。五月の宗会、六月の宗務所長会、四大本山主伴会は、私の今生での最後を飾る晴れの舞台と思い、万感を籠めて挨拶をしたのである。八月十六日に入院と決定し、八月盆で職員は皆、寺へ帰っている宗務院で独り静かに、今生最後の宗務を処理したのであった。臨終を浄らかに迎えるためにである」[36]。

このような状況を抱えての昭和四十八年度（第二十次）宗会、宗務所長会であったのだ。

八月十六日、虎の門病院入院。手術は朝の八時半から夕の五時半の九時間に及んだ。この日から九月十四日が「更賜寿命の大利生記念日」となる。十月初旬退院、ほどなく宗務院に復帰。翌四十九年春、第二十三次宗会施政演説で、「聖誕七百五十年奉讃会は宗内僧俗異体同心して、協護報恩の至誠を披瀝し、報恩事業はことごとく成就した」と述べ、『本門弘経抄』全十一巻の復刊、株橋諦秀「法華宗法話叢書」全五巻、「法華宗声明譜」の刊行。深い反省をこめて妙蓮寺離脱の、轍を踏まぬための四大本山一体不離を誓った「四大本山盟約」、全国青年会、法華宗青年伝道隊の結成、報恩事業のフィナーレとしての学林校舎再建成就の喜びを語った。

勧進額は二億五三〇〇万円、総工費は一億五三〇〇万円。保有金一億五九〇〇万円は「興隆学林に特別会計を設けてこれを移管し、教学審議会の管理下に育英・興学・布教の目的のために支出することができるものとする」なる決議を諮り、このように述べた。「願わくば、興隆学林護法財団が、運用の妙を得、興学、育英、布教に多大の貢献されることを祈って俟みませぬ[37]」。

次いで六月、宗務所長会において校舎再建本願人の想いを「落成慶讃法要には病中にて参ずること叶わず、病床にて合掌し遥かに盛儀を偲びつつ感涙に咽んだ次第であります」と語り、「思えば昭和四十年五月、第十四次宗会に聖誕七百五十年慶讃準備委員会が結成され、宗門の絶大なる協護により茲に記念報恩事業は尽く完了いたし、その目的を達成」と法労を謝し、十月十三日の聖誕解散日を以って、来るべき五十六年へ向けて宗祖第七百遠忌奉讃会結成を伝えた。

同時に、学林校舎再建褒賞により、「叙任義納金・一等上級法服着用允可義納金等々は、今後三〜四年間は、宗務院も本山も見込み薄となった」と、護法愛宗の思念を以って、長く宗門行政（僧階叙任）に厳しく携わってきた者の噛む、苦い胸のうちを語った。病身を厭わず演説は一時間半に及んだ。

かくして六年後（昭和五十六年十月十三日）に迎える宗祖第七百遠忌奉讃会会長に就任。昭和五十年（一九七五）五月二十日、伊豆法華荘での第二十四次宗会は四期十六年に及ぶ福島内局最後の総括宗会となった。昭和十四年に宗務書記に登用され三十六年、戦時の昭和法難、三宗合同と離散、宗教法人法施行、妙蓮寺離脱と、戦後復興の吹き荒ぶ時代の嵐を経ての福島内局組局であった。

以後は布教教学振興会会長として、全国宗務所長（支部長）を通して浄財を募集、教学審議会委員長として宗祖直伝八品正意を弘通すべく「桂林学叢」創刊、法華宗教学研究所を設立、刈谷日任『法華宗教義綱要』の刊行。次いで聖誕七百五十年慶讃準備委員会を結成、『本門弘経抄』全十一巻再刊、『法華宗年表』、株橋諦秀「布教叢書」全五巻、「声明譜」等の刊行。法華宗青年伝道隊の設立、法華宗青年連絡協議会の結成、教学財団の設立。そして建築委員長として宗務院庁舎を建設、興隆学林校舎再建を果たした。

次々と企画を立案。長期のスパンのもと、適所に人材を育成しそれを実現していった。万感迫る施政最終演説となった。

五

昭和五十一年（一九七六）一月八日、宗務総長退任と同時に、日陽に宗門より大僧正の僧階が贈られた。同日、森日行の後を承け、大本山光長寺第七十世貫首に就任。常住給仕をモットーに方丈での生活が始まった。四月五日、開山会の聖日、晋山式が行われた。参道は桜花爛漫のときを迎え、全国津々浦々から三千人もの僧俗が祝いに参集していた。法要後の挨拶で日陽は、更賜寿命を謝し「私は、この大患を喜んでいる。この大患のおかげで、法華経受持信行の大利生と、熱禱の成就を知ることができた」と述べ、六年後に迎える宗祖七百遠忌報恩への想いを語った[38]。東京生まれの東京育ち、便のいい都会生活しか知らない日陽が、重篤の病後を一人、山林の精舎に身を置き、省察の時を迎えたのである。

布教誌「無上道」六月号から、「巻頭法話」連載が始まった。「無上道」連載は、社会部長に就任した昭和二十四年以来、二十七年振りのことである。総長在任中は、「無上道」寄稿は皆無といってよい。発行人の矜持がそうさせたのであろう。とまれ「巻頭法話」は以後五十五年九月号まで十六回断続的に連載され、没後、遺稿法話集『師は厳かにして道は尊し』一巻として砂子屋書房から刊行された。

集中、宗祖大聖人の御一生、日像菩薩の師厳道尊、師父日等の生立ちと訓戒、その臨終の在りさま、戦時体験の不思議、清水淳光、藤本俊雄、中村宣龍、伊藤妙照、中井妙定など純信に生きた人々への追懐……。放射線医から手術不可能と断言された身が、今日在ることの不思議（手術時、秋山洋博士の「一瞬の感情の閃き」の利益）は繰り返し語られた。

その間も、「我が門家は夜は眠りを断ち昼は暇を止めてこれを案ぜよ。一生を空しく過ごして萬歳悔ゆること勿れ[39]」、「仏法の根本は、信を本とす[40]」、「さればまず臨終の事を習ふて後に他事を習ふべし[41]」、「妙とは蘇生の義也。蘇生と申すはよみがへる義なり[42]」など、宗祖遺文の数々を引くことを忘れなかった。本山での日々を綴ったこんな一節がある。

夏では朝の陽光が軟かい光で樹木の緑に光彩を与えているが、此の頃になると、落葉を踏みしめて朝の看経に本堂に出仕する時は、夜は明けやらず、本堂の上には、北斗七星がきらめいている。星空を仰ぎながら本堂に出仕する時、身のしまる思いで、法悦感が五体に溢れる。或は残月が、本堂の西の空の樹木の間から冷たく光を投げているのを見つめ乍ら、本堂に出仕する時に、法幸に心おののく思いである。樹々も眠っている。小鳥のさえずる声も聞こえない。静寂の中に、私の歩む下駄の音が参道に響き、一瞬にして闇に溶けこんでゆく。私の唱題の声が、吐く白い息と共に昏明の中に消えて行く(43)。大気は澄んで、ひんやりしている。

謂《おも》はざりき、今、忽然に希有《けう》の法を聞くことを得んとは、深く自ら慶幸《ぎょうこう》す。大善利を得たりと。無量の珍宝を求めざるにおのずから得たり。（信解品）

の思いである。

満七歳で仏門に入った師父日等の給仕修行の日々を思ったことであろう。

昭和五十二年十月八日、第百三代菅長に就任。午後光長寺本堂にて宗務総長より「菅長推戴状」を受領した。思えば、昭和二十七年刈谷日任から昭和四十四年森日彰に至るまで十七年、十五代にわたる推戴状は、日陽が浄書。内十代に及ぶ推戴状は、各本山に出向き宗務総長として自ら奉呈したものである。それをいま自身が受ける感慨は、更賜寿命の利生を受けた身にとってまた一入であったことであろう。菅長に就任した「十月八日」の意義をこう説いた。

「十月八日」は、嘉禎三年、宗祖大聖人が清澄山にて授戒得度された日であり、弘安五年のこの日、六上足を定められ、枕辺に経一麿を召され帝都開教、大法奏上を遺言された記念すべき日で「十月八日」は、日蓮教団発祥の瑞兆を示す日であります(44)。

教団創立以来の宗門の聖日、先聖先師の生誕、没年、その年月日を常に脳裏に刻み、生死血脈の因縁の妙に感銘していた。それは看経に顕著であった。過去帳日捲の先亡諸霊を読み上げると今度は、何十人もの霊名俗名を速射砲のように一気に暗唱してゆく。おそらくその起因は、幼少の日々師父から聞かされた、あの「泣き銀杏」の一節、「千年たとうが宗祖三回忌の十月十三日は、ただの一度しかない」という訓戒が、師恩報恩、師厳道尊の思いとなって一期の人々に及んだのであろう。昭和五十三年一月、日陽は貫首就任三年目の春を迎えた。

「私は、除夜の鐘の第一鐘と共に、本堂に出仕、参詣の信者と共に、深夜一時頃まで力強く誦経唱題をいたし……」。快癒したとはいえ、毎週月曜日には、虎の門病院での診療が義務付けられている身だ。しかし、こう述べるのである。

「この唱題は」、食道癌手術により蘇生、延命第五年を迎えた感謝と、三年後に迎える宗祖第七百遠忌報恩奉行成就への祈りであります(45)。

翌五十四年歳晩、七百遠忌記念事業の一つ方丈増築工事に伴い、新書院に仮住。ために風邪を引くも「常住給仕に専念」、一週間ほど安静、「大晦日夕刻の除夜法要」を勤め、除夜の鐘とともに昭和五十五年の新春を迎えた。「鐘を撞きに参詣した信者と本堂で一時半まで唱題行、未明五時からの元朝法要、御廟所、番神堂、塔頭五ケ坊の元朝法要を終え」、方丈で一同祝杯を終えた頃から、総代、世話人が挨拶に来る、寝ずの元旦行である。

五日、日法聖人正当会を修し午後の初講。体調に異変を感じ自坊へ帰宅、無熱肺炎を患い半蔵門病院へ直ちに入院。入院した一月、東京に大雪が降った。光長寺信徒総代永田久作死去の報せに「浄らなる　心に生きし　九翁を永久《とわ》に讃えむ　雪降りしきる」他数首を献じ哀悼。その臨終を讃え、「私自身も、宗祖七百遠忌報恩奉行を無事奉仕してから死にたい」「七百遠忌は、一年七ヶ月の後に迫っている(46)」と結んだ。

病身鞭打っての修行は、宗祖塚原三昧堂、日像、日親の身を苛む鍛錬行、殉教先師を偲び奉ってのそれであろう。二月末退院、本山へ復帰した。長く休んでいた「無上道」連載を開始。表題を「法華信仰の大利生」とし、副題に「主として身辺雑話のうちの臨終正念」とした。「臨終正念」への思いをさらに深くしていたのである。そして冒頭に、文年九年二月佐渡血筆の「生死一大血脈鈔」の「相構へ相構て強盛の大信力を致して南無妙法蓮華経臨終正念と祈念し給へ。生死一大事の血脈此より外に全く求ることなかれ。煩悩即菩提生死即涅槃とは是なり。信心の血脈なくんば法華経を持つとも無益なり。」の結文を置いた。それは「法華題目抄」の、「妙とは蘇生の義也。蘇生と申すはよみがへる義也」の実感であった。

「無上道」九月号で連載「巻頭法話」を終了。愈々十月号から、日像聖人の事績を追った「師厳道尊物語」の執筆を開始。日像聖人については新資料を網羅した丹念な年譜の他、すでに総長在任中の昭和四十三年「教学講習会テキスト」として謄写版印刷された資料集「日像菩薩について（日像菩薩御生誕第七百年を讃えて）」がある。長い年月をかけて資料を蒐集、ようやくに執筆の時と場を得たのである。連載は、宗祖七百遠忌の前年十月号（七十歳）から始まり、七百遠忌奉行修了の昭和五十六年十二月号まで十四回にわたった。

さて、「師厳道尊物語」連載中の五十六年「無上道」八月号に、日陽は「特別寄稿」なる一文を掲載している。折しも八月八日は、松井日宏息女の三十七回忌である。二人は、宗門の重要書類を疎開させる途次、大阪・三重を結ぶ近鉄車内で無差別銃撃に遭い、「壮烈な戦災死を遂げた」。「時に富子嬢は数え二十才、廸子《みちこ》嬢は数え十九歳の乙女でありました」と日陽は、三十六年の歳月を経ていまだ悲しむのである。

本山内仏にも厚紙位牌を建て供養を欠かずにきた。一昨年の八月八日には、「両嬢殉宗死を知る者は、年々、その数を減じてくる」ことを怖れ「記録ヲ残シ菩提ヲ弔ウタメ、顕彰本尊ヲ拝写」、左脇に「……宗門ノ重要文書疎開ノ要務ヲ奉仕中敵機ノ無差別銃撃ニ遭遇シ、壮烈悲惨ナル殉宗戦史ヲ遂グ」に次ぐ長文を記し、「両霊辱知ノ一人トシテ両霊殉宗ノ至念ヲ後世ニ伝ヘ以テ両霊ノ法勲ヲ顕彰センガタメ」「曼荼羅ヲ拝写シ、両霊追弔ニ擬スモノナリ」と記し、宗門を通して「三十五年目に、漸く両善女の顕彰が公式に取り行われ、私の永年の懸案が成就した事をよろこんでおると共に、末輩の御本尊を大先輩に贈ったことの非礼を恐縮しています」と結んだ。牛若丸と弁慶と譬えられ、戦時より護法をもって結ばれてきた者同士の魂の絆を思った。また文中日陽は、戦時の宗務がいかに困難を極め、宗務出張がいかに命がけの所業であったかを初めて明かした。二少女が殉宗したその同時刻、日陽もまた京都府庁からの帰路、危険な臨時停車を余儀なくされていたのである。

「無上道」新規連載に話を戻す。まずは、「師厳道尊」の由来から始まり、祖滅以後の門下の動向などに連載五回を要し、第六回（五十六年三月号）目に至り、展開をみる。正応五年、「大蔵経要義」を抜き書きした「秘蔵集」三巻を著した日像は、帝都開教に向けて百日行を開始する。これを「日宗龍華年表」に目を向けるなら、「夜は由比ヶ浜の海水に浸つて自我偈百巻唱題数万遍す寒風膚を破り堅氷骨を刺すも徹夜苦練す」とある。

「唱題数万遍」とはいかなる行か。これを受けて日陽は文中「早くて六時間を要するでしょう」と記し、実際に数珠玉を廻らせ数えてみたことを明かす。

「本年除夜の第一鐘と共に、本堂に出仕」「唱題行を参詣の信者と共に熱唱」「一時半まで」「二千遍の唱題行でした」。「六時間」の推定は、大太鼓を叩いての唱題行とは違った、海中必死の唱題を想定してのそれであろう。「除夜の第一鐘と共に」とあるのは、昭和五十六年宗祖七百遠忌の聖年、すなわち日陽死没の年の元朝である。前年の除夜の鐘に続く元朝唱題行は無熱肺炎の状態で朝を迎え、入院を余儀なくされていた。決死の元朝唱題行を終え、以後日陽は、日像上洛の歩みとともに、十月十二日・十三日の両日宗祖七百遠忌奉行へ向けて日々を送ってゆくのである。

日像は小湊、清澄、小松原、竜の口と霊蹟を巡り、伊東から身延へ向かう途次、岡宮光長寺を訪ね、兄事する日法と、池上以来十一年ぶりの再会を果たすのであった。身延参籠七日間の後、甲府信州を経て一路越後寺泊へ。佐渡では、阿仏房の息藤九郎盛綱との身延以来の再会を果たそうとするのである。むろん「龍華年表」にその記述はない。その時代・場所における門弟檀越の動向、心性を考証し尽くした上での推量である。だが、この壮大な構想を以って書き進められた「師厳道尊物語」は、永遠の中断をみてしまうのである。

昭和56年10月12日、宗祖700遠忌御逮夜法要が日陽上人最後の法話となった。

十月十二日、十三日両日共に快晴、本山は空前絶後の参拝者で賑わっていた。御逮夜法要の後、日陽は諄々と七百遠忌御報恩の意義を説き、死んでいるはずの自身が更賜壽命の大利益を得、生かされているのは、宗祖七百遠忌の御報恩に擬し奉るためである。思い返せば昭和六年十月、六百五十年遠忌の折、自身は立正大学の学生で日蓮劇を企画、至孝第一の日朗上人を御本堂で演じさせていただいた。あれからはや五十年、私たちの生命は、一瞬の間であります。僅かな生命の中に人間として生まれ、正法に値えた喜びを感謝しなければならない、と語った。

椅子に腰を下ろしていた日陽が突如立ち上がった。やがて人々の輪は広がっていった。日陽の一言一言に、人々は南無妙法蓮華経を以て応えた。翌十三日御正当会、この日は恩師松井日等四十七回忌正当命日である。七百遠忌御正当会に、師厳道尊を教えた師父の四十七回忌を迎えることができた。四月五日、大本山本能寺（戦死陣歿精霊怨親平等追悼法要）、六日、大本山本興寺（永代祠堂法要、「猊下の、慈愛に満ちた梵音は、更賜寿命の大利益を受けられた尊いお声であります」と、「無上道」は伝えている）両山の七百遠忌大法要での大導師を勤め、十月十九日には自坊感應寺御会式、そして十一月十二日、大本山鷲山寺七百遠忌の頭首を飾る法界万霊追善法要の大導師を矍鑠として勤めた。緋衣紋白九條を召し一座の大衆に挨拶、しずかに六歳得度[47]の衣体を解いた。愛山鷲山寺の大法要を以って生涯の締めくくりとしたのだ。

昭和五十六年十一月三十日、東京港区虎の門病院で死去、法壽七十一歳。枕元脇の卓には、御書他数冊、書きかけの「無上道」用原稿用紙。小紙片には鉛筆で和歌が認められていた。戦死した弟を思ってのそれであろう。十二月一日午後四時、炉の扉の真上の大理石に、日輪があかあかと映っている。今朝、大僧正松本日宗から送られた弔電を思った。

なすべきを成し終えて君は逝きましぬ
海に太陽のかくれるごとく

註

（1）『伝燈鈔』文明二年（一四七〇）著（『日蓮宗宗学全書』第一八巻）
（2）「教学講習会テキスト／日像菩薩御生誕第七百年を讃えて／日像菩薩ついて」（一九六八年作成）

(3)『現代仏教を知る大辞典』金花舎、一九八〇年
(4)「文安三年(一四四六)妙法寺より大本山に納められた」(昭和大本堂落慶大法要奉讃会、一九六六年)
(5)法華宗月刊布教誌「無上道」(以下「無上道」。昭和五十一年〈一九七六〉十二月号)
(6)以下、感應寺寺記
(7)「無上道」昭和五十二年三月号
(8)『法華宗年表』(法華宗宗務院、一九七二年)二一五頁
(9)感應寺寺記
(10)「無上道」昭和五十五年十月号
(11)「無上道」昭和五十一年十一月号
(12)『追想　三吉日照上人』(本覚山妙寿寺、一九九一年)「日照上人年表」
(13)『法華を生きる　松井日宏自伝』(東方出版、一九八一年)、第二部「三宗派の合同問題」
(14)『護り貫いた信心の燈』(法華宗昭和法難五〇周年顕彰会編纂、法華宗宗務院発行、一九九一年)
(15)曼陀羅国神不敬事件(昭和法難)に対する記述は、小笠原日堂『曼陀羅国神事件の真相』(大本山本能寺出版部、一九六八年、第二版)及び『護り貫いた信心の燈』などを参考にした。
(16)『法華宗寺院教会名簿/昭和十八年四月現在/法華宗』(奥付無し)
(17)註(8)『法華宗年表』
(18)「無上道」昭和五十二年〈一九七七〉十一月号
(19)「無上道」昭和五十五年九月号
(20)松井日宏『法華を生きる』(東方出版、一九八一年)
(21)「戦時空襲下の宗門と美しい二人の乙女の殉宗に波出す」(「無上道」昭和五十六年八月号)
(22)『追想　三吉日照上人』(本覚山妙寿寺、一九九一年)年譜
(23)「無上道」昭和五十五年九月号
(24)「無上道」昭和二十五年三月号
(25)「法華宗(本門流)宗報」八号(一九五三年四月三十日)

(26)「法華宗（本門流）宗報」八号（一九五三年四月三十日）
(27)「法華宗（本門流）宗報」二六号（一九六〇年七月二十二日）「宗務総長福島泰信施政演説（要約）」
(28)「法華宗（本門流）宗報」二六号（一九六〇年七月二十二日）
(29) 註（8）『法華宗年表』
(30)『法華宗（本門流）宗報』三〇号（一九六四年七月三十一日）
(31)『法華宗（本門流）宗報』三〇号（一九六四年七月三十一日）
(32)『法華宗（本門流）宗報』四〇号（一九六八年八月二十日）
(33)『法華宗（本門流）宗報』四二号（一九六九年九月一日）
(34)『法華宗（本門流）宗報』四六号（一九七一年九月一日）
(35)『法華宗（本門流）宗報』四九号（一九七二年十二月一日）
(36)「無上道」昭和五十五年六月号
(37)『法華宗（本門流）宗報』五五号（一九七五年九月一日）
(38)「無上道」昭和五十一年〈一九七六〉五月号
(39)「富木殿御書」（昭定一三七三）
(40)「日女御前御書」（昭定一三七六）
(41)「妙法尼御前御返事（昭定一五三五）
(42)「法華題目鈔」（昭定四〇二）
(43)「無上道」昭和五十一年十二月号
(44)「無上道」昭和五十二年十一月号
(45)「無上道」昭和五十三年一月号
(46)「無上道」昭和五十五年四月号
(47)「無上道」昭和五十五年五月号

補綴

福島日陽宗内役職就・退任等は、法華宗宗務院「僧籍カード」、宗内の役職任免等の記録は、三宗合同時の「法華宗宗報」および「法華宗（本門流）宗報」による。

キーワード　師厳道尊、給仕・修行・学問、護法愛宗、妙とは蘇生の義なり、臨終正念

危機の時代に於ける菩薩行の研究

――浄土教の「共生論」と法華経の「蘇生論」――

原井日鳳

はじめに

今日の気候変動、温室効果ガスによる気温の上昇により、世界は「地球沸騰」と言われ、日本では「線状降水帯」による激甚災害が毎年各地で発生してきた。さらには新型コロナウイルスの感染拡大、独裁国家の他国侵略等で世界は近年大きな危機の中にあると認識せねばならない。世界は大きな転換点に立たされており、今日でこそ「脱炭素社会」とか「持続可能社会」を目標とする「ＳＤＧｓ」の声が高まるが、二〇〇五年当時、既に環境悪化は日々進行しており、社会に対し仏教の思想による提言の必要を思い、筆者は仏法と世法の対話の方策として「地涌の菩薩」の思想に着目し、研究機関として二〇〇六年「菩薩行研究所」を構想し立ち上げさせて頂いた。

現実の社会、特に地球環境は大気も河川も土壌も海洋も汚染が進み、温暖化による気候変動の諸現象は顕著で、これを黙認できない科学者がデータを示して声を上げげた。筆者はその中で環境と「人の生き方」を考え、全ての命は「環境」から生まれ育まれており、その源こそは法華本門の「本仏」であると考え、二〇〇八年「環境安国論」

と題する私論を発表した[1]。宗祖の「立正安国論」進覧七五〇年に鑑み、聖人の教えが国土世間の成仏まで成さねばならない内容を有する事を重視し、鎌倉時代には無い今日の社会の苦難、環境の危機に対し、人も環境も蘇生しなければ「安国」は実現不可能であるとの立場で、環境問題に「環境蘇生安国論」即ち「環境安国論」を主張し、「利益優先の文明」から「生命重視の文明」へ大転換しなければならないと主張した。即ち今日の私たちが実践しなければならない生き方として「菩薩行」の位置づけを考えてみた[2]。

それは難しい理屈を論じてきたのではなく、仏教の根本思想を現代の苦難の改善に役立てるためにはどうしたらよいか、少なくとも環境破壊に加担する人の行為・計画・製品に「NO」と言う菩薩行を社会に呼びかけてきた。しかし、今日まで社会一般からの注目は決して多くなく、「僧侶は仏教研究と読経が本義である」、「環境はいずれ壊れるもので仏教僧侶の考える事ではない」、「唱題の他に菩薩行はない」等の批判を受けた。然らば仏国とは客観的実在や認識と異なる仏国なのか、現前の危機社会に超然としていてよいのか。私は仏法の「信行」が第一である事に何ら異論はないが、同時に宗祖が行じられた鎌倉の社会に於ける「報恩行」も「菩薩行」として重要であると論じてきた。「菩薩行」とその指標としての「蘇生」の本質を試考してみたい。

一　現代社会の直面する難題

現下「新しい資本主義」という用語が為政者の口から発せられているが、まだその意味は国民には不明で、今日の格差社会にいかに効力を発するのかは見えていない。古い資本主義経済論は、例えばアダム・スミス以来、利益を上げる経済活動が様々に影響を及ぼし合い「見えざる手」により幸福な社会が築けるのだという主張があった。

経済学とは元来、人の心の問題の学問として出発したのだと言われる。新古典的理論経済から今日の新自由主義経済社会になると、いよいよ利益の獲得競争は激しくなり、金融部門がゲーム化して、実態のない経済の不安は識者の指摘するところとなっている。

フランスの経済学者トマ・ピケティ(一九七一〜)はその著『21世紀の資本』で重要な事を述べている。既に十九世紀に提起された「格差」の問題を改めて今日の問題として取上げ、「正義だの民主主義だの世界平和だの壮大ながら抽象的な原則を持ち出すだけで事足れりとしてはならない」と論じた。即ち今日の市場経済社会は、そのままにしておくと世界的に国富が不均等に分配されて、民間の富は公的な貧困の上に成り立つ事になる。(3) 今日の気候変動は正に重要な問題であり、二十一世紀起こりうる自然資産の劣化こそ世界の難題であるとして、世界のGDPのかなりの部分をその対策のために投ずる必要を述べ、過去が未来を食い尽くしてしまうと危惧する。(4) これは既に経済界だけの問題でなく、社会科学、ジャーナリスト、各界の多くの人が考えるべき事であると論じている。

かつて社会科学の世界では仏教思想家小林一郎氏(5)による『心の建て直し』、アメリカのハーバード大学のビティリム・ソローキン氏(6)の『ヒューマニティーの再建』等、創造的利他の主張があり、戦中戦後の疲弊した社会と人心の建て直しに効力を発揮し、数多の人々を感化した。近年に於いても、フランスの経済学者ジャック・アタリは経済の思想に仏教の「利他主義」が必要であると主張し、政治・経済学の国際機関ダボス会議では一昨年世界の政治経済の現状に対して「グレート・リセット」即ち利益優先を見直し大いなる再出発の時が来たと発信している。

既に日本の科学者山本良一氏は「温暖化地獄」を著し、地球に残された時間がないとして仏教思想の発信を要請している。(7) 経済学者の宇沢弘文氏は早くからリベラリズムの精神を実現する自然環境・交通・行政・司法に亙る経済を主張しており、(8) 格差を抑制し環境を重視する「社会的共通資本」の充実を求め、堀内行蔵氏(9)も仏教による「中道の経済」を主張し、経済へのモラル、慈悲の導入を求めている。即ち経済的利益中心の文明の危うさを示した。

今日の資本主義経済では獲得する財貨の量が中心であり、経済の総体としてＧＤＰ（国民総生産）や株価の動向が主体的に考えられてきた。しかし、地球環境の急激な悪化を考慮する時、社会経済システムの大きな変革が必要であり、経済成長に対する温暖化対策は大きなコストと考えられてきた事は間違いで、環境悪化の防止対策と経済成長を同時に推進する「グリーン成長」が新たに浮上してきている。

コロナのパンデミック後の経済の打撃と気候変動に対する危機的状況を同時に改善するには「グリーンリカバリー」（緑の復興）がなされなければならないとする考え方が今日出てきた[10]。

二　未来を考察する世界の決定論・確率論・カオス理論

未来の可能性を考える方法は既に世界に諸論がある。未来の「決定論」「非決定論」には様々な種類があり、宗教観・世界観とも関わり対立してきた。一つは人間の道徳や罪との関係により、他は物理的な関係である。道徳に関わる決定論はキリスト教に於いて論ぜられ、神と人間との関係はどうあるべきか、神に対する人間の罪は何なのかの議論は哲学の問題でもあった。

一般に量子力学以前の自然科学では「因果的決定論」が支持された。いかなる現象もそれ以前の現象の単なる結果であり「因果律」によって既に未来は支配されているという考え方で、未来は現在及び過去に規定されているとの考え方だ（完全決定論）。物理学に限らず宗教、特にキリスト教に於いて、人間の道徳や罪という概念から未来は神学的・哲学的に扱われ、人はそれまでの自らの行いにより未来が決定され人間に未来選択の余地はないとする思想だ。

二十世紀に入るともう一つ、未来は「因果律」によって決まるのではなく「確率」によって支配されるという考え方が登場する（確率的決定論）。物理学の「量子論」に重視される考え方で、事象は確率的に決まるという。確率とは起こり得る結果、全体の集合を考える数学の「集合理論」や「解析」「統計」の学問分野と言われる。

「神はサイコロをふらない」と言ったアインシュタインは確率論の提唱者であり、理由は解らないが事象は確率的に決まるという。起こり得る結果、全体の集合には起こりやすさの割合が備わっているという考え方だ。

それでは人間には「自由意志」があるのか否かが大きな問題となる。

「自由意志」と因果の関係を見ると、「自由意志」は誰にでもあると考えられるが、「自由行動」と混同されていると言われている。

科学に於いては人間を含む物質を粒子の集まりとして捉え、その動きによって粒子の未来の位置は決定されているので未来は確立されていると言い、宇宙は量子レベルであまねく確率的であるとの説が有力になった。しかしその後、不確定要素が量子論にも出てきて、アインシュタインも決定論に於ける実験的結論が出せず、イギリスのホーキングも決定論を断定する迄に至らなかったと言われる。されば、「因果律」も「確率論」も未来は確定しているとの証明はできず、哲学的にも大きな問題であり、カントは現象による「必然性」と人の自由な行動による「原因性」を両立しており、実は現代科学者の間でも両論は確立していないのが現状のように思われる。これらの「決定論」では人々の未来の可能性は語り難いだろう。

二十世紀、コンピューターの進歩とともに複雑な様相を示す現象の理論として、ある時点に於ける無限の精度の情報が必要である時、コンピューターでは無限の桁を扱えないために数値解析の過程の誤差によって得られる値と真の値との間にずれが増幅される。故に結論に大きな差が生じ未来予測は不可能となるという「カオス理論」が注目される。

初期状態が与えられればその後の全ても状態量の変化が決定するという「決定論的力学」からカオスの理論は出ており、短期的には有用予測が可能でも長時間後の状態は予測不可能だという。神経システムのような「非線形性」の動きは決定論的法則に従うものの、未来の振舞いを知るには数値解析を用いざるを得ないため、初期状態の測定誤差を無くすことができなければ未来を確実に予測する事はできないという考え方だ。

今日では「生成ＡＩ」の語が注目されるが、学習させた大量のデータを基に、文章や画像、音楽まで生成する能力を持つ人工知能が画期的なレベルに達していると言われ、これが多用されると事実や真実と嘘偽の差が分別できなくなるような人類社会の大きなリスクも知られる。その研究者たちは特定の規制がないと危険であると主張し始め、教育や企業には制限も加えられる一方、政官界や自治体では研究開発促進と事務のスピードアップで推奨する動きも多い。医学や防災には大いに有効と思われるが「心を持たない人間」の知的活動だけに、これに頼るリスクも大きく、未来の方向を誤る事だけは避けなければならない。「カオス理論」によれば初期状態の如何により誤差が増幅する危険は大で、入力誤差やミスを考えると「生成ＡＩ」が的確な未来を示す事ができるのかには危惧を感じざるを得ない。

今日の自然環境破壊をはじめ人類社会の困難に対し未来をいかに切り開く事ができるのか、物理化学に於いても哲学に於いても、今日結論は出ていない。さりとて今世を中心にする倫理道徳では、因果論・確率論にも対応は困難と思われ、決定論は自由意志を否定するために道徳とは両立しない。人が道徳的に考え自由意志があるように行動しても「決定論」では既に決定されている事で行為そのものの存在は否定されないが、現象のみを見れば決定論的世界も非決定論的世界も同一と見なされてしまうであろう。

実は今日、各界から問われているのは仏教思想であると思われる。例えば科学者が仏教に接するとしても広汎な経典、どの宗派に接点を持つかにより、仏教解釈に大きな相違があるのは当然であり、各教理を比較できたとしても誰しも結論づけるのは至難の業《わざ》であろう。科学者は「仏教者は自然科学の基礎理論に興味を示さない」、「仏教者は何でも〝空〟（中道）という」、「宗派にこだわるのは宗派に属する僧侶だけである」という厳しい指摘がある。(11)同時に宗教の立場では「現代科学の最大の危機は科学者の大部分が一種の人間喪失状況にある事である」(12)との指摘があり、「どれほど多くの現代科学者が科学という観点にのみ固執して人間の営み全体の視野を失い求道の精神を喪失し「人間失格」に堕しているだろうか」との指摘もある。(13)

仏教に於いて教義の研究、歴史的事実の研究は多くの仏教研究者により進展している一方で、未来を考える仏法による命の「生き方」論、即ち今日危機と言われる苦難の世とそこに生きる人々のための「浄仏国土」と「成就衆生」の菩薩行の認識と実践が立ち遅れているのではないかと思われる。

三　仏教思想による菩薩の法理

現代社会の難題、主に自然環境の急激悪化に関する仏教研究者、僧侶および仏教思想に関心を寄せる科学者らが集うシンポジウムや研究会が今日まで各種開催されており、筆者も聴講、発表の機会を得てきた。

それらの会で仏教思想は広汎深遠であるため研究者が着目する思想と論点は多様であり、思想の部分的解釈による傾向も感じられた。研究者の論点が広がりを見せる一方、思想の関連性や比較がなされないと各論の中に於いて正論として終結してしまう場合も多く、それが仏教思想のどの位置で論じられているのかが不明になる場合が多いからである。各論を比較検証して真価を求める事が必要で、今日の時代の危機に耐え得る結論を求め収束させていく事が望まれる。したがって、仏教の各思想の成り立ちと進展の基本認識は必要と思われる。然るに仏教古今の宗派の思想を正確に通観する事は至難である。特定の思想に対する異論が展開して広汎な思想が成り立ってきたからである。

故に仏教思想の基本比較のため衆生救済の法理、特に「菩薩」の意義に焦点を絞り、代表的思想の主旨を例示してみたい。

（参考文献）『仏教における行の問題』『菩薩観』日本仏教学会編
『岩波哲学・思想辞典』『日蓮宗事典』『法華宗教学綱要』

（1）【上座部仏教】

釈尊滅後百年以降戒律維持の保守的思想、即ち「上座部仏教」の根本理念が「少欲知足」である。欲望を戒め質素な生き方を個人および社会に及ぼし実践する。大乗仏教では煩悩・欲望があるから菩提心が求められ煩悩即菩提の思想となるので全否定はしない。

（2）【部派仏教】

上座部仏教から分派した説一切有部（部派仏教）の根本理念「無常観」、諸行無常は三法印の一。今の現象も人も社会も生滅変化し移り変わるので同じ状態に留まる事はないという考え方。仏教三相、「苦」「無我」「無常」を断ずる法として四諦、十二因縁、八正道が説かれ、苦の原因を煩悩・業と見て、これを断ずるための実践を八正道、中道とした。無常の世を越え執着を断ずる事が苦を滅する悟りの境地とし、無智が苦の原因とした。

（3）**【瑜伽行派】**（唯識・法相）

インド大乗仏教の二大潮流の一。大乗の「空」の思想を基礎とする。無常無我を体得する瑜伽行から得た智を教義から支えた思想大系。説一切有部の教理継承。あらゆる存在が個人的に構想された識でしかない。主観的存在は無常であり、生滅を繰り返して過去に消えてしまう。心の外に事物は存在しない。阿頼耶識を中心とし、その内容は種子、諸識は阿頼耶識の種子より現行し、その諸法は薫習して新たな種子を形成する。諸法は五位百法に分類され、衆生には本来五姓が存在し（五姓各別）永久に成仏しない衆生が存在する。修道論の基礎（資糧位）には六波羅蜜が修され修習位で十地が修され究竟位に達すると仏になると説く。

（4）**【中観派】**（中論）

瑜伽行派に対するインド大乗の一大潮流。龍樹の「中論」を学派の基礎とし、即ち空の思想を縁起により理論づけた。すべてものは他に依存して生起するから固有の本質を持たない「無自性」を論証する（中道）。唯識説に反論して自性を前提とする論法を批判。但し後に六波羅蜜等をテーマとする菩薩の修行のあり方を示すなど、唯識観を世俗に於て正当化する論師も出た。

（5）**【華厳】**

唯識と異なり仏の立場を主観とした世界観。事物が相互に関係し合い重なり合う縁起に基づき事法界と理法界を止揚する。空世界と具体的現象が共存する理事無礙の世界が顕れ、最後に無自性（空）が消え去り

「事々無礙」の世界（仏）に至る悟りを根本のテーマとする。人々が菩薩としての自覚を持つその境地を深め、ついに仏の悟りに至る筋道を実践論的に開示する。心と衆生と仏との三者に区別がないと説く。

（6）**【天台】**

天台大師は法華円教、諸法実相、一念三千、三諦円融の中道理念を説く。最澄は、南都仏教を革新的な法華一乗の法理で破し全ての衆生が成仏すると説き、総合仏教的思想を示した。教理は法華経迹門に立脚した理の一念三千であるとし密教化した。観念的な菩薩観を排し行為的実践に生きる真俗を菩薩として把握。菩薩として自覚ある天台法華宗の僧を実体としての菩薩と見る。智慧の根本的な在り方として本覚の観念があり、凡夫のままを肯定する。天台の密教は顕密一如を説き東密と異なる。

（7）**【真言】**

法身大日如来が自受法楽のために説いた顕劣密勝の教法として大日如来を教主として即身成仏、密厳浄土を説き浄菩提心を諦観する。穢土たるこの土に本来清浄なる自己を自覚する事により密厳浄土が展開する。生きた人間が現世に存在しながら異次元の大日如来と結合して仏になる。実在と現象の結合、法身説法即身成仏を説く。大悲を行願する者、未来への志向と実践を持ちうる者を菩薩といい、自身が大日如来になった時因位に於ける慈悲万行の大誓願が薫習して成仏する理論的可能性を菩薩という。金胎両界曼荼羅、阿字観の冥想、護摩の修法は授かった者以外に示されない秘法とする。

（8）**【禅】**

教外別伝、不立文字、直指人心、見性成仏として経典の文字の教義を用いず、心そのものを直接指示しその本質を悟らせる禅を中心に行う仏教。日本曹洞宗開祖は道元、人は本来仏であるから仏としての本性を顕現する修行が必要。「只管打座」を説く。

日本臨済宗開祖は栄西、中興白隠。坐禅により悟りを得、自己の成仏を完成する「即身即仏」を説く。公案の禅。仏性を悟る智慧を修すとして仏性の存在を前提に坐禅し師資相承が法脈となって後に人を救う。修行法を定めず仏教真理に直に接した体験を手段に新たな価値を開拓し得られた悟りから智慧を以て生滅の因果を明らかにし、六道を解脱し如来の境地に入るとする。伝道の人そのものが仏・法・教義、即ち帰依の仏・菩薩は説かない。言語否定が説かれるが、それは定言的結論、二項対立概念に正否を捉える合理主義的立場のもので固定的概念破壊または象徴的表現は多用されている。

禅思想と西洋哲学によって日本的哲学と言える西田幾太郎の非実態論的存在論は「場の理論」、「絶対矛盾的自己同一」となった。鈴木大拙の禅思想は欧米に影響を与え、大拙は江戸初期臨済の僧盤珪《ばんけい》の「不生禅」を評価し形式化した「公案禅」を否定した。

（9）【浄土】

浄土教は法然源空を開祖として、阿弥陀仏の本願を信じ阿弥陀仏の名号を称えて極楽浄土に往生する事ができると説く。修行は専修念仏とする。弟子親鸞は聖道、浄土の二門を立て難行と易行、自力断惑出離生死と他力断惑往生浄土を各々対比の上、凡夫の極楽得道を説き浄土門を重視する。『大智度論』の龍樹から法然に至る歴史上の流れと、先仏より法蔵菩薩に至る超歴史的両面を「一般論」と「特殊論」とし、一切の菩薩の発する四弘誓願と法蔵菩薩の四十八願を別願として、これを一切衆生の念仏往生の根拠とする。菩薩一般の成仏国土、成就衆生に対し法蔵菩薩の特殊論を重視し、親鸞の立場は法蔵菩薩自ら衆生救済の法を成就するために修した行を菩薩行とし、阿弥陀の本願力により極楽往生するのを往相回向、法蔵菩薩の本願力の回向を菩薩還相回向とした。菩薩還相回向の利益を「利他の正意」とした。

(10)【法華】

法華経を所依の経典とする教団の総称であるが、法華経は本迹二門があり、本門で久遠本仏が開顕され本因・本果・本国土の三妙により一切衆生の成仏と浄仏国土が示された。一念三千の法門は本迹に説かれるが、迹門はこれを「真理」と説き、本門ではこれを衆生のための教法とする。法華各宗には本迹一致、本迹勝劣の異なる教義が存在するが、日蓮(以下、宗祖とする)は本門を重視し、法華経本門で『従地涌出品』に登場する地涌千界の菩薩が滅後末法に於ける救済の役割を久遠本仏より託され、この教を付嘱された。そして、滅後末法に於いて実践すべき菩薩の使命が明らかにされた。久遠本仏の主体は久遠劫の間菩薩行を修し来たった無始無終、常住の報身(本因妙)とする思想である。即ち必要とされる衆生救済の法理として正像二千年は摂受の時代、末法には折伏下種が正意と説く。末法には過去下種の者は少なく、仏種が植えられていない衆生の機には本門の題目下種(成仏の種子を植える事)が必要である。末法の衆生にも本来仏性(性種)はあるが、縁起する成仏の種子である乗種こそが必要で、本因下種が末法衆生救済の法であり、立正安国の浄仏国土を実現する実践を説く。

四　浄土教と法華経に於ける菩薩行

(1) 浄土教の菩薩行

浄土教の菩薩行を法然は称名念仏が選択本願の行なるが故に発菩提心を要しない不回向の行であるとする。現在からの出離ではなく現存在それ自体の救いを選択本願の念仏に見開いたとされる。しかし何故にそれが行なのか。親鸞は南無阿弥陀仏は衆生の行であるが、衆生からの行でなく衆生の業縁存在そのものに如来の本願が行として回向表現したのだとするのである。[14] また衆生固有の力量や修行の上に造作進趣の実を見ないで法蔵菩薩が因位の万行を修して阿弥陀仏となり、その悟りの結晶である名号を通して衆生をして造作進趣せしめているその徳と力を円具する名号であるから、これを行とし真実の「大行」としたとの説もある。[15] さらに法蔵菩薩の行は救済せらるべき衆生が救済せられたという「事実」に於いて初めて真に成就する行であるとし、この「事実」が成立する場が衆生行者が個の極限に於いて法蔵菩薩の絶対的意志に即非的に対接する信楽開発の絶対的現在（信一念）であると説く論者もある。[16] これは肯定から否定、否定から肯定へ導かれる「空」の表現形式であり、鈴木大拙の即非の理論を当てたものと思われる。

この哲学的「事実」と「場」は難解である。『親鸞に於ける菩薩の概念』の著者武田龍精師は『往生論註』下の文を引用して、弥陀の仏国は単なる場所的世界に留まるものではなく「畢竟成仏の道路」、即ち「無上の方便」であるとする。弥陀の絶対的自己否定に於いて浄土が有相化して弥陀が絶対的無として存在する時初めて絶対有（実相）が必然的に現成するとする。これは西田哲学の「場所的論理」[17] に基づく表現と思われる。同師はさらに、親鸞は法蔵菩薩の本願力回向による菩薩還相回向の成就を開顕したとして「利他の正意」を顕すものとする。[18] 親鸞は『教行信証』に、浄土門は在世・正法・像末滅後を救うものと説き、往生の浄土は菩薩修行の場、成仏の前段階とする従来の教説に対し、念仏往生の誓願を信ずる衆生は弥陀の摂取不捨の利益により即時現生に正定聚の位に住せしめられるとした。そこに往相還相の二種が説かれる。曇鸞の『往生論註』当面の読みは「回向に二種の相あり。一には往相、二には還相なり。往相といふはそれが功徳をもって一切衆生に回施して共にかの阿弥陀如来の安楽浄土に往生せしめむとなり還相といふはかの土に生じをはりて……生死の稠林に回入して一切衆生を教化して共に仏道に向かへしむなり」である。菩薩の回向に二種の相があるとしているが、親鸞の同書加点本の解釈によれば、意は明らかに如来の二種回向と述べられる。即ち願生菩薩の回向行なのか、いずれにしても阿弥陀仏の住持力が根拠となっていると解せられている。『論註』の当面では、浄土の菩薩自身の利他行としての働きそのものとして還相回向が示されたが、親鸞の読み方は、浄土の菩薩を利益せしめている如来の本願力が還相回向となる。利他の正意たる還相回向の恩徳により衆生は教化せしめられ、その教化を通して弥陀の往相回向の恩徳に出遇う事ができることになるという[19]。ただ親鸞は『浄土文類聚鈔』に「かの国の菩薩」の働きとして明らかに普賢の徳を行じて衆生を開化している浄土の菩薩を示す部分があり、その具体相を聖権の化益をはじめとして七高僧等に見ていたに違いないとの説がある[20]。親鸞は、凡夫の自覚で自らが導かれた普賢の徳を修習せんという先師を浄土の菩薩に見ていたと考えられるのである。これに関し別の論者は還相の菩薩を親鸞に見ており、「日蓮のように自らを菩薩と名乗る事はなかった……それが浄土真宗の立場」とする[21]。

既に述べてきたように、難解なのは浄土の菩薩還相回向の実相である。

①利他の正意とする還相廻向は法蔵菩薩の本願力回向による。

②還相回向浄土の菩薩を利他せしめているのは如来の本願力である。

③還相回向の衆生教化は浄土からの菩薩であり、浄土の菩薩は阿弥陀仏を見仏する事により仏の功徳を根拠として四種の功徳を働く。普賢の徳を修習する具体相あり。

④阿弥陀仏の悟りの結晶は名号であるからこの働きが「行」であり究極の大行である。

これら諸説をいかに見るべきか。『論註』の当面の説に対する親鸞の訓点による解釈の独自性が解釈を難解にしているとする論もある。[22] また阿弥陀仏が凡夫を摂取する安楽浄土の場とは何処か。それは実相であり実相性の根拠が真実・智慧・無為法身であり、弥陀の絶対的自己否定の上にあるという。それが弥陀救済の普遍的原理（弁証法的有機体的救済[23]）というのであるが理観の追求であるように思われる。

これに対し法然の弟子弁長（一一六一～一二三八[24]）は『徹選択集』に於いて聖道・浄土二門兼学を強調する立場を説き、龍樹の『大智度論』に於ける菩薩本来の思想に基づいて不離仏・値遇仏を念仏の教えとして、仏道の実践も菩薩の浄仏国土・成就衆生の理念のもとに成就され、その実践過程に於いて発願・成就されたのが念仏の教えであるとする。即ち「別」の念仏から「通」に徹する念仏を明らかにした。そこには法然と異なる通別の思想があり、浄仏国土・成就衆生という菩薩思想を以て念仏三昧の思想を解明している。[25] 即ち菩薩の一般論から法蔵菩薩の特殊論に展開される中に称名念仏の深勝性（別）とその教えの普遍性（通）を説こうとした。この二門兼学の思想は今日浄土思想のいかなる位置にあるのであろうか。

(2) 法華経の菩薩行

法華経の菩薩は経文に多数説かれ、宗祖は菩薩を三種に類別して、①下方の菩薩 ②他方の菩薩 ③旧住の菩薩を示されるが[26] その根本は下方の菩薩、即ち地涌の菩薩である。本来の姿は法華経本門に於いて久遠成道、三身即一の報身如来として開顕された。法華経は思索や悟証の対象たる法身仏を開顕するのでなく修行の手本となる常住久遠の報身・応身を顕す本因妙正意の仏である。即ち報身如来の修行は行菩薩道の姿である。釈迦如来は本果成道の時の名で、菩薩の名を上行菩薩と称せられる（一仏二名）。宇宙万法の全てはこの行菩薩道の顕現でないものはなく、万法は上行菩薩が久遠劫の過去より行じた不惜身命の菩薩行の姿に他ならないという菩薩観である。

法華経本門に説かれるところ、従地涌出品第十五に於いて無量百千万億の地涌の菩薩が出現し、嘱累品第二十二に至るまで久遠の本仏（釈尊）の開顕があり、その弟子（本化）たる地涌菩薩が仏滅後の末法の弘経を特別に付嘱される事（上行所伝）が説かれた。衆生救済のために仏がその心田に成仏の種子を下すのが下種であるが、久遠の初めと末法の初めとは本因妙下種の時であり、「本因下種」が重要となる。久遠下種、大通結縁の者は如来在世に脱益しており、在世に下種結縁の者は正像二千年に脱益を完了している。末法には過去下種の機は概していないのであるから（本未有善）、この時に地涌菩薩（上行菩薩）が出現して下種を実践しなければ末法の衆生の救済にはならないというのが基本構図である。

宗祖は自己の信仰実践の規範として当初常不軽菩薩を観ていた事が知られ、数々の法難に於いて共通する忍難の姿を自身に重ねられ、不軽菩薩の本地教主釈尊の能忍を心の支えとされた。さらに重なる大難について法華経勧持品第十三の「我不愛身命、担惜無上道」を念持せられた。「勧持品」の二十行の偈に八十万億那由他の菩薩が誓いを立て「三類の強敵が襲い来るとも此れを忍び」弘教する事を決意する。経文には弘教者の功徳により諸天の加護が約束されているはずが、何故諸天の加護がなかったのか『開目抄』に於いて問い続けられた。しかるに『本尊抄』於いて仏は迹化他方の菩薩には妙法題目を授与する事ができない、末法に於いては謗法の国の救済には本仏が指名した地涌千界の菩薩の役割がある事と妙法題目に釈尊因行果徳が具足している事を示し、凡夫が妙法五字を受持すれば釈尊の因行果徳を譲り与えられると開顕した。

さらに佐渡の後は文永十一年『法華取要抄』、建治三年『頼基陳状』等の解釈により「上行菩薩の応現」[27]「上行菩薩の垂迹」[28]等の表現が知られ、上行菩薩を自身に擬えられている。法華経の行者の実践には法華経による地涌の菩薩の任務として衆生救済の使命と仏国土建設の使命を貫き通している実相に於いて確固たるものがある。悪世末法、人心の荒廃、自然環境の悪化に対する菩薩の行として命の原点に回帰する「蘇生」の働きは、我々の指標として男女を嫌わず誰でもが志して実践できる事が重要である。法華経の菩薩とは出家、在家という生活や修行の形態には関わりのないものであり、男女平等であるから実践の当事者の無限の拡散を可能にする思想[29]であると考えられている。特に「涌出品」以下の法華経菩薩思想の展開は、人間の行動を通して人間が救済されるという思想によって成り立つ[30]とされるから、「救済されるべき者が救済者となる」点に於いて画期的であり、それこそ「蘇生」の原点であろう。菩薩行の実践が必要となる根本と考えるのである。

各宗の菩薩行を試考してきたが、三論・華厳・天台・真言・禅、諸宗が汎神論的仏身論を立て万法に即して法身如来の実相を説いている。宇宙の万有みな法身であり、如来ならざる者はないとの主張では菩薩の修行論が何かは見えてこない。今は浄土と法華をとり上げるものである。

五 「共生論」と「蘇生論」の本質

(1) 浄土教等の「共生論」と現実社会

浄土教の思想を主とする各宗および社会組織に於いて「共生」の語は今日広く支持され各界で自由に発信されているが、「共生」の成語は「とも生き」として広く使用され、一般に本来の意味と異なるニュアンスで受け入れ語られているように思う。岩波『広辞苑』によれば「共生・共棲」①ともに所を同じくして生活する事。②(生)生物が行動的・生理的な結び付きを持ち、一所に生活している状態。共利共生と片共生とに分けられる。(中略)寄生も共生の一形態とする事がある。と説明されている。従来この意が拡大され理解されているが、思想的には「共に所を同じくして生活する事」ではない。浄土に「共に往生する」が「共生」本来の意と考えられる。その根拠は浄土宗の僧、増上寺法主、大正大学学長椎尾辯匡師（一八七六〜一九七一）の著『共生講壇』[31]に明記されている。即ち「清浄法界の姿、これこそ共生の理想であり主体である極楽浄土であります。浄土とは『浄まった』世界ではなく『浄め行く』世界であります」と見え、その語源は遠く中国の唐代浄土教者善導（六一三〜六八一）[32]の法語より引用されたと記される。そして「共生」の大精神を現す経典は『阿弥陀経』であり、「極楽」は共生の完成した真生の世界であると論じた。「共生」のゴールは極楽往生して完成すると説く。これが「共生」の本質とされる。浄土教の菩薩の項で論じた如く、これは曇鸞の『往生論註』の当面の解釈による「往相回向」と解せられるのである。この往相回向は凡夫の何らの回向も修行も要せず、弥陀の誓願力、絶対他力により凡夫が弥陀浄土に摂取される。親鸞の弥陀の仏国は死後に限らず場所ではなく、「成仏の道路」「無上の方便」と言われる。「往相回向」による共生は何ら凡夫の回向も修行も要しない。「浄め行く」共生の浄土とは何か。凡夫の努力、精進も不要ならば「共生」は還相回向の菩薩の利他の利益という事になるのであろうか。「還相」が先か「往相」が先か不明である。しかし、その利他の親鸞の教理では、凡夫が弥陀の浄土へ参るのは阿弥陀仏の絶対他力（請願）によるものか、「還相回向」の菩薩の利他によるものかの異論があり、椎尾師の「浄め行く」浄土の、浄めゆくのは誰の作用か、「共生」の主体は凡夫ではない事になろう。少なくとも凡夫の菩薩行ではない。浄土教の「共生」と一般論的「共生」の意味はよく認識しておかなければならない。

　近年仏教学者に「共生」の成語に言及される事が多い。例えば立正大学の伊藤瑞叡氏は「共生」の語について、「共生の成語と思想は縁起の義として相互共有の互具なる関係を示す「共成」なる成語と思想によって止揚されるべき」と論じ、「共生は共成を真の目的とする方便となって自己完成する位置と役割をもつと見るべきである」と論じた。即ち「人と人、個人と組織・社会との、諸民族間の、異文化間の、異文明間の、人間と動植物との、生命と自然と社会との「共生による（皆）共成（仏道）」を実現しなければならない」と主張された[33]。

また東洋大学の竹村牧男氏にも「共生」についての見解があり、「自然と共生し、他者の命と共生し未来の他者と共生することが必要……環境の汚染・破壊、他者の抑圧・差別、未来の他者の権利の侵害を避け、これから自然とのかかわり方の根本が出てくる。ここに科学・技術の用い方の方向性が定まる[34]」とされた。いずれも「共生」を評価し、各々仏道、科学を見据え推進すべき考えを示している。ただ「共生」が長期に論ぜられ、近年の秀れた見解がある中で、現実社会の中で具体的進展の姿が見えないのは何故であろうか。

パレスチナ、イスラエルの悲惨な戦争も、永年民族・宗教の対立、特にはイスラエル建国以来の両国人民居住地の対立によるものと思われ根が深い。アイデンティティの違いにより居住地を争い数多の生命が奪われる。旧約聖書の神の言葉のために人が憎しみ合い戦わざるを得ないのか。二次大戦後、中東戦争を経て大国の仲介により両者に暫定的な和解はあったが歴史上、両国が本来の意味でも一般の意味でも「共生論」的に解決した事はない。独裁者の隣国侵略も止まず、大量殺戮と建物・自然の破壊は深刻だ。この被害国民の苦しみと憎しみは決定的極限に達し今や「共生論」は通用しないであろう。環境破壊で人類の生存が危機なのに人類同士が戦争している場合ではない。

命が殺し合って解決するのは獣の世界であり、「国連憲章」の前文、六条、七条は平和を実現するため軍事的解決の禁止を明記しているが、既に空文化しており違反を抑制する国際的方途も見失ってしまった感がある。正義が欲望に立脚してしまったからだ。それは正義ではない。

第一に人間は多種の動植物の命を取って生きており、実際は他の生物の命と共生してはいない。生物学的共生の例も少ない。現実に他の命を食料としなければ人は生きられず、身口意に犯してしまう罪業に対しても、懺悔罪障消滅の生き方、供養回向の生き方がなければ人間の価値は失われるだろう。まず他の命に尽くす「菩薩行」がなければならないし、命の原点に帰る事が必要である。食料となる動物ならずとも、毎年地球上に絶滅種が何千何万と伝えられ、人類の仕業、環境破壊に因るものが多い。逆に人間の命が脅かされるＳＡＲＳ・ＭＥＲＳ・新型コロナウイルス等との苦闘は続いており、「共生」とは現実にはウイルスに感染してしまう事であろうか。多少の犠牲は仕方ないという事か。それは人類にとって防御しないと大変な事になる。原発の使用済み核燃料、放射性危険物質とも「共生」は難しい。共に生きるの「共生」の理念は社会科学の事象全般に円滑な活動と共存のための重要理念である一方、悪化したあらゆる事象の現状打開には改善、解決の原理が足りず、摂受的に不条理な現状を許す方向になる。されば「共生」よりさらに一歩前進して、今日に考えるべき生き方が求められなければならない。交戦中の国は互いに憎悪が増幅するばかりだが、一方で現実に罪悪・悲惨・苦痛・破壊・損失は計り知れず、これを目の当たりにするだけに人の生命の尊厳という原点に立ち帰りたいという思いは必ず懐いている筈である。今こそ危機の時代に適合する今日の生き方を考えなければならないと思う。

(2) 法華経の「蘇生論」

近年まで「宗教と科学は相容れない」という見解は常識と言われた。宗教は教義により絶対者の代弁となり、科学は真理に絶対者を認めない。即ち宗教の価値論と科学の認識論は次元が違うという事だ。マックス・ウェーバーも科学の面から諸宗教を研究したが価値論に踏み込みはしなかった。宗教的な価値・芸術的な価値・自由の価値・祖国の価値・共同社会の価値を人々は持っており、いくつもの領域が対立して価値の妥協の中で生きているのだと言う。社会学者、内田芳明氏（一九二三〜二〇一四）は宗教的絶対価値を問う宗教哲学には課題があると論ずる。[35]宗教の価値の壁が厚いからだ。ただ日本の進化学者、佐倉統氏（一九六〇〜）は現代文明の危機には科学が価値論の問題を避けるのではなく、日本の汎神論の立場からは価値も科学の対象にすべきと論じ、宗教・哲学・芸術等について大所高所から展望する人材と自然科学の未来について的確に見通す事のできる人材が対話をしなければならないと主張された。[36]宗教との対話を必要とすると説く今日の科学者よりの貴重な意見である。この危機の時代に宗教も科学も同時に直面しているのであるから早く接点を持つべきで、私はその接点を法華経本門に登場する「地涌の菩薩」の役割としての「菩薩行」であると主張してきた。[37]本門の菩薩は今日末法悪世の苦を救済する使命を担う存在であり、科学は自然科学に於ける生命科学・物理科学もあらゆる生命や宇宙・地球の本質を研究し人類社会の真実に資する存在であれば、命や環境を題材とするという共通の立場があるからだ。

科学の認識は衆生の生命、環境、平和に資する時に価値が生じ、それらに害を及ぼす科学の認識や働きに価値が生じてはならない。それを分別するのが宗教、浄仏国土を求める「菩薩行」の役割であると考える。命に害毒を与える科学、命を傷つける科学はこれを無価値化せしめ、命のための科学はこれを価値づける。即ち宗教と科学の対話は今の時代にこそ必要である。危機の時代の究極の価値は人の命の重要性の根源に回帰する事であり、自然と命の破滅を回避する実践に他ならない。その指標が「蘇生」であり、実践が「菩薩行」でなければならないと主張するものである。

末法という今日の苦に満ちた世の救済が法華経の目的であり、その本門に本仏が久遠劫の間菩薩行を行じた所が寂光土であるという思想であるから久遠の本地と末法の今日が同じ立場であるとして、未来まで視界に入れてこの娑婆世界（今日の世）を救済し続けるための教である。「菩薩行」は仏の因行として位置づけられ、本仏は末法の私共へ実際の手本として「上行菩薩」を導師とする「地涌千界の菩薩」を指名して仏国建設を託されたのである。「法華経の菩薩行は地涌の菩薩の行に帰結するものとして秩序化されている」と考えられ、「地涌の菩薩の行は如来の果徳の因行として如来の徳用の生処でありつつ、如来の唯一の実用たる徳用を代行再現する存在である」と先学は論述されている(38)。

私共凡夫の眼に映るこの娑婆世界は戦乱が止まず、経済的利益を優先する弱肉強食、気候変動に現れた環境悪化と人心の荒廃の、正に悪世であるが、私共の生き方即ち菩薩行が有効に実践され広く地涌の菩薩が本仏の使命を果たせば仏国土は実現不可能ではない。即ち私たちが地涌の菩薩となれば仏国土建設の久遠の系譜と任務が保証されるのであるから、これ程心強いものはない。仏教もまだまだ完成を目指して地涌の菩薩の真意にリセット（蘇生）されなければならないだろう。

永年の人間の仕業、業縁の結果が今日の世の悪化を引き起こしてきたのであれば、それに対して罪障消滅の供養が必要であり、その回復のための菩薩行が必要となる。現に宗祖自ら如来使、上行菩薩応現の自覚のもとに、理観でなく歴史上の事実として衆生に菩薩行の実践を示された。それは宗祖の題目下種の信行と滅罪の報恩行とである。即ち『法華題目抄』に「妙とは蘇生の義なり。蘇生と申すはよみがえる義なり」と示された(39)。このご遺文には法華経の真髄を示し「大」のつく他経典は「生者《いけるもの》を治して死せる者をば治せず法華経は死せる者をも治す。故に妙と云ふ也」と示されてある。人の心も事物も失われたものを蘇生せしめる功徳を主張した部分である。人の心が菩薩行により命の本源に蘇生すれば「三諦円融」の法理によりこの土（環境）も悪化から蘇生せしめる可能性があると考えるべきである。

宗祖の教学に於いては知恩報恩そのまま本門の妙行であるというべきであり、本門の行者は本門題目信仰と題目体内の四恩三徳に対する報恩とを併行すべきであるとの基本は重要である[40]。「報恩即仏道」「仏道即報恩」の意は『開目抄』『報恩抄』に明らかである。

現に世界の異宗教間の信行の対立は出世間的相克で価値観の相違であるから宗教が介在する問題解決は困難となる。日本仏教の各宗に於いても中世にはともかく今や教義による出世間的信行で自宗の教義を翻す事はないと思われる。されば信行による思想のリセットは至難である。しかし「報恩行」の社会に於ける現実生活の徳行については社会の苦難に立ち向かう点に於いて平和祈求ないし未来の環境悪化の阻止等については広く社会の協力が得られる筈である。作家の大江健三郎氏（一九三五〜二〇二三）[41]は人間の理性と宗教についての考察で、新興教団の信行の問題点に関し「神なき者の祈り」として理性と自由意志の上から特定の神の価値に依らない人々の未来への「平和と希望」を願う祈りも無視してはならないとする。地涌の菩薩の菩薩行は信行と報恩行が併行されるべきであれば、地涌の菩薩は迹化の菩薩や他方の菩薩のようにその任務に於いて限られた存在ではなく、この世の大地から涌き出る如き無数の人々が必要であるから、仏教各宗についても世界の宗教に対しても発信できる力を持つべきである。全ての人の滅罪の「報恩行」は全ての人に通ずる生き方であろう。「八正道」によれば煩悩制御が重要課題であるが、煩悩の滅尽は生命の否定でもある。自己の先業は罪障消滅の供養が必要であり、飽くなき利益を貪るのでなく、そのエネルギーを転換して自然界や他の生命に尽くす働き（菩薩行）となすべき事が求められる。「無」から「有」を造り直すのではなく人の心の「大転換」が必要である。それは人々の祈りであり、この実践が発展すればそれは今日に必要なルネッサンスになるのかもしれない。我々は上行菩薩体内の報恩行を忽せにせず菩薩行の実践に努めるべきであり、その指標を「蘇生」とすべきと考える。理観ではなく事相としてこの地上に実現すべきが人の心と環境の「蘇生」そのものであるからだ。そこに人が生きる今日の意味があるからだ。

結び

危機の時代と言われる現代に未来を展望する思想・時代の苦難を救済する思想とは何かについて、はじめに科学の立場による因果論、確率論、カオスの理論を概観したが、将来の環境を楽観するものはなく、様々な因子による事は当然として変化があり、人の意志が如何に関与するのかも確定はしていない。今日、哲学、宗教の目指すべきものは何か不透明な現状にある。されば積み重ねられて来た思想の中にその意義を見出すべく、仏教各宗の救済論の中、具には菩薩の在り方を特に浄土教、法華経の立場から試考し、結果として浄土教はじめ今日多方面に支持される「共生」思想の本質と法華経の菩薩行の求める「蘇生」思想の本質を考えた。同時に今日に於ける世法と仏法の乖離、科学と宗教の乖離の現状を止揚する思想とは何かを試考した。

二十世紀中後半より人間活動の規模や技術の拡大によりグローバルな変化が地球上の地質にも顕れ地質学的にも分解しないプラスチック等人工物質が蓄積し、地質年代を人新生（Anthropocene）と呼ばなければならない可能性が報じられた。人間の業の堆積である。人類の叡智が必然的に望まれる。中世ヨーロッパに発生したペスト禍による感染者の多死と神への不信が広がり、その結果としてヨーロッパにルネッサンスが興りキリスト教界の宗教改革をもたらした。今日のポストコロナ禍、地球環境悪化、世界の戦乱、利益の飽くなき追求による混迷はもう後がなく「終末時計」はカウントダウンが始まった。既に経済学者や科学者らはこの状態を打破するためにグレート・リセット（大改革）、グリーンリカバリー（緑の復興）、エコイノベーション等の発信をしている。単に元の社会経済に立帰るのではない。サスティナブルリカバリーとしてＳＤＧｓ、カーボンニュートラルの目標達成を視野に入れ人類の生き残りを目ざしている。

私共仏教者には現状打開のための思想の表明が望まれ、今日まで科学者や経済学者から今日に必要な仏教思想提起の要請がある。にも拘わらず仏教思想による今日の世の苦難に対する思想開示が立ち遅れている感が否めない。グレート・リセットは利益追求社会に対する仏教の利他の精神を経済に導入すべきという時機を得た考え方であり、苦難の回復の方向は法華経本門の菩薩の役割、菩薩行の「蘇生論」と重なり合う事を試考した。即ち「蘇生論」は科学の世界とも対話でき、呼応できると考えるのである。現に経済学者・科学者・芸術家等、その道のエキスパートとの間に仏教の信行を説く対話が進み難いのに対し、生命重視の文明へ蘇生を希求する法華上行菩薩の菩薩行、苦難の現世に対する「蘇生論」に於いては多くの共感を得られる事を実感してきた。出世間的価値論（教義）に基づく信行が大切なのは本義であるが、もっと広い世界に於いて絶対的価値観の対立の時は解決困難に陥る例が多い。危機の時代に世間的「報恩行」を活用して本来の「菩薩行の実践」の真価を意義づけしていく事は必要であろう。

危機の時代に科学と宗教が乖離して人類が滅亡に赴く事は最悪のシナリオであり、地球の歴史上人類が最愚の生物となるか、蘇えることができるのか、宗教と科学の対話により智恵と慈悲による問題解決の方途を求め新たな可能性を広げて行く事ができれば、それは菩薩本来の使命、浄仏国土・衆生成就の実現に大きな貢献となろう。今の時に新たな可能性を求めなければ未来は開かれないのは当然である。

地涌の菩薩は経文に「無量千万億の菩薩、摩訶薩」と見える如く、本仏は数多の菩薩を期待している。宗教・民族・国家と時代を超えて各界に「地涌の菩薩」の出現が望まれる。法華上行菩薩の信行と報恩行により「蘇生」の思想がその位置を確保し、人々の将来に光の見える思想として認識され実現する事を願うものである。それが本仏の価値を証明し、その教説の実相を示す事になるからである。

註

（1）『法華宗宗報』第一二〇号、二〇〇八年、三〇頁

（2）『菩薩行』創刊号拙著「危機の時代に生きる思想と実践」法華宗菩薩行研究所、二〇一〇年、一五頁

（3）トマ・ピケティ著、山形浩生等訳『21世紀の資本』みすず書房、二〇一四年、五九七頁 Le Capital au XXIe siècle by Thomas Piketty

（4）註（3）前掲書、六〇二頁

（5）小林一郎（一八七六～一九四四）仏教学者、「法華経」研究者。著書に『法華経大講座』。法華信仰、その生き方に影響を与えられた人は枚挙にいとまがない。

（6）ビティリム・ソローキン（一八八九～一九六八）ロシア出身社会学者、アメリカに亡命。著書に『社会的・文化的動学』。観念的・理想的・感覚的という文化の三要素の波動と循環により人類史を考えた。

（7）山本良一（一九四六～）工学博士・環境経営学者。著書に『残された時間』（ダイヤモンド社、二〇〇九年）

（8）宇沢弘文（一九二八～二〇一四）数理経済学者。著書に『社会的共通資本』（岩波書店、二〇〇〇年）、『経済は人々を幸福にできるか』（東洋経済新報社、二〇一三年）

（9）堀内行蔵（一九四五～二〇二〇）社会経済学者

（10）「気候非常事態宣言からグリーンリカバリーへ」（山本良一『公衆衛生』第八七巻、二〇二三年、二一三頁）

（11）『岩波講座　宗教と科学1』「仏教の場合」（岩波書店、一九九二年）二五一～二五三頁

（12）前掲書「科学の反省と宗教への期待」一八一頁

（13）前掲書「宗教者から科学者へ」一四六頁

（14）広瀬杲「親鸞教学における行の定義」（日本仏教学会編『仏教における行の問題』平楽寺書店、一九六五年）三一三頁

（15）藤原凌雪「真宗における行について」前掲書、三三二頁

（16）武田龍精「親鸞における「菩薩」の概念」（日本仏教学会編『菩薩観』平楽寺書店、一九九六年）三七七頁

（17）意識論・存在論・実践論・宗教論すべて場所論の変容的展開として相互関連的浸透的に考え抜いて行くという論理。『岩波哲学思想辞典』一二〇八頁

(18) 武田龍精「親鸞における「菩薩」の概念」註(16)『菩薩観』三八八頁
(19) 武田晋「真実証について——往還二回向の仏道——」(岡亮二編『教行信証』に問う』永田文昌堂、二〇〇一年)二二七頁
(20) 前掲書、二二六頁
(21) 幡谷明「親鸞における菩薩道」註(16)『菩薩観』四二一頁
(22) 武田晋「真実証について」註(9)前掲書、二一一頁
(23) 武田龍精「親鸞における「菩薩」の概念」註(16)『菩薩観』三八五頁
(24) 聖光房弁長『徹選択本願念仏集』上下二巻に於いて法然と異なる独自の思想を展開した。
(25) 高橋弘次「『徹選択集』における菩薩観」註(16)『菩薩観』三五四〜三六五頁
(26) (下方) 本化上行等地涌の菩薩、(他方) 娑婆世界以外の十方世界の菩薩、(旧住) 文殊等旧住娑婆世界八万の菩薩
(27) 中條暁秀「日蓮と常不軽菩薩」註(16)『菩薩観』四三七頁
(28) 渡邊寶陽「日蓮の「法華経行者意識と地涌菩薩認識」」註(16)『菩薩観』四四七頁
(29) 久保継成『法華経菩薩思想の基礎』春秋社、一九八七年、一三〇頁
(30) 株橋日涌『法華宗教学綱要』東方出版、二〇〇六年、三二一頁
(31) 椎尾辯匡『共生講壇』共生会出版部、一九二六年、三二九頁
(32) 善導『六時礼讃偈』の「願共諸衆生往生安楽国」より引用。善導は終南大師・中国浄土教第三祖。『観無量寿経疏』「往生礼讃」等を著し法然・親鸞は大きな影響を受けた。
(33) 伊藤瑞叡(一九四二〜二〇二〇)仏教学者、前本国寺貫首。「仏教・環境倫理学序説」(『仏教と環境』、立正大学仏教学部50周年記念論文集、二〇〇〇年)三四七〜三四九頁
(34) 竹村牧男(一九四八〜)仏教学者・前東洋大学長。『第二回　宗教と環境シンポジウム』二〇一二年、八頁
(35) 社会思想研究家マックス・ウェーバー「古代のユダヤ教」の翻訳・研究。比較法文化学会会長
(36) 東京大教授、進化学を中心とする科学史・科学技術社会論科学技術を人間の長い進化の視点から位置づけていく事を興味の根本とする。

（37）註（2）前掲書、拙著二九頁
（38）伊藤瑞叡『法華菩薩道の基礎的研究』平楽寺書店、二〇〇三年、七九八頁
（39）『法華題目抄』定遺四〇二～四〇三頁。女人成仏も説かれる。
（40）註（30）前掲書、二五九頁
（41）小説家、ノーベル賞受賞。サルトル実在主義の影響あり。「燃えあがる緑の木」三部作で新興教団問題を取上げ「神の意志・自由意志・自然意志」を題材とした。

キーワード　宗教と科学、共生論、蘇生論、菩薩行、救済思想

法華経と vaitulya

石田智宏

I. 法華経[1]における vaipulya と mahāyāna

羅什訳『妙法蓮華経』(以降、『妙法華』)には「説(是)大乗経名妙法蓮華教菩薩法仏所護念[2]」という表現がたびたび現われ、自らが大乗の経であることを宣言している。これに対応する梵文で「大乗」に相当する語は mahāvaipulya であることが多い[3]。『妙法華』に現われる「大乗」という語について論じた苅谷(1988)によれば、『妙法華』には上記のフレーズを含め32箇所に「大乗」という語が見られるが[4]、そのうち12箇所は梵本では (mahā)vaipulya となっている[5]。梵文法華経(ギルギット・ネパール系写本)で vaipulya という語が現われるのは15回であるから、羅什は vaipulya という語の多くを「大乗」と訳していることになる[6]。

いっぽう『妙法華』で「大乗」と訳される上記32箇所のうち、対応する梵文がこの語から普通に想定される mahāyāna となっているのは2例のみ(いずれも譬喩品)である。第一の例は三乗のうち第三である菩薩の乗り物を指しているが、これは法華経を意味しない。第二の例は如来が三乗を示した後に衆生を涅槃させるために説いた大乗を指し、これは法華経のことである[7]。梵文法華経はこの第二の例(*1)に続けて「ただ一つの大乗 (mahāyāna)」(*2)といい、これは法華経のことを指すのであるが、その箇所はカシュガル写本では「ただ一つの仏乗」となっており[8]、対応する『妙法華』は「一仏乗」と訳している。梵文法華経に

「大乗」の意味で現われる mahāyāna は 6 回あるが、自らを mahāyāna とする表現は上記の（*1）と（*2）のみで、きわめて少ない[(9)]。

以上を見ると、法華経を大乗経典とみなして「大乗」という語に注目するときには、対象となる梵語のキーワードとしては mahāyāna という語よりはむしろ vaipulya という語が重要であることがわかる。

II. 中央アジア系梵語写本の vaitulya

現存する梵文法華経は、完本または現存率の高い写本としてはギルギット・ネパール系写本が圧倒的に多く、中央アジア系写本から回収できる情報は数量的に限られている。したがって梵文法華経はギルギット・ネパール系写本を基準にして理解されており、梵文法華経の本文に 15 回現われる vaipulya もギルギット・ネパール系写本で見られる語である。これに対してカシュガル写本は完本ではないものの、この vaipulya という語が現われる部分は回収率が高く、13 箇所が対照できる。そのうち 10 例では vaipulya のかわりに vaitulya となっているほか、スタインコレクションなどに含まれる他の中央アジア系写本でも vaitulya となっている例が見られる[(10)]。カシュガル写本やファルハドベーク写本など中央アジア系写本では、章末奥書（コロフォン）が vaitulya になっていることも多く[(11)]、法華経の中央アジア系梵語写本では複数の写本で vaitulya が用いられていた。また大般涅槃経の中央アジア写本でも vaitulya という語形が用いられており[(12)]、この地域で広く vaitulya が用いられていた可能性がある。

このように見ると、『妙法華』で大乗の概念に相当するサンスクリット語としてはギルギット・ネパール系写本に見られる vaipulya のみでなく、現存資料としては数量的に限られているが、中央アジア系写本に見られる vaitulya も異読として認めなければならない。

なお梵文法華経本文でこの vaipulya/ vaitulya となっている箇所は、

『正法華』では9回が「方等」と訳されている。(13)「方等」は本来 vaitulya の訳であり、このことは言語的に『正法華』の依拠した梵文法華経が中央アジア系写本であったという見方を支持するといえよう。(14) なお法華経の漢訳では『正法華』『妙法華』ともに、「方広」という訳は用いられない。(15)

III. vaipulya/ vaitulya

さて上述のように、梵文法華経ではギルギット・ネパール系写本で vaipulya が、中央アジア系写本では vaitulya が用いられることがわかったが、この両語は単なる語形の相違に過ぎないのか、あるいは語義の違いもあるのだろうか。vaipulya/ vaitulya は一般に「方広」または「方等」と漢訳され、おおむね同義語として扱われるが、vaipulya が両語を代表するものとして扱われる傾向が強く、『妙法華』のように大乗と同義ともみなされる。

両語については岡田（2006a）が代表的な仏教語辞典の説明を簡潔に概観しているので、いまこれを参照してみよう。

まず (1) 岩波『仏教辞典』では「方広」の見出しはなく、「方等 [s: vaipulya]」の見出し語に対して〈方等〉と〈方広〉などと訳される。広大な、大いに増広発展せしめられた、の意とする。(2) 水野弘元『パーリ語辞典（二訂）』は参照として Vetulla の項に、Vaitulya（方等）は Vaipulya（方広）に由来するという。(3)Edgerton『仏教梵語辞典』には、vaipulya は vipula（広大な）からの派生形であるとし、また vaitulya の項に vaipulya と同等とも説明する。vaitulya（vitula の派生形）の訳語は方等が想定される、という。(4) 平川彰編『佛教漢梵大辞典』には、「方等」の梵語を vaipulya とする（以上、趣意）。ちなみに Mayrhofer (1976) も両語の意味の違いを前提としながらそれらを同義語とみなしている。(16) これらを見ると、両語に関する辞典類の説明においては、vaipulya を代

表形とするものも vaitulya を代表形とするものもあり、意味的には同義であるが、vaitulya は vaipulya に由来し、概して vaipulya は〈方等〉〈方広〉、vaitulya は〈方等〉と訳されていることがわかる。

ところで岡田（2006a）は、法華経における vaipulya の意味を『婆沙論』（T27, 660a）に基づき、方広とは甚深の法義を広説したものとした上で[17]、「仏説の広説・拡大を意味する梵語としては vaipulya を用いるべきで、vaitulya は不適当である。日本では方等という漢訳が主流でそれが大乗経典とみなされるのは天台五時教判の方等時の影響と思われるが、法華経に見られる語形は vaipulya だから「方広」が正しく、「大乗」とか「方等」というのは適切ではない」とする[18]。

これについては、仏説の広説・拡大の意味では vaipulya が適当で、これを「方広」とするのは正しいであろうが、前節に述べたとおり中央アジア系の複数の写本で vaitulya が用いられる例が見られ、『正法華』では「方等」と訳すのが普通であることを考慮すれば、vaitulya に基づいて「方等」という表現にも妥当性があると考えられよう[19]。

IV. 類語の変遷とカシュガル本の書写年代

vaipulya/ vaitulya には類語が多い。その誕生・変遷については概ね次のように推測されている[20]：サンスクリット語 vaipulya の想定原語として vevulla があり、その祖語からパーリ語 vedalla が派生、さらにそこから vaidalya が派生した。またその間に vevulla から誤って vaitulya という語が誕生した。初期経典における vedalla は vaipulya の対応語と考えられる。

Karashima (2015) は上記の vaipulya/ vaitulya の類語のうち、大乗経典の称号として用いられた vevulla、vaitulya、vaipulya および mahāyāna という語の漢訳の、経典における出現頻度を世紀ごとに調査し、各語の翻訳年代の分布を数値化した。その結果、2 世紀には vevulla（遺曰）が、

3〜7 世紀には (mahā-) vaitulya（〈大〉方等）が、5〜11 世紀には (mahā-) vaipulya（〈大〉方広）や mahāyāna（大乗）が用いられたことが明らかになった。

以上を法華経において用いられる vaitulya/ vaipulya に適用すれば、より古くは vaitulya が用いられていたが、それが後に vaipulya に置き換えられていったことになる。上述の辛嶋の分析では vaitulya は 3〜7 世紀に用いられていたことになり、法華経のカシュガル写本にこの語が見られるということは、この写本の（書写）年代が現在推測されている 9〜10 世紀より遡る可能性があるということである（後述）[21]。興味深いことに、カシュガル写本では方便品第 50 偈に vaitulya が用いられ、一偈おいた第 52 偈では vaipulya が用いられている[22]。つまり一偈を挟んだ前後の偈で一方が vaitulya、他方が vaipulya となっているが、この不統一をどのように理解すべきであろうか。また同写本の KN 193. 7 相当箇所（化城喩品）および KN223.3 相当箇所（授学無学人記品）では、vaitu[pu]lya という、vaitulya と vaipulya を合成した形が残っている[23]。これらのことはこの写本の書写に際し、vaitulya/ vaipulya のどちらを用いるかの選択が揺らいでいたことを示すと考えられよう。以上のわずかな例のみで結論づけるのは早計であるが、これが写本の書写年代を示す一つの指標であることは間違いなく、これらの事実はこの写本の書写された時代がまさに vaitulya から vaipulya への移行期だったことを物語ると考えられる。

戸田宏文はこのカシュガル写本の書写年代について「7 世紀までに書かれていたかもしれない証拠がありそうだが、この写本は 9〜10 世紀に属するものらしい」と述べ、その根拠としてコータン語の専門家である Emmerick の所見を引いている。それによれば、この写本で用いられている書体の正規の字体は数世紀にわたって用いられたものだが、コータン写本の奥書の言語は 9〜10 世紀の後期コータン語である。最終奥書に用いられるコータン写本の斜体文字の多様性は 10 世紀であること

の強い証拠である、という（趣意）[24]。

戸田が表明する上述の年代に関する記述はわかりにくいが、上に見てきた vaitulya/ vaipulya の使用例より、次のように考えれば理解しやすいのではないか。すなわち、この写本は奥書からは 10 世紀という書写年代が推定されるが、法華経本文で使用されている一部の用語については、より古く 7 世紀以前に用いられていた語形を保持している可能性がある、と考えるのである。

おわりに

本稿では、羅什訳によって知られる「大乗」という漢訳に対応する梵語は、一般的に想定される mahāyāna というよりは vaipulya あるいは vaitulya であることを示し、とくに中央アジア系写本にのみ見られる vaitulya に焦点をあててきた。両語に関する上述の言語的変遷によれば、法華経の写本としては vaitulya が古く、それが vaipulya に置き換わっていったと考えられる。ここで両語の語義の違いについて触れておきたい。

vaitulya は、文字通りには「同等・同列ではない」という原意から、「意見を異にする」という意味を持つ vi-tulya の二次的派生語で、他とは異なり変則的だが比類のないもの、という意味をもつと考えられよう[25]。いっぽう vaipulya は vi-pula（広大な）という語の派生語とみなされている[26]。

法華経において、より古く vaitulya が用いられていた時にはこの語を用いた人たちには「他とは異なる」という意識が強かったであろうし、vaipulya が使われ始めた時にはこの語には大乗の「広大な」教えという側面が強く意識されたであろう。後の大乗論書になると vaitulya, vaipulya が mahāyāna と同義語であるとみなされるようになり[27]、その漢訳には、交代しながら「方広」「方等」「大乗」が充てられるようになる。『妙法華』の訳出年はそれよりはるかに前であるが、羅什によって

vaipulya/ vaitulya が大乗と訳されたことは、すでに両語の原意への意識が希薄になっていたことを示しているのかもしれない。しかしそれは後のことであって、法華経が誕生した当時には人びとの間には新たな仏教観を模索しようとする宗教感情が高まり、未だ確かな価値観が定まらない状況にあったと考えることができるであろう。そう考えると、vaipulya という語によってイメージされる「広大な」という価値もさることながら、より原初的に、阿含の価値観と「同等・同列」であることにあきたらずに、それまでとは異なった新たな価値観を模索していくという意味を内包する vaitulya という語が、よりリアルに感じられるのではなかろうか。

註

（1） 法華経の章番・章名は便宜的に『妙法華』のそれを用いる。

（2） この表現が現われるのは次の 5 回：(1) T4a（序品）、(2) T4b（序品）、(3) T11b（譬喩品）、(4) T25a（化城喩品）、(5) T52a（如来神力品）。苅谷（1988）。

（3） 前註の各番号に対応するのは次のとおりで、(1) 以外では「大乗」に相当する語はすべて mahāvaipulya である。(1) saddharmapuṇḍārīkaṃ nāma dharmaparyāyaṃ saṃprakāśayāmāsa (KN21.1); (2) (3) (4) (5): (bhagavān api taṃ) saddharmapuṇḍārīkaṃ (nāma) dharmaparyāyaṃ sūtrāntaṃ mahāvaipulyaṃ (KN 22. 15, 65. 1, 181. 6, 389. 8).

（4） 序品から如来神力品。ただし苅谷（1988）：pp. 73-78 の表には、提婆達多品に現われる「大乗」1 例（『妙法華』34b5） と mahāyāna 3 例（KN261. 15（2 回）, 262.2）が欠けている。

（5） 苅谷（1988）。『正法華』で大乗という訳語は 24 回あるが、本文にある『妙法華』のようなフレーズで経自身を大乗とする表現はない。

（6）「大乗」と訳されない vaipulya が 3 回あるが、その 1 例は帰敬偈で漢訳されておらず、他の 2 例は vaipulya に対応する訳を欠く。KN1.3（L 欠）; KN21.6 (L 4a28-29); KN193.7 (L 26c10).

（7） T13b: KN81.4; T13c: KN82.7.

（8） KN82. 10; Toda (1981): p. 46; LMS (18): p. 135, n. 385 は buddhayāna と読まないが、見落としと思われる。

（9） 梵文法華経に「大乗」の意味で現われる mahāyāna は本文中にあげた

3例のほか、提婆達多品に3回ある（文殊と智積菩薩の対話の説明）が、直接法華経を指示するものではない。また譬喩品に7回出る例は三車火宅喩において「乗り物」の意味で用いられる。

(10) KN本でカシュガル写本（Ka）が現存している部分にvaipulyaとある13箇所の内わけは次の通り。Kaでvaitulaとなっているは10箇所はKN 19.12, 22.15, 23.10（I-60), 46.8, 65.1, 98.3 (III-142), 98.11 (III-146), 146.8 (VI-7), 181. 6, 193. 7 (VII-82) である。ほかに2/3?箇所がKaでvaipulya（KN5.8, 46.8, 389.8?）、1箇所はvaipulyaに相当する語がない（KN22.15）。このうちKN 19.12は中央アジア系H3でも、KN98.3は中央アジア系H6でもvaitulyaとなっている。Kaでvaipulyaとなっている KN5.8は中央アジア系R2でvaitulyaとなっている。またKN本にはvaipulyaがなく、カシュガル写本にvaitulyaとある箇所が1箇所（KN21.1の前後の拡張部分）ある。写本略号はKarashima (1992) 参照。

(11) カシュガル写本では欠損部以外では1～7, 10～15と27章のコロフォンではvaitulyaが、8, 18, 19, 21, 22, 23, 25章のコロフォンはvaipulyaである。ファルハドベーク写本は現存部が少ないが、11章のコロフォンはvaitulya、13, 14章はvetulyaである。Toda (1981). Skilling (2013): p.92, 143.

(12) Habata (2007): pp. xlix-li. Skilling (2013): p.92, 143.

(13) 『正法華』に「方等」とあり、対応するギルギット・ネパール本はvaipulya、カシュガル本などでvaitulyaとある例はKarashima (1992): p. 29 (Z 63b25); p. 37 (Z 66a18); p. 51 (Z 70b7); p. 80 (Z 79c9, Z 79c19); p. 102 (Z 86c23); p. 114 (Z 91c24); p. 120 (Z93c4), およびZ 66b7。『正法華』には「方等」とあり、対応するギルギット・ネパール本にvaipulyaがなくカシュガル本にvaitulyaとある例：Karashima (1992): p. 38 (Z 66b3, Ka 28a1）。『正法華』に「方等」とあり写本は異読なくvaipulyaの例：Z81a19, Z 124b3. Karashima (1998): pp. 133-134も参照。

(14) Karashima (1992): p. 14.

(15) 『阿毘達磨大毘婆沙論』（玄奘訳）では、十二分教の第10項に挙げられる「方廣」について、「方廣云何。謂諸經中廣説種種甚深法義。如五三經梵網幻網五蘊六處大因縁等。脇尊者言。此中般若説名方廣。事用大故。」（T27, No. 1545, p.660a27-29）という。脇尊者の言として「方廣」という訳語に般若説の意があるということが影響しているのか。

(16) Mayrhofer (1976): p. 216.

(17) 岡田（2006a）：pp. 9-10. なお以下註6までは岡田（2006b）：pp. 90-92に再説。

(18) 岡田（2006a）：pp. 10-11.

(19) 法華経は『大智度論』には「広経」として引用される (T25, No. 1509, 308a)。
(20) Karashima (1992): pp. 278; Karashima (2015): pp. 132-138; 辛嶋 (2017a): pp. 34-44; (2017b); Norman (1978); Skilling (2013): pp. 84-85.
(21) Toda (1981): xii-xiii; LMS (1): pp. 10-11, 24, 37-38.
(22) Toda (1981): p. 27. II-50 は Khādaliq 写本も vai[tul]*ya* である。Wille (2000): p.31.
(23) Toda (1981):p. 96, 109; Karashima (1992): 317.
(24) Toda (1981): xii.
(25) Baba (2021): pp. 30-32; Rahula (1956): p. 90; Skilling (2021): p. 516, n. 93; Karashima (2015): 136ff.; 辛嶋 (2017a): 41ff.; 辛嶋 (2017b): p. 409.
(26) 前田 (1964a): p. 384ff.; Rahula (1956); Skilling (2013).
(27) 「vaipulya と vaidalya と vaitulya というこれらは mahāyāna の同義語である」 vaipulyaṃ vaidalyaṃ vaitulyam ity ete mahāyānasya paryāyāḥ/ ASBh 96.3; 堀内 (2006): p. 18.

参考文献

【和漢文】
岡田 (2006a)　岡田行弘「九分十二分教としての法華経」『東洋文化研究所所報』(身延山大学) 10, pp. 1-25.
岡田 (2006b)　岡田行弘「法華経は大乗経典か」望月海淑編『法華経と大乗経典の研究』山喜房仏書林, pp. 85-108.
辛嶋 (2017a)　辛嶋静志「誰創造了大乘經典——大眾部與方等經典——」『佛光學報』佛光大學佛教研究中心, 宜蘭 (台湾), pp. 1-86.
辛嶋 (2017b)　辛嶋静志「大衆部と大乗」『日本印度学仏教学研究』66-1, pp. 411-405.
苅谷 (1988)　苅谷定彦「『妙法華』における「大乗」の語について」『大崎学報』145, 立正大学仏教学会, pp. 69-86.
『正法華』　『正法華経』(法護訳), T vol. 9, No. 263, pp. 63-134.
堀内 (2006)　堀内俊郎「十二分教考——瑜伽行派における sutra, avadana, vaipulya, upadesa 解釈——」『仏教文化研究論集』, 東京大学仏教青年会, pp. 3-28.
前田 (1964)　前田惠學『原始佛教聖典の成立史研究』山喜房仏書林。
『妙法華』　『妙法蓮華経』(鳩摩羅什訳), T vol. 9, No. 262, pp. 1-62.

【欧文】

ASBh　N. Tatia (ed.), *Abhidharmasamuccaya-bhāṣya,* Patna 1976.

Baba (2021)　"Greatness or Heresy? Pāli Discourse on Vetulla/ Vetulya as the Mahāvihāra's Response to the Mahāyāna," *Transactions of the International Conference of Eastern Studies*, No. LXV (『國際東方學者會議紀要』第六十五冊), pp. 28-42.

Habata (2007)　Hiromi Habata (ed.), *Die Zentralasiatischen Sanskrit-Fragmente des Mahāparinirvāṇasūtra: Kritische Ausgabe des Sanskrittextes und seiner tibetischen Übertragung im Vergleich mit den chinesischen Übersetzungen*, Indica et Tibetica Verlag (Marburg).

Ka　The Manuscript of the *Saddharmapuṇḍarīkasūtra*, SI P/5 (presently, SI 1925/ 1927), Institute of Oriental Manuscripts of the Russian Academy of Sciences, St. Petersburg (O in KN).

Karashima (1992)　Seishi Karashima, *The Textual Study of the Chinese Versions of the Saddharmapuṇḍarīkasūtra in the light of the Sanskrit and Tibetan Verions*, The Sankibo Press (Tokyo).

Karashima (1998)　Seishi Karashima, *A Glossary of Dharmarakṣa's Translation of the Lotus Sutra* (『正法華經詞典』), Bibliotheca Philologica et Philosophica Buddhica I, The International Research Institute for Advanced Buddhology, Soka University (Tokyo).

Karashima (2015)　Seishi Karashima, "Who Composed the Mahāyāna Scriptures? —— The Mahāsāṃghikas and Vaitulya Scriptures," in: *Annual Report of The International research Institute for Advanced Buddhology at Soka University for the Academic Year 2015*, Volume XVIII, The International research Institute for Advanced Buddhology, Soka University (Tokyo), pp. 113-162.

KN　Hendrik Kern and Bunyiu Nanjio (eds.), *Saddharmapuṇḍarīka* (Bibliotheca Buddhica X), Imprimerie de l'Académie Impériale des Sciences (St. Pétersbourg) 1908-12.

L　→『妙法華』

LMS (1)　Jiang Zhongxin (ed.), *A Sanskrit Lotus Sutra Fragments from the Lüshun Museum Collection, Facsimile Edition and Romanized Text*, Lüshung Museum・Soka Gakkai（蔣忠新編『旅順博物館蔵梵文法華経断簡　写真版及びローマ字版』旅順博物館・創価学会）1997.

LMS (18) Haruaki Kotsuki (ed.), *A Critical Edition of Sanskrit Lotus Sutra C4 with Comparison Readings from Nepalese, Gilgit and Central Asian Manuscripts*, Lotus Sutra Manuscript Series 18（『梵文法華経写本（C4）校訂本　ネパール・ギルギット・中央アジア系写本異読対照』法華経写本シリーズ 18), Institute of Oriental Philosophy, Soka Gakkai（創価学会 / 東洋哲学研究所）2023.

Mayrhofer (1976) Manfred Mayrhofer, *Kurzgefaßtes etymologisches Wörterbuch des Altindischen*, Bd. III: Y-H, Carl Winter Universitätsverlag (Heidelberg).

Norman (1978) K. R. Norman, "The role of Pāli in early Sinhalese buddhism," in: Heinz Bechert (ed.), *Buddhism in Ceylon and Studies on Religious Syncretism*, Göttingen 1978, pp. 28-47 (= K. R. Norman, *Collected Papers*, Volume II, The Pali Text Society (Oxford) 2003, pp. 30-51).

Rahula (1956) Walpola Rahula, *History of Buddhism in Ceylon*, M. D. Gunasena (Colombo).

Skilling (2013) Peter Skilling, "Vaidalya, Mahāyāna, and Bodhisatva in India: An Essay towards Historical Understanding," in: Bhikkhu Nyanatusita himi (ed.), *The Bohidsattva Ideal, Essays on the Emergence of Mahāyāna,* Buddhist Publication Society (Kandy).

Skilling (2021) Peter Skilling, *Questioning the Buddha, A selection of Twenty-Five Sutras* (Classics of Indian Buddhism), Wisdom Publications.

T 『大正新脩大蔵経』（高楠順次郎・渡辺海旭編）100 vols., 東京 1924-34.

Toda (1981) Hirofumi Toda (ed.), *Saddharmapuṇḍarīkasūtra*, Central Asian Manuscripts, Romanized Text, Tokushima.

Wille (2000) Klaus Wille (ed.), *Fragments of a Manuscript of the Saddharmapuṇḍarīkasūtra from Khādaliq*, Lotus Sutra Manuscript Series 3, Soka Gakkai (Tokyo) 2000.

Z → 『正法華』

キーワード　法華経、大乗、vaipulya、vaitulya

『法華経』における「薬王菩薩本事品」の位置づけ

鈴木隆泰

1. 問題の所在(1)

『法華経』(*Saddharmapuṇḍarīka, SP*)の「薬王菩薩本事品第二十三」(Bhaiṣajyarājapūrvayoga-parivarto nāma dvāviṃśatimaḥ, *SP* 22、以下「薬王品」と略称(2))には、燃身(3)供養を称讃・称揚する記述が存在している。従来は、"『法華経』は燃身を勧めているのではない。燃身供養の称讃は、『法華経』の素晴らしさを説くための手段に過ぎない"との解釈が一般的であった(4)。しかし、この解釈は本当に妥当なのであろうか。

そこでまず、「薬王品」のうち、日月浄明徳(チャンドラスーリヤヴィマラプラバーサシュリー Candrasūryavimalaprabhāsaśrī)如来、および『法華経』を供養するため、自らの身体に火をつけた一切衆生喜見(サルヴァサットヴァプリヤダルシャナ Sarvasattvapriyadarśana)菩薩(薬王菩薩の過去世の姿(5))を、諸世界の諸仏が讃歎《さんだん》する場面(*SP* 22.2.2.3 燃身供養(6))から引用する。

〔諸仏〕「善男子よ、素晴らしいぞ、見事である。善男子よ、そなた〔一切衆生喜見菩薩大士〕は実によくやった。諸々の菩薩大士たちにとって、これ(燃身)こそ真の精進努力の実践である。これこそ如来に対する真の供養であり、〔『法華経』という〕法に対する〔真の〕供養なのである。華、薫香、香水、華鬘、塗香、抹香、衣、傘、旗、幡による供養もまったく及ばず、財物による供養も、ウラガ・サーラ栴檀による供養もまったく及ばない。善男子よ、これこ

そが最高の布施なのであって、王位を棄捨しての布施も、愛しい息子や妻を棄捨しての布施もまったくそれには及ばないのだ。さらにまた、善男子よ、自らの身体を棄捨することは〔『法華経』という〕法に対する、最勝・最高・最上・最妙にして卓絶した供養なのである。(7)」

このように、燃身供養こそ、如来と『法華経』に対する真の菩薩行・真の供養であり、『法華経』に対する最高の供養だと明言している。その反面、ここでは、他の章（品）に頻出する『法華経』の受持・読・誦・解説《げせつ》・書写等による功徳については、なにも述べられていない。そうではなくて、燃身供養こそが、如来と『法華経』に対する真の供養であり、『法華経』に対する最勝・最高の供養だと言い切っているのである。これは、単なる「一菩薩の過去世物語」ではすまされないと思われる。(8)

そこで、「本当に『法華経』は燃身供養を勧めているのか」について疑問が再燃してきたわけである。さらに、この疑問をきっかけとして、『法華経』成立史の観点からも、別の疑問が浮上してきた。

本稿は、

・『法華経』における燃身の持つ意味の再考

・「薬王品」の『法華経』成立史における位置づけの再考

以上の二点を目的とする小論である。

2.「薬王品」の構成概観

ここで、「薬王品」の構成を概観しておこう（本稿における議論と関連する個所を中心に、適宜内容説明を施しておいた）。

SP 22.1 宿王華菩薩の問い（*SPs* 404.2-8, *SPT* 170b3-8, *SPC2* 53a5-10）

宿王華《しゅくおうけ》（ナクシャトララージャサンクスミタービジュニャ Nakṣatrarā-

jasaṃkusumitābhijña）菩薩が釈尊に、「なぜ薬王菩薩はこの娑婆（サハー Sahā）世界において数多くの難行苦行を実践しているのですか。」と問う。

SP 22.2 過去世譚（*SPs* 404.9-414.4, *SPT* 170b8-176a1, *SPC2* 53a10-54a9）

釈尊が宿王華菩薩に対し、過去世の話をする。

SP 22.2.1 国土の描写（*SPs* 404.9-405.12, *SPT* 170b8-171b4, *SPC2* 53a10-23）

はるかな過去世に日月浄明徳という名の如来があり、その仏国土には菩薩衆、声聞衆がたくさんあった。女性はおらず、悪趣もなかった。国土は宝樹で飾られ、天子《てんじ》たちは高閣の上で楽器を奏でて日月浄明徳如来を供養した。一切衆生喜見をはじめとする菩薩・声聞に対し、日月浄明徳如来は『法華経』を説示した。仏寿は四万二千劫であり、菩薩も声聞も同じであった。

SP 22.2.2 一切衆生喜見菩薩の日月浄明徳如来のもとでの修行と供養（*SPs* 405.12-408.9, *SPT* 171b4-173a3, *SPC2* 53a23-b18）

SP 22.2.2.1 現一切色身三昧の獲得（*SPs* 405.12-406.6, *SPT* 171b4-172a2, *SPC2* 53a23-29）

一万二千年の修行の後、一切衆生喜見菩薩は現一切色身（サルヴァルーパサンダルシャナ sarvarūpasaṃdarśana）という名の三昧を獲得する。彼は“日月浄明徳如来と『法華経』を供養しよう。なぜならば、如来が説示してくれた『法華経』のおかげで、この三昧を獲得できたのであるから。”と誓う。

SP 22.2.2.2 現一切色身三昧を通した供養（*SPs* 406.6-10, *SPT* 172a2-4, *SPC2* 53a29-b3）

“日月浄明徳如来と『法華経』を現一切色身三昧を通して供養しよう。”と、一切衆生喜見菩薩がその三昧に入ると、曼陀羅華や栴檀の雨が降り注いだ。

SP 22.2.2.3 燃身供養（*SPs* 406.11-408.9, *SPт* 172a4-173a3, *SPc2* 53b4-18）

“これでは不十分だ。自らの身体を棄捨することにははるかに及ばない。”と考えた彼は、十二年にわたり油脂分を摂取し続け、その後身体に点火する。燃え上る炎によって諸世界が照らし出され、そこに住する諸仏が“燃身こそ菩薩の真の精進であり、如来と『法華経』に対する真の供養である。”と讃歎する。その身体は千二百年にわたって燃え続け、ついに一切衆生喜見菩薩は命終する。

SP 22.2.3 一切衆生喜見菩薩の再生と日月浄明徳如来の入滅（*SPs* 408.9-411.5, *SPт* 173a3-174b3, *SPc2* 53b18-c17）

一切衆生喜見菩薩は命終して後、浄徳（ヴィマラダッタ Vimaladatta）王の王子として同じ世界に再生《さいしょう》する。父母《ぶも》に自らの前世について告げた後、日月浄明徳如来のもとへと向かう。赴いて日月浄明徳如来を讃歎し、“最高の供養を行いたい。”と願い出る。

〔一切衆生喜見菩薩〕“まだご在世中なのですね。”

〔日月浄明徳如来〕“わたしはもうすぐ入滅する。そなたにすべて（『法華経』、菩薩衆、声聞衆、仏の菩提、この世界、高閣、宝樹、天子、遺骨）を付嘱《ふぞく》するぞ。入滅後には幾千もの仏塔（ストゥーパ stūpa）を起《た》てて供養せよ。”

そして日月浄明徳如来は入滅した。

SP 22.2.4 如来入滅後の一切衆生喜見菩薩（SP*s* 411.6-414.4, *SPT* 174b3-176a1, *SPC2* 53c17-54a9）

一切衆生喜見菩薩は日月浄明徳如来の遺命に従い、如来を荼毘に付し、遺骨を拾い、そして八万四千の仏塔を建立して遺骨供養を行った。しかし"遺骨供養のためには、八万四千の仏塔建立だけでは足りない。もっと勝れた如来の遺骨供養をしよう。"と思い、片腕に点火した。そして七万二千年間にわたり、八万四千の仏塔を供養した。その間声聞衆を教化《きょうけ》し、菩薩衆は現一切色身三昧を得た。"師匠の腕がなくなってしまった。"と嘆く弟子たちに対し、"嘆くな。真実語（サティヤヴァチャナ satyavacana）の力で復活させてみせよう。"と諭し、腕を復活させる。それは彼に智力と福徳力があったからであった。

SP 22.3 現在との接続（*SPs* 414.4-10, *SPT* 176a1-5, *SPC2* 54a9-12）

〔釈尊〕「そのときの一切衆生喜見菩薩とは、実は現在の薬王菩薩なのである。」

SP 22.4〔仏滅後の〕菩薩の最勝の修行（*SPs* 414.10-415.9, *SPT* 176a5-b6, *SPC2* 54a12-19）

SP 22.4.1 燃身による仏塔供養（*SPs* 414.10-415.2, *SPT* 176a5-b1, *SPC2* 54a12-16）

〔釈尊〕「〔仏滅後には〕仏塔に対する燃身が最高の福徳をもたらす棄捨である。」

SP 22.4.2『法華経』受持による法供養（*SPs* 415.2-9, *SPT* 176b1-6, *SPC2* 54a16-19）

〔釈尊〕「〔仏滅後には〕『法華経』の受持が最高の福徳をもた

らす布施である。」

SP 22.5『法華経』が最勝であることの九喩（*SPs* 415.10-417.7, *SPT* 176b6-178a2, *SPC2* 54a19-b11）(9)

SP 22.5.1 大海の喩（*SPs* 415.10-416.1, *SPT* 176b6-8, *SPC2* 54a19-21）

SP 22.5.2 須弥山の喩（*SPs* 416.1-4, *SPT* 176b8-177a2, *SPC2* 54a21-24）

SP 22.5.3 月の喩（*SPs* 416.4-7, *SPT* 177a2-5, *SPC2* 54a24-26）

SP 22.5.4 日輪の喩（*SPs* 416.7-9, *SPT* 177a5-6, *SPC2* 54a26-28）

SP 22.5.5 帝釈天の喩（*SPs* 416.9-11, *SPT* 177a6-8, *SPC2* 54a29-b2）

SP 22.5.6 梵天の喩（*SPs* 416.11-14, *SPT* 177a8-b2, *SPC2* 54b2-4）

SP 22.5.7 四果・独覚の喩（*SPs* 416.14-417.2, *SPT* 177b2-6, *SPC2* 54b4-8）

SP 22.5.8 菩薩の喩（*SPs* 417.2-4, *SPT* 177b6-7, *SPC2* 54b8-10）

SP 22.5.9 如来の喩（*SPs* 417.4-7, *SPT* 177b8-178a2, *SPC2* 54b10-11）

SP 22.6『法華経』の功徳（*SPs* 417.7-418.6, *SPT* 178a2-b4, *SPC2* 54b11-26）

SP 22.6.1 効能（*SPs* 417.7-13, *SPT* 178a2-7, *SPC2* 54b11-19）

SP 22.6.2『法華経』聞法者・書写者が得る功徳（*SPs* 417.13-418.1,

SPT 178a7-, *SPC2* 54b19-21）[10]

SP 22.6.3『法華経』供養によって得られる功徳（*SPS* 418.1-6, *SPT* -178b4, *SPC2* 54b21-26）

SP 22.7「薬王品」の功徳（*SPS* 418.7-421.11, *SPT* 178b4-180a6, *SPC2* 54b26-55a3）

SP 22.7.1 受持・読誦・聞法する善男子・善女人の得る功徳（*SPS* 418.7-9, *SPT* 178b4-5, *SPC2* 54b26- 27）

SP 22.7.2 聞法し受持する女性の得る功徳（*SPS* 418.9-420.8, *SPT* 178b6-179b3, *SPC2* 54b27-c17）

今生が女性としての最後身となり、死して後、男子《なんし》となって極楽（スカーヴァティー Sukhāvatī）世界へと往生する。彼には三毒等がなく、五神通と無生法忍を得る。清浄な眼根をもって諸仏に見《まみ》え、諸仏から讃歎される。

SP 22.7.3 聞法し讃歎する者の得る功徳（*SPS* 420.9-12, *SPT* 179b3-5, *SPC2* 54c17-20）

SP 22.7.4 宿王華菩薩への「薬王品」の付嘱（*SPS* 420.12-421.2, *SPT* 179b5-7, *SPC2* 54c20-23）

SP 22.7.5 薬となった「薬王品」（*SPS* 421.2-4, *SPT* 179b7-180a1, *SPC2* 54c23-26）

SP 22.7.6「薬王品」受持の比丘を供養する者の得る功徳（*SPS* 421.4-

11, *SPT* 180a1-6, *SPC2* 54c26-55a3）

SP 22.8 菩薩衆の陀羅尼獲得と多宝如来の讃歎（*SPS* 421.12-16, *SPT* 180a6-8, *SPC2* 55a3-8）

SP 22.Colophon（*SPS* 422.1-2, *SPT* 180a8-b1）

「薬王品」の構成は以上のとおりである。

3. 鍵となるもの——仏在世時か仏滅後か——

本稿冒頭に取りあげた *SP* 22.2.2.3（燃身供養）からの引用では、日月浄明徳如来の在世時に、一切衆生喜見菩薩が「如来と『法華経』に対する真の菩薩行・真の供養であり、最高の布施である」として、燃身を行っていた。すなわち、仏在世時においては、燃身こそが、ブッダと法に対する真の供養・最高の布施となるわけである。ところが、*SP* 22.2.4（如来入滅後の一切衆生喜見菩薩）に見られる、日月浄明徳如来の入滅後における燃身供養は、ただ仏塔に対する最勝の供養だ、と述べられているだけで、『法華経』に対するものとはされていなかった。

さらに、仏滅後を想定した *SP* 22.4（〔仏滅後の〕菩薩の最勝の修行）においては、*SP* 22.2.4 を踏まえたうえで、仏塔（すなわち色身のブッダ。註(16)参照）の前での燃身が最高の棄捨（*SP* 22.4.1 燃身による仏塔供養）であると同時に、『法華経』の受持が最高の布施（*SP* 22.4.2『法華経』受持による法供養）であると、燃身以外の供養法についてはじめて言及されている。なお、*SP* 22.4.1 が *SP* 22.2.4 を踏まえたものであることは、

- ・どちらも仏（仏塔）供養のみについて言及。*SP* 22.2.2.3（燃身供養）とは異なり法供養がないこと。
- ・仏在世時の燃身供養（*SP* 22.2.2.3）は全身であったが、*SP* 22.4.1 と

SP 22.2.4は手や足など身体の一部であること。

・どちらも仏滅後の燃身であること。

これら三点から判断される。

すなわち、色身のブッダに対する最高の供養は、仏在世時・仏滅後を問わず燃身である一方、最高の布施は、仏在世時は燃身だが、仏滅後は『法華経』の受持ということになる。

いうまでもなく『法華経』の成立は、釈尊入滅後という仏滅後である。そしてそもそも、『法華経』には、特に「法師品第十」(Dharmabhāṇaka-parivarto nāma daśamaḥ) 以降、「仏滅後」という意識が強いと従来指摘されてきた。[(11)]

くわえて、『法華経』に代表される初期大乗経典には、信仰の主軸を仏塔から経典へと移行させようという意識が顕著である。[(12)]

したがって、この「薬王品」は次のように主張しているものと考えられる。

> “たしかに仏在世時は、ブッダを供養するにも法を供養するにも、燃身が最高であった。しかし、今は仏滅後である。なに、まだ仏塔(色身のブッダ) を供養したいのか。それならば、燃身しなくてはならない。なぜなら、それが最高の仏塔供養だから。しかし、身体の一部がなくなってしまうぞ。場合によっては死んでしまうぞ。それでもいいのか。なに、大丈夫。『法華経』を受持すれば燃身などしなくても済むのだ。なぜなら、『法華経』の受持は最高の布施だから。”

この主張は、「仏塔崇拝から『法華経』の実践へ」という従来の理解と完全に符合している。本稿では「仏在世時と仏滅後の違い」という視点を加えたことで、なぜこの「薬王品」で燃身供養が称讃されていたのかについて、従前研究よりもいっそう明確に説明をつけることができたと考えるものである。

本来ならば、本稿はこれをもって、比較的「きれいなかたち」で終わ

るはずであった。ところが当初予想していなかった問題が生じてきたのである。

4. 問題発生――ストゥーパかチャイティヤか――

問題となる個所である、「*SP* 22.4.1 燃身による仏塔供養（*SPs* 414.10-415.2, *SPt* 176a5-b1, *SPc2* 54a12-16）」より引用する。

〔釈尊〕「さらにまた、宿王華よ、〔仏滅後に〕この無上正等覚（阿耨多羅三藐三菩提）を求めて菩薩の乗り物で出立した善男子や善女人があって、諸々の如来の塔の前で足の親指を燃やしたり、手や足の指一本を燃やしたり、手や足一本を燃やしたとしよう。菩薩の乗り物で出立したその善男子や善女人は、いっそう多くの福徳の集積を生み出すのであり、それに比べれば、王位を捨てることも、愛しい息子や娘や妻を捨てることも、森・海・山・泉・河川・池・井戸・園林ともども三千大千世界を捨てることも、はるかに及ばないのである[13]。」

ここでの「如来の塔」の原語は「tathāgata-caitya（タターガタ・チャイティヤ）」であって「tathāgata-stūpa（タターガタ・ストゥーパ）」ではないのである[14]。これがなぜ問題なのか、順を追って説明していく。

先行研究が明らかにしているように、『法華経』はストゥーパとチャイティヤを峻別する[15]。如来の遺骨（ダートゥ dhātu、シャリーラ śarīra）あるいは全身（アートマバーヴァヴィグラハ ātmabhāvavigraha）を納めたものがストゥーパであり、納めていないものがチャイティヤで、この点について『法華経』の中で例外はない。また、『法華経』におけるストゥーパは従来の伝統的仏教の理解に即し、色身のブッダそのものと見なされている[16]。

ここで、『法華経』におけるチャイティヤについて見ておこう[17]。

①「如来神力品第二十一」(Tathāgatarddhyabhisaṃskāra-parivarto nāma viṃśatitamaḥ)の記述

〔釈尊〕「善男子たちよ、ある場所でこの〔『妙法蓮華』の〕法門が読誦されり、解説されたり、説示されたり、書写されたり、思惟されたり、語られたり、暗唱されたり、経巻《きょうがん》にされたりするならば、〔それが〕園林であれ、僧院であれ、家庭であれ、叢林であれ、都市であれ、樹木の根もとであれ、高楼であれ、庵室であれ、洞窟であれ、その場所に如来のためにチャイティヤを起てなさい。それはなぜかといえば、その場所は一切如来にとっての覚りの座であると見なされるべきであり、その場所で一切の如来・応供・正遍知が無上正等覚を現等覚したと見なされるべきであり、その場所で一切の如来が法輪を転じ、そしてその場所で一切の如来が入滅したと見なされるべきだからである[18]。」

この①では、「『法華経』実践の場にチャイティヤを起てよ」と命じている。

②「法師品第十」(Dharmabhāṇaka-parivarto nāma daśamaḥ)の記述

〔釈尊〕「さらにまた、薬王よ[19]、ある場所でこの〔『妙法蓮華』の〕法門が語られたり、説示されたり、書写されたり、書写されて経巻とされたり、暗唱されたり、斉唱されたりするとしよう。薬王よ、その場所には、高くそびえ立つ、宝玉でできた巨大な如来のチャイティヤを起てなければならないが、そこには必ずしも如来の遺骨を納める必要はない。それはなぜかといえば、そこには如来の身体がすでにまるごと安置されている〔ことになる〕からである。この〔『妙法蓮華』の〕法門が語られたり、説示されたり、読まれたり、斉唱されたり、書写されたり、書写されて経巻とされたりする場所では、まさにストゥーパに対するものとして(=実際の如来の遺骨を納めたストゥーパがなくても、『法華経』実践の場に起てられたチャイ

なさい。すなわち、この善男子や善女人は、覚りの座に向けてすでに出立した者であり、菩提を現等覚しようと菩提樹の根もとに向う者であると。さらに、アジタよ、その善男子や善女人が住したり、坐したり、経行《きょうぎょう》したりする場所には、アジタよ、如来のためにチャイティヤを起てなさい。そして神々を含む世間の人々は、そ〔の チャイティヤ〕に対して“これは〔チャイティヤではなく〕如来の〔遺骨・全身を納めた〕ストゥーパなのだ。”と言わなければならないのである。[21]」

この③でも、②と同様の教誡内容となっている。[22]

5. チャイティヤ建立と永遠の釈尊との関係

『法華経』のテーマのひとつは、古来「釈尊の永遠の現存」であるといわれてきた。これは、「如来寿量品第十六」(Tathāgatāyuṣpramāṇa-parivarto nāma pañcadaśamaḥ) で説かれるものである。では、釈尊の永遠の現存は、具体的にはどのようにしたら感得できるのであろうか。

本稿「4. 問題発生――ストゥーパかチャイティヤか――」の①②③から導き出される帰結について、かつて論じたことがあるので、その議論を振り返っておこう。[23]

『法華経』は仏舎利塔（ストゥーパ）と仏舎利なしの塔（チャイティヤ）[24]を明確に区別したうえで、『法華経』実践の場にストゥーパではなくチャイティヤを建立せよと繰り返し命じている。『法華経』の実践とチャイティヤ建立によって、その場に如来の全身が実現されるため、仏舎利を納めたストゥーパの建立は不要であり、むしろ、『法華経』実践の場に建立されたチャイティヤこそが真のストゥーパであると主張している。そこには、「ストゥーパ＝ブッダ」という伝統的仏塔信仰の基本理解を踏襲したうえで、価値の中心を『法華経』の実践へとシフトさせようとする意図が看取され、ここにわ

れわれは、「『法華経』の実践＋チャイティヤ建立＝真のストゥーパ建立＝如来の実現」という〈『法華経』のブッダ観・仏塔観〉を確認することができる。さらに興味深い点は、実現される如来がそれまでは三人称視点で漠然と表示されていたのに対し、「分別功徳品」においては一人称視点で「わたし」（＝話者である釈尊）と記され、『法華経』の実践とチャイティヤ建立を通して実現し感得される如来が、他ならぬ釈尊自身であることが表明されていることである。

『法華経』はブッダ観の展開上、それまで広く認められていた「永遠のブッダ」という観念を、歴史的存在である釈尊に重ね合わせることによって、釈尊を歴史的限定から解放して永遠性を付与するとともに、説法の場に顕現されるブッダに歴史性を与える役割を果たしたとされるが[25]、当の「如来寿量品」自体は「永遠の釈尊」を感得する方法の具体的記述を欠いていた[26]。一方、「如来寿量品」の直後に位置する「分別功徳品」は、「如来寿量品」の教説を引き継ぐものであることを自認するとともに[27]、実現される如来が釈尊自身であることを示している。これらを総合すると、「『法華経』において釈尊の永遠の現存は、『法華経』の実践とチャイティヤ建立によって感得される」との結論が導かれる。『法華経』が実践され、その場にチャイティヤが建立される限り、釈尊は時間的・空間的限定から解き放たれて常に説法の場に顕現し、衆生はその永遠の現存をいつでも感得することができる。『法華経』においては、「『法華経』の実践」と「チャイティヤ建立」は不可分に結びつきながら、永遠の釈尊を感得するための手段、方法ともなっていたのである。

「ストゥーパから経典へ」、および「釈尊の永遠の現存」を、『法華経』のテーマのひとつと認めるならば、*SP* 22.4.1（燃身による仏塔供養）の「塔」の原語は当然「stūpa」でなくてはならず、「caitya」であることは考えられない。そのため、「caitya」を使用している *SP* 22.4.1 の記述は、『法華経』の中核的文脈を逸脱しているといわざるをえないのである。

そもそも、先に見たように *SP* 22.4.1 は *SP* 22.2.4（如来入滅後の一切衆生喜見菩薩）を踏まえた記述であるため、*SP* 22.2.4 に「stūpa」とある以上、*SP* 22.4.1 でも「caitya」ではなく「stūpa」とすべきであった。したがって「薬王品」の編纂者は、『法華経』におけるストゥーパとチャイティヤの違いを知らない者たち、『法華経』ではストゥーパとチャイティヤを峻別するということを知らない者たちであったということになるであろう。

6. 結論——「同時成立説」に対する反証と、インドにおける『法華経』実践の実像——

「薬王品」は、『法華経』の中核的文脈を受け継いでいない。そして「薬王品」の編纂者たちは、『法華経』のテーマとなる部分の編纂者とは異なるだけでなく、『法華経』のテーマも正しく受け継いでいないということになる[(28)]。「『法華経』は「提婆達多品」を除く二十七品がほぼ一時期において成立した」、「編纂者たちは当然執筆に先立って、経全体の構想についての一致した見取り図や目論見を持っていた」との想定[(29)]は、現時点ではかなり困難だと思われる。

さらに付言しておこう。「薬王品」の編纂者が『法華経』のテーマとなる部分の編纂者とは異なり、さらに経全体の構想についての一致した見取り図や目論見を共有していなかったとすれば、「薬王品」の編纂者は、〈すでに存在していた『法華経』〉に対する「増広加筆者」ということになる。その場合は当然、〈すでに存在していた『法華経』〉の実践者が、「薬王品」の編纂者の登場以前からいたことになる。もし彼ら〈すでに存在していた『法華経』〉の実践者が、『法華経』の教説に従って修行をしていたとしたならば、彼らは『法華経』の主題のひとつである「釈尊の永遠の現存」を感得するために、チャイティヤを必ずや建立していたはずである。したがって、もしそれを「薬王品」の編纂者が目に

していたとしたならば、いかに彼らが『法華経』のテーマを〈前任者〉から引き継いでいなかったとしても、*SP* 22.4.1（燃身による仏塔供養）で燃身供養の対象を「caitya」と記述することはありえなかったはずなのである。

『法華経』の教説に基づいて起てられたチャイティヤは、インドでは現在までひとつも確認されていない。もちろん、過去には存在していたが現存してはいないのだ、と想定することもまったく不可能というわけではないであろう。しかし、いかに「増広加筆者」であるとはいえ、〈インドにおける『法華経』の現場〉にいた「薬王品」の編纂者たちですら、『法華経』の教説に基づいて起てられたチャイティヤを見ていなかった可能性が非常に高い以上、もっと単純に、「『法華経』実践の場に起てられたチャイティヤなど、インドにはそもそも存在しなかった」と考えた方が、より自然だと思われる。

SP 22.4.1 に「caitya」とあることは、「『法華経』同時成立説」に対する反証のひとつとなるのみならず、インドにおいては、『法華経』の教説に基づいた修行実践は実質的には「書写行」のみに限られ、『法華経』はエクリチュールとしてのみ存在(30)していたことの傍証とも考えられる(31)。

註

（1） 本稿は Suzuki［2014］（後掲「参考文献」参照。以下同）を元に加筆、改稿を施したものである。

（2） *SPs* 404.2-422.2, *SPT* 170b3-180b1, *SPC2* 53a4-55a8. *SPs* と *SPT* では第22章。*SPC2* では第23章。*SPT* は中村［1993］を適宜参照した。

（3）「燃身」の用語については、三友［1996］参照。

（4） たとえば望月［2009］は、仏教における焼身（燃身）・捨身に関する諸研究を丹念に引きながら、「その行為を推奨しているわけではないことが明らか」「そのような究極の布施行よりも『法華経』を受持・読誦・聴聞する功徳ははるかに大きいことを示している」と述べる（同、p. 40）。

（5） バイシャジュヤラージャ（Bhaiṣajyarāja）。『法華経』の対告衆として登場する菩薩（『法華経』以外での菩薩や如来としての登場については、

岡田行弘［2023］参照)。『法華経』においてはそのテーマを提示するに際し、かなり重要な役割を果たしている。註(19)、(28)参照。

（6）「薬王品」の構成については、本稿「2.「薬王品」の構成概観」参照。

（7） sādhu sādhu kulaputra sādhu khalu punas tvaṃ kulaputrāyaṃ sa bhūto bodhisattvānāṃ mahāsattvānāṃ vīryārambha iyaṃ sā bhūtā tathāgatapūjā dharmapūjā/ na tathā puṣpa-dhūpa-gandha-mālya-vilepana-cūrṇa-cīvara-cchattra-dhvaja-patākāpūjā nāpy āmiṣapūjā nāpy uragasāracandanapūjā/ idaṃ tat kulaputrāgrapradānaṃ na tathā rājyaparityāgadānaṃ na priyaputrabhāryāparityāgadānam/ iyaṃ punaḥ kulaputra viśiṣṭāgrā varā pravarā praṇītā dharmapūjā yo 'yam ātmabhāvaparityāgaḥ/ (*SPs* 407.11-408.5)

legs so legs so// rigs kyi bu 'di ni byang chub sems dpa' sems dpa' chen po rnams kyi brtson 'grus rtsom pa yang dag pa'o// 'di ni de bzhin gshegs pa la mchod pa dang chos la mchod pa yang dag pa ste/ me tog dang bdug pa dang spos dang phreng ba dang byug pa dang phye ma dang na bza' dang gdugs dang rgyal mtshan dang lha'i ba dan gyis mchod pa dang zang zing gis mchod pa dang tsan dan sprul gyi snying pos mchod pa ni de lta ma yin no// rigs kyi bu sbyin pa 'di ni mchog ste/ rgyal srid yongs su gtong ba'i sbyin pa ni de lta ma yin no// bu dang chung ma phangs pa yongs su gtong ba'i sbyin pa yang de lta ma yin no// rigs kyi bu gang bdag gi lus gtong ba'i chos kyi mchod pa 'di ni mchod pa khyad par can no// dam pa'o// mchog go/ phul lo// gya nom pa'o// (*SPT* 172b5-173a1)

善哉善哉，善男子，是眞精進．是名眞法供養如來．若以華香瓔珞燒香末香塗香天繒幡蓋及海此岸栴檀之香，如是等種種諸物供養，所不能及．假使國城妻子布施亦所不及．善男子，是名第一之施，於諸施中最尊最上，以法供養諸如來故．（*SPc2* 53b11-16）

（8） たしかに、捨身供養を説く本生譚（ジャータカ、アヴァダーナ）は少なくないが（岡田真水［2019］参照)、それらは「過去世にこれほどまでの自己犠牲を伴う（肉体への執著《しゅうじゃく》を捨てる）利他行をしたから、今生において多くの果報を得た」という文脈で使われることがほとんどであり、捨身供養を普遍化・一般化して勧奨しているわけではない。一方、この「薬王品」の文脈では、「『法華経』に対しての真の供養を欲する者は、その身体を捨てよ」と勧奨していると読むほかはないように思われる。では、いつの世にあっても、『法華経』を供養したいと願う者は、その身体・命を捨てなければならないのであろうか。この問題に対して解答を出すことが、本稿の目的のひとつである。

（9） *SPc2* は *SP* 22.5.4（日輪の喩）の後に「転輪聖王の喩」が存在してお

り（*SPc2* 54a28-29）、全部で十喩となっている。

（10） *SPt* では *SP* 22.6.2 と *SP* 22.6.3 が一連のものと解されている。

（11） 代表的な研究として、苅谷［2009］を挙げる。

（12） 代表的な研究として、下田［1997］［2011］、鈴木［1998］［2000］を挙げる。

（13） bahutaraṃ khalv api sa nakṣatrarājasaṃkusumitābhijña bodhisattvayānasaṃprasthitaḥ kulaputro vā kuladuhitā vemām anuttarāṃ samyaksaṃbodhim ākāṅkṣamāṇo yaḥ pādāṅguṣṭhaṃ tathāgatacaityeṣv ādīpayed ekāṃ hastāṅguliṃ pādāṅguliṃ vaikāṅgaṃ vā bāhum ādīpayed bodhisattvayānasaṃprasthitaḥ sa kulaputro vā kuladuhitā vā bahutaraṃ puṇyābhisaṃskāraṃ prasavati na tv eva rājyaparityāgān na priyaputra-duhitṛ-bhāryāparityāgān na trisāhasramahāsāhasrīlokadhātoḥ savana-samudra-parvatotsa-saras-taḍāga-kūpārāmāyāḥ parityāgāt/ (*SPs* 414.10-415.2)

skar ma'i rgyal po me tog kun tu rgyas pa mngon par shes pa rigs kyi bu 'am rigs kyi bu mo byang chub sems dpa'i theg pa la yang dag par zhugs pa/ bla na med pa yang dag par rdzogs pa'i byang chub 'di 'dod pas/ de bzhin gshegs pa'i mchod rten de dag la rkang pa'i mthe bo 'bar bar bya'o// lag pa'i sor mo 'am rkang pa'i sor mo gcig gam yan lag gcig gam lag pa 'bar bar bya'o// byang chub sems dpa'i theg pa la zhugs pa'i rigs kyi bu 'am rigs kyi bu mo de ni bsod nams mngon par 'du byed pa ches mang du skyed do// rgyal srid yongs su btang bas ni de lta ma yin no// chung ma dang bu pho dang bu mo phangs pa yongs su btang bas ni de lta ma yin no// stong gsum gyi stong chen po'i 'jig rten gyi khams na nags tshal dang bcas pa/ rgya mtsho dang bcas pa/ ri dang bcas pa/ 'bab chu'i dngo dang/ mtsho dang/ mche'u dang/ khron pa dang/ kun dga'i ra ba dang bcas pa yongs su btang bas ni de lta ma yin no// (*SPt* 176a5-b1)

宿王華，若有發心欲得阿耨多羅三藐三菩提者，能燃手指乃至足一指供養佛塔．勝以國城妻子及三千大千國土山林河池諸珍寶物而供養者．（*SPc2* 54a12-16）

（14） *SPms* XI.234 に拠っても、「caitya」で異読のないことが確認される。なお、チベット訳語は「ストゥーパ」「チャイティヤ」ともに「mchod rten」であり、訳語からは原語を判別できない。

（15） 塚本［1986: 144-163］を代表として挙げる。また、多宝（プラブータラトナ Prabhūtaratna）如来の問題については、鈴木［2000］を参照されたい。

（16） 下田［1997: 44-46, 129-134］参照。

(17) 鈴木［2009］［2010］参照。

(18) yasmiṃś ca kulaputrāḥ pṛthivīpradeśe 'yaṃ dharmaparyāyo vācyeta vā prakāśyeta vā deśyeta vā likhyeta vā cintyeta vā bhāṣyeta vā svādhyāyeta vā pustakagato vā tiṣṭhed ārāme vā vihāre vā gṛhe vā vane vā nagare vā vṛkṣamūle vā prāsāde vā layane vā guhāyāṃ vā tasmin pṛthivīpradeśe tathāgatam uddiśya caityaṃ kartavyam/ tat kasya hetoḥ/ sarvatathāgatānāṃ hi sa pṛthivīpradeśo bodhimaṇḍo veditavyas tasmiṃś ca pṛthivīpradeśe sarvatathāgatā arhantaḥ samyaksaṃbuddhā anuttarāṃ samyaksaṃbodhim abhisaṃbuddhā iti veditavyaṃ tasmiṃś ca pṛthivīpradeśe sarvatathāgatair dharmacakraṃ pravartitaṃ tasmiṃś ca pṛthivīpradeśe sarvatathāgatāḥ parinirvṛtā iti veditavyam// (*SPs* 391.6-13)

rigs kyi bu dag sa phyogs gang na chos kyi rnam grangs 'di klog gam/ ston tam/ rab tu 'chad dam/ yi ger 'dri 'am/ sems sam/ 'don tam/ kha ton byed dam/ glegs bam du byas pa/ kun dga' ra ba 'am/ gtsug lag gang ngam/ khyim mam/ gnas sam/ shing drung ngam/ khang pa 'am/ gnas gang ngam/ phug na 'dug kyang rung ste/ sa phyogs der de bzhin gshegs pa'i phyir mchod rten bya'o// de ci'i phyir zhe na/ sa phyogs de de bzhin gshegs pa thams cad kyi byang chub kyi snying por rig par bya ba dang/ sa phyogs der de bzhin gshegs pa dgra bcom pa yang dag par rdzogs pa'i sangs rgyas thams cad bla na med pa yang dag par rdzogs pa'i byang chub mngon par rdzogs par sangs rgyas par rig par bya ba dang/ sa phyogs der de bzhin gshegs pa thams cad kyis chos kyi 'khor lo rab tu bskor ba dang/ sa phyogs der de bzhin gshegs pa thams cad yongs su mya ngan las 'das par rig par bya ba yin pa'i phyir ro// (*SPт* 166b3-7)

所在國土，若有受持讀誦解説書寫，如説修行，若經卷所住之處．若於園中，若於林中，若於樹下，若於僧坊，若白衣舍，若在殿堂，若山谷曠野，是中皆應起塔供養．所以者何．當知是處即是道場．諸佛於此得阿耨多羅三藐三菩提，諸佛於此轉于法輪，諸佛於此而般涅槃．（*SPc2* 52a21-27）

(19) この②からも分かるように、『法華経』におけるストゥーパとチャイティヤの峻別を教誡する文脈において、薬王菩薩は対告衆として登場しているのである。註(28)参照。

(20) yasmin khalu punar bhaiṣajyarāja pṛthivīpradeśe 'yaṃ dharmaparyāyo bhāṣyeta vā deśyeta vā likhyeta vā likhito vā pustakagataḥ svādhyāyeta vā saṃgāyeta vā tasmin bhaiṣajyarāja pṛthivīpradeśe tathāgatacaityaṃ kārayitavyaṃ mahantaṃ ratnamayam uccaṃ pragṛhītaṃ na ca tasminn avaśyaṃ tathāgataśarīrāṇi pratiṣṭhāpayitavyāni/ tat kasya hetoḥ/ ekaghanam

eva tasmiṃs tathāgataśarīram upanikṣiptaṃ bhavati/ yasmin pṛthivīpradeśe 'yaṃ dharmaparyāyo bhāṣyeta vā deśyeta vā paṭhyeta vā saṃgāyeta vā likhyeta vā likhito vā pustakagatas tiṣṭhet tasmiṃś ca stūpasyaiva satkāro gurukāro mānanā pūjanārcanā karaṇīyā sarvapuṣpa-dhūpa-gandha-mālya-vilepana-cūrṇa-cīvara-cchattra-dhvaja-patākā-vaijayantībhiḥ sarvagīta-vādya-nṛtya-tūrya-tāḍāvacara-saṃgīti-saṃpravāditaiḥ pūjā karaṇīyā/ ye ca khalu punar bhaiṣajyarāja sattvās taṃ tathāgatacaityaṃ labheran vandanāya pūjanāya darśanāya vā sarve te bhaiṣajyarājābhyāsannībhūtā veditavyā anuttarāyāḥ samyaksaṃbodheḥ/ (*SPs* 231.7-232.5)

sman gyi rgyal po sa phyogs gang na chos kyi rnam grangs 'di 'chad dam/ ston tam/ yi ger 'dri 'am/ kha ton byed dam/ yang dag par brjod pa'i sa phyogs der/ sman gyi rgyal po de bzhin gshegs pa'i mchod rten rin po che las byas pa mtho zhing che ba bya'o// der de bzhin gshegs pa'i sku gdung nges par gzhag mi dgos so// de ci'i phyir zhe na/ der de bzhin gshegs pa'i sku gdung gcig tu 'dus pa gzhag par 'gyur ba'i phyir ro// sa phyogs gang na chos kyi rnam grangs 'di 'chad dam/ ston tam/ klog gam/ yang dag par brjod dam/ yi ger 'dri 'am/ glegs bam du byas te gzhag pa der mchod rten bzhin du bkur sti dang/ btsun par bya ba dang/ ri mo dang mchod par bya'o// me tog dang/ bdug pa dang/ spos dang/ phreng ba dang/ byug pa dang/ phye ma dang/ gos dang/ gdugs dang/ rgyal mtshan dang/ lha'i ba dan dang/ rnam par rgyal ba'i ba dan thams cad dang/ glu dang/ rol mo'i sgra dang/ gar dang/ sil snyan dang/ pheg rdob pa thams cad kyis mchod par bya'o// sman gyi rgyal po sems can gang dag de bzhin gshegs pa'i mchod rten de la phyag 'tshal ba 'am mthong ba rnyed pa de dag thams cad ni/ sman gyi rgyal po bla na med pa yang dag par rdzogs pa'i byang chub dang shin tu nye bar gyur par rig par bya'o// (*SPT* 99b8-100a6)

薬王，在在處處，若說，若讀，若誦，若書，若經卷所住處，皆應起七寶塔，極令高廣嚴飾，不須復安舍利．所以者何．此中已有如來全身．此塔應以一切華，香，瓔珞，繒蓋，幢幡，伎樂，歌頌，供養，恭敬，尊重，讃歎．若有人得見此塔，禮拜，供養，當知是等皆近阿耨多羅三藐三菩提．（*SPc2* 31b26-c3）

（21） api tu khalu punar ajita tān apy aham adhyāśayādhimuktān kulaputrān vadāmi ye tathāgatasya parinirvṛtasyemaṃ dharmaparyāyaṃ śrutvā na pratikṣepsyanty uttari cābhyanumodayiṣyanti/ kaḥ punar vādo ye dhārayiṣyanti vācayiṣyanti/ tatas tathāgataṃ so 'ṃsena pariharati ya imaṃ dharmaparyāyaṃ pustakagataṃ kṛtvāṃsena pariharati/ na me tenājita kulaputreṇa vā kuladuhitrā vā stūpāḥ kartavyā na vihārāḥ kartavyā na

bhikṣusaṃghāya glānapratyayabhaiṣajyapariṣkārās tenānupradeyā bhavanti/ tat kasya hetoḥ/ kṛtā me tenājita kulaputreṇa vā kuladuhitrā vā śarīreṣu śarīrapūjā saptaratnamayāś ca stūpāḥ kāritā yāvad brahmalokam uccaistvenānupūrvapariṇāhena sacchattraparigrahāḥ savaijayantīkā ghaṇṭāsamudgānuratāḥ teṣāṃ ca śarīrastūpānāṃ . . . bahvaprameyāṇi kalpakoṭīnayutaśatasahasrāṇi satkāraḥ kṛto bhavati/ imaṃ dharmaparyāyaṃ mama parinirvṛtasya dhārayitvā vācayitvā likhitvā prakāśayitvā vihārā api tenājita kṛtā bhavanti vipulā vistīrṇāḥ pragṛhītāś ca lohitacandanamayā . . . te ca bahvaprameyā . . . te ca mama saṃmukhaṃ śrāvakasaṃghasya niryātitās te ca mayā paribhuktā veditavyāḥ/ ya imaṃ dharmaparyāyaṃ tathāgatasya parinirvṛtasya dhārayed vā vācayed vā deśayed vā likhed vā lekhayed vā tad anenāham ajita paryāyeṇaivaṃ vadāmi/ na me tena parinirvṛtasya dhātustūpāḥ kārayitavyā na saṃghapūjā/ kaḥ punar vādo 'jita ya imaṃ dharmaparyāyaṃ dhārayan dānena vā saṃpādayec chīlena vā kṣāntyā vā vīryeṇa vā dhyānena vā prajñayā vā saṃpādayed bahutaraṃ puṇyābhisaṃskāraṃ sa kulaputro vā kuladuhitā vā prasaved buddhajñānasaṃvartanīyam aprameyam asaṃkhyeyam aparyantam/ . . . aprameyāsaṃkhyeyān sa kulaputro vā kuladuhitā vā puṇyābhisaṃskārān prasaved buddhajñānasaṃvartanīyān ya imaṃ dharmaparyāyaṃ dhārayed vā vācayed vā deśayed vā likhed vā likhāpayed vā/ tathāgatacaityasatkārārthaṃ cābhiyukto bhavet tathāgataśrāvakāṇāṃ ca varṇaṃ bhāṣeta bodhisattvānāṃ ca mahāsattvānāṃ guṇakoṭīnayutaśatasahasrāṇi parikīrtayet pareṣāṃ ca saṃprakāśayet . . . yasya kasyacid ajita bodhisattvasya mahāsattvasyemaṃ dharmaparyāyaṃ tathāgatasya parinirvṛtasya dhārayata ima evaṃrūpā guṇā bhaveyur ye mayā parikīrtitāḥ/ so 'jita kulaputro vā kuladuhitā vaivaṃ veditavyo bodhimaṇḍasaṃprasthito 'yaṃ kulaputro vā kuladuhitā vā bodhim abhisaṃboddhuṃ bodhivṛkṣamūlaṃ gacchati/ yatra cājita sa kulaputro vā kuladuhitā vā tiṣṭhed vā niṣīded vā caṅkramed vā tatrājita tathāgatam uddiśya caityaṃ kartavyaṃ tathāgatastūpo 'yam iti ca sa vaktavyaḥ sadevakena lokeneti// (*SPs* 338.2-340.8)

ma pham pa yang de bzhin gshegs pa yongs su mya ngan las 'das nas/ gang dag chos kyi rnam grangs 'di thos na mi spong gi steng du rjes su yi rang ba de dag kyang/ lhag pa'i bsam pas mos pa'i rigs kyi bur ngas bshad na/ gang 'dzin pa dang klog pa lta ci smos te/ de ni de bzhin gshegs pa phrag pa la thogs pa yin no// ma pham pa gang chos kyi rnam grangs 'di glegs bam du byas shing phrag pa la thogs pa'i rigs kyi bu 'am rigs kyi bu mo des nga'i mchod rten bya mi dgos/ gtsug lag khang bya mi dgos/ dge slong gi dge 'dun

gyi na ba'i gsos sman dang yo byad dag sbyin mi dgos so// de ci'i phyir zhe na/ ma pham pa rigs kyi bu 'am rigs kyi bu mo des nga'i sku gdung la sku gdung gi mchod pa byas pa yin/ rin po che sna bdun gyi mchod rten 'phang du ni tshangs pa'i 'jig rten la thug pa/ kho ra khor yug tu ni rim bzhin du gdugs yongs su bzung ba dang bcas pa/ lha'i ba dan dang bcas pa/ dril bu'i sgra gsal bar 'byung ba dag byas pa yin no// sku gdung gi mchod rten de dag la . . . bskal pa bye ba khrag khrig brgya stong dpag tu med pa mang por bkur stir byas par 'gyur ro// ma pham pa nga yongs su mya ngan las 'das nas chos kyi rnam grangs 'di bzung ba dang/ bklags pa dang/ yi ger bris pa dang/ rab tu ston pa des nga'i phyir tsan dan dmar po'i gtsug lag khang rgya chen po yangs pa mthon po . . . dag byas par gyur te/ de dag mang zhing dpag tu med de/ . . . de dag nga'i mdun du nyan thos kyi dge 'dun la phul te/ de dag kyang ngas yongs su spyad par rig par bya'o// ma pham pa de bzhin gshegs pa yongs su mya ngan las 'das nas gang zhig chos kyi rnam grangs 'di 'dzin tam/ klog gam/ ston tam/ yi ger 'dri 'am/ yi ger 'drir 'jug kyang rung ste/ rnam grangs 'dis des nga yongs su mya ngan las 'das nas ring bsrel gyi mchod rten dag bya mi dgos so// dge 'dun la mchod pa bya mi dgos so zhes nga de skad 'chad na/ ma pham pa gang chos kyi rnam grangs 'di 'dzin cing/ sbyin pa sgrub pa 'am/ tshul khrims sam/ bzod pa 'am/ brtson 'grus sam/ bsam gtan nam/ shes rab sgrub pa lta ci smos te/ rigs kyi bu 'am rigs kyi bu mo de bsod nams mngon par 'du byed pa ches dpag tu med pa grangs med pa mtha' yas pa skyed pa lta ci smos/ ma pham pa . . . rigs kyi bu 'am rigs kyi bu mo de bsod nams mngon par 'du byed pa/ sangs rgyas kyi ye shes su 'gyur ba grangs med dpag tu med pa skyed do// gang chos kyi rnam grangs 'di 'dzin tam/ klog gam/ ston tam/ yi ger 'dri 'am/ yi ger 'drir 'jug na/ de ni de bzhin gshegs pa'i mchod rten la bsti stang bya ba'i phyir mngon par brtson pa yin no// de bzhin gshegs pa'i nyan thos rnams kyi bsngags pa smra ba'o// byang chub sems dpa' sems dpa' chen po rnams kyi yon tan bye ba khrag khrig brgya stong yongs su brjod cing gzhan dag la yang yang dag par rab tu ston pa yin no// . . . ma pham pa byang chub sems dpa' sems dpa' chen po gang la la zhig de bzhin gshegs pa yongs su mya ngan las 'das nas/ chos kyi rnam grangs 'di 'dzin pa'i yon tan dag ni gang dag ngas yongs su brjod pa 'di lta bu 'di dag yin no// ma pham pa rigs kyi bu 'am rigs kyi bu mo de 'di ltar rig par bya ste/ rigs kyi bu 'am rigs kyi bu mo de byang chub kyi snying por yang dag par zhugs te/ byang chub mngon par rdzogs par sangs rgyas par bya ba'i phyir/ byang chub kyi shing drung du 'gro ba yin par rig par bya'o// ma pham pa rigs kyi bu 'am rigs kyi bu mo de gang na 'greng ngam 'dug

gam 'chag pa der ma pham pa de bzhin gshegs pa'i phyir mchod rten brtsig go/ lha dang bcas pa'i 'jig rten gyis kyang 'di de bzhin gshegs pa'i mchod rten yin no zhes de la brjod par bya'o// (*SPт* 145a8-146b8)

又復如來滅後，若聞是經而不毀呰，起隨喜心，當知已爲深信解相，何況讀誦，受持之者，斯人則爲頂戴如來．阿逸多，是善男子，善女人，不須爲我復起塔寺，及作僧坊，以四事供養衆僧．所以者何．是善男子，善女人，受持讀誦是經典者，爲已起塔，造立僧坊，供養衆僧．則爲以佛舍利起七寶塔，高廣漸小至于梵天，懸諸幡蓋及衆寶鈴，（中略）則爲於無量千萬億劫作是供養已．阿逸多，若我滅後，聞是經典，有能受持，若自書，若教人書，則爲起立僧坊．（中略）其數無量，以此現前供養於我及比丘僧．是故我説．如來滅後，若有受持，讀誦，爲他人説，若自書，若教人書，供養經卷，不須復起塔寺，及造僧坊，供養衆僧．況復有人能持是經，兼行布施，持戒，忍辱，精進，一心，智慧，其徳最勝，無量無邊．（中略）疾至一切種智．若人讀誦受持是經，爲他人説，若自書，若教人書，復能起塔，及造僧坊，供養讃歎聲聞衆僧，亦以百千萬億讃歎之法，讃歎菩薩功徳．又爲他人，種種因縁隨義解説．（中略）阿逸多，若我滅後，諸善男子，善女人，受持讀誦是經典者，復有如是諸善功徳，當知是人已趣道場，近阿耨多羅三藐三菩提，坐道樹下．阿逸多，是善男子，善女人，若坐，若立，若行處，此中便應起塔．一切天人皆應供養如佛之塔．（*SPc2* 45b22-46a2）

(22) ③と②の相違点については、次の「5. チャイティヤ建立と永遠の釈尊との関係」で述べる。

(23) 鈴木［2010］参照。

(24) 引用元には「チャイトヤ」とあるが、「チャイティヤ」に修正したうえで引用することをご了承願いたい。

(25) 下田［1999］参照。

(26) 「如来寿量品第十六」は、「〔わたしに見《まみ》えることのできない〕衆生たちが、心が真っ直ぐで柔軟で温和になり愛欲を離れたときには、わたしは弟子の集団を伴って自らをグリドラクータ〔山〕に顕すのである。（ṛjū yadā te mṛdu mārdavāś ca utsṛṣṭakāmāś ca bhavanti sattvāḥ/ tato ahaṃ śrāvakasaṃgha kṛtvā ātmāna darśemy ahu gṛdhrakūṭe// (*SPs* 324.3-4)）」と説いてはいるものの、現存確認方法の具体的教示とは見なしがたい。

(27) 「分別功徳品第十七」の冒頭には、「さて、以上の“如来の寿命の量の説示（＝如来寿量品）”が説示されている間に、無量・無数の衆生が利益《りやく》を得た。（asmin khalu punas tathāgatāyuṣpramāṇanirdeśe nirdiśyamāne 'prameyāṇām asaṃkhyeyānāṃ sattvānām arthaḥ kṛto 'bhūt/ (*SPs* 327.1-2)）」とあり、直前の「如来寿量品第十六」を受けた章であることが明示され

ている。

(28) 薬王菩薩は本稿「4. 問題発生――ストゥーパかチャイティヤか――」の②に見られるように、「ストゥーパ崇拝」から「チャイティヤ建立+『法華経』の実践」へと信仰の軸を移そうとする「法師品」の対告衆の代表である。その菩薩の過去世の修行を説示する「薬王品」においてチャイティヤを燃身供養の対象とすることは、『法華経』の中核となる文脈から出てくるとは到底考えがたい。

(29) 勝呂［1993］参照。

(30) 下田［2011］［2020］参照。

(31) この問題はかつて鈴木［2009］において、「『法華経』実践の場にチャイティヤは起てられたのか」として論じたが、その際には「薬王品」は考察の対象外であった。

略号及び使用テクスト

SP *Saddharmapuṇḍarīka*.（『法華経』）

SPs *Saddharmapuṇḍarīka*, ed. H. Kern and B. Nanjio, St. Petersburg, 1908-1912.

SPT Tibetan version of the *SP*, P No. 781.（*Dam pa'i chos pad ma dkar po*）

SPC2 Second Chinese version of the *SP*, T. No. 262.（『妙法蓮華経』七巻，鳩摩羅什訳）

SPMS *Sanskrit Manuscripts of Saddharmapuṇḍarīka*（『梵文法華経写本集成』全12巻），梵文法華経刊行会，1977-1982.

P Peking Kanjur.

T. 『大正新脩大蔵経』.

参考文献

岡田行弘［2023］薬王如来と薬王菩薩，『日蓮学の現代』（浜島典彦編著），東京：春秋社，pp. 121-142.

岡田真水［2019］薬王菩薩本事譚と日蓮の燃身供養観，『日蓮学』3，pp. 1-15.

苅谷定彦［2009］『法華経〈仏滅後〉の思想――法華経の解明（Ⅱ）――』，大阪：東方出版.

下田正弘［1997］『涅槃経の研究――大乗経典の研究方法試論――』，東京：春秋社.

［1999］「梵天勧請」説話と『法華経』のブッダ観――仏教における真理の歴史性と超歴史性――，『中央学術研究所紀要』28，pp. 69-99.
［2011］経典研究の展開からみた大乗仏教，『大乗仏教とは何か（シリーズ大乗仏教第一巻）』（桂紹隆／斎藤明／下田正弘／末木文美士編），東京：春秋社，pp. 39-71.
［2020］『仏教とエクリチュール――大乗経典の起源と形成――』，東京：東京大学出版会.
勝呂信静［1993］『法華経の成立と思想』，東京：大東出版社.
鈴木隆泰［1998］『大雲経』の目指したもの，『インド哲学仏教学研究』5，pp. 31-43.
［2000］法華経見宝塔品の考察―― stūpa から dharma へ――，『江島惠教博士追悼論集　空と実在』（同刊行会編），東京：春秋社，pp. 383-397.
［2009］仏塔信仰の脈絡より辿る『法華経』と如来蔵・仏性思想の関係，『日蓮仏教研究』3，pp. 5-27.
［2010］起塔を通した永遠の釈尊の感得――『法華経』のブッダ観――，『宗教研究』363（83-4）（第六十八回学術大会紀要特集），pp. 373-374.
塚本啓祥［1986］『法華経の成立と背景――インド文化と大乗仏教――』，東京：佼成出版社.
中村瑞隆［1993］Dam paḥi chos pad ma dkar po shes bya ba theg pa chen poḥi mdo (10)，『法華文化研究』19，19ff. (404-422).
三友量順［1996］薬王菩薩と「燃身」，『勝呂信靜博士古稀記念論文集』（同刊行会編），東京：山喜房佛書林，pp. 391-406.
望月海慧［2009］焼身供養は正しい仏教的行為なのか，『日蓮仏教研究』3，pp. 29-48.
Suzuki, T.［2014］The Compilers of the *Bhaiṣajyarājapūrvayoga-parivarta* Who Did Not Know the Rigid Distinction between *Stūpa* and *Caitya* in the *Saddharmapuṇḍarīka*, *Journal of Indian and Buddhist Studies* 133 (62-3), pp. 121-129.

キーワード　燃身供養、ストゥーパ、チャイティヤ、『法華経』成立史、エクリチュール

『ウッタラッジャーヤー』第10章「木の葉」

山崎守一

はじめに

Uttarajjhāyā（Skt. Uttarādhyayana = Utt.)[(1)] 第10章 Dumapattayaṃ「木の葉」は、Mahāvīra が彼の弟子 Goyama に直接，説教するという形式をとっており、この章全体の韻律は Vaitālīya が大部分で、わずかに Āryā や Aupacchandasaka が混在している。Vaitālīya で著わされたものは、ジャイナ教聖典の中で，この章を含め Utt. 15, Sūyagadaṃga 12, Dasaveyāliya 10 のわずか4章にしか見られず、Alsdorf[(2)] が指摘しているように，この章がもつインドの韻律学史に占める重要性と文献学的重要性は多大なものがある。

ところで、10章に関して、筆者はすでに「Uttarajjhāyā 研究Ⅱ[(3)]」、「ジャイナ教聖典選[(4)]」で部分的に発表している。本稿では、改めて和訳と語彙研究を試みる。

Ⅰ．和訳

1. 幾夜が過ぎ去って、色褪せた木の葉が地に落ちるように、人の生命もまたそうである。ゴーヤマよ、貴重な機会を無駄にすべきではない。
2. クサ草の先端にできる露の滴の垂れ下がる時間が短いように、人の生命もまたそうである。ゴーヤマよ、貴重な機会を無駄にすべきではない。

3. そのように、短い寿命のあるうちに、多くの過失を犯した生命において、過去に作った罪（塵垢）を取り除け。ゴーヤマよ、貴重な機会を無駄にすべきではない。

4. 長時間を経ても一切の生類にとって、人間として生まれることは難しい。業（kamma）の果報は厳しい。ゴーヤマよ、貴重な機会を無駄にすべきではない。

5. 地身（puḍhavi-kkāya）に入った（宿った）霊魂（jīva）は、時間を超越して最大に［長く］とどまるだろう。ゴーヤマよ、貴重な機会を無駄にすべきではない。

6. 水身（āu-kkāya）に入った霊魂は、時間を超越して最大に［長く］とどまるだろう。ゴーヤマよ、貴重な機会を無駄にすべきではない。

7. 火身（teu-kkāya）に入った霊魂は、時間を超越して最大に［長く］とどまるだろう。ゴーヤマよ、貴重な機会を無駄にすべきではない。

8. 風身（vāu-kkāya）に入った霊魂は、時間を超越して最大に［長く］とどまるだろう。ゴーヤマよ、貴重な機会を無駄にすべきではない。

9. 植物身（vaṇasssai-kāya）に入った霊魂は、終わりのない無限の時間を最大に［長く］とどまるだろう。ゴーヤマよ、貴重な機会を無駄にすべきではない。

10. 二根の身（be-iṃndiya-kāya）に入った霊魂は、有限の時間を最大に［長く］とどまるだろう。ゴーヤマよ、貴重な機会を無駄にすべきではない。

11. 三根の身（te-iṃnda-kāya）に入った霊魂は、有限の時間を最大に［長く］とどまるだろう。ゴーヤマよ、貴重な機会を無駄にすべきではない。

12. 四根の身（caur-indiya-kāya）に入った霊魂は、有限の時間を最大に［長く］とどまるだろう。ゴーヤマよ、貴重な機会を無駄にすべきではない。

13. 五根の身（paṃc-indiya-kāya）に入った霊魂は、七生・八生をかけて、

最大に［長く］とどまるだろう。ゴーヤマよ、貴重な機会を無駄にすべきではない。

14. 神や地獄の住者（naraia）に入った霊魂は、各々が生きている間、とどまるだろう。ゴーヤマよ、貴重な機会を無駄にすべきではない。

15. そのように、霊魂は善悪の業によって生死の輪廻を流転する。それは怠りに満ちている。ゴーヤマよ、貴重な機会を無駄にすべきではない。

16. 人間として生まれたとしても、アーリヤ人に生まれることは更に難しい。多くはダスユ（dasuyu）やムレーッチャ（mleccha）となる。ゴーヤマよ、貴重な機会を無駄にすべきではない。

17. アーリヤ人に生まれたとしても、五根をすべて具えていることは難しい。根の欠けたものたちは、実際に見られる。ゴーヤマよ、貴重な機会を無駄にすべきではない。

18. たとえ、五根をすべて具えて生まれたとしても、最高の法を聴くことは実に困難である。人々は外道の師に従っている。ゴーヤマよ、貴重な機会を無駄にすべきではない。

19. たとえ、最高の法を聴くことができても、信心を持つことは実に困難である。人々は邪教に従っている。ゴーヤマよ、貴重な機会を無駄にすべきではない。

20. たとえ、法を信じることができても、行いによって実践する人々は得難い。人々はここで、官能的享楽（kāmaguṇa）に興奮する。ゴーヤマよ、貴重な機会を無駄にすべきではない。

21. あなたの身体は年老いて、あなたの髪は白くなり、耳の力（soya-bala）は弱くなる。ゴーヤマよ、貴重な機会を無駄にすべきではない。

22. あなたの身体は年老いて、あなたの髪は白くなり、眼の力（cakkhu-bala）は弱くなる。ゴーヤマよ、貴重な機会を無駄にすべきではない。

23. あなたの身体は年老いて、あなたの髪は白くなり、鼻の力（ghāṇa-bala）は弱くなる。ゴーヤマよ、貴重な機会を無駄にすべきではない。

24. あなたの身体は年老いて、あなたの髪は白くなり、舌の力（jibbha-bala）は弱くなる。ゴーヤマよ、貴重な機会を無駄にすべきではない。

25. あなたの身体は年老いて、あなたの髪は白くなり、感触の力（phāsa-bala）は弱くなる。ゴーヤマよ、貴重な機会を無駄にすべきではない。

26. あなたの身体は年老いて、あなたの髪は白くなり、一切の力（savva-bala）は弱くなる。ゴーヤマよ、貴重な機会を無駄にすべきではない。

27. 胆汁症（araī）、腫物（gaṇḍa）、コレラ（visūcika）、種々の病気があなたに降りかかる。あなたの身体は衰弱して、壊れる。ゴーヤマよ、貴重な機会を無駄にすべきではない。

28. 自己の愛執を断ち切れ。秋の白蓮華が水滴を払うように、一切の愛執が除かれる。ゴーヤマよ、貴重な機会を無駄にすべきではない。

29. 財産と妻を捨てて、出家者となって家なき者となる。吐き出したものを再びとるべきでない。ゴーヤマよ、貴重な機会を無駄にすべきではない。

30. 友や親族、大きな財産の蓄積を捨てて、二度とそれを望むな。ゴーヤマよ、貴重な機会を無駄にすべきではない。

31. 今日、勝者が見られないとしても、［勝者によって］大いに評価され示された［解脱の］道が見られる。今あなたは、正しい道の上にいる。ゴーヤマよ、貴重な機会を無駄にすべきではない。

32. 棘から道をきれいにして、あなたは偉大な道に入っている。道をきれいにしてあなたは行く。ゴーヤマよ、貴重な機会を無駄にすべきではない。

33. 非力な荷物運び人のように、平坦でない道に入り込んで，あなたは後に後悔すべきでない。ゴーヤマよ、貴重な機会を無駄にすべきではない。

34. あなたは大海を横切っている。何故、岸の近くにやって来て立ち止まっているのか。彼岸に急いで行きなさい。ゴーヤマよ、貴重な機会を無駄にすべきではない。

35. 身体のないものたち（siddhi）が〔登ることのできる〕はしごをまっすぐに立てて［登って］行くように、ゴーヤマよ、あなたは安穏で吉祥、無上の成就（siddhi）世界に行くであろう。ゴーヤマよ、貴重な機会を無駄にすべきではない。

36. 解脱した覚者は、村にあっても町にあっても、自制者として遊行すべきである。そして寂静の道を実践すべきである。ゴーヤマよ、貴重な機会を無駄にすべきではない。

37. 覚者の説法、例証によって飾られた善説を聞いて、愛欲（rāga）と憎悪（dosa）を断ち切って、ゴーヤマは成就（siddhi ）の境地に達した。と私は言う。

Ⅱ．註記

伝統的な韻律規定によれば、Mātrāchandas は 1 詩節が 4 つの pāda から構成される。そして奇数 pāda ac は 14 mātrā（mora)、偶数 pāda bd は 16 mātrā を有する。ac では音節配列の自由な 6 mātrā の opening、bd では同様な 8 mātrā の opening の後に、固定された cadence –∪–∪– を伴うのが Vaitālīya であり、–∪–∪–– を伴うのが Aupacchandasaka である。

1. a. cty は paṇḍuyae を通常の AMg. paṇḍurae と説明する。しかし Alsdorf は paṇḍuyae の異読 paṇḍue（Charpentier B_4）を採用し、-pattaĕ は Vaitālīya となる。したがって、第 1 半詩節（pāda a, pāda b）は次のように読む。

∪∪–∪∪|–∪–∪–‖

dumapattaĕ paṇḍuē jahā |

b. rātri = night.

gaṇa = number.

gaṇāṇa(ṃ) = gen. pl.

Skt. atyaya > accae = passing away, at the end / completion of the number(s) of nights (days)

∪∪∪∪−∪∪|−∪−∪−‖

nivaḍai rāigaṇāṇa accae /

c = Utt. 10.2c.

d. 各詩節の終わりに繰り返される“samayaṃ goyama mā pamāyae”をどのように解釈するかが問題となるが、この問題はすでにわが国でも論じられ、本章の和訳もされている。Jacobi の英訳“Gautama, be careful all the while”(*Jaina Sūtras*, Part II, SBE, Vol. 45, p. 42) に従い、渡辺研二は、“samayaṃ goyama mā pamāyae”「ゴーヤマよ、一瞬たりとも怠るなかれ」と和訳している(cf.「Uttarajjhāyā の研究 II ―― 10 章に関する Alsdorf (*op.cit.*) 説の検討と和訳――」『大正大学大学院研究論集』第 2 号、pp. 226-13)。

それに対して、谷川泰教(「Uttarajjhāyā 研究 I ――第 3 章と第 10 章を中心として――」『密教文化』第 114 号、1975 年、pp. 45-32)は、“samayaṃ goyama mā pamāyae”を「ゴーヤマよ、好機を失するなかれ」と和訳している。

筆者は谷川と同様、Alsdorf 説を支持し、samaya は“opportunity, occasion”の意味に解し、pamāyae の目的語にとる。そして pamāyae は pra + √mad の causative の optative であり、Skt 対応語は pramādayeḥ となる。したがって samayaṃ goyama mā pamāyae = “O Gautama, you should not waste the opportunity”「好機を逃す=貴重な機会を無駄にすべきではない」となる。ジャイナ教では輪廻転生を認め、人間に生まれ変わることは極めて難しいとされ、人間として生まれたからには修行の機会を失なうべきでないと戒めている。仏教の盲亀浮木の譬え等で表現されているものと同根の思想である。

cf. Utt. 4.1 :「人はいのち(生命)を無駄(浪費)にすべきでない。不完全であっても。疑いなく老いが近づくことを防ぐことはできない。次

のことを知れ。人々は放逸な振る舞いをする。自制のない人たちは、殺害することによって何を得るであろうか。」

2. c = Utt. 10.1c.

4. a. dullake = -kĕ.

c.. vivāgă　-ă　m.c.

5. a. c. は Āryā である。

a. ya-m-aigao, ca = " and"

b = Utt.10.6b, Utt.10.7b, Utt.10.8b, Utt.10.9b, Utt.10.10b, Utt.10.11b, Utt.10.12b, Utt.10.13b, Utt.10.14b.

ukkosaṃ = as a maximam,

c = Utt.10.6c, Utt.10.7c, Utt.10.8c, Utt.10.9c.

saṃkhā īyaṃ < atīta "beyond (more than) a saṃkha"

輪廻者は、動くものと動かないものに分かれ、動かないものは地、水、植物であり、動くものは火、風と二根以上を具えたものであるという（Tattvārthādhigama-sutra, Ⅱ. 12-14. 金倉圓照『印度精神文化の研究』）。

6. a. c. は Āryā である。

b = Utt.10.5b, Utt.10.7b, Utt.10.8b, Utt.10.9b, Utt.10.10b, Utt.10.11b, Utt.10.12b, Utt.10.13b, Utt.10.14b.

c = Utt.10.5c, Utt.10.7c, Utt.10.8c, Utt.10.9c.

7. a. c. は Āryā である。

b = Utt.10.5b, Utt.10.6b, Utt.10.8b, Utt.10.9b, Utt.10.10b, Utt.10.11b, Utt.10.12b, Utt.10.13b, Utt.10.14b.

c = Utt.10.5c, Utt.10.6c, Utt.10.8c, Utt.10.9c.

8. a. c. は Āryā である。

b = Utt.10.5b, Utt.10.6b, Utt.10.7b, Utt.109b, Utt.10.10b, Utt.10.11b, Utt.10.12b, Utt.10.13b, Utt.10.14b.

c = Utt.10.5c, Utt.10.6c, Utt.10.7c, Utt.10.9c.

9. a. は Āryā である。

-aigao = ⏑⏑ ⏑ –

b = Utt.10.5b, Utt.10.6b, Utt.10.7b, Utt.10.8b, Utt.10.10b, Utt.10.11b. Utt.10.12b, Utt.10.13b, Utt.10.14b.

-aṇantā- = -tā-.

c = Utt.10.5c, Utt.10.6c, Utt.10.7c, Utt.10.8c.

10 a. -aigao = ⏑⏑ ⏑ –

cty. = dvindriyāḥ kṛmyādayas「虫類のことである」cf. Utt. 36.129, 130.

b = Utt.10.5b, Utt.10.6b, Utt.10.7b, Utt.109b, Utt.10.11b, Utt.10.12b, Utt.10.13b, Utt.10.14b.

c = Utt. 10.11c, Utt. 10.12c.

11. a. 三根をもつ生類は、蟻などのことである。cf. Utt. 36.138,139.

b = Utt.10.5b, Utt.10.6b, Utt.10.7b, Utt.109b, Utt.10.10b, Utt.10.12b, Utt.10.13b, Utt.10.14b.

c = Utt. 10.10c, Utt. 10.12c.

12. a. 四根をもつ生類は、蠅、蚊、蜂、蛾等のものである。cf. Utt. 36.149.

b = Utt.10.5b, Utt.10.6b, Utt.10.7b, Utt. 10.8, Utt.109b, Utt.10.11b, Utt.10.12b, Utt.10.13b, Utt.10.14b.

c = Utt. 10.10c, Utt. 10.11c.

13. c は Āryā である。

a. 五根をもつ生類は、地獄の住者、畜生、人間、神の四種である。cf. Utt. 36.156.

b = Utt.10.5b, Utt.10.6, Utt.10.7b, Utt.10.8b, Utt.10.9b, Utt.10.10b, Utt.10.11b, Utt.10.12b, Utt.10.13b, Utt.10.14b.

c -bhavagahaṇe = ghava-ggahaṇe (⏑ – | ⏑ ⏑ –)

14. c は Āryā である。

a. Carpentier の読みは neraie yamaigao であるが、Alsdolf の読みは、devē neraē ya-m-aigaō である。筆者は ya がサンスクリットの ca と解釈

する (ca = "and")。

b = Utt.10.5b, Utt.10.6b, Utt.10.7b, Utt.10.8b, Utt.10.9b, Utt.10.10b, Utt.10.11b, Utt.10.12b, Utt.10.13b, Utt.10.14b.

c. -gahaṇe = -ggahaṇe, cf.13c.

15. a.b.c は Āryā である。

16. b. āriattaṃ = – ∪∪ – (< Skt. āriyatva).

c. ダスユはインド・アーリヤ人と敵対した先住民のことである。

ムレーッチャ：アーリヤ人の住地の外部に住む者のことである。

17. b. Alsdolf は 2 mora (aha ? puṇa ?) が ahīṇa に取って代られ、metre を乱す後世の挿入にほかならないため、本文から取り除かれねばならないとしている。cf. 10.18b.

18. a. ahīṇa を取り除くことによって metre が正しくなる。-attaṃ (– –) は ∪ – とする。cf. 10.17b.

c. kukutthi- (∪ – ∪) は 1 mora 不足であるが、Alsdorf は ku-ttitthi (– – ∪) と読み、metre を正している。

tīrtha = a ford, religious sect

tīrthaṅkara

titthi < *tīrthiṅ

one who has a sect = religious leader

ku-titthi "a bad religious leader"

古い仏教聖典によれば、ブッダに先行する自由思想家の教説に、「六師外道説」や「六十二見説」などがあったことを記述している。外道とは仏教以外の思想家のことで仏教の側からの呼び名である。他の宗教からみれば仏教も外道の一つということになる。外道は内道に対する語で、この原語はティールタンカラ（tīrthaṅkara）という「渡し場を作る人」の意味で、本来は彼岸への渡し場を作ることであるから、人々を彼岸に導く人である。ジャイナ教ではマハーヴィーラの別称でもある。恐らく仏教を篤く信ずる漢訳者が、仏教以外の教えを道理に背く考え（邪道）

と見なして命名したのであろう。

19. cf. Utt. 4.8-9、Utt. 4.1-2.

20. b. phāsayā = nom. pl. < sparśakā「触覚」

21. a. Utt. 10.22, Utt. 10.23a, Utt. 10.24a, Utt. 10.25a, Utt. 10.26a.

b. Utt. 10.22b, Utt. 10.23b, Utt. 10.24b, Utt. 10.25b, Utt.10.26b.

22. a. Utt. 10.21a, Utt. 10.23a, Utt. 10.24a, Utt. 10.25a, Utt. 10.26a.

b. Utt. 10.21b, Utt. 10.23b, Utt. 10.24b, Utt. 10.25b, Utt.10.26b.

23. a. Utt. 10.21a, Utt. 10.22a, Utt. 10.24a, Utt. 10.25a, Utt. 10.26a.

b. Utt. 10.21b, Utt. 10.22b, Utt. 10.24b, Utt. 10.25b, Utt.10.26b.

24. a. Utt. 10.21a, Utt. 10.22a, Utt. 10.23a, Utt. 10.25a, Utt. 10.26a.

b. Utt. 10.21b, Utt. 10.23b, Utt. 10.23b, Utt. 10.25b, Utt.10.26b.

25. a. Utt. 10.21a, Utt. 10.22a, Utt. 10.23a, Utt. 10.24a, Utt. 10.26a.

b. Utt. 10.21b, Utt. 10.23b, Utt. 10.23b, Utt. 10.24b, Utt.10.26b.

26. a. Utt. 10.21a, Utt. 10.22a, Utt. 10.23a, Utt. 10.24a, Utt. 10.25a.

b. Utt. 10.21b, Utt. 10.23b, Utt. 10.23b, Utt. 10.24b, Utt.10.25b.

27. c. vihaḍai と viddhaṃsa は同義であるから、後者の viddhaṃsa は繰り返しである（Alsdorf）。4morae は不要である（Alsdorf）。vihaḍai te sarīrayaṃ = ∪ ∪ ∪ (–) | – ∪ – ∪ – ‖

28. a-b は Dhp. 285 の a-b に並行である。

ucchinda sineham attano

umudaṃ sāradikaṃ va pāṇinā.

自己の愛執を断ち切れ。秋の白蓮華が水滴を払うように、

cf. Uv. 18.5.

29. a. ciccāṇa. cf. -ittu / -ittā (< itcā) -ituṃ

-itave vedie infin.

t > tt or the anacopy of -ittā

b. aṇagāriyaṃ = āṇagāriyaṃ.

c. 第 1 半詩節は問題なく、「財産と妻を捨てて（ciccāṇa, tyaktvā ではな

くて、*tyaktyā(na) に由来していることについては、Utt. 9.4 の註記をみよ)、あなたは出家して家なきものとなる」と訳すことができる。しかし、pāda c における āie は極めて難解である。Jacobi は何の註釈もつけずに、"do not, as it were, retum to your vomit" と英訳している。

そしてこの語 āie は Utt. 24. 14 にもみられる。cty によって āie = ādadīta と説明されるが、もちろんこの解釈は不可能である。また Pischel (§ 460) は āie = *ādriyeḥ = ādriyethāḥ を記しているが、ā- √dṛ =「注意する、考える。敬う」(MW) の意味であり、文脈に適していないし、ādriyethāḥ > āie は不可能に思えるので、この説明は否定されざるをえない。

Charpentier (p. 366) はどのように可能かは明らかでないにしても、āie は ā-dā- と何らかの関連があるとみている。これは W. Schubring (*Āyāraṅga-sutta*, Glossar, p. 84) とも一致する。それゆえ Charpentier の示唆に解決の糸口があるように思える。

PED (s.v. ādiyati) は optative として ādiye を与える。したがって Pāli optative ā(d)iye(t) > āie が考えられ、āie は 3. sg. pot. "he should take" ということになる。pāda c :「人は吐き出したものを再びとるべきでない」。v.l. āvie があるように、具体的には「飲む」ことを意味しているのであろう。cf. L.Alsdorf, "Vāntam āpātum", *Indian Linguistics*, 16, pp. 21-28.

31. a = ∪∪∪－|－∪－∪－‖ Alsdorf は、1 mora 不足であり、原形が損なわれていると考えられるが、納得のいく訂正を示すことができないとしている。

b. bahumae = -maĕ.

32. a. avasohiya を検討するに PSM にこの項目はない。AMgD は Utt. のこの部分をとりあげ、Skt avaśodhya "having removed or abandoned" を与えている。しかし、そのような語彙は Skt には存在しない。cty は avasohiya = Parihṛtya と説明しているが、語形に関しては疑問が残る。Jacobi の英訳 : "Now you have entered on the path from which the thorns

have been c1eared, the great path; walk in the right path; Gautama, & c."をみる限り、avasohiyaは過去分詞に解していることがわかる。Vaitālīya metreであるため -sohiyā > -sohiyaと解したのであろうが、-iya / -iyāはabsolutive 語尾である。したがってavasohiyaは明らかにabsolutiveである。ava / apa -śudh- はSktには存在しないが、hiper-formに理解して、visohiyaと同様の意味にとればよいように思える。そしてkaṇṭagāはaccusative pl. ではなく、ablative sg. ということになろう。

次に、mahālayaṃであるが、Pischel（§595）を始めとして、多くのPkt文法学者はmahālaya = mahatを記している。しかしながら、この場合二つの解釈が可能になる。すなわち、(1) mahā + ālaya「大きな住居」と（2）mahā + la + ka「偉大な」である。ここでは文脈から（2）を採用する。

この視点からPED (s.v. mahallaka〔a distorted mah-ariyaka > -ayyaka > -allaka〕) は訂正されねばならない。語源学的に解明すれば、形容詞mahatに二つの接尾辞が付加されている。すなわち、maha + ll +ka > mahallaka, あるいはmahā + l +ka > mahālaka > Pkt mahālaya / mahālagaである。

したがって、「イバラから道をきれいにして、あなたは偉大な道に入っている。道をきれいにしてあなたは行く。ゴーヤマよ、あなたは機会を逃すべきでない」と訳せよう。

33. Jacobiは"Do not get into an uneven road like a weak burdenbearer ; for you will repent of it afterwards ; Gautama & c." と訳している。vagāhiyāを検討するに、AMgD, PSM, Pischelのいずれも言及していない。Jacobiは命令形に訳しているが、-iyāはabsolutive語尾である。そして語根は√gāhである。動詞asiがしばしばsiと表記されるように(Pischel §145)、avagāhya - yaがva - gāhyaと表わされる。したがってSkt avagāhya > AMg vagāhiyaとなり、absolutive vagāhiyaは"having p1unged" の意味を持つ。また、第1半詩節のmāは第2半詩節

aṇutāvae にかかるように思われる。そこで「非力な荷物運び人のように、平坦でない道に入り込んで、あなたは後々に後悔すべきでない。ゴーヤマよ、あなたは機会を逃すべきでない」と訳せよう。

35. a. akalevaraseṇim ussiyā. cty. によれば、行くにつれ順々に清浄（śubha）になっていくという階位（siddhipada）のことである。

ussiyā. *ut+śri+ya > ussiyā "having erected"

b. metre から loyaṃ → loya

gacchasi, future の意味。cf. K.R. Norman, *The Elders' Verses I*, PTS. London 1969, p. 123.

36. b. saṃjae. saṃyata = controled = monk, nom. sg.

c. vūae を検討するに、Pischel（§ 76）は *vuṃhae =vṛṃhayet を記載している。Jacobi も脚注で būhae = vṛṃhayet と述べている。しかし "he should preach "= vūhae であり、Skt bṛṃhati（< √bṛh " to be strong"）の本来の意味とは異なっている。pāda c に類似した句が Dhp. 285 c にも見られる。santimaggam eva brūhaya である。Dhpa（vol. 3, p. 429）によれば brūhaya =vaḍḍhaya ということになる。また、Max Müller（*The Dhammapada,* SBE, vol. 10. Oxford 181, p.70）と Radhakrishnan（*The Dhammapada*, Oxford 1950, p. 149）は "cherish the way of peace " と訳している。

さらに Uv. XVIII 5 の第 2 半詩節は śātimārgam eva bṛṃhayen nirvāṇaṃ sugatena deśitam であり、Utt. 10, 36 と並行な関係にあることが知られよう。

Dhp. と Uv. の並行な部分から、AMg vūhae は語源的には Skt vṛṃhayati "to make big, strong ", Pāli brūheti "to make strong, practice, devote oneself to " の optative であることが明らかである。すなわち、vūhae は Skt bṛṃhayati > Pāli brūheti > AMg vūhei（vūhayai）と発展した vūhei の optative である。意味はパーリ語と同様に「実践する」が文脈によく適合している。それ故「解脱した覚者は村にあっても町にあっても遊行すべきである。そして寂静の道を実践すべきである」と訳せよう。

37. d は Aupacchandasaka である。

gae = gaĕ,

d は tti bemi を含めて Aupacchandasaka になっている。

– – – | – ∪ – ∪ – || – ∪ ∪ – ∪ ∪ | – ∪ – ∪ – – ||

rāgaṃ dosaṃ ca chindiyā | siddhigaiṃ gaĕ, goyame //37// tti bemi//

註

（1） Jarl Charpentier, *The Uttarādhyayanasūtra*, Archives D' E'tudes Orientales vol. 18, Uppsala 1922.

（2） L. Alsdorf, "Uttarajjhāyā Studies", *Indo-Iranian Journal*, Vol.VI, pp. 111-115.

（3） 山崎守一「Uttarajjhāyā 研究Ⅱ」（第9－11章の和訳と註記）、『中央学術研究所紀要』第10号、昭和56年、pp. 28-32.

（4）『ジャイナ聖典選』（共訳、国書刊行会、2022年）pp. 159-163.

略号

AMg.	Ardha-Māgadhī
AMgD	An Illustrated Ardha-Māgadhī Dictionary, 5 volumes
Āy.	Ācārāṅga-sūtra, Erster Śrutaskandha, Text, Analyse und Glossar, von W. Schubring, Leipzig 1910
cty.	commentary
Dhp(a).	Dhammapada
MW	Sir Monier-Williams, Sanskrit-English Dictionary, Oxford 1899
Pā.	Pāli
PED	The Pali Text Society's Pali-English Dictionary
Pischel	R. Pischel, Comparative Grammar of the Prakrit Languages, Benares 1957
Pkt.	Prākrit
PSM	H.D.T. Sheth, Pāia-Sadda-Mhaṇṇavo, 1963
Skt.	Sanskrit
Utt.	Uttarajjhāyā
Uv.	Udānavarga
v.l.	variant reading

キーワード ジャイナ教、ウッタラッジャーヤー、Vaitālīya 韻律、Āryā 韻律、Aupacchandasaka 韻律

執筆者紹介（現職）

令和六年七月現在・掲載順

末木文美士	すえき　ふみひこ	東京大学名誉教授
岡田行弘	おかだ　ゆきひろ	身延山大学客員教授
下田正弘	しもだ　まさひろ	武蔵野大学教授、東京大学名誉教授
望月海慧	もちづき　かいえ	身延山大学学長
菅野博史	かんの　ひろし	創価大学大学院教授
戸次顕彰	とつぐ　けんしょう	大谷大学講師
猿田知之	さるた　ともゆき	元茨城キリスト教大学教授
安田政彦	やすだ　まさひこ	帝塚山学院大学教授
井原木憲紹	いはらぎ　けんしょう	法華宗教学研究所名誉所員
池田令道	いけだ　れいどう	興風談所所長
渡邊寶陽	わたなべ　ほうよう	立正大学特別栄誉教授
庵谷行亨	おおたに　ぎょうこう	身延山大学特任教授
前川健一	まえがわ　けんいち	創価大学大学院教授
山上弘道	やまがみ　こうどう	興風談所所員
菅原関道	すがわら　かんどう	興風談所所員

花野充道	はなの　じゅうどう	法華仏教研究会主宰
株橋隆真	かぶはし　りゅうしん	興隆学林専門学校教授
平島盛龍	ひらじま　じょうりょう	興隆学林専門学校教授
日種隨翁	ひだね　ずいおう	興隆学林専門学校准教授
芹澤寛隆	せりざわ　かんりゅう	法華宗教学研究所研究員
山下宗秀	やました　そうしゅう	法華宗教学研究所客員研究員
坂井法曄	さかい　ほうよう	興風談所所員
布施義高	ふせ　ぎこう	法華コモンズ仏教学林学林長
芹澤泰謙	せりざわ　たいけん	法華宗教学研究所名誉所員
清水俊匡	しみず　しゅんきょう	法華宗教学研究所所員
米澤立晋	よねざわ　りゅうしん	興隆学林専門学校専任講師
小西顕龍	こにし　けんりょう	法華宗教学研究所所員
三浦和浩	みうら　わこう	興隆学林専門学校教授
大平寛龍	おおひら　かんりょう	興隆学林専門学校准教授
太田晴道	おおた　せいどう	法華宗教学研究所名誉所員
株橋祐史	かぶはし　ゆうし	興隆学林専門学校学監
本間俊文	ほんま　しゅんぶん	立正大学准教授
天野忠幸	あまの　ただゆき	天理大学教授

執筆者紹介

藤村泰介　ふじむら　たいかい　法華宗教学研究所所員
寺尾英智　てらお　えいち　立正大学学長
幡鎌一弘　はたかま　かずひろ　天理大学教授
岩城卓二　いわき　たくじ　京都大学教授
三吉廣明　みよし　こうみょう　法華宗教学研究所所員
地見心澄　ちけん　しんちょう　法華宗教学研究所研究員
武田悟一　たけだ　ごいち　立正大学准教授
福島泰樹　ふくしま　たいじゅ　法昌寺住職
原井日鳳　はらい　にっぽう　法華宗教学研究所名誉所員
山崎守一　やまざき　もりいち　中央学術研究所顧問
鈴木隆泰　すずき　たかやす　山口県立大学教授
石田智宏　いしだ　ちこう　興隆学林専門学校教授

跋

〝一切衆生は本来からぼさつである〞

これは、苅谷定彦先生がかつて興隆学林の教壇で熱弁をふるっておられたとき私どもが常に拝聞した先生創見の法華経の教えであり、また、現在の大平宏龍学林長先生が学生諸君を前に折にふれて引かれる金言でもあります。混迷を極める世界情勢を見据えたとき、それを乗り越える理念はこの思想につきるという思いからのご訓示と拝しております。前学林長であられた小西日遶先生はその後大本山本興寺の猊座に晋まれ、今日、信仰を志す者の師表たるべくそうした理念を体現し、興隆学林の道場長として学生諸君の前にもその範を垂れて下さっております。

他方、法華宗教学研究所におきましては現在、苅谷先生は元所長・名誉所員、小西先生は名誉所員、大平先生は名誉所長のお立場にあります。その称号が物語っておりますように、三先生は長年にわたり学問研究と後学の教育・指導に尽瘁されました。そして、今なお論壇をとおして斯界を裨益し続けておられることは周知のところです。

そこで今般、親しく先生方のご教導を頂いてまいりました私どもは、これまでに賜った深い学恩に感謝の意を表すべく、また先生方のご功績を讃えるべく、三先生頌寿記念論文集の捧呈を企画いたしました。

顧みますと、法華宗教学研究所の所員会議では、すでに七八年前からこうした計画が議題にあがっておりました。しかしながら、なかなか前に進めることができないでいたところ、漸くこのたびの刊行に至ったような次第です。

その間には様々なことがありましたが、一つ特記しておかねばならないのは、私どもが常日頃からご厚誼を賜っております前東京立正短期大学学長・立正大学名誉教授の北川前肇先生から本件に関するご助言とご支援を頂戴し、それを機に大きく事が前進したことです。諸般の事情でご寄稿いただけなかったのは誠に残念なことではありますが、先生から賜りましたご芳情に対しましては、あらためて御礼を申し上げたく存じます。また、本書の発刊に際しては、妙興寺ご住職三島昭榮上人からも篤志によるご援助を頂戴いたしました。ここに記して謝意を表します。

本論文集は、法華宗教学研究所の所員・研究員の論文をはじめとして、三先生に有縁の諸先生方から玉稿を賜り、それらを一冊に編んだものです。三先生はそれぞれに専門を異にすることから、おのずと本書も彩り豊かなものとなりました。昨年、当研究所は創立六十周年を迎えましたが、こうした節目の年に記念論文集刊行にむけての本格的な歩みを進めることができたことは、研究所の発展にも寄与するものであり、誠に意義深いことと存じます。

そして今日、こうして素晴らしい論文集を上梓し三先生に捧呈できますことは、偏に関係各位のご協力とご支援の賜と存じます。ご多忙のなか玉稿をお寄せ下さいました諸先生方、発起人としてご協力をいただいた各聖各位、ご賛助を賜りました皆様方、そして編集業務等に携わって下さった方々に対し、衷心より厚く御礼を申し上げます。殊に、出版を担当された法藏館様には格別のご配慮を頂きました。ここに甚深の謝意を表します。

末筆ながら、苅谷定彦、小西日遶、大平宏龍の三先生におかれましては、ご健康に留意され、今後とも後進の私どもにご鞭撻を賜りますことを、ここに謹んでお願い申し上げます。

令和六年九月吉日

苅谷定彦　小西日遶　大平宏龍　三先生頌寿記念論文集刊行会事務局

平島盛龍

苅谷定彦 小西日遶 大平宏龍 三先生頌寿記念論文集
法華仏教の潮流――教えと学びの道しるべ

二〇二四年九月一七日 初版第一刷発行

編 者 苅谷定彦 小西日遶 大平宏龍
三先生頌寿記念論文集刊行会

発行者 西村明高

発行所 株式会社 法藏館
京都市下京区正面通烏丸東入
郵便番号 六〇〇-八一五三
電話 〇七五-三四三-〇〇三〇(編集)
〇七五-三四三-五六五六(営業)

装幀者 山崎 登

印刷・製本 中村印刷株式会社

ISBN 978-4-8318-7782-6 C3015